ALMANAK VOOR WATERTOERISME

DEEL 2

ANTARES

DEZE ALMANAK IS EIGENDOM VAN:

ADRES:

EIGENAAR VAN HET JACHT:

THUISHAVEN:

LID VAN:

ALMANAK 2
WATERTOERISME
VAARGEGEVENS
'95

in samenwerking met KNWV, NNWB en VVV
Koninklijke Nederlandse Toeristenbond ANWB

Oproep aan de lezer!
De informatie in deze Almanak is aan verandering onderhevig. Het kan dus wel eens gebeuren dat u ter plaatse een andere situatie aantreft dan de auteur. Is de tekst niet meer helemaal correct, laat ons dat dan even weten. Voor het op peil houden van de informatie zijn de reacties van onze lezers van onschatbare waarde. Ons adres is: ANWB, DA+C/Watersport; Postbus 93200; 2509 BA Den Haag.

Colofon

Produktie:	Uitgeverij ANWB
Tekst en Redactie:	Vakgroep Watersport ANWB
Omslagontwerp:	Studio ANWB
Druk en Zetwerk:	Den Haag Offset, Rijswijk ZH
Gegevens afgesloten:	25 november 1994

ISBN 90-18-00503-7
NUGI 471

© 1995 Koninklijke Nederlandse Toeristenbond ANWB – Den Haag

Alle rechten voorbehouden

Deze uitgave werd met de meeste zorg samengesteld. De juistheid van de gegevens is mede afhankelijk van informatie die ons werd verstrekt door derden. Indien die informatie onjuistheden blijkt te bevatten kan de ANWB daarvoor geen aansprakelijkheid aanvaarden.

Beknopte Inhoud

Voor een uitgebreid overzicht van de inhoud met paginanummering zie achterin de Almanak na de index.

Woord vooraf

Handleiding

Afkortingen
(Abkürzungen/Abbreviations/Abréviations)

Trefwoorden
(Stichwörter/Keywords/Mots-clés)

Watertoeristische gegevens van Nederlandse plaatsen en wateren

Watertoeristische gegevens van Belgische plaatsen en wateren

Tafels voor hoog- en laagwater in Harlingen, Hoek van Holland en Vlissingen (met toelichting)

Tijden van opkomst en ondergang van de zon in MET 1995

Tijden van opkomst en ondergang van de maan in MET 1995

Frequenties Radio 1 t/m 5 (Ned.)

Districtenindeling Nederlandse kustwateren en IJsselmeer

Nederlandse Marifoonnet

Scheepvaartberichten

Weerberichten

Schaal van Beaufort en windsnelheid

Adressen van ANWB en ANWB/VVV vestigingen, Bonden, RP te Water enz.

Uitgaven voor de watersport (kaarten, boeken enz.)

Aanvraagformulier 'Openingstijden spoorbruggen'

Formulier voor het plaatsen van opmerkingen

Overzichtslijsten Nederland
Overzichtslijsten België
Alfabetische lijst van detailkaartjes
Alfabetische lijst van Nederlandse en Belgische plaatsen en wateren

---

Woord vooraf

Deze uitgave 1995 van Deel 2 van de Almanak voor Watertoerisme vormt wederom een grondige herziening van de vorige uitgave.

Alle gegevens werden ook voor deze druk weer zoveel mogelijk nagetrokken, waarbij niet alleen medewerking werd ondervonden van de ANWB-consuls voor recreatie en toerisme, die vrijwillig hun deskundigheid o.a. op het gebied van watersport aan de ANWB ter beschikking stellen, maar ook van de diensten van Rijks- en Provinciale Waterstaat, besturen van Waterschappen, polderbesturen, watersportverenigingen en -bedrijven, gemeenten, havenmeesters en sluismeesters.
Ook tal van opmerkingen van gebruikers van de Almanak zijn in deze nieuwe uitgave verwerkt.
Een woord van dank aan allen, die aan de herziening van deze druk hebben medegewerkt, is hier zeker op zijn plaats.
Gebruikers van deze Almanak worden verzocht om geconstateerde onjuistheden te melden aan de ANWB, Vakgroep Watersport, Postbus 93200, 2509 BA 's-Gravenhage.
Wanneer het een brug of sluis betreft die niet overeenkomstig de in deze Almanak vermelde regeling wordt bediend, dan zou deze afdeling, ter behandeling van de klacht, graag een zo nauwkeurig mogelijke opgave willen ontvangen van het tijdstip van aankomst bij de betreffende brug of sluis, het tijdstip van bediening en, wanneer het een brug betreft, een indruk van het wegverkeer.
Overigens houdt deze afdeling zich aanbevolen voor op- of aanmerkingen die een herdruk ten goede kunnen komen.

N.B. In het eerste kwartaal van 1995 begint de PTT met de invoering van een nieuw telefoonnummerplan dat naar alle waarschijnlijkheid eind 1995 zal zijn afgerond. Omdat 1995 een overgangsjaar is en het oude nummer nog gebruikt kan worden, hebben wij de nieuwe nummering nog niet verwerkt in deze uitgave van de Almanak.

Wijzigingen

Tijdens de looptijd van deze Almanak (1995 tot maart 1996) kunnen zich wijzigingen voordoen in bedieningstijden van bruggen en sluizen, in brug- en sluisgelden en in tarieven van jachthavens, hefkranen e.d.
Wijzigingen in bedieningstijden worden bijgehouden door de ANWB, Vakgroep Watersport, tel. (070) 3 14 77 20 en zoveel mogelijk gepubliceerd in de rubriek 'Vaartberichten' van de Waterkampioen.
Daar wijzigingen in brug- en sluisgelden en in tarieven als bovengenoemd niet worden gepubliceerd, moet men in dit opzicht dus rekening houden met mogelijke afwijkingen.

Handleiding

In deze Almanak vindt u beschrijvingen van de bevaarbare wateren in Nederland en België. De informatie, die men tijdens het varen op deze wateren nodig heeft, is onder de naam van het vaarwater of de plaats opgenomen. Dit betreft o.a. de bedieningstijden van en bijzonderheden over de kunstwerken, toegangsroutes, maximaal toegestane afmetingen en snelheden, waterstanden, aanlegvoorzieningen (o.a. jachthavens), adressen van watersportbedrijven, trailerhellingen e.d. De gegevens zijn alfabetisch gerangschikt op plaats- en/of waternaam. Achterin de Almanak is een uitgebreide index opgenomen. Door deze index te raadplegen is de benodigde informatie snel te vinden.

De verschillende onderwerpen, die in deze uitgave besproken worden, vereisen een korte toelichting. Deze toelichtingen vindt u verderop in dit hoofdstuk.

Informatie over wateren, die uitsluitend bevaarbaar zijn voor kano's en roeiboten, alsmede voor windsurfplanken, treft men in deze uitgave niet aan. Deze informatie is verwerkt in watersportwijzers, die voor leden van de ANWB verkrijgbaar zijn via de Vakgroep Watersport, tel. (070) 3 14 77 20.

In Deel 1 van de Almanak voor Watertoerisme vindt men o.m. de belangrijkste reglementen voor de binnen- en kustwateren in Nederland en België, die men verplicht is aan boord te hebben en vaaraanwijzingen voor de grotere wateren als rivieren, IJsselmeer, Waddenzee en Zeeuwse wateren.

1 Motorboten

a. **Maximumsnelheid**
Bij de gegevens van plaatsen en wateren is voor het betreffende water de maximum toegestane snelheid voor motorvaart opgenomen.

b. **Vaarvergunning**
Op verschillende wateren in Nederland en België is voor alle motorvaart een vaarvergunning vereist. Op de ANWB-waterkaarten zijn deze wateren geel afgebeeld. Voor de op deze kaarten in violet aangegeven wateren geldt veelal een verbod voor motorvaart. Indien een vaarvergunning vereist is, wordt dit in de Almanak bij het betreffende water onder de kop 'Motorvaart' aangegeven. Zie voor de speciale vergunningen (ontheffingen), die snelle motorboten toestaan om met grote snelheid te varen onder 'Snelle motorboten en waterskiën'.

c. **Snelle motorboten en waterskiën**
Snelle motorboten zijn boten die sneller kunnen varen dan 20 km/h. Op de Nederlandse wateren waarop het Binnenvaartpolitiereglement of het Rijnvaartpolitiereglement van toepassing is gelden voor snelle motorboten bijzondere bepalingen, zoals een verplichte bootuitrusting en de plicht om de boot in Nederland te laten registreren.
Over deze materie is bij de ANWB Vakgroep Watersport, tel. (070) 3 14 77 20 en de ANWB-vestigingen de watersportwijzer 'Snel motorbootvaren in Nederland', die regelmatig wordt bijgewerkt

met de nieuwste bepalingen, te verkrijgen. In de watersportwijzer is een overzicht opgenomen van de wateren waar het varen met onbeperkte snelheid en waterskiën is toegestaan en onder welke voorwaarden (bijv. uitsluitend met ontheffing (vaarvergunning) etc.).
Waterscooters (jetski's) behoren reglementair tot de groep van 'snelle motorboten'. Zij moeten zich aan dezelfde regelingen houden als voor deze categorie zijn voorgeschreven. Voor deze groep geldt dus ook de vaarbewijsplicht. Zie verder onder 'Bijzondere bepalingen'.

2 Bijzondere bepalingen

a. BPR (incl. 7e Wijzigingsbesluit) en bijzondere reglementen
In de Almanak wordt onder de water- en plaatsnamen de aandacht gevestigd op afwijkende voorschriften die specifiek van toepassing zijn op het betreffende water. Dit kunnen zowel bijzondere reglementen zijn, als bepalingen opgenomen in het Binnenvaartpolitiereglement (BPR incl. het 7e wijzigingsbesluit). Deze gegevens zijn meestal opgenomen onder het kopje 'Bijzondere bepalingen'.
Na invoering van het 6e Wijzigingsbesluit van het BPR in 1992 zijn een groot aantal bijzondere reglementen komen te vervallen, zoals o.a. het 'Bijzonder Reglement kleine Vaartuigen'. De meeste artikelen uit deze bijzondere reglementen zijn in het BPR geïntegreerd.
Door invoering van het 6e Wijzigingsbesluit zijn de artikelen die betrekking hebben op het varen met snelle motorboten tevens van toepassing op de wateren waarop het Rijnvaartpolitiereglement geldt. Dit zijn de Boven en Neder Rijn, de Waal, het Pannerdenskanaal en de Lek.
Waarschijnlijk zal in mei 1995 het 7e Wijzigingsbesluit van het BPR in werking treden. Dit wijzigingsbesluit omvat een omvangrijke herziening van het BPR. Het gehele BPR, inclusief het 7e wijzigingsbesluit is opgenomen in deel 1 van de Almanak voor watertoerisme uitgave 1995/1996.

b. Vaarbewijsplicht
Per 1 april 1992 is het gedeelte van de Binnenschepenwet in Nederland betreffende het vaarbewijs in werking getreden. Voor de watersport betekent dit, dat er vanaf die datum op de Nederlandse Binnenwateren (incl. Waddenzee en Westerschelde) een vaarbewijsplicht is voor schippers van:
- schepen met een lengte van 15 m of meer;
- motorboten die een lengte hebben van minder dan 15 m, maar sneller **kunnen** varen dan 20 km/h.

Nadere informatie over het vaarbewijs is opgenomen in de ANWB-watersportwijzer 'Snel motorbootvaren in Nederland' en 'Examens klein vaarbewijs I en II', verkrijgbaar bij de ANWB-vestigingen.

3 Marifoon

Bij de gegevens van plaatsen en wateren zijn de marifoonkanalen vermeld voor havenverkeer, voor verkeer met sluizen en bruggen en de blokkanalen van de verschillende verkeersbegeleidingssystemen. Het is de recreatievaart toegestaan om van deze communicatiemogelijkheid gebruik te maken. Men moet oppletten de gesprekken met de beroepsvaart zo min mogelijk in de weg te zitten.

Binnen de marifoonblokkanalen geldt voor de recreatievaart uitgerust met marifoon in principe alleen de plicht uit te luisteren op de betreffende kanalen. Er is over het algemeen géén meldplicht voor deze groep.

4 Verschillen in waterstand

Ook op wateren die niet onderhevig zijn aan de werking van de getijden of aan de waterstandverschillen op grote rivieren, kunnen variaties in de waterhoogte optreden.
Door spuien wordt de waterstand lager, onder bijzondere gevallen wel tot 0,40 m in een nacht of op een dag; hier moet men rekening mee houden bij het kiezen van een ligplaats. Hoge waterstanden kunnen veroorzaakt worden door overvloedige regen. Men moet daar rekening mee houden bij het varen onder vaste bruggen.
Een harde aanhoudende wind kan eveneens grote waterstandverschillen teweeg brengen bijv. in Friesland, waar tijdens ZW-wind het water bij Stavoren wegvloeit in de richting van Dokkum.

5 Getijstromen op de benedenrivieren

Bij de beschrijving van een aantal rivieren benedenstrooms van Dordrecht zijn tabellen opgenomen met vermelding van de stroomrichting en -snelheid op de volle uren van zes uur vóór tot zes uur ná HW (hoogwater) te Hoek van Holland. De meeste van deze tabellen geven de stroomsnelheid bij gemiddeld tij en bij springtij, bij gemiddelde rivierafvoer van de Rijn en de Maas.
De gemiddelde Rijnafvoer wordt bereikt wanneer aan de peilschaal in Lobith een stand wordt afgelezen van NAP + 10,20 m. Nadere bijzonderheden zijn opgenomen in de 'Stroomatlas HP 16 Benedenrivieren', uitgegeven door de Chef der Hydrografie.

6 Hoogten van bruggen en vaardiepten

De opgegeven hoogten van beweegbare of vaste bruggen zijn de vrije doorvaarthoogten van de gesloten bruggen; bij beweegbare bruggen eventueel voor een vast gedeelte van die bruggen, indien dat hoger is dan het beweegbare deel in gesloten stand. Veelal is de hoogte ook afleesbaar van omgekeerde peilschalen op of bij de brugpijlers, of aangegeven door middel van borden op de brug. Ken de hoogte van uw schip!
De doorvaarthoogten en vaardiepten zijn, tenzij anders vermeld, aangegeven t.o.v. de gemiddelde waterstand (streefpeil), waardoor de maten de werkelijke doorvaarthoogte en vaardiepte aangeven (in Friesland is het streefpeil bijv. gelijk aan FZP + 0,15 m en op andere plaatsen bijv. KP). Indien de hoogte of diepte is aangegeven t.o.v. NAP (een denkbeeldig vlak in Nederland, waar vanuit gemeten wordt), dan kan de werkelijke hoogte of diepte berekend worden wanneer de waterstand t.o.v. NAP bekend is.
Men moet er rekening mee houden dat bij extreem hoge waterstanden wel eens minder doorvaarthoogte aanwezig kan zijn dan de opgegeven maat.

7 Brug- en sluisbediening

a. Algemeen
De vermelde bedieningstijden zijn geldig van februari 1995 tot maart 1996 (zie ook onder 'Woord vooraf' bij 'Wijzigingen').

De periode-aanduidingen binnen de bedieningsschema's van bruggen en sluizen lopen van de eerstgenoemde datum **tot** de laatstgenoemde datum. Voorbeeld: bediening ingaande op 16 april t/m 15 oktober wordt in de schema's aangegeven als 16 april-16 okt.

b. **Feestdagen**
Bruggen en sluizen, die op zondag niet bediend worden, worden evenmin bediend op Nieuwjaarsdag, 2e paasdag, Hemelvaartsdag, 2e pinksterdag en de beide kerstdagen. In de Almanak staat dan vermeld: 'Geen bediening op zon- en feestdagen'.
Op Goede Vrijdag, Bevrijdingsdag (5 mei) en Koninginnedag (30 april, in 1995 op 29 april) wordt normaal volgens het schema van die dag, waarop de feestdag valt, bediend.
In afwijkende gevallen wordt in het schema een speciale regeling vermeld.
In enkele provincies (o.a. in Friesland) geldt een bijzondere sluiting rond de feestdagen:
- de dag ná Nieuwjaarsdag, 2e paasdag, Hemelvaartsdag, 2e pinksterdag en 2e kerstdag geldt de bediening als op maandag;
- de dag vóór Nieuwjaarsdag, Hemelvaartsdag en 1e kerstdag geldt de bediening als op zaterdag.

Deze uitzonderingen worden eveneens in de tekst aangegeven.

c. **Ruim voor sluitingstijd aanmelden**
De opgegeven bedieningstijden voor bruggen en sluizen zijn de perioden gedurende welke bedienend personeel aanwezig is. Wanneer men van de sluis gebruik wil maken, dient men er voor te zorgen al vóór het einde van de periode doorgeschut te zijn. De tijd die voor het schutten nodig is, is bij de verschillende sluizen niet gelijk en hangt ook van de omstandigheden af. In het gunstigste geval staat de sluis open aan de zijde, waar men vandaan komt en wordt juist gesloten, nadat men binnengevaren is.
In een dergelijk geval behoeft men gewoonlijk niet veel meer dan een kwartier vóór de sluiting aan te komen.
In het ongunstigste geval wordt de sluis juist gesloten wanneer men aankomt. Het kan dan wel meer dan een uur duren voor men is doorgeschut en het is dus bij sommige sluizen (vooral op de drukbevaren wateren) gewenst, om ruim een uur voor de sluiting bij de sluis gereed te liggen.
Een dergelijke situatie kan zich ook voordoen wanneer één brugwachter verschillende bruggen moet bedienen.
Bij sluizen met drukke recreatievaart zijn soms wachttijden van enkele uren.

d. **Bediening 'op verzoek'**
In de kolommen met bedieningstijden is in een aantal gevallen de opmerking 'op verzoek' opgenomen. Dit betekent dat het kunstwerk uitsluitend bediend kan worden binnen de aangegeven periode en tijden, indien men zich tevoren telefonisch gemeld heeft bij de bedienende instantie. Buiten het zomerseizoen is op een aantal bruggen en sluizen niet altijd personeel aanwezig, zodat het kunstwerk bij aankomst niet direct bediend kan worden. Het verzoek tot bediening moet soms ruim tevoren telefonisch worden ingediend (bijv. 24 uur tevoren) en soms kan men zich ter plaatse telefonisch of via de marifoon melden, waarna men rekening moet houden met oponthoud, omdat de brug- of sluiswachter zich nog op een andere locatie bevindt.

e. **Openingstijden spoorbruggen**
De openingstijden van spoorbruggen welke de dienstregeling van de Nederlandse Spoorwegen toelaat, worden niet tijdig genoeg (officieel) vastgesteld om opgenomen te kunnen worden in de Almanak. Om toch te weten hoe vaak deze bruggen bediend worden, is onder de betreffende plaats- of waternamen aangegeven, hoeveel keren per dag dit mogelijk is. Zodra de openingstijden van de spoorbruggen bekend zijn, worden deze opgenomen in een overzicht, dat omstreeks medio april aan de gebruikers van de Almanak ter beschikking wordt gesteld. Een aanvraagformulier hiervoor is in deze Almanak opgenomen.

f. **Brugbediening voor schepen met strijkbare mast**
In de regel worden de bruggen ook voor zeiljachten bediend die met gestreken mast onder de gesloten brug zouden kunnen doorvaren. Bij enige bruggen geldt officieel de regeling dat de bruggen gesloten blijven voor schepen waarvan de mast strijkbaar is.
Een dergelijke regeling is telkens in deze Almanak weergegeven. Eigenaren van jachten met moeilijk strijkbare mast doen er in dergelijke gevallen goed aan om even te meren voor overleg met de brugwachter of contact op te nemen met de brugwachter via de marifoon.

g. **Bedieningsgelden**
Bij de daarvoor in aanmerking komende bruggen en sluizen zijn de bedieningsgelden vermeld. Veelal worden deze ter plaatse op borden bekend gemaakt.
In sommige gevallen wordt officieel geen bruggeld geheven, maar wordt wel een klompje gepresenteerd.
In die gevallen gaat het om een fooi, waartoe men *niet* verplicht is (zie ook onder 'Woord vooraf' bij 'Wijzigingen').

8 Aanlegplaatsen en ligplaatsen

a. **Algemeen**
De watertoerist heeft dikwijls behoefte om zijn tocht te onderbreken voor het doen van boodschappen e.d. en het doorbrengen van de nacht. Het karakter van de meerplaatsen voor watertoeristen kan dus zeer uiteenlopen. Bij de vermelding van deze meerplaatsen onder de watertoeristische gegevens van plaatsen en wateren zijn deze soms in twee groepen verdeeld, nl. aanlegplaatsen en ligplaatsen.
Onder het begrip *Aanlegplaatsen* zijn alle meerplaatsen gerangschikt waar men gemakkelijk voor korte tijd aan wal kan gaan om boodschappen te doen of verversingen te gebruiken. Hieronder vallen: kaden langs waterwegen in de bebouwde kom waar gelegenheid is om vast te maken; steigers en loskaden langs waterwegen nabij dorpen en steden waar men enige tijd kan liggen; meerplaatsen in havenkommen van steden en dorpen langs waterwegen, aan zeearmen, IJsselmeer of Waddenzee, waar men de wal kan betreden.
Onder het begrip *Ligplaatsen* zijn alle meerplaatsen gerangschikt die zich goed lenen om de nacht door te brengen. Hieronder vallen: meerplaatsen langs rustig vaarwater; ligplaatsen aan eilandjes; jachthavens van verenigingen of bedrijven. Bovendien kan men vaak rustig de nacht doorbrengen aan kaden in steden en dorpen.
Bij deze meerplaatsen zijn de aanwezige sanitaire voorzieningen opgenomen, zoals douches (vaak tegen betaling van f 1,–), toilet-

ten en wastafels en tevens wordt aangegeven of elektra-aansluiting op de steiger mogelijk is (aangegeven met 'elektra').

b. Tarieven voor passanten
In de Almanak zijn uitsluitend de liggelden per boot opgenomen die passanten overdag of per nacht moeten betalen. Overdag kan men voor korte tijd meestal gratis meren, ook in jachthavens, soms tegen een gereduceerd tarief (bijv. aan speciaal ingerichte boodschappensteigers). In een aantal gemeenten moet bij overnachting binnen die gemeenten per persoon toeristenbelasting betaald worden. De genoemde liggelden (per nacht) zijn in principe inclusief toeristenbelasting. In uitzonderlijke gevallen is de toeristenbelasting apart vermeld en vindt men bij de liggelden de opmerking 'excl. toeristenbelasting'.

9 Stichting Classificatie Waterrecreatiebedrijven

Bij een aantal jachthavens treft u een sterclassificatie aan. Deze sterren worden toegekend voor de accommodatie en voor de voorzieningen, zoals bijvoorbeeld het aantal toiletten of douches, de manoevreerruimte achter de box of de kwaliteit van de steigers.

De sterren hebben de volgende betekenis:
- * zeer eenvoudig ingericht en beperkte voorzieningen
- ** redelijke inrichting en voorzieningen
- *** goede inrichting en voorzieningen
- **** bijzonder goede inrichting en voorzieningen
- ***** luxe inrichting en uitstekende voorzieningen

Nadere informatie kan men verkrijgen bij:
Stichting Classificatie Waterrecreatiebedrijven
Postbus 93345
2509 AH 's-Gravenhage
tel. (070) 3 28 38 07

Overzicht geclassificeerde havens

	Haven	Plaats	Almanak-trefwoord
*	Watersportbedrijf Heusden BV	Breukelen	Loosdrechtse Plassen
**	Jachthaven Stenhuis	Aalsmeer	Aalsmeer
***	Jachthaven De Brasem	Oude Wetering	Oude Wetering
***	Aqua Centrum Bremerbergse Hoek	Biddinghuizen	Bremerbergse Hoek
***	Foekema's Watersportbedrijf	Heeg	Heeg
***	Jachthaven 't Leuken	Well	Leuken
***	Jachthaven Maronier	Lemmer	Lemmer
****	W.V. De Vrije Liggers	Schiedam	Schiedam
****	Watersport Recreatiecentrum De Brekken	Lemmer	Lemmer
****	Jachthaven Eldorado	Mook/Plasmolen	Mookerplas
****	Jachthaven Flevo Marina	Lelystad	Lelystad
****	Jachthaven De Kranerweerd	Zwartsluis	Zwartsluis
****	Jachthaven Omtzigt	Vinkeveen	Vinkeveense Plassen
****	Sikkema en De Vries (Jachthaven Fa. Roukema)	Irnsum	Jirnsum (Irnsum)
****	Jachthaven Uitdam	Uitdam	Uitdam
****	Jachthaven Wolderwijd	Zeewolde	Zeewolde

10 Drinkwater

Daar voor passanten in jachthavens en bij watersportverenigingen doorgaans gelegenheid is tot het tanken van water, wordt dit niet afzonderlijk vermeld.

11 Vulstations propaangasflessen

Onder dit hoofd zijn bedrijven opgenomen die propaangasflessen (koopflessen in particulier eigendom) kunnen vullen. Bedrijven die uitsluitend gasflessen verkopen of inruilen, propaan en butaan (of het bekende 'Camping Gaz'), zijn niet in deze Almanak opgenomen.

12 Reparatie

Onder dit hoofd zijn bedrijven opgenomen die reparaties kunnen verrichten met een indicatie van het soort reparatie waarin ze zijn gespecialiseerd (bijv. motor, zeil/tuigage en romp).
Los hiervan is het natuurlijk verstandig om van uw eigen merk motor een dealerlijst aan boord te hebben.

13 Sluiting van bedrijven op zaterdag en/of zondag

Er is naar gestreefd om aan de hand van de opgave van bedrijven in de 'Watertoeristische gegevens van plaatsen en wateren' te kunnen nagaan of het bedrijf zaterdags en zondags geopend of gesloten is. Daarbij is uitgegaan van de veronderstelling:
1. Gesloten op zaterdag en zondag zijn: bedrijven die reparaties uitvoeren aan het schip, de motor, het zeil e.d.;
2. Geopend op zondag zijn: verkooppunten voor motorbrandstof, kampeerterreinen en jachthavens.
Uitzonderingen op deze regel zijn aangegeven.

14 Trailerhellingen

Onder trailerhelling wordt verstaan een in het water aflopende helling waarlangs men zelf zijn boot vanaf een boottrailer te water kan laten. Deze voorziening is opgenomen onder het hoofd 'Trailerhelling'.

15 Wasserettes

Onder dit hoofd zijn gespecialiseerde bedrijven (wasserijen) opgenomen, die op loopafstand van een ligplaats gevestigd zijn, alsmede jachthavens van bedrijven en watersportverenigingen met wasvoorzieningen, bijv. wasmachines en droogtrommels.

16 Stortplaatsen voor chemisch toilet en aftappunt vuilwatertanks

Bij de gegevens van plaatsen en wateren zijn de jachthavens, bedrijven e.d. vermeld, waar chemische toiletten geleegd kunnen worden en waar vuilwatertanks leeg gepompt kunnen worden.

17 Afzonderlijke lijsten

Bij het maken van plannen is het soms wenselijk een kort overzicht te hebben van de plaatsen waar bepaalde personen of instellingen zijn gevestigd. Daarom vindt men in deze Almanak afzonderlijke lijsten met uitsluitend vermelding van provinciegewijs alfabetisch opgenomen plaats- en waternamen waar gevestigd zijn: jachthavens van watersportverenigingen; kampeerterreinen; wasserettes; hefkranen/botenliften/scheepshellingen; trailerhellingen; stortplaatsen chemisch toilet; vulstations propaangasflessen en aftappunten vuilwatertanks.

18 Depots voor huisvuil van de scheepvaart

Op veel sluizen zijn verzamelpunten ingericht waar men volle plastic vuilniszakken kan deponeren. Deze punten worden door een bord aangegeven. Daarnaast is het bij vele jachthavens, alsmede op kaden en aanlegplaatsen, mogelijk om 'huisvuil' in containers te deponeren of af te geven. Deze voorziening wordt niet afzonderlijk in deze Almanak vermeld.
Een aantal gemeenten in Nederland zamelt het huisvuil gescheiden in (groente en fruitafval, chemisch afval, glas en overig afval). Het is aan te bevelen om het huisvuil aan boord zoveel mogelijk gescheiden te houden.

19 Stortplaatsen voor afgewerkte motorolie

Het is verboden om afgewerkte carterolie in het water te deponeren. Wanneer men zelf olie wil verversen is het noodzakelijk om over een afsluitbare voorraadbus te beschikken, welke later kan worden geleegd bij een bunkerschip, bij vele jachthavens, gemeentelijke inzameldepots en eventueel bij garagebedrijven. Deze inzameldepots worden niet afzonderlijk in deze Almanak vermeld.

20 Hotels en restaurants

Voor hotels en restaurants wordt verwezen naar de ANWB-hotelgids voor Nederland. Deze hotelinformatie bevat vele gegevens waaronder prijsklasse. Er wordt naar gestreefd in genoemde gids aan te geven of het hotel of restaurant beschikt over een eigen meergelegenheid.

21 Trekkershutten

Voor 'trekkershutten' (eenvoudige hutten geschikt om te overnachten) wordt verwezen naar de gids 'Trekkershutten', een gezamenlijke uitgave van verschillende instanties (o.a. ANWB). De uitgave is verkrijgbaar bij de ANWB-vestigingen.

22 Folder 'Nederland Waterland'

Algemene informatie over watersport in Nederland, zoals reglementen, vaarbewijzen, vaarvergunningen, grensdocumenten, vaarmogelijkheden e.d., is opgenomen in de folder 'Nederland op en aan het Water'. Dit is een uitgave van het Nederlands Bureau voor Toerisme (NBT) in de Nederlandse, Engelse, Duitse en Franse taal. De folder is verkrijgbaar bij de VVV-kantoren in

Nederland en bij de Nederlandse Verkeersbureaus in het buitenland.

23 Scheepvaartstremmingen

Men kan zich van scheepvaartstremmingen op de hoogte stellen via de volgende media:
- via de ANWB, Vakgroep Watersport, tel. (070) 3 14 77 20, bereikbaar ma. t/m vr. van 8.30-17 uur;
- de Waterkampioen, verschijnt 24 x per jaar, publiceert de scheepvaartstremmingen in de Uitkijk, een nieuwsbijlage onder 'Vaartberichten';
- radio: zie onder 'Scheepvaartberichten' in deze Almanak;
- marifoon:
  - ma. t/m vr. om 17.05 uur na de verkeerslijst;
  - dagelijks 5 minuten na elk heel uur over de zenders van het Nederlandse marifoonnet, die het betrokken gebied bestrijken (alleen spoedeisende berichten).

24 Douaneformaliteiten

Met ingang van 1 januari 1993 is voor pleziervaartuigen die tot het vrije verkeer van de Europese Unie (EU) behoren de verplichting tot in- en uitklaren aan de grenzen van de EU vervallen indien geen haven buiten de EU is of wordt aangedaan.
Wel dient men te allen tijde voor pleziervaartuigen een bewijs te kunnen tonen waaruit blijkt dat de BTW en eventuele invoerrechten in de EU betaald zijn.
Controles kunnen door middel van steekproeven overal in de EU plaatsvinden, dus niet alleen aan de grenzen.
Pleziervaartuigen die niet afkomstig zijn uit de EU moeten bij binnenkomst in de EU in de eerste haven bij de douane worden aangemeld om in te klaren. Zij kunnen gebruik maken van een tijdelijke vrije invoer in de EU van 6 maanden. Bij vertrek uit de EU dient in de laatste haven te worden uitgeklaard.

Aan de binnengrenzen van de EU is de verplichting tot het aanmelden voor controle van pleziervaartuigen, personen en bagage vervallen. Hier hoeft men dus geen douaneformaliteiten meer af te handelen.

Aan de buitengrenzen van de EU, zijnde de zeehavens, dienen nog steeds controles en formaliteiten van toepassing op de bagage van personen aan boord van pleziervaartuigen, ongeacht de plaats van herkomst of van bestemming, plaats te vinden.
In Schengen-verband is de afschaffing van de controle op personen binnen de EU vastgelegd. Er is echter een uitzondering gemaakt voor personen aan boord pleziervaartuigen die via een zeehaven het land verlaten of binnenkomen. Deze controle blijft gehandhaafd.
De douaneposten in de zeehavens in Nederland en in het buitenland gebruiken de nieuwe richtlijnen voor de controle van personen nog niet, waardoor er verschillende maatstaven worden gehanteerd.
Als men via een zeehaven een land (of een andere EU-lidstaat) binnenkomt of verlaat is men op basis van de bestaande wetgeving verplicht om zich bij het eerste douanekantoor te melden voor controle.

Nadere informatie over deze wetgeving is opgenomen in de Nederlandstalige brochure 'Varen in het buitenland', uitgave ANWB.
Nadere informatie over de douanekantoren in de zeehavens is onder de betreffende plaatsnamen in deze Almanak opgenomen.

Afkortingen

	Nederlands afkortingen	**Deutsch Abkürzungen**
a	aluminium	Aluminium
bb	beweegbare brug	bewegliche Brücke
be	benzine	Benzin
bib	binnenboordmotor	Innenbordmotor
bub	buitenboordmotor	Außenbordmotor
die	dieselolie	Dieselöl
D	diepte	Wassertiefe
el	elektronica	Elektronik
EM	Etat Major (België) = NAP − 2,32 m	Etat Major (Belgien) = NAP − 2,32 m
FZP	Fries Zomerpeil** = NAP - 0,66 m	Pegel im Sommer in Friesland** = NAP - 0,66 m
GHW	gemiddeld hoogwater	mittleres Hochwasser
GLW	gemiddeld laagwater	mittleres Niedrigwasser
H	hoogte	Höhe
h	uur	Stunde
ht	hout	Holz
kmr	kilometerraai	Stromkilometer
KP	kanaalpeil	Kanalpegel
LAT	minimum van de laagwater voorspelling	niedrigste astronomische Tide
LLWS	laag laagwaterspring (zie toelichting getijtafels)	Springniedrigwasser
Lo	linkeroever (stroomafwaarts gezien)	linkes Ufer (stromabwärts gesehen)
MET	Midden Europese Tijd	mitteleuropäische Zeit
MR	middelbare rivierstand in de zomer = NR − 12 à 20 cm	mittlerer Flußpegel im Sommer = NR − 12 à 20 cm
NAP	Normaal Amsterdams Peil	normaler Amsterdamer Pegel
NR	normale rivierstand = MR + 12 à 20 cm	normaler Flußpegel = MR + 12 à 20 cm

* achter een naam: het bedrijf heeft voor die activiteit een ANWB-erkenning.
* hinter einem Namen: der Betrieb wird vom ANWB empfohlen.
* behind a name indicates a firm which has ANWB approval for the particular activity specified.
* derrière un nom: l'entreprise a reçu l'agrément de l'ANWB pour l'activité en question.

	English abbreviations	Français abréviations
a	aluminium	aluminium
bb	movable bridge	pont mobile
be	petrol	essence
bib	inboard motor	auxiliaire
bub	outboard motor	moteur hors-bord
die	diesel fuel	huile diesel
D	depth	profondeur
elek	electronics	électronique
EM	Etat Major (Belgium) = NAP – 2.32 m	Etat Major (Belgique) = NAP – 2,32 m
FZP	waterlevel in Friesland during the summer** = NAP - 0,66 m	niveau d'été en Frise** = NAP - 0,66 m
GHW	mean high water	hautes eaux moyennes
GLW	mean low water	basses eaux moyennes
H	height	hauteur
h	hour	heure
ht	wood	bois
kmr	kilometre post	point kilométrique
KP	canal water level	niveau de canal
LAT	Lowest Astronomical Tide	minimum des prévisions de marée basse
LLWS	low low water spring	niveau des plus basses mers
Lo	left bank (looking downstream)	rive gauche (vue vers l'aval)
MET	Central European Time	heure de l'Europe centrale
MR	mean river water level in summer = NR – 12 to 20 cm	niveau d'eau moyen de rivière en été = NR – 12 à 20 cm
NAP	normal Amsterdam water level	niveau d'eau normal d'Amsterdam
NR	normal river water level = MR + 12 to 20 cm	niveau d'eau normal de rivière = MR + 12 à 20 cm

** de waterstand in Friesland is gewoonlijk ca. 15 cm boven FZP en de werkelijke brughoogte dus 15 cm lager t.o.v. FZP.

** der Pegel in Friesland ist gewöhnlich ca. 15 cm über FZP und die tatsächlichen Brückenhöhen sind folglich 15 cm niedriger als FZP.

** the water level in Friesland is usually around 15 cm above FZP and the bridge heights are in practice therefore 15 cm lower than FZP.

** en Frise, le niveau est habituellement d'environ 15 cm au-dessus du FZP et les hauteurs réelles des pont, de 15 cm de moins qu'indiqué.

	Nederlands afkortingen	**Deutsch Abkürzungen**
OLW	overeengekomen lage rivierstand	vereinbarter niedriger Flußpegel
p	polyester	Kunststoff
PP	polderpeil	Polderpegel
Ro	rechteroever (stroomafwaarts gezien)	rechtes Ufer (stromabwärts gesehen)
s	staal	Stahl
sbe	superbenzine	Superbenzin
SIGNI	vaarwegmarkering (betonning), gebaseerd op het uniforme Europese systeem Signi	Fahrwegmarkierung (Betonnung), basiert auf das einheitliche europäische System Signi
sl	tanken met slang	Tanken mit Schlauch
SP	stuwpeil	Staupegel
uitr	bootuitrusting	Bootsausrüstung
W.V.	watersportvereniging	Wassersportverein
IJWP	IJsselmeer winterpeil = NAP − 0,40 m	IJsselmeer Winterpegel = NAP − 0,40 m
IJZP	IJsselmeer zomerpeil = NAP − 0,20 m	IJsselmeer Sommerpegel = NAP − 0,20 m
zo.	zondag	Sonntag
ma.	maandag	Montag
di.	dinsdag	Dienstag
wo.	woensdag	Mittwoch
do.	donderdag	Donnerstag
vr.	vrijdag	Freitag
zat.	zaterdag	Samstag
fd.	feestdag	Feiertag

	English abbreviations	**Français abréviatons**
OLW	agreed low river level	étiage
		équivalent
p	GRP	polyester
PP	polder water level	niveau d'eau de polder
Ro	right bank (looking downstream)	rive droite (vue vers l'aval)
s	steel	acier
sbe	super petrol	supercarburant
SIGNI	navigation channel marking (buoys) based on the uniform European Signi System	balisage basé sur le système uniforme européen Signi
sl	fueling with hose	faire le plein à l'aide d'un tuyau
SP	dam water level	niveau de barrage
uitr	boat equipment	équipements pour bateaux
W.V.	yacht club	club nautique
IJWP	IJsselmeer winter water level = NAP − 0.40 m	niveau d'hiver de l'IJsselmeer = NAP − 0,40 m
IJZP	IJsselmeer summer water level = NAP − 0.20 m	niveau d'été de l'IJsselmeer = NAP − 0,20 m
zo.	Sunday	dimanche
ma.	Monday	lundi
di.	Tuesday	mardi
wo.	Wednesday	mercredi
do.	Thursday	jeudi
vr.	Friday	vendredi
zat.	Saturday	samedi
fd.	public holiday	jour férié

Trefwoorden

Nederlands Trefwoorden	Deutsch Stichwörter
Aanloophaven	Anlaufhafen
Algemeen	Allgemeines
Ankerplaatsen	Ankerplätze
Bediening	Bedienung
Bevaarbaarheid	Befahrbarkeit
Botenlift	Schiffsaufzug
Bruggeld	Brückengeld
Bruggen	Brücken
Bijzonderheden	Einzelheiten
Doorvaarroute	Durchfahrtweg
Drinkwater	Trinkwasser
Gemeentelijk	Gemeinde
Getijstanden	Tidestände
Haven	Hafen
Havendienst	Hafendienst
Havengelden	Hafengeld
Havenkantoor	Hafenamt
Havenmeester	Hafenmeister
Hefkranen	Kräne
Kadegelden	Kaigeld
Kampeerterreinen	Zeltplätze
Kruising	Kreuzung
Lig- en aanlegplaatsen	Liege- und Anlegeplätze
Marifoon	UKW-Schiffsfunk
Maximumsnelheid	Höchstgeschwindigkeit
Motorbrandstoffen	Motorbrennstoffe
Motorvaart	Motorfahrt
Onderlinge afstanden	Entfernungen zwischen....
Reparatie	Reparatur
Romp	Rumpf
Scheepshelling	Helling
Scheepvaarttekens	Schiffahrtszeichen
Sluis	Schleuse
Sluisgeld	Schleusengebühr
Spoorbrug	Eisenbahnbrücke
Stortplaats chemisch toilet	Ausguß für Chemikaltoiletten
Toegangsroutes	Zufahrten
Trailerhelling	Bootsslip
Tuigage	Takelage
Veerhaven	Fährhafen
Verkeersbruggen	Straßenbrücken
Wasserette	Münzwäscherei
Waterstanden	Wasserstände
Werven	Werften
Zeil	Segel
Zijkanalen	Seitenkanäle

**English
Keywords**

port of call	port d'escale
general	généralités
anchorages	mouillages
operation	manoeuvre
navigability	navigabilité
boat hoist	élévateur de bateaux
bridge toll	pontonnage
bridges	ponts
particulars	particularités
navigation channel	passage
drinking water	eau potable
municipal	municipal
state of the tide	niveaux des marées
harbour	port
harbour service	administration portuaire
harbour dues	droits de port
harbour office	capitainerie
harbour master	capitaine de port
cranes	grues
wharfage	frais de quai
camp sites	terrains de camping
crossing	croisement
casual and over-night mooring	postes de mouillage set d'amarrage
VHF-radiotelephone	mariphone
maximum speed	vitesse maximale
motor fuel	carburants
powered craft	navigation à moteur
distance	distance
between....	entre....
repairs	réparation
hull	coque
slipway	slip
navigation signs	signaux de navigation
lock	écluse
lock dues	droit d'écluse
railway bridge	pont de chemin de fer
chemical closet disposal point	décharge de toilettes chimiques
access routes	voies d'accès
trailer slip	rampe pour remorques
rigging	gréement
ferry harbour	port de bacs
traffic bridges	ponts-routes
launderette	laverie automatique
water levels	niveaux des eaux
boatyards	chantiers navals
sail	voile
branch canals	canaux latéraux

**Français
Mots-clés**

Watertoeristische gegevens van Nederlandse plaatsen en wateren

Aalsmeer
6,7 km van Schiphol (brug); 7,6 km van Leimuiden (brug); zie ook 'Westeinderplas'.
Brug: Over de Ringvaart (bb), H 2,50 m. Het nieuwe gedeelte, ten N van de oude brug, is enkele cm hoger. Voor bediening zie onder 'Ringvaart Haarlemmermeerpolder'.
Voor de bruggen over de verbindingen tussen de Ringvaart en de plassen, zie onder 'Westeinderplas'.
Lig- en aanlegplaatsen: Jachthaven Stenhuis B.V. ★★, Uiterweg 417a, tel. (02977) 2 50 81, aan de Blauwe Beugel, max.diepgang 1,80 m, tarief f 1,25 per m lengte per nacht (elektra, toiletten, douches (f 1,–) en wastafels) ● Jachthaven R. Dragt en Zn. in de NO-hoek van de Westeinderplassen, Stommeerweg 72, tel. (02977) 2 44 64, tarief t/m 12 m f 1,50 per m lengte per nacht, daarboven op aanvraag (toiletten, douches (f 1,–), wastafels en elektra) ● loswal in de spoorhaven achter W.V. Nieuwe Meer, max. verblijfsduur 2 uur ● jachthaven W.V. Nieuwe Meer, aan de Kleine Poel, havenmeester W. Eekhof, tel. (02977) 2 45 89, tarief f 1,25 per m lengte per etmaal (toiletten, douches (f 1,–), wastafels en elektra) ● bij W.V. Schiphol, aan de Kleine Poel, havenmeester D. Eveleens, tel. (02977) 2 64 92, tarief f 1,10 per m lengte per nacht + toeristenbelasting f 1,20 p.p. per dag (KNWV-leden 1e nacht gratis, daarna f 0,55 per m lengte) (douches (f 0,25) en elektra) ● Jachthaven 't Drijfhuis aan de N-zijde van de Westeinderplassen, aanlegsteiger bij het restaurant, havenmeester M. Eveleens, tel. (02977) 2 22 11/4 06 84/2 42 72, tarief f 1,– per m lengte (toiletten, douches (munten à f 1,– bij havenkantoor), wastafels en elektra) ● bij W.V. Aalsmeer, Uiterweg 155, havenmeester W. Oor, tel. (02977) 2 11 33, tarief f 1,– per m lengte + f 1,20 p.p. toeristenbelasting per nacht (elektra, toiletten, douches (f 1,–) en wastafels) ● Jachthaven Furian B.V., Uiterweg 195-197, tel. (02977) 2 60 86, NW-zijde van de Kleine Poel, tarief f 1,– per m lengte per nacht (douches, wastafels en toiletten) ● Recreatiepark Aalsmeer, Uiterweg 214 en 317, havenmeester M. Spaargaren, tel. (02977) 2 21 13, tarief f 2,– per m lengte (toiletten, douches (f 1,–), elektra en wastafels) ● Jachtwerf-Haven Ald Been, Uiterweg 245, tel. (02977) 2 58 15, aan de Kleine Poel t.o. het Eendengat, tarief f 1,25 per m lengte per nacht (toiletten, wastafels, douches en elektra) ● Jachtwerf De Boeier B.V., Uiterweg 282a, aan de Ringvaart, havenmeester G. van Driel, tel. (02977) 2 98 15, tarief f 1,25 per m lengte per nacht (elektra, toiletten, wastafels en douche) ● Jachthaven De Oude Werf, aan de Kleine Poel, Uiterweg 123-127, havenmeester P. Harting, tel. (02977) 2 39 29, tarief f 10,– per boot per nacht (toiletten, douches (f 1,–) en wastafels) ● Jachthaven Otto, Uiterweg 94, tel. (02977) 2 40 89, aan de Ringvaart, tarief f 2,– per m lengte per etmaal, max.diepgang 2 m (toiletten, douche (f 1,–), elektra en wastafels) ● Jachthavenbedrijf Persoon C.V. aan de Kleine Poel, havenmeester J. Persoon, Uiterweg 233/235, tel. (02977) 2 43 38, tarief f 1,50 per m lengte per nacht (toiletten, douche en elektra) ● Eshuis Marine, Uiterweg 104, tel. (02977) 4 06 66, aan de Ringvaart t.o. Fort Haarlemmermeer, max.diepgang 1,80 m, tarief f 2,– per m lengte per nacht (excl. toeristenbelasting) (elektra, toiletten en wastafels) ● Ten Broek Watersport, aan de Ringvaart, tel. (02977) 2 61 37, tarief f 1,– per m

lengte per nacht (elektra, toiletten, douches (f 2,–) en wastafels)
● Jachthaven De Graaf, Uiterweg 407, tel. (02977) 2 29 06, tarief
f 1,50 per m lengte + f 1,20 p.p. toeristenbelasting per nacht (elektra,
toiletten, douches (f 1,–) en wastafels) ● Jachthaven Het Geluk, Uiterweg 139, havenmeester Poley, tel. (02977) 2 50 35, tarief f 1,25 per m
lengte per nacht (elektra, toiletten, douches (f 1,–, munten verkrijgbaar op havenkantoor) en wastafels) ● Jachthaven Onno de Graauw,
Uiterweg 134, tel. (02977) 2 46 42, aan de Ringvaart, max.diepgang
1,80 m, tarief f 1,– per m lengte per nacht (excl. toeristenbelasting)
(elektra, toiletten, douche (f 1,–) en wastafels) ● Zeil- en Surfrekreatie, O-zijde Grote Poel, havenmeester P. de Wit, tel. (02977) 2 01 22,
tarief f 10,– per dag (toiletten, douches (f 2,50) en wastafels) ● Jachthaven Parson Marine BV, aan de ringvaart, Uiterweg 116a, havenmeester G.F. Parson, tel. (02977) 2 49 82, tarief f 1,50 per m lengte per
nacht, max.diepgang 1,40 m (elektra, toiletten, douches (f 1,–) en
wastafels) ● Jachthaven R.J.J. Flick, Uiterweg 251, tel. (02977)
2 78 45 ● aan de eilanden Ravensteinakkers, Starteiland en Kleine
Poelakker (gratis, max. 48 uur) ● aan de Kolenhaven nabij Jachthaven Nieuwe Meer (gratis, max. 2 uur voor inkopen).
Drinkwater: Uit de publieke waterkraan bij de Kolenhaven (Spoorhaven) en diverse jachthavens.
Motorbrandstof: H. Zethof, Kudelstaartseweg 117, die (sl); Jachthaven R. Dragt en Zn., Stoommeerweg 72, be (sl), die (sl).
Vulstaion propaangasflessen: H. Zethof, Kudelstaartseweg 117;
Jachthaven R Dragt en Zn.
Reparatie: Jachtwerf-haven Ald Been, Uiterweg 247, tel. (02977)
2 58 15, bib/bub (alle merken), romp/uitr (ht, s, p, a/op de wal + in het
water), elek; Jachthaven 't Drijfhuis, Fa. B. Pothof, Uiterweg 27,
tel. (02977) 2 22 11/4 06 84, bub (Yamaha, Mercury, Suzuki, Johnson,
Evinrude en Honda), bib (Volvo Penta, Mitsubishi, Daf en Perkins),
romp/uitr (ht en s/op de wal + in het water), zeil/tuigage, elek; Eshuis
Marine, Uiterweg 104, tel. (02977) 4 06 66, bib/bub (alle merken),
romp (ht, s, p, a/op de wal + in het water), elek; Scheepswerf Aalsmeer B.V., Uiterweg 269, tel. (02977) 2 48 96, geopend van 10-18 h,
romp/uitr (ht, s, p/op de wal + in het water), zeil/tuigage; T. Kerkhoven, Aalsmeerderdijk t.o. 164, tel. (020) 6 53 39 67, bib/bub, romp
(ht, p); Bolle Verweij Scheepstechniek en Jachtwerf BV, Uiterweg 294-296, tel. (02977) 2 49 49 (zat. van 10-13.30 h geopend), bib (hoofddealer Yanmar, Ford, Farymann en Bukh, reparatie van alle merken),
romp/uitr (ht, s, p/op de wal + in het water), helling tot 22 ton, tarief
tot f 11,– per m^2; De Vries Jachtservice Westeinder B.V., aan de
NW-zijde van de Kleine Poel, Uiterweg 95a, tel. (02977) 2 44 79 (na
18 h 2 41 14), bib/bub, romp/uitr (ht, s, p, a/op de wal + in het water),
helling tot 20 ton; Jachtwerf Schalk, t.o. Aalsmeerderdijk 514,
romp/uitr (ht, overnaadse sloepen en vletten/op de wal + in het
water); Jacht- en Scheepswerf Gouwerok B.V., Dorpsstraat 111,
tel. (02977) 2 43 35, romp/uitr (s, a/op de wal), helling max. 100 ton;
Jachtwerf Koppers*, Aalsmeerderdijk t.o. 110, tel. (020) 6 53 37 99,
zeil/tuigage; J.M. Jongkind, Uiterweg 184a, zeil/tuigage; R. Maas,
tel. (02977) 2 48 10, bub (alle merken), bib (OMC); Jachthaven
R. Dragt en Zn., Stommeerweg 72, tel. (02977) 2 44 64/2 71 29, tuigage, sleephelling tot 10 ton; Jachthaven Stenhuis B.V., Uiterweg 417a,
tel. (02977) 2 50 81, romp/uitr (ht, s, p, a/op de wal + in het water);
Jachthaven Parson Marine BV, Uiterweg 116a, tel. (02977) 2 49 82,
bib (alle merken), sleephellingen max. 9 ton, tarief f 200,–; Ten Broek
Watersport, Oosteinderweg 105, tel. (02977) 2 61 37, bib/bub (alle
merken), romp/uitr (ht, s, p, a/op de wal + in het water), elek; Jachthaven De Graaf, Uiterweg 409, tel. (02977) 2 29 06, bib (alle merken),
romp/uitr (ht, s, p/op de wal + in het water), elek; Jachthaven Het

Geluk, Uiterweg 139, tel. (02977) 2 50 35, bub (Yamaha, Johnson, Evinrude), bib (Bukh en Vetus), romp/uitr (ht, s, p/op de wal + in het water) elek; Scheepsreparatiebedrijf W. Enthoven, Uiterweg 161, t.o. doorvaart Grote Brug, tel. (02977) 2 53 16, romp/uitr (ht, s/op de wal + in het water), helling tot 10 ton; Watersportbedrijf 't Punt, R. Mijnsbergen, Oosteinderweg 125, aan de Ringvaart, tel. (02977) 2 40 36, romp/uitr (ht, s, p, a/op de wal + in het water); Jachtwerf De Boeier B.V., Uiterweg 282a, tel. (02977) 2 98 15, romp/uitr (ht, s, p/op de wal + in het water); Zeil- en Surfrekreatie, Kudelstaartseweg 64, tel. (02977) 2 01 22, zeil; Jachthaven Otto, Uiterweg 94, bib/bub.
Hefkranen: Jachthavenbedrijf Persoon C.V., Uiterweg 233-235, tel. (02977) 2 43 38, max. 4 ton, max.diepgang 1,50 m, tarief f 45,- per keer; Eshuis Marine, tel. (02977) 4 06 66, max. 50 ton, tarief vanaf f 75,-, max.diepgang 1,80 m (heffen met staande mast mogelijk); Scheepswerf Aalsmeer B.V., max. 3 ton, tarief f 100,-, max.diepgang 2 m (heffen met staande mast mogelijk); W.V. Aalsmeer, Uiterweg 155, tel. (02977) 2 11 33, max. 2 ton, max.diepgang 2 m, tarief f 30,-; Jachtwerf De Boeier B.V., kraan max. 3 ton, botenlift max. 20 ton, max.diepgang 1,90 m; Jachthaven 't Drijfhuis, max.diepgang 1,50 m, max. 8 ton, tarief op aanvraag (heffen met staande mast mogelijk); Jachthaven Otto, Uiterweg 94, tel. (02977) 2 40 89, max. 3 ton, max.diepgang 1,60 m, tarief f 45,-/f 65,-; Recreatiepark Aalsmeer, Uiterweg 214, tel. (02977) 2 21 13, max. 3 ton, f 100,- per keer; Jachtwerf-haven Ald Been, hellingwagen max. 20 ton, tarief f 25,- per m, max.diepgang 1,80 m (met staande mast mogelijk); Jachthaven De Oude Werf, Uiterweg 123-127, tel. (02977) 2 39 29, max. 6 ton, max.diepgang 1,25 m, tarief f 48,- per m^2 (scheepshelling tot 6 ton, max.diepgang 1,20 m); Jachthaven Furian B.V., Uiterweg 195-197, tel. (02977) 2 60 86, tarief f 24,90 per m, max.diepgang 1,50 m; Jachthaven Stenhuis B.V., max. 6 ton, max.diepgang 1,80 m; De Aalscholver Tas, Uiterweg 131, tel. (02977) 2 04 84/2 65 48, max. 3 ton; Ten Broek Watersport, tel. (02977) 2 61 37, max. 40 ton; Jachthaven De Graaf, Uiterweg 409, max. 30 ton, max.diepgang 1,90 m (heffen met staande mast mogelijk); Watersportbedrijf 't Punt, R. Mijnsbergen, Oosteinderweg 125, tel. (02977) 2 40 36, aan de Ringvaart, max. 6 ton, op afspraak; Jachthaven Onno de Graauw, Uiterweg 134, tel. (02977) 2 46 42, max. 6 ton, max.diepgang 1,80 m (heffen met staande mast mogelijk), tarief f 50,- per keer; W.V. Schiphol, hellingwagen tot 3 ton, tarief f 30,-; Scheepswerf W. Enthoven, Uiterweg 161, tel. (02977) 2 53 16, max. 10 ton, max.diepgang 1,60 m (heffen met staande mast mogelijk); Jachthaven Geluk, Uiterweg 139, tel. (02977) 2 50 35, max. 5 ton, tarief f 50,-, max.diepgang 1,50 m; Jachtwerf Schalk, t.o. Aalsmeerderdijk 514, max. 2 ton.
Trailerhellingen: Recreatiepark Aalsmeer, max. 500 kg, tarief f 25,-; Jachthaven De Oude Werf, max. 1000 kg; Ten Broek Watersport, max. 1 ton, tarief f 50,-; Zeil- en Surfrekreatie, Kudelstaartseweg 64, tel. (02977) 2 01 22, max. 800 kg, tarief f 25,- per keer; W.V. Aalsmeer, Uiterweg 155; Jachtwerf De Boeier B.V., max. 1 ton; Jachthaven Geluk, max. 10 ton, tarief f 50,-, max.diepgang 1,20 m.
Wasserettes: Jachthaven 't Drijfhuis (wasmachine + droger); Recreatiepark Aalsmeer; Jachthaven R. Dragt en Zn.; bij W.V. Aalsmeer; Jachthaven Geluk.
Stortplaatsen chemisch toilet: Bij Jachthaven Furian B.V.; bij Recreatiepark Aalsmeer; bij Jachthaven Onno de Graauw; bij Jachthaven Stenhuis B.V.; bij Jachthaven R. Dragt en Zn.; bij Ten Broek Watersport; bij Jachthaven De Oude Werf; bij Scheepswerf Aalsmeer B.V.; bij Jachthaven Otto, bij Eshuis Marine.
Aftappunt vuilwatertank: bij Jachthaven Stenhuis B.V.

Aalst (Gld.)

12 km van Gorinchem; aan de Andelse Maas, kmr 236-238; zie ook 'Andelse Maas'.
Aanlegplaats: Gemeentelijke passantenhaven, gratis, overnachten niet toegestaan.
Ligplaatsen: Jachthaven bij Camping De Rietschoof, kmr 236, havenmeester C. v. Heijningen, tel. (04185) 24 88, tarief f 1,– per m lengte per nacht (toiletten, douches (f 1,–) en wastafels) ● W.V. Het Esmeer, ingang kmr 239, havenmeester, B. Schoofs, tel. (04187) 27 98, tarief f 1,– per m lengte per nacht (elektra, toiletten, douches (f 1,–) en wastafels) ● Watersport- en Recr.centrum De Maasplas, tarief f 7,50 per nacht, geen meergelegenheid voor grote schepen (toiletten, douches en wastafels).
Trailerhelling: Jachthaven bij Camping De Rietschoof, tarief f 15,–.
Kampeerterreinen: Camping De Rietschoof*, Maasdijk 15, tel. (04185) 24 88; Watersport- en Recr.centrum De Maasplas*, Zaaiwaard 3, tel. (04187) 32 32.
Wasserettes: Bij Watersport- en Recr.centrum De Maasplas; bij Camping De Rietschoof.
Stortplaatsen chemisch toilet: Bij Camping De Rietschoof; bij Watersport- en Recr.centrum De Maasplas.

Aarkanaal

Verbinding tussen de Drecht en Gouwsluis (11 km).
Vaarwegbeheerder: Provincie Zuid-Holland, Dienst Verkeer en Vervoer, District Oost, Gouwsluisseweg 2, 2405 XS Alphen a. d. Rijn, tel. (01720) 4 62 00.
Maximumsnelheid: 12 km/h.
Algemeen: Oud, tot kanaal vergraven riviertje met flauwe bochten, goed zeilwater.
Bruggen: Van N naar Z, afstanden in km vanaf de Tolhuissluizen (Huis ten Drecht):
– 1 km Kattenbrug (bij Nieuwveen) (bb), H 2 m;
– 3 km Papenbrug (bij Papenveer in Ter Aar) beweegbare deel H 2 m, vaste deel H 2,30 m;
– 5 km Aardammerbrug (in Ter Aar) (bb), H 2 m (vaste deel H 2,50 m).
– 8 km Zegerbrug, basculebrug, H 2,50 m (vaste deel H 2,80 m) ter hoogte van gemaal Neptunus. Deze brug wordt op afstand bediend m.b.v. camera's en speakers door de brugwachter van de Aardammerbrug. Bediening van de bovengenoemde bruggen: (gratis)

(16 april-16 okt.)	ma. t/m vr.	6-22 h
	zat.	8-18 h
	zo. en fd.	10-18 h
(16 okt.-16 april)***	ma. t/m vr.	6-9*, 9-17, 17-22* h
	zat.	8-9*, 9-13 h
	zo. en fd.	gesloten**

* Op verzoek, de dag tevoren aanvragen tel. (01720) 4 62 00.
** Bediening vanaf eerste paasdag, als die dag valt tussen 10 en 16 april, als in periode 16 april-16 okt.
*** Op 24 en 31 december, geen zaterdag zijnde, na 18 h geen bediening meer.
– 11 km Rijnbrug (bij Gouwsluis), vaste brug H 5,50 m.
Aanlegplaatsen: In de kanaalverbreding ten ZO van de Aardammerbrug achter dukdalven; aan de O-oever ten N van gemaal Neptunus, max.verblijfsduur 3 x 24 h; aan de W-oever, ter hoogte van het recreatiegebied Zegerplas. Zie ook 'Zegerplas'.

Drinkwater: Bij de brugwachter van de Katten- en Aardammerbrug; ter hoogte van recreatiegebied 'Zegerplas'.
Reparatie: Scheepswerf Bocxe Ter Aar, Hoekse Aarkade 7, Ter Aar, tel. (01722) 21 43/32 38, bib, romp (s).

Abcoude

6 km van Driemond; 4,5 km van Baambrugge; zie ook 'Gein' en 'Angstel'.
Maximumsnelheid: Op alle toegangswateren 6 km/h.
Bruggen: Heinkuitenbrug (bb), H 0,70 m, Hulksbrug (bb) H 0,55 m en Dorpsbrug (bb) H 0,60 m. Deze bruggen worden door één brugwachter bediend, die m.b.v. de gele schakelaar bij de bruggen opgeroepen kan worden (semafoon, éénmaal bellen is voldoende, alleen hoorbaar voor brugwachter, niet tijdens de pauzes; blijf bij uw schip!).
De gele schakelaars zijn te vinden:
– Dorpsbrug: als men het Gein in wil aan het begin rechts op de muur. Als men het Gein uitkomt net voor de brug links op de muur.
– Hulks- en Heinkuitenbrug: Op de dukdalven (palen).
Indien men het Gein wil bevaren, dient men dit bij de Heinkuiten- of Hulksbrug te melden i.v.m. eventuele tegenliggers en de bediening van de spoorbrug. Bediening van de 3 bruggen (m.u.v. de spoorbrug):

(16 april-1 juni en 1 sept.-15 okt.)	dagelijks	9-12.30, 13.30-17.30, 18.30-19 h
(1 juni-1 sept.)**	dagelijks	9-12.30, 13.30-17.30, 18.30-20 h
(16 okt.-15 april)	ma. t/m vr.	9-16.30 h, op verzoek*
	zat., zo. en fd.	gesloten

* Bediening 24 h tevoren aanvragen bij de Gemeente Abcoude, tel. (02946) 12 50, gemeentehuis.
** bediening op 29 aug. 1995 is als volgt: van 9-12.30 h en van 13.30-18.30 h, na 18.30 h geen bediening meer.
De Hulksbrug en de Dorpsbrug worden bij drukke recreatievaart alleen bediend wanneer verschillende schepen tegelijk kunnen worden doorgelaten. Max.wachttijd 30 min.
Bruggeld: f 2,– per brug, voor 2 bruggen te betalen op de Heinkuitenbrug (f 4,–; met gepast geld betalen).
Spoorbrug: Over het Gein (bb), H 0,65 m (geheven H 2,40 m). Bediening: (gratis)

(16 april-28 aug.)	ma. t/m vr.	13.22-13.25, 14.06-14.09, 15.06-15.09 h
	zat.	13.22-13.25, 14.06-14.09, 15.22-15.25 h
	zo. en fd.	13.22-13.25, 14.06-14.09, 15.06-15.09 h
(28 aug.-18 okt.)	dagelijks	13.22-13.25 h
(18 okt.-16 april)		gesloten

Voor juiste bedieningstijden zie de watersportwijzer 'Openingstijden spoorbruggen', gratis verkrijgbaar bij de ANWB-vestigingen of NS tel. (020) 5 57 85 56.
Bevaarbaarheid: Het Nauwe Gein is slechts met een max.diepgang van 1 m bevaarbaar. Tussen de Dorpsbrug en de spoorbrug is het vaarwater op het smalst gedeelte maar 2,95 m breed, waardoor elkaar passeren niet mogelijk is. Bovendien staan er veel over het water hangende bomen langs de oevers. Schepen uit de richting van het Gein hebben voorrang. Bij doorvaart mast gestreken houden.
Aanlegplaatsen: Tussen Hulksbrug, Heinkuitenbrug en Molenweg

voor kort verblijf. Nabij het Abcoudermeer en de Oude Dijk is een gedeelte water waar slechts door ontheffingshouders ligplaats mag worden ingenomen. In het Gein is het niet toegestaan ligplaats in te nemen in verband met de kwetsbaarheid van de oevers.
Voor het innemen van een ligplaats langer dan 3 x 24 h is een gemeentelijke vergunning vereist. De oevers van het Abcoudermeer zijn ondiep en stenig.
Drinkwater: Bij de cafetaria bij de Hulksbrug.

Aduarderdiep
Van Hoendiep bij Hoogkerk naar Reitdiep bij Aduarderzijl, lengte 12,4 km. Max.diepgang ten Z van het Van Starkenborghkanaal 2,60 m, ten N 1,50 m.
Vaarwegbeheerder: N-deel, Waterschap Westerkwartier, Postbus 12, 9800 AA Zuidhorn, tel. (05940) 46 33; Z-deel, Provincie Groningen, Dienst DKW, afd. West, Postbus 5, 9843 ZG Grijpskerk, tel. (05947) 1 28 55.
Maximumsnelheid: Ten Z van het Van Starkenborghkanaal 11 km/h, ten N 6 km/h.
Waterstand: KP = NAP – 0,93 m. In de zomer kan de waterstand 0,10 m hoger zijn dan KP.
Onderlinge afstanden en bruggen:
Van het Hoendiep tot het Van Starkenborghkanaal (5,4 km). Eén vaste brug H 7 m, één lage hefbrug bij Hoogkerk. Marifoonkan. 22. Bediening:

ma. t/m vr.	(gehele jaar)	7-12, 13-16.30, 17.30-19 h
zat.	(1 mei-1 okt.)	7.30-8.30, 17, 18 h
	(1 okt-1 mei)	op verzoek*
zo. en fd.	(gehele jaar)	gesloten

* Bediening op aanvraag via sluis Gaarkeuken, tel. (05947) 1 23 03.
– Van het Van Starkenborghkanaal tot het Reitdiep (7 km). Drie vaste bruggen, H 3,20 m.
Lig- en aanlegplaatsen: Van het Van Starkenborghkanaal tot het Reitdiep mag de recreatievaart afmeren tot max. 3 dagen ● Zijlsterhoeve, 250 m ten Z van het Reitdiep, tarief f 5,– per nacht, max.verblijfsduur 1 nacht (toiletten, douches en wastafels) ● steiger Nieuwklap aan de Lindt, zijvaart bij Aduard, max.verblijfsduur 3 x 24 h ● Jachtbouw Hut bij hefbrug Vierverlaten, tarief f 4,25 per nacht (toiletten, wastafels en elektra).
Drinkwater: Zijlster Hoeve; K. Westerman B.V.; Jachtbouw Hut (sl).
Motorbrandstof: K. Westerman B.V., be en die.
Reparatie: K. Westerman B.V., Aduarderdiepsterweg 14, Hoogkerk, romp/uitr (s, p), bub; Watersportcentrum 'Aduarderdiep', Friesestraatweg 452, Groningen, tel. (05903) 18 11, bub.
Hefkranen/botenlift: K. Westerman B.V. schepenlift tot 12 ton, tel. (050) 51 54 55, b.g.g. (05908) 1 44 57; Watersportcentrum 'Aduarderdiep', tel. (05903) 18 11, hefkraan tot 10 ton.
Kampeerterrein: Zijlster Hoeve, Zijlsterweg 5-7, Aduarderzijl, tel. (05941) 14 23.

Afferden
Aan de Waal, kmr 901,4 Lo. Hier ligt een diep grindgat. Bij lage rivierstand is de toegang ondiep.

Akersloot
7,5 km van Alkmaar; 3,5 km van West-Grafdijk; zie ook 'Alkmaardermeer'.

A **Ligplaatsen:** Jachthaven Alkmaarse R. en Z.V., havenmeester W. Burgering, tel. (02513) 1 39 20, tarief f 1,50 per m lengte per dag (KNWV-leden f 1,-) (elektra, toiletten, wastafels en douches (f 1,-)) ● Jachthaven van Gebr. Verduin, 1e haven aan het Gat van de Meer, tel. (02513) 1 29 70, tarief f 1,- per m lengte per nacht (toiletten, douches en wastafels) ● Jachthaven 't Hoorntje, Kerklaan 20, havenmeester J. Sander, tel. (02513) 1 21 20, tarief f 1,25 per m lengte per nacht (toiletten, douches (f 1,-) elektra en wastafels).
Reparatie: Jachthaven Laamens, Geesterweg 10-12, tel. (02513) 1 22 95, romp/uitr (s, p/op de wal).
Hefkranen: Gebr. Verduin, Geesterweg 14, tel. (02513) 1 29 70, max. 5 ton; Jachthaven Laamens, max. 20 ton, max.diepgang 2,25 m; Alkmaarse R. en Z.V., tel. (02513) 1 39 20, max. 4½ ton, tarief afhankelijk van gewicht, max.diepgang ca. 2 m.
Trailerhellingen: Bij Alkmaarse R. en Z.V.; Gebr. Verduin; openbare helling bij het pontveer over het Noordhollandskanaal; Jachthaven 't Hoorntje.
Kampeerterrein en wasserette: Bij Jachthaven 't Hoorntje.
Stortplaats chemisch toilet: Bij Alkmaarse R. en Z.V.; bij Jachthaven 't Hoorntje.

Akkrum

4 km van Terherne (Terhorne); 4 km van Oude Schouw; 2 km van Nes. De doorgaande vaarroute van de Meinesloot naar de Boorne leidt om Akkrum heen.
Maximumsnelheid: In de Pol- en Diepesloot 12,5 km/h; overigens 9 km/h.
Bruggen en brugbediening:
- Rijksophaalbrug, H 1,20 m, over de Meinesloot en de brug It Weidlân (gemeentebrug, bb) in de Leppedijk. Bruggeld gemeentebrug f 2,-; rijksbrug f 2,50. Bediening:

ma. t/m zat.	(1 mei-1 okt.)	9-12, 13-17, 18-20 h
	(1 okt.-15 nov. en 15 mrt.-1 mei)	9-12, 13-17 h
	(15 nov.-15 mrt.)	9-12, 13-17 h, op verzoek, 24 h tevoren aanvragen, tel. (058) 92 58 88
zo. en fd.	(mei en sept.)	9-12, 14-18 h
	(juni t/m aug.)	9-12, 14-17, 18-20 h
	(1 okt.-1 mei)	gesloten

- Spoorbrug (bb) over de Boorne, H 1,45 m.
Dagelijks bediening als de treinenloop dit toelaat (gemiddeld 2 x 6 min per uur geopend; zie watersportwijzer 'Openingstijden Spoorbruggen', gratis verkrijgbaar bij de ANWB-vestigingen). De brug wordt op afstand m.b.v. camera's en intercoms gratis bediend. Op Koninginnedag en op Hemelvaartsdag bediening als op zat.
- De W. Walterbrug, rijksophaalbrug, H 3,05 m, over de Boorne. Bediening (gratis):

ma. t/m zat.	(1 mei-1 okt.)	9-12, 13-17, 18-20 h
	(1 okt.-1 mei)	9-12, 13-17 h op verzoek, 24 h tevoren aanvragen, tel. (058) 92 58 88
zo. en fd.	(mei en sept.)	9-12, 14-18 h
	(juni t/m aug.)	9-12, 14-17, 18-20 h
	(1 okt.-1 mei)	gesloten

N.B. De beide gemeentebruggen in de oude vaarweg door Akkrum worden voor de doorgaande vaart niet meer bediend.

Aanlegplaatsen: Aan de Z-zijde van de Meinesloot, D 1 m tot 1,30 m, tarief f 1,25 per m; in het dorpscentrum aan de Polsloot vanaf de Boorne tot de vaste brug, D ca. 1,40 m; aan de W-wal van de Boorne, ten N van de rijksophaalbrug, D 1 m; in de Boorne is een kleine, gemeentelijke aanloophaven nabij het dorpscentrum, max.verblijfsduur 2 h.

Ligplaatsen: Aan de kleine tuigsteiger van de A.W.S.-Eendracht, tarief f 0,80 per m lengte per nacht (toiletten en wastafels) ● Jachthaven van de Stichting Tusken de Marren, U. Twynstrawei 31, tel. (05665) 18 40, b.g.g. 12 62, langs de Meinesloot op ca. 50 m van de brug, in de haven van de stichting en langs de Meinesloot ten westen van de jachthaven, tarief f 1,25 per m lengte per nacht (douches, toiletten en wastafels) ● Jachthaven Niemarkt, aan de Boorne, tarief f 4,– tot f 6,– per nacht (douches en toiletten) ● Marrekrite ligplaatsen aan de Boorne, het Akkrumerrak en Het Deel. Het dorp is langs het dijkje goed bereikbaar; Jachtwerf De Wit, tel. (05665) 12 53, aan de Polsloot (elektra en drinkwater).

Motorbrandstof: Jachtwerf Oost B.V., Ljouwerterdijk 37, tel. (05665) 16 32, die (sl) (zo. gesloten); Brakel Watersport, aan de Polsloot, die (sl); Jachthaven Niemarkt, die (sl).

Vulstation propaangasflessen: Brakel Watersport, aan de Polsloot; Jachtwerf Oost B.V.

Reparatie: Jachtwerf Oost B.V., Ljouwerterdijk 37, tel. (05665) 16 32, bib (alle merken), bub (Suzuki), romp/uitr (ht, s/op de wal + in het water) (alleen op zo. gesloten); A. Fennema, in het dorp, bub/bib; Brakel Watersport, Polsleatwei 11, tel. (05665) 22 50, aan de Polsloot, bib (Volvo Penta, Mercedes en DAF), romp/uitr (ht, s/op de wal + in het water), elek; Jachthaven Niemarkt, 't Hiemste 14, tel. (05665) 18 80, romp/uitr (ht, s, p), hellingwagen, max. 15 ton, tarief f 16,50 per m^2; Zeilmakerij De Boorn, J. de Boer, Boarnsterdijk 93, tel. (05665) 19 87, zeil/tuigage; J. de Wit, Polsleatswei 4-5, tel. (05665) 12 53, hellingwagen, max. 10 ton.

Hefkranen: Jachtwerf Oost B.V., max. 1 ton, max.diepgang 1 m, tarief f 37,50; Fa. Duursma, max. 2 ton, tarief f 50,–; Jachthaven Niemarkt, max. 15 ton, tarief f 16,50 per m; Brakel Watersport, max. 20 ton, tarief f 150,–, max.diepgang 1,20 m.

Trailerhellingen: Jachthaven Tusken de Marren, W-oever Meinesloot, tarief f 2,50 per keer.

Botenliften: Brakel Watersport, max. 20 ton, max.diepgang 1,20 m, tarief f 150,–; Jachtwerf Oost B.V., max. 15 ton, max.diepgang 1,35 m, tarief f 15,– per m lengte (liften met staande mast mogelijk).

Kampeerterreinen: Gemeentelijk terrein, O-oever van de Meinesloot; Camping Jachthaven Tusken de Marren.

Wasserette en stortplaats chemisch toilet: Bij Jachthaven Tusken de Marren.

Alblas

Doodlopend riviertje in de Alblasserwaard nabij de molens aan de Kinderdijk. De Alblas is uitsluitend vanaf de Noord bij Alblasserdam, kmr 981 Ro, toegankelijk via een schutsluis achterin de haven. Max.diepgang 1,50 m.

Vaarvergunning en vaarwegbeheerder: Verkrijgbaar bij Hoogheemraadschap van de Alblasserwaard en de Vijfheerenlanden, Molenstraat 32, 4201 CX Gorinchem, tel. (01830) 5 38 99. Kosten per seizoen: schepen tot 6 m lengte f 22,50, daarboven f 32,50. Vergunning voor 3 dagen f 5,–, verkrijgbaar bij de sluis.

Maximumsnelheid: 9 km/h.

A **Sluis en bruggen:** De overwelfde schutsluis met vaste brug, H 1,40 m bij GHW en 2,25 m bij GLW, aan de O-kant van de haven van Alblasserdam geeft toegang tot de Alblas. Vier vaste bruggen, H 1,95 m.
Sluisbediening: Van 15 mrt. tot 1 nov. bediening (liefst op z'n minst 3 dagen) tevoren mondeling of telefonisch aanvragen bij de havenmeester J. Noordzij, tel. (01859) 1 67 09 òf schriftelijk door de brievenbus van havenkantoor W.V. d'Alblasserwaerdt, danwel telefonisch tel. (01859) 1 83 01. Vr. vanaf 16.45 h en zat. de gehele dag. Sluisgeld f 4,– per schip. Van 1 nov. tot 15 mrt. is de sluis afgesloten met een schotbalkkering, waardoor geen doorvaart mogelijk is.
Ligplaatsen: Jachthaven De Nederwaard van W.V. d'Alblasserwaerdt aan het Nieuwe Waterschap, tarief f 0,50 per m lengte per nacht
● Jachthaven Het Waardhuis van W.V. d'Alblasserwaerdt, ca. 200 m ten O van de sluis aan de Alblas, tarief f 0,50 per m lengte per nacht.

Alblasserdam

Aan de Noord, kmr 981 Ro; 15 km van Rotterdam; 6 km van Dordrecht; zie voor de toegang tot de Alblas onder 'Alblas'.
Waterstanden: GHW = NAP + 1,06 m; GLW = NAP – 0,07 m.
Brug: Verkeersbrug (bb) over de Noord, vaste gedeelte
H NAP + 12,60 m. Zie voor bediening en bijzonderheden onder 'Noord'.
Haven: De toegang ligt 500 m ten N van de brug over de Noord aan de O-oever, kmr 981,1. In de toegang ligt, tussen de terreinen van V.d. Giessen-De Noord (Scheepswerf), een particuliere klapbrug, H GHW + 1,10 m, wordt vlot, 24 uur/dag, bediend (staat alleen op zo. open). Achter die brug liggen de jachthavens van W.V. Alblasserdam en W.V. d'Alblasserwaerdt. Diepte GLW – 2 m.
Ligplaatsen: Jachthaven W.V. d'Alblasserwaerdt, tel. (01859) 1 83 81, tarief f 1,– per m lengte per nacht (elektra) ● Jachthaven W.V. Alblasserdam, tarief f 1,– per m lengte per nacht (elektra).
Motorbrandstof: Bootservice J. Korteland B.V., Polderstraat 9a, vlak bij de Jachthaven W.V. d'Alblasserwaerdt, tel. (01859) 1 48 97, die, be en sbe (zondags gesloten).
Reparatie: Bootservice J. Korteland B.V., Polderstraat 9a, tel. (01859) 1 48 97/1 93 70, bub (alle merken), romp/uitr (p/op de wal).
Trailerhelling: Ten oosten van de jachthaven van W.V. Alblasserdam, alleen voor kleine boten en alleen bij hoogwater.

Aldeboarn (Oldeboorn)

Aan de Boorne; 3 km van Akkrum; 15 km van Gorredijk.
Bruggen en sluizen: 3 beweegbare bruggen, wijd 5,50 m en 1 vaste brug, H 3,40 m en wijd 15 m. Zie verder onder 'Opsterlandse Compagnonsvaart'.
Aanlegplaats: Aan de kade in de dorpskern, gratis.
Ligplaats: Swettehaven van W.V. Aldeboarn, achter automatische zelfbedieningsbrug, aan de O-zijde van het dorp, havenmeester R. Knol, tel. (05663) 14 18, max.diepgang 1,50 m, tarief f 5,– per nacht (elektra).
Drinkwater: In de Swettehaven bij W.V. Aldeboarn; vanaf Nes bij de 1e draaibrug.
Reparatie: Garagebedrijf in het dorp.
Hefkraan: Aan de westzijde vóór het dorp max. 3 ton. Vooraf bespreken bij Nutsbestuurvoorzitter, J. Watzema, tel. (05663) 14 97.

Alem

Aan de oude Maasarm, te bereiken vanaf sluis St. Andries, in W-richting; vanaf de Maas bij kmr 209.
Bij invaart van de Maasarm dient men midden vaarwater te houden i.v.m. een oude krib aan bakboord.

Lig- en aanlegplaatsen: Jachthaven De Maas, havenmeesters
H. Mom, J. Lambooy, tel. (04182) 15 24, tarief f 1,25 per m lengte per
nacht + f 0,65 p.p. toeristenbelasting (douches (f 1,–), toiletten, wastafels en elektra); Restaurant De Maas (van 15 sept.-15 mei, wo. gesloten; 15 mei-15 sept. dagelijks geopend).
Motorbrandstof: Jachthaven De Maas, die (sl).
Reparatie: Jachthaven De Maas, tel. (04182) 15 24, bub (Yamaha, Mariner en Suzuki), bib (alle merken), romp/uir (ht, s, p/op de wal + in het water), elek (15 mei t/m 15 sept. dagelijks geopend).
Hefkraan en trailerhelling: Jachthaven De Maas, hefkraan max.
10 ton, helling max. 20 ton, tarief f 16,50 per m, trailerhelling
max. 5 ton, tarief f 15,– per keer, max.diepgang 1,70 m.

Alkmaar

Aan het Noordhollandskanaal; 45 km ten Z van Den Helder; 28 km ten N van Zaandam; 37 km van Amsterdam; zie ook 'Noordhollandskanaal' en 'Kanaal Alkmaar (Omval)-Kolhorn'.
Kaartje: Is bij de beschrijving opgenomen.
Havenkantoor: Tesselsebrug (4), Geestersingel 80/Dependance Accijnstoren (1), Bierkade 26, tel. (072) 11 71 35. Aanleggen aan de meersteiger alleen toegestaan om drinkwater e.d. te bunkeren.
Afdelingshoofd Haven, Markten en Evenementen: Mw. K.E. van der Valk, tel. (072) 14 24 34/14 22 57.
Havengelden: 1 juni-1 okt. f 1,30 per m lengte per 24 h of gedeelte daarvan; 1 okt.-1 juni f 3,20 per m lengte per week, f 9,65 per m lengte per maand (minimaal 7 m wordt in rekening gebracht).
Bruggen en brugbediening:
Over het Noordhollandskanaal, zie aldaar.
Over de Hoornse Vaart, vaste bruggen, H 2,74 m.
Stadsgracht (Luttik Oudorp), zie bij 'Ligplaatsen'.
Over het Kanaal Alkmaar (Omval)-Kolhorn, zie aldaar.
Ligplaatsen: Voor passanten*:
● Voormeer en Bierkade: In de maanden juli en aug. alleen wachtplaats voor vaartuigen die in het Luttik Oudorp willen meren. In de overige periode kunnen passanten hier aanleggen.
● Kanaalkade: Uitsluitend gereserveerd voor de beroepsvaart.
● Afgesneden Kanaalvak (ten N en Z van de voetbrug): Passantenhaven, aanmelding verplicht, via meldsteiger in het Afgesneden Kanaalvak, bij de brugwachter van de Tesselsebrug (marifoonkan. 20).
● Luttik Oudorp (stadsgracht). Brugbediening:

(1 juni-1 sept.)	ma. t/m vr.	10-16 h regelmatig, op verzoek
	zat.	10.30-12 h
	zo. en fd.	gesloten
(1 sept.-1 juni)	in overleg met de Havendienst	

* Sanitaire voorzieningen (toilet, wastafels en douche) zijn in het havenkantoor en in het Afgesneden Kanaalvak aanwezig.
Drinkwater: Bij het Havenkantoor en in het Afgesneden Kanaalvak bij de meldsteiger.
Motorbrandstof: Klaver B.V., Helderseweg t.o. nr. 14 (tussen Tesselsebrug en spoorbrug, W-oever), be, die.
Reparatie: Martin de Rooy B.V., Luttik Oudorp 20, tel. (072) 11 29 68, bub (alle merken) (zat. geopend); P. Schot, Mient 33, tel. (072)
11 54 09, bub (Yamaha, Mercury, Johnson, Evinrude en Tomos);
Nicolaas Witsen B.V., Kraspolderweg 4, tel. (072) 11 22 97, romp/uitr

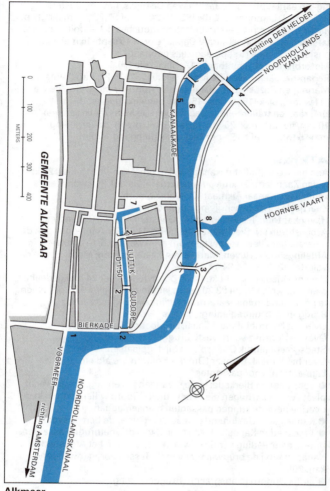

Alkmaar

1. Dependance Havenkantoor Accijnstoren
2. Bruggen Luttik Oudorp (bb)
3. Friese Brug (bb)
4. Tesselsebrug (bb H 1,95 m), Havenkantoor
5. Afgesneden Kanaalvak (voetbrug (bb), H 3,35 m)
6. Meldsteiger
7. Waagplein VVV
8. Vaste brug, H 2,80 m

(ht, s, p, a/op de wal), bib/bub; Bomoto Watersport, Kraspolderweg 4, tel. (072) 15 85 42, bib/bub (alle merken); Jachtwerf Victoria, Madame Curiestraat 3, tel. (072) 15 06 44, romp/uitr (p) (sept. t/m april op zat. geopend, mei t/m aug. dagelijks geopend); 't Scheepvaarthuis, (Fa. L. Helfrich), Luttik Oudorp 12-16, tel. (072) 11 22 59, zeil/tuigage; Buter v/h Fa. D. Balder en Zn., Achterdam 20, tel. (072) 11 23 76, zeil/tuigage.

Hefkraan en botenlift: Nicolaas Witsen B.V., kraan max. 25 ton, lift max. 50 ton, max. diepgang 2,80 m (heffen en liften met staande mast mogelijk).
Wasserette: Cor Vredenburg, Luttik Oudorp 60, tel. (072) 11 24 06.

Alkmaardermeer

Zie ook 'Uitgeest' en 'Akersloot'.
Algemeen: Er is een gebaggerde geul van 3 m diepte van de Stierop naar het Gat van de Meer, de verbinding met het Noordhollandskanaal nabij Akersloot. Over de Stierop varende in NW-richting moet men binnen de betonde geul blijven. Buiten de geul is het deel ten N van de Stierop met 1,50 m diepgang goed bevaarbaar, evenals de rest van het meer (met uitzondering van het Limmergat dat ca. 1 m diep is en de NW-oever van het Uitgeestermeer). Door zandzuigen zijn gaten ontstaan van ca. 20 m diepte.
De O-oever kan niet overal genaderd worden, daar deze op sommige plaatsen nogal ondiep en steenachtig is. In het NO is een grote inham (de Deilings), die ook zeer goed bevaarbaar is en in open verbinding staat met de Markervaart. Bij het dorp Akersloot (zie aldaar) zijn enkele goede aanlegplaatsen en jachthavens.
De W-oever is overal met riet begroeid en is voldoende diep (met uitzondering van de NW-oever van het Uitgeestermeer). Het is verboden in de rietkraag ligplaats te nemen, of deze anderszins te beschadigen. Dit geldt ook voor de Dodde en de kaden van de Hempolder.
Het ZW-gedeelte van het meer loopt tot aan het dorp Uitgeest. Van de Stierop af (flikkerlicht aan bakboord houden) loopt een goed betonde vaargeul naar het dorp, ca. 2,50 m diep. Buiten deze vaargeul mag op niet meer dan 1 m diepte gerekend worden. Binnen een afstand van ca. 1 km van het dorp bedraagt de diepte buiten de vaargeul op vele plaatsen slechts 0,80 m.
Vaarwaterbeheerders: Provincie Noord-Holland, Dienst Ruimte en Groen, Postbus 6090, 2001 HB Haarlem, tel. (023) 14 32 00; Vaargeul: Provincie Noord-Holland, Dienst Wegen, Verkeer en Vervoer, Postbus 205, 2050 AE Overveen, tel. (023) 14 53 00; Recreatieschap Alkmaarder- en Uitgeestermeer, Lagendijk 33, 1911 MT Uitgeest, tel. (02513) 1 14 10.
Maximumsnelheid: Recreatievaart 12 km/h en overige scheepvaart 9 km/h. Voor snelle motorvaart en waterskiën worden voor een gedeelte van de Deilings jaar- en weekontheffingen afgegeven. De weekontheffingen zijn alleen geldig van ma. t/m vr. Nadere informatie is opgenomen in de ANWB-watersportwijzer 'Snel motorbootvaren in Nederland'. Raadpleeg hiervoor de 'Handleiding' van deze Almanak onder 'Snelle motorboten en Waterskiën'.
Aanlegplaatsen: In de Woudhaven aan het Kogerpolderkanaal ten O van de Deilings, tarief tot 7 m lengte f 2,50, tot 9 m f 4,–, 9 m en langer f 6,– per nacht (toiletten en douches (f 1,–)). Men mag max. 4 nachten op dezelfde locatie verblijven, waarna het vaartuig min. 500 m verhaald moet worden, om vervolgens weer max. 4 nachten te kunnen blijven liggen ('4-dagen-regeling' van het recreatieschap). Deze regeling geldt tevens voor alle vrije aanlegplaatsen in het plassengebied.
Ligplaatsen: Zie onder 'Uitgeest' en 'Akersloot'.
Drinkwater: Aan de Woudhaven, sl (gratis).
Trailerhelling: Openbare helling aan de Woudhaven.
Kampeerterrein: Aan de N-oever van de Stierop op 1 km afstand van de Markervaart. Eigenaar: dhr. K. Lijns, Stierop 475. Zie ook 'Uitgeest'.
Stortplaats chemisch toilet: Bij de Woudhaven.

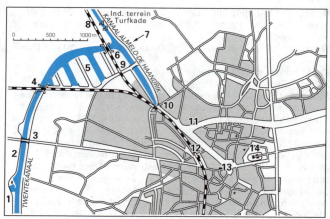

Almelo

1. Almelosche W.V.
2. Buitenhaven
3. Brug, H 6 m
4. Spoorbrug, H 6 m
5. Insteekhavens
6. Spoorbrug, H 6 m
7. W.V. De Brug
8. Sluis te Almelo
9. Dollegoorsbrug, ophaalbrug
10. Eilandsbrug, hefbrug wordt voor de recreatievaart niet bediend
11. Dam
12. Station
13. Markt
14. Huizen Almelo

Almelo

Aan de verbinding van het kanaal Almelo-De Haandrik met de zijtak van het Twentekanaal (zie aldaar); 52 km van de IJssel over het Twentekanaal (het zijkanaal is 16 km lang); 39 km van Coevorden.
Kaartje: Is bij de beschrijving opgenomen.
Havendienst: Turfkade 15, tel. (0546) 86 08 62 of marifoon kan. 20.
Gemeentelijk havengeld: Voor passanten nihil, max. verblijfsduur 3 x 24 uur. Voor een ligplaats in gemeentewater is toestemming nodig van de havendienst.
Bruggen en sluizen: Zie onder 'Twentekanaal' en 'Kanaal Almelo-De Haandrik'.
Bediening van de Dollegoorsbrug (9):

| ma. t/m vr. | 9-12, 13.30-16 h |
| zat., zo. en fd. | gesloten |

Lig- en aanlegplaatsen: In het Twentekanaal in de jachthaven van de Almelosche W.V. (1), ca. 3,5 km van het centrum van Almelo en 1,5 km van het centrum van Wierden, havenmeester J. Brunsman, tel. (0546) 57 14 55, tarief f 1,– per m lengte per etmaal (elektra, douches (f 1,–), wastafels, toiletten, kantine en fietsverhuur) ● in Kanaal Almelo-De Haandrik aan de steiger van W.V. De Brug (7), ca. 1 km van het centrum, havenmeester L.K.M. Blind, tel. (0546) 85 30 48, b.g.g. (05480) 1 31 41, tarief f 6,– per nacht (toiletten, douches (f 1,–), wastafels en elektra) ● aan de los- en laadkaden in de Buitenhaven WZ en tussen de bruggen (8) en (10).
Drinkwater: Bij de brugwachter van de Dollegoorsbrug (9); aan de laad- en loskade aan het Twentekanaal (2); nabij insteekhavens (5).
Motorbrandstof: Jachthaven van de Almelosche W.V., die (sl).

Vulstation propaangasflessen: A. Hinnen & Zn., Plesmanweg 28a, tel. (0546) 86 32 65.
Reparatie: Garage H. H. Schiphorst & Zn., Aalderikssingel 13, bub/bib.
Trailerhelling: Almelosche W.V., Buitenhaven W.Z. 2, tel. (0546) 57 14 55, max. 13 ton.
Wasserette: Jachthaven van de Almelosche W.V. (wasmachines).

Almere-Buiten
Aan de Lage Vaart in Z-Flevoland. Bereikbaar vanaf het Markermeer via de vluchthaven bij de Blocq van Kuffeler en de Zuider- en Vaartsluis. Zie ook onder 'Flevoland', 'Almere-Haven' en 'Almere-Stad'.
Aanlegplaatsen: Twee aanlegsteigers in de Lage Vaart aan de ZO-zijde van Almere-Buiten, max.verblijfsduur 3 x 24 h.
Reparatie: Sondy B.V., Hefbrugweg 89, Almere-De Vaart, tel. (036) 5 32 00 59, aan de insteekhaven aan de Lage Vaart, romp/uitr.
Vluchthaven aan het Markermeer: Bij het gemaal de Blocq van Kuffeler en de Zuidersluis. De toegang tot de haven wordt gemarkeerd door een vast rood en een vast groen licht op de dijkkoppen aan weerszijden van de invaart. In deze haven mag max. 3 x 24 h aan de passantensteiger ligplaats worden genomen (gratis).
Trailerhelling: Openbare helling in de vluchthaven aan het Markermeer en aan de Lage Vaart ten ZO van Almere-Buiten.

Almere-Haven
Aan het Gooimeer (zie aldaar) in Z-Flevoland; 4 km ten NW van Huizen; 6 km van de Hollandse brug (zie 'Muiderzand').
Maximumsnelheid: 6 km/h.
Sluis: De sluis in Almere-Haven geeft toegang tot de Lange Wetering. Men kan doorvaren naar de Hoge Vaart (zie onder 'Flevoland') en Almere-Stad (zie aldaar). Max.afmetingen: H 2,50 m, D 1,25 m, breedte 4 m, lengte 20 m. Sluisgeld f 3,–.
Bediening:

(13 mei-18 sept.)	dagelijks	9-12, 13-19 h
(18 sept.-13 mei)	ma. t/m vr.	op verzoek*
(14 april-13 mei en 18 sept.-16 okt.)	zat., zo. en fd.	9-12 h
(16 okt.-14 april)	zat., zo. en fd.	gesloten

* Bediening op verzoek aanvragen op werkdagen tussen 9-16 h, bij Moby Marina B.V., tel. (036) 5 31 72 84. Vrijdag 14 april bediening als zat., zo. en fd.

Vaarroute Almere-Haven/Almere-Stad/Hoge Vaart: Zie onder 'Almere-Stad'.
Aanlegplaatsen: (Binnendijks) Aan de O-oever van de Lange Wetering vlak na de splitsing met de Kromme Wetering; op de splitsing met de Hoge Vaart; aan de Hoge Vaart 0,5 km en 1,5 km ten Z van de splitsing met de Lange Wetering, max.verblijfsduur 3 x 24 h.
Ligplaatsen:
● Aan steigers in de jachthaven van W.V. Almere-Haven (buitendijks), aan de W-zijde van de haven, op 5 min lopen van het centrum, havenmeester P. Zandstra, tel. (036) 5 31 75 17, tarief f 1,50 per m lengte per nacht (KNWV-leden f 1,20) (toiletten, wastafels, elektra en douches (f 1,–)), aparte steiger voor gehandicapten (met rolstoel tot boot mogelijk).
● Aan de kade in de gemeentehaven aan de O-zijde van de haven bij de toegang tot de sluis (buitendijks), sluiswachter/havenmeester tel. (036) 5 31 75 17, tarief f 1,35 per m lengte per nacht, met een

minimum van f 6,75, max.verblijfsduur 3 x 24 h (toiletten, douches en wastafels).
● Aan de passantensteiger aan het Gooimeer (buitendijks), ten NW van de toegang tot het havenkanaal, tarief f 1,35 per m lengte per nacht, met een minimum van f 6,75, max.verblijfsduur 3 x 24 h.
● Steigers bij de Goedewerf vlakbij de sluis (binnendijks), tarief f 1,35 per m lengte per nacht, met een minimum van f 6,75, max.verblijfsduur 3 x 24 h.
Drinkwater: Aan de gemeentehaven.
Motorbrandstof: W.V. Almere-Haven, die (sl), sbe (sl).
Reparatie: Via Tagrijn, bub/bib; Vos en Mulder, bub/bib.
Hefkraan, trailerhelling en botenlift: Aan de jachthaven van W.V. Almere-Haven, kraan max. 2,5 ton, tarief tot 6 m lengte f 125,–, helling max. 15 ton, tarief f 45,–, lift max. 15 ton, tarief vanaf f 125,–, max.diepgang 2,90 m.
Kampeerterrein: Aan de jachthaven van W.V. Almere-Haven.
Stortplaatsen chemisch toilet: Aan de jachthaven van W.V. Almere-Haven; aan de gemeentehaven bij het toiletgebouw.
Aftappunt vuilwatertank: Aan de gemeentehaven bij het toiletgebouw; bij W.V. Almere-Haven.
Gemeentelijk infocentrum/VVV: Deltastraat 76, tel. (036) 5 39 92 22/ 5 34 80 88 (geopend van ma. t/m vr. 9-17 h, zat. 10-12 h).

Almere-Stad

Hoofdkern van Almere in Z-Flevoland. Bereikbaar via de Lange Wetering en de Hoge Vaart. Zie ook onder 'Flevoland', 'Almere-Buiten' en 'Almere-Haven'.
Aan de Z-zijde van Almere-Stad ligt het Weerwater, een recreatieplas van 125 ha met diverse aanlegplaatsen. In verband met een hoogspanningslijn is het Weerwater verboden voor vaartuigen met een masthoogte van meer dan 8,50 m. De diepte varieert van 1,25 tot 5 m.
In het NO-gedeelte van de stad vlak bij de Hoge Vaart ligt de Leeghwaterplas (ca. 25 ha). In verband met de plaatselijke geringe diepgang wordt geadviseerd ten Z van de eilandjes te varen, waar de diepte 1,25 m is.
Aan de N-zijde buiten de bebouwde kom liggen de Noorderplassen. Dit recreatiegebied (ca. 200 ha) staat in open verbinding met de Hoge Vaart; ophaalbrug, brughoogte 3 m.
Maximumsnelheid: Op het Weerwater 9 km/h, overigens 6 km/h.
Doorgaande vaarroutes:
Via Almere-Haven, de Lange Wetering, de Kromme Wetering, het Weerwater, het grachtenstelsel in Almere-Stad en de Noorderplassen naar de Zuidersluis in de Hoge Vaart. Max.afmetingen: H 2,50 m, D 1,25 m.
Via het Weerwater en de Leeghwaterplas naar de Hoge Vaart. Maximale afmetingen H 2,50 m, D 1,25 m.
Sluizen: In de bovengenoemde wateren wordt de waterstand op peil gehouden door 3 sluisjes, die men zelf moet bedienen. Max.afmetingen: D 1,25 m, breedte 4 m, lengte 20 m. Geen sluisgeld. Van 1 april tot 1 nov. zijn de sluizen bedienbaar. De sluis bij de Leeghwaterplas is het gehele jaar bedienbaar.
Lig- en aanlegplaatsen: (Voor alle meerplaatsen geldt een (gratis) verblijf van max. 3 x 24 h): Passantenhaven van Almere-Stad aan de N-oever van het Weerwater, grenzend aan het winkelcentrum; aan de ZW-oever van het Weerwater (toiletten en douches in openbaar toiletgebouw aan de Z-oever) ● passantenhaven aan de ZO-oever van het Weerwater bij de toegang tot de Kromme Wetering ● tussen de sluis bij de Leeghwaterplas en de Hoge Vaart aan de Z-oever ● aan-

legsteigers aan de Noorderplassen ● in de jachthaven van het Weerwater, Haddock Watersport, tel. (036) 5 33 06 46 (toiletten, douches en wastafels).
Motorbrandstof: Bij een van de tankstations in de stad.
Trailerhellingen: Openbare helling aan NO-oever van de Noorderplassen en in de Lange Wetering ter hoogte van de aansluiting met de Hoge Vaart. Helling in de jachtahven aan de Z-oever van het Weerwater.
Reparatie: Van Duinen's Techniek, Wijde Blik 50, tel. (036) 5 33 81 10, bib/bub, elek.

Alphen a. d. Maas
Aan de Maas, kmr 199; 3,5 km van Lith; 15 km van Ravenstein.
Havengeld: f 0,05 per ton.
Aanlegplaatsen: In de afgesneden arm aan de loswal tegenover de kerk en aan de loswal bij de aanlegplaats van de veerpont Alphen-Oijen.
Ligplaatsen: In de afgesneden rivierarm bij Jachthaven De Nieuwe Schans, eigenaar A. Strijbosch, tarief f 1,– per m lengte per nacht (toiletten, douches en wastafels). In deze jachthaven is gevestigd de W.V. De Nieuwe Schans.
Reparatie: Jachthaven De Nieuwe Schans, in overleg met de havenmeester, tel. (08876) 16 80 of 12 67, bub/bib; Special Outboard Service, Schansedijk 7, tel. (08876) 14 89, bub, dagelijks geopend.
Trailerhellingen: Jachthaven De Nieuwe Schans, max. 10 ton, tarief f 75,–; Special Outboard Service, max. 2 ton, tarief f 5,–.
Kampeerterrein: Bij Jachthaven De Nieuwe Schans.
Stortplaats chemisch toilet: Bij Jachthaven De Nieuwe Schans.

Alphen a. d. Rijn
1,5 km van Gouwsluis; 5 km van Woubrugge; 6 km van Koudekerk a. d. Rijn; zie ook 'Heimanswetering', 'Oude Rijn' en 'Zegerplas'.
Bruggen:
Over de Oude Rijn: zie aldaar.
Over de Heimanswetering: zie aldaar.
Lig- en aanlegplaatsen:
● Ten N van de Alphense brug (ophaalbrug) aan de O-oever van de Oude Rijn in het hartje van het stadscentrum, max.verblijfsduur 2 h.
● Aan de O-oever van de Oude Rijn tussen de Kon. Julianabrug en Albert Schweitzerbrug aan de passantenplaats voor de beroepsvaart, geschikt voor grote jachten.
● Aan de Oude Rijn tussen 's-Molenaarsbrug en Koudekerk aan de N-oever, ter hoogte van de 2 picknickplaatsen, voor korte duur (onrustig).
Deze picknickplaatsen vindt men 350 m ten W van 's-Molenaarsbrug en direct ten O van de monding van de Lagewaardse Rijn.
● In de Industriehaven Rijnhaven, te bereiken via een ophaalbrug H 0,90 m vanaf de Oude Rijn bij Avifauna, tarief f 0,60 per m lengte per nacht, max.verblijfsduur 3 dagen. Bedieningstijden ophaalbrug, (brugwachter, tel. (01720) 3 09 55, b.g.g. 7 22 93):

ma. t/m vr.	6.45-7.30, 9-16.30, 18-19 h
zat.	6.45-7.30, 11.30-13 h
zo. en fd.	gesloten

● In de jachthaven van de W.V. Alphen aan de Heimanswetering (zie aldaar).
Drinkwater en motorbrandstof: M. Verschuur, aan de Oude Rijn, aan de O-zijde van Alphen, tel. (01720) 7 25 91, be, die (zo. gesloten).

A **Vulstations propaangasflessen:** Van Staveren-Marion Gas B.V., Energieweg 31, tel. (01720) 3 44 31; Schouten Jongenburger B.V., Gnephoek 4.
Reparatie: Jachtwerf Daniël, Koperweg 7, tel. (01720) 2 22 19, bub (Yamaha), bib (Vetus); Jachtwerf Gebr. van Dam, Energieweg 9, tel. (01720) 3 20 89, aan de Rijnhaven, romp/uitr (ht, s, p, a/op de wal + in het water); Jacht- en Scheepswerf de Jong, Gouwestraat 60, tel. (01720) 7 34 75, romp/uitr; Vreugdenhil's Jachtenbouw, Hoorn 88, tel. (01720) 3 10 56, romp/uitr (ht, s, p, a/op de wal + in het water), hellingwagens, max. 15 ton (zat.ochtend geopend); D. Schellingerhoudt, Ondernemingsweg 11, tel. (01720) 4 45 39, aan de Rijnhaven, bub/bib, romp/uitr.
Trailerhelling: D. Schellingerhoudt, Ondernemingsweg 11.
Hefkranen: Jachtwerf Daniël, max. 10 ton, max.diepgang 1,50 m, tarief f 23,50 per m^2; Vreugdenhil's Jachtenbouw, max. 5 ton (heffen met staande mast mogelijk).

Ameide
37,5 km van Rotterdam; aan de Lek, kmr 962,3 Lo.
Aanlegplaats: Aan de gemeente-loswal. Soms kan men er langszij van een vrachtschip liggen. Zeer onrustige aanlegplaats door beroepsvaart op de rivier.
Motorbrandstof: Op de dijk bij T. Rozendaal.
Trailerhelling: Aan de nieuwe loswal, max. 1½ ton, gratis.

Ameland
De jachthaven van de Stichting 't Leye Gat op Ameland wordt aangelopen via de Reegeul. De Reegeul is gemarkeerd door kop- en steekbakens en tevens door lichtpalen. Het geultje naar de jachthaven is uitsluitend gemarkeerd door kop- en steekbakens en twee lichtpalen rood en groen. De diepte van het toegangsgeultje is ± NAP 2 m. Op de nieuwe veerdam in Nes staat een wit licht (Iso 6s). Zie ook 'Waddenzee'.
Bijzondere bepalingen: Een varend of geankerd klein vaartuig moet bij slecht zicht en 's nachts op de Waddenzee en in de havens aan de Waddenzee een goed functionerende radarreflector voeren.
Kustwacht: Roepnaam Kustwachtpost Ameland, marifoonkan. 67 en 5 (ook voor het opvragen van actuele informatie). De post is bemand van 15 mei-15 sept. van 8-23 h, van 15 sept.-15 mei van 9-15 h. Buiten deze tijden is de post bereikbaar via Kustwachtcentrum IJmuiden (marifoonkan. 67 (en 16, noodkan.)) of Centrale Meldpost Waddenzee, zie aldaar (marifoonkan. 4).
Weerberichten en berichten voor de scheepvaart worden 3 x per dag uitgezonden op kanaal 5 en wel om 10, 15 en 19 h.
Getijstanden: Rijzing bij doodtij 2,40 m boven gemiddeld LLWS; bij springtij 2,70 m. GHW = NAP + 0,96 m; GLW = NAP – 1,24 m.
Ligplaatsen: Jachthaven Stichting 't Leye Gat, in overleg met de havenmeester A. Mosterman, tel. (05191) 4 21 59, tarief f 2,50 per m lengte per dag + f 1,– p.p. toeristenbelasting (toiletten, douches (f 1,–) en wastafels), max.diepgang 1,50 m. Voor een scheepsaanlanding wordt hetzelfde tarief berekend. De haven bestaat uit de Oude Veerdam (vernieuwd) en drijvende steigers. De diepte aan de drijvende steigers is 0,70 tot 1,20 m bij gemiddeld LLWS. Aan de Oude Veerdam 0,50 m bij gemiddeld LLWS. Er geldt een absoluut meerverbod aan de nieuwe veerdam. Aan de aanlegsteiger in de Ballumerbocht liggen vaak beroepsschepen gemeerd, waardoor er geen ruimte is voor passanten.
Ankerplaatsen:
In de Ballumerbocht op de slikkerige plaat, voor platbodems moge-

lijk, doch niet aantrekkelijk. Geen voorzieningen, zonder vervoer is men ver van de bewoonde wereld.
Brandgat en Molengat.
Motorbrandstof en reparatie: Bij Autobedrijf Ameland, Reeweg 1, Nes-Ameland, tel. (05191) 4 23 00, net binnen de dijk, be, sbe, die, bub/bib (alle merken, dealer Suzuki en Farymann), romp/uitr (ht, s, p, a/op de wal + in het water), zeil/tuigage, elek.
Trailerhelling, wasserette en stortplaats chemisch toilet: Bij Jachthaven Stichting 't Leye Gat, helling max. 15 ton.

Amerongen

Sluis Amerongen in de Neder Rijn, kmr 922 (zie 'Rijn'); 3 km van Gierpont 'Eck en Wiel'; 2 km van de rivierarm naar Maurik.
Algemeen: De vaart gaat via de sluis (N-toeleidingskanaal) of stuw (Z-toeleidingskanaal). De doorvaarthoogte onder de geheven (openstaande) vizierschuif is bij een waterstand in Lobith van NAP + 12 m, 12,10 m (in het midden 7,35 m hoger). Welke doorvaart bruikbaar is wordt aangegeven door lichten en tonnen c.q. pijlen. De stuw wordt geheven als de waterstand in Lobith het peil van NAP + 11,45 m overschrijdt. Over de sluis ligt géén brug.
Sluis Amerongen: Bediening, gratis:

ma.	6-24 h
di. t/m vr.	0-24 h
zat.	0-20 h
zo. en fd.	8-20 h

Marifoon: Sluis Amerongen, kan. 20.
Aanlegplaats: Nabij de sluis zijn wachtplaatsen, maar geen meerplaatsen. Ook bij de stuw zijn geen meerplaatsen.
Wel aanlegmogelijkheden in de dode rivierarm in de Z-oever van de Neder Rijn, toegang t.o. kmr 924. Zie onder 'Maurik'.

Amersfoort

9 km van Baarn; zie ook 'Eem'.
Marifoon: Gemeentelijke havendienst, kan. 22.
Havenmeester (gemeente): Postbus 4000, 3800 EA Amersfoort, tel. (033) 61 36 61.
Bruggen: Nieuwe beweegbare brug ten Z van Jachthaven De Eemkruisers, H NAP + 2,10 m (IJZP + 2,30 m); beweegbare brug H NAP + 1,60 m (IJZP + 1,80 m), ongeveer 500 m ten N van de spoorbrug, in de toegang tot de stadshaven.
De vaste spoorbrug, H IJZP + 2,20 m, is het einde van de rivier de Eem; verdere doorvaart is niet mogelijk.
Bediening:
Nieuwe beweegbare brug:

ma. t/m vr.	7-7.30, 8.30-12, 12.30-16.15 h
zat.	7-12 h
zo. en fd.	gesloten

Beweegbare brug in de toegang tot de stadshaven*:

ma. t/m vr.	7-7.30, 8.30-12, 12.30-16.15 h
zat.	7-12 h
zo. en fd.	gesloten

* Bediening voor recreatievaart uitsluitend na overleg met de havenmeester, tel. (033) 61 36 61. Deze haven is in principe bestemd voor de beroepsvaart.

Lig- en aanlegplaatsen: Van N naar Z: beperkt aantal ligplaatsen bij Elzenaar's Jachtwerf De Eem, aan de Ro van de Eem, ten N van de beweegbare bruggen, tarief f 1,– per m lengte (elektra en toilet)
● Jachthaven W.V. De Eemkruisers, naast Jachtwerf De Eem, havenmeester J.G. v.d. Heuvel, tel. (033) 80 76 83, tarief f 1,– per m lengte per dag (toiletten, douche, wastafels en elektra) ● Jachthaven De Stuw, tel. (033) 72 10 06, aan de ingang van het Afwateringskanaal, ten Z van de nieuwe beweegbare brug, tarief f 0,60 per m lengte per nacht ● jaagpad langs de Ro van de Eem.
Drinkwater: In de insteekhaven en in de stadshaven.
Vulstation propaangasflessen: Elzenaar's Jachtwerf De Eem.
Reparatie: Jachthaven De Stuw, de Schans 2, tel. (033) 72 10 06, dagelijks van 8-18 h, romp/uitr (ht); Elzenaar's Jachtwerf De Eem*, de Schans 20/22, tel. (033) 80 36 91, dagelijks van 8-18 h, bub (Tomos), romp/uitr (ht), zeil/tuigage.
Hefkranen: Elzenaar's Jachtwerf De Eem, max. 900 kg, max.diepgang 1,10 m, kosten op aanvraag; Jachthaven De Stuw, max. 1½ ton, max.diepgang 1,30 m, kosten op aanvraag.

Amertak
Nieuw vaarwater tussen de Amer en het Wilhelminakanaal, ten oosten van Jachthaven Drimmelen bij kmr 252. Lengte ca. 3 km, breedte 50 m en een diepgang van 4,30 m

Ammerzoden
Aan de Maas, kmr 224 Ro; ca. 4 km beneden de brug bij Hedel; 6 km ten oosten van Heusden.
Ligplaats: Jachthaven Ammerzoden B.V., havenmeester dhr. Thomassen, Molendijk 1, tel. (04199) 47 23, max.diepgang 2,50 m, tarief f 1,25 per m lengte per nacht (douches (f 1,–), elektra, wastafels en toiletten).
Motorbrandstof: In de jachthaven, be (sl).
Trailerhelling: Aan de jachthaven, tarief f 5,–.
Kampeerterrein: Bij Camping Ammerzoden, nabij de jachthaven.

Amstel
Zie ook bij 'Ouderkerk a. d. Amstel', 'Nes a. d. Amstel' en 'Uithoorn'. Dit vaarwater loopt vanuit de Omval in Amsterdam via Ouderkerk, Uithoorn en Vrouwenakker naar de Tolhuissluizen. Totale lengte 26 km (Amsterdam – Ouderkerk 7 km, Ouderkerk – Uithoorn 11 km, Uithoorn – Tolhuissluizen 8 km).
Algemeen: Van de Omval tot Ouderkerk landschappelijk fraai vaarwater door mooie boomgroepen van landgoederen, villa's en boerderijen. Voorbij Ouderkerk meer landelijk. Voor de meeste zeiljachten breed genoeg om te kruisen, doch niet te dicht langs de oevers (ondiep). Bij Nessersluis is de W-oever even ten W van de veerpont zeer ondiep. Luwten komen hier en daar voor. De oevers lenen zich op vele plaatsen door stenen of te weinig diepte niet voor aanleggen. Na ca. 1 km voorbij Uithoorn splitst zich aan bakboord de Kromme Mijdrecht (zie aldaar) af.
Vaarwegbeheerder: Provincie Noord-Holland, Dienst Wegen/Verkeer en Vervoer, Postbus 205, 2050 AE Overveen, tel. (023) 14 31 43.
Maximumsnelheid: Beroepsvaart: 6 km/h; Recreatievaart: 9 km/h.
Marifoon: Basculebrug in Ouderkerk, kan. 20.
Maximum toegestane diepgang: 2,35 m.
Waterstand: De hoogte van de bruggen is opgegeven ten opzichte van een gemiddeld waterpeil van NAP – 0,40 m. De waterstand kan 0,10 m hoger of lager zijn.
Bruggen: Vaste brug (Utrechtse brug) bij Amsterdam, H 5,80 m in de

A2, een vaste brug H 5,80 m in de A10 (grens Amsterdam – Amstelveen) en een vaste brug H 5,80 m in de A9 ten Z van Ouderkerk. Beweegbare bruggen in Ouderkerk H 2,70 m, Uithoorn Prinses Irenebrug H 2,80 m en oude spoorbrug H 2,80 m (wordt bediend vanaf de Pr. Irenebrug) en in Vrouwenakker H 1,20 m.
Bediening: Brug te Ouderkerk (gratis)

(16 april-16 okt.)	ma. t/m vr.	6-22 h
	zat., zo. en fd.	9-13, 14-17 h
(16 okt.-16 april)	ma. t/m vr.**	6-22 h
	zat.	9-16 h
	zo. en fd.*	gesloten

Prinses Irenebrug en Oude Spoorburg te Uithoorn:

(16 april-16 okt.)	ma. t/m vr.	6-9^1, 9-17, 17-22^1 h
	zat., zo. en fd.	9-13, 14-17 h
(16 okt.-16 april)	ma. t/m vr.**	6-9^2, 9-17^1, 17-22^2 h
	zat.	9-13^1 h
	zo. en fd. *	gesloten

Brug te Vrouwenakker:

(16 april-16 okt.)	ma. t/m vr.	6-9^3, 9-17, 17-21^4 h
	zat., zo. en fd.	9-13, 14-19 h
(16 okt.-16 april)	ma. t/m vr.	6-9^3, 9-17^4, 17-21^5 h
	zat.	9-13^3 h
	zo. en fd.	gesloten

* Incl. Koninginnedag en 5 mei (Bevrijdingsdag).
** Op 24 en 31 dec. tot 16 h.
Bij grote verkeersdrukte is enig oponthoud mogelijk.
Voor jachten met strijkbare mast, wordt alleen op de hele en halve uren bediend.
Sluis: Tolhuissluizen (Huis ten Drecht), op de driesprong met Drecht en Aarkanaal, tel. (01723) 81 15. Bediening: (gratis)

(16 april-16 okt.)	ma. t/m vr.	6-22 h
	zat., zo. en fd.*	9-13, 14-19 h
(16 okt.-16 april)	ma. t/m vr.**	6-9^3, 9-17, 17-22^5 h
	zat.	9-13 h
	zo. en fd.	gesloten

* Incl. Koninginnedag en 5 mei (Bevrijdingsdag).
** Op 24 en 31 dec. tot 16 h.
Aanlegplaatsen: Bij de jachthavens nabij de Omval (zie ook onder 'Amsterdam'); bij het restaurant Het Kalfje, 3 km van de Omval; even buiten de bebouwde kom van Uithoorn aan de O-oever; direct ten W van de splitsing met de Kromme Mijdrecht aan de Z-oever.
Zie verder onder 'Ouderkerk' en 'Uithoorn'.
Drinkwater: Aan de Tolhuissluizen.

---

[1] i.v.m. het openen van de ophaalbrug te Vrouwenakker kan max. 30 minuten wachttijd ontstaan;
[2] i.v.m. het openen van de ophaalbrug te Vrouwenakker en de Tolhuissluizen kan max. 45 minuten wachttijd ontstaan;
[3] op afroep, moet zijn ingediend op voorafgaande werkdag vóór 17 h, tel. (02975) 6 13 78;
[4] op afroep, via drukbel of marifoonkanaal 20;
[5] op afroep, moet zijn ingediend vóór 17 h, tel. (02975) 6 13 78.

A Amstelmeer

Algemeen: Oppervlakte 700 ha. Er leiden vaargeulen, D 2,70 m, van het Balgzandkanaal, de Haukessluis en het Waardkanaal naar het diepe midden van het meer. De N-begrenzing van de geulen en van het diepe middendeel zelf zijn aangegeven door rode drijfbakens, de aansluitende ZO- en ZW-begrenzing door groene drijfbakens. Deze bakens zijn voorzien van een topteken. Ook buiten deze betonning is het meer grotendeels diep met uitzondering van het W-deel aan weerszijden van de vaargeul naar het Balgzandkanaal en vlak bij de oevers. Het ZO-deel is diep tot de oever.
De dieptelijn van 1,50 m is van omstreeks mei t/m november aangegeven door recreatiebetonning (rood-witte/groen-witte steekbakens). Op een tweetal plaatsen (ondieptes) staan gele steekbakens voorzien van een geel kruis. De diepte kan minder zijn dan 1,50 m door waterstandverschillen van 0,20 tot 0,30 m.
Vaarwaterbeheerder: Hoogheemraadschap van Uitwaterende Sluizen in Hollands Noorderkwartier, Schepenmakersdijk 16, Postbus 15, 1135 ZH Edam, tel. (02993) 6 06 11.
Maximumsnelheid: 12 km/h.
Toegangsroutes: Zie onder 'Balgzandkanaal', '(De) Haukes' en 'Waardkanaal'.
Havens: Zie onder '(Van) Ewijcksluis', 'Westerland', '(De) Haukes' en 'Ulkesluis'.

Amstelveense Poel

8 km van Amsterdam (Overtoom).
Overal bevaarbaar met schepen die de Poel kunnen bereiken. De Poel is van de Nieuwe Meer te bereiken door: Koenesluis met hefbrug, H 0,62 tot 2,40 m, O-Ringvaart, Hoornsloot en Landscheiding, max.diepgang 1 m, max.lengte 22 m en max.hoogte 1,80 m.
Vaarwegbeheerders: Gemeente Amsterdam, Plantage Middenlaan 14, 5e etage, 1018 DD Amsterdam; Gemeente Amstelveen, Postbus 4, 1180 BA Amstelveen; Waterschap Groot Haarlemmermeer, Postbus 82, 2130 AB Hoofddorp.
Maximumsnelheid: Zowel op de Poel als op de toegangsweg 5 km/h.
Sluisbediening:

(16 april-16 okt.)	ma. t/m zat.	7-17 h, op verzoek*
	zo. en fd.	gesloten
(16 okt.-16 april)	ma. en vr.	8-16.30 h, op verzoek*
	overige dagen	gesloten

* Bediening 24 h tevoren vóór 12 h aanvragen, tel. (02505) 13 92 of tel. (020) 6 44 97 09.
Sluisgeld: Tot 5 ton f 2,50, tot 20 ton f 3,75 en zwaarder f 5,–.
Ligplaats: Jachthaven Watersport, Doorweg 25-27, tel. (020) 6 47 80 69, b.g.g. 6 41 43 63.

Amsterdam

Kaartje: Is opgenomen met de beschreven doorvaartroutes.
Bijzonderheden van omliggende plaatsen en wateren zijn vermeld onder:
'Nieuwe Meer', 'Sloterplas', 'Noordzeekanaal', 'Noordhollandskanaal', 'Nieuwendam', 'Oranje Sluizen', 'Schellingwoude', 'Amsterdam-Rijnkanaal', 'Nieuwe Diep', 'Weespertrekvaart' en 'Amstel'.
Bijzondere bepalingen: Op het Noordzeekanaal en op het Afgesloten IJ gelden voor kleine vaartuigen (tot 20 m lengte) de volgende bepalingen:

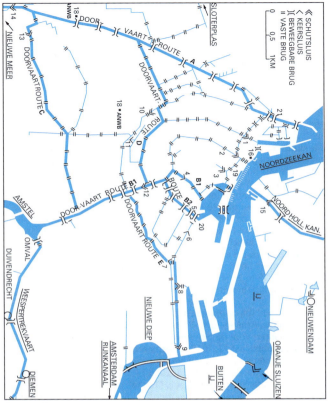

Amsterdam

Onderstreepte plaatsen en wateren zijn onder die naam beschreven.
Doorvaartroutes A t/m G: zie onder 'Amsterdam'.

1. Eenhoornschutsluis
2. Nieuwe Haarlemmersluis
3. Oudezijds-Kolkschutsluis
4. Kering St. Antoniesluis
5. Rapenburgersluis
6. Kering Nieuwe Vaart
7. Dageraads-Waterkering
8. Nieuwe Entrepotdoksluis (afgedamd)
9. Zeeburgerschutsluis
10. Kering Leidseplein
11. Weteringkeersluis
12. Amstelsluizen
13. Stadionschutsluis
14. Nieuwe Meersluis (dag en nacht bediend)
15. Willemsluizen (zie: 'Noordhollandskanaal')
16. Havenkantoor en jachthaven
17. vervallen
18. Kantoor ANWB
19. Centraal Station
20. Nautisch kwartier, Scheepvaart Museum en passantenhaven
21. Westerkanaalschutsluis

a. Met een zeil- en motorboot mag alleen worden gevaren, indien deze is voorzien van een (direct startklare) motor, waarmee een snelheid van tenminste 6 km/h kan worden gehandhaafd.
b. Alle kleine vaartuigen moeten zo dicht mogelijk aan de stuurboordzijde van het vaarwater varen, met dien verstande dat het niet is toegestaan het vaarwater op te kruisen, behalve wanneer op de snelst mogelijke manier wordt overgestoken of wanneer het i.v.m. de veilig-

A heid van het scheepvaartverkeer beter is over een korte afstand zo dicht mogelijk aan de bakboordzijde van het vaarwater te varen.
c. Een klein varend of geankerd vaartuig moet 's nachts en bij slecht zicht een radarreflector voeren (dit geldt tevens voor alle zijkanalen en havens die in open verbinding staan met het Noordzeekanaal en het Afgesloten IJ).
d. Op het Noordzeekanaal en het Afgesloten IJ geldt een uitluisterplicht.
Voor alle schepen geldt op het Afgesloten IJ een ankerverbod en is meren alleen toegestaan op de daarvoor aangewezen gedeelten, max. verblijfsduur (buiten de havens) 3 x 24 h. Zie tevens de 'Handleiding' van deze Almanak onder 'Bijzondere bepalingen'.
Maximumsnelheid: In de stadswateren 7,5 km/h. Op het Afgesloten IJ en voor de toegangsgeul in het Afgesloten IJ naar de Oranje Sluizen ter lengte van 500 m en een strook ter breedte van 100 m langs de afsluitdijk door het Afgesloten IJ vanaf de Oranje Sluizen tot de mond van het Amsterdam-Rijnkanaal geldt een max.snelheid bij een natte doorsnede kleiner dan 20 m^2 van 18 km/h, bij een natte doorsnede van 20 m^2 tot 50 m^2 van 14 km/h en bij een natte doorsnede van 50 m^2 of meer van 12 km/h. Voor de overige wateren rond de stad kan men de betreffende beschrijvingen raadplegen.
Gemeentelijk doorvaart- en havengeld: De tarieven zijn per m lengte.
– Per 3 dagen: t/m 8 m f 1,10 (met een minimum van f 3,50); 9 t/m 12 m f 1,35; 13 m en langer f 1,60.
– Per kalenderjaar: t/m 8 m f 11,85; 9 t/m 12 m f 16,20; 13 m en langer f 21,15.
Het havengeld (bij doorvaart per 3 dagen) wordt geheven bij de Nieuwe Meersluis, Amstelsluis, Westerkeersluis en Kortjewantsbrug.
Havenmeester: Voor de binnenwateren: Binnenwater Beheer Amsterdam, Weesperstraat 77, 1018 VN Amsterdam, tel. (020) 5 50 36 36. Informatie over stremmingen, vaarroutes e.d. na kantoortijd: Informatiepost Westerkeersluis, tel. (020) 6 24 98 76. Gem. Havendienst voor de zeehavens, Havengebouw (16), tel. (020) 6 22 15 15.
Marifoon: Gem. Havendienst voor de zeehavens, kan. 14; Nieuwe Meersluis, Amstelschutsluis, Kortjewantbrug en Westerkeersluis, kan. 22.
Waterstand: De brughoogten zijn gemeten bij een gemiddeld stadspeil van NAP – 0,40 m. Het water kan onder bijzondere omstandigheden wel 0,10 m hoger staan.
Bedieningstijden bruggen:
– Voor de bedieningstijden zie bij 'Doorvaartroutes'. Zaterdag, zaterdagnacht, zondag en zondagnacht dient met oponthoud rekening te worden gehouden wegens geringe personeelsbezetting. Bediening vindt niet plaats voor schepen met gemakkelijk strijkbare mast.
– Bruggen in de toegang tot het Westerdok vanaf het Afgesloten IJ: Westerdoksbrug (verkeersbrug) en spoorbrug Bovendok.
Bediening Westerdoksbrug, H 2,65 m:

ma. t/m vr.*	9-15.30 h
zat., zo. en fd.*	gesloten

* De brug is niet bezet. Brugopening telefonisch aanvragen, tel. (020) 6 24 98 76 of marifoonkan. 22.
Bediening Spoorbrug Bovendok, H 4 m:

ma. t/m vr.*	10.45-11.30 h
zat, zo. en fd.	gesloten

* Bediening uitsluitend na telefonisch verzoek, tel. (020) 6 24 98 76.

- De bruggen in de route door de Zoutkeetsgracht naar het Westerdok kunnen dagelijks, 24 h per dag (zie bedieningsschema onder 'Doorvaartroute A'), bediend worden door de brugwachters van de Westerkeersluis, tel. (020) 6 24 98 76 of marifoonkan. 22.
- Schellingwouderbrug over het Buiten IJ: zie onder 'Schellingwoude'.

Brug- en sluisgeld: Geen, wel haven- en doorvaartgeld (zie aldaar).
Bedieningstijden sluizen: Binnen het stadsgebied zijn de sluizen (1 t/m 13 en 21 (zie kaartje)) overdag geopend.
's Nachts worden de sluizen gesloten. Voor de O-zijde van het havengebied vanaf 19 h en de W-zijde vanaf 21.30 h. De keringen in het centrum worden om 22 h gesloten (op vr. en zat. tussen 22.30 en 23 h). De sluizen en keringen blijven gesloten tot 5.30 h, doch op zat. en zo. tot 9.15 h. Op deze regel gelden de volgende uitzonderingen:
- De Amstelsluis (12) en de Rapenburgersluis (5), route B 2, worden 's nachts bediend.
- Stadionsluis, staat meestal open, indien gesloten geen bediening.
- Van de sluizen (1) en (2) staat er 's nachts één open.
- De Westerkanaalschutsluis (21) staat altijd open.
- De Oudezijds-Kolkschutsluis (3) staat open van zo. op ma., di. op wo. en do. op vr.

De overige sluizen zijn 's nachts gesloten en worden in principe niet bediend.
Voor informatie c.q. bediening van de keersluizen in het stadsgebied kan men buiten kantoortijd het alarmnummer bellen, tel. (06) 0 22 55 33. Dit geldt uitsluitend voor keersluizen met een nachtbediening of keersluizen die geopend zouden moeten zijn.
Nachtbediening van de overige sluizen is in bijzondere gevallen mogelijk na afspraak met het stadswaterkantoor, tel. (020) 6 92 89 02 of 6 24 15 60.
- Nieuwe Meersluis (14): zie 'Doorvaartroute A'.
- Oranje Sluizen: zie aldaar.
- Willemsluizen: zie 'Noordhollandskanaal'.

Doorvaartroute A:
Van het Afgesloten IJ (Centraal Station) naar de Nieuwe Meer.
Vaarweg met 14 beweegbare bruggen. Over het Afgesloten IJ in NW-richting door de Houthaven, Westerkanaal (Houtmankade), Singelgracht, stuurboord aanhouden door Kattensloot, Kostverlorenvaart, Schinkel, Nieuwe Meerschutsluis, Nieuwe Meer. Op het Afgesloten IJ dient men in verband met drukke scheepvaart stuurboordwal te houden.
Schepen met een grotere kruiphoogte dan 5 m kunnen alleen 's nachts door de stad (zie de laatste alinea van deze beschrijving 'Nachtvaart door Amsterdam'). Voor schepen met minder kruiphoogte is het volgende van belang.
De hoogte van de beweegbare verkeersbruggen over deze route varieert in gesloten stand van 2,44 m tot 3,62 m. Bediening:

| ma. t/m vr. | 0-7*, 9-16*, 18-24 h |
| zat., zo. en fd. | 0-6, 10-18, 22-24 h. Voor bediening is vooroverleg nodig met de sluismeesters van de Nieuwe Meer- of Westerkeersluis. |

* De basculebruggen bij de Houthaven en bij de Zeilstraat worden bediend tot 7.15 h en tot 16.15 h (bij de Houthaven voor schepen die naar het IJ varen; bij de Zeilstraat voor schepen die naar de Nieuwe Meer varen).

De Nieuwe Meersluis wordt te allen tijde bediend.
- Nachtvaart door Amsterdam.

A Schepen die niet onder de gesloten spoorbruggen H 5 m resp. 6,90 m kunnen doorvaren, varen van ma. t/m zo. 's nachts in konvooi door Amsterdam op tijden die afhankelijk zijn van de bediening van de spoorbruggen. Er vindt geen konvooivaart plaats bij slecht zicht of vanaf windkracht 9 Beaufort. Voor het konvooi vanaf de Nieuwe Meer moet u vóór 23.00 h aanwezig zijn en zich voor het betalen van de doorvaartrechten tevoren (te voet) melden bij de Nieuwe Meerschutsluis (bediening van de spoorbrug H 6,90 m over de Nieuwe Meersluis in de Schiphollijn om ca. 23.20 h, de even hoge verkeersbruggen er vlak naast worden gelijktijdig geopend). Voor het konvooi vanaf de Singelgracht in tegengestelde richting moet u vóór 2.00 h aanwezig zijn (bediening van de spoorbrug H 5 m in de lijnen naar Haarlem en Zaandam om ca. 2.20 h).
Indien de bediening van de spoorbrug over de Singelgracht vertraging oploopt, is het mogelijk om ten Z van de brug te meren aan de daarvoor ingerichte wachtplaatsen en uit te luisteren op marifoonkan. 22. Het exacte moment van bediening wordt via kan. 22 bekend gemaakt.
Een volledige opgave van de openingstijden van de spoorbruggen is opgenomen in de watersportwijzer 'Openingstijden spoorbruggen', gratis verkrijgbaar bij de ANWB-vestigingen, doch voor de beide konvooien worden de bruggen slechts tweémaal per nacht geopend (éénmaal voor het konvooi vanuit het Z en éénmaal voor het konvooi vanuit het N).

Doorvaartroute B:
Van het Afgesloten IJ (Centraal Station) naar de Amstel (Omval).
– B 1. Over de vaarweg door de Oude Schans liggen vaste en beweegbare bruggen, doorvaarthoogte beperkt tot 2,80 m. De route leidt van het Afgesloten IJ door de hooggelegen bruggen met kenbare ventilatietorens naar het Oosterdok. Na de bruggen enigszins stuurboord aanhouden, via de nieuwe Langedoksbrug (bb) hoogte 2,90 m. Over de toegang tot de Oude Schans ligt een hefbrug. In de Oude Schans is een overdag openstaande keersluis (let op tegenliggers). Op de T-kruising met de Amstel (bakboord uitgaan) letten op tegenliggers, daarom bocht ruim nemen.
De Langedoksbrug, H 2,90 m, in het Oosterdok. De brug wordt op afstand bediend vanuit de Kortjewantsbrug.
Bediening:

| ma. t/m vr. | 6-22 h, op verzoek* |
| zat., zo. en fd. | 10-18 h, op verzoek*, extra op verzoek 9-9.10 en 19-19.10 h* |

* Bediening aanvragen via marifoonkan. 22 of tel. (020) 6 23 87 07.
– B 2. Route met beweegbare bruggen over het Oosterdok en door de Nieuwe Herengracht. Hiervoor in het Oosterdok bakboord aanhouden en via de Marine Haven en de Kortjewantsbrug (bb) naar de overdag openstaande Rapenburgersluis. Bij de uitmonding van de Nieuwe Herengracht op de Amstel bakboord uit.
De bascule-verkeersbrug en de spoordraaibrug, H 5,10 m, tussen Afgesloten IJ en Oosterdok worden alleen 's nachts bediend:

| dagelijks | 1.55-2.05 h, 2.55-3.05 h |

Inlichtingen bij de Centrale Meldingspost, Westerkeersluis, tel. (020) 6 24 98 76.
Over de Nieuwe Herengracht liggen beweegbare bruggen, waarvan de laagste in gesloten stand H 2,50 m.

Bediening:

ma. t/m vr.	6-7.30, 9-16.15, 18-22 h
zat., zo. en fd.	10-18 h

Over de Amstel liggen beweegbare bruggen, nl.: de Magerebrug, H 2,90 m, de Hoge Sluisbrug, H 3,44/3,77 m, de Torontobrug, H 5 m, de Nieuwe Amstelbrug, H 2,80/3,70 m en de Berlagebrug, H 3.30/3,70 m.
Bediening:

ma. t/m vr.*	6-7.15, 9-16.15, 18.15-22 h
zat., zo. en fd.	10-18 h

* De Magerebrug wordt van ma. t/m vr. van 6-7.30, 9-16.15 en 18-22 h bediend. De Amstelsluis schut bij gesloten dueren van 22-2 h.

De Amstelbruggen worden niet bediend voor schepen met strijkbare mast.
Over de Hoge Sluisbrug liggen elektrische tramleidingen, H 7,90 m, die evt. door de gemeente tijdelijk kunnen worden verwijderd. Kosten ca. f 2.000,– (op basis van uurloon). Verzoek richten tot de Amstelsluizen vóór 12 h, tel. (020) 6 22 51 13.
Ten Z van de Omval ligt een vaste brug, H 5,80 m, over de Amstel (Utrechtse brug).

Doorvaartroute C:
Van de Amstel (Omval) naar de Nieuwe Meersluis door het Amstelkanaal.
Toegang ca. 150 m ten N van de Berlagebrug, bij de Apollohal bakboord aanhouden en door het Zuider Amstelkanaal achter het Stadion langs naar de Nieuwe Meersluis (14).
De toegang tot deze route van de Schinkel af is de eerste brug aan stuurboord na de Nieuwe Meersluis.
Vaste bruggen H 2,40 m. De sluis bij het Stadion (13) staat overdag van 6-22 h open. De sluis wordt bij zeer hoge waterstand gesloten.

Doorvaartroute D:
Van de Amstel (Omval) naar het Nieuwe Meer door de Amsterdamse grachten.
Vaste bruggen, waarvan de laagste 2,13 m hoog is, langs de volgende route: Prinsengracht (direct ten N van de Amstelsluizen W-oever van de Amstel), Leidse Gracht, Singelgracht, Jacob v. Lennepkanaal, Kostverlorenvaart, Schinkel, Nieuwe Meersluis. Doorvaartroute C is korter.

Doorvaartroute E:
Van de Amstel naar het Amsterdam-Rijnkanaal.
Direct ten Z van het Amstelhotel van de Amstel door de Singelgracht (Mauritskade), voorbij de Zeeburgerstraat (met korenmolen) bakboord uit onder vaste brug door, naar de Nieuwe Vaart. Stuurboord uit onder spoorbruggen door. Daarna rechtuit. Laagste brug H 2,16 m. Voor sluitingsuren van de Dageraadswaterkering (7) (bij de molen) en de Zeeburgerschutsluis (9) zie bij 'Bedieningstijden sluizen'.
De Nieuwe Entrepotdoksluis (8) is afgedamd.

Doorvaartroute F:
Van de Amstel in de richting Diemen en Weesp.
Zie onder 'Weespertrekvaart'.

Doorvaartroute G: Zie onder 'Noordhollandskanaal'.

A

Lig- en aanlegplaatsen:
- Aan het IJ: De Sixhaven aan het Binnen IJ t.o. het Centraal Station (19), aan de O-zijde van de jachthaven, in beheer bij W.V. Dok en Scheepsbouw, havenmeesters tel. (020) 6 32 94 29, max.diepgang ca. 2 m, max. bootlengte voor passanten 15 m, tarief tot 6 m lengte f 7,–, tot 7 m f 8,–, tot 8 m f 10,–, tot 9 m f 12,–, tot 10 m f 14,–, tot 11 m f 16,–, tot 12 m f 18,–, tot 13 m f 20,–, tot 14 m f 22,– en tot 15 m f 24,– per 24 h (toiletten, douches (munten à f 1,25 bij de havenmeester), wastafels en elektra); bij de ingang van de haven ligt een golfbreker gemeerd met opstakellichten en rood en groen aanlooplicht ● Passantenhaven Nautisch Kwartier (20), in het Oosterdok (zie 'Doorvaartroute B 2', max.doorvaarthoogte 5,10 m (bij gesloten bruggen)), havenmeester H. Ligthert, tarief f 1,– per m lengte per dag, max.verblijfsduur 3 x 24 h (elektra, toiletten, douches (munten à f 1,– bij de havenmeester) en wastafels) ● Z.V. Aeolus, aan de Motorkade, haveningang tussen Machinefabriek Stork en het IJplein, aan de N-oever van het IJ, max.diepgang 3 m, tarief f 1,– per m lengte per dag (toiletten, douches (f 1,–) en elektra) ● Jachthaven Het Realeneiland aan de NW-zijde van het Westerdok (voor toegang Westerdok: zie onder 'Bedieningstijden bruggen'), tarief f 1,– per m per dag (toiletten, douche en wastafels) ● gemeentelijke aanlegplaats aan de De Ruyterkade voor het hoge Havengebouw (16), ten W van het Centraal Station (vlak bij stadscentrum, maar onbewaakt en zeer onrustig door zware deining van beroepsvaart) ● Jachthaven Twellegea en Jachthaven Het Jacht, aan Zijkanaal K dicht bij de Oranje Sluizen en Jachtservice Valka aan de Lo van de Grote Haven dicht bij de Oranje Sluizen, zie onder 'Nieuwendam'.
- Aan de Nieuwe Meer: Zie aldaar.
- Aan het Nieuwe Diep ten O van het Amsterdam-Rijnkanaal bij de Zeeburgersluizen: Zie onder 'Nieuwe Diep'.
- Aan de Amstel (ten Z van de Omval): ● Watersportbedrijf Gebr. Weinholt, K. Ouderkerkerdijk 10/14, tel. (020) 6 65 74 87/6 64 16 25, tarief f 1,– per m lengte per nacht (elektra, toiletten, douche (munten à f 1,– bij havenmeester) en wastafels) ● Jachthaven Wolfrat (beheerder: Scheen Outboard Service), K. Ouderkerkerdijk 42, tel. (020) 6 92 16 16, tarief f 1,– per m lengte per nacht (toiletten, wastafels en douche) ● K.A.R. & Z.V. De Hoop, tel. (020) 6 65 78 44 (toiletten, douches en wastafels) ● aan de Duivendrechtse Vaart, invaart NO van de Utrechtse brug, bij Euromotel E9/Utrechtse brug, tarief f 1,50 per m lengte per dag (gratis bij diner à la carte).
- In de stad: ● In de grachten ● Jachthaven Carron in de Singelgracht, t.o. Fr. Hendrikplantsoen, alleen bereikbaar met max.kruiphoogte van 1,75 m; Jachtwerf Staverno, tel. (020) 6 82 29 01, aan het Westelijk Marktkanaal, zijkanaal in de doorvaartroute A, tarief f 5,– per etmaal (toiletten) ● Jachthaven Staverno, aan de Singelgracht tussen de Nassaukade en Marnixkade, tarief f 5,– per etmaal (toiletten en douches) ● Jachthaven W.S.V. de Oostvaarders, aan de Wittenburgervaart, havenmeester L. den Breejen, tel. (020) 6 24 98 43, tarief f 1,– per m per nacht (elektra, toiletten, douche en wastafels)
● Voor ligplaatsen voor grotere jachten in het havengebied kan men informeren bij de havenmeester of bij de sluismeester van de Willemssluizen ● voor de binnenwateren bij Hoofd Nautische Beheer van Binnenwater Beheer Amsterdam.
Drinkwater: Uit slangen aan de Amstelschutsluis en de Rapenburgersluis; aan het Gulf-depot bij de Willemssluizen; aan de Schinkel bij de Nieuwe Meerschutsluis (sl); aan de Houthaven bij de veerpont (automaat, sl (f 1,–)); aan de mond van het Amsterdam-Rijnkanaal (zie 'Motorbrandstof').

Motorbrandstof: Gulf-depot, die, be, aan het Noordhollandskanaal bij de Willemssluizen, W-oever (zo. gesloten); verschillende drijvende tankstations in de monding van het Amsterdam-Rijnkanaal, be, die (sl); Jachthaven Berlage bij de Berlagebrug, be (sl); Jachthaven Wolfrat, die (sl), be (sl); tankstation aan de Duivendrechtse Vaart, naast het motel, be, sbe, die; Bunkerschip Jonge Jan, stadszijde van de Nieuwe Meersluis, be, die (sl); Jachtwerf Staverno, aan het Westerlijke Markkanaal, die (sl).
Vulstations propaangasflessen: Kropman, Butaanweg 16, tel. (020) 6 11 61 05; fa. Goed, Von Zesenstraat 26-28.
Reparatie: Schuurmans*, O.Z. Voorburgwal 125, bub; Stokman B.V.*, IJtunnelpier t.o. Prins Hendrikkade 175, bub/bib; Gebr. Weinholt, ten Z van de Omval, bib, romp/uitr (ht, s, p/op de wal + in het water), helling tot 45 ton; Fa. Oudejans, Rapenburg 5-7, tel. (020) 6 24 03 17, vlak bij het Nautisch Kwartier (20), bib (alle merken); Jachtwerf Staverno, Den Brielstraat 24, tel. (020) 6 82 29 01, bib (alle merken), romp/uitr (s/op de wal + in het water), elek, helling tot 15 ton; Watersport B.V., Amstelveenseweg 752, tel. (020) 6 44 58 37, bub (Yamaha, Johnson en Evinrude); Scheepswerf Bierenbroodspot, aan de Zoutkeetsgracht, Vierwindenstraat 10, tel. (020) 6 24 50 99, bub (Yanmar), bib (Yanmar, Ford-Lehman, Albin, Thornycroft), romp/uitr (s/op de wal), elek, helling tot 60 ton (dagelijks geopend); Wouter Nieuwveld Scheepsbouw B.V., Grote Bickersstraat 48, tel. (020) 6 22 99 62, romp/uitr (s, a); Fa. Zeilenga, Spui 26, zeil/tuigage; J. M. Kist, Geldersekade 5, zeil/tuigage; J. A. Baron, Hoge Kadijk 15-17, zeil/tuigage; Roëll, Jachthaven Torontobrug in Singelgracht bij Amstelhotel, zeil/tuigage; L. J. Harri B.V., Prins Hendrikkade 94-95, tel. (020) 6 24 80 52, elek; Rhebergen Multihull Yachts, Ms. van Riemsdijkweg 7, tel. (020) 6 31 21 04, aan Zijkanaal I vóór de brug aan bakboord, romp/uitr (ht, p, hout-epoxy/op de wal + in het water); Scheen Outboard Service (beheerder van Jachthaven Wolfrat), Korte Ouderkerkerdijk 42, tel. (020) 6 92 16 16, b.g.g. tel. (020) 6 65 43 45 (adres: Spaklerweg 1), bub (Mercury, Mercruiser en Yamaha); Boatshop Bruno Grupstra, Bilderdijkstraat 186, tel. (020) 6 18 81 96, bub (Yamaha, Johnson, Evinrude).
Zie verder onder 'Nieuwe Diep', 'Nieuwe Meer' en 'Nieuwendam'.
Trailerhelling: Op het voormalige NSM-terrein t.o. Rhebergen Multihull Yachts aan het Cornelis Douweskanaal-Oost, dat in de W-oever van het Zijkanaal I uitmondt.
Hefkranen: Gebr. Weinholt, ten Z van de Omval, max. 10 ton; Jachthaven Twellegea, max. 30 ton, zie bij 'Nieuwendam'; Wouter Nieuwveld Scheepsbouw B.V., max. 5 ton; Rhebergen Multihull Yachts; Watersport B.V., tel. (020) 6 44 58 37, max. 800 kg, max.diepgang 1 m; W.V. Dok en Scheepsbouw (Sixhaven), scheepshelling met hellingwagen tot 15 ton, max.diepgang 1,40 m.
Kampeerterrein: Zie onder 'Nieuwendam'.
Wasserette: Bij de Passantenhaven Stichting Nautisch Kwartier (20).
Stortplaatsen chemisch toilet: Aan de Sixhaven: bij de Passantenhaven Stichting Nautisch Kwartier (20); bij jachthaven W.S.V. de Oostvaarders.
Nautische boekhandel: L. J. Harri B.V., Prins Hendrikkade 94-95, Schreierstoren, tel. (020) 6 24 80 52.

Amsterdam-Rijnkanaal

Het Amsterdam-Rijnkanaal is de verbinding van Amsterdam met de Lek in Wijk bij Duurstede en de Waal ten O van Tiel.
Algemeen: Zeer druk scheepvaartverkeer met sterke golfbeweging, 's zondags gewoonlijk het rustigst. Dit kanaal kan door jachten alleen veilig bevaren worden wanneer de koers ruim bezeild is en/of de

motor geheel betrouwbaar is. Stuurloos ronddrijven is op dit drukke kanaal levensgevaarlijk.

Onderlinge afstanden: Lengte van Amsterdam (Zeeburg) tot Jutphaas (Gemeente Nieuwegein) 41 km, tot de monding van het Lekkanaal 43 km, tot de Lek bij Wijk bij Duurstede ca. 61 km en tot de Waal bij Tiel 72 km. Het gedeelte Jutphaas-Vreeswijk (Gemeente Nieuwegein) dat tot dit kanaal behoort, is onder de eigen naam beschreven, zie 'Lekkanaal'.

Vaarwegbeheerder: Rijkswaterstaat Directie Utrecht, Dienstkring Amsterdam-Rijnkanaal, Postbus 650, 3430 AR Nieuwegein, tel. (03402) 7 94 55/7 94 95, buiten kantoortijd tel. (03435) 7 13 82.

Maximumsnelheid: Schepen met een natte doorsnede kleiner dan 20 m^2 18 km/h, van 20 tot 50 m^2 14 km/h, groter dan 50 m^2 12 km/h.

Bijzondere bepalingen: Op het Amsterdam-Rijnkanaal gelden voor kleine vaartuigen (tot 20 m lengte) de volgende bepalingen:
a. Met een zeil- en motorboot mag alleen worden gevaren, indien deze is voorzien van een (direct startklare) motor, waarmee een snelheid van tenminste 6 km/h kan worden gehandhaafd.
b. Alle kleine vaartuigen moeten zo dicht mogelijk aan de stuurboordzijde van het vaarwater varen, met dien verstande dat het niet is toegestaan het vaarwater op te kruisen.
Voor alle schepen geldt een ankerverbod. Meren is alleen toegestaan op de daarvoor aangewezen gedeelten, max.verblijfsduur (buiten de havens) 3 x 24 h. Zie tevens de 'Handleiding' van deze Almanak onder 'Bijzondere bepalingen'.

Maximum toegestane diepgang: 4 m.
Sluis- en bruggelden of andere rechten worden op het kanaal niet geheven.

Marifoon: Tussen kmr 0 en kmr 2,4, Havendienst Amsterdam, kan. 14; op de sluizen bij Wijk bij Duurstede en Tiel en Centrale Verkeerspost Wijk bij Duurstede, zie aldaar. Zie tevens onder 'Kruising met de Lek'.

Sluizen: De sluizen in Wijk bij Duurstede en Tiel worden te allen tijde bediend. De keersluis in Ravenswaaij staat bijna altijd open. De hefhoogte van de sluisdeuren is aan de Lekzijde in Wijk bij Duurstede max. NAP + 16,75 m, in Tiel aan de Waalzijde NAP + 18,90 m. De keersluis in Zeeburg bij Amsterdam staat bijna altijd open.

Bruggen en waterstand: De bruggen zijn alle vast en liggen tussen Amsterdam en Wijk bij Duurstede op NAP + 8,65 m (KP + 9,05 m). Over het gedeelte tussen Lek en Waal (Betuwepand) liggen de bruggen, alsmede de schuif van de keersluis in Ravenswaaij, H MR + 10,14 m (berekend ten opzichte van de waterstand op de Lek).
De waterstand op het N-pand tussen Amsterdam en Wijk bij Duurstede is als regel NAP – 0,40 m, op het Betuwepand is MR gelijk aan NAP + 3,41 m.

Kruising met de Lek: De stroomsnelheid op de Lek, ter plaatse van de kruising, wordt op borden aangegeven.
a. Aan de kanaalzijde van de Prinses Irenesluis bij Wijk bij Duurstede.
b. In Ravenswaaij aan de binnenzijde van de Prinses Marijkesluis.
Als minste stroomsnelheid wordt 4 km/h aangegeven, ook al staat er minder dan 4 km/h. De beroepsschepen steken de rivier schuin over met de steven in stroomopwaartse richting.
Voordat men de kruising met de Lek passeert, moeten schepen uitgerust met marifoon contact opnemen met de Centrale Post Scheepvaartdienst via marifoonkan. 13 en hierop blijven uitluisteren tot de kruising gepasseerd is. Deze post is tevens centrale meldpost (in noodgevallen ook op kan. 10).
Schepen die niet zijn uitgerust met marifoon dienen uit te luisteren

naar mededelingen die mogelijk via op de kruising opgestelde luidsprekers worden gegeven.
Ligplaatsen: Overnachten in het kanaal is levensgevaarlijk en grotendeels verboden. Ligplaatsen zijn er alleen in zijvaarten en plassen:
- Het Nieuwe Diep (zie aldaar) in de jachthavens;
- Diemerplassen (zie aldaar onder '3e Diemen');
- Smal Weesp, ca. 500 m ten O van het kanaal, diepte langs de kant ca. 1,20 m of minder (zie bij 'Weesp');
- Gaasp, door ophaalbrug in Driemond of in het Gein (zie aldaar);
- In het Toeleidingskanaal naar de Vecht in Nigtevecht, binnen de sluis (zie bij 'Nigtevecht');
- Nieuwe Wetering bij Nieuwersluis (zie aldaar), tot ca. 1,20 m diepgang;
- In de Grote Heycop nabij Breukelen (zie aldaar), achter vaste brug, H 3,10 m, diepte langs de oevers ca. 1 m;
- Door de sluis met vaste brug H 3,75 m in de Vecht bij Maarssen (zie aldaar);
- In de Leidse Rijn (west) bij Utrecht, na vaste bruggen waarvan de laagste H 2,25 m en dubbel vijzelgemaal (zie 'Oude Rijn');
- Merwedekanaal in Jutphaas (Gem. Nieuwegein) achter de Zuidersluis (zie bij 'Jutphaas').
- Merwedekanaal in Utrecht binnen de Noordersluis op de Vaartse Rijn (zie bij 'Utrecht').

Bruggen en sluizen die toegang tot dit kanaal geven. Men kan hiervoor de volgende plaatsen en wateren raadplegen: 'Diemerplassen', 'Muidertrekvaart', 'Driemond', 'Nigtevecht', 'Nieuwersluis', 'Breukelen', 'Maarssen', 'Utrecht', 'Merwedekanaal benoorden de Lek'.

Andel

6 km van Gorinchem; aan de Andelse Maas, kmr 243; zie ook 'Andelse Maas'.
Waterstand: Ten Z van de sluis varieert de waterstand dagelijks van NAP + 0,70 à 0,90 m tot NAP + 0,40 à 0,60 m, ten N van de sluis van NAP + 1,30 m tot NAP + 0,70 m.
Marifoon: Wilhelminasluis, kan. 22.
Brug en sluis: Wilhelminasluis in Andel, tel. (01832) 12 07 met hefbrug, H NAP + 6,50 m (in geheven stand H NAP + 11,30 m). Bediening* (gratis):

ma. t/m vr.	(1 april-1 nov.)	5-22 h
	(1 nov.-1 april)	6-22 h (ma. vanaf 5 h)
zat.	(gehele jaar)	8-12, 13-19 h
zo. en fd.	(1 april-1 nov.)	8-12, 13-19 h
	(1 nov.-1 april)	gesloten

* De brug over de sluis wordt voor de recreatievaart uitsluitend op vaste tijden bediend, nl.:

| ma. t/m vr. | 9, 12, 16, 20 h |
| zat., zo. en fd. | 9, 11, 13, 15, 17, 19 h |

Bij een verschil in waterstand tussen de Waal en de Maas van 1,80 m of meer wordt niet geschut. Om zekerheid te hebben nog te worden doorgeschut, wordt men verzocht ten minste drie kwartier vóór sluitingstijd bij de sluis aanwezig te zijn.

Andelse Maas en Heusdenskanaal

De officiële naam voor de Andelse Maas is Afgedamde Maas. Plaatselijk wordt de naam Andelse Maas gebruikt. Lengte van de Maas

A van Heusden tot de Boven Merwede bij Woudrichem 17 km. De Afgedamde Maas (die niet is afgedamd, doch ten NW van Andel een sluis heeft) is een landschappelijk fraaie rivier. De breedte bedraagt 120 tot 140 m, bij Woudrichem slechts 70 m.
Met diepgaande schepen moet men niet buiten de betonning komen: rode stompe tonnen langs de Ro (NO-zijde) van het vaarwater, spitse groene langs de Lo. De rivier is verlicht met rode lichten langs de Ro, groene langs de Lo.
Vaarwegbeheerder: Rijkswaterstaat, Directie Zuid-Holland, Boompjes 200, 3000 AN Rotterdam, tel. (010) 4 02 62 00. Voor nautische informatie: Regionale Verkeerscentrale Dordrecht, tel. (078) 13 24 21 of marifoonkan. 71, roepnaam 'post Dordrecht' (24 uur).
Maximumsnelheid: 20 km/h.
Waterstand: Ten Z van de sluis in Andel varieert de waterstand dagelijks van NAP + 0,70 à 0,90 m tot NAP + 0,40 à 0,60 m, ten N van de sluis van NAP + 1 m tot NAP + 0,70 m.
Bruggen en sluizen: Voor sluis, zie 'Andel'. Over het Heusdenskanaal ligt een vaste brug H NAP + 10,40 m = GHW + 9,80 m, de O-overspanning is ca. 0,50 m lager.
Aanlegplaatsen: Diverse, o.a. bij cafés en restaurants. Zie verder onder 'Woudrichem', 'Andel', 'Aalst', 'Veen', 'Wijk en Aalburg' en 'Heusden'.
Er zijn diverse fraaie ligplaatsen aan strandjes langs de rivieren. Let op het tijverschil en de nog grotere en snel optredende waterstandsverschillen door op- en afwaaien. Voorts moet men rekening houden met de golfslag van de scheepvaart.
Aan het eind van de Dode Arm langs Nederhemert (D ca. 1,80 m bij GLW) zijn fraaie ankerplaatsen met strandjes. Bij het binnenvaren van deze arm moet men de scheidingston aan stuurboord houden.

Andijk

15 km van Enkhuizen; 9 km van Medemblik.
Havenmeesters: H. S. Swagerman/C. Ros (Watersport Centrum Andijk), tel. (02289) 30 75 (privé 14 81); J. Veenstra (W.V. De Kreupel), tel. (02289) 23 50 (privé 22 27).
Havens: De Buurtjeshaven van W.V. De Kreupel ligt buitendijks ca. 4 km ten W van de kerk van Andijk.
De nieuwe haven Watersport Centrum Andijk van de Stichting Jachthaven Andijk is gelegen ten NO van de Buurtjeshaven.
Beide havens hebben één gemeenschappelijke ingang, aan te lopen vanuit WZW-richting. Op de meest N-havendam staat een rood en op de Z-havendam een groen rondschijnend licht.
De diepte van de haveningang bedraagt 3,50 m en beide havens zijn minimaal 2,50 m diep.
Ligplaatsen: Jachthaven Stichting Andijk, Nieuwehaven 1, tel. (02289) 30 75, max.diepgang 2,50 m, tarief f 1,50 per m lengte + f 0,50 p.p. toeristenbelasting per nacht (elektra, douches (f 1,–), wastafels en toiletten, 24 h per dag geopend) ● in de Buurtjeshaven bij W.V. De Kreupel, tarief f 1,50 per m lengte per nacht (douches, wastafels en toiletten).
Motorbrandstof: In Buurtjeshaven, die (sl) en be (sl); Jachthaven Stichting Andijk, die (sl).
Reparatie: Fa. De Graaf, Kerkbuurt 371, bub/bib; Andijk Yacht Service, Nieuwe Haven 7, tel. (02289) 30 71, bib (alle merken behalve Daf, Vetus en Nanni), romp/uitr (ht, s, p/op de wal + in het water), zeil/tuigage, elek; P. Appelman, Dijkweg 326, bub/bib; Fa. J.L. v.d. Gruiter, Dijkweg 294, zeil/tuigage.
Hefkranen: W.V. De Kreupel, max. 10 ton, tarief f 35,–.

Trailerhellingen: W.V. De Kreupel, tarief f 10,–; Jachthaven Stichting Andijk, max. 3 ton, tarief f 10,– per handeling.
Botenlift: Jachthaven Stichting Andijk, max. 20 ton, tarief f 25,– per m^2, max.diepgang 2,50 m.
Kampeerterrein: Camping Het Grootslag*, Proefpolder 4, tel. (02289) 29 44, b.g.g. (050) 26 26 27.
Wasserette en stortplaats chemisch toilet: Bij Jachthaven Stichting Andijk; bij W.V. De Kreupel.
Aftappunt vuilwatertank: Bij Jachthaven Stichting Andijk.

Angstel

Kronkelend fraai polderwater tussen Abcoude en de Nieuwe Wetering bij Nieuwersluis. Het is ten N van de vaste brug in Loenersloot te smal om te laveren. De oever bestaat deels uit steenstort, waardoor meren niet overal mogelijk is. Tussen Loenersloot en Abcoude in de nazomer soms hinder door waterplanten. Zie verder onder 'Abcoude', 'Loenersloot' en 'Nieuwersluis'.
Vaarwegbeheerder: Hoogheemraadschap Amstel en Vecht, Postbus 97, 1190 AB Ouderkerk a. d. Amstel, tel. (02963) 31 53.
Waterstand: KP = NAP – 0,40 m. Er kunnen peilvariaties optreden van NAP – 0,30 m tot NAP – 0,50 m.
Diepte: Ten Z van Loenersloot 1,60 m; van Loenersloot tot Abcoude 1,20 m (bij lage waterstand 1,10 m).
Maximumsnelheid: 6 km/h.
Bruggen en bediening: (van Z naar N):
– In Nieuwersluis: Over de toegang tot de Angstel van het Amsterdam-Rijnkanaal af (Nieuwe Wetering) liggen twee bruggen, een verkeersbrug (H 1,70 m, in gehoven stand H 4,60 m) en een spoorbrug (H 1,40 m, in gehoven stand H 4,45 m), die gelijktijdig bediend worden door personeel van de NS. Voor het passeren van deze bruggen vanaf het Amsterdam-Rijnkanaal wachten in de uitmonding van de Nieuwe Wetering en signaal geven. Een matrixbord geeft het aantal minuten tot de opening aan.
Let op het drukke scheepvaartverkeer op het Amsterdam-Rijnkanaal.
Bediening: (gratis)

(16 april-16 okt.)	ma. t/m zat.**	8.27-20.30 h
	zo. en fd.	7.57-20.30 h
(16 okt.-16 april)	ma. t/m vr.	8.27-14.30 h
	zat.	8-12 h, op verzoek*
	zo. en fd.	gesloten

* Bediening 24 h tevoren aanvragen, tel. (030) 35 44 11.
** Bediening op Koninginnedag en op Hemelvaartsdag als op zat.
Nauwkeurige bedieningstijden zijn vermeld in de watersportwijzer 'Openingstijden spoorbruggen', gratis verkrijgbaar bij de ANWB-vestigingen. Men moet rekening houden met wachttijden tot 1 h.
– In Loenersloot: Vaste brug, H 2,40/2,80 m over de Angstel, ten N van de Geuzensloot.
Particuliere ophaalbrug bij het slot (H 1 m), bediening te allen tijde door de familie Van Ee (tel. (02943) 14 48), geen bruggeld. Donkervlietse brug (bb), H 0,60 m (bruggeld f 4,– (incl. dorpsbrug Baambrugge (bb), H 1 m)). Bediening:

(16 april-1 juni en 1 sept.-15 okt.)	dagelijks	9-12.30, 13.30-19 h
(1 juni-1 sept.)	dagelijks	9-12.30, 13.30-20 h
(16 okt.-15 april)	ma. t/m vr.	9-16.30 h, op verzoek*
	zat., zo. en fd.	gesloten

* Donkervlietse brug en Dorpsbrug Baambrugge, Gemeente Abcoude bediening 24 h tevoren aanvragen tijdens kantooruren (vóór 17 h), tel. (02946) 12 50; ophaalbrug ten N van Baambrugge, particulier (dhr. De Gier), tel. (02949) 15 49.
- In Abcoude: Zie aldaar.

Anna Jacobapolder
Op Sint Philipsland aan het Zijpe; 29 km van Willemstad.
Getijstanden: GHW = NAP + 1,53 m. GLW = NAP – 1,36 m.
Bijzondere bepalingen: Kleine vaartuigen moeten 's nachts en bij slecht zicht in de betonde vaargeulen van het Zijpe een radarreflector voeren.
Voormalige Veerhaven: Verboden voor alle scheepvaart. Er zijn geen aanlegplaatsen meer.
Gewone haven: Langs de N-zijde van de N-havendam van de Veerhaven loopt de geul naar het droogvallende, weinig bezochte haventje van de Anna Jacobapolder. Het laatste deel heeft ook aan de N-zijde een dam. Beschoeiing aan de N-zijde valt bij gemiddeld LLWS 1,50 m droog. De geul is niet bebakend en nagenoeg dichtgeslibd. Geen enkele voorziening aanwezig. Het haventje is alleen geschikt voor platbodems.

Anna Paulowna
4 km van (Van) Ewijcksluis; 4 km van Oudesluis.
Maximumsnelheid: 9 km/h.
Havenkantoor/havenmeester: Jachthaven Oude Veer (W.V. Anna Paulowna), havenkantoor, Kerkweg 2a.
Bruggen: Zie onder 'Ewijcksluis, Van'.
Aanlegplaats: Bij de Kleine Sluis.
Ligplaats: Jachthaven Oude Veer (W.V. Anna Paulowna), tarief f 1,– per m lengte per 24 h (elektra, toiletten, douche (f 1,–) en wastafels).
Trailerhelling en stortplaats chemisch toilet: Bij jachthaven Oude Veer.

Appingedam
Aan het Damsterdiep; 2 km van het Eemskanaal.
Maximumsnelheid: 6 km/h.
Doorvaartroutes: Men bereikt Appingedam van het Eemskanaal via de Groevesluis-Noord en de Groeve. De Groeve mondt uit in het Nieuwe Diep, waar de jachthaven ligt. Door stuurboord of bakboord uit te gaan komt men na een ophaalbrug in het Damsterdiep. Appingedam ligt in het Damsterdiep-circuit dat aansluiting geeft op het vaargebied in O-Groningen en NW-Groningen (de Maren). De vaste bruggen over het Damsterdiep in het centrum van Appingedam zijn 2,50 m hoog. Voor de Groevesluis-Zuid, zie onder 'Schildmeer'.
Bruggen en sluizen:
- Groevesluis-Noord:

ma. t/m zat.	(1 mei-1 okt.)	8-20 h
	(1 okt.-1 mei)	8-19 h
zo. en fd.	(1 mei-1 okt.)	9-19 h
	(1 okt.-1 mei)	gesloten

De Groevesluis-Noord wordt op afstand bediend vanuit de centrale bedieningspost Groevesluis-Zuid, bediening kan worden aangevraagd via marifoonkanaal 69 of via de bedieningsknop bij het bord 'Sport'.
- Bruggen in Appingedam: Bediening:

| dagelijks | 8.30-12.30, 13.30-18 h |

De bruggen worden door één brugwachter bediend. De brugwachter wordt gewaarschuwd via een semafoon, die in werking wordt gesteld doordat de vaarrecreant gebruik maakt van een zelfbedieningssleutel bij het bedieningskastje van de brug met het bordje 'Sport'. Na deze oproep komt de gewaarschuwde brugwachter de brug bedienen (enige wachttijd is mogelijk, bedieningsinformatie is voorts bij de bruggen aangegeven). De zelfbedieningssleutel is tegen een waarborgsom van f 40,– verkrijgbaar en weer in te leveren bij het ANWB/VVV-kantoor in Appingedam, de centrale bedieningspost bij de Groevesluis-Zuid en bij de adressen genoemd onder Damsterdiep.
Van 1 okt. tot 1 mei worden deze bruggen van ma. t/m vr. van 8-12 en 13-16.30 h op verzoek bediend, 24 uur tevoren aanvragen bij Sector Stadsbeheer Gemeente Appingedam, tel. (05960) 5 32 48. In deze periode op zat., zo. en fd. gesloten.
– Zie voor bediening van de Westerophaalbrug en de Tjamsweersterbrug onder 'Damsterdiep'.
Lig- en aanlegplaatsen: Jachthaven Belle Haven-Yacht Club, aan het Nieuwe Diep, havenmeester E. Bell tel. (05960) 2 76 59, tarief f 1,– per m lengte per nacht (elektra, toiletten, wastafels en douches) ● Jachthaven Appingedam, aan het Nieuwe Diep (centrum), havenmeester dhr. Bell, tel. (05960) 2 76 59, tarief f 1,– per m lengte per nacht (toilet, douches en wastafels) ● aan de N-oever van het Nieuwe Diep tussen de Ooster- en Westerophaalbrug ● aan de steiger bij Camping Ekenstein.
Drinkwater: Jachthaven Appingedam.
Trailerhelling: Bij jachthaven Belle Haven-Yacht Club.
Kampeerterrein: Camping Familiepark Ekenstein.
Stortplaats chemisch toilet: Bij Jachthaven Appingedam; bij Camping Familiepark Ekenstein; jachthaven Belle Haven-Yacht Club.

Arcen
Aan de Maas, kmr 120,5; 12 km ten N van Venlo.
Aanlegplaats: Passantenhaventje bij de ruïne van de Schanstoren nabij het Maashotel, gratis (overnachten niet toegestaan).
Drinkwater: Bij het Maashotel.

Arkel
5,5 km ten N van Gorinchem; zie ook 'Linge' en 'Merwedekanaal bezuiden de Lek'.
Route voor de recreatievaart vanaf Arkel in de richting Gorinchem via de gekanaliseerde Linge. Max. toegestane diepgang 2,40 m.
Maximumsnelheid: 9 km/h.
Bruggen en sluis: Voor bediening van de bruggen over het Merwedekanaal, zie onder 'Merwedekanaal bezuiden de Lek'.
Vaste brug over de verbinding met de Linge over het zuidelijk sluishoofd, H 5,10 m. De doorvaart onder de vaste brug en de sluis (staat altijd open) wordt geregeld d.m.v. automatische lichten. Men moet rekening houden met wachttijden.
De Schotdeurense brug (bb), marifoonkanaal 20, over deze zijtak wordt op afstand m.b.v. camera's bediend vanuit de Grote Merwedesluis in Gorinchem. Bediening op dezelfde tijden als de bruggen over het Merwedekanaal bezuiden de Lek, zie aldaar.
Lig- en aanlegplaatsen: Aan de W-oever van de Linge, ten Z van de sluis, voor de eerste 700 m (kmr 19,3-kmr 20) geldt van 12-17 h een aanlegverbod, voor de laatste 100 m (kmr 20-kmr 20,1) geldt een max.verblijfsduur van 2 x 24 h ● in de jachthaven van W.V. De Gors, tel. (01831) 40 36, ca. 100 m ten O van de sluis, tarief f 1,– per m lengte per dag (elektra, douches (f 1,–), toiletten en wastafels) ● bij het voetveer naar Spijk is een passantensteiger.

Hefkraan, stortplaats chemisch toilet: Bij W.V. De Gors, Rietveld 1, kraan max. 4 ton, tarief f 75,– per halve dag.
Aftappunt vuilwatertank: bij W.V. De Gors.

Arnemuiden

Dorp, gelegen zowel aan het Kanaal door de oude Arne (1) als aan het Veerse Meer (2). Deze wateren hebben onderling geen directe verbinding.
1. *Kanaal door de oude Arne.* Verbinding door het Arnekanaal, een zijkanaal van het Kanaal door Walcheren. Toegang 1 km ten NO van Middelburg. Het kanaal is 2,9 km lang, D 3 m.
Maximumsnelheid: 15 km/h.
Maximumdiepgang: De max. toegestane diepgang is 2,20 m.
Bruggen: Twee beweegbare bruggen. Bediening (gratis):

| ma., di., wo., vr. en zat. | 9-15.30 h |
| do., zo. en fd. | gesloten |

De spoorbrug wordt bediend voor zover de treinenloop dit toelaat.
Lig- en aanlegplaats: bij Reparatiebedrijf J. Knolle, tel. (01182) 14 94, tarief f 7,50 per nacht; aan de kade.
Reparatie en hefkraan: Fa. J. Knolle, Arnestraat 32, tel. (01182) 14 94, bib, romp/uitr (s/op de wal), kraan max. 10 ton, tarief f 150,–.
2. *Accommodatie aan het Veerse Meer.*
Het Schenge: Deze geul is tot de dam in de nieuwe weg bevaarbaar met 1,50 m diepgang. Beboste oever met open plaatsen.
Havenmeester: Jachthaven Oranjeplaat, S. van Belzen, tel. (01182) 12 48.
Lig- en aanlegplaatsen: Jachthaven Oranjeplaat, havenmeester S. van Belzen, tel. (01182) 12 48, max.diepgang 2 m, tarief f 1,30 per m lengte + f 0,85 p.p. toeristenbelasting per nacht (toiletten, wastafels, douches (munten à f 1,– bij havenmeester) en elektra)
● Watersport-camping De Witte Raaf, voor kleine boten, max.diepgang 0,65 m, tarief f 4,50 per nacht (toiletten, douches en wastafels).
Motorbrandstof: Beaver Ships, be en die; Jachthaven Oranjeplaat, be (sl), die (sl), sbe (sl).
Reparatie: Jachthaven Oranjeplaat bij Watersportbedrijf De Arne, Muidenweg 2, tel. (01182) 14 19, bub (Yamaha, Johnson, Evinrude en Tomos), bib (Volvo Penta, Yanmar en Vetus), romp/uitr (ht, s, p/op de wal + in het water), zeil/tuigage, elek (zat. gesloten, zo. geopend).
Hefkranen: Beaver Ships, tot 12 ton; Jachthaven Oranjeplaat bij Watersportbedrijf De Arne, max. 10 ton, tarief f 20,– per m lengte (in en uit het water) (heffen met staande mast mogelijk).
Trailerhelling: Jachthaven Oranjeplaat, max. 3 ton, tarief f 11,20.
Botenlift: Jachthaven Oranjeplaat bij Watersportbedrijf De Arne, max. 10 ton, tarief zie onder 'Hefkranen'.
Kampeerterrein: Watersport-camping De Witte Raaf*, Muidenweg 3, tel. (01182) 12 12.
Wasserette en stortplaats chemisch toilet: Watersport-camping De Witte Raaf.

Arnhem

Aan de Neder Rijn; 5 km van IJsselkop; 67 km van Vreeswijk.
Bruggen: Andrej Sacharovbrug, vaste brug kmr 880 over de Neder Rijn. Hoogte in het midden NAP + 25,28 m (SP + 16,28 m), bij de oevers 2 m lager. Het stuwpeil (SP) op de Neder Rijn in het riviervak IJsselkop-Driel is SP = NAP + 8,60 tot 9,20 m (bij de berekening is uitgegaan van SP = NAP + 9 m).

John Frostbrug, vaste brug bij kmr 883, hoogte SP + 12,50 m = NAP + 21,50 m. In het midden 1,30 m hoger.
Nelson Mandelabrug, vaste brug bij kmr 884, hoogte SP + 13,54 tot 15,58 m = NAP + 22,54 tot 24,58 m.
Haven: Malburgerhaven (Nieuwe Haven) tussen kmr 881 en 882 ten ZO van de stad. Bij het aanlopen van de haven moet men rekening houden met stroom. De haveningang is gemarkeerd met dagmerken en lichten.
Havenkantoor (gemeente): Malburgerhaven, Nieuwe Kade 25, tel. (085) 42 19 16. Havenmeesters W. J. de Ronde, tel. (085) 23 28 05 (privé) en R. Vos, tel. (08812) 18 50 (privé).
Gemeentelijke haven- en kadegelden: Voor recreatievaartuigen f 1,65 per 10 m^2 per keer, max. voor 7 dagen.
Marifoon: Havenkantoor, kan. 12.
Lig- en aanlegplaatsen: In de Malburgerhaven bij de R. en Z.V. Jason, havenmeester H.v.d.Brink, tel. (085) 61 52 07, max.diepgang 1,70 m, tarief f 1,35 per m lengte per nacht (elektra, douches (f 1,–), wastafels en toiletten) ● Jachthaven Valkenburg, in de Malburgerhaven, voorbij Jason, aan drijvende steigers, havenmeester G. Weideman, tel. (085) 61 60 23, max.diepgang 1,60 m, tarief f 1,25 per m lengte per nacht (elektra, toiletten, douche (f 2,–) en wastafels).
Langs de Rijnkade is meren niet aan te raden: zeer onrustig en bij lage rivierstand hoge kademuur.
Drinkwater: In de jachthavens; bij bunkerstation Veldman aan de Rijnkade; bij Winkelschip VOF, Rijnkade 162.
Motorbrandstof: R. en Z.V. Jason, Malburgerhaven, die (sl); Veldman Arnhem B.V. (zo. gesloten), Bunkerstation Veldman aan de Rijnkade 172, die (sl), en bij een varende motorboot van deze firma, die (sl); Winkelschip VOF Oliehandel De Rijn, Rijnkade 162, die (sl), tel. (085) 43 22 63; Winkelcentrum Lely, 200 m lopen van de NO-hoek van de kade aan de Malburgerhaven, be en sbe.
Reparatie: Jachtwerf Van Workum B.V., Stadsblokkenweg 1, tel. (085) 21 60 35/21 22 22, bib (alle merken), romp/uitr (ht, s, p, a/op de wal + in het water), zeil/tuigage, elek (zat. geopend van 9-15 h); Veldman Arnhem B.V., Rijnkade 172, tel. (085) 43 55 23, bub (Johnson en Force), zeil/tuigage.
Hefkranen: Jachtwerf Van Workum B.V., max. 16 ton (zat. geopend van 9-15 h); mobiele kraan van Transportbedrijf Wassink, Beyerinkweg, tel. (085) 61 52 94.
Vulstation propaangasflessen: Bunkerstation Veldman aan de Rijnkade.

Arumervaart

Van het Van Harinxmakanaal, kmr 7,7, bij Franeker naar de Harlingervaart bij Arum, D 1 tot 1,25 m. De zijvaart, Achlumervaart, via Achlum naar Koningsbuurt aan het Van Harinxmakanaal, is uitsluitend bevaarbaar voor de kleine recreatievaart, D 0,75 m. 's Zomers soms hinder van waterplanten.
Maximumsnelheid: 6 km/h.
Bruggen: Vaste bruggen, laagste brug H 2,40 m.

Asperen

Aan de Linge; 18,5 km van Gorinchem; 20,5 km van Geldermalsen.
Bruggen en sluizen: Van de twee naast elkaar gelegen keersluizen in Asperen, die altijd open staan, is alleen de noordelijke bruikbaar. Doorvaart wordt geregeld d.m.v. automatische lichten. Men moet rekening houden met wachttijden.
Vaste brug over de Linge, H KP + 5,80 m. Zie ook onder 'Linge'.
Aanlegplaats: Aan de speciaal voor passanten ingerichte meerplaats voor de stadswal, tarief f 5,– per nacht, max.verblijfsduur 2 x 24 h.

Asselt

Aan de Maas, kmr 85,5; 8,5 km van Roermond; 6,5 km van Beesel.
Maximumsnelheid: Op de grindgaten (Asseltse Plassen) 9 km/h (zie ook onder 'Maas').
Lig- en aanlegplaatsen: Jachthaven van de W.V. Ascloa, in de afgedamde Maas, havenmeester H. Avesaath, tel. (04740) 20 85, tarief f 1,– per m lengte per etmaal (douches (f 0,25), toiletten en wastafels achter het clubhuis).
De toegang tot de grindplassen bereikt men door de afgesneden bocht bij kmr 87 op te varen (bij binnenkomst aan stuurboord ondiep). De grindgaten zijn redelijk betond en goed te bevaren. Ten ZW van het Rozenkerkje van Asselt kan men ook ligplaats vinden in een beschut grindgat met steile oevers en voldoende diepte, evenals aan verschillende andere oevers van dit grindgat.
Reparatie: Fa. W. van Brenk, Eindweg 20-22, tel. (04740) 16 51, bub (Mercury, Johnson en Evinrude).
Hefkraan: Op de loswal bij kmr 86,2, beheerder W.V. Ascloa, max. 5 ton, tarief f 20,– per ton.
Trailerhelling: Naast de loswal bij kmr 86,2. Sleutel afhalen bij Camping Maasterras. Kosten in overleg.
Kampeerterrein: Camping Maasterras*, Eind 4, tel. (04740) 12 87, gelegen vlak bij de loswal.

Assen

29 km van Groningen; 72 km van Zwolle; 44 km van Meppel; zie ook 'Noordwillemskanaal' en 'Drenthse Hoofdvaart'.
Doorvaartroute en Havenkanaal: De doorgaande route over het Noordwillemskanaal (zie aldaar) leidt ten NW om Assen heen. Aan de NO-zijde van Assen splitst het Havenkanaal zich af in de richting van het centrum van Assen. Over het Havenkanaal ligt op 2 km afstand de ophaalbrug Marsdijk of Lonerbrug, bediening:

(april en sept.)	7-12, 12.30-18 h
(mei t/m aug.)	6-12, 12.30-19 h
(mrt. en okt.)	7-12, 12.30-18 h
(nov. t/m febr.)	8-12, 12.30-18 h

Op ca. 1 km van de Lonerbrug ligt de vaste Europabrug, H 6,60 m.
Aanlegplaatsen: Goede meerplaatsen vindt men aan de ZO-zijde van het Havenkanaal ten ZW van de Europabrug en aan de W-zijde van Assen aan het grastalud van de Drenthse Hoofdvaart (NW-zijde) direct ten ZW van de ophaalbrug Asserwijk.

Augustinusga

Aan het Prinses Margrietkanaal, kmr 32; 4 km van Stroobos; 12 km van Burgum (Bergum).
Reparatie: Jachtwerf Brandsma, Rohel 21, tel. (05123) 14 59, romp/uitr (ht/op de wal + in het water).
Hefkraan: Jachtwerf Brandsma, max. 12 ton, max.diepgang 1,80 m, tarief vanaf f 50,– (mogelijkheid tot mast strijken en zetten).

Avelingerdiep

Kmr 958,4 Ro van de Boven Merwede.
Veilige ankerplaats voor schepen met een diepgang tot ca. 2,50 m. Het is een fraaie, ca. 2 km lange, dode rivierarm met langs de Z-oever mooie strandjes. Alleen in de mond heeft men hinder van de zuiging veroorzaakt door langsvarende schepen. Met kleine vaartuigen, zoals volgboten, mag men dieper in het natuurgebied binnendringen.

Avenhorn
Aan de Beemsterringvaart; 16 km van Alkmaar; 19 km van Purmerend.
Maximumsnelheid: 6 km/h.
Bruggen: Vaste bruggen over de Beemsterringvaart, zie aldaar; over de Ursemmervaart, zie onder 'Ursem'.
Aanlegplaats: Aan de O-zijde van het dorp, aan de kade van Jachthaven 't Hoog.

Baarn
Nabij de Eem; 9 km van Amersfoort; 9 km van Eemmond; zie ook 'Eem' en 'Eembrugge'.
Brug: Vaste brug, H NAP + 7,50 m (IJZP + 7,70 m).
Ligplaatsen: Van N naar Z:
● Aan de Ro, 200 m ten N van de vaste brug, ca. 2 km van het centrum, bij W.V. Eemland, tel. (02154) 1 57 35, max.diepgang 1,80 m, tarief f 1,– per m lengte per nacht (elektra, douches (f 1,–), wastafels en toiletten).
● Aan Ro direct ten N van vaste brug bij Jachthaven Eembrugge, tarief f 1,– per m lengte per nacht (toiletten, wastafels en douches).
Motorbrandstof: Jachthaven/werf Eembrugge, die (sl).
Reparatie: Werf de Watermolen, Eemweg 74, tel. (02154) 1 78 86, romp/uitr; Jachthaven/werf Eembrugge, Zuidereind 4, tel. (02154) 1 22 21, romp/uitr (s, p/op de wal + in het water).
Hefkraan: Jachtwerf Eembrugge, max. 20 ton.
Trailerhelling: W.V. Eemland, Zuidereind 2.

Badhoevedorp
2 km vanaf de Nieuwe Meer; 3,5 km van Halfweg; aan het N-gedeelte van de Ringvaart van de Haarlemmermeerpolder, zie aldaar.
Reparatie: Watersport Rafeco B.V., Jan van Gentstraat 162, tel. (020) 6 59 28 21/6 59 70 82, bub (behalve Force en Tohatsu), bib (geen Solé).

Bakhuizen
2,5 km van de vaargeul door de Morra (zie onder 'Fluessen').
Maximumsnelheid: 6 km/h.
Vaste bruggen: H 2,50 m.
Diepte: 0,90 m, doch bij ZW-wind soms veel ondieper.
Aanlegplaats: Aanlegmogelijkheid in het dorp. De bossen van Gaasterland liggen in de nabijheid.

Balgzandkanaal
Tussen het Noordhollandskanaal (zie aldaar) bij De Kooy en het Amstelmeer (zie aldaar) 6 km lang. Dit kanaal vormt de hoofdverbinding tussen het Noordhollandskanaal en het Amstelmeer voor schepen met staande mast.
Vaarwegbeheerder: Rijkswaterstaat N-Holland, Dienstkring Alkmaar, Postbus 8155, 1802 KD Alkmaar, tel. (072) 66 35 00.
Maximumsnelheid: 9 km/h.
Bijzondere bepalingen: Voor alle schepen geldt een ankerverbod. Meren is alleen toegestaan op de daarvoor aangewezen gedeelten, max.verblijfsduur (buiten de havens) 3 x 24 h.
Marifoon: Kooysluis en Balgzandbrug, kan. 20 (roepnaam 'De Kooy').
Bruggen en sluizen: Kooysluis met beweegbare brug, H 3,60 m, nabij het Noordhollandskanaal. Nabij het Amstelmeer ligt een basculebrug (Balgzandbrug), beweegbare gedeelte H 2,90 m (hoogteschaal aanwezig) (doorvaart onder vaste gedeelte verboden). Bediening:
– Kooysluis met beweegbare brug (tel. (02232) 12 20):

ma. t/m vr.	(gehele jaar)	6-22 h
zat.	(16 april-1 juni en 16 sept.-16 okt.)	9-18 h
	(1 juni-16 sept.)	9-19 h
	(16 okt.-16 april)	9-16 h
zo. en fd.	(16 april-1 juni en 16 sept.-16 okt.)	9-18 h
	(1 juni-16 sept.)	9-19 h
	(16 okt.-16 april)	gesloten

– Balgzandbrug: brug wordt op afstand bediend vanuit bedieningsknooppunt 'De Kooy', marifoonkan. 20. Op het remmingwerk bij de brug is aan bb- en sb-zijde van de brug een meldknop aangebracht. Bediening:

ma. t/m vr.	(gehele jaar)	7-19 h
zat., zo. en fd.	bediening als de Kooysluis	

Aanlegplaats: Jachthaven Amsteldiep ten N van de Balgzandbrug.
Motorbrandstof: Benzinepomp direct ten N van de Balgzandbrug, die, be, sbe.

Balk

1,5 km van Slotermeer (zie aldaar).
Luts: Verbinding tussen Slotermeer en Fluessen, via Balk en Gaasterlandse bossen. Diepte vanaf het Slotermeer tot aan de bebouwde kom 1,45 m en verder 0,85 m. Men moet er rekening mee houden dat vooral bij aanhoudende ZW-wind het waterpeil lager wordt. Bij krachtige wind kan deze verlaging wel enige dm bedragen.
Maximumsnelheid: Op de Luts 6 km/h.
Bruggen: De laagste vaste brug is H 2,20 m. Verder liggen er twee beweegbare bruggen; de laagste is H 1,10 m. Bediening (bruggeld 1 x f 2,–):

(1 mei-1 okt.)	dagelijks	9-10, 12.30-13.30, 17-18 h
(1 okt.-1 mei)	dagelijks	op verzoek, tel. (05140) 38 41, toestel 78

Ligplaats: Jachthaven Lutsmond en oevers Luts gedeeltelijk vanaf Raadhuis tot Slotermeer, tarief f 1,30 per m lengte per nacht. Havenmeester E. Batteram, tel. (05140) 34 34 (elektra, toiletten, wastafels en douches (f 1,–)) ● Jachthaven Het Sweiland van Beekema B.V., havenmeester H.M. v.d. Sigtenhorst, tel. (05140) 26 87, tarief f 15,– per etmaal (elektra, toiletten, wastafels en douches).
Motorbrandstof: Beekema B.V., die (sl), aan de ZO-oever van de Luts; H. Roskam, Pypsterstikke, be, sbe, die.
Reparatie: Dölle B.V., Pypsterstikke 1-3, tel. (05140) 33 44, bib; W. v. d. Heide, Jachthavenkade 1a, tel. (05140) 40 59 (naast Hotel Boonstra), bib/bub; Beekema B.V., Jachthavendijk 21, tel. (05140) 26 87, bub/bib (alle merken), romp/uitr (ht, s, p, a/op de wal + in het water), zeil/tuigage, elek; Watersportbedrijf Balk, Jachthavendijk 9, tel. (05140) 46 07, romp/uitr.
Trailerhellingen: Jachthaven Lutsmond, tarief f 2,50 per keer, abonnement f 25,–; Beekema B.V., max.diepgang 1,20 m, tarief f 5,–.
Hefkranen: Watersportbedrijf Balk.
Botenlift: Jachthaven Lutsmond, max. 12 ton, max.diepgang 1,50 m, tarief tot 7 m f 40,–, daarboven f 50,–; Beekema B.V., max. 30 ton, max.diepgang 1,50 m, tarief tot 13 m f 225,– en vanaf 13 m f 275,–.
Kampeerterrein: Camping Marswâl*, Tsjamkedijkje 6, tel. (05140)

20 89, b.g.g. (05140) 38 00, aanlegsteiger aan het Slotermeer bij de monding van de Luts; bij Jachthaven Lutsmond.
Wasserette: Bij Beekema B.V.
Stortplaatsen chemisch toilet: Bij Camping Marswâl; bij Jachthaven Lutsmond.

Bartlehiem
Aan de Dokkumer Ee (zie aldaar); 7,5 km van Leeuwarden; 3,5 km van Birdaard; zie ook 'Finkumervaart'.
Reparatie: Jachtwerf Wicabo, Bartlehiem 23, tel. (05196) 23 80, bib, romp/uitr (s/op de wal).
Hefkraan: Jachtwerf Wicabo, max. 8 ton, max.diepgang 1 m.

Batenburg
Aan de Maas, kmr 185,6 Ro; 3 km van Loonse Waard (Gem. Wijchen); 3 km van Appeltern.
Waterstand: SP = NAP + 5 m.
Lig- en aanlegplaats: In de haven aan de vlotten van W.V. Het Haventje, havenmeester A. Thonen, tel. (08874) 22 43, max.diepgang 3 m, tarief f 1,– per m lengte.

Battenoord
Aan de Z-zijde van Goeree-Overflakkee aan het Grevelingenmeer (zie aldaar), 3 km ten W van de aansluiting van de Grevelingendam.
Haven: Wordt hoofdzakelijk gebruikt door sportvissersvaartuigen in verband met de diepte. Havengeul D 1 m, haven D 0,80 m.
De toegangsgeul is aan de weerszijden bebakend. De bakenrij loopt tot de dam, waarvan de kop gekenmerkt wordt door een raambaken.
Havenmeester: W. Vlijm, tel. (01875) 18 45.
Aanlegplaats: In de havenkom aan de W-zijde van de stenen berm.

Beatrixkanaal
Van het Wilhelminakanaal bij de Batafabriek in Best naar Eindhoven. Lengte 8,4 km. Er zijn mooi begroeide oevers. Een schetskaartje is opgenomen bij 'Wilhelminakanaal'. Op het kanaal is afwisselend éénrichtingsverkeer ingesteld.
Vaarwegbeheerder: Gemeente Eindhoven, Postbus 90150, 5600 RB Eindhoven.
Waterstand: KP = NAP + 14,76 m. De waterstand is vaak 0,25 tot 0,30 m hoger dan KP.
Maximumsnelheid: Voor schepen tot 1,50 m diepgang 10,8 km/h.
Max. toegestane afmetingen: Diepgang 1,90 m, hoogte 4,95 m.
Bruggen: De bruggen zijn vast, H 5,20 m.
Ligplaats: Bij de E.W.V. Beatrix in Eindhoven (zie aldaar).

Beemsterringvaart
Van het Noordhollandskanaal bij Spijkerboor rond de Beemster naar het Noordhollandskanaal bij Purmerend. Totale lengte 30 km.
Maximumsnelheid: 6 km/h.
Bruggen: Vaste bruggen, laagste brug tussen Spijkerboor en Avenhorn H 2,44 m, tussen Avenhorn en Purmerend H 1,74 m (Oosthuizerbrug te Oosthuizen).
Beemsterbrug, basculebrug, H 1,05 m, in Purmerend. Voor bediening zie onder 'Purmerend'.
Deze vaart wordt op ca. 3 km ten N van De Rijp overspannen door laaghangende elektrische leidingen, aan weerszijden aangegeven door waarschuwingsborden.
Ligplaatsen: Zie 'Spijkerboor', '(De) Rijp' en 'Avenhorn'.

Belterwijde

Zie ook 'Belt-Schutsloot', 'Beulakerwijde', 'Blauwe Hand', 'Ronduite' en 'Wanneperveen'.

Algemeen: De Belterwijde wordt door een dam verdeeld in een O- en W-gedeelte. Het O-gedeelte is buiten de vaargeul bevaarbaar met ca. 0,80 m diepgang, met uitzondering van het uiterst O- en N-deel, waarin enige ondiepe gedeelten voorkomen.
Het W-gedeelte van het Belterwijde is bevaarbaar met ca. 0,90 m diepgang. Het gedeelte ten W van de Arembergergracht, het zgn. 'Boswijde', is eveneens bevaarbaar met ca. 0,90 m diepgang. In de vaargeul van de Beukersgracht naar Blauwe Hand kan op 2,40 m diepte gerekend worden. Deze vaargeul loopt ten O van de strekdam en is aan de O-zijde betond. Bij de strekdam van de Z-zijde van de brug Blauwe Hand en bij de invaart van de Beukersgracht bevinden zich groene markeringslichten resp. (Iso 4s) en (Iso 6s). In rechte lijn varende van Ronduite naar de Beukersgracht, is de diepte 1,20 m (vaste brug in de toegang tot de Beukersgracht, H 2,60 m).
Vaarwegbeheerder: Provincie Overijssel, Hoofdgroep Milieu en Waterstaat, District West-Overijssel, Tukseweg 158, 8334 RW Tuk (gemeente Steenwijk), tel. (05210) 1 24 66.
Maximumsnelheid: 9 km/h, m.u.v. de waterskibaan.
In het W-deel van de Belterwijde is een baan uitgezet waarbinnen uitsluitend t.b.v. waterskiën snel mag worden gevaren met een ontheffing van de Provincie Overijssel (WA-verzekering verplicht). Het is verboden om hier te windsurfen. Nadere informatie over de afgifte van de ontheffing is opgenomen in de ANWB-watersportwijzer 'Snel motorbootvaren in Nederland' (zie onder 'Handleiding' in deze Almanak).
Ligplaatsen: Aan het N-deel van de Belterwijde: ● jachthaven van Watersportbedrijf Belterwiede en Jachthaven Nijenhuis (zie onder 'Wanneperveen') ● bij Paviljoen 't Wiede.
Kampeerterreinen:
– Aan het N-deel van de Belterwijde: De Bliek, Nijenhuis, De Bolder, 't Wiede, De Kettingbrug en Belterwiede, alle aan de Veneweg in Wanneperveen;
– Aan het W-deel: Boschwijde, Veneweg, Wanneperveen.

Belt-Schutsloot

4 km ten N van Zwartsluis.
Maximumsnelheid: 6 km/h.
Max. toegestane diepgang: In de Arembergergracht 1,40 m.
Brug: Vaste brug over de Arembergergracht, H 3,60 m.
Ligplaats: Camping Jachthaven De Waterlelie (K. Slagter), aan de Arembergergracht en de Kleine Belterwijde, Belterweg 104, tel. (05208) 6 68 55, tarief f 1,50 per m lengte per nacht (toiletten, douches en wastafels).
Motorbrandstof: Stam Watersport, be (sl).
Reparatie: Stam Watersport, Belterweg 64, tel. (05208) 6 69 24, bub (Yamaha, Mercury, Mariner, Johnson, Evinrude, Honda en Tomos), zeil/tuigage; J. de Goede, Hazezatherweg 8, tel. (05208) 6 71 76, bub.
Kampeerterreinen: Aan het Kleine Belterwijde: Camping De Polle, Kleine Belterwijde, De Wanepe, De Waterlelie en De Wieden.
Trailerhelling: Bij Stam Watersport, max. 1000 kg, max.diepgang 0,75 m, tarief f 5,–.
Wasserette: Camping Jachthaven De Waterlelie.
Stortplaatsen chemisch toilet: Aan de loswal aan de Arembergergracht bij de Belterweg; bij Camping Jachthaven De Waterlelie, Arembergerweg voor de brug.

Beneden Leeuwen
Aan de Waal, kmr 910 Lo; 4,5 km boven Tiel.
Haven: Mooie natuurlijke binnenhaven (de zgn. Strang) bij kmr 910. Zeer geschikt als meerplaats.
Ligplaats: Fa. Woudenberg & Zn., doorvaren tot achteren de Strang, drijvende steigers, tarief f 7,50 per etmaal (elektra, toiletten, wastafels en douche (f 1,25).
Drinkwater: P. v. d. Hurk, Woonark Eric; fa. Woudenberg & Zn.
Motorbrandstof: A. Udo, varende tanklichter, be en die.
Reparatie: Gebr. Engelaer; fa. Woudenberg & Zn., Waalbandijk 58, tel. (08879) 12 57, romp/uitr (ht, s/op de wal + in het water); Scheepsreparatiebedrijf De Gerlien, romp/uitr; John Eltink, Beatrixstraat 69, zeil/tuigage.
Hefkraan: Scheepsreparatiebedrijf De Gerlien, tel. (08879) 29 57 of 18 96, max. 7 ton, drijvend dok tot 135 ton.
Botenlift: Fa. Woudenberg & Zn., max. 40 ton, max.diepgang 1,20 m (heffen met staande mast mogelijk).

Benedensas
Aan de monding van de Steenbergse Vliet in het Volkerak (zie aldaar).
Algemeen: Van het Zuidvlije leidt een gebaggerde en betonde geul dwars over de Zeehondenplaat naar de Buitenhaven.
Voorbij de buitenhaven ligt het Benedensas met 200 m remmingwerk aan de buitenzijde. Van het Benedensas tot 1400 m stroomopwaarts is de rivier 200 m breed met rietvelden aan de oevers. De vaargeul wordt met geleidewerken met groene driehoeken aan de W-zijde aangegeven. Er staat een constante, matige stroom.
Sluis en brug: De sluis en brug staan doorgaans open. De brug kan incidenteel door en voor voetgangers bediend worden. Bij brugbediening wordt de scheepvaart geregeld d.m.v. scheepvaartseinen. Er wordt geen sluis- of bruggeld geheven.
Ligplaats buiten de sluis: Ten N van het Benedenhoofd, voor het peilhuisje bakboord aanhouden. Diepte van de haven ± 5 m. Hier is de jachthaven van W.V. Volkerak, havenmeester A. Jongmans, tel. (01650) 4 47 32, tarief f 1,– per m lengte per nacht (toiletten, douche, wastafels en elektra).
Ligplaats binnen de sluis: Jachthaven van Watersportbelangen De Vliet B.V., tel. (01676) 29 14, tarief f 1,– per m lengte per nacht.
Motorbrandstof: Bij Watersportbelangen De Vliet B.V., die (sl),
Trailerhelling: Openbare helling binnen de sluis.
Kampeerterrein: De Heense Akker, Heensemolenweg 23, De Heen/Steenbergen, tel. (01676) 26 21, op $1\frac{1}{2}$ km van het water, onderdeel van het Kanocentrum Benedensas. Kanovaarders worden op verzoek opgehaald.

Bergen (N.H.)
4 km van het Noordhollandskanaal bij Alkmaar.
Vaarweg: Voor kleine vaartuigen (max.hoogte 1,10 m, diepgang 0,80 m) te bereiken over de Bergervaart, die juist ten N van de Spoorbrug in Alkmaar, ten Z van de Gasfabriek, in het Noordhollandskanaal uitmondt.

Bergen op Zoom
20 km van Wemeldinge; zie ook 'Schelde-Rijnverbinding' en 'Zoommeer'.
Algemeen: Bij de nadering van Bergen op Zoom via het Tholense Gat (Bergse Diepsluis, zie aldaar) kruist men het zeer druk bevaren Schelde-Rijnkanaal (zie bij 'Schelde-Rijnverbinding').

B

De haven van het werkeiland de Molenplaat (Broeckehaven) is voor alle vaart afgesloten/verboden.
Direct ten Z van Bergen op Zoom ligt de Binnenschelde, een onderdeel van het Markiezaatsgebied. Het is een afgesloten meer, voorzien van dagrecreatiestranden en geschikt voor de kleine watersport.
Waterstand: De binnenhaven staat in open verbinding met de buitenhaven. De waterstand is gelijk aan NAP, doch er kunnen peilvariaties optreden van NAP – 0,25 m tot NAP + 0,05 m.
Haven: De toegang tot de Theodorushaven wordt gevormd door twee strekdammen aan het einde van het betonde vaarwater Bergse Diep.
De strekdammen zijn voorzien van vast rood en groen licht. Varende tussen de twee strekdammen moet men eerst de twee onderbroken witte lichten in één lijn varen, totdat men de twee isofase groene lichten, die meer binnenwaarts geplaatst zijn, in één lijn heeft.
De koers houdt men aan tot voor de sluis naar de Theodorushaven. 1500 m voorbij de sluis is de jachthaven van de W.V. De Schelde. Buiten de jachthaven geldt voor de recreatievaart een meerverbod.
In de havenmonding, toegangsgeul naar de sluis en het havenkanaal is de max.diepgang 4 m bij een waterstand van NAP.
De oude havens in de stad zijn niet toegankelijk.
Marifoon: Burg. Peterssluis, kan. 9.
Sluis en brug: Burg. Peterssluis met beweegbare brug, H 4,20 m bij een waterstand van NAP = KP. Aan beide sluishoofden zijn hoogteschalen aangebracht. De sluis staat in principe open. Buiten de aangegeven bedieningstijden van de brug is de doorvaart van de sluis verboden. Indien buiten de bedieningstijden op beide sluishoofden nabij het rode licht het bord 'sport' wordt getoond, dan is doorvaart voor recreatievaart wel toegestaan, indien men de brug kan passeren in gesloten stand. Let op tegemoetkomende scheepvaart!
Bediening:

ma. t/m vr.	(gehele jaar)	6-20 h
zat. zo. en fd.	(1 apr.-1 okt.)	7-11, 15-20 h
	(1 okt.-1 apr.)	8-11, 15-18 h

Havenkantoor (gemeente): tel. (01640) 3 50 62, b.g.g. 3 62 19.
Ligplaats: Jachthaven van de W.V. De Schelde in de Theodorushaven, havenmeester P.J. v. d. Water, tel. (01640) 3 74 72, tarief f 1,10 per m lengte + f 0,60 p.p. toeristenbelasting per nacht, max.diepgang 2,50 m (toiletten, douches, wastafels en elektra). Buiten de jachthaven geldt voor de recreatievaart een meerverbod. Fietsverhuur aan de haven.
Motorbrandstof: W.V. De Schelde, sbe, die (sl).
Vulstation propaangasflessen: Voets B.V., Moerstraatsebaan 39, tel. (01640) 4 40 50.
Reparatie: L. Ribbens*, N.Z.-haven 92 (oude haven in de stad), zeil/tuigage; Kievit Jachtbouw, Melanendreef 179, tel. (01640) 4 26 72, romp/uitr (p/in het water), elek.
Hefkraan: Jachthaven W.V. De Schelde, Vermuidenweg 6, max. 10 ton, max.diepgang 2,20 m (heffen met staande mast mogelijk), kosten op aanvraag.
Trailerhelling: Jachthaven W.V. De Schelde, voor schepen tot max. 5,50 m lengte, kosten op aanvraag.
Wasserette en stortplaats chemisch toilet: Bij Jachthaven W.V. De Schelde (wasmachine).

Bergse Diepsluis (Oesterdam)
Zie ook onder 'Oosterschelde' en 'Schelde-Rijnverbinding'.
In de Oesterdam, compartimenteringsdam tussen Zuid-Beveland en Tholen, bevindt zich aan de NW-zijde de Bergse Diepsluis.
Sinds de sluiting van de Oesterdam (eind 1986) is de doorvaart van het Tholense Gat (Oosterschelde) naar het Schelde-Rijnkanaal uitsluitend mogelijk via de sluis.
De afmetingen van de sluis zijn: lang 34 m, breed 6 m.
De max. toegelaten diepgang is 2 m bij een waterstand van NAP − 0,50 m op het Zoommeer en van NAP − 1,50 m op de Oosterschelde. Bij lagere waterstanden is de toegelaten diepgang evenveel minder.
De ingang van de sluis wordt vanaf het Tholense Gat aangegeven door de sluislichten; vanaf de Oosterschelde wordt de ingang van de voorhaven aangegeven door havenlichten op de havendammen.
Marifoon: kan. 18.
Bediening sluis:

(1 mei-1 okt.)	7-21 h
(1 okt.-1 mei)	8-18 h

Waterstanden: W-zijde (Oosterschelde): GHW = NAP + 1,75 m; GLW = NAP − 1,45 m.
Sinds de sluiting van de Philipsdam in de Krammer (1987) is het gebied ten O van de compartimenteringsdammen getij-vrij en is het Zoommeer ontstaan (zie aldaar). De waterstand op het Zoommeer is gelijk aan NAP, doch er kunnen peilvariaties optreden van NAP − 0,25 m tot NAP + 0,05 m.

Bergse Maas
Het gedeelte van de Maas tussen kmr 226,5 (2 km ten W van Ammerzoden) en kmr 250,9 (bij de monding van de Donge).
Algemeen: Op de oevers staat een aantal onderbroken lichten (Long Flash 10s), Ro rood en Lo groen. Op de koppen van de kribben staan raambakens.
Vaarwegbeheerder: Rijkswaterstaat, Directie Zuid-Holland, Boompjes 200, 3000 AN Rotterdam, tel. (010) 4 02 62 00. Voor nautische informatie: Regionale Verkeerscentrale Dordrecht, tel. (078) 13 24 21 of marifoonkan. 71, roepnaam 'post Dordrecht' (24 uur).
Maximumsnelheid: Voor snelle motorboten 20 km/h. Op een aantal delen geldt géén snelheidsbeperking en is waterskiën toegestaan. Dit laatste is aangegeven door de borden E.17 en E.20.1 van het Binnenvaartpolitiereglement (BPR). Zie tevens de ANWB-waterkaart 'Grote rivieren Middenblad (kaart K)'.
Waterstand: Ter hoogte van Heusden varieert de waterstand bij gemiddelde rivierafvoer van NAP + 0,70 m bij GHW tot NAP + 0,50 m bij GLW; bij Keizersveer van NAP + 0,60 m tot NAP + 0,35 m.
Bruggen: Vaste bruggen in Heusden en Keizersveer.
– Heusden: Vaste brug kmr 231, in het midden H NAP + 10,15 m (GHW + 9,45 m).
– Keizersveer: Vaste brug, middenoverspanning H GHW + 9,58 m = NAP + 10,18 m. De doorvaart onder de zijopeningen is 0,20 m lager. Opvaart door de zuidelijke, afvaart door de middelste overspanning.
Lig- en aanlegplaatsen: Zie onder 'Heusden', 'Genderen', 'Drongelen', 'Waalwijk', '(Het) Stukske', 'Dussen' en 'Keizersveer'.

Bergse Plassen

Gelegen bij Hillegersberg ten N van Rotterdam. Zie kaartje bij 'Rotterdam'.

B **Vaarvergunning:** Zie onder 'Kralingse Plas'.
Pleziervaartuigenverordening: Zie onder 'Kralingse Plas'.
Maximumsnelheid: 6 km/h.
Berg- en Broekse Verlaat: Schutsluis, D ca. 0,90 m, wijdte 3 m, lengte 17 m. Bediening:

ma. t/m do.	(gehele jaar)	9-17 h
vr. en zat.	(16 april-16 okt.)	6-22 h
	(16 okt.-16 april)	9-17 h
zo. en fd.	(16 april-16 okt.)	6-22 h
	(16 okt.-16 april)	gesloten

Klapbrug tussen de sluis en de Rotte, bediening (door de sluiswachter): als de sluis.
Tussen de Voorplas en de Achterplas ligt een vaste brug, H 2,05 m.
Lig- en aanlegplaatsen: Bij W.V. Aegir (na de sluis stuurboord, in de Voorplas), max.diepgang 0,80 m, eerste 5 dagen gratis verblijf (elektra, toiletten, douches en wastafels) ● gemeentelijke recreatieve ligplaatsen ● W.V. Alvo (ZW-oever Bergse Achterplas) (toiletten en wastafels) ● Onderlinge W.V. (naast W.V. Alvo) ● W.V. Uno, langs de Rotte of via sluis naar Bergse Plas, tel. (010) 4 22 65 27, tarief f 10,– (elektra, toiletten, douches (f 1,–) en wastafels).
Motorbrandstof: Garagebedrijf bij de Irenebrug.
Reparatie: Donkers en Zn., Weissenbruchlaan 235, tel. (010) 4 18 82 34/4 18 95 45, romp/uitr.
Trailerhelling: Bij W.V. Aegir, tel. (010) 4 18 04 47/4 22 11 08.
Botenlift: bij W.V. Uno, max. 7 ton, max.diepgang 0,85 m, tarief f 175,– (alleen in noodgevallen).

Bergumermeer

0,8 km van Eastermar (Oostermeer); 3 km van Burgum (Bergum); 1 km van Skûlenboarch (Schuilenburg).
Dit meer is met uitzondering van enige ondiepten langs de O-oever overal bevaarbaar met ca. 1,20 m diepgang. Buiten de vaargeulen moet rekening gehouden worden met plaatselijke ondiepten door zwerfkeien en boomstronken op de harde bodem.
De ondiepten langs de O-oever, die uit harde zandgrond bestaan, vormen mooie zwemgelegenheden. Het meer ligt in een fraai landschap. Zie voor de verbinding met de Kuikhornstervaart onder 'Zwemmer'.
Vaarwegbeheerder: Provincie Friesland, Gedempte Keizersgracht 38, 8911 KL Leeuwarden, tel. (058) 92 59 25.
Maximumsnelheid: In de betonde vaargeul van het Prinses Margrietkanaal 12,5 km/h; overigens 9 km/h, m.u.v. een gedeelte gelegen ten ZO van de betonde vaargeulen. Hier geldt géén snelheidsbeperking voor vaartuigen tot 1,5 m^3 waterverplaatsing en is waterskiën toegestaan. Nadere informatie is opgenomen in de ANWB-watersportwijzer 'Snel motorbootvaren in Nederland'. Raadpleeg hiervoor de 'Handleiding' van deze Almanak onder 'Snelle motorboten en Waterskiën'.
Lig- en aanlegplaatsen: Jachthaven Klein Zwitserland van Recreatiecentrum Bergumermeer, tel. (05116) 13 85, tarief f 1,25 per m per nacht + f 1,– toeristenbelasting per persoon (toiletten, wastafels, elektra en douches (f 1,–) munten verkrijgbaar bij receptie camping)
● Aan de landtong met daaraan gelegen eilandjes.
Trailerhelling, wasserette en stortplaats chemisch toilet: Jachthaven

Klein Zwitserland, aan de W-zijde van het meer, ten Z van het Prinses Margrietkanaal, tarief helling f 2,50.
Kampeerterrein: Recreatiecentrum Bergumermeer, bij het dagrecreatieterrein, aanlegsteigers aanwezig.

Berkum

5 km van het Zwarte Water; aan de Overijsselse Vecht (zie aldaar).
Ligplaats: Jachthaven Terra Nautic, even ten N van de vaste Berkumerbrug (A 28) aan de Ro van de Overijsselse Vecht, t.o. de televisietoren, havenmeester E. Dyjers, tel. (05295) 71 71, max.diepgang 1,40 m, tarief f 1,– per m lengte per etmaal + toeristenbelasting f 1,– p.p. (toiletten, douches (f 1,–, douchemunten bij kantine en kampwinkel), elektra en wastafels).
Trailerhelling, wasserette en stortplaats chemisch toilet: Jachthaven Terra Nautic, trailerhelling max. 2000 kg, tarief f 5,–.
Kampeerterreinen: Camping Terra Nautic*, Vechtdijk 1, Zwolle, tel. (05295) 72 93; De Agnietenberg, aan de Lo even ten N van Vechterstrand.

Bernisse

Algemeen: De Bernisse is een verzande smalle waterloop tussen Voorne en Putten, waarvan verbreding heeft plaatsgevonden. Toegankelijk vanaf het Brielse Meer bij Heenvliet. De Bernisse is ten Z van Zuidland afgedamd.
In de Bernisse zijn enkele eilandjes aangelegd en op afwisselende oevers vindt men speel- en ligweiden, toiletvoorzieningen, bosschages en een wandel- en fietspadennet.
Bruggen: Vaste bruggen, H 2,50 m.
Motorvaart: Verboden.

Beukersgracht

Verbinding tussen het Meppelerdiep (kmr 4) en de O- en W-Belterwijde; 3,5 km ten NO van Zwartsluis. Lengte 1,9 km.
De Beukersgracht is een onderdeel van het Kanaal Beukers-Steenwijk (zie aldaar).
Sluis en brug: Beukersschutsluis met ophaalbrug: tel. (05208) 6 70 54. Bediening:

(16 april-16 okt.)	ma. t/m zat.	7-12, 13-20 h
	zo. en fd.	9-12, 13-19 h
(16 okt.-16 april)*	ma t/m zat.	7-12, 13-18 h
	zo. en fd.	gesloten

* Bediening in de herfstvakantie als van 16 april-16 okt.
Aanlegplaats: Aan de W-oever, 1,3 km ten N van de sluis.

Beulakerwijde

Zie ook onder 'Belterwijde', 'Blauwe Hand' en 'Ronduite'.
Algemeen: Over de gehele oppervlakte bevaarbaar met 1 m diepgang, met uitzondering van het gedeelte ten NO van de betonde geul Blauwe Hand-Walengracht, waar de bodem, bestaande uit harde zandgrond, geleidelijk oploopt. In de NO-hoek staat ca. 0,50 m water.
De vaargeul Blauwe Hand-Walengracht is aan de oostzijde voorzien van een groen markeringslicht (Iso 2s) en aan de westzijde van een groen markeringslicht (Iso 4s).
Langs de O-zijde van de Beulakerwijde ligt een strekdam. Dit is de W-begrenzing van de vaargeul van Blauwe Hand naar Giethoorn. Deze vaargeul is een onderdeel van het Kanaal Beukers-Steenwijk en

is aan de O-zijde betond. Zie ook 'Kanaal Beukers-Steenwijk' en 'Kanaal Beulakerwijde-Steenwijk'.

B Aan de eilanden in het W-gedeelte vindt men goede ligplaatsen. Ten W van deze eilanden ligt de Kleine Beulaker, die ook over vrijwel de gehele oppervlakte bevaarbaar is met ca. 0,80 tot 0,90 m diepgang. Toegestane diepgang in de vaargeul Walengracht-Blauwe Hand 1,60 m, vaargeul Walengracht-Ronduite 1,40 m.
Maximumsnelheid: 9 km/h.
Lig- en aanlegplaatsen: W.V. Hollands Venetië aan de O-oever ● Hotel Meerzicht. Zie verder bij 'Blauwe Hand'.
● In de Walengracht uitsluitend aan een speciaal daarvoor ingericht terrein van de Vereniging tot Behoud van Natuurmonumenten; dergelijke terreinen vindt men eveneens op een tweetal eilanden in het NW-deel van de plas. Voor de juiste ligging zie 'ANWB-waterkaart NW-Overijssel'.
Het is echter verboden gedurende 2 of meer etmalen achtereen op dezelfde plaats of binnen een straal van 1 km daaromheen ligplaats te hebben.
● Tevens passantenligplaatsen nabij de meest N-gelegen doorvaartopening tussen het Kanaal Beukers-Steenwijk en de Beulakerwijde.
Motorbrandstof: Zie onder 'Giethoorn'.
Kampeerterreinen: Ronduite*, De Blauwe Hand*, Jachthaven Watersportcentrum De Beulaeke, alle aan de Veneweg in Wanneperveen.

Beusichem
Aan de Lek, Lo; veerpont bij kmr 933,4; 6 km van Culemborg; 6 km van Wijk bij Duurstede.
Ligplaats: Jachthaven Beusichem, D 1,50 m, bovenstrooms van het veer, Lo, havenmeester W.A.H. Bauhaus, tel. (03453) 25 30, tarief f 1,– per m lengte per nacht (elektra, douches, wastafels en toiletten).
Motorbrandstof, hefkraan, trailerhelling, kampeerterrein en wasserette: Jachthaven/Camping Beusichem, Veerweg 10a, tel. (03453) 25 30, die (sl), sbe (sl), kraan max. 5 ton (max.diepgang 1,60 m), tarief f 40,–, trailerhelling max. 3 ton (max.diepgang 0,80 m), tarief f 10,–.

Biddinghuizen
Bereikbaar via de Hoge Vaart in O-Flevoland. Zie ook onder 'Flevoland'.
Aanlegplaatsen: Aan de O-oever aan de recreatiesteiger bij de loswal ter hoogte van de Havenweg (toilet); in de zwaaikom aan de W-oever, ten N van de Haverbrug, vrij ondiep.
Ligplaatsverordening: Op de wateren in Biddinghuizen geldt de gemeentelijke ligplaatsverordening Dronten (zie aldaar).
Drinkwater: Watertappunt bij de aanlegplaats aan de loswal.
Trailerhelling: Bij de Hierdense Tocht aan de Hoge Vaart.
Stortplaats chemisch toilet: Bij de recreatiesteiger bij de loswal ter hoogte van de Havenweg.

Biesbosch, Brabantse
Algemeen: De Brabantse Biesbosch bestaat uit een groot aantal afzonderlijke polders, grienden, riet- en biezengorzen, doorkruist door talloze brede en smalle killen en drie grote drinkwaterreservoirs.
De vaargeulen zijn niet aangeduid. Een enkele keer zijn sommige banken aangegeven door in de bodem gestoken wilgentakken. In de Biesbosch is een aantal *zoneringsmaatregelen* van kracht om hinder te voorkomen, de rust te handhaven en de natuur te sparen.
Volledige gegevens omtrent de desbetreffende voorschriften zijn opgenomen op de ANWB-waterkaart 'Biesbosch' (kaart N).
Vaarwegbeheerder: Rijkswaterstaat, Directie Zuid-Holland, Boom-

pjes 200, 3000 AN Rotterdam, tel. (010) 4 02 62 00. Voor nautische informatie: Regionale Verkeerscentrale Dordrecht, tel. (078) 13 24 21 of marifoonkan. 71, roepnaam 'post Dordrecht' (24 uur).
Kaart: ANWB-waterkaart 'Biesbosch' (kaart N), schaal 1:25.000.
Maximumsnelheid: 9 km/h op de vaarwegen:
1. Noordergat van de Vissen-Gat van Van Kampen-Noorderklip-Reugt.
2. Gat van Den Kleinen Hil-Gat van de Hardenhoek.
3. Spijkerboor-Middelste Gat van het Zand-Steurgat-Nauw van Paulus-Steurgat.
Overige vaarwegen 6 km/h.
Waterstand en stroom: Het dagelijkse waterstandverschil bedraagt ca. 0,35 m, maar kan onder bijzondere omstandigheden wel 0,70 m bedragen (zie toelichting op ANWB-waterkaart 'Biesbosch'). De stroomsnelheid is vrijwel te verwaarlozen.
Doorvaartroutes: De belangrijkste vaarweg leidt van het Hollandsdiep, door het Noordergat van de Vissen, Gat van Van Kampen, Gat van de Noorderklip, de Ruigt, het Steurgat naar de Biesboschsluis ten W van Werkendam.
Een andere veel gebruikte vaarweg leidt van de Amer door het Spijkerboor, het Middelste Gat van het Zand en het Steurgat, eveneens naar de Biesboschsluis.
In deze vaarwegen kan in de vaargeul als minste diepte op 1,50 m gerekend worden. In de kleinere en doodlopende wateren valt een snel voortschrijdende verondieping te constateren.
Een aantrekkelijke route, doch smal en met vele luwten, is de vaarweg van het Gat van de Vissen door het Kooigat, Gat van de Honderddertig, Gat van de Slek, Gat van de Vloeien, Keesjes Killeke, Gat van de Plomp en de Sloot van St. Jan (vaste brug, H GHW + 2,50 m) naar het Spijkerboor.
Deze vaarweg is met ca. 1 m diepgang bevaarbaar, m.u.v. het Gat van de Plomp (D 0,80 m). Alternatieve route via het Gat van de Kerksloot.
Van de Nieuwe Merwede komt men door de Spieringsluis en het Gat van de Hardenhoek in de overige wateren van de Biesbosch. De minste diepte in deze vaarweg is 1,30 m.
Van de Nieuwe Merwede is de Biesbosch ook te bereiken door de Biesboschsluis, 1200 m ten W van Werkendam.
Voor kleine vaartuigen moet de toegang tot de Biesbosch van het Hollandsdiep uit bij niet al te fraai weer worden ontraden, daar hier reeds bij matige wind een flinke golfslag kan staan. In iets mindere mate geldt hetzelfde voor de andere omringende wateren.
Sluizen:
– Spieringsluis en beweegbare brug aan de Nieuwe Merwede, kmr 971,5 Lo. Getijstanden buiten de sluis (Nieuwe Merwede): GHW = NAP + 0,75 m; GLW = NAP + 0,40 m.
Bediening: (gratis)

(15 april-15 mei en 1 sept.-16 okt.)**	ma. t/m do.	8-13, 14-17 h
	vr. t/m zo. en fd.	8-13, 14-21 h
(15 mei-1 sept.)	ma. t/m vr.	7-13, 14-21 h
	zat., zo. en fd.	8-13, 14-21 h
(16 okt.-15 april)	ma. t/m vr.	13.30-14.30 h, op verzoek*
	zat.	9.30-10.30, 14.30-15.30 h, op verzoek*
	zo. en fd.	gesloten

B
* Bediening een half uur vóór de bedieningstijdstippen aanvragen (resp. vóór 13 h, 9 h en 14 h) bij de sluiswachter van de Biesboschsluis, tel. (01835) 15 87 (telefooncel op de Spieringsluis aanwezig).
** Incl. de periode vanaf paaszaterdag (indien vóór 15 april) en van 16 okt. t/m de herfstvakantie.
– Biesboschsluis ten W van Werkendam, tel. (01835) 15 87.
Marifoonkanaal 18.
Bediening: (gratis)

(15 april-16 okt.)	ma. t/m vr.	6-13, 14-21 h
	zat., zo. en fd.	8-13, 14-21 h
(16 okt.-15 april)	ma. t/m vr.	7-12, 15-18 h
	zat.	8-9, 11-12, 13-14, 16-17 h*
	zo. en fd.	gesloten

* De sluiswachter van de Biesboschsluis bedient tevens de Spieringsluis. Indien de sluiswachter op zat. van 16 okt.-15 april niet opgeroepen wordt om de Spieringsluis te bedienen, dan wordt de Biesboschsluis op zat. in deze periode bediend van 8-12 en 13-17 h.

Lig- en aanlegplaatsen: In de Biesbosch is een aantal ligplaatsen voor waterrecreanten ingericht en een aantal zandstranden aangelegd. Deze zijn op de ANWB-waterkaart ingetekend. Op grond van het gemeentelijk bestemmingsplan is het verboden langer dan drie dagen aaneengesloten op dezelfde plaats ligplaats in te nemen.
Onder 'dezelfde plaats' wordt verstaan een plaats binnen een straal van 500 m rondom de ligplaats die bij het ingaan van de bedoelde termijn van drie dagen is ingenomen.
● Behalve aan deze speciale plaatsen mag men alleen ligplaats innemen langs de doorgaande vaarroutes en in de jachthavens, o.a. Jachthaven Spieringsluis, toegang binnen de Spieringsluis, Z-oever, max.diepgang 1 m, tarief f 1,– per m lengte per nacht (toiletten). Zie tevens onder de beschrijvingen van de omliggende plaatsen nl. 'Werkendam', 'Geertruidenberg', 'Drimmelen', 'Hank' en 'Lage Zwaluwe'.
Ankerplaatsen: Men kan op tal van plaatsen in de bredere killen voor anker gaan, doch men doet er goed aan eerst de waterdiepte te controleren. In aanmerking komen o.a. het Gat van Van Kampen voor de diepe oevers van de Buisjes (t.o. de Rietplaat); het Nauw van Paulus; het Gat van Paulus ten W van het Pauluszand, dat echter voor ZW-wind openligt; het Jeppegat (open voor ZW-wind); het Spijkerboor; sommige punten in het Gat van de Vissen (o.a. bij de 5 meerpalen). Verder in de kleine wateren: het Keesjes Killeke (aan de O-zijde van de polder Lange Plaat, t.o. de boerderij Amalia) en in de mond van het Gat van de Turfzak.
Trailerhellingen: Bij Jachthaven Spieringsluis, tel. (01835) 16 33, tarief f 10,– (in en uit), kano's f 2,50. Zie verder bij 'Werkendam', 'Drimmelen', 'Hank' en 'Lage Zwaluwe'.
Voor foerageren is men aangewezen op een beperkt aantal plaatsen: nl. 'Werkendam', 'Drimmelen', 'Geertruidenberg' en 'Lage Zwaluwe'.
Biesbosch bezoekerscentrum Drimmelen: Bij de Jachthaven Drimmelen, tel. (01626) 29 91.

Biesbosch, Dordtse
Algemeen: Onderdeel van de Hollandse Biesbosch, een natuurgebied dat is gelegen op het eiland van Dordrecht tussen Willemsdorp bij de Moerdijkbruggen en de Kop van Den Ouden Wiel bij de splitsing van de Beneden en Nieuwe Merwede.
Voor het gehele gebied geldt een vaartuigenverordening.
De Dordtse Biesbosch, met uitzondering van het Zuidmaartensgat, is

natuurreservaat. In karakter komt dit gebied overeen met de wateren in het Z-deel van de Brabantse Biesbosch.
Vaarwegbeheerder: Rijkswaterstaat, Directie Zuid-Holland, Boompjes 200, 3000 AN Rotterdam, tel. (010) 4 02 62 00. Voor nautische informatie: Regionale Verkeerscentrale Dordrecht, tel. (078) 13 24 21 of marifoonkan. 71, roepnaam 'post Dordrecht' (24 uur).
Waterkaart: ANWB-waterkaart 'Biesbosch' (kaart N), schaal 1:25.000.
Getijgegevens: Zie 'Biesbosch, Brabantse'.
Maximumsnelheid: 9 km/h.
Vaarroute: Het gebied is uitsluitend bereikbaar vanaf het Hollandsdiep via het Zuidmaartensgat naar de loswal bij Prinsenheuvel. Het Zuidmaartensgat is op vele plaatsen zeer ondiep en bovendien niet bebakend. De stenen dammen ter hoogte van kmr 982 op het Hollandsdiep liggen veelal gedeeltelijk onder water.
Met kleine jachten kan men dit gebied alleen bezoeken wanneer het weer betrouwbaar is, omdat op het Hollandsdiep reeds bij matige wind hoge golfslag kan ontstaan.

Biesbosch, Sliedrechtse

Algemeen: Dit zoetwatergetijdegebied ligt tussen de Beneden en Nieuwe Merwede en wordt in het W begrensd door de spoorlijn Dordrecht-Sliedrecht. Het gebied is een onderdeel van de Hollandse Biesbosch en is kenmerkend voor de ontstaansgeschiedenis van de Biesbosch. Alle stadia van landgroei zijn nog waarneembaar dank zij de open verbinding met zee via Wantij, Oude Maas en Nieuwe Waterweg. Het NW-gedeelte van het gebied is ingericht als dagrecreatiegebied. Dit gebied, De Hollandse Biesbosch, is over het water bereikbaar via het Moldiep. Hier ligt ook een van de twee Biesboschbezoekerscentra met een speciale passantensteiger.
Vaarwegbeheerder: Rijkswaterstaat, Directie Zuid-Holland, Boompjes 200, 3000 AN Rotterdam, tel. (010) 4 02 62 00. Voor nautische informatie: Regionale Verkeerscentrale Dordrecht, tel. (078) 13 24 21 of marifoonkan. 71, roepnaam 'post Dordrecht' (24 uur).
Waterkaart: ANWB-waterkaart 'Biesbosch' (kaart N), schaal 1:25.000.
Getijgegevens: De getijden treden binnen via het Wantij.
De waterstand varieert dagelijks tussen NAP + 0,80 m en NAP + 0,10 m.
Bij de spoorbrug over het Wantij bedragen GHW en GLW resp. NAP + ca. 0,77 m en NAP + ca. 0,10 m.
Maximumsnelheid: 9 km/h.
Vaarroutes: De meest gebruikte doorvaartroute leidt van Dordrecht over het Wantij naar de Ottersluis, bevaarbaar met 1,80 m diepgang. Van de Ottersluis kan men via de Kikvorskil bij GLW met ca. 1,40 m diepgang varen naar de Helsluis.
De rondvaart via de Sionssloot over het Moldiep leidt langs en door het griend Kikvors of Otter en is ca. 1,20 m diep bij GLW. In het Moldiep is halverwege aan de N-oever een bezoekerscentrum. Men kan hier tijdelijk ligplaats nemen. Verder O-waarts kan men over de Dode Kikvorskil met 1,40 m diepgang varen naar de Schotbalkensluis tussen Zoetemelkskil en het Gat van de Hengst. (Zie verder hierna onder 'Schotbalkensluis'.) Het natuurgebied ten O van de Schotbalkensluis mag alleen worden bevaren met een vergunning, te verkrijgen bij het Biesbosch Bezoekerscentrum De Hollande Biesbosch (voor adres zie hierna).
Met ca. 1 m diepgang bij GLW kan men langs de ZO-oever naar de Sneepkil varen waarover men met 0,80 m diepgang het Houweningewater kan bereiken. Dit vaarwater valt evenals het brede gedeelte van de Sneepkil bij GLW droog.

B **Bruggen (beweegbaar) over en sluizen naar het Wantij:**
– Prins Hendrikbrug en de Wantijbrug, ca. 1200 m bovenstrooms van de Prins Hendrikbrug, zie onder 'Dordrecht'.
– Spoorbrug over het Wantij, H GHW + 4,30 m in gesloten stand. Indien geheven H GHW + 12,20 m. Bediening door de brugwachter van de spoorbrug over de Oude Maas in Dordrecht, 3 uur tevoren aan te vragen bij de Regionale Verkeerscentrale Dordrecht, tel. (078) 13 24 21 of marifoonkan. 71 (roepnaam 'post Dordrecht').

(15 april-15 okt.)	ma. t/m vr.	8.10-8.20*, 10-16**, 16.10-16.20, 18.10-18.20 h
	zat.	8.10-8.20*, 12.10-12.20, 18.10-18.20 h
	zo. en fd.***	8.10-8.20*, 18.10-18.20 h
(15 okt.-15 april)	dagelijks	gesloten

* Mits niet gelijktijdig met de spoorbruggen over de Oude Maas en de brug Baanhoek over de Merwede.
** De brug wordt telkens max. 10 min geopend.
*** Bediening op Koninginnedag en op Hemelvaartsdag als op zat.
– Wantijfietsbrug, ca. 100 m bovenstrooms van de spoorbrug over het Wantij, H GHW + 4,30 m in gesloten stand.
Indien geheven H GHW + 12,20 m. Bediening: als de spoorbrug.
– Ottersluis 7 km van Dordrecht tussen Wantij en Nieuwe Merwede, kmr 970,4. Diepte bovenslagdorpel NAP – 2,20 m (1,80 m bij laagwater). Beweegbare brug. tel. (078) 16 11 18. Bediening: (gratis)

(15 april-15 mei en 1 sept.-16 okt.)	ma. t/m do.	8-13, 14-17 h
	vr., zat., zo. en fd.	8-13, 14-21 h
(15 mei-1 sept.)	ma. t/m vr.	7-13, 14-21 h
	zat., zo. en fd.	8-13, 14-21 h
(16 okt.-15 april)	ma. t/m zat.	8-9, 10.30-12, 13-14, 15.30-17 h
	zo. en fd.	gesloten

Bij een verval van meer dan 2 m wordt er niet geschut.
Tijdens de weekeinden met mooi weer treden door druk recreatieverkeer vaak lange wachttijden op. Op zaterdag van het Wantij naar de Nieuwe Merwede en op zondagmiddag en -avond van de Nieuwe Merwede naar het Wantij.
Aan beide zijden langs de invaart naar de Ottersluis zijn wachtplaatsen gemaakt.
– Helsluis 10 km van Dordrecht, tussen Helsloot en Beneden Merwede, kmr 968,2. Diepte van de bovenslagdorpel NAP – 1,65 m. Bediening:

(15 april-15 mei en 1 sept.-16 okt.)	ma. t/m do.	8-13, 14-17 h
	vr., zat., zo. en fd.	8-13, 14-21 h
(15 mei-1 sept.)	ma. t/m vr.	7-13, 14-21 h
	zat., zo. en fd.	8-13, 14-21 h
(16 okt.-15 april)	ma. t/m zat.	9.30-10, 14.30-15 h, op verzoek*
	zo. en fd.	gesloten

* Bediening vóór 9 h, resp. 14 h aanvragen bij de Ottersluis, tel. (078) 16 11 18 (telefooncel op de Helsluis aanwezig).
– Schotbalkensluis. De resten van de weggeslagen kunstmatige ver-

nauwing tussen het Gat van de Hengst en de Dode Kikvorskil. De doorgang is verbreed tot ca. 15 m, D ca. 2 m bij GHW en 1 m bij GLW. Sterk wassend of vallend water veroorzaakt veel stroom in deze vernauwing. Bij doorvaart moet men daar rekening mee houden. De bodem bestaat uit losse stenen. Bij hoogwater staan paalkoppen onder water. Hoogwater valt ongeveer 2 uur na hoogwater Dordrecht.
Aanlegplaatsen: Twee haventjes aan het Moldiep bij het bezoekerscentrum (let op 3-urenregeling), overnachten toegestaan (toiletten in het bezoekerscentrum; aan de Dode Kikvorskil bij de Huiswaard; diverse plaatsen langs de oever; jachthavens in en nabij Dordrecht (zie aldaar).
Er geldt, evenals in de Brabantse Biesbosch, een aantal vergunnings-, verbods- en zoneringsmaatregelen.
Voor nadere gegevens kan men de tekst op de bovengenoemde waterkaart raadplegen.
Bezoekerscentrum De Hollandse Biesbosch: Baanhoekweg 53, 3313 LP Dordrecht, tel. (078) 21 13 11, geopend van di. t/m zo. van 9-17 h, mrt. t/m nov. ook op ma. van 12-17 h. Het bezoekerscentrum is bereikbaar vanuit de twee haventjes aan het Moldiep (zie onder 'Aanlegplaatsen').

Birdaard

Aan de Dokkumer Ee (zie aldaar); 13 km van Leeuwarden; 4 km van Bartlehiem; 9 km van Dokkum.
Ligplaatsen: Gemeentelijke Passantenhaven Mûne Hiem aan de Dokkumer Ee, ten O onder de Van Steenhuizenbrug, aan de N- en Z-oever, havenmeester dhr. J. Tollenaar (woonachtig in molen De Zwaluw), tel. (05196) 23 10, b.g.g. 23 42, tarief f 1,– per m lengte per nacht, max.diepgang 1,25 m, max.lengte 10 m (toiletten, douches (f 1,–) en wastafels).
Drinkwater: Aan de Passantenhaven Mûne Hiem (sl).
Kampeerterrein en stortplaats chemisch toilet: Bij Passantenhaven Mûne Hiem.

B.L. Tijdenskanaal

Vaarweg van Ruiten Aa-kanaal naar Veendiep en Westerwoldse Aa met bruggen en sluizen die men zelf kan bedienen. Bediening geschiedt met behulp van een sleutel die tegen een waarborgsom van f 40,– verkrijgbaar en weer in te leveren is bij de brugwachter van de Wollinghuizerbrug, bij de haven in Bourtange (camping Plathuus), bij de brugwachter Klein Ulsda in de Westerwoldse Aa, bij de haven in Wedderveer en sluis Nieuwe Statenzijl.
Bediening van 1 mei tot 1 okt. dagelijks van 8-20 h.
Vaarwegbeheerder: Waterschap Dollardzijlvest, Postbus 1, 9698 ZG Wedde, tel. (05976) 52 52.
Maximum afmetingen: max.diepgang 1,10 m, max.doorvaarthoogte 2,50 m.

Blauwe Hand

3,5 km van Beukersschutsluis; 4 km van Giethoorn; zie ook 'Belterwijde', 'Beulakerwijde', 'Beukersgracht', en 'Kanaal Beukers-Steenwijk'.
Brug: Ophaalbrug, doorvaart door gesloten beweegbaar gedeelte verboden, aan beide zijden van de brug is een hoogteschaal aanwezig welke betrekking heeft op het voor doorvaart vrijgegeven vaste gedeelte, H 2,65 m. Bij de strekdam aan de Z-zijde van de brug is een groen markeringslicht (Iso 4s) aangebracht.
Tevens bevindt zich aan de N-zijde van de brug, halverwege het kanaaltracé Blauwe Hand en de inloop van het smalle kanaalgedeelte

naar Giethoorn, een rood markeringslicht (Iso 4s) aan de westzijde van het vaarwater.
Bediening:

(16 april-16 okt.)	ma. t/m zat.	7-12, 13-20 h
	zo. en fd.	9-12, 13-19 h
(16 okt.-16 april)*	ma t/m zat.	7-12, 13-18 h
	zo. en fd.	gesloten

* Bediening in de herfstvakantie als van 16 april-16 okt.
Ligplaatsen: Jachthaven Beulaeke Haven, havenmeester, tel. (05228) 12 56, ten W van de brug, tarief f 1,25 per m lengte per nacht + toeristenbelasting f 1,– p.p. (toiletten, douches (f 1,–) en wastafels) ● Aan de jachthaven van Hotel Meerzicht*, aan de O-oever van de Beulakerwijde, tel. (05228) 12 32.
Motorbrandstof: Fa. Prinsen, Beulakerweg 137, Giethoorn aan kanaal in Giethoorn, tel. (05216) 12 61, be, die.
Trailerhelling en hefkraan: Jachthaven Beulaeke Haven, Veneweg 292, Wanneperveen, tel. (05228) 12 56, max. 750 kg, tarief f 30,– en helling f 10,–.
Kampeerterreinen: Zie onder 'Beulaker- en Belterwijde'.
Wasserette en stortplaats chemisch toilet: Bij Jachthaven Beulaeke Haven.

Bleiswijk

2,5 km ten W van de Rottemeren (zie onder 'Rotte').
Sluis: In de Heulsloot ligt het Bleiswijkse Verlaat. Voor kleine boten is het nu mogelijk om tot vlak voor Bleiswijk te varen.
De vaarweg loopt dood.

Blitterswijck

Aan de Maas, kmr 129; 18 km van Afferden.
Waterstand: SP = NAP + 10,75 m.
Aanlegplaats: Bij Café 't Veerhuis aan kleine drijvende steigertjes (onrustig).
Drinkwater en kampeerterrein: Bij Café 't Veerhuis (Fam. Verbaarschot), tel. (04784) 12 83.

Blokzijl

6 km van Vollenhove; 3 km van Giethoornse Meer.
Maximumsnelheid: Op de binnenwateren 6 km/h; op het Noorderdiep, Valse Trog en Giethoornse Meer 9 km/h.
Brug en sluizen: Schutsluis met beweegbare brug in de dorpskern tussen het Vollenhoverkanaal en het Noorderdiep, D 1,60 m.
Bediening: (gratis)

(16 april-16 okt.)	ma. t/m zat.	8-12, 13-19 h
	zo. en fd.	9-12, 13-19 h
(1 mrt.-16 april en 16 okt.-1 dec.)**	ma. t/m vr.	8-8.30, 16.30-17 h
	zat.	8-9 h
	zo. en fd.	gesloten
(1 dec.-1 mrt.)	ma. t/m vr.	8-8.30, 16.30-17 h, op verzoek*
	zat., zo. en fd.	gesloten

* Bediening tijdens kantooruren aanvragen bij P.W.S. Overijssel, tel. (05210) 1 24 66.
** Bediening in de herfstvakantie als van 16 april-16 okt.

Tijdens de weekends in de zomermaanden moet rekening worden gehouden met lange wachttijden in beide richtingen (tot ± 2 h). De keersluis in het Vollenhoverkanaal staat altijd open.
Havenmeester: W.E. Kuik, tel. (05272) 16 94.
Havengeld: Passantentarief f 1,50 per m lengte per nacht.
Lig- en aanlegplaatsen: Aan de kade (voor grote jachten, elektra bij Bierkade en Zuiderkade) en aanlegsteigers in de Havenkolk (toiletten, elektra, douches (f 1,–) en wastafels in het VVV-kantoor) ● aan de VVV-steigers langs de Rietvink, aan de N-zijde van de stad (toiletten, douches (f 1,–) en wastafels) ● in het Noorderdiep bij Watersportcamping Tussen de Diepen, tel. (05272) 15 65, tarief f 1,50 per m lengte per nacht (toiletten, douches (f 0,25 en f 1,–) en wastafels).
Drinkwater: Aan de Bierkade (Havenkolk), sl; VVV-steiger langs Rietvink, sl (munt-automaat); Watersportcamping Tussen de Diepen; Noorderkade (Havenkolk), sl; VVV-kantoor (Havenkolk), Kerkstraat 12, sl (munt-automaat).
Motorbrandstof: Tankstation op loopafstand (500 m) van de Havenkolk, die, be, sbe.
Vulstation propaangasflessen: Via Watersportcamping Tussen de Diepen.
Reparatie: Kielstra Watersport B.V., Lage Wal 6, tel. (05272) 12 91, bib/bub (alle merken), romp/uitr (ht, s, p, a/op de wal + in het water), zeil/tuigage, elek, helling, max. 14 ton, tarief f 20,– per m, max.diepgang 1,30 m; Jachtwerf Blokzijl, Kanaalweg 5, tel. (05272) 17 14, RVS jachtbeslag.
Trailerhelling: Watersportcamping Tussen de Diepen, Duinigermeerweg 1a, tel. (05272) 15 65, aan het Noorderdiep, 2 tot 2,5 ton, tarief f 10,– (in en uit).
Hefkranen: Kielstra Watersport B.V. (zat.middag vanaf 17 h en zo. gesloten), max. 6 ton, max.diepgang 1,90 m, tarief f 10,– per m lengte; Jachtwerf Blokzijl, max. 12 ton, tarief f 50,– per handeling.
Kampeerterreinen: De Sas, aan het Vollenhoverkanaal; Watersportcamping Tussen de Diepen*, Duinigermeerweg 1a, tel. (05272) 15 65, aan het Noorderdiep.
Wasserettes: In het VVV-kantoor, Kerkstraat 12, tel. (05272) 14 14; Watersportcamping Tussen de Diepen (wasmachines + centrifuges).
Stortplaatsen chemisch toilet: Aan de Havenkolk nabij watertappunt; nabij VVV-steiger langs Rietvink; bij Watersportcamping Tussen de Diepen.

Bodegraven

3,5 km van Zwammerdam; 5 km van Nieuwerbrug.
Bruggen over de Oude Rijn: Zie aldaar.
De sluis in de Wonnewetering is afgedamd. Wel is er een overdraagplaats en daardoor een doorvaartmogelijkheid voor kano's en roeiboten met max. H 0,75 m (veel bruggen zijn helaas niet op hoogte).
Aanlegplaats: Aan de kade.

Bolsward

9 km van IJlst; 2,5 km van Tjerkwerd; zie ook 'Bolswardervaart', 'Trekvaart van Workum naar Bolsward' en 'Bolswardertrekvaart'.
Maximumsnelheid: 9 km/h, m.u.v. de Bolswardertrekvaart (zie aldaar).
Brugbediening:
Kruiswaterbrug (bb), H 2,70 m, tussen Bolswardervaart en de stadsgrachten:

ma. t/m zat.	(1 mei-1 okt.)	9-12, 13-17, 18-20 h
	(1 okt.-1 mei)	9-12, 13-17 h, op verzoek tel. (05157) 51 35
zo. en fd.	(mei en sept.)	8-10, 16-18 h
	(juni t/m aug.)	8-11, 14-16, 18-20 h
	(1 okt.-1 mei)	gesloten

Beweegbare bruggen over de westelijke stadssingelgracht en de Blauwpoortsbrug (bediening door één brugwachter):

ma. t/m zat.	(1 mei-1 okt.)	9-12, 13-17, 18-20 h
	(1 okt.-15 nov. en 15 mrt.-1 mei)	9-12, 13-17 h
	(15 nov.-15 mrt.)	9-17 h, op verzoek*
zo. en fd.**	(mei en sept.)	8-10, 16-18 h
	(1 juni-1 sept.)	8-11, 14-16, 18-20 h
	(1 okt.-1 mei)	gesloten

*   Bediening aanvragen bij de Provincie Friesland, tel. (058) 92 58 88, buiten kantoortijden tel. (058) 12 24 22.
** 2e pinksterdag gesloten.
Bolswardervaart naar IJlst: zie 'Bolswardervaart'.
Trekvaart van Workum naar Bolsward: zie aldaar.
Bolswardertrekvaart: zie aldaar.
Bruggeld: f 2,– per doorvaart door één of meer bruggen.
Gemeentelijke havenmeesters: G. Hiemstra en J. Molenaar, tel. (05157) 32 44 (Gemeentehuis).
Havengeld: Per overnachting vanaf 17 h: f 0,80 per m lengte.
Lig- en aanlegplaatsen: Steiger aan het Kruiswater (toiletten, wastafels en douches (f 1,–)) ● in de Bolswardergrachten richting Wommels en Harlingen (toiletgebouw bij de Blauwpoortsbrug) ● in de grachten ten O van het Kruiswater.
Drinkwater: Aan het Kruiswater (toiletgebouw, sl) en bij de Blauwpoortsbrug (toiletgebouw, sl).
Motorbrandstof: Tankstation De Kroon, Stoombootkade 30, 100 m ten Z van de Blauwpoortsbrug, be (sl), sbe (sl) en die (sl).
Reparatie en hefkraan: Wilstra B.V. Jachtwerf, Workumertrekweg 16a, tel. (05717) 64 96, bib/bub, romp/uitr (ht, st, p, a/op de wal + in het water), elek.
Kampeerterrein: Het Bolwerk, voor kleine boten bereikbaar via de oostelijke stadssingelgracht (lage vaste bruggen), nabij de Sneekerpoortsbrug, op ca. 100 m van het water, Badweg 5, tel. (05157) 35 73.

Bolswardertrekvaart

Van Bolsward naar Oosterlittens, lengte 14,1 km; gedeelte Oosterlittens-Van Harinxmakanaal, lengte 7,4 km.
Algemeen: Rustig vaarwater door weilanden.
Maximumsnelheid: In Bolsward tot de afsplitsing van de Harlingervaart 9 km/h; vanaf de Blauwpoortsbrug tot het Van Harinxmakanaal 6 km/h.
Bruggen: Twaalf vaste bruggen, laagste brug, de Burgwerderpijp bij Burgwerd, H 2,40 m.
Er zijn twee lage ophaalbruggen in Wommels en Baard, H 1,15 m.
Bediening (bruggeld f 2,– per brug):

ma. t/m zat.	(1 mei-1 okt.)	9-12, 13-17, 18-20 h
	(1 okt.-15 nov. en 15 mrt.-1 mei)	9-12, 13-17 h
	(15 nov.-15 mrt.)	9-17 h, op verzoek*
zo. en fd.	(mei en sept.)	8-9, 11-12, 16-18 h
	(juni t/m aug)	8-9, 11-12, 15-20 h
	(1 okt.-1 mei)	gesloten

* Bediening 24 h tevoren aanvragen bij de Provincie Friesland, tel. (058) 92 58 88, b.g.g. (058) 12 24 22.

Lig- en aanlegplaatsen: In Burgwerd aan de kaden ● Marrekrite ligplaats nabij Burgwerd ● in de passantenhaven in Wommels (zie aldaar) ● ligplaats Broektille nabij Oosterlittens.

Bolswardervaart

Van Bolsward naar IJlst, lengte 8,9 km.
Maximumsnelheid: 9 km/h.
Bruggen: Vier beweegbare bruggen, minste hoogte in gesloten stand 0,80 m en een spoordraaibrug, H 0,80 m. Bediening:

ma. t/m zat.	(15 mrt.-1 mei en 1 okt.-15 nov.)	9-12, 13-17 h
	(1 mei-1 okt.)	9-12, 13-17, 18-20 h
	(15 nov.-15 mrt.)	9-12, 13-17 h, op verzoek**
zo. en fd.*	(1 mei-1 juni en 1 sept.-1 okt.)	9-11, 16-18 h
	(1 juni-1 sept.)	9-11, 14-16, 18-20 h
	(1 okt.-1 mei)	gesloten

* Spoorbrug: Koninginnedag als op werkdagen, m.u.v. op zondag.
** Bediening van de verkeersbruggen 24 h tevoren aanvragen bij de Provincie Friesland, tel. (058) 92 58 88, buiten kantoortijden tel. (058) 12 24 22.

De spoorbrug wordt gedurende de genoemde tijden geopend voorzover de treinenloop dit toelaat. In de periode 15 nov.-15 mrt. bediening van de spoorbrug 2 uur tevoren aanvragen bij het centrale afroeptelefoonnummer, (058) 92 58 88. De exacte bedieningstijden zijn opgenomen in de watersportwijzer 'Openingstijden spoorbruggen', gratis verkrijgbaar bij de ANWB-vestigingen.
Brug- en liggeld: Bruggen in Wolsumerketting, Abbegasterketting en Nijezijl (IJlst) f 2,50, voetbrug in Oosthem en de spoorbrug gratis. Liggeld aan de gemeentelijke kaden: tot 6 m lengte f 6,50, tot 9 m f 9,– en groter dan 9 m f 14,–.

Bommeer

Plasje in het Westland, D 1,20 m, ten NO van Maassluis; zie ook 'Westland'.
Aanlooproute: Vanaf Vlaardingen bereikbaar met een max.doorvaarthoogte van 1,80 m en vanaf Schipluiden eveneens met een max.doorvaarthoogte van 1,80 m over de Vlaardingervaart (tussen Delft en Vlaardingen) en de Maassluisse Trekvliet.
Er is een voetveer over de Vlaardingervaart nabij de monding van de Maassluisse Trekvliet.
Motorvaartvergunning: Zie onder 'Westland'.
Ligplaats: Jachthaven 't Jachthuis, max.diepgang 1 m, max.verblijfsduur 7 dagen, gratis (toiletten).
Motorbrandstof: Bij R. Langstraat, Dorpstraat 54, Schipluiden, be, sbe.
Hefkraan: Bij Jachthaven 't Jachthuis, max. 500 kg (ma. gesloten).

Bommel, Den
Aan het Haringvliet (zie aldaar).
Waterstanden: Zie onder 'Haringvliet'.
Haven: De O-havendam ligt bij normale waterstand onder water. Groen licht op het W-havenhoofd; staak (rood/wit) op het O-havenhoofd.
Let op de verondieping bij het W-havenhoofd, dus ten O van het middenvaarwater de haven invaren. Daarna richting loswal aanhouden wegens verondieping aan de O-zijde van de haven.
Ligplaats: Bij W.V. Het Bommelse Gors, in de haven aan de stuurboordzijde van de jachthaven of in een box met groen bordje, havenmeester A. Eikelenboom, tel. (01871) 22 24, max.diepgang 2 m, tarief f 1,– per m lengte per nacht (toiletten, douche (douchemunten à f 1,25 verkrijgbaar bij de havenmeester), wastafels en elektra.
Motorbrandstof: Garage in het dorp, die, sbe, be (zo. gesloten).
Vulstation propaangasflessen: J. Goemaat, Molendijk 72, tel. (01871) 18 62 (uitsluitend grote flessen (19$^1/_2$ en 30 kg)).
Reparatie: Fa. M. Okker, Langstraat 7, Achthuizen, tel. (01873) 26 20, bub/bib.
Trailerhelling: Voor kleine boten tot 150 kg, W.V. Het Bommelse Gors, tarief f 5,– per keer.

Bonkesloot
1,5 km ten N van Leeuwarden. Verbinding tussen de Dokkumer Ee (kmr 31) en Ouddeel (zie aldaar). D 1,60 m.
Maximumsnelheid: 6 km/h.
Bruggen: 3 vaste bruggen, H 1,85 m, breedte 4,90 m.

Boskoop
5 km van Gouwsluis; 3 km van Waddinxveen; zie ook 'Gouwe'.
Maximumsnelheid: Op de Otwegwetering 6 km/h. Zie verder onder 'Gouwe'.
Bruggen: Over de Gouwe, zie aldaar.
Over de Otwegwetering: beweegbare brug, H 1,40 m. Bediening (gratis):

ma t/m vr.	(16 april-16 okt.)	8-12, 13-17 h
	(16 okt.-16 april)	10-12, 14-16 h
zat., zo. en fd.	(gehele jaar)	op verzoek

De brug kan tevens door de brugwachter op verzoek bediend worden buiten de aangegeven tijden.
Lig- en aanlegplaats:
● Bij W.V. De Gouwe in de Otwegwetering (eerste zijvaart aan de W-oever van de Gouwe ten N van Boskoop, D 2 m), tel. (01727) 1 29 45, tarief tot 8 m lengte f 5,–, tot 11 m f 7,50, vanaf 11 m f 10,– per nacht (toiletten, douches (f 1,–) en elektra).
● Aan de N-oever van de Otwegwetering, D 2,40 m, bij de ophaalbrug, geschikt voor jachten vanaf 12 m lengte, gratis.
Motorbrandstof: Bij Garage Van Marrewijk, aan de O-oever, 50 m ten N van de hefbrug, be.
Trailerhelling: Bij W.V. De Gouwe, Berkenweg 110, voor kleine bootjes tot 1 ton, tarief f 2,50.

Boterdiep
Lengte 24 km van de uitmonding in het Van Starkenborghkanaal tot Uithuizen.
Maximumdiepgang: Van Groningen tot Onderendam is de toegestane diepgang 1 m. Van Onderendam tot Uithuizen 1,20 m.

Maximumsnelheid: 6 km/h.
Bruggen: Zeven vaste bruggen, H 3 m, en twaalf beweegbare bruggen.
Bediening bruggen en sluis (geen brug- of sluisgeld):
Van 1 mei tot 1 okt. vindt dagelijks konvooivaart plaats vanaf het Van Starkenborghkanaal (Boterdiepbrug) tot Uithuizen.
Bediening van de bruggen op vaste tijden:

Boterdiepbrug	11.20	09.05	14.50	12.05	17.20	15.05 h
Zuidwolde	10.50	09.35	14.20	12.35	16.50	15.35 h
Ellerhuizen	10.20	10.05	13.50	13.05	16.20	16.05 h
Bedum 2x	09.45	10.35	13.15	13.35	15.45	16.35 h
Bedum NS	09.25	10.55	12.55	13.55	15.25	16.55 h
Onderdendam 2x	08.40	11.30	12.20	14.30	14.40	17.30 h
Onderdendam 1x	08.40	11.30	12.20	14.30	14.40	17.30 h
Sluis den Deel	zelfbediening*					
Fraamklap		09.50	12.40	11.10	15.40	13.30	16.20 h
Middelstum		10.15	13.05	10.45	16.05	13.05	15.55 h
Doodstil		11.25	14.15	09.35	17.15	11.55	14.45 h

Van 1 okt. tot 1 mei, bediening tussen 8 en 16 h, 24 h tevoren aanvragen bij de Afd. Noord van de Provinciale Dienst Beheer Wegen en Kanalen, tel. (05960) 3 21 93 (zeesluis).
Doorvaartroutes: Zie 'Westerwijtwerdermaar', 'Winsumerdiep' en 'Usquerdermaar'. Doorvaart naar de Waddenzee bij Noordpolderzijl is niet mogelijk (zie onder 'Warffumermaar').
Lig- en aanlegplaatsen: In Middelstum aan de Burchtstraat en Nieuwe Til in het Boterdiep (gratis, max.verblijfsduur 3 x 24 h); in Bedum aan de Molenweg (gratis, max.verblijfsduur 3 x 24 h) ● Jachthaven Op 't End in Uithuizen (zie aldaar); zie ook 'Onderdendam'.
Kampeerterrein: Zie 'Uithuizen'.
Trailerhelling: Openbare helling nabij de Nieuwe Til in Middelstum.

Bourtange

Aan het Ruiten Aakanaal, te bereiken d.m.v. konvooivaart vanaf Ter Apel. Zie onder 'Ruiten Aakanaal' en vanaf de Westerwoldse A, het Veendiep en het B.L. Tijdenskanaal met geautomatiseerde bruggen en sluizen voor de zelfbediening. T.b.v. de geautomatiseerde bruggen en sluizen is een zelfbedieningssleutel tegen een waarborgsom van f 40,– te verkrijgen en weer in te leveren bij Camping 't Plathuus.
Ligplaats: Gemeentelijke Jachthaven Bourtange in het hergraven Bourtangerkanaal, havenmeester A. E. Gelling (exploitant Camping 't Plathuis), tel. (05993) 5 43 83, max.diepgang ca. 1,10 m, tarief tot 5 m lengte f 2,50, tot 10 m f 5,–, tot 15 m f 7,50, vanaf 15 m f 10,– per etmaal (toiletten, wastafels en douches op de camping, elektra (f 2,60 per dag)).
Kampeerterrein: Camping 't Plathuis, Vlagtwedderstraat 88, tel. (05993) 5 43 83.

Bovenwijde

Ten O van Giethoorn. Diepte ca. 0,50 m tot 1 m (harde zandgrond).
Maximumsnelheid: 6 km/h.
N.B. Het is verboden hier te varen met schepen breder dan 2,25 m. Bovendien is er een ligplaatsverbod tussen 22 en 4 h.

Boxmeer
Aan de Maas kmr 153, Lo; 21 km van Nijmegen; 40 km van Venlo, zie ook 'Maas'.

Ligplaats: In de afgesneden Maasarm in de jachthaven van W.V. Boxmeer, ingang t.o. kmr 153, Beugensemaasstraat 00, Beugen, havenmeester R. Schipper, tel. (08855) 7 64 96, tarief f 1,– per m lengte per nacht (elektra, toiletten, douche (f 1,–) en wastafels), rijdende winkel op ma, di, do, vr en zat.
Wasserette: Bij W.V. Boxmeer, wasmachine en droger.

Braassemermeer
Zie ook 'Rijnsaterswoude', 'Oude Wetering' en 'Roelofarendsveen'.
Diepte over het algemeen 2 m, behalve het ZO- en ZW-deel waar het ondieper is (het NO-deel is plaatselijk tot 20 m diep).
Vaarwegbeheerder: Van de betonde vaargeul: Provincie Zuid-Holland, Dienst Verkeer en Vervoer, District Oost, Gouwsluisseweg 2, 2405 XS Alphen a. d. Rijn, tel. (01720) 4 62 00.
Maximumsnelheid: 12 km/h, m.u.v. het ZW-gedeelte en het NO-gedeelte van het meer. In deze gedeelten is een baan uitgezet en een springschans gelegd en geldt géén snelheidsbeperking voor snelle motorboten met ontheffing (WA-verzekering verplicht), afgegeven door Gemeente Jacobswoude, te Rijnsaterwoude. Nadere informatie is opgenomen in de ANWB-watersportwijzer 'Snel motorbootvaren in Nederland'. Raadpleeg hiervoor de 'Handleiding' van deze Almanak onder 'Snelle motorboten en Waterskiën'.
Lig- en aanlegplaatsen: Jachthaven van W.S.V. Braassemermeer aan de Noorderhem (zie onder 'Roelofarendsveen') ● Jachthaven Watersportcentrum Braassemermeer en Jachthaven De Brasem B.V., zie onder 'Oude Wetering'.
● Uitstekende aanlegplaatsen vindt men aan de recreatie-eilanden in de ZW-hoek, de Zuiderhem, waar het binnenste atolvormige eiland voor aanleggen is gereserveerd.
Overige eilanden verboden te betreden (natuurgebied).
De oevers van het meer bieden geen ligplaatsen (stenen!).

Brakel
Aan de Waal, kmr 946,4 Lo; 12 km van Zaltbommel; 6 km van Woudrichem.
Waterstand: Dagelijks waterstandverschil ca. 0,40 m.
Ankerplaats: In het zandgat, even benedenstrooms van de aanlegstoep van het veer. De toegang is ondiep.

Breda
22 km van de Amer; zie ook 'Mark en Dintel'.
Kaartje: Is bij deze beschrijving opgenomen (blz. 111).
Bruggen: Vaste bruggen, laagste brug H 1,50 m (8), over de Mark in de toegang tot de stad.
Motorvaart: Verboden in de stadssingels vanaf de Trambrug.
Lig- en aanlegplaatsen: Jachthaven De Werve (6), havenmeesters Johan Lutt en Ester van Zoelen, tel. (076) 21 38 91, aan de Markkade vanaf de Jachthaven tot Pomphuis CSM en aan de overzijde vlakbij de spoorbrug, bereikbaar met 4 m kruiphoogte, tarief f 1,– per m lengte per nacht (toilet, wastafel, elektra en douche (f 1,–)).
Motorbrandstof: Pompstation bij Groenwoude, be, sbe en die.
Reparatie: Via Jachthaven De Werve bij Fa. P. van Tilburg-Bastianen Revisie B.V., Backer en Ruebweg 2, tel. (076) 78 79 33, bib (Mercedes en Daf), bub (Yamaha en Mercury); Fa. Witte, Speelhuisplein 2, zeil/tuigage.

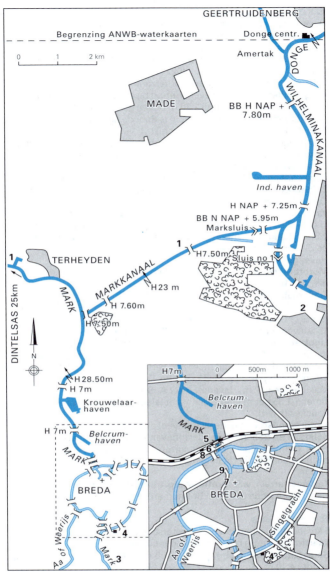

Breda

Vaargegevens:
1. Zie 'Mark en Dintel'
2. Zie 'Wilhelminakanaal'
3. De Mark is tot de Belgische grens bevaarbaar voor kano's en werries

Breda:
4. Kantoor ANWB
5. Spoorbrug, vast, H 4 m
6. Jachthaven De Werve
7. Onze Lieve Vrouwekerk
8. Trambrug, vast, H 1,50 m
9. Stadshaven

Breezanddijk

Havens aan weerszijden van de Afsluitdijk, halverwege Noord-Holland en Friesland. Geen verbinding tussen Waddenzee en IJsselmeer. De havens zijn in gebruik als werkhavens.
Beheerder: Rijkswaterstaat, Directie Flevoland, Dienstkring Afsluitdijk, kantoor in Den Oever, tel. (02271) 12 45.
Telefoon: Havenkantoor Kornwerderzand (tel. (05177) 94 41).
Getijstanden: (Noorderhaven) Rijzing bij doodtij 1,90 m boven gemiddeld LLWS; bij springtij 2,10 m boven gemiddeld LLWS.
Noorderhaven: (Waddenzeezijde) Is door de lage havendammen bij NW-storm als vluchthaven ongeschikt.
De haveningang is onverlicht. Een onbetond geultje aan de NO-zijde in deze haven is bij gemiddeld LLWS ca. 2,10 m diep. Overigens is deze haven zeer ondiep. Langs de kanten steenglooiing van basaltblokken. Aan de ZW-oever is in de haven een vluchtsteiger aanwezig.
Zuiderhaven: (IJsselmeerzijde) Is een loshaven van Rijkswaterstaat. Op de O-havenpier bevindt zich een roodwit onderbroken licht, waarvan de rode sector de Afsluitdijk dekt. De diepte bedraagt IJWP – 2,80 m (na baggeren 3,20 m). Maximum toegestane diepgang 2,50 m. Langs de kanten zeer ondiep (steenglooiing). Aan steigers (in de ZW- en NW-hoek) kan worden gemeerd.
Havengeld: Geen.
Motorbrandstof: Tankstation aan de zuidzijde van de verkeersweg, die, sbe, be.
Trailerhellingen: In Noorder- en Zuiderhaven.

Bremerbergse Hoek

15 km van Harderwijk; 10 km van Elburg; zie ook 'Veluwemeer'.
Ligplaats: Jachthaven Aqua Centrum Bremerbergse Hoek ★★★, aan de dijk van O-Flevoland aan het Veluwemeer, waar het nauwe en ondiepe N-gedeelte van dit meer zich verwijdt tot het ca. 2,5 km brede en ook belangrijk diepere Z-gedeelte. De toegang is betond.
Max.diepgang 2 m. Havenmeester A. Bouwman, tel. (03211) 16 35.
Tarief: f 1,35 per m lengte per nacht (elektra, toiletten, wastafels en douches (f 1,–)).
Motorbrandstof: Aan de jachthaven, die.
Hefkraan en trailerhelling: Jachthaven Aqua Centrum Bremerbergse Hoek, Bremerberg 32, Biddinghuizen, kraan max. 8 ton, tarief f 70,– per handeling, trailerhelling max. 4 ton, tarief f 15,–. Max.diepgang 1,80 m.
Kampeerterrein, wasserette en stortplaats chemisch toilet: Bij Jachthaven Aqua Centrum Bremerbergse Hoek.

Breskens

5 km van Vlissingen; zie ook 'Westerschelde'.
Kaartje: Is bij deze beschrijving opgenomen.
Getijstanden: Rijzing bij springtij 4,90 m boven gemiddeld LLWS; bij doodtij 4,10 m. Gemiddeld LLWS = NAP – 2,50 m.
De haven ligt voor bijna alle winden beschut, behalve voor een noordelijke en een noordwestelijke wind. Eb- of vloedstroom leveren niet veel moeilijkheden op. (De Veerhaven, 1 km ten W van de haven, is verboden voor jachten.)
Lichten: Op de W-havendam een vast sectorlicht: de witte sectoren geven leiding door het vaarwater van Hoofdplaat om de O en om de W; de rode sector dekt de wal; de groene de zandbank. Men vaart de haven binnen in de groene sector van dit licht. Op het O-havenhoofd staat een rood licht. Op het W-havenhoofd klinkt bij mist ook een nautofoon, per halve minuut na 20 s stilte drie stoten (gescheiden door 2 s telkens) van resp. de eerste twee 1,5 s en de derde 3 s.

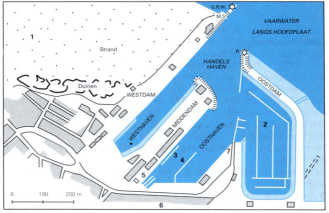

Breskens

1. 1300 m WNW van de Handelshaven ligt de Veerhaven (buiten het kaartje), verboden voor jachten
2. Jachthaven Breskens B.V.
3. Standfast Yachts B.V., aanlegsteiger
4. Vissteigers
5. Standfast Yachts B.V., werf
6. Scheldekade met hotels
7. Brandstof

De Veerhaven heeft op het O-havenhoofd een vast rood en op het W-havenhoofd een vast groen havenlicht. Bij mist wordt het O-licht gecombineerd met een vast vierkant oranje natriumlicht, het W-licht bij minder dan 1000 m zicht met een rond kwikdamp-zwaailicht.
100 m meer naar binnen zijn bij mist ook nog twee dezelfde vaste oranje natriumlampen zichtbaar als op het O-havenhoofd, aan weerszijden van de aanlegsteigers.
Marifoon: Blok Vlissingen (werkingsgebied VTS-SM), kan. 21 (roepnaam 'Radar Vlissingen').
Binnen het werkingsgebied van VTS-SM (Vessel Traffic Services Schelde en haar Mondingen) is de recreatievaart uitgerust met marifoon verplicht uit te luisteren op de daartoe aangewezen marifoonblokkanalen. Voor de recreatievaart (uitgerust met marifoon) geldt in principe géén meldplicht. Het is toegestaan het betreffende blokkanaal kortstondig te verlaten voor bijv. een korte melding aan de betrokken sluis of havendienst.
Zie voor gedetailleerde informatie de 'Hydrografische Kaart voor Kust- en Binnenwateren, nr. 1801 en 1803'.
Havenmeesters: Jachthaven Breskens B.V. (2), A. Schoenmaker en J. Vergouwe, tel. (01172) 19 02, marifoonkanaal 31.
Douane: Oranjeplein 1, tel. (01172) 26 10. Kantooruren: 7-21 h. Voor douaneformaliteiten, zie in de Handleiding onder 'Douaneformaliteiten'.
Maximumsnelheid: In de haven 7 km/h.
Lig- en aanlegplaatsen: Aan de vlotten van Jachthaven Breskens B.V. (2), tarief f 2,75 per m lengte per dag + f 0,95 p.p. toeristenbelasting per overnachting (elektra, toiletten, wastafels en douches (f 1,50)).
● Behalve deze ligplaatsen, waar men ook met GLW vlot blijft liggen, heeft men rondom de havenkommen langs de beschoeiingen en kademuren in de vissershaven (O-haven) gelegenheid om te liggen in diep water en op de zaten, alleen in overleg met de Rijkshavenmeester. Diepte van 1,50 m boven tot 1 m beneden GLW.

De havens hebben in het midden een diepte van 4 m of meer bij gemiddeld LLWS.
Veerhaven: Verboden toegang.

B

Motorbrandstof: C. Kosten, Bunkerstation (7), be en die.
Reparatie: Standfast Yachts B.V. (3 en 5), Middenhavendam 3, tel. (01172) 17 97, bib (alle merken), romp/uitr (ht, s, p, a/op de wal + in het water), zeil/tuigage, elek; B.S.M. (Breskense Scheepsbouw en Machinefabriek), tel. (01172) 17 65, romp/uitr; Jachtwerf Delta, Dorpsstraat 89A, tel. (01172) 24 40, romp/uitr (ht, s, p, a/op de wal + in het water); M. D. Meeusen, Deltahoek 3, tel. (01172) 19 96 of (06) 53 11 29 03, bib/bub, romp/uitr (ht, s, p/op de wal + in het water); Neil Pryde Holland, Deltahoek 1a, tel. (01172) 21 01, zeil/tuigage; Proctor Holland B.V., Middenhavendam 1, tel. (01172) 13 97 b.g.g. 31 91, tuigage.
Hefkranen: Standfast Yachts B.V. (5), max. 20 ton, tarief vanaf f 50,–; Jachtwerf Delta, max. 20 ton.
Trailerhelling: Standfast Yachts B.V. (5), gratis.
Droogleggen: Standfast Yachts B.V. (5), na voorafgaand overleg voor laten droogvallen langs de kademuur, kosten f 5,92 per m lengte; Droogdok B.S.M. (Breskense Scheepsbouw en Machinefabriek), Middenhavendam.
Kampeerterrein: Camping Napoleonhoeve, Zandertje 30, tel. (01172) 35 00.
Wasserette en stortplaats chemisch toilet: Bij Jachthaven Breskens B.V. (2), aan het havengebouw; Camping Napoleonhoeve.

Breukelen

7 km van Maarssen (Vechtsluis); 3 km van Nieuwersluis.
Vecht: Zie aldaar.
Danne en Kerkvaart: (tussen de Vecht en het Amsterdam-Rijnkanaal). Deze vaarweg is uitsluitend bevaarbaar met kleine schepen. De max.diepgang is in verband met zuiging en plaatselijke ondiepten beperkt tot 0,70 m.
In de bebouwde kom is de vaarweg op enkele plaatsen niet breder dan 2,80 m. Door overhangende bomen is de breedte zeer beperkt voor schepen met een hoog gangboord.
– Bruggen: Over de toegang vanaf het Amsterdam-Rijnkanaal ligt een vaste brug, H 2,75 m. Voorts zijn er nog 3 beweegbare bruggen. Bij het wachten op de brugbediening goed vastmaken i.v.m. de heen- en weergaande stroom, het gevolg van de zuiging van de scheepvaart op het Amsterdam-Rijnkanaal.
Bediening:

(1 sept.-1 juni)	ma. t/m vr.	10-16 h, op verzoek*
	zat., zo. en fd.	gesloten
(1 juni-1 sept.)	ma. t/m zat.	9-13, 14-19 h
	zo. en fd.	gesloten

* Bediening aanvragen bij de Gemeente Breukelen, tel. (03462) 6 46 44.
Door middel van borden is aangegeven waar men zich moet melden. Bruggeld totaal f 5,–.
– Maximumsnelheid: 6 km/h.
Grote Heijcop: (tussen Amsterdam-Rijnkanaal en Bijleveld). Lengte 3,6 km.
– Maximumsnelheid: 6 km/h.
– Bruggen: In de vaarweg ligt een vaste brug, H 2,90 m, vlak langs het Amsterdam-Rijnkanaal. Daarna passeert men een spoorhefbrug, H 0,75 m (geheven H 3 m).

Bediening:

(16 april-1 juli)	dagelijks	10.26-12.29, 13.56-16.02 h
(1 juli-1 sept.)	dagelijks	8.56-20 h
(1 sept.-16 okt.)	dagelijks	10.26-12.29, 13.56-16.02 h
(16 okt.-16 april)	dagelijks	gesloten

De juiste bedieningstijden zijn opgenomen in de watersportwijzer 'Openingstijden spoorbruggen', gratis verkrijgbaar bij de ANWB-vestigingen. Op Koninginnedag en op Hemelvaartsdag bediening als op zat.
Ten W van de spoorbrug liggen twee vaste verkeersbruggen, waarvan de laagste H 2,75 m. Ten W hiervan hangt nog een elektriciteitskabel over het vaarwater.
Ongeveer 200 m voorbij de spoorbrug bij de splitsing bakboord uit. Over dit gedeelte liggen 2 beweegbare bruggen, van O naar W: Oud Aase brug (prov. hefbrug, H 0,60 m, geheven H 2,80 m); Portengense brug (ophaalbrug, H 0,50 m).
Bediening van beide bruggen (bruggeld 1 x f 2,50):

(16 april-1 juni en 1 sept.-16 okt.)	dagelijks	10-13, 14-16.15 h
(1 juni-1 sept.)	dagelijks	9-13, 14-20 h
(16 okt.-16 april)	ma. t/m vr. zat., zo. en fd.	10-16 h, op verzoek* gesloten

* Brugwachter Portengense brug, tel. (03464) 16 69; verzoek tot bediening Oud Aase brug, Gemeente Breukelen, tel. (03462) 6 46 44.
Voor de verdere vaarweg naar het Woerdense Verlaat zie onder 'Geer' en 'Woerdense Verlaat'.
Aanlegplaatsen: (Beperkte ligtijd van ca. 12 h) Aan de gemeentelijke aanlegplaats 200 m ten N van de Vechtbrug; in de Grote Heijcop tussen de vaste verkeersbrug en de spoorbrug, diepte langs de kant 0,50 tot 1 m, let op de zuiging van de schepen op het kanaal; bij Kockengen aan de Bijleveld, ten N van de splitsing met de Grote Heijcop, max.verblijfsduur 3 dagen.
Drinkwater: Aan de gemeentelijke aanlegplaats (sl).
Motorbrandstof: Garage Roeleveld aan de Straatweg, 3 min lopen van de gem. aanlegplaats, be, die; aan de Grote Heijcop in Portengen, ca. 100 m van de Portengense brug bij pomp, be en die.
Stortplaats chemisch toilet: Bij de gemeentelijke aanlegplaats.

Breukeleveense Plas

Slechts bereikbaar voor kleine schepen. Bij Het Witte Huis aan de 3e Loosdrechtse Plas, diepte toegang ca. 0,60 m bij zomerpeil, vaste brug, H 1,70 m; bij Breukeleveen van de 4e en de 5e Plas, diepte toegang 0,70 m bij zomerpeil, vaste bruggen, H 1 m, en door de Tienhovense Vaart, diepte toegang 0,80 m, bruggen over de vaart, H 1,30 m. In deze vaart komt in de zomer veel plantengroei voor.
Aan de O-oever, zandbodem en ondiep water, ideaal voor baden en zwemmen. Met een klein bootje kan men de Weersloot (ca. D 0,70 m) en de Tienhovense Vaart opvaren.
Vaarwaterbeheerder: Plassenschap Loosdrecht, Brigittenstraat 13, 3512 KJ Utrecht, tel. (030) 33 31 17.
Maximumsnelheid: 6 km/h.

Brielle

Aan de Z-oever van het Brielse Meer (zie aldaar), 13 km van de Voornse sluis.
Kaartje: Is bij de beschrijving opgenomen.

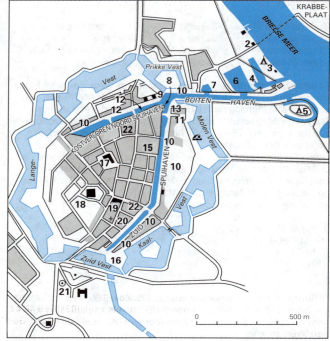

Brielle

1. Opgeheven
2. Voet- en rijwielveer Brielle
3. Café-Rest. Meerzicht (tevens kampeerterrein)
4. Jachthaven M.H. Tromp
5. Jachthaven De Meeuw
6. Brielle Yachting B.V.
7. Jachthaven Euro Yachting
8. Drinkwater (passantensteiger)
9. Op Hoop watersport/zeilmakerij
10. Vaste ligplaatsen
11. Openbaar toilet en wastafels
12. Gem. aanlegsteiger voor passanten (Maarland)
13. Scheepsrep.bedrijf Romein
14. Opgeheven
15. Gem. havenmeester
16. Jachtwerf De Delta
17. Voormalig Zeeliedenhuis
18. St. Catharijnekerk en -toren
19. Stadhuis en museum
20. R.K. kerk
21. Watertoren en Rijksscholengemeenschap
22. Telefooncel (2x)

Havenmeester: (Gemeente) K. Buizer (15), Lijnbaan 28, tel. (01810) 1 53 15/1 20 00.
Bruggen: Bediening mogelijk op werkdagen tussen 8-16.30 h na voorafgaand overleg met de havenmeester (15). Geen bruggeld.
Ligplaatsen: Aan het Maarland (bezoekerssteigers), Z-zijde vóór de brug (12), tarief eerste 4 h gratis, daarna f 0,80 per m lengte per dag + f 0,95 p.p. toeristenbelasting per nacht (water, elektra en toilet (23))
● Brielle Yachting (6), havenmeester dhr. Koekendorp, tel. (01810) 1 48 35/1 36 80, max.diepgang 1 m, tarief f 2,– per m lengte per etmaal (elektra, toiletten, wastafels en douches (f 1,–)) ● Jachthaven Euro Yachting (7) ● Jachthaven De Meeuw (5), havenmeester E. Ossewaarde, tel. (01810) 1 27 77, tarief f 4,– per nacht (toiletten, douches en wastafels) ● Jachthaven M. H. Tromp (4).

Buiten deze plaatsen is het in gemeentelijke havens verboden aan te leggen.
Drinkwater: Passantensteiger (munten via havenmeester) (8); Dixi Bar, Maarland ZZ 1 (bij 9), sl.
Motorbrandstof: Bunkerschip Brielse Maas (noordoever).
Reparatie: Jachtwerf De Delta (16), Turfkade 35, tel. (01810) 1 21 50, romp/uitr; Scheepsreparatiebedrijf J. D. Romein (13), Slagveld 56, tel. (01810) 1 29 32, bib (alle merken), romp/uitr (s/op de wal + in het water), zeil/tuigage; Scheepsreparatiebedrijf F. N. Bus, Brigantyn 29, tel. (01810) 45 49, romp/uitr; Op Hoop Watersport/Zeilmakerij (9), Maarland NZ 10, tel. (01810) 1 21 81, zeil/tuigage, elek.
Trailerhelling: Jachthaven De Meeuw (5), Batterijweg 1, max. $4^1/_2$ ton, gratis.
Hefkranen: Brielle Yachting B.V. (6), R. Meeuwiszoonweg 6, tel. (01810) 1 48 35/1 36 80, max. 5 ton, max.diepgang 1,50 m, tarief vanaf f 100,–; Jachtwerf De Delta (16), max. 10 ton; Scheepreparatiebedrijf J. D. Romein (13), max. 15 ton.
Kampeerterreinen: Jachthaven/Camping De Meeuw* (5); Café-Restaurant Meerzicht (3), R. Meeuwiszoonweg 10.
Wasserette en stortplaats chemisch toilet: Bij Jachthaven De Meeuw (5).

Brielse Meer

Zie ook 'Kogeloven', 'Brielle', 'Zwartewaal' en 'Oostvoorne'.
Vaarwegbeheerder: Waterschap De Brielse Dijkring, De Rik 22, 3232 LA Brielle, tel. (01810) 1 25 66.
Toegang: De toegang tot het Brielse Meer is bij kmr 1003,5 aan de Oude Maas. De vaarweg leidt door de Voornse sluis en verder door het Voedingskanaal Brielse Meer. Het Hartelkanaal ten N hiervan leidt naar het Europoortgebied.
Voornse sluis: Bediening:

(15 april-15 okt.)	ma. t/m do.	8-18 h
	vr.	8-21 h
	zat.	6-21 h
	zo. en fd.	6-22 h
(15 okt.-15 april)	ma. t/m zat.	8-16 h
	zo. en fd.	gesloten

Tijdens de bedieningstijden van de sluis kan een verzoek tot bediening van de Hartelbrug over het Voedingskanaal Brielse Meer als volgt worden gedaan: varend in de richting Brielse Meer, aan de sluiswachters van de Voornse sluis en varend in de richting Oude Maas, d.m.v. een bel aan de dukdalf ten W van de Hartelbrug.
Hartelbrug: Beweegbare brug, H ca. 11 m, bij Spijkenisse. Bediening:

(15 april-15 okt.)	ma. t/m do.	8.30-16 h
	vr.	8.30-16, 18.30-21 h
	zat.	6-21 h
	zo. en fd.	6-22 h
(15 okt.-15 april)	ma. t/m zat.	8-16 h
	zo. en fd.	gesloten

Brielse brug: Vast, H ca. 12 m, ligt halverwege Zwartewaal en Brielle.
Algemeen: Het Brielse Meer is een binnenmeer met een lengte van 14 km en een breedte van 200 m tot 700 m. In de zomer ligt de waterstand op ca. NAP, soms iets lager of hoger.
Bij lage rivierstanden kan de waterstand verlaagd worden tot NAP – 0,40 m. De diepte van de bebakende vaargeul, die zeer breed is, bedraagt thans 2,50 m tot 11 m. Men kan echter met jachten vrij-

wel overal buiten deze betonning varen, aangezien daarbuiten nog een recreatiebebakening aanwezig is, die alle punten aangeeft met minder dan 1,50 m diepte.

B Op de ANWB-waterkaart 'Grote Rivieren W-blad' zijn de ondiepten aangegeven. Deze liggen vnl. langs de oevers, die grotendeels uit zand en slibstranden bestaan. Men kan dus lang niet overal aanleggen. Zie hiervoor onder 'Ligplaatsen'. Het voor de recreatie geschikte deel ligt tussen Zwartewaal en de Brielse Maasdam bij Oostvoorne, zowel langs de N- als de Z-zijde van het meer.

Maximumsnelheid: 12 km/h (voor snelle motorboten met ontheffing geldt géén snelheidsbeperking). Voor het gedeelte dat gelegen is tussen Molenhaven (bij Brielle) en het O-gedeelte van het eiland De Middenplaat, evenals een gedeelte van ± 400 m nabij Paviljoen De Kogeloven geldt een max.snelheid van 6 km/h.
Op het Voedingskanaal geldt tevens een max.snelheid van 12 km/h. Om met snelle motorboten sneller te varen dan de maximum toegestane snelheid van 12 km/h en te waterskiën, is een ontheffing vereist van het Waterschap De Brielse Dijkring, De Rik 22, 3232 LA Brielle, tel. (01810) 1 25 66, tst. 49. Kosten: f 100,- per jaar. Op jaarbasis worden 450 ontheffingen verleend, de overige aanvragen worden op een wachtlijst geplaatst. Een WA-verzekering is verplicht. Raadpleeg tevens de 'Handleiding' van deze Almanak onder 'Snelle motorboten en Waterskiën'.

Lig- en aanlegplaatsen: Jachthaven de Krabbeplaat, N-oever ten N van Brielle, tarief f 7,50 per nacht, tel. (01810) 1 23 63 (toiletten, douches en wastafels) ● in de Molenhaven bij W.V. Brielle, aan de Z-oever ten W van Brielle, havenmeester dhr. v. Kleef, tel. (01810) 1 41 71, tarief f 1,- per m lengte per 24 h + f 0,45 p.p. toeristenbelasting per nacht, max.diepgang 1,50 m (elektra, toiletten en douches (f 1,-)) ● de steiger van Kogeloven ● diverse andere steigers aan de Z-oever ● jachthaven van W.S.V. Hairt-hille, aan het Voedingskanaal ca. 3 km van de Voornsesluis, Markenburgweg, Spijkenisse, tel. (01887) 28 72, tarief f 0,50 per m per nacht (elektra, toiletten, douches en wastafels) ● Jachthaven Watergat van W.V. Waterman, nabij Heenvliet aan Voedingskanaal, havenmeester mevr. Koelewijn, tel. (01887) 12 48, tatief f 1,- per m per nacht (toiletten en elektra).
● zie ook onder 'Oostvoorne', 'Brielle' en 'Zwartewaal'. Verder diverse jachthavens zoals is aangegeven op de ANWB-waterkaart.
Er zijn vele ligplaatsen voor jachten gegraven in de vorm van kleine haventjes, zowel in de Z-oevers als in de N-oevers. Bovendien zijn er atolvormige eilandjes opgespoten in het W-deel met ligplaatsen aan de binnen- en buitenzijde. Ook het oude zwaar beboste eiland Middenplaat ten NO van Brielle heeft aan de N-, W- en Z-zijde mooie gegraven inhammen en verschillende aanlegsteigers.
Vaartuigen langer dan 20 m mogen het Brielse Meer uitsluitend bevaren of ligplaats innemen met ontheffing van het Recreatieschap Voorne-Putten-Rozenburg (Oude Veerdam 14, 3231 NC Brielle, tel. (01810) 1 24 11). Daarnaast is het niet toegestaan met vaartuigen langer dan 14 m haventjes of kreken in te varen of ligplaats te nemen in deze haventjes of kreken, alsmede aan steigers welke eigendom zijn van het Recreatieschap Voorne-Putten-Rozenburg. Men mag niet langer dan drie dagen achtereen op dezelfde plaats blijven liggen. Na de vertrekdag mag men binnen vijf dagen niet op de oude ligplaats terugkomen en de afstand tussen de oude en de nieuwe ligplaats moet hemelsbreed minimaal 500 m bedragen. Ook mag men een vaartuig niet langer dan zes achtereenvolgende uren onbemand laten liggen.

Trailerhellingen: N-oever Brielse Meer: direct ten W van de Brielse brug; bij Vakantiepark De Krabbeplaat t.o. Brielle, aan de Nieuwe Veerweg, max. 2 ton, max.diepgang 0,80 m.

Kampeerterreinen: Vakantiepark De Krabbeplaat*, op de Krabbeplaat t.o. Brielle, Oude Veerdam 4, tel. (01810) 1 23 63; zie ook onder 'Brielle' en 'Oostvoorne' (Kruiningergors).
Wasserette: Bij Vakantiepark De Krabbeplaat.
Stortplaats chemisch toilet: Bij Jachthaven Molenhaven; bij Vakantiepark De Krabbeplaat.

Briltil

Aan het Hoendiep (zie aldaar); 1 km van het Van Starkenborghkanaal.
Ligplaats: Jachthaven Briltil, 1 km ten Z van de Gabrug, havenmeester Tj. v. d. Mei, tel. (05940) 21 74, max.diepgang 2 m, tarief f 1,– per m lengte per nacht (elektra, toiletten, douches en wastafels).
Motorbrandstof: Jachthaven Briltil, die (sl).
Hefkraan en trailerhelling: Jachthaven Briltil, Hellingweg 1, kraan max. 15 ton, max.diepgang 2 m, tarief f 100,– tot f 200,– (heffen met staande mast mogelijk), helling max. $1\frac{1}{2}$ ton, max.diepgang 1 m, tarief f 5,– per handeling.
Kampeerterrein en stortplaats chemisch toilet: Bij Jachthaven Briltil.

Broekerhaven

Aan het Markermeer (zie onder 'IJsselmeer'); 3 km ten ZW van Enkhuizen.
Maximumsnelheid: 3 km/h.
Havenkantoor: aan de buitenhaven, tel. (02285) 1 87 98.
Havens: Van het Krabbersgat voert de betonde geul over het Slijk naar de havenmond. Het witte licht op de brug tussen het rode licht op het W-havenhoofd en het groene op het O-havenhoofd geleidt de haven open. Bij het binnenvaren moet het rode licht behoorlijk ver vrij gevaren worden. Het groene en witte licht in een lijn aanvaren. Het W-havenhoofd is 70 m langer dan het O-havenhoofd en buigt af naar het O. De Buitenhaven is 2 m diep, evenals de Binnenhaven (bij IJZP).
Bruggen en sluizen: Tussen de Binnen- en Buitenhaven is een keersluis die altijd openstaat, waarover een vaste brug, H 3,30 m boven IJZP.
Overhaal: Via de 'Overhaal', een voor Europa unieke bootlift, kunnen pleziervaartuigen worden overgezet in het water van de polder 'Het Grootslag'. Via dit water kan men o.a. Enkhuizen en Medemblik bereiken, vanwaaruit de wateren van de Wieringermeer zijn te bevaren. Max.diepgang 0,55 m, max.doorvaarthoogte 1,40 m. Bediening aanvragen bij de havenmeester, tel. (02285) 1 26 67, overhaalkosten f 10,–.
Ligplaats: Jachthaven De Broekerhaven van W.S.V. De Broekerhaven (Zuiderdijk 1b, Bovenkarspel), in zowel Binnen- als Buitenhaven, havenmeester J. Peerdeman, tel. (02285) 1 26 67, tarief f 1,– per m lengte per nacht (elektra, toiletten, wastafels en douches (f 1,–)).
Drinkwater: Aan de Binnen- en Buitenhaven.
Motorbrandstof: B.P., Florasingel 1, Bovenkarspel, be, die, sbe, op 5 min lopen van de haven.
Reparatie: B. v. d. Meulen, Jachtwerf De Broekerhaven, Zuiderdijk 1, Bovenkarspel, tel. (02285) 1 15 38, romp/uitr (s, a); Fa. W. Botman, Broekerhavenweg 172, Bovenkarspel, tel. (02285) 1 61 94, romp/uitr, bub/bib; V. B. Dieselservice, Nijverheidsweg 5a, Grootebroek, tel. (02285) 2 02 42/1 82 66, mobiele service 24 uur per dag bereikbaar, bib/bub (alle merken), romp/uitr (s/op de wal + in het water), elek.
Hefkraan: B. v. d. Meulen, Jachtwerf De Broekerhaven, max. 8 ton.
Kampeerterrein en Wasserette: Camping De Broekerhaven, Zuiderdijk 3, Bovenkarspel.

Broek in Waterland
9,5 km van Amsterdam.
Voor de watertjes ten ZO van het dorp zie onder 'Kinselmeer'.
Maximumsnelheid: Op de Trekvaart 8 km/h; in Waterland 5 km/h.
Bruggen: Over de Trekvaart van Het Schouw naar Monnickendam en Edam, zie aldaar.
Aanlegplaatsen: Het Havenrak in de kom van het dorp is verboden. Men kan primitief meren ten Z van de hefbrug, O-oever, vlak langs de autoweg.
Motorvaartverbod: In het Havenrak (de havenkom in het dorp) achter de beide witte tonnen.

Broek op Langedijk
Zie ook 'Kanaal Alkmaar-Kolhorn'.
Maximumsnelheid: In de polderwateren 6 km/h.
Sluisje: Geeft toegang tot de wateren van het Oosterdel en de oude museum-vaarveiling (oude in het water gelegen veiling). Doorvaarthoogte ca. 3 m. Sluisgeld f 2,–.
Bediening:

ma. t/m zat.	(gehele jaar)	8-11, 16-19 h
zo. en fd.	(1 mei-1 okt.)	8-10, 16-19 h
	(1 okt.-1 mei)	gesloten

Ligplaatsen: Van 1 mei-1 okt., max. 2 x 24 h in de passantenhaven met steigers aan het Havenplein en de Sluiskade, havenmeester H. Jongbloed-Boersma, tel. (02260) 1 65 87, tarieven per etmaal of deel daarvan: tot 6 m lengte f 5,50 en vanaf 6 m lengte f 9,– (toiletten, wastafels en douches (f 1,–)) ● Bijvoet Boatservice, havenmeester Elly Bijvoet, tel. (02260) 1 82 12, tarief f 1,– per m lengte per nacht, max.diepgang 2,10 m (elektra, toilet en wastafels).
Motorbrandstof en drinkwater: Fa. A. ten Bruggencate en Zn., Pr. Hendrikkade 11, aan de Z-zijde van de passantenhaven, drinkwater, be (sl), die (sl), sbe (sl) (zo. gesloten); Bijvoet Boatservice, drinkwater (sl), die (sl).
Vulstation propaangasflessen: Fa. A. ten Bruggencate en Zn., Pr. Hendrikkade 11.
Reparatie: Bijvoet Boatservice, Dijk 10, tel. (02260) 1 82 12, bub/bib (alle merken), romp/uitr (ht, s, p/op de wal + in het water), elek (dagelijks geopend); P. de Wit, Dorpsstraat 112, romp/uitr.
Hefkraan: Bijvoet Boatservice, max. 15 ton, max.diepgang 2,10 m, tarief f 19,25 per m.
Trailerhellingen: Openbare helling, ten Z van de Broekhornerbrug, O-oever.

Broeresloot
Vormt de verbinding tussen het Tjeukemeer en de Tjonger. D 2,40 m.
Maximumsnelheid: 9 km/h.
Brug: Vaste brug, H 2,35 m (Ruytenschildtbrug). Voorzichtig onderdoor varen i.v.m. golfslag van Tjeukemeer.

Bronkhorst
Aan de Gelderse IJssel, kmr 917,2 Ro; 5 km van Dieren; 10,5 km van Zutphen. Nabij het veer, aan een oude loswal, is een primitieve aanlegplaats. Aanleggen wordt afgeraden in verband met grote zuiging.

Brouwershaven
2 km van Den Osse; 5 km van Werkhaven van Bommenede; zie ook 'Grevelingenmeer'.

Haven: Bij het aanlopen van de haven vanuit het O, de rode stompe ton GB 20 met topteken ronden. De haveningang heeft een diepte van 2 m (drempel keersluis) en is afgezet met toptekens, waarvan men de rode aan bakboord en de groene aan stuurboord moet houden. De onder water gelegen dam in de Geul van Bommenede is afgezet met een rij boeitjes over een lengte van ca. 300 m (in de wintermaanden, tussen ca. 1 dec. en 1 april wordt deze rij boeitjes uit het water gehaald). Binnen de keersluis liggen de oude en de nieuwe jachthaven, verhuurd aan W.V. Brouwershaven.
Havenmeesters: J. Gerrits, tel. (01119) 13 30 (20 66 privé), marifoonkan. 31.
Lig- en aanlegplaatsen: Direct achter de keersluis aan stuurboord, in de vrije boxen van Jachthaven Brouwershaven (schepen langer dan 12 m moeten op de kopsteigers afmeren), op aanwijzing van de havenmeester. Max.diepgang 2 m.
● Er is ook een passantensteiger in de oude haven in de stad, aan bakboord. Douches, wastafels en toiletten, zowel in de oude als in de nieuwe jachthaven.
Elektra op de steigers, tarief f 2,60 per etmaal. Douchemunten verkrijgbaar bij het havenkantoor op de keersluis, f 1,– per stuk.
Havengeld: f 1,75 per m per etmaal. Bij overnachting tevens toeristenbelasting verschuldigd.
Toeristenbelasting: f 0,75 p.p. per nacht.
Motorbrandstof: Aan brandstoffensteiger in Jachthaven Brouwershaven, expl. J. van Dijke, tel. (01119) 12 35, be (sl), sbe (sl), die (sl).
Reparatie: Waterrama Schouwen B.V., Noorddijk 4, tel. (01119) 18 77, in Jachthaven Brouwershaven, bub/bib (alle merken), romp/uitr (op de wal + in het water), elek (zat. geopend 9-16 h); Jachtwerf Kesteloo, Nieuwe Jachthaven 4, tel. (01119) 12 52, romp/uitr (ht, s, p, a/op de wal + in het water), zeil/tuigage, elek (zat. ochtend geopend); Firma Padmos, Jacob Catsstraat 5, tel. (01119) 24 07, bib (dealer Yanmar en Ford).
Trailerhelling: In Jachthaven Brouwershaven, tarief f 2,75 (in en uit), max. 16 ton.
Hefkranen: Gebr. van Ast, Zuidwal 1, tel. (01119) 13 39, max. 34 ton, max.diepgang 2,50 m, tarief op aanvraag; Jachtwerf Kesteloo, max. 9 ton (tot 13 m lengte), tarief vanaf f 230,– (heffen met staande mast mogelijk).
Botenlift: Gebr. van Ast, max. 34 ton, tarief op aanvraag, max.diepgang 2,50 m, tarief f 230,– (liften met staande mast mogelijk).
Kampeerterreinen: Camping Den Bulke, Spuiweg 5, tel. (01119) 14 37; Camping Noord Nieuwland, vlak bij de jachthaven, tel. (01119) 12 23.
Wasserette: Aan de oude haven, Haven Z-zijde 17 en Haven N-zijde 36 (munten bij het havenkantoor).
Stortplaatsen chemisch toilet: Bij de oude jachthaven en in Jachthaven Brouwershaven.

Bruinisse

24 km van de Volkerakssluizen; 2 km van Zijpe; 4 km van de Krammersluizen, 11 km van Hoek van Bommenede.
Getijstanden: GHW = NAP + 1,53 m; GLW = NAP – 1,36 m.
Sluis: Grevelingensluis in de Grevelingendam, tel. (01113) 14 73. Zie voor de aanlooproute vanaf de Z-Grevelingen onder 'Havens (nieuwe vissershaven)'. Bediening:

(1 juni-15 sept.)	dagelijks	7-22 h
(15 sept.-1 juni)	ma. t/m vr.	8-20 h
	zat., zo. en fd.*	8-18 h

B * Bediening op vrijdag voor Pasen, 1e en 2e paasdag, Hemelvaarts-
dag en Pinksteren als van 1 juni tot 15 sept.
Tijdens de weekends in de zomermaanden moet rekening worden
gehouden met wachttijden.
Marifoon: Grevelingensluis, kan. 20.
Havens: Jachthavens: Zie bij 'Ligplaatsen'.
Veerhaven: Verboden toegang.
Voor de Rijksvluchthaven, zie onder 'Zijpe'.
De oude vissershaven is in gebruik als reparatiehaven, niet toegankelijk voor pleziervaart.
De nieuwe vissershaven, D 1,10 m bij gemiddeld LLWS, ligt ten NW
van de oude vissershaven en is voorzien van de gebruikelijke havenlichten. Bij het aanlopen van de Z-Grevelingen dient men nauwgezet
de betonning te volgen i.v.m. plaatselijke ondiepten. 's Nachts wordt
de invaart van het Grevelingenmeer aangegeven door de witte sector
van het kustlicht van Anna Jacobapolder (achteruit). Bij het inlopen
van de haven ziet men aan bakboord van de loopsteiger de toegang
tot de vissershaven met losplaats (voor jachten geldt een meerverbod) en aan stuurboord de Grevelingensluis. De ingang van de nieuwe vissershaven wordt 's nachts aangegeven door twee op de wal
staande geleidelichten.
Gemeentelijke havenmeester: J. Hoogerwerf, Havenkade 17,
tel. (01113) 14 51, privé 14 44.
Gemeentelijk havengeld: f 1,10 per m lengte per nacht (excl. toeristenbelasting f 0,60).
Ligplaatsen: Jachthaven W.S.V. Bru, in het Grevelingenmeer, direct
na de sluis aan bakboord (binnen voormalige Rijkswerkhaven),
havenmeester Th. J.H. Meijer, tel. (01114) 20 17, tarief f 1,50 per m
lengte + f 0,60 toeristenbelasting p.p. per nacht (toiletten, douches
(f 1,–), wastafels en elektra).
● Jachthaven Bruinisse B.V., in het Grevelingenmeer ten NW van de
toeleiding naar de sluis, havenmeester S. de Boer, tel. (01113) 14 85,
max.diepgang ca. 2,50 m, tarief f 2,10 per m (incl. toeristenbelasting)
lengte per nacht (elektra, toiletten, douches (f 1,–) en wastafels). De
haven is voorzien van een ontvangstinstallatie.
Motorbrandstof: Jachthaven Bruinisse B.V., die (sl), sbe (sl).
Vulstation propaangasflessen: Jachthaven Bruinisse B.V.
Reparatie: Machinefabriek Welgelegen van P. Maaskant & Zn.,
bub/bib; L. Padmos, bub/bib; Watersportservice van Swaay, Jachthavenweg 72, tel. (01113) 21 95 (in Jachthaven Bruinisse B.V.), bub
(Mariner), bib (Volvo Penta), romp/uitr (s, p/op de wal + in het water),
zeil/tuiggage, elek; Fa. D. van Duivendijk, Deestraat 31, tel. (01113)
16 15 (b.g.g. 15 32), in de oude vissershaven, romp/uitr (s), helling
max. 40 ton; Fa. Bal, Scheepstimmerbedrijf (gevestigd in de Rijksvluchthaven aan het Zijpe (zie aldaar)); De Vries Sails, Weststraat 20,
tel. (01113) 30 06 jachtzeilmakerij en tuigage.
Hefkranen: Rowi Watersportservice, in Jachthaven Bruinisse B.V., tel.
(01113) 21 95, max. 17 ton, max.diepgang 2,50 m, tarief op aanvraag
(heffen met staande mast mogelijk); Fa. Bal, Scheepstimmerbedrijf
(gevestigd in de Rijksvluchthaven aan het Zijpe (zie aldaar)).
Trailerhelling: Jachthaven Bruinisse B.V., Jachthavenweg 61, tarief
f 10,– per keer, max. $1^1/_2$ ton, max.diepgang 1,20 m.
Kampeerterrein: Camping Onze Hoeve, op 5 min loopafstand van
Jachthaven Bruinisse B.V.
Stortplaats chemisch toilet: Bij Jachthaven Bruinisse B.V.; bij jachthaven van W.S.V. Bru.
Wasserette: Bij Jachthaven Bruinisse B.V.

Buggenum
Aan de Maas, kmr 85,5 Lo; 2,5 km ten N van sluis Roermond.
Aanlegplaats: Aan de steiger aan de Maas bij de monding van het koelwaterkanaal, primitief, niet geschikt om te overnachten.

Buitenringvaart
Nieuwe Pompsloot en Buitenringvaart of Stroomkanaal, van Monnikenrak – ten N van Heerenveen – naar de Nieuwe Vaart 9 km. Tussen Monnikerak en Hooibrug, vaste brug in nieuwe rijksweg Heerenveen-Grouw doorvaarthoogte 4,70 m.
Vaarwegbeheerder: Provincie Friesland, Gedempte Keizersgracht 38, 8911 KL Leeuwarden, tel. (058) 92 59 25 (voor aanvragen bediening: tel. (058) 92 58 88).
Maximumsnelheid: 9 km/h.
Hooibrug over de Nieuwe Pompsloot: Bediening (gratis):

ma. t/m zat.	(1 mei-1 okt.)	9-12, 13-17, 18-20 h
	(1 okt.-1 mei)	9-12, 13-17 h, op verzoek tel. (058) 92 58 88
zo. en fd.	(mei en sept.)	9-11, 16-18 h
	(juni t/m aug.)	9-11, 18-20 h
	(1 okt.-1 mei)	gesloten

Poolsbrug over Buitenringvaart: Bediening (bruggeld f 2,–):

ma. t/m zat.	(1 mei-1 okt.)	9-12, 13-17, 18-20 h
	(1 okt.- 1 mei)	9-17 h, op verzoek tel. (058) 92 58 88
zo. en fd.	(mei en sept.)	9-11, 16-18 h
	(juni t/m aug.)	9-11, 18-20 h
	(1 okt.-1 mei)	gesloten

Warrebrug over Stroomkanaal bij Nieuwe Diep: Bediening (gratis):

ma. t/m zat.	(1 mei-1 okt.)	9-12, 13-17, 18-20 h
	(1 okt.-1 mei)	9-17 h, op verzoek*
zo. en fd.	(mei en sept.)	9-11, 16-18 h
	(juni t/m aug.)	9-11, 18-20 h
	(1 okt.-1 mei)	gesloten

* Bediening 24 h tevoren aanvragen, tel. (058) 92 58 88.
Sluis naar de Veenpolder De Deelen is afgedamd.
Ligplaatsen: Langs de Ringvaart zijn 3 Marrekrite ligplaatsen.

Buiten IJ
Vaarwater tussen de Oranje Sluizen en de Hoek van het IJ (zie aldaar) bij Amsterdam. Aan de Z-zijde begrensd door de stenen strekdam. N-inham bij Durgerdam ondieper dan de rest van het water, D ca. 1,50 m.
Vaarwegbeheerder: Rijkswaterstaat Directie Noord-Holland, Dienstkring Waterland, Sixhavenweg 13-14, 1021 HG Amsterdam, tel. (020) 6 32 04 50.
Bijzondere bepalingen: Op het betonde vaarwater van het Buiten IJ gelden voor kleine vaartuigen (tot 20 m lengte) de volgende bepalingen:
a. Met een zeil- en motorboot mag alleen worden gevaren, indien deze is voorzien van een (direct startklare) motor, waarmee een snelheid van tenminste 6 km/h kan worden gehandhaafd.
b. Alle kleine vaartuigen moeten zo dicht mogelijk aan de stuurboordzijde van het vaarwater varen, met dien verstande dat het niet is toegestaan het vaarwater op te kruisen.

B

Voor alle schepen geldt een ankerverbod (dit geldt voor zowel binnen en buiten de betonning). Meren is alleen toegestaan op de daarvoor aangewezen gedeelten, max.verblijfsduur (buiten de havens) 3 x 24 h.
Ten W van de Oranje Sluizen moet een klein vaartuig 's nachts en bij slecht zicht een radarreflector voeren (zie verder onder 'Noordzeekanaal'). Zie tevens de 'Handleiding' van deze Almanak onder 'Bijzondere bepalingen'.
Maximumsnelheid: Voor snelle motorboten in de betonde vaargeul 20 km/h; daarbuiten 9 km/h. Zie voor de speciale baan voor snelle motorvaart onder 'IJmeer'.
Vaargeulen: Druk scheepvaartverkeer door de brede betonde geul langs de strekdam. Betonde zijgeul naar Durgerdam (zie aldaar). Ten O van de ton P 23/D 2 en de vaargeul naar Durgerdam zijn 6 dukdalven geplaatst, waarvan er 3 d.m.v. zonnepanelen zijn verlicht. Met borden is aangegeven dat deze dukdalven alleen voor kegelschepen zijn bestemd. Tevens zijn er voor de beroepsvaart 4 meerstoelen geplaatst. De pleziervaart mag van deze meerstoelen geen gebruik maken.
Waarschuwing: In het N-deel staan hier en daar palingfuiken. Verraderlijke ondiepten ten W van de vuurtoren.
Brug: Beweegbare brug (Schellingwouderbrug), vaste overspanning in het midden H IJZP + 9,10 m. De recreatievaart die onder de vaste zijoverspanningen door kan varen wordt aanbevolen om gebruik te maken van de vaargeul ten N van het beweegbare gedeelte van de brug. Zie voor nadere bijzonderheden onder 'Schellingwoude'.

Bullewijk

Landelijk fraai riviertje tussen de Amstel bij Ouderkerk en de splitsing in Holendrecht en de Waver nabij Café De Voetangel. Lengte 3,5 km, D 1,30 m. Zie verder onder 'Ouderkerk a. d. Amstel' en 'Waver'.
Vaarwegbeheerder: Hoogheemraadschap Amstel en Vecht, Postbus 97, 1190 AB Ouderkerk a. d. Amstel, tel. (02963) 31 53.
Maximumsnelheid: 6 km/h.
Bruggen: Ophaalbrug, H 1,10 m (Kerkbrug), bij Ouderkerk. Ca. 2 km verder in de Bullewijk ligt een vaste brug, H 4,80 m.
Bediening ophaalbrug (gratis):

(16 april-1 juni en 1 sept.-16 okt.)	dagelijks	9-12.30, 13.30-16.30, 17.30-19 h
(1 juni-1 sept.)	dagelijks **	9-12.30, 13.30-16.30, 17.30-21 h
(16 okt.-16 april)	ma. t/m zat.	op verzoek *
	zo. en fd.	gesloten

*   Uitsluitend op verzoek, aanvragen via tel. (02963) 14 56.
** Incl. Koninginnedag.
Aanlegplaats: Bij Café De Voetangel.

Burghsluis

Bij Haamstede aan de Oosterschelde (zie aldaar) op Schouwen-Duiveland.
Getijstanden: GHW = NAP + 1,31 m; GLW = NAP − 1,19 m.
Toegang: Men vaart van de ZO-zijde de haven binnen.
De toegangsgeul is aan de N-zijde door staken bebakend. Het ca. 15 m brede geultje is niet bebakend. Minste diepte in deze toegang ca. 2,50 m bij GLW. Ten O van de N-havendam ligt een modderbank met 0,40 m diepte bij GLW.
Haven: De haven is 500 m x 100 m groot. Havenlicht op de W-kop van de haven. De diepte bedraagt aan de W-zijde en aan de ponton

t.o. de ingang 2 m bij gemiddeld LLWS, voor de steiger 2 à 2,50 m.
De O-zijde van de haven valt droog. Aan de W-zijde is een loswal.
De ponton is in gebruik door sportvissers en een rondvaartboot.
Een peilschaal bevindt zich bij de ponton.
De haven is voorzien van een ontvangstinstallatie.
Havenmeester: M. K. Overbeeke, kantoor aan de haven (privé-adres: Oude Havenweg 2), (01115) 31 14 of 13 02.
Ligplaats: W.V. Burghsluis aan de ZO-zijde van de haven, max.diepgang 2,50 m, tarief f 1,35 per m lengte per etmaal + toeristenbelasting f 0,90 p.p. per nacht (elektra, toiletten, douche (f 1,50) en wastafels).
Hefkraan: Aan de haven, max. 6½ ton, tarief min. f 15,–, max. f 50,– (heffen met staande mast mogelijk).
Stortplaats chemisch toilet: Aan de haven van de W.S.V. Burghsluis.

Burgum (Bergum)

5 km van Skûlenboarch (Schuilenburg); 3 km van het Bergumermeer; 5,5 km van Fonejachtbrug; zie ook 'Prinses Margrietkanaal'.
Brug: Beweegbare brug (Burgumerdaam), zie onder 'Prinses Margrietkanaal'.
Maximumsnelheid: Op het Prinses Margrietkanaal en de betonde vaargeul van de Wijde Ee, 12,5 km/h; buiten de vaargeul op de Wijde Ee, 9 km/h.
Ligplaats: Jachthaven Burgumerdaam van de W.V. Bergumermeer, 250 m ten O van de brug aan de N-oever, havenmeester mevr. M. v. d. Heide-Meeter, tel. (05116) 55 56, max.diepgang 1,70 m, tarief f 1,– per m lengte + toeristenbelasting f 1,– per persoon per nacht, kinderen t/m 16 jaar f 0,50 (elektra, toiletten, douches (f 1,–) en wastafels).
Reparatie: J. Sienema, op 100 m van de jachthaven, tel. (05116) 25 47, bub/bib (alle merken).
Trailerhelling: Bij Jachthaven Burgumerdaam voor boten tot ca. 7 m lengte.
Botenlift: Fa. Zijlstra, Dam 24, tel. (05116) 15 31 of 32 36, op 50 m van de jachthaven naast de zuivelfabriek, max. 16 ton, geopend ma. t/m zat. 7-20 h, op zo. is telefonisch overleg nodig.
Kampeerterrein, wasserette en stortplaats chemisch toilet: Bij de jachthaven.

Bussum

1,5 km van Naarden, te bereiken vanuit Naarden door de Buitenvestinggracht en de Bussumervaart. De langs de Bussumervaart gelegen gronden zijn bijna geheel in particulier bezit. Ligplaats kiezen in de smalle vaart is niet raadzaam.
Bruggen: Beweegbare bruggen tot vlak bij Bussum. Voor bediening zie bij 'Naarden'. Galgenbrug (vast), H 2,70 m.
Maximumsnelheid: Voor snelle motorboten 20 km/h, doch gebruikelijk is 6 km/h.
Motorvaart: Van ongeveer 100 m ten N van de Galgenbrug tot ongeveer 250 m ten Z van deze brug is motorvaart verboden. Voor het overige gedeelte van deze vaart kan door de gemeente Bussum hiervoor vergunning worden verleend.

Bijland, De

Recreatieplas bij Tolkamer (Lobith) aan de Boven Rijn, ingang bij kmr 864,5 Ro.
Algemeen: Het voormalig landgoed De Bijland is ca. 300 ha groot, waarvan 250 ha water en 50 ha land. De plas is door baggeren ontstaan en heeft een open verbinding met de rivier de Rijn (N-oever) ter hoogte van kmr 864,5. De toegang tot De Bijland is aan de bakboord-

zijde ondiep. Men moet de toegang goed open varen en dicht langs de stuurboordwal blijven. De bodem van de plas is zeer ongelijk. Grote diepten maar ook veel ondiepten. Enkele fraai begroeide eilanden, deels met steile oevers, deels met strandjes.
De overzijde van de Rijn is Duits gebied. De grens van de oever ligt ongeveer bij kmr 865,5. Zie ook 'Lobith'.

Vaarwaterbeheerder: Recreatieschap Oostelijk Gelderland, Spalderkampseweg 1, 6999 AG Hummelo, tel. (08348) 17 45.
Maximumsnelheid: 10 km/h, m.u.v. een baan uitgezet voor de snelle motorvaart en waterskiën. Voor snelle motorvaart is een vergunning vereist. Nadere informatie is opgenomen in het ANWB-inlichtingenblad 'Snel motorbootvaren in Nederland'. Raadpleeg hiervoor de 'Handleiding' van deze Almanak onder 'Snelle motorboten en Waterskiën'.
Vaste brug: Over de toegang tot de Bijland, H MR + 9,50 m.
Ligplaats: Jachthaven De Bijland B.V., in de ZO-hoek van de plas, havenmeester M. van Wijk, tel. (08365) 4 36 16, max.diepgang 2,50 m, tarief f 1,25 per m lengte per etmaal (tot 16 h aan de steiger gratis) (elektra, toiletten, douches (f 1,–) en wastafels). Jachthaven geopend van 15 april tot 15 okt.
Motorbrandstof: Drijvend tankstation nabij de steigers, be (sl), sbe (sl), die (sl); Markerink B.V., Bijlandseweg 30, die, be.
Vulstation propaangasflessen: Bunkerschip Hijmen.
Reparatie: Markerink B.V., Bijlandseweg 30, Tolkamer, tel. (08365) 10 41, bib/bub; Goris Watersport, 's-Gravenwaardsedijk 78, Tolkamer, tel. (08365) 4 16 92, ca. 200 m van de jachthaven, bub (Yamaha, Mercury, Johnson en Honda), bib (Volvo Penta, Ford en Mercruiser); Werf De Hoop, romp/uitr (ht, s, p).
Hefkraan: Wibo B.V., max. 80 ton.
Botenlift: Jachthaven De Bijland B.V., hydraulische wagen, max. 20 ton, tarief afhankelijk van gewicht (liften met staande mast mogelijk).
Trailerhelling: Jachthaven De Bijland, max. 20 ton, max.diepgang 2 m, helling is ter hoogte van de vluchthaven, dagelijks van 9-22 h geopend, tarief vanaf f 11,– per keer.
Kampeerterrein en stortplaats chemisch toilet: Bij Camping De Bijland, Postbus 20, 6916 ZG Tolkamer, tel. (08365) 4 15 96, dhr. J.G. Cornielje.

Capelle (N.B.)

Aan de zijtak van het Oude Maasje, 6 km van de Bergse Maas bij Keizersveer.
Waterstand: Varieert bij gemiddelde rivierafvoer dagelijks tussen NAP + 0,40 à 0,50 m en NAP + 0,60 à 0,70 m.
Maximumsnelheid: 6 km/h.
Haven: De haven bevindt zich aan het einde van het 2 km lange Havenkanaal, dat 600 m ten W van de vaste brug in het Oude Maasje uitmondt. Het Havenkanaal is diep NAP – 2,50 m. Over dit Havenkanaal ligt een vaste brug, H NAP + 5 m.
Havenmeester: Voor beide ligplaatsen, dhr. W. van den Hout, tel. (04168) 21 63.
Ligplaatsen: Jachthaven van Stichting Recreatie Centrum Sprang-Capelle, tarief f 1,– per m lengte per nacht (toiletten, douches (munten f 1,– bij de havenmeester), wastafels en elektra) ● voorbij de vaste brug aan de loswal, tarief f 1,25 per m lengte per nacht.

Capelle a. d. IJssel

Aan de Hollandse IJssel; 9 km van Rotterdam.
Getijstanden: GHW NAP + 1 m; GLW NAP – 0,40 m.

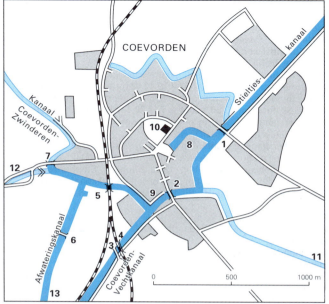

Coevorden

1. Jan Kuipersbrug (bb)
2. Bentheimerbrug (bb)
3. Ophaalbrug (Monierbrug)
4. Spoordraaibrug
5. Spoorhefbrug
6. Ophaalbrug
7. Krimwegbrug (geen doorvaart)
8. Binnenhaven (passantenhaven)
9. Binnengracht
10. Kasteel (Raadhuis, VVV)
11. Kanaal Coevorden-Alte Picardie
12. Lutterhoofdwijk
13. Scheepswerf De Vlijt

Bruggen en sluizen: Stormvloedkering en daarnaast een sluis met beweegbare brug, zie 'Krimpen a. d. IJssel'.
Ligplaats: Jachthaven 't Zandrak, voor jachten tot ca. 2 m diepgang bij GLW, Groenedijk 36, havenmeester W. P. Ypema, tel. (010) 4 50 34 44, tarief f 1,50 per m lengte per nacht (elektra, toiletten, wastafels en douches (f 1,–)).
Motorbrandstof: Jachthaven 't Zandrak, sbe (sl) en die (sl) (voor openingstijden, zie onder 'Hefkraan').
Reparatie: Fa. W.H. Schieving, aan de Jachthaven, tel. (010) 4 50 48 04, bub/bib, romp/uitr (ht, s, p/op de wal + in het water); Fa. P Muilwijk, op terrein van Jachthaven 't Zandrak, tel. (010) 4 58 55 86, zeil/tuigage.
Hefkraan: Jachthaven 't Zandrak, tel. (010) 4 50 34 44 (havenkantoor geopend 8.30-12.30, 13.30-17.30 h, op zo. 10.30-12.30 h), max. 3$^{1}/_{2}$ ton, tarief f 50,– per $^{1}/_{2}$ h.
Botenlift: Jachthaven 't Zandrak, max. 30 ton, tarief f 100,– per $^{1}/_{2}$ h (liften met staande mast mogelijk).
Aftappunt vuilwatertank: bij Jachthaven 't Zandrak.

Coevorden
Kaartje: Is bij deze beschrijving opgenomen.
Vaarverbindingen met:
– Nieuw Amsterdam: Zie onder 'Stieltjeskanaal'.

- Almelo (37 km): Zie onder 'Kanaal Almelo-De Haandrik'.
- Meppel (45,5 km): Zie onder 'Stieltjeskanaal' en vervolgens onder 'Verlengde Hoogeveense Vaart' en 'Hoogeveense Vaart'.
- Het Kanaal Coevorden-Zwinderen is gesloten.
- Duitsland: Het Kanaal Coevorden-Alte Picardie is afgedamd.

Bruggen: Zie bij 'Stieltjeskanaal'.
Ligplaats: In de binnenhaven (8), gemeentelijke passantenhaven, havenmeester R. Booij, tel. (05240) 9 42 42 (privé tel. 1 43 56 (na 17 h)), geopend van 1 april tot 1 okt., tarief per nacht (vanaf 18 h): tot 6 m f 6,80, tot 10 m f 9,50, tot 14 m f 12,20, tot 16 m f 15,–, tot 20 m f 17,05 en langer f 1,– per m lengte, aanleggen tot 18 h gratis (toiletten, wastafels en douche (f 1,–)).
Drinkwater: In de passantenhaven (8); bij de sluis in het Stieltjeskanaal en bij de brugwachter van de Bentheimerbrug (2).
Reparatie: Scheepswerf De Vlijt (13), J. Supheert, Stephensonweg 20, tel. (05240) 1 43 62, aan het Coevorden-Vechtkanaal, romp/uitr.
Stortplaats chemisch toilet: Bij de passantenhaven (8).

Colijnsplaat

Aan de Oosterschelde (zie aldaar); in het NO-gedeelte van Noord-Beveland.
Getijstanden: GHW = NAP + 1,43 m; GLW = NAP – 1,26 m.
Havenmonding: Voor de ca. 20 m brede haveningang loopt bij eb zowel als bij vloed een zware stroom. Bij het aanlopen van de haven dient men hiermee rekening te houden.
De haveningang is aan beide zijden gemarkeerd door een zware stalen paal waarop de havenlichten staan.
Tussen deze markeringspalen en de havendammen liggen golfbrekers (gestapelde betonblokken).
Haven: Het meest O-deel van de haven is bestemd voor de beroepsvisserij (op aanliggend haventerrein staan o.m. een vismijn-, visverwerkingsbedrijf en bergloodsen). Direct ten W daarvan liggen de drijvende steigers van W.V. Noord-Beveland. De haven is bij gemiddeld LLWS 2 à 2,50 m diep.
Ligplaats: In de jachthaven W.V. Noord-Beveland, aan de drijvende dwarssteigers op aanwijzing van havenmeester D. Nonnekes, tel. kantoor (01199) 57 62. Melden op de 1ste drijvende steiger of havenkantoor, geopend van 7.30-22 h. Tarief per etmaal f 2,– per m lengte + f 1,– p.p. toeristenbelasting per nacht (elektra, toiletten, douches en wastafels). De haven is voorzien van een ontvangstinstallatie.
Motorbrandstof: Bij Delta Yacht, die (sl), sbe (sl).
Reparatie: Delta Yacht, aan de W-zijde van de haven, Jachthavenweg 5, tel. (01199) 57 76/57 69, van juni t/m aug. op zo. geopend, bib (alle merken), romp/uitr (ht, s, p, a/op de wal + in het water), zeil/tuigage, elek.
Botenlift: Delta Yacht, max. 35 ton, tarief vanaf f 210,– (liften met staande mast mogelijk).
Trailerhelling: Op O-haventerrein, na overleg met de havenmeester, tarief f 7,50 per dag.
Kampeerterrein: Camping Orisandt.
Wasserette: Bij het havenkantoor, na overleg met de havenmeester.
Stortplaats chemisch toilet: Bij het havenkantoor.

Culemborg a. d. Lek

Aan de Lek, kmr 239,5 Ro; 7 km van Beusichem; 7,5 km van Hagestein.
Waterstand: SP = NAP + 2,50 à 3 m.
Vaste spoorbrug: H NAP + 15,90 m = H 12,90 m boven stuwpeil.
Motorpont aan kabel tussen de havenmonding en de brug.

Havenmeester: B. van Vuuren, tel. (03450) 1 64 93.
Ligplaats: In het Jachthavencomplex De Helling, op 200 m van het centrum. Bij geheven stuwen ontstaat een neerstroom bij de toegang tot de haven. Max.diepgang 1,50 m. Tarief f 1,05 per m lengte per etmaal + f 0,50 toeristenbelasting p.p. per nacht, max. 2 h gratis, havengeld na 15 h verplicht (elektra, douches (f 1,–), wastafels en toiletten).
Reparatie: Jachtwerf Gebr. Dubbeldam* B.V., De Helling 4, tel. (03450) 1 29 65, romp/uitr (ht,s, p/op de wal + in het water), zeil/tuigage, elek.
Trailerhelling: Jachthavencomplex De Helling, De Helling 6, max. 15 ton, kosten f 51,–.
Kampeerterrein: Jachthavencomplex De Helling.
Wasserette en stortplaats chemisch toilet: Bij Jachthavencomplex De Helling.

Cuijk

Aan de Maas, kmr 162 Lo (veerpont); zie ook 'Kraaijenbergse Plassen'.
Waterstand: SP = NAP + 7,50 m.
Aanlegplaats: Gemeentelijke passantenhaven ten Z van de aanlegplaats van het pontveer, gratis, overnachten niet toegestaan.

Dalfsen

Aan de Overijsselse Vecht (zie aldaar); 19 km van Hasselt.
Bruggen en sluizen: Beweegbare brug H 2,10/2,30 m. Er moet rekening worden gehouden met eventueel hogere waterstand na zware regenval. Voor bediening zie onder 'Overijsselse Vecht'.
Aanlegplaatsen: Van april tot nov. aan de kade over een lengte van 250 m naast het gemeentehuis zowel boven als beneden de brug, gratis.
Motorbrandstof: Op 150 m vanaf de kade in de Prinsenstraat, die, be, sbe.
Vulstation propaangasflessen: Schutte, Emmastraat 7, tel. (05293) 13 92.
Reparatie: Garage Fokkens, Prinsenstraat 16, tel. (05293) 13 36, bub/bib; Garage Jacobs, Bloemendalstraat 8, tel. (05293) 12 37, bub/bib.
Kampeerterrein: Camping De Bron, Oude Oever 10, bij de stuw in Vilsteren/Oudleusen (van tevoren contact opnemen met Conferentiecentrum De Bron, tel. (05297) 16 00).

Damsterdiep

Van Groningen naar Delfzijl. Lengte 28 km. D 1,60 m. In Delfzijl is de verbinding met de haven definitief afgedamd; de haven is wel bereikbaar via het Eemskanaal.
Algemeen: Het Damsterdiep is bevaarbaar vanaf de J. B. Bronssluis tot het gemaal ten O van de vaste brug in Delfzijl H 2,50 m (Abel Tasmanbrug).
Het gedeelte van het Damsterdiep tussen Groningen en de J. B. Bronssluis (verbindingssluis met het Eemskanaal) is uitsluitend met kleine schepen te bevaren en niet bestemd voor de doorgaande vaart. In dit gedeelte liggen nl. een beweegbare brug (Oosterhoogebrug, H ca. 1,50 m), 4 vaste bruggen, laagste brug H 1,10 m, en een nieuwe sluis (Slimsluis, breedte 3 m, lengte 10 m, zelfbediening) met stuw. De Oosterhoogebrug kan eventueel bediend worden door de sluiswachter van de Oostersluis. De oude Driewegsluis in de toegang tot het Damsterdiep bij Groningen is buiten gebruik gesteld.
Vaarwegbeheerder: Waterschap Eemszijlvest, Westersingel 66, 9901 GJ Appingedam, tel. (05960) 5 42 22.

Maximumsnelheid: 6 km/h.
Waterstand: KP = NAP – 1,33 m. In de zomer is de waterstand vaak gelijk aan NAP – 1,20 m. Brughoogten t.o.v. NAP – 1,20 m.
Bruggen: De laagste vaste brug in het traject vanaf de verbindingssluis met het Eemskanaal (J. B. Bronssluis) en het Westerwijtwerdermaar is H 2,20 m (Boltbrug, op het remmingwerk aan de NO-zijde van de brug is een peilschaal geplaatst, die de doorvaarthoogte aangeeft) (KP + 2,45 m).

D
Het is de bedoeling de vaste Boltbrug te vervangen door een beweegbare klapbrug. De verwachting is dat de werkzaamheden in het seizoen 1995 zullen plaatsvinden. De scheepvaart zal zo min mogelijk hinder ondervinden.
Vanaf het Westerwijtwerdermaar tot de Groeve (Appingedam) 2 vaste bruggen, laagste brug H 3,60 m en 9 beweegbare bruggen. Vanaf de Groeve tot Delfzijl 3 vaste bruggen, laagste brug H 2,50 en 2 beweegbare bruggen.
De meeste bruggen over het Damsterdiep kunnen geopend worden door middel van zelfbediening. Bediening geschiedt met behulp van een sleutel, die tegen een borgsom van f 40,– verkrijgbaar en weer in te leveren is bij het café bij de eerste zelfbedieningsbrug in Garmerwolde, Café Jagermeister en bij Camping De Banjer in Ten Post (Dijkshorn, gelegen waar Westerwijtwerdermaar in het Damsterdiep uitkomt) en bij het Kanocentrum Wirdummerklap. De bruggen zijn gedurende het gehele jaar bedienbaar, nl. van 1 mei tot 1 okt. van 8-20 h, van 1 okt. tot 1 mei van 9-17 h.
De bruggen in Appingedam over het Damsterdiep en de W-tak van het Nieuwe Diep (Westerophaal- en Tjamsweersterbrug): Bediening:

dagelijks	8.30-12.30, 13.30-18 h

De bruggen worden door één brugwachter bediend. De brugwachter wordt gewaarschuwd via een semafoon, die in werking wordt gesteld doordat de vaarrecreant gebruik maakt van een zelfbedieningssleutel bij het bedienkastje van de brug met het bordje 'Sport'.
Na deze oproep komt de gewaarschuwde brugwachter de brug bedienen (enige wachttijd is mogelijk, bedieningsinformatie is voorts bij de bruggen aangegeven).
De zelfbedieningssleutel is tegen een waarborgsom van f 40,– verkrijgbaar en weer in te leveren bij o.a. de VVV Appingedam en de centrale bedieningspost bij de Groevesluis-Zuid.
De brug in Ten Post is géén zelfbedieningsbrug en wordt op vaste tijden bediend:

dagelijks	8.45, 10.30, 11.30, 13.30, 14.30, 16 en 17 h

Van 1 okt. tot 1 mei vindt alleen bediening plaats van ma. t/m vr. van 8-12, 13-17 h op verzoek, 24 h tevoren aanvragen:
– Voor de brug Ten Post, Prov. Groningen, Dienst DWK, tel. (05960) 1 20 92.
– Voor de bruggen in Appingedam (Tjamsweerster- en Westerophaalbrug), Gemeentewerken Appingedam, tel. (05960) 2 72 72.
Sluizen: J. B. Bronssluis (in de verbinding met het Eemskanaal), het Oosterdijkshornerverlaat in het Westerwijtwerdermaar (zie aldaar) en de Groevesluis-Noord (zie 'Appingedam').
De J. B. Bronssluis is dagelijks zelf bedienbaar. Instructie tot zelfbediening is op de sluis aangegeven.
Lig- en aanlegplaatsen: In de gemeente Ten Boer nabij de Boltbrug, gratis (max.verblijfsduur 2 x 24 h), toiletten nabij camping de Banjer ● in Holwierde aan zijvaart de Grote Heekt, max. H 2,15 m ● in Oos-

terwijtwerd aan het Oosterwijtwerdermaar, max. H 2,20 m ● aan het
Eenumermaar in Eenum, max. H 2,20 m ● aan het Godlinzermaar in
Losdorp, max. H 1,55 m ● bij Dijkshorn ● in de zijvaart bij Wirdum
● in Loppersum aan zijvaart de Wijmers (zie aldaar) ● in Appingedam
(zie aldaar) ● aan het Leermenstermaar in Leermens (zie aldaar).
(Voor schepen met een max.hoogte van 1,40 m en een max.diepgang
van 1,50 m is het mogelijk een rondvaart te maken via het Damsterdiep, Godlinzermaar en Grote Heekt, met in Appingedam weer aansluiting op het Damsterdiep.)
Trailerhelling: In de Gemeente Ten Boer nabij het Westerwijtwerdermaar, N-oever, max. 2 ton.
Kampeerterreinen: Kampeerboerderij De Banjer, Damsterdiep ZZ 3,
Ten Post, tel. (05902) 36 98, bij de splitsing van het Westerwijtwerdermaar; bij Dijkshorn; Kampeerterrein Ekenstein, Alberdaweg 60,
Appingedam.

Deest
4 km ten O van Druten aan de Waal, kmr 899 Lo.
Aanlegplaatsen: Haven en steiger van de scheepswerf, gratis,
max.verblijfsduur 2 dagen; drijvende particuliere aanlegsteiger bij
het voetveer naar Dodewaard.

Deil
3,5 km van Geldermalsen. Zie ook 'Linge'.
Drinkwater en motorbrandstof: Jachtwerf van Rijnsoever Deil B.V.,
water à f 1,– per 100 liter, die (sl) (zo. gesloten; van 1 juli tot 1 sept.
ook op zat. gesloten).
Reparatie en hefkraan: Jachtwerf van Rijnsoever Deil B.V.,
Deilsedijk 64, tel. (03457) 14 44, bib (Volvo Penta), romp/uitr (s/op de
wal + in het water), kraan max. 20 ton, max.diepgang 1,50 m, 1 juli-
15 sept. zat. en zo. gesloten.

Delden
37 km van de IJssel; 7 km van Hengelo (O.); zie ook 'Twentekanalen'.
Bruggen en sluizen: Zie onder 'Twentekanalen'.
Aanlegplaats: Aan de loskade, tarief f 2,40 per dag.

Delft
14 km van Rotterdam; zie ook 'Rijn-Schiekanaal' en 'Delftse Schie'.
Doorvaartroute: De doorgaande vaart maakt gebruik van het Rijn-
Schiekanaal. Varende vanaf Rotterdam gaat men bij de Kolk stuur-
boord uit door de Hambrug. Komende van Rijswijk moet men bij de
Ned. Gist- en Spiritusfabriek bakboord aanhouden.
Buitenwatersloot: in de richting Schipluiden, is te bereiken vanaf de
Kolk aan de Z-zijde van Delft, via de Westsingelgracht. Max.door-
vaarthoogte in Delft 1,80 m; verder naar Schipluiden, zie onder 'West-
land'.
Bruggen en scheepvaartrechten: Zie onder 'Rijn-Schiekanaal' en
'Delftse Schie'.
Maximumsnelheid: 6 km/h.
Motorvaart: In de stadsgrachten is het verboden vaartuigen met
mechanische kracht voort te bewegen.
Voor het varen met een motorboot in het Westland is vergunning
vereist, zie onder 'Westland'.
Ligplaats: Uitsluitend in de Nieuwe Haven aan de W-zijde van de
Delftse Schie tussen de Abtswoudse brug en de Kruithuisbrug,
max.verblijfsduur 3 x 24 h. Buiten de Nieuwe Haven geldt officieel
voor passanten een meerverbod.
Drinkwater: Uit kraan met slang langs de Hooikade (de Kolk), tarief

f 2,50 per m³, sleutel verkrijgbaar bij de Hambrug, tel. (015) 56 59 93 (statiegeld f 25,–).
Vulstation propaangasflessen: Marks, Laan van Overvest 80, tel. (015) 12 11 30.

Delftse Schie
Van Delft naar Overschie, 9 km.
Vaarwegbeheerder: Provincie Zuid-Holland, District West, Huize Ter Wadding, Leidseweg 557, 2253 JJ Voorschoten, tel. (071) 32 11 31.
Maximumsnelheid: 12 km/h.
Kanaalgeld: Zie onder 'Rijn-Schiekanaal'.
Beweegbare bruggen:
– Abtswoudsebrug, H 1,40 m, bediening als Hambrug (zie onder 'Rijn-Schiekanaal').
– Kruithuisbrug, H 5,40 m. De brug wordt op afstand bediend vanaf de Abtswoudsebrug, welke oproepbaar is via marifoonkan. 18 of tel. (015) 56 37 17. Bruggeld f 5,50. Bediening*:

(15 april-15 okt.)	ma. t/m vr.	6-22 h
	zat.	7-18 h
	zo. en fd.	gesloten
(15 okt.-15 april)	ma. t/m vr.	6-22 h
	zat.	8-13 h
	zo. en fd.	gesloten

* Gedurende het gehele jaar worden op ma. t/m do. nacht alle bruggen van 22-6 h in begeleide vaart bediend door de brugwachter van de Abtswoudsebrug, dit geldt voor zowel vaart naar als vanuit Den Haag. Op 24 en 31 dec. tot 18 h. De dag voorafgaande aan Hemelvaartsdag tot 22 h. Op werkdagen na een feestdag bediening vanaf 6 h.

– Doenkadebrug ten N van Overschie, H 6,70 m. Bediening van ma. 4 h tot zat. 20 h, uitsluitend op verzoek, tel. (010) 4 15 32 47 of marifoonkan. 22 (Hogebrug in Overschie).

Delfzijl
Aan de Eems; 26 km van Groningen; zie ook 'Eemskanaal'.
Haven: De haven kan via het Zeehavenkanaal worden binnengevaren. De havenmonding wordt gevormd door twee strekdammen. Op de kop van het W-havenhoofd groen-wit gestreepte lichtopstand. Op de kop van het O-havenhoofd rood-wit gestreepte lichtopstand. In het hele havengebied is een ankerverbod.
Bijzondere bepalingen: In het Zeehavenkanaal is een oploopverbod, men dient een matige vaart en de stuurboordwal te houden.
Een klein vaartuig moet bij slecht zicht en 's nachts in de haven van Delfzijl een goed functionerende radarreflector voeren.
Voor schepen met een marifoon geldt een uitluisterplicht.
Voor zeilboten in zgn. jeugdklassen, windsurfplanken en kano's dan wel voor een uitsluitend door spierkracht voortbewogen schip geldt een algeheel vaarverbod. Waterskiën is in het havengebied verboden.
Getijstanden: Rijzing bij springtij 3,50 m boven gemiddeld LLWS; bij doodtij 3,20 m boven gemiddeld LLWS.
Gemiddeld LLWS = NAP – 2 m.
Mistsein: Op de kop van het O-havenhoofd, Horn (1) 15 s.
Havendienst: Voor algemene nautische informatie, Havenkantoor, Handelskade-W 10, tel. (05960) 4 04 77, marifoonkan. 14 (roepnaam: Havendienst Delfzijl).
Delfzijl Radar: Marifoonkanaal 66. Dit is een blokkanaal welk onderdeel vormt van het VTS-Systeem. Schepen zijn verplicht om op dit

kanaal luisterwacht te houden. Pleziervaart mag zich aan- en afmelden bij het binnenvaren of verlaten van het gebied. Deze dient de instructies van de VTS-operator te volgen en de gespreksdiscipline van het marifoonverkeer te hanteren. Roepnaam van de verkeerspost is 'Delfzijl Radar'. Voor algemene (nautische) informatie kan op marifoonkanaal 14 de Havendienst Delfzijl aangeroepen worden. Dit kanaal is ook het werkkanaal van de Havendienst Farmsumerhaven voor het aanvragen van een ligplaats in de Farmsumerhaven achter de zeesluis.
Douane: Eemsmondgebouw, tel. (05960) 1 50 60. Voor douaneformaliteiten zie in de Handleiding van deze Almanak onder 'Douaneformaliteiten'.
Weerbericht en waterstanden: Om 10 min na ieder even uur wordt op het marifoonkanaal 14 in de haven informatie gegeven over de waterstanden en de weersverwachting en navigatieberichten voor dit gebied.
Sluizen: Er wordt alleen geschut met de sluizen ten ZO van Farmsum. Sluiscomplex, tel. (05960) 1 32 93.
Bediening (gratis):

ma. t/m zat.	(gehele jaar)	0-24 h
zo. en fd.	(1 mei-1 okt.)	8.30, 13 en 17 h (schutting van buiten naar binnen)
		10, 15 en 18.30 h (schutting van binnen naar buiten)
	(1 okt.-1 mei)	gesloten

Men dient zich op de sluis te melden.
De sluizen in het Oude Eemskanaal door Delfzijl zijn gesloten voor de scheepvaart. Er wordt door deze sluizen wel gespuid!
Marifoon: Zeesluizen, kan. 11; zie verder onder Havendienst Delfzijl.
Bruggen: In het Eemskanaal: zie onder 'Eemskanaal'.
Brug over het Oude Eemskanaal in Delfzijl.
Bediening:

(1 mei-1 okt.)	ma. t/m vr.	8-12, 14-16.30, 18.30-19.30 h
	zat., zo. en fd.	8-10, 13-15, 17.30-19.30 h
(1 okt.-1 mei)	ma. t/m vr.	8-12, 14-16.30 h
	zat.	11-12 h
	zo. en fd.	gesloten

Lig- en aanlegplaatsen:
(Alleen na toestemming van de Havendienst, jachten tot 18 m worden in principe in de jachthaven van Z.V.•Neptunus afgemeerd).
● Bij de Z.V. Neptunus, aan de zuid-oostzijde van de drijvende steiger is i.v.m. een nieuw te bouwen kade de jachthaven gepositioneerd, D 6 m bij gemiddeld LLWS, in overleg met de havenmeester, eerste 3 h gratis (douches (munten à f 2,– bij de havenmeester)). Havenmeester H. Kanon (kantoor geopend van 1 april-1 okt.), tel. (05960) 1 50 04, b.g.g. 1 92 60. Gereduceerd weektarief: 5 x nachttarief. Tarief per nacht (voor catamarans wordt $1\frac{1}{2}$ x lengte gerekend):

tot	6 m lengte	f 8,–	14 m	f 20,–
	7 m	f 9,–	15 m	f 22,–
	8 m	f 10,–	16 m	f 24,–
	9 m	f 11,–	18 m	f 27,50
	10 m	f 12,50	20 m	f 30,50
	11 m	f 14,–	25 m	f 35,50
	12 m	f 16,–	25 m en langer	f 39,–
	13 m	f 18,–		

- Aan de drijvende steiger in de Handelshaven voor schepen langer dan 18 m. Liggeld en havengeld volgens opgave van de Havendienst, tel. (05960) 4 04 77.
- In het Oude Eemskanaal tussen scheepswerf Sander en de voormalige Eemskanaalsluis aan de Z- en N-zijde, bij afmeren is f 7,15 liggeld verschuldigd, geldig voor drie weken.
- Jachthaven 't Dok van de Motorbootvereniging Abel Tasman, aan de N-zijde van het Oude Eemskanaal, in het voormalige Dok op 300 m van het centrum, havenmeester tel. (05960) 1 65 60, tarief f 0,90 per m lengte per nacht (toiletten, douches (f 1,50), wastafels en elektra), catamarans f 1,35 per m lengte.

Drinkwater: Waterboot Eemsmilieu Techniek (sl); R. J. de Vries B.V., Eemskanaal Z-zijde (sl); aan de drijvende steiger van het Havenschap na toestemming van de Havendienst.
Motorbrandstof: Jachthaven Z.V. Neptunus, die (alleen witte dieselolie i.v.m. Duitse douane-eis) (sl); varende tankboten in de haven, be, die; R. J. de Vries B.V., Eemskanaal Z-zijde 62, die (sl); verschillende verkooppunten langs het Eemskanaal N-zijde; ten Z van de zeesluis, W-zijde, sbe, die (op zo. gesloten).
Vulstation propaangasflessen: R. J. de Vries B.V., Eemskanaal Z-zijde 62, tel. (05960) 1 89 18.
Reparatie: P. Dinges, Proostdijk 59, tel. (05960) 1 50 10, bib (Volvopenta); H. S. Hunfeld, Eemskanaal 26, tel. (05960) 1 34 46, bub/bib, romp/uitr; Nautische Unie, Seendweg 16, tel. (05960) 1 44 04, bub; Scheepswerven Niestern-Sander, romp/uitr; R. J. de Vries B.V., Eemskanaal Z-zijde 62, tel. (05960) 1 89 18, romp/uitr (op de wal + in het water), zeil/tuigage; Datema Delfzijl B.V., Oude Schans 11, tel. (05960) 1 38 10, elek; Jachtservice Struyk/Jachtbouw De Boer, Eemskanaal N-zijde 53a, tel. (05960) 1 81 62, vlak bij Jachthaven 't Dok, romp/uitr (ht, s, p, a/op de wal + in het water), zeil/tuigage, elek; Jacht- en Scheepstechniek Koster, Eemskanaal N-zijde 53b, tel. (05960) 1 61 36, vlak bij Jachthaven 't Dok, bib (Dealer van Bukh, Nanni en Ruggerini, reparatie aan alle merken), romp/uitr (ht, s/op de wal + in het water) (dagelijks geopend).
Hefkranen: H. S. Hunfeld, max. 15 ton; aan de openbare kade in de Handelshaven, Havenbedrijf Delfzijl, tel. (05960) 1 26 39, max. 30 ton, kosten op aanvraag; Scheepswerf Niestern-Sander.
Trailerhellingen: Bij H. S. Hunfeld.
Wasserettes: H. K. Kleinhuis, Oranjestraat 5, tel. (05960) 1 27 95, op 1 km afstand van de haven; bij Jachthaven 't Dok, Eemskanaal N-zijde 2 (wasmachine en droogtrommel).
Stortplaats chemisch toilet: Bij Jachthaven 't Dok.
Nautische boekhandel: Datema Delfzijl B.V., Oude Schans 11, tel. (05960) 1 38 10.

Deventer

Aan de Gelderse IJssel, kmr 945; 6,5 km van Gorssel; 13 km van Olst.
Maximumsnelheid: In het baggergat, kmr 947,5 Ro, 6 km/h.
Bruggen: Zie 'Gelderse IJssel'.
Havenmeester: Dhr. Hartgers, Hanzeweg 19, tel. (05700) 9 39 70.
Marifoon: Prins Bernhardsluis, kan. 18.
Doorvaartroute: Naar Raalte gesloten voor alle scheepvaart.
Industriehaven: Bereikbaar via de Prins Bernhardsluis. Alleen voor pleziervaartuigen die voor reparatie één van de werven aandoen èn voor leden van de Deventer watersportverenigingen, die over accommodatie in de Industriehaven beschikken.
Bediening Prins Bernhardsluis en Hanzebrug:

ma. t/m vr.	(1 april-1 okt.)	6-8, 9.30-18 h
	(1 okt.-1 april)	7-8, 9.30-18 h
zat.	(gehele jaar)	10-12 h*
zo. en fd.	(gehele jaar)	gesloten

* Bediening op verzoek, uiterlijk vr. vóór 17 h aanvragen, tel. (05700) 2 30 30.

Sluis- en havengeld: Pleziervaartuigen (m.u.v. roeiboten en kano's (gratis)) betalen f 3,– (1994) per m lengte per 14 dagen wanneer in groepen van 5 vaartuigen of minder geschut wordt; schutten in groepen van 6 vaartuigen of meer is gratis; meeschutten met beroepsvaart is gratis, indien het verblijf in Deventer beperkt blijft tot 2 x 24 h.

Lig- en aanlegplaatsen: Jachthavens in het baggergat, 2 km benedenstrooms van het stadscentrum, kmr 947,5 Ro. De havenhoofden zijn gemarkeerd door bakens. De W-oever is nabij de ingang ondiep en er ligt veel steenslag. Alleen bij lage rivierstand liggen hier enige boeien waar men tussendoor moet varen ● Nabij de invaart is de jachthaven van Z. en M.V. Deventer gelegen, tarief per etmaal f 1,– per m lengte, havenmeester P. J. Koorenblik-Slettenhaar, tel. (05700) 1 96 35 (toiletten, wastafels, douches (douchemunten à f 1,–) en elektra) ● Jachthaven van de R. & Z.V. Daventria, gelegen in de zuidelijke hoek van het baggergat, havenmeester K. Zuidema, tel. (05700) 1 84 41, tarief f 1,– per m lengte per nacht, max.diepgang ca. 2 m (toiletten, douches (f 1,–) en elektra).

● Aanlegplaatsen voor de recreatievaart van 1 mei tot 1 okt. aan de verlaagde kademuur t.o. kmr 944,5 (Wellepad), direct benedenstrooms van de Wilhelmina(verkeers)brug, over een lengte van 60 m, gratis. De recreatievaart mag hier uitsluitend overdag meren (van zonsopkomst tot zonsondergang). Overnachten is verboden!
De bovenkant van de kademuur ligt op NAP + 4,10 m hoogte. Afval kan op werkdagen in gesloten plastic zakken op de kade worden achtergelaten. Bij zeer hoge rivierstand is het niet mogelijk om aan de verlaagde kademuur te meren. Men kan dan eventueel stroomafwaarts aanleggen aan de hoge kademuur.
– Zandwinningsplas de Veenoord, kmr 943 Ro, ten zuiden van Deventer, hier bevinden zich geen aanlegvoorzieningen.

Motorbrandstof: Tankstation nabij de jachthaven van de Z. en M.V. Deventer, die, be en sbe.

Reparatie: Dieselservice Deventer, Noordzeestraat 23004, tel. (05700) 3 51 43, bub/bib, romp/uitr; Jachtwerf Wolf, Hanzeweg 35, tel. (05700) 2 49 17, bib/bub, romp/uitr; Ankersmit's Botenbouw, Hanzeweg 52010, tel. (05700) 3 36 27, romp/uitr.

Trailerhelling: Z. en M.V. Deventer, tarief f 15,–, bij lage waterstand niet bruikbaar (uitsluitend geschikt voor kleine boten, o.a. speedboten, max.diepgang 1 m), tel. (05700) 1 96 35.

Hefkranen: Jachtwerf Wolf, Hanzeweg 35; Ankersmit's Botenbouw, Hanzeweg 52010; Dieselservice Deventer. Deze bedrijven bevinden zich ten O van de Prins Bernhardsluis.

Botenlift: Z. en M.V. Deventer, uitsluitend voor verenigingsleden, tarief f 7,– per m lengte.

Kampeerterrein: De Worp, Langelaan, tel. (05700) 1 36 01.

Diemen

Zie ook 'Weespertrekvaart' en 'Diemerplassen'.
Aanlegplaats: Aanlegplaats aan de W-zijde van de brug alleen voor laden en lossen en wachten op brugopening.
Motorbrandstof: Pomp ten O van de brug over de Bijlmersloot, be (sl), sbe (sl), die (sl).
Wasserette: Dubbelblank, A. Krijtstraat 30.

Diemerplassen

– 1e Diemen, te bereiken van de Weespertrekvaart door de Vinkebrug, een vaste brug in de rijksweg, H ca. 2 m, vaste brug in de provinciale weg, H ca. 1,50 m.
– 2e Diemen, te bereiken van de 1e Diemen door de vaste spoorbrug, H 1,25 m, en een vaste verkeersbrug, H 1,50 m, of van het Amsterdam-Rijnkanaal door de vaste brug, H 2 m, en de Keersluis, die gewoonlijk openstaat.
– 3e Diemen. In vrije verbinding met het Amsterdam-Rijnkanaal.
Maximumsnelheid: Officieel 16 km/h, gebruikelijk 9 km/h.
Ligplaatsen 3e Diemen: Jachthavenbedrijf en Botenbergplaats Smeenk. Beide bedrijven zijn over het land alleen te bereiken via Muiden.

Dieren

Aan de Gelderse IJssel, gierpont kmr 910,8; 5 km van Doesburg; 5 km van Bronkhorst.
Even bovenstrooms van het veer is een primitieve aanlegmogelijkheid in een inham, Lo. Deze valt echter bij passage van grote vrachtschepen door zuiging vrijwel droog, waardoor aanleggen ontraden wordt.
Haven: Kmr 910,9 Lo is dichtgeslibd. De haven valt het grootste deel van het jaar droog.
Trailerhelling: Bij het pontveer Dieren-Olburgen, in overleg met de veerbaas. Kosten f 1,– à f 10,–, tel. (08330) 1 51 69.
Apeldoornskanaal: Is buiten gebruik gesteld, de sluis is afgedamd.

Dieverbrug

20 km van Meppel; 24 km van Assen; zie ook 'Drenthse Hoofdvaart'.
Aanlegplaatsen: Rustige meerplaatsen in de havenkom aan de loswal, ten N van de brug en ten Z van de sluis. Fietsverhuur bij de brugwachter.
Drinkwater: Bij de brugwachter, tarief f 1,– per 100 liter.
Motorbrandstof: Pompstation, even ten N van de brug in de weg Diever-Dwingeloo aan de W-oever, 5 m van de kanaalkant, die, sbe en be.

Dinteloord

2,5 km van Dintelsas; 5 km van Stampersgat; zie ook 'Mark en Dintel'.
Waterstand: Gelijk aan NAP, doch er kunnen peilvariaties optreden van NAP + 0,05 m tot NAP – 0,25 m.
Bruggen: Draaibrug over de Dintel (Prinsenlandse brug), tel. (01672) 27 23, mar.kan. 22, H 1 m en een vaste brug, H 10 m. Bediening Prinsenlandse brug:

ma. t/m vr.*	(gehele jaar)	6-22 h
zat.*	(gehele jaar)	8-16.30 h
zo. en fd.	(1 april-1 okt.)	9-10, 19-20 h
	(1 okt.-1 april)	gesloten

* Bediening uitsluitend op de hele en halve uren.
Er zijn wachtplaatsen voor schepen aan weerszijden van de draaiburg. Het is verboden om aan te leggen aan de loswal van de Fa. CEBECO en aan het remmingwerk van de draaibrug.
Ligplaats: In de Dinteloordse haven, 1500 m vanaf de ingang bij de Prinsenlandse brug, Ro, max.diepgang 1,40 m, max.verblijfsduur 24 h, tot 11 h de andere dag gratis.

Dintelsas

Zie ook 'Mark en Dintel'.

Waterstand: Als gevolg van de realisatie van de compartimenteringsdammen (Oesterdam en Philipsdam) staat de sluis onder normale weersomstandigheden open. De waterstand is gelijk aan NAP, doch er kunnen peilvariaties optreden van NAP – 0,25 m tot NAP + 0,05 m.
Haven: De diepte in de havenmond en in de vluchthaven bedraagt 5 m, in de geul naar de Manderssluis eveneens ca. 5 m. Tegen het havenhoofd kan het ondiep zijn (± 2 m). De veilige afstand tot het havenhoofd is ca. 30 m. Na het binnenvaren ziet men de vluchthaven onmiddellijk aan bakboord.
Lichten: Vast rood en groen havenlicht. Bovendien staan er veel lichtmasten rond de haven. Mistlamp op de N-havenkop.
Manderssluis: De sluis staat te allen tijde open. Doorvaart wordt geregeld d.m.v. scheepvaartseinen. Er wordt geen sluisgeld geheven. Max. toegestane diepgang 3 m.
Lig- en aanlegplaatsen: Afmeren aan de achterzijde van de remmingwerken, zowel binnen als buiten de sluis is verboden i.v.m. obstakels net onder de waterlijn.

● In de vluchthaven staan dukdalven voor vrachtschepen. Langs de oevers zijn enige steigers om aan de wal te komen.

● Binnen de Manderssluis: Jachtcentrum Dintelmond aan de NO-oever, passanten afmeren bij pompstation en melden op havenkantoor, havenmeester C. P. v. Vloten ('s avonds C. Huysmans), tel. (01672) 28 94 resp. 33 72 (toiletten, douches, wastafels en elektra).

● Op de Z-oever: W.V. De Dintel, tel. (01672) 23 96, tarief f 0,75 per m lengte per nacht (toiletten, douches, wastafels en elektra).

● Jachthaven Waterkant Ships, havenmeester S. J. J. Bosma, tel. (01672) 25 53, tarief f 1,50 per m lengte per nacht (elektra, toiletten en douches (f 1,–)).

Motorbrandstof: Bij de verschillende tanklichters; bunkerschip Sasdijk van de fa. V. d. Kolk, buiten de sluis; Jachtcentrum Dintelmond, die (sl), be (sl).
Vulstation propaangasflessen: V. d. Kolk, bunkerschip Sasdijk, tel. (01672) 25 35.
Reparatie: Fa. Lugthart, Industrieweg 16, Heijningen, tel. (01672) 29 24, b.g.g. 29 44, romp/uitr; Jachtcentrum Dintelmond, Markweg Z 1-4, Fijnaart, tel. (01672) 28 94, bub (alle merken), bib (Volvo Penta, Yanmar, Mercedes, Mitsubishi, Bukh, BMW, Daf, Vetus en Perkins), romp/uitr (ht, s, p/op de wal + in het water); Jachthaven Waterkant Ships, Sasdijk 2a, Dinteloord, tel. (01672) 25 53, bub/bib; Bergings- en Sleepdienst Theunisse, in de buitenhaven, tel. (01672) 32 88, bib.
Trailerhelling: Jachtcentrum Dintelmond, tel. (01672) 28 94, tarief f 12,50 (in en uit); Jachthaven Waterkant Ships.
Botenliften: Jachthaven Waterkant Ships, max. 12 ton, max.diepgang 1,75 m (liften met staande mast mogelijk); Jachtcentrum Dintelmond, tel. (01672) 25 53, tarief f 160,– per h, max. 20 ton (liften met staande mast mogelijk).
Mastenkraan: Jachtcentrum Dintelmond, max. 400 kg, tarief f 160,– per h (mastenladder 17 m lang).
Kampeerterreinen: Bij Jachtcentrum Dintelmond (beperkte mogelijkheden, uitsluitend voor passanten, in overleg met de havenmeester).
Stortplaatsen chemisch toilet: Bij Jachtcentrum Dintelmond.

Dodewaard

Aan de Waal, kmr 901,1 Lo; 17 km ten W van Nijmegen; 14 km ten O van Tiel.
Haven: De haven is ca. 0,40 m minder diep dan de haveningang.

Bij het binnenvaren de benedenstroomse krib aanhouden. Bij laag water sterke neer.
Aanlegplaatsen: In de haven nabij Scheepswerf Hendriks; langszij van beroepsvaartuigen, die op reparatie wachten; bij niet te lage waterstand langs het weiland aan de Z-oever van de haven.
Reparatie: Scheepswerf Dodewaard B.V., Waalbandijk 21, tel. (08885) 13 75, romp/uitr (s).

D Does
Vaarwater van Hoogmade tot Leiderdorp 5 km. Zie ook 'Hoogmade'.
Beheerder: Hoogheemraadschap van Rijnland, Postbus 156, 2300 AD Leiden, tel. (071) 25 93 14 (boezembeheer).
Maximumdiepgang: 1,20 m.
Maximumsnelheid: 6 km/h.
Bruggen: In Hoogmade: Doesbrug (basculebrug), H 1,65 m, en Doesmolenbrug (beweegbaar, wordt op afstand bediend, vanaf bedieningsgebouw 'De Waard' te Leiden, tel. (071) 22 71 24. Observatie vindt plaats d.m.v. camera's) H 2,90 m. In Leiderdorp: Achthovenerbrug (vaste brug), H 3 m, en Doesbrug (ophaalbrug), H 1,65 m.
Bediening (gratis):
- Doesmolenbrug:

(16 april-16 okt.)	ma. t/m vr.	7-20 h
	zat.	9-18 h
	zo. en fd.*	10-15, 16-20 h
(16 okt.-16 april)	ma. t/m vr.	10-16 h
	zat.	9-14 h
	zo. en fd.	gesloten

* Op zo. en fd. bediening vanaf 1e paasdag als deze dag valt tussen 10 en 16 april.
- Doesbrug in Hoogmade, tel. (01721) 25 65 en Leiderdorp:

(16 april-16 okt.)	ma. t/m zat.	7-12, 13-18, 18.30-20 h
	zo. en fd.*	10-12, 16-20 h
(16 okt.-16 april)	ma. t/m zat.	10-12, 13-16 h
	zo. en fd.	gesloten

* Op zo. en fd. bediening vanaf 1e paasdag als deze dag valt tussen 10 en 16 april.
Motorvaart: Vereist is de algemene vaarvergunning van het Hoogheemraadschap van Rijnland (zie onder 'Drecht').

Doesburg
5 km van Dieren; 12 km van De Steeg Middachten; zie ook 'Gelderse IJssel' en 'Oude IJssel'.
Brug over de Gelderse IJssel: Zie aldaar.
Voor bruggen en sluizen in de Oude IJssel: Zie aldaar.
Kaartje: Is bij de beschrijving opgenomen.
Lig- en aanlegplaatsen: In de Jachthaven van Z.V. De Oude IJssel (4), achter de sluis aan bakboord, havenmeester P. Korver, tel. (08334) 7 45 60, tarief f 1,25 per m lengte per nacht (douche, wastafels en toiletten) ● in de Industriehaven (12), D 2,70 m, gratis ● in de Passantenhaven van Stichting Doesburgs Goed, gelegen in de Industriehaven, havenmeester B.G. Wennekes, tel. (08334) 7 34 85 (b.g.g. (08334) 7 30 00 dhr. Stout), tarief f 1,– per m lengte per nacht (toiletten, douches, wastafels en elektra).
Men moet bij het schutten kanaalgeld betalen. De bediening van de verdere vijf bruggen over de Oude IJssel tot Doetinchem en ook het

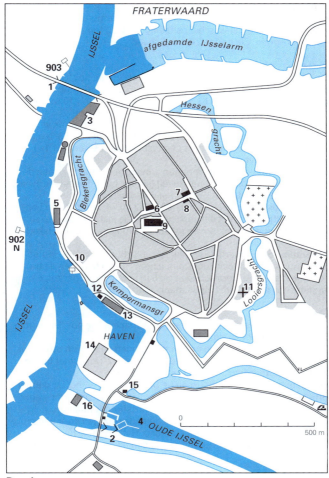

Doesburg

1. Verkeersbrug H 11 m (in het midden)
2. Sluis
3. Scheepswerf Van der Werff
4. Aanlegsteiger achter remmingwerk en jachthaven van de Z.V. De Oude IJssel
5. Graanpakhuis
6. Raadhuis
7. Gasthuiskerk
8. PTT
9. Ned. Herv. Kerk
10. Haventje Rijkswaterstaat
11. r.k. kerk
12. Havenkantoor (Industriehaven)
13. Loods Gelderse Tram Mij
14. Gieterij
15. Sluiswachterswoning
16. Stuw in de Oude IJssel (verboden als ligplaats)

schutten is dan verder gratis. Voor tarief en bedieningstijden zie onder 'Oude IJssel'.
Goede ankerplaats in het begin van de afgedamde IJsselarm, toegang bij kmr 903,25 (voorbij de zwaaikom ondiep).
Drinkwater: Sluis (2), tegen betaling, zie onder 'Oude IJssel'; in de passantenhaven van Stichting Doesburgs Goed.

Reparatie: Jachtwerf Van der Werff B.V. (3), Burg. F. van Aspermontlaan 10, tel. (08334) 7 22 75, bib (alle merken), romp/uitr (ht, s, p/op de wal + in het water), elek, scheepshelling max. 20 ton.
Kampeerterrein: Zie onder 'Zwarte Schaar'.

Doetinchem
Ca. 12,5 km stroomopwaarts van sluis Doesburg; zie ook 'Oude IJssel'.
Bruggen: Europabrug (bascule), H 5,20 m, Gaswalbrug (ophaal), H 2,90 m. Spoorhefbrug, H 2,40 m, in geheven stand H 10 m, vast deel H 2,30 m. Voor de bediening zie onder 'Oude IJssel'.
Ligplaats: Jachthaven W.V. De Ank, 200 m benedenstrooms van de Europabrug, Lo, havenmeester H. Buyl, tel. (08340) 2 53 83, b.g.g. 3 29 28, tarief f 1,– per m lengte per nacht (elektra, douche (f 1,–), wastafels en toiletten).
Drinkwater: Bunkerstation Veldman, boven de ophaalbrug, aan de Handelskade bij politiebureau, Ro (sl) (sleutel bij de brandweer); aan de gemeenteloswal, kmr 12,7, bij het winkelschip.
Motorbrandstof: Op verzoek, tel. (08340) 2 40 74, komt H. van Londen uit Doetinchem met een tankauto naar de jachthaven, die (sl); Bunkerstation Veldman, boven de ophaalbrug aan de Handelskade, die (sl).
Reparatie: Touwslagerij L. Helmes B.V., Plakhorstweg 7, zeil/tuigage; Stichting Watersportcentrum Doetinchem, 100 m beneden de brug, Lo, scheepshelling, voor schepen tot 6 m lengte f 1,25 per m^2, 6 m en langer f 1,50 per m^2 (met eigen mankracht).

Dokkum
22 km van Leeuwarden; 11 km van Lauwersmeer; zie ook 'Dokkumer Ee' en 'Dokkumer Grootdiep'.
Algemeen: Voor informatie over waterstanden en stroom op de Dokkumer Ee en het Dokkumer Grootdiep, zie onder 'Dokkumer Ee' en 'Dokkumer Grootdiep'.
Bruggen: In de verbinding tussen de Dokkumer Ee en het Dokkumer Grootdiep liggen van W naar O: de Eebrug (basc.) in de Rondweg, de Altenabrug (ophaalbrug) en de Woudpoortsbrug (ophaalbrug). In verband met het bedienen van verschillende bruggen door één brugwachter kunnen er wachttijden ontstaan. Het bruggeld bedraagt totaal f 5,– voor de drie bruggen, te betalen bij de middelste brug (Altenabrug).
Bediening:

ma. t/m vr.	(1 mei-1 okt.)	7-8, 8.30-11.45, 13.15-16.15, 17.15-18, 18.30-20 h
	(1 okt.-1 mei)	7-8, 9-11.45, 13.15-16.15, 17.15-18 h
zat.	(1 mei-1 okt.)	7-8, 8.30-11.45, 13.15-16.15, 17.15-18, 18.30-19 h
	(1 okt.-1 nov. en 1 april-1 mei)	7-8, 9-11.45, 13.15-17 h
	(1 nov.-1 april)	7-8, 9-11.45, 13.15-17 h, op verzoek*
zo. en fd.	(mei en sept.)	9-12, 14-17 h
	(1 juni-1 sept.)	9-12, 14-17, 18-20 h
	(1 okt.-1 mei)	gesloten

* Bediening aanvragen bij de Provincie Friesland, tel. (058) 92 58 88, buiten kantoortijden tel. (058) 12 24 22.
Woudvaart: Is ten Z van Dokkum afgedamd.

Zuider Ee: Het Oosterverlaat in Dokkum wordt niet meer bediend. Er is dus geen verbinding meer met Ezumazijl.
Gemeentelijke havenmeester: J. Joustra, tel. (05190) 9 56 52.
Lig- en aanlegplaatsen:
● In de Zuidergracht aan de stadswallen tussen de westelijke molen en de Woudpoortsbrug, tarief voor schepen tot 5 m lengte f 2,85, tot 6,50 m f 4,10, tot 8 m f 5,65, tot 10 m f 6,95, tot 12 m f 8,45, tot 15 m f 9,70, voor langere schepen f 15,– per nacht (douches (f 1,–), wastafels en toiletten in het toiletgebouw in het Harddraverspark).
● Aan weerszijden van de Woudpoortsbrug, aan de Z-zijde van het vaarwater, zijn ligplaatsen voor diepgaande jachten (douches (f 1,–), toiletten en wastafels in nieuw toiletgebouw bij de Woudpoortsbrug (Lutjebleek)). Tarief als aan de Zuidergracht.
● Schepen met een max.diepgang van 1,50 m en een max.doorvaarthoogte van 2,45 m, kunnen bij doorvaart gebruik maken van de stadsroute. Hierbij kan in het Kleindiep aan weerszijden worden afgemeerd. Ook aan de steigers in het Grootdiep (Binnengracht), max.diepgang 1,50 m, afmeren (tarief als aan de Zuidergracht). De Kettingbrug t.o. van Dokkum wordt hiervoor bediend (een kwartier voor en een kwartier na het hele uur).
● De 'bruine vaart' schepen kunnen afmeren rondom de kop van het Zuiderbolwerk (elektra).
● Jachthaven W.V. Dokkum aan het begin van het Dokkumer Grootdiep, nabij het centrum van de stad, havenmeester W. Jelsma, max.diepgang 1,30 m, tarief f 6,– per nacht, max.verblijfsduur 3 x 24 h, tel. (05190) 9 40 88 (elektra, toiletten, wastafels en douches (douchemunten) op gemeentelijk kampeerterrein, direct achter de jachthaven).
Drinkwater: Aan weerszijden van de Woudpoortsbrug (sl); Watersportbedrijf F. v. d. Zwaag (sl) aan het Dokkumer Grootdiep.
Motorbrandstof: Watersportbedrijf F. v. d. Zwaag, die (sl), sbe (sl).
Reparatie: Watersportbedrijf F. v. d. Zwaag, bib, romp/uitr (ht, s, p), twee hellingwagens elk 20 ton.
Kampeerterrein: Gemeentelijk kampeerterrein direct achter de jachthaven van W.V. Dokkum.
Stortplaats chemisch toilet: Bij W.V. Dokkum.

Dokkumer Ee

Van Leeuwarden naar Dokkum 22 km.
Vaarwegbeheerder: Provincie Friesland, Gedempte Keizersgracht 38, 8911 KL Leeuwarden, tel. (058) 92 59 25 (aanvragen bediening: tel. (058) 92 58 88).
Maximumsnelheid: 9 km/h.
Waterstand en stroom: Zie 'Dokkumer Grootdiep'.
Bruggen:
– Van Steenhuizenbrug (bb) en de brug in de rondweg in Birdaard (bb) (bruggeld totaal f 2,50); Klaarkampsterbrug (bb) (gratis).
Bediening:

ma. t/m zat.	(1 mei-1 okt.)	7-8, 8.30-12, 13-17, 18-20 h
	(1 okt.-15 nov. en 15 mrt.-1 mei)	7-8, 8.30-12, 13-18 h (zat. tot 17 h)
	(15 nov.-15 mrt.)	7-18 h (zat. tot 17 h), op verzoek*
zo. en fd.	(mei en sept.)	10-12, 15-17 h
	(1 juni-1 sept.)	10-12, 17-19 h
	(1 okt.-1 mei)	gesloten

* Bediening aanvragen bij de Provincie Friesland, tel. (058) 92 58 88, buiten kantoortijden tel. (058) 12 24 22.

Op werkdagen vóór en na fd: bediening als op zat. en ma.
Voor bediening bruggen te Dokkum, zie bij 'Dokkum'.
Door de ingestelde zondagsbediening kan men op zondagmorgen van Leeuwarden naar het Lauwersmeer varen en 's avonds weer terugkeren. Het is mogelijk om door Leeuwarden te varen (zie bij 'Leeuwarden').

D **Lig- en aanlegplaatsen:** Officiële Marrekrite-ligplaats aan de Z- resp. O-oever nabij Holwerdertille, Wijns en Miedumervaart en aan de N-oever tussen de Klaarkampsterbrug en Dokkum ● passantenhaven in Birdaard (zie aldaar) ● passantenhaventje (steiger) in Wijns ● aanlegplaatsen en -steigers op diverse plaatsen langs de W-oever van de Dokkumer Ee tussen Leeuwarden en Bartlehiem.
Reparatie en Hefkraan: Jachtwerf Wicabo, zie onder 'Bartlehiem'.

Dokkumer Grootdiep

Van Dokkum naar Dokkumer Nieuwe Zijlen 10,5 km.
Vaarwegbeheerder: Provincie Friesland, Gedempte Keizersgracht 38, 8911 KL Leeuwarden, tel. (058) 92 59 25 (aanvragen bediening: tel. (058) 92 58 88).
Waterstand en stroom: Actuele informatie over de waterstanden op de Dokkumer Ee en het Dokkumer Grootdiep wordt gegeven door de 'Waterstandmeldpost' in Dokkum, tel. (05190) 9 77 30. Tevens worden deze waterstanden op een matrixbord aangegeven aan de W-zijde van de Hermesbrug in Leeuwarden. De opgave van de waterstanden is t.o.v. FZP. Bij lagere waterstanden (peilverlaging kan oplopen tot FZP – 0,30 m) als gevolg van het lozen van boezemwater via de sluis in Dokkumer Nieuwe Zijlen waarschuwt de meldpost tevens voor stroom.
De normale toegestane diepgang is 2,35 m (FZP – 2,30 m) (De Dokkumer Ee wordt in 1995 uitgediept).
Er wordt naar gestreefd om van mei tot sept. niet te spuien van 13-17 h.
De vaargeul ligt niet altijd middenvaarwaters doordat de ondiepte langs de afgekalfde oevers zich hier en daar tot het midden van het vaarwater uitstrekt. Het verkeer in O-richting moet daarom af en toe links van het midden varen.
De vaargeul is ter plaatse van sterk afgekalfde oevers gemarkeerd door blezen.
Maximumsnelheid: 9 km/h.
Bruggen: Beweegbare brug in Ee (Ir. D. F. Woudabrug), H 1,67 m en beweegbare brug in Engwierum, H 1,28 m. Voor bediening bruggen in Dokkum, zie bij 'Dokkum'.
Bediening brug in Engwierum: De brug wordt op afstand bediend vanaf de nabijgelegen schutsluis te Dokkumer Nieuwe Zijlen (gratis).

ma. t/m zat.	(1 mei-1 okt.)	7-8, 8.30-12, 13-17, 18-20 h
	(1 okt.-15 nov. en 15 mrt-1 mei)	7-8, 8.30-12, 13-18 h (zat. tot 17 h)
	(15 nov.-15 mrt)	7-18 h (zat. tot 17 h), op verzoek*
zo. en fd.	(mei en sept.)	9-12, 14-17 h
	(1 juni-1 sept.)	9-12, 14-17, 18-20 h
	(1 okt.-1 mei)	gesloten

* Bediening aanvragen bij de Provincie Friesland, tel. (058) 92 58 88, buiten kantoortijden tel. (058) 12 24 22.

Op werkdagen vóór fd: bediening als op zat.
Bediening brug in Ee: (bruggeld f 1,50)

ma. t/m vr.	(1 mei-1 okt.)	7-8, 8.30-12, 13-17, 18-20 h
	(1 okt.-1 mei)	7-8, 8.30-12, 13-18 h
zat.	(1 mei-1 okt.)	7-8, 8.30-12, 13-17.30, 18-19 h
	(1 okt.-1 dec. en 1 mrt.-1 mei)	7-8, 8.30-12, 13-17 h
	(1 dec.-1 mrt.)	7-8, 8.30-12, 13-17 h, op verzoek*
zo. en fd.	(mei en sept.)	9-12, 14-17 h
	(1 juni-1 sept.)	9-12, 14-17, 18-20 h
	(1 okt.-1 mei)	gesloten

* Bediening aanvragen bij de Provincie Friesland, tel. (058) 92 58 88, buiten kantoortijden tel. (058) 12 24 22.
Op werkdagen vóór en ná fd: bediening als op zat. en ma.
Sluis: Zie onder 'Dokkumer Nieuwe Zijlen'.
Ligplaatsen: Langs het Dokkumer Grootdiep liggen verspreid 4 officiële Marrekrite-ligplaatsen.
Motorbrandstof: In Ee, aan de W-zijde van de brug, bij Watersportbedrijf Haanstra, die (sl), be (sl).

Dokkumer Nieuwe Zijlen
11 km van Dokkum; 13 km van Lauwersoog; 17 km van Zoutkamp; 20 km van Bergumermeer; zie ook 'Dokkumer Grootdiep' en 'Lauwersmeer'.
Vaarwegbeheerder: Provincie Friesland, Gedempte Keizersgracht 38, 8911 KL Leeuwarden, tel. (058) 92 59 25 (aanvragen bediening: tel. (058) 92 58 88).
Waterstand en stroom: Zie onder 'Dokkumer Grootdiep'.
Maximumsnelheid: Van het Dokkumer Grootdiep tot de sluis (Oud Dokkumerdiep), 6 km/h.
Sluis en brug: Sluis met beweegbare brug (H 4,29 m), tel. (05112) 83 16.
Bediening: (gratis)

ma. t/m zat.	(1 mei-1 okt.)	7-8, 8.30-12, 13-17, 18-20 h
	(1 okt.-15 nov. en 15 mrt-1 mei)	7-8, 8.30-12, 13-18 h (zat. tot 17 h)
	(15 nov.-15 mrt)	7-18 h (zat. tot 17 h), op verzoek*
zo. en fd.	(mei en sept.)	9-12, 14-18 h
	(1 juni-1 sept.)	9-12, 14-17, 18-20 h
	(1 okt.-1 mei)	gesloten

* Bediening aanvragen bij de Provincie Friesland, tel. (058) 92 58 88, buiten kantoortijden (058) 12 24 22.
Op werkdagen vóór fd: bediening als op zat.
Het Dokkumerdiep loopt van de nieuwe sluis in N-richting in het Lauwersmeer. De geul heeft een minste breedte van ongeveer 30 m en een minste diepte van 3 m. De geul is aangegeven door steekbakens, verder naar het N door drijfbakens.
Lig- en aanlegplaatsen: Jachthaven Lunegat aan de buitenzijde van de nieuwe sluis, waarin gevestigd de W.V. Kollum, havenmeester W. Lap, tel. (05112) 83 03, melden bij de havenmeester, max.diepgang 2,50 m, tarief f 1,– per m lengte per nacht (elektra, toiletten,

douches (f 1,–) en wastafels), bestellen van levensmiddelen is mogelijk ● aan de binnenzijde van de oude sluis ● op een aantal plaatsen langs het Dokkumerdiep, o.a. bij Kollumeroord (let op waterstandsverschillen door spuien en de gevaarlijke stroom bij het spuien met de oude sluis).
Motorbrandstof: Jachthaven Lunegat, die (sl).
Vulstation propaangasflessen: Via Jachthaven Lunegat bij Camping De Brandgans, tel. (05112) 85 79.
Reparatie: Robroch Engineering in Engwierum, nabij Jachthaven Lunegat, tel. (05112) 2 17, bub/bib (alle merken); Zeilmakerij K.B. Starkenburg, Sylsterwei 21, tel. (05112) 82 23, zeil/tuigage; Scheepsreparatiebedrijf Miedema, Sylsterwei 8, tel. (05112) 82 32, romp/uitr (ht, s, p, a/op de wal + in het water), elek.
Trailerhelling: Jachthaven Lunegat, Kwelderweg 1, max. 1½ ton, tarief f 5,– (in en uit).
Hefkraan: Jachthaven Lunegat, max. 10 ton, tarief vanaf f 25,–, heffen met staande mast is mogelijk (zo. gesloten, buiten het seizoen uitsluitend op afspraak).
Kampeerterreinen: Camping De Brandgans, nabij Jachthaven Lunegat; Camping De Pomp.
Wasserette: Bij Jachthaven Lunegat voor overnachtende passanten (wasmachine en droogtrommel, tarief f 5,– per machine per keer).
Stortplaats chemisch toilet: Bij Jachthaven Lunegat.

Donge

Zie ook 'Geertruidenberg' en 'Raamsdonksveer'.
Afgesloten t.h.v. de splitsing met het Wilhelminakanaal, overigens onbevaarbaar. Max. toegestane diepgang 3 m.
Vaarwegbeheerder: Rijkswaterstaat Directie Noord-Brabant, Postbus 90157, 5200 MJ 's-Hertogenbosch, tel. (073) 81 73 41.
Maximumsnelheid: 11 km/h.
Waterstand: Varieert dagelijks van NAP + 0,60 m tot NAP + 0,35 m.
Bruggen: Vaste verkeersbrug, kmr 2,4, bij Geertruidenberg, aan de O-zijde H NAP + 7,25 m, aan de W-zijde H NAP + 6,25 m. Omgekeerde peilschalen op de pijlers.

Dordrecht

Beneden Merwede, kmr 976,9; 20 km van Rotterdam; zie ook onder 'Oude Maas'.
Algemeen: Bij Dordrecht bevinden zich de twee drukste kruisingen van Nederland. Men moet alert zijn op de zéér drukke beroepsvaart.
Kaartje: Is bij de beschrijving opgenomen.
Gemeentelijke havenmeester: J. Maat, Merwedekade 56, tel. (078) 13 42 11, marifoonkan. 74.
Bijzondere bepalingen: Zie onder 'Oude Maas', 'Merwede' en 'Noord'.
Getijstanden: Bij een gemiddeld tij op zee kunnen de volgende waterstanden optreden:

Rivierafvoer	GHW	GLW
lage rivierafvoer	NAP + 0,65 m	NAP – 0,05 m
gemiddelde rivierafvoer	NAP + 0,90 m	NAP + 0,10 m
zeer hoge rivierafvoer	NAP + 1,45 m	NAP + 0,40 m

Getijstroom: Stroomrichting op de Oude Maas op tijdstippen ten opzichte van HW van Hoek van Holland:

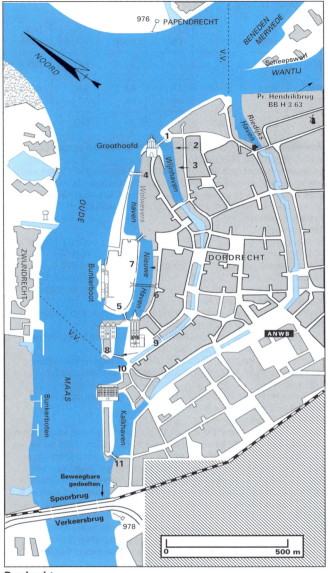

Dordrecht

1. Boombrug, oph. H 1,70 m
2. W.V. Drechtstad
3. W.V. 't Wantij
4. Damiatebrug, oph. H 1,60 m
5. Engelenburgerbrug, basc. H 2 m
   (toegang K.D.R. & Z.V.)
6. Kon. Dordtse R. en Z.V.
7. Lange IJzerenbrug (bb), H 1,70
8. Mazelaarsbrug, draaibrug H 0,70 m
   (toegang W.V. Maartensgat)
9. W.V. Maartensgat
10. Passantensteiger/wachtplaats,
    Leuvehaven, voor verkeersbrug/
    spoorbrug Oude Maas
11. Draaibrug, H 0,50 m en 1,35 m

(X = stroomkentering of weinig stroom)

6 h voor	5 h voor	4 h voor	3 h voor	2 h voor	1 h voor	HW HvH
NO	X	ZW	X	X	NO	NO

HW HvH	1 h na	2 h na	3 h na	4 h na	5 h na	6 h na
NO	X	ZW	X	X	NO	NO

Maximumsnelheid: Op het Wantij 9 km/h. Zie verder onder 'Oude Maas', 'Noord' en 'Merwede'.

Bruggen over de Oude Maas: Bij Dordrecht liggen, dicht bij elkaar, een spoorbrug en een verkeersbrug; wachtplaatsen voor jachten: bovenstrooms in de zomermaanden achterin de Leuvehaven nabij de Grote Kerk, benedenstrooms in het Mallegat nabij kmr 979.

Vaste gedeelten:
Spoorbrug:
W-overspanning, hoog   NAP + 7,30 m   (GHW + 6,40 m)
Midden-overspanning, hoog   NAP + 6,85 m   (GHW + 5,95 m)
O-overspanning, hoog   NAP + 6,60 m   (GHW + 5,70 m)
Verkeersbrug, hoog   NAP + 11,85 m   (GHW + 10,95 m).

De hoogteschalen geven de doorvaarthoogte van het laagste gedeelte van de vaste bruggen aan.

Medio 1995 zullen alle overspanningen op gelijke hoogte, rijnvaarthoogte NAP + 11,40 m, zijn gebracht.

Beweegbare gedeelten: Verschillende delen van de bruggen zijn hefbaar en liggen aan de O-kant (Dordtse kant):
– De spoorhefbrug (van W naar O: hefhoogte lage hefgedeelte maximaal tot NAP + 11,55 m; hoge hefgedeelte maximaal tot NAP + 45 m);
– De verkeersbrug (basculebrug, hoogte in gesloten stand NAP + 11,60 m = GHW + 10,70 m).

Bediening: Geen bruggeld.
De spoorhefbrug wordt tot 25 juni 1995 dag en nacht op vaste tijden bediend, gemiddeld 23 keer per etmaal. Vanaf 25 juni 1995 zal er een nieuwe regeling in werking treden, waardoor er voor de recreatievaart veel minder frequent wordt bediend. Namelijk van ma. t/m vr. achtmaal en in het weekeind veertienmaal. Wat tevens verandert is dat tijdens opening van de bruggen de recreatievaart aan weerszijden tegelijk wordt doorgelaten, waardoor men de stuurboordzijde moet aanhouden. Wachttijden van meer dan 2 h komen voor.

De exacte bedieningstijden zijn opgenomen in de watersportwijzer 'Openingstijden spoorbruggen', gratis verkrijgbaar bij de ANWB-vestigingen. Op Koninginnedag en op Hemelvaartsdag bediening als op zat.

De verkeersbrug (bascule) wordt te allen tijde bediend in aansluiting op de bediening van de spoorhefbrug.

De verkeersbrug wordt bij een windkracht van 9 Beaufort of meer niet bediend.

Seingeving voor de bediening: De seingeving op de bruggen is conform het Binnenvaartpolitiereglement. Bij gesloten bruggen worden de toegestane doorvaartopeningen aangegeven door twee gele lichten. Wanneer de bruggen geopend gaan worden, wordt bij het rode licht, aan beide zijden van de doorvaartopening, een groen licht getoond. Dit geldt zowel voor het hoge als het lage hefgedeelte. Bij geopende bruggen wordt aan beide zijden van de doorvaartopening

een groen licht getoond. De gele onderdoorvaartlichten blijven branden op de openingen van de lage hefbruggen.
Jachten met een masthoogte tot 10 m kunnen gebruik maken van het lage hefgedeelte van de spoorbrug.
Marifoon: Aanvraag brugbediening havens Dordrecht, kan. 74, roepnaam 'Havendienst Dordrecht'; inlichtingen over bedieningstijden voor bruggen over de Oude Maas, Regionale Verkeerscentrale Dordrecht, tel. (078) 13 24 21, kan. 71, roepnaam 'post Dordrecht'; Kon. Dordrechtse Roei- en Zeilvereniging, (Nieuwe Haven) kan. 31. Bij Dordrecht zijn daarnaast op de rivier twee marifoonblokkanalen in gebruik, nl. kan. 19 en 4. De scheiding van de kanalen ligt bij kmr 979,3, 1300 m ten W van de bruggen: O-gedeelte, kan. 19 (roepnaam 'sector Dordrecht'); W-gedeelte, kan. 4 (roepnaam 'sector Heerjansdam'). Het begin, einde en overgang van de blokkanalen wordt d.m.v. borden op de oevers aangegeven. Schepen uitgerust met marifoon zijn verplicht op de blokkanalen uit te luisteren.
Spoorbrug over de Merwede bij Baanhoek: Zie onder 'Merwede'.
Verkeersbrug over de Merwede bij Papendrecht: Zie onder 'Merwede'.
Bruggen over het Wantij:
– Prins Hendrikbrug, tel. (078) 13 36 73, vast gedeelte H NAP + 4,53 m (= GHW + 3,63 m), wordt in principe alleen bediend voor vaartuigen met een niet strijkbare mast. Bediening:

(29 april-3 okt.)	dagelijks	9-12, 14-19 h
(3 okt.-29 april)	ma. t/m vr.	8-12, 13-17 h, op verzoek*
	zat., zo. en fd.	gesloten

* Bediening aanvragen bij het kantoor Havendienst, tel. (078) 13 42 11 of via marifoonkan. 74, Havendienst Dordrecht.
De Prins Hendrikbrug wordt tijdens de spertijd van 16.15-16.45 h niet bediend.
– Wantijbrug, tel. (078) 16 11 05, verkeersbrug ca. 1200 m bovenstrooms van Prins Hendrikbrug. De hoogte van de vaste overspanning is NAP + 6,35 m (= GHW + 5,45 m).
Bediening:

| ma. t/m zat. | 6-22 h |
| zo. en fd. | 8-11, 16-20 h |

Zie voor de overige bruggen en de Ottersluis onder 'Biesbosch, Sliedrechtse'.
Bruggen over de toegangen tot de havens van de stad (zie kaartje):
– Boombrug, tel. (078) 14 42 42, ophaalbrug, kmr 976,2, H 1,70 m bij GHW, naast Hotel Bellevue, hoofdtoegang tot de W.V. Drechtstad, W.V. Thuredrecht, W.V. Kraanvogel en W.V. 't Wantij. Bediening:

(29 april-3 okt.)	dagelijks	9-12, 14-19 h*
		19-20.30 h, op verzoek via
		marifoonkan. 74
(3 okt.-29 april)	ma. t/m vr.	8-12, 13-17 h, op verzoek**
	zat.	9.30-9.40, 16.30-16.40 h
		mits vrijdag vóór 16 h
		aangevraagd
	zo. en fd.	gesloten

* Bediening vindt plaats gedurende 10 min ná het hele en halve uur en de laatste 10 min vóór sluiting.
** Bediening aanvragen bij het kantoor Havendienst, tel. (078) 13 42 11 of via marifoonkan. 74, Havendienst Dordrecht.

Opening 2 x per uur gedurende 10 min na de hele en halve uren.
- Damiatebrug, ophaalbrug H 1,60 m bij GHW, over de toegang tot de Wolwevershaven (beroepshaven). Bediening: als Boombrug, uitsluitend voor beroepsvaart en de bruine vloot.
- Engelenburgerbrug, tel. (078) 14 32 09, basculebrug, H 2 m bij GHW, hoofdtoegang tot de Kon. Dordtse Roei- en Zeilvereniging, kmr 977,1 (zie vlag Kon. Dortse R&ZV of nabij brandblusboot). Verderop de Lange IJzerenbrug, tel. (078) 14 32 09, H 1,70 m bij GHW. Bediening:

(29 april-3 okt.)	dagelijks	9-12, 14-19 h*
		19-20.30 h, op verzoek via marifoonkan. 74
(3 okt.-29 april)	ma. t/m vr.	8-12, 13-17 h, op verzoek**
	zat.	9.10-9.20, 16.10-16.20 h, mits vrijdag vóór 16 h aangevraagd
	zo. en fd.	gesloten

* Bediening vindt plaats gedurende 10 min ná het hele en halve uur en de laatste 10 min vóór sluiting.
** Bediening aanvragen bij het kantoor Havendienst, tel. (078) 13 42 11 of via marifoonkan. 74, Havendienst Dordrecht.

Opening 2 x per uur gedurende 10 min na de hele en halve uren.
- Mazelaarsbrug: Hoofdtoegang tot de W.V. Maartensgat en W.V. Treslong, kmr 977,3 (naast aanlegsteiger voetveer op Zwijndrecht), H 0,70 m bij GHW.
Bediening als bij 'Engelenburgerbrug' en 'Lange IJzerenbrug'.
N.B. Vanaf vr. 16 h, zat., zo. en fd. wordt de Mazelaarsbrug bediend door de havenmeester van de W.V. Maartensgat.
Op de aanlegplaats voor de brug is een drukknop aangebracht voor het geven van signaal tot verzoek om bediening.
- Lage draaibrug, tel. (078) 13 33 27), over de Kalkhaven, kmr 977,8. Bediening alleen voor beroepsvaart:

ma. t/m zat.*	(gehele jaar)	8-12, 13-17 h
zo. en fd.	(gehele jaar)	gesloten

* Op zaterdag geen bediening tussen 9-9.45 en tussen 16-16.45 h. Op werkdagen na 17 h staat de brug open voor de scheepvaart. Vanaf zat. 17 h tot zo. 18 h en op fd. tot 18 h is de brug gesloten voor de scheepvaart.

Ligplaatsen:
- Gelegen aan de Oude Maas:
● Nieuwe Haven, jachthaven van de Kon. Dordrechtse Roei- en Zeilvereniging. Ingang pittoresk gelegen haven gemarkeerd door verenigingsvlag op havenhoofd (bij kmr 977,1) bij de brandblusboot, in haven moet bij manoeuvreren rekening worden gehouden met geringe stroming, door Engelenburgerbrug, havenmeester dhr. D. J. Tange, tel. (078) 13 39 05, marifoonkan. 31 roepnaam 'Kondor', tarief f 1,50 per m lengte per nacht (elektra, douches (f 1,–), toiletten en wastafels).
● Het Maartensgat, jachthaven van de W.V. Maartensgat, ingang gemarkeerd door een verenigingsvlag, door de Mazelaarsbrug, kmr 977,3 (naast aanlegsteiger voetveer naar Zwijndrecht), tel. (078) 13 10 53, max.lengte 12 m, tarief f 1,– per m lengte per nacht (douche, wastafels en toiletten).
● Passantensteiger Leuvehaven, geschikt als wachtplaats voor de

brug over de Oude Maas of voor een kort bezoek aan Dordrecht. Niet geschikt om te overnachten i.v.m. de deining van de scheepvaart. I.v.m. rolbewegingen zeilschepen niet met de masten naast elkaar maar enigzins achter elkaar afmeren.

● De Wijnhaven, ingang gemarkeerd door een verenigingsvlag, even boven Hotel Bellevue, door de Boombrug, Jachthaven W.V. Het Wantij en W.V. Drechtstad, havenmeester E. Verwaal tel. (078) 14 34 30, tarief f 0,50 per m lengte per nacht (K.N.W.V.-leden 1e nacht gratis) (elektra). D GLW – 2 m.

– Gelegen aan het Wantij:

● 1e Jachthaven aan de Z-oever van het Wantij.
Eerste haveningang boven de Pr. Hendrikbrug, Jachthaven Van den Heuvel Marina B.V., havenmeester P. v. d. Heuvel, tel. (078) 13 23 19, tarief f 1,25 per m lengte per etmaal (elektra, douche (f 1,–), toiletten en wastafels). D GLW – 1,50 m.

● 2e Jachthaven aan de Z-oever van het Wantij, even boven de eerste Jachthaven. Jachthaven van de W.V. De Biesbosch, tarief f 0,50 per m lengte per nacht ● Jachthaven W.V. 87 ● Watersportbedrijf Wantij, tarief f 1,– per m lengte per nacht (elektra en toiletten) ● in de havenmond aan de steigers van W.V. De Staart.

● De Vlijhaven, ingang aan Z-oever van het Wantij 750 m O van de Prins Hendrikbrug, moeilijk te vinden, zeer smal, D GLW – 1 m. Jachthaven van W.V. Drechtstad en W.V. De Kievit, tarief f 1,– per m lengte per nacht, met een min. van f 3,– (K.N.W.V.-leden 1e nacht gratis). D GLW – 1,50 m.

● Jachthaven Westergoot, D 3,50 m (bij gemiddeld LLWS 2 m), invaart (breedte 25 m) in N-oever van het Wantij, 2 km ten O van de Prins Hendrikbrug, vaargeul ligt ten O van midden vaarwater, tel. (078) 16 52 01, tarief f 1,– per m lengte per nacht (douche, toiletten, wastafels en elektra).

● Vlot van de Fa. J.J. Saarloos, aan de N-oever van het Wantij boven de Prins Hendrikbrug.

Aanlegplaatsen: Het is verboden voor de recreatievaart om in de Beroepshavens te komen. Uitzonderingen uitsluitend na vooraf verkregen toestemming van de Havendienst, tel. (078) 13 42 11. Gedurende het weekend en 's nachts alleen in dringende (nood)gevallen via centrale meldkamer havendienst, tel. (078) 14 24 33.

Motorbrandstof: Watersportbedrijf Wantij, 2e Jachthaven, be; Jachthaven Westergoot, be (sl) en die (sl); Watersportbedrijf de Graaff B.V., tussen 1e en 2e Jachthaven, die (sl), sbe (sl) en be (sl); de bunkerstations langs de Oude Maas, zo. gesloten.

Reparatie: Watersportbedrijf De Graaff B.V., Badweg 10, tel. (078) 13 69 11, 1e Jachthaven, bub/bib (alle merken), romp/uitr (s); Jachthaven Westergoot B.V., Baanhoekweg 1 (Jachtwerf RiBoWa Marine), tel. (078) 21 10 70, bub/bib (alle merken), romp/uitr (ht, s, p, a/op de wal + in het water), zeil/tuigage, elek; Jachtservice Watergeus, Maasstraat 1, tel. (078) 14 33 03, bub/bib, romp/uitr, scheepshelling max. 60 ton, max. 20 m, tarief in overleg; Jachtwerf De Combinatie, Maasstraat 3, tel. (078) 13 18 71, romp/uitr (ht, s/op de wal + in het water); Watersportbedrijf 't Wantij, 2e Jachthaven, bub (Johnson en Honda); Kemper en Van Twist Diesel B.V., Mijlweg 33, tel. (078) 13 01 55, bib/bub (dealer Perkins); Jooren Scheepsschroeven B.V., Papendrechtsestraat 2a, tel. (078) 13 38 31 (scheepsschroeven); De Groot Motoren, Grevelingenweg 23, 2e Merwede Haven, bib (Mercedes, Mitsubishi, Daf, Vetus, Perkins en Nanni).

Hefkranen: Watersportbedrijf De Graaff B.V., Badweg 10 (1e Jachthaven), tel. (078) 13 69 11 (ma. t/m zat. 8-17 h), max. 3 en 5 ton, max.diepgang 2 m, tarief f 15,– per m lengte en dagtarief f 1,50 per m lengte; Jachthaven Westergoot B.V., Baanhoekweg 1 (Jachtwerf

RiBoWa Marine) tel. (078) 21 10 70 (dagelijks geopend van 9-18 h, overleg nodig), max. 10 ton, max.diepgang 3 m, tarief f 20,– per m lengte (in en uit); Watersportbedrijf Wantij, 2e Jachthaven, max. $4^1/_2$ ton, tarief in en uit f 90,– (heffen met staande mast mogelijk); Jachtservice Watergeus, Maasstraat 1, tel. (078) 14 33 03, max. $2^1/_2$ ton.
Trailerhelling: Openbare glooiing (geen kosten) aan de Z-zijde Wantij aan het Vissertje, t.o. de ingang naar de Jachthaven Westergoot.
Botenliften: Watersportbedrijf De Graaff B.V., max. 40 ton, tarief f 20,– per m lengte (in en uit) en dagtarief f 2,– per m lengte (liften met staande mast mogelijk); Jachthaven Westergoot, Jachtwerf Ribowa Marine, max. 17 ton, tarief f 20,– per m lengte, max.diepgang 3 m; Jachtwerf de Combinatie, Maasstraat 3, tel. (078) 13 18 71, max. 20 ton, max.diepgang 1,50 m, tarief f 200,–.
Wasserettes: Joke, Spuiplein 1, tel. (078) 14 12 43; bij de jachthaven van de Kon. Dordrechtse Roei- en Zeilvereniging.
Stortplaats chemisch toilet: Bij de jachthaven van de Kon. Dordrechtse Roei- en Zeilvereniging.
Aftappunt vuilwatertank: Jachthaven Westergoot.

Dordtse Kil

De Dordtse Kil wordt dag en nacht zeer druk bevaren.
Het vaarwater is verlicht, d.w.z. verlichte bakens op de wal, de kanten zijn tamelijk steil, zodat het voor jachten vrijwel over de hele breedte bevaarbaar is, behalve bij de uitmonding in het Hollandsdiep, die betond is. De diepte is ca. 8 m bij GLW. Ter hoogte van Dordrecht bedraagt het getijverschil ca. 0,80 m, bij de grens met het Hollandsdiep ca. 0,20 m.
De breedte is 250 m tussen de GLW-lijnen.
Over het algemeen kan er een sterke stroming ontstaan, afhankelijk van het getij.
Soms varen hier zeeschepen tot 20.000 ton die zoveel mogelijk de as van de rivier houden: deze as wordt aangegeven door middel van lichtenlijnen.
Vaarwegbeheerder: Rijkswaterstaat, Directie Zuid-Holland, Boompjes 200, 3000 AN Rotterdam, tel. (010) 4 02 62 00. Voor nautische informatie: Regionale Verkeerscentrale Dordrecht, tel. (078) 13 24 21 of marifoonkan. 71, roepnaam 'post Dordrecht' (24 uur).
Maximumsnelheid: Voor snelle motorboten 20 km/h, m.u.v. het gedeelte tussen kmr 982 en kmr 988,7. Voor dit gedeelte geldt géén snelheidsbeperking (waterskiën is verboden). Raadpleeg tevens de 'Handleiding' van deze Almanak onder 'Snelle motorboten en Waterskiën'.
Bijzondere bepalingen: Op de Dordtse Kil gelden voor kleine vaartuigen (tot 20 m lengte) de volgende bepalingen:
a. Met een zeil- en motorboot mag alleen worden gevaren, indien deze is voorzien van een (direct startklare) motor, waarmee een snelheid van tenminste 6 km/h kan worden gehandhaafd.
b. Alle kleine vaartuigen moeten zo dicht mogelijk aan de stuurboordzijde van het vaarwater varen, met dien verstande dat het niet is toegestaan het vaarwater op te kruisen.
c. Een klein vaartuig moet 's nachts en bij slecht zicht een radarreflector voeren.
Op de Dordtse Kil geldt een ankerverbod. Meren is alleen toegestaan op de daarvoor aangewezen gedeelten, max.verblijfsduur 3 x 24 h. Het meren van jachten is sterk af te raden wegens de drukke scheepvaart.
Zie tevens de 'Handleiding' van deze Almanak onder 'Bijzondere bepalingen'.

Marifoon: De Dordtse Kil maakt vanaf kmr 982,6 tot de monding aan de Oude Maas deel uit van het marifoonblokgebied kan. 4 'sector Heerjansdam' van de Regionale Verkeerscentrale Dordrecht. In het blokgebied is het voor schepen uitgerust met marifoon verplicht op dit kanaal uit te luisteren.
Onder alle omstandigheden moet het nautisch veiligheidsverkeer, zowel tussen schepen onderling als met de verkeerscentrale op dit marifoonkanaal worden gevoerd.
Getijstroom: Stroomrichting en -snelheid in km/h op tijdstippen ten opzichte van HW Hoek van Holland bij gemiddeld tij, ter hoogte van 's-Gravendeel:
(N = noordgaand tij, eb; Z = zuidgaand tij, vloed)

6 h voor	5 h voor	4 h voor	3 h voor	2 h voor	1 h voor	HW HvH
N 3	N 4,3	N 4,6	N 4,3	N 4,1	N 3,7	N 1,4

HW HvH	1 h na	2 h na	3 h na	4 h na	5 h na	6 h na
N 1,9	Z 1,7	Z 3,7	Z 4,3	Z 2,2	Z 0,4	N 2,6

Vluchthaven: Ligging t.h.v. kmr 984,2 aan de Lo. Toegankelijk voor beroepsvaart. Overnachten is alleen aan beroepsvaart toegestaan. De recreatievaart mag uitsluitend in noodsituaties van de haven gebruik maken, daartoe is, aan de ZW-zijde van de haven, een steiger voor de recreatievaart aanwezig. Indien men van de haven gebruik wil maken moet men zich melden bij de Regionale Verkeerscentrale Dordrecht, marifoonkan. 71 (roepnaam 'post Dordrecht') of tel. (078) 13 24 21, bij vertrek dient men zich af te melden. Het is niet toegestaan passagiers aan of van boord te zetten.

Drachten

6 km van Hooidammen; 3 km van Opeinde.
Maximumsnelheid: In het kanaal van Warten (Wartena) langs Earnewâld (Eernewoude) en Hooidammen en de vaargeul van de Ee, 12,5 km/h; buiten de vaargeul van de Ee 9 km/h; in de Nieuwe Drait 6 km/h.
Ligplaatsen: Jachthaven Buitensvallaat, aan de O-zijde van de Nieuwe Drait, tel. (05120) 1 32 76, tarief f 1,25 per m lengte per nacht (elektra, toiletten, douches en wastafels).
Drinkwater: Scheepswerf De Steven Bv.
Motorbrandstof: Scheepswerf De Steven Bv, Industriehaven, De Steven 26, bij ingang Opeinderkanaal, die (sl); Jachthaven De Drait B.V., be (sl), die (sl); Jachthaven Buitensvallaat, die (sl), be (sl).
Vulstation propaangasflessen: Via Jachthaven De Drait B.V.
Reparatie: Jachtwerf J. H. Bolt, bib/bub, romp/uitr (s); Jachtwerf J. O. v. d. Werff, Buitenstvallaat 8, tel. (05120) 1 26 01, romp/uitr (s/op de wal + in het water), langshelling max. 10 ton, tarief f 10,– per m lengte; Scheepswerf De Steven Bv, bib (Volvo Penta, Yanmar, Mercedes, Mitsubishi, Bukh, Daf, Vetus, Perkins, Nanni en Ford), romp/uitr (ht, s/op de wal + in het water), elek; Jachthaven De Drait B.V., Bisschopsweg 27, tel. (05120) 1 32 76, bub/bib (alle merken), romp/uitr (ht, s, p/op de wal + in het water), elek.
Hefkranen: Jachtwerf J.H. Bolt, tel. (05120) 1 48 45, dagelijks van 8.30-19 h, max. 40 ton, max.diepgang 1,50 m, tarief f 7,50 per m lengte, helling tot 40 ton; Jachthaven De Drait B.V., tel. (05120) 1 32 76, max. 20 ton, max.diepgang 1,90 m, tarief f 27,50 per m^2; Jachtwerf

H. Mast, tel. (05120) 1 42 68, dagelijks van 8.30-19 h, max. 15 ton, max.diepgang 1,50 m, tarief f 5,– per m lengte, helling tot 10 ton; Scheepswerf De Steven Bv, tel. (05120) 1 26 69, dagelijks van 8.30-19 h, max. 15 ton, max.diepgang 1,60 m, tarief f 7,– per m lengte.
Trailerhellingen: Jachtwerf J. H. Bolt f 5,– met en f 3,– zonder bediening; Jachthaven De Drait B.V., tarief f 3,–, max.diepgang 1,90 m; Jachthaven Buitensvallaat, tarief f 3,50, max.diepgang 2 m; Scheepswerf De Steven Bv, max.diepgang 1,30 m, tarief f 5,–.

D **Wasserette, stortplaats chemisch toilet en aftappunt vuilwatertank:** Bij Jachthaven Buitensvallaat.

Drecht
Van de Oude Wetering naar het Amstel-Drechtkanaal nabij de Tolhuissluizen (7 km).
Algemeen: Fraai oud riviertje met brede voorlanden met riet begroeid.
Vaarwegbeheerder: Hoogheemraadschap van Rijnland, Postbus 156, 2300 AD Leiden, tel. (071) 25 91 25.
Maximumsnelheid: 6,2 km/h.
Marifoon: Tolbrug in Leimuiden, kan. 18.
Motorvaartvergunning: De Algemene Vaarvergunning (A) voor motorboten is verkrijgbaar bij het Hoogheemraadschap van Rijnland, Breestraat 59 in Leiden, tel. (071) 25 91 25, geopend van ma. t/m do. 9-12 en 14-16 h, vr. 9-12 h. Naast de jaarvergunningen worden tevens vergunningen voor 6 weken afgegeven. Informatie over de plaatselijke verkooppunten van de vergunningen kan bij het Hoogheemraadschap worden aangevraagd.
De A-vergunning geldt, behalve op de Drecht, ook op andere wateren die op de ANWB-waterkaart 'Hollandse Plassen' met geel zijn aangegeven tussen de Tolhuissluizen, Alphen a. d. Rijn, Katwijk aan Zee en Vogelenzang.
Het Hoogheemraadschap geeft ook een B-vergunning af. Dit is een bijzondere vergunning voor wateren die binnen het hiervoor vermelde gebied op de ANWB-waterkaart 'Hollandse Plassen' met roze zijn aangegeven.
Bruggen (van W naar O):
– Tolbrug (in Leimuiden), ophaalbrug H 0,90 m, tel. (01721) 89 89, bediening (gratis):

ma. t/m vr.	(16 april-16 okt.)	7-22 h
	(16 okt.-16 april)	9-13, 14-17 h
zat.	(16 april-16 okt.)	8-19 h
	(16 okt.-16 april)	9-13 h
zo. en fd.	(16 april-16 okt.)	10-18 h
	(16 okt.-16 april)	gesloten*

* Op zo. en fd. bediening vanaf 1e paasdag, als die dag valt tussen 10 en 16 april.
– Vaste brug (bij Leimuiden), H 4 m.
– Bilderdamse brug (in Bilderdam), ophaalbrug H 0,70 m, tel. (01721) 83 60, bediening: als de Tolbrug.
Aanlegplaatsen: Tussen de Tolbrug te Leimuiden en de ophaalbrug te Bilderdam is nabij de kern Leimuiden een officiële aanlegplaats, bedoeld voor het afmeren van recreatievaart voor kort verblijf. Ten NW van de vaste brug bij Leimuiden; tussen Bilderdam en de Tolhuissluizen zijn geen officiële ligplaatsen aanwezig.
Ligplaatsverordening: Volgens Algemene Politieverordening is het voor kajuitboten verboden om langer dan 2 x 24 h op dezelfde locatie langs de oever gemeerd te liggen.

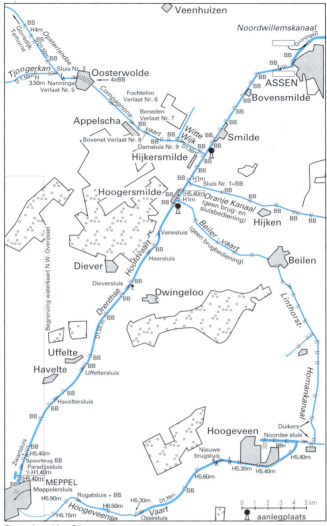

Drenthse Hoofdvaart

Drenthse Hoofdvaart

Van Assen naar Meppel. Lengte 41,8 km met 6 sluizen. De diepte is ca. 2,10 m.

Kaartje: Is bij deze beschrijving opgenomen. Verbinding met Opsterlandse Compagnonsvaart: zie kaartje aldaar.

Vaarwegbeheerder: Provincie Drenthe, Postbus 122, 9400 AC Assen, tel. (05920) 6 55 55.

Maximumsnelheid: 6 km/h.

Maximum toegestane diepgang: Vanaf het Meppelerdiep tot de haven in Meppel 2,30 m; overigens 1,55 m.

Bijzondere bepalingen: Voor alle schepen geldt een ankerverbod. Meren is alleen toegestaan op de daarvoor aangewezen gedeelten, max.verblijfsduur (buiten de havens) 3 x 24 h.

Scheepvaartstremmingen: In verband met restauratie van de sluizen kan de vaarroute Meppel-Assen tot 1996 telkens van 16 sept. tot 1 mei maar gedeeltelijk worden bevaren.
Bruggen: 24 beweegbare verkeersbruggen, 1 draaibare spoorwegbrug en 4 vaste bruggen, laagste vaste brug H 5,40 m. Er liggen hoogspanningsleidingen, waarvan de laagste met een doorvaarthoogte van 17 m. Bij drukke recreatievaart worden de rijksbruggen slechts bediend, wanneer meerdere schepen tegelijk kunnen worden doorgelaten. De bediening zal echter niet langer dan een half uur worden opgehouden.
Sluizen: 6 sluizen, waar men over het algemeen vlot geschut wordt. In de zomermaanden wordt men i.v.m. waterbesparing gezamenlijk geschut en moet men rekening houden met vertraging bij de sluizen van max. 1 h.
Waterstand: Bij de Venesluis KP = NAP + 11,40 m, bij Meppel KP = NAP – 0,20 m (door op- en afwaaien kunnen bij Meppel grote peilvariaties optreden).
Bediening bruggen en sluizen (geen brug- en sluisgeld):
– Verkeersbruggen en sluizen, incl. sluis Peelo, de lage spoordraaibrug en de ophaalbrug Asserwijk ten W van Assen (behalve de Galgenkampsbrug H NAP + 0,90 m in Meppel):

ma. t/m vr.	(16 mei-16 sept.)	8-12, 13-17 h
	(16 sept.-16 mei)	8-12, 13-17 h, op verzoek*
zat.	(16 mei-16 sept.)	8-12, 13-17 h
	(16 sept.-16 mei)	gesloten
zo. en fd.	(gehele jaar)	gesloten

* Bediening van ma. t/m vr. van 16 sept.-16 mei uitsluitend op verzoek, daags tevoren uiterlijk om 15 h aanvragen, tel. (05920) 2 99 00.
De spoorbrug wordt over het algemeen driemaal per uur bediend nl. om .23, .37 en .57 h. De exacte bedieningstijden zijn opgenomen in de watersportwijzer 'Openingstijden spoorbruggen', gratis verkrijgbaar bij de ANWB-vestigingen. Op Hemelvaartsdag en Koninginnedag wordt de brug bediend als op zat.
– Galgenkampsbrug in Meppel, H NAP + 0,90 m. Zie voor bediening onder 'Meppel'.
Aanlegplaatsen: Boven elke sluis vindt men goede aanlegplaatsen aan een grastalud. Dit zijn vaak goede uitgangspunten voor wandelingen. Het innemen van een ligplaats is verboden tussen de Galgenkampsbrug en de Paradijssluis langs de W-oever van kmr 44,15-43,39 en langs de O-zijde van kmr 43,88-43,67 en van kmr 43,4-42,4 in Meppel. Meren aan de O-oever van kmr 44,2-43,88 is uitsluitend toegestaan met toestemming (marifoonkan. 22). Overigens mag men meren aan de oever aan de overzijde van de autoweg.
Verdere bijzonderheden zijn vermeld onder 'Meppel', 'Dieverbrug', 'Hoogersmilde' en 'Assen'.

Dreumel

Aan de Waal, kmr 919,8 Lo: 5 km ten Z van Tiel.
Haven: Aan de Rooy, max.diepgang bij laagwater 2 m, verbinding met Strang of Kil, welke bij laagwater niet bereikbaar is.
Aanlegplaats en reparatie: Constructiebedrijf Kees Cornelissen, Waaldijk 11a, tel. (08877) 28 80, aanlegplaats in de haven aan de steiger, romp/uitr (dwarshelling 75 m lang).

Driel

Aan de Neder Rijn, kmr 891 Lo. Zie ook onder 'Rijn'.
Doorvaartroute: Door middel van lichten en tonnen c.q. pijlen wordt aangegeven of men door de openstaande stuwopening moet varen dan wel of men moet schutten.
De doorvaarthoogte onder de geheven (openstaande) vizierschuif is bij een waterstand in Lobith van NAP + 12 m: 12,10 m (in het midden 7,35 m hoger). De stuw wordt geheven als de waterstand bij Lobith het peil van NAP + 10,50 m overschrijdt. Over de sluis ligt géén brug.
Sluis: Indien de stuw gesloten is wordt de sluis als volgt bediend:

ma.	6-24 h
di. t/m vr.	0-24 h
zat.	0-20 h
zo. en fd.	8-20 h

Geen sluisgeld. Men moet rekening houden met een verval van ca. 2,50 à 3 m.
Marifoon: Sluis Driel, kan. 20.

Driemond

9 km van Amsterdam (Omval); 2 km van Weesp; 4 km van Nigtevecht.
Bruggen: Over de Gaasp, zie 'Weespertrekvaart'. Over het Gein, zie aldaar.
Aanlegplaatsen: Aan het zandpad (Z-oever) tussen de Geinbrug en Amsterdam-Rijnkanaal (onrustig); langs de oevers van het Gein achter vaste brug.

Drimmelen

Aan de Amer; 8 km van Lage Zwaluwe; 2 km van de Amertak, westelijk van de Amer-Centrale.
Maximumsnelheid: Het gedeelte tussen kmr 252 en kmr 262,5 20 km/h; waterskiën is verboden. Raadpleeg tevens de 'Handleiding' van deze Almanak onder 'Snelle motorboten en Waterskiën'.
Marifoon: Havens marifoonkan. 31.
Havens:
1. Nieuwe jachthaven ten O van het dorp t.o. kmr 253, D ca. 2,50 m.
2. Oude haven nabij het dorp, invaart t.o. kmr 254, D ca. 2,50 m, hoofdzakelijk bedoeld voor beroepsschepen.

Havenmeesters: Oude haven, dhr. Bigelaar, tel. (01626) 8 46 81; nieuwe jachthaven: Exploitatiemaatschappij Jachthaven Drimmelen B.V., A. van Loon, tel. (01626) 8 31 66, marifoonkan. 31; W.V. De Biesbosch, I. Nouwen, tel. (01626) 8 22 64; W.V. Drimmelen, P. Verkamman, tel. (01626) 8 33 09; W.V. De Amer, A. Molengraaf, tel. (01626) 8 27 88.
Waterstand: Bij gemiddelde rivierafvoer varieert de waterstand dagelijks van NAP + 0,60 m tot NAP + 0,35 m; bij lage rivierafvoer van NAP + 0,35 m tot NAP + 0,15 m. Zie tevens onder 'Haringvliet'.
Ligplaatsen: Tegenover de invaart naar de nieuwe jachthaven is het centrale havenkantoor met douchegelegenheid gelegen.
In deze jachthaven (elektra, toiletten, wastafels en douches) zijn gevestigd: ● W.V. De Amer, (in het NO-gedeelte van de haven), tarief f 1,25 per m lengte per nacht ● W.V. De Biesbosch (in het NW-gedeelte van de haven), tarief f 1,25 per m lengte per nacht ● W.V. Drimmelen (in het ZW-gedeelte van de haven), tarief f 1,25 per m lengte per nacht ● Expl. Mij. Jachthaven Drimmelen B.V., tarief f 1,25 per m lengte per nacht.

Motorbrandstof: In de nieuwe jachthaven, die (sl), sbe (sl) en be (sl); A. Schaafstra bij drijvend station op rivier, be, die (sl); G. van Dulst, woonark Suzanne, met bunkerschip in de oude haven, die (sl).
Reparatie: H. Oome, Havenkade 1a, tel. (01626) 8 61 07, bub/bib (oude haven); Zijlmans Watersport, Havenkade 1, tel. (01626) 8 25 41, romp/uitr (s/op de wal) (aan de oude haven, dagelijks geopend); Fa. L. v. d. Hoeven, Biesboschweg 17, tel. (01626) 8 24 03, in de oude haven, bib, romp (s, p/op de wal + in het water), langshelling tot 40 ton; P. v. d. Werf, Made, tel. (01626) 8 23 16, zeil; Powerboat Nederland, Havenkade 23, tel. (01626) 8 59 82, bub (Johnson en Mercruiser), bib (Yanmar, Ford en OMC), romp/uitr (s, p/op de wal), elek.
Hefkranen: Fa. L. v. d. Hoeven, aan de oude haven, max. 7 ton; Powerboat Nederland, Havenkade 23, max. 8 ton.
Trailerhelling: Nadere informatie bij de havenmeester (A. van Loon) of het havenkantoor, tel. (01626) 8 31 66, resp. 8 22 49.
Botenliften: Zijlmans Watersport, portaalkraan, max. 30 ton, tarief f 12,– per m lengte (heffen met staande mast mogelijk); H. Snoek (in de nieuwe jachthaven), max. 35 ton, tel. (01626) 8 24 78 (géén speedboten); Eerste Brabantse Zeilschool De Biesbosch, Biesboschweg 3, tel. (01626) 8 22 66, aan de oude haven, max. 1 ton, tarief f 50,– (liften met staande mast mogelijk).
Kampeerterrein: Drima N.V. aan de oude haven, Havenkade 3, tel. (01626) 8 57 95.
Stortplaats chemisch toilet: Aan de nieuwe jachthaven.

Drongelen
Klein haventje aan de Bergse Maas, kmr 236,6; 8 km ten W van Heusden.
Haven: D NAP – 1,50 m. Geen havengeld.

Dronten
In O-Flevoland aan de Lage Vaart; 8 km van Ketelhaven; 23 km van Lelystad-Haven; zie ook 'Flevoland'.
Ligplaatsen: (Voor de invaart van de havenkom ligt een eilandje, dat men aan de NO-zijde moet passeren.) Aan de gemeentelijke passantensteiger in beheer bij de W.V. Dronten en in de havenkom van de W.V. Dronten, tarief f 1,– per m lengte per nacht (elektra, toiletten, wastafels en douches (f 1,–)). Winkelcentrum op ca. 10 min loopafstand.
Drinkwater: Aan de passantensteiger en havenkom (sl), tarief f 0,25 per 50 liter.
Ligplaatsenverordening: De gemeentelijke ligplaatsenverordening van Dronten geldt zowel binnendijks (polderwateren in O-Flevoland) als buitendijks (Drontermeer, Ketelmeer, Veluwemeer en Vossemeer). Deze verordening is gericht tegen het innemen van een ligplaats langer dan 3 dagen buiten een jachthaven en tegen het meren van recreatievaartuigen langer dan 15 m. Voorts is het verboden te meren tegen een rietkraag tot 2 m daarbuiten.
Voor buitendijkse gebieden geldt een lig- en ankerverbod binnen 100 m uit de oever van stranden.
Motorbrandstof: Tankstation nabij de havenkom, be, die, sbe.
Trailerhelling: Openbare helling aan de Riettocht bij de Lage Vaart.
Kampeerterrein: Wisentbos.
Wasserette en stortplaats chemisch toilet: Bij de gemeentelijke passantensteiger.

Drontermeer
Zie ook 'Randmeren'.
Algemeen: Dit meer strekt zich uit van de Roggebotsluis tot de brug

bij Elburg. Lengte 10 km. De aansluitende meren zijn Vossemeer en Veluwemeer (zie aldaar).
Buiten de betonde vaargeul is dit meer ondiep. Met een diepgang van 1 m kan men de jachthaven van de W.V. Adm. van Kinsbergen bereiken, gelegen achter de strekdam die aansluit op de N-Havendijk langs de vaargeul van Elburg.
Vaarwaterbeheerder: Rijkswaterstaat Directie Flevoland, Postbus 600, 8200 AP Lelystad, tel. (03200) 9 91 11.
Maximumsnelheid: In de vaargeul 20 km/h, daarbuiten 9 km/h.
Waterstand: Als op het Veluwemeer, zie aldaar.
Roggebotsluis: Zie aldaar. Bediening: zie bij 'Randmeren'.
Ligplaatsenverordening: Tussen de Hardersluis en de Ketelbrug (bij Kamperhoek) is de Ligplaatsenverordening Dronten van kracht. Zie bij 'Dronten'.
Aanlegplaatsen: Langs de polderzijde zijn op een zestal plaatsen meermogelijkheden aanwezig. Op het eiland Eekt is een aanlegplaats (er staat een hoogspanningsmast), D 1,10 m.
Ligplaatsen:
● 700 m ten Z van de Roggebotsluis ligt aan de oude oever de Jachthaven Roggebotsluis, tel. (05202) 1 24 02, max.diepgang 2 m (elektra, toiletten, douches en wastafels), tarief f 1,40 tot f 1,50 per m lengte per nacht.
● Jachthaven W.V. Roggebot (polderzijde), 1 km ten Z van de Roggebotsluis en de meerplaats op 1,7 km ten Z van de Roggebotsluis, ook onder beheer van W.V. Roggebot, is 1,50 m diep en ligt achter een rietkraag, de toegang is door steekbakens aangegeven, hier wordt liggeld geïnd.
Motorbrandstof: Jachthaven Roggebotsluis, die (sl).
Reparatie: Jachthaven Roggebotsluis, Reeveweg 1, Kampen, tel. (05202) 1 24 02, bub/bib (alle merken), romp/uitr (kleine reparaties, ht, s, p/op de wal + in het water), elek.
Hefkraan: Jachthaven Roggebotsluis, max. 8 ton, max.diepgang 2 m, tarief van f 40,– tot f 100,– (heffen met staande mast mogelijk) (kraangebruik op zat. tot 15 h, zo. gesloten).
Kampeerterrein, wasserette en stortplaats chemisch toilet: Bij Jachthaven Roggebotsluis (beperkte wasvoorzieningen).

Druten

Aan de Waal, kmr 903,5 Lo; 19 km van Nijmegen.
Havenmeester: J. Jansen, Mr. van Coothstraat 59, tel. (08870) 1 27 20.
Aanlegplaatsen: Aan de binnen- en buitenzijde van de veerdam (onrustig).
Motorbrandstof: Bunkerschip Baroma III, be.

Dubbele (of Grote) Wiericke

Kanaal tussen Goejanverwellesluis aan de Hollandse IJssel en Nieuwerbrug aan de Oude Rijn, lengte 7 km. Zie ook 'Oude Rijn'.
Maximumsnelheid: 6 km/h.
Bruggen en sluis:
– Vaste bruggen, laagste brug H 2,30 m.
– Sluis in Goejanverwellesluis en de 3 verkeersbruggen (bb) over de Dubbele Wiericke. De boogbrug (vast) over de sluis in Goejanverwellesluis is in het midden H 2,10 m.
Sluisgeld f 2,50. Bruggeld f 2,50 per brug. Bediening:

(16 april-16 okt.)	ma. t/m zat.	9-18.30 h*
	zo. en fd.	14-17.30 h*
(16 okt.-16 april)	ma. t/m vr.	9-17.30 h**
	zat., zo. en fd.	gesloten

129

* Bediening van de Nieuwerbrug, ma. t/m zat. van 10-17.30 h en op zo. en fd. van 14-16.15 h.
** Bediening van de 3 verkeersbruggen op verzoek, voor di. t/m vr. minimaal 24 h te voren aanvragen, voor maandag minimaal op vrijdag voorafgaand:
Nieuwerbrug, tel. (03488) 86 92 (b.g.g. (03480) 3 00 28);
Ruigeweidsebrug, tel. (03487) 19 18 (b.g.g. (03480) 3 00 28);
Langeweidsebrug, tel. (01829) 49 44 (b.g.g. 33 78).

D
– 400 m ten Z van Nieuwerbrug ligt een spoorhefbrug (H 0,50 m) met een vaste elektrische bovenleiding, ca. H 4,50 m. Bediening:

(16 april-16 okt.)	ma. t/m zat.	10-17 h
	zo. en fd.	14-16 h
(16 okt.-16 april)	ma. t/m vr.	10-16 h, op verzoek*
	zat., zo. en fd.	gesloten

* Bediening 24 h tevoren aanvragen bij NS station Bodegraven, tel. (01726) 1 20 37.

Motorvaartvergunning: Dagvergunning à f 5,– verkrijgbaar bij de toegangen.
Vaargeul: Loopt langs de O-oever, D 1,70 m.

Durgerdam
3,5 km van de Oranje Sluizen; 2 km van Hoek van het IJ; zie ook 'Buiten IJ'.
Bijzondere bepalingen: Zie onder 'Buiten IJ'.
Haven: Buiten de betonde en bebakende vaargeulen komen in het Buiten IJ hier en daar wiervelden voor. De toegangsgeul, D 1,80 m, is bebakend en wordt aangegeven door twee rode lichten, die men boven elkaar moet zien. Ten O van deze toegangsgeul zijn 6 dukdalven geplaatst, waarvan er 3 door zonnepanelen zijn verlicht. D.m.v. borden is aangegeven dat deze alleen voor kegelschepen zijn bestemd. Diepte van de haven ca. 1,80 m bij IJZP, afhankelijk van de windrichting. Achter de havenhoofden (aan weerszijden van de haveningang) is de diepte ca. 1,70 m bij IJZP. Men moet rekening houden met daling van de waterstand bij harde ZW-wind.
De diepte van de havensloot, die van de haven uit in NO-richting langs de dijk loopt, is 1,80 m. Aan het einde is de sloot afgedamd.
Havenmeesters: R. de Schiffart, Z.V. Het Y, tel. (020) 4 90 47 17; havenmeester W.V. Durgerdam, L. ten Wolde, tel. (020) 4 90 50 38.
Ligplaatsen: Z.V. Het Y, tegenover de haveningang, tarief f 1,30 per m lengte per nacht (elektra, toiletten, wastafels en douches (f 1,–)), kraan aanwezig voor strijken van masten ● W.V. Durgerdam, zowel ten W als ten O van Z.V. Het Y, in de havenkom en de havensloot, tarief van f 6,– tot f 10,– per etmaal (meren in de havensloot uitsluitend voor schepen tot 10 m lengte).
Reparatie: P. Bouhuijs, Durgerdammerdijk 184, tel. (020) 4 90 42 28, romp/uitr (ht); via Z.V. Het Y, bib (Volvo Penta).

Dussen
Algemeen: Klein haventje aan de Bergse Maas, bij kmr 243 Ro. D NAP – 1,50 m.
Waterstand: Varieert bij gemiddelde rivierafvoer dagelijks tussen NAP + 0,30 à 0,40 m en NAP + 0,50 à 0,60 m.
Aanlegplaats: In de haven, bij O-wind onprettig wegens opwaaiend zand. Geen havengeld.

Dwarswatering
Verbinding tussen Does en Zijl, lengte 3,5 km, D 1,50 m.
Vaarwegbeheerder: Hoogheemraadschap van Rijnland, Postbus 156, 2300 AD Leiden, tel. (071) 25 93 14 (boezembeheer).
Bruggen: Over de invaart vanaf de Zijl ligt de vaste Driegatenbrug, H 1,60 m. Voorts nog vier vaste bruggen, waarvan de laagste H 1,50 m.
Maximumsnelheid: 6,2 km/h.
Motorvaartvergunning: Vereist is de algemene vaarvergunning van het Hoogheemraadschap Rijnland (zie bij 'Drecht').

Earnewâld (Eernewoude)
8 km van Grou (Grouw); centrum en uitgangspunt van tochten in het Princenhof; zie ook 'Princenhof'.
Maximumsnelheid: Op het scheepvaartkanaal 12,5 km/h.
Havenmeester: Passantenhaven, I. Mulder, tel. (05117) 3 95 00/ 3 92 22.
Lig- en aanlegplaatsen: Jachthaven van Fa. B. Westerdijk en Zn., aan het Eernewoudsterwijd, ten NO van de bebouwde kom, havenmeester L. Westerdijk, tel. (05117) 3 93 60, b.g.g. 3 92 51 (privé), max.diepgang 1,60 m, tarief f 1,25 per m lengte per nacht (elektra, toiletten, douches (f 1,–) en wastafels) ● Passantenhaven aan het Eernewoudsterwijd (It Wiid), ten Z van de bebouwde kom, tarief per nacht: tot 6 m lengte f 6,30, tot 8 m f 8,–, tot 10 m f 9,75, en langer f 14,10 + toeristenbelasting f 0,50 p.p. (elektra, toiletten, douches (f 1,–) en wastafels) ● Hotel Princenhof aan het Siegerdiep, tel. (05117) 3 92 06 (elektra, toiletten, douches (douchemunten à f 2,50 bij receptie) en wastafels) ● voor korte tijd aan de loswal ten O van het Hotel Princenhof ● Jachthaven/Camping It Wiid, aan de O-zijde van de Fokkesloot, ten Z van het dorp, beheerder T. Bleckman, tel. (05117) 3 92 23, max.diepgang 1 m, tarief f 15,– per nacht (toiletten, douches en wastafels) ● ligplaats van de Marrekrite achter de strekdam in de Fokkesloot.
Drinkwater: Aan de gem. passantenhaven.
Motorbrandstof: Tankstation It Wiid, Gj. Wester, Wiidswei 9, tel. (05117) 3 92 43, sbe (sl), be (sl), die (sl).
Vulstation propaangasflessen: B. Wester, Wiidswei 3, tel. (05117) 3 93 27.
Reparatie: H. v. d. Werff, Eilansgrien 10, tel. (05117) 3 92 49, bib/bub; Jachtbouw en Kruiserverhuur W. Hoekstra, Feantersdijk 10, tel. (05117) 3 92 92, bib/bub, romp/uitr (ht, s); Fa. B. Westerdijk en Zn.*, Feantersdijk 8, tel. (05117) 3 93 60, b.g.g. 3 92 51, romp/uitr.
Hefkranen: G.J. Wester, Wiidswei 9, tel. (05117) 3 92 43, max. 5 ton; Jachtbouw en Kruiserverhuur W. Hoekstra, max. 15 ton, tarief f 15,– per m tot 10 m lengte, daarboven f 18,– per m (in en uit); Fa. B. Westerdijk en Zn., max. 20 ton, max.diepgang 1,60 m (heffen met staande mast mogelijk), tarief f 4,– per m^3; Jachthaven/Camping It Wiid, max. 3,2 ton, tarief f 35,–, max.diepgang 1 m.
Trailerhelling: Bij Jachthaven/Camping It Wiid, Koaidijk 10, max. 1,5 ton, max.diepgang 1 m.
Botenliften: Jachtbouw en Kruiserverhuur W. Hoekstra, max. 20 ton; Fa. B. Westerdijk en Zn., max.diepgang 1,80 m, max. 20 ton (liften met staande mast mogelijk).
Kampeerterreinen: Jachthaven/Camping It Wiid*, Koaidijk 10, tel. (05117) 3 92 23; Camping Simmerwille*, Smidspaed 2, tel. (05117) 3 93 90.
Wasserettes: Bij Camping Simmerwille; bij Jachthaven/Camping It Wiid; bij de Passantenhaven.
Stortplaats chemisch toilet: Bij Jachthaven Westerdijk; bij Camping

Simmerwille; bij Jachthaven/Camping It Wiid; bij de Passantenhaven.

Eastermar (Oostermeer)

Aan de Lits; 1 km van het Bergumermeer; 1 km van de Leijen. Goed uitgangspunt voor wandelingen.
Maximumsnelheid: Op de Lits, 9 km/h.
Brug: Ophaalbrug over de Lits, H 1,30 m. Bediening:

ma. t/m zat.	(15 mrt.-1 mei en	
	1 okt.-15 nov.)	9-12, 13-17 h
	(1 mei-1 okt.)	9-12, 13-17, 18-20 h
	(15 nov.-15 mrt.)	9-17 h, op verzoek*
zo. en fd.	(1 mei-1 juni en	
	1 sept.-1 okt.)	9-12, 14-18 h
	(1 juni-1 sept.)	9-12, 14-17, 18-20 h
	(1 okt.-1 mei)	gesloten

* Bediening 24 h tevoren aanvragen bij de gemeente, tel. (05116) 62 22/63 60 of bij de Provincie Friesland, tel. (058) 92 58 88, buiten kantoortijden tel. (058) 12 24 22.
Bruggeld: f 2,–.
Lig- en aanlegplaatsen: Langs het kanaal, o.a. jachthaven van Watersportbedrijf De Lits, 400 m vanaf het Bergumermeer net voor het dorp, havenmeester L. Antonides, tel. (05129) 14 82, max.diepgang 1,60 m, tarief f 1,– per m lengte per etmaal + toeristenbelasting f 0,50 per persoon (elektra, toiletten, douches (f 1,–) en wastafels).
Motorbrandstof: Watersportbedrijf De Lits, be.
Reparatie: Watersportbedrijf De Lits, Snakkerbuorren 9, tel. (05129) 14 82, bub (alle merken), bib (Vetus), romp/uitr (s, p/op de wal + in het water), ma.ochtend gesloten, tijdens seizoen op zat. geopend.
Hefkraan en trailerhelling: Watersportbedrijf De Lits, kraan max. 6 ton, tarief f 50,– tot f 75,– per keer, trailerhelling max. 1 ton, tarief f 5,– per keer.
Kampeerterrein, wasserette en stortplaats chemisch toilet: Watersportbedrijf De Lits.

Echtenerbrug/Delfstrahuizen

Aan de Z-oever van het Tjeukemeer en de Pier Christiaansloot.
Maximumsnelheid: In de Pier Christiaansloot 9 km/h.
Pier Christiaanbrug: Beweegbare brug in het dorp, H 0,70 m.
Bediening (bruggeld f 2,50):

(1 mei-1 okt.)	ma. t/m zat.	8-12, 13-17.30, 18-20 h
	zo. en fd.	9-13, 14-17.30, 18-20 h
(15 mrt.-1 mei en		
1 okt.-15 nov.)	ma. t/m zat.	8-12, 13-18 h
(15 mrt.-1 april en		
1 nov.-15 nov.)	zo. en fd.	9-11, 16-18 h
(april en oktober)	zo. en fd.	9-12, 14-18 h
(15 nov.-15 mrt.)	ma. t/m vr.	8-18 h, op verzoek*
	zat.	8-12 h, op verzoek*
	zo. en fd.	gesloten

* Bediening aanvragen tijdens kantooruren bij tel. (05146) 13 31 of marifoonkanaal 11, buiten kantooruren tel. (06) 52 91 01 92.
Lig- en aanlegplaatsen: Aan de kaden in het dorp en langs de Pier Christiaansloot ● Insteekhavens Oan 'e Tsûkemar, ten W van de brug met toiletaccommodatie ● Jachthaven De Merenpoort B.V., aan de

Pier Christiaansloot, 200 m ten W van de brug, havenmeesters J. en A. Wind, tel. (05144) 14 63, b.g.g. 11 01, tarief f 1,– per m lengte per nacht (elektra, toiletten, douches (f 1,–) en wastafels) ● Jachthaven van Watersportbedrijf Turfskip, Turfkade 15, aan de Pier Christiaansloot, tel. (05144) 14 67 b.g.g. 16 06, tarief f 1,– per m lengte (elektra, toiletten, douches (f 1,–) en wastafels) ● Jachthaven De Driesprong in Langelille, 2 km ten O van het dorp, bij de monding in de Tjonger, havenmeester H. Stekelenburg, tel. (05618) 14 73, tarief f 1,– per m lengte per nacht (elektra, toiletten, douches (f 1,–) en wastafels).
Drinkwater: Ten N van de brug , O-zijde; Fa. Slump, Turfkade 5; Watersportbedrijf Turfskip, Turfkade 15 (sl), ten Z van de brug W-zijde.
Motorbrandstof: Jachthaven De Merenpoort B.V., be (sl), die (sl); Fa. Slump, Turfkade 5, die, be en sbe; Watersportbedrijf Turfskip, Turfkade 15, die (sl), be (sl); Jachthaven De Driesprong, die (sl).
Vulstation propaangasflessen: Jachthaven De Merenpoort B.V.
Reparatie: Reparatiebedrijf De Mar, Marwei 16, schuin t.o. de ingang van de VVV-camping, bib/bub; Jachthaven De Merenpoort B.V., Hellingpad 16, tel. (05144) 14 63, bub/bib (alle merken), romp/uitr (ht, s/op de wal + in het water), elek; Watersportbedrijf Turfskip, Turfkade 15, tel. (05144) 14 67, b.g.g. 16 06, bib (Volvo Penta, Mercedes, Mitsubishi, Daf, Vetus en Iveco), romp/uitr (s/op de wal + in het water).
Hefkranen: Watersportbedrijf Turfskip, max. 20-25 ton, max.diepgang 1-1,5 m; Jachthaven De Merenpoort B.V., max. 15 ton, max.diepgang 1,80 m, tarief f 100,– tot f 175,–; Jachthaven De Driesprong, Lemsterweg 21, Langelille, tel. (05618) 14 73, max. 15 ton, max.diepgang 1,40 m, tarief f 10,– per m lengte.
Trailerhelling: Jachthaven De Merenpoort B.V., max. 1 ton, tarief f 15,–.
Kampeerterreinen: VVV Camping De Friese Merenpoort, Turfkade, Z-oever van de Pier Christiaansloot, ten O van het dorp; Jachthaven/Camping De Driesprong; Jachthaven De Merenpoort B.V.; Camping Turfland.
Wasserette: Bij Jachthaven De Driesprong.
Stortplaats chemisch toilet: Bij Jachthaven De Merenpoort B.V.

Eck en Wiel

Aan de Rijn, kmr 918,6 Lo; 3 km van Elst; 3 km van sluis Amerongen.
Aanlegplaatsen: Inham voor kleine jachtjes aan de Z-oever bij de steenfabriek, juist beneden de gierpont (primitief); bij Camping Verkrema, klein haventje, uitsluitend 's zomers geopend; bij Camping De Schans, 2 kleine steigers, uitsluitend 's zomers geopend.
Kampeerterreinen: Camping De Schans* en Camping Verkrema, beide gelegen tussen de pont en de steenfabriek, Z-oever.

Edam

Aan het Markermeer; 18 km ten N van Amsterdam; 9 km ten O van Purmerend.
Kaartje: Is bij deze beschrijving opgenomen.
Maximumsnelheid: 6 km/h.
Haven: De diepste aanloop is aangegeven door de groene drijfbakens E 1 en E 3 aan stuurboordzijde en de rode E 2 en E 4 aan bakboordzijde. De havenmond is aan verzanding onderhevig. Na het baggeren is de diepte nog 2 m, daarna snel weer tot 1,50 m. De havenmond is ca. 10 m breed. Onmiddellijk binnen de mond heeft de haven een bocht (afmeren verboden). Voor grote vaartuigen is het draaien in de haven en ook binnen de sluis onmogelijk.
Binnenkomende dicht onder het N-havenhoofd varen (vooral in de bocht) in verband met ondiepten langs het Z-havenhoofd. Er is verkeer met zandschepen (moeilijk manoeuvreerbaar).

Lichten: Vast groen licht op de kop van het N-havenhoofd; vast rood licht op het Z-havenhoofd; wit onderbroken licht (Iso 8s), meer binnenwaarts en hoger geplaatst aan de N-zijde van de haven.
Doorvaartroutes: De bruggen in de verbinding tussen Zeesluis en Purmerringvaart zijn alle beweegbaar. Minste doorvaarthoogte in gesloten stand 0,50 m. Het zich opeenhopende kroos aan de landzijde van de sluis levert in de zomer soms gevaar op voor de motorkoeling. Diepte van het vaarwater 1,80 m.
In de doorgaande vaarroute naar Purmerend liggen over het N-gedeelte van de Purmerringvaart tussen Edam en Purmerend 3 vaste bruggen, laagste brug H 3 m, en 2 beweegbare bruggen.
Zie voor de vaarroute naar Monnickendam onder 'Trekvaart van het Schouw naar Monnickendam en Edam'.
Bruggen en sluis: (zie ook bij 'Doorvaartroutes') De bruggen in Edam tussen de sluis en de Purmerringvaart (7 bruggen) en de bruggen over de Purmerringvaart tussen Edam en Purmerend (Jan Koningbrug en Kwadijkerbrug) worden bediend:

ma. t/m vr.***	(16 april-16 okt.)	9-13, 14-19 h
	(16 okt.-16 april)*	9-13, 14-17 h
zat., zo. en fd.**	(16 april-16 okt.)	9-13, 14-19 h
	(16 okt.-16 april)	gesloten

* Bediening bruggen in Edam op verzoek, 24 h tevoren aanvragen bij de havenmeester/brugwachter in Edam, K. Springer (tel. (02993) 7 10 92) of (06) 52 97 65 14, of Gemeentewerken Edam (C. de Boer, tel. (02993) 6 09 11). De bediening van de Jan Koningbrug en de Kwadijkerbrug in de Purmerringvaart moet 24 h tevoren worden aangevraagd via resp. tel. (02993) 7 26 53 en tel. (02992) 16 43.
** Incl. Koninginnedag en 5 mei (Bevrijdingsdag).
*** Bediening op 24 en 31 dec. tot 16 h.
Bediening Zeesluis (4):

ma. t/m vr.	(1 juni-1 sept.)	8-13, 14-20 h
	(16 april-1 juni en 1 sept.-16 okt.)	9-13, 14-19 h
	(16 okt.-16 april)	9-13, 14-17 h, op verzoek*
zat., zo. en fd.**	(16 april-16 okt.)	9-13, 14-19 h
	(16 okt.-16 april)	gesloten

* Bediening op verzoek, 24 h tevoren aanvragen via tel. (02993) 7 13 39.
** Incl. Koninginnedag en 5 mei (Bevrijdingsdag).
De laatste schutting in de zeesluis vindt plaats van W naar O één uur voor sluiting en van O naar W een half uur voor sluiting.
De bruggen in Edam worden tussen 16 april en 1 juni en tussen 1 sept en 16 okt. voor schepen vanuit de richting Purmerend naar het IJsselmeer uitsluitend op de even uren bediend; voor schepen vanuit de richting IJsselmeer naar Purmerend uitsluitend op de oneven uren. In de maanden juni, juli en augustus worden de bruggen voor schepen vanuit de richting Purmerend naar het IJsselmeer echter op de hele uren en in tegengestelde richting op de halve uren bediend. De bruggen in Edam worden door één brugwachter bediend, tijdens het hoogseizoen eventueel bediening door twee brugwachters.
Indien men van een bediening gebruik wil maken, dan moet dat wel op de hele (resp. halve) uren duidelijk worden gemaakt door de gebruikelijke geluidsseinen.

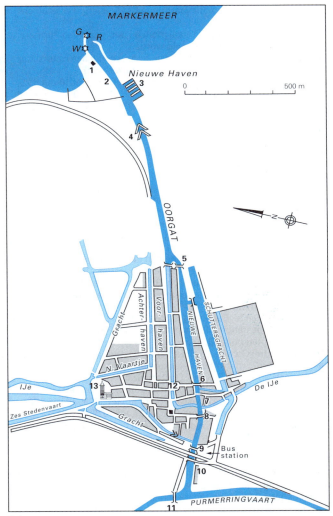

Edam

1. Strandbad aan Buitenhaven met twee kampeerterreinen (windsurfstek)
2. Aanlegplaats in de Buitenhaven (let op paalstompen onder water)
3. Jachthaven Galgenveld van W.V. De Zeevang
4. Sluis met ligplaats binnenzijde aan de N-oever achter dukdalven
5. Ooster- of Kettingbrug (bb), H 2,80 m
6. Baanbrug (bb)
7. Constabelbrug (bb)
8. Kwakelbrug (bb), H 1,7 m
9. Tram of Westerbrug (bb)
10. Prov. basc. brug, H 1,58 m in de provincale weg en lage ophaalbrug in de secundaire weg
11. Jan Koningbrug (bb)
12. Dam met VVV-kantoor
13. Grote kerk

Op de bruggen over de Purmerringvaart (Jan Koningbrug en Kwadijkerburg) is permanent een brugwachter aanwezig. Bediening op ieder gewenst tijdstip binnen de genoemde bedieningstijden.

Sluisgeld: Zeesluis. Recreatievaartuigen f 3,25; overige vaartuigen min. f 3,55.
Bruggeld: f 1,30 per brug. In totaal moet bij doorvaart van Purmerend naar Edam voor 6 bruggen betaald worden.
De prov. brug (10) is gratis, evenals de bruggen van het Waterschap De Waterlanden (Jan Koningbrug en Kwadijkerbrug).
Havengeld: Tarieven per nacht: tot 7 m lengte f 6,50, tot 10 m f 8,25, tot 13 m f 10,25, tot 18 m f 12,50, tot 25 m f 20,75, tot 30 m f 24,–, tot 35 m f 27,–, tot 40 m f 32,50, 40 m en langer f 37,25. Tot 18 h 50% havengeld verschuldigd.
Het is verboden schepen langer dan 3 dagen onbeheerd in de buitenhaven te laten liggen.
Havenmeester: K. Springer, Noorderstraat 29, tel. (02993) 7 10 92.
Lig- en aanlegplaatsen: Aan de W-zijde van Edam is aanleggelegenheid aan het Groot Westerbuiten bij (10) en voorts langs de Nieuwe Haven. Van het Markermeer komende naast en ten Z van het Strandbad in de Buitenhaven aan een plankier (2). Hiernaast staan op 0,50 m uit de NW-wal paalstompen onder water, 0,50 à 1 m uit elkaar ● halverwege de Buitenhaven aan de Z-wal de nieuwe Jachthaven 'Galgenveld' van W.V. De Zeevang (3), max.diepgang 2,50 m (elektra, toiletten, douches en wastafels).
● Verder bestaat er meergelegenheid in de Nieuwe Haven, voorbij de sluis. (Langs de Z-zijde van de Schepenmakersdijk, tussen de Kwakelbrug (8) en de Tram- of Westerbrug (9), is een aanlegverbod.)
Douchen en gebruik van toiletten is mogelijk op het strandbad na verkregen toestemming.
Drinkwater: kraan bij Baanbrug (6); ten O van de prov. brug (10), Z-zijde naast benzinestation (sl); kraan tussen (5) en (4) bij Ooms-Schepen; Corba Watersport (sl).
Motorbrandstof: Garage J. Frikee, Klein Westerbuiten tussen Ringvaart en (9), op 25 m van de aanlegsteiger, be, sbe, die.
Reparatie: Wamo, Afd. Revisie, Oosterhuizerweg 7, tel. (02993) 7 18 02, bub (alle merken), bib (alle merken); Scheepswerf Groot B.V.*, Lingerzijde 27 (tussen (7) en (8)), tel. (02993) 7 15 55, romp/uitr (s); Corba Watersport, Oorgat 21, tel. (02993) 7 24 51, bib/bub, romp/uitr (ht, s, p, a/op de wal + in het water), zeil/tuigage, elek; Jacht- en Scheepswerf Ruud van Drunen (Jachtscheepswerf Edam), Oorgat 23a, tel. (02993) 7 27 62, bub/bib, romp/uitr (ht, s, p, a/op de wal + in het water), zeil/tuigage, elek.
Hefkraan: Corba Watersport, max. 10 ton, tarief vanaf f 22,50 per m^2, max.diepgang; Jachtscheepswerf Edam, R. van Drunen, max. 10 ton, max.diepgang 2,25 m (heffen met staande mast mogelijk).
Kampeerterreinen: Bij Camping Strandbad* (1); op het terrein van Ooms-Schepen.
Wasserettes: Camping Strandbad.
Stortplaats chemisch toilet: Bij Camping Strandbad.
Aftappunt vuilwatertank: Bij Corba Watersport.

Eefde

3,5 km van de IJssel aan het Kanaal Zutphen-Enschede.
Zie ook 'Twentekanalen'.
Sluis: Zie onder 'Twentekanalen'. Men moet zich voor schutten melden bij de sluiswachter.
Aanlegplaats: Aan de jachtensteiger, juist binnen de sluis, in een zijarm.

Eem (U.)

Door aantrekkelijk, vogelrijk weidelandschap kronkelende rivier, 18 km lang, D 3 m tot 3,50 m, van het Eemmeer via de Eemmond

(stroomopwaarts) langs Eemdijk, Eembrugge en Baarn naar Amersfoort (doodlopend). 's Zomers meestal weinig of geen stroom.
Tussen Eembrugge en Eemdijk mondt in de Eem de Eemnesserbuitenvaart uit (toegang verboden, behalve voor schepen met vaste ligplaats in de vroegere sluiskolk).
Waterstand: Gelijk aan de waterstand op het IJsselmeer (IJZP en IJWP). Doordat de Eem in open verbinding met de Randmeren staat, kunnen wisselende waterstanden optreden door op- en afwaaiing, alsook door schommelingen in waterafvoer.
Bruggen: Vaste brug H 5 m, 2 beweegbare bruggen in Eembrugge H 1,70 m, vaste brug H 7,70 m bij Baarn, vaste brug H 7,80 m, 2 beweegbare bruggen (H 2,65 m en 1,80 m) en vaste spoorbrug (geen doorvaart) in Amersfoort. De opgave van de brughoogten is t.o.v. IJZP (NAP – 0,20 m). Zie verder onder genoemde plaatsen.
Maximumsnelheid: Vanaf de spoorbrug in Amersfoort tot aan de N-grens van het industrieterrein en vanaf de woonschepenhaven Bestevaer tot ca. 900 m voorbij de ophaalbrug in Eembrugge 6 km/h; overige gedeelten 12 km/h.
Lig- en aanlegplaatsen: (veelal met beperkte verblijfsduur): Watersportcentrum 't Raboes (zie bij 'Eemmond'), ca. 400 m van de monding aan de W-oever ● passantenhaven in Eemdijk, O-oever (zie bij 'Eemdijk') ● nabij de Eemnesserbuitenvaart, beide oevers ● bij de Malesluis, O-oever ● aan de W-oever ca. 800 m van de monding, voorbij ligplaats beroepsvaart ● in Amersfoort en Baarn (zie aldaar).

Eembrugge (U.)

7 km van Eemmond; 11 km van Amersfoort; zie ook 'Baarn' en 'Eem'.
Waterstand: Gelijk aan de waterstand op het IJsselmeer (IJZP en IJWP). Zie ook onder 'Eem'.
Marifoon: Eembrug, kan. 22.
Brug: Dubbele ophaal- en basculebrug, H NAP + 1,50 m (IJZP + 1,70 m).
Bediening (gratis):

(1 april-1 nov.)	ma. t/m vr.	5.30-17.30, 18.30-22.30 h
	zat.	5.30-12.30, 13.30-17.30, 18.30-21 h
	zo. en fd.	9-12.30, 13.30-17.30, 18.30-20 h
(1 nov.-1 april)	ma. t/m vr.	5.30-17.30, 18.30-22.30 h
	zat.	5.30-12.30, 13.30-18 h
	zo. en fd.	gesloten

Bij drukke recreatievaart wordt de brug alleen bediend wanneer verschillende vaartuigen tegelijk kunnen worden doorgelaten, max.wachttijd 30 min. De eerstvolgende brugopening wordt op een klok op de brug aangegeven.
Lig- en aanlegplaatsen: Jachthaven De Kemphaan, aan Lo, 0,5 km ten N van de brug, havenmeester J.G. Smeenk, tel. (02154) 2 23 33, tarief f 1,– per m lengte per nacht + f 0,70 toeristenbelasting p.p. (elektra, toiletten en wastafels).
Motorbrandstof, reparatie en hefkraan: Jachthaven De Kemphaan, Eemweg 47-49, Eemnes, die (sl), bub/bib, scheepshelling tot 25 ton.

Eemdijk (U.)

3,5 km van Eemmond (zie aldaar); kabelpontveer; zie ook 'Eem'.
Ligplaats: Jachthaven Eemdijk, tarief f 1,– per m lengte per nacht.

Eemmeer

Het brede gedeelte van het Randmeer van Z-Flevoland tussen het Nijkerkernauw en het Gooimeer.
Oppervlakte 1700 ha. Zie ook 'Randmeren'.
Vaarwaterbeheerder: Rijkswaterstaat Directie Flevoland, Postbus 600, 8200 AP Lelystad, tel. (03200) 9 91 11.
Maximumsnelheid: In de vaargeul 20 km/h, daarbuiten 9 km/h.
Vaargeul: Gedurende de zomermaanden wordt, buiten de vaargeul, de dieptelijn van NAP − 1,50 m (= IJZP − 1,30 m) aangegeven door een recreatiebebakening. Zie ook onder 'Randmeren'.
Stichtse brug: Vaste brug op de grens van Gooimeer en Eemmeer, 5 km van Huizen en 7 km van Spakenburg.
Zwart-gele referentiepunten op de zijkanten van de brug geven de buitenzijden van de vaargeul aan. Doorvaarthoogte binnen de merktekens NAP + 12,70 m (= IJZP + 12,90 m).
De brug met opritten veroorzaakt veel vuile wind.
Natuurgebied: Het Eemmeer is met uitzondering van de vaargeul en het gebied rond het eiland De Dode Hond (tot de recreatiebebakening) aangewezen als Staatsnatuurmonument.
Kunstmatig eiland: Ten Z van de vaargeul bij de ton EM 14 ligt het eiland De Dode Hond. Hier zijn goedbeschutte ankerplaatsen; bij het ankeren moet rekening worden houden met het draaien van de wind. Aanlegplaatsen aan de ZO-zijde. Een daarbij aansluitend terreingedeelte is vrijgegeven voor de watersport. Het betreden van het door een brede sloot omgeven als natuurgebied aangewezen middengedeelte van het eiland is niet toegestaan.
Ligplaatsenverordening: Krachtens de ligplaatsenverordening van de Gemeente Almere is het meren aan regels gebonden. Zie verder bij 'Flevoland'.
Ligplaatsen: Jachthaven De Eemhof in Z-Flevoland, ten N van Spakenburg, havenmeester W. Zijl of J. Zijl, tel. (03242) 85 21, tarief van 12-17 h f 1,50 per m lengte, na 17 h f 2,50 per m lengte per nacht, min. f 10,− per nacht (elektra, toiletten, douches (f 1,−) en wastafels). Passanten in het bezit van een geldige passantenbon hebben toegang tot alle faciliteiten van het Bungalowpark De Eemhof (tegen betaling). Zie verder onder 'Eemmond' en 'Spakenburg'.
Motorbrandstof: Jachthaven De Eemhof, die (sl), be.
Reparatie, hefkraan, botenlift en trailerhelling: Jachthaven De Eemhof, Slingerweg 1, Zeewolde, tel. (03242) 85 21, bub/bib, romp/uitr (ht, s, p), botenlift max. 20 ton, tarief van f 150,− tot f 200,− (liften met staande mast mogelijk), trailerhelling max. 30 ton, tarief f 10,− per dag.
Kampeerterrein, wasserette en stortplaats chemisch toilet: Bij Jachthaven De Eemhof, wasserette in het havengebouw, kamperen uitsluitend voor passanten.

Eemmond (U.)

Zie ook 'Eem' en 'Eemmeer'.
De Eemmond wordt gevormd door twee korte dammen en een verbreed gedeelte van de Eem.
Groen vast licht op het W-havenhoofd. Rood vast licht op het O-havenhoofd.
In het verlengde van de as van de geul en de Eemmond staan twee lichtopstanden, wit onderbroken licht (Oc 5s), die ineengehouden leiding geven bij het binnenvaren.
De betonde vaargeul door het Eemmeer, die op de Eem aansluit, is ruim 3,50 m diep en aangegeven door 3 rode en 3 groene tonnen.
De geul komt uit op een lichtopstand langs de doorlopende vaargeul door de Randmeren.

Ligplaats: Watersportcentrum 't Raboes, aan de monding van de Eem, Lo, tarief ca. f 2,– per m lengte per nacht (toiletten, douches en wastafels). Zie tevens onder 'Eem'.
Trailerhelling en botenlift: Watersportcentrum 't Raboes, tel. (02153) 1 09 91, helling onbeperkt, lift max. 10 ton, max.diepgang 1,40 m, tarief f 10,– per m.
Kampeerterrein en stortplaats chemisch toilet: Watersportcentrum 't Raboes.

Eemshaven

Aan de Eems; ca. 15 km ten NW van Delfzijl.
Bijzondere bepalingen: Een varend of geankerd klein vaartuig moet bij slecht zicht en 's nachts in de Eemshaven een goed functionerende radarreflector voeren.
Getijstanden: Rijzing bij doodtij 2,70 m boven gemiddeld LLWS; bij springtij 3 m boven gemiddeld LLWS.
Marifoon: Eemshaven Radar kan. 19, zie verder onder 'Delfzijl, Havendienst'; Centrale Meldpost Waddenzee, kan. 4 (zie onder 'Waddenzee').
Havenkantoor: tel. (05960) 4 04 77.
Haven: Goede oriëntatiepunten bij het aanlopen van de haven zijn:
– de schoorsteen van de elektriciteitscentrale ten ZO van de Eemshaven;
– de radartoren op de Z-dam van de werkhaven van de elektriciteitscentrale;
– de kranen op de kade in de Julianahaven, ten W van de haveningang.
De havenmonding wordt gevormd door twee strekdammen. Op de kop van het W-havenhoofd groen-wit gestreepte lichtopstand. Op de kop van het O-havenhoofd rood-wit gestreepte lichtopstand. In het hele havengebied is een ankerverbod. Er zijn geleidelichten (zie 'Hydrografische Kaart voor Kust- en binnenwateren'). De haven is in principe gesloten voor plezierarvaart, doch in geval van nood (slecht weer) is invaart toegestaan. Een drijvende steiger voor de recreatievaart bevindt zich in de Emmahaven, achter in het havencomplex, via het Doekegatkanaal, stuurboord uit, aan de Z-zijde.
De recreatievaart moet vooraf toestemming vragen via de Havendienst Eemshaven, marifoonkan. 14.
Het Doekegatkanaal, de Julianahaven en de Emmahaven zijn 8-10 m diep bij gemiddeld LLWS.
Weerbericht en waterstanden: Om 10 min na ieder even uur wordt op marifoonkanaal 14 in de haven informatie gegeven over de waterstanden en de weersverwachting en navigatieberichten voor dit gebied.
Havengeld: Opgave op aanvraag bij de Havendienst.
Drinkwater: Aan de drijvende steiger in de Emmahaven.
Motorbrandstof: In de NW-hoek van de Julianahaven, die (sl).

Eemskanaal

Van Groningen naar Delfzijl 26,5 km.
Er is een vaarverbinding gerealiseerd tussen het Eemskanaal en het Damsterdiep ten O van de Borgbrug d.m.v. een zelfbedieningssluis (J. B. Bronssluis, bedieningsinstructie op de sluis aanwezig) met een vaste brug, H 2,20 m.
Vaarwegbeheerder: Provincie Groningen, Dienst DKW, Postbus 610, 9700 AP Groningen, tel. (050) 16 49 11.
Maximumsnelheid: 13,5 km/h.
Bruggen:
– Oosterhavenbrug (bb), H 4 m, in de verbinding van het Van Star-

kenborghkanaal/Winschoterdiep met de stad Groningen, zie onder
'Groningen'.
– De Borgbrug* (bb, H 0,75 m), Bloemhofbrug** (bb, H 1,55 m),
Insteekbrug (nieuwe brug bij kmr 21,6 (bb), H 5 m, staat steeds open
i.v.m. werkzaamheden) en Woldbrug** (bb, H 1,75 m). Bediening:

ma.	4-24 h
di. t/m vr.	0-24 h
zat.	0-20 h
zo. en fd.***	aangepaste bediening

* De Borgbrug wordt van 1 mei-1 okt. van ma. t/m vr. van 7-8.30 h
en van 16-18 h voor recreatievaartuigen slechts eenmaal per half
uur bediend, tenzij zij gelijk met beroepsvaartuigen kunnen passeren.
** De Borg-, Wold-, Insteek- en Bloemhofbrug worden op afstand
bediend vanuit de centrale bedieningspost Appingedam, bediening kan worden aangevraagd via marifoonkanaal 69. Bij de
Borg-, Bloemhof- en Woldbrug zit een meldknop aan weerszijden van de brug. De Insteekbrug staat open (dubbelgroen), er
zijn géén melders aanwezig
*** De Borg-, Insteek-, Bloemhof- en de Woldbrug worden van 1 mei
tot 1 okt. op zo. en fd. t.b.v. het 'Damsterdiepvaarcircuit' bediend:

Borgbrug	9-12, 16.30-19.30 h (route richting Damsterdiep en Slochterdiep van en naar Groningen)
Bloemhofbrug en Insteekbrug	9-19 h
Woldbrug	9-19 h (in aansluiting op de kleine zeesluis in Farmsum (zie 'Delfzijl'))

Bediening op de dag vóór of ná een feestdag als op ma. resp. zat.
– De Driebondsbrug (bb), in de O-rondweg in Groningen, in gesloten
stand H 6,80 m:

ma. t/m zat.	9-16, 18-20 h
zo. en fd.	9-12, 16.30-19.30 h

Sluis met twee bruggen in Delfzijl: Zie aldaar.
Marifoon: Brug Weiwerd te Delfzijl over Oosthornkanaal, kan. 22;
Driebonds-, Borg-, Bloemhof- en Woldbrug, kan. 69; Zeesluizen Delfzijl, zie 'Delfzijl'.
Stroom: Bij stromen, dit is waterafvoer met geopende sluisdeuren,
kan een stroomsnelheid voorkomen tot ruim 3 km/h. Grote waterstandsverschillen zijn daarbij mogelijk.

Eenrum
Aan het Eenrumermaar, zijvaart van de Hoornse Vaart. Zie ook onder
'Hunsingokanaal'.
Algemeen: Het Eenrumermaar is bevaarbaar voor schepen met een
max.hoogte van 3 m, max. toegestane diepgang 1 m.
Havenmeester: J. Bolt, Oudeweg 45, tel. (05959) 13 97.
Ligplaats: Jachthaven De Dobbe van W.V. De Pool, tarief f 0,75 per m
lengte per nacht (toiletten, douches (f 1,–) en wastafels). Rolstoel-
voorziening op de steigers.
Reparatie: Jachthaven De Dobbe, tel. (05959) 13 97, bib/bub, romp/uitr.
Kampeerterrein: Camping Dobbepad bij Jachthaven De Dobbe, infor-
matie bij de havenmeester.
Stortplaats chemisch toilet: Bij Jachthaven De Dobbe.

Eilandspolder

Algemeen: In deze polder, voor een deel natuurgebied (vogelreservaat) kan in het algemeen op niet meer dan 0,40 m diepte gerekend worden. 's Zomers ondervindt men veel last van kroos en wier. Door de aanleg van de provinciale weg West-Grafdijk – Beemster zijn er nog slechts twee doorvaartmogelijkheden in de richting N-Z. Vanuit De Rijp en West-Grafdijk kunnen tochtjes gemaakt worden naar Groot-Schermer, Driehuizen en Graft.
Maximumsnelheid: 6 km/h.
Toegangsroute:
– Door het schutsluisje in West-Grafdijk. Bediening op verzoek (doch niet op zondag), zo mogelijk een dag tevoren aanvragen, tel. (02981) 13 45. Sluisgeld f 2,50 per vaartuig. Achter het sluisje ligt in de verbinding met de Eilandspolder een lage duikerbrug in de provinciale weg.
– Via de bruggen en het sluisje in De Rijp, doch alleen geschikt voor kano's. Bediening van het sluisje op aanvraag bij Gemeentewerken, tel. (02997) 12 00. Voor kano's zijn er diverse mogelijkheden om de Eilandspolder in te komen, o.a. is er een goede overdraagplaats vanuit de Beemsterringvaart ca. 800 m ten N van De Rijp.

Eindhoven

Zie ook 'Beatrixkanaal' en 'Eindhovenskanaal'.
Kaartje: Zie bij 'Zuidwillemsvaart'.
Ligplaats: In het Beatrixkanaal in de nieuwe jachthaven van de E.J.V. Beatrix aan de N-zijde van het kanaal vlak bij het viaduct, ca. 2,5 km voor de havenkom, havenmeester A. v. d. Voet, tel. (040) 51 67 61, max.diepgang 1,80 m, tarief f 1,– per m lengte per nacht (elektra, wastafels, toiletten en douches (f 1,–)).
Vulstation propaangasflessen: Ronosport, Strijpsestraat 90, tel. (040) 51 71 06.
Reparatie: V. d. Sanden Watersport, Heuvelstraat 58, Veldhoven, tel. (040) 53 90 63, bub/bib, romp/uitr (p/op de wal + in het water), zeil/tuigage, elek; via de jachthaven van de E.J.V. Beatrix, bub (Yamaha, Mercury, Johnson, Evinrude, Honda), bib (Volvo Penta, Daf, Vetus, Perkins en Ford), romp/uitr (ht, s, p/op de wal + in het water), zeil/tuigage, elek.
Botenlift: In de jachthaven van de E.J.V. Beatrix, Welschapsedijk 211, max. 18$\frac{1}{2}$ ton, tarief f 75,– per keer.
Wasserette en stortplaats chemisch toilet: Bij de jachthaven van de E.J.V. Beatrix.

Eindhovenskanaal

Verbinding van de Zuidwillemsvaart met Eindhoven, 13,6 km lang, voor de scheepvaart gesloten. Recreatievaart slechts toegestaan na toestemming van de Gemeente Eindhoven.
Vaarwegbeheerder: Gemeente Eindhoven, Postbus 90150, 5600 RB Eindhoven, tel. (040) 38 96 66 (Technische Dienst).
Kaartje: Zie bij 'Zuidwillemsvaart'.
Bruggen: De Keersluisbrug H 2,50 m aan het begin van het kanaal en de brug in de Tongelresestraat in Eindhoven worden niet meer bediend. Ten W van de Keersluisbrug liggen 3 vaste bruggen, H 4 m.
Aanlegplaatsen: Verschillende meerplaatsen langs het kanaal.

Elahuizen

7 km van Galamadammen; 7 km van Heeg; zie ook 'Fluessen'.
Haven: D 1,50 m, invaart oriëntering op de vlag op de voormalige zuivelfabriek en grote letter 'R' op het dak.
De vaargeul naar de haventoegang is betond.

Ligplaatsen: Jachthaven De Koggeplaet, havenmeester P. Bakker, tel. (05140) 38 38, tarief f 1,25 per m lengte per nacht + f 0,75 p.p. toeristenbelasting (elektra, wastafels, douches (f 1,–) en toiletten)
● jachthaven van Watersportcentrum De Fluessen, havenmeester K. Joustra, tel. (05140) 25 25, tarief f 1,50 per m lengte + f 0,75 p.p. toeristenbelasting per nacht (elektra, douches (f 1,–), wastafels en toiletten).
Motorbrandstof: Watersportcentrum De Fluessen, die (sl), be (en mengsmering).
Reparatie: Jachtwerf Elahuizen B.V.*, Mardijk 7a, tel. (05140) 29 31, romp/uitr (ht, s, p, a/op de wal + in het water); Watersportcentrum De Fluessen, Mardijk 11-19, tel. (05140) 25 25, bub/bib (alle merken), romp/uitr (ht, s, p/op de wal + in het water), zeil/tuigage.
Hefkranen: Watersportcentrum De Fluessen, max. $3^{1}/_{2}$ ton, tarief f 50,– tot f 100,–; Jachtwerf Elahuizen B.V., max. 13 ton, tarief f 75,–; Jachthaven De Koggeplaet, max. 4 ton, max.diepgang 1,60 m, tarief f 27,50 per m^2.
Trailerhellingen: Jachthaven De Koggeplaet, Mardijk 3, tel. (05140) 38 38, tarief f 7,50.
Kampeerterrein: Jachthaven/Camping De Koggeplaet, Mardijk 3, tel. (05140) 38 38.
Wasserette: Bij Jachthaven De Koggeplaet.
Stortplaatsen chemisch toilet: Bij Watersportcentrum De Fluessen; bij Jachthaven De Koggeplaet.
Aftappunt vuilwatertank: bij Jachthaven De Koggeplaet.

Elburg

Monumentenstadje aan het Drontermeer; 19 km van Harderwijk; 11 km van Roggebotsluis; zie ook 'Veluwemeer' en 'Drontermeer'.
Maximumsnelheid: In het havenkanaal en in de haven 5 km/h.
Brug: Ophaalbrug, H 5,60 m bij IJZP, tussen het Dronter- en Veluwemeer. Bediening: zie bij 'Randmeren'.
Havenmeesters: Gemeentehaven, A. Boschman, Vicariestraat 29, havenkantoor tel. (05250) 8 21 00, b.g.g. 8 32 02 (privé); Jachtcenter Elburg B.V., B. Kleine, tel. (05250) 8 28 00.
Havens: Het havenkanaal mondt ten N van de brug in het Drontermeer uit en heeft een diepte van ten minste 2,80 m bij IJZP. Aan het landeinde van het havenkanaal bevindt zich een havenkom. Vóór (ten W van) deze havenkom ligt aan de Z-zijde van het havenkanaal de gemeentelijke jachthaven. Ook in het havenkanaal en in de havenkom wordt havengeld geheven.
Ligplaatsen:

● Gemeentelijke Jachthaven in overleg met de gem. havenmeester: aan de oevers van het havenkanaal of in de oude vissershaven. Bij aanleg vanaf 16 h is men havengeld verschuldigd, tarief f 1,26 per m lengte per etmaal (excl. f 0,85 toeristenbelasting) (douches (f 1,–), toiletten en wastafels bij het havenkantoor).
● Jachtcenter Elburg B.V., aan de O-oever van het havenkanaal, havenmeester B. Kleine, tel. (05250) 8 28 00, max.diepgang 3 m bij IJZP, tarief f 1,50 per m lengte per nacht (elektra, toiletten, douches (f 1,–) en wastafels).
● Jachthaven Doggersbank van W.V. Adm. van Kinsbergen, aan de Z-zijde van de havendam, toegankelijk vanaf de ton DM 40 ten NO van het havenkanaal, max.diepgang 0,80 m, tarief f 1,–
per m^2 + f 0,80 toeristenbelasting p.p. (toiletten en wastafels).
Toeristenbelasting: f 0,85 p.p. per nacht.
Drinkwater: Bij het havenkantoor, tarief f 0,25 per 100 liter (sl).
Motorbrandstof: Scheepswerf Balk*, Havenkade 38-39, aan het eind van het havenkanaal, die (sl) (zo. gesloten).

Vulstation propaangasflessen: Jachtcenter Elburg B.V., tel. (05250) 8 28 00.
Reparatie: Scheepswerf Balk*, Havenkade 38-39, tel. (05250) 8 14 70, bib (alle merken), romp/uitr (s, p/op de wal + in het water), zeil/tuigage, elek, 2 hellingen van 60 en 120 ton (zat. geopend, zo. gesloten); Jachtcenter Elburg B.V., J. P. Broekhovenstraat 23, tel. (05250) 8 28 00, bub/bib (alle merken), romp/uitr (ht, s, p, a/op de wal + in het water), zeil/tuigage, elek (dagelijks geopend); Zeilmakerij Kees Kuiper, J.P. Broekhovenstraat 30, tel. (05250) 8 25 52, eigen aanlegsteiger voor klanten, zeil/tuigage (zat. open van 10-15 h).
Hefkranen: Direct naast de gemeentelijke jachthaven, inlichtingen bij gem. havenmeester, max. $2^1/_2$ ton; Jachtcenter Elburg B.V., portaalkraan voor schepen met staande mast 18 m lengte, max. 35 ton, max.diepgang 2,90 m, tarief vanaf f 65,–.
Kampeerterrein: Veluwe-Strandbad N.V., gelegen langs de Havenstreng ten ZW van de brug.
Stortplaatsen chemisch toilet: Aan de gemeentelijke jachthaven.
Aftappunt vuilwatertank: Aan de gemeentelijke jachthaven.

Electra

5,4 km van Zoutkamp; 14 km van Garnwerd; 12 km van Gaarkeuken via Kommerzijlsterrijte; zie ook 'Reitdiep'.
Sluis: De sluis staat gewoonlijk open. Ophaalbrug, H ca. 1,30 m. Voor nadere gegevens zie onder 'Reitdiep'.
Ligplaats: Jachthaven De Waterwolf, ten W van het gemaal Electra, Kommerzijlster Riet, havenmeester B. Brink, tel. (05949) 18 18, max.diepgang 1,50 m, tarief f 0,75 per m lengte + f 1,– p.p. per nacht (toiletten, douches (f 1,–) en wastafels).
Motorbrandstof: Jachthaven de Waterwolf, die (sl).
Trailerhelling: Jachthaven de Waterwolf, Teenstraweg 4, Oldehove, tarief f 7,50.
Kampeerterrein, wasserette en stortplaats chemisch toilet: Camping de Waterwolf*, stortplaats bij de ingang van de camping.

Ellewoutsdijk

Aan de Westerschelde tegenover Terneuzen.
Getijstanden: Rijzing bij doodtij 3,20 m boven gemiddeld LLWS; bij springtij 4,70 m.
Marifoon: Post Terneuzen, kan. 3.
Haven: Veilige droogvallende getijhaven, gemakkelijk binnen te lopen van 3 h vóór tot 3 h ná hoogwater; de diepte is ca. 1,50 m bij gemiddeld LLWS. Vooral tijdens de ebstroom kan in de haveningang een sterke neer ontstaan.
Havenmeester: J. van Boven, Zwinweg 1, tel. (01104) 82 48.
Ligplaats: Jachthaven W.V. Ellewoutsdijk, beperkte mogelijkheden voor passanten, tarief f 1,– per m lengte per nacht (toiletten, wastafels en clubhuis).
Trailerhelling: In het gemeentelijke jachthaventje, max. $3^1/_2$ ton.
Hefkraan: Jachthaven W.V. Ellewoutsdijk, tel. (01104) 82 48, max. 6 ton.

Engelen (Diezemond)

Aan de Gekanaliseerde Dieze, invaart vanaf de Maas nabij kmr 221,4 Lo; 5 km van 's-Hertogenbosch.
Vaarwegbeheerder: Rijkswaterstaat Directie Noord-Brabant, Postbus 90157, 5200 MJ 's-Hertogenbosch, tel. (073) 81 78 17.
Maximumsnelheid: Op de Gekanaliseerde Dieze 11 km/h.
Sluis en hefbrug: In de Gekanaliseerde Dieze, 600 m ten Z van de invaart vanaf de Maas, tel. (073) 31 12 91. Bediening:

ma. t/m zat.	(gehele jaar)	6-22 h
zo. en fd.	(15 april-15 okt.)	9.30-19.30 h
	(15 okt.-15 april)	gesloten

Marifoon: Sluis Engelen, kan. 18.
Bruggen: Ten Z van Engelen liggen vier vaste bruggen, H 5,60 m; over de sluis ligt een hefbrug.
Reparatie: F. Traa, Diezekade 2 (aan het Molengat Gemeente Empel), romp/uitr.

E Engelenvaart

Van Heerenveen naar de Tjonger.
Vaarwegbeheerder: Provincie Friesland, Gedempte Keizersgracht 38, 8911 KL Leeuwarden, tel. (058) 92 59 25.
Maximumsnelheid: 8 km/h.
Bruggen: Zie bij 'Heerenveen'.
Ligplaatsen: Fraaie, door de Marrekrite ingerichte ligplaatsen langs de O-oever.

Enkele Wiericke

Watertje ten O van de Reeuwijkse Plassen tussen Oude Rijn en Hollandse IJssel. Geen verbinding met de Hollandse IJssel. Verschillende vaste bruggen waarvan de laagste H 0,60 m. D ca. 1 m. 's Zomers veel last van waterplanten. Motorvaart verboden.

Enkhuizen

Aan het IJsselmeer; geen verbinding met de binnenwateren (zie daarvoor bij 'Medemblik' en 'Edam'). 23 km van Stavoren.
Vaaraanwijzingen: Het Krabbersgat is door een lange dam gescheiden van het ondiepe Enkhuizerzand. De begrenzing van het Enkhuizerzand is aangegeven door drijfbakens en tonnen. Zie de afzonderlijke beschrijving 'Enkhuizerzand'.
Zowel de N- als de Z-toegang tot het Krabbersgat zijn goed kenbaar door de strekdammen, de betonning en de verlichting. Wanneer men overdag het Krabbersgat van het N uit aanloopt, dan ziet men de bebouwing van Enkhuizen veel westelijker dan het minder kenbare Krabbersgat. In de richting Enkhuizen ligt echter het ondiepe Kooizand dat men beslist moet mijden.
Het Krabbersgat is aan de Z-zijde afgesloten door een sluizencomplex (Krabbersgatsluizen), bestaande uit een schutsluis en een dubbele stroomsluis. Over de schutsluis ligt een beweegbare brug, H IJZP + 6,30 m.
Verlichting: Van het N komende moet men de witte (Iso 4s) geleidelichten ineen houden (230°). Deze lichten branden ook overdag, maar met een veel grotere lichtsterkte (daglichtlampen). Het rode vaste licht op het N-einde van de O-strekdam moet men voldoende aan bakboord laten. Op het N-einde van de W-strekdam treft men een groen (Iso 4s) onderbroken licht aan, waaronder een mistsein.
Van het Z komend heeft men eerst herkenning aan het licht van de Lekerhoek, daarna door enige lichtboeien, tenslotte door geleidelichten (39° ineen).
De Z-toegang tot het sluizencomplex is aangegeven met een rood vast licht op de havendam aan bakboordzijde en een rood onderbroken licht (Iso 4s) op de havendam aan stuurboordzijde. Op de kop van de Z-meerdijk aan stuurboordzijde is een groen vast licht.
Krabbersgatsluizen:
– Schutsluis met beweegbare brug, H IJZP + 6,30 m. Maximum toegestane diepgang 3,50 m. Het sluizencomplex is al van verre zichtbaar door de hoog gelegen verkeersweg, de ophaalbrug en de betonconstructie boven de stroomsluizen.

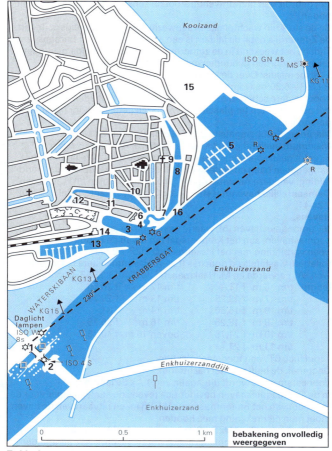

Enkhuizen

1. Schutsluis en (bb) H IJZP + 6,30 m
2. Stroomsluis en vaste brug H IJZP + 6,30 m
3. Buitenhaven of Zuiderhaven
4. Havenkantoor
5. Compagnieshaven
6. Drommedaris en Drommedarisophaalbrug H IJZP + 2,60 m
7. Blauwpoortsophaalbrug H IJZP + 2,10 m
8. Oosterhaven met aan de oostzijde het Zuiderzeemuseum
9. Compagniesophaalbrug H IJZP + 1,80 m
10. Oude Haven
11. Wilhelminaophaalbrug H 2 m
12. Kat- en Hondbrug
13. Spoorweghaven en Buyshaven
14. Station en aanlegplaats van de boten naar Staveren en Urk
15. Buitenmuseum
16. Aanlegsteiger

Bediening:

ma. t/m vr.	(gehele jaar)	6-23 h
zat.	(1 april-1 nov.)	6-23 h
	(1 nov.-1 april)	6-18 h
zo. en fd.	(1 april-1 nov.)	8-23 h
	(1 nov.-1 april)	9-17 h

Het gebruik van niet-drijvende stootkussens zoals autobanden is verboden.
Bij de sluis zijn wachtplaatsen aanwezig, geen aanlegsteigers. Tegen de Z-meerdijk nabij de leidam is een aanlegsteiger voor beroepsvaart. Tijdens het weekend in de zomermaanden moet in beide richtingen rekening worden gehouden met lange wachttijden.
– Stroomsluis: Over de stroomsluizen ligt een vaste brug, H IJZP + 6,30 m. Doorvaart door deze stroomsluizen is in het seizoen voor kleinere schepen onder bepaalde omstandigheden mogelijk. In dat geval worden ter plaatse aanwijzingen gegeven door het sluispersoneel.

Marifoon: Krabbersgatsluis, kan. 22; havenkantoor, kan. 12.
Maximumsnelheid: In het Krabbersgat 12 km/h.
Er geldt géén snelheidsbeperking binnen de door gele betonning aangegeven baan en waterskiën is toegestaan. Raadpleeg de 'Handleiding' van deze Almanak onder 'Snelle motorboten en Waterskiën'.
Gemeentelijke havenmeester: M. de Wit, havenkantoor, tel. (02280) 1 24 44.
Havens:

● Compagnieshaven (5), waarin gevestigd de jachthaven De Compagnieshaven, aan het Krabbersgat ten O van de bebouwde kom, open verbinding met het IJsselmeer, D IJZP + 2 m tot 2,70 m (elektra, toiletten, wastafels en douches (f 2,–)). Havenmeesters L. van Leeuwen, W. Ferwerda en M. Haakman, tel. (02280) 1 33 53. Nachttarief:

lengte			
t/m 6 m	f 11,–	t/m 12 m	f 26,50
t/m 7 m	f 13,25	t/m 13 m	f 28,75
t/m 8 m	f 15,50	t/m 14 m	f 31,–
t/m 9 m	f 18,25	t/m 16 m	f 36,75
t/m 10 m	f 21,75	boven 16 m	f 40,75
t/m 11 m	f 24,–		

Tarief incl. BTW en toeristenbelasting.
Dagtarief: de helft van het nachttarief.
Voor catamarans wordt uitgegaan van $1\frac{1}{2}$ x de lengte.
In de Compagnieshaven bevindt zich tevens de aanlegsteiger voor de veerboot van het Buitenmuseum (15). Bij in- en uitvaart van de haven moet men hier rekening mee houden.

● Buitenhaven (3), D IJZP + 2 m tot 2,80 m. Melden bij de Havendienst. Er wordt een ligplaats aangewezen, na afmeren, aanmelden aan het havenkantoor (4) boven de visafslag voor het afhalen van een betaalsticker. Openingstijden kantoor; zo. t/m vr. van 9-11 en 16-20.45 h (zat. en fd. tot 21.45 h) (elektra, douches (f 2,–) en wastafels). Het is verboden ligplaats in te nemen in de NO-hoek van de Buitenhaven (bij de visafslag) en te meren tussen de Drommedarisbrug en Blauwpoortsbrug, maar in bijzondere gevallen kan de havenmeester niettemin toestemming verlenen. Voor passagiers-, vracht- en charterschepen is het verboden zonder meer aan te leggen aan de Oude- en Nieuwe Harlingersteiger in het Krabbersgat. Voor het innemen van een ligplaats contact opnemen met het havenkantoor. Tarief gemeentelijke havens per dag f 1,16 per m lengte (1994) + toeristenbelasting f 1,05 p.p. per nacht (1994).
Wanneer op de kop van het Z-havenhoofd 2 rode lichten boven elkaar branden, is invaart van de haven verboden. Een knipperend verlicht bord geeft dan de tekst 'Haven Vol'.

● Haven van Scheeps- en Jachtwerf Stofberg & Zn., direct ten ZW van de Krabbersgatsluizen, D IJZP + 0,60 tot 2,50 m, tarief f 1,10 per m lengte per nacht (elektra).

● Spoorhaven (13) heeft een ruime invaart. Vergunning voor ligplaats hierin wordt slechts in bijzondere gevallen verstrekt door de stationschef.

● Buyshaven, gelegen in de Spoorweghaven (13), D IJZP + 2,20 m tot 2,70 m, in beheer van de K.N.Z. en R.V. Havenmeesters C. A. van Schijndel en A. Doornbos, tel. (02280) 1 56 60, tarief vanaf f 13,90 tot f 39,90 per nacht (excl. toeristenbelasting f 1,– per persoon per nacht). Bij verblijf korter dan een etmaal tot uiterlijk 16 h 50% havengeld, min. f 5,– (elektra, toiletten, douches en wastafels. Verschillende passagiersschepen maken gebruik van de Spoorweghaven. Indien deze schepen de haven binnenvaren, verlaten of daarin wenden, dient de recreatievaart die schepen voorrang te geven.
● Oude Haven (10), D IJZP + 2,30 m, te bereiken door de Drommedarisophaalbrug (6). Voor bediening zie bij 'Bruggen en sluizen in de stad'. Havengeld als in de Buitenhaven.
Toeristenbelasting: f 1,05 p.p. per overnachting. (1994)
Ankerplaats: Ten N van de Nieuwe Harlingersteiger (16) in het Krabbersgat. De ankerplaats wordt door borden aangegeven.
Bruggen en sluizen in de stad: De sluis tussen Zuiderhaven (Buitenhaven) en Binnenhaven staat open. Brugbediening in de stad:

ma. t/m vr.	8-12, 13.30-17.30 h
zat.	12-13 h
zo. en fd.	gesloten

Drinkwater: (Tarief f 2,– per m^3) Nieuwe- en Oude Harlingersteiger, div. tappunten in de Zuider- of Buitenhaven (3) (sl). Douche-, was- en toiletgelegenheid achter de visafslag; bij Scheeps- en Jachtwerf Stofberg & Zn. (sl); op de steigers van Compagnieshaven.
Motorbrandstof: In de Compagnieshaven Enkhuizen (5), die (sl), be (sl); bij Scheeps- en Jachtwerf Stofberg & Zn., die (sl).
Vulstation propaangasflessen: Provak de Wit, Vijzelstraat 73, tel. (02280) 1 22 85 ('s zondags gesloten).
Reparatie: R. Koster, Havenweg 9, tel. (02280) 1 78 13, zeil/tuigage; Zeilmakerij De Boegspriet, Volmolen 3, tel. (02280) 1 70 98, ten ZW van de sluis (1), zeil/tuigage (zat. geopend van 9 tot 13 h); Fa. J. Krikke, Brugstraat 12, tel. (02280) 22 10, bij (6) in de Oude Haven, bib/bub, romp/uitr (s); Sunspeed B.V., Prinsengracht 5-7, tel. (02280) 1 27 05, bij (6) in de Oude Haven, bib (Mitsubishi, Bukh en Vetus), bub (alle merken), romp/uitr (ht, p); Klerk Yacht Service B.V., Vlakwater 3, tel. (02280) 1 38 30, ten ZW van de sluis (1), bub/bib, romp/uitr (ht, s, p); Scheeps- en Jachtwerf Stofberg & Zn., Volmolen 2, tel. (02280) 1 26 52, ten ZW van de sluis (1), bib, romp/uitr (ht, s/op de wal + in het water), elek, zeil/tuigage, hellingwagens tot 60 ton; Fa. Trident, Waaigat 6, tel. (02280) 1 88 90, bub (Mariner, Yamaha en Mercury), bib (benzinemotoren); Lammerts van Bueren, aan de Compagnieshaven, tel. (02280) 1 42 33, zeil/tuigage; V.B. Dieselservice, Nijverheidsweg 5a, Grootebroek, tel. (02285) 2 02 42/1 82 66, mobiele service 24 uur per dag bereikbaar, bib/bub (alle merken), romp/uitr (s/op de wal + in het water), elek; A.E.E. Revisie, Olifantsteiger 3, bib (alle merken), elek.
Hefkranen: Firma Kramer, Vlakwater 1, ten ZW van de sluis (1), max. 25 ton; Compagnieshaven Enkhuizen (5), tel. (02280) 1 33 53, max. 12 ton, tarief vanaf f 170,– (heffen met staande mast mogelijk).
Trailerhelling: Compagnieshaven Enkhuizen (5), tel. (02280) 1 33 53, tarief f 5,–.
Botenliften: H. J. van den Berg Bootservice, tot 30 ton (liften met staande mast mogelijk); Klerk Yacht Service B.V., max. 20 ton, tarief t/m 8 ton f 180,–, t/m 20 ton f 250,– (excl. BTW); Compagnieshaven Enkhuizen (5), tel. (02280) 1 33 53, max. 12 ton (liften met staande mast mogelijk).
Wasserette: Compagnieshaven Enkhuizen (5); bij de K.N.Z. en R.V. in de Buyshaven (13).

Stortplaatsen chemisch toilet: Aan de Compagnieshaven Enkhuizen (5); aan de ZW-zijden van de Zuider- of Buitenhaven bij gebouw Gem. Visafslag; bij de K.N.Z. en R.V. in de Buyshaven (13).
Aftappunt vuilwatertank: bij Compagnieshaven Enkhuizen (5).

Enkhuizerzand
Zandbank die zich van het Krabbersgat bij Enkhuizen over een afstand van 11 km in OZO-richting uitstrekt. Over het zand en ten ZO ervan is de Houtribdijk aangelegd met de Houtribsluizen bij Lelystad-Haven. Rond het Enkhuizerzand ligt, in diep water, een betonning waarbij ook lichtboeien; tegen het ondiepe gedeelte ten NO van de Houtribdijk is een aanvullende betonning geplaatst op de 2 m dieptelijn (t.o.v. NAP) (zie hiervoor de 'Kaart voor Kust- en Binnenwateren, nr. 1810' van de Chef der Hydrografie).
Werkhaven: Ten ZO van het Enkhuizerzand is een werkhaven (Trintelhaven) gebouwd (12 km van Urk, 15 km van Lelystad), aan de N-zijde van de Houtribdijk. De naar het ZO gerichte havenmond wordt 's nachts aangegeven door een vast rood en een vast groen havenlicht. Er is een loswal maar verder zijn er geen voorzieningen. In de haven mag max. 72 h ligplaats worden ingenomen. Geen havengeld. Op het terrein naast de haven is een horecagelegenheid (Checkpoint Charlie).

Enschede
50 km van de IJssel; 7 km van Hengelo; zie ook 'Twentekanalen'.
Gemeentelijke havenmeester: J. G. T. ten Broeke, kantoor gemeentelijke milieudienst, tel. (053) 83 12 72.
Ligplaatsen: Aan de binnensteiger van de jachthaven van de Enschedese W.V., aan het einde van Kanaal Zutphen-Enschede, Z-zijde, terreinsleutel bij J. ter Mors, IJsbaanweg 137, tel. (053) 31 05 87, tarief op aanvraag, de KNWV-gastvrijheidsregeling wordt gehanteerd (toiletten, wastafels en douches) ● Jachtwerf De Helling B.V., aan het einde van Kanaal Zutphen-Enschede, Binnenhaven 4, havenmeester J.H. Keppels, tel. (053) 31 04 02, max.diepgang 1,40 m, tarief f 1,– per m lengte (elektra, toiletten).
Drinkwater: Bij Jachtwerf De Helling B.V. (sl); aan het einde van de Handelshaven aan bakboord.
Motorbrandstof: Garage op 200 m van de jachthaven van de W.V., die, sbe loodhoudend, Euro-loodvrij en mengsmering.
Vulstations propaangasflessen: Jacob Bakker B.V., Binnenhaven 16, tel. (053) 31 85 41.
Reparatie: Fa. H. J. ter Heege, Binnenhaven 106, tel. (053) 31 04 58, zeil; Jachtwerf De Helling B.V., Binnenhaven 4-6, tel. (053) 31 04 02, bub (Yamaha, Johnson, Evinrude en Tomos), bib (afhankelijk van reparatie), romp/uitr (ht, s, p/op de wal + in het water), elek, zeil/tuigage, scheepshelling max. 30 ton (op zat.middag en zo. gesloten); Touw- en Watersportcentrum Twente, (Nauticring) Binnenhaven 2, tel. (053) 31 70 66, bub (Yamaha, Johnson en Evinrude), romp/uirt (ht, s, p/in het water), zeil/tuigage.
Trailerhelling: Jachtwerf De Helling B.V., max.diepgang 1,60 m (op zat. en zo. gesloten).
Botenlift: In de jachthaven van de Enschedese W.V., max. 14 ton.
Stortplaats chemisch toilet: Bij Jachtwerf De Helling B.V.

Europoort
Havencomplex op het W-gedeelte van het eiland Rozenburg. Toegang vanaf de Maasmond langs de Z-oever van de Nieuwe Waterweg door het Calandkanaal of vanaf de Oude Maas via het Hartelkanaal en het Calandkanaal. De havens zijn op grond van de Haven-

verordening Rotterdam verboden voor de recreatievaart. Recreatievaartuigen die op de motor varen mogen deze route van de Maasmond door het Calandkanaal en het Hartelkanaal naar de Oude Maas en omgekeerd wel rechtstreeks en zonder onderbreking bevaren. Kleine schepen moeten stuurboordwal aanhouden. Zeilen is in de havens verboden. Er geldt tevens een vaarverbod voor door spierkracht voortbewogen vaartuigen. Een klein vaartuig moet 's nachts en bij slecht zicht op het Calandkanaal een radarreflector voeren. Ankeren is op het Calandkanaal verboden, afmeren is alleen toegestaan op de daarvoor aangewezen gedeelten.
Voor verbinding van de Oude Maas af, zie verder onder 'Hartelkanaal'.
Marifoon: Blok Europoort, blokkan. 66. Zie tevens onder 'Nieuwe Waterweg'.

Ewijcksluis, Van

Aan het Amstelmeer (zie aldaar); 6 km van De Kooy aan het Noordhollandskanaal (zie 'Balgzandkanaal'); 4 km van Anna Paulowna.
Maximumsnelheid: In de Van Ewijcksvaart 9 km/h.
Doorvaartroutes: Van het Noordhollandskanaal af, zie 'Balgzandkanaal'; van de Haukessluis af zie 'Amstelmeer'.
De verbinding met het Kanaal Stolpen-Schagen leidt via de Van Ewijcksvaart, de Boezem van het Zijpe en de Grote Sloot (max. diepgang Grote Sloot 0,80 m). De hoogte van de laagste vaste brug in deze route is 2,25 m. Varend vanaf Anna Paulowna/Kleinesluis moeten de groene steekbakens aan sb worden gehouden, komend van de Oudesluis deze steekbakens aan bb.
Sluis: In de Van Ewijcksvaart ligt de Van Ewijcksluis, die meestal openstaat.
Bruggen: Over de Van Ewijcksluis ligt een ophaalbrug, H 0,80 m. Bij Anna Paulowna (Kleine Sluis) ligt nog een ophaalbrug, H 1,10 m.
– Bediening ophaalbrug Van Ewijcksluis (gratis):

(15 april-1 juli en		
1 sept.-1 okt.)	dagelijks	10-12, 14-16 h*
(1 juli-1 sept.)	dagelijks	9-18 h*
(1 okt.-15 april)	dagelijks	op verzoek**

*   Bediening op de hele uren, buiten deze tijden door W.S.C. Ewijcksluis, A. Vergouwe, tel. (02233) 13 80.
** Aanvragen via de W.V. Anna Paulowna, tel. (02233) 16 67.
– Bediening ophaalbrug bij Anna Paulowna (Kleine Sluis) (bruggeld f 2,50):

(15 april-1 juli en		
1 sept.-1 okt.)	dagelijks	10-12, 14-16 h
(1 juli-1 sept.)	dagelijks	9-12, 13-18 h*
(1 okt.-15 april)	ma. t/m vr.	9-12, 13-16 h, op verzoek**
	zat., zo. en fd.	gesloten

*   Bediening op de hele en halve uren.
** Bediening aanvragen op tel. (02233) 17 55 of (02233) 61 53.
Voor brug- en sluisbediening in Oudesluis, zie aldaar.
Havenkantoor: W.V. Anna Paulowna, Jachthaven Ewijcksluis, tel. (02233) 16 67; Jachthaven Oude Veer, tel. (02233) 17 55.
Ligplaats: In de jachthavens Ewijcksluis en Oude Veer van W.V. Anna Paulowna, binnen de sluis, tarief f 1,– per lengte per etmaal (elektra, wastafels, toiletten en douches (f 1,–)). Drinkwater f 1,– per 100 l.
Reparatie: Watersportcentrum Van Ewijcksluis, A. Vergouwe, Van Ewijcksvaart 24, tel. (02233) 13 80, bub (alle merken); Kossen

Boten Motoren, Noorderweg 10, Oude Sluis, tel. (02242) 12 54, bub
(Yamaha, Mercury, Johnson, Evinrude); W. v. d. Ham, romp/uitr
(s, a/op de wal + in het water).
Hefkraan: W. v. d. Ham, Binnenhaven 2, tel. (02233) 13 24, max.
10 ton.
Trailerhelling: Jachthaven W.V. Anna Paulowna, max.diepgang 1 m,
gratis.
Stortplaats chemisch toilet: Bij de jachthavens Ewijcklsuis en Oude
Veer van W.V. Anna Paulowna.

E Ewijk

Kmr 893,8, Lo van de Waal.
Het Loenense Wiel is afgesloten door een strekdam; bij hoge rivierstanden is deze niet waarneembaar.

Eijsden

Aan de Maas, kmr 4,4 Ro. De Maas is hier grensscheidende rivier.
Doorvaart is langs de O-oever van de rivier toegestaan, tot kmr 4,0.
Maximumsnelheid: Op het grindgat (Watersportcentrum Eijsden)
9 km/h.
Lig- en aanlegplaatsen: ● Benedenstrooms van Eijsden kmr 5,0 ligt
aan de O-zijde een afgesneden rivierarm, waarin de W.V. Eijsden,
havenmeester tel. (04409) 19 16, tarief f 1,20 per m lengte per etmaal
(incl. toeristenbelasting) (elektra, toiletten, douches (f 1,–) en wastafels in het nieuwe clubhuis), 10 min. van dorp verwijderd.
Tussen kmr 7,4 en kmr 9,4 ligt aan de O-zijde een grindgat (diep).
Toegang bij kmr 8,4. Op grond van de gemeentelijke verordening
Eijsden en Maastricht is het verboden om langer dan 3 dagen buiten
de jachthavens aan te leggen of indien het vaartuig verhaald is, binnen 2 dagen dezelfde ligplaats in te nemen (verhalen binnen een afstand van 500 m wordt beschouwd als afmeren op dezelfde plaats)
● Binnen de Gemeente Eijsden meerplaatsen bij Yachting Sondagh,
tel. (04409) 39 57, in het Z-gedeelte van het grindgat, max.diepgang
3,50 m, tarief f 1,50 per m lengte + f 0,60 p.p. toeristenbelasting per
nacht, min. f 10,– per nacht (elektra, wastafels, douches (f 1,–, sleutel
bij kantinebeheerder) en toiletten). Zie tevens onder 'Maastricht'.
Drinkwater: Bij Yachting Sondagh, tarief f 1,– (sl); bij W.V. Eijsden.
Reparatie: Aqua Viva, in de afgesneden rivierarm, Boomkensstraat 50,
tel. (04409) 18 55, bub/bib, romp/uitr (s, p/in het water) (wo. en zo. gesloten).
Trailerhellingen: Yachting Sondagh, Kasteellaan 5, tel. (04409) 39 57,
max. 1^1/$_2$ ton en een motorvermogen van max. 10 pk, tarief f 10,–,
max.diepgang 1,50 m. Zie verder onder 'Maastricht'.

Ezumazijl

7 km van Dokkumer Nieuwe Zijlen; 4 km van Oostmahorn; zie ook
'Lauwersmeer'. De toegangsgeul (de Raskes) is ca. 1,30 m diep. De
uitmonding naar het Dokkumerdiep, gemarkeerd met steekbakens en
blezen, ligt ca. 2,2 km ten Z van Oostmahorn.
Sluis: De sluis geeft toegang tot de Zuider Ee met max.diepgang
1,50 m en doorvaarthoogte van 1,10 m, verbinding met Dokkum tot
aan het Oosterverlaat. De sluis in het Oosterverlaat wordt niet bediend.
Bediening: Ma. t/m vr. alleen op verzoek, zo mogelijk enige dagen tevoren aanvragen, tel. (05193) 12 33. Brug- en sluisgeld f 2,50 per keer.
Aanlegplaatsen: Binnen en buiten de sluis (let op waterstandverschillen door spuien en de gevaarlijke stroom bij het spuien met de sluis).
● in de jachthaven van W.V. De Rasker Ezumazijl, tarief f 5,– (beperkt),
max.diepgang.

Finkumervaart
Zijvaart van de Dokkumer Ee (zie aldaar) van Bartlehiem via Finkum naar Oude-Leije. Lengte 8,3 km. Dit landschappelijk fraaie vaarwater is een onderdeel van de Elfstedenroute. De vaart is in Oude-Leije afgedamd. Voor kano's bevindt zich hier een overdraagplaats. Max. toegestane diepgang 1,45 m.
Vaarwegbeheerder: Provincie Friesland, Gedempte Keizersgracht 38, 8911 KL Leeuwarden, tel. (058) 92 59 25.
Maximumsnelheid: 6 km/h.
Bruggen: Vaste bruggen, laagste brug H 2,20 m.
Aanlegplaatsen: Steiger bij Bartlehiem; jachthaven It Spoardok in Finkum, op ca. 6 km van Bartlehiem, beheerder B. Brameyer, tel. (05109) 43 61, tarief f 5,– per nacht, max.diepgang 1,25 m; in de Leyesterhaven te Oude Leije van Dorpsbelang Oude Leije, tarief f 5,– per nacht, max.diepgang 1,25 m.
Trailerhelling: in de Leyesterhaven te Oude Leije
Kampeerterrein: Bij It Spoardok in Finkum; bij de Leyesterhaven.

Flauers
Droogvallend getijhaventje aan de Oosterschelde (zie aldaar) op het eiland Schouwen; 6 km ten NW van Zierikzee.
Getijstanden: GHW = NAP + 1,31 m; GLW = NAP – 1,19 m; gemiddeld LLWS = NAP – 1,86 m.
Haven: De haven is moeilijk aan te lopen vanwege deels onder water gelegen strekdammen. Daarom de haven goed open varen. Er zijn geen havenlichten. De haven is verhuurd aan een particulier en is te gebruiken als vluchthaven voor de watersport, D NAP – 0,30 m. Onveilig bij stormen uit Z-richtingen. De haven valt bij laagwater droog en is daardoor niet geschikt voor schepen met vaste kiel. Er is geen beroepsvaart.
Marifoon: Kan. 13.

Flevoland (O- en Z-)
Algemeen: Alle doorgaande scheepvaartkanalen mogen worden bevaren, evenals de zijkanalen in O- en Z-Flevoland.
De lange vaarten zijn vooral aantrekkelijk door de rust die er meestal heerst. Verschillende gedeelten zijn eentonig, andere zijn aantrekkelijk door een boomrijke of natuurlijke omgeving nl. de Lage Vaart tussen Almere en Dronten, de Larservaart (bevaarbaar tot het Larserbos) en de Hoge Dwarsvaart in het Harderbos. Voor zeilboten zijn de vaarten niet aan te bevelen. In Almere zijn watersportmogelijkheden voor kleine jachten, zie aldaar.
Waterkaart: ANWB-Waterkaart 'Randmeren/Flevoland' (kaart E), schaal 1:50.000.
Vaarwegbeheerder: Provincie Flevoland, Postbus 55, 8200 AB Lelystad, tel. (03200) 7 24 11.
Plaatsbeschrijvingen: In deze Almanak zijn plaatsbeschrijvingen opgenomen onder: 'Almere-Buiten', 'Almere-Haven', 'Almere-Stad', 'Biddinghuizen', 'Bremerbergse Hoek', 'Dronten', 'Drontermeer', 'Gooimeer', 'Ketelhaven', 'Lelystad', 'Lelystad-Haven', 'Muiderzand', 'Nuldernauw', 'Nijkerkernauw', 'Roggebotsluis', 'Swifterbant', 'Veluwemeer', 'Vossemeer', 'Wolderwijd', 'IJmeer', 'IJsselmeer' en 'Zeewolde'.
Doorvaartroutes (afstand, aantal sluizen en doorvaarthoogte):
– Ketelhaven, Dronten, Noordersluis in Lelystad-haven (de Lage Vaart door O-Flevoland), 31 km, 3 sluizen, H 5,90 m.
– Ketelhaven, Dronten, Zuidersluis bij gemaal De Blocq van Kuffeler (de Lage Vaart door O- en Z-Flevoland), 48 km, 4 sluizen, H 5,90 m.

– Ketelhaven, Lelystad, Zuidersluis (Swiftervaart, Noordertocht, Oostervaart en Lage Vaart), 53 km, 3 sluizen, H 2 m.
– Noordersluis in Lelystad-Haven, Almere-Buiten, Zuidersluis bij De Blocq van Kuffeler (de Lage Vaart door Z-Flevoland) 28 km, 3 sluizen, H 6,50 m.
– Ketelhaven, Biddinghuizen, Almere-Buiten, Zuidersluis bij De Blocq van Kuffeler (de Hoge Vaart door O- en Z-Flevoland), 62 km, 2 sluizen, H 5,40 m.
– Ketelhaven, Biddinghuizen, Almere-Haven (de Hoge Vaart en Lange Wetering), sluis Almere-Haven naar Gooimeer, 59 km, 2 sluizen, H 2,50 m.
– Almere-Haven, via Lange Wetering en Hoge Vaart, Zuidersluis bij De Blocq van Kuffeler, 10 km, 2 sluizen, H 2,50 m.
– Almere-Haven, Lange Wetering, het Weerwater, het grachtenstelsel in Almere-Stad, Noorderplassen naar de Zuidersluis bij gemaal De Blocq van Kuffeler (zie onder 'Almere-Haven' en 'Almere-Stad').

Maximumsnelheid: Niet officieel vastgesteld, gebruikelijk is 9 à 12 km/h.

Maximumdiepgang: De max. toegestane diepgang in de sluizen is 2,40 m, met uitzondering van de sluis in Almere-Haven, max.diepgang 1,25 m. De routes zijn bevaarbaar met een diepgang van 2,40 m, met uitzondering van de route via Almere-Haven (D 1,25 m), de route via de Swiftervaart, Noordertocht en Oostervaart in O-Flevoland (D 1,50 m) en de zijvaart van de Lage Vaart (Larservaart) naar het dagrecreatiegebied Larserbos (doodlopend) (D 2,10 m).

Sluizen: De hoofdvaarten zijn toegankelijk via sluizen in Almere-Haven, De Blocq van Kuffeler, Lelystad en Ketelhaven.
De Hoge Knarsluis in de Hoge Vaart en de Lage Knarsluis in de Lage Vaart staan meestal open.

Bruggen: De bruggen zijn vast, H 5,40 m over de Hoge Vaart en H 6,50 m over de Lage Vaart. Er liggen beweegbare bruggen over de Noordersluis, de Zuidersluis en over de Kampersluis.

Sluisbediening:
– Noordersluis en Vaartsluis; de Vaartsluis wordt bediend vanaf de Zuidersluis (op afstand via TV-camera's):

ma. t/m vr.	(1 april-16 okt.)	7-12.30, 13-19 h
	(16 okt.-1 april)	7-12.30, 13-18 h
zat.	(16 mei-16 sept.)	7-12, 13-19 h
	(16 sept.-16 mei)	7-12 h
zo. en fd.	(16 mei-16 sept.)	9-12, 13-19 h
	(16 sept.-16 mei)	gesloten

– Zuidersluis:

ma. t/m vr.	(1 april-15 okt.)	7-12.30, 13-19 h
	(15 okt.-1 april)	7-12.30, 13-18 h
zat.	(15 mei-15 sept.)	7-12, 13-19 h
	(1 april-15 mei en 15 sept.-15 okt.)	7-12, 18* h
	(15 okt.-1 april)	7-12 h
zo. en fd.	(15 mei-15 sept.)	9-12, 13-19 h
	(1 april-15 mei en 15 sept.-15 okt.)	10 en 18 h*
	(15 okt.-1 april)	gesloten

* Op zaterdagmiddag 18 h en zondag alleen bediening op verzoek, deze aanvraag dient zaterdag vóór 12 h aangevraagd te worden, tel. (036) 5 32 00 12.

– Ketelsluis en Kampersluis*:

ma. t/m vr.	(1 april-16 okt.)	7-12.30, 13-19 h
	(16 okt.-1 april)	8-12.30, 13-18 h
zat.	(16 mei-16 sept.)	8-12, 13-19 h
	(16 sept.-16 mei)	8-12 h
zo. en fd.	(16 mei-16 sept.)	9-12, 13-19 h
	(16 sept.-16 mei)	gesloten

* De Kampersluis wordt van 1 okt. 1994-1 mei 1995 bediend door het personeel van de Ketelsluis (de Ketelsluis wordt gedurende deze tijden niet bediend). Medio 1995 zal de Kampersluis worden bediend vanaf de Ketelsluis m.b.v. TV-camera's:

zat.	(16 mei-16 sept.)	8-12, 14-14.30, 17.30-18 h
	(16 sept.-16 mei)	8-12 h
zo. en fd.	(16 mei-16 sept.)	9.30-10, 14-14.30, 17.30-18 h
	(16 sept.-16 mei)	gesloten

– Sluis in Almere-Haven: zie onder 'Almere-Haven'.
Ligplaatsenverordening: De ligplaatsenverordening van de gemeenten Dronten, Almere en Zeewolde geldt zowel binnendijks (polderwateren van O- en Z-Flevoland) als buitendijks (Randmeren vanaf Ketelbrug tot Hollandse brug, IJmeer en Markermeer).
Deze verordening is gericht tegen het innemen van een ligplaats langer dan 3 dagen buiten een jachthaven (voor de Gemeente Almere geldt het verbod ligplaats te nemen buiten de daarvoor aangewezen plaatsen) en tegen het meren van recreatievaartuigen langer dan 15 m. Voorts is het verboden te meren tegen een rietkraag tot 2 m daarbuiten.
Voor buitendijkse gebieden geldt een lig- en ankerverbod binnen 100 m uit de oever van stranden.
Aanlegplaatsen: Aan de O-oever van de Hoge Vaart nabij de Ketelsluis ● aan de W-oever van de Hoge Vaart t.h.v. de Nonnetjesweg ● in het insteekhaventje bij de Hoge Knarsluis in de Hoge Vaart, D ca. 1,25 m ● aan de O-oever van de Hoge Vaart t.h.v. de Bosruitertocht ● aan de Hoge Dwarsvaart in het Harderbos bij Kampeerterrein De Gaper, tarief f 5,– per persoon, toeristenbelasting f 0,35 per persoon (over de toegang tot de Hoge Dwarsvaart ligt een vaste brug H 3,90 m) ● aan de O-oever van de Hoge Vaart t.h.v. de Priemtocht ● aan de Lage Vaart in de Vaartplas tussen Almere-Buiten en Lelystad ● aan de Z-oever van de Lage Vaart tussen Dronten en Lelystad, ten W van de Wiertocht ● aan de O-oever van de Larservaart bij het Larserbos ● aan de N-oever van de Lage Vaart nabij de kruising met de spoorlijn ● aan de W-oever van de Lage Vaart t.h.v. de Fluittocht. Zie tevens onder 'Plaatsbeschrijvingen'.
Vluchthaven: Voor de vluchthaven bij het gemaal De Blocq van Kuffeler halverwege Pampushaven en Lelystad-Haven, zie onder 'Almere-Buiten'.
Trailerhellingen: Aan de Larservaart bij de Uilentocht aan de W-zijde en bij het Larserbos aan de O-zijde; aan de Lage Vaart ten O van de Oostervaart, Z-oever en ten W van de Riettocht, Z-oever; aan de Hoge Vaart bij de Hierdense Tocht, Z-oever en 1,5 km ten ZW van de Larsertocht, N-oever; aan de Vaartplas tussen Almere-Buiten en Lelystad.
Stortplaats chemisch toilet: Bij de Zuidersluis, Ketelsluis, sluis Almere-Haven, Noordersluis, jachthaven Dronten, jachthaven Swifterbant en aanlegsteiger Biddinghuizen.

Fluessen

De Fluessen vormt samen met het Heegermeer, De Oorden, Oud Karre, Grote Gaastmeer, Zandmeer, Grons, Vlakke Brekken en Oudegasterbrekken één groot merengebied zonder bruggen of sluizen. De meeste doorvaarten en toegangen zijn aangegeven door driehoekige bakens. Dit samenhangend watergebied is bijna overal buiten de geulen bevaarbaar met een diepgang van ca. 1,50 m. De hoofdvaargeul heeft een diepte van 3 m. In de andere vaargeulen varieert de diepte van 1,30 m tot 2 m. Ondiep is het ZW-gedeelte van de Fluessen. Bij de vaart van de Fluessen naar de Oorden moet men dan ook de Nieuwe Vaart houden, die deze beide gedeelten verbindt. Verder treft men hier en daar langs de oevers ondiepten aan, in het bijzonder langs de ZO-oever. Voorts is er een ondiepte ten W van het baken dat de toegang aangeeft tot de Woudsenderrakken.
Tussen Elahuizen en de Leijepolle ligt een zwart-gele ton die de plaats aangeeft waar stenen tot ca. 0,40 m onder de oppervlakte liggen.
Doorvaart ten Z van de Leijepolle is mogelijk met 0,70 m diepgang.
De invaart naar de haven van Elahuizen is vanaf de geul van het Johan Frisokanaal betond.
Op het Heegermeer en de Fluessen staat bij harde ZW-wind een hoge golfslag. Bij opkomend slecht weer kan men echter gewoonlijk gemakkelijk de wijk nemen naar smalle wateren rondom dit meer, waar men goede ligplaatsen vindt.
Ook op de eilanden in het meer bevinden zich beschutte ligplaatsen welke vooral in de vakantieperiodes erg druk zijn.
Vaarwegbeheerder: Provincie Friesland, Gedempte Keizersgracht 38, 8911 KL Leeuwarden, tel. (058) 92 59 25.
Maximumsnelheid: 12,5 km/h in de hoofdvaargeul als onderdeel van het Johan Frisokanaal; 9 km/h in de overige vaargeulen en een strook van 1500 m in het NO-gedeelte van het Hegermeer (door gele sparboeien aangegeven). Buiten de genoemde gebieden geldt géén snelheidsbeperking voor vaartuigen tot 1,5 m^3 waterverplaatsing en is waterskiën toegestaan. Nadere informatie is opgenomen in de ANWB-watersportwijzer 'Snel motorbootvaren in Nederland'. Raadpleeg hiervoor de 'Handleiding' van deze Almanak onder 'Snelle motorboten en Waterskiën'.
Eilanden: In het Heegermeer en de Fluessen bevinden zich vier eilanden, van NO naar ZW genoemd de Rakkenpôlle bij Heeg, de Langehoekspôlle onder Gaastmeer (ten Z van de toegang tot de Inthiemasloot), de Leijepolle ten ZO van de Langehoekspôlle en de Nije Krûspôlle ten NW van Elahuizen. De havens in de eilanden zijn bereikbaar met een diepgang van ± 1,50 m, behalve de Leyepôlle, daar is een diepgang van ± 1 m mogelijk. Vóór de oevers met oeverbestorting op de eilanden is het erg ondiep. Daar waar de diepte minder dan 1,50 m bedraagt zijn plaatselijk boeien aangebracht. Aanleggen aan de Krûspôllen is verboden.
De NO- en ZO-zijde van de Rakkenpôlle zijn erg ondiep.
Aanleg- en ligplaatsen: Alle 4 de hier bovengenoemde eilanden hebben ligplaatsen welke door de Marrekrite zijn ingericht, terwijl bovendien bij de Woudsender Rakken zo'n ligplaats is ingericht, D 1,15 m ● de havens van Elahuizen (zie aldaar) ● de oevers van de tegenover liggende toegang naar het Hofmeer, D 1,20 m.
Grote Gaastmeer, Zandmeer, Vlakke Brekken, Bombrekke en Oudegasterbrekken zijn stille, fraaie plassen, ca. 1,50 m diep, aan de kant ca. 1,20 m, met diverse aanlegplaatsen van de Marrekrite. De inhammen aan de westzijde van de Vlakke Brekken en de Bombrekke zijn verraderlijk ondiep, plaatselijk minder dan 1 m.
In de Oudegasterbrekken bevinden zich aan de ZO-zijde op ca. 60 m uit de wal een aantal boomstobben onder water, waarmee men reke-

ning moet houden. Bij W-winden weinig aanlegmogelijkheden in Oudega. Voor de haven van Oudega, zie aldaar.
Kampeergelegenheid: Op enige door de Marrekrite ingerichte ligplaatsen, aangegeven in de algemene beschrijving hiervoor.

Follega

2,5 km van de Grote Brekken; 0,5 km van het Tjeukemeer.
Vanuit Follega kan men Sint Nicolaasga (zie aldaar) bereiken.
Maximumsnelheid: 9 km/h.
Bruggen: Ophaalbrug in de Rijksstraatweg, H 1,25 m (vast gedeelte H 1,65 m). Bediening: (gratis)

ma. t/m zat.	(mei en sept.)	8-12, 13-17 h
	(1 juni-31 aug.)	8-12, 13-17, 18-20 h
	(15 mrt.-1 mei en 1 okt.-15 nov.)	8-12, 13-18 h (zat. tot 17 h)
	(15 nov.-15 mrt.)	8-18 h (zat. tot 17 h), op verzoek*
zo. en fd.	(15 april-1 juni en 1 sept.-15 okt.)	9-12, 14-18 h
	(1 juni-1 sept.)	9-12, 14-17, 18-20 h
	(15 okt.-15 april)	gesloten**

* Bediening aanvragen bij de Provincie Friesland, tel. (058) 92 58 88, buiten kantoortijden tel. (058) 12 24 22.
** Op 1e en 2e paasdag bediening als in periode 15 april tot 1 juni.
Aanlegplaats: Zie onder 'Tjeukemeer'.

Fonejachtbrug

5 km van Earnewâld (Eernewoude); 9 km van Grou (Grouw); 4 km van Warten (Wartena); 10 km van Leeuwarden; zie ook 'Prinses Margrietkanaal'.
Brug: Basculebrug, H 7,30 m. Zie voor bediening onder 'Prinses Margrietkanaal'.
Drinkwater en motorbrandstof: Tankbootje ten Z van de brug, be (sl), die (sl) en water (sl).
Kampeerterrein: Aan de Z-zijde van de brug.

Foppenplas

Plasje 30 ha, gelegen in Midden-Delfland, in het Westland ten ZO van Maasland, zie ook 'Westland'. Op het water is de provinciale verordening 'Verordening Watergebieden en Pleziervaart' van toepassing.
Ligplaats: Jachthaven Delftse W.V., havenmeester J. Tettelaar, tarief f 1,- per m (toilet), max.diepgang 1 m.
Stortplaats chemisch toilet: Bij Delftse W.V.

Franeker

9,5 km van Harlingen; 17 km van Leeuwarden; 3 km van de monding van de Franekervaart; zie ook 'Harinxmakanaal, Van'.
Maximumsnelheid: Zie 'Harinxmakanaal, Van'.
In de stadsgrachten en verder naar Berlikum 6 km/h.
Bruggen: De nieuwe stationsbrug (bb), H 0,75 m, over het Van Harinxmakanaal (zie aldaar). Indien op de brug spuiseinen worden getoond, moet men tijdens het wachten op bediening ruim afstand houden van de brug in verband met afstroming richting Harlingen.
De Kaatsveldbrug (bb) in de vaarweg naar Berlikum wordt gratis bediend:

ma. t/m zat.	9-12, 14-18 h alleen op de hele en halve uren
zo. en fd.	10, 17 en 18 h

Gemeentelijke havenmeester: B. Bosgra, Harlingerweg 14, tel. (05170) 9 83 44.
Lig- en aanlegplaatsen: In de jachthaven van de Franeker W.V. (secretaris, tel. (05170) 9 47 46), waarvan de toegang vanaf het Van Harinxmakanaal uit is aangegeven door een bord (beperkte accommodatie), max.diepgang 1,50 m, tarief f 5,– per nacht + f 1,– p.p. (elektra, toiletten en wastafels) ● gemeentelijke aanlegplaatsen aan het Van Harinxmakanaal (Zuiderkade en de Tuinen), Salverdervaart en Dongjumervaart, tarief f 4,– tot f 8,– per nacht (toiletten, wastafels en douches (f 1,–), Zuiderkade-Heerengracht 21).
Drinkwater: Aan de Zuiderkade (sl).
Motorbrandstof: Boot Service Hattuma, loswal 1 km ten oosten van de brug, die (sl).
Vulstation propaangasflessen: Fa. Pottinga, Voorstraat 82, tel. (05170) 9 21 37.
Reparatie: S. Meijer, Van Harinxmaweg 5a, tel. (05170) 9 38 66, romp/uitr; K. Draaisma, Werf Welgelegen, Vliet 143, tel. (05170) 9 20 77, romp/uitr, scheepshelling; R. v. d. Sluis, Spaarbank 18, romp/uitr; Jachtbouw P. Valk Franeker B.V., Tuinen 32, tel. (05170) 9 29 08, bib (Volvo Penta, Mercedes, Daf, Vetus, Nanni en Ford), romp/uitr (ht, s, a/op de wal + in het water), elek; Smits Installatie & Scheepstechniek, Oostelijke Industrieweg 25a, tel. (05170) 9 56 11, bib (géén Solé), romp/uitr (s/op de wal + in het water); Boot Service Hattuma, Oostelijke Industrieweg 25,tel. (05170) 9 27 26, bib (alle merken), romp/uitr (ht, s, p/op de wal + in het water), zeil/tuigage, elek.
Hefkranen : Smits Installatie & Scheepstechniek, max. 20 ton.
Trailerhelling: In de Dongjumervaart, in verlengde van de J. Siebengastraat, max. 1000 kg, max.diepgang 1,10 m.
Botenlift: Jachtbouw P. Valk Franeker B.V., max. 80 ton, max.diepgang 1,50 m, tarief f 25,– per ton (excl. BTW).
Kampeerterrein: Stadscamping "Bloemketerp", Burg. J. Dijkstraweg 2, tel. (05170) 9 50 99.

Franekervaart

Sneek-Oosterlittens 14,1 km; Oosterlittens-Van Harinxmakanaal 6,2 km, rustig vaarwater door de weilanden.
Vaarwegbeheerder: Provincie Friesland, Gedempte Keizersgracht 38, 8911 KL Leeuwarden, tel. (058) 92 59 25 (voor aanvragen brugbediening: tel. (058) 92 58 88).
Maximumsnelheid: 6 km/h.
Bruggen: Van Sneek tot Oosterlittens liggen 10 vaste bruggen, laagste brug H 1,65 m. Om van de Houkesloot door Sneek de Franekervaart te bereiken, moet men door de Oosterpoortsbrug, vaste brug H 1,54 m. Komende van de Zwette (Snekertrekvaart) kan men wel de uiterste doorvaarthoogte van 1,65 m benutten.
Over het Z-gedeelte van de Franekervaart liggen 3 beweegbare bruggen.
– Ophaalbrug in Tirns, H 1,20 m. Bruggeld f 2,50. Bediening:

ma. t/m zat.	(gehele jaar)	9-16 h, op verzoek*
zo. en fd.	(gehele jaar)	gesloten

* Bediening aanvragen op ma. t/m vr. tussen 9 en 15 h bij de Gemeentewerken in Heeg, tel. (05154) 4 26 40.

- Brug in Rien, H 0,80 m, bediening als brug in Oosterlittens. Bruggeld f 2,–.
- Basculebrug in Oosterlittens, H 1,15 m. Bruggeld f 2,–. Bediening:

ma. t/m zat.	(1 okt.-15 nov. en 15 mrt.-1 mei)	9-12, 13-17 h
	(1 mei-1 okt.)	9-12, 13-17, 18-20 h
	(15 nov.-15 mrt.)	9-17 h, op verzoek*
zo. en fd.	(1 mei-1 okt.)	8-9, 11-12, 16-18 h
	(1 okt.-1 mei)	gesloten

* Bediening aanvragen bij de Provincie Friesland, tel. (058) 92 58 88, buiten kantoortijden, tel. (058) 12 24 22.
- Van Oosterlittens tot het Van Harinxmakanaal liggen 7 vaste bruggen, laagste brug H 2,45 m, en een lage basculebrug in Winsum. Bediening: als brug in Oosterlittens. Bruggeld f 2,–.

Gaarkeuken
Schutsluis 20 km van Groningen; 80 km van Lemmer; zie ook 'Starkenborghkanaal, Van'.
Sluis: Zie voor bedieningstijden onder 'Starkenborghkanaal, Van'.
Watersporters die de sluis willen passeren, kunnen dit te kennen geven door te meren aan de daarvoor aangewezen steigers voor de sluis aan de Z-zijde van het kanaal. Via de geluidsinstallatie wordt men door het sluispersoneel opgeroepen om de sluis binnen te varen.
De vaart naar Grijpskerk is tot de spoorbrug, een afstand van 750 m, bevaarbaar.
Marifoon: Sluis Gaarkeuken, kan. 18.

Gaastmeer
Zowel bereikbaar over het Piel (D 0,90 m), als via het Grote Gaastmeer (zie 'Fluessen'), D 1,40 m.
Maximumsnelheid: 9 km/h.
Brug: Vaste brug in het dorp, H 2 m.
Ligplaatsen:

● Aan de gemeentelijke loswal ten Z van de vaste brug, bereikbaar via het Piel, havenmeester tel. (05154) 6 95 77, tarief tot 6 m lengte f 6,50, tot 9 m f 9,–, vanaf 9 m f 14,- per nacht (toiletten, douche en wastafels)
● Ten N van de vaste brug in het dorp liggen twee jachthavens aan de Woudbuursterpoel, bereikbaar via het Grote Gaastmeer (geen doorvaarthoogtebeperking): Jachthaven Allard Sijperda, havenmeester fam. Rypma, tel. (05154) 6 96 66, tarief f 1,– per m lengte per nacht (toiletten, douches (f 1,–) en wastafels) ● Jachthaven/Camping De Poel, Munkedijk 24, tel. (05154) 6 97 32, max.diepgang 1,10 m, tarief f 1,50 per m lengte per nacht + f 0,90 toeristenbelasting p.p. (toiletten, douches (f 1,–) en wastafels).
Motorbrandstof: Jachthaven Allard Sijperda, die (sl).
Reparatie: Jachthaven/Camping De Poel, Munkedijk 24, tel. (05154) 6 97 32, romp/uitr (p/op de wal + in het water).
Hefkraan: Jachthaven/Camping De Poel, max.diepgang 0,80 m, tarief f 47,– per keer.
Kampeerterreinen: Jachthaven/Camping De Poel; Camping Flapper, J. J. Hofstraat 1, tel. (05154) 6 95 76.

Galamadammen
5 km van Warns; 13 km van Heeg; zie ook 'Fluessen'.
Brug: Beweegbare brug met vast gedeelte, H 2,55 m.

Bediening (gratis):

ma. t/m vr.	(1 mei-1 okt.)	6-7*, 7-21 h
	(1 okt.-15 nov. en 15 mrt.-1 mei)	6-7*, 7-19, 19-20 h*
	(15 nov.-15 mrt.)	6-7*, 7-17, 17-20 h*
zat.	(1 mei-1 okt.)	6-7*, 7-20 h
	(1 okt.-15 nov. en 15 mrt.-1 mei)	6-7*, 7-18, 18-19 h*
	(15 nov.-15 mrt.)	6-19 h*
zo. en fd	(mei en sept.)	9-12, 13-18 h
	(1 juni-1 sept.)	9-12, 13-17, 18-20 h
	(april en okt.)	9-11, 16-18 h
	(1 nov.-1 april)	gesloten

* Bediening op verzoek, aanvragen bij de Provincie Friesland, tel. (058) 92 58 88, buiten kantoortijden tel. (058) 12 24 22.
Op werkdagen vóór en na fd: bediening als op zat. en ma.
Lig- en aanlegplaatsen:
● Jachthaven De Kuilart, 500 m ten NO van de brug, havenmeester J. de Jong, tel. (05142) 16 06, tarief f 1,50 per m per nacht (elektra, toiletten, douches (douchemunten à f 0,50 o.a. bij winkel) en wastafels)
● nieuwe Jachthaven Galamadammen, havenmeester dhr. Jorritsma, tel. (05142) 13 46, ten NW van de brug, max.diepgang 2 m, tarief f 1,50 per m lengte per nacht + toeristenbelasting f 0,75 per persoon (elektra, toiletten, douches (f 1,–) en wastafels).
Drinkwater: In beide jachthavens.
Motorbrandstof: Jachthaven Galamadammen, die (sl); Jachthaven De Kuilart, die (sl), sbe (sl).
Hefkraan: Jachthaven De Kuilart, De Kuilart 1, tel. (05142) 16 06, max. 3,5 ton, tarief vanaf f 42,50 per keer.
Trailerhellingen: Jachthaven De Kuilart, max. 3,5 ton; Jachthaven Galamadammen, Galamadammen 1-4, tel. (05142) 13 46, gratis.
Kampeerterrein: Jachthaven De Kuilart.
Wasserettes en stortplaatsen chemisch toilet: Bij Jachthaven De Kuilart; bij Jachthaven Galamadammen.

Galathee, De

Op Goeree-Overflakkee (gem. Oostflakkee) aan het Volkerak (zie aldaar); ca. 4 km van Ooltgensplaat of Achthuizen; zie ook 'Zoommeer'.
Waterstand: Gelijk aan NAP, doch er kunnen peilvariaties optreden van NAP – 0,25 tot NAP + 0,05 m.
Haven: Vluchthaventje, dat door de pleziervaart weinig wordt gebruikt. Max. toegestane diepgang 1,30 m.
Aanlegplaats: Aan de hoge kademuur en aan pontons in de haven (gratis) (restaurant). Geen toezicht.
Verlichting: Aan bakboordzijde van de haveningang een rondschijnend rood licht.

Garnwerd

Aan het Reitdiep; 11,5 km van Groningen; 14 km van Electra; zie ook 'Reitdiep'.
Brug: Ophaalbrug, zie voor bediening onder 'Reitdiep'.
Ligplaatsen: Jachthaven Recreatiecentrum Garnwerd, ten Z van de brug en voor diepgaande jachten aan de kademuur ten N van de brug, havenmeester B.Deelman, tel. (05941) 20 72, max.diepgang 1,30-2 m, tarief f 1,10 per m lengte per nacht (elektra, toiletten, wastafels en douche (f 1,–)).

Motorbrandstof: Jachthaven Recreatiecentrum Garnwerd, die (sl).
Reparatie: Via Jachthaven Recreatiecentrum Garnwerd, bib/bub (alle merken).
Trailerhelling: Jachthaven Recreatiecentrum Garnwerd, Burg. Brouwerstraat 44, tarief f 10,– per keer (in en uit).
Kampeerterrein, wasserette en stortplaats chemisch toilet: Bij Recreatiecentrum Garnwerd (beperkte kampeermogelijkheden) en trekkershutten.

Geer

Tussen de Bijleveld en de Heinoomsvaart/Kromme Mijdrecht (aansluiting op N-gedeelte naar Wilnis via de Oudhuizersluis), lengte 3 km.
Vaarwegbeheerder: Hoogheemraadschap Amstel en Vecht, Postbus 97, 1190 AB Ouderkerk a. d. Amstel, tel. (02963) 31 53.
Maximumsnelheid: 6 km/h.
Bruggen: Deze drie beweegbare bruggen worden door één brugwachter bediend. Bij de brug aan de Hoek van Spengen is telefoon aanwezig om de brugwachter (bij afwezigheid) eventueel op te roepen (van O naar W, afstanden in km vanaf de Bijleveld):
– 1 km Brug aan de Hoek van Spengen (voorheen Wilhelminabrug), ophaalbrug, H 0,60 m.
– 1,3 km Geerbrug, basculebrug H 1,60 m.
– 2,5 km Oudendambrug, ophaalbrug H 0,60 m.
Bediening: (gratis)

(16 april-1 juni en 1 sept.-16 okt.)	dagelijks	9-12.30, 13.30-16.30, 17.30-19 h
(1 juni-1 sept.)	dagelijks	9-12.30, 13.30-16.30, 17.30-20 h
(16 okt.-16 april)	ma. t/m vr. zat., zo. en fd.	9-16.30 h, op verzoek* gesloten

* Bediening 24 h tevoren aanvragen tussen 17 en 18 h, tel. (03481) 15 75.
Bij drukke recreatievaart wordt de Geerbrug alleen bediend wanneer verschillende vaartuigen tegelijk kunnen worden doorgelaten. Max.wachttijd een half uur.

Geersdijk

Aan het Veerse Meer; 8 km van de Zandkreekdam.
Aanlegplaatsen: Steiger in vluchthaventje, beschut bij W-en N-wind en aanlegsteiger ca. 50 m ten O hiervan (toilet).

Geertruidenberg

Aan de Donge (zie aldaar); 2 km van de Amer.
Waterstand: Varieert bij gemiddelde rivierafvoer dagelijks van NAP + 0,60 m tot NAP + 0,35 m.
Brug: Vaste verkeersbrug, H NAP + 6,25 tot 7,25 m. Omgekeerde peilschalen op de pijlers.
Lig- en aanlegplaatsen: Jachthaven van W.V. Geertruidenberg in een havenkom langs de Donge, toegang juist ten Z van de hoogspanningsmast, D 2,20 m, havenmeester H. Leenstra, tel. (01621) 1 31 67, tarief f 1,25 per m lengte per nacht (elektra, toiletten, douches (f 1,–) en wastafels) (fietsen beschikbaar en invalidenlift naar steigers aanwezig) ● W.V. De Donge, havenkom juist ten N van de hoogspanningslijn, geschikt voor kleinere jachten, D 2,20 m, havenmeester dhr. De Wit, tel. (01621) 1 71 50, tarief f 3,50 per nacht (toilet en wastafels)

● Jachthaven Riethil, havenmeester A. v.d. Sande, tel. (01621)
1 48 90, tarief f 1,25 per m lengte (elektra, toiletten en wastafels),
max.diepgang 1,10 m ● langs de W-oever van de Donge bij de stad,
onrustig en druk bezet.
Drinkwater: Bunkercentrum Dongemond B.V., Rivierkade 11, tanklichter in de Donge (sl).
Motorbrandstof: Bunkercentrum Dongemond B.V., Rivierkade 11, tel.
(01621) 1 26 42, tanklichter in de Donge, die (sl), be ('s zondags gesloten); Jachthaven Riethil, Rivierkade 5, tel. (01621) 1 48 90, die (sl), be
(sl), sbe.
Vulstation propaangasflessen: Bunkercentrum Dongemond B.V.
Reparatie: Nederlof Scheepsbouw B.V., Rivierdijk 1, tel. (01621)
1 22 90, bib (alle merken), romp/uitr (ht, s, p, a/op de wal + in het
water), elek; Jachthaven Riethil, bib (Volvo Penta, Mercedes, Mitsubishi, Daf, Vetus, Farymann en Perkins), romp/uitr (s/op de wal + in
het water), elek.
Hefkraan: Jachthaven Riethil, max. 16 ton, max.diepgang 1,20 m,
tarief f 13,50 per m lengte (heffen met staande mast mogelijk).
Botenlift: Nederlof Scheepsbouw B.V.
Wasserette: Bij de W.V. Geertruidenberg (wasmachine en droger).

Geeuw
Van IJlst naar Sneek, 4 km.
Vaarwegbeheerder: Provincie Friesland, Gedempte Keizersgracht 38,
8911 KL Leeuwarden, tel. (058) 92 59 25.
Maximumsnelheid: 9 km/h.
Brug: Beweegbare brug, vaste gedeelte H 3 m.
Bediening: Zie bij 'Sneek', 'Doorvaartroute B'.
Ligplaats: Aan de ZO-oever, ten ZW van de Geeuwbrug in Sneek, is
een ligplaats van de Marrekrite.

Gein
Van Abcoude naar Driemond, 6 km, zeer fraai zijriviertje tussen de
Angstel en de Weespertrekvaart.
Vaarwegbeheerder: Hoogheemraadschap Amstel en Vecht, Postbus
97, 1190 AB Ouderkerk a. d. Amstel, tel. (02963) 31 53.
Maximumsnelheid: 6 km/h.
Diepte: Goed bevaarbaar met motorboten tot maximaal 0,90 m diepgang, met zeilboten (met gestreken mast) tot maximaal 1 m diepgang.
Bruggen: De Geinboogbrug bij de Gaasp, vaste brug, in het midden
H 2,25 m, aan de zijkanten H 1,60 m. Nabij de Vink ligt de Wilhelminabrug, vaste brug, H 2,07 m. Voor de spoorbrug (bb), H 0,65 m en de
Dorpsbrug (bb), H 0,55 m, bij Abcoude, zie aldaar.

Geldermalsen
Aan de Linge (zie aldaar); 38 km van Gorinchem; 33,5 km van Arkel.
Ligplaatsen:
● Gemeentelijke passantenhaven bovenstrooms van de verkeersbrug aan de Z-oever, geopend van 1 mrt.-1 nov., tarief f 5,– per nacht,
max.verblijfsduur 2 x 24 h, diepgang ca. 1 m;
● Jachthaven W.V. Achter 't Veer, 200 m beneden de verkeersbrug
aan de Z-oever, tel. (03455) 7 27 71, tarief f 1,– per m lengte (excl. toeristenbelasting f 0,75 p.p.) per nacht (elektra, toiletten, wastafels en
douches (f 1,–)).
Motorbrandstof: Jachthaven Achter 't Veer, die (sl); Jan v. d. Hazel
Geldermalsen B.V., Rijksstraatweg 70, die, be, sbe.
Vulstation propaangasflessen: Th. de Bruin, Bosmankamp 4,
tel. (03455) 7 67 56; H.J. van Maarseveen, Lingedijk 24, Buurmalsen,
tel. (03455) 7 18 74.

Reparatie: Jachtwerf Van Rijnsoever, Deilsedijk 64, Deil a. d. Linge, tel. (03457) 14 44, romp/uitr; Jachtwerf Conavroegh B.V., Rijnstraat 12, tel. (03455) 7 13 47, romp/uitr (s), scheepshelling tot 12 ton.
Trailerhelling: In overleg met havenmeester van Jachthaven W.V. Achter 't Veer, Achter 't Veer 4, tel. (03455) 7 27 71, tarief f 10,–.

Gelderse IJssel

Van de Neder Rijn bij kmr 878,6 tot de monding in het Ketelmeer. Lengte 118 km.
Waterkaart: ANWB-waterkaart 'Gelderse IJssel', schaal 1 : 25.000.
Algemeen: De rivier slingert zich door een fraai afwisselend landschap. Helaas is in het verleden door golven en stroom een aanzienlijke oeverafkalving opgetreden waardoor de vanouds aanwezige strandjes tussen de kribben op veel plaatsen zijn verdwenen. Om te voorkomen dat ook de kribben wegspoelen zijn in de jaren zeventig werken uitgevoerd om verdere oeverafkalving te voorkomen. De herstelde oevers zijn bestort met stenen waardoor helaas landschapschoon verloren is geraakt. Ook de oevers van de nieuwe riviergedeelten die de bochten afsnijden zijn met stenen bestort. Deze bochtafsnijdingen zijn gegraven voor een betere waterafvoer en een veiliger scheepvaart.
Wanneer men het geluk heeft met een hoge rivierstand te varen, dan zijn de stenen grotendeels aan het oog onttrokken en ziet men het landschap van het IJsseldal. Grote gedeelten van de met steen bestorte oevers zijn inmiddels begroeid.
Naarmate men verder benedenstrooms komt zijn de oevers lager en heeft men ook bij lage waterstanden een fraai uitzicht over de uiterwaarden.
Bovenstrooms van de monding van het Twentekanaal is de rivier betrekkelijk smal. Hier is de beroepsvaart het drukst.
Door het samengaan van deze beide factoren is dit rivierdeel alleen aan te bevelen voor watersporters die al ervaring hebben opgedaan op het benedenstroomse gedeelte van de IJssel of op de Neder Rijn of een andere rivier. Benedenstrooms van de monding van het Twentekanaal verbreedt de rivier zich. Ten N van Hattem is het oorspronkelijke karakter van een brede benedenrivier nog geheel aanwezig.
Vaarwegbeheerder: Rijkswaterstaat Directie Gelderland, Postbus 9070, 6800 ED Arnhem.
Maximumsnelheid: Voor snelle motorboten 20 km/h, m.u.v. de gedeelten waar géén snelheidsbeperking geldt en die aangewezen zijn voor snelle motorvaart. Waterskiën is op de gehele rivier verboden; er is slechts één dode rivierarm met een speciale baan, waar waterskiën is toegestaan (zie onder 'Zwarte Schaar'). Nadere informatie is opgenomen in het ANWB-inlichtingenblad 'Snel motorbootvaren in Nederland'. Raadpleeg hiervoor de 'Handleiding' van deze Almanak onder 'Snelle motorboten en Waterskiën'. Op de afgesneden rivierarmen geldt een max.snelheid van 9 km/h.
Bijzondere bepalingen: Op de Gelderse IJssel tot de monding van het Twentekanaal gelden voor kleine vaartuigen (tot 20 m lengte) de volgende bepalingen:
a. Met een zeil- en motorboot mag alleen worden gevaren, indien deze is voorzien van een (direct startklare) motor, waarmee een snelheid van tenminste 6 km/h kan worden gehandhaafd.
Op de Gelderse IJssel geldt niet de verplichting om de stuurboordwal te houden. Zie tevens de 'Handleiding' van deze Almanak onder 'Bijzondere bepalingen'.
Brughoogten en waterstand: De doorvaarthoogte onder de bruggen over de Gelderse IJssel wordt beïnvloed door de rivierafvoer. Men gaat bij de berekening van de doorvaarthoogte uit van de 'Middel-

bare Rivierstand' of van 'Normale Rivierstand'. MR is de gemiddelde rivierstand gedurende een tienjarige periode, NR is de gemiddelde rivierstand gedurende een tiental zomerhalfjaren.

Doordat de rivierafvoer op de Gelderse IJssel thans niet alleen meer bepaald wordt door de Rijnafvoer maar sinds 1971 vooral door het stuwprogramma van de stuw in de Neder Rijn bij Driel, gaat men bij de berekening van de brughoogten uit van de waterstand die optreedt wanneer de peilschaal aan de IJsselkop een waterstand aanwijst van NAP + 9,34 m. Volgens de verwachting van Rijkswaterstaat zal de rivierstand gedurende het zomerhalfjaar gedurende 150 dagen lager zijn en slechts gedurende 30 dagen hoger.

Bij elke cm was (waterstandverhoging) boven NAP + 9,34 m aan de IJsselkop bieden de bruggen ook 1 cm minder doorvaarthoogte voor zover deze bruggen gelegen zijn tussen de IJsselkop en Olst (dus t/m Deventer), de bruggen bij Zwolle en Kampen bieden dan $^1/_2$ cm minder doorvaarthoogte. De vermindering van de invloed van 1 cm naar een $^1/_2$ cm wordt veroorzaakt door het grotere stroomprofiel van de rivier meer stroomafwaarts.

Kilometerraai	Waterstand NAP +	Brughoogte NAP +	Berekende doorvaarthoogte
Westervoort			
880,9	9,02 m	20,08 m	11,06 m (in het midden 0,07 m hoger)
Velp			
883	8,74 m	20,46 m	11,72 m (in het midden 1,12 m hoger)
Doesburg			
902,6	6,59 m	17,30 m	10,71 m (in het midden 0,30 m hoger)
Zutphen			
925,2	5,16 m	16,77 m	11,72 m (in het midden 1,15 m hoger)
928,1	4,94 m	10,69 m	5,75 m (vast gedeelte, in het midden 0,23 m hoger)
		16,09 m	11,15 m (hefbrug geheven)
Deventer			
942,1	3,72 m	15,07 m	11,35 m (in het midden 0,63 m hoger)
944,5	3,14 m	13,36 m	10,22 m (in het midden 0,73 m hoger)
945,6	3,11 m	13,53 m	10,42 m (in het midden 0,10 m hoger)
Zwolle			
978,8	0,79 m	6,15 m	5,36 m (vast gedeelte)
		11,25 m	10,46 m (hefbrug geheven)
979,7	0,70 m	10,66 m	9,93 m (in het midden 0,28 m hoger)
980		9,63 m	8,93 m (in het midden 3,70 m hoger)
Kampen			
993,3	0,05 m	11,69 m	11,64 m (in het midden 0,55 m hoger)
995,5	0,04 m	4,03 m	3,99 m (in gesloten stand, in het midden 1,09 m hoger)
		10,93 m	10,89 m (hefbrug geheven)

Diepte: Bij gemiddelde rivierafvoer is de diepte in de vaargeul 3 m. Geringere waterdiepten worden dagelijks op borden aangegeven.

Andersom veroorzaakt een val van de rivier (een lagere waterstand) van 1 cm ook 1 cm respectievelijk $\frac{1}{2}$ cm meer doorvaarthoogte.
De doorvaarthoogte kan ter plaatse van de hoogteschalen worden afgelezen.
De rivierstanden worden dagelijks via Radio 5 omgeroepen: ma. t/m zat. om 09.25 h en zo. om 09.55 h.
Voorts kan men de waterstanden te allen tijde opvragen via het telefonisch antwoordapparaat (autofoon), tel. (085) 62 90 00 (m.i.v. 10 okt. 1995 (026) 3 62 90 00).

Diepte: Bij gemiddelde rivierafvoer is de diepte in de vaargeul 3 m. Geringere waterdiepten worden dagelijks op borden aangegeven. Deze borden zijn op de ANWB-waterkaart ingetekend. Bovendien worden de waterdiepten wanneer deze 3 m of minder zijn, dagelijks via de radio omgeroepen en voorts voorgelezen op de autofoon, tel. (085) 62 90 00.
Vaaraanwijzingen:
De rivier wordt druk bevaren. Men moet voortdurend opletten en zowel de tegemoetkomende scheepvaart als de oplopers in de gaten blijven houden. Zorg voor een vrij uitzicht rondom, ook achteruit.
De drukste vrachtvaart wordt waargenomen tussen de IJsselkop en de monding van het Twentekanaal, waar de rivier het smalst is. Benedenstrooms van het Twentekanaal vermindert het aantal vrachtschepen en wordt de rivier ook breder.
Zeilen is met een bezeilde wind wel mogelijk, zowel stroomop- als stroomafwaarts, maar wordt in het smalle bovenstroomse gedeelte ten sterkste afgeraden, temeer daar door de kronkelende loop van de rivier men bijna altijd wel riviervakken niet zal kunnen bezeilen. Laveren kan alleen stroomafwaarts en eigenlijk alleen op het deel benedenstrooms van de monding van het Zwolle-IJsselkanaal bij Zwolle.
De rivier is bebakend. Men moet letten op de hier en daar voorkomende betonning (zie de Almanak Deel I, hoofdstuk 'Betonning en bebakening op de rivieren'). Veel schippers hebben de gewoonte om bij het stroomopwaarts varen de binnenbocht te houden. Voor tegemoetkomende schepen moet het opvarende schip dan een geschikte weg aan zijn stuurboordzijde vrijlaten. Daarbij moet het tijdig aan zijn stuurboordzijde een lichtblauw bord en een wit flikkerlicht tonen. De afvaart dient naar deze seinen te handelen en deze te herhalen ten teken dat de bedoeling van het opvarende schip is begrepen. Kleine vaartuigen geven deze seinen niet maar dienen wel met deze wijze van varen rekening te houden en hiervoor steeds voldoende ruimte te geven en tijdig en duidelijk voor de beroepsvaartuigen naar bakboord uit te wijken. Soms is het moeilijk te zien of het blauwe bord wordt getoond.
Daarom verdient het aanbeveling een verrekijker te gebruiken. De beroepsvaart hoeft het blauwe bord t.o.v. kleine vaartuigen niet tetonen, doch doet dit meestal wel.
Het elkaar stuurboord/stuurboord passeren is geregeld in art. 6.05 van het Binnenvaartpolitiereglement (recht tegen elkaar insturen op de Gelderse IJssel en op de Maas).
Voor een goede en veilige vaart op deze bochtige rivier is bekendheid met deze regeling en een duidelijk vaargedrag in deze situaties van groot belang.
Marifoon: Marifoonkanalen worden vermeld onder 'Twentekanalen' (sluis Eefde), 'Zwolle' (spoorbrug), 'Zwolle-IJsselkanaal' (Spooldersluis), 'Deventer' (Prins Bernhardsluis), 'Zutphen' (hefbrug) en 'Kampen'.
Bochtafsnijdingen: Door de bochtafsnijdingen is de rivier verkort en klopt de oude kilometrering niet meer. De borden langs de nieuwe

rivierdelen zijn daarom voorzien van de toevoeging N (= Nieuw).
Bovenstrooms is telkens de oude bedding afgedamd. In deze bochtafsnijdingen vindt men rustige anker- en ligplaatsen. Bochtafsnijdingen:

Boven- strooms	Monding van de oude bedding			Nadere beschrijving onder
887 N	889	N = 893	O	Rheden
889 N	890,6	N = 894,7	O	Steeg, De
901 N	902	N = 902	O	Doesburg
903 N	905	N = 909	O	Zwarte Schaar

Na de uitmonding in de oorspronkelijke bedding zijn de oorspronkelijke kilometerborden gehandhaafd.

Stroomsnelheid: In de zomer bedraagt de stroomsnelheid bij de IJsselkop gewoonlijk 4 à 5 km/h. Deze neemt geleidelijk af tot 3 à 4 km/h bij Deventer. De stroomsnelheid blijft daarna ongeveer gelijk tot Hattem, waar deze vrij plotseling afneemt tot 1 à 2 km/h. Bij Kampen bedraagt de stroomsnelheid 1 à 3 km/h, afhankelijk van de windrichting en windkracht.

Lig- en aanlegplaatsen: Door het drukke scheepvaartverkeer is het niet mogelijk om tussen de kribben een veilige ankerplaats te vinden. In ondiepe inhammen en kleine haventjes moet men rekening houden met de zuiging van langsvarende schepen. Daarom is men aangewezen op jachthavens en op de meer- en ankerplaatsen in de diepe zandgaten en de afgedamde rivierarmen:

kmr 881,6 Ro	tussen de bruggen van Westervoort en Velp in een klein baggergat, oever ondiep;
kmr 883,3 Ro	100 m benedenstrooms van de verkeersbrug bij Velp in Jachthaven 't Hazepad, zie onder 'Westervoort';
kmr 889,2 N Ro	monding van de oude rivierarm, zie onder 'Rhederlaag';
kmr 890,9 Lo	bij De Steeg in de afgedamde rivierarm, vaste brug over de toegang, zie onder 'Steeg, De';
kmr 901,9 N Ro	Doesburg met overslaghaven, een jachthaven achter de sluis en ankerplaatsen in de afgesneden rivierarm, zie onder 'Doesburg';
kmr 904,8 N Ro	monding van het Zwarte Schaar, zie onder 'Zwarte Schaar';
kmr 928 Ro	Zutphen met verschillende jachthavens, zie onder 'Zutphen';
kmr 935,4 Ro	fraai gelegen baggergat in de Ravenswaarden;
kmr 943 Ro	toegang tot Zandwinningsplas De Veenoord
kmr 947,4 Ro	toegang tot de jachthavens van Deventer, zie onder 'Deventer';
kmr 951,8 Lo	toegang tot de jachthaven van Recreatiepark De Scherpenhof, zie onder 'Terwolde';
kmr 962,3 Lo	jachthaven in een afgesneden rivierarm, zie onder 'Veessen';
kmr 965,1 Ro	passantenhaven bij Wijhe, zie onder 'Wijhe';

Bij de verder stroomafwaarts gelegen zandwinningsgaten moet men rekening houden met veranderende wind, die resp. op- of afwaaien kan veroorzaken. Men moet derhalve ruim water onder de kiel houden.

kmr 971,8 Lo	is verboden;
kmr 973,1 Ro	is verboden;
kmr 977,7 Lo	passantenhaven bij Hattem, zie onder 'Hattem';
kmr 988 Lo	Gat van V. d. Kamp, toegang ondiep (D 1 m);

kmr 990 Lo	bij De Zande (een oude rivierarm);
kmr 990,9 Ro	toegang tot passantenhaven in Wilsum, zie onder 'Wilsum';
kmr 991,5 Lo	zandgat (afgesloten met draad, toegang ondiep);
kmr 994,5 Lo	Bovenhaven, zie onder 'Kampen';
kmr 996,3 Lo	Buitenhaven, zie onder 'Kampen';
kmr 996,6 Ro	W.V. ZC '37, zie onder 'Kampen';
kmr 996,9 Lo	W.V. De Riette, zie onder 'Kampen';
kmr 999,8 Ro	W.V. Berend Aalbers, D 1,50 m, in het afwateringskanaal van een gemaal, zie onder 'Kampereiland'.

Monding: Zie 'Keteldiep' en 'Ketelmeer'.
Plaats- en waterbeschrijvingen: In deze Almanak zijn beschrijvingen opgenomen onder: 'Westervoort', 'Velp', 'Rhederlaag', 'Steeg, De', 'Doesburg', 'Zwarte Schaar', 'Dieren', 'Bronkhorst', 'Zutphen', 'Gorssel', 'Deventer', 'Terwolde', 'Olst', 'Veessen', 'Wijhe', 'Hattem', 'Zwolle-IJsselkanaal', 'Wilsum', 'Kampen', 'Keteldiep' en 'Ketelmeer'. Raadpleeg tevens de afzonderlijke lijsten van de voorzieningen per provincie achter in deze Almanak.

Genderen
Aan de Bergse Maas (zie aldaar), kmr 232,8 Ro; 2 km ten W van de vaste brug bij Heusden.
Ligplaats: Ligplaats aan de steiger van W.S.V. Genderen, poortsleutel bij de havenmeester dhr. C. Schijf, tel. (04165) 21 05, tarief f 5,– tot f 10,–, per nacht (elektra, geen drinkwater).

Gendt (G.)
Aan de Waal (zie aldaar), kmr 872 Ro; 12 km ten O van Nijmegen.
Ligplaats: Bij Cornelissen Jachtenverhuur (bij Camping Waalstrand), kmr 871,2, tel. (08812) 14 94, gratis (toiletten en douches op de camping).
Motorbrandstof: Cornelissen Jachtenverhuur, die (sl).
Scheepshelling: Cornelissen Jachtenverhuur, Waaldijk 19-23, max. 30 ton.
Kampeerterrein: Camping Waalstrand*, kmr 871,2 Ro, Waaldijk 23, tel. (08812) 16 04, b.g.g. 20 53.

Genemuiden
Aan het Zwarte Water; 2 km van Zwartsluis.
Waarschuwing: Let op de motorkabelpont over het Zwarte Water die soms moeilijk is waar te nemen.
Haveningang: Direct ten O van het veer. Op de NO-hoek staat een wit vast licht. Melden bij de havenmeester.
Havenmeester: G. J. Beens, tel. (05208) 5 56 18, b.g.g. Gemeente Genemuiden, afd. Financiën, tel. (05208) 5 43 66, toestel 54.
Bruggen en sluizen: Sluis, breedte 7,20 m, tussen Buiten- en Binnenhaven, staat altijd open, behalve bij zeer hoge waterstand (hoger dan NAP + 1,25 m). De Binnenhaven wordt van zat. 21 h tot ma. 7 h afgesloten door de Sasbrug, H 4 m. Buiten deze periode staat de brug open.
Lig- en aanlegplaatsen: In de Gemeentelijke Jachthaven Genemuiden, in de Binnenhaven en de Buitenhaven (hier is tevens de W.V. Genemuiden gevestigd), D 1,75 m, tarief f 1,05 per m lengte per nacht (elektra, toiletten, wastafels en douches (f 1,–)) ● twee rijkshaventjes benedenstrooms van Genemuiden, D 1,50 m ● haventje De Belt, bij ingang Scheepvaartgat hoek Zwolse Diep, D 1,50 m, max. verblijfsduur 24 h.
Motorbrandstof: Garage op loopafstand van de haven, be, sbe.

Trailerhelling: Bij W.V. Genemuiden nabij het oude veerhuis, gebruik in overleg met W.V., tel. (05202) 1 63 49, max. 20 ton, max.diepgang 1,50 m.
Stortplaats chemisch toilet: Aan de jachthaven.
Verbinding met Kampen: Zie onder 'Kampereiland'.
Natuurreservaat: Zie 'Zwarte Meer'.

Gennep
Aan de Maas, kmr 155 Ro; 42 km van Venlo; 19 km van Nijmegen; zie ook 'Maas'.
Waterstand: SP = NAP + 7,50 m.
Bruggen: Vaste verkeersbrug in A77 bij kmr 151,3, H SP + 10,96 m (= NAP + 18,16 m). Vaste verkeersbrug in prov. weg bij kmr 154,6, rechteroverspanning H SP + 11,29 m (= NAP + 18,79 m), linkeroverspanning H SP + 11,41 m (= NAP + 18,91 m).

G
Ligplaatsen: In het grote diepe grindgat dat officieel is aangewezen als Rijksvluchthaven. De invaart ligt bij kmr 153. De Rijksvluchthaven mondt in het N uit in de Paesplas, waar de jachthaven van de Watersportclub De Paesplas is gevestigd. Havenmeester W. Kaak, tel. (08851) 1 51 74, tarief f 1,– per m lengte (douche (f 1,–), toiletten en wastafels).
● Fraaie ligplaats in de afgesneden Maasarm t.o. kmr 148.
Motorbrandstof: Woonboot Ponderosa, recht tegenover de invaart bij kmr 153, die (sl).
Reparatie: Gagage Repkes, Heyenseweg 55, in de nabijheid van de Paesplas, bib/bub; Jachtwerf Van Wezel, in de Rijksvluchthaven, tel. (08851) 1 76 50, bib/bub, romp/uitr (s).
Hefkranen: Jachtwerf Van Wezel, max. 30 ton; aan de jachthaven, max. 5 ton.
Stortplaats chemisch toilet: Aan de jachthaven.

Gewande
Groot grindgat aan de Maas, kmr 215,3 Lo.
Diepte ca. 12 m. Toegang 3,50 m diep. Het water is verontreinigd; niet geschikt als zwemwater. De oevers zijn voor een gedeelte volgestort met beton- en puinstort. Betreden daarvan wordt sterk ontraden. De oever van de landtong is in het midden ondiep. Aan de plas ligt de jachthaven van de W.V. Neptunus. De haven is beperkt toegankelijk voor passanten.

Giessen
Algemeen: De Giessen kan men over een lengte van 12 km opvaren tot de Slingelandse brug nabij Hoornaar. Fraai oud polderlandschap. Er zijn hier en daar aangelegde vrije afmeerplaatsen. Men vaart soms langs dorpjes met veel oude boerderijen en wijd polderlandschap. Voorbij Noordeloos wordt het watertje ondiep en komen er lage vaste bruggetjes. Verderop loopt de Giessen tenslotte dood.
Ook bij Groot-Ammers en Kinderdijk is geen doorvaart mogelijk.
Vaarwegbeheerder: Hoogheemraadschap van de Alblasserwaard en Vijfheerenlanden, Molenstraat 32, 4201 CX Gorinchem, tel. (01830) 5 38 99.
Vaarvergunning: Verkrijgbaar bij de vaarwegbeheerder. Kosten: per seizoen f 27,50 tot 6 m lengte, daarboven f 52,50. Niet in dit gebied wonenden kunnen een tijdelijke vergunning krijgen aan Het Sluisje op de Dam in Giessendam (Giessendamse Schutsluis). Vergunning voor 3 dagen f 6,–.
Verboden voor snelle motorboten.
Maximumsnelheid: 9 km/h, m.u.v. de Smoutjesvliet (6 km/h); nachtvaart (van 21 h tot zonsopgang) verboden.

Sluizen: De Buiten Giessen is vanaf de Beneden Merwede bij kmr 965,1 via de Peulensluis (voor bediening zie onder 'Hardinxveld-Giessendam') bereikbaar. Tussen de Buiten Giessen en de Giessen ligt de sluis Het Sluisje te Giessendam.
Bediening (sluisgeld f 4,–):

ma. t/m vr.	(1 mrt.-1 nov.)	8.30-9.30, 12-13, 16.30-17.30 h
	(1 nov.-1 mrt.)	12-12.30 h
zat.	(1 mrt.-1 juni en	
	1 okt.-1 nov.)	8.30-9.30, 12-13, 16.30-17.30 h
	(1 juni-1 okt.)	8-9.30, 12-13, 16.30-18 h
	(1 nov.-1 mrt.)	12-12.30 h
zo. en fd.	(gehele jaar)	gesloten

Sluismeester: Giessendamse Schutsluis, tel. (01846) 1 26 74.
Bruggen: De bruggen zijn vast. Juist vóór de sluis ligt de Hagibrug H 2,70 m. Direct na de sluis ligt een vaste brug H 2,30 m.
Vaarweg naar Groot-Ammers en Kinderdijk: Het is mogelijk om naar de molens van Groot-Ammers en Kinderdijk te varen. Beide vaarwegen lopen bij die plaatsen dood. Vanaf de Giessen kan men dan kiezen uit twee routes, nl. via de Peursumse Vliet, met een vaste brug H 1,90 m, en de Ottolandse Vliet (voor bediening van de lage St. Jacobsbrug (H 1 m), zie onder 'Ottoland') of over de Smoutjesvliet en de Dwarsgang waarover vaste bruggen liggen, laagste brug H 2,10 m (Karperbrug in Giessenburg).
Ligplaatsen:
Nabij de Kinderdijk, direct ten W van de vaste brug (Voetpadbrug) aan de Lage Boezem van de Overwaard. Jachthaven van W.V. d'Alblasserwaerdt, havenmeester W. Lagendijk, tel. (01859) 1 27 17 (privé 1 75 51), tarief f 0,50 per m lengte per nacht (elektra).
● Jachthaven Ammers aan het einde van de Ammerse Boezem (zie onder 'Groot-Ammers').

Giethoorn

Aan het Kanaal Beulakerwijde-Steenwijk; 4 km van Blauwe Hand; 5 km van het Giethoornse Meer; 8 km van Steenwijk.
Bruggen: 2 beweegbare bruggen over het Kanaal Beulakerwijde-Steenwijk (zie aldaar).
Dorpsgracht: D 1 m, plaatselijk ondiep (0,60-0,70 m). De Dorpsgracht wordt druk bevaren door kleine open elektrobootjes en rondvaartboten. Hierdoor is de gracht ongeschikt voor het varen met jachten. Door vaste bruggetjes en vlonders is de doorvaarthoogte beperkt. Men mag in de dorpskom ten N van de meest Z-invaart naar het Bovenwijde alleen in N-richting varen zoals door borden is aangegeven (tussen de bakens 5 en 1).
Toeristenbelasting: f 0,90 p.p. per overnachting.
Lig- en aanlegplaatsen:
– Aan het Kanaal Beulakerwijde-Steenwijk:
● Aan de O-oever tussen de B. Warnersweg en Café-restaurant Hollands-Venetië achter de palenrij, overdag tot 17 h geen liggeld verschuldigd (max.verblijfsduur 's winters 2 x 24 h), zie voor overnachtingstarief bij 'Passantenhaven De Zuiderkluft'. Het is verboden om buiten de met borden aangegeven plaatsen te meren.
● Gemeentelijke Passantenhaven De Zuiderkluft, tel. (05216) 23 12, aan de W-oever t.o. van de B. Warnersweg op 500 m van het dorp, tarief f 1,40 per m lengte per nacht (incl. toeristenbelasting) (toiletten, douches en wastafels) ● Jachthaven/Hotel Giethoorn, havenmeester dhr. De Jonge, tel. (05216) 12 16/14 45, tarief f 1,– per m lengte per etmaal (excl. toeristenbelasting) (toiletten, wastafels en douches (douche-

munten à f 2,- bij de receptie)) ● Jachthaven Bakker, Jonenweg 20, tel. (05216) 20 64 ● Jachtwerf Giethoorn (J. Kuiper), Jonenweg 1b, tel. (05216) 14 08, tarief f 1,- per m lengte per nacht (elektra, toiletten, douches (f 2,-) en wastafels) ● Jachthaven Vos, Jonenweg 1a+c, tel. (05216) 21 84, tarief f 1,- (excl. toeristenbelasting) (elektra, toiletten, douche f 1,- en wastafels).
– Aan het Bovenwijde:
● Jachthaven bij Paviljoen Smit (bereikbaar voor schepen met een beperkte diepgang en hoogte).
Motorbrandstof en drinkwater: Fa. Prinsen, Beulakerweg 137, nabij de monding van de Cornelisgracht (tankstation met be, die en drinkwater uit sl); naast VVV-ark, gratis water; Jachtwerf Giethoorn (J. Kuiper), drinkwater uit sl.
Reparatie: Jachtwerf Giethoorn (J. Kuiper), Jonenweg 1b, tel. (05216) 14 08, bib, bub (Johnson en Evinrude), romp/uitr (p/op de wal + in het water); Fa. Prinsen*, Beulakerweg 137, bub/bib; Jachthaven Elzenaar, Vosjacht 9, tel. (05216) 14 96, bub (Yamaha, Mercury, Mariner, Tomos), bib (Volvo Penta, Yanmar, BMW, Vetus, Ford), romp/uitr (ht, s, p/op de wal + in het water); T. Mulder, Beulakerweg 94, tel. (05216) 15 00, bub/bib, romp/uitr (s/op de wal); Bomert Watersport, Beulakerweg 153, tel. (05216) 12 81, bub; Woldman, Beulakerweg 143a, bub/bib; Jac. de Boer, Ds. T. D. Hylkemaweg 8, zeil/tuigage; De Zeilmakerij, Zuiderpad 46, zeil/tuigage.
Hefkranen: Jachthaven Elzenaar, dagelijks geopend, max. 10 ton, max.diepgang 1,10 m; T. Mulder, Beulakerweg 94, max. 8 ton, tarief vanaf f 50,-, max.diepgang 2 m; Bomert Watersport, max. 1 ton; Jachthaven/Hotel Giethoorn, Beulakerweg 128, max. 1 ton, tel. (05216) 12 16/14 45.
Trailerhellingen: Passantenhaven De Zuiderkluft, tarief f 10,- (parkeerplaats f 2,50 per dag); Jachtwerf Giethoorn (J. Kuiper), Jonenweg 1b, tarief f 7,50 per keer; T. Mulder, 600 kg, tarief f 7,50 per dag.
Kampeerterreinen:
– Langs het Binnenpad en aan het Bovenwijde:
Camping 't Wiede, aan de O-oever; Krooncamping; Camping Brederwiede; Camping d'Hof; Camping Smit; Camping Botel Giethoorn; Camping De Kragge; Camping Scholten; Camping De Punter.
– Aan de Hylkemaweg en Kerkweg:
Camping 't Achterhuis (Hylkemaweg); Camping De Stouwe; Camping De Bramen (Kerkweg).
Wasserette: Bij Passantenhaven De Zuiderkluft (wasmachines).
Stortplaatsen chemisch toilet: Naast de VVV-ark, 400 m na Jachthaven/Hotel Giethoorn; bij Passantenhaven De Zuiderkluft.

Giethoornse Meer
5 km ten W van Giethoorn. Zie ook 'Giethoorn'.
Buiten de betonning kan op niet meer dan 0,50 m diepte gerekend worden. (Voor plaatselijk bekenden tot 1 m.)
De bodem bestaat uit harde zandgrond. Tussen de beide vaargeulen die naar Blokzijl leiden, ligt een eiland met riet, dat alleen bereikbaar is met ca. 0,50 m diepgang. Ten O van dit meer ligt de grote Otterskooi, een eendenkooi, eigendom van de Vereniging tot Behoud van Natuurmonumenten, bereikbaar via de Tijsengracht.
Vaarwaterbeheerder: Provincie Overijssel, Afd. Milieu en Waterstaat, Tukseweg 158, 8334 RW Tuk (gem. Steenwijk), tel. (05210) 1 24 66.
Maximumsnelheid: 9 km/h.
Max. toegestane diepgang: In de vaargeulen, 1,60 m.
Tijssengracht: Het W-gedeelte van de Tijssengracht ligt in de verbinding tussen het Giethoornse Meer en het Kanaal Beulakerwijde-Steenwijk, lengte 4,5 km, D 0,80 m. Over de invaart bij het Kanaal

Beulakerwijde-Steenwijk ligt een vaste brug, H 2,30 m, en verder één draaibrug (staat open). Het O-gedeelte vormt de verbinding tussen het Kanaal Beulakerwijde-Steenwijk en het Molengat (ondiep) in Giethoorn-N. Over dit gedeelte liggen 3 vaste bruggen, laagste brug H 2,15 m. Maximumsnelheid: 6 km/h.
Cornelisgracht: Het W-gedeelte vormt de verbinding tussen het Giethoornse Meer en het Kanaal Beulakerwijde-Steenwijk, lengte 4 km, D 0,70 m. 4 beweegbare bruggen, H 1 m (zelfbediening). Over het O-gedeelte in de verbinding met de Bovenwijde bij Giethoorn liggen 2 vaste bruggen, laagste brug H 2 m. Maximumsnelheid 6 km/h.
De Cornelis- en Tijssengracht staan met elkaar in verbinding via de vaart langs Dwarsgracht, D 0,60 m, met 3 beweegbare bruggen (H 1 m, zelfbediening). Over deze vaart ligt in de verbinding met de Beulakerwijde een vaste brug, H 2,20 m.

Goes

5 km van de Oosterschelde; zie ook onder 'Sas van Goes' en 'Oosterschelde'.
Kanaaldiepte: 2,20 à 3 m bij KP; KP = NAP + 1,30 m. Aan de kanten ondiep.
Maximumsnelheid: 6 km/h.
Bruggen: Vanaf Sas van Goes passeert men eerst de beweegbare brug (H 1 m) te Wilhelminadorp (zie onder 'Sas van Goes').
Vervolgens, om de Stadshaven te bereiken, passeert men achtereenvolgens de mechanisch bediende Ringbrug en de houten ophaalbrug (St. Maartensbrug).
Bediening (alléén op de hele uren):

ma. t/m vr.	(15 april-15 juni en 15 sept.-1 nov.)	8-11, 16-20 h
	(15 juni-15 sept.)	8-11, 13-21 h
	(1 nov.-15 april)	9 en 17 h, op verzoek*
zat., zo. en fd.**	(15 april-15 juni en 15 sept.-1 nov.)	8-11, 17-20 h
	(15 juni-15 sept.)	8-11, 13, 15, 17-20 h
	(1 nov.-15 april)	9 en 17 h, op verzoek*

*   Bediening aanvragen bij sluis Goese Sas tel. (01100) 1 67 44.
** 1e en 2e kerstdag en Nieuwjaarsdag gesloten.
Koninginnedag bediening als op zondag.
Sluis: Sluis Goese Sas (zie onder 'Sas van Goes').
Gemeentelijke havenmeester: H. P. Boone, tel. (01100) 1 43 22, b.g.g. 1 67 44.
Toeristenbelasting: f 0,70 p.p. per overnachting.
Lig- en aanlegplaatsen:
● Vanaf de Oosterschelde direct na de sluis aan stuurboord, jachthaven Het Goese Sas, havenmeester J.B. van Opbergen, tel. (01100) 2 39 44, tarief f 1,75 per m lengte per nacht (excl. toeristenbelasting f 0,70 per persoon), max.diepgang 2,60 m (elektra, toiletten, douches (f 1,–) en wastafels);

● In de bijzonder mooi gelegen jachthaven van W.V. De Werf direct achter de Ringbrug (havenkom aan bakboordzijde van het vuurtorentje D 2 m, de grotere kom aan stuurboord D 2 m), havenmeester I. Rosier, tel. (01100) 1 63 72, tarief f 1,75 per m lengte per nacht (excl. toeristenbelasting), max.verblijfsduur 3 x 24 h (elektra, toiletten, douches (f 1,–) en wastafels);

● Jachthaven van de Stichting Stadshaven Goes, direct achter de St. Maartensbrug, havenmeester H.P. Boone, tel. (01100) 1 61 36,

tarief f 1,75 per m lengte per nacht (excl. toeristenbelasting) (elektra, douches, wastafels en toiletten).
In de zomermaanden mag een jacht max. 5 x 24 h achtereen ligplaats nemen.
Motorbrandstof: Bij jachthaven Het Goese Sas, die (sl).
Reparatie: De Visser, havenindustrieterrein, bib/bub; Beekman Goes B.V., Kloetingseweg 5, tel. (01100) 2 73 83, bub (Yamaha, Mercury), bib (Volvo Penta, Mercruiser), romp/uitr (p/op de wal), elek; A. J. Bustraan, Kleine Kade 1, bib/bub (alle merken); jachthaven Het Goese Sas, bub/bib (alle merken), romp/uitr (s, p/op de wal + in het water); Shiptechnics, Kreukelmarkt 2a, tel. (01100) 2 15 16, elek.
Trailerhelling en botenlift: Jachthaven Het Goese Sas, trailerhelling tarief f 10,–, botenlift max. 12 ton, tarief van f 150,– tot f 250,–, max.diepgang 1,55 m (liften met staande mast mogelijk).
Wasserette: Delta, Bierkade 7, tel. (01100) 2 73 38, in de nabijheid van de Stadshaven; bij jachthaven Het Goese Sas, wasmachine en wasdroger.
Stortplaats chemisch toilet: Bij de Stadshaven; bij jachthaven Het Goese Sas.

Goingarijp

Dorpje aan de O-oever van de Goingarijpsterpoelen (zie 'Snekermeer'). Toegang via keersluis (breedte 4,50 m).
De keersluis staat meestal open, maar wordt bij hoge waterstanden (o.a. door opwaaien) gesloten; doorvaart is dan niet mogelijk. Achter de keersluis is een kleine kom waar een zeiljacht nauwelijks kan opdraaien. In Z-richting kan men over de smalle Lijkvaart en de Scheensloot naar de Zijlroede bij Joure varen, D 1,20 m.
Over de Lijkvaart en ook verder naar het Z over de Scheensloot liggen twee vaste bruggen, H 2,50 m.
De vaarweg is landschappelijk aantrekkelijk en met ruime wind goed te bezeilen.
Maximumsnelheid: Op de Lijkvaart e.d. 6 km/h.
Ligplaats: Jachthaven Oer 't String, aan de NO-zijde van het dorp, havenmeester A. Plaatje, tel. (05668) 92 45, max.diepgang 1,35 m, tarief f 1,50 per m lengte + f 1,– toeristenbelasting p.p. per nacht, tot 16 h gratis (elektra, toiletten, douches (f 1,–) en wastafels).
Trailerhelling: Openbare helling vlak bij Jachthaven Oer 't String.
Stortplaats chemisch toilet: Bij Jachthaven Oer 't String.

Gooimeer

Randmeer van Z-Flevoland van de Hollandse brug bij Muiderberg tot de Stichtse brug, 2,5 km ten O van Huizen. Oppervlakte 2800 ha. Zie ook 'Randmeren'.
Vaarwaterbeheerder: Rijkswaterstaat Directie Flevoland, Postbus 600, 8200 AP Lelystad, tel. (03200) 9 91 11.
Maximumsnelheid: In de vaargeul 20 km/h, daarbuiten 9 km/h. Tussen de Hollandse brug en Almere-Haven zijn aan de zijde van de Gooimeerdijk twee banen uitgezet waar géén snelheidsbeperking geldt: één aan de polderzijde voor het varen met snelle motorboten (gele boei met pictogram snelle motorboot) en één aan de vaargeulzijde voor het waterskiën (gele boei met pictogram waterskiër). Deze banen zijn verboden voor alle andere vaartuigen. Nadere informatie is opgenomen in het ANWB-inlichtingenblad 'Snel motorbootvaren in Nederland'. Raadpleeg hiervoor de 'Handleiding' van deze Almanak onder 'Snelle motorboten en Waterskiën'.
Vaargeul: Zie bij 'Randmeren'. Plaatselijk zijn er diepten tot 25 m ontstaan door zandwinning. De tonnen c.q. lichtopstanden in de vaargeul liggen om de 500 m.

Diepte buiten de vaargeul: De diepte bedraagt onmiddellijk buiten de vaargeul in het algemeen minstens 1,50 m met uitzondering van enige gedeelten; het gevaarlijkst is een onder water liggende zanddam met ca. 0,30 m diepte ten ZO van de N-oprit van de Hollandse brug bij het Zilverstrand; verder reikt tussen Valkenveen en Huizen de ondiepte langs de kust vrijwel tot de vaargeul.

Gedurende het zomerseizoen wordt, buiten de vaargeul, de dieptelijn van NAP – 1,50 m (= IJZP – 1,30 m) aangegeven door een recreatiebebakening. Dit geldt ook voor bovengenoemde onder water liggende zanddam en andere ondiepten.

Ten Z van de aanvullende bebakening loopt de oever geleidelijk naar de kust op, waardoor schepen met weinig diepgang de oever hier en daar dichter kunnen naderen.

De visnetten die in voorgaande jaren het bevaren van het grootste deel van het meer belemmerden, worden thans geplaatst binnen vakken van beperkte afmetingen.

De vakken zijn zodanig over het meer verdeeld dat men er, ook wanneer er gelaveerd moet worden, geen hinder van heeft. Door het winnen van zand kan de bevaarbare oppervlakte, aangegeven met de steekbakens, van jaar tot jaar wijzigen.

Natuurgebied: De ondiepe oeverzone (ten Z van de recreatiebebakening) van het Z-deel van het Gooimeer is aangewezen als natuurreservaat.

Ligplaatsenverordening: Krachtens de ligplaatsenverordening van de Gemeente Almere is het meren aan regels gebonden. Zie verder bij 'Flevoland'.

Lig- en aanlegplaatsen: Er is een vluchthaven voor de beroepsvaart aan de N-zijde van de vaargeul ten O van de N-oprit van de Hollandse brug bij het Zilverstrand.

Deze wachtplaats, D 4,50 m en aan de O-zijde tegen hoge golfslag beschermd door de onder water liggende zanddam, is uitsluitend bedoeld voor de beroepsvaart. De wachtplaats bestaat uit twee steigertjes en dukdalven. De invaart is betond. Het N-gedeelte van deze kom is D 1,80 m, naar de oevers geleidelijk minder. Hier zijn goede ankerplaatsen.

Goede ligplaatsen aan het Eiland De Schelp.

Zie ook onder 'Almere-Haven', 'Huizen' en 'Naarden'. Voor toegang O-Flevoland zie 'Almere-Haven'.

Goor

Aan het Kanaal Zutphen-Enschede van de Twentekanalen; 30 km van de IJssel; 15 km van Hengelo; zie ook 'Twentekanalen'.
Aanlegplaats: Aan de loswal, voor korte duur (in overleg met havenmeester), tarief f 4,– per dag.

Gorinchem

41 km van Rotterdam; aan de Boven Merwede, kmr 954,5 Ro (voorhaven jachtensluis) en kmr 955,5 Ro (voorhaven Grote Merwedesluis); zie ook 'Merwedekanaal bezuiden de Lek' en 'Merwede'.
Beheer vluchthaven (1e Voorhaven): Rijkswaterstaat Directie Zuid-Holland, Dienstkring Merwede, Kleine Landtong 13, 4201 HL Gorinchem, tel. (01830) 3 16 77. Voor nautische informatie: Regionale Verkeerscentrale Dordrecht, tel. (078) 13 24 21 of marifoonkan. 71, roepnaam 'post Dordrecht'.
Kaartje: Is bij deze beschrijving opgenomen.
Marifoon: Grote Merwedesluis en Gorinchemse Kanaalsluis, kan. 20.
Waterstand: Op de Boven Merwede: GHW = NAP + 1,13 m, GLW = NAP + 0,77 m; Lingehaven: KP = NAP + 0,80 m.
Haven: Vluchthaven (1e Voorhaven) in de toegang tot de Grote Mer-

wedesluis (2) bij kmr 955,5. Invaart gemarkeerd door havenlichten.
Diepte in haven 3,20 m bij GLW.
In de ZO-hoek ligt de jachthaven van W.V. De Merwede (1) en (13).
Havenmeester: Gemeentelijke haven/sluismeester A. Verheyke
(Passantenhaven Lingehaven en Jachtensluis Lingehaven), havenkantoor, Eind 5a, tel. (01830) 6 08 30.
Bruggen en sluizen:
– Lingehaven: Jachtensluis (9) kmr 954,5 in de toegang tot de Lingehaven. Afmetingen jachtensluis: lengte 30 m, breedte 4,40 m, drempeldiepte NAP – 1,70 m (2,47 m bij GLW). Bediening (gratis):

ma. t/m zat.	(1 april-1 mei en	
	1 okt.-1 nov.)	8-10, 12-13, 18-19 h
	(1 mei-1 okt.)	8-13, 14-21 h
	(1 nov.-1 april)	op verzoek* (zat. gesloten)
zo. en fd.	(1 april-1 mei en	
	1 okt.-1 nov.)	9-10, 12-13, 18-19 h
	(1 mei-1 okt.)	9-13, 14-21 h
	(1 nov.-1 april)	gesloten

* Bediening aanvragen bij de gemeentelijke havenmeester,
tel. (01830) 6 08 30.
Over de Lingehaven liggen 3 vaste bruggen, nl. de Petersbrug (8)
H 2,85, de Visbrug (7) H 2,85 en de Korenbrug (6) H 3,60 m.
De Korenbrugsluis (bij 6) staat altijd open.
– De sluis van de Linge-uitwatering of Gorinchemse Kanaalsluis (5)
tussen de Linge en het Merwedekanaal staat altijd open.
Over deze sluis ligt een hefbrug (5), H 4,10 m, geheven H 6,50 m.
(Bij een waterstand van NAP + 0,80 m). Bediening (gratis):

ma. t/m vr.	(15 april-16 okt.)	6-21.30 h
	(16 okt.-15 april)	6-20.30 h
zat.	(15 april-16 okt.)	8-16 h
	(16 okt.-15 april)	9-16 h
zo. en fd.	(gehele jaar)	gesloten

– De Lange brug (11) over het Kanaal van Steenenhoek, H 1,80 m.
Bediening:

ma. t/m vr.	(gehele jaar)	7.30-16 h, op verzoek*
zat.	(Hemelvaartsdag-15 sept.)	9 h
	(15 sept.-Hemelvaartsdag)	gesloten
zo. en fd.**	(Hemelvaartsdag-15 sept.)	19 h
	(15 sept.-Hemelvaartsdag)	gesloten

* Bediening alleen op het hele uur, aanvragen minstens 15 min van
te voren bij kantoor Stadsbeheer op ca. 200 m van de brug of
tel. (01830) 5 95 95.
** Bediening op feestdagen voorafgaand aan telefonisch verzoek
wordt er uitsluitend gedraaid om 9 en 19 h.
– De Grote Merwedesluis (2), de bruggen en de sluis in het Merwedekanaal (10): zie onder 'Merwedekanaal bezuiden de Lek'.
– Voor de verkeersbrug over de Boven Merwede bij kmr 957, zie bij 'Merwede'.
Lig- en aanlegplaatsen: W.V. De Merwede (1), in de voorhaven van de
Grote Merwedesluis (zie bij 'Haven') incl. passantenhaven De Punt in
de Lingehaven, tarief f 1,25 per m lengte per etmaal, havenmeester
R. Molenaar, tel. (01830) 3 16 97 (elektra, toiletten, douches (douchemunten à f 1,–) en wastafels). ● jachthaven van de Gorcumse

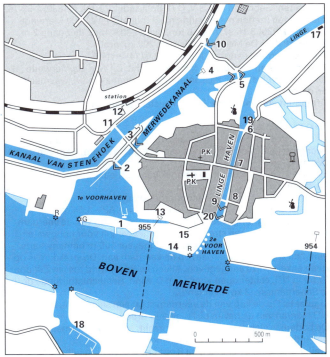

Gorinchem

1. W.V. De Merwede
2. Grote Merwedesluis met beweegbare bruggen
3. Gorcumse R. en Z.V.
4. Richtingbord recreatievaart
5. Openstaande sluis van de Linge-uitwatering (of Gorinchemse Kanaalsluis) en hefbrug H 4,10 m, geheven H 6,50 m (let op mogelijk sterke stroom)
6. Korenbrug (vast) H 3,60 m
7. Visbrug (vast) H 2,85 m
8. Petersbrug (vast) H 2,85 m
9. Nieuwe jachtensluis en passantenhaven Lingehaven ten N van de sluis
10. Openstaande Kerkhofsluis en Concordiabrug
11. Lange brug (bb) H 1,80 m
12. Stadskantoor en gemeentewerken
13. W.V. De Merwede (passanten)
14. Bunkerschip, onrustig
15. Buiten de Waterpoort
16. Vervallen
17. Jachtwerf Gebr. Van Pelt B.V.
18. Haven van Sleeuwijk, zie onder Sleeuwijk
19. Jachtwerf De Goesting
20. Bouwmeester Watersport B.V.

R. en Z.V. (3), tel. (01830) 3 25 68, max.diepgang 2,50 m, tarief f 1,25 per m lengte per nacht (elektra, toilet, douche (f 1,–) en wastafels).
Drinkwater: Jachtwerf De Goesting (19), 100 liter f 1,– (sl); Passantenhaven Lingehaven (9) en Jachthaven W.V. De Merwede (1) (sl).
Motorbrandstof: Jachtwerf De Goesting (19), die (sl).
Reparatie: Bouwmeester Watersport B.V., Eind 15 (nabij Jachtensluis), tel. (01830) 3 44 40, bub/bib (alle merken), romp/uitr (ht, s, p, a/op de wal + in het water), zeiltuigage, elek (ook op zat. geopend); Jachtwerf De Goesting (19), Vijfde Uitgang 1a, tel. (01830) 3 50 82, romp/uitr (ht, s/op de wal + in het water) (zat. en zo. geopend); Gebr. Van Pelt B.V. (17), romp/uitr (s/op de wal + in het water).

Hefkranen: Gebr. Van Pelt B.V. (17), Spijksedijk 20, tel. (01830) 2 52 75, max. 20 ton (heffen met staande mast mogelijk); W.V. De Merwede (1), tel. (01830) 3 16 97, max. 6 ton, tarief f 30,–, max.diepgang 2 m.
Botenlift: W.V. De Merwede (1), max. 200 kg, gratis.
Kampeerterrein: Langs de Merwede bij (14) en (15).
Wasserettes en stortplaats chemisch toilet: Bij W.V. De Merwede (1) (alleen stortplaats); bij Passantenhaven Lingehaven (9), wasmachine en droger.
Aftappunt vuilwatertank: Bouwmeester Watersport B.V.

Gorishoek

Aan de Oosterschelde (zie aldaar); op de Z-oever van Tholen (ongeveer tegenover Yerseke); 16 km van Bergen op Zoom; 6 km van Wemeldinge.
Het witte café-restaurant op de hoek van de zeedijk vormt een duidelijk baken t.b.v. de O-vaarrichting.
Haven: Deze wordt niet meer onderhouden.
Getijstanden: GHW = NAP + 1,70 m; GLW = NAP – 1,54 m.
Waarschuwing: Ongeveer 70 m ten NO van de kop van de veerdam liggen resten van een strekdam, die ongeveer 2 h vóór hoogwater onder loopt. Deze strekdam sluit op ongeveer 100 m binnenwaarts vanaf de kop van de veerdam op de veerdam aan. De strekdam is op geen enkele wijze aangegeven. Alleen veilig bij wind tussen ZW door W tot in NO, echter open voor Z- en O-wind. Het dichtstbijzijnde dorp is Scherpenisse (3 km over land).
Ligplaats: Op de kop van de veerdam staat een sectorlicht. Direct ten NO hiervan valt de haven bij laagwater droog.
De bodem is vlak maar hier en daar zacht, zodat dit voormalige haventje voor kieljachten ontraden moet worden.
Trailerhellingen: 2 hellingen bij Restaurant Zeester in beheer bij Recreatieterrein De Pluimpot B.V., tel. (01666) 27 27, tarief f 7,50 per dag, per maand f 30,– en per jaar f 80,–, max.diepgang 2,50 m bij GHW.
Kampeerterrein: Recreatieterrein De Pluimpot B.V., Geertruidaweg 2.

Gorredijk

Aan de Opsterlandse Compagnonsvaart; 15 km van Oldeboorn.
Maximumsnelheid: Zie 'Opsterlandse Compagnonsvaart'.
Bruggen en sluizen: Zie 'Opsterlandse Compagnonsvaart'.
Aanlegplaatsen: Aan de loswal en aan de kaden (toiletten en douches (f 1,–)). Aanleggen tussen 1e brug en Hoofdbrug is verboden.
Drinkwater: Aan de kade bij de sluis (sl).

Gorssel

Aan de Gelderse IJssel (zie aldaar), kmr 938,8 Ro; fiets- en voetveer Gorssel-Wilp, kmr 939; 10 km van Zutphen; 6,5 km van Deventer.
Er is een grindgat ten ZW van Gorssel, bij kmr 935,4 Ro. De toegang is ca. 2 m diep. De diepte van het grindgat varieert van 2 tot 10 m. Aanleggen aan de N-zijde van het grindgat is gevaarlijk wegens betonbrokken onder water.

Gouda

26 km van Rotterdam; 53 km van Amsterdam; zie ook 'Gouwe' en 'Hollandse IJssel'.
Kaartje: Is bij deze beschrijving opgenomen.
Beheerder: Van de stadsgrachten: Gemeente Gouda, Afdeling Civiele Werken, Postbus 1086, 2800 BB Gouda (informatie over bedieningstijden: tel. (01820) 1 60 19).

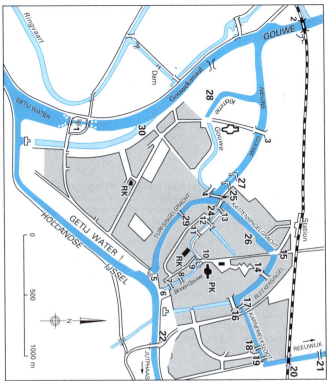

Gouda

1. Julianaschutsluis met twee beweegbare bruggen
2. Spoorhefbrug (bb) H 7 m
3. Steve Bikobrug (bb) H 0,60 m
4. Rabatbrug (bb) H 0,50 m
5. Mallegatsluis met vaste brug H GHW + 3,30 m
6. Dam
7. t/m 13. Vaste bruggen H 1,20 m
14. Kazernebrug (bb)
15. Kleiwegbrug (bb) H 0,80 m tot 2,75 m
16. Vaste brug H 1,80 m
17. Ophaalbrug H 0,20 m
18. Ophaalbrug
19. Ophaalbrug
20. Vaste spoorbrug H 2,35 m
21. Graaf Florisbrug (bb) H 1 m
22. Haastrechtse Brug (bb)
23. Spoorhefbrug (bb) H 7 m
24. Pottersbrug (bb) H 0,50 m
25. Havenkantoor
26. Aanlegsteiger
27. Ir. De Kock van Leeuwensluis
28. Jachthaven van W.V. Gouda
29. Guldenbrug (bb)
30. Stroomkanaal: verboden toegang

Maximumsnelheid: In de stadsgrachten 9 km/h en op de Nieuwe Gouwe en het Gouwekanaal 12 km/h.
Marifoon: Steve Bikobrug, kan. 20.
Getijstanden op de Hollandse IJssel: Ten W van de Waaierschutsluis is de rivier onderhevig aan getij (getijverschil ca. 1,70 m).
Bij lage rivierafvoer: GHW = NAP + 1 m; GLW = NAP − 0,33 m.
Bij hoge rivierafvoer: GHW = NAP + 1,40 m; GLW = NAP − 0,33 m.
Julianasluis: Zie onder 'Gouwe'.
Verbinding van de Gouwe met de Turfsingelgracht door de Nieuwe Gouwe:
– Steve Bikobrug (3), H 0,60 m. Bediening*: (gratis)

ma. t/m zat.	(gehele jaar)	6-22 h (zat. tot 18 h)
zo. en fd.	(1 juli-1 sept.)	9-13, 14-18 h
	(1 sept.-1 juli)	gesloten

* Op 24 en 31 dec. bediening tot 18 h.
– Ir. De Kock van Leeuwensluis (27), bediening als Rabatbrug (gratis).
– Rabatbrug (4), H 0,50 m, tussen Nieuwe Gouwe en Turfsingelgracht. Bediening: (gratis)

ma. t/m zat.	(16 april-16 okt.)	6-22 h (zat. tot 18 h)
	(16 okt.-16 april)	8-12, 13-17 h
zo. en fd.	(1 juli-1 sept.)	9-13, 14-18 h
	(1 sept.-1 juli)	gesloten

G Verbinding van de Hollandse IJssel met de Turfsingelgracht:
– Mallegatsluis (5) in de Turfsingelgracht met vaste brug aan de IJsselzijde, H NAP + 4,65 m (geen sluisgeld doch men moet kanaalgeld betalen, zie onder 'Gouwe'). Bediening:

ma. t/m vr.	(gehele jaar)	8-12, 13.30-17 h
zat.	(16 april-16 okt.)	8-12 h
	(16 okt.-16 april)	gesloten
zo. en fd.	(1 juli-1 sept.)	10-18 h
	(1 sept.-1 juli)	gesloten

Met de Mallegatsluis wordt niet geschut bij een waterstand op de Hollandse IJssel van NAP + 1,20 m of hoger.
– Guldenbrug (29), H 1 m, over de Turfsingelgracht. Bediening: (gratis)

ma. t/m vr.	(16 april-16 okt.)	8-12, 13.30-17.30 h
	(16 okt.-16 april)	8-12, 13.30-17.30 h, op verzoek*
zat.	(16 april-16 okt.)	8-12.30 h
	(16 okt.-16 april)	gesloten
zo. en fd.	(1 juli-1 sept.)	9-13, 14-18 h
	(1 sept.-1 juli)	gesloten

* Bediening aanvragen bij Rabatbrug, tel. (01820) 1 60 19.
Verbinding met de Reeuwijkse Plassen door Kattensingel, Blekerssingel, Karnemelksloot, Breevaart en sluis Dubbeldverlaat. 1 vaste brug H 1,80 m, max.diepgang 1 m, max.breedte 2,95 m (sluisbreedte 2,97 m).
– Pottersbrug (24), H 0,50 m, in de verbinding van de Turfsingelgracht met de Kattensingelgracht. Bediening: (gratis)

ma. t/m zat.	(16 april-16 okt.)	6-22 h (zat. tot 18 h)
	(16 okt.-16 april)	8-12, 13-17 h
zo. en fd.	(1 juli-1 sept.)	9-13, 14-18 h
	(1 sept.-1 juli)	gesloten

– Kleiwegbrug (15) H 0,80 m, gehevcn H 2,75 m; Reeuwijkse schutsluis (ten N van de **Graaf Florisbrug** (21), H 1,95 m) en de tussenliggende bruggen worden door een enkele brugwachter bediend, die met de scheepvaart meerijdt en telkens de volgende brug opent. De vaart duurt ca. 45 min. Bruggeld f 5,– per vaartuig per enkele reis (route Kleiwegbrug t/m Reeuwijkse schutsluis), te betalen bij de Reeuwijkse Schutsluis.

Van de **Kleiwegbrug** over de Kattensingelgracht kan men naar de
Reeuwijkse Plassen vertrekken:

ma. t/m zat.	(16 april-16 okt.)	10.45, 14 en 16 h
	(16 okt.-16 april)	10.45 en 16 h, op verzoek*
zo. en fd.	(1 juli-1 sept.)	10.45 en 16 h
	(1 sept.-1 juli)	gesloten

* Bediening telefonisch aanvragen bij de Rabatbrug, tel. (01820) 1 60 19.

Van de Reeuwijkse schutsluis of Dubbeldverlaat in de Breevaart kan men van de Reeuwijkse Plassen naar Gouda vertrekken:

ma. t/m zat.	(16 april-16 okt.)	9.45, 11.40 en 14.50 h
	(16 okt.-16 april)	9.45 en 14.50 h, op verzoek*
zo. en fd.	(1 juli-1 sept.)	9.45 en 14.50 h
	(1 sept.-1 juli)	gesloten

* Bediening telefonisch aanvragen bij de Rabatbrug, tel. (01820) 1 60 19.

(Voor motorvaartvergunning, zie onder 'Reeuwijkse Plassen').
Gemeentelijk havengeld: Aan de Nieuwe Veerstal, de steiger aan het Gouwekanaal en aan de IJsselkade, tarief f 1,50 per m lengte (voor max. 14 dagen). Deze aanlegmogelijkheden zijn niet geschikt voor de recreatievaart door het verschil in waterstand (IJssel) en/of de deining als gevolg van passerende schepen.
Voor het aanleggen in de overige gemeentewateren (o.a. Kattensingel- en Turfsingelgracht) is tevens havengeld verschuldigd. Vrijgesteld zijn volgboten, kano's en roeiboten tot 3 m lengte. Tarieven:

	per 24 h	3 dagen	7 dagen	14 dagen
t/m 6 m lengte	f 9,–	f 15,–	f 36,–	f 72,–
t/m 15 m lengte	f 12,–	f 18,–	f 42,–	f 84,–
langer dan 15 m	f 18,–	f 24,–	f 54,–	f 108,–

Lig- en aanlegplaatsen:
In de Kromme Gouwe bij W.V. Gouda, havenmeester E. de Jong, tel. (01820) 2 06 10, max.diepgang 2 m, tarief f 9,– per etmaal (elektra, toiletten, wastafels en douches (douchemunten f 1,– verkrijgbaar bij de havenmeester));
● In de Turfsingelgracht aan de kade tussen de Rabatbrug en de Mallegatsluis of aan de Kattensingelgracht (26). Aan de Kattensingelgracht zijn meerpalen geplaatst (elektra, toilet en drinkwater aanwezig: sleutel is verkrijgbaar bij brugwachter, Kleiwegbrug (15), Rabatbrug).
Tarief: zie onder 'Gemeentelijk havengeld'.
Drinkwater: Kattensingelgracht (sl); Turfsingelgracht (sl); Nieuwe Veerstal (sl); Juliansluis (1); Oliehandel Juliansluis B.V., binnen de Juliansluis (1).
Motorbrandstof: Oliehandel Juliansluis B.V., ten N van de Julianasluis (1), be (sl), die (sl), op zo. gesloten; tankboot ten Z van de Julianasluis, die (sl); Hartevelt Oliehandel, Donkstraat, die (sl); Olielichter M. Hoogendijk, Turfsingel 8, die (sl).
Vulstation propaangasflessen: Caravancentrum De Jong, Goudseweg 133.
Reparatie: P.A. Hemmes, Bodegraafsestraatweg 41, tel. (01820) 1 49 92, zeil/tuigage; R. Hofstede, Beyerseweg 60, Stolwijk, tel. (01820) 1 95 08, zeil/tuigage.
Wasserettes: Zaan V.D., Karnemelksloot 84, tel. (01820) 1 71 66; Van Straaten B.V., Graaf Florisweg 113-115, tel. (01820) 1 20 84.
Stortplaats chemisch toilet: Bij de Rabatbrug.

Gouderak
Aan de Hollandse IJssel (zie aldaar); 22 km van Rotterdam; 5 km van Gouda.

Goudswaard
Aan het Spui, kmr 1007; 12 km van Hellevoetsluis; 1,5 km ten W van Piershil.
Getijstanden: GHW = NAP + 0,85 m; GLW = NAP + 0,20 m.
Haven: Aan het eind van de ca. 1 km lange en 4 m brede toegangsgeul, diepte bij gemiddeld LLWS ca. 1,25 m tot aan de havenkade. De haven dient recht aangelopen te worden in verband met de strekdam, die niet altijd gemarkeerd is.
Maximumsnelheid: In de haven 5 km/h.
Aanlegplaats: Achterin de haven aan de kade.
Ligplaats: Jachthaven van W.V. Goudswaard, direct aan de bakboordzijde van de haven, havenmeester W. v.d. Bijl, tel. (01869) 29 27, tarief f 0,50 per m lengte per nacht.
Motorbrandstof: Garagebedrijf Gebr. Burik, Molendijk 60/62 en L. van Dienst, Dorpsstraat 32, die, sbe (beide op zo. gesloten).
Reparatie: Garagebedrijf Gebr. Burik, Molendijk 60/62, tel. (01869) 14 75, bib; L. van Dienst, Dorpsstraat 32, tel. (01869) 11 00, bib.
Trailerhelling: W.V. Goudswaard, in overleg met de havenmeester, tarief f 5,– per handeling.

Gouwe
Zie ook 'Gouda' en 'Boskoop'.
Lengte 14 km, 1 sluis, alle bruggen zijn beweegbaar.
Algemeen: Nagenoeg rechte vaarweg door een aantal aantrekkelijke, langgerekte dorpen, waar op sommige plaatsen gelegenheid tot vastmaken is. Let wel: langsvarende drukke scheepvaart veroorzaakt in het smalle water in de bebouwde kommen een zeer hevige zuiging. Men kan hier nog goed zeilen, alleen ondervindt men last van luwten bij de dorpen. Bij Gouwsluis moet men rekening houden met de kerosinetankers varende richting Schiphol, die vanwege hun lengte in de bocht aan de verkeerde oever terechtkomen.
Vaarwegbeheerder: Provincie Zuid-Holland, Dienst Verkeer en Vervoer, District Oost, Gouwsluisseweg 2, 2405 XS Alphen a. d. Rijn, tel. (01720) 4 62 00.
Maximumsnelheid: 12 km/h, doch in de bebouwde kom van Boskoop (van 250 m ten Z van de hefbrug tot de Otwegwetering) 9 km/h.
Kanaalgeld: Dit moet worden voldaan op de Julianasluis (loket) of de Mallegatsluis (zie onder 'Gouda'). Tarief voor pleziervaartuigen f 0,105 per m^2, met een minimum van f 5,50.
Marifoon: Julianasluis, spoorhefbrug Gouda, Coenecoopbrug, hefbruggen in Waddinxveen, in Boskoop en in Gouwsluis: kan. 18.
Waterstand: Normaal Rijnlands Boezempeil = NAP – 0,60 m. Wanneer bij Gouda water wordt ingelaten kan de waterstand bij Waddinxveen 0,15 à 0,20 m hoger oplopen, bij Boskoop 0,13 à 0,18 m. Zie tevens onder 'Verkeersbruggen'. Tijdens inlaten van water in Gouda kan in de brugopeningen op de Gouwe een N-waartse stroom staan van 2 km/h. In droge perioden wordt nadrukkelijk voor deze sterke stroom gewaarschuwd.
Julianasluis met de daarover gelegen ophaalbruggen:
Bediening*:

ma. t/m vr.	(gehele jaar)	0-24 h
zat.	(gehele jaar)	0-22 h
zo. en fd.	(16 april-16 okt.)	6-24 h
	(16 okt.-16 april)	8-16, 22-24 h

* Op 24 en 31 dec. tot 20 h (echter vallend op een zondag dan bediening tot 16 h), 25 dec. geen bediening. Op 26 dec. en 1 jan. bediening vanaf 22 h (vallend op zat. geen bediening); bediening op aansluitende zo. vanaf 22 h. Na tijdig voorafgaand verzoek, in bijzondere gevallen gelegenheid tot doorvaart. Bij waterstanden op de IJssel van NAP + 2 m of hoger wordt er niet geschut.

Spoorbruggen:
De exacte bedieningstijden van deze twee bruggen zijn opgenomen in de watersportwijzer 'Openingstijden spoorbruggen', gratis verkrijgbaar bij de ANWB-vestigingen.
Direct ten N van de spoorbrug in Gouda geldt langs de NO-oever een meerverbod; langs de zuidwestelijke oever zijn hier steigers aanwezig voor schepen die wachten op bediening van de spoorbrug. De voorste steigers (gerekend vanaf de spoorhefbrug) zijn bestemd voor beroepsvaartuigen; de achterste voor recreatievaartuigen. Wachtende recreatievaart kan zich via een drukknop melden bij de brugwachter van de spoorbrug. Bij opening van de brug moet snel worden gereageerd, anders gaat de brug weer naar beneden. De brug is voorzien van hoogteschalen.

– De spoorhefbrug, H 7 m (geheven H 34 m). Bediening:

(16 april-1 juni en 1 sept.-16 okt.)	ma. t/m zat.	6.27, 12.44 en 21.44 h
	zo. en fd.	10.44, 12.44, 14.44 en 21.44 h
(1 juni-1 sept.)	ma. t/m zat.	6.27, 10.44, 12.44 en 21.44 h
	zo. en fd.	10.44, 12.44, 14.44 en 21.44 h
(16 okt.-16 april)	ma. t/m vr.	6.27 en 21.44 h, op verzoek*
	zat.	6.27 h, op verzoek*
	zo. en fd.	gesloten

* Bediening aanvragen op verzoek, minimaal 24 h van te voren tijdens kantooruren op tel. (01820) 9 44 02.
- De spoordraaibrug H 0,80 à 1 m in Gouwsluis wordt dagelijks doorlopend op afstand vanaf de hefbrug Gouwsluis bediend. Behalve in de periode van 16 okt. tot 16 april, dan is de brug van zat. 18 h tot ma. 00.45 h gesloten. Bediening is wel mogelijk maar op verzoek, uiterlijk do. om 12 h voorafgaand aan het gewenste weekeinde via tel. (01720) 4 62 00. Observatie vindt plaats d.m.v. camera's. Gewoonlijk staat de brug elk uur gedurende tweemaal 10 min open (om ca. .10 h en .40 h). Op Hemelvaartsdag en Koninginnedag bediening van deze drie bruggen als op zat.

Verkeersbruggen: Bediening*:

ma.	(gehele jaar)	6-24 h**
di. t/m vr.	(gehele jaar)	0-24 h (vr. tot 22 h)
zat.	(gehele jaar)	6-18 h
zo. en fd.	(16 april-16 okt.)	10-18 h
	(16 okt.-16 april)	gesloten

* Op zo. en fd. zal worden bediend vanaf de 1e paasdag als deze dag valt tussen 10 en 16 april; op de avond voor Hemelvaartsdag bediening tot 22 h; op werkdagen na een feestdag bediening als op ma.
** Hefbruggen in Boskoop 5.30-24 h, Waddinxveen 5-24 h en de Coenecoopbrug 4.50-24 h.

De Coenecoopbrug wordt op afstand bediend vanaf de hefbrug Waddinxveen. Observatie vindt plaats d.m.v. camera's.
Doorvaarthoogten van de bruggen in gesloten stand: Coenecoopbrug H 4,40 m (vast gedeelte 4,90 m), hefbruggen Waddinxveen en

Boskoop H 2,50 m, hefbrug Gouwsluis H 4,30 m. Doorvaart onder de geheven hefbruggen te Waddinxveen, Boskoop en Gouwsluis wordt meestal aan beide zijden tegelijkertijd toegestaan.
De doorvaarthoogten zijn t.o.v. de normale waterstand (NAP – 0,60 m), doch wanneer er in Gouda water wordt ingelaten is de waterstand hoger en vermindert de doorvaarthoogte met 0,05 m tot maximaal 0,20 m. Maximale hefhoogte 34 m.
Lig- en aanlegplaatsen: Schepen langer dan 20 m mogen alleen aanleggen aan los- en laadwallen. Overigens is aanleggen langs de Gouwe-oevers wegens de zuiging van passerende vrachtvaart sterk af te raden, tenzij men aan lange lijnen en voor- en achterspringen afmeert. Zie verder onder 'Boskoop' en 'Gouda'.

Gouwzee
Vaarwaterbeheerder: Rijkswaterstaat Directie Flevoland, Postbus 600, 8200 AP Lelystad, tel. (03200) 9 91 11.
Toegang: Vanaf de binnenwateren verbinding via Monnickendam. Van het Markermeer (Z-IJsselmeer) uit alleen langs Volendam.
Diepte: De diepte bedraagt 1,50 tot 1,80 m, in het ZW-gedeelte echter 1,10 à 1,30 m. Met 1 m diepgang kan men de oevers vrij dicht naderen, behalve bij het Hemmeland (ten Z van de toegang tot het Monnickendammergat) en de Jan Hagelhoek (de uitspringende landtong tussen Monnickendam en Volendam). De 'berm' (een dijk onder water) loopt van de Jan Hagelhoek naar de N-punt van Marken. Hierboven staat 1 à 1,50 m water, nabij Marken echter minder diep. Er is een doorvaart gebaggerd voor de betonde vaargeul. Buiten de betonde vaargeul veel hinder van waterplanten (fonteinkruid).
Betonde vaargeul: Met een diepte van 2 m bij IJWP leidt een vaargeul van het Markermeer bij Volendam naar de geul van Monnickendam en naar de geul van Marken.
Havens: Zie onder 'Volendam', 'Marken' en 'Monnickendam'.
Maximumsnelheid: Voor snelle motorboten 20 km/h. Binnen het door gele betonning gemarkeerde gebied, op een afstand van 75 m ten Z grenzend aan de betonde vaargeul tussen Monnickendam en Marken en begrensd door een denkbeeldige lijn tussen Hemmeland en Marken, geldt tussen 20 h en zonsondergang géén snelheidsbeperking (WA-verzekering voor snelle motorboten verplicht). Nadere informatie is opgenomen in het ANWB-inlichtingenblad 'Snel motorbootvaren in Nederland'. Raadpleeg hiervoor de 'Handleiding' van deze Almanak onder 'Snelle motorboten en Waterskiën'.

Gramsbergen
Aan het Kanaal Almelo-De Haandrik (zie aldaar); 6 km van Coevorden.
Ligplaats: Jachthaven 't Hooge Holt, 500 m ten Z van de Steensteegbrug, aan de W-zijde van het kanaal, max.diepgang 2,50 m, tel. (05246) 22 00, tarief f 1,– per m lengte per nacht, min. f 10,– (toiletten, douches (f 1,–) en wastafels).
Trailerhelling: Bij Jachthaven 't Hooge Holt, max. 2 ton.
Kampeerterrein: Recreatiecentrum 't Hooge Holt*, Boslaan 1, tel. (05246) 22 00, b.g.g. 17 17, t.o. de jachthaven in Gramsbergen (recreatievoorzieningen, o.a. overdekt zwembad).
Wasserette en stortplaats chemisch toilet: Bij Jachthaven 't Hooge Holt.

Grave
Aan de Maas (zie aldaar), kmr 175 Lo; 9 km beneden Heumen; 6 km boven Niftrik.
Waterstand: SP = NAP + 7,60 m.
Nieuwe haven: Diep ca. 3 m. De toegang ligt beneden de stad, ter

hoogte van de kop van de strekdam, die het sluiskanaal vormt.
In de havenmonding liggen twee ongekleurde tonnen, die het einde van de helling van de scheepswerf aangeven.
Sluis in de Maas: tel. (08892) 17 44. Bediening (gratis):

ma.	6-24 h
di. t/m vr.	0-24 h
zat.	0-20 h
zo. en fd.*	9-17 h

* Van 1 april-1 okt. extra schutting voor recreatievaartuigen die om 19 h aanwezig zijn.

Schutting vindt plaats in de nieuwe O-sluis (Ro).
Men moet rekening houden met een verval van ca. 2,50 m.
Boven en beneden de sluis is een aanlegsteiger, waarvan de laatste 20 m tevens door de recreatievaart gebruikt mag worden.
Direct benedenstrooms van de sluis ligt een vaste brug,
H SP + 9,20 m (= NAP + 14,20 m); SP = NAP + 5 m.
De stuwopening kan alleen gepasseerd worden wanneer de stuw niet in bedrijf is bij grote rivierafvoer. De recreatievaart wordt te allen tijde geadviseerd om van de sluis gebruik te maken.
Marifoon: Sluis Grave, kan. 20.
Havenmeester: Contact opnemen met de Gemeente, tel. (08860) 7 89 11.
Lig- en aanlegplaatsen: Jachthaven van W.V. De Stuw, in de nieuwe haven aan bakboord, 100 m benedenstrooms de stad, max.diepgang 1,70 m, havenmeester J. v. Zwam (Bagynenstraat 14), tel. (08860) 7 13 75, tarief f 1,25 per m lengte per nacht, overdag tot 16 h gratis (toiletten, wastafels, douches (f 1,–) en elektra) ● passantensteigers aan de Maas, ca. 200 m boven de nieuwe haven (de diepte aan de steigers varieert: walzijde ± 1,25 m, rivierzijde ± 2,15 m tot 2,45 m), aan de loswal (voor zover niet bezet door beroepsvaart) en in de oude haven bovenstrooms van de stad, max.diepgang ± 1,50 m. De steigers zijn in beheer bij de gemeente. Buiten de oude haven onrustig door snelvarende (beroeps)vaart. Max.verblijfsduur 3 h tussen 8 h en 20 h (verboden te overnachten).
Bij het aanleggen moet rekening worden gehouden met de waterstand en stroming op de rivier. Bij afwijkende waterstanden kan de diepte aan de steigers minder zijn dan aangegeven.
Motorbrandstof: Tankstation (Garage Arts) in de nabijheid van de jachthaven, die, sbe, be.
Reparatie: Scheepswerf Grave B.V., Maasdijk 28, tel. (08860) 7 24 64, romp/uitr (ht, s, p).
Hefkraan: Jachthaven van W.V. De Stuw, max. 3 ton, max.diepgang 1,30 m, tarief f 25,–.
Trailerhelling: Jachthaven van W.V. De Stuw, max. 1$\frac{1}{2}$ ton, max.diepgang 1,10 m, tarief f 15,– .
Stortplaats chemisch toilet: Bij de jachthaven van W.V. De Stuw.

's-Gravelandse Vaart

Verbinding tussen de Vecht nabij Uitermeer en de Karnemelksloot te Bussum. Goed bevaarbaar tot 1,20 m diepgang vanaf de Vecht tot vóór Bussum (Luie Gat), lengte ca. 6 km.
Voor de verbinding met Naarden via de Karnemelksloot zie bij 'Naarden'.
Het gedeelte langs 's-Graveland tot aan het Hilversumskanaal, lengte ca. 5 km, is eigenlijk alleen voor kleine bootjes bevaarbaar.
De aan de N-zijde van 's-Graveland gelegen Noordersluis is buiten gebruik en is vervangen door schotbalken. Kleine vaartuigen kunnen

worden overgedragen, voor de overige vaartuigen is doorvaart uitsluitend mogelijk indien de schotbalken verwijderd worden; een tijdrovend karweitje.
Er is een eenvoudig hijswerktuig aanwezig voor het uit het water halen van kleine bootjes (tot ca. 200 kg) en eventueel voor het verwijderen van de schotbalken.
Vaarwegbeheerder: Hoogheemraadschap Amstel en Vecht, tel. (02963) 31 53.
Maximumsnelheid: 6 km/h.
Bruggen en sluizen:
Sluis en ophaalbrug in Uitermeer, H 1,80 m, nabij de Vecht.
Bediening:

wo.	(16 april-16 okt.)	11-12 h op verzoek, tel. (02942) 15 06/40 93

Op andere dagen en buiten deze periode géén bediening.
Ten N van de sluis liggen twee vaste bruggen, ca. H 1,50 m en H 2,60 m. Hierna volgen enkele vaste bruggen, H 1,50 m, en een ophaalbare voetbrug, H 0,80 m (zelfbediening), tegenover het inrijhek van 'Gooilust'. De sleutel voor de bediening van de brug is verkrijgbaar bij Gemeentewerken 's-Graveland, tel. (035) 6 19 70.
In de verbinding met het Hilversumskanaal ligt de Zuidersluis en -brug (bb, H 1,75 m). Bediening één dag tevoren aanvragen bij het Hoogheemraadschap Amstel en Vecht in Ouderkerk a. d. Amstel, tel. (02963) 31 53.
Ten Z van het kanaal is door een schutsluis de Rolsluis verbinding met de Loosdrechtse Vaart (zeer geringe diepgang, 0,50 m), waardoor men de Loosdrechtse Plassen kan bereiken (zie aldaar). Over deze vaart ligt een vaste brug, H 2,40 m en een beweegbare brug (staat meestal open). Bediening van de Rolsluis kan worden aangevraagd via een semafoonnr. (06) 59 21 19 91 code 0021 (telefooncel in voorbereiding, anders op 3 km afstand). Men kan ook minimaal 24 h tevoren, tijdens kantooruren, bediening aanvragen via tel. (035) 29 26 28.
Reparatie: Hethollag B.V.*, Zuidereinde 250-254, 's-Graveland, tel. (035) 6 12 54, bub.

's-Gravendeel
Aan de Dordtse Kil (zie aldaar), kmr 981,7; 4,5 km van Dordrecht.
Waterstand: Bij gemiddelde rivierafvoer varieert de waterstand dagelijks van NAP + 0,79 m tot NAP + 0,27 m.
Aanlegplaats: In de gemeentehaven, kmr 981,7, mag door jachten niet overnacht worden. Aanleggen voor korte duur is toegestaan na voorafgaand verzoek aan de havenmeester, dhr. L. Kooy, tel. (01853) 19 30 (uitsluitend tijdens kantooruren). Zie ook 'Dordtse Kil'.
Motorbrandstof: Fa. Ceetank, bunkerschip bij De Wacht, be en die (sl).

's-Gravenhage
1,5 km van het Rijn-Schiekanaal bij Voorburg.
Kaartje: Is bij de beschrijving opgenomen.
Maximumsnelheid: Op de Trekvliet, de Laakhaven en het Laakhavenkanaal tot de Waldorpstraatbrug 9 km/h, daar voorbij in de stadswateren 3,6 km/h.
Havenkantoor: Zeehavens, Visafslagweg 1, Scheveningen (zie aldaar); kantoor Binnenhavens (27), Jupiterkade 4, 2516 BS Den Haag, tel. (070) 3 35 00 45 (openingstijden kantoor 1 apr.-1 okt. ma. t/m do. van 9-12 h en vr. van 13-16.30 h, 1 okt.-1 apr. ma. t/m vr. van 9-12 h), b.g.g. brugwachter Laakbrug, tel. (070) 3 99 45 23.

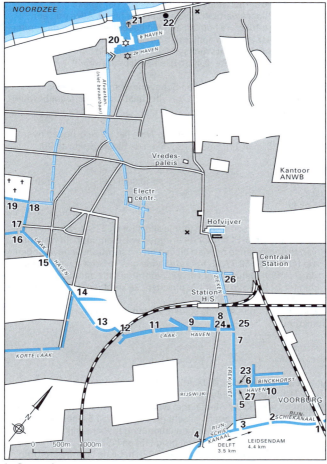

's-Gravenhage

1. Spoorbrug, vast, H 5,60 m
2. Oude Tolbrug (bb) H 2,43 m
3. Nieuwe Tolbrug (bb) H 2,41 m
4. Hoornbrug (bb) H 4,10 m
5. Geestbrug (bb) H 2,75 m
6. Binckhorstbrug (bb) H 3,04 m
7. Trekvlietbrug (bb) H 2,45 m
8. Laakbrug (bb) H 2,45 m
9. Leeghwaterbrug (bb) H 2,47 m
10. Jachthaven Beverdam van W.V. De Vlietstreek
11. Calandbrug (bb) H 2,45 m
12. Vaste brug en spoorbrug H 2,35 m
13. Fruitwegbrug, vast H 3,18 m
14. Veluwepleinbrug, vast, H 2,73 m
15. Soestdijksepleinbrug, vast, H 2,73 m
16. Volendampleinbrug, vast, H 2,73 m (doodlopend)
17. Escampbrug, vast, H 2,38 m
18. Brug in Loosduinsekade, vast, H 2 m
19. Laagste vaste brug over Loosduinse Vaart (doodlopend in Loosduinen) H 2,30 m
20. Jachthaven Marina Scheveningen (geen doorvaart), zie 'Scheveningen'
21. Semafoor
22. Vuurtoren
23. R.V. De Laak en Jachtwerf J. de Haas
24. Haagse Boten en Motoren Service
25. De Boeg B.V.
26. Fa. B. G. v.d. Stighel
27. Havenkantoor Jupiterkade

Marifoon: Havendienst, kan. 18.
Havengeld: Voor recreatievaartuigen per m^2: per week f 0,18, per maand f 0,65, per kwartaal f 1,69 en per jaar f 6,39. Alles met een minimum van 10 m^2, te betalen aan het havenkantoor aan de Jupiterkade (27), waar men kan aanleggen bij de gemerkte aanlegsteiger. Kano's en roeiboten zijn vrijgesteld van havengeld.
Waterstand: KP = NAP – 0,40 m (Delflandsboezempeil).
Doorvaartroute:
Doorvaart naar het Westland en Scheveningen niet mogelijk.
Van het Rijn-Schiekanaal door Trekvliet naar Laakhaven met beweegbare bruggen.
Bediening:
– Trekvlietbrug (7), H 2,45 m over de Trekvliet en de bruggen over Laakhaven (8, 9 en 11), Geestbrug (5) en de Binckhorstbrug (6):

ma.*	6-7.30, 8.45-16.30, 17.45-24 h
di. t/m vr.*	0-7.30, 8.45-16.30, 17.45-24 h (vr. tot 22 h)
zat.*	6-14 h
zo. en fd.	gesloten

* Indien men tussen 17.45 h (einde spertijd) en 6 h op ma. t/m vr. en op zat. tussen 6-14 h door de bruggen wil, dient men dit twee uur van te voren aan te melden bij de Verkeerscentrale Scheveningen via tel. (070) 3 52 77 21. Voorafgaande aan 1e kerst- en nieuwjaarsdag tot 19 h (behalve zat.) en wo. voorafgaande aan Hemelvaartsdag tot 22 h. Na 2e paas-, 2e pinkster-, 2e kerst- en Hemelvaartsdag vanaf 6 h.
– Overige bruggen over de stadsgrachten (Paviljoenbrug enz.).
Bediening:

ma. t/m vr.	9-16 h
zat., zo. en fd.	gesloten

Lig- en aanlegplaatsen: ● Jachthaven Beverdam van W.V. De Vlietstreek (10), aan de Z-zijde van de Binckhorsthaven (Maanweg 96j), uitsluitend voor KNWV-leden met waterpas, havenmeester J.T. Triep, tel. (070) 3 81 74 33, tarief 1e nacht gratis, daarna f 5,– per dag (elektra, toiletten en wastafels; terrein uitsluitend toegankelijk m.b.v. sleutel) ● aan het Laakkanaal tussen brug (15) en (19).
Drinkwater: Bij Jachtwerf J. de Haas (23); nabij de Leeghwaterbrug (9); op aanvraag bij de brugwachter in het posthuis van de Leeghwaterbrug (9).
Reparatie: Haagse Boten en Motoren Service (24), Goudriaankade 37, tel. (070) 3 88 79 95, aanlegplaats aan de kade van de Laakhaven, bib (Cobra (O.M.C.), Mercruiser), bub (alle merken) (geopend ma. t/m vr. 12-17.30 h, zat. van 9-12 h); Jachtwerf J. de Haas (23), Binckhorstlaan 281, tel. (070) 3 85 06 76, romp/uitr (ht, s/op de wal + in het water); De Boeg B.V. (25), Poolsterstraat 50, tel. (070) 3 47 03 85, romp/uitr; Fa. B. G. v. d. Stigchel (26), Spui 28, hoek Bierkade, zeil/tuigage.
Hefkraan: Jachtwerf J. de Haas (23), max. 20 ton, max.diepgang 2 m, tarief f 22,– per m lengte.

Grecht

Verbinding tussen het Woerdense Verlaat en de Oude Rijn bij Woerden. Fraai landelijk vaarwater door een eenzaam landschap.
Vaarwegbeheerder: Hoogheemraadschap De Stichtse Rijnlanden, Fultonbaan 58, Postbus 1054, 3430 BB Nieuwegein, tel. (03402) 8 29 00.
Maximumsnelheid: 6 km/h.

Brug: Blokhuisbrug (bb), H 0,90 m, ten Z van Rietveld. Brugwachter, tel. (03480) 1 73 94. Bediening (gratis):

ma. t/m zat.	(16 april-16 okt.)	9-12.30, 13.30-20 h
	(16 okt.-16 april)	9-12.30, 13.30-18 h
		(zat. gesloten)
zo. en fd.	(16 april-1 juni en	
	1 sept.-16 okt.)	8-9, 13.30-16 h
	(1 juni-1 sept.)	8-9, 13.30-16, 20-21 h
	(16 okt.-16 april)	gesloten

Voor de bediening van het Woerdense Verlaat zie aldaar.
Lig- en aanlegplaatsen: Bij W.V. De Greft in Woerden, ca. 500 m ten N van de Blokhuisbrug (zie onder 'Woerden'); ca. 2 km ten Z van het Woerdense Verlaat zijn aan de O-oever enige meerplaatsen ingericht, max.verblijfsduur 24 h.
Kampeerterrein: Zie onder 'Woerden'.

Grevelingenmeer

Algemeen: Het oppervlak aan water, strand en eilanden bedraagt 14.000 ha, het wateroppervlak van deze afgesloten zeearm is 11.000 ha, waarvan 7.000 ha bevaarbaar. Het water is zout. Er is vrijwel geen vrachtvaart. De recreatie concentreert zich in het O en het W van het meer. Het middengedeelte, met daarin de eilanden Hompelvoet, Veermansplaat en Stampersplaat, is natuurgebied.
Het Grevelingenmeer is varend alleen te bereiken via de Grevelingensluis in de Grevelingendam bij Bruinisse (zie onder 'Bruinisse').
Bij het bezoekerscentrum van het Natuur- en Recreatieschap De Grevelingen, De Punt 4, 3253 MC Ouddorp, tel. (01878) 23 46 en bij de plaatselijke VVV's is een informatiefolder over de Grevelingen verkrijgbaar.
Vaarwegbeheerder: Rijkswaterstaat Directie Zeeland, Postbus 5014, 4330 KA Middelburg.
Waterstand: NAP – 0,20 m met variaties van NAP – 0,30 m tot NAP – 0,10 m.
Maximumsnelheid: In de betonde vaargeulen voor snelle motorboten 20 km/h; daarbuiten 9 km/h, m.u.v. twee banen, waar géén snelheidsbeperking geldt en waterskiën is toegestaan. Deze banen bevinden zich bij de Brouwersdam en bij de Grevelingendam. Zie voor gedetailleerde informatie het ANWB-inlichtingenblad 'Snel motorbootvaren in Nederland'. Raadpleeg hiervoor de 'Handleiding' van deze Almanak onder 'Snelle motorboten en Waterskiën'.
Marifoon: Jachthaven Marina Port Zélande en Brouwershaven, kan. 31.
Havens: Zie onder 'Bruinisse', 'Werkhaven Bommenede (vluchthaven)', 'Brouwershaven', 'Den Osse', 'Scharendijke', 'Port Zélande, Marina', 'Ouddorp', 'Herkingen' en 'Battenoord'. Langs de O-zijde van de Brouwersdam liggen voorts vier havens. Van Z naar N zijn het achtereenvolgens:
– Haven West-Repart, N-gedeelte in gebruik door drijvend restaurant incl. naastgelegen drijvend zee-aquarium. Resterend gedeelte aan loswal en hoge steiger toegankelijk voor recreanten. Gunstig gelegen voor strandbezoek. Max.verblijfsduur 3 x 24 h. Gratis.
Minst gepeilde diepte 3,50 m;
– Haven Middelplaat, N-gedeelte met loswal in gebruik als werkhaven, overige loswal en steigers voor recreanten toegankelijk. Gunstig gelegen voor strandbezoek. Max.verblijfsduur 3 x 24 h. Gratis. Minst gepeilde diepte 3,20 m.

– Haven Kabbelaarsbank met de jachthaven Marina Port Zélande, zie onder 'Port Zélande, Marina'.
– Haven Springersdiep. Max.verblijfsduur 3 x 24 h. Gratis. Minst gepeilde diepte 2,20 m.
De toegangen hebben de gebruikelijke havenlichten.
Bebakening: Buiten de officiële scheepvaartbetonning is een recreatiebebakening uitgezet op de 1,50 m dieptelijn.
Natuurreservaat: De plaat Hompelvoet en de slikken van Flakkee-N zijn natuurreservaat en zijn in de broedtijd verboden voor het publiek. De plaat Markenje en de slikken van Flakkee-Z zijn het gehele jaar niet toegankelijk. De overige terreinen zijn toegankelijk via de aangegeven paden met inachtneming van de geldende toegangsregels.
Aanlegplaatsen: Kunstmatige eilanden: deze zijn aangelegd om recreatieve druk van de grote eilanden af te leiden. De vermelde meergelegenheden voor watersporters zijn niet bedoeld voor een lang verblijf (max. 3 x 24 h, gratis):
– Ossehoek, tussen Hompelvoet en Kabbelaarsbank, ten N van spitse ton GO 3. Aanlegsteigers aan N- en Z-zijde, bereikbaar met een diepgang tot 2,50 m.
– Archipel, ten Z van Hompelvoet, tussen stompe tonnen G 28 en G 30. Aanlegsteigers, aan te lopen vanuit N-, O- en Z-richting met een diepgang tot 2 m.
– Mosselbank, tussen Bruinisse en Herkingen, bereikbaar met een max.diepgang van 2,50 m. De Mosselbank bestaat uit 2 kleine eilandjes, gescheiden door een vaargeul. Op beide eilandjes zijn toiletten aanwezig. Aan de W-zijde van de vaargeul zijn aanlegsteigers (toiletten), aan de O-zijde is een ankerbaai.
– Aan de Z-zijde van de Stampersplaat (geen kunstmatig eiland) is een insteekhaven voor de watersport. Toegankelijk voor boten met een diepgang van 2,50 m.
Bezoekerscentrum: Op de Punt van Goeree is een bezoekerscentrum met aanlegsteiger.
Motorbrandstof, reparatie en hefkranen: Zie onder 'Brouwershaven', 'Bruinisse', 'Ouddorp', 'Port Zélande, Marina' en 'Scharendijke'.
Trailerhellingen: Openbare helling bij Strand Grevelingendam; aan de Brouwersdam in de havens Springersdiep en Middelplaat. Zie ook onder 'Port Zélande, Marina'.
Botenlift: Zie onder 'Brouwershaven', 'Osse Den', 'Port Zélande, Marina'.
Kampeerterrein, wasserette en stortplaats chemisch toilet: Zie onder 'Brouwershaven', 'Bruinisse', 'Herkingen', 'Osse Den', 'Port Zélande, Marina', 'Scharendijke'.

Groningen

26 km van Delfzijl; 20 km van Gaarkeuken; 100 km van Fonejacht via Zoutkamp (voor schepen met staande mast); 29 km van Assen; zie ook 'Starkenborghkanaal, Van', 'Eemskanaal', 'Hoendiep', 'Reitdiep', 'Noordwillemskanaal'.
Maximumsnelheid: In de stadswateren 6 km/h.
Havenmeester: J. Legters, gemeentelijk havenkantoor, Oosterkade 14, tel. (050) 67 37 47.
Marifoon: Sluis in Dorkwerd, kan. 20.
Doorvaartroutes:
– Algemeen: Doorgaans worden 2 of 3 bruggen door één brugwachter bediend, waardoor vertraging in de bediening kan optreden. Wanneer alle bruggen moeten worden geopend, moet men voor het varen door de stad op ca. 3 uur rekenen, waarbij dan nog geen rekening wordt gehouden met spitsuursluitingen en vertraging bij de spoorbrug.

– De oost – west verbinding is voor schepen *lager dan 6,80 m* het snelst te varen van het Eemskanaal via de Oostersluis en het Van Starkenborghkanaal. Zie verder onder 'Starkenborghkanaal, Van'.
– Oost – west varende schepen *hoger dan 6,80 m* moeten van het Eemskanaal via de Zuiderhaven naar het Reitdiep varen. Via Zoutkamp, Dokkum en Leeuwarden kan het Prinses Margrietkanaal worden bereikt bij Fonejacht.
Schepen lager dan 6,80 m die door de stad wensen te varen kunnen deze route ook volgen tot Dorkwerd en dan verder het Van Starkenborghkanaal volgen.
In de stad worden de volgende bruggen (en sluis) gepasseerd die alle beweegbaar zijn: Oosterhavenbrug[1] H 3,80 m, Trompbrug H 3 m, Oosterbrug[1] H 3,20 m, Herebrug[1] H 4,10 m, Emmabrug H 3,20 m, Museumbrug[1] H 1,10 m, nieuwe brug Verbinding H 3,20 m, A-brug H 1,80 m, Visserbrug[1] H 1,60 m, Plantsoenbrug H 1,40 m, Herman Colleniusbrug H 1,20 m, spoorbrug H 0,90 m, Pleiadenbrug[1] H 0,90 m, Plataanbrug H 4,75 m, Dorkwerdersluis en -brug.
Op het traject tussen de Emmabrug en de Trompbrug, dat circa 1100 m bedraagt, geldt dat de beroepsvaart voorrang heeft op de recreatievaart.
Recreatievaart kan zich aansluiten bij de beroepsvaart die zich op dat tijdstip in het kanaalvak bevindt.
Tegenliggende recreatievaart moet dan wachten hetzij voor de Trompbrug hetzij voor de Emmabrug. Bij deze bruggen verschijnt dan een oplichtend aanduidingsbord met 'Sport Stop'. Hiervoor wordt dan ook een wachtlocatie bij beide bruggen aangelegd.
Bij geen beroepsvaart kan de recreatievaart doorvaren (onder de bruggen door) of op de gebruikelijke wijze bediening aanvragen.
Bediening:
Gemeentebruggen

| ma. t/m zat. | (1 mei-1 okt.) | 6-7.30, 9-12, 13-16, 17.30-19 h |
| | (1 okt.-1 mei) | 6-7.30, 9-12, 13-16 h |

Centrale Post brugbediening via Eelderbrug tel. (050) 18 85 00, marifoonkan. 9.

Dorkwerdersluis en -brug

| ma. t/m zat. | (1 mei-1 okt.) | 7-12, 13-19 h |
| | (1 okt.-1 mei) | 7-12, 13-18 h |

Spoorbrug H 0,90 m

| ma. t/m. zat. | 6-19.18 h (van 1 sept.-1 juni tot 17.49 h), bediening gemiddeld 2 à 3 x per h |

De brug wordt op afstand door personeel van de NS bediend. Op het remmingwerk bij de brug is een meldknop aanwezig voor het aanvragen van bediening door de recreatievaart. De meldknop is voor veel schepen slecht bereikbaar en niet erg opvallend geplaatst. Voor de juiste bedieningstijden zie de watersportwijzer 'Openingstijden spoorbruggen', gratis verkrijgbaar bij de ANWB-vestigingen. Bediening op Koninginnedag als op zat.

Gemeentebruggen, Dorkwerdersluis (en -brug) en spoorbrug

---

[1] De brugwachters bevinden zich doorgaans op deze bruggen.

zo. en fd.	(1 mei-1 okt.)	konvooivaart van de Museumbrug t/m de Plataanbrug*.	
		Bediening:	
		Museumbrug	9, 13, 17 h
		Plataanbrug*	10, 14, 18 h
		Dorkwerdersluis en -brug	9-12, 13-16, 17-20 h
	(1 okt.-1 mei)	gesloten	

* De Plataanbrug (H 4,75 m) wordt op zo. en fd. uitsluitend bediend voor schepen met niet-strijkbare mast.
In verband met de drukke verkeerssituatie in de stad is een vlotte opening van bruggen niet altijd te realiseren.
Zie verder onder 'Reitdiep'.
– Van de Zuiderhaven naar het Noordwillemskanaal.
Max.doorvaarthoogte 5,40 m. Gepasseerd worden de volgende beweegbare bruggen:
Eelderbrug[1] H 1 m, Van Hallbrug (fietsbrug, wordt op afstand bediend vanaf de Eelderbrug) H 0,95 m, spoorbrug H 0,90 m, Parkbrug[1] H 1 m, Muntinghbrug (fietsbrug, wordt op afstand vanaf de Julianabrug bediend) H 0,65 m, Julianabrug H 3,50 m, Van Iddekingebrug H 0,80 m, Van Ketwich Verschuurbrug[1], H 0,96 m (geheven 5,40 m).
Bediening gemeentebruggen: zie onder 'Oost – west varende schepen hoger dan 6,80 m', doch op zo. en fd. gesloten.
Bediening Spoorbrug en de Van Halbrug (vanuit de Eelderbrug):

ma. t/m zat.	6.30-11.50, 14.40-18.50 h (ongeveer één bediening per uur)
zo. en fd.	gesloten

Zie verder onder 'Noordwillemskanaal'.
– Van de Zuiderhaven naar het Hoendiep.
Max.doorvaarthoogte 2,10 m. Gepasseerd worden Westerhavensluis, Eendrachtsbrug (bb) H 1,25 m (de brugwachter bevindt zich op de Eelderbrug), Adm. de Ruyterlaanbrug H 2,20 m, vaste spoorbrug H 2,20 m, brug ten W van Ringweg H 2,20 m.
Bediening Westerhavensluis:

ma. t/m zat.	6-12 h, 13.30-19 h, op verzoek*
zo. en fd.	gesloten

* Bediening 24 h tevoren aanvragen bij brugwachter Eelderbrug, tel. (050) 18 85 00.
Eendrachtsbrug: Bediening als gemeentebruggen (doch op zo. en fd. gesloten), zie onder 'Oost – west varende schepen hoger dan 6,80 m'.
Zie verder onder 'Hoendiep'.
– De vaarweg door het Schuitendiep (als verbinding tussen de Ooster- en de Noorderhaven) is in de praktijk alleen mogelijk met een max.doorvaarthoogte van 1,10 m. De bediening van de beweegbare bruggen is nog wel mogelijk, doch moet worden aangevraagd, zodat niet op een vlotte doorvaart mag worden gerekend. Ook bij eventuele bediening van de beweegbare bruggen wordt de doorvaarthoogte door enkele vaste bruggen beperkt tot 1,75 m.
Vaaraanwijzing: Bij het varen van de Oosterhaven naar de Trompbrug over het Verbindingskanaal moet men rekening houden met een sterke stroom die uit de Oosterhaven naar het Oude Winschoterdiep loopt.
Reitdiep richting Groningen vanaf sluis Dorkwerd, er loopt een sterke

stroom door het Reitdiep via de A naar de Zuiderhaven, hierdoor moet men vooral oppassen bij brugpassages.
Lig- en aanlegplaatsen: Jachten die via het Eemskanaal de stad binnenkomen, dienen aan bakboord vóór de Oosterhavenbrug vast te maken indien moet worden gewacht op doorvaart. Afmeren aan de N-zijde van het kanaal is niet toegestaan.
● In de Oosterhaven aan de N-zijde, in het centrum van de stad, aan de steigers van de Jachthaven Oosterhaven, beheerder Watersportcentrum Oosterhaven, Oosterkade 3-4, C. Beuker, tel. (050) 14 08 92 of (06) 52 90 00 82, tarief f 1,35 per m lengte per nacht (elektra; toiletten, wastafels en douches (f 1,–) in gebouw van Watersportcentrum Oosterhaven, sleutel verkrijgbaar tegen waarborgsom van f 25,–).
● Ten Z van de Oostersluis in de jachthaven van de Groninger Motorboot Club aan N-oever van het Eemskanaal, direct ten W van de kruising met het Van Starkenborghkanaal, tel. (050) 14 17 28, tarief f 1,– per m lengte per nacht (toiletten, douches en elektra).
● Aan het Van Starkenborghkanaal kan voor een kort verblijf worden gemeerd aan de W-zijde op de aangegeven plaats bij de Korrebrug aan de NO-zijde van de stad.
● In de Zuiderhaven, van 1 mei t/m 30 september, is afmeren toegestaan voor de recreatievaart voor een periode van 3 x 24 h.
● In de Finse haven aan de N-zijde bij Jachtwerf Groeneveld.
Havengeld: Het havengeld wordt aan boord geïnd doch kan ook worden voldaan op het havenkantoor, Oosterkade 14. Deze tarieven gelden voor ligplaatsen buiten de jachthavens. Tarief: per 3 dagen f 0,079 per m^2, min. f 7,02; per week f 0,18 per m^2, min. f 7,68; per 14 dagen f 0,23 per m^2, min. f 10,05. De dag van aankomst na 16 h en dag van vertrek vóór 8.30 h is gratis.
Drinkwater: Bij gem. waterboten Havendienst I en Havendienst II.
Motorbrandstof: Bunkerschip van de Fa. Trolek, tel. (050) 71 10 60, aan de W-zijde van het Van Starkenborghkanaal bij de Korrebrug, die (sl) (zo. gesloten).
Reparatie: Watersportcentrum Oosterhaven, Oosterkade 3-4, tel. (050) 14 08 92, bib (alle merken), uitr; Machinefabriek Bot, aan de O-zijde Winschoterdiep, Euvelgunnerweg 23, tel. (050) 42 19 19, b.g.g. tel. (05907) 24 21, bib, romp/uitr; Dokbedrijf Jager, Finse haven, tel. (050) 13 76 65, bib, romp/uitr, scheepshelling max. 250 ton, lengte 36 m; Jachtwerf Groeneveld, Stockholmstraat 3, tel. (050) 14 03 55, bib/bub, romp/uitr; Jachtwerf Dubois, Duinkerkenstraat 18, aan het oude Winschoterdiep, tel. (050) 13 05 82, romp/uitr; Watersportcentrum van Gelder, Hoge der A 33, tel. (050) 12 38 82, bub (Johnson, Evinrude), zeil/tuigage; Gebr. Waterborg, Lage der A 2, tel. (050) 12 50 77, zeil/tuigage; Fa. A. Kwint, Scandinaviëweg 7, tel. (050) 18 33 22, zeil/tuigage; J. van Gelder, Rabenhauptstraat 53-55, tel. (050) 25 61 68, zeil/tuigage.
Hefkranen: Transportbedrijf H. Ritsema en Zn. Bornholmstraat 4, tel. (050) 13 86 00, b.g.g. 41 78 77, aan de Hunzehaven, 3 kranen elk $3^1/_2$ ton, tarief f 120,– per uur; Jachtwerf Groeneveld, max. 15 ton, tarief f 200,– in/uit; Jachtwerf Dubois, tarief f 190,– in/uit.
Wasserettes: Fa. Lefferts, Meeuwerderweg 30, Nieuwe Boteringestraat 46 en Bedumerweg 14; Handy Wash Self Wasserette, Schuitendiep 58, in Watersportcentrum Oosterhaven.
Stortplaats chemisch toilet: Bij Watersportcentrum Oosterhaven.
Vulstation propaangasflessen: G. Weiss B.V., Stockholmstraat 1a, tel. (050) 13 75 60.

Groot-Ammers
Aan de Lek (zie aldaar), kmr 974,8 Lo; 3 km ten W van Schoonhoven. Binnen de rivierdijk eindigt de Ammerse Boezem. (Geen verbinding

met de rivier.) Daar ligt de jachthaven van W.V. De Ammers. Men kan de Ammerse Boezem bereiken via de Giessen (zie aldaar), laagste brug H 2,15 m.
Lig- en aanlegplaatsen: Jachthaven van W.V. De Ammers, havenmeester G. v. Wijngaarden, tel. (01842) 17 98, max.diepgang 1 m, tarief f 1,– per m per nacht, 2 x 24 h gratis (elektra, toiletten, douche (f 1,–) en wastafels: uitsluitend toegankelijk als de kantinebeheerder aanwezig is); passantensteiger aan de rand van het dorp, max.verblijfsduur 2 x 24 h.
Motorbrandstof: Tankstation aan de dijk, be, die, sbe (zo. gesloten).
Vulstation propaangasflessen en reparatie: Via de havenmeester bij plaatselijk loodgietersbedrijf en garage.

Grote Brekken

3 km van Lemmer; 2 km van Spannenburg; 2,5 km van Follega.
De betonde vaargeul heeft een diepte van ruim 3 m.
Het meer is over de gehele oppervlakte (278 ha, lengte 4 km) bevaarbaar met een diepgang van 1,50 m. De toegang van de Grote Brekken tot de Rijnsloot en Kromme Ee leidt langs de N-zijde van het eilandje.
Vaarwegbeheerder: Provincie Friesland, Gedempte Keizersgracht 38, 8911 KL Leeuwarden, tel. (058) 92 59 25.
Maximumsnelheid: In de vaargeul 12,5 km/h, daarbuiten 9 km/h.
Ligplaatsen: Vrije ligplaats van de Marrekrite aan het eiland in het N-deel (D 0,90 m), bij de ingang van de Lange Sloot (onrustig door langskomende scheepvaart) en tevens aan de steiger langs de ZO-oever van de Grote Brekken ten O van de ton PM 7 (er is vanaf deze steiger geen verbinding met de wal). Denk aan de fuiken!
Door middel van borden is op het eiland en bij de Lange Sloot aangegeven dat het plaatsen van max. drie tenten 's nachts (17-10 h) is toegestaan.

Grou (Grouw)

5 km van Oude Schouw; 7 km van Wergea (Warga); 8 km van Warten (Wartena); 8 km van Earnewâld (Eernewoude); 9 km van Hooidammen; 5,5 km van Nes; zie ook 'Prinses Margrietkanaal' en 'Pikmeer'.
Prinses Margrietkanaal: tussen het Pikmeer en Oude Schouw.
Bij de spoorbrug (vast gedeelte H 5,30 m) zijn wachttijden van 20 à 40 min mogelijk. Een klok onder het bedieningshuisje vermeldt het tijdstip van de eerstkomende brugopening.
Bediening spoorbrug: zie bij 'Prinses Margrietkanaal' en de watersportwijzer 'Openingstijden spoorbruggen', gratis verkrijgbaar aan de ANWB-vestigingen.
Geen bruggeld. Langs de landhoofden van de brug zijn kettingen gespannen, waarlangs men zich bij niet-bezeilde wind onder de brug door kan halen.
Het is verboden te meren aan de dukdalven. Bij gesloten brug kan gemeerd worden aan de speciale jachtsteigers aan weerszijden van de brug.
Marifoon: Kan. 18.
Rechte Grouw:
– Maximumsnelheid: Vanaf het Prinses Margrietkanaal tot de voormalige brug in de J. W. de Visserswei in Grou (Grouw), 9 km/h.
– Max. toegestane diepgang: 2,65 m.
– Bruggen: Vaste spoorbrug over de Rechte Grouw tussen Grou (Grouw) en Jirnsum (Irnsum) (H 1,85 m), vaste brug in de rijksweg direct ten O van deze spoorbrug (H 1,85 m), een vaste brug ten O van de brug in de rijksweg (H 2,50 m) en een vaste brug in Jirnsum (Irnsum) (H 1,55 m). Bij Grou (Grouw) ligt een beweegbare brug,

H 3,50 m, dit is een zelfbedieningsbrug d.m.v. een knop langs de oevers, bedieningstijden zijn van 8-12, 13-17 en van 18-21 h.
Nauwe Galle:
Over de Nauwe Galle in de weg van Grou (Grouw) naar Wergea (Warga) ligt een vaste brug, H 3,35 m.
Maximumsnelheid in de vaarweg Grou (Grouw) – Wergea (Warga) via De Meer, Nauwe Galle, Pomprak etc. 9 km/h.
Havenmeesters: Havenmeester Gem. Jachthaven, dhr. Tj. Hogeveen, tel. (06) 52 91 26 91 en van Watersport Anja, tel. (05662) 13 73; W.V. Grouwster Watersport, W. Ypma, tel. (05662) 31 80.
Lig- en aanlegplaatsen:
● Gemeentelijke Jachthaven naast het Theehuis aan het Pikmeer, max.diepgang 1,80 m, max.verblijfsduur 2 x 24 h (elektra, toiletten, douches (f 1,50) en wastafels). In deze jachthaven zijn gevestigd Watersportbedrijf Anja en W.V. Grouwster Watersport. Tarief bij Watersportbedrijf Anja en de W.V. (gemeentetarief): tot 6,50 m lengte f 4,75, tot 8 m f 7,25, tot 10 m f 11,75, tot 13 m f 16,25, langer dan 13 m f 23,25 per nacht;
● Steigers van de gemeente aan de Rechte Grouw nl. aan de nieuwe kade, achter Hotel Oostergo (Sûderkade), max.verblijfsduur 2 x 24 h (tarief: zie 'Gemeentelijke Jachthaven'.
● Jachthaven De Blieken (A. E. Wester & Zn.), t.o. Hotel Oostergo aan de Rechte Grouw, tel. (05662) 13 35, tarief f 1,– per m lengte per nacht (elektra en toiletten);
● Jachthaven Roel Wester aan de Rechte Grouw, tel. (05662) 13 26, tarief f 1,50 per m lengte per nacht (toiletten, douches (f 1,–) en wastafels);
● Aan de Indijk (Stork Complex) begin Rechte Grouw, bij H. Hofstra, max.diepgang 2 m, tarief f 8,– per nacht (toiletten en wastafels) (op vr. géén passantenplaatsen beschikbaar);
● Aan de Rechte Grouw bij Zeilmakerij Molenaar, max.verblijfsduur 2 x 24 h;
● Jachthaven Biensma aan de Rechte Grouw direct achter de Halbertsmafabriek;
● Recreatieoord Yn 'e Lijte, tel. (05662) 14 87, aan het Pikmeer t.o. Grou (Grouw), tarief f 7,– per etmaal en f 4,– p.p. per etmaal, excl. toeristenbelasting (toiletten, douches en wastafels);
● Aan de oevers van het Pikmeer en de Wijde Ee, voor zover geen particulier terrein;
● Aanlegplaats van de Marrekrite aan het eiland in het Biggemeer, D 1,40 m.
● Aan de Rechte Grouw, vanaf Pikmeer 1e haven aan stuurboordzijde, bij Techn. Scheepsservice B. de Jong, tarief op aanvraag (elektra, toiletten, douches (f 1,–) en wastafels).
Drinkwater: Bij het Theehuis (sl); aan de kade NW-zijde van het dorp (sl); aan de Sûderkade; bij H. Hofstra (Stork Complex); Zeilmakerij Molenaar; Yn 'e Lijte (sl).
Motorbrandstof: Jachthaven De Blieken (Fa. A. E. Wester & Zn.) t.o. Hotel Oostergoo, be (sl), die (sl), sbe (sl); Watersportbedrijf Anja, bij het Theehuis, die (sl), be (sl).
Vulstation propaangasflessen: Gascentrum Noord Ned. B.V., Stationsweg 92, tel. (05662) 12 22.
Reparatie: Technisch Bedrijf De Schiffart*, Kerkstraat 28-30, tel. (05662) 13 88, bub (alle merken), bib (géén Farymann en Ford), romp/uitr (ht, s, p/op de wal + in het water), elek; Technische Scheepsservice B. de Jong, Garde Jagerswei 14, tel. (05662) 32 34, 24 h service, 7 dagen per week, eigen sleepdienst, bub/bib (alle merken), romp/uitr (ht, s, p/op de wal + in het water), elek; Jachthaven De Blieken (Fa. A. E. Wester & Zn.), Garde Jagerswei 4-5, tel. (05662)

13 35, bub (Yamaha), bib (Nanni), romp/uitr (ht, s, p/op de wal + in het water), elek; Recreatieoord Yn 'e Lijte, bub/bib; Jachthaven Roel Wester, Garde Jagerswei 11-15, tel. (05662) 13 26, bub/bib (alle merken), romp/uitr (ht, s, p/op de wal + in het water), elek; B. de Groot, Oedsmawei 2, romp/uitr (s); Wi-Ja, Oedsmawei 10, romp/uitr; Koen en V. d. Werf, Oedsmawei 4a, romp/uitr; Zeilmakerij Molenaar B.V.*, Kerkstraat 31, tel. (05662) 13 13, zeil/tuigage (op zat. geopend); Zeilmakerij S.U. de Vries B.V., Stationsweg 88, tel. (05662) 18 15, zeil; A. Roelinga, Kerkstraat 15, tel. (05662) 24 94, zeil/tuigage; Gebr. Dijkstra, Gedempte Haven 13, tel. (05662) 34 34, b.g.g. 27 16, zeil/tuigage; Watersportbedrijf Anja, Meersweg 9a, bub (alle merken), bib (géén Solé, BMW, Daf, en Ford), romp/uitr (ht, s, p, a/op de wal + in het water), zeil/tuigage, elek.
Hefkranen: Jachthaven De Blieken (Fa. A. E. Wester & Zn.), max. 3 ton (tevens botenlift aanwezig), tel. (05662) 13 35, tarief f 35,–, max.diepgang 1,50 m; Technisch Bedrijf De Schiffart, max. 4 ton; Jachthaven Roel Wester, tel. (05662) 13 26, max. 12 ton, tarief f 50,– tot f 100,– ; Watersportbedrijf Anja, tel. (05662) 13 73, max. 20 ton, max.diepgang 1,60 m, tarief f 95,– tot f 120,– (heffen met staande mast mogelijk); H. Hofstra, Stationsweg 32 (Stork complex), tel. (05662) 13 17/14 29.
Trailerhellingen: Openbare helling aan de Wilhelminastraat bij parkeerterrein, max. 2 ton, max.diepgang 0,80 m; Jachthaven Roel Wester, max. 2 ton, gratis.
Botenlift: Techn. Scheepsservice B. de Jong, Garde Jagersweg 14, tel. (05662) 32 34, max. 20 ton, max.diepgang 2 m.
Kampeerterreinen: Recreatieoord Yn 'e Lijte, aan het Pikmeer t.o. Grou (Grouw) (met steigers).
Wasserettes: Bij Jachthaven Roel Wester; bij de gemeentelijke Jachthaven.
Stortplaatsen chemisch toilet: Bij de gemeentelijke Jachthaven, nabij Watersportbedrijf Anja; bij Jachthaven Roel Wester; bij Recreatieoord Yn 'e Lijte, bij Jachthaven De Blieken.
Aftappunt vuilwatertank: Bij Jachthaven De Blieken.

Haagoord
3 km ten W van Drongelen; aan de Bergse Maas (zie aldaar), kmr 239.
Haven: Rijkshaventje, goede ligplaats bij slecht weer, diepte ruim 1,50 m. Let op dagelijkse waterstandverschillen van ca. 0,30 m.
Aanlegplaats: In de haven aan de kade (zg. 'Meeuwense loswal'), gratis.

Haagse Schouw
3 km ten W van Leiden; zie ook 'Oude Rijn'.
Bruggen: Zie bij 'Leiden'.
Reparatie: Jachtwerf Mostert, Rijndijk 112a, Leiden, gelegen aan de N-oever, ten ZO van de brug in de oude rijksweg, romp/uitr (s, ht, p), bub/bib.

Haandrik
5 km ten Z van Coevorden; 21 km ten N van Vroomshoop.
Kanaal Almelo-De Haandrik en Coevorden-Vechtkanaal: Zie onder 'Coevorden' en 'Kanaal Almelo-De Haandrik'.
Algemeen: Bij De Haandrik kruist het scheepvaartverkeer tussen Coevorden en Almelo de Overijsselse Vecht.
Men moet rekening houden met dwarsstroom en met peilvariaties. Aanleggen kan men er nauwelijks door de steenstortingen langs de oevers, behalve op de punten waar meerpalen geplaatst zijn. Ten W

van de kruising ligt over de Vecht de vaste spoorbrug H 2 m, 100 m ten O van de kruising bestaat de kans dat visnetten de Vecht stroomopwaarts afsluiten.

Haarlem

5,5 km van Spaarndam; 3,5 km van de Cruquiusbrug over de Ringvaart van de Haarlemmermeerpolder.
Havenkantoor: tel. (023) 31 09 04/27 45 56, zie verder onder 'Havengelden'.
Marifoon: Havenkantoor, roepnaam Havendienst Haarlem, kan. 18 (na 20 h en op zaterdag (winter) niet permanent bezet).
Maximumsnelheid: Van de sluis te Spaarndam tot de brug te Cruquius aan de Ringvaart 6 km/h.
Waterstand: Streefpeil = NAP + 0,60 m. De waterstand kan variëren tot 0,15 m boven streefpeil.
Bruggen: Alle bruggen in de doorgaande route door Haarlem (Binnen en Buiten Spaarne) zijn beweegbaar. Van N naar Z: Waarderbrug H 2,10 m, Prinsenbrug H 3,35 m, spoorbrug H 4,50 m, Catharijnebrug H 2,35 m, Gravestenenbrug H 3,45 m, Melkbrug H 1,98 m, Langebrug H 2,34 m, Buitenrustbrug H 2,40 m (vaste gedeelte) en Schouwbroekerbrug H 4,45 m.
Niet op elke brug is een brugwachter. De brugwachters gaan mee met de scheepvaart, zodat er wisselend eenrichtingsverkeer is. De openingstijden van de spoorbrug zijn vermeld in de watersportwijzer 'Openingstijden spoorbruggen', gratis verkrijgbaar op de ANWB-vestigingen. De spoorbrug wordt bediend door de Havendienst van de Gemeente Haarlem en kan op afwijkende tijden geopend worden in verband met konvooivaart. Bij wachten op bediening niet in de buitenbochten afmeren. Schepen met marifoon moeten zich voor doorvaart melden bij de Havendienst; voor bediening van de Schouwbroekerbrug moet men zich ter hoogte van de Cruquiusbrug reeds melden.
Voor doorvaart is betaling van doorvaartgeld verplicht (ongeacht of brugbediening noodzakelijk is); zie onder 'Havengelden en doorvaartrechten'.
Bediening:

ma. t/m vr.	(gehele jaar)	8.40-16, 17.40-21 h alle bruggen.
	(Er is een mogelijkheid om tot 22 h de stad uit te varen)	
	Om 6 h één doorvaart alléén zuidgaand vanaf de Waarderbrug.	
zat.	(16 okt.-16 april)	9-14 h (tot 15.30 h de stad uit)
	(16 april-16 okt.)	9-17 h
zo. en fd.*	(16 april-16 okt.)	9-12, 16-20.30 h
	(16 okt.-16 april)	gesloten

* Incl. Koninginnedag.
Verbinding met de Leidse Trekvaart en Haarlemmertrekvaart: Via de Nieuwe Gracht met vaste bruggen, H 1,85 m, of via de route door Kamper-, Gasthuis- en Raamsingel met vaste bruggen, H 1,57 m. Zie verder onder 'Haarlemmertrekvaart'.
Havengelden en doorvaartrechten: Men is verplicht hiervoor aan te leggen aan de steiger bij het havenkantoor nabij de Prinsenbrug, ten N van de spoorbrug, W-oever, of aan de wal. (Indien gesloten: melden bij de brugwachter van de Prinsenbrug.)

Tarief:
lengte	tot 24 h	na 24 h (dagtarief)	doorvaartabonnement (weektarief)	(per jaar)
tot 5 m	–	–	–	–
t/m 10 m	f 9,55	f 11,30	f 34,–	f 114,80
t/m 15 m	f 14,30	f 17,–	f 47,20	f 172,20
> 15 m	f 19,15	f 22,60	f 71,75	f 229,60

Met een doorvaartabonnement kan men telkens max. 24 h in de stad verblijven, na 24 h dient men het dagtarief te betalen (f 8,60 etc.).
Lig- en aanlegplaatsen: (Zie tevens onder 'Spaarndam' en 'Mooie Nel')
– Aan het Noorder Buiten Spaarne, ten N van de Waarderbrug, W-oever: ● Jachthaven van Jachtwerf Wetterwille, havenmeester Fam. J. Hittinger, tel. (023) 37 96 03, max.diepgang 2 m, tarief f 1,– per m lengte per etmaal (elektra, toiletten, wastafels en douches (f 1,–)) ● Jachthaven van Jachtwerf De Drijver, tel. (023) 37 92 04, tarief f 1,50 per m lengte per nacht (toiletten, douche en elektra) ● Jachthaven van de Haarlemsche Jachtclub, havenmeester J. Clay, tel. (023) 38 75 91, max.diepgang 2,50 m, tarief f 1,20 per m lengte per etmaal (elektra, toiletten, wastafels en douches) ● Jachthaven Schoteroog van Jachtvereniging Watervrienden, havenmeester V. Diercks tel. (023) 32 78 48 (elektra, toiletten, douches (f 1,–) en wastafels).
– Noorder Buiten Spaarne ten Z van de spoorbrug:
● aan het Donkere Spaarne (Spaarne tussen Gravestenenbrug en Melkbrug), alleen O-zijde; indien bezet verder vragen op het havenkantoor.
– Aan het Zuider Buiten Spaarne:
● Jachthaven van de K.R. en Z.V. Het Spaarne (zie ook onder 'Heemstede' en 'Mooie Nel') ● jachthaven van de Haarlemsche Jachtwerf, 600 m ten Z van de Schouwbroekerbrug, aanleggen aan de steiger en melden bij het witte huis, max.diepgang 2 m, tarief f 1,– per m lengte per nacht (elektra, toiletten en wastafels);
– Aan de Molenplas ten Z van Haarlem (plas onderdeel van de Ringvaart van de Haarlemmermeerpolder);
● Jachthaven van Watersport De Liede, aan het Buiten Liede (Ringvaart van de Haarlemmermeer bij Nieuwe Brug), max.diepgang 1,75 m, tarief f 1,– per m lengte per nacht (toiletten, douches (f 1,–) en wastafels).
Drinkwater: Bij het havenkantoor (sl); in de stad op de plaats van de passagiersschepen (muntautomaat).
Motorbrandstof: Fina-bunkerboot, Hooimarkt (marifoonkan. 10).
Reparatie: Jachtwerf De Drijver, Spaarndamseweg 17, tel. (023) 37 92 04, bub (géén Honda en Tomos), bib (Volvo Penta en Yanmar), romp/uitr (ht, s, p/op de wal + in het water), helling tot 12 ton; Jachtwerf Wetterwille, Spaarndamseweg 21, tel. (023) 37 96 03, bub/bib (alle merken), romp/uitr (ht, s, p, a/op de wal + in het water), scheepshelling tot 15 ton; Haarlemsche Jachtwerf, Zuid-Schalkwijkerweg 39, tel. (023) 33 85 17, bib (alle merken), romp/uitr (ht, s, p/op de wal + in het water), scheepshelling tot 20 ton; via Watersport De Liede, tel. (023) 33 23 60, bib/bub, op afroep beschikbaar.
Hefkranen: Jachtwerf De Drijver, max. 1,2 ton, tarief f 50,– per keer; Jachtwerf Wetterwille, max. 8 ton, max.diepgang 1,50 m; Haarlemsche Jachtclub, max. 2 ton. max.diepgang 1,20 m, tarief f 50,–.
Trailerhellingen: Jachtwerf De Drijver, max. ½ ton, tarief f 15,– per keer; Haarlemsche Jachtwerf, onbeperkte tonnage, max.diepgang

2 m, tarief f 15,–; Jachthaven Schoteroog van Jachtvereniging Watervrienden.
Botenliften: Jachtwerf De Drijver, max. 10 ton, tarief f 100,–; Haarlemsche Jachtwerf, max. 10 ton, max.diepgang 2 m; Jachthaven Schoteroog van Jachtvereniging Watervrienden, max. 10 ton, max.diepgang 2 m.
Kampeerterrein: Camping van Watersport De Liede, Liewegje t.o. 17, tel. (023) 33 23 60, ten O van Haarlem aan de Buiten Liede (N-Ringvaart van de Haarlemmermeer).
Wasserettes: Bij de jachthaven van Jachtwerf Wetterwille; bij Watersport De Liede.
Stortplaatsen chemisch toilet: Bij Jachtwerf De Drijver; bij Watersport De Liede; bij de Haarlemsche Jachtclub; bij de jachthaven van Jachtwerf Wetterwille.

Haarlemmertrekvaart

Van de Leidse Trekvaart in Haarlem naar Leiden, lengte 27 km. Vaste bruggen ruim 2 m hoog, max.diepgang 1,40 m.
Over de verbinding met het Spaarne in Haarlem (zie aldaar) liggen vaste bruggen, die 1,85 m hoog zijn. Ten Z van de Kalkovensbrug bij Hillegom ligt een drijvend ponton in gebruik als brug. Het ponton ligt meestal langs de oever gemeerd, waardoor de doorvaart vrij is.
De Haarlemmertrekvaart sluit in Oegstgeest (zie aldaar) aan op het Oegstgeesterkanaal en de Leede bij het Warmonderhek. De trekvaart is in Leiden afgedamd, waardoor de haven in Leiden niet bereikbaar is.
Vaarvergunning: Tussen het Warmonderhek en de spoorbrug bij Vogelenzang is voor motorboten de Algemene Vaarvergunning vereist van het Hoogheemraadschap van Rijnland (zie onder 'Drecht').
Vaarwegbeheerder: Gemeente Leiden, Adm. Banckertweg 15, 2315 SR Leiden.
Maximumsnelheid: 6 km/h.

Haastrecht

Aan de Hollandse IJssel; 4 km ten O van Gouda.
Bruggen: 2 beweegbare bruggen, H 1 m en H 2,50 m. Bediening: zie 'Hollandse IJssel'.
Aanlegplaatsen: Aan de O- en W-zijde van de brug, met name aan de N-oever, gratis, max.verblijfsduur 2 x 24 h. Aan O-zijde van de brug 65 meter aanlegsteiger aanwezig, max. 30 min afmeren
Drinkwater en motorbrandstof: Watertapautomaat aan O-zijde van de brug, f 0,25/100 l. Garage ten W van de brug, Z-oever, be (sl), water (sl).

Hagestein

Aan de Lek (zie aldaar), kmr 947 Lo; 3 km van Vreeswijk; 8 km van Culemborg; zie de ANWB-waterkaart 'Grote Rivieren middenblad'. Een stuwcomplex met sluis zonder brug is in een speciaal daarvoor gegraven arm in de Z-oever gebouwd. De oude loop van de rivier is afgedamd waardoor aan weerszijden van de dam in de oude rivier stroomloos water is ontstaan.
Maximumsnelheid: Op de dode rivierarm, benedenstrooms van het stuwcomplex, 6 km/h.
Waterstand: Het getijverschil is benedenstrooms van het stuwcomplex bij gemiddelde rivierafvoer ca. 0,85 m. Wanneer de stuw is geheven (open), is het getij ook bovenstrooms van het stuwcomplex merkbaar. GHW = NAP + 1,61 m; GLW = NAP + 0,74 m. Waterstand bovenstrooms van het stuwcomplex: SP = NAP + 2,50 à 3 m.
Vizierstuwen: Indien de stuw voor de scheepvaart geopend is, bevin-

den de schuiven zich in geheven stand. Hoogte op 5 m uit de landhoofden NAP + 14,90 m (in het midden 6,35 m hoger). De stuw wordt geheven als de waterstand in Lobith het peil van NAP + 10,50 m overschrijdt. De hoogste waterstand in Hagestein waarbij nog net scheepvaart mogelijk is, is NAP + 5,80 m.
Sluis: Bediening gratis, tel. (03472) 15 44:

ma.	6-24 h
di. t/m vr.	0-24 h
zat.	0-20 h
zo. en fd.	8-20 h

Marifoon: Sluis Hagestein, kan. 18.
Ankerplaatsen: In de afgesneden rivierarm benedenstrooms van het stuwcomplex Hagestein.
Trailerhelling: In de afgesneden rivierarm aan de N-zijde, ten O van de afsluitdam.

H Halfweg
9 km van de Nieuwe Meer; 11 km van gemaal Cruquius; zie ook 'Ringvaart van de Haarlemmermeerpolder'.
Er is geen doorgaande verbinding tussen de Ringvaart en het Noordzeekanaal via het toeleidingskanaal van gemaal Rijnland naar de Amerikahaven.
Brug: Beweegbare brug, H 2,20 m. Voor bediening zie 'Ringvaart van de Haarlemmermeerpolder'.
Lig- en aanlegplaatsen: Loswal langs de Z-oever van de Ringvaart ten O van de brug ● Jachthaven van W.V. De Swaenenburght, aan de N-oever van de Ringvaart ten O van de brug, havenmeester dhr. Seinstra, tel. (02907) 66 91, tarief f 1,– per m lengte per nacht (elektra, toiletten, wastafels, douches (f 1,–)). Aanleggen in de kom bij de suikerfabriek ten W van de brug is niet mogelijk.

Hallumervaart
Zijvaart van de Dokkumer Ee. Bevaarbaar tot Hallum. Lengte 5 km.
Over de vaart liggen vaste bruggen, H 2,50 m. D 1,70 m.
Vaarwegbeheerder: Waterschap Tusken Waed en Ie, B. Bekkerstraat 15, Metslawier, tel. (05192) 20 30.
Ligplaats: Jachthaven W.V. Wetterfreonen, in de kom van het dorp Hallum, max.diepgang 1,50 m, tel. (05183) 14 88, tarief f 5,– per nacht. Drinkwater (sl).

Hank
O-gedeelte van de Brabantse Biesbosch, aan Bleek of Oostkil (bij het Spijkerboor).
Ligplaats: Jachthaven Vissershang, havenmeester J. Weterings, tel. (01622) 24 50, tarief f 1,- per m lengte per nacht (douches (f 1,–), toiletten en wastafels). Max.verblijfsduur 5 dagen.
Motorbrandstof: Jachthaven Vissershang, die.
Trailerhelling: Jachthaven Vissershang, Jeppegatweg 1, tarief f 10,– (in en uit), kano's f 2,50 (in en uit).

Hansweert
6 km van Walsoorden; 21 km van Terneuzen; 52 km van Antwerpen; 9 km van Wemeldinge; zie ook 'Westerschelde' en 'Kanaal door Zuid-Beveland'.
Getij: Rijzing bij doodtij 4,45 m boven gemiddeld LLWS; bij springtij 5,25 m. Gemiddeld LLWS = NAP – 2,58 m. GHW = NAP + 2,35 m; GLW = NAP – 2,12 m.

Haven: Langs de haven trekt, vooral bij eb, een zwaar tij. Er is echter geen neer.
Mistseinen: Tijdens mist op de kop van de O-havendam een geel vast licht van grote lichtsterkte; verder nautofoon die elke 30 seconde 4 geluidstoten geeft.
Marifoon:
Binnen het werkingsgebied van VTS-SM is alle scheepvaart (ook recreatievaart) uitgerust met marifoon van Libo 35 t/m Wintham (België) verplicht bereikbaar te zijn op het Verkeerskanaal VHF-12. Westerschelde blokkan. Hansweert, kan. 65 (roepnaam 'Radar Hansweert'); sluiscentrale Hansweert, kan. 22 (voor aanmelden en informatie over het schutten etc.).
Voor recreatievaart geldt geen marifoonplicht.
Het is toegestaan het Verkeerskanaal korstondig te verlaten voor een korte melding aan een sluis, havendienst of radarcentrale.
Zie voor gedetailleerde informatie de 'Hydrografische Kaart voor Kust- en Binnenwateren, nr. 1803'.
Douane: Douanekantoor bevindt zich op het sluizencomplex, tel. (01130) 8 17 23. Voor douaneformaliteiten zie in de Handleiding van deze Almanak onder 'Douaneformaliteiten'.
Bruggen en sluizen: In het Kanaal door Zuid-Beveland. De Postbrug en de Vlakebruggen worden op afstand, middels tv-camera's, vanuit sluis Hansweert kan. 22, op verzoek bediend.
De recreatievaart wordt geschut door de West- en Oostsluis (afmetingen van beide kolken: 280 m x 24 m). In de voorhaven zijn meervoorzieningen en geleidewerken aanwezig. De sluizen zijn volledig uitgerust met bolders, haalkommen en haalpennen (t.b.v. de recreatievaart).
Bediening (gratis): De Oost- en Westsluis worden te allen tijde bediend. Met de sluizen wordt niet geschut indien de buitenwaterstand (Westerschelde) hoger is dan NAP + 3,65 m.
Via de geluidsinstallatie wordt de jachten een plaats toegewezen. Op de steigers en achter de ladders in de kolk zijn praatpalen geplaatst voor de communicatie met de centrale bediening. Bruggen, zie 'Kanaal door Zuid-Beveland'.
Open vuurverbod: Op het gehele sluizencomplex, incl. steigers en sluisterrein, geldt een open vuur-/rookverbod.
Aanlegplaatsen: Aan de steigers buiten en binnen de sluizen. Onrustig!
Drinkwater: Aan waterboten en bij tankbootjes van Shell (Verbo).
Motorbrandstof: Tankboten en walstations, die (sl), be; Verbo, varende tanklichter aan de loswal aan de W-zijde van het kanaal ten NW van de sluis.
Reparatie: Verbo (zie 'Motorbrandstof'), bib.

Harderwijk

Aan het Wolderwijd en Veluwemeer; 17 km van Nijkerk (sluis); 19 km van Elburg (brug).
Havens: De 70 m brede betonde vaargeul langs de strekdam naar de oude haven wordt onderhouden op IJZP – 2,80 m. Vanuit de betonde vaargeul naar Harderwijk even vóór de koepel van het Dolfinarium voert een geul, bebakend met rode en groene tonnen naar de Jachthaven De Knar.
Voor toegangswateren, zie onder 'Veluwemeer' en 'Wolderwijd'.
Hardersluis: Zie 'Veluwemeer' en 'Randmeren' (voor bediening).
Gemeentelijke Havenmeester: Kantoor, tel. (03410) 1 13 39, havenmeester G. Petersen, tel. (06) 52 97 52 13.
Ligplaatsen:
● Jachthaven Harderwijk, tel. (03410) 2 57 86, direct bij invaart Har-

derwijk, vóór de invaart van de Vissershaven, beschut achter Dolfinarium, op loopafstand van het centrum, havenmeester M. van Doesburg, tarief f 1,50 per m lengte per nacht (elektra, toiletten, wastafels en douches (f 1,–));
● Aanlegsteigers in de Vissershaven, D 2 m, ophaalbrug over de Vissershaven H IJZP + 2,20 m (zelfbediening), gem. havengeld f 1,20 per m lengte per nacht, havenmeester G. Petersen, tel. (06) 52 97 52 13 (elektra, toiletten, douches (f 1,–) en wastafels);
● In de Lelyhaven aan het Wolderwijd (gemeente), geen voorzieningen, tarief f 1,05 per m lengte per nacht. Zie verder onder 'Veluwemeer'.
● Jachthaven De Knar (in beheer bij W.V. Flevo) aan een betonde zijarm van de geul naar Harderwijk, havenmeester G. Meijer, tel. (03410) 2 32 71, tarief f 1,25 per m lengte per nacht (elektra, douches (f 1,–), toiletten en wastafels);
● Jachthaven van Watersportcentrum Harderwijk, aan het Veluwemeer, ten NO van de Industriehaven (Lorentzhaven), de havengeul is betond, max.diepgang 2,50 m, tel. (03410) 1 76 54, tarief f 1,50 per m lengte per nacht (elektra, toiletten, douches (munten à f 1,– aan de balie) en wastafels);
● In de Industriehaven (Lorentzhaven) (gemeente) aan het Veluwemeer, geen voorzieningen, tarief f 1,05 per m lengte per nacht;
Adressen voor onderstaande rubrieken:
1. Jachthaven De Knar, havenmeester G. Meijer, tel. (03410) 2 32 71.
2. Jachthaven Harderwijk, Strandboulevard 3 Oost, tel. (03410) 2 57 86.
3. Polyarc Yachting B.V., Flevoweg 89, tel. (03410) 1 40 12/1 35 80.
4. Constructie- en Machinebouw Den Ouden, Flevoweg 99, tel. (03410) 1 37 59.
5. Jacht- en Scheepswerf R. Roelofsen & Zn. B.V., Flevoweg 121, tel. (03410) 1 53 04.
6. Technisch Bureau Eerland, Flevoweg 129, tel. (03410) 1 53 73, na 18 h 1 24 96.
7. R. van Scherpenzeel, Flevoweg 119, tel. (03410) 1 42 82 of 1 21 78.
8. Fa. Hendriks, Harderwijkerweg 183, Ermelo, tel. (03410) 1 40 13.
9. Watersportcentrum Harderwijk, Daltonstraat 25, tel. (03410) 1 76 54 (dagelijks geopend).
10. Bonestroo Bootmotoren, Flevoweg 123, tel. (03410) 1 94 33.
11. Holland Yachting B.V., Fahrenheitstraat 2, tel. (03410) 2 15 55.
12. Jachtwerf Harderwijk B.V., Kelvinstraat 17, tel. (03410) 2 26 22.

Drinkwater: Op de Hardersluis; bij gem. havenmeester (Vissershaven); bij 1, 2, 3, 4, 5, 6, 7, 9, 11 en 12.
Motorbrandstof: Bij 2, be (sl), die (sl), mengsmering; bij 4, sbe, die; sl; bij 6, be, die; bij 7; bij 9, die (sl); bij 11 en 12, be en die.
Vulstation propaangasflessen: Fa. Miedema, Industrieweg 11, tel. (03410) 1 27 72 en bij 7.
Reparatie: Bij 3, bub/bib (alle merken), romp/uitr (s, p, ht/op de wal + in het water), zeil/tuigage, elek; bij 4, romp/uitr; bij 5, bib/bub, romp/uitr (s, ht); bij 6, bub/bib, romp/uitr (s, ht), sleephelling tot 15 ton; bij 8, zeil/tuigage; bij 9, bib/bub (alle merken), romp/uitr (ht, s, p/op de wal + in het water), zeil/tuigage; bij 10, bub (Mercury, Mariner, Johnson, Evinrude, Honda), bib (O.M.C., Mercruiser), romp/uitr (p); bij 11, zeil/tuigage, romp/uitr; bij 12, bib/bub, romp/uitr (p), zeil/tuigage.
Hefkranen: Bij 1, max. 15 ton, tarief f 7,– per m lengte (heffen met staande mast mogelijk); bij 4, max. 5 ton; bij 5, max. 20 ton; bij 6, max. 16 ton; bij 9, max. 10 ton, max.diepgang 2,50 m, tarief f 10,–

per m lengte (heffen met staande mast mogelijk); bij 10, max. 10 ton, tarief f 125,–; bij 11 en 12, kraan tot 7 ton en 30 ton, kosten f 10,– per m lengte.
Trailerhelling: Bij Jachthaven De Knar (1), tarief f 10,–.
Wasserettes: Jachthaven De Knar (1); Watersportcentrum Harderwijk B.V. (9).
Stortplaatsen chemisch toilet: Aan de Vissershaven; bij Jachthaven De Knar (1); bij Jachthaven Harderwijk (2).

Hardinxveld-Giessendam

Aan de Merwede (zie aldaar), kmr 965,1; 10,5 km van Gorinchem; 2 km van Sliedrecht.
Maximumsnelheid: In de Buiten-Giessen en op het Kanaal van Steenenhoek 9 km/h.
Getijstanden: GHW = NAP + 0,94 m; GLW = NAP + 0,29 m.
Kanaal van Steenenhoek: Invaart via de Steenenhoekse sluis, gelegen naast het Mr. Dr. G. Kolffgemaal, bij kmr 963,1 Ro met vaste brug, H NAP + 5 m (= MR + 4,50 m). Let op krachtige stroom tijdens spuien.
De sluis wordt uitsluitend bediend van zonsopkomst tot -ondergang i.v.m. het verbod van nachtvaart op het kanaal. Geen sluisgeld.
Bediening:

ma. t/m vr.	(15 april-15 okt.)	7.30-12, 13-19 h
	(15 okt.-15 april)	7.30-12, 13-16.30, 16.30-19* h
zat.	(15 april-15 okt.)	8-9.30, 17-18.30 h
	(15 okt.-15 april)	8-9.30, 17-18.30 h, op verzoek*
zo. en fd.**	(15 april-15 okt.)	8-9.30, 17-18.30 h
	(15 okt.-15 april)	gesloten

*   Bediening op verzoek van ma. t/m vr. na 16.30 h en op zat. buiten het seizoen aanvragen van ma. t/m vr. van 7.30-12 h, tel. (01846) 1 21 39.
** Incl. Koninginnedag.
Twee vaste bruggen (Huibjesbrug en Schelluinse brug), hoogte oplopend van KP + 2,70 m tot 3,10 m.
Zie voor verdere gegevens onder 'Gorinchem'.
Buiten-Giessen: Toegang via de Peulensluis bij kmr 965,1. Doorvaarthoogte NAP + 6 m (MR + 5 m). Bediening (gratis):

(16 april-16 okt.)	ma. t/m zat.	8-12, 13-18 h
	zo. en fd.**	17-18 h
(16 okt.-16 april)	ma. t/m vr.	8-12, 13-17 h
	zat.	9-11, 15-17 h, op verzoek*
	zo. en fd.	gesloten

*   Bediening vóór vr. 17 h aanvragen bij de sluiswachter, tel. (01846) 1 23 91
** Incl. Koninginnedag.
Giessen: Zie onder 'Giessen'.
Havenmeester: Gemeentehaven, C. Boon, P. Potterstraat 15, tel. (01846) 1 49 04.
Lig- en aanlegplaatsen: In de Gemeentehaven t.o. kmr 962, D NAP – 3,50 m, in principe bestemd voor de beroepsvaart en daardoor zeer onrustig, bij overnachten is havengeld verschuldigd
● ca. 500 m binnen de Peulensluis in het Jachthaventje Balkengat van W.V. De Snap, tarief f 8,– per nacht, tel. (01846) 1 54 95 (toiletten en wastafels);

- Aan het Kanaal van Steenenhoek: W.V. De Snap, 150 m binnen de Steenenhoekse sluis, tel. (01846) 1 31 81, tarief als boven (elektra)
- W.V. Huibjesbrug, ten O van de Huibjesbrug • Jachthaven Dubbeldam, ten W van de Schelluinse brug, tarief f 9,– per etmaal.
- In het Avelingerdiep t.o. kmr 958,4, enkele kilometers buiten het dorp (zie onder 'Avelingerdiep').

Drinkwater: Dekker en Stam, bunkerschip aan het Lange Veer, Neder-Hardinxveld t.o. kmr 964, aanleggen aan de binnenkant (sl); aan de Gemeentehaven (sl); op de Steenenhoekse sluis.
Motorbrandstof: Dekker en Stam, t.o. kmr 964, die (sl).
Reparatie: Fa. Jac. den Breejen, in de Gemeentehaven (t.o. kmr 962), bib, romp/uitr (s); Bouwmeester Watersport B.V., Binnendams 40, tel. (01846) 1 51 78, b.g.g. 1 34 32, bub/bib (alle merken), romp/uitr (ht, s, p, a/op de wal + in het water), zeil/tuigage, elek;
Jachtwerf J.Smid B.V., Rivierdijk 33, tel. (01846) 1 26 33, aanlegsteiger voor reparatie aan de Merwede, kmr 959 Ro, max.diepgang 1,80 m, bib/bub, romp/uitr (s/op de wal + in het water).
Hefkranen: Jachtwerf J. Smid B.V., max. 10 ton, tarief f 19,– per m^2.
Trailerhelling en botenlift: Bouwmeester Watersport B.V., helling max. 1500 kg, max.diepgang 0,60 m, lift max. 8 ton.

Hargen

2 km van de Zijpersluis; in de nabijheid van Camperduin, te bereiken door de Hondsbosse Vaart vanaf Zijpersluis en de Hargervaart; zie onder 'Schoorldam'.
Maximumsnelheid: Voor snelle motorboten 20 km/h, doch gebruikelijk is 6 km/h.
Toegang: Vrije doorvaarthoogte op de Hondsbosse Vaart, de toegang tot de Hargervaart, 3,50 m. De diepte is bij de invaart 1,50 m, achterin 1 m.
Ligplaatsen: In de Hargervaart, oevergedeelte in exploitatie bij W.V. Prince George, tel. (02209) 27 74, max.diepgang 1,25 m, tarief f 1,15 per m per etmaal of f 0,80 per m lengte per etmaal bij verblijf van een week of langer (toiletten, wastafels en douches (f 1,–) op de W-oever in het toiletgebouw). De ligplaatsen zijn ca. 2 km van het strand gelegen.
Drinkwater: W-oever Hargervaart (sl).

Haringvliet

Vaarwegbeheerder: Rijkswaterstaat, Directie Zuid-Holland, Boompjes 200, 3000 AN Rotterdam, tel. (010) 4 02 62 00. Voor nautische informatie: Regionale Verkeerscentrale Dordrecht, tel. (078) 13 24 21 of marifoonkan. 71, roepnaam 'post Dordrecht' (24 uur).
Vaaraanwijzingen: Zie het hoofdstuk 'Vaaraanwijzingen voor de Zuidhollandse en Zeeuwse stromen' in Deel 1 van de Almanak.
Maximumsnelheid: Géén snelheidsbeperking, m.u.v. de volgende oeverstroken, waar de max.snelheid 9 km/h bedraagt: de gehele ZW-oever over een breedte van 100 m, verder ten Z van de groene tonnen van Middelharnis langs Den Bommel tot voorbij de Haringvlietbrug, in het mondingsgebied van de Beningen tussen de Hoornse Hoofden, kmr 1010 van het Spui, inclusief de Korendijkse Geul en de plaat daar ten Z van en de Korendijkse Slikken, het gebied binnen een afstand van 100 m uit de Slijkplaat, de Z- en ZW-oever van het eiland De Tiengemeten en tenslotte het Haringvliet binnen een afstand van 1250 m aan weerszijden van de afsluitdam van het Haringvliet en aansluitend hierop een strook van 100 m uit de N-oever tot aan de W-havendam van Hellevoetsluis.
Nadere informatie is opgenomen in de ANWB-watersportwijzer 'Snel motorbootvaren in Nederland'. Raadpleeg hiervoor de 'Handleiding' van deze Almanak onder 'Snelle motorboten en Waterskiën'.

Waterstanden en rivierstroom:
Door de afsluiting van het Haringvliet (zie onder 'Haringvlietdam') wordt de waterstand op het Haringvliet, Hollandsdiep en de Amer niet meer rechtstreeks door de getijden op de Noordzee beïnvloed. De waterstand wordt nu bepaald door de waterafvoer van de Rijn (Waal) en de Maas in samenhang met het spuiprogramma van de uitwateringssluizen in de Haringvlietdam. Spuien is alleen mogelijk bij eb of laagwater op zee. Tijdens het spuien wordt de waterstand op het Haringvliet lager. Na het spuien wordt de waterstand daar weer hoger door de toevloed van het rivierwater. Doordat er tweemaal daags gespuid kan worden, kan ook dagelijks tweemaal een 'schijngetij' optreden.

Rivier afvoer	te Lobith t.o.v. NAP	Afvoer in m³/s	Waterstand t.o.v. NAP hoogste	laagste
laag	+ 8,10 m	980	+ 0,40 m	+ 0,25 m
gemiddeld	+ 10,22 m	2200	+ 0,60 m	+ 0,40 m

Het dagelijks verschil in de waterstand is op het Haringvliet derhalve hoogstens 0,20 m en op de Amer bij een waterstand die varieert van NAP + 0,60 m tot NAP + 0,35 m bij gemiddelde rivierafvoer derhalve hoogstens 0,25 m. Bij extreem hoge rivierafvoer (stand in Lobith NAP + 16 m, wat gemiddeld eens per 10 jaar voorkomt), kan het verschil in waterstand variëren tussen NAP + 1,55 m en NAP – 0,50 m.
De stroom in het Haringvliet is betrekkelijk gering. In het felst van de eb kan de stroomsnelheid ca. 1 km/h bedragen. Bij extreem hoge rivierafvoer neemt deze snelheid sterk toe, bij de spuisluizen zelfs tot 10 km/h.
Betonning: Voor de recreatievaart is er een recreatiebebakening uitgelegd op de 2 m dieptelijn.
Brug: Zie onder 'Haringvlietbrug'.
Aanlegplaatsen: Er liggen acht drijvende eilanden in het Haringvliet, welke als aanlegplaats dienen en als beschutting bij slecht weer.
Havens: Zie onder 'Haringvlietdam' (voor de Vissershaven), 'Hellevoetsluis', 'Middelharnis', 'Stad aan 't Haringvliet', 'Bommel, Den', 'Tiengemeten', 'Nieuwendijk', 'Hitsertse Kade' en 'Put, De'.

Haringvlietbrug
Over het Haringvliet ten W van Numansdorp.
Marifoon: kan. 20.
Beweegbaar gedeelte: De basculebrug ligt langs de N-oever.
Bediening:

(1 april-1 juni en 1 sept.-1 nov.)	ma. t/m do.	9, 10, 11, 12, 14, 15 en 16 h
	vr. t/m zo. en fd.	9, 10, 11, 12, 14, 15, 16, 18 en 19 h
(1 juni-1 sept.)	dagelijks	9, 10, 11, 12, 14, 15, 16, 18 en 19 h
(1 nov.-1 april)	ma. t/m vr.	9, 10, 11, 12, 14, 15 en 16 h, op verzoek*
	zat., zo. en fd.	gesloten

* Bediening op verzoek op aangegeven tijden, minimaal één uur tevoren aanvragen, via tel. (01862) 18 65 (Heinenoordtunnel) of via marifoonkan. 71 (roepnaam 'post Dordrecht').
Men vindt een openbare telefooncel in Numansdorp aan de Rijks-

- –x brugpijler met hoogteschaal aan de O-zijde
x– – brugpijler met hoogteschaal aan de W-zijde

N-zijde van de brug		hoogte NAP +
–x pijler 10		10,64 m
← **westgaand verkeer**		
x– –x pijler 9		12,02 m
oostgaand verkeer →		
x– pijler 8		13,01 m
pijler 7		13,67 m
–x pijler 6		14,00 m
x– pijler 5		14,00 m
–x pijler 4		13,67 m
← **westgaand verkeer**		
x– –x pijler 3		13,01 m
oostgaand verkeer →		
x– pijler 2		12,02 m
pijler 1		10,64 m
Z-zijde van de brug		

Haringvlietbrug

tramweghaven en op de steiger bij de oever van het Vuile Gat staat een telefooncel met een inductortoestel. Bij opname ervan komt men direct in verbinding te staan met de controlekamer van de Heinenoordtunnel.
Vaste overspanning: Het vaste gedeelte van de brug steunt op 10 pijlers, genummerd van Z naar N van 1 t/m 10. De brug is uitgevoerd met een vrij grote zeeg waardoor de hoogte in het midden méér is dan langs de oevers.
Op het schema zijn de hoogten bij de pijlers vermeld benevens de doorvaartopeningen die zijn aangewezen voor éénrichtingsverkeer. De hoogteschalen aan weerszijden van de doorvaartopeningen voor éénrichtingsverkeer geven de hoogte aan bij de pijler met de minste hoogte en een veilige marge.
De doorvaarthoogte tegen pijler 3 (aan de bakboordzijde van de doorvaartopening) is bijna 1 m hoger (reken op 0,90 m). De grootste doorvaarthoogte vindt men in het midden van de brug, tussen de pijlers 5 en 6.
De hoogteschalen op de brug zijn zodanig aangebracht, dat men 0,50 m minder afleest dan de werkelijke hoogte.
Men dient rekening te houden met golfslag, zodat kleinere zeilschepen een veiligheidsmarge in acht moeten nemen.
Waterstand: Zie bij 'Haringvliet'.

Haringvlietdam

De Haringvlietdam is in 1970 gesloten. Doorvaart is alleen mogelijk door de Goereese sluis bij Stellendam.
Ten NO van deze sluis liggen de Haringvlietspuisluizen met 17 openingen waarmee bij laagwater gespuid wordt. Doorvaart door de Haringvlietspuisluizen is ten strengste verboden. Tijdens het spuien treedt bij de spuisluis een grote stroomsnelheid op. Daarom is het verboden binnen een afstand van 300 m aan de W-zijde en 500 m aan de O-zijde van de dam te varen. Er is vóór de spuisluis een opvangwerk gemaakt. Spuien wordt aangekondigd door verschillende rode waarschuwingslichten.
De afmetingen van de Goereese sluis zijn: lang 144,50 m, breed 16 m, D NAP – 5 m. Over de schutsluis liggen beweegbare bruggen.
De hoogte in gesloten stand van de brug over het buitenhoofd is NAP + 14,30 m, van de enkele brug over het binnenhoofd is NAP + 6,14 m.
Beheerder: Rijkswaterstaat, Directie Zuid-Holland, Dienstkring Haringvliet, Haringvlietplein 2, 3251 LD Stellendam, tel. (01879) 72 00.
Voor nautische informatie: Regionale Verkeerscentrale Dordrecht, tel. (078) 13 24 21 of marifoonkan. 71, roepnaam 'post Dordrecht' (24 uur).
Getijstanden: Rijzing W-zijde bij springtij 2,87 m boven gemiddeld LLWS; bij doodtij 2,18 m boven gemiddeld LLWS.
Gemiddeld LLWS = NAP – 1,20 m. Voor getijstanden O-zijde zie 'Haringvliet'.
Douane: Van 1 april tot 1 nov. kan in- en uitgeklaard worden bij het douanekantoor in Stellendam, dagelijks geopend van 8.30-20 h. Zie verder onder 'Stellendam'.
Bediening Goereese sluis* en bruggen: (De bruggen worden bij een windkracht vanaf 9 Beaufort niet bediend.)

ma. t/m vr.	(gehele jaar)	0-24 h (vr. tot 22 h)
zat.	(1 april-1 nov.)	8-20 h
	(1 nov.-1 april)	8-18 h
zo. en fd.**	(1 april-1 nov.)	8-20 h
	(1 nov.-1 april)	8-10, 16-18 h

* De eerste schutting is om 8 h naar zee. De laatste schutting naar zee is 1 h voor sluitingstijd, de laatste schutting naar binnen is een half uur voor sluitingstijd. Sluis tel. (01879) 73 50, havenmeester, tel. (01879) 72 50.
** 2e paasdag bediening van 8-19 h.
Marifoon: Goereese sluis, kan. 20.
Mistsein: Nautofoon, twee stoten elke 15 seconden.
Lig- en aanlegplaatsen: Aan de binnenzijde van de sluis is een haven, welke voor het grootste gedeelte in gebruik is als vissershaven, doch bij uitzondering mag er op maandag, dinsdag en woensdag ook ligplaats worden genomen door jachten. In de weekenden mag men langs de vissersschepen afmeren.
Aan de zeezijde van de sluis is een jachthaven gevestigd: ● Aqua Pesch Marina Stellendam, zie onder 'Stellendam'. Vanaf het Slijkgat is de haveningang van de buitenhaven pas zichtbaar, als men de voorlaatste boei is gepasseerd.

Harinxmakanaal, Van

Naam voor de verbeterde oude Harlingertrekvaart en de verbinding ten Z van Leeuwarden, tussen Harlingen en Fonejacht (37,5 km).
Vaarwegbeheerder: Provincie Friesland, Gedempte Keizersgracht 38,

8911 KL Leeuwarden, tel. (058) 92 59 25 (voor aanvragen bediening: tel. (058) 92 58 88).
Maximumsnelheid: 12,5 km/h.
Sluis en bruggen: Overzicht van de bruggen en sluizen vanaf Harlingen naar Fonejacht:

afstand (kmr)		bediening volgens regeling
0	Tsjerk Hiddessluizen, met basculebrug, H bij GLW 7,64 m en bij GHW 5,82 m*	A
1,7	Koningsbrug, basculebrug, H 5,15 m	B
6	Draaibrug Kiesterzijl, H 5,30 m, met keersluis in Kiesterzijl*	B
9,1	Stationsophaalbrug, H 0,75 m in Franeker*	C
15,9	Basculebrug, H 5,25 m in Dronrijp	B
22,1	Basculebrug, H 5,30 m in Deinum	B
22,9	Basculebrug, H 5,30 m in Ritzumazijl (wordt bediend vanuit de brug te Deinum, marifoonkanaal 18)	B
24,4	Basculebrug, H 5,30 m in de rondweg B (Zwettebrug) en spoordraaibrug in de lijn Leeuwarden-Harlingen/Staveren	B
25,7	Spoordraaibrug, H 5,30 m in de lijn Leeuwarden-Meppel	B
27,1	Dubbele basculebrug, H 5,30 m in de rijksweg naar Heerenveen (Van Harinxmabrug)	B
28,4	Basculebrug, H 5,30 m in de provinciale weg naar Drachten (wordt vanaf de Van Harinxmabrug op afstand bediend, drukbel aanwezig, marifoonkan. 18)	B

* Spuien met de Tsjerk Hiddessluizen wordt kenbaar gemaakt d.m.v. drie rode lichten in een driehoek. Indien de spuiseinen worden getoond, moet men op het kanaal rekening houden met afstroming richting Harlingen. Bij het wachten op bediening moet men ruim afstand houden van de brug. Tijdens het spuien moet men bij het in- en uitvaren van de sluis en bij het schutten rekening houden met zéér sterke afstroming.
Bediening (geen brug- of sluisgeld):
– A

ma. t/m zat.[1]	(1 mei-1 okt.)	5-21 h (zat. tot 20 h)
	(1 okt.-1 mei)	6-21 h (zat. tot 19 h)
zo. en fd.	(mei en sept.)	9-12, 14-18 h
	(juni t/m aug.)	9-12, 14-17, 18-20 h
	(april en okt.)	9-10, 17-18 h
	(1 nov.-1 april)	gesloten

– B

ma. t/m zat.[1]	(1 mei-1 okt.)	6-7*, 7-21 h (zat. tot 20 h)
	(1 okt.-15 nov. en 15 mrt.-1 mei)	6-7*, 7-19, 19-20 h* (zat. 6-7*, 7-18, 18-19 h*)

[1] Op werkdagen vóór en na fd: bediening als op zat. en ma.

	(15 nov.-15 mrt.)	6-7*, 7-17, 17-20 h*
		(zat. 6-19 h*)
zo. en fd.	(mei en sept.)	9-12, 14-18 h
	(juni t/m aug.)	9-12, 14-17, 18-20 h
	(1 okt.-1 mei)	gesloten

* Bediening op verzoek, aanvragen bij de Provincie Friesland, tel. (058) 92 58 88, buiten kantoortijden tel. (058) 12 24 22.
De spoorbruggen (kmr 24,4 en 25,7) worden op Koninginnedag bediend als op zat. en op Hemelvaartsdag als op resp. zat. en zo. Wachttijden tot meer dan één uur zijn bij de spoorbruggen mogelijk. Voor de exacte bedieningstijden zie de watersportwijzer 'Openingstijden spoorbruggen', gratis verkrijgbaar aan de ANWB-vestigingen.

– C

ma. t/m zat.[1]	(1 mei-1 okt.)*	5-21 h (zat. tot 20 h)
	(1 okt.-1 mei)	6-21 h (zat. tot 19 h)
zo. en fd.	(mei en sept.)	9-12, 14-18 h
	(1 juni-1 sept.)	9-12, 14-17, 18-20 h
	(1 okt.-1 mei)	gesloten

* Van 1 juni-15 sept. van ma. t/m vr. tussen 8 en 18 h 4 x per uur, nl. om .07, .24, .37 en .54 h.
Marifoon: Stationsbrug Franeker, kan. 20; Tsjerk Hiddessluizen, kan. 22; Brug Deinum, Ritzumazijl, kan. 18 en Van Harinxmabrug, kan. 18.

Harlingen

9,5 km van Franeker; 18,5 km van Bolsward; zie ook 'Harinxmakanaal, Van' en 'Waddenzee'.
Bijzondere bepalingen: Een varend of geankerd klein vaartuig moet bij slecht zicht en 's nachts op de Waddenzee en in de havens aan de Waddenzee een goed functionerende radarreflector voeren.
Douane: Zuiderhaven 73, tel. (01578) 1 87 50. Dagelijks van 0-24 h. Voor douaneformaliteiten zie in de Handleiding van deze Almanak onder 'Douaneformaliteiten'.
Getijstanden: Rijzing bij springtij 2,20 m boven gemiddeld LLWS; bij doodtij 1,90 m boven gemiddeld LLWS. Gemiddeld LLWS = NAP – 1,18 m.
Mistsein: Nautofoon op het hoofd van de W-havendam.
Vaarwater langs de Pollendam, Hanerak: Evenwijdig aan het druk bevaren vaarwater langs de Pollendam ligt het Hanerak, een route die speciaal bebakend is voor de recreatievaart (zie uitgave 'Hydrografische Kaart voor Kust- en Binnenwateren; uitgave 1995). De recreatievaart is verplicht om van de route over het Hanerak gebruik te maken. Het vaarwater langs de Pollendam is verboden voor de recreatievaart en er geldt tevens een zeilverbod. Alleen indien vanwege dringende redenen men toch gebruik wenst te maken van de Pollendam-route, wordt geadviseerd dit traject zo mogelijk uitsluitend met gebruikmaking van mechanische voortstuwingsmiddelen te bevaren en stuurboordzijde aan te houden.
Bij gemiddeld LLWS bedraagt de diepte op het Hanerak middenvaarwaters 1,60 m, aan de kant nog minstens 1,20 m. Zodra de kruin van de Pollendam onder water is gekomen, loopt er stroom dwars over het vaarwater.

---

[1] Op werkdagen vóór en na fd: bediening als op zat. en ma.

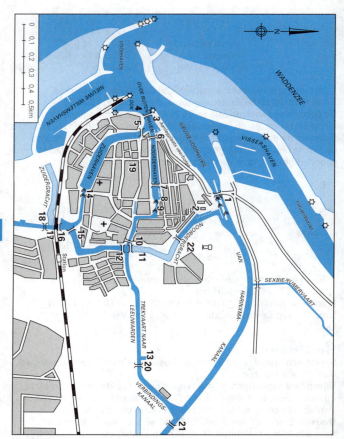

Harlingen

1. Tsjerk Hiddesluizen en basculebrug H GHW + 5,82 m
2. Jachthaven Harlinger W.V.
3. Noorderhoofd
4. Keersluis (bb)
5. Havenbrug (bb)
6. Prins Hendrikbrug (bb)
7. Raadhuisbrug (bb)
8. Jachthaven Noorderhaven
9. Grote sluis + bb
10. Franekereindsbrug
11. Singelbrug (bb)
12. Oosterbrug (bb)
13. Jachthaven Atlantic en Jachthaven Harlinger Jachtbouw
14. Kleine Sluis (wordt niet meer bediend)
15. Kerkpoortsbrug (bb)
16. Trambrug (bb)
17. Spoorbrug (bb)
18. Vaste voetbrug, H 3 m
19. Landelijke Vereniging tot Behoud van de Waddenzee (Voorstraat 18)
20. Industriebrug (bb)
21. Verkeersbrug (bb), H 5,15 m
22. Franekerpoortsbrug (vast), H 1,75 m

Haven: De invaart is onoverzichtelijk. Daarom moet men bij het binnenlopen de havenmond goed openvaren. Wegens het drukke verkeer met veerboten en vrachtschepen moet men duidelijk stuurboordwal houden.

Bij binnenkomst of vertrek van grote, geulgebonden schepen kan de havenmond gedurende een korte periode worden gestremd. Dit wordt kenbaar gemaakt vanaf de semafoor, zowel overdag als

's nachts d.m.v. 2 rode lichten onder elkaar. Aanwijzingen worden gegeven op marifoonkan. 11.
Het is in het hele havengebied verboden om te ankeren, te zeilen, te windsurfen en te waterskiën.
Havendienst: Havenmeester dhr. Jansen, kantoor Zuiderhaven 2, tel. (05178) 1 30 41, b.g.g. 9 23 00.
Marifoon: Havendienst, kan. 11; Tsjerk Hiddessluizen, kan. 22.
Tsjerk Hiddessluizen: Zie onder 'Harinxmakanaal, Van'.
Bruggen en keersluis in het havengebied: (geen brug- of sluisgeld)
– Keersluis (4) in de Oude Buitenhaven wordt gesloten bij een waterstand van NAP + 1,10 m en staat dus gewoonlijk open. Keersluisbrug (4)*, H 4,50 m. Bediening (in aansluiting op de Pr. Hendrikbrug (6)):
Voor de beroepsvaart:

| (gehele jaar) | ma. t/m zat. | 6-22 h |
| | zo. en fd. | gesloten |

Voor de recreatievaart:

(1 april t/m herfstvakantie)	ma. t/m zat.	6-22 h (2 x per uur*)
	zo. en fd.	7.30-22 h (2 x per uur*)
(1e dag na herfstvakantie-1 april)	ma. t/m zat.	6-22 h
	zo. en fd.	na overleg met Jachthaven Noorderhaven (8)

* Bediening 2 x per uur gedurende 10 minuten, om .05 en .35.

– Prins Hendrikbrug (6)* H 2,18 m over de Noorderhaven (jachthaven). Bediening als Keersluisbrug.
– Havenbrug (5)* H 2,45 m (alleen om te bunkeren):

| ma. t/m zat. | 6-22 h |
| zo. en fd. | gesloten |

* Deze bruggen blijven gesloten rond vertrek en aankomst van boottreinen en veerboten.
Binnenbruggen: (geen bruggeld)
Voor de bediening moet men zich melden bij de Havendienst, tel. (05178) 1 25 12 of marifoonkan. 11.
– Vaarweg van het Van Harinxmakanaal naar de Harlingervaart:
Doorvaart in konvooi van 1 april-1 okt. waarbij achtereenvolgens de Industriebrug (20), Oosterbrug (12), Kerkpoortsbrug (15), Trambrug (16) en spoorbrug (17) worden bediend.
Van de Industriebrug (20), konvooi richting Harlingervaart:

| ma. t/m zat. | 9 h, 14 h en 15.30 h |
| zo. en fd. | gesloten |

Van de spoor/trambrug (16 en 17), konvooi richting Van Harinxmakanaal:

| ma. t/m zat. | 9.45 h, 14.45 h en 16.15 h |
| zo. en fd. | gesloten |

De spoorwegbrug (17) direct ten Z van de Trambrug:
Bediening als de Trambrug, doch door NS-personeel van het station (ca. 200 m ten O van de brug).

- Raadhuisbrug (7), H 1,56 m: Bediening als de Keersluisbrug.
Ligplaatsen: Jachten mogen uitsluitend bij de genoemde jachthavens of ligplaatsen meren.

● Jachthaven van de Harlinger W.V. (2), havenmeester C. Jacobsz, tel. (05178) 1 68 98, max.diepgang 1,60 à 1,70 m, max.breedte 4,80 m, tarief f 1,– per m lengte per nacht, max.verblijfsduur 3 dagen (elektra, toiletten, wastafels, douches (f 1,–) en drinkwater f 1,– per 150 liter).

● Jachthaven Noorderhaven (8), bij Watersport Leeuwenbrug, tarief f 1,50 per m lengte per etmaal (toiletten, wastafels en douches (f 1,–)). De sanitaire voorzieningen bevinden zich op een drijvend ponton achterin de haven. Buiten het seizoen is de sleutel verkrijgbaar bij de havenmeester, tel. (05178) 1 56 66.

● Jachthaven van Jachtwerf Atlantic B.V. (13), aan de Franekertrekvaart, havenmeester L. Ph. v. Oostenbrugge, tel. (05178) 1 76 58, max.diepgang 2 m, tarief f 1,50 per m lengte per etmaal (elektra, toiletten, wastafels en douches (f 1,–)).

● Jachthaven van Harlinger Jachtbouw, naast Jachthaven Atlantic (13), tarief f 1,– per m lengte per etmaal (toiletten, douche en wastafels).

● Jachthaven van Jachtbouw Bijko, in de zijvaart van het Van Harinxmakanaal even ten Z van (21), havenmeester K.F. van der Bij, tel. (05178) 1 51 16, max.diepgang 2 m, tarief f 1,– per m lengte per nacht (elektra, toilet en wastafel).

● Jachthaven Kosik, aan het Van Harinxmakanaal, vanaf de sluis direct na de Koningsbrug, havenmeester G.J. Kosik, tel. (05178) 1 56 52, max.diepgang 1,80 m, tarief f 1,50 per m lengte per nacht (elektra en toilet).

● Van 1 april-1 okt. kunnen passanten, die via de binnenwateren komen, tevens overnachten in de ZO-singel en de Harlingertrekvaart.

Drinkwater: Havenbrug (5); Tsjerk Hiddessluizen (1); Jachthaven Kosik.

Motorbrandstof: W. Post, Zuiderhaven 39, be, sbe, die (zo. gesloten); Fa. K. de Boer, Zuiderhaven 19, die (sl) (zat. en zo. gesloten); J. Bakker, Noorderhaven 18, die (sl) (zat. en zo. gesloten); Jachtbouw Bijko, die (sl).

Reparatie: Harlinger Jachtbouw, Industrieweg 1a, tel. (05178) 1 40 53, bib, romp/uitr (ht, s, p, a) (zat. van 10-15 h, zo. 9.30-10 h en 18-20 h geopend); Scheepswerf Welgelegen, Industrieweg 36a, tel. (05178) 1 27 44, bib, romp/uitr (ht, s/op de wal + in het water); Nauta Constructie B.V., Noorderhaven 21, bub/bib; Scheepswerf Harlingen, Industrieweg 8, romp/uitr; Deutz Holland Service B.V., Zuiderhaven 41, romp/uitr; Jachtwerf Atlantic B.V., Sibadaweg 34, tel. (05178) 1 76 58, bib, romp/uitr (ht, s, p, a/op de wal + in het water), elek (1 april-1 nov. dagelijks geopend); Jachtwerf De Waddenzee B.V., Oudetrekweg, Midlum, romp/uitr (ma. t/m zat. geopend, ook 's avonds); Jachtbouw Bijko, Koningsweg 4, tel. (05178) 1 51 16, ten Z van (21), bib (alle merken), romp/uitr (ht, s/op de wal + in het water) (dagelijks geopend, 24-uurs service); F. Schuil, zeil/tuigage; Fa. v. d. Plaats, Lanen 79, zeil/tuigage; Haisma Scheepsmotoren, Oude Trekweg 81a, tel. (05178) 1 84 11, bib (Volvo Penta, Yanmar, Daf, Perkins en Ford); Jachthaven Kosik, Koningsweg 13, tel. (05178) 1 56 52, bib (Yanmar, Mitsubishi, Vetus, Farymann, Nanni), romp/uitr (ht, s en a).

Hefkranen: Fa. Th. W. Nauta, Noorderhaven 21, ma. t/m vr. 7-17 h, zat. op afspraak, max. 10 ton; Harlinger Jachtbouw, max. 9 ton, tarief f 60,– per heffing + arbeidsloon; Jachtwerf De Waddenzee B.V., max. 20 ton, f 150,– in en uit voor schepen tot 10 m, voor langere schepen in overleg; Jachthaven Harlinger W.V. (2), max. 7 ton; Jachtservice Bijko, max. 14 ton (heffen met staande mast mogelijk), tarief van

f 7,50 per m², max.diepgang 2 m; Scheepswerf Welgelegen, max. 18 ton, tarief f 130,– per h; Jachthaven Kosik, Max. 70 ton, max.diepgang 1,90 m, tarief in overleg.
Botenlift: Jachtwerf Atlantic B.V., max. 20 ton, max.diepgang 2,20 m, tarief f 11,75 per m² (liften met staande mast mogelijk).
Kampeerterrein: Camping Zeehoeve aan de Westerzeedijk; bij Jachthaven Kosik.
Wasserettes: Jachthaven Noorderhaven (8); Jachthaven Harlinger W.V. (2).
Stortplaats chemisch toilet: Bij Jachthaven Harlinger W.V. (2).

Harlingervaart
Van Harlingen naar de Bolswardertrekvaart ten N van Bolsward, lengte 17 km.
Vaarwegbeheerder: Provincie Friesland, Gedempte Keizersgracht 38, 8911 KL Leeuwarden, tel. (058) 92 59 25.
Maximumsnelheid: 6 km/h.
Bruggen: 16 vaste bruggen. Van Harlingen tot de Arumervaart, laagste brug H 2,25 m. Vanaf de Arumervaart tot Bolsward, laagste brug H 2,15 m.

Harmelen
Bruggen en sluis: Zie bij 'Oude Rijn'.
Aanlegplaatsen: Langs de kade, ten O en W van het dorp, doch niet in het centrum; achter Hotel Het Wapen van Harmelen.

Hartelkanaal
Dit kanaal vormt de verbinding tussen de Oude Maas en het Europoortgebied. Doordat in 1982 het kanaal een open verbinding met de Oude Maas heeft gekregen, is op het kanaal een getijdebeweging ontstaan. De havens aan het Hartelkanaal zijn op grond van de Havenverordening Rotterdam verboden voor de recreatievaart. Kleine vaartuigen die op de motor varen mogen de route van de Maasmond door het Calandkanaal en het Hartelkanaal naar de Oude Maas en omgekeerd wel rechtstreeks en zonder onderbreking bevaren. Zeilen is verboden. Er geldt tevens een verbod voor door spierkracht voortbewogen vaartuigen. Alle kleine vaartuigen moeten zo dicht mogelijk aan de stuurboordzijde van het vaarwater varen.
Voor alle schepen geldt een ankerverbod. Meren is alleen toegestaan op de daarvoor aangewezen gedeelten, max.verblijfsduur (buiten de havens) 3 x 24 h. Zie tevens de 'Handleiding' van deze Almanak onder 'Bijzondere bepalingen'.
Voor verbinding van de Oude Maas met het Brielse Meer, zie onder 'Brielse Meer'.
Marifoon: Blok Hartel, kan. 5. Zie verder onder 'Nieuwe Waterweg'.
Grote Hartelsluis: Buiten gebruik m.u.v. hoge vaartuigen, welke de dicht bij de sluis gelegen Hartelbrug moeten passeren. De Kleine Hartelsluis is in 1982 gesloopt.
Rozenburgsluis: Tussen het Calandkanaal en het Europoortgebied enerzijds en het Hartelkanaal anderzijds. Bediening van de sluis en Calandbrug over het Calandkanaal (hefbrug H 10,60 m, geheven H 48,85 m): te allen tijde. Zie ook onder 'Europoort'.
Bruggen: Hartelbrug, ca. H 11 m, direct ten W van de Hartelsluis. Voor bediening zie onder 'Brielse Meer'.
Harmsenbrug, H 10,40 m, ten N van Zwartewaal en Suurhofbrug, H 10,50 m, in het Europoortgebied worden uitsluitend op verzoek voor de beroepsvaart bediend, tel. (01819) 1 41 15 of marifoonkan. 22.

Haskerdijken
4,5 km van Heerenveen; 8,5 km van Akkrum.
Maximumsnelheid: 9 km/h.
Spoorbrug: Deelsbrug, zie bij 'Heerenveen'.
Hooibrug: Zie onder 'Buitenringvaart'.
Ligplaats: Jachthaven Heeresloot, havenmeester B. Driessen, tel. (05130) 7 14 33, tarief f 1,– per m lengte per nacht (elektra, toiletten, douches (f 1,–) en wastafels).
Motorbrandstof: Jachthaven Heeresloot, die (sl), be (sl).
Reparatie: Jachthaven Heeresloot, Tolvepaed 18, tel. (05130) 7 14 33, bub/bib, romp/uitr (ht, s, p, a/in het water).
Hefkraan en trailerhelling: Jachthaven Heeresloot, max. 1 ton, tarief helling f 5,– per keer.
Wasserette, stortplaats chemisch toilet en aftappunt vuilwatertank: Bij Jachthaven Heeresloot.

Hasselt
Aan het Zwarte Water; 10 km van Zwolle; 6 km van Zwartsluis.
Brug: Beweegbare brug over het Zwarte Water, zie aldaar.
Dedemsvaart: Voor de scheepvaart gesloten.
Lig- en aanlegplaatsen: Jachthaven van Jachthavenvereniging De Nadorst, aan de Molenwaardstreng, aanspreekpunt voor passanten dhr. Schaapman, tel. (05209) 16 38, tarief f 0,80 per m per nacht met een min. van f 4,–, max.diepgang 1,50 m (toiletten en wastafels)
● Jachthaven De Molenwaard, aan de Molenwaardstreng, havenmeester G. Mekkenholt, tel. (05209) 16 51, max.diepgang 1,70 m, tarief f 1,25 per m lengte per nacht (elektra, toiletten, douches (f 1,–) en wastafels) ● in de stadsgracht, breedte 6 m, vlakbij winkels en bij het oude stadscentrum.
Drinkwater: Kraan met slang bij de brug over het Zwarte Water (sleutel bij het brughuisje, alleen als de VVV-vlag is uitgestoken).
Motorbrandstof: Jachthaven De Molenwaard, sbe (sl), die (sl); D. J. van Hasselt, Hoogstraat 63 (zo. gesloten); N. Zieleman, Vaartweg 1 (zo. gesloten).
Vulstation propaangasflessen: Installatiebedrijf Lindeboom, Buiten de Enkpoort 9, , tel. (05209) 14 81.
Reparatie: D. J. van Hasselt, Hoogstraat 63, tel. (05209) 12 76, bib/bub; N. Zieleman, Vaartweg 1, tel. (05209) 13 24 of 13 55, bub/bib; Jachtwerf Admiraal B.V., Ambachtsweg 18-32, tel. (05209) 21 87, romp/uitr (ht, s, p/op de wal + in het water), zeil/tuigage (alleen op zo. gesloten); Fa. Bruhas, Industrieweg 1, tel. (05209) 13 06/26 98, bib, romp/uitr (s); B. v. Brussel, bub/bib, romp/uitr; Fa. Hiemstra, Prinsengracht 7, tel. (05209) 12 36, zeil/tuigage.
Trailerhelling: Jachthaven De Molenwaard, tel. (05209) 16 51, max.diepgang 1,70 m, tarief f 7,50 per keer.
Hefkraan: Fa. Bruhas, max. 20 ton.
Botenlift: Jachtwerf Admiraal B.V., tel. (05209) 21 87, max. 50 ton, max.diepgang 2 m, tarief f 7,50 per m^2; Jachthaven De Molenwaard, botenwagen.
Kampeerterrein, wasserette en stortplaats chemisch toilet: Bij Jachthaven De Molenwaard.
Aftappunt vuilwatertank: Bij Jachthaven De Molenwaard.

Hattem
Aan de monding van het Apeldoornskanaal in de Gelderse IJssel bij kmr 977,7.
IJsselbruggen: Zie bij 'Gelderse IJssel' en voor bediening spoorhefbrug zie bij 'Zwolle'.

Apeldoornskanaal: Nog slechts bevaarbaar vanaf de Gelderse IJssel tot aan de Hattemerbrug.
Het verdere traject, tot aan de Hezenbergersluis in Hattem, is officieel aan de scheepvaart onttrokken.
Er is dus geen verbinding meer met Apeldoorn.
Maximumsnelheid: 7,5 km/h.
Bruggen en sluis: Hattemerbrug, H 2,50 m bij MR, Hezenbergerbrug en -sluis, verval 3,40 m bij MR (Gelderse IJssel). Geen bediening.
Ligplaats: Passantenhaven in een zijtak van het Apeldoornskanaal, ca. 300 m vanaf de Gelderse IJssel, eigendom van Recreatiegemeenschap Veluwe in Apeldoorn (ook geschikt voor kanovaarders), havenmeester J. Doesburg, tel. (05206) 4 30 60, b.g.g. tel. (05782) 31 77, tarief f 1,– per m lengte, tot max. 12 m, per nacht (toiletten en wastafels). Verblijf in de haven langer dan 7 opeenvolgende nachten in de periode van 1 mei tot 1 oktober is niet toegestaan. Het schip moet steeds gebruiksklaar zijn.
Er is een aanlegverbod vanaf de IJssel tot de invaart van de passantenhaven en van het grootste deel van de loswal (dit laatste geldt echter niet voor de beroepsvaart).
Drinkwater: Aan de passantenhaven op de steiger (sl).
Stortplaats chemisch toilet: Bij de passantenhaven.

Haukes, De
Aan het Amstelmeer (zie aldaar); 9 km van Middenmeer; 15 km van Den Oever.
Haven: De haven aan het Amstelmeer is door een 3 m diepe betonde geul te bereiken. Op het N-havenhoofd een rood licht. Op het Z-havenhoofd een groen vast licht.
Sluis en beweegbare brug: Aan de Z-zijde van de haveningang ligt de Haukessluis in de verbinding met de Slootvaart (toegang tot de kanalen in de Wieringermeerpolder). Zie voor bediening onder 'Wieringermeerpolder'.
Ligplaats: In de Haukeshaven bij W.V. Amstelmeer, in de boxen die voorzien zijn van groene bordjes, max.diepgang 1,40 m, havenmeester J. Dietvors, tel. (02275) 13 25, tarief f 0,80 per m lengte per nacht (toiletten, douches (f 1,–) en wastafels).
Motorbrandstof: Garage Slijkerman, Poelweg 56 (op ± 10 min lopen van de haven), be, sbe, die (zo. gesloten).
Hefkraan en trailerhelling: Bij W.V. Amstelmeer, lidmaatschap à f 60,– verplicht, kraan max. 1^1/$_2$ ton, max.diepgang 1,40 m, tarief f 25,– per jaar, trailerhelling max. ^{1}/$_2$ ton, tarief f 10,– per jaar.

Hedel
11 km ten W van Sint Andries; 1 km ten O van Engelen; aan de Maas (zie aldaar), kmr 220 Ro.
Bruggen: Verkeersbrug (vast), H NAP + 11,73 m, spoorbrug (vast) H NAP + 11,40 m.
Waterstand: Varieert bij gemiddelde rivierafvoer dagelijks van NAP + 0,80 m tot NAP + 0,60 m. Onder bijzondere omstandigheden kan de waterstand met 0,80 m dalen of stijgen in 6 uur.
Ligplaats: Jachthaven Gerle's End bij W.V. 't Stik, haveningang bij het stuurhuis op de wal, jachthaven aan de W-zijde van de haveningang, tarief f 1,50 per m lengte per nacht, havenmeester tel. (04199) 31 33, max.diepgang 1,80 m (elektra, toiletten, douches (f 1,–) en wastafels).
Reparatie: Fa. Jaarsveld, Uithovensestraat 23, bub/bib; Scheepswerf Heermans en Zn., Maasdijk 8, romp/uitr (ht, s, p).

Heeg

12 km van Galamadammen; 3,5 km van de Jelteslo99tbrug; 3 km van Osingahuizen; 3 km van Woudsend; zie ook 'Fluessen'.
De toegang van het Hegermeer naar het Hegervar en de Nauwe Vliet is buiten de betonning ondiep.
Maximumsnelheid: In het scheepvaartkanaal 9 km/h, in de vaargeul door Heeg 6 km/h.
Brug: Draaibrug over de Wegsloot (richting Idsegasterpoelen). Bediening (bruggeld f 2,50):

(15 mrt.-1 mei en 1 okt.-15 nov.)	ma. t/m zat.	9.30-10, 12-12.30, 17-17.30 h
	zo. en fd.	gesloten
(1 mei-1 juli en 1 sept.-1 okt.)	ma. t/m vr.	9.30-10, 12-12.30, 16.30-17.30 h
	zat., zo. en fd.	9-10, 11.30-12.30, 16.30-17.30, 19-19.30 h
(juli en aug.)	alle dagen	9-10, 11.30-12.30, 16.30-17.30, 19-19.30 h
(15 nov.-15 mrt.)	alle dagen	9-16 h, op verzoek*

* Bediening 24 h tevoren aanvragen tussen 9-15 h bij Gemeentewerken Heeg, tel. (05154) 4 26 40.

Doorvaartroutes:
– Het doorgaand scheepvaartverkeer wordt buiten Heeg omgeleid. De invaart van dit kanaal ligt in het verlengde van de vaargeul op het Hegermeer en is aangegeven met twee rikbakens.
– De gebruikelijke doorvaart, de Graft, loopt ten O van het eiland.
– De vaart ten W van het eiland door het dorpje Heeg is bevaarbaar met ca. 1 m diepgang. Langs de N-oever van de Nauwe Vliet liggen stenen onder water. Tussen de N-zijde van het eiland en de vaste wal ligt een vaste brug, H 2,45 m.
– De verbindingswateren met Oudega (aan de Oudegasterbrekken) over Wegsloot en Idsegasterpoelen zijn verwaarloosd, vaak dichtgegroeid en slechts ca. 0,50 m diep. Zie verder bij 'Oppenhuizen'. Een goede verbinding Heeg-Oudega leidt over Hegermeer, Intiemasloot, Grote Gaastmeer, Korte Vliet en Brekken.

Lig- en aanlegplaatsen:
● Jachthaven Foekema's Watersport ★★★, vanaf het Hegermeer links aanhouden, aan stuurboord, havenmeesters dhr. J. Oost/V. d. Akker, tel. (05154) 4 22 26, tarief overdag f 3,–, per nacht f 1,50 per m lengte + f 0,90 toeristenbelasting p.p. (elektra, toiletten, douches (douchemunten à f 1,25 bij havenmeester), wastafels en drinkwater à f 1,– per 150 liter).
● Jachthaven Eendracht, toegang ten O van Heeg, aan de NO-zijde van het eiland, havenmeester R. Loopik, tel. (05154) 4 25 75, tarief overdag f 5,– en verder f 2,– per m lengte per nacht (elektra, toiletten, wastafels en douches (f 1,–)).
● Jachthaven Heech bij de Mar, N-zijde Hegervar, havenmeester J. Koekebakker, tel. (05154) 4 27 50, max.diepgang 1,90 m, tarief f 0,50 per m lengte + f 3,– p.p. per nacht (elektra, toiletten, douches (f 1,–) en wastafels).
● Jachthaven 't Var, N-zijde Hegervar, havenmeester N. van Harrewijn, tel. (05154) 4 27 55, max.diepgang 1,80 m, tarief f 0,50 per m lengte + f 3,– p.p. per nacht (elektra, toiletten, douches (f 1,–) en wastafels).
● Jachthaven Jachtcharters De Vries Heeg, N-zijde Heegervar, haven-

meester H. Nowee, tel. (05154) 4 25 67, max.diepgang 2 m, tarief overdag f 5,–, verder f 1,50 per m lengte per nacht (elektra, toiletten, douches (f 1,–) en wastafels).
● Aan het Hegervar, ten N van het eiland ● Hoora, op de kruising van de Graft en het Hegervar ● Jachthaven nabij het Bungalowpark De Pharshoeke ten Z van het eiland.
● Aan de gemeentelijke kaden, tarief tot 7 m lengte f 7,–, tot 10 m f 10,– en boven 10 m f 15,50 per nacht + f 0,90 toeristenbelasting p.p. (wastafel, toiletten en douches (f 1,–)).
Drinkwater: Kremer Nautic B.V., De Draei 25-29, sl.
Motorbrandstof: Fa. Kooistra en Kuiper, Harinxmastraat 6, tel. (05154) 4 24 62, die, be en sbe.
Reparatie: Fa. Kooistra en Kuiper, Harinxmastraat 6, tel. (05154) 4 24 62, bub (alle merken); Nauta B.V., De Draei 1, bub/bib; Kremer Nautic B.V., De Draei 25-29, tel. (05154) 4 29 66, bib (Volvo Penta, Perkins, Mercruiser en Ford), romp/uitr (ht, s, p/op de wal + in het water), elek; Jachthaven Jachtcharters De Vries Heeg, De Draei 31-33, tel. (05154) 4 25 67, romp/uitr (ht, s, p, a/op de wal + in het water); Fa. Gerritsma, romp/uitr (p); Jachtwerf Piersma, Eiland 6, tel. (05154) 4 25 58/4 26 80, bub/bib (alle merken, dealer Nanni), romp/uitr (ht, s/op de wal + in het water) (alleen op zo. gesloten); Jachtservice De Lantaerne, tel. (05154) 4 28 50, romp/uitr; Foekema's Watersport, It Eilân 7, tel. (05154) 4 22 26, bub/bib, romp/uitr (ht, s, p/op de wal + in het water), zeil/tuigage (helling max. 13 ton, tarief f 100,– tot f 160,–) (dagelijks geopend); Jachtwerf Heeg*, It Eilân 2a, tel. (05154) 4 22 37, romp/uitr (ht, p/op de wal + in het water); Schaepel Houman, Hoofdstraat 4, zeil/tuigage; Jachthaven 't Var, De Draei 35, tel. (05154) 4 27 55, bib, romp/uitr (s, p/op de wal + in het water); Ottenhome Heeg, De Draei 3, tel. (05154) 4 28 98, bub/bib, romp/uitr (ht, s, p, a), zeil/tuigage; Jachthaven Eendracht, Nijedijk 23, tel. (05154) 4 25 75, bub (alle merken), bib (Volvo Penta, Vetus en Nanni), romp/uitr (ht, s, p/op de wal + in het water), elek, zeil/tuigage.
Hefkranen: Jachthaven Heech bij de Mar, max. 35 ton, max.diepgang 2 m (heffen met staande mast mogelijk); Jachthaven Gerritsma, tel. (05154) 4 22 37, max. 20 ton; Jachthaven 't Var, max. 12 ton, max.diepgang 1,80 m, tarief f 10,– (heffen met staande mast mogelijk tot 5 ton); Foekema's Watersport, max. 3 ton, tarief (1993) f 45,– tot f 55,–; Jachthaven Jachtcharters De Vries Heeg, max. 20 ton, max.diepgang 2,50 m, tarief f 10,– per m lengte met een minimum van f 75,–; Gem. Jachthaven It Eilân, max. 3 ton (heffen met staande mast mogelijk); Ottenhome Heeg, max.diepgang 2 m, max. 1 ton.
Trailerhellingen: Jachthaven Eendracht, max. 2 ton, tarief f 8,– per keer; Foekema's Watersport, tarief (1993) f 8,– (in of uit); Ottenhome Heeg, max. 1 ton, tarief f 20,–.
Botenliften: Kremer Nautic B.V., max. 30 ton, max.diepgang 1,50 m, tarief f 25,– per m lengte (liften met staande mast mogelijk); Jachtwerf Piersma, max. 30 ton, max.diepgang 1,80 m, tarief f 150,– (excl. BTW) (liften met staande mast mogelijk); Jachtwerf Heeg, max. 20 ton, max.diepgang 1,90 m (liften met staande mast mogelijk); Jachthaven Eendracht, max. 24 ton, max.diepgang 2 m, tarief f 150,–.
Kampeerterreinen: Watersportcamping aan de Wegsloot; Foekema's Watersport.
Wasserette: Bij Foekema's Watersport; bij Jachtcharters De Vries Heeg; bij Jachthaven Eendracht.
Stortplaatsen chemisch toilet: Bij Jachtcharters De Vries Heeg; bij Jachthaven Eendracht; bij Foekema's Watersport.
Aftappunt vuilwatertank: Bij Jachthaven Eendracht.

Heemstede
Zie ook 'Ringvaart van de Haarlemmermeerpolder'.
Bruggen: Basculebrug, H 2,70 m, zie 'Ringvaart van de Haarlemmermeerpolder'. Schouwbroekerbrug (bb), H 4,50 m, over het Zuider Buiten Spaarne, zie 'Haarlem'.
Ligplaatsen:
● De Van Merlenhaven, tel. (023) 29 19 32, aan de Sportparklaan bij zwembad Groenendaal, bereikbaar via Ringvaart en de Van Merlenvaart, max.diepgang 1,50 m, tarief f 1,50 per m lengte per nacht (toiletten, douches (douchemunten à f 1,– bij havenmeester), wastafels en elektra).
● De Spaarneborghhaven, aan de ingang van het Heemsteedskanaal nabij de Schalkwijkerbrug, tarief f 1,– per m lengte per nacht (elektra). Het is niet geoorloofd in het Heemsteedskanaal (gelegen na de Spaarneborghhaven) ligplaats te nemen.
Beide jachthavens zijn in beheer bij W.V. Van Merlenhaven.
● Haven van Heemstede, achter vaste brug H 5 m, havenmeester tel. (023) 23 47 78, tarief van 5 tot 10 m lengte f 11,–, tot 15 m f 17,–, tot 20 m f 22,50.
● Beperkte aanlegmogelijkheden bij de K.R. & Z.V. Het Spaarne aan het Zuider Buiten Spaarne, tarief f 5,– per nacht.
Het is niet geoorloofd in Groenendaal ligplaats te nemen; men mag er wel varen.
Motorbrandstof: Tankstation, ca. 50 m van het einde van het Havenkanaal, be, sbe, die; aan de Industriehaven, die (sl), be (sl), sbe (sl).
Trailerhelling: Voor kleine schepen aan het Heemsteedskanaal in de Industriehaven (uitsluitend in noodgevallen), over het Heemsteedskanaal ligt een vaste voetbrug H 5 m.
Wasserette: Bij W.S.V. Van Merlenhaven.

Heen, De
5,5 km van Steenbergen; 3 km van het Volkerak.
Bereikbaar vanaf het Volkerak via de Roosendaalse en Steenbergse Vliet, vanaf Benedensas na 2,5 km stuurboord uit, 0,5 km naar De Heen. Havenkanaal, D 1,40 m.
Ligplaatsen: Jachthaven De Schapenput aan het havenkanaal, havenmeester mevr. R. de Neve, tel. (01670) 6 42 55/6 49 93, max.diepgang 2 m, passanten kunnen afmeren in boxen gemarkeerd met blauw plaatje, tarief f 1,– per m lengte per nacht (toiletten, douches (f 1,–), wastafels en elektra) ● Jachthaven De Heen in de havenkom, in beheer van W.V. Volkerak, havenmeester A. Jongmans, tel. (01670) 4 47 32, max.verblijfsduur 2 x 24 h (gratis).
Trailerhelling, hefkraan en stortplaats chemisch toilet: Jachthaven De Schapenput, max.diepgang 1,90 m, trailerhelling, tarief f 10,– per keer (f 15,– in en uit), hefkraan max. 15 ton, tarief f 150,– + f 10,– per m lengte.
Kampeerterrein en wasserette: Camping De Uitwijk, aan de haven, Dorpsweg 136, tel. (01670) 6 31 21.

Heerenveen
13,5 km van Terherne (Terhorne); 13 km van Akkrum; 6 km van de monding van de Buitenringvaart; 1,5 km van de monding van de Engelenvaart.
Vaarwegbeheerder: Provincie Friesland, Gedempte Keizersgracht 38, 8911 KL Leeuwarden, tel. (058) 92 59 25 (voor aanvragen bediening: tel. (058) 92 58 88).
Maximumsnelheid: 8 km/h in de Engelenvaart, Heeresloot, Monnikerak en Het Deel ten Z van de Deelsburg; 12,5 km/h in het Heerenveens

Kanaal en de verbinding Heerenveens Kanaal – Prinses Margrietkanaal (o.a. Het Deel ten N van de Deelsbrug).
Route door Heerenveens Kanaal langs Heerenveen:
Het Heerenveens Kanaal leidt van de Engelenvaart langs de W-zijde van Heerenveen naar Het Deel bij Akkrum.
Hierover ligt een beweegbare brug bij Nijehaske, H 1,10 m (vaste gedeelte), en ca. 750 m ten N daarvan een vaste brug, H 5,70 m, in de rijksweg. Over de Engelenvaart liggen beweegbare bruggen bij Nieuweschoot, H 1,30 m (vaste gedeelte), en bij Rottum, H 1,05 m (vaste gedeelte).
Bediening van de bruggen over het Nieuwe Kanaal (Jousterbrug) en over de Engelenvaart (bij Nieuweschoot en bij Rottum), gratis:

ma. t/m zat.	(1 mei-1 okt.)	9-12, 13-17, 18-20 h
	(1 okt.-15 nov. en 15 mrt.-1 mei)	9-12, 13-17 h
	(15 nov.-15 mrt.)	9-17 h, op verzoek*
zo. en fd.	(mei en sept.)	9-12, 14-18 h
	(juni t/m aug.)	9-12, 14-17, 18-20 h
	(okt. t/m april)	gesloten

* Bediening aanvragen bij de Provincie Friesland, tel. (058) 92 58 88, buiten kantoortijden tel. (058) 12 24 22.

Op werkdagen vóór en na fd: bediening als op zat. en ma.
De 3 provinciale bruggen over de Engelenvaart worden van 1 okt.-15 nov. door 2 brugwachters bediend. Van 15 nov.-15 mrt. bediening door één brugwachter. Hierdoor kan enig oponthoud ontstaan.

Route door Heerenveen:
De aardige vaarweg door Heerenveen blijft mogelijk. Van Z naar N komt men eerst door 2 vaste bruggen, H 2,60 m, over de 'Veenscheiding' en daarna door de vaste spoorbrug, eveneens H 2,60 m. Vervolgens komt men door 4 beweegbare verkeersbruggen in de bebouwde kom nl: Herenwalsterbrug, H 0,70 m; Trambrug, H 0,90 m; Stationsbrug, H 1,35 m; Terbandsterbrug, H 0,80 m. (De 3 zuidelijke bruggen worden in combinatie door één brugwachter bediend.)
Bruggeld: f 2,–, te voldoen bij de Herenwalsterbrug en de Terbandsterbrug (bij doorvaart totaal f 4,–).
Bediening:

ma. t/m zat.	(1 mei-1 okt.)	9-12, 13-17, 18-20 h
	(1 okt.-1 mei)	9-17 h, op verzoek*
zo. en fd.	(1 juni-1 sept.)	8.30-9.30, 19-20 h
	(1 sept.-1 juni)	gesloten

* Bediening aanvragen bij de Gemeente Heerenveen, tel. (05130) 1 26 41.

Daarna komt men door een vaste brug, H 7,30 m. De meest noordelijke brug is de beweegbare spoorbrug (Deelsbrug), H 1,35 m, vaste gedeelte H 2,25 m. Bediening (gratis):

ma. t/m vr.		7.09-20.45 h
zat.		7.52-19.45 h
zo. en fd.*	(19 april-1 okt.)	9.02-20.45 h
	(1 okt.-19 april)	gesloten

* Bediening op Koninginnedag en Hemelvaartsdag als op zat.
De brug wordt op afstand m.b.v. camera's en intercoms bediend.
De exacte bedieningstijden zijn opgenomen in de watersportwijzer

'Openingstijden spoorbruggen', gratis verkrijgbaar aan de ANWB-vestigingen.
Aanlegplaatsen: In de Heeresloot aan de Herenwal en aan het Breedpad bij of t.o. het Posthuis Theater (toilet).
Ligplaatsen: Jachthaven De Welle van de Heerenveense W.V. Nannewijd aan het Heerenveens Kanaal, ca. 1 km ten N van vaste brug, O-oever, havenmeester F. de Jong, tel. (05130) 2 95 67, tarief f 1,– per m lengte per etmaal (elektra, toiletten, wastafels en douches (f 1,–)) ● Jachthaven De Windas van Speedline Sales en Charters, aan de Heeresloot, havenmeester Modderman tel. (05130) 7 12 83, max.diepgang 1,80 m, tarief f 1,– per m lengte per nacht (elektra, toiletten, douches en wastafels) ● Jachthaven Heeresloot, zie onder 'Haskerdijken'. Zie tevens onder 'Nieuwebrug'.
Drinkwater: Bij de Herenwalsterbrug aan het Breedpad.
Motorbrandstof: Jachthaven De Welle, sbe (sl), die (sl) en mengsmering.
Reparatie: Fa. Krikke, Leeuwarderstraatweg 21, tel. (05130) 2 21 24, op terrein Jachthaven De Welle aanwezig, bib/bub; J. Mulder, Jousterweg 18, Nijehaske, tel. (05130) 2 56 88, zeil/tuigage; W. Klijnstra, Dubbele Regel 28, tel. (05130) 2 09 17, bub (Mercury, Yamaha, Tomos), bib (Lister Petter, Daf, Mercedes); Jachthaven De Windas, Windas 7, tel. (05130) 7 12 83, bub (alle merken), bib (Volvo Penta, Yanmar, Mercedes, Daf,Mercruiser, Fiat/Iveco en OMC Cobra), romp/uitr (hr, s, p/op de wal + in het water).
Hefkraan: Bij Jachthaven De Welle, max. 10 ton, tarief f 40,– tot f 90,–; Jachthaven De Windas, max. 20 ton, max.diepgang 1,80 m, tarief vanaf f 75,–.
Trailerhelling: Fa. Krikke, op terrein Jachthaven De Welle, max. 1 ton, tarief f 3,50.
Wasserette en stortplaats chemisch toilet: Bij Jachthaven De Welle (wasmachine en droogtrommel); bij Jachthaven De Windas.

Heerewaarden

Ten O van St. Andries aan de Maas, kmr 206. Ook de Waal loopt hier vlak langs, doch aan de Waalzijde heeft het dorp geen aanlegplaats.
Ligplaats: Jachthaven Heerewaarden, havenmeester C.J.C. Broekmeulen, tel. (08877) 16 49, max.diepgang 1,50 m, tarief f 1,10 per m lengte per nacht (elektra, toiletten, wastafels en douches (f 1,–)).
Motorbrandstof: Jachthaven Heerewaarden, die (sl), sbe (sl); Scheepswerf Van Rossum B. V., die (sl).
Reparatie: Scheepswerf H. van Rossum, De Steeg 2, tel. (08877) 23 09/14 60, bub, bib (Volvo Penta en Daf), romp/uitr (s/op de wal + in het water), elek.
Hefkraan en helling: Scheepswerf Van Rossum B. V., hefkraan max. 3 ton (heffen met staande mast mogelijk), helling max. 300 ton, max.diepgang 1,25 m.
Trailerhelling: Jachthaven Heerewaarden, max. 15 ton, max.diepgang 1-2 m, tarief f 7,50.
Kampeerterrein en stortplaats chemisch toilet: Jachthaven/Camping Heerewaarden*.

Heerjansdam

Aan de Oude Maas (zie aldaar), kmr 986,6 Ro.
Getijstanden: GHW = NAP + 0,95 m tot 1,05 m, GLW = NAP – 0,17 m tot 0,49 m, afhankelijk van de rivierafvoer.
Ligplaatsen: Jachthaven De Oude Maas, thuishaven van W.V. Heerjansdam, toegang via de Oude Haven bij kmr 986,6 Ro, diepte bij GLW ca. 2 m, havenmeesters C.M. Molenaar, B. v. Lier en Fr. Schot,

tel. (01857) 24 45, tarief f 1,50 per m lengte per nacht (elektra, toiletten, wastafels en douches).
Reparatie: Via Jachthaven De Oude Maas, bib/bub, romp/uitr (ht, s, p, a/op de wal), zeil/tuigage, elek.
Hefkraan: Jachthaven De Oude Maas, Achterzeedijk 1a, Barendrecht, tel. (01857) 24 45, max. 20 ton, tarief f 9,10 per m^2 (heffen met staande mast mogelijk).
Botenlift: Jachthaven De Oude Maas, max. 40 ton, tarief f 9,10 per m^2 (liften met staande mast mogelijk).
Kampeerterreinen: Camping De Oude Maas*, naast de jachthaven; Camping 't Kleine Veld.
Wasserette en stortplaats chemisch toilet: Bij Jachthaven De Oude Maas.

Heesselt a. d. Waal
Aan de Waal (zie aldaar), kmr 927,2 Ro; 1 km van Sint Andries; 7 km ten W van Dreumel; 4 km ten O van Opijnen.
Haven: Diepte in het midden MR − 2 m (de waterstand is in de zomer veelal veel lager dan MR, de haven valt dan langs de oevers droog).

Heimans- en Woudwetering
Vaarverbinding tussen de Oude Rijn bij Alphen a. d. Rijn en het Braassemermeer. Lengte 4 km.
Vaarwegbeheerder: Provincie Zuid-Holland, Dienst Verkeer en Vervoer, District Oost, Gouwsluisseweg 2, 2405 XS Alphen a. d. Rijn, tel. (01720) 4 62 00.
Maximumsnelheid: 12 km/h.
Bruggen: 's Molenaarsbrug in Alphen a. d. Rijn (dubbele basculebrug), H 4,50 m. Woubrugse brug in Woubrugge (basculebrug), vaste gedeelte aan de O-zijde H 2,75 m, beweegbare gedeelte H 2,50 m. Bediening (gratis):

ma.		6-24 h
di. t/m vr.**		0-24 h (vr. tot 22 h)
zat.		6-18 h
zo. en fd.	(16 april-16 okt.)	10-18 h
	(16 okt.-16 april)	gesloten*

* De Woubrugse brug wordt op beide paasdagen op verzoek bediend indien deze dagen vóór 10 april vallen, 48 h tevoren aanvragen, tel. (01720) 4 62 00. Bediening op zo. en fd. vanaf 10 april, indien 1e paasdag valt tussen 10 en 16 april.
** Op de avond vóór Hemelvaartsdag bediening tot 22 h; bediening ná een feestdag als op ma.

Marifoon: Beide bruggen, kan. 18.
Ligplaats: Jachthaven W.V. Alphen, haveningang in de zwaaiplaats aan de O-oever t.o. de molen, 1 km ten N van de 's Molenaarsbrug, tel. (01720) 3 50 90, max.diepgang 2 m, tarief f 1,– per m lengte per nacht, overdag gereduceerd tarief (elektra, toilet, douche (f 1,–) en wastafels). Over de toegang tot de haven ligt een beweegbare brug. De brug wordt van 15 april tot 15 okt. bediend van 8-22 h. Buiten deze periode wordt de brug niet bediend.
In de zwaaiplaats mag geen ligplaats worden genomen. Direct ten N van de Woubrugsebrug geldt langs de W-oever een meerverbod.

Heinoomsvaart
Verbinding tussen de Kromme Mijdrecht bij het Woerdense Verlaat en de Geer. De Ringvaart van Groot Mijdrecht bij Wilnis is bereikbaar via de Oudhuizersluis. Lengte 6 km.

Vaarwegbeheerder: Hoogheemraadschap Amstel en Vecht, Postbus 97, 1190 AB Ouderkerk a. d. Amstel, tel. (02963) 31 53.
Maximumsnelheid: 6 km/h.
Maximumdiepgang: Door de drempel in de Oudhuizersluis is de diepgang beperkt tot ca. 1 m.
Sluis en bruggen:
– Westveense brug (bb), H 0,55 m, over de mond van de Heinoomsvaart bij Woerdense Verlaat.
– Oudhuizersluis, drempeldiepte 1,10 m.
– Vaste brug tussen de Oudhuizersluis en Wilnis, H 2,40 m.
– Hefbrug in Wilnis, H 0,75 m in gesloten stand en H 2,40 m in geheven stand.
Bediening: (Sluisgeld f 4,30, geen bruggeld)

(16 april-1 juni en 1 sept.-16 okt.)	dagelijks	9-12.30, 13.30-19 h
(1 juni-1 sept.)	dagelijks	9-12.30, 13.30-20 h
(16 okt.-16 april)	ma. t/m vr.	9-16.30 h, op verzoek*
	zat., zo. en fd.	gesloten

* Bediening 24 h tevoren aanvragen tussen 17 en 18 h: Oudhuizersluis, sluiswachter, tel. (03481) 14 71; Westveense brug, tel. (01724) 84 97; brug Wilnis tijdens kantooruren aanvragen bij Gemeente Wilnis, tel. (02979) 8 45 51.

Helder, Den

6 km van De Kooy; 11 km van Oudeschild; 24 km van Den Oever; zie ook 'Noordhollandskanaal'.
Kaartje: Is bij de beschrijving opgenomen.
Bijzondere bepalingen: Een varend of geankerd klein vaartuig moet bij slecht zicht en 's nachts een goed functionerende radarreflector voeren. Dit geldt zowel bij het aanlopen van de haven als in de haven.
Getijstroom op de rede: Op de rede van Den Helder kan men erop rekenen dat de stroom kentert ongeveer 1 h 15 min na de tijdstippen van hoog- en laagwater in Den Helder (een en ander afhankelijk van windrichting en -kracht). De vloedstroom loopt het eerst onder de Helderse zeewering en wordt door de ebstroom, welke dan nog langs Texel en in het vaarwater loopt, tegen de dijk gedrongen. De ebstroom loopt het eerst langs de kanten van het vaarwater en zet reeds met kracht rond Kaaphoofd het Schulpengat in, wanneer in het middenvaarwater nog vloed gaat. Bij goed doorstaande vloed vindt men vlak onder de Helderse zeewering een geringe neer. De ebstroom loopt ongeveer een uur langer door, onder de Texelse wal en langs de Laan, wanneer in het Marsdiep en Malzwin reeds lang vloed staat. Zowel vloed- als ebstroom zetten de eerste 1$\frac{1}{2}$ uur zeer krachtig door en zakken daarna tot een stroomsnelheid van ongeveer 3 km/h.
Getijstanden: Rijzing bij springtij 1,75 m; bij doodtij 1,55 m boven gemiddeld LLWS. Gemiddeld LLWS = NAP – 1,11 m.
Haven Coördinatie Centrum: Verkeerscentale Den Helder, op het schiereiland de Harssens (13), tel. (02230) 5 27 70, marifoonkan. 12.
Gemeentelijke havendienst (14): tel. (02230) 1 39 55.
Douane/Kon. Marechaussee: Kon. Marechaussee (15/16), tel. (02230) 5 75 15 of via marifoonkan. 12 (Verkeerscentrale Den Helder, Paleiskade 51). Douane in de jachthaven van de Kon. Marine in de Marinehaven (1).
Voor Douaneformaliteiten zie in de Handleiding van deze Almanak onder 'Douaneformaliteiten'.
Veerhaven: Verboden in te varen.
Marifoon: Havenkantoor Den Helder, kan. 14; Gemeentelijke Haven-

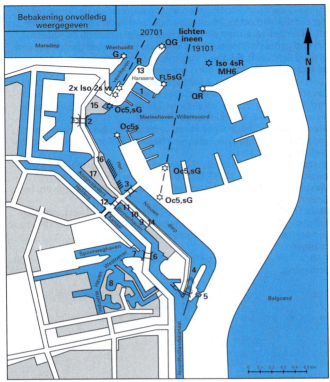

Den Helder

1. Jachthaven Kon. Marine-Jachtclub (K.M.J.C.)
2. Marinesluis en brug
3. Vice-Adm. Moormanbrug (bb), H 2,20 m
4. Koopvaardersschutsluis + (bb)
5. Gemaal De Helsdeur
6. Burg. Visserbrug (bb), H 3,58 m
7. Jachthaven W.V. Onrust
8. Jachthaven Den Helder
9. Jachthaven W.S.O.V. Breewijd
10. Jachthaven Marine W.V.
11. Jachthaven H.W.N. (Helder-Willemsoord-Nieuwe Diep)
12. Van Kinsbergenbrug (bb), H 1,68 m
13. Haven Coördinatie Centrum op de Harsens
14. Gemeentelijke havendienst
15. Kon. Marechaussee
16. Douane
17. Scheepswerf W. Visser & Zn.

dienst Den Helder, kan. 14; Moormanbrug, kan. 18; Koopvaardersschutsluis, kan. 22; Burg. Visserbrug, kan. 22; Verkeerscentrale Den Helder, blokkan. 12; Jachthaven Den Helder Marina Boatex (8), kan. 31.

Indien aan boord over een marifoon wordt beschikt, dient de recreatievaart voor het aanlopen van de havens uit te luisteren op marifoonkan. 12. Op dit kanaal worden tevens scheepvaartberichten uitgezonden om 5 min na ieder uur met o.a. actuele informatie over de Waddenzee. Informatie over de Waddenzee is ook op te vragen via kan. 14.

Marinehaven Willemsoord: Bij het binnenlopen en het uitvaren moet men letten op de felle stroomnaad die zich even buiten de havens op de rede in oost-west richting kan bevinden. Raadpleeg voor meer in-

formatie de 'Kaart voor kust- en binnenwateren' en de 'Stroomatlas'. Het tijdelijk verbod tot bevaren van de havens (in verband met het uit- of binnenvaren van een marinevaartuig) wordt op de Harssens bekend gemaakt door een rood-wit-rood horizontaal gestreept bord of rood licht (BPR, Bijlage 7, teken A.1). Deze tekens gelden ook voor de recreatievaart. Indien geen seinen worden getoond is de doorvaart vrij. Recreatievaart is uitsluitend toegestaan indien de jachthaven van de K.M.J.C. (1) rechtstreeks wordt aangedaan of bij rechtstreekse doorvaart naar de sluis; buiten de aanlooproute van de sluis en jachthaven is recreatievaart verboden.
Sperlichten: Zuidelijk: Rood-Rood verticaal = verboden doorvaart; vanaf Moormanbrug naar steiger 8 Noordelijk Rood-Rood verticaal = verboden doorvaart.
Mistsein: Op de kop van de W-havendam van de Marinehaven Willemsoord, hoorn (1) 20s (1 stoot binnen 20 seconden).
Maximumsnelheid: Industriehaven Westoever, de Spoorhaven, het Bassin en het Helderskanaal 6 km/h.
Sluis: De Koopvaardersschutsluis (4) ligt ten NW van het gemaal De Helsdeur (5) en vormt de verbinding tussen het Noordhollandskanaal en het Nieuwe Diep. Bediening: te allen tijde. Gratis.
Bruggen:
– Vice-Adm. Moormanbrug (bb), H 2,20 m, over het Nieuwe Diep (3). Bediening:

ma.	0-7.15, 8.10-8.30, 9.10-12, 12.15-12.45, 13-16.05, 16.20-16.35, 17.15-24 h
di. t/m do.	0-7.15, 8.10-12, 12.15-12.45, 13-16.05, 16.20-16.35, 17.15-24 h
vr.	0-7.15, 8.10-12, 12.15-12.45, 13-15.30, 16.15-24 h
zat., zo. en fd.	0-24 h

– Van Kinsbergenbrug (bb), H 1,68 m, over de Binnenhaven (12). Bediening, door Gem. Havendienst, marifoonkan. 14:

ma.	5-7.15, 8.10-8.30, 9.10-12, 12.15-12.45, 13-16.05, 16.20-16.35, 17.15-23 h
di. t/m do.	5-7.15, 8.10-12, 12.15-12.45, 13-16.05, 16.20-16.35, 17.15-23 h
vr.	5-7.15, 8.10-12, 12.15-12.45, 13-15.30, 16.15-23 h
zat.	7-14 h
zo. en fd.	gesloten

– Burg. Visserbrug, H 3,58 m, vormt de toegang tot de Industriehaven W-oever (6). De brug wordt op afstand bediend vanaf de Koopvaarderschutsluis. Bediening:

ma.	0-7.15, 8.10-8.30, 9.10-12, 12.15-12.45, 13-16.05, 16.20-16.35, 17.15-24 h
di. t/m do.	0-7.15, 8.10-12, 12.15-12.45, 13-16.05, 16.20-16.35, 17.15-24 h
vr.	0-7.15, 8.10-12, 12.15-12.45, 13-15.30, 16.15-24 h
zat., zo. en fd.	0-24 h

Noordhollandskanaal: Zie aldaar.
Toeristenbelasting: f 0,85 p.p. per nacht.
Ligplaatsen:● In de Marinehaven Willemsoord ten ZW van Fort Harssens in Jachthaven Kon. Marine-Jachtclub (K.M.J.C.) (1), havenmeester tel. (02230) 5 26 45, marifoonkan. 12, tarief f 1,50 per m lengte per nacht + f 1,– toeristenbelasting p.p. (elektra, toiletten, douches

en wastafels), de jachthaven bevindt zich tussen de steigers 1 en 2 direct na binnenkomst haven aan sb op militairterrein.
– In de Binnenhaven (langs de NO-oever): ● Jachthaven W.S.O.V. Breewijd (9), havenmeester N. Striet, tel. (02230) 1 55 00, max.diepgang 3,50 m, tarief f 0,70 per m lengte per nacht (elektra, douches (f 1,–), wastafels, toiletten en drinkwater (f 1,–), beperkte fietsverhuur) ● Jachthaven W.V. Helder-Willemsoord-Nieuwe Diep (11), havenmeester tel. (02230) 2 44 22, tarief f 1,25 per m lengte per nacht + f 1,– toeristenbelasting p.p. (elektra, wastafels, douches (f 1,–), toiletten en speelgelegenheid) ● Jachthaven Marine W.V. (10), havenmeester tel. (02230) 5 21 73, max.diepgang 2 m, tarief f 1,25 per m lengte per nacht, excl. toeristenbelasting f 1,– p.p. (elektra, toiletten, wastafels en douches (f 1,–)).
– In de Boatex: Jachthaven Den Helder (8), aan bakboord in pittoreske havenkom, havenmeester M. Dozy, tel. (02230) 3 74 44, marifoonkan. 31, max.diepgang 2,60 m, tarief f 1,70 per m lengte per nacht (elektra, wastafels, douches (f 1,–), toiletten) ● Jachthaven W.V. Onrust (7), direct na de brug aan stuurboord, havenmeester C. Sprengers, tel. (02230) 1 34 00, max.diepgang 1,20 m, tarief f 1,– + toeristenbelasting f 1,– p.p. (elektra, toiletten, douches (f 1,–) en wastafels).
Motorbrandstof: K.M.J.C. Jachthaven (1), die (sl); Jachthaven Den Helder (8), die; Tankstation Esso.
Vulstation propaangasflessen: P. Bakker, Industrieweg 1a.
Reparatie: Scheepswerf en Machinefabriek W. Visser & Zn. (17), Ankerpark 2, bub/bib, romp/uitr (s, ht); Esso, bij Van Kinsbergenbrug (12), bub; Handelsondern. Kiljan, van Galenstraat 3, bub/bib; Jachthaven Den Helder (8), Pluto 199, tel. (02230) 3 74 44, b.g.g. 3 69 64, bub (alle merken), bib (Volvo Penta, Yanmar, Bukh, Vetus, Perkins en Ford), romp/uitr (ht, s, p/op de wal + in het water), zeil/tuigage (zat. gehele dag, zo. (1/4-1/10) van 13-14, 17-18 h geopend); Fa. Sj. v. Kalsbeek*, Zuidstraat 90, zeil/tuigage; Zwagerman Zeilmakerij, Bedrijfsweg 11, tel. (02230) 3 61 51 of 1 23 26, zeil/tuigage; Fa. Brons en Zn. Scheepsreparatiebedrijf, aan de Binnenhaven, a/b M.S. Verandering, tel. (02230) 1 77 19 of (06) 52 60 75 91, bib/bub (alle merken), romp/uitr (ht, s, p, a/in het water), elek, 24-uurs service.
Hefkranen: W.V. Helder-Willemsoord-Nieuwediep (11), max. 1 ton, max.diepgang 2 m, na overleg met de havenmeester (gratis); Scheepswerf W. Visser & Zn. (17), tot max. 5 ton; Jachthaven Den Helder (8), max. 20 ton, tarief f 20,– per m lengte (heffen met staande mast mogelijk); Jachthaven W.S.O.V. Breewijd (9), max. 6 ton, tarief f 60,– per handeling; Fa. Brons en Zn., max. 3 ton, max.diepgang 1,80 m, tarief f 35,–.
Trailerhelling: Jachthaven De Helder (8), max. 20 ton, max.diepgang 2 m, tarief f 19,50.
Wasserettes: Aan de Binnenhaven 12; Jachthaven Den Helder (8) (wasmachines + wasdrogers); W.V. Helder-Willemsoord-Nieuwediep (11) (wasmachine) (op korte afstand aanwezig); Jachthaven W.S.O.V. Breewijd (9) (wasmachine en droogtrommel).
Stortplaatsen chemisch toilet: Aan de jachthaven van W.V. Helder-Willemsoord-Nieuwediep (11); bij Jachthaven Marine W.V. (10); bij Jachthaven W.S.O.V. Breewijd (9).

Hellevoetsluis
Zie ook 'Haringvliet'.
Kaartje: Is bij de beschrijving opgenomen.
Maximumsnelheid: Op het Kanaal door Voorne 6 km/h; alle gemeentelijke havens 5 km/h.
Waterstanden: Zie 'Haringvliet'.
Havens: (van W naar O):

- Heliushaven, direct ten W van Hellevoetsluis, grotendeels ingericht als jachthaven. Vaste lichten op de koppen van de havenhoofden, rood op de W-kop en groen op de O-kop.
- De Haaven en het Groote Dok: Toegang direct ten O van de vuurtoren (1). Het buitenste deel van de haven, tot aan de draaibrug (2), is de Haaven. Aanlegplaats voor passanten. Achter de brug (2) is het Groote Dok.
- Koopvaardijhaven: Aanlegplaats voor passanten.
  Geeft toegang tot de sluis (3) naar het Kanaal door Voorne.
Vaste lichten op de koppen van de havenhoofden, rood op de W-kop en groen op de O-kop.
- Tramhaven (10): Bestemd als bedrijfshaven. Hier zijn de boten/motorreparatiebedrijven Devo Mill en Marine Instruments Services gevestigd.

Havendienst: Bij (2) of (3), tel. (0181) 31 26 88.
Marifoon: Havendienst Hellevoetsluis, kan. 74.
Sluis: In de verbinding tussen de Koopvaardijhaven en het Kanaal door Voorne. De sluis wordt niet bediend bij een waterstand van NAP + 1,10 m of hoger op het Haringvliet. Bediening (gratis):

(15 april-1 juni en 16 sept.-16 okt.)	ma. t/m do.	8.15, 9, 10, 11, 11.30, 13.15, 14, 15, 16, 16.30, 18.30* h
	vr. t/m zo. en fd.	8.15, 9, 10, 11, 11.30, 13.15, 14, 15, 16, 16.30, 18.30, 19.30* h
(1 juni-16 sept.)	dagelijks	8.15, 9, 10, 11, 11.30, 13.15, 14, 15, 16, 16.30, 18.30, 19.30, 20.30, 21**, 21.30*** h
(16 okt.-15 april)	ma. t/m vr.	8.15, 10, 15, 11.45, 13.15, 15.15, 16.45 h
	zat., zo. en fd.	10.15, 13.15, 16.45 h

* niet in april en okt.
** Alleen schutting naar buiten; niet meer na zat. 19 aug., geen bediening in sept.
*** Alleen schutting naar binnen; niet meer na zat. 19 aug., geen bediening in sept.

Geen bediening op beide kerstdagen en Nieuwjaarsdag. De dag vóór Hemelvaartsdag bediening als in het weekend.
In het Kanaal door Voorne is geen doorgaande scheepvaart mogelijk voorbij de vaste Struijtse brug, H 1,50 m.
Draaibrug over de Haaven: Bediening:

(15 april-1 juni en 16 sept.-16 okt.)	ma. t/m do.	8, 9, 10, 11, 11.30, 13, 14, 15, 16, 16.30, 18* h
	vr. t/m zo. en fd.	8, 9, 10, 11, 11.30, 13, 14, 15, 16, 16.30, 18, 19.30* h
(1 juni-16 sept.)	dagelijks	8, 9, 10, 11, 11.30, 13, 14, 15, 16, 16.30, 18, 19.30, 20.30, 21.30** h
(16 okt.-15 april)	ma. t/m vr.	8, 10, 11.30, 13, 15, 16.30 h
	zat. zo. en fd.	10, 13, 16.30 h

* niet in april en okt.
** niet meer na zat. 19 aug. en niet in sept.

Geen bediening op beide kerstdagen en Nieuwjaarsdag. De dag vóór Hemelvaartsdag bediening als in het weekend.
Voor schepen, die onder de gesloten brug kunnen doorvaren, wordt

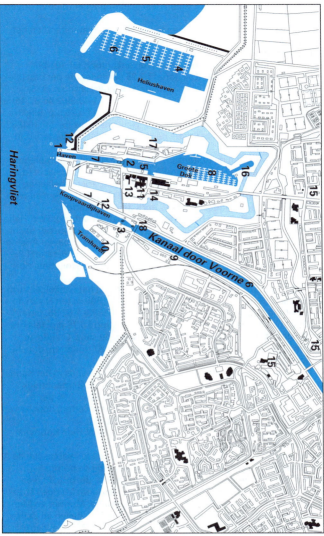

Hellevoetsluis

1. Vuurtoren met sectorenlicht
2. Draaibrug over de Haaven
3. Schutsluis in het Kanaal door Voorne
4. W.V. Helius
5. W.V. Hellevoetsluis (2x)
6. W.V. Haringvliet (2x)
7. Gemeenlijke passantenplaatsen (2x)
8. Jachthaven Arie de Boom
9. W.V. Waterman
10. Jachtwerf DevoMill
11. ANWB/V.V.V.-kantoor
12. Gemeentelijke douche/toiletacc. (2x)
13. Gesigt van 't Dok (Museum)
14. Brandweer (Museum)
15. Winkelcentra
16. Historisch Droogdok
17. Korenmolen De Hoop
18. Bushalte ZWN

toestemming verleend d.m.v. een geel licht ongeveer midden boven de doorvaartopening.
De keersluis wordt slechts bij een te verwachten waterstand op het Haringvliet van NAP + 1,10 m en hoger gesloten.

Lig- en aanlegplaatsen:
– In de Heliushaven: W.V. Helius (4), havenkantoor, tel. (01883) 1 65 63, havenmeester A. Koa, tarief f 1,25 per m lengte per dag (elektra, toiletten, douches (f 1,–) en wastafels) ● W.V. Haringvliet (6), havenmeester mw. M. Ossewaarde, tel. (01883) 1 40 39/2 46 67, tarief f 1,50 per m lengte per nacht + toeristenbelasting f 0,75 p.p. (elektra, toiletten, douches en wastafels) ● W.V. Hellevoetsluis (5), tel. (01883) 1 58 68, tarief f 1,50 per m lengte per etmaal (elektra, toiletten, douches en wastafels).
– In de Haaven, aan de buitenzijde van de draaibrug: meergelegenheid langs de kade (7). Gemeentelijk passantentarief per nacht (d.w.z. tussen 16 h en 8 h) f 1,30 per m lengte + f 0,75 toeristenbelasting p.p. ('s zomers toiletten, douches, elektra (westzijde v.d. Haaven) en wastafels) (12). In de periode 16 okt.-16 april geldt half tarief.
– In het Groote Dok, aan de binnenzijde van de draaibrug: W.V. Hellevoetsluis (5), tel. (01883) 1 58 68, tarief f 1,25 per m lengte per nacht (elektra, toiletten, douches (f 1,–) en wastafels) ● Jachthaven Arie de Boom (8), havenmeester O. v. Buren, tel. (01883) 1 21 66, tarief f 2,– per m lengte per nacht + toeristenbelasting (elektra, toiletten, douches en wastafels).
– In het Kanaal door Voorne: Steiger direct naast het winkelcentrum, i.o.m. Gem. Havendienst ● W.V. Haringvliet (6), 500 m ten N van de sluis, W-zijde, havenmeester W. Olthoff, tel. (01883) 1 62 38, tarief f 1,25 per m lengte per nacht + toeristenbelasting f 0,75 p.p. (elektra en wastafels) ● W.V. Waterman (9), ten N van de sluis, O-zijde, in overleg met de havenmeester, tel. (01883) 1 42 57 (toiletten, douche en wastafels).
– In de Koopvaardijhaven (7), geeft toegang tot de sluis in het Kanaal door Voorne, W-zijde aanlegplaats voor passanten. Gemeentelijk passantentarief per nacht (d.w.z. tussen 16 h en 8 h) f 1,30 per m lengte + f 0,75 toeristenbelasting p.p. ('s zomers toiletten, douches en wastafels) (12). Van 16 okt.-16 april geldt half tarief.

Drinkwater: Aan beide zijden van de Haaven (sl); W-zijde Koopvaardijhaven (sl).
Motorbrandstof: Bij W.V. Helius (4), die (sl) aan de loswal tussen de A en B steiger (openingstijden staan aangegeven bij de pomp).
Reparatie: Garagebedrijf Vermaat, Rijksstraatweg 36, bub; Fr. van Gulik Elektra B.V., Molshoek 2, bub/bib; Arie de Boom Marine (8), Industriehaven 30, tel. (01883) 1 21 66, bub (Yamaha, Mariner en Mercury), romp/uitr (p/op de wal); J. & W. Bezemer B.V./Reilen en Zeilen Watersport, Oostkade, aan de Haaven, zeil/tuigage; Marine Instruments Services, Stationplein 1, tel. (01883) 1 64 96, gevestigd in de Tramhaven, aanlegvoorziening aanwezig, max.diepgang 3 m, romp/uitr (ht/op de wal + in het water), elek (in het water) en hydrauliek (1 april-1 okt. dagelijks geopend van 9-21 h).
Hefkranen: Arie de Boom Marine (8), max. 20 ton, max.diepgang 2,50 m, tarief f 30,– per m lengte (heffen met staande mast mogelijk); W.V. Helius (4), max. 12 ton, tarief f 2,50 per m lengte + f 2,50 per m milieutoeslag; W.V. Haringvliet, in de Heliushaven, mastenkraan, max. 250 kg.
Trailerhelling: Aan het Haringvliet nabij de Haringvlietdam.
Botenlift: Arie de Boom Marine (8), max. 20 ton, max.diepgang 2,50 m, tarief f 30,– (liften met staande mast mogelijk).
Kampeerterrein: Camping De Quack, Duinweg 14, tel. (01883) 1 26 46.

Wasserette: Bij W.V. Helius.
Stortplaatsen chemisch toilet: Direct naast de douche-accommodatie aan de Haaven (12) en aan de Koopvaardijhaven; bij W.V. Helius.

Helmond

25 km van Nederweert; 38 km van Den Bosch; zie ook 'Zuidwillemsvaart'. Doorvaart door de stad is niet meer mogelijk.
Lig- en aanlegplaatsen: Aan de O-oever, direct Z van de noordelijke ophaalbrug tot de middelste ophaalbrug aan de Rijksloskade; rustig overnachten in de gemeentehaven tussen sluis 8 en de spoorbrug.
Bruggen en sluizen: Zie onder 'Zuidwillemsvaart'.
Drinkwater: 150 m ten N van de middelste ophaalbrug (sl) (bij Obragas).

Hemelum

Aan de Hemelumervaart, 300 m van de Morra.
Diepte van de vaart en toegangsgeul tot de haven ca. 1,50 m. De toegang door de Morra is betond.
Lig- en aanlegplaatsen:
● Aan de O-oever van de vaart;
● In de haven van W.V. De Swaeikom, havenmeester J. Koster, tel. (05148) 19 69, in de boxen voorzien van groene bordjes, max.diepgang 1,25 m, tarief vanaf f 4,– tot f 9,–;
● Watersportcentrum De Morra, tel. (05148) 17 00, uitgezonderd op vrijdag en zaterdag, tarief f 10,– per etmaal, max.diepgang 1,20 m (elektra, toilet, douche (f 5,–) en wastafels).
Drinkwater: Watersportcentrum De Morra, tarief f 1,50.
Reparatie: Watersportcentrum De Morra, Buorren 31, tel. (05148) 16 66/17 00, romp/uitr (s, p, a).
Hefkranen: Watersportcentrum De Morra, max. 3$^1/_2$ ton, tarief f 125,–; W.V. De Swaeikom, Buorren 20, max. 2$^1/_2$ ton, max.diepgang 1,25 m, tarief f 50,–.
Trailerhellingen: Watersportcentrum De Morra, uitsluitend voor kleine boten, max. 800 kg, tarief f 15,–; W.V. De Swaeikom, alleen voor kleine boten.
Kampeerterrein: Watersportcentrum De Morra.

Hempens

Aan de Nauwe Greuns van Leeuwarden naar Wergea (Warga); 5 km van Wergea (Warga); 4 km van Leeuwarden.
Maximumsnelheid: 9 km/h.
Brug: Beweegbare brug, H 1,40 m. Bruggeld f 2,–. Bediening:

ma. t/m zat.	(1 juni-1 sept.)	10-12, 14-15, 18-20 h
	(mei en sept.)	10-11, 16-18 h
	(1 okt.-1 mei)	gesloten
zo. en fd.	(gehele jaar)	gesloten

Hendrik Ido Ambacht

Aan de Noord, kmr 980,6 Lo.
Brug: Over de Noord, zie aldaar.
Haven: Bevindt zich direct ten Z van de brug. Diepte 1,50 m bij LLWS in het midden, aan de kanten bij laagwater droogvallend (behalve aan de loswal). Meergelegenheid in de Oosterdamse Haven bij W.V. H.I.Ambacht tarief f 0,80 per m lengte per nacht (elektra en drinkwater), max.diepgang 1,30 m.
Er is geen scheepvaartverbinding met de zgn. Boezem van de Waal.

Hengelo (O)

Aan het kanaal Zutphen-Enschede van de Twentekanalen; 43 km van de IJssel; zie ook 'Twentekanalen'.
Havenmeester: M. J. Kloosterman, Havenkantoor, Havenkade 50, tel. (074) 91 22 86.
Bruggen en sluizen: Zie 'Twentekanalen'.
Lig- en aanlegplaatsen: Jachthaven van de Twentse W.V., kmr 42, N-oever, havenmeester I. Verwer, tel. (074) 42 38 19, tarief f 0,90 per m lengte per nacht (toiletten, wastafels en douches) ● Twentse R.V. Tubantia, botenhuis 350 m ten W van de Oelerbrug, N-oever.
Trailerhelling: Jachthaven van de Twentse W.V., f 10,– per keer.
Scheepshelling: Jachthaven van de Twentse W.V., max. 8 ton.
Kampeerterreinen: Bij de jachthaven van de Twentse W.V., na overleg met de havenmeester; Camping De Zwaaikom.
Stortplaats chemisch toilet: Bij Jachthaven Kristalbad Hengelo.

Herkingen

Zie ook 'Grevelingenmeer'.
Haven: De rechte toegangsgeul is ruim 1,5 km lang en heeft een diepte van 2 m. Aan de W-zijde van de geul ligt een lage havendam. Bij het binnenlopen dient men binnen de bleesbebakening te blijven en de 2 groene havenlichten in één lijn boven elkaar te zien.
Aan het einde van de geul, tegen de NW-zijde van de oude zeedijk, ligt de Jachthaven Herkingen van W.V. Herkingen, D 2,50 m. De haven is voorzien van een ontvangstinstallatie, aan O-zijde bevindt zich de nieuwe jachthaven van Herkingen Marina.
Lig- en aanlegplaatsen: Jachthaven Herkingen van W.V. Herkingen, havenmeester C. Almekinders, tel. (01876) 96 23, max.diepgang 2 m, tarief f 1,– per m lengte + toeristenbelasting f 0,50 p.p. per nacht (elektra, toiletten, wastafels en douches (f 1,–)), gesloten van 1 nov.- 15 april ● Herkingen Marina, havenmeester W. van Schilfgaarden tel. (01876) 93 44 (privé 97 58), max.diepgang 2,25 m, tarief f 1,50 per m lengte + toeristenbelasting f 0,55 p.p. (elektra, toiletten, douches en wastafels).
Reparatie: Fa. L. van der Velde, 1e Februariweg, tel. (01876) 92 56, bib/bub (alle merken), romp/uitr (s/op de wal); Herkingen Marina, 1e Februariweg 9, tel. (01876) 93 44, bib/bub, romp/uitr (ht, s, p, a/op de wal + in het water), elek.
Hefkraan: Op het terrein van Jachthaven Herkingen, max. 12 ton, max.diepgang 2 m (particulier eigendom); Herkingen Marina, max.diepgang 2,25 m, max. 15 ton (heffen met staande mast mogelijk).
Trailerhelling: Jachthaven Herkingen, uitsluitend voor kleine boten, max. 1 ton, tarief f 10,– (in en uit).
Stortplaats chemisch toilet: Bij Jachthaven Herkingen; bij Herkingen Marina.
Wasserette en aftappunt vuilwatertank: Bij Herkingen Marina.

Herten

Aan grindgat aan de Maas, kmr 77,6 Ro; 1 km ten Z van Roermond.
Maximumsnelheid: In het grindgat 6 km/h.
Lig- en aanlegplaatsen: Jachthaven De Rosslag, in het grindgat, havenmeester mw. W. A. Th. van Herten, tel. (04750) 1 58 88. Er is een speciale gastensteiger, tarief f 2,– per m lengte per etmaal + f 0,60 p.p. toeristenbelasting per nacht, geopend van 1 april- 1 nov. (elektra, toiletten, wastafels en douches (f 1,–)) ● Watersportbedrijf Krekelberg-Nautic, aan de Maas 500 m ten N van het grindgat (onrustig), tarief f 5,– per nacht ● Jachthaven Hertha bij W.V. Hertha, na invaart Jachthaven De Rosslag aan stuurboord, tel. (04750)

1 82 35, tarief f 2,– per m lengte per dag (elektra, toiletten, douches en wastafels).
Motorbrandstof: Snellens winkelschip Petrus, in Jachthaven De Rosslag, Z-zijde, be (sl), sbe (sl), die (sl).
Hefkraan: Watersportbedrijf Krekelberg, Hertenerweg 48, tel. (04750) 1 56 61, max. 20 ton.
Trailerhelling: Jachthaven De Rosslag, Schoolstraat 46, tel. (04750) 1 58 88, tarief f 30,– (voor in en uit).
Kampeerterrein en stortplaats chemisch toilet: Camping/Jachthaven De Rosslag.

's-Hertogenbosch

Aan de Zuidwillemsvaart (zie aldaar).
Beheerder Binnenhaven: Gemeente 's-Hertogenbosch, Postbus 1410, 5200 BL 's-Hertogenbosch, tel. (073) 15 51 55.
Riviertje de Aa: De rivier de Aa is bevaarbaar tot de Aabrug (22), laagste brug, H ca. 3 m (max.snelheid 5 km/h).
Waterstand: De brughoogten zijn vermeld t.o.v. het Diezepeil (NAP + 2,20 m). De waterstand kan sterk stijgen, doordat de Aa en de Dommel op de Dieze uitmonden.
Havenmeester: F. Aarsel, tel. (073) 21 82 94.
Sluizen en bruggen: Sluis tussen de Maas en de Dieze, zie onder 'Engelen-Diezemond'; voor de sluizen en bruggen van de Zuidwillemsvaart, zie aldaar.
De vrije doorvaarthoogte tussen de Dieze en de Zuidwillemsvaart is ca. 6,20 m (spoorbrug (4)). De toegestane doorvaarthoogte is 5 m. Dit geldt vanaf de Industriehaven richting Zuidwillemsvaart. De bruggen (11) en (12) vormen sluis nr. 0, tel. (073) 13 42 34.
De Zuidwillemsvaart in 's-Hertogenbosch tot sluis nr. 0 is bijzonder smal en er is geen enkele gelegenheid om aan te leggen, zelfs niet bij de sluis om te wachten tot men geschut kan worden. De sluis heeft een groot verval en het is dan ook, gezien de sterke stroom, raadzaam ca. 200 m vóór de sluis te meren. Bij gebrek aan voorzieningen (bolders, dukdalven e.d.) moet men zelf voor materiaal (geitepennen e.d.) zorgen.
De Gordelwegbrug (5), H ca. 2,80 m, over de toegang tot de Industriehavens wordt bediend:

ma. t/m vr.	(15 april-15 okt.)	7-8, 8-16*, 16-17 h, (op vr. ook om 19 h)
	(15 okt.-15 april)	7-8, 8-16*, 16-17 h
zat.	(15 april-15 okt.)	9-10, 19 h
	(15 okt.-15 april)	9-10 h
zo. en fd.	(15 april-15 okt.)	9, 18.30-19.30 h
	(15 okt.-15 april)	gesloten

* Op verzoek, aanvragen bij de havenmeester, F. Aarsel, tel. (073) 21 82 94.
Ligplaatsen: Jachthaven Vikinghaven van W.V. Viking (1), havenmeester F. Ebben, tel. (073) 41 18 18, tarief f 1,– per m lengte per nacht, max.diepgang 2 m (douches (f 1,–), elektra, wastafels en toiletten) ● jachthaven van W.V. Neptunus (2), tel. (073) 21 79 17, tarief tot 10 m lengte f 5,–, vanaf 10 m f 10,– per etmaal (elektra, toiletten, wastafels en douche (f 1,–)) ● Jachthaven De Dommel van W.V. De Waterpoort (7), tarief f 1,– per m lengte per etmaal (elektra, toilet en wastafels) ● Gem. passantenhaven grotendeels gelegen aan de rivier De Dommel achter de draaibrug (13) en in de Binnenhaven (19) voor schepen tot max. 2,10 m diepgang en 10 m lengte, beheerder Rederij Wolthuis, havenmeester L.Moerman, tel. (073) 12 51 72, tarief f 1,50 per m per nacht (toiletten, douches, elektra en drinkwater).

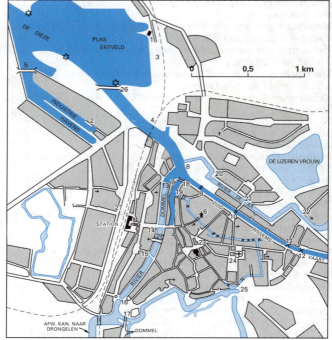

's-Hertogenbosch

1. W.V. Viking
2. W.V. Neptunes
3. Trintella Yachts
4. Vaste spoorbrug, H ca. 6,20 m
5. Gordelwegbrug (bb), H ca. 2,80 m
6. ANWB kantoor
7. W.V. De Waterpoort
8. Diezebrug, vast, H ca. 6,30 m
9. t/m 12. Klapbruggen (bb), H 3,50 m
11. en 12. vormen een sluis, nr. 0
13. Havenbrug, draaibrug, H ca. 3,10 m (brug wordt niet bediend)
14. Wilhelminabrug (Stationsbrug), H ca. 4,30 m
15. Voetgangersbrug, H ca. 3,80 m
16. Wilhelmsbrug, H ca. 3,30 m
17. Vughterbrug, doorvaart versperd door schotbalken (stuw)
18. Boombrug, klapbrug, H ca. 4,30 m (brug wordt niet bediend)
19. Binnenhaven met gem. passantenhaven
20. Muntelbrug (vast), H ca. 3,50 m
21. Rückertbrug (vast), H ca. 3 m
22. Aabrug (vast), H ca. 3 m
23. Markt met Stadhuis
24. Kathedraal
25. Dam in Binnen Dieze
26. Trierbrug (vast), H ca. 6,10 m
27. Verkeerstunnel onder de spoorbaan
28. Mariabrug, H ca. 3,60 m

In de Zuidwillemsvaart in de stad mag men niet blijven liggen, wel boven d.w.z. aan de O-zijde van sluis nr. 0 (zie op het kaartje de nummers 11 en 12), onrustig door langsvarende vrachtschepen.
Reparatie: Moonen Shipyard, Graaf van Solmsweg 52, tel. (073) 21 00 94, romp/uitr (s, a); Beekmans en Zn. B.V., Vogelplein 2, tel. (073) 13 20 30, na 18 h 56 55 90, roestvrijstaal jachtbeslag; M. van der Werff, Havensingel 67, tel. (073) 13 08 36 (alleen dekzeilen).
Hefkraan: W.V. Neptunus, max. 12 ton, uitsluitend voor leden van de W.V.
Botenlift: Moonen Shipyard, max. 60 ton.

Trailerhelling en wasserette: Jachthaven Vikinghaven, Ertveldweg 7, helling max. 5 ton, max. diepgang 1,50 m, tarief f 15,–.

Heteren
Aan de Neder Rijn, kmr 894,5 Lo; zie ook 'Rijn'.
Brug: Vaste brug bij kmr 894,3, H MR + 12,70 m (in het midden 1,88 m hoger).
Aanlegplaats: Rustige meerplaats in het baggergat, toegang t.o. kmr 895 (let op ondiepten bij laagwater).
Trailerhelling: Op ca. 200 m benedenstrooms van de brug, Lo, is een asfaltweg naar de rivier t.o. huisnr. 1.

Heukelum
8 km van Arkel; zie ook 'Linge'.
Lig- en aanlegplaats: Aan de gemeentelijke loswal en aan de overzijde daarvan bij het recreatieterrein De Galgenwaard, max. verblijf 2 x 24 h, beide gratis ● Jachthaven De Wiel B.V., havenmeester J. Jakobsen, tel. (03451) 1 79 89/1 40 84, max. diepgang 2,50 m, tarief f 15,– per nacht (elektra, wastafels, douches en toilet).
Reparatie en hefkraan: Jachthaven De Wiel B.V., Lingewal 1a, tel. (03451) 1 79 89, bub (Yamaha, Mercury, Johnson en Evinrude), bib (Volvo Penta, Yanmar, Mercedes, Mitsubishi, Daf, Vetus, Perkins en Ford), hefkraan max. 20 ton, tarief f 20,– per m^2 (heffen met staande mast mogelijk).
Trailerhelling en stortplaats chemisch toilet: Bij Jachthaven De Wiel.

Heumen
1 km van de Maas bij Mook; zie ook 'Maas-Waalkanaal'.
Sluis: De schutsluis naar het Maas-Waalkanaal staat gewoonlijk open. Aan de N-zijde van de sluis ligt een vaste brug. Zie voor brughoogten en verkeersregeling in de sluis onder 'Maas-Waalkanaal'.
Bruggen: Zie voor de bruggen over de sluis onder 'Maas-Waalkanaal'. Vaste verkeersbrug in de A73 over de Maas bij kmr 167,7, H SP + 9,80 m (= NAP + 17,30 m).
Ligplaats: In de jachthaven van W.V. Maas en Waal aan de Maas, kmr 167,6 Ro, 1 km stroomafwaarts van de monding van het Maas-Waalkanaal, tel. (080) 58 21 44, max. diepgang 1,50 m, tarief f 1,– per m lengte per nacht (geopend van 1 april-1 okt.) (elektra, toiletten, wastafels en douche (douchemunten à f 1,–, verkrijgbaar in het clubgebouw)).
Stortplaats chemisch toilet: Bij de jachthaven van W.V. Maas en Waal.

Heusden
Aan de Maas (zie aldaar), kmr 229,8 Lo; 39 km van Dordrecht; 16 km van 's-Hertogenbosch.
Haven: Toegang bij kmr 229,8 Lo. De hoeken van de O- en W-strekdam bij de ingang van de havenkom zijn ondiep. Invaart gemarkeerd door een vast groen en een vast rood licht. De jachthaven van de W.V. Heusden bevindt zich aan de W-zijde van de havenkom. Tegenover de invaart aan de Z-zijde is een klapbrug in de toegang tot de gerestaureerde stadshaven. Ten O van de stadshaven is tevens een klapbrug in de toegang tot Jachthaven De Wiel.
Marifoon: Jachthaven W.V. Heusden, kan. 31.
Waterstand: Varieert bij grote rivierafvoer van NAP + 0,50 m tot – 0,10 m, bij lage rivierafvoer van NAP + 0,70 m tot + 0,50 m.
Bruggen: Over de Bergse Maas (zie aldaar) en over het Heusdense Kanaal (zie Andelse Maas).

Lig- en aanlegplaatsen:
● In de jachthaven van de W.V. Heusden, havenmeester, H. van Teeffelen, havenkantoor, tel. (04162) 25 84, tarief f 1,50 per m lengte per nacht, voor schepen langer dan 12 m eerst melden (toiletten, douches (douchemunten à f 1,–), wastafels en elektra).
● Langs de kaden in de gerestaureerde stadshaven, achter de klapbrug H NAP + 4,30 m. De klapbrug wordt niet bediend. Zie bord bij ingang van de stadshaven. In beheer bij W.V. Heusden, voor tarieven zie 'Jachthaven W.V. Heusden'.
● Meerplaatsen vóór de stadswal in beheer bij W.V. Heusden, voor tarieven zie 'Jachthaven W.V. Heusden'.
● Jachthaven De Wiel, aan de O-zijde van de havenkom. Alleen ligplaats voor overnachting. Men dient tevoren te reserveren, tel. (04162) 25 99. De klapbrug in de toegang tot de haven wordt zonodig door de havenmeester bediend. Tarief f 3,– per m lengte per nacht (toiletten, douches en wastafels).
Motorbrandstof: Bunkerstation G. Legerstee, Stapelloophaven (1 km stroomopwaarts van de stadshaven), marifoonkan. 82, die (sl), sbe (sl), zo. gesloten.
Reparatie: Bunkerstation G. Legerstee, Bakkersdam 9, tel. (04162) 13 99, bib (Volvo Penta, Daf en Vetus), romp/uitr (s/op de wal + in het water) elek.
Hefkraan: Jachthaven W.V. Heusden, max. 1 ton, tarief f 15,–; Bunkerbedrijf G. Legerstee, max. 50 ton, max.diepgang 4 m.
Stortplaatsen chemisch toilet: Bij het havenkantoor van de jachthaven van W.V. Heusden; bij Jachthaven De Wiel.

Hillegom

12 km van Haarlem; 9 km ten N van de Kaag; zie ook 'Ringvaart van de Haarlemmermeerpolder'.
Haven: Is te bereiken voor schepen tot 1,80 m diepgang.
Door de Hillegommerbeek alleen voor kano's verbinding met de Leidse Trekvaart.
Brug: Over de Ringvaart, H 1 m (bb). Zie voor bediening bij 'Ringvaart van de Haarlemmermeerpolder'.
Ligplaats: In de Gemeentehaven, havenmeester C. Ruiter, tel. (02520) 7 73 33, tarief f 1,50 per dag of f 6,– per week.
Drinkwater: T.o. Haven 72/76 (sl), sleutel afhalen bij havenmeester.
Hillegommerbeek: Motorvaart is tussen de Ringvaart en de eerste vaste brug in Hillegom (hier is tevens de haven) alleen toegestaan met vergunning van het Hoogheemraadschap van Rijnland (zie bij 'Drecht'). Het overige deel van deze verbinding is voor motorvaartuigen verboden.
Tussen de Ringvaart en deze vaste brug ligt een basculebrug (Hillinenbrug), H 2,10 m. Bediening:

ma. t/m vr.	(gehele jaar)	8.30-8.45, 12.15-12.30, 16.45-17 h, op verzoek, tel. (02520) 7 73 33
zat.	(16 april-16 okt.)	9-9.30, 16.30-17 h
	(16 okt.-16 april)	gesloten
zo. en fd.	(16 april-16 okt.)	9-9.30, 18.30-19 h
	(16 okt.-16 april)	gesloten

Hilvarenbeek

Aan het Wilhelminakanaal (zie aldaar); 3,5 km ten ZO van Tilburg.
Ligplaats: Jachthaven Beekse Bergen aan het meer van het Strandpark/Recreatieoord De Beekse Bergen, tel. (013) 36 00 32, geopend van 30 maart tot 23 okt. Jachten kunnen binnenvaren tijdens de openingstijden van het strandpark van 10-18 h, max.diepgang 1,30 m.

Over de toegang tot de jachthaven vanaf het Wilhelminakanaal ligt een beweegbare brug, breedte 5 m, die tijdens de openingstijden van het strandpark om de 2 uur bediend wordt.
Tarief 29 april-4 sept. f 22,50 per boot + f 6,75 p.p. per nacht + f 0,85 toeristenbelasting p.p. (incl. entreeprijs tot het strandpark) (elektra, toiletten, douches, wastafels).
Trailerhelling: Jachthaven Beekse Bergen.
Kampeerterrein, wasserette en stortplaats chemisch toilet: Camping Hilvarenbeek/Beekse Bergen, Beekse Bergen 1.

Hilversumskanaal

Van de Vecht (via schutsluis 't Hemeltje) naar Hilversum, lengte 8 km. Van sluis 't Hemeltje over de Vecht tot Vreeland 2 km, tot Nigtevecht 4,5 km.
Algemeen: De toegang tot het kanaal is verboden voor schepen die langer zijn dan 12 m en/of breder dan 3,75 m. Door de Dienst Publieke Werken te Hilversum kan ontheffing worden gegeven, maar de behandeling van de aanvraag duurt lang. Op het Hilversumskanaal geldt de 'Verordening op het Hilversumskanaal', gratis exemplaar verkrijgbaar bij de sluiswachters.
Voor verbinding met de Loosdrechtse Plassen door de 's-Gravelandse Vaart zie onder 'Loosdrechtse Plassen'.
Vaarwegbeheerder: Gemeente Hilversum, Postbus 10053, Hilversum, tel. (035) 29 26 15 (havenmeester).
Maximumsnelheid: 7,5 km/h.
Sluis en brug: Schutsluis 't Hemeltje met ophaalbrug in de verbinding met de Vecht, tel. (02945) 46 86. Bediening (gratis):

ma. t/m vr.	(16 april-1 juli en 1 sept.-16 okt.)	7.30-12, 13-17, 18-19 h
	(1 juli-1 sept.)	7.30-12, 13-17, 18-20 h
	(16 okt.-16 april)	7.30-12, 13-16 h
zat.	(16 april-16 okt.)	8.30-12, 13-17 h
	(16 okt.-16 april)	gesloten
zo. en fd.	(16 april-1 juli en 1 sept.-16 okt.)	10-12, 13-17, 18-19 h
	(1 juli-1 sept.)	10-12, 13-17, 18-20 h
	(16 okt.-16 april)	gesloten

Men dient uiterlijk 20 min voor de laatste schutting bij de sluis aanwezig te zijn.
Ligplaatsen: In de Gemeentelijke Jachthaven (Hilversumse Haven), tel. (035) 29 26 10, max.diepgang langs de oever 0,40 m, even buiten de oever 1 m, tarief f 0,56 per m lengte per etmaal, met een min. van f 4,50 ● bij de Hilversumse W.V. De Sporthaven aan het einde van het Hilversumskanaal, bij het Paviljoen Wildschut, tel. (035) 28 49 17, tarief tot 8 m f 8,– per nacht, vanaf 8 m + f 1,– per m extra (elektra, toiletten, douche (f 1,–) en wastafels).
Het is niet toegestaan langer dan 48 h ligplaats te kiezen langs de oevers van het kanaal.
Drinkwater: Bij het nieuwe havenkantoor in de Gem. Industriehaven.
Motorbrandstof: Bij Shell tankstation nabij Paviljoen Sporthaven, be, sbe en die; bij Tigchelaar, toezichthouder Gem. Jachthaven, die.
Reparatie: Fa. T. Brinkhuis*, Loosdrechtseweg 5a, Hilversum, tel. (035) 24 51 81, zeil/tuigage; bij Tigchelaar, toezichthouder Gem. Jachthaven, bib/bub, romp/uitr (s/op de wal + in het water).
Hefkraan en scheepshelling: Nabij Paviljoen Sporthaven, kraan max. 15 ton, tarief f 200,– in en uit; bij Tigchelaar, toezichthouder Gem. Jachthaven, max. 5 ton.

Stortplaats chemisch toilet: Op het terrein van de Hilversumse W.V. De Sporthaven.

Hindeloopen
5 km van Workum; 9 km van Stavoren.
Haven: De buitengeul is ca. 350 m lang, de ingang wordt aangegeven door een vast rood licht op de O-havendam en door een vast groen licht met een wit onderbroken licht (Oc 3s) op de W-havendam. Wanneer men ter plaatse niet bekend is kan men het beste eerst de verkenningston aanlopen (met wit Isofase licht), die op het punt van samenkomst ligt van de geulen naar Hindeloopen en Workum. De diepte van de geul en de haven is IJZP – 2,80 m. Door aanslibbing kan de diepte van de geul tijdelijk geringer zijn, vooral de drempel. Ten W van de havenmond, buiten de geul, ligt een ondiepte op 0,70 m. Bij het binnenvaren de bakboordzijde houden wegens stenen tegen het W-havenhoofd. Na binnenkomst vaart men rechtdoor naar de haven van de W.V. Hylper Haven. Aan b.b.-zijde ziet men de ingang van de jachthaven Hindeloopen. Het is toegestaan om voor korte tijd af te meren langs de loswal aan b.b.-zijde (niet in de boxen) of langs de steigers). Vanaf 15 h moet de loswalkade beschikbaar zijn voor schepen die een plaats gereserveerd hebben (boven 18 m) en/of op aanwijzing en met toestemming van de havenmeester W.V. Hylper Haven.
Maximumsnelheid: Op de binnenwateren 6 km/h.
Sluis en brug: Over de sluis ligt over het buitenhoofd een ophaalbrug, H 3,30 m bij IJZP. De brug wordt niet bediend voor schepen met strijkbare mast. Bediening:

(1 mei-1 sept.)	ma. t/m zat.	8-12, 14-17, 19-20 h
	zo. en fd.	8-10, 17-19 h
(1 sept.-1 mei)	dagelijks	op verzoek aan de sluismeester, tel. (05142) 20 09

Sluisgeld f 2,50 wanneer één deurhelft open moet en f 5,– wanneer beide deurhelften open moeten. D IJZP – 1,10 m.
De verbinding met de Friese binnenwateren leidt over de Zijlroede en de Indijk, met vaste bruggen, H 2,15 m.
Ligplaatsen:
– (zeezijde): ● Jachthaven Hindeloopen, ten O van de Hylper Haven, havenmeester B. Vos, tel. (05142) 18 66, b.g.g. 12 38, tarief, incl. toeristenbelasting vanaf f 15,50 tot f 42,50 per nacht (elektra, douches (f 1,–), toiletten en wastafels) ● In de jachthaven van de W.V. Hylper Haven (ex-gemeentehaven), havenmeester D. Obbes, tel. (05142) 20 09, tarief f 1,– per m lengte per nacht (elektra, toiletten, douches (f 1,–) en wastafels)
N.B. Schepen langer dan 18 m dienen voor een ligplaats tevoren contact op te nemen met de havenmeester van de W.V. Hylper Haven.
– (binnen de sluis): Bij de Indijkbrug over de Indijk en in de Dijksvaart. Tarief per nacht (tot 15 m lengte incl. toeristenbelasting): tot 7 m lengte f 5,75, tot 8 m f 7,25, tot 9 m f 7,75, tot 10 m f 8,50, tot 12 m f 10,–, tot 15 m f 11,–, vanaf 15 m f 0,50 per m lengte + f 1,– p.p. toeristenbelasting.
Motorbrandstof: Texaco bij Jachthaven Hindeloopen, sbe (sl), die (sl).
Reparatie: Jachthaven Hindeloopen, Oosterstrand 3, tel. (05142) 18 66, b.g.g. 12 38, bib/bub (alle merken), romp/uitr (ht, s, p, a/op de wal + in het water), zeil/tuigage, elek; Aluboot B.V., Oosterstrand 6a, tel. (05142) 20 89, romp/uitr (a).
Mastenkraan: Jachthaven Hindeloopen, max.diepgang 2,80 m.

Botenlift: Jachthaven Hindeloopen, max. 60 ton, max.diepgang 2,80 m, tarief f 5,– per m^2 (liften met staande mast mogelijk).
Kampeerterreinen: Camping Schuilenburg*, Schuilenburg 2, tel. (05142) 12 60 (aan het IJsselmeer).
Wasserette en stortplaats chemisch toilet: Bij Jachthaven Hindeloopen.

Hitsertse Kade

Aan het Vuile Gat; 1 km van de dorpskern van Zuid-Beijerland; 3,5 km van Nieuwendijk; 4 km van Numansdorp; zie ook 'Haringvliet'.
Waterstand: Zie onder 'Haringvliet'.
Haven: Jachthaven van W.V. De Hitsert. Diepte in de haven NAP – 1,50 m, in de vaargeul NAP – 2 m. De ingang van de haven is ca. 8 m breed en is voorzien van een O- en W-havendam met kopbakens. De O-havendam ligt meestal grotendeels onder water.
Ligplaats: In de jachthaven van W.V. De Hitsert, havenmeester J.A. Ruigendijk, tel. (01866) 26 05, tarief f 1,– per m lengte per nacht + milieutoeslag f 1,– per vaartuig per nacht (douche (f 1,–), wastafels, toiletten en elektra). Fietsen te huur (gratis).
Reparatie: Bootsport, Zuid-Beijerland, bub.

Hoedekenskerke

Getijhaven op Zuid-Beveland, aan de Westerschelde (Middelgat). Zie ook 'Westerschelde'.
Marifoon: Post Hansweert, kan. 71.
Getijstand: Rijzing bij doodtij 4,35 m boven gemiddeld LLWS; bij springtij 5,15 m. Gemiddeld LLWS = NAP – 2,50 m.
Haven De Val: De voormalige veerboothaven De Val, 1 km ten Z van de gemeentehaven. De haven valt tijdens laagwater droog en is met een diepgang van 1 m van ca. 2$\frac{1}{2}$ h voor tot 3 h na hoogwater te bereiken. Men dient rekening te houden met stroom. 50 m binnen de kop van de O-havendam staat een rode toren met een witte band van het sectorlicht (Iso WRG 2s).
Ligplaats: Aan de drijvende steigers van Jachthaven Hoedekenskerke in de Haven De Val, tot 15 m lengte, tarief f 7,50 per nacht, max.verblijfsduur 1 week.
De gemeentehaven ten N van Haven De Val is niet geschikt voor de recreatievaart.

Hoek van het IJ

4,5 km van de Oranje Sluizen; 2 km van Durgerdam; 10 km van Uitdam; 3,5 km van Pampus; 7 km van Muiden; zie ook 'IJmeer' en 'Buiten IJ'.
De Hoek van het IJ vormt de toegang van het Markermeer (Z-IJsselmeer) naar het Buiten IJ en de Oranje Sluizen (zie aldaar). De vaargeul wordt 's nachts aangegeven door twee witte flikkerlichten ineen te houden (241,5°). Aan de N-zijde ligt het vuurtoreneiland met onderbroken rood-wit licht (Oc 5s). Op de Z-strekdam een rood schitterlicht (Fl 5s).
Ondiepten: Rond het vuurtoreneiland ligt een dam van stortsteen onder water op ca. 25 m uit de oever. Voorts ligt er een ondiepte, D ca. 1 m, rond het rode licht op de kop van de Z-strekdam.
Mistsein: Nautofoon elke 10,6 seconden een stoot van 2,6 seconden.

Hoek van Holland

Aan de Nieuwe Waterweg, kmr 1030; 11 km van Maassluis.
Hoofd Verkeersdienst: P/a Traffic Centre Hook (TCH), Strandweg, Hoek van Holland, tel. (01740) 3 88 50.

Marifoon: Blok Maasmond (werkingsgebied VBS), kan. 3; Haven Coördinatie Centrum, kan. 11.
Binnen het werkingsgebied van het Verkeersbegeleidend Systeem voor de scheepvaart in het Waterweggebied (VBS) is het voor schepen uitgerust met marifoon verplicht uit te luisteren op de daartoe aangewezen marifoonblokkanalen. Voor de recreatievaart (uitgerust met marifoon) geldt in principe alleen een meldplicht bij het oversteken van de Maasmonding (zie onder 'Kust- en recreatievaart'). Zie voor gedetailleerde informatie de 'Hydrografische Kaart voor Kust- en Binnenwateren, nr. 1801' en de ANWB-waterkaart 'Grote rivieren W-blad'.
Douane: Douane is gevestigd in Maassluis, Vlaardingen, Schiedam of Rotterdam, zie aldaar. Voor douaneformaliteiten zie in de Handleiding van deze Almanak onder 'Douaneformaliteiten'.
Getijstanden: Rijzing bij doodtij 1,65 m boven gemiddeld LLWS; bij springtij 2,05 m. Gemiddeld LLWS = NAP − 0,84 m.
Havenlichten: Een rood vast licht op de kop van het W-havenhoofd en een groen vast licht op de kop van het O-havenhoofd.
Havenmeester: Berghaven, tel. (01740) 3 88 50.
Berghaven: Van 2 uur na tot 3 uur voor hoogwater is het water voor de haventoegang erg onrustig. Een krachtige stroom vanuit de Nieuwe Waterweg richting zee heeft een andere richting dan de op zee lopende stroom. Bij storm uit W of N kan het aanlopen van de haven gevaarlijk zijn door een hoge zee met grondzeeën rond het tijdstip van laagwater.
Wanneer het water voor de haveningang met kracht tegen een harde wind wordt opgestuwd, is het aanlopen van de haven eveneens sterk te ontraden.
De diepte van de haven is bij gemiddeld LLWS minimaal 3,10 m. In verband met de plaatselijk zeer drukke beroepsvaart wordt alleen in uiterste noodgevallen toestemming gegeven om de haven aan te lopen. Op de aangewezen meerplaats ligt men voor eigen risico. Men wordt aangeraden iemand van de bemanning aan boord te laten. Bij aankomst kan men, indien aanwezig, een van de patrouillevaartuigen V27 en V29 praaien. Eén daarvan is 24 uur per dag in dienst. Patrouillevaartuigen zijn herkenbaar aan het opschrift 'Patrol'. Indien geen patrouillevaartuig aanwezig, contact zoeken via de Verkeersdienst.
Bij vertrek uit de haven dient men zich te melden op marifoonkan. 11 (HCC) of kan. 3 ('Post Maasmond').
Voor de gehele Maasmond geldt een ankerverbod. Alle kleine vaartuigen moeten zo dicht mogelijk aan de stuurboordzijde van het vaarwater varen. Dit betekent dat men niet mag laveren in de Maasmond.
Kust-recreatievaart: De doorgaande kust-recreatievaart dient de Maasgeul over te steken via de aanbevolen oversteekplaats zoals is aangegeven op de 'Kaart voor Kust- en Binnenwateren nr. 1801'. Via deze oversteekplaats kruist men een z.g. voorzorgsgebied met daarin de route voor geulgebonden schepen.
Zeilvaartuigen dienen indien mogelijk de motor te hebben bijstaan, doch in elk geval voor onmiddellijk gebruik gereed te hebben teneinde de oversteek snel te maken.
Gebruik dient te worden gemaakt van een goedgekeurde en juist geplaatste radarreflector, teneinde een goede herkenbaarheid te realiseren.
Alvorens over te steken dient men zich, indien men over een marifoon beschikt, met naam, positie en vaarrichting te melden op marifoonkan. 3, 'Post Maasmond', en gedurende de oversteek, tenzij de situatie anders vereist, zich tot uitluisteren op dit kanaal te beperken. Groepen jachten moeten zoveel mogelijk gezamenlijk oversteken.

Hoendiep

Van het Van Starkenborghkanaal ten westen van Zuidhorn naar de Westerhavensluis in Groningen, 16 km.
Vaarwegbeheerder: Provincie Groningen, Dienst DKW, Postbus 610, 9700 AP Groningen, tel. (050) 16 49 11 en het gedeelte van het Van Starkenborghkanaal tot aan Hoogkerk Waterschap Westerkwartier, Postbus 12, 9800 AA Zuidhorn, tel. (05940) 46 33.
Maximumsnelheid: 6 km/h.
Maximumdiepgang: Van brug De Poffert in Groningen tot het Van Starkenborghkanaal 1,50 m.
Bruggen: Nabij Groningen liggen 3 vaste bruggen, H 2,20 m, overigens lage beweegbare bruggen.
Bediening (geen bruggeld):
– Gabrug t/m brug De Poffert
Gabrug bij het Van Starkenborghkanaal van 1 mei tot 1 okt., bediening is mogelijk d.m.v. zelfbedieningsknoppen welke aan de noord- en zuidzijde van de brug zijn aangebracht, instructies zijn op de brug aangegeven.
Van 1 mei tot 1 okt. vindt konvooivaart plaats vanaf de brug in Briltil t/m brug De Poffert, en omgekeerd.
Konvooivaart vertrek brug Briltil richting De Poffert:

ma. t/m vr.	8.15 en 13.15 h
zat., zo. en fd.	9.15 en 14.30 h

Konvooivaart vertrek brug De Poffert richting Gabrug:

ma. t/m vr.	10 en 15 h
zat., zo. en fd.	10.30 en 16 h

Van 1 okt. tot 1 mei kan voor doorvaart van ma. t/m vr. ten minste 24 h tevoren een afspraak worden gemaakt met de Prov. Groningen, Dienst DWK, tel. (05947) 1 28 55.
– Lage spoorbrug in Hoogkerk wordt bediend als de treinenloop dit toelaat op de volgende tijden:

ma. t/m vr.*	7-17.50 h
zat.	7.30-17.15 h
zo. en fd.*	gesloten

* Bediening op Koninginnedag als op zat.
De brug wordt op afstand bediend. Op het remmingwerk bij de brug is een meldknop aanwezig voor het aanvragen van bediening door de recreatievaart. De exacte bedieningstijden zijn vermeld in de watersportwijzer 'Openingstijden spoorbruggen', gratis verkrijgbaar aan de ANWB-vestigingen.
– De bruggen vanaf de brug over het Aduarderdiep en Hoogkerk (melden via marifoonkan. 22 of via de drukknop op elke brug) worden bediend:

ma. t/m vr.	(brug Vierverlaten)	7-12, 13-16.30, 17.30-19 h
	(brug Hoogkerk)	7-12, 13-16.30, 17.30-19 h
zat.	(1 mei-1 okt.)	7.30-8.30, 17, 18 h
	(1 okt.-1 mei)	op verzoek*
zo. en fd.	(gehele jaar)	gesloten

* Bediening 24 h te voren aanvragen bij sluis Gaarkeuken, tel. (05947) 1 23 03.

– Bruggen en sluizen in Groningen, zie aldaar. De spoorbrug in Groningen is vast, H 2,10 m.
Aanlegplaats: Passantensteiger ten zuiden van Enumatil W-oever, max. 3 x 24 h (gratis).
Ligplaats: Jachthaven Briltil (zie aldaar).

Holendrecht
Landschappelijk fraai vaarwater, D 2 m. In de rijksweg, nabij het Abcoudermeer, ligt een vaste brug, H 2,76 m. Langs de oevers liggen brede stroken waterplanten, die slechts een betrekkelijk smalle vaargeul in het midden openlaten; kruisen is niet goed mogelijk. Zie ook 'Abcoude'.
Vaarwegbeheerder: Hoogheemraadschap Amstel en Vecht, Postbus 97, 1190 AB Ouderkerk a. d. Amstel, tel. (02963) 31 53.
Maximumsnelheid: 9 km/h.

Hollandsdiep
De vaarweg van de Haringvlietbrug tot aan de samenvloeiing van de Nieuwe Merwede en de Amer (kmr 979,8).
Algemeen: Breed vaarwater met zeer drukke beroepsvaart tussen de Dordtse Kil en de Volkerakluis. Bij harde wind in de lengterichting van het vaarwater lopen hier hoge golven.
De vaarweg ten Z van het eiland Sassenplaat heet *Zuidhollandsdiep*. Hier geldt voor de recreatievaart een vaarverbod. Voor alle scheepvaart geldt een verbod om aan de W-zijde in of uit te varen.
Vaarwegbeheerder: Rijkswaterstaat, Directie Zuid-Holland, Boompjes 200, 3000 AN Rotterdam, tel. (010) 4 02 62 00. Voor nautische informatie: Regionale Verkeerscentrale Dordrecht, tel. (078) 13 24 21 of marifoonkan. 71, roepnaam 'post Dordrecht' (24 uur).
Waterstand: Bij gemiddelde rivierafvoer varieert de waterstand dagelijks van NAP + 0,66 m tot NAP + 0,46 m. Zie verder onder 'Haringvliet'.
Bijzondere bepalingen: Kleine vaartuigen (tot 20 m lengte) moeten 's nachts en bij slecht zicht op de vaarroute tussen de monding van de Dordtse Kil en het Industrie- en Havengebied Moerdijk een radarreflector voeren. Zie tevens de 'Handleiding' in deze Almanak onder 'Bijzondere bepalingen'.
Betonning en bebakening: De scheepvaarttonnen duiden het diepste gedeelte van de rivier aan; achter de scheepvaartbetonning is een recreatiebetonning aangebracht. Tussen de hoofdvaarwaterbetonning en de recreatiebetonning ligt een strook minder druk vaarwater. De diepte langs de recreatiebetonning is normaal 2 m, doch kan bij lage waterstand afnemen tot 1,50 m. Slechts bij extreem lage waterstand moet met minder dan 1,50 m rekening worden gehouden.
Maximumsnelheid: Binnen een afstand van 100 m uit de N-oever tussen de haven van Strijensas en de oude haven van Numansdorp geldt een max.snelheid van 9 km/h; overigens géén snelheidsbeperking.
In de betonde hoofdvaargeul geldt een waterskiverbod. Raadpleeg tevens de 'Handleiding' van deze Almanak onder 'Snelle motorboten en Waterskiën'.
Moerdijkbruggen: Verkeersbrug kmr 983 en spoorbrug kmr 982,4 (beide bruggen zijn vast). Doorvaarthoogte Verkeersbrug relateren aan hoogte van de spoorbrug.
– Verkeersbrug: Van de Z-wal gerekend is de 5e doorvaartopening bestemd voor opvaart (NAP + 10,73 tot 10,92 m). De 6e doorvaartopening van de Z-wal af is voor de afvaart bestemd (NAP + 10,92 tot 10,73 m).
Het is verboden deze openingen in tegengestelde richting te bevaren.

De aanbevolen doorvaartopeningen worden aangegeven door twee gele ruiten (BPR, bijlage 7, teken D.1b), de verboden doorvaartopening door een rood-wit-rood horizontaal gestreept bord (BPR, bijlage 7, teken A.1). Tevens zijn in de aanbevolen doorvaartopeningen vaarwaterbegrenzingsborden geplaatst nl. groen-wit-groene ruiten, waarvan het groene gedeelte het veilige vaargedeelte aangeeft (BPR, bijlage 7, teken D.2). 's Nachts worden de borden verlicht. Aan weerszijden van de doorvaartopening zijn hoogteschalen aanwezig. Bovengenoemde doorvaartopeningen worden door de beroepsvaart gebruikt. Voor de pleziervaart, die gezien de hoogte van de vaartuigen de andere openingen kan gebruiken, is het aan te bevelen deze doorvaartopeningen te mijden.
– Spoorwegbrug: De grootste hoogte is aanwezig bij de middenpijler, NAP + 10,43 m. Bij de landhoofden bedraagt de hoogte NAP + 8,08 m.
De seingeving en de aanbeveling voor de pleziervaart voor het gebruik van de doorvaartopeningen zijn hetzelfde als bij de verkeersbrug.
Aan de O-zijde van de spoorbrug bij de Z-oever zijn 2 palen aangebracht, waar men kan aanleggen om de mast te strijken.
Plaatsbeschrijvingen: In deze Almanak zijn plaatsbeschrijvingen opgenomen onder: 'Numansdorp', 'Willemstad', 'Klundert-Noordschans', 'Moerdijk', 'Willemsdorp', 'Rode Vaart' en 'Strijensas'.

Hollandse IJssel

Dit water heeft twee onderling sterk verschillende delen:
1. Van de Doorslagsluis in Nieuwegein tot Gouda, lengte 32 km. Dit gedeelte is gekanaliseerd en is in principe vrij van stroming. Men dient echter rekening te houden met enige stroom als er bij hoogwater in Nieuwegein-Z (Vreeswijk) water ingelaten wordt t.b.v. het Westland.
Vaarwegbeheerder: Gedeelte Gouda-Krimpen aan de IJssel, Rijkswaterstaat, Directie Zuid-Holland, Boompjes 200, 3000 AN Rotterdam, tel. (010) 4 02 62 00. Voor nautische informatie: Regionale Verkeerscentrale Dordrecht, tel. (078) 13 24 21 of marifoonkan. 71, roepnaam 'post Dordrecht' (24 uur). Gedeelte Nieuwegein-Gouda, Rijkswaterstaat Directie Utrecht, Dienstkring Amsterdam-Rijnkanaal, Postbus 650, 3430 AR Nieuwegein, tel. (03402) 7 94 55/7 94 95, buiten kantoortijd tel. (03435) 7 13 82.
Marifoon: Haastrechtse brug, kan. 20; Hoenkoopse brug, kan. 22.
Waterstand en maximumdiepgang: Normale waterstand (KP) = NAP + 0,33 m. Er zijn peilvariaties mogelijk van NAP + 0,30 m tot NAP + 0,70 m.
Van de Waaiersluis tot de voorhaven van de Julianasluis is de max.diepgang 1,20 m bij GLW. GLW = NAP – 0,33 m;
GHW = NAP + 1,40 m. Max.diepgang van Nieuwegein tot Oudewater 1,50 m bij KP (bepaald door de drempel in de Doorslag), van Oudewater tot de Waaiersluis 1,70 m bij KP.
Maximumsnelheid: In de bebouwde kom 4,5 km/h; buiten de bebouwde kom 9 km/h.
Sluizen en bruggen: De opgegeven hoogte van de bruggen geldt bij een normale waterstand. Ook tijdens het zomerseizoen moet men rekening houden met peilvariaties.
Tien vaste bruggen tussen de Doorslagsluis en Haastrecht, waarvan de laagste H 4,40 m. De Geinbrug en de beweegbare bruggen vanaf IJsselstein t/m Haastrecht worden per gemeente meestal door één brugwachter bediend. De bruggen in IJsselstein zijn uitgerust met een elektronische scheepvaartsignalering (toeteren is niet noodzakelijk).

- Beweegbare bruggen en sluizen, geen brug- of sluisgeld:

In Nieuwegein: Openstaande Doorslagsluis (gevaarlijke doorvaart tijdens spuien (= water inlaten)), Doorslagbrug (ca. 500 m ten Z van de sluis) en Geinbrug, beide hefbruggen, in geheven stand H 4,97 m. Beheerder Gemeente Nieuwegein, tel. (03402) 7 18 83.

In IJsselstein: ophaalbrug, H 2,42 m, en basculebrug Poortdijk (Oranjebrug), H 2,12 m.

In Montfoort: Draaibrug, H 1,30 m.

In Oudewater: Rijksophaalbrug (Cosijnbrug), H 2,27 m (tel. (03486) 46 23), en gem. basculebrug (Hoenkoopse brug), H 0,60 m. Beide bruggen worden door één brugwachter bediend.

In Hekendorp is een nieuwe beweegbare fiets/voetgangersbrug gebouwd. Gedurende de openingstijden van de overige bruggen staat de brug open, de brug is tevens van ma. t/m vr. gesloten van 08.15 tot 08.30 h, 's nachts is de brug gesloten. (Door weggebruikers is de brug automatisch d.m.v. een drukknop te bedienen.)

In Haastrecht: Ophaalbrug, H 1 m, en Goverwellebrug, H 2,87 m.

- Bediening van de bruggen van Nieuwegein t/m Haastrecht, met uitzondering van de draaibrug in Montfoort, de bruggen te Oudewater, de ophaalbrug in Haastrecht en van de Goverwellebrug nabij Haastrecht:

(1 juni-1 sept.)	ma. t/m vr.	7-12.30, 13.30-20 h
	zat.	7-20 h
	zo. en fd.	10-13, 15-18 h
(1 sept.-1 juni)	ma. t/m vr.	7-12.30, 13.30-17 h
	zat.	11-15 h
	zo. en fd.	gesloten

- Bediening van de draaibrug te Montfoort, H 1,30 m:

ma. t/m vr.	(16 april-16 juni en 16 sept.-16 okt.)	9, 10.30, 12, 13.30, 15 en 16.30 h
	(16 juni-16 sept.)	9, 10.30, 12, 13.30, 15, 16.30 en 18 h
	(16 okt.-16 april)	6-20 h, op verzoek*
zat., zo. en fd.	(16 april-16 juni en 16 sept.-16 okt.)	10, 11.30, 13, 14.30 en 16 h
	(16 juni-16 sept.)	10, 11.30, 13, 14.30, 16 en 17.30 h
	(16 okt.-16 april)	6-13 h, alleen zat. op verzoek* (zo. gesloten)

* Bediening alleen op verzoek, in principe alleen de beroepsvaart, 12 uur te voren aanvragen bij de Centrale Post Scheepvaartdienst te Wijk bij Duurstede, tel. (03435) 7 13 82.

- Bediening van de Hoenkoopse- en de Cosijnbrug te Oudewater (bruggeld f 2,50):

ma. t/m vr.	(16 april-16 okt.)	8.30-12.30, 13.30-17.30 h
	(16 okt.-16 april)	6-20 h, op verzoek*
zat.	(16 mrt.-16 nov.)	10-12.30, 13.30-17 h
	(16 nov. 16 mrt.)	6-13 h, op verzoek*
zo. en fd.	(16 april-16 okt.)	10-12.30, 13.30-17 h
	(16 okt.-16 april)	gesloten

* Bediening alleen op verzoek, in principe alleen de beroepsvaart, 12 uur te voren aanvragen bij de Centrale Post Scheepvaartdienst te Wijk bij Duurstede, tel. (03435) 7 13 82.

- Bediening van de ophaalbrug* in Haastrecht, H 1, m:

ma. t/m vr.	(16 april-16 okt.)	7-12.30, 13.30-18 h
	(16 okt.-16 april)	7-12.30, 13.30-17 h
zat.	(16 april-16 juni en 16 sept.-16 okt.)	10-12.30, 13.30-17 h
	(16 juni-16 sept.)	9-12.30, 13.30-18 h
	(16 okt.-16 april)	13.30-17 h
zo. en fd.	(16 april-16 juni en 16 sept.-16 okt.)	9-12, 15-18 h
	(16 juni-16 sept.)	9-12.30, 13.30-18 h
	(16 okt.-16 april)	gesloten

* Gedurende de sluitingstijden van ma. t/m vr. tussen 6 en 20 h wordt aan zg. tijschepen, mits gedurende de normale bedieningstijden telefonisch aangevraagd, doorvaart verleend, tel. (01824) 12 41.
- Bediening Goverwellebrug nabij Haastrecht, H 2,87 m:

(1 juni-1 sept.)	ma. t/m vr.	7-12.30, 13.30-20 h
	zat., zo. en fd.	6-20 h
(1 sept.-1 juni)	ma. t/m vr.	7-12.30, 13.30-17 h
	zat.	6-17 h
	zo. en fd.	gesloten

De brug wordt op afstand vanaf de Steve Bikobrug bediend. Observatie vindt plaats d.m.v. camera's (geluidsseinen kunnen tevens worden waargenomen op de Steve Bikobrug). Door de bediening op afstand kunnen wachttijden ontstaan van ca. een half uur.
- In Gouda: Waaierschutsluis, tel. (01820) 1 36 91. Bediening (gratis):

ma. t/m vr.	(16 april-16 okt.)	6-20 h
	(16 okt.-16 april)	6-20 h, op verzoek*
zat.	(16 april-16 okt.)	6-20 h
	(16 okt.-16 april)	6-13 h, op verzoek*
zo. en fd.	(1 juni-1 sept.)	10-13, 15-18 h
	(1 sept.-1 juni)	gesloten

* Bediening alleen op verzoek, in principe alleen de beroepsvaart, 12 uur te voren aanvragen bij de Centrale Post Scheepvaartdienst te Wijk bij Duurstede, tel. (03435) 7 13 82.
- Haastrechtse brug, H NAP + 4 m, bij GHW H 2,60 m (bij GLW H 4,30 m). Bediening:

ma. t/m vr.	(16 apr.-16 okt.)	6-7.30, 8.45-16.30, 18-22 h
	(16 okt.-16 apr.)	6-8, 9-16.30, 18-22 h
zat.	(1 juni-1 sept.)	6-20 h
	(1 sept.-1 juni)	6-17 h
zo. en fd.	(1 juli-1 sept.)	9-13, 14-18 h
	(1 sept.-1 juli)	gesloten

De brug wordt op afstand vanaf de Steve Bikobrug bediend. Observatie vindt plaats d.m.v. camera's. Men kan zich voor bediening melden via marifoonkan. 20. Door de bediening op afstand kunnen wachttijden ontstaan van ca. een half uur.
2. *Tussen Gouda en Krimpen a. d. IJssel* tamelijk brede, open getijrivier, lang 21 km, diep 3 tot 5 m, met af en toe aardige oevers maar meestal hoge dijken. De vloedstroom begint bij IJsselmonde de IJssel in te lopen omtrent een half uur na laagwater IJsselmonde, dus

ca. 2 h 45 min na Laagwater Hoek van Holland (zie de getijtafels in deze Almanak). De vloedstroom loopt ca. 6 h lang. De eb begint bij Gouda te lopen omtrent hoogwater in Gouda = 2 h 10 min na hoogwater Hoek van Holland.

De ebstroom loopt 6 h 30 min lang. Men doet goed met de stroom rekening te houden, aangezien die nabij IJsselmonde ca. 3 km/h bedraagt, bij Gouda echter minder.

De vaargeul is altijd diep genoeg, op sommige punten zijn de oevers ondiep bij laagwater. Het getijverschil is ongeveer 1,70 m. Er is niet veel beroepsvaart.

Ondanks verschillende luwten kan men deze rivier goed bezeilen. Aan het ZW-deel zijn grote scheepswerven gevestigd.

Maximumsnelheid: Voor snelle motorboten 20 km/h.
Maximumdiepgang: Tussen de stormvloedkering in Krimpen en de Haastrechtse brug in Gouda 2,70 m.
Bijzondere bepalingen: Ankeren is alleen voor kleine vaartuigen toegestaan buiten het voor de doorgaande scheepvaart bestemde vaarwater. Meren is alleen toegestaan op de daarvoor aangewezen gedeelten, max. verblijfsduur (buiten de jachthavens) 3 x 24 h.
Getijstanden: GHW = NAP + 1,19 m; GLW = NAP – 0,26 m.
Marifoon: Algerasluis, kan. 22.
Brug: Over de stormvloedkering bij Krimpen a. d. IJssel ligt een vaste brug. De onderkant van de grote vaste overspanning ligt op H NAP + 8,50 m. Aan de NW-zijde van de 80 m wijde doorvaartopening is op het betonwerk de doorvaarthoogte aangegeven.
De scheepvaart kan ook gebruik maken van de beweegbare brug en Algerasluis aan de NW-zijde van de stormvloedkering. Zie onder 'Beweegbare brug en Algerasluis'.
Stormvloedkering: De stormvloedkering bij Krimpen a. d. IJssel wordt gevormd door een tweetal verticaal beweegbare schuiven van gelijke overspanning als de vaste overspanning van de brug. Onder normale omstandigheden zijn deze schuiven hoger geheven dan de vaste brug. Wanneer één of de schuiven gestreken is (bij een te verwachten waterstand van NAP + 2,50 m en verder bij controle, vrijwel altijd op de 1e donderdag van de maand) moet men schutten.
Beweegbare brug en Algerasluis: Langs de NW-zijde ligt de schutsluis, breedte 24 m, waarover een basculebrug (tel. (010) 4 50 60 44). Max. toegestane diepgang 4 m (verder richting Gouda 2,70 m).
Bediening:

ma. t/m vr.	(gehele jaar)	6-6.30*, 9.18, 10.18, 11.18, 12.18, 13.18, 14.18, 15.18, 18.30-20* h
zat.	(gehele jaar)	6-6.30, 7.18, 8.18, enz., 16.18, 17.18, 18-20 h
zo. en fd.	(16 april-16 okt.)	10.18, 11.18, 12.18, 16.18, 17.18, 18.18 h
	(16 okt.-16 april)	gesloten

* Op verzoek, bediening aanvragen via marifoonkan. 22 of via een geluidsignaal (brugwachter is aanwezig).

Het innemen van een wachtplaats/opstelplaats uitsluitend na overleg met het sluispersoneel.
Ligplaatsen: Aanlegplaatsen langs het getijgedeelte zijn, behalve de jachthaven in Capelle a. d. IJssel, niet aanwezig. Voor verdere gegevens zie onder 'Gouda', 'Gouderak', 'Moordrecht', 'Ringvaart v. d. Zuidplaspolder', 'Ouderkerk a. d. IJssel', 'Capelle a. d. IJssel' en 'Krimpen a. d. IJssel'.

Hoogersmilde

17 km van Assen; 27 km van Meppel; zie ook 'Drenthse Hoofdvaart'.
Ligplaats: Passantensteiger aan kop van de Beilervaart (toiletten, wastafels en douche (f 1,–)).
Drinkwater: Bij de passantensteiger.
Motorbrandstof: Bij een tankstation op 500 m van de passantensteiger, die, be en sbe.
Vulstation propaangasflessen: Camping De Horrebieter, J. Brugginkweg 2.

Hoogeveen

22 km van Meppel; zie ook 'Hoogeveense Vaart' en 'Verlengde Hoogeveense Vaart'.
Haven: Een deel van de verbrede oude vaarweg door de bebouwde kom is in gebruik als industriehaven.
Geen toegang voor recreatievaart.

Hoogeveense Vaart

Van het Meppelerdiep ten Z van Meppel naar Hoogeveen 25 km en naar de Verlengde Hoogeveense Vaart (zie aldaar).
Kaartje: Is bij deze beschrijving opgenomen.
Vaarwegbeheerder: Provincie Drenthe, Postbus 122, 9400 AC Assen, tel. (05920) 6 55 55.
Maximumsnelheid: 8 km/h.
Maximum toegestane afmetingen: Diepgang 2,20 m, hoogte 5,20 m.
Waterstand: Van het Meppelerdiep tot de Rogatsluis is de waterstand gelijk aan het Meppelerdiep (NAP – 0,23 m). Door op- en afwaaien kunnen grote peilvariaties optreden. De bruggen zijn voorzien van peilschalen.
Bruggen: 13 vaste bruggen, laagste brug H 5,30 m, en 2 beweegbare bruggen. De hoogspanningsleidingen hebben een veilige doorvaarthoogte van 12 m.
Sluizen: Rogatsluis in Rogat, Ossesluis in De Stapel en Nieuwe Brugsluis ten ZW van Hoogeveen.
Bediening brug Staphorster Grote Stouwe:

ma. t/m vr.	(1 april-1 okt.)	6.30-12, 12.30-19 h
	(1 okt.-1 april)	7.30-12, 12.30-18 h
zat.	(1 april-1 okt.)	6.30-13 h
	(1 okt.-1 april)	7.30-13 h
zo. en fd.*	(gehele jaar)	gesloten

Bediening sluizen en brug over de Rogatsluis:

ma. t/m vr.	(1 april-1 okt.)	7.30-12, 12.30-18 h
	(1 okt.-1 april)	8-12, 12.30-17.30 h
zat.	(1 april-1 okt.)	7.30-12 h
	(1 okt.-1 april)	8-12 h
zo. en fd.*	(gehele jaar)	gesloten

* Incl. Koninginnedag.
Lig- en aanlegplaatsen: Nabij de Ossesluis; bij museumboerderij New Greenwich Village nabij Zuidwolde ● aanlegsteiger in Echten bij Café De Molen bij de brug, max.diepgang 1,75 m (toiletten, douches en wastafels, beheerder: Fa. J. Baas), fietsverhuur bij Autobedrijf J. Baas ; beneden en boven de Nieuwe Brugsluis; bij de 2e brug ten O van de Nieuwe Brugsluis. Max.verblijfsduur 3 x 24 h.
Drinkwater: Bij de Ossesluis; bij de Fa. J. Baas (sl).
Motorbrandstof, reparatie en hefkraan: Autobedrijf J. Baas, Zuidwol-

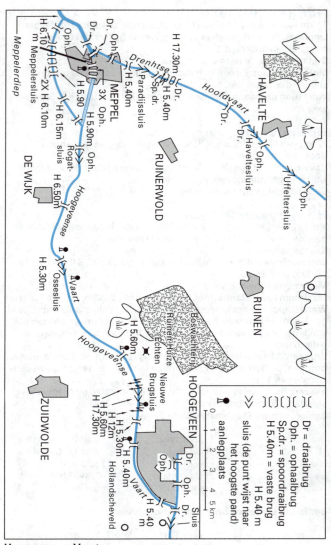

Hoogeveense Vaart

derweg 19-21, Echten, tel. (05288) 12 18, die, be, sbe, bib/bub, kraan max. 15 ton, max.diepgang 2,50 m, tarief f 150,–.
Wasserette en stortplaats chemisch toilet: Bij Autobedrijf J. Baas.

Hoogezand (Sappemeer)

13 km van Groningen; 26 km van Winschoten; zie ook 'Winschoterdiep'.
Ligplaats: Aan het einde van het Oude Winschoterdiep vlakbij Passantenhaven, bij Markon Scheepsbouw B.V., havenmeester L. Hijlkema, tel. (05980) 1 79 96, max.diepgang 2,50 m, tarief f 1,25 per m lengte per nacht (elektra, toilet en wastafels).

Drinkwater: Markon Scheepsbouw B.V. (sl).
Motorbrandstof: Markon Scheepsbouw B.V., die (sl).
Vulstation propaangasflessen: C. G. Holthausen Gassen, Techniekweg 4, tel. (05980) 9 20 16.
Reparatie: Markon Scheepsbouw B.V., Industrieweg 19, tel. (05980) 9 25 27, bib (alle merken, Yanmar dealer), romp/uitr (ht, s, p, a/op de wal + in het water).
Hefkranen: Markon Scheepsbouw B.V., max. 16 ton, max.diepgang 2,50 m, tarief f 16,– per m lengte (heffen met staande mast soms mogelijk).

Hoogkerk
4 km van Groningen; zie ook 'Hoendiep'.
Ophaalbrug: H 1 m. Voor bediening zie 'Hoendiep'.
Motorbrandstof: Garage Jan van der Velde, Hoendiep 250, tel. (050) 56 52 33, die, be en sbe.

Hoogmade
6 km van Woubrugge, aan de W-zijde van de Wijde Aa; zie ook 'Does'.
Motorvaart: Motorvaart uitsluitend toegestaan met de algemene vaarvergunning van het Hoogheemraadschap van Rijnland (zie bij 'Drecht').
Bruggen: Over de Does, zie aldaar.
Lig- en aanlegplaatsen: Jachthavenbedrijf De Noord Aa, havenmeester H. de Groot, tel. (01712) 84 11, D 1,70 m, tarief f 1,50 per m lengte per nacht (elektra, toiletten en douches (f 1,–)) ● Watersportbedrijf Jachthaven Hoogmade, beheerder J. Koolbergen, Vissersweg 10, tel. (01712) 22 11, tarief f 1,50 per m lengte per nacht (elektra, toiletten, douche (f 1,–) en wastafels) ● Gem. aanlegplaats, 100 m W van de brug (max.verblijfsduur 2 h); Restaurant De Does, Vissersweg 3, consumptie verplicht.
Reparatie: Gebr. Colijn, Scheeps- en Jachtwerf Hoogmade, Kerkstraat 22, tel. (01712) 85 30, aan de Does, romp/uitr (s).
Hefkranen: Jachthavenbedrijf De Noord Aa, Europaplantsoen 58, max. 8 ton, max.diepgang 1,70 m; Scheeps- en Jachtwerf Hoogmade, max. 6 ton; Jachthaven Hoogmade, max. 1^1/$_2$ ton, max.diepgang 1,50 m, tarief f 10,– per m lengte.
Stortplaats chemisch toilet: bij Jachthaven Hoogmade.

Hoogvliet
Tegenover Spijkenisse aan de Oude Maas (zie aldaar).
Bruggen: Zie onder 'Spijkenisse'.
Ligplaats: In de Hoogvlietse Haven, 75 m ten N van de Spijkenisserbrug, jachthaven van de W.V. Hoogvliet. Bij GLW D 1,20 m. Tarief minimaal f 2,– per vaartuig (toilet en elektra).
Reparatie: Observator B.V., elek.
Nautische boekhandel: Nautische Boekhandel Kelvin Hughes Observator B.V., Nieuwe Langweg 41, tel. (010) 4 16 76 22.

Hooidammen-Veenhoop
9 km van Grou (Grouw); 3 km van Earnewâld (Eernewoude); 6 km van Drachten (Buitenstverlaat).
Maximumsnelheid: In het Scheepvaartkanaal Wartena-Hooidammen-Drachten, 12,5 km/h; overigens 9 km/h.
Marifoon: Brug Hooidamsloot, kan. 20.
Brug: Ophaalbrug in de Hooidamsloot, H 2,60 m. Bediening (gratis):

ma. t/m zat.	(1 mei-1 okt.)	7-21 h (zat. tot 20 h)
	(1 okt.-1 mei)	7-19 h (zat. tot 18 h)
zo. en fd.	(16 april-1 mei en	
	1 okt.-16 okt.)	9-12, 14-18 h
	(1 mei-1 okt.)	9-12, 14-17, 18-20 h
	(16 okt.-16 april)	gesloten

Lig- en aanlegplaatsen: aanlegplaatsen Z-oever wijde Ee; Hotel-Café-Restaurant Iesicht ● Jachthaven De Veenhoop, aan het Grietmansrak in de nabijheid van het Natuur- en Recreatiegebied Oude Venen-Princenhof, havenmeester G.J.R. Eerligh, tel. (05128) 16 27, b.g.g. (05120) 8 13 50, max.diepgang 1,60 m, tarief f 0,80 per m lengte en f 0,80 p.p. per etmaal (toiletten, wastafels en douche (f 1,–)) ● Bij de ophaalbrug afmeermogelijkheden, tarief tot 10 m lengte f 5,–, van 10 tot 15 m f 7,50, langer dan 15 m f 10,– per etmaal.
Kampeerterrein: Camping De Veenhoop (bij de jachthaven).
Stortplaats chemisch toilet: Bij Jachthaven De Veenhoop.

H Hoorn

35 km van Amsterdam IJtoren. Geen verbinding met de binnenwateren van Noord-Holland. Zie hiervoor onder 'Edam' en 'Medemblik'.
Haven: De haven heeft twee toegangen: de W-toegang (I), D IJZP – 2,70 m; de O-toegang (II), D IJZP – 1,80 m.
De diepte tussen (I) en (II) bedraagt IJZP – 2,30 m.
Vlak voor de W-invaart voor de haven ligt een rode staak, 'H2', die men bij het binnenvaren aan bakboord moet houden.
De invaartrichting is middenvaarwaters van de W-haveningang (I) (gemarkeerd door een wit licht (Iso 4s) en een vast rood licht op de W-dam), aan bakboord ligt de Grashaven met Jachthaven Grashaven (D 2,50 m bij IJZP), rechtuit naar het Houten Hoofd bij (2), aangegeven door de koerslijn Oosterkerk (14) in kop Houten Hoofd.
De Keersluis (3) in de toegang tot de Binnenhaven vormt een onoverzichtelijke bocht.
N.B. Ten O van Hoorn ligt de Werkhaven (verboden voor jachten).
Mistsein: Op de W-havendam (sirene). Elke 2 min een stoot van 25 seconden. Wordt tijdens nachtelijke uren en op zo. niet in werking gesteld.
Havenmeester: S. M. Seinen, Scharwoude 3a, tel. (02290) 1 40 12, b.g.g. tel. (02294) 21 09 (privé).
Marifoon: Havenmeester, kan. 9. Schepen langer dan 16 m dienen zich bij het aanlopen van de haven op dit kanaal te melden.
Bruggen en sluizen: Keersluis (3) staat altijd open, geen sluisgeld.
De Otto's brug (9) in de toegang tot de Karperkuil wordt van ma. t/m zat. op verzoek bediend door de havendienst, tel. (02290) 1 40 12, en W.S.V. Karperkuil.
Ligplaatsen: In de jachthaven van de W.V. Hoorn, in de Vluchthaven (D IJZP – 2,50 m), havenmeester dhr. Oud, tel. (02290) 1 35 40, max.diepgang 2,20 m, tarief f 1,75 per m lengte per nacht, (elektra, toiletten, douches (douchemunten à f 1,–) en wastafels) ● Jachthaven Grashaven, havenmeester P. Zijp, tel. (02290) 1 52 08, tarief f 1,50 per m lengte per nacht (elektra, toiletten, douches (f 1,–) en wastafels) ● in de gemeentelijke Binnenhaven (8), D IJZP – 2,90 m, tarief f 1,50 per m lengte per etmaal (elektra (aan parkzijde), toiletten, douches (f 2,–) en wastafels in het Haven toiletgebouw van Wilco Sport (7), Mallegomsteeg 7 (het toiletgebouw is van 1 okt.-1 april op zo. gesloten)).
Aanlegplaatsen: Het Houten Hoofd is gereserveerd voor charterschepen, passagiersschepen en schepen langer dan 25 m. De Veermanskade is gereserveerd voor charterschepen.

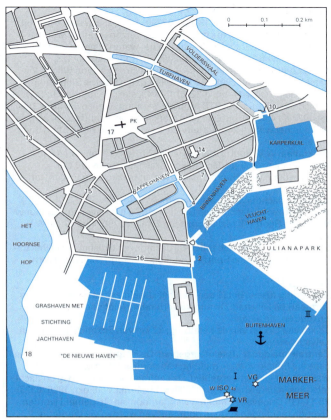

Hoorn

I. W-haveningang
II. O-haveningang
1. Havenkantoor op keersluis
2. Houten Hoofd (rechts) en Stoombootsteiger (links)
3. Keersluis (staat altijd open)
4. Hoge brug, geen doorvaart
5. Korenmarktbrug, geen doorvaart
6. Geen doorvaart
7. Haventoiletgebouw van Wilco Sport
8. Plantsoen, aan de Gem. Binnenhaven, fraaie ligplaatsen voor jachten
9. Otto's brug, draaibrug
10. Ophaalbrug met keersluis
11. Pakhuisstraatbrug, geen doorvaart
12. Achterstraat
13. Achterom
14. Oosterkerk
15. West
16. Achter op 't Zand
17. Kerkplein
18. Waterskivereniging 't Hoornse Hop

Ankerplaats: In de Buitenhaven.
Drinkwater: Aan de Veermanskade bij de Hoge brug (4); bij het Houten Hoofd (2); aan de parkzijde van de Binnenhaven (8).
Motorbrandstof: J. L. Last, Veermanskade 15 bij (4), die (sl); Service Station Van Zijl, Willemsweg, die, be.
Vulstation propaangasflessen: Winder, Kernweg 30, tel. (02290) 1 28 26.
Reparatie: Aqua Sport Bert Droog, aan de Grashaven, tel. (02290) 1 84 45 (zo. gesloten), bib (Volvo Penta, Sabb), bub (Mariner Out-

boards), romp/uitr (op de wal + in het water); Scheepswerf
C. W. Droste, Kleine Oost 18, tel. (02290) 1 50 53, aan de Karperkuil
voorbij de Otto's brug (de brug wordt op verzoek door de werf bediend), romp/uitr (ht, s/op de wal + in het water), 2 hellingen tot
30 ton (zat. van 10-16 h geopend); Visser, Boogschutter 128,
tel. (02290) 1 06 41, zeil/tuigage; Aqua Electronics Joop Wilms, Visserseiland 1, tel. (02290) 1 84 45, zeil/tuigage; Electric Ship Equipment, Kleine Oost 17, tel. (02290) 1 44 43, elek; De Tagrijn, Oude Doelenkade 9, zeil/tuigage; RTB Mobiele Yachting Service, Postbus 3065,
tel. (02290) 4 46 50, bub/bib (alle merken), romp/uitr (ht, s, p, a/op de
wal + in het water), 24-uurs service; Boot Centrum Hoorn, bub (Evinrude).
Hefkranen: W.V. Hoorn, ma. t/m vr. 9-17 h, max. 2 ton, tarief f 45,–,
max.diepgang 2,50 m; Jachthaven Grashaven, max. 10 ton.
Trailerhelling: W.V. Hoorn, max. $\frac{1}{2}$ ton, max.diepgang 0,50 m, tarief
f 5,–.
Botenlift: Jachthaven Grashaven, max. 10 ton.
Wasserettes: Bij Jachthaven Grashaven; bij het Haven toiletgebouw
van Wilco Sport (7), Mallegomsteeg 7, tel. (02290) 4 92 77; bij W.V.
Hoorn.
Stortplaatsen chemisch toilet: Bij Jachthaven Grashaven; bij het toiletgebouw van Wilco Sport (7), Mallegomsteeg 7; bij W.V. Hoorn.

Houtribsluizen
Verbinding tussen het N-deel van het IJsselmeer en het Z-deel (Markermeer) bij Lelystad. De andere verbinding leidt door de sluis bij
Enkhuizen, zie aldaar.
18 km van Urk en van de Ketelbrug; 32 km van Enkhuizen; 4 km van
Lelystad-Haven.
Centrale meldpost IJsselmeergebied: De Houtribsluizen hebben een
centrale functie voor de melding van noodsituaties op of aan rijkswater in het IJsselmeergebied. De centrale meldpost is dag en nacht
telefonisch bereikbaar, tel. (03200) 6 11 11 (m.i.v. 10 okt. 1995 (0320)
26 11 11). Ongevallen moeten via marifoonkan. 16 gemeld worden.
Overige meldingen kunnen doorgegeven worden via marifoonkan. 20 (bereik beperkt, ca. 5 km).
Aanlopen van de sluis: Het sluizencomplex is van grote afstand herkenbaar aan het hoge centraal geplaatste bedieningshuis, de ernaast
gelegen heftorens van de stroomsluizen en de nabijgelegen PTT-toren (straalzender). 's Nachts is het gehele complex helder verlicht.
Van het Z af komend dient de scheepvaart te varen via de Z- of N-toegang naar het havenbekken van Lelystad-Haven, het zgn. Oostvaardersdiep (zie 'Lelystad-Haven'). (De N-toegang is verboden voor de
beroepsvaart; doorvaart voor jachten is toegestaan.)
Komende van Lelystad-Haven kan men 's nachts het groene knipperlicht Iso 4s op de kop van de dwarsdam aan bakboord moeilijk onderscheiden tegen de helle verlichting van het sluizencomplex.
Voor de sluizen zijn uitgebreide geleidewerken en wachtsteigers gebouwd maar er zijn geen speciale voorzieningen voor jachten.
Schutprocedure: Door middel van lichten wordt aangegeven in welke
sluiskolk men kan schutten. Deze lichten bestaan uit een vast wit licht
op het midden-sluishoofd met daarnaast een wit flikkerlicht; men
moet de zijde van het flikkerlicht kiezen.
Het is mogelijk dat de recreatievaart vóór de beroepsvaart de sluis
moet invaren. Dit hangt onder meer af van de vraag of de brug moet
worden bediend. Bij grote drukte met motor- en zeiljachten kan de recreatievaart van de beroepsvaart worden gescheiden door voor elke
categorie een eigen schutkolk te reserveren. Daarom moet men goed
letten op mededelingen die het sluispersoneel via de geluidsinstalla-

tie doet. Wanneer men als eerste de sluiskolk invaart moet men doorvaren tot de rode lichten voor de basculebrug; na een nadere opdracht kan men door de brugopening verder varen tot de stopstrepen aan het einde van de sluiskolk.
Sluizen en bruggen: De schutkolken zijn elk 190 m lang, 18 m breed en 4,30 m diep. Maximum toegestane diepgang 3,50 m. Over elke schutkolk ligt een basculebrug, H IJZP + 7,20 m in gesloten stand. Geen brug- of sluisgeld. Bediening te allen tijde. Sluiswachter, tel. (03200) 6 11 11.
Marifoon: Sluis Houtrib, kan. 20.
Aanlegplaatsen: Zie bij 'Lelystad-Haven'.

Huissen
Aan de Neder Rijn; 4 km ten ZO van Arnhem (Oude Haven); veerpont kmr 876,8; zie ook 'Rijn'.
Aanlegplaats: Aan het Looveer, melden bij Looveer 4 (onrustig door passerende beroepsvaart).
Trailerhelling: Bij Martens, melden bij Looveer 4, dagelijks geopend, tarief f 5,–.

Huizen (N.H.)
4 km van Almere-Haven (zie aldaar); zie ook 'Gooimeer'.
Haven: Van de doorlopende geul over de Randmeren leidt een betonde geul naar de oude haven van Huizen. Op de W-havendam een groen vast licht en op de O-havendam een rood vast licht. In het havenkanaal (D IJZP – 1,90 m) is de O-zijde over ca. 7 m en de W-zijde over ca. 4 m uit de wal ondiep. In deze haven zijn gevestigd Jachthaven 't Huizerhoofd, Jachthaven Huizer Marina B.V., de gem. jachthaven en de Huizer Reddingsbrigade.
Havenmeesters: Gemeentelijke havenmeester, H. Schipper, Energieweg 3, tel. (02152) 8 12 22; Jachthaven Het Huizerhoofd, Ambachtsweg 65, J. Molenaar, J. v. Brummelen en M. Brouwer, tel. (02152) 5 86 22; Jachthaven Huizer Marina B.V., Ambachtsweg 59, dhr. de Weert, tel. (02152) 5 11 59.
Marifoon: Jachthaven Het Huizerhoofd, gemeente haven, kan. 31.
Aanloophaven: Een 1,5 km lang landinwaarts lopend water, dat eindigt in een havenkom bij het winkelcentrum Oostermeent. Vanaf het Gooimeer is een 3,50 m diepe geul gebaggerd (ca. 1,2 km ten ZO van de betonde geul naar de haven) die leidt naar een ophaalbrug, H 3 m, in de toegang tot de Aanloophaven. De vaargeul is goed bebakend. Op de W-havendam een groen vast licht en op de O-havendam een rood vast licht. Halverwege de Aanloophaven ligt een vaste brug H 3 m, daarna nog enige vaste houten bruggen, ook H 3 m. Maximumdiepgang in de Aanloophaven IJZP – 2 m. In de Aanloophaven zijn o.a. gevestigd Jachthaven De Brug en EHZ.
De ophaalbrug over de ingang van de Aanloophaven wordt bediend door de havenmeester van Jachthaven De Brug, J. Schra, Kooizand 43, tel. (02152) 5 50 55. Bediening: (gratis)

(april en mei)	8.30-21 h
(juni t/m aug.)	8.30-22.30 h
(sept.)	8.30-21 h
(1 okt.-1 april)	op verzoek*

* Bediening tijdens kantooruren aanvragen bij de Gem. havenmeester, tel. (02152) 8 12 22.
Lig- en aanlegplaatsen:
● Jachthaven Het Huizerhoofd van de Stichting Jachthaven Huizen in de haven, ca. 300 m na de havenkop aan de O-ingang, max.diepgang

2,75 m, tarief f 1,15 per m lengte per nacht (elektra, toiletten, douches en wastafels, speelgelegenheid).
● Gemeentelijke jachthaven in de haven, vooraan O-zijde voor het havenkantoor, tarief f 1,– per m lengte per etmaal (elektra, toiletten, douches (f 1,–) en wastafels (Z-zijde van het havenkantoor)).
● Jachthaven Huizer Marina B.V. in de haven, tarief f 1,– per m lengte per nacht (elektra en toiletten).
● In de Aanloophaven, meergelegenheid voor schepen tot 3 m hoogte in de Draaikom bij het winkelcentrum (hogere schepen halverwege vóór de vaste brug aan de N-zijde), in beheer bij de gemeente, tarief f 1,15 per m lengte per nacht (geen voorzieningen).
Motorbrandstof: Op de hoofdsteiger van Jachthaven Het Huizerhoofd, die (sl), sbe (sl) en be (sl).
Reparatie: D. de Boer, tel. (02152) 5 15 97, bub (Yamaha, Mercury, Evinrude, Tomos); Jachthaven Huizer Marina B.V., tel. (02152) 5 11 59, romp/uitr (ht, s, p, a/op de wal + in het water) (niet op zo.); Jachthaven Het Huizerhoofd, Ambachtsweg 60, tel. (02152) 5 86 22, bub/bib (alle merken), romp/uitr (ht, s, p/op de wal + in het water), zeil/tuigage, elek; Fa. Zwaan, tel. (02152) 6 37 61, b.g.g. 6 46 41, zeil/tuigage.
Trailerhellingen: Jachthaven Het Huizerhoofd, max.1 ton, tarief f 10,– (in en uit); openbare helling aan de Aanloophaven, t.o. Westkade nr. 445.
Hefkraan: Jachthaven De Brug, max. 2 ton, tarief f 45,– (op zo. f 65,–); Jachthaven Het Huizerhoofd, max. 30 ton, max.diepgang 2,75 m, tarief op aanvraag (heffen met staande mast mogelijk).
Botenliften: Jachthaven Huizer Marina B.V., max. 20 ton, tarief f 8,50 per m^2 (liften met staande mast mogelijk); Jachthaven Het Huizerhoofd, max. 30 ton, tarief op aanvraag (liften met staande mast mogelijk).
Stortplaatsen chemisch toilet: Aan de gemeentelijke jachthaven naast het havenkantoor; bij Jachthaven Het Huizerhoofd.
Wasserette en aftappunt vuilwatertank: Bij Jachthaven Het Huizerhoofd.

Hunsingokanaal

Onder deze naam wordt de vaarweg Zoutkamp-Ulrum-Mensingeweer-Winsum besproken, bestaande uit de onderdelen: Hunsingokanaal (6,6 km), Hoornse Vaart (6,7 km) en Mensingeweersterloopdiep (4,1 km).
Totale lengte 17,4 km.
Vaarwegbeheerder: Waterschap Hunsingo, Bedumerweg 2, 9959 PG Onderdendam, tel. (05900) 4 89 11.
Max. toegestane diepgang: Op het Hunsingokanaal 1,40 m, op de Hoornse Vaart 1,40 m en op het Mensingeweersterloopdiep 1,20 m.
Zijkanalen: Hunsingokanaal: Warfhuisterloopdiep naar Warfhuizen (max. H 1,60 m, D 1,20 m), Leenstervaart (max. H 2 m, D 1,10 m, zie onder 'Leens'), Houwerzijlstervaart naar Houwerzijl (max. H 2 m, D 1 m), Ulrumeropvaart naar Ulrum (max. H 3 m, D 1 m, zie onder 'Ulrum').
Hoornse Vaart: Uilennestermaar en Molenrijgstermaar naar Kruisweg en Molenrij (max. H 2,50 m, D 1 m, zie onder 'Molenrij'), Pieterbuurstermaar naar Pieterburen (max. H 2,75 m, D 1 m) en naar Westernieland (max. H 2,20 m, D 1 m), Eenrumermaar naar Eenrum (max. H 3 m, D 1 m, zie onder 'Eenrum'), Kromme Raken naar Warfhuizen en Schouwerzijl (max. H 2,20 m, D 1,10 m), Kanaal Baflo-Mensingeweer (zie 'Rasquerdermaar').
Maximumsnelheid: 6 km/h.
Sluizen: Hunsingosluis ten N van Zoutkamp, staat altijd open; keer-

sluis ten O van Zoutkamp staat 's zomers altijd open. Indien deze keersluis gesloten is, bijv. tijdens westerstorm, kan geen doorvaart plaatsvinden. Inlichtingen bij het Waterschap Electra, tel. (05949) 2 03.
Bruggen: 22 vaste bruggen, waarvan de laagste H 1,80 m. Lage draaibrug bij Hunsingosluis in Zoutkamp.
De brugwachter woont vlak bij de brug, tel. (05956) 16 90 (op zat. en zo., tel. (05956) 21 79). Bediening:

ma. t/m vr.	(1 mei-1 okt.)	8.15-8.30, 10.30-10.45, 13-13.15, 15-15.15, 16.45-17 h
	(1 okt.-1 mei)	8-12, 13-17 h, op verzoek*
zat.	(1 mei-1 okt.)	8.30-9, 13-13.30, 15-15.30, 17.30-18.30 h
	(1 okt.-1 mei)	gesloten
zo. en fd.	(1 mei-1 okt.)	8.30-9, 13-13.30, 15-15.30, 18.30-19.30 h
	(1 okt.-1 mei)	gesloten

* Bediening aanvragen bij Waterschap Hunsingo, tel. (05900) 4 89 11.
Aanlegplaatsen: Passantensteiger in Leens (zie aldaar). Goede meerplaatsen vindt men aan de loskaden aan het eind van de doodlopende wateren zoals in Molenrij, Pieterburen, Houwerzijl, Ulrum en Eenrum.
Ligplaatsen: Zie onder 'Molenrij', 'Ulrum', 'Eenrum' en 'Leens'.
Reparatie en Hefkraan: Brands, Vaart oz 11, Warfhuizen, tel. (05957) 17 73, bub, hefkraan tot max. 10 ton.

Idsegasterpoel

Zeer fraai meertje, ten N van het Hegermeer. Bevaarbaar met een max. diepgang van 0,60 m, alleen te bereiken vanuit Heeg. In de verbinding met Oudega liggen enige dammen waardoor deze alleen bruikbaar is voor kano's.
Maximumsnelheid: 9 km/h.

Idskenhuizen

Dorpje aan het eind van de Idskenhuistervaart, ingang ZO-hoek Koevordermeer. Max. diepgang ca. 1,50 m.
Maximumsnelheid: 6 km/h.
Ligplaats: In de jachthaven van Recreatiepark Idskenhuizen, havenmeester J.P. Bos, tel. (05134) 3 18 46, max. diepgang 1,40 m, tarief f 1,50 per m lengte per etmaal + toeristenbelasting f 0,75 p.p. (elektra, toiletten, wastafels en douche (f 1,–)).
Motorbrandstof, reparatie, hefkraan en trailerhelling: Jachthaven Recreatiepark Idskenhuizen, Mastensein 12, die (sl), be (sl), bib/bub (alle merken) alleen 's morgens van ma. t/m vr., hefkraan max. 10 ton, tarief op aanvraag (wordt ingehuurd), tarief helling f 10,– per keer.
Kampeerterrein, wasserette en stortplaats chemisch toilet: Bij Jachthaven Recreatiepark Idskenhuizen.

Ilp, Den

Te bereiken vanaf het Noordhollandskanaal o.a. via de vaste brug nr. 15, H 2,10 m ten N van Watergang. Het is raadzaam de routeborden door het Ilpernatuurgebied aan te houden i.v.m. ondiepten in de andere sloten.
Maximumsnelheid: 6 km/h.
Bruggen: In de Straatweg liggen 3 bruggen. Van N naar Z: brug (bb), H 0,60 m, over de Molensloot in verbinding met de Ringsloot, wordt

niet bediend; brug voor de Nieuwe Gouwe (Witte brug), is m.i.v.
1 jan. 1993 voor alle scheepvaart gesloten; brug over de Banscheiding (de Van Zonbrug, bb), wordt bediend (gratis):

(16 april-16 okt.)	ma. t/m do.	9-10, 18-19 h
	vr.	9-10, 19-20 h
	zat.	9-10, 18-19 h
	zo. en fd.	9-10, 18-20 h
(16 okt.-16 april)	ma. t/m vr.	op verzoek*
	zat., zo. en fd.	gesloten

* Bediening op verzoek, aanvragen 24 uur tevoren tijdens kantooruren tel. (02990) 2 35 60, kosten f 25,– per opening.

De Van Zonbrug vormt de belangrijkste doorvaart naar de Breek en de Luyendijksluis. Zie 'Landsmeer'.
Voor de brug in Landsmeer, zie aldaar.
Lig- en aanlegplaatsen: Bij de Van Zonbrug, aan de O-kant aan beide zijden, aan de W-kant aan één zijde ● Jachthaven W.V. De Noord (secr. S. v. d. Woude, tel. (020) 6 37 24 37), aan de Ringsloot ten N van de Van Zonbrug, max.diepgang 1 m, tarief f 5,– per nacht (toiletten). Meren in het natuurgebied Het Ilperveld is niet toegestaan.
Reparatie: Werf Arteba, Den Ilp 140, romp/uitr.
Trailerhelling: Jachthaven W.V. De Noord, uitsluitend voor leden van W.V. De Noord en in noodgevallen, max. 5 ton, tarief f 70,–.

Janesloot

Verbinding tussen Prinses Margrietkanaal (Koevordermeer) en Langweerderwielen, ca. 1 km.
Vaarwegbeheerder: Provincie Friesland, Gedempte Keizersgracht 38, 8911 KL Leeuwarden, tel. (058) 92 59 25 (voor aanvragen bediening: tel. (058) 92 58 88).
Maximumsnelheid: 9 km/h voor het betonde gedeelte van de vaarweg door de Langweerderwielen en het Koevordermeer en 6 km/h voor het overige gedeelte.
Janeslootbrug: Ophaalbrug, H 3 m. Bediening (gratis):

ma. t/m zat.*	(1 mei-1 okt.)	9-12, 13-17, 18-20 h
	(1 okt.-1 mei)	9-17 h, op verzoek**
zo. en fd.	(mei en sept.)	9-12, 14-18 h
	(1 juni-1 sept.)	9-12, 14-17, 18-20 h
	(1 okt.-1 mei)	gesloten

* Op werkdagen vóór en na fd: bediening als op zat. en ma.
** Bediening aanvragen bij de Provincie Friesland, tel. (058) 92 58 88, buiten kantoortijden, tel. (058) 12 24 22.

Voor schepen die gebruik willen maken van de brugbediening zijn er tuigsteigers aan de W-zijde van de brug en is er een wachtplaats aan de O-zijde van de brug (N-oever).
Ligplaats: Aan de Z-oever is een steiger met walverbinding van de Marrekrite.

Jeltesloot

Onderdeel van het Johan Frisokanaal; Jelteslootbrug op 3,5 km van Heeg; 3 km van het Prinses Margrietkanaal.
Vaarwegbeheerder: Provincie Friesland, Gedempte Keizersgracht 38, 8911 KL Leeuwarden, tel. (058) 92 59 25 (voor aanvragen bediening: tel. (058) 92 58 88).
Maximumsnelheid: 12,5 km/h.

Jeltesloothbrug: (halverwege Heeg-Koevordermeer) Beweegbare gedeelte (middenopening), H 3 m; vaste overspanningen aan de Z- en N-zijde, H 3,50 m (geen doorvaart onder het N-gedeelte). D 1,25 m. Vlakbij en op ruime afstand van de brug zijn borden aangebracht, waarop de bedieningstijden zijn aangegeven, nl. 3 x per uur om .17, .39 en .47 h. Bediening (gratis):

ma. t/m vr.	(1 mei-1 okt.)	6-7*, 7-21 h
	(1 okt.-15 nov. en 15 mrt.-1 mei)	6-7*, 7-19, 19-20 h*
	(15 nov.-15 mrt.)	6-7*, 7-17, 17-20 h*
zat.	(1 mei-1 okt.)	6-7*, 7-20 h
	(1 okt.-15 nov. en 15 mrt.-1 mei)	6-7*, 7-18, 18-19 h*
	(15 nov.-15 mrt.)	6-19 h*
zo. en fd.	(april en okt.)	9-11, 16-18 h
	(mei en sept.)	9-12, 13-18 h
	(juni t/m aug.)	9-12, 13-17, 18-20 h
	(nov. t/m mrt.)	gesloten

* Bediening op verzoek, aanvragen bij de Provincie Friesland, tel. (058) 92 58 88, buiten kantoortijden tel. (058) 12 24 22.
Aanlegplaatsen: Aan weerszijden van de brug voor schepen, die wachten op bediening; achter de twee eilandjes ten W van de brug.

Jirnsum (Irnsum)

6 km van Grou (Grouw); 6 km van Terherne (Terhorne).
Maximumsnelheid: 9 km/h.
Bruggen: Vaste boogbrug in de weg naar Grou (Grouw), in het midden H 1,50 m.
Ligplaatsen: Jachthaven Fa. Roukema ★★★★ (eigenaar Sikkema en De Vries), havenmeester J. Sikkema, tel. (05660) 24 05, max.diepgang 1,20 m, tarief f 1,– per m lengte per nacht (elektra, toiletten, douches en wastafels) ● Jachthaven Broesder, havenmeester dhr. Broesder, tel. (05660) 16 87, max.diepgang 1,60 m, tarief vanaf f 1,25 per m per nacht (elektra, toiletten, douches (f 1,–) en wastafels) ● Jachthaven van RFU Yachtcharter B.V., havenmeester D. Hokwerda, tel. (05660) 18 81, b.g.g. 13 21 (privé), max.diepgang 1,20 m, tarief f 1,– per m lengte per nacht (elektra, toiletten, douches en wastafels) ● FNMA Yachting B.V., havenmeester A. de Boer, tel. (05660) 12 36, b.g.g. 11 99, max.diepgang 1,50 m, tarief f 1,50 per m lengte per etmaal (aanleggen op vr. verboden) (elektra, toiletten, douches (f 1,50) en wastafels) ● Marina Irnsum, havenmeester H. ter Braake, tel. (05660) 18 80, max.diepgang 1,70 m, tarief f 12,50 (elektra, toiletten, douche (f 1,–) en wastafels) ● Jachthaven Aqualux, van Aqualux Yachtsharing & Charter, havenmeester N.R.A. Wijnsma, tel. (05660) 11 24, max.diepgang 1,50 m, tarief f 1,– per m per dag (elektra, toilet).
Drinkwater: VVV-camping (sl); FNMA Yachting B.V. (sl); RFU Yachtcharter B.V.; Jachthaven Broesder; Jachthaven Fa. Roukema.
Motorbrandstof: RFU Yachtcharter B.V., die (sl); Jachthaven Broesder, die (sl); Jachthaven Fa. Roukema, die (sl); FNMA Yachting B.V., die (sl); Jachthaven Aqualux, die (sl).
Reparatie: Jachthaven Fa. Roukema, Industrieweg 7, tel. (05660) 24 05, bib (alle merken), romp/uitr (s), elek; Jachthaven Broesder, Industrieweg 6, tel. (05660) 16 87, bib (Volvo Penta, Mercedes, Bukh, Daf, Vetus Nanni en Ford), romp/uitr (ht, s, p/op de wal + in het water); A. J. Hof, Industrieweg 2, bib/bub; De Navigator, Rijksweg 117, bub/bib; Jachtwerf 't Centrum, romp/uitr; RFU Yacht-

charter B.V., lt String 9, tel. (05660) 18 81, b.g.g. 13 21 (privé), bib (alle merken), romp/uitr (ht, s, p/op de wal + in het water); FNMA Yachting B.V., Industrieweg 4, tel. (05660) 12 36, b.g.g. 11 99, bib (Volvo Penta, Mercedes, Mitsubishi, Vetus, Hino Diesel en Ford), romp/uitr (s/op de wal + in het water), elek; Marina Irnsum, Wjitteringswei 1, tel. (05660) 18 80, bib/bub (alle merken), romp/uitr (ht, s, p/op de wal + in het water), zeil/tuigage, elek.
Trailerhellingen: Jachthaven Fa. Roukema, max. 20 ton, max.diepgang 1,20 m, tarief f 25,–; FNMA Yachting B.V., tarief f 50,–.
Hefkranen: Jachthaven Broesder, max. 18 ton, max.diepgang 1,60 m, tarief f 110,–; RFU Yachtcharter B.V., max. 2 ton, max.diepgang 1,60 m; FNMA Yachting B.V., max. 15 ton, max.diepgang 1,60 m; Marina Irnsum, max. 20 ton, max. diepgang 1,60 m, tarief f 175,–.
Botenliften: RFU Yachtcharter B.V., max. 25 ton, max.diepgang 1,60 m (liften met staande mast mogelijk); jachthaven Fa. Roukema, max. 20 ton, tarief f 25,– per m lengte (liften met staande mast mogelijk).
Wasserette: Bij Jachthaven Broesder; bij Marina Irnsum.
Kampeerterrein en stortplaats chemisch toilet: Bij Jachthaven Broesder.
Aftappunt vuilwatertank: FNMA Yachting; Jachthaven Broesder.

J Jisperveld

Algemeen: In de plassen en watergangen in dit gebied moet op vele plaatsen op een diepte (bij zomerpeil) van 0,60 m en minder gerekend worden. Met een diepgang van ca. 1 m voor zeiljachten en 0,70 m voor motorjachten is de volgende vaarweg bevaarbaar:
Van de Poelsluis over 't Zwet met plaatselijke ondiepten van 0,60 m in O-richting naar Jisp. Even ten W van Jisp van 't Zwet door één van de sloten in NO-richting. Na 750 m kruist men een breed water, de Noorderganssloot. Men kan doorvaren in NO-richting tot men weer op een breed water uitkomt, stuurboord uit tot de Sluissloot, daarna bakboord uit richting Jispersluis in de toegang tot het Noordhollandskanaal; in deze route ligt een vaste brug.
Het is ook mogelijk de route via de Marken te varen. Halverwege 't Zwet vaart men in N-richting naar plas De Marken. Aan de NO-zijde van de plas is een bevaarbare verbinding met de Noorderganssloot, waar men stuurboord uit gaat, daarna volgt men de route zoals beschreven vanaf de kruising met de Noorderganssloot.
Men kan ook de Noorderganssloot verder afvaren, waarna men door de Kromme Ganssloot (vaste brug, H 1,50 m) bij de Ringvaart van Wormer komt, waar men kleine vaartuigen kan overdragen om vervolgens Purmerend te bereiken. Goede aanlegplaats in Jisp.
Vaarwaterbeheerder: Waterschap de Waterlanden, Postbus 13, 1462 ZG Middenbeemster, tel. (02998) 34 35.
Motorvaart: Voor motorvaart is een vergunning vereist à f 25,– van het Waterschap De Waterlanden, verkrijgbaar bij de sluiswachter van de Poelsluis in Wormer.
Maximumsnelheid: 6 km/h.
Toegangsroute: De plassen zijn bereikbaar:
– Van de Zaan door de Poelsluis met ophaalbrug (D 1,10 m, breed 4,55 m, lang 20 m), 1,5 km ten Z van Knollendam.
– Van het Noordhollandskanaal door de Jispersluis met ophaalbrug (D 1 m, breed 3,80 m, lang 14 m) (de Oostknollendammersluis is buiten gebruik).
Sluizen (sluisgeld f 1,50):
– Poelsluis. Bediening:

ma. t/m zat.	((1 mei-16 sept.)	8-12, 13-19 h
	(16 sept.-1 mei)	9-17 h, op verzoek*
zo. en fd.**	(1 mei-16 sept.)	9-12, 14-19 h
	(16 april-1 mei en	
	16 sept.-16 okt.)	9-17 h, op verzoek*
	(16 okt.-16 april)	gesloten

* Bediening op verzoek, aanvragen op voorafgaande werkdag vóór 16 h, tel. (075) 28 17 83.
** Incl. Koninginnedag.
– Jispersluis, tel. (02990) 2 30 25. Bediening:

| (1 april-1 okt.) | dagelijks | 7-18 h |
| (1 okt.-1 april) | dagelijks | 9-10 h |

Lig- en aanlegplaatsen: Beperkte meergelegenheid aan de gemeentesteiger in Jisp, D 0,60 m, max.verblijfsduur 2 h. Zie verder onder 'Wormer'.
Motorbrandstof: Eggers, Dorpsstraat 3, Jisp, sbe, be.
Reparatie: Eggers, Dorpsstraat 3, Jisp, tel. (02982) 13 64, bub (Yamaha, Mercury, Johnson en Honda); Bijdam, Veerdijk 103, tel. (075) 18 15 65, bib (Volvo Penta, dealer).
Botenlift: Bijdam, max. 50 ton.

Johan Frisokanaal
Scheepvaartweg van Stavoren via Morra, Fluessen, Hegermeer en Jeltesloot naar het Prinses Margrietkanaal, even ten N van het Koevordermeer. Totale lengte 25,6 km. Voor nadere beschrijvingen zie bij 'Stavoren', 'Morra', 'Galamadammen', 'Fluessen', 'Warns' en 'Jeltesloot'.
Vaarwegbeheerder: Provincie Friesland, Gedempte Keizersgracht 38, 8911 KL Leeuwarden, tel. (058) 92 59 25.

Jonkers- of Helomavaart
Verbinding tussen de Tjonger en de Linde bij de Linthorst Homansluis, lengte 7 km.
Vaarwegbeheerder: Provincie Friesland, Gedempte Keizersgracht 38, 8911 KL Leeuwarden, tel. (058) 92 59 25 (voor aanvragen bediening: tel. (058) 92 58 88).
Maximumsnelheid: 9 km/h.
Bruggen: Oldetrijnsterbrug (bb), H 2,40 m en Oldelamerbrug (bb), H 0,80 m, resp. 1,5 km en 4 km van de Linthorst Homansluis verwijderd.
Bediening (gratis):

ma. t/m zat.*	(1 mei-1 okt.)	8-12, 13-17, 18-20 h
	(1 okt.-15 nov. en	
	15 mrt.-1 mei)	8-12, 13-18 h (zat. tot 17 h)
	(15 nov.-15 mrt.)	8-18 h (zat. 8-17 h), op verzoek**
zo. en fd.	(mei en sept.)	9-12, 13-18 h
	(juni t/m aug.)	9-12, 13-17, 18-20 h
	(okt. t/m april)	gesloten

* Op werkdagen vóór en na fd: bediening als op zat. en ma.
** Bediening 24 h tevoren aanvragen bij de Provincie Friesland, tel. (058) 92 58 88, buiten kantoortijden tel. (058) 12 24 22.

De bruggen en de Linthorst Homansluis worden van 1 okt.-15 nov. door 2 brugwachters bediend, van 15 nov.-15 mrt. bediening door één brugwachter. Hierdoor kan enig oponthoud ontstaan.

Joure

2,5 km van de Langweerderwielen; 5 km van het Snekermeer; 4,5 km van Goingarijp.
Maximumsnelheid: In de Zijlroede en de vaarweg over de Scheensloot naar Goingarijp, 6 km/h.
Sluis: Joustersluis, tel. (05153) 93 30 of 6 65/6 06, verbinding tussen Oude Weg en Zijlroede; staat meestal open, maar wordt bij opwaaien en hoge waterstanden in gebruik gesteld. Geen sluisgeld.
Voor de verbinding met Goingarijp, zie aldaar.
Ligplaatsen: Steiger aan de Groenedijk (fietsverhuur) en Slachtedijk, D ca. 1,10 m, tarief f 1,– per m lengte per nacht (toiletten, douches en wastafels).
Drinkwater: Aan de steigers (sl); Jachtwerf De Jong B.V. (sl).
Motorbrandstof: Jachtwerf De Jong B.V., die (sl) (zat. na 13 h en zo. gesloten).
Reparatie: S. Bosma, Dr. G. A. Wumkesstraat 7, tel. (05138) 1 28 62, bub/bib; Gebr. De Jong, Industrieweg 4, tel. (05138) 1 22 05, bib; Jachtwerf De Jong B.V., Slachtedijk 7b, tel. (05138) 1 26 64, bib (Volvo Penta, Yanmar en Mercedes), romp/uitr (ht/op de wal + in het water), helling max. 25 ton (max.diepgang 1,50 m).
Hefkraan: Jachtwerf De Jong B.V., max. 2 ton, max.diepgang 1,50 m, tarief f 40,–.
Stortplaatsen chemisch toilet: Aan de Groenedijk en Slachtedijk.

Julianakanaal

Dit kanaal loopt van de gekanaliseerde Maas in Maastricht tot Maasbracht, 36,5 km min of meer evenwijdig aan het niet gekanaliseerde gedeelte van de Maas.
Algemeen: De oevers zijn begroeid maar gedeeltelijk zo hoog dat men niets van het landschap kan zien. De bocht bij Elsloo is onoverzichtelijk maar landschappelijk fraai.
Vaarwegbeheerder: Rijkswaterstaat Directie Limburg, Postbus 25, 6200 MA Maastricht, tel. (043) 29 44 44.
Maximumsnelheid: 20 km/h.
Max. toegestane diepgang: 3 m.
Bijzondere bepalingen: Op het Julianakanaal gelden voor kleine vaartuigen (tot 20 m lengte) de volgende bepalingen:
a. Met een zeil- en motorboot mag alleen worden gevaren, indien deze is voorzien van een (direct startklare) motor, waarmee een snelheid van tenminste 6 km/h kan worden gehandhaafd.
b. Alle kleine vaartuigen moeten zo dicht mogelijk aan de stuurboordzijde van het vaarwater varen, met dien verstande dat het niet is toegestaan het vaarwater op te kruisen.
Voor alle schepen geldt een ankerverbod. Meren is alleen toegestaan op de daarvoor aangewezen gedeelten, max.verblijfsduur 3 x 24 h.
Zie tevens de 'Handleiding' van deze Almanak onder 'Bijzondere bepalingen'.
Bruggen: 14 vaste bruggen, waarvan 3 over de sluizen. De max. toegestane doorvaarthoogte is 6,75 m.
Sluizen: Er zijn sluizen in Limmel, Born en Maasbracht.
De sluis in Limmel staat gewoonlijk open, hoogte van de hefdeuren in geheven stand 7,75 m, max. toegestane doorvaarthoogte 6,75 m.
De sluizen hebben een groot verval, vooral de drielingsluizen (drie gelijke sluiskolken naast elkaar) bij Maasbracht en Born waar het verval resp. 11,85 m en 11,35 m bedraagt. Deze sluizen zijn voorzien van drijvende bolders voor het vastmaken van de meerlijnen.
Melden bij de sluiswachter per marifoon of via de intercom op de aanlegplaatsen voor de sluis. Naam van het jacht wordt per luidspreker afgeroepen via praatpaal op het remmingwerk.

Sluis Maasbracht, tel. (04746) 13 23; sluis Born, tel. (04498) 5 25 25; sluis Limmel, tel. (043) 63 24 75.
Bediening: Sluizen in Limmel (wanneer deze niet openstaat), Born en Maasbracht:

ma.	6-24 h
di. t/m vr.	0-24 h
zat.	0-20 h
zo. en fd.	9-17 h

Marifoon: Sluis Born, kan. 22; sluis Maasbracht en Limmel, kan. 20.
Aanleg- en ligplaatsen: Aan de steigers boven en beneden de sluizen, waar men rekening moet houden met wisselende waterstanden tijdens het vollopen en leeglopen van de sluiskolk. Ook is de diepte langs de oever naast de steigers gering. Verder in Maasbracht (zie aldaar), Echt (kademuur), Born (haven), Stein (zie aldaar).
Motorbrandstof: Varende tankschepen; zie ook onder 'Maastricht' en 'Maasbracht'.
Vulstations propaangasflessen: Berkx, Kap. Goossenstraat 5, Echt; Mulders, Bovenste Eind 2, Echt.

Jutphaas (Nieuwegein-N)

Aan het Merwedekanaal benoorden de Lek (zie aldaar); 5 km van Utrecht; 4 km van Vreeswijk; zie voor Nieuwegein-Z onder 'Vreeswijk'.
Bruggen en sluizen: Zie 'Merwedekanaal benoorden de Lek' en voor de Doorslagsluis onder 'Hollandse IJssel'.
Aanleg- en ligplaatsen: Na de Nieuwe Rijnhuizerbrug in het dorp W-oever (tegenover het dorp, dus langs de O-oever, is aanleggen verboden) ● ten Z van de Doorslagsluis aan de Doorslag ● tussen de Doorslag- en Geinbrug nabij het winkelcentrum ● bij Hatenboer Yachting, 100 m van de Plettenburgse brug, tarief f 1,– per m lengte per nacht (elektra, douche, wastafels en toiletten).
Drinkwater: Bij Hatenboer Yachting (sl); B.P.M.-agentschap aan de O-oever bij de kruising Merwedekanaal-Vaartse Rijn (niet op zo.); bij de Zuidersluis; bij de Nieuwe Rijnhuizerbrug.
Motorbrandstof: Hatenboer Yachting, die (sl).
Reparatie: Watersportbedrijf De Molenvliet B.V., Dieselbaan 7, tel. (03402) 6 22 15, bub/bib; Hatenboer Yachting, Marconibaan 26, tel. (03402) 3 35 77, bib (Volvo Penta, Mercedes, Daf, Ford), romp/uitr (ht, s,/op de wal + in het water), zeil/tuigage, elek.
Botenliften: Watersportbedrijf De Molenvliet B.V., max. 12 ton; Hatenboer Yachting, max. 20 ton, tarief tot 10 m lengte f 100,–, tot 13 m f 200,–.

Jutrijp

Aan de Louwe Poel; 6 km van IJlst; 5 km van Sneek via de Woudvaart, Zwarte Brekken en Zoolsloot.
Vanaf de Wijde Wijmerts, Wijnsloot, Zouw en Jutrijpervaart bereikbaar met een max.doorvaarthoogte van ca. 2,55 m (vaste brug, H 2,61 m). Via de Zwarte Brekken en de Zoolsloot met een hoogte van 2,40 m.
Ligplaats: Jachthaven Jutrijp aan de Louwe Poel, havenmeester E. v. d. Schaaf, tel. (05154) 4 23 29, max.diepgang 1,25 m, tarief f 0,75 per m lengte per nacht (elektra, toiletten, douches (f 1,–) en wastafels).
Reparatie: Jachthaven Jutrijp, Binnenpaed 22, bub (Yamaha, Mariner, Johnson, Evinrude, Honda en Tomos), bib (Mitsubishi en Vetus), romp/uitr (ht, s, p/op de wal), scheepshelling tot 10 ton, tarief f 75,– (in en uit).

Kampeerterrein en stortplaats chemisch toilet: Bij Jachthaven Jutrijp.

Kaag (dorp)
Zie ook 'Kagerplassen'.
Lig- en aanlegplaatsen: VVV-steiger bij pontveer aan de Ringvaart (bijzonder onrustig) ● Jachthaven Kaagdorp, aan de Ringvaart, havenmeester F. Kuipers, tel. (02524) 43 90, tarief f 2,– per m lengte per etmaal (elektra, toiletten en douches) ● bij Restaurant 't Kompas ● Jachthaven Eijmershof, havenmeester M. Hoogenboom, tel. (02524) 51 57/42 66, geopend van 1 april-1 okt., tarief per nacht f 1,– per m lengte aan de steiger en f 1,50 per m lengte in een box (toiletten, wastafels en douches (munten a f 1,50 bij het restaurant) op de camping) ● Jachthaven Kaageiland, tel. (02524) 46 68, tarief f 1,50 per m lengte per nacht (elektra, toiletten, douche (f 1,–) en wastafels); aanlegsteiger voor passanten aan de Ringvaart nabij de Julianalaan, max.verblijfsduur 24 h.
Drinkwater: V. d. Wansem Service Center (sl), tarief f 1,– (24-uurs-systeem via guldenautomaat).
Motorbrandstof: V. d. Wansem Service Center, aan de Ringvaart bij pont Kaagdorp), attentiesein geven, be (loodvrij), sbe (sl), die (sl).
Reparatie: V. d. Wansem Service Center, Huigsloterdijk 400, tel. (02524) 42 64/58 30, bub/bib (alle merken) (dagelijks geopend); Jachtwerf Hoogenboom v/h Schuilenburg, Julianalaan 72, tel. (02524) 42 66, romp/uitr (ht), boothelling max. 12 ton; Jachtwerf Loogmans Botenbouw, Alexanderlaan, romp/uitr (p, ht); Möllers Watersport B.V., Huigsloterdijk 385 (aan de Ringvaart), tel. (02524) 43 88, zeil/tuigage; Jachthaven Botenverhuur Van Asselt, Julianalaan 55, tel. (02524) 42 33, aan de Eijmerspoel, bib (alle merken), romp/uitr (ht, p), dagelijks geopend 8-22 h.
Hefkranen: Jachthaven Botenverhuur Van Asselt, tel. (02524) 42 33, max. 8 ton, max.diepgang 1,40 m, tarief f 50,– tot f 125,–; Jachthaven Eijmershof, Beatrixlaan 42-46, tel. (02524) 51 57/42 66, max. 1 ton, max.diepgang 1,20 m, tarief f 35,–; Jachtwerf P. Möllers, max. 2 ton, tarief f 50,–; V. d. Wansem Service Center, max. 1 ton, tarief f 30,–.
Kampeerterreinen: Camping Kagereiland*, p/a Jachthaven Eijmershof, Beatrixlaan 42-46; Camping De Houthof, L. J. Vlugt.
Wasserette: Bij Jachthaven Eijmershof; bij Jachthaven Kaagdorp.

Kaag Sociëteit
Sociëteit van de K.W.V. De Kaag, Café-Restaurant, adres Sweilandpolder 8, tel. (01712) 82 22. Gelegen aan de driesprong van het Zweiland (onderdeel van de Kagerplassen), de Zijl (naar Leiden) en de Zijp (naar het Vennemeer). Starttoren o.a. voor de 'Kaagweek'.
Ligplaats: Aan de steigers van de Sociëteit van K.W.V. De Kaag, havenmeester F. Bakker, tel. (01712) 82 22, tarief f 1,20 per m lengte per etmaal (elektra, toiletten, douches (f 1,–).
Drinkwater: Aan de Zijp t.o. de Kaag Sociëteit bij A. C. van Schie (toiletten, douches (f 1,–) en wastafels).
Motorbrandstof: Bij A.C. van Schie, die (sl), be (sl), sbe (sl).
Hefkraan: A.C. van Schie, Zijldijk 11, tel. (071) 89 28 94, max. 2$\frac{1}{2}$ ton, max.diepgang 1,20 m, tarief f 25,–.
Kampeerterreinen: Boerderij Van Schie, naast de Sociëteit (alleen tijdens de 'Kaagweek'); A.C. van Schie, Zijldijk 11, t.o. de Kaag Sociëteit.

Kadoelermeer
Tussen het Zwarte Meer en het Vollenhovermeer; keersluis 5,5 km van Vollenhove en 20 km van Schokkerhaven. Lengte 3,2 km. Het meer is buiten de vaargeul ondiep. Zie verder onder 'Vollenhove'.

Vaarwegbeheerder: Provincie Flevoland, Postbus 55, 8200 AB Lelystad, tel. (03200) 7 24 11.
Maximumsnelheid: 20 km/h.
Keersluis: De Kadoelersluis, breedte 9,50 m, staat bijna altijd open. Slechts bij een waterstand van NAP + 0,65 m (0,85 m boven normaal), wordt de sluis gesloten. Na lange periode van regenval kan er een flinke stroom staan in Z-richting.
Brug over de keersluis: Beweegbaar, H IJZP + 2,60 m, tel. (05276) 28 48/(05275) 24 31. Bediening (gratis):

ma. t/m vr.	(1 april-16 okt.)	7-12.30, 13-18 h
	(16 okt.-1 april)	8-12.30, 13-18 h
zat.	(16 mei-16 sept.)	8-12, 13-19 h
	(16 sept.-16 mei)	8-12 h
zo. en fd.	(16 mei-16 sept.)	9-12, 13-19 h
	(16 sept.-16 mei)	gesloten

Hoogspanningslijnen: 3,5 km ten NW van de Kadoelersluis ligt een hoogspanningslijn, H 17 m, en op 5 km ten NW van de sluis een hoogspanningslijn, H 31 m.

Kagerplassen

Hiertoe rekent men gewoonlijk de plassen en hun onderlinge verbindingen, die liggen tussen de Ringvaart van de Haarlemmermeerpolder en de dorpen Warmond en Rijpwetering. De plassen zijn bijna overal met 2 m diepgang bevaarbaar. Geringere diepte dan 1,50 m vindt men in de Eijmerspoel, in de NW-hoek en het Z-gedeelte van het Norremeer en in de Kever bij de invaart van de Boerenbuurt. Aan de ingang van de Buurt bij de Kever ligt een drempel op ongeveer 1,10 m diepte.
De Grote Sloot is gemiddeld 50 m breed, diepte 3 m. Zeilvaartuigen die de drukke recreatievaart op de Leede en de Spriet-Laeck willen vermijden kunnen van Warmond door de Grote Sloot en 't Joppe naar de Zijl varen. 't Joppe heeft een diepte van ca. 5 m tot 24 m, doch is tot ver uit de oever veel ondieper, met name het ZW-gedeelte van deze plas is ondiep.
Vaarwaterbeheerder: Gemeente Warmond, Postbus 42, 2360 AA Warmond, tel. (01711) 6 11 11.
Maximumsnelheid: 12 km/h, m.u.v. van het Norremeer en de Dieperpoel waar buiten de vaargeul géén snelheidsbeperking geldt voor snelle motorboten met ontheffing; waterskiën is toegestaan. Nadere informatie is opgenomen in de ANWB-watersportwijzer 'Snel motorbootvaren in Nederland'. Raadpleeg hiervoor de 'Handleiding' van deze Almanak onder 'Snelle motorboten en Waterskiën'.
Motorvaart: Voor verschillende wateren rond de Kagerplassen is voor motorboten een vaarvergunning vereist van het Hoogheemraadschap van Rijnland. Zie onder 'Drecht'.
Waterkaart: Zie de inzet, schaal 1:25.000, op de ANWB-waterkaart 'Hollandse Plassen'.
Lig- en aanlegplaatsen: Waar de Balgerij en de Kever in elkaar overgaan, zijn in de Kagerpolder goede ligplaatsen ingericht (ligplaatsen 'Keverland', gratis).
Zie verder onder 'Warmond', 'Kaag (dorp)', 'Rijpwetering', 'Kaag Sociëteit', 'Zevenhuizen', 'Sassenheim', 'Vennemeer' en 'Zuidzijdervaart'.
Kampeerplaatsen: Zie onder 'Kaag(dorp)', 'Kaag Sociëteit', 'Zevenhuizen' en 'Warmond'.

Kampen

Aan de Gelderse IJssel (zie aldaar), tussen kmr 994 en 999, Lo;
116 km van de IJsselkop; zie ook 'Kampereiland'.
Waterstand: MR = NAP – 0,20 m, maar de waterstand kan wel enkele meters hoger zijn door opwaaien vanaf het IJsselmeer of door grote rivierafvoer.
Verkeersbrug: Vaste brug over de IJssel bij kmr 993,3. Bij NR H 11,64 m (NAP + 11,69 m), in het midden 0,55 m hoger.
IJsselbrug: (tel. (05202) 1 43 36, b.g.g. 9 29 99) Hefbrug over de IJssel, kmr 995,5. Vaste gedeelte bij NR H 3,99 m (NAP + 4,03 m), in het midden 1,09 m hoger. Hefgedeelte bij NR H 10,89 m (NAP + 10,93 m). De waterstand is wisselend, afhankelijk van de windkracht. Er zijn hoogteschalen op de brugpijlers aangebracht bij het hefgedeelte (voor de hoogte in neergelaten toestand) en aan weerszijden van de vaste overspanningen (aangevende de hoogte op 10 m afstand van de betreffende pijler).
Bediening: (gratis)

ma.	4-16.30, 17.30-24 h (1 okt.-1 april vanaf 6 h)
di. t/m vr.	0-16.30, 17.30-24 h
zat.	0-20 h
zo.	7.30-9, 12-13, 16-17.30 h
fd.*	6-12, 14-20 h

* Incl. Koninginnedag.
De brug wordt gesloten gehouden vanaf 10 min vóór het vertrek van een trein van het station Kampen (2 x per h).
Marifoon: IJsselbrug, kan. 18.
Ganzensluis: Zie onder 'Kampereiland'.
Ligplaatsen:
● Langs de IJsselkade aan de Lo, D MR – 2,70 m, is even stroomopwaarts van de IJsselbrug een gedeelte van 40 m lengte aangewezen als meerplaats voor de recreatievaart (onrustig). Langs een deel van de IJsselkade (stroomopwaarts en stroomafwaarts van de brug zijn kadegedeelten aangegeven waar mag worden afgemeerd met toestemming van de havenmeester. Deze is bereikbaar via de brugwachter (mar.kan. 18). Max.verblijfsduur 2 x 24 h. Buiten het door borden (E.5.1 uit bijlage 7 van het BPR) aangegeven gedeelte geldt aan de kade een ligplaatsverbod voor de recreatievaart. Max.verblijfsduur 48 h.
● In de Bovenhaven, bij W.V. De Bovenhaven, tarief f 1,– per m lengte per nacht (elektra, toiletten, wastafels en douches).
● In de Buitenhaven (kmr 996,3) bij W.V. De Buitenhaven, tel. (05202) 2 35 33, max.diepgang 1,95 m, tarief f 1,– per m lengte per etmaal, max.verblijfsduur 2 x 24 h (elektra, toiletten, wastafels en douches (f 1,–)).
● Gat van Seveningen (kmr 996,6), Ro Gelderse IJssel, bij Stichting Jachthaven Z.C. '37, havenmeester Mevr. D. Heida, tel. (05202) 1 48 16, max.diepgang 1,70 m, tarief f 1,– per m lengte per nacht (elektra, douches (f 1,–), toiletten en wastafels).
● Insteekhaven (kmr 996,8) bij W.V. De Riette, havenmeester tel. (05202) 2 66 54, max.diepgang 1,60 m, vrije ligplaatsen worden aangegeven d.m.v. groene bordjes, tarief f 1,– per m lengte per nacht (elektra, toiletten, wastafels en douches (f 1,–)).
● Ten O van de Ganzensluis, aan het Ganzendiep en de jachthaven in ontwerp aan de overzijde van de IJssel bij het station: zie 'Kampereiland'.
Drinkwater: Bunkerstation Dekker.
Motorbrandstof: Tankstation A. C. Vermeulen a/d IJsselkade, stroom-

afwaarts van de brug, sbe (sl), be (sl), die (sl), zelfbediening; Bunkerstation Dekker, IJsselkade, ca. 700 m benedenstrooms IJsselbrug, kmr 996, die (sl) (zo. gesloten); Stichting Jachthaven Z.C. '37, die (sl).
Reparatie: Aalderink Motoren*, Vloeddijk 4, bub/bib; Fa. J. Leenheer, Penningkruid 26, bub; Fa. G. A. Kroes & Zn.*, Frieseweg 4, tel. (05202) 1 26 84/2 00 78, aan het Ganzendiep, romp/uitr (s, ht, p); Fa. Plensol, IJsselkade 39, zeil/tuigage.
Mastenkraan: Bij Stichting Jachthaven Z.C. '37, max. 600 kg, tarief op aanvraag.
Scheepshellingen: W.V. De Bovenhaven, max. 10 ton, secr. dhr. Van Dijk, tel. (05202) 1 33 92; Fa. G. A. Kroes & Zn., max. 12 ton, max.diepgang 1,70 m, tarief ca. f 100,– per keer; Stichting Jachthaven Z.C. '37, een hydraulische hellingwagen tot max. 15 ton, tarief op aanvraag, max.diepgang 1,80 m.
Kampeerterreinen: Camping Seveningen bij de jachthaven in het Gat van Seveningen, O-oever, ten N van de Ganzensluis; bij de insteekhaven op het terrein van W.V. de Riette; bij W.V. De Buitenhaven.
Stortplaatsen chemisch toilet: Bij Stichting Jachthaven Z.C. '37; bij W.V. De Buitenhaven.

Kampereiland

Weidegebied tussen Kampen en het Zwarte Meer. De meest gebruikte vaarweg leidt van Kampen door het Ganzendiep, voorbij Grafhorst stuurboord aanhouden naar de Goot, nabij het Zwarte Meer stuurboord uit langs een dijk door het Scheepvaartgat naar het Zwarte Water 14 km. Max. toegestane diepgang 1 m bij IJWP. De toegang van het Zwarte Water af ligt in een lage basaltdijk bij kmr 21. Vlak binnen deze dijk is de ondiepste plek ca. 1 m bij IJWP. Door op- en afwaaien van het IJsselmeerwater kan de waterstand wel enkele decimeters afwijken.
Maximumsnelheid: 9 km/h.
Sluis. Ganzensluis in de toegang tot de Gelderse IJssel nabij Kampen. Drempeldiepte 2,50 m. De hefdeuren, max.hefhoogte 5 m (dus mast strijken), worden snel geheven.
Bediening (gratis):

(16 april-16 okt.)	dagelijks	9-12, 13-19 h
(1 mrt.-16 april en 16 okt.-1 dec.)**	ma. t/m vr.	8-8.30, 16.30-17 h
	zat.	8-9 h
	zo. en fd.	gesloten
(1 dec.-1 mrt.)	ma. t/m vr.	8-8.30, 16.30-17 h, op verzoek*
	zat., zo. en fd.	gesloten

* Bediening tijdens kantooruren aanvragen bij de Prov. Overijssel, tel. (05210) 1 24 66.
** Bediening in de herfstvakantie als van 16 april-16 okt.
Brug: Ophaalbrug H 2,20 m, over de Goot naar de Mandjeswaard. Men moet rekening houden met flinke waterstandverschillen.
Bediening gemeente Kampen (bruggeld f 1,–):

(16 april-16 okt.)	dagelijks	9-12, 13-19 h
(1 mrt.-16 april en 16 okt.-1 dec.)**	ma. t/m vr.	9-9.30, 15.30-16 h
	zat.	8-9 h
	zo. en fd.	gesloten
(1 dec.-1 mrt.)	ma. t/m vr.	9-9.30, 15.30-16 h, op verzoek*
	zat., zo. en fd.	gesloten

* Bediening tijdens kantooruren aanvragen bij de Prov. Overijssel, tel. (05210) 1 24 66.
** Bediening in de herfstvakantie als van 16 april-16 okt.

Ligplaatsen: Jachthaven van W.S.V. 't Koggeschip aan de W-oever van het Ganzendiep, direct achter de Ganzensluis bij Kampen, havenmeester G. Potkamp, tel. (05202) 1 58 33, max.diepgang ± 2 m, tarief f 8,– per etmaal (elektra, toiletten, douches (f 1,–), wastafels en speelweide) ● W.V. Berend Aalbers, aan de IJssel t.o. kmr 1000, tarief f 6,– per nacht (toiletten en wastafels) ● Kamper R. en Z.V. De IJssel, aan de W-oever van het Ganzendiep, ten Z van W.S.V. 't Koggeschip
● W.V. Kalkoven, aan de O-oever van het Ganzendiep, 100 m ten N van de Ganzensluis, Jachthaven Ganzediep, havenmeester G. Rigterink, tel. (05202) 1 30 08, tarief f 1,– per m lengte per nacht (elektra, toiletten, douche (f 1,–) en wastafels).

Aanlegplaatsen: Nabij het Zwarte Water in een uitwateringskanaal dat uitmondt binnen de basaltdijk; aan de loswal bij Grafhorst aan het Ganzendiep; aan het Ganzendiep bij kmr 5 (geen verbinding met de wal, max.verblijfsduur 2 x 24 h); aan de Goot, ten W van de Mandjeswaardbrug (kmr 6,5) en bij kmr 10,8, max.verblijfsduur 2 x 24 h.

Drinkwater: Aan de loswal bij Grafhorst aan het Ganzendiep.
Motorbrandstof: W.S.V. 't Koggeschip, die (sl).
Hefkranen: W.S.V. 't Koggeschip, Seveningseweg 2, tel. (05202) 1 58 33, max. 3 ton, max.diepgang 1 m, tarief f 70,–, tevens helling max. 10 ton, max.diepgang, tarief f 70,–; W.V. IJsselmuiden, Zandbergstraat 28, tel. (05202) 1 43 48, max. 30 ton.
Kampeerterreinen: Aan het Ganzendiep, W-oever, 8 km ten N van Kampen, tel. (05202) 8 83 92; bij W.S.V. 't Koggeschip voor max. 1 overnachting.
Wasserette: Bij W.S.V. 't Koggeschip (wasmachine).
Stortplaats chemisch toilet: Bij W.V. Kalkoven.

Kamperland

Aan het Veerse Meer (zie aldaar) op Noord-Beveland, tegenover Veere, ca. 14 km van de Zandkreekdam.

Vaargeulen: De vaargeul naar de aanlegsteiger en naar de mond van het havenkanaal is bebakend met houten palen (niet verlicht). De max.diepgang in de geul is 1,80 m.
Ten O van de geul ligt het eiland de Haringvreter. Ten W van de geul liggen ondiepten. Het vaarwater dat tussen de kust van Noord-Beveland en het eiland Haringvreter in ZO-richting leidt, is met staken bebakend. De staken geven de 1,50 m dieptelijn aan bij NAP (zomerpeil).

Lig- en aanlegplaatsen:
● Aan de monding van het havenkanaal is de Gemeentelijke Jachthaven Kamperland, D NAP – 3 m vermindert tot 2,50 m achterin, havenmeester H. Alberts, tel. (01107) 16 28, b.g.g. 15 77 (privé), tarief zie onder 'Havengeld' (elektra, toiletten, douches (f 1,–) en wastafels).
● Landbouwhaven aan het einde van de lange smalle havengeul (D NAP – 3,70 m) die naar de dorpskern leidt. Max. toegestane afmetingen in het havenkanaal en in de Landbouwhaven: lengte 50 m, breedte 6,70 m, diepgang 2,60 m. Langs de oevers van dit kanaal liggen steenstortingen. In de kom bij het dorp is een aanlegsteiger voor jachten, tarief zie onder 'Havengeld'. Havenmeester A. v. d. Kreeke, Nieuwe Achterweg 17, tel. (01107) 13 90.
● Recreatiecentrum De Schotsman, ca. 1,5 km ten NW van het havenkanaal, max.diepgang binnensteiger 1 m, buitensteiger 1,10 m, tel. (01107) 17 51, tarief f 14,– per nacht excl. tarief per persoon, geopend van 1 april-1 okt. (toiletten, douches en wastafels).
Havengeld: Zowel in de Gem. Jachthaven Kamperland als in de

Landbouwhaven f 0,45 per m² boxmaat + f 0,50 p.p. toeristenbelasting per nacht. Tevens week-, maand- en seizoenabonnementen.
Motorbrandstof: Oliehandel C. Verslius, in de Jachthaven Kamperland, die (sl), be (sl), sbe (sl); M. D. van Halst, Veerweg 40, be, sbe, die.
Reparatie: Jachtwerf Zwemer, Havenweg 4 (bij Jachthaven Kamperland), tel. (01107) 15 47, bub (Yamaha, Johnson, Evinrude), bib (Volvo Penta, Yanmar, Bukh, BMW, Perkins en Sabb), romp/uitr (ht, p/op de wal + in het water).
Hefkranen: Jachthaven Kamperland, in overleg met de havenmeester (niet op zo.), max. 5 ton, max.diepgang 2,50 m, tarief f 47,25; Jachtwerf Zwemer, max. 10 ton, max.diepgang 2,50 m, tarief f 60,– tot f 175,– (heffen met staande mast mogelijk).
Trailerhellingen: Jachthaven Kamperland, max. 400 kg, gratis; openbare helling aan de St. Felixweg; Jachtwerf Zwemer, max. 600 kg, max.diepgang 0,80 m, tarief f 10,–; Recreatiecentrum De Schotsman, voor kleine boten, gratis gebruik voor bezoekers van het centrum.
Kampeerterrein en wasserette: Recreatiecentrum De Schotsman, Schotsmanweg 1.
Stortplaatsen chemisch toilet: Bij Recreatiecentrum De Schotsman; bij Jachthaven Kamperland.
Aftappunt vuilwatertank: Bij Jachthaven Kamperland.

Kanaal Alkmaar-Huigendijk-Ursem-Avenhorn

Dit is de gezamenlijke naam voor drie aansluitende waterwegen tussen Alkmaar en Avenhorn: Hoornse Vaart, Ringvaart van de Heerhugowaard (Huigenvaart) en Ursemmervaart. Zie onder 'Alkmaar', 'Avenhorn', 'Oterleek', 'Rustenburg' en 'Ursem'.
Vaarwegbeheerder: Provincie Noord-Holland, Dienst Wegen/Verkeer en Vervoer, Postbus 205, 2050 AE Overveen, tel. (023) 14 53 00.
Maximumsnelheid: 6 km/h.
Aanlegverbod: Langs de hele vaarweg geldt een afmeerverbod.

Kanaal Alkmaar (Omval)-Kolhorn

Dit is de gezamenlijke naam voor drie aansluitende waterwegen tussen Alkmaar (Omval) en Kolhorn: Kraspolderkanaal (van Alkmaar naar Huigendijk), Langedijkervaart (van Huigendijk naar Oudkarspel) en Niedorpervaart (van Oudkarspel naar Kolhorn).
Vaarwegbeheerder: Provincie Noord-Holland, Dienst Wegen/Verkeer en Vervoer, Postbus 205, 2050 AE Overveen, tel. (023) 14 53 00.
Maximumsnelheid: Beroepsvaart 6 km/h; Recreatievaart 9 km/h.
Waarschuwing: Aan de O-oever van het kanaal tussen de Omval en de Roskamsluis ligt een steenbestorting, ca. 0,40 à 0,50 m onder water.
Vaste bruggen: Tussen Alkmaar (Omval) en Kolhorn liggen 18 vaste bruggen, laagste brug H 3 m.
Zowel bij de Roskamsluis als bij de Braaksluis is een rood/wit gestreepte balk aangebracht die de doorvaarthoogte aangeeft.
Beweegbare bruggen:
– Kraspolderbrug, H 2,63 m, basculebrug bij de Omval. De brug wordt op afstand vanaf de Leeghwaterbrug (Noordhollandskanaal) bediend. Marifoonkanaal 20. Bediening (gratis):

ma. t/m vr.	(16 april-16 okt.)	8-18 h
	(16 okt.-16 april)	9-17 h
zat.*	(16 april-16 okt.)	9-18 h
	(16 okt.-16 april)	9-16 h, op verzoek**
zo. en fd.*	(16 april-16 okt.)	9-18 h
	(16 okt.-16 april)	gesloten

* Incl. Koninginnedag en 5 mei (Bevrijdingsdag).
** Bediening aanvragen op de voorafgaande werkdag vóór 17 h, tel. (02260) 1 63 44.
– Spoorhefbrug, H 2,12 m (in geheven stand H 4,86 m), bij Heerhugowaard wordt met behulp van camera's op afstand bediend vanuit het station in Heerhugowaard. 50 m vóór de brug bevindt zich aan weerszijden op de Ro een communicatiesysteem met het station. Naast de gewone seingeving op de brug kunnen ook één groen licht aan bakboord en twee groene lichten boven elkaar aan stuurboord worden getoond: brug geopend en onbewaakt, doorvaart toegestaan. De brug kan geopend worden indien het spoorwegverkeer dit toelaat en bij voldoende zicht, in het algemeen vanaf een half uur vóór zonsopgang tot een half uur na zonsondergang met dien verstande, dat opening op zaterdag niet vóór 5.20 h kan geschieden en op zondag niet vóór 6.45 h. Als de brug wordt geheven, wordt een belsignaal gegeven.
Sluizen: (geen sluisgeld):
– Roskamsluis in Noordscharwoude. Bediening:

ma. t/m vr.	(16 april-16 okt.)	9-13, 13.30-17.30 h
	(16 okt.-16 april)	9-17 h, op verzoek*
zat, zo. en fd.	(16 april-16 okt.)	9-13, 14-18 h**
	(16 okt.-16 april)	gesloten

* Bediening aanvragen op de voorafgaande werkdag vóór 17 h, tel. (02260) 1 63 44.
** Incl. Koninginnedag en 5 mei (Bevrijdingsdag).
Braaksluis ten Z van Kolhorn. Bediening:

(16 april-16 okt.)	dagelijks	9-13, 13.30-17.30 h
(16 okt.-16 april)	ma. t/m vr.*	9-17 h
	zat., zo. en fd.**	gesloten

* Bediening aanvragen op de voorafgaande werkdag vóór 17 h, tel. (02244) 12 78.
** Incl. Koninginnedag en 5 mei (Bevrijdingsdag).
Bediening van de sluis kan een half uur worden onderbroken i.v.m. bediening van de Molenkolksluis.
Lig- en aanlegplaatsen: Langs de hele vaarweg is een afmeerverbod, met uitzondering van de plaatsen waar met borden is aangegeven dat afmeren is toegestaan. Zie verder onder 'Alkmaar', 'Broek op Langendijk', 'Noord-Scharwoude', 'Nieuwe Niedorp' en 'Kolhorn'.

Kanaal Almelo-De Haandrik (en Coevorden-Vechtkanaal)

Algemeen: Dit 32 km lange kanaal loopt van Almelo (aansluiting met Twentekanalen) langs Vroomshoop (10 km) en Hardenberg (23 km) tot de Overijsselse Vecht bij Gramsbergen (32 km).
Coevorden bereikt men via het verlengde van dit kanaal, het Coevorden-Vechtkanaal (Gramsbergen-Coevorden 5 km).
Het kanaal wordt vrij druk bevaren. Het voert door de bebouwde kommen van een aantal dorpen en overigens door een landbouwgebied. De dijken aan weerszijden van het kanaal zijn over grote gedeelten als verkeersweg in gebruik. Het kanaal heeft geen bevaarbare verbindingen meer met Nordhorn, Zwolle of de Overijsselse Vecht.
Kaartje: Is bij de beschrijving opgenomen.
Vaarwegbeheerder: Rijkswaterstaat Directie Overijssel, Dienstkring Twentekanalen, Holterweg 30, 7475 AW Markelo, tel. (05476) 82 22.
Maximumsnelheid: Op het kanaal Almelo-De Haandrik voor 'lege'

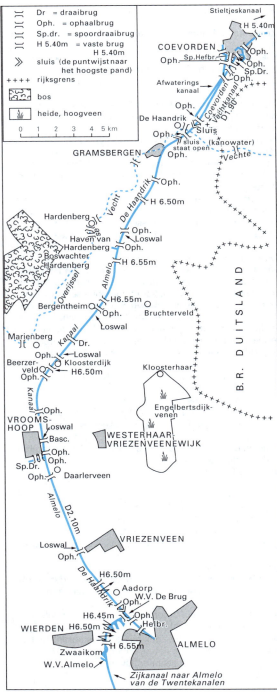

Kanaal Almelo-De Haandrik (en Coevorden-Vechtkanaal)

schepen 8 km/h; op het Coevorden-Vechtkanaal voor 'lege' schepen 8 km/h.
Maximum toegestane diepgang: Van Almelo tot Hardenberg 2,10 m; overigens 1,90 m.
Bijzondere bepalingen: Op het Kanaal Almelo-De Haandrik geldt voor alle schepen een ankerverbod; meren is alleen toegestaan op de daarvoor aangewezen gedeelten, max.verblijfsduur (buiten de havens) 3 x 24 h.
Bruggen: Vijf vaste bruggen, H 6,50 m en 15 beweegbare bruggen. Op ca. 2 km ten N van Almelo ligt een hoogspanningsleiding met een max.doorvaarthoogte van 23 m.
Wanneer men uit de jachthaven van Gramsbergen wil vertrekken dan graag in overleg met andere jachten om zoveel mogelijk in konvooi het kanaal op te varen. Voor het vertrek dient men dit aan sluis Aadorp, tel. (05496) 7 55 41, te melden, de sluiswachter zorgt dan voor een brugwachter.
Sluizen: In Aadorp direct ten N van de aansluiting met het Zijkanaal naar Almelo van de Twentekanalen. De sluizen bij De Haandrik, waar het kanaal de hier onbevaarbare Overijsselse Vecht kruist, staan meestal open. Ter plaatse kan een sterke dwarsstroom staan.
Bediening:
– *Kanaal Almelo-De Haandrik:*
De Rijksbruggen over het kanaal zijn in 5 blokken verdeeld. Elk blok bevat 2 of 3 bruggen die in pendeldienst door één brugwachter worden bediend. De brugwachter wordt voor naderende scheepvaart door de naburige collega's gewaarschuwd. Wanneer men plannen heeft om ergens aan wal te gaan, dan wordt men verzocht dit bij de laatste brug die men passeert te melden, zodat de brugwachter weet dat de volgende brug niet bediend behoeft te worden (eventueel een telefonische melding naar sluis Aadorp, tel. (05496) 7 55 41).

ma. t/m vr.	(1 mrt.-1 nov.)	6-12, 12.30-19 h
	(1 nov.-1 mrt.)	7-12, 12.30-18 h
zat.	(1 mrt.-1 nov.)	6-13 h
	(1 nov.-1 mrt.)	7-13 h
zo. en fd.	(gehele jaar)	gesloten (incl. Koninginnedag)

De Eilandsbrug en Dollegoorsbrug over de haven in Almelo (buiten de doorgaande route): zie bij 'Almelo'.
– *Coevorden-Vechtkanaal:*

ma. t/m vr.	(1 april-1 okt.)	6.30-12, 12.30-19 h
	(1 okt.-1 april)	7.30-12, 12.30-18 h
zat.	(1 april-1 okt.)	6.30-13 h
	(1 okt.-1 april)	7.30-13 h
zo. en fd.	(gehele jaar)	gesloten (incl. Koninginnedag)

De spoorbrug staat als regel open.
Wanneer men plannen heeft om ergens aan wal te gaan, dan wordt men ook hier verzocht dit bij de laatste brug die men passeert te melden.
Ligplaatsen: Passantenhaven in Vroomshoop, kmr 10,1, verblijf max. 2 x 24 h (gratis), max.diepgang 1,10 m. De bediening van de brug over de ingang van de haven aanvragen bij Café/Restaurant Tebberman, tel. (05498) 4 22 03 (b.g.g. H. Petter, tel. (05498) 4 27 07).
Bediening van de brug over de Passantenhaven:

ma. t/m vr.	9-12, 14-19 h
zat.	9-12 h
zo. en fd.	gesloten

Van 1 okt.-1 mei wordt de brug door Rijkswaterstaat bediend, tel. (05496) 75541.

Verder zie 'Gramsbergen'.
Aanlegplaatsen: Aan weerszijden van de bruggen in Vriezenveen, Daarlerveen, Vroomshoop, Beerzerveld en Bergentheim.
Motorbrandstof: Garage Van Egmond in Vroomshoop, die (sl), be (sl), sbe (sl); Garage Freke, Kloosterdijk 25, Mariënberg, tel. (05235) 12 46.

Kanaal Beukers-Steenwijk

Van het Meppelerdiep ten NO van Zwartsluis langs Giethoorn naar het Steenwijkerdiep bij Steenwijk. Lengte 15,3 km.
Algemeen: Dit kanaal bestaat uit de volgende wateren, die onder hun eigen naam zijn beschreven: Beukersgracht, Belterwijde (vaargeul O-gedeelte), Beulakerwijde (vaargeul O-gedeelte) en Kanaal Beulakerwijde-Steenwijk.
Vaarwegbeheerder: Provincie Overijssel, Hoofdgroep Milieu en Waterstaat, District West-Overijssel, Tukseweg 158, 8334 RW Tuk, gemeente Steenwijk, tel. (05210) 1 24 66.
Maximumsnelheid: 9 km/h.
Waterstand: KP is 's zomers NAP – 0,70 m; 's winters NAP – 0,80 m. De hoogte van de vaste brug is opgegeven bij KP-zomerpeil; de max. toegestane diepgang bij KP-winterpeil. Er kunnen het gehele jaar door peilvariaties optreden van NAP – 0,80 m tot NAP – 0,65 m.
Max. toegestane diepgang: 2,40 m.
Sluis: Beukersschutsluis (met beweegbare brug) in de Beukersgracht. Zie voor bediening onder 'Beukersgracht'.
Bruggen: 1 vaste brug (Heerenbrug, H 6,40 m) 3 km ten Z van Steenwijk en 4 beweegbare bruggen. Zie voor bediening onder 'Beukersgracht', 'Blauwe Hand' en 'Kanaal Beulakerwijde-Steenwijk'.
Lig- en aanlegplaatsen: Buiten de door borden aangegeven plaatsen geldt een meerverbod. Zie verder onder 'Blauwe Hand', 'Giethoorn' en 'Steenwijk'.

Kanaal Beulakerwijde-Steenwijk

Van de Beulakerwijde langs Giethoorn naar het Steenwijkerdiep. Lengte 8,8 km. Onderdeel van het Kanaal Beukers-Steenwijk (zie aldaar).
Vaarwegbeheerder: Provincie Overijssel, Hoofdgroep Milieu en Waterstaat, district West-Overijssel, Tukseweg 158, 8334 RW Tuk, gemeente Steenwijk, tel. (05210) 1 24 66.
Bruggen: 1 vaste brug (Heerenbrug, H 6,40 m) 3 km ten Z van Steenwijk en 2 beweegbare bruggen (H 1 m en 1,30 m) in Giethoorn.
Bediening: (gratis)

(16 april-16 okt.)	ma. t/m zat.	7-12, 13-20 h
	zo. en fd.	9-12, 13-19 h
(16 okt.-16 april)*	ma. t/m zat.	7-12, 13-18 h
	zo. en fd.	gesloten

* Bediening in de herfstvakantie als van 16 april-16 okt.

Kanaal Gent-Terneuzen

Belangrijk scheepvaartkanaal tussen Terneuzen en Gent. Lengte 32 km. De vaargeul voor zeeschepen is tot de grens verlicht. De

armen, alleen voor binnenschepen, zijn niet verlicht. Zie verder onder 'Terneuzen', 'Sluiskil', 'Sas van Gent', 'Zelzate (B)' en 'Gent (B)'.
Vaarwegbeheerder: Rijkswaterstaat Directie Zeeland, Scheepvaartdienst Westerschelde, p/a Postbus 5014, 4330 KA Middelburg, tel. (01180) 8 60 00.
Bijzondere bepalingen: Zie voor het 'Scheepvaartreglement Kanaal Gent-Terneuzen' onder 'Terneuzen'.
Marifoon: Kanaal 11, ook voor brugbediening.
Maximumsnelheid: 16 km/h.
Bruggen: Uitsluitend beweegbare bruggen. De max.doorvaarthoogte is onbeperkt. Zie verder onder 'Sluiskil', 'Sas van Gent', 'Zelzate (B)' en 'Gent (B)'.
Sluizen: Zie bij 'Terneuzen' en 'Gent'.

Kanaal Steenwijk-Ossenzijl

Lengte 12 km. Vaarwater door eenzaam landschap met fraai uitzicht op de hoge gronden van Steenwijkerwold.
Vaarwegbeheerder: Provincie Overijssel, Hoofdgroep Milieu en Waterstaat, district West-Overijssel, Tukseweg 158, 8334 RW Tuk, gemeente Steenwijk, tel. (05210) 1 24 66.
Maximumsnelheid: 9 km/h.
Bruggen: Vaste brug (Ruxveenseweg) km 0,4, hoogte KP + 6,60 m. (Deze brug ligt niet in doorgaande vaarroute Blauwe Hand-Friesland en is alleen hoogtebeperkend voor de vaart naar Steenwijk. Vier lage ophaalbruggen. De Hogewegbrug te Ossenzijl en de Meenthebrug worden volautomatisch bediend. Bediening (gratis):

(16 april-16 okt.)	dagelijks	9-12, 13-19 h
(1 mrt.-16 april en		
16 okt.-1 dec.)**	ma. t/m vr.	9-12, 13-18 h
	zat.	9-12 h
	zo. en fd.	gesloten
(1 dec.-1 mrt.)	ma. t/m vr.	9-18 h, op verzoek*
	zat.	9-12 h, op verzoek*
	zo. en fd.	gesloten

*   Bediening tijdens kantooruren aanvragen bij de Prov. Overijssel, tel. (05210) 1 24 66.
** Bediening in de herfstvakantie als van 16 april-16 okt.
Max. toegestane diepgang: Gedeelte Steenwijk tot de kruising met het kanaal Beukers-Steenwijk 2,40 m; gedeelte vanaf de kruising met het kanaal Beukers-Steenwijk tot Ossenzijl 1,80 m.
Aanlegplaatsen: Aanleggen is alleen toegestaan op de zes daartoe aangewezen plaatsen. Voor de bruggen zijn wachtplaatsen aanwezig, uitsluitend te gebruiken tijdens het wachten op de eerstvolgende brugbediening.

Kanaal door Walcheren

Van de Westerschelde bij Vlissingen langs Middelburg naar het Veerse Meer bij Veere. Lengte 14,5 km. Het kanaal kan met staande mast worden bevaren.
Vaarwegbeheerder: Provincie Zeeland, Het Groene Woud 1, 4331 NB Middelburg, tel. (01180) 3 17 00.
Maximumsnelheid: Tot 20 m^2 natte doorsnede 15 km/h; 20 tot 30 m^2 12 km/h; 30 m^2 of meer 8 km/h.
Maximumdiepgang: Tussen de binnenkeersluis in Vlissingen en het Zijkanaal naar Arnemuiden 4,50 m; tussen het Zijkanaal naar Arnemuiden en Veere 3,70 m. Zie ook onder 'Bruggen'.

Waterstand: KP = NAP + 0,90 m. Er treden peilvariaties op van NAP + 0,70 m tot NAP + 1,10 m.
Marifoon: Sloebrug in Vlissingen, brug in Souburg, Schroe- en Stationsbrug in Middelburg en de sluis in Veere, kan. 22.
Sluizen:
– Sluizencomplex in de toegang tot de binnenhaven en het Verbindingskanaal in Vlissingen, zie 'Vlissingen'.
   De binnenkeersluis (met ophaalbrug) in Vlissingen, tussen het Verbindingskanaal en het Kanaal door Walcheren, staat open (tel. (01184) 1 23 72).
– Kleine en grote sluis in Veere. Bediening: (gratis)

dagelijks	(gehele jaar)	5.30-23 h

Bruggen: 5 beweegbare bruggen. Bediening (gratis):
– Keersluisbrug (lage ophaalbrug) en Sloebrug (H 5 m) in Vlissingen en de brug in Souburg (H ca. 2,10 m):

ma. t/m zat.	(gehele jaar)*	6-22 h
zo. en fd.	(15 juni-16 sept.)**	9-21 h
	(16 sept.-15 juni)**	10-19 h

* De Keersluisbrug wordt in de periode van 15 juni tot 16 sept. van ma. t/m vr. van 8-20 h éénmaal per uur om .26 h bediend.
** Bediening op Goede Vrijdag, 2e paasdag, Hemelvaartsdag en 2e pinksterdag als in de periode van 15 juni tot 16 sept.

Indien men de brug in Souburg in Z-richting passeert, moet de recreatievaart (met een max.diepgang van 2 m) gebruik maken van de zijopening aan de stuurboordwal (éénrichtingsverkeer); schepen met een grotere diepgang kunnen van de middenopening gebruik maken. Bij doorvaart in N-richting moet men van de hoofdopening (middenopening) gebruik maken, waarbij men rekening moet houden met beroepsvaart in tegengestelde richting!
– Stationsbrug (H 1,40 m) en Schroebrug (H 0,60 m) in Middelburg. Bediening: als de bruggen in Vlissingen.
Van 15 juni tot 16 sept. wordt de Schroebrug van ma. t/m vr. niet afzonderlijk voor de recreatievaart bediend van 7.30-8.22 h, 12.45-13.22 h, 16.45-17.22 en van 17.33-18.22 h en de Stationsbrug van 7.54-8.31, 12.40-13.31, 16.40-17.06, 17.16-17.35 en van 17.45-18.10 h De Schroebrug wordt van 8-20 h éénmaal per uur om .22 h afzonderlijk voor de recreatievaart bediend. Bij een brugopening voor de beroepsvaart kan de recreatievaart meevaren. De brug wordt eveneens bediend als er 5 of meer recreatievaartuigen van de doorvaart gebruik willen maken.
Indien men de Stationsbrug in N-richting passeert, moet men gebruik maken van de zijopening aan de stuurboordwal (éénrichtingsverkeer), max.diepgang 2 m. Bij doorvaart in Z-richting moet men van de hoofdopening (middenopening) gebruik maken, waarbij men rekening moet houden met beroepsvaart in tegengestelde richting! Tevens is een aantal bloktijden vastgesteld waarbinnen de bruggen te Vlissingen en Middelburg niet voor de scheepvaart worden bediend. Hierdoor moet rekening worden gehouden met een oponthoud van max. 12 min.
Ligplaatsen: Zie 'Vlissingen', 'Middelburg' en 'Veere'.

Kanaal Wessem-Nederweert
Zie ook 'Nederweert' en 'Panheel'.
Kaartje: Is bij deze beschrijving opgenomen.
Algemeen: Verbinding met de Maas bij kmr 67,8. Lengte 16 km.

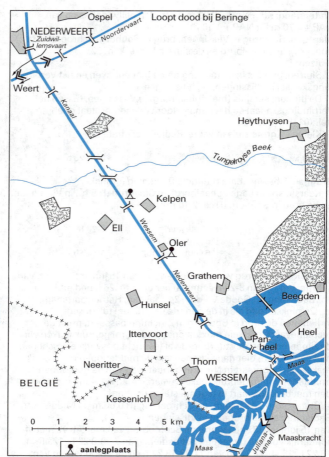

Kanaal Wessem-Nederweert

D 2,10 m. Negen vaste bruggen, laagste brug H 5 m. Tussen de twee noordelijkste bruggen ligt een hoogspanningsleiding H 28 m.
Bediening van de sluis in Panheel: Zie onder 'Panheel'.
Vaarwegbeheerder: Rijkswaterstaat Directie Limburg, Postbus 25, 6200 MA Maastricht, tel. (043) 29 44 44.
Maximumsnelheid: Voor snelle motorboten 20 km/h.
Maximum toegestane afmetingen: Diepgang 2,10 m, hoogte 5 m.
Bijzonder bepalingen: Voor alle schepen geldt een ankerverbod. Meren is alleen toegestaan op de daarvoor aangewezen gedeelten, max.verblijfsduur (buiten de havens) 3 x 24 h.
Aanlegplaatsen: In Ell en Oler. Bij de sluis Panheel zijn wachtplaatsen, onrustig!
Het kanaal heeft geen zachte wallen. Zie voor ligplaatsen onder 'Wessem'.

Kanaal door Zuid-Beveland

Verbinding tussen de Wester- en Oosterschelde. Zie ook 'Hansweert' en 'Wemeldinge'.
Algemeen: Door het nieuwe kanaalgedeelte naast het sluizencom-

plex te Wemeldinge (welke niet meer gebruikt worden) is het Kanaal door Zuid-Beveland een getijde-water geworden, waardoor de waterstand op het kanaal varieert (waterstanden onder invloed van Oosterschelde-getij).

Veel beroepsvaart. Er zijn geen rustige aanlegplaatsen.

Men kan dit kanaal met staande mast bevaren. Officieel behoeft het brugpersoneel voor jachten met strijkbare mast niet te bedienen. Voor schepen met moeilijk strijkbare mast is vóóroverleg aan te bevelen met de Scheepvaartdienst Oosterschelde, Verkeerspost Wemeldinge, marifoonkan. 68, tel. (01192) 21 10 (24-uurs bezetting). De doorvaarthoogte van de hoogspanningslijn is NAP + 45 m.

Vaarwegbeheerder: Rijkswaterstaat Directie Zeeland, Postbus 5014, 4330 KA Middelburg, tel. (01180) 8 60 00.

Maximumsnelheid: 20 km/h, beroepsvaart 15 km/h.

Max. toegestane diepgang: 4 m.

Bijzondere bepalingen: Op dit water gelden voor kleine vaartuigen (tot 20 m lengte) de volgende bepalingen:

a. Met een zeil- en motorboot mag alleen worden gevaren, indien deze is voorzien van een (direct startklare) motor, waarmee een snelheid van tenminste 6 km/h kan worden gehandhaafd.

b. Alle kleine vaartuigen moeten zo dicht mogelijk aan de stuurboordzijde van het vaarwater varen, met dien verstande dat het niet is toegestaan het vaarwater op te kruisen.

c. Kleine vaartuigen (tot 20 m) moeten op de Westerschelde (te allen tijde) en op de Oosterschelde zowel varend als verankerd 's nachts en bij slecht zicht een radarreflector voeren.

Ankeren is verboden. Afmeren is alleen toegestaan op de daarvoor aangewezen gedeelten, na toestemming van het hoofd van de scheepvaartdienst Oosterschelde; max.verblijfsduur (buiten de jachthavens) 3 x 24 h.

Zie tevens de 'Handleiding' van deze Almanak onder 'Bijzondere bepalingen'.

Marifoon: Verkeerspost Wemeldinge, kan. 68; zie ook 'Hansweert' en 'Wemeldinge'; Sluizencomplex Hansweert, kan. 22.

Sluis: Zie bij 'Hansweert'.

Waterstand: Als gevolg van de open verbinding van het kanaal met de Oosterschelde zal de waterstand onderhevig zijn aan de getijdewerking van de Oosterschelde, met een GLLWS in het kanaal van NAP – 1,90 m.

Bruggen: De Postbrug (bb), 2,5 km ten Z van Wemeldinge en de nieuwe beweegbare spoor- en verkeersbrug in Vlake, in gesloten stand H NAP + 9,50 m, vaste gedeelten H NAP + 10,50 m (KP + 10,24 m), liggen naast elkaar en worden gelijktijdig bediend voor schepen die te hoog zijn voor de vaste gedeelten. Onderdoorvaarthoogten hangen af van de waterstand.

Bediening: De bediening van deze bruggen wordt op afstand, vanaf Sluizen-complex Hansweert, gedaan middels tv-camera's, en is te allen tijde, met in achtname van de treinenloop van de spoorbrug van de Vlakebruggen, alleen dient men voor bediening een verzoek te richten aan het Sluizen-complex te Hansweert, marifoonkanaal 22. De juiste bedieningstijden van de Vlake-spoorbruggen zijn opgenomen in de watersportwijzer 'Openingstijden spoorbruggen', gratis verkrijgbaar aan de ANWB-vestigingen. Verkeersbrug Vlake, tel. (01130) 8 14 76.

Kats

Veerhaven (diepe haven voor de voormalige veerboot) op de O-oever van Noord-Beveland, aan de Oosterschelde, thans in gebruik als werkhaven. Door het golfwerende schot, uitgebreid met een stenen-

dam, aan de N-zijde van de haveningang is de haven uitsluitend bij harde O-wind onrustig. Bij het aanlopen van de haven het rode havenlicht (Oc 8s) aanhouden i.v.m. golfscherm. Buiten de jachthaven geldt voor de recreatievaart een meerverbod.
N.B. Het haventje bij Katshoek op de ZO-hoek van Noord-Beveland is geheel vervallen.
Ligplaats: Jachthaven van Jachtwerf V. d. Rest Nautic B.V. in de Veerhaven, havenmeester A. de Klerk, tel. (01109) 2 70, tarief f 1,50 per m lengte per nacht (toiletten, douches (f 1,–), wastafels en elektra.
Motorbrandstof: Jachtwerf V. d. Rest Nautic B.V., die (sl).
Reparatie: Jachtwerf V. d. Rest Nautic B.V., tel. (01109) 2 70, bib (Volvo Penta, Yanmar, Mercedes, Vetus en Farymann), romp/uitr (ht, s, p, a/op de wal + in het water) (zo. gesloten), zeil/tuigage; Lion Sails Holland, ww-werkplaats, in de Veerhaven, tel. (01109) 2 91 of tel. (01100) 2 70 28, zeil/tuigage.
Botenlift: Jachtwerf V. d. Rest Nautic B.V., max. 35 ton, tarief vanaf f 70,– (liften met staande mast mogelijk).
Wasserette: Bij de jachthaven van Jachtwerf V. d. Rest Nautic B.V.

Kattendiep

Het Kattendiep takt ter hoogte van kmr 1001,6 in WNW-richting af van de Gelderse IJssel, leidt aanvankelijk tussen kaden, later langs enige beboste eilandjes en biezenvelden naar het open water van het Ketelmeer (zie aldaar), lengte 3,5 km. In het bovenstroomse gedeelte is de stroomsnelheid 1 à 2 km/h, verder op het meer nog minder. De geul is door baggeren en zandzuigen op diepte gebracht, de kanten zijn steil. Er komen in de geul grote diepteverschillen voor. De diepte is 2 m, maar de geul neigt tot sterke aanslibbing. Er is een recreatiebebakening uitgezet waar men zich nauwkeurig aan moet houden.
De bebakening eindigt aan de W-zijde in de bakenrij langs het ondiepe gedeelte van het Ketelmeer. Ter plaatse niet bekenden moet worden afgeraden tijdens harde W-wind het Kattendiep van het Ketelmeer af op te varen omdat de bebakening van de monding moeilijk is te onderscheiden en omdat bovendien deze ondiepe oever dan lagerwal is.
Vaarwaterbeheerder: Rijkswaterstaat Directie Gelderland, Postbus 9070, 6800 ED Arnhem, tel. (085) 68 89 11.
Aanlegplaatsen: Haventje aan de Z-zijde van het Kattendiep, D 1 m, 500 m stroomafwaarts van de Gelderse IJssel, let op peilvariaties door op- en afwaaien. Voorts vindt men in dit gebied mooie ankerplaatsen; platbodemjachten kunnen ook buiten de geul voor anker gaan.

Katwijk a. d. Rijn

Zie ook 'Oude Rijn'.
Bruggen: De hoofdvaarweg leidt over het Additionele Kanaal dat ten Z van Katwijk van de Ro van de Rijn aftakt. Beweegbare Sandtlaanbrug (tel. (01718) 5 04 49) over dit kanaal, H 2,50 m. Bediening:

ma. t/m vr.	8-20 h
zat.	9-12 h
zo. en fd.	gesloten

Over de Rijn door Katwijk aan de Rijn liggen vaste bruggen, laagste brug H 1 m.

Katwijk aan Zee

Zie ook 'Oude Rijn'.
Haven: De haven heeft geen verbinding met de Noordzee.
Gemeentelijke havengelden: Per week of gedeelte daarvan: voor een vaartuig tot 7 m lengte f 9,–; voor elke m meer f 1,30.
Gemeentelijke havenmeester: J. Lakerveld, Gemeentewerf Schoolstraat 2, tel. (01718) 5 04 54/5 08 88.
Bruggen:
– Prov. brug (bb) over het Uitwateringskanaal, H 4,90 m.
– Kon. Julianabrug (bb) eveneens over het Uitwateringskanaal, H 4,75 m.
– Burg. Woldring v. d. Hoopbrug over het Prins Hendrikkanaal, vaste brug H 5,30 m.
Bediening van de Prov.brug en de Kon. Julianabrug, alleen voor schepen met vaste mast uitsluitend indien een dag tevoren vóór 16 h op werkdagen aangevraagd; voor prov. brug, tel. (01718) 7 12 80 en voor Kon. Julianabrug, tel. (01718) 5 08 88. Bediening uitsluitend overdag, na overleg.
Motorvaartvergunning: Voor motorvaart in het Prins Hendrikkanaal, Uitwateringskanaal en Oegstgeesterkanaal is een vergunning vereist van het Hoogheemraadschap Rijnland (zie onder 'Drecht').
Aanleg- en ligplaatsen: In de jachthaven van de Stichting Jachthaven Katwijk aan de Z-zijde van het Uitwateringskanaal, de zgn. Berghaven, N-zijde van het Uitwateringskanaal vanaf Prov.brug westwaarts, havenmeester C. Remmelswaal, tel. (01718) 2 97 93, tarief ca. f 1,25 per m lengte per nacht (elektra, toiletten, douches (f 1,–) en wastafels) ● aan de Z-zijde van het Prins Hendrikkanaal, tarief zie onder 'Gem. havengelden'.
Drinkwater: Kuyt Jachtbouw B.V., Haven 15 (sl); Gebr. Jonker, Haven 17.
Motorbrandstof: Gebr. Jonker, Haven 17, die (sl), be, sbe.
Reparatie: Cees van Duyn Watersport, Weth. Zeeweg 63, tel. (01718) 7 11 37, bub (Yamaha, Mercury, Mariner, Suzuki en Force), bib, zeil/tuigage; Kuyt Jachtbouw B.V., Haven 15, tel. (01718) 1 47 78, bub/bib, romp/uitr (s); Oudshoorn & Van Egmond, Lageweg 23, tel. (01718) 2 27 31, zeil/tuigage.
Hefkraan: Kuyt Jachtbouw B.V., max. 4 ton, tarief f 45,– per keer of f 75,– per dag.

Keizersveer

Aan de Bergse Maas (zie aldaar), kmr 247,6 Ro; 18 km van Heusden.
Brug: Vaste brug over de Bergse Maas (zie aldaar).
Aanlegplaats: Aan de loswal aan het einde van de Haven Peerenboom, kmr 246,8 Ro, 1 km ten O van de brug, kenbaar aan een groep hoge bomen. De oevers van de haven zijn, behalve bij de loswal, ondiep. Let op de dagelijkse waterstandverschillen van ca. 0,25 m bij gemiddelde rivierafvoer, die onder bijzondere omstandigheden veel groter kunnen zijn.

Kerkdriel

Aan de Maas (zie aldaar), kmr 212 en het recreatiegebied De Zandmeren.
Op de Zandmeren vindt soms nog zandwinning plaats. Let op plaatselijke ondiepten langs de oever!
Maximumsnelheid: Op de 1e en 2e plas 9 km/h, op de 3e plas is motorvaart verboden, in de doorvaart van de 1e plas naar de 2e plas 6 km/h. In de Oude Maasarm ten N van Kerkdriel geldt voor een gedeelte van 500 m benedenstrooms van de afdamming en een strook

van 20 m uit de oever een max.snelheid van 9 km/h; overigens 20 km/h.
Lig- en aanlegplaatsen: Aan de loswal, onrustig, max.verblijfsduur 3 dagen (dagelijkse verschil in waterstand ca. 0,20 m) ● Jachthaven Den Bol B.V. aan de Oude Maasarm, havenmeester dhr. Broekmeulen, tel. (04183) 16 96, tarief f 1,25 per m lengte per etmaal (elektra, toiletten, douches (f 1,–) en wastafels).
In de 1e plas (N-plas, onderdeel van de Zandmeren) ten O van Kerkdriel zijn gevestigd:
● Jachthaven Polaris, 1e ingang vanaf de Maas naar Kerkdriel, havenmeester J. Brinkhoff, tel. (04183) 30 63, tarief f 1,– per m lengte per etmaal + toeristenbelasting f 0,65 p.p. (elektra, toiletten, douche (f 1,–) en wastafels)
● Jachthaven van Van Gent Watersport, havenmeester J.H.A. van der Lee, tel. (04183) 30 57, max.diepgang 3 m, tarief f 1,50 per m lengte per nacht (elektra, toiletten, wastafels, douches (f 1,–) en speelterrein)
● Jachthaven W.V. De Zandmeren, havenmeester tel. (04183) 31 14, tarief f 1,– per m lengte per nacht (elektra, wastafels, toiletten en douches (f 1,–))
● passantensteiger van Zeil- en Vaarschool Nautilus, tel. (04183) 28 87, 1 nacht gratis (elektra, toiletten, douches en wastafels).
Motorbrandstof: H. Baggerman, parlevinker, Woonschip Suzanna; Jachthaven Den Bol B.V., sbe (sl); Van Gent Watersport, die (sl).
Reparatie: Jachthaven Polaris, Zandstraat 9, tel. (04183) 12 30, bib (Volvo Penta, Daf, Vetus en Mitsubishi), romp/uitr (s, p/op de wal + in het water), zeil/tuigage, elek; Den Bol B.V., Maasbandijk 1, tel. (04183) 16 96, dagelijks geopend, bub (Yamaha en Mercury), bib (Mercruiser en Yanmar), romp/uitr (p/op de wal + in het water); Van Gent Watersport, Zandstraat 11, tel. (04183) 30 57, bub/bib, romp/uitr (ht, s, p/op de wal + in het water), zeil/tuigage, elek; Van Diessen, Bulksweg 16, tel. (04183) 24 87, zeil/tuigage.
Hefkraan: Den Bol B.V., max. 20 ton, max.diepgang 3 m; Jachthaven Polaris, max. 40 ton, max.diepgang 4 m, tarief f 5,– per m^2 (heffen met staande mast mogelijk).
Botenliften: Van Gent Watersport, max. 20 ton, max.diepgang 1,80 m; Den Bol B.V., max. 20 ton; Zeil- en Vaarschool Nautilus, max. 40 ton.
Trailerhellingen: Den Bol B.V., max. 20 ton, tarief f 7,50; Van Gent Watersport, tarief f 7,50 per dag; Zeil- en Vaarschool Nautilus, Zandstraat 17, tel. (04183) 28 87, max. 3^1/$_2$ ton, tarief f 7,50; Polaris Jachtbouw B.V., max. 4 ton, max.diepgang 1,50 m.
Kampeerterreinen: Bij Jachthaven Den Bol B.V.; bij Zeil- en Vaarschool Nautilus.
Wasserettes: Jachthaven Den Bol B.V.; Jachthaven Polaris; Van Gent Watersport; bij Zeil- en Vaarschool Nautilus.
Stortplaatsen chemisch toilet: Bij Van Gent Watersport; bij Jachthaven Den Bol B.V.; Zeil- en Vaarschool Nautilus.

Kessel (L.)

Aan de Maas (zie aldaar), tussen kmr 95 en 96 Lo; 4,5 km stroomopwaarts van de stuw in Belfeld.
Lig- en aanlegplaatsen: Jachthaven van W.V. Poseidon, tel. (04762) 21 22, invaart t.o. kmr 97 Lo, diepte invaart tussen de eigen betonning 1,40 m, buiten de vaargeul ondiep, tarief f 1,– per m lengte per nacht (toiletten, elektra, wastafels en douche (f 1,–)) ● passantenhaven aan de Loswal t.o. kmr 95, bij het veer.
Reparatie: Fa. H. Ophoven, Napoleonsbaan N 38, 5991 ND Baarlo, tel. (04707) 1726, bub (Mercury en Honda).

Trailerhelling: Op het terrein van Camping Gravenhof, uitsluitend voor kleine boten.
Kampeerterrein, wasserette en stortplaats chemisch toilet: Direct bij het dorp, beneden de kasteelruïne t.o. kmr 96, Camping Gravenhof, Ondersteweg 1, tel. (04762) 12 01 (geopend van 1 april-1 okt.).

Kessel (N.B.)
Aan een grindgat aan de Maas (zie aldaar), kmr 207 Lo; 1 km van Heerewaarden; 2,5 km van het Kanaal naar St. Andries.
Dit grindgat wordt in de toekomst onderdeel van het grindgat De Lithse Ham (zie aldaar).

Keteldiep
De monding van de Gelderse IJssel in het Ketelmeer.
Het Keteldiep ligt tussen twee, ruim 5 km lange dammen. Het vaarwater tussen de dammen heeft een diepte van 3 m bij IJZP.
Bij kmr 1003 liggen bij de Z-dam stenen, D 2,30 m.
De stroomsnelheid is verminderd door het op diepte brengen van het Kattendiep (zie tevens onder 'Ketelmeer') en bedraagt slechts 2 à 3 km/h. Voor gegevens omtrent het vaarwater verder binnenwaarts zie onder 'Gelderse IJssel'. Ook het Kattendiep is afzonderlijk beschreven.
Vaarwaterbeheerder: Rijkswaterstaat Directie Gelderland, Postbus 9070, 6800 ED Arnhem, tel. (085) 68 89 11.
Lichten: Op de Z-dam is een vast groen licht en op de N-dam een vast rood licht aangebracht.
Mistsein: (Nautofoon) telkens drie stoten van 3 seconden, met 5 seconden tussenruimte, vervolgens 11 seconden stilte.
Maximumsnelheid: Voor snelle motorboten 20 km/h.

Ketelhaven
Haven: De Ketelhaven is een voorhaven van de toegangssluis tot O-Flevoland, gelegen ca. 1 km buiten de Ketelmond in de ringdijk van de polder. Tussen de haven en de mond van het Keteldiep ligt een ondiepte. Men moet zich daarom aan de betonde toegangsgeulen houden.
Sluis: In de toegang tot de wateren van O-Flevoland, zie onder 'Flevoland'.
Marifoon: Jachthaven Ketelmeer, kan. 31 (roepletters: PA 8298). Van 1/4-1/11 wordt van 8-17 h uitgeluisterd, van 15/6-1/9 van 8-20 h.
Ligplaatsen:
Ten O van de voorhaven in de Jachthaven Ketelmeer van de Stichting Jachthaven Ketelmeer, o.a. verenigingshaven van de Ned. Ver. van Kustzeilers, met een diepte van NAP – 2,60 m = IJZP – 2,40 m. Ook de toegang tot deze haven is op deze diepte gebracht en betond.
Havenmeester H. Visscher, Vossemeerdijk 31, tel. (03210) 1 22 71.
Tarief per nacht: tot 6 m lengte f 8,–, 6-8 m f 11,–, 8-10 m f 13,50, 10-12 m f 17,–, langer f 20,–, excl. toeristenbelasting à f 0,50 p.p. per nacht (toiletten, wastafels en douche).
● Jachthaven Inter Marina Ketelhaven, drijvende steigers aan de O-oever van de voorhaven, havenmeester Erik Bezembinder, tel. (03210) 1 82 37, max.diepgang 2,50 m bij IJZP, tarief f 1,75 per m lengte per nacht (elektra, toiletten, douches en wastafels).
Naast de jachthavens bevindt zich het museum voor scheepsarcheologie.
Motorbrandstof: Bij Inter Marina Ketelhaven, be, die, en sbe.
Reparatie: Inter Marina Ketelhaven, Vossemeerdijk 19a, tel. (06) 52 86 85 66, bub/bib (alle merken).

Ketelmeer

Dit meer wordt begrensd door de Zuidermeerdijk van de Noordoostpolder, de Ketelbrug die de Noordoostpolder met O-Flevoland verbindt, de NO-dijk van O-Flevoland, de N-dam van het Keteldiep, de kust van Overijssel en de brug in Ramspol. Oppervlakte ca. 3300 ha. Het O-gedeelte van het Ketelmeer, ten N van het Keteldiep is gedeeltelijk ondiep. In het zomerhalfjaar wordt jaarlijks een jachtbebakening geplaatst op de 1,30 m dieptelijn.

Deze rij bakens begint bij kmr 1005 van het Keteldiep en leidt in NNO-richting naar de Ramsgeul (men dient in de Ramsgeul de dijk van het Ramsdiep niet dichter dan ca. 100 m te naderen wegens ondiepten). Ten O van deze rij bakens is het Ketelmeer zeer ondiep. Door dit gedeelte leidt een diep uitgebaggerde geul, het Kattendiep, zie aldaar. De diepte van de betonde vaargeul op het Ketelmeer en Keteldiep is IJZP – 2,80 m. Ten ZW van de mond van het Keteldiep ligt tegen de dijk van O-Flevoland de Ketelhaven, die via een schutsluis toegang geeft tot de polder (zie onder 'Flevoland'). Ten O hiervan ligt de Jachthaven Ketelmeer (zie onder 'Ketelhaven'). De toegang tot de voorhaven (met jachthaven) is betond en verlicht, de toegang tot de Jachthaven Ketelmeer is alleen betond.

Langs de Z-zijde van het Keteldiep leidt een betonde 70 m brede en IJZP – 3 m diepe vaargeul naar de Roggebotsluis en het Veluwemeer: zie onder 'Vossemeer'.

Vaarwaterbeheerder: Rijkswaterstaat Directie Flevoland, Postbus 600, 8200 AP Lelystad, tel. (03200) 9 91 11.

Maximumsnelheid: In a. een strook van 250 m uit de oever en b. het gebied ten oosten van de lijn Ketelhaven-Schokkerhaven, een maximumsnelheid van 9 km/h. Daarbuiten geen maximumsnelheid.

Ligplaatsverordening: Tussen de Ketelbrug en de Hardersluis is de ligplaatsverordening Dronten van kracht (zie bij 'Dronten').

Marifoon: Ketelburg, kan. 18. M.i.v. 1 april 1995 wordt het Centraal meldpunt IJsselmeergebied in gebruik genomen, zie verder onder 'IJsselmeer en Markermeer'.

Ketelbrug: Over de W-toegang tot het Ketelmeer tussen de Zwolse Hoek (Noordoostpolder) en de Kamperhoek (Flevoland). De hoogte van de twee middenoverspanningen van het vaste gedeelte is NAP + 12,70 m = IJZP + 12,90 m. Onder de overige overspanningen, die uitsluitend in noodgevallen mogen worden gepasseerd, neemt de hoogte geleidelijk af tot ca. 9 m in de eindoverspanningen. De opritten naar de brug zijn enige honderden meters in het Ketelmeer uitgebouwd. Het beweegbare gedeelte bevindt zich aan de Z-zijde (Kamperhoek) in het Ketelmeer. Vlak ten O van de brug bevinden zich drie hoogspanningslijnen, gevaarlijke obstakels bij mist (goed verlicht), H NAP + 30 m.

Aan beide zijden van de brug bevinden zich op 20 m van de pijlers gele palen in het water, voorzien van een radarreflector. Deze obstakels markeren de doorvaartopeningen van de brug.

Bediening: De scheepvaart wordt dringend verzocht alleen om een opening te vragen wanneer doorvaart onder de overspanning niet mogelijk is. Daarom is het gewenst dat men nauwkeurig de eigen masthoogte kent.

De doorvaartwijdte van het beweegbare gedeelte is 18 m, de overige doorvaartopeningen zijn ca. 75 m breed. De pijlers van de doorvaartopening zijn 's nachts verlicht.

Bediening: Ketelbrug (tel. (03212) 1 16 07, alleen tijdens bedieningsuren). Marifoon kan. 18. Geen bruggeld.

(1 april-1 nov.)	dagelijks	8.30-12, 13.30-16, 18.30-20.30 h
(1 nov.-1 april)*	dagelijks	13.30-16 h

* In deze periode kan de brug in bijzondere gevallen alleen voor de beroepsvaart buiten de genoemde uren worden bediend, mits 24 h tevoren aangevraagd, tel. (03200) 6 11 11 (Houtribsluizen, dag en nacht bereikbaar).

Uit veiligheidsoverweging mag de brug niet bij een windkracht van 8 Beaufort of hoger worden bediend.

Lig - en aanlegplaatsen: Aan de loswal, 300 m ten O van de Ketelbrug tegen de dijk van O-Flevoland ter hoogte van de Elandweg. Zie verder onder 'Keteldiep', 'Schokkerhaven', 'Ketelhaven' en 'Vossemeer'.

Kinselmeer

Meertje (ca. 1,5 km x 1 km) bij Amsterdam, ongeveer 1 km ten NO van Ransdorp, direct aan de IJsselmeerdijk gelegen. De diepte bedraagt ten minste 2 m.

Maximumsnelheid: Op het meer en de toegangswateren 5 km/h.
Doorvaartroute: Het Kinselmeer is over water alleen bereikbaar met kleine boten met ophaalbaar midzwaard via Broek in Waterland (vaste brug, H 1,80 m), over het Bozenmeertje, Holysloter Die, met vaste brug in Ransdorp, H 1 m, en Ransdorper Die met diepten variërend van 0,20 tot 0,60 m.

De verbinding over Ransdorp en Schellingwoude naar Nieuwendam is afgedamd (moeilijk overdragen).

Kleine vaartuigen kunnen over de steile IJsselmeerdijk in het Markermeer gedragen worden maar er is daarvoor geen enkele voorziening. W.V. De Doordrijvers beschikt over een bootwagen voor het overbrengen van kleine jachtjes naar Durgerdam.

Aanlegplaats: W.V. De Doordrijvers.
Kampeerterrein: Ph. Giele, Uitdammerdijk 10, aan de Z-oever van het meer.

Klundert-Noordschans

Aan het Hollandsdiep (zie aldaar); 9 km van Moerdijk-spoorbrug.
Waterstand: Bij gemiddelde rivierafvoer varieert de waterstand dagelijks van NAP + 0,66 m tot NAP + 0,46 m. Zie tevens onder 'Haringvliet'.
Haven: De haven is 800 m lang en ca. 20 m breed. In de havenmond en in de jachthaven bedraagt de diepte NAP – 1,75 m (bij lage rivierafvoer D 2,20 m).

Aan de W-zijde van de havenmond is een dam, lang ca. 300 m, die bij stuwing door harde wind onderloopt. Er staat een schitterlicht 175 m binnenwaarts dat bij het volgen van de havenas enigszins leiding geeft.

Ligplaats: Jachthaven Noordschans, tarief f 1,– per m lengte per nacht, tel. (01682) 35 50, b.g.g. 29 44 (toiletten, wastafels en douches).
Reparatie: Jachthaven Noordschans, Noordschans 121, tel. (01682) 35 50/29 44, bib/bub (alle merken, dealer Volvo Penta), romp/uitr (ht, s, p/op de wal + in het water), zeil/tuigage, elek.
Botenlift: Jachthaven Noordschans, max. 30 ton, max.diepgang 2,40 m, tarief f 30,– per m lengte (liften met staande mast mogelijk).

Knollendam

13 km van Zaandam; 2 km van het Alkmaardermeer.
Maximumsnelheid: Op de Enge Stierop: beroepsvaart 9 km/h, recreatievaart 12 km/h; Markervaart en Tapsloot: beroepsvaart 6 km/h, recreatievaart 9 km/h.
Beatrixbrug: Provinciale brug over de Tapsloot. Het Z-gedeelte is beweegbaar, in gesloten stand H 3,05 m; het N-gedeelte is vast, H 2,87 m. Brug wordt op afstand bediend vanaf de Zaanbrug te Wor-

merveer, aanvragen via marifoonkan. 18, roepnaam 'Beatrixbrug Knollendam'. Op de brug zijn tevens camera's aanwezig.
Bediening (voor jachten in principe ieder kwartier):

(16 april-16 okt.)	ma. t/m vr.	6.15-21 h
	zat.	7.30-12, 13-19 h
	zo. en fd.**	8-12, 15-19 h
(16 okt.-16 april)	ma. t/m vr.*	6.15-21 h
	zat.*	7.30-12, 13-16.30 h
	zo. en fd.	gesloten

* Op 24 en 31 dec. tot 16 h.
** Incl. Koninginnedag en 5 mei (Bevrijdingsdag).
Sluizen: De Oostknollendammerschutsluis is buiten gebruik gesteld. De Woudaapschutsluis (D 1 m) wordt alleen na voorafgaand verzoek bediend, tel. (075) 21 36 43. De sluiswachter woont in molen De Woudaap.
Havengeld: Zie onder 'Zaan'.
Ligplaatsen: Aan de W-oever van de Zaan liggen, van N naar Z
● Jachthaven 't Swaentje, 200 m ten O van de Beatrixbrug, havenmeester M.A. v. Leeuwen, tel. (075) 28 55 14, tarief f 1,25 per m lengte per etmaal (elektra, toiletten, wastafels en douches (f 0,75))
● Jachthaven Oostra, havenmeesters F. en R. Oostra, tel. (075) 28 57 57, max.diepgang 1,30 m, tarief f 15,– per nacht (elektra, toiletten, douches (f 1,–) en wastafels) ● Jachthaven Zaanlandse Z.V., te West-Knollendam, tel. (075) 28 79 34, max.diepgang 1,70 m, tarief f 9,50 per nacht voor leden van een W.V., niet-leden f 12,50 per nacht (afbouwend bij langer verblijf) (elektra, toiletten, wastafels en douches (f 1,–)).
Aanlegplaatsen: Het is verboden te meren langs de Knollendammervaart en langs de N- en W-oever van de Tapsloot en Nauernase Vaart.
Reparatie: Jachtwerf De Hennewerf (Jachthaven Oostra), Westknollendam 77, West-Knollendam, tel. (075) 28 57 57, romp/uitr (ht, s, p/op de wal + in het water), zeil/tuigage (dagelijks geopend); Dubdam B.V., Dorpsstraat 35, Oost-Knollendam, tel. (02982) 61 63/61 67, romp/uitr (p/in het water); Jachtwerf Bankersen t.o. de Zaanlandse Z.V., bub/bib; Jachthaven 't Swaentje, W-Knollendam 64, tel. (075) 28 55 14, bib/bub (alle merken).
Hefkranen: Jachthaven Oostra, Westknollendam 77, West-Knollendam, max. 7 ton, max.diepgang 1,30 m, tarief f 26,– per m^2; Jachthaven 't Swaentje, West-Knollendam 64, max. 10 ton, max.diepgang 2,25 m, tarief f 250,–; Jachthaven Zaanlandse Z.V., max. 20 ton, max.diepgang 1,70 m, tarief op aanvraag.
Trailerhelling: Jachthaven Zaanlandse Z.V., max. 500 kg, tarief f 2,75.
Kampeerterrein en wasserette: Bij Jachthaven Oostra, De Hennewerf.
Stortplaats chemisch toilet en aftappunt vuilwatertank: Bij Jachthaven Zaanlandse Z.V.

Kockengen
4 km van Breukelen; 6,5 km van Woerdense Verlaat.
Ten Z van het dorp zijn de vaarwegen afgedamd. Verbinding uitsluitend met de Grote Heycop en de Bijleveld.
Brug: Over de (doodlopende) verbinding met het dorp ligt in de prov. weg een hefbrug, H 0,60 m in gesloten stand en H 2,20 m in geheven stand.
Bediening: Alleen van ma. t/m zat. van 12-13 h op verzoek aan de brugwachter, tel. (03464) 13 50.
Aanlegplaats: Nabij de hefbrug in de prov. weg.

Motorbrandstof: Garagebedrijven in het dorp, be, die, sbe (op zo. gesloten).

Koevordermeer

Van N naar Z 3 km lang; 3 km ten N van Spannenburg; 4,5 km ten Z van Uitwellingerga.
De NZ-lopende geul, een onderdeel van het Prinses Margrietkanaal, wordt intensief door vrachtschepen bevaren en wordt aangegeven door rode stompe tonnen aan de W-zijde en groene spitse tonnen aan de O-zijde.
's Nachts wordt deze vaargeul aangegeven door vaste lichtopstanden, nl. een groen periodelicht op de N-oever, rode en groene lichtopstanden tegenover elkaar midden op het meer en een groene lichtopstand in het meest Z-gedeelte van het meer.
De vaargeulen naar de Janesloot (Sint Jansloot, D 1,50 m) en de Welle (D 1,70 m) zijn tevens betond.
Met uitzondering van het zeer ondiepe gedeelte langs de betonning in het NO-gedeelte van het meer en van de ondiepe ZW-hoek, kan met 1 m diepgang ook buiten de betonning gevaren worden. Let op de fuiken!
Vaarwegbeheerder: Provincie Friesland, Gedempte Keizersgracht 38, 8911 KL Leeuwarden, tel. (058) 92 59 25.
Maximumsnelheid: In de NZ-lopende betonde geul 12,5 km/h; overigens 9 km/h.
Ligplaatsen: Jachthaven De Koevoet in de ZO-hoek van het meer, max.diepgang 1,50 m binnen de betonning, havenmeester N. Zuidam, tel. (05134) 3 16 85, tarief f 1,50 per m lengte per nacht + toeristenbelasting f 0,75 p.p. (elektra, toiletten, douches (f 1,–) en wastafels) ● Marrekrite-ligplaats in de Welle. Zie ook 'Idskenhuizen'.
Hefkraan, trailerhelling, kampeerterrein en wasserette: Jachthaven De Koevoet, Troelstraweg 17, Teroele, tel. (05134) 3 16 85, kraan max. 800 kg, helling alleen voor kleine bootjes.

Kogeloven

Aan de Z-oever van het Brielse Meer (zie aldaar).
Aanlegplaats: Steiger van de Uitspanning De Kogeloven, vlak bij de zogenaamde Stenenbaak.

Kolhorn

24 km van Alkmaar (Omval) via Kanaal Alkmaar-Kolhorn (zie aldaar); 12 km van het Noordhollandskanaal bij Stolpen; 8 km van Schagen; 10 km van Ulkesluis (zie 'Waardkanaal'); 1 km van de Westfriese sluis (zie 'Wieringermeerpolder').
Maximumsnelheid: Kanaal Schagen-Kolhorn, Kanaal Stolpen-Schagen: beroepsvaart 6 km/h, recreatievaart 9 km/h; Voormalige Buitenhaven van Kolhorn 9 km/h.
Sluis: De Molenkolksluis ten W van Kolhorn in het Kolhornerdiep. Bediening (gratis):

(16 april-16 okt.)	dagelijks	9-13, 13-17.30 h*
(16 okt.-16 april)	ma. t/m vr.	9-17 h, op verzoek**
	zat., zo. en fd.***	gesloten

*   Oproep via drukbel.
** Bediening aanvragen op de voorafgaande werkdag vóór 17 h, tel. (02260) 12 78.
*** Incl. Koninginnedag en 5 mei (Bevrijdingsdag).

Vaarverbindingen:
Voor de Westfriese sluis in de Westfriese Vaart naar Medemblik: zie 'Wieringermeerpolder'.
Voor gegevens over de verbinding met Alkmaar via Langendijk, zie 'Kanaal Alkmaar (Omval)-Kolhorn'.
Voor verbinding met de Ulkesluis naar het Amstelmeer, zie onder 'Waardkanaal'.
Ligplaats: In de gemeentelijke jachthaven, havenmeester dhr. C. Rommers, tel. (02243) 14 79, tarief f 0,75 per m lengte per dag + f 0,75 p.p. toeristenbelasting per nacht (wastafels, douches (f 1,–), toiletten en verhuur van fietsen bij Kaper Watersport).
Motorbrandstof: Aan de jachthaven bij Kaper Watersport, be (sl), die (sl), sbe (sl).
Reparatie: Fa. V. d. Welle en Van Ophem, Waardpolderhogeweg 59/a536, tel. (02243) 12 62, na 17 h 13 06, bub/bib (alle merken).
Kampeerterrein: Jan Toes.
Wasserette en stortplaats chemisch toilet: Aan de jachthaven bij Kaper Watersport, West-Friesedijk 66a, tel. (02243) 19 88 (wasmachines).

Kollum

Gelegen aan het Kollumer Kanaal dat met de Zijlsterrijd de verbinding vormt tussen de Zwemmer (zie aldaar) en de Stroobossertrekvaart. Laagste vaste brug over de Zijlsterrijd, H 2,50 m. 2 vaste bruggen over het Kollumer Kanaal, H 2,90 m. Max.diepgang 1,60 m.
Maximumsnelheid: 6 km/h.
Ligplaats: Jachthaven De Rijd van de W.V. Kollum, aan de N-zijde van het dorp aan de W-oever van de Zijlsterrijd, afmeren aan de Z-oever van de jachthaven, havenmeester J. Merkus, tel. (05114) 5 13 89, tarief f 0,50 per m lengte per nacht (toilet en douche).
Aanlegplaatsen: aan de W-oever van het Kollumer Kanaal te N van de noordelijke vaste brug en ten Z van de zuidelijke vaste brug, W-oever van de Zijlsterrijd ten Z van de jachthaven, tarief f 0,50 per m lengte per nacht.
Trailerhelling en stortplaats chemisch toilet: Bij Jachthaven De Rijd.
Drinkwater: Bij Jachthaven De Rijd.

Kommerzijlsterrijte

Van het Reitdiep ten O van de sluis Electra tot het Van Starkenborghkanaal. Aardig water, D 1,80 m met ondiepten van 1,20 m, vaste bruggen, H 2,90 m. In de zomermaanden ondervindt men hinder van waterplanten. De keersluis in Kommerzijl staat altijd open. Inlichtingen eventueel bij het Waterschap Westerkwartier. Zie ook onder 'Electra'.
Vaarwegbeheerder: Waterschap Westerkwartier, Postbus 12, 9800 AA Zuidhorn, tel. (05940) 46 33.
Maximumsnelheid: 6 km/h.
Aanlegplaatsen: In Niezijl en Kommerzijl aan de kade, gratis.

Kootstertille

Aan het Prinses Margrietkanaal; 7,5 km van het Bergumermeer.
Brug: Ophaalbrug, H 7,30 m. Voor bediening zie onder 'Prinses Margrietkanaal'.
Aanlegplaats: In de Gemeentehaven bij de W.V. Achtkarspelen, havenmeester J. Hamstra, tel. (05121) 14 55, max.diepgang 1,20 m, tarief tot 10 m lengte f 3,–, tot 15 m f 5,– per nacht.
Men dient rekening te houden met de zuiging van grote schepen op het kanaal die dag en nacht passeren.
Hefkraan en scheepshelling: Scheepvaartbedrijf/Jachtservice Van Santen, Mounestrjitte 56, tel. (05121) 20 85, kraan max. 17 ton, aanlegmogelijkheid.

Kornwerderzand

12 km van Harlingen; 5 km van Makkum.
Beheerder: Rijkswaterstaat Directie Flevoland, Postbus 600, 8200 AP Lelystad, tel. (03200) 9 91 11.
Getijstanden: Ten N van de sluizen: gemiddeld LLWS = NAP – 1,30 m; rijzing bij doodtij 1,80 m boven gemiddeld LLWS; bij springtij 2,20 m boven gemiddeld LLWS. Ten Z van de sluizen, zie onder 'IJsselmeer'.
Mistsein: (nautofoon) W-havendam Waddenzijde: hoorn (2) 30s (2 stoten binnen 30 seconden).
Havens: De diepte van de Buitenhaven aan de zijde van de Waddenzee is 2,20 m bij gemiddeld LLWS. De Voorhaven ten N van de sluizen is D 2,70 m bij gemiddeld LLWS. In de Binnenhaven aan de zijde van het IJsselmeer ten zuiden van de sluizen is de betonde vaargeul D IJZP – 4,20 m, buiten de betonde geul D IJZP – 3,80 m. De ten W van de schutsluizen aan beide zijden van de dijk gelegen spuihavens zijn niet voor de scheepvaart bestemd. Het complex van de uitwateringssluizen is zeer kenbaar. Spuien wordt kenbaar gemaakt door drie rode lichten in een gelijkzijdige driehoek (BPR, bijlage 7, H.3 a. en H.3 c.).
Lorentzsluizen: Twee naast elkaar liggende sluizen, D NAP – 4,40 m; IJZP = NAP – 0,20 m. Maximum toegestane diepgang 3,50 m, afhankelijk van de waterstand.
24-uurs bediening, behalve bij:
– een waterstand (Waddenzee) boven NAP + 2,15 m;
– een waterstandsverschil tussen Waddenzee en IJsselmeer van meer dan 2,10 m.
Geen sluisgeld. Door middel van lichten wordt aangegeven in welke sluis men moet schutten. Deze lichten bestaan uit een vast wit licht met daarnaast een flikkerlicht. Men moet de zijde van het knipperlicht kiezen.
Marifoon: Lorentzsluizen, kan. 18.
Bruggen: Beweegbare bruggen ten N van de sluizen boven getijwater, H NAP + 5,10 m. Bediening te allen tijde. Geen bruggeld.
Sluis- en havenmeester: Havenkantoor, tel. (05177) 94 41.
Douane: In Kornwerderzand is geen douanekantoor gevestigd, zie hiervoor 'Harlingen'. Voor douaneformaliteiten zie in de Handleiding van deze Almanak onder 'Douaneformaliteiten'.
Aanlegplaatsen: In de Binnenhaven (IJsselmeerzijde) aan de W-zijde, in de Voorhaven (Waddenzijde) aan de O- en W-zijde, in de Buitenhaven (Waddenzijde) aan de O-zijde een beperkt aantal wachtsteigers (gratis).
De schepen moeten te allen tijde bemand zijn en 's nachts een ankerlicht voeren.
Telefoon: PTT-telefooncel (kaartautomaat) bij de schutsluis.
Trailerhelling: In de Buitenhaven.

Kortenhoef

Bereikbaar over het Hilversumskanaal (zie aldaar); zie ook 'Wijde Blik' en 'Kortenhoefse Plassen'.
Ligplaatsen: Jachthaven Maarten Fokke B.V., havenmeester Maarten Fokke, tel. (035) 56 23 82, max.diepgang 1,80 m, tarief f 1,50 per m lengte per nacht (elektra, toiletten, wastafels en douches (f 1,–))
● jachthaven van Watersportbedrijf De Ankerplaats, havenmeesters dhr. en mevr. de Jager, tel. (035) 56 17 45, alleen tijdens het zomerseizoen voor passanten geopend, tarief f 1,25 per m lengte (elektra, wastafels, douche (f 1,–) en toilet). Beide havens liggen aan de N-oever van het Hilversumskanaal vóór de Kortenhoefse brug bakboord uit. Voor ligplaatsen aan de Wijde Blik, zie aldaar.
Vulstation propaangasflessen: De Kloet, Moleneind 68, tel. (035) 56 04 23.

Reparatie: Jachthaven Maarten Fokke B.V., Kortenhoefsedijk 202, tel. (035) 56 40 50, bib (Volvo Penta, Mercedes, Vetus, Ford, Daf en Perkins), romp/uitr (ht, s, p, a/op de wal + in het water), zeil/tuigage, elek. Zie ook onder 'Wijde Blik'.
Hefkranen: Jachthaven Maarten Fokke B.V., max. 8 ton, max.diepgang 1,80 m, tarief f 35,– per m lengte (in en uit); Watersportbedrijf De Ankerplaats, max. 5 ton, max.diepgang 1 m.
Stortplaats chemisch toilet: Bij Jachthaven Maarten Fokke B.V.

Kortenhoefse Plassen

Dit is een complex veenplassen, bereikbaar via het Hilversumskanaal (zie aldaar). Deze plassen bestaan uit:
De Wijde Blik (zie aldaar).
De volgende plassen die voor motorvaart verboden zijn: Het Wijde Gat ten W van Kortenhoef, D 1,20 tot 1,50 m; de plassen 'Achter de Kerk', D 1,20 tot 1,50 m ten O van Kortenhoef; het Hol (alleen voor kano's), bereikbaar door de Dorpsvaart in Kortenhoef in ZW-richting van het Hilversumskanaal af en van de Wijde Blik uit; natuurgebied, alleen toegankelijk voor leden van de Vereniging tot Behoud van Natuurmonumenten in Nederland (met schriftelijke vergunning).
Raadpleeg de ANWB-waterkaarten 'Vechtplassen' en 'Loosdrechtse Plassen'.

Kortgene

4 km van de Zandkreekdam; 13 km van Veere; zie ook 'Veerse Meer' en 'Zandkreekdam'.
Havens: Aan beide kanten van de vroegere veersteiger ligt een haven.
Haven voor beroepsvaart: Aan de W-zijde met een smalle toegang en achteraan een havenkom met loswallen, D 4,60 m. Geen ligplaats voor jachten maar deze mogen de haven wel aanlopen om te provianderen, tot 16 h.
Ligplaats: Delta Marina, aan de O-zijde van de veersteiger, vooraan wacht- en aanloopsteigers, D 3 m, havenmeester P. Kastelein, tel. (01108) 13 15, tarief f 2,50 per m lengte per nacht (elektra, douches (f 1,–), toiletten en wastafels).
Motorbrandstof: Delta Marina, be (sl), sbe (sl), die (sl).
Vulstation propaangasflessen: Camping De Paardenkreek, Havenweg 1, t.o. de jachthaven.
Reparatie: Delta Marina*, Veerdam 3, tel. (01108) 13 15, bub/bib (alle merken), romp/uitr (ht, s, p/op de wal + in het water), zeil/tuigage, elek; Garage L. J. de Looff, Hoofdstraat 18, bub/bib.
Hefkraan: Delta Marina, max. 16 ton, tarief f 7,90 per m^2.
Trailerhelling: Openbare trailerhelling achter in de beroepsvaarthaven.
Kampeerterrein: De Paardekreek*, Havenweg 1, tel. (01108) 20 51.
Wasserette en stortplaats chemisch toilet: Bij Delta Marina.
Aftappunt vuilwatertank: Bij Delta Marina.

Koudum

2 km van de Fluessen; 2 km van de Morra.
Maximumsnelheid: 6 km/h.
Lig- en aanlegplaatsen: In de gemeentehaven in het dorp, tarief per nacht (tot 15 m lengte incl. toeristenbelasting): tot 7 m lengte f 5,75, tot 8 m f 7,25, tot 9 m f 7,75, tot 10 m f 8,50, tot 12 m f 10,–, tot 15 m f 11,–, vanaf 15 m f 0,50 per m lengte + f 1,– p.p. toeristenbelasting
● gemeentelijke aanlegplaatsen aan de Koudumervaart ten N van de brug tot de Zwarte Woude, tarief zie gemeentehaven in het dorp
● Jachthaven Friesland Boating, havenmeester N. Rijk, tel. (05142)

26 07/26 09, tarief f 2,50 per m lengte per nacht (elektra) ● Jachthaven De Jister, tel. (05142) 13 91, tarief tot max. 10 m lengte f 5,– per nacht (toiletten, douches en wastafels) ● Jachthaven van 't Berghout V.O.F. aan de Koudumervaart, max.diepgang 1,50 m, tarief f 1,– per m lengte (toilet) ● Jachthaven De Kuilart (zie onder 'Galamadammen').
Drinkwater: In de gemeentehaven; bij 't Berghout V.O.F.
Reparatie: Friesland Boating, De Tille 5, tel. (05142) 26 07/26 09, bib (Bukh, Daf), romp/uitr (ht, s, p, a/op de wal + in het water), dagelijks geopend, 24-uurs service; 't Berghout V.O.F., Kramerswei 6, tel. (05142) 17 22, bib (Mitsubishi, Daf, Vetus, Ford en alle oude merken), romp/uitr (ht, s/op de wal + in het water), scheepshelling tot 40 ton, tarief vanaf f 275,–; Scheepstechnisch Bureau Thermopilae, Kramerswei 8, tel. (05142) 20 15, bub (Yamaha), bib (Volvo Penta, Yanmar, Solé, Vetus, Farymann, Nanni en Ruggerini), romp/uitr (ht, s, p/op de wal + in het water), elek.
Hefkranen: Friesland Boating, max. 20 ton, tarief f 350,– per handeling; Jachthaven De Jister, Beukenlaan 62, max. 1 ton, tarief f 25,– per keer; 't Berghout V.O.F., max. 1 ton, max.diepgang 1,50 m, tarief f 40,–; S.T.B. Thermopilae, Kramerwei 8, max. 4 ton, max.diepgang 1,20 m.
Trailerhelling: Friesland Boating, max. 40 ton, tarief f 15,–.
Kampeerterrein: Bij Jachthaven De Jister.

Kraaijenbergse Plassen

Aan de Maas (zie aldaar), toegang bij kmr 167 Lo.
Grindafgravingen, bereikbaar via de invaart aan de W-zijde van de Industriehaven Cuijk (met openstaande keersluis, max.hoogte 10,30 m). Zij omvatten thans vijf plassen.
Over de toegang tot de 1e plas ligt een vaste brug, H 7,60 m, over de 2e plas een vaste brug, H 8,76 m en een hoogspanningskabel, H 8 m, over de 3e plas een vaste brug, H 7,60 m. De betonde vaargeul is 3,50 m diep. In de plassen wordt nog gewerkt en de toegang voor de recreatievaart is dan ook alleen toegestaan indien niet storend. Op deze plassen is de 'Politieverordening Kraaijenbergse Plassen' van toepassing; het innemen van een ligplaats is uitsluitend toegestaan op de aangegeven locaties.
Vaarwaterbeheerder: Gemeente Cuyk en Sint Agatha, Postbus 10001, 5430 DA Cuyk.
Maximumsnelheid: 9 km/h.
Ligplaatsen: Bij W.V. Kraaijenbergse Plassen, aan de 1e plas, voorbij de brug aan bakboord, tel. (08850) 2 02 60, tarief f 1,– per m lengte per nacht (elektra, toiletten, wastafels en douches (f 1,–)), geopend van 1 april-1 nov. ● Watersportcentrum 't Kraayennest, aan de 3e plas direct na de brug aan bakboord, tarief op aanvraag ● gemeentelijke aanlegsteiger direct ten N van het Watersportcentrum aan de 3e plas, beheerder Gemeente Beers, tarief op aanvraag, max.verblijfsduur van zonsopgang tot zonsondergang (toiletten).
Drinkwater: Aan de gemeentelijke aanlegsteiger.
Motorbrandstof: Jachtwerf Gebr. Vissers, direct achter de keersluis aan stuurboord (Industriehaven Cuijk), die (sl) (zo. gesloten).
Reparatie: Jachtwerf Gebr. Vissers, Keersluisweg 15 (Industriehaven Cuijk), tel. (08850) 2 01 68, romp/uitr (s/in het water), alleen op zo. gesloten; Jachtwerf Bendie, in de nabijheid van de jachthavens.
Trailerhelling: Bij de gemeentelijke aanlegsteiger, tarief op aanvraag; W.V. De Kraaijenbergse Plassen, max. 12 ton.
Hefkraan: W.V. De Kraaijenbergse Plassen, max. 12 ton, max.diepgang 2 m.
Kampeerterrein: Camping 't Loo, t.o. Watersportcentrum 't Kraayennest, Hardweg 10, Linden.

Wasserette en stortplaats chemisch toilet: Bij W.V. Kraaijenbergse Plassen.
Aftappunt vuilwatertank: Bij W.V. Kraaijenbergse Plassen.

Kralingse Plas

Aan de NO-zijde van Rotterdam. Zie ook onder 'Rotterdam'.
Algemeen: Deze plas, die ongeveer een vierkant vormt met zijden van ruim 1 km, is bijna uitsluitend van belang voor de plaatselijke watersport. De diepte bedraagt ongeveer 2 m.
Vaarwaterbeheerder en -vergunning: Krachtens de 'Pleziervaartuigenverordening Rotterdam' is een vergunning vereist voor schepen met een lengte van 4,50 m en/of een motorvermogen van 4 pk of meer.
Een jaarvergunning (f 25,60) is aan te vragen bij de Gemeente Rotterdam, Dienst Recreatie, Coolsingel 6, kamer 518, Rotterdam, tel. (010) 4 17 28 27; een weekvergunning (f 4,–) kan men o.m. aanvragen op de betreffende sluizen.
Schepen, langer dan 10 m mogen van 1 april-okt. niet in dit gebied varen.
Maximumsnelheid: 6 km/h.
Pleziervaartuigenverordening: Het is verboden om buiten een jachthaven langer dan 3 achtereenvolgende dagen op dezelfde plek te liggen of het schip langer dan 6 achtereenvolgende uren onbemand te laten. Het is verboden aan te leggen of te ankeren in de rietkragen bij de oever.
Sluis: Kralingse Verlaat, diepte varieert van 1,20 tot 1,45 m.
Bediening:

(16 april-16 okt.)	ma. t/m do.	9-17 h
	vr., zat., zo. en fd.	6-22 h
(16 okt.-16 april)	ma. t/m zat.	9-17 h
	zo. en fd.	gesloten

Ligplaatsen: Rotterdamsche Z.V., havenmeester dhr. Ter Napel, tel. (010) 4 52 95 03, max.diepgang 1,50 m, tarief f 1,– per m lengte per etmaal (elektra, toiletten, douches en wastafels) ● Kralingsche Zeilclub, tel. (010) 4 52 20 80, tarief f 1,– per m lengte per nacht (KNWV-leden 2 nachten gratis) (elektra, toiletten, wastafels en douches) ● W.V. Boudewina, tel. (010) 4 52 12 40, tarief f 0,50 per m lengte per nacht (1e nacht gratis, max.verblijfsduur 3 dagen) (elektra, toiletten, douches en wastafels) ● W.V. Rotterdam, tel. (010) 4 52 00 78, tarief f 5,– per dag (KNWV-leden 3 dagen gratis) (elektra, toiletten, douches en wastafels) ● W.V. Aeolus, havenmeester S. Klein, tel. (010) 4 12 43 28, tarief f 2,50 per nacht (elektra, toilet, douches en wastafels) ● W.V. VZOD, tel. (010) 4 52 49 27 ● Gemeentelijke recreatieve ligplaatsen ● Jachtwerf Oceaan (toilet).
Drinkwater: Tappunt nabij de sluis.
Reparatie: Jachtwerf Oceaan, Kralingse Plaslaan 149, tel. (010) 4 52 03 41, bub (Yamaha), bib (Yanmar), romp/uitr (ht, s, p/op de wal + in het water), helling tot 8 ton; Jachtwerf Zaal, Kralingse Plaslaan 155, romp/uitr (ht), helling tot 10 ton; Jachtwerf Herni, Kralingse Plaslaan 141, romp/uitr (p).
Hefkraan: Rotterdamsche Z.V., in overleg met de havenmeester, max. 800 kg, max. diepgang 0,80 m, tarief f 15,– (speciaal voor wedstrijdboten, heffen met staande mast mogelijk).
Trailerhelling: Rotterdamsche Z.V., na overleg met de havenmeester, max. 200 kg (speciaal voor wedstrijdboten).
Stortplaats chemisch toilet: Bij Jachtwerf Oceaan.

Krammersluizen (Philipsdam)

4 km van Bruinisse; 20 km van de Volkeraksluizen.
Voor de aansluitende wateren zie 'Volkerak', 'Zijpe', 'Zoommeer', 'Schelde-Rijnverbinding' en 'Oosterschelde'.
De beroepsvaartsluizen in het Krammersluizencomplex zijn sinds begin 1987 in gebruik; de zuidelijke jachtensluis sinds half 1987. Sinds de sluiting van de Philipsdam zijn het Volkerak, de Schelde-Rijnverbinding tot de Kreekraksluizen en het Zoommeer vrij van getij met een vaste waterstand, gelijk aan NAP.
Het Krammersluizencomplex is voorzien van een zout-zoetscheidingssysteem. Hierdoor ontstaan schuttijden die langer zijn dan bij conventionele sluizen.
Beheerder: Rijkswaterstaat Directie Zeeland, Postbus 5014, 4330 KA Middelburg, tel. (01180) 8 60 00.
Bijzondere bepalingen: Op de aansluitende wateren gelden bijzondere bepalingen: zie 'Volkerak', 'Zijpe', 'Zoommeer', 'Schelde-Rijnverbinding' en 'Oosterschelde'.
Beroepsvaartsluizen en jachtensluizen: Het sluizencomplex bestaat thans uit (van N naar Z): twee jachtensluizen (elk 75 m x 9 m) met in de kolk ruimte voor 15 à 20 jachten en twee beroepsvaartsluizen (elk 280 m x 24 m).
Waterstanden: Ten O van de sluizen is de waterstand constant en gelijk aan NAP, doch er kunnen peilvariaties optreden van NAP – 0,25 m tot NAP + 0,05 m. Ten W van de sluizen (Zijpe-zijde):
GHW = NAP + 1,64 m; GLW = NAP – 1,39 m.
Bediening: Gratis. De jachtensluizen worden van 1 april-1 oktober dagelijks bediend van 7-22 h. Buiten deze periode en in geval van stremmingen ofwel groot aanbod wordt men door één van de beroepsvaartsluizen geschut.
De beide beroepsvaartsluizen worden dagelijks bediend van 6-22 h; van 22-6 h is slechts één beroepsvaartsluis in gebruik.
In de maanden juli en augustus dient men rekening te houden met wachttijden door druk recreatieverkeer.
Marifoon: Kan. 22. De recreatievaart wordt verzocht via de marifoon uit te luisteren, doch uitsluitend in bijzondere gevallen (hoge en/of diepstekende recreatievaart) van de marifoon gebruik te maken. Indien men de sluis verlaat richting Oosterschelde en over een marifoon beschikt, dan heeft men de plicht om op kan. 68 uit te luisteren.
Aanlegvoorzieningen: De vier sluizen zijn voorzien van haalkommen, haalpennen en ladders. Achter de ladders in de beroepsvaartsluizen zijn intercoms voor communicatie met de centrale bediening aangebracht.
In de voorhavens van de jachtensluizen zijn aan beide zijden drijvende steigers aangebracht, waaraan men 3 à 4 dik kan meren. Via een loopbrug kan men de vaste wal bereiken. De steigers zijn voorzien van praatpalen voor communicatie met de centrale bediening.
In de beide voorhavens van de beroepsvaartsluizen is t.b.v. recreatievaart een steiger van 60 m aangelegd, waarlangs aan beide kanten kan worden gemeerd (overnachten niet toegestaan). Verder geleidewerken en wachtplaatsen voor de beroepsvaart.
Richtingaanwijzingen: In principe zal de recreatievaart van 1 april-1 okt. door de jachtensluizen schutten. Incidenteel zal verwezen worden naar de beroepsvaartsluizen. De route voor de recreatievaart naar de voorhaven van de sluizen waarmee geschut zal worden, is op de kop van de havendammen aangegeven door een verlichte pijl met onderbord 'sport'. Ook in de voorhavens van de beroepsvaartsluizen is een dergelijk aanwijzingsteken geplaatst om aan te geven met welke sluis (stuurboord of bakboord) de recreatievaart kan meeschutten.

Doorvaarthoogten en drempeldiepten van de sluizen:
– Jachtensluizen: Vaste brug over de O-zijde van de sluizen (vast peil). De beschikbare doorvaarthoogte (ca. H 18,30 m) wordt vermeld op een matrixbord op de overbrugging.
Drempeldiepten O-zijde: NAP – 2,70 m; W-zijde NAP – 3,70 m. De max. toegestane diepgang voor de recreatievaart is 2 m bij een waterstand op het Zijpe van NAP – 1,50 m of hoger. Drempeldiepten aan de Zijpe-zijde worden middels matrixborden op de Jachtensluizen aangegeven.
– Beroepsvaartsluizen: De overbrugging is gesitueerd aan de O-zijde juist buiten de kolken (vast peil). Bij de N-kolk ligt een beweegbare brug, doorvaarthoogte in gesloten toestand NAP + 13,50 m. Bij de Z-kolk ligt een vaste brug, doorvaarthoogte NAP + 14,15 m.
Drempeldiepten: Beide sluizen aan beide zijden NAP – 6,25 m. Max. toegestane diepgang 4,75 m.
Zout-zoetscheidingssysteem (vastmaken in de sluizen): Onder normale omstandigheden ondervindt de recreatievaart tijdens het schutten en het uitwisselen van zout naar zoet water (of omgekeerd) geen hinder van dwarskrachten en stromingen in de kolken. Wel moet de nodige aandacht worden besteed aan het goed vastmaken. Bij het in- en uitvaren van de sluis richting Zijpe (W-zijde) kunnen als gevolg van het uitwisselen van zoet naar zout water langsstromingen optreden.
Open vuurverbod: Op het gehele sluizencomplex, incl. steigers en sluisterrein, geldt een open vuur-/rookverbod.
Telefooncellen: Op het W-middenhoofd tussen de beide beroepsvaartsluizen (gehele jaar).

Kreekraksluizen
Zie ook onder 'Schelde-Rijnverbinding'.
Beheerder: Rijkswaterstaat Directie Zeeland, Postbus 5014, 4330 KA Middelburg, tel. (01180) 8 60 00.
Kaartje: Is opgenomen onder 'Schelde-Rijnverbinding'.
Bijzondere bepalingen: Zie onder 'Schelde-Rijnverbinding'.
Marifoon: Kreekraksluizen, kan. 20.
Douane: Voor jachten op doorvaart naar de Schelde kunnen de scheepvaartrechten op de Kreekraksluis bij de Fa. Comex tel. (01135) 17 51 betaald worden.
Voor douaneformaliteiten zie in de Handleiding van deze Almanak onder 'Douaneformaliteiten'.
Waterstand: Ten N van de sluizen gelijk aan NAP, doch er kunnen peilvariaties optreden van NAP – 0,25 m tot NAP + 0,05 m. Ten Z van de sluizen NAP + 1,80 m, met kleine peilvariaties.
Sluis: Kreekraksluizen bestaande uit twee schutkolken naast elkaar (elk 325 m x 24 m), tel. (01135) 90 00. De sluizen zijn uitgerust met hefdeuren, waarvan de doorvaarthoogte afgestemd is op de bruggen over de Schelde-Rijnverbinding. Hoogte bruggen zuidelijk van de Kreekraksluizen NAP + 10,90 m.
Bediening (gratis):
Beide schutkolken dagelijks van 6-22 h. Van 22-6 h is slechts één schutkolk in bedrijf.
De sluizen zijn uitgerust met een zout-zoetscheidingssysteem. Onder normale omstandigheden zal de recreatievaart geen hinder van dwarsstromingen ondervinden. Wel moet de nodige aandacht worden besteed aan het goed vastmaken.
Gebruik van niet-drijvende stootkussens zoals autobanden is verboden.
Communicatie: Het melden via de marifoon (kan. 20) of via de praatpalen op de geleidewerken is verplicht. In de sluiskolk zijn, achter de

ladders, intercoms. Men behoeft slechts aan het touw te trekken om mondeling contact met de sluiswachters te krijgen. Let op de mededelingen via het omroepsysteem.
Open vuurverbod: Op het gehele sluizencomplex, incl. steigers en sluisterrein, geldt een open vuur-/rookverbod.
Aanlegplaats: Kleine jachtensteiger aan de Z-zijde van de sluizen, achter het lange remmingwerk aan de O-kant (Let op de fuiken!).

Krimpen a. d. Lek

11 km van Rotterdam; aan de Lek (zie aldaar), kmr 989 Ro.
Getijstanden: GHW varieert van NAP + 1 m tot + 1,25 m, GLW = NAP – 0,35 m.
Ligplaatsen: Aan de Lek, ca. 150 m stroomopwaarts van het pontveer Krimpen-Kinderdijk ● Jachthaven 't Balkengat van W.S.V. Smit-Kinderdijk, havenmeesters, A. Neven/H. de Visser, havenkantoor op de woonark in de haven, tel. (01807) 1 55 62, tarief f 1,25 per m lengte per etmaal, diepte haveningang 1,50 m bij GLW (elektra, toilet, douche (f 1,–) en wastafels) ● Jachthaven van W.V. De Lek, max.diepgang 1,50 m bij GLW, havenmeester tel. (01807) 2 47 21, tarief f 1,– per m per etmaal (elektra, toiletten, douche (f 1,–) en wastafels).
Van hieruit kan men via pontveer het molengebied (20 molens) in Kinderdijk bezoeken. Er is geen andere meergelegenheid in de buurt.

Krimpen a. d. IJssel

Aan de Hollandse IJssel (zie aldaar); 9 km van Rotterdam; 16 km van Gouda.
Vaarwegbeheerder: Rijkswaterstaat, Directie Zuid-Holland, Boompjes 200, 3000 AN Rotterdam, tel. (010) 4 02 62 00. Voor nautische informatie: Regionale Verkeerscentrale Dordrecht, tel. (078) 13 24 21 of marifoonkan. 71, roepnaam 'post Dordrecht' (24 uur).
Getijstanden: GHW = NAP + 1,19 m; GLW = NAP – 0,26 m.
Stormvloedkering en Algerasluis en -brug: Bij Krimpen a. d. IJssel ligt een stormvloedkering met vaste brug en daarnaast een sluis met basculebrug. Zie onder 'Hollandse IJssel'.
Doorvaartroutes: Er zijn twee mogelijkheden om van Krimpen a. d. IJssel naar de Nieuwe Maas te varen:
– Over grootscheepsvaarwater via de Hollandse IJssel.
– Binnendoor, door de Sliksloot (ingang ca. 200 m benedenstrooms van het stormvloedkeringscomplex). Vaste brug over de Sliksloot, H NAP + 3,50 m (= ca. 2,30 m bij GHW). Aan het W-landhoofd van de brug is een peilschaal met doorvaarthoogte aangebracht. Vervolgens door de Bakkerskil met vaste brug, H NAP + 3,50 m (peilschaal is op de splitsing Sliksloot/Bakkerskil geplaatst).
Ligplaatsen: Aan de passantensteiger van W.V. De Hollandse IJssel, ten O van de vaste brug over de Sliksloot, havenmeester dhr. Hofwegen, tel. (01807) 1 17 24, tarief f 1,25 per m lengte per nacht (elektra, douche (f 1,–), wastafels en toilet).

Kromme Mijdrecht

Landschappelijk vaarwater dat de verbinding vormt tussen de Amstel, Woerdense Verlaat en de Heinoomsvaart. Enige beroepsvaart mogelijk. Diepte varieert van ca. 2 m in de vaargeul tot 1,20 m daarbuiten.
Vaarwegbeheerder: Hoogheemraadschap Amstel en Vecht, Postbus 97, 1190 AB Ouderkerk a. d. Amstel, tel. (02963) 31 53.
Maximumsnelheid: 9 km/h.
Brug: Draaibrug H 0,70 m, met vaste overspanningen H 1,05 m, over de Kromme Mijdrecht.
Bediening: (gratis)

(16 april-16 okt.)	ma. t/m vr.	6-21 h
	zat.	6-13, 14-21 h
	zo. en fd.	8-13, 14-20 h
(16 okt.-16 april)	ma. t/m vr.	6-19 h
	zat.	6-13 h
	zo. en fd.	gesloten

Bij drukke recreatievaart wordt de brug slechts bediend wanneer verschillende recreatievaartuigen tegelijk kunnen worden doorgelaten. Max.wachttijd 30 min.
Aanlegplaatsen: Op een zevental plaatsen langs de Kromme Mijdrecht zijn meermogelijkheden zonder voorzieningen.

Krommenie
Aan de Nauernase Vaart (zie aldaar); 4 km van Westzaan; 3 km van Knollendam.
Aanlegplaats: Aan de kade langs de Nauernase Vaartdijk. Tarief f 4,– per etmaal.
Bruggen: Zie 'Nauernase Vaart'.
Sluis: De Noordersluis in de W-oever van de Nauernase Vaart ten N van Krommenie geeft toegang tot de wateren van de Krommeniër Woudpolder. Bediening dagelijks van 7-9 en 17-19 h. Buiten deze tijden na afspraak met de sluiswachter, tel. (075) 28 36 46. Sluisgeld f 1,–.
Maximumsnelheid: In de Krommeniër Woudpolder 6 km/h, tijdens het broedseizoen (tot 15 juni) is motor- en zeilvaart verboden.
Drinkwater: Aan het NW-remmingwerk van de Vaartbrug, waterautomaat f 1,– per 250 liter.

Kromme Rijn
Van Wijk bij Duurstede naar Utrecht 27 km. Geen verbinding met de Lek in Wijk bij Duurstede (inlaatsluis, geen doorvaart), D 0,80-1,20 m. Zeer aantrekkelijk vaarwater voor kleine vaartuigen, doch eerder voor kano's dan voor motorboten (beperkt vaarwater).
Vaarwaterbeheerder: Waterschap Hoogheemraadschap De Stichtse Rijnlanden, Postbus 1054, 3430 BB Nieuwegein, tel. (03402) 8 29 00.
Bruggen en sluizen: Sluizen in Werkhoven en Cothen. Vaste bruggen, laagste brug H 1,70 m.
Sluisbediening (gratis):

ma. t/m zat.	op verzoek
zo. en fd.	gesloten

Maximumsnelheid: 6 km/h.
Motorvaart: Uitsluitend met vergunnning; slechts aan boten met klein motorvermogen wordt vergunning verstrekt (oeverbescherming). Vergunning schriftelijk aanvragen bij het Waterschap Hoogheemraadschap De Stichtse Rijnlanden, Postbus 1054, 3430 BB Nieuwegein, tel. (03402) 8 29 00.
Afmeren langs de oevers van de Kromme Rijn is niet toegestaan.

Kruiningen
Aan de Westerschelde (zie aldaar); 2,5 km ten O van Hansweert.
Haven: Deze haven is alleen voor de veerdienst op Perkpolder bestemd. Verboden toegang voor de overige scheepvaart.

Kuinre
8 km van de Ossenzijlstersloot. Zie ook 'Linde' en 'Tjonger'.
Bereikbaar over de Linde en de Tjonger met een max. toegestane

diepgang van 1 m, laagste vaste brug, H 2,65 m. In Kuinre is de vaarverbinding tussen de Tjonger en de Linde hersteld. Een nieuwe schutsluis met beweegbare brug en 4 vaste bruggen, H 2,75 m, zijn in 1990 in gebruik genomen.
Sluis en brug (bb): Breedte 5,50 m, lengte 30 m. tel. (05271) 17 92. Bediening sluis en brug:

(16 april-16 okt.)	dagelijks	9-12, 13-19 h
(16 okt.-16 april)*	dagelijks	gesloten

* Gedurende de herfstvakantie bediening als in de periode van 16 april-16 okt.
Lig- en aanlegplaatsen: Aan de Linde tussen de Rondebroekbrug en de Nieuwstadbrug in het dorp, O- en W-oever, max.verblijfsduur 2 x 24 h ● Jachthaven W.V. De Oude Haven aan de ZW-zijde van het dorp, ten W van de sluis, havenmeester M. Pit, tel. (05271) 16 00, tarief tot 7$\frac{1}{2}$ m lengte f 5,–, langere schepen f 7,50 per nacht (toiletten, douches en wastafels) ● buiten het dorp aan de Linde en de Tjonger, zie aldaar. Het is verboden ligplaats te nemen buiten de speciaal daarvoor aangegeven gedeelten van de oever.
Drinkwater: Nabij de aanlegplaatsen.
Motorbrandstof: Tankstation op loopafstand van de jachthaven, be, die, sbe.
Reparatie: In overleg met de havenmeester (of sluiswachter) van de Jachthaven W.V. De Oude Haven.
Trailerhelling: Jachthaven W.V. De Oude Haven, Sasplein 3, tarief f 25,– per handeling.
Kampeerterrein: Bij Jachthaven W.V. De Oude Haven.
Wasserette, stortplaats chemisch toilet en aftappunt vuilwatertank: Bij Jachthaven W.V. De Oude Haven.

Laag Keppel

Aan de Oude IJssel (zie aldaar); 7 km stroomopwaarts van sluis Doesburg; 5,5 km stroomafwaarts van de Gaswalbrug in Doetinchem.
Doorvaartroute: Bedding ten Z van het Kasteel Keppel met ophaalbrug, H 0,90 m. In de oude rivierarm ten N van het kasteel ligt een dam. De toegang tot deze oude rivierarm is verboden.
Voor bediening ophaalbrug: zie 'Oude IJssel'.

Laaxum

Vissershaven aan het IJsselmeer; 5 km ten ZO van Stavoren.
De haven is van zee uit herkenbaar aan wat geboomte bij boerderijen achter de haven.
Voor de haven ligt het Vrouwenzand, waar hier en daar slechts 0,80 m water staat bij IJZP. Door op- of afwaaien van het water kan de waterstand aanzienlijk verschillen.
Bij windrichtingen, variërend tussen ZO en ZW, loopt hier reeds spoedig een woelige zee. Het is gevaarlijk de haven binnen te lopen zonder plaatselijke bekendheid.
Men kan de haven het beste naderen uit W-richting, nl. van de rode lichtboei (4,5 km ZW van en in de lichtenlijn van Stavoren) aanhouden op het Rode Klif tot op ca. 100 m van de strekdammen. Indien men daar een te geringe diepte meet kan men door verder de wal in te sturen veelal dieper water bereiken. Zodra men deze strekdammen voorbij is stuurt men weer geleidelijk verder uit de wal om met een grote bocht de haven aan te lopen.
Men kan ook van Stavoren uit evenwijdig langs de kust varen, ongeveer 1,8 km daarvan verwijderd tot men de haven peilt in de richting 37° (= 40° magn.). Dan kan men recht op de haven aansturen. Tot vlak

vóór de haventoegang is de minste diepte 1,70 m, voor de monding 1,10 m, in de haven 1,50 m.
De haveningang ligt tussen twee korte dammen, die N-Z lopen en is 17 m breed. Geen lichten.
Ligplaats: Alleen de NO-zijde van de haven is beschoeid. Hier kan gemeerd worden. Tarief per nacht (tot 15 m lengte incl. toeristenbelasting): tot 7 m lengte f 5,75, tot 8 m f 7,25, tot 9 m f 7,75, tot 10 m f 8,50, tot 12 m f 10,–, tot 15 m f 11,–, vanaf 15 m f 0,50 per m lengte + f 1,– p.p. toeristenbelasting.
Voor levensmiddelen is men aangewezen op het plaatsje Warns, dat op 2,5 km afstand ligt.

Lage Zwaluwe
Aan de Amer, kmr 262 Lo; 3,5 km ten O van de Moerdijkbruggen.
Maximumsnelheid: 20 km/h, m.u.v. het gedeelte tussen kmr 252 en kmr 262,5. Hier geldt géén snelheidsbeperking. Waterskiën is verboden. Raadpleeg tevens de 'Handleiding' van deze Almanak onder 'Snelle motorboten en Waterskiën'.
Haven: Ingang kenbaar aan boomgroep en een groen vast licht op de W-oever en een rood vast licht op de O-oever. D NAP – 3 m.
Brug: Aan het einde van het havenkanaal, vaste brug, H NAP + 5 m.
Waterstand: Bij gemiddelde rivierafvoer varieert de waterstand dagelijks van NAP + 0,60 m tot NAP + 0,35 m; bij lage rivierafvoer van NAP + 0,35 m tot NAP + 0,15 m. Zie tevens onder 'Haringvliet'.
Ligplaatsen:
– In de havenmond, W-oever ● Jachthaven Watersport Service, havenmeester J. Crezée, tel. (01684) 23 56, tarief f 1,– per m lengte per nacht, max.diepgang 3 m (elektra, toilet, douche (f 1,50) en wastafels).
– Voorbij de vaste brug bakboord uit door de smalle Binnenhaven, D NAP – 1,70 m, in de ruime jachthaven, waar gevestigd zijn ● Jachthaven Crezée B.V., havenmeester P. Lathouwers, tel. (01684) 26 15, tarief f 1,– per m lengte per nacht (douche, toilet, wastafels en elektra) ● Jachthaven 't Zwaluwnest, havenmeester dhr. Soeters, tel. (01684) 23 67, marifoonkan. 31, max.diepgang 1,20 m, tarief f 1,25 per m lengte per nacht (elektra, toiletten, wastafels en douches (f 1,–))
● Jachthaven Dubbelman, aan het einde van de haven aan stuurboord, havenmeester F. Voncken, tel. (01684) 23 17/ 42 34, tarief f 1,– per m lengte per nacht, max.diepgang 1,50 m (elektra, toilet en wastafels).
Motorbrandstof: Watersport Service, be (sl), sbe (sl), die (sl) (van 1 april tot 1 okt. op zo. geopend).
Reparatie: Jachtwerf Rima (voorbij de brug), tel. (01684) 25 80, bib/bub, romp/uitr (ht, s, p), helling max. 15 ton, max.diepgang 1 m; Jachthaven 't Zwaluwnest, Kwistgeldweg 1, tel. (01684) 23 67, bub (Evinrude), bib (Yanmar en Farymann, hydraulische wagen, max. 20 ton, tarief f 10,– per m lengte.
Trailerhellingen: Watersport Service, Biesboschweg 3, tarief f 10,– per keer (in en uit); Jachthaven Dubbelman, Amerweg, tel. (01684) 23 17/42 34, max. 15 ton, tarief f 10,– (in en uit); Jachthaven 't Zwaluwnest, max. 2 ton, tarief f 6,–.
Botenliften: Watersport Service, max. 25 ton, tarief f 14,20 per m lengte voor kielboten, f 11,85 per m lengte voor boten zonder kiel, max.diepgang 1,50 m (liften met staande mast mogelijk); Jachthaven Crezée B.V., max. 10 ton.
Stortplaats chemisch toilet: Bij Jachthaven Crezée B.V.; bij Watersport Service.

Landsmeer
Zie ook 'Oostzaan' en 'Ilp, Den'; 3 km ten W van het Noordhollandskanaal.
Maximumsnelheid: 5 km/h.
Toegangsroutes: Van het Noordhollandskanaal uit bereikbaar via:
- Vaste brug nr. 15, H 2,16 m, ten N van Watergang.
De vaarweg leidt dan over de Banscheiding (de Van Zonbrug), waarna men via Den Ilp (voor brugbediening zie 'Ilp, Den') de Kerkebreek kan bereiken.
- Vaste brug nr. 14, H 1,90 m, ten Z van Watergang; alleen geschikt voor kleine zeil- en motorboten.
- Vaste brug nr. 16, H 1,70 m, ten Z van Ilpendam; minder goed bevaarbaar.

Bruggen: Over de Nog- of Gortersloot liggen enige vaste bruggen, waarvan de laagste H ca. 0,80 m. Over de doodlopende vaart, D 0,80 m, vanaf de ZO-zijde van de Kerkebreek richting het Luiendijkje, ligt een vaste brug (brug Sportlaan), H 1 m.
Sluis: Luiendijksluis tussen Kerkebreek en Westplas, bediening: gehele jaar dagelijks tussen 8 en 20 h.
Sluisgeld voor vaartuigen t/m 15 ton f 1,50, bij zondagsbediening 50% extra.
Ligplaatsen: Jachthaven Robinson B.V., aan de Kerkebreek bij de vaste brug ter hoogte van de Gortersloot (of Nogsloot), havenmeester J. Hartog, tel. (02908) 2 13 46, max.diepgang ca. 2 m, tarief f 10,– per etmaal (elektra, toiletten en wastafels) ● W.V. De Breek, aan het Luyendijkje, aan de O-zijde van de sluis, 2 dagen gratis (toiletten).
Aanlegplaatsen: Aan de ZO-zijde van Landsmeer aan de kade en steigers in de Nieuwe Gouw richting Amsterdam, D 1,50 m. Over deze vaart ligt een beweegbare brug (brug Van Beekstraat, bediening op verzoek door de bewoners van Van Beekstraat 87, bruggeld f 11,75,–). Het is verboden in het Ilperveld of aan de Kerkebreek buiten de jachthavens te meren.
Reparatie: Jachthaven Robinson B.V.*, Dorpsstraat 6, tel. (02908) 2 13 46, romp/uitr (ht, s/op de wal + in het water); Jachtwerf De Gouw, Van Beekstraat 98, romp/uitr; Ivobo, Kanaaldijk, romp/uitr; Fa. Cobra, eig. C. Brandenburg, Van Beekstraat 124b, bub; V. Vught, Van Beekstraat 78a, zeil/tuigage.
Hefkraan: Jachthaven Robinson B.V., dagelijks geopend van 9-18 h, max. 1^{1}/$_{2}$ ton, max.diepgang 2,50 m, tarief f 75,–.

Langeraar
1 km van het Aarkanaal; 3 km van het Braassemermeer; zie ook 'Aarkanaal' en 'Leidse Vaart'.
Toegang tot de N-plas en de Z-plas van de Langeraarse Plassen vanaf het Aarkanaal aan het Papenveer door een vaste brug, H 1,50 m, en daarna een schutsluisje, dat men zelf moet bedienen. Geen brug- en sluisgeld.
De plassen zijn zeer moeilijk te bereiken vanwege de vaste bruggen en de nauwe en ondiepe toegangssloten.
Vaarvergunning: Zonder schriftelijke vergunning met sticker van het Waterschap De Oude Rijnstromen, Postbus 160, 2350 AD Leiderdorp, is dit gebied verboden. Voor motorvaartuigen tot max. 6 pk kan vergunning vooraf schriftelijk worden aangevraagd bij genoemd Waterschap of direct op het secretariaat, Hoofdstraat 1-3, Leiderdorp. Kosten f 26,– per jaar.
Motorvaart: Alle motorvaart is 's nachts verboden, nl. vanaf 19.30 h (1 okt.-1 mrt.), vanaf 21 h (1 mrt.-1 juni en 1 sept.-1 okt.) en vanaf 22 h (1 juni-1 sept.) tot zonsopgang.
Ligplaats: Jachthaven Riva van W.V. Langeraar, aan de W-zijde van

de Z-plas, havenmeester W. Valentijn, tel. (01722) 21 17, max.diepgang 0,90 m, 1e dag gratis, daarna f 10,– per etmaal (toiletten en wastafels).
Hefkraan: Jachthaven Riva, Langeraarseweg 55, max. 500 kg, tarief f 150,– (heffen met staande mast mogelijk).

Lange Sloot
Verbinding tussen de Grote Brekken en de Ee (of Boomsvaart) naar Sloten.
Vaarwegbeheerder: Provincie Friesland, Gedempte Keizersgracht 38, 8911 KL Leeuwarden, tel. (058) 92 59 25.
Maximumsnelheid: 9 km/h.
Brug: Beweegbare Rengersbrug, H 1,20 m. Bruggeld f 2,50.
Bediening:

(april en oktober)	ma. t/m zat.	9-12, 13.30-18 h
	zo. en fd.	9-12, 14-18 h
(1 mei-1 okt.)	ma. t/m zat.	9-12, 13.30-19 h
	zo. en fd.	9-12, 14,18 h
(1 nov.-1 april)	ma. t/m vr.	8-18 h, op verzoek*
	zat.	8-12 h, op verzoek*
	zo. en fd.	gesloten

* Bediening aanvragen tijdens kantooruren bij tel. (05146) 13 31 of marifoonkanaal 11, buiten kantooruren tel. (06) 52 91 01 92.
Ligplaats: Aan de door de Marrekrite ingerichte plaats aan de landtong nabij de verwijding, waar de Lange Sloot overgaat in de Ee aan de Z-oever. Deze ligplaats is voldoende diep.

Langweer
9 km van Sneek; 4 km van Scharsterbrug; 5 km van Joure; zie ook 'Langweerderwielen'.
Bruggen: Zie 'Langweerderwielen'.
Ligplaatsen:
– In de haven van het dorp. Bij het invaren moet men, speciaal vanaf de laatste tonnen, binnen de aangegeven vaargeul blijven. De diepte van de vaargeul naar Langweer is 1,75 m. ● Men kan aanleggen in de nieuwe aangelegde passantenhaven tegen de stenen ZW-kade of tegen de NW-wal. Tarief van f 5,50 tot f 10,– (ca. f 1,– per m lengte) al naar gelang de bootlengte en aantal opvarenden per nacht (toiletten, wastafels en douches).
– In Boornzwaag, aan de Z-oever van de Langweerderwielen aan de Scharster Rijn ● bij Jachthaven De Woudfennen, havenmeester M. Tweehuijsen, tel. (05138) 9 92 27, tarief f 1,25 per m lengte per nacht (elektra, toiletten, wastafels en douches (f 1,–)).
● Jachthaven Leyenspolder van de W.V. Langweer, gelegen ten NW van Langweer, te bereiken via de vaargeul vanuit de Langweerdervaart en Janesloot, max.diepgang 1,50 m, tarief f 1,25 per m lengte per etmaal, havenmeester C. de Vries, tel. (05138) 9 92 98 (toiletten, douches (f 1,–) en wastafels).
Motorbrandstof: Jachtwerf Auke de Vries, be, die (sl); Jachthaven De Woudfennen, die (sl).
Reparatie: Jachtwerf Auke de Vries, Osingalaan 32, tel. (05138) 9 91 19, bub (alle merken), romp/uitr (ht, p/op de wal + in het water), van 1 mei-1 okt. dagelijks geopend; Jachthaven De Woudfennen, Wielen 19, Boornzwaag, tel. (05138) 9 92 27, bub/bib (alle merken), romp/uitr (ht, s, p, a/op de wal + in het water), zeil/tuigage, elek; Jachtwerf Ruyten, Weversstreek 8, tel. (05138) 9 96 16, romp/uitr (p/op de wal + in het water).

Trailerhelling: Jachtwerf Auke de Vries, gratis.
Hefkranen: Jachtwerf Auke de Vries, max. 4 ton, max.diepgang 1,20 m, tarief vanaf f 25,–; Jachthaven Leyenspolder, Pontweg 8, tel. (05138) 9 92 98, max. 8 ton, max.diepgang 1,50 m; Jachthaven De Woudfennen, max. 10 ton, tarief f 35,– (heffen met staande mast mogelijk); Jachtwerf Ruyten, max. 1½ ton, max.diepgang 1,60 m, tarief f 40,–.
Kampeerterreinen: Camping Langweer, aan NW-oever van de haven; Jachthaven De Woudfennen; Jachthaven Leyenspolder.
Wasserettes: Jachthaven Leyenspolder (wasmachines); Jachthaven De Woudfennen; Camping Langweer.
Stortplaats chemisch toilet: Bij Jachthaven Leyenspolder.

Langweerderwielen

Mooi beschut langgerekt water, 218 ha. Zie ook 'Langweer'.
Vaarwegbeheerder: Provincie Friesland, Gedempte Keizersgracht 38, 8911 KL Leeuwarden, tel. (058) 92 59 25.
Maximumsnelheid: In de vaargeul 9 km/h (geldt ook op de aansluitende wateren, o.a. op de vaarweg Langweerdervaart – Witte en Zwarte Brekken – Woudvaart (Sneek) en de verbinding met de Goingarijpsterpoelen via de Noorderoudeweg). Buiten de vaargeul is snelle motorvaart (met vaartuigen tot 1,5 m³ waterverplaatsing) en waterskiën van 1 sept. tot 1 juni dagelijks en van 1 juni tot 1 juli alleen van ma. t/m vr. toegestaan (m.u.v. Pinksteren en de zaterdag voor Pinksteren). Nadere informatie is opgenomen in het ANWB-watersportwijzer 'Snel motorbootvaren in Nederland'. Raadpleeg hiervoor de 'Handleiding' van deze Almanak onder 'Snelle motorboten en Waterskiën'.
Diepte: In de vaargeulen 1,75 m, behalve in de geul naar de Janesloot, D 1,40 m. In de ZW-hoek is een met gele tonnen bebakende ondiepte. Ten Z van de vaargeul, gelegen tussen de Janesloot en de vaargeul naar Jachthaven Leyenspolder is het bijzonder ondiep. Deze ondiepte is aan de NW-zijde bebakend.
Bruggen (geen bruggeld):
– Over de Oude Weg: vaste brug, H 12,06 m, en beweegbare brug, vaste gedeelte H 3,35 m. Bediening:

ma. t/m zat.*	(1 mei-1 okt.)	9-12, 13-17, 18-20 h
	(1 okt.-1 mei)	9-17 h, op verzoek**
zo. en fd.	(mei en sept.)	9-12, 14-18 h
	(1 juni-1 sept.)	9-12, 14-17, 18-20 h
	(1 okt-1 mei)	gesloten

* Op werkdagen vóór en na fd: bediening als op zat. en ma.
** Bediening aanvragen bij de Pronvincie Friesland, tel. (058) 92 58 88, buiten kantoortijden tel. (058) 12 24 22.
De brug blijft voorts t.b.v. de autobusdienst dagelijks gesloten van: 0-6 min, 24-31 min, 41-50 min na het hele uur.
Bij harde wind uit het NO of ZW kan er onder de brug veel stroom staan. Aan de W-zijde van de doorvaartopening is een ketting aangebracht, waaraan men zich door de brugopening kan trekken.
– Over de Janesloot, zie aldaar.
Aanleg- en ligplaatsen: In de Kaai ten O van de ingang van de Langweerdervaart in de NW-hoek van het meer met een diepte van ongeveer 1,10 m. Zie ook 'Langweer'.
Doorvaartroutes: Behalve via de grote vaarwegen naar het Snekermeer kan men ook door de smalle watertjes Fammensrakken met vaste bruggen, H 2,75 m, en Stobberak met vaste bruggen, H 2,60 m, varen. De max.diepgang is 1,20 m.

Lauwers
Van Stroobos aan het Prinses Margrietkanaal naar het Lauwersmeer bij Zoutkamp, bestaande uit de onderdelen Oude Vaart, Zijldiep en Munnekezijlsterriet.
Algemeen: Mooi kronkelend watertje, dat ten N van Visvliet door bouwland leidt, ten Z daarvan door weilanden.
Vaarwegbeheerder: Provincie Friesland, Gedempte Keizersgracht 38, 8911 KL Leeuwarden, tel. (058) 92 59 25.
Maximumsnelheid: 9 km/h.
Sluis: Friese sluis in Zoutkamp, zie aldaar.
Bruggen: De laagste vaste brug ligt over de Friese sluis in Zoutkamp, H 2,50 m (door opwaaien bij ZW-wind kunnen hogere waterstanden optreden). Verder 7 vaste bruggen, laagste brug H 2,65 m, en een ophaalbrug in Pieterzijl, die van ma. t/m zat. alleen bij daglicht wordt geopend; bruggeld f 2,–.
Maximumafmetingen: Max. toegestane diepgang 1,50 m. Geadviseerd wordt een max. diepgang van 1,20 m i.v.m. ondiepe gedeelten in de vaarweg in Munnekezijl.
Aanlegplaatsen: Aan de kaden in Visvliet, Pieterzijl en Lauwerzijl, gratis.
Ligplaats: In Munnekezijl (zie aldaar).
Kampeerterrein: In Visvliet vlak bij de gemeentekade; Camping de Rousant, zie onder 'Zoutkamp'.

Lauwersmeer
Zeearm, die in 1969 van de Waddenzee is afgesloten.
Algemeen: De bestemmingen van het afgesloten water (2000 ha) en de drooggevallen gebieden (6700 ha) zijn: natuurgebied (5500 ha), natuurgebied met recreatief en militair gebruik (2100 ha) en agrarisch gebied (1100 ha).
Het water en de landgebieden grenzend aan de geulen hebben de bestemming natuurgebied. Delen van het ondiepe water en de uitlopers van de geulen tussen de platen zijn verboden voor alle soorten vaartuigen.
Deze gebieden vormen een belangrijk rust- en foerageergebied voor vele vogelsoorten.
Bij Lauwersoog, Dokkumer Nieuwe Zijlen, Oostmahorn en Hoek van de Bant zijn terreinen voor intensieve dagrecreatie en de verblijfsrecreatie ingericht.
Ten behoeve van zandwinning is het Oude Robbengat naar het Z doorgebaggerd. In deze doorgraving zijn twee eilanden met aanleggelegenheid voor de recreatievaart gespaard.
Vaargeulen: De vanouds bestaande vaargeulen zijn aangegeven door tonnen, drijf-, kop- of steekbakens en goed bevaarbaar. De lijn van ca. 1,30 m diepte is tevens aangegeven door kop- of steekbakens. Let op: de ondiepe bank t.o. Oostmahorn is aan beide zijden door kopbakens aangegeven.
Het hoofdvaarwater leidt van Lauwersoog (zie aldaar) door een gebaggerde betonde vaargeul langs de N-punt van de Rug in ZW-richting naar het 'Vaarwater naar Oostmahorn'. Het hoofdvaarwater leidt vervolgens langs de Friese kust (met de havens van Oostmahorn en Ezumazijl, zie aldaar), verder in ZO-richting naar Zoutkamp (zie aldaar). De minste vaardiepte in het hoofdvaarwater is 3 m. Van deze vaarweg takt het Dokkumerdiep af naar de Dokkumer Nieuwe Zijlen (zie aldaar), minste diepte 3 m.
Buiten deze vaarwegen zijn er nog verschillende geulen waarvan het bevaarbare gedeelte met kop- en steekbakens is aangegeven.
Vaarwaterbeheerder: Staatsbosbeheer Lauwersoog, De Rug 1, 9976 VT Lauwersoog, tel. (05193) 4 91 77.

Waterstand: Gelijk aan het Hunsingopeil van de Prov. Groningen (NAP – 0,93 m), zodat de voormalige zeesluis in Zoutkamp, zie aldaar, open kan blijven staan. In verband met de functie als 'bergboezem' wisselt de waterstand over het algemeen tussen NAP – 1 m en NAP – 0,60 m.
Spuisluizen: In de dijk ten NW van de sluis zijn afwateringssluizen gebouwd die van grote afstand kenbaar zijn aan de hoge torens voor de hefdeuren. Het is verboden dit gedeelte en de toestroomgeul te bevaren i.v.m. de sterke stroming tijdens spuien. Dit verboden gebied, tot ruim 500 m vanaf de spuisluizen, is aangegeven door gele markeringstonnen met verbods-toptekens. Als laatste redmiddel voor hen die toch zijn afgedreven zijn voor de spuisluizen lijnen met drijvers aangebracht.
Maximumsnelheid: Op het Lauwersmeer 12 km/h, uitgezonderd gedeelte Dokkumer Diep, Zoutkamperril en vaarwater Raskes naar Ezumazijl waar een max.snelheid van 9 km/h is toegestaan. Voor de baan voor snelle motorvaart (aangegeven met gele tonnen) geldt géén snelheidsbeperking en is waterskiën toegestaan. Nadere informatie is opgenomen in het ANWB-watersportwijzer 'Snel motorbootvaren in Nederland'. Raadpleeg hiervoor de 'Handleiding' van deze Almanak onder 'Snelle motorboten en Waterskiën'.
Ligplaatsen: Er zijn jachthavens in Lauwersoog, Oostmahorn, Dokkumer Nieuwe Zijlen en Zoutkamp. Zie voor nadere bijzonderheden de beschrijvingen van de genoemde plaatsen.
Levensmiddelen: Behalve in Zoutkamp, Dokkumer Nieuwe Zijlen en Lauwersoog nergens verkrijgbaar.
Aanlegplaatsen: In het gebied zijn verspreid aanlegvoorzieningen gemaakt, in het beheer bij de Marrekrite. Max.verblijfsduur 3 dagen achtereen aan dezelfde aanlegplaats. Het betreden van het achterliggende natuurgebied is meestal niet toegestaan. De watersporteilanden in het Oude Robbengat (Z-gedeelte) en het eiland Senneroog in het Dokkumerdiep zijn vrij toegankelijk.
Kampeerterreinen: Kampeerbewijsterrein De Pomp in Kollumeroord. Zie verder onder de genoemde plaatsen met ligplaatsvoorzieningen.

Lauwersoog

Aan het Lauwersmeer en de Waddenzee (zie aldaar).
Bijzondere bepalingen: Een varend of geankerd klein vaartuig moet bij slecht zicht en 's nachts op de Waddenzee en in de havens aan de Waddenzee een goed functionerende radarreflector voeren.
Getijstanden: (Waddenzee) Gemiddeld LLWS = NAP – 1,90 m; rijzing bij doodtij 2,50 m boven gemiddeld LLWS; bij springtij 2,80 m.
Havenmeesters: Havenkantoor, tel. (05193) 4 90 23; jachthavenmeester, D. Herlé, tel. (05193) 4 90 40.
Havens: Aan de Waddenzee:
– Buitenhaven (en Veerhaven), de toegang tot de Robbengatsluis. De haven is voorzien van de gebruikelijke havenlichten. Op de kop van de W-havendam staat een mistsein. Voor en in de haveningang staat een sterke neer. Let bij invaart op de veerboot, met name bij laagwater kan men de veerboot niet zien vertrekken. Buitenhaven, D 4,10 m bij gemiddeld LLWS.
– Vissershaven, bij invaart van de Buitenhaven vóór de sluis bakboord uit, D 4,10 m bij gemiddeld LLWS.
Met toestemming en op aanwijzing van de havenmeester mogen recreatievaartuigen in de Vissershaven varen en ligplaats nemen aan de steigers.
– Aan het Lauwersmeer: Jachthaven Noordergat, D 2,50-3 m, zie onder 'Ligplaatsen'.

Mistsein: Op de kop van de W-havendam aan de zijde van de Waddenzee, hoorn (2) 30s (2 stoten binnen 30 seconden).
Kompaspaal: Ten W van de invaart naar de schutsluis aan de zijde van het Lauwersmeer.
Sluis: Robbengatsluis, tel. (05193) 4 90 43. Bediening (gratis):

(1 mei-1 okt.)	ma. t/m vr.	7-20 h
	zat.	7-19 h
	zo. en fd.	8.30-13, 14-20 h
(1 okt.-1 mei)	ma. t/m vr.	7-12, 13-18 h
	zat.	7-12, 13-17 h
	zo. en fd.	gesloten*

* In april en oktober bediening alleen op verzoek 48 h tevoren aanvragen bij de sluismeester tijdens kantooruren, tel. (05193) 4 90 43, overigens gesloten.
Waarschuwing: Wanneer men van het Lauwersmeer de sluiskolk invaart moet men rekening houden met een sterke stroom mee, het gevolg van het uitwisselen van het zoute water in de kolk tegen het zoete water van het Lauwersmeer (achtertros gereedhouden!). Omgekeerd ondervindt men bij het binnenvaren vanaf de Waddenzee een sterke tegenstroom. Spuiseinen worden getoond boven de spuisluizen ten W van de haveningang.
Marifoon: Robbengatsluis, kan. 22; Vissershaven, kan. 9.
Douane: Van 1 mei tot 1 okt. is douanepersoneel aanwezig tijdens de bedieningstijden van de sluis (kantoor in gebouw op landtong tussen de sluis en de vissershaven samen met de RP te Water en A.I.D., tel. (05193) 4 91 42). Voor douaneformaliteiten zie in de Handleiding van deze Almanak onder 'Douaneformaliteiten'.
Ligplaatsen: In de Jachthaven Noordergat ten O van de sluis aan de zijde van het Lauwersmeer, havenmeester D. Herlé, tel. (05193) 4 90 40, tarief f 1,40 per m lengte per nacht + toeristenbelasting f 0,50 p.p., max.diepgang 1,80 m (toiletten, wastafels, elektra en douches (f 1,–)) ● jachthaven Camping Lauwersoog, tel (05193) 4 91 33, max. diepgang 0,60 m, tarief f 5,– (toiletten, douches (f 1,–) en wastafels).
Drinkwater: Duik- en Watersportbedrijf Jansma (sl).
Motorbrandstof: In Jachthaven Noordergat, die (sl); Vissershaven, die (sl), be (zo. gesloten); Duik- en Watersportbedrijf Jansma, die (sl, rode en witte), be (sl), sbe (sl).
Reparatie: Scheepswerf Van der Broek, tel. (05193) 4 90 39, bub/bib, romp/uitr (s, p/op de wal + in het water), elek; Navco Scheepselektronica, tel. (05193) 4 92 39, elek; Radio Holland, tel. (05193) 4 91 19, elek; Duik- en Watersportbedrijf Jansma, Kustweg 16, tel. (05193) 4 91 10, bub/bib.
Trailerhellingen: Openbare helling aan het Nieuwe Robbengat, 2e strand; aan de jachthaven Noordergat voor kleine boten, max.diepgang 0,70 m, tarief f 15,– (in en uit).
Botenlift: Aan de jachthaven Noordergat, max.diepgang 1,80 m, max. 17 ton, tarief vanaf f 150,– (liften met staande mast mogelijk).
Kampeerterreinen: Camping Lauwersoog, Strandweg 5, tel. (05193) 4 91 33; beperkte mogelijkheden aan de jachthaven.
Wasserette en stortplaats chemisch toilet: Aan de jachthaven Noordergat; bij Camping Lauwersoog.

Leek
3 km ten ZW van het Leekstermeer, zie aldaar.
Het kanaal naar Leek is smal, D 1,20 m, met een vaste fietsbrug, H 2,20 m.
Maximumsnelheid: 6 km/h.

Aanlegplaatsen: In de Gemeentehaven (zwaaikom), max.verblijfsduur 2 x 24 h, havenmeester A. Siegers, tel. (05945) 1 31 20, tarief f 1,– (toiletten en douche); bij Recreatiecentrum Nienoord (o.a. zwembad, musea).
In de kom van het dorp is het vaarwater afgedamd.
Drinkwater: Aan de Gemeentehaven.
Reparatie: Fa. Bijl, Zetveld 23, Peize, tel. (05908) 3 27 12, zeil/tuigage.
Trailerhelling en stortplaats chemisch toilet: Bij de Gemeentehaven.

Leekstermeer

Het meer is tamelijk ondiep, boten met een grotere diepgang dan 0,80 m moeten de geulen houden. De vaargeul naar Leek is ca. 1,20 m diep (zie ook onder 'Leek'). Mooi stil meer, met fraaie omgeving.
Vaarwaterbeheerder: Gemeente Leek, Postbus 100, 9350 AC Leek.
Toegangsroutes: Er zijn twee toegangswegen, die beide in het Hoendiep (zie aldaar) uitkomen: de O-route via Vierverlaten, Hoendiep en Munnekesloot, D 2 m, met vaste brug H 3,50 m, en de N-route via Hoendiep, Enumatil en Lettelberterdiep, met vaste bruggen H 1,20 m.
Maximumsnelheid: Op beide toegangsroutes en op het meer 6 km/h.
Ligplaatsen: Watersportcentrum Cnossen Leekstermeer, aan de ZW-zijde van het meer bij watergemaal, D 1,75 m, tarief f 4,– per boot + f 4,25 p.p. (toiletten, wastafels, douches en elektra) ● Pool's Watersportbedrijf (toiletten) en Van der Dong Watersportbedrijf (toiletten en douches), beide aan de NO-zijde van het meer. Zie verder onder 'Leek'.
Drinkwater: Zie onder 'Ligplaatsen'.
Reparatie: Van der Dong Watersportbedrijf, tel. (050) 51 54 66, bub/bib.
Hefkranen: Pool's Watersportbedrijf, tel. (050) 51 53 91/51 57 44, max. 15 ton, tarief f 130,– per keer; Van der Dong Watersportbedrijf, max. 1,7 ton (prijs naar gewicht).
Trailerhellingen: Aan het strand; Van der Dong Watersportbedrijf; Pool's Watersportbedrijf, tarief f 5,– per keer.
Kampeerterrein: Watersportcentrum Cnossen Leekstermeer* aan het ZW-deel van het meer, tel. (05945) 1 20 73.
Wasserette: Watersportcentrum Cnossen Leekstermeer.
Stortplaatsen chemisch toilet: Bij Watersportcentrum Cnossen Leekstermeer; bij Pool's Watersportbedrijf.

Leens

Aan de Hoornse Vaart ten NO van Zoutkamp; zie 'Hunsingokanaal'. Het dorp is tevens bereikbaar via het Hunsingokanaal en de Leenstervaart (D 1,10 m). Over de Leenstervaart liggen vaste bruggen, H 2 m.
Ligplaats: Passantensteiger van Landgoed Verhildersum aan de Hoornse Vaart tussen de bruggen, aan de O-zijde van Leens, O-oever, tarief f 0,75 per m lengte per nacht (toiletten).

Leerdam

Aan de Linge (zie aldaar); 10 km ten O van Arkel; 15 km van Gorinchem.
Brug: Vaste brug over de Linge, H 5,90 m in het midden tot H 5,20 m aan de zijkanten.
Waterstand: Zie 'Linge'.
Gemeentelijke havenmeester: Dhr. A. Boon, tel. (03451) 7 12 83.
Ligplaatsen: Gemeentehaven (stenen wal, N-zijde) met jachtensteiger (tijdens het seizoen in beheer bij de W.V.), tarief f 1,– per m lengte per nacht ● Jachthaven De Oude Horn, 200 m ten O van de Lingebrug, tel. (03451) 1 38 94, max.diepgang 1,50 m, tarief f 1,– per m lengte per nacht (elektra, toiletten, wastafels en douches (f 1,–)).

Beide havens liggen in het centrum van de stad.
Motorbrandstof: Tankstation De Meent, Meent 26, op ca. 500 m van de jachthaven, be, sbe en die (zo. gesloten).
Hefkraan: Jachthaven De Oude Horn, max. 9,6 ton, max.diepgang 1,50 m, tarief f 125,–.

Leermens
Aan het Leermenstermaar; 4,5 km van Ekenstein; 6,5 km van Appingedam; 8,5 km van Garrelsweer.
Leermens is vanaf het Damsterdiep nabij Ekenstein via het Oosterwijtwerder- en Leermenstermaar bereikbaar. In Leermens is geen doorvaart mogelijk (doodlopend). Zie ook onder 'Damsterdiep'.
Diepte: Leermenster- en Oosterwijtwerdermaar 1,60 m.
Maximumsnelheid: Op het Oosterwijtwerder- en Leermenstermaar 6 km/h.
Waterstand: KP = NAP – 1,33 m. In de zomer is de waterstand vaak gelijk aan NAP – 1,20 m. Brughoogte t.o.v. NAP – 1,20 m.
Bruggen: 4 vaste bruggen, laagste brug H 2,20 m.
Ligplaats: In de Jachthaven Plaisterploats, havenmeester P. Brik, Wierderweg 12, tel. (05968) 21 07, tarief tot 5 m lengte f 2,60, tot 10 m f 4,15, langer dan 10 m f 7,80 per etmaal (toiletten, douche, wastafels en drinkwater (sl)).
Trailerhelling en kampeerterrein: Bij Jachthaven Plaisterploats.

Leeuwarden
49 km van Lemmer; 63 km van Staveren; 30 km van Harlingen; 60 km van Groningen; 22 km van Dokkum.
Kaartje: Is bij deze beschrijving opgenomen.
Maximumsnelheid: In de stadsgrachten 9 km/h; in het Verbindingskanaal van het Van Harinxmakanaal tot de Verlaatsbrug en op de Wijde Greuns, het Tijnje 12,5 km/h.
Havenmeester: Dienst Stadsbeheer, afd. Markten en Havens, dhr. Klaver, Stadskantoor Oldehoofsterkerkhof, tel. (058) 33 88 33.
Brugbediening: Dienst Stadsbeheer, afd. Weg- en Waterbouw, Stadskantoor, tel. (058) 33 88 33.
Doorvaartroutes en openingstijden:
– Van het Van Harinxmakanaal ten ZW van Leeuwarden door de Harlingervaart, Westelijke Singel, Dokkumer Ee. Geen hoogtebeperking. Spoorwegbrug (in de sporadisch in gebruik zijnde spoorlijn Leeuwarden-Dokkum) staat vrijwel altijd open; Hermesbrug, H 1,07 m; Verlaatsbrug (12) H 1,25 m; Vrouwenpoortsbrug (11) H 1,75 m; Noorderbrug (10) H 1,35 m; Eebrug, over de Dokkumer Ee, H 1,30 m, vast gedeelte H 1,65 m.
Bediening: f 10,– per doorvaart door een of meer bruggen, te voldoen bij doorvaart Verlaatsbrug of Eebrug. Dit tarief geldt ook voor beroepsvaart, chartervaart, bruine vaart e.d.

ma. t/m vr.**	(1 mei-1 okt.)	6-7*, 8.30-16, 17.30-20 h
	(1 okt.-15 nov. en 15 mrt.-1 mei)	7-8*, 8.30-16, 17.30-18.30 h
	(15 nov.-15 mrt.)	7-8*, 8.30-16, 17.30-18.30* h
zat.**	(1 mei-1 okt.)	8.30-18.30 h
	(1 okt.-15 nov. en 15 mrt.-1 mei)	8.30-17 h
	(15 nov.-15 mrt.)	8.30-17 h, op verzoek*
zo. en fd.	(mei en sept.)	9-11, 16-18 h
	(1 juni- 1 sept.)	9-11, 18-20 h
	(1 okt.-1 mei)	gesloten

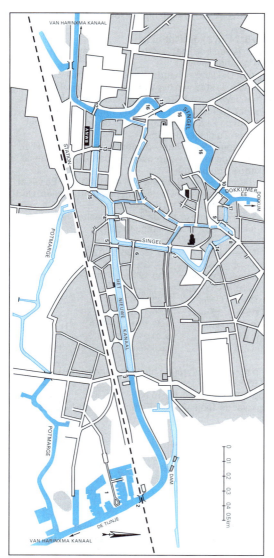

Leeuwarden

1. Jachthaven Leeuwarder Watersport L.W.S. en Stichting Nieuwe Leeuwarder Jachthaven
2. Spoordraaibrug, H 1,75 m
3. 2e Kanaalbrug (bb)
4. Blokhuisbrug (fiets/voetbrug, bb)
5. 1e Kanaalbrug (bb)
6. Oosterbrug (bb)
7. Vlietsterbrug (bb)
8. Vaste brug H 2,20 m
9. Verversbrug, vast H 2,05 m
10. Noorderbrug (bb)
11. Vrouwenpoortsbrug (bb)
12. Verlaatsbrug (bb)
13. Prins Hendrikbrug, vast H 1,67 m
14. Vaste voetbrug, H 2,64 m
15. Wirdumerpoortsbrug (of Beursbrug), H 1,95 m (geen doorvaart)
16. Gemeentelijke ligplaatsen
17. Voetbrug (bb), H 1,80 m (geen doorvaart)

* Bediening op verzoek, aanvragen bij de Provincie Friesland, tel. (058) 92 58 88.
** Bediening op 5, 24 en 31 dec. tot 16 h.

Op de Hermesbrug is een bord geplaatst, waarop de actuele waterstand in Dokkum is aangegeven.
Voor verbinding met Dokkum zie verder onder 'Dokkumer Ee'.
– Van de ZO-kant van de stad van het Van Harinxmakanaal over de Wijde Greuns (met beweegbare Greunsbrug, vaste gedeelte H 3 m) langs de Leeuwarder Jachthavens (1), over de Tijnje met spoordraaibrug H 1,75 m (2), tot de 2e Kanaalbrug (3) naar de driesprong met Oosterstadsgracht en Zuidelijke Singel.
Bediening van de bruggen 3 t/m 7 alleen voor bestemmingsverkeer.
De met lichtblauw aangegeven wateren zijn bevaarbaar voor kleine recreatievaart (kano's, roeiboten).
Er is geen bevaarbare directe verbinding met de Dokkumer Ee vanaf de O-zijde van de stad, echter wel via de Tijnje, Woudmansdiep, Ouddeel en Bonkesloot (zie 'Ouddeel' en 'Bonkesloot').
Greunsbrug, doorvaarthoogte onder de vaste gedeelten H 3,08 m, beweegbaar gedeelte H 2,52 m. Bediening (gratis):

ma. t/m vr.**	(1 mei-1 okt.)	6-7.15, 8.30-12, 13.30-18, 19-20 h
	(1 okt.-1 mei)	6-7.15*, 8.30-12, 13.30-18, 18-20* h
zat.**	(1 mei-1 okt.)	8.30-12, 13.30-18.30 h
	(1 okt.-15 nov. en 15 mrt.-1 mei)	8.30-12, 13.30-17 h
	(15 nov.-15 mrt.)	8.30-17 h, op verzoek*
zo. en fd.	(mei en sept.)	9.30-11.15, 18-19 h
	(1 juni-1 sept.)	9.30-11.15, 18-19, 20-20.30 h
	(1 okt.-1 mei)	gesloten

* Bediening op verzoek, aanvragen bij de Provincie Friesland, tel. (058) 92 58 88.
** Bediening op 5, 24 en 31 dec. tot 16 h.

Spoordraaibrug over de Tijnje (2), H 1,75 m. Bediening 1 à 2 maal per uur (gratis):

ma. t/m vr.	(gehele jaar)	6.30-19.50 h
zat.*	(1 mei-1 okt.)	9-17.45 h
	(1 okt.-1 mei)	9-16.45 h
zo. en fd.	(1 mei-1 okt.)	10.40-19.15 h
	(1 okt.-1 mei)	gesloten

* Incl. Koninginnedag.

Voor de exacte bedieningstijden zie de watersportwijzer 'Openingstijden spoorbruggen', gratis verkrijgbaar aan de ANWB-vestigingen.
2e Kanaalbrug, vast gedeelte H 1,25 m (3), 1e Kanaalbrug (5) H 1,18 m, Blikhuisbrug (4), Oosterbrug (6) en Vlietsterbrug (7): Bediening alleen voor bestemmingsverkeer.
Bestemmingsverkeer dient contact op te nemen met Dienst Stadsbeheer, afd. Weg- en Waterbouw, tel. (058) 44 95 98.
– De vaarweg van de Tijnje naar het Kurkemeer is afgedamd.
– De Tijnje ten Z van de spoorbrug door de Potmarge is bevaarbaar tot de eerste brug.
– Voor het Van Harinxmakanaal, zie aldaar.
Ligplaatsen: (Ligplaatsverbod ten N van de Noorderbrug (10) tot Snakkerburen, tussen de Hermesbrug (over de Harlingertrekvaart) en de Verlaatsbrug (12) en bij de Vrouwenpoortsbrug (16) buiten de aangegeven meerplaatsen):

- Jachthaven van de Ver. Leeuwarder Watersport (1), uitsluitend verenigingshaven.
- Jachthaven van de Stichting De Nieuwe Leeuwarder Jachthaven, bij de spoorbrug over de Tijnje (1), tarief f 0,75 per m lengte per etmaal (toiletten, wastafels en douche).
- Gemeentelijke ligplaatsen langs de W-singel aan weerszijden van de Vrouwenpoortsbrug (16), plantsoenzijde en Noordersingel, tarief per nacht van 1 april-1 okt: tot 7 m lengte f 5,25, tot 9 m f 7,75, tot 12 m f 10,75, tot 15 m f 14,25, tot 20 m f 17,25 en 20 m lengte en meer f 21,75 (toiletten, douches en wastafels bij Jachthaven Prinsentuin) (bij de Vrouwenpoortsbrug geldt buiten de aangegeven meerplaatsen een ligplaatsverbod).
- Gemeentelijke ligplaatsen bij de Froskepolle aan het Woudmansdiep (verbinding tussen de Tijnje (ten Z van de Greunsbrug) en het Ouddeel (zie aldaar)), tarief zie 'ligplaats Vrouwenpoortsbrug' (toiletten, wastafels en douche). Voor het innemen van een ligplaats in alle overige voor de openbare dienst bestemde en in de gemeente gelegen openbare vaarwaters of aan kaden en oevers, bij de gemeente in eigendom of in beheer op daartoe niet speciaal ingerichte locaties tarief per nacht van 1 april-1 okt: tot 7 m lengte f 4,–, tot 9 m f 6,–, tot 12 m f 8,50, tot 15 m f 10,75, tot 20 m f 13,25 en 20 m en meer f 16,25.
- Jachthaven De Hemrik, vanaf het Van Harinxmakanaal achter de Froskepolle aan het Woudmansdiep, havenmeester W. Geertsma, tel. (058) 88 38 48, tarief f 5,– per nacht (toiletten en wastafels).
- Officiële ligplaats van de Marrekrite t.o. boerderij Altenburg aan het Lang Deel ten N van het Van Harinxmakanaal, D 1,15 m. Waar dit op borden is aangegeven, is het plaatsen van 3 tenten 's nachts (17-10 h) toegestaan.

Drinkwater: Aan de gemeentelijke ligplaatsen tussen (12) en (10) (sl).
Motorbrandstof: Bij de jachthavens van de Ver. Leeuwarder Watersport en Stichting De Nieuwe Leeuwarder Jachthaven aan de Tijnje (1), be (sl), die (sl); aan de ZO-oever van de Dokkumer Ee nabij Snakkerburen bij D. Hofstra, be (sl), die (sl); Jachthaven De Hemrik, die (sl).
Vulstations propaangasflessen: J. Tj. Ket, Jachthavenlaan 3, tel. (058) 12 57 59; Lasaulec B.V., Zwettestraat 9-11.
Reparatie: Ate Reitsma, Bleeklaan 169, tel. (058) 12 92 29, bub/bib (alle merken); D. Hofstra, Fam. v. d. Weystraat 63, tel. (058) 66 44 77, aan de ZO-oever van de Dokkumer Ee nabij Snakkerburen, bub/bib; Smits Installatie & Scheepstechniek, Harlingertrekweg 70, tel. (058) 13 58 34, bib (géén Solé), romp/uitr (s/op de wal + in het water), elek; Jachthaven De Hemrik, Avondsterweg 1, tel. (058) 88 38 48, bub/bib; Zeilmakerij J. Elzenga, Jachthavenlaan 6, tel. (058) 13 50 02 (aan de Nieuwe Leeuwarder Jachthaven (1)), bub (Tomos), zeil/tuigage; Scheepswerf en machinefabriek R. v. d. Werff, Neptunusweg 1, nabij Greunsbrug, tel. (058) 88 36 45, dwarshelling; Fa. Kwint, Industrieterrein Schenkenschans, zeil/tuigage; Wagenaars Zeilmakerij, Wijbrand de Geeststraat 39, zeil/tuigage; J. Visser, Zuidvliet 230, zeil/tuigage; Dieselmotorenbedrijf B.V., Icarusweg 2, tel. (058) 88 61 15, bib (Daf).
Hefkranen: Jachthaven De Hemrik, max. 1$\frac{1}{2}$ ton, tarief vanaf f 50,–; D. Hofstra, tel. (058) 66 44 77, max. 15 ton; Zeilmakerij J. Elzenga (aan de Nieuwe Leeuwarder Jachthaven (1)), max. 10 ton, max.diepgang ca. 2 m.
Trailerhellingen: Jachthaven De Hemrik, max. 2 ton, tarief f 5,–; aan de ZO-oever van de Dokkumer Ee nabij Snakkerburen bij D. Hofstra, tarief op aanvraag.
Botenlift: Jachthaven De Hemrik, max. 14 ton, tarief vanaf f 50,–.
Kampeergelegenheid: Zie bij 'Ligplaatsen'.
Stortplaatsen chemisch toilet: Aan de Nieuwe Leeuwarder Jacht-

haven; bij de gemeentelijke ligplaatsen tussen (10) en (12) (Jachthaven Prinsentuin).

Leiden
8 km van Kaag (dorp); 2 km van Leiderdorp; 12 km van Leidschendam.
Beheerder: Alle gemeentelijke wateren: Gemeente Leiden, Dienst Milieu en Beheer, Bureau Havendienst, Postbus 148, 2300 AC Leiden, tel. (071) 16 76 60.
Haven: Het havengebied is aangeduid door borden.
Maximumsnelheid: In de Trekvliet en het Galgewater 9 km/h; in de singelgrachten 6 km/h. Zie verder onder 'Oude Rijn' en 'Rijn-Schiekanaal'.
Havengeld: f 1,25 per m per dag of overnachting, te voldoen aan de havenpost bij de Schrijversbrug in de toegang tot de Haven.
Marifoon: Wilhelminabrug, Kanaal- en spoorbrug (vaarweg Kagerplassen), Lammebrug en Leiderdorpsebrug, kan. 22.
Vaarweg Kagerplassen, langs Zijl en Rijn-Schiekanaal richting Leidschendam: In deze vaarroute liggen uitsluitend beweegbare bruggen. De bruggen, m.u.v. de spoorbrug, worden van ma. t/m vr. tussen 7-9 en 16-18 h niet voor de recreatievaart bediend (spitsuursluiting). Doorvaart tegelijkertijd met beroepsvaart is wel mogelijk.
Van N naar Z (geen bruggeld):
– Zijlbrug, H 4,50 m (vast gedeelte H 4,95 m). De brug wordt op afstand vanaf het Bedieningscentrum De Waard op het Waardeiland, marifoonkanaal 22, tel. (071) 22 71 24, bediend:

ma. t/m vr.	(gehele jaar)	6-7, 9-16, 18-21.30 h
zat.	(16 april-16 okt.)	9-18 h
	(16 okt.-16 april)	9-14 h
zo. en fd.*	(16 april-16 okt.)	11-15 h
	(16 okt.-16 april)	gesloten

* Op zo. en fd. wordt vanaf de 1e paasdag bediend, als die dag valt tussen 10 en 16 april.
– Spanjaardsbrug, H 2,50 m. De brug wordt op afstand bediend. Bediening: als Zijlbrug.
– Wilhelminabrug, H 2,50 m. Bediening:

ma. t/m vr.	6-7, 9-16, 18-21.30 h
zat.	9-14 h
zo. en fd.	gesloten

Als de brugwachter bezig is met de bediening van de Kanaal- en spoorbrug (op afstand) wordt de brug tijdelijk niet bediend.
– Kanaalbrug (fietsbrug), H 2,30 m (vast gedeelte H 2,60 m). Direct ten Z van de brug ligt de spoorbrug, H 1,45 m, met vast gedeelte H 2,50 m.
Bediening van de beide bruggen op afstand vanaf de Wilhelminabrug:

ma. t/m vr.	6-21.30 h
zat.*	9-14.05 h
zo. en fd.*	gesloten

* Bediening op Koninginnedag en op Hemelvaartsdag als op zat.
De exacte bedieningstijden van de spoorbrug zijn opgenomen in de watersportwijzer 'Openingstijden spoorbruggen', gratis verkrijgbaar aan de ANWB-vestigingen.

– Lammebrug, H 2,60 m (vast gedeelte H 2,85 m). Bediening: als Wilhelminabrug.
Hoofdvaarweg van het Rijn-Schiekanaal naar Katwijk a. d. Rijn: Deze vaarroute leidt door het Korte Vlietkanaal (ten ZW van Leiden), de Rijn en het Additioneelkanaal.
– Over het Korte Vlietkanaal liggen 3 prov. bruggen (bb) met vaste gedeelten: Hooghkamerbrug, H 2,95 m, Hoflandbrug, H 3 m en Waddingerbrug (mar.kan. 22), H 2,60 m. Bediening (gratis) *:

ma. t/m vr.	6-21.30 h
zat.	9-14 h
zo. en fd.	gesloten

* Op 24 en 31 dec. bediening tot 18 h, behalve op zat.
– Over de Rijn bij De Vink ligt de nieuwe spoorbrug, beweegbare gedeelte H 5,60 m (vaste overspanning aan de Z-zijde H 4,25 m). Bediening, uitsluitend op verzoek minimaal 2 h tevoren aanvragen bij de Torenvlietbrug, tel. (071) 32 11 31, b.g.g. NS in 's-Gravenhage tel. (070) 3 44 94 07:

ma. t/m vr.	06.28-06.33, 20.36-20.39 h
zat., zo. en fd.	gesloten

De exacte tijden worden opgenomen in de watersportwijzer 'Openingstijden spoorbruggen', gratis verkrijgbaar bij de ANWB-vestigingen.
– Stevensbrug (bb) ten O van de ophaalbrug bij de Haagse Schouw, beweegbare gedeelte, H 2,90 m, vaste gedeelte H 2-2,70 m. Bediening: als ophaalbrug Haagse Schouw.
– Ophaalbrug Haagse Schouw in de oude rijksweg, H 2,90 m. Bediening:

ma. t/m vr.*	6-21 h
zat.	9-14 h
zo. en fd.	gesloten

* Bediening op 24 en 31 dec. (geen zat. zijnde) tot 16.30 h.
– Basculebrug ten W van de Haagse Schouw, in Rijksweg 44, H 4,90 m (mar.kan. 22), vast gedeelte H 5,40 m. Bediening:

ma. t/m vr.*	6-7, 10-11, 14-15, 19-21.30 h
zat.*	9-11, 13-14 h
zo. en fd.	gesloten

* Op verzoek, een dag tevoren aanvragen bij R.W.S., tel. (071) 76 01 67. Op 31 dec., geen zaterdag zijnde, bediening tot 20 h.
– Torenvlietbrug (basculebrug) in de provinciale weg Valkenburg – Oegstgeest, beweegbare gedeelte H 5,30 m, vast gedeelte H 5,60 m. Bediening:

ma. t/m vr.*	6-7, 10-11, 14-15, 19-21.30 h
zat.*	9-11, 13-14 h
zo. en fd.	gesloten

* Op verzoek, een dag tevoren aanvragen bij de Provincie Zuid-Holland, tel. (071) 32 11 31.
– Voor de bruggen over het Additioneelkanaal, zie bij 'Katwijk a. d. Rijn'.

Vaarroute Korte Vlietkanaal (100 m ten O van De Vink) – Galgewater – Oude Rijn: Zie vaarweg 'Oude Rijn' (laagste vaste brug over de Oude Rijn H 1,46 m). De bruggen, Churchillbrug, H 2,50 m, Rijnzichtbrug, H 2,13 m, spoorbrug, H 0,75 m, in de lijn Leiden-Woerden, Rembrandtsbrug over het Galgewater en de Blauwpoortsbrug worden van ma. t/m zat. op verzoek bediend, minimaal 2 h tevoren aanvragen bij de hoofdpost Schrijversbrug, tel. (071) 21 96 75.
Vaarroute over de Trekvliet (doodlopend): Van Z naar N: Trekvlietbrug, beweegbaar, H 2,50 m, en een vast gedeelte van 2,70 m. Voorts een vaste brug, H 2,50 m, en een vaste spoorbrug, H 2,50 m. Bediening van de verkeersbrug:

– Trekvlietbrug: (melden bij brugwachter Lammebrug)

ma. t/m vr.	6-8, 9.30-17, 18.30-21.30 h
zat.	9-14 h
zo. en fd.	gesloten

Vaarroute Oude Rijn ten O van Leiden, richting Leiden-centrum (de Haven): In de toegang tot de Haven liggen de Sumatrabrug, H 2,05 m (vast gedeelte 1,88-2,15 m) en de Schrijversbrug, hoofdpost tel. (071) 21 96 75, H 1,61 m (vast gedeelte H 1,89 m). Bediening (gratis):

ma. t/m vr.		6-21 h, behoudens korte spertijden
zat.	(16 april-16 okt.)	6-18 h
	(16 okt.-16 april)	6-11 h
zo. en fd.*	(16 april-16 okt.)	10-20 h
	(16 okt.-16 april)	gesloten

* Incl. de dag waarop het 3 oktober-feest plaatsvindt.
Vaarroute Oude Rijn door Leiden-centrum (de Haven) naar Galgewater: De laagste vaste brug in deze route is H 1,46 m.
Vaarroute Oude Vest, via Mare naar Haarlemmertrekvaart: Deze vaarweg is op de Mare na 200 m gedempt. De bruggen over de Oude Vest worden niet meer bediend. De laagste is H 0,80 m.
De Haarlemmertrekvaart is vanaf Leiden dus niet bereikbaar.
Lig- en aanlegplaatsen: Jachthaven Zijlzicht, Zijleiland 1 (via de Merenwijk over land bereikbaar) aan de Zijl t.o. de Driegatenbrug over de Dwarswetering, havenmeester H. van Kleef, tel. (071) 89 28 67, max.diepgang 1,80 m, tarief f 1,50 per m lengte per etmaal (elektra, toiletten, douche (f 1,–) en wastafels) ● Jachthaven W.V. Leiden, ten ZW van Jachthaven Zijlzicht aan de Zijl, max.diepgang 1,10 m, tarief f 1,– per m lengte per nacht (elektra, toiletten, wastafels en douche (f 1,–)) ● Jachthaven Roomburgh Watersport, tussen de Wilhelminabrug en de spoorbrug aan het Rijn-Schiekanaal, havenmeester dhr. van Dijk, tel. (071) 41 19 06, max.diepgang 1,20 m, tarief f 10,– per etmaal (toiletten en wastafels) ● Gemeentelijke passantenhaven in de Haven (elektra, toiletten, douches (f 1,–) en drinkwater), tarief zie onder 'Havengeld', bereikbaar door de Oude Rijn ten O van Leiden voorbij de Schrijversbrug (zie onder 'Vaarroute over de Oude Rijn ten O van Leiden') ● Passantenhaven aan de Turfmarkt/Beestenmarkt, bereikbaar via Korte Vlietkanaal-Galgewater-Oude Rijn (zie onder deze vaarroute voor de bruggen met bediening), tarief zie onder 'Havengeld'.
Drinkwater: Aan de Spanjaardsbrug over Rijn-Schiekanaal; bij de Lammebrug watertankstation (f 1,50 per m^3); in de gemeentelijke passantenhaven.
Motorbrandstof: Jachthaven Zijlzicht, die (sl).
Reparatie: Scheepswerf D. Kloos, Adm. Banckertweg 19, tel. (071)

21 31 12, bib (alle merken), romp/uitr (s/op de wal + in het water), 2 hellingen, max. 40 en 100 ton, max.diepgang resp. 0,90 en 1,40 m; Roomburgh Watersport, Roomburgerweg 22, tel. (071) 41 19 06, bub (Yamaha, Mariner, Suzuki en Tomos), zondags gesloten; Jachthaven Zijlzicht, Zijleiland 1, tel. (071) 89 28 67, romp/uitr (ht, s/op de wal + in het water); Troost Leiden B.V., Haven 14, tel. (071) 21 38 21, zeil/tuigage, elek.
Hefkranen: Jachthaven Zijlzicht, max. 15 ton, max.diepgang 1,80 m, tarief f 20,– per m lengte (heffen met staande mast mogelijk); Roomburgh Watersport, max. 10 ton, tarief f 75,– in en uit; Scheepswerf D. Kloos, max. 7$\frac{1}{2}$ ton, max.diepgang 1,70 m.
Trailerhelling: Roomburgh Watersport, max. 1$\frac{1}{2}$ ton, tarief f 10,– in en uit.
Wasserette: bij Jachthaven Zijlzicht; bij gemeentelijke passantenhaven (particulier).

Leiderdorp

2 km van Leiden. Zie ook 'Oude Rijn' en 'Does'.
Bruggen:
– Over Rijn-Schiekanaal, zie aldaar.
– Over de Oude Rijn, zie aldaar.
– Over de Does, zie aldaar.
Ligplaats: Jachthaven W.V. Doeshaven aan de Does, havenmeester D. v. d. Rest, tel. (071) 89 43 79, max.diepgang 1,80 m, tarief f 1,– per m lengte per etmaal (elektra, toiletten, douches (f 1,–) en wastafels).
Drinkwater: Jachtwerf W. P. van Groeningen.
Motorbrandstof: Jachthaven W.V. Doeshaven aan de Does, die (sl).
Reparatie: Jachtwerf W. P. van Groeningen*, Doeslaan 16-18, bub/bib, romp/uitr (s); Scheeps- en Jachtwerf De Koning-Keijzer, Doeswerf 4, tel. (071) 89 51 90, romp/uitr (s/op de wal + in het water).
Hefkraan: Jachthaven W.V. Doeshaven, Mauritssingel 154c, max. 12 ton, tarief f 50,–.
Trailerhelling: Jachthaven W.V. Doeshaven, max. 1 ton, max.diepgang 0,50 m, tarief f 5,–.
Botenlift: Scheeps- en Jachtwerf De Koning-Keyzer, max. 8 ton, max.diepgang 1,10 m.
Stortplaats chemisch toilet: Bij Jachthaven W.V. Doeshaven.

Leidschendam

12,5 km van Leiden; 4,5 km van 's-Gravenhage; zie ook 'Rijn-Schiekanaal' en 'Vlietland'.
Bruggen en sluis: Zie 'Rijn-Schiekanaal'.
Ligplaatsen: Gemeentelijke passantenhaven Klein Plaspoelpolder, 100 m ten Z van de sluis aan de W-oever, over de toegang ligt een ophaalbrug, tarief f 1,– per m lengte per 24 uur, max. verblijfsduur 5 dagen ● Jachtwerf Watersport, aan de O-oever ten N van de sluis, voor schepen niet hoger dan 1,90 m, tarief f 5,– per etmaal ● Jachthaven De Vlietopper van W.V. Leidschendam, aan de O-oever van het Rijn-Schiekanaal, t.h.v. de recreatieplas Vlietland (zie aldaar), aan bakboordzijde van de haven, havenmeester P. Bordewijk, tel. (071) 61 19 89, tarief f 1,– per m lengte per nacht (met 'Waterpas' 1e nacht gratis) (elektra, toiletten, wastafels en douches (f 1,–)) ● passantensteiger van Jachtbouw Ad Spek, naast Jachthaven de Vlietopper, bij invaart aan stuurboordzijde van de haven, havenmeesters A. Spek, tel. (071) 61 36 16, max.diepgang 2,30 m, tarief f 1,– per m lengte per etmaal (elektra, toiletten, douche (f 1,–) en wastafels).
Drinkwater: Tankboot Van Zelst, 200 m ten N van de sluis (sl); Jachtwerf Watersport; Jachtbouw Ad Spek (sl).

Motorbrandstof: Tankboot Van Zelst, 200 m ten N van de sluis, die (sl).
Vulstation propaangasflessen: Tankboot Van Zelst, Leidsekade 26a, 200 m ten N van de sluis, tel. (070) 3 27 49 05.
Reparatie: Jachtbouw Ad Spek, Rietpolderweg 2-6, tel. (071) 61 36 16, bub (Yamaha en Mercury) (alleen op zo. gesloten).
Hefkranen: Jachtwerf Watersport, tel. (070) 3 27 33 96, max. 13 ton, tarief f 75,– à f 100,– per keer.
Trailerhellingen: Jachthaven De Vlietopper; zie ook onder 'Vlietland'.
Botenlift: Jachtbouw Ad Spek, max. 20 ton, max.diepgang 2,30 m, tarief f 7,50 per m^2 (liften met staande mast mogelijk).
Kampeerterrein: Zie onder 'Vlietland'.
Stortplaats chemisch toilet: Bij Jachtwerf Ad Spek; bij W.V. Leidschendam.

Leidse Vaart

Van het Aarkanaal (Vijfgatenbrug) langs Langeraar en Woudsedijk naar het Braassemermeer. Lengte ca. 4 km. Zie ook 'Langeraar' en 'Rijnsaterwoude'.
Beheerder: Hoogheemraadschap van Rijnland, Postbus 156, 2300 AD Leiden, tel. (071) 25 93 14 (boezembeheer).
Maximumsnelheid: 6,2 km/h.
Motorvaart: Op de Leidse Vaart is een vaarvergunning vereist van het Hoogheemraadschap van Rijnland. (Zie bij 'Drecht'.)
Waterstand: KP = NAP – 0,60 m (Rijnlands boezempeil). Er kunnen peilvariaties optreden van NAP – 0,40 m tot NAP – 0,70 m.
Bruggen: Vaste brug bij Woudsedijk (ten Z van Rijnsaterwoude), H 2,52 m. Verder zijn er vier ophaalbruggen: Vijfgatenbrug, H 1,20 m; Paradijsbrug, H 1,20 m; Grote of Leidse brug in Langeraar, H 0,95 m; ophaalbrug bij Woudsedijk in Rijnsaterwoude, H 0,90 m.
Bediening: (gratis)

ma. t/m vr.	(16 april-16 okt.)	10-13, 14-17, 18-20 h
	(16 okt.-16 april)	11-13, 14-16 h
zat.	(16 april-16 okt.)	10-13, 14-17 h
	(16 okt.-16 april)	11-13 h
zo. en fd.	(gehele jaar)	gesloten

Ligplaats: Scheepswerf Gerardus Majella, aan de Leidse Vaart, nabij de Grote brug, beperkte mogelijkheden, max.verblijfsduur 1 dag (toilet en wastafel).
Drinkwater: Scheepswerf Gerardus Majella (sl).
Motorbrandstof: Ph. Lek, Smidskade 3, langs de Leidse Vaart, be (sl); Scheepswerf Gerardus Majella, die (sl).
Reparatie: Scheepswerf Gerardus Majella, Woudsedijk 7-13, tel. (01722) 21 17, bib (Volvo Penta, Bukh, Vetus, Mercedes, Perkins, Sabb, Ford), romp/uitr (ht, s, p/op de wal + in het water), zeil/tuigage, hellingen tot 2 m diepgang.
Kampeerterrein: Bij Scheepswerf Gerardus Majella.

Leimuiden

Aan de Ringvaart van de Haarlemmermeerpolder tussen de Braassemermeer en de Westeinderplas; 7,6 km van Aalsmeer; 2 km van Oudewetering; zie ook 'Drecht'.
Drinkwater: Scheeps- en Jachtwerf Jan Kok, aan de Ringvaart, ca. 800 m ten NO van de basculebrug in Oude Wetering (sl).
Motorbrandstof: Scheeps- en Jachtwerf Jan Kok, die (sl).
Reparatie: Jachtwerf De Hippert, Noordeinde 23, tel. (01721) 93 73, bub/bib, romp/uitr (ht, s, p); Scheeps- en Jachtwerf Jan Kok, Kerklaan

7, tel. (01713) 1 24 96, bib (alle merken), romp/uitr (ht, s, p, a/op de wal + in het water), zeil/tuigage, elek, scheepshelling tot 40 ton; Fa. Voor De Wind, Heerenweg 33, tel. (01721) 87 01, zeil/tuigage; Bock en Meijer B.V., Westeinde 9, tel. (01713) 1 22 08, romp/uitr (s/op de wal), elek.
Hefkraan: Jachtwerf De Hippert, max. 5 ton, tarief f 125,–; Bock en Meijer B.V., max. 8 ton, max.diepgang 1,70 m tarief f 225,– (excl. BTW) (heffen met staande mast mogelijk).
Botenlift: Bock en Meijer B.V., max. 85 ton, max.diepgang 1,80 m, tarief op aanvraag (liften met staande mast mogelijk).

Lek
Zie het hoofdstuk 'Varen op de grote rivieren' in Deel 1 van deze Almanak en onder 'Wijk bij Duurstede', 'Beusichem', 'Culemborg', 'Hagestein', 'Vianen', 'Vreeswijk', 'Lexmond', 'Ameide', 'Schoonhoven', 'Groot-Ammers', 'Streefkerk', 'Lekkerkerk' en 'Krimpen a. d. Lek' in deze Almanak.
Vaarwegbeheerder: Rijkswaterstaat Directie Gelderland, Postbus 9070, 6800 ED Arnhem, tel. (085) 68 89 11.
Benedenstrooms van kmr 969,6 Rijkswaterstaat Directie Zuid-Holland, Boompjes 200, 3011 XD Rotterdam, tel. (010) 4 02 62 00. Voor nautische Informatie: Regionale Verkeerscentrale Dordrecht, tel. (078) 13 24 21/32 25 55 of marifoonkan. 71, roepnaam 'post Dordrecht' (24 uur).
Maximumsnelheid: Voor snelle motorboten 20 km/h, m.u.v. de gedeelten waar géén snelheidsbeperking zal gelden en waterskiën zal worden toegestaan. Zie de 'Handleiding' in deze Almanak onder 'Snelle motorboten en waterskiën' en 'Bijzondere bepalingen'.

Lekkanaal
Van het Amsterdam-Rijnkanaal bij Jutphaas (Nieuwegein-N) naar de Lek bij Vreeswijk (Nieuwegein-Z) 6 km.
Algemeen: Zeer druk scheepvaartverkeer, 's zondags gewoonlijk het rustigst. Dit kanaal kan door jachten alleen veilig bevaren worden wanneer de koers ruim bezeild is en/of de motor geheel betrouwbaar is. Stuurloos ronddrijven is op dit drukke kanaal levensgevaarlijk. Aanbevolen wordt gebruik te maken van de route via het Merwedekanaal benoorden de Lek (zie aldaar).
Bij de splitsing met het Amsterdam-Rijnkanaal staat een matrixbord met een opgave van de waterstand op de Lek t.o.v. NAP.
Vaarwegbeheerder: Rijkswaterstaat Directie Utrecht, Dienstkring Amsterdam-Rijnkanaal, Postbus 650, 3430 AR Nieuwegein, tel. (03402) 7 94 55/7 94 95, buiten kantoortijd tel. (03435) 7 13 82.
Maximumsnelheid: Schepen met een natte doorsnede kleiner dan 20 m^2 18 km/h en schepen van 20 tot 50 m^2 14 km/h.
Bijzondere bepalingen: Hier gelden voor kleine vaartuigen (tot 20 m lengte) de volgende bepalingen:
a. Met een zeil- en motorboot mag alleen worden gevaren, indien deze is voorzien van een (direct startklare) motor, waarmee een snelheid van tenminste 6 km/h kan worden gehandhaafd.
b. Alle kleine vaartuigen moeten zo dicht mogelijk aan de stuurboordzijde van het vaarwater varen. Dit betekent dat men niet mag laveren. Voor alle schepen geldt een ankerverbod. Meren is alleen toegestaan op de daarvoor aangewezen gedeelten, max.verblijfsduur (buiten de havens) 3 x 24 h. Zie tevens de 'Handleiding' van deze Almanak onder 'Bijzondere bepalingen'.
Max. toegestane diepgang: 3,30 m.
Marifoon: Prinses Beatrixsluis, kan. 20.

Brug: Overeindse brug (vaste brug) nabij de splitsing met het Amsterdam-Rijnkanaal, H 9,05 m.
Prinses Beatrixsluis: tel. (03402) 6 21 62. Bediening te allen tijde (gratis). De hoogte van de hefdeuren is voor de noordelijke deur (1) KP + 9,30 m, even hoog als de vaste brug aldaar, de zuidelijke deur (2) is hoger, NAP + 12 m.
Let tijdens wachten op doorschutting op zuiging van langsvarende schepen: goed vastmaken!

Lekkerkerk

Aan de Lek, kmr 985 Ro; 16 km van Rotterdam; 15 km van Dordrecht; 15 km van Schoonhoven.
Ligplaats: Jachthaven van W.V. Lekkerkerk, nabij kmr 983,3, havenmeester A. Brussé, tel. (01805) 14 68, max.diepgang 1,50 m, drijvende steigers (elektra), tarief tot 10 m lengte f 7,50 per nacht.
Drinkwater en motorbrandstof: Bij Trolek B.V., aan de Lo van de Lek, water (sl), be (sl), die (sl), op zo. gesloten.
Reparatie en hefkraan: Pim van den Berg Dieselmotoren B.V.*, Voorstraat 15, tel. (01805) 17 47, bub (Yamaha), bib (alle merken), romp/uitr (s, p, a/op de wal + in het water), hefkraan max. 25 ton, max. diepgang 2,50 m, tarief f 250,–.

Lelystad

Via de Noordersluis in Lelystad-Haven, de Lage Dwarsvaart, de Lage Vaart en het Geldersdiep kan worden doorgevaren tot het hart van de stad. Zie ook 'Flevoland'.
Havens: Houtribhaven aan het IJsselmeer, ca. 500 m ten NO van de Houtribsluizen. De haven is in beheer bij W.V. Lelystad.
Ca. 3 km ten O van de Houtribsluizen (nabij de Houtribhoek) ligt de Jachthaven Flevo Marina.
Marifoon: W.V. Lelystad (Houtribhaven), kan. 31.
Lig- en aanlegplaatsen: Jachthaven Flevo Marina ★★★★, havenmeester H. Timmer en E. Visser, tel. (03200) 7 98 03, max.diepgang 4 m, tarief f 2,50 per m lengte per nacht (elektra, toiletten, wastafels, douches, supermarkt en restaurant) ● in de Houtribhaven van W.V. Lelystad, aanloop haveningang in Z.O.-richting, drijvend scherm dus bakboord houden, havenmeesters J. Leupen/R. Hollander, tel. (03200) 6 01 98, tarief f 1,50 per m lengte per nacht (douches (f 1,–), wastafels, toiletten en elektra).
Motorbrandstof: Jachthaven Flevo Marina, be (sl), die (sl); W.V. Lelystad (Houtribhaven), die (sl), loodvrij (sl).
Reparatie: Aan de Houtribhaven bij B. Droog Scheepsmotorenservice, Houtribhaven 10, tel. (03200) 6 15 11, bub/bib (dealer Yanmar, Yamaha en Vetus, reparatie van alle merken); via W.V. Lelystad, Houtribhaven 2, tel. (03200) 6 01 98, bib/bub (alle merken), romp/uitr (ht, s, p, a/op de wal + in het water), elek; Jachthaven Flevo Marina, IJsselmeerdijk 1-3, tel. (03200) 7 98 03, bub (Yamaha), bib (alle merken, dealer Volvo Penta), romp/uitr (ht, p/op de wal + in het water), zeil/tuigage, elek. Zie verder onder 'Lelystad-Haven'.
Hefkraan: W.V. Lelystad (Houtribhaven), max. 12 ton, max.diepgang 2,50 m, tarief f 12,50 per m lengte (heffen met staande mast mogelijk).
Trailerhellingen: W.V. Lelystad (Houtribhaven), max. 2 ton, tarief f 5,– (in en uit).
Botenlift: Jachthaven Flevo Marina, max. 50 ton, max.diepgang 4 m, tarief vanaf f 7,– per m^2 (liften met staande mast mogelijk).
Kampeerterrein: Bij W.V. Lelystad (Houtribhaven).
Wasserettes: Jachthaven Flevo Marina; W.V. Lelystad (Houtribhaven).

Stortplaatsen chemisch toilet: Bij Jachthaven Flevo Marina; bij W.V. Lelystad (Houtribhaven).
Aftappunt vuilwatertank: Bij W.V. Lelystad (Houtribhaven).

Lelystad-Haven

Haven tegen de dijk van Flevoland ter hoogte van Lelystad, ongeveer 22 km van Edam; 35 km van Amsterdam (Oranje Sluizen); 4 km van de Houtribsluizen.
Maximumsnelheid: Tussen de ZW-invaart en de Houtribsluizen 12 km/h.
Haven: De haven ligt tegen de dijk van O-Flevoland en wordt beschut door een ongeveer parallel lopende leidam.
Door een drietal dwarsdammen loodrecht op de dam worden twee grote havenkommen gevormd, elk 1000 m lang en 300 m breed.
De haven kan als aanloop- en vluchthaven worden gebruikt.
Van het N af bereikt men de haven via de Houtribsluizen (zie aldaar).
De ZW-ingang (invaartrichting ZO) wordt 's nachts aangegeven door een rood vast licht (en mistsein) op de NO-havendam en een groen vast licht op de ZW-havendam. Van het Markermeer uit is deze toegang te onderkennen.
Op ca. 1 km ten NW van de toegang bevindt zich een RWVS lichtboei, opschrift L-S LFl 10s, vanwaar men de toegang met een ZW-koers openvaart.
De drie kribben loodrecht op de dijk van O-Flevoland zijn gerekend vanaf de ZW-ingang voorzien van een rood isofaselicht, een rood flikkerlicht en nog een rood isofaselicht. Halverwege op de leidam tegenover het rode flikkerlicht is deze voorzien van een groen isofaselicht. De krib loodrecht op de leidam is tevens voorzien van een groen isofaselicht.
N.B. Het rode flikkerlicht markeert tevens de scheiding van vaarwegen naar/van de Houtribsluizen en de Noordersluis.
Varende uit de haven naar het sluizencomplex is het groene licht (Iso 4s) op de kop van de N-dwarsdam moeilijk te onderkennen.
De N-opening in de Meerdijk nabij de Houtribsluizen is verboden voor de scheepvaart.
Doorvaart van kleine vaartuigen is toegestaan.
Mistseinen: Nautofoon op de ZW-kop van de leidam, 2 stoten binnen 13 seconden.
Houtribsluizen: Zie aldaar.
Noordersluis: Van de haven uit geeft de schutsluis naast gemaal Wortman toegang tot de kanalen van Flevoland (zie aldaar).
Havendienst: Op de Houtribsluizen, tel. (03200) 6 11 11.
Marifoon: Houtribsluizen, kan. 20.
Lig- en aanlegplaatsen: De twee T-steigers zijn gereserveerd voor de beroepsvaart, schepen van de bruine vloot en Tagrijnschip Emma. Een en ander is door borden aangegeven. Voorts kunnen door de Havendienst nadere aanwijzingen worden gegeven. Wanneer men 's nachts voor anker gaat binnen het havengebied is men verplicht een ankerlicht te voeren.
● Jachthaven Lelystad-Haven, aan het Oostvaardersdiep, haveningang herkenbaar aan twee 10 m hoge lichttorens met rondschijnend wit licht. Tel. (03200) 6 03 26, havenmeester mevr. W. Dinant, max.diepgang 2,70 m, tarief f 2,– per m lengte per nacht (elektra, toiletten, douches (f 1,–) en wastafels), passanten dienen zich te melden bij de aanmeldsteiger ● Lelystad Haven Graansteiger, aan het Oostvaardersdiep op 1 km ten noorden van jachthaven Lelystad Haven, havenmeester mevr. W. Dinant, tarief f 2,– per m lengte per nacht
● Jachthaven van Jachtwerf Lelystad B.V., vanaf de Noordersluis (binnen de sluis) 1e haven aan bakboord en 2e haven aan bakboord

(2e haven voor reparatie en schepen langer dan 12,50 m), max.diepgang 2,20 m, tarief f 1,– per m lengte per etmaal (elektra, toiletten en wastafels).
● Binnendijks aan het Bovenwater (uitsluitend toegestaan voor windsurfen, kleinere zeil- en roeiboten) bij Jachthaven De Gnutten, tel. (03200) 5 33 97, tarief f 2,10 per m lengte per nacht (toiletten en douches (f 1,–)).
Motorbrandstof: Bij één van de in de haven liggende tankboten, o.a. bij M. Haekman, tel. (03200) 6 02 23, die (sl), be (sl), sbe (sl); Oliehandel Hoekman bij de Noordersluis.
Reparatie: Jachtwerf Lelystad B.V./Scheepskoopers, Werfweg 2-4, Industrieterrein Noordersluis, tel. (03200) 6 08 54/6 05 02, bub/bib (alle merken), romp/uitr (ht, s, p, a/in het water), elek, zeil/tuigage (werf: zo. gesloten, technische dienst: zat. en zo. gesloten); Jachtmotoren Service Van der Meulen, bub/bib; De Raat, Vaartweg (Noordersluis), tel. (03200) 2 61 73, zeil/tuigage; Tagrijnschip Emma, Oostvaardersdijk 25a, tel. (03200) 6 00 55, romp/uitr.
Botenlift: Jachtwerf Lelystad B.V., max. 20 ton en 32 ton, max.diepgang 2,20 m (heffen met staande mast mogelijk).
Trailerhelling: Openbare trailerhelling ten NO van de Noordersluis (door borden aangegeven); binnendijks aan het Bovenwater, in beheer bij W.V. Lelystad, tarief f 5,– (in en uit).
Kampeerterrein: Binnendijks bij Jachthaven De Gnutten, Camping 't Oppertje aan het Bovenwater.
Stortplaats chemisch toilet: Bij Jachthaven Lelystad Haven.

Lemmer

3 km van de Grote Brekken, 33 km van Stavoren, 30 km van Enkhuizen.
Natuurgebied: De ondiepe oeverzone in het IJsselmeer tussen Lemmer en Laaxum is aangewezen als natuurreservaat.
Kaartje: Is bij deze beschrijving opgenomen.
Havens: Een gebaggerde, betonde geul, D IJZP – 3,30 m, leidt van het IJsselmeer langs de O-zijde van de 400 m lange dam naar de Prinses Margrietsluis.
Een gebaggerde, betonde geul, D IJZP – 3,30 m, leidt van het IJsselmeer langs de N-zijde van de Noordoostpolder en de Friese sluis.
Mistsein (nautofoon): Nabij het Lemsterlicht op de knik in de dijk van de Noordoostpolder: 4 stoten binnen 30 seconden.
Van 0-4 h kan op het geven van het mistsein niet altijd worden gerekend.
Gemeentelijke havenmeester: J. Timmer, Lemstersluis, tel. (05146) 13 31.
Doorvaartgeld: f 7,50. Komende van de richting IJsselmeer te betalen op de Lemstersluis, komende van de richting Brekken op de Flevobrug (4).
Prinses Margrietsluis en ophaalbrug: Ten W van de stad. De brug over de sluis wordt bij windkracht 6 Beaufort of meer niet voor de scheepvaart bediend. Op werkdagen kunnen wachttijden ontstaan door drukke beroepsvaart. Voor bediening, zie onder 'Prinses Margrietkanaal'.
Marifoon: Prinses Margrietsluis, kan. 20; Lemstersluis en de havens, kan. 11.

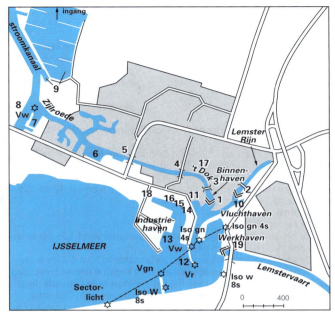

Lemmer

1. Lemstersluis
2. Riensluis en -brug (bb)
3. Oude sluisbrug (bb), H 1,82 m
4. Flevobrug (bb), H 0,74 m
5. Zijroedebrug (bb), H 0,85 m
6. Gem. Jachthaven Binnenzijde
7. Jachthaven Iselmar
8. W.S.C. Tacozijl
9. W.R.C. De Brekken
10. Jachthaven Slump
11. Gem. Jachthaven IJsselmeerzijde
12. Jachthaven Friese Hoek Lemmer B.V.
13. Jachthaven De Brekken
14. Jachthaven/Jachtwerf Maronier
15. Yachting Sirius
16. Marina Lemmer
17. Openbaar douche- en toiletgebouw, Schoolstraat 14
18. Jachtwerf Maritiem
19. Friese sluis en bb

Lemstersluis: Bediening:

(1 mei-1 okt.)	ma. t/m zat.	8-20 h
	zo. en fd.	9-13, 14-17.30, 18-20 h
(15 mrt.-1 mei en		
1 okt.-15 nov.)	ma. t/m zat.	8-12, 13-18 h
(april en oktober)	zo. en fd.	9-12, 14-18 h
(15 nov.-15 mrt.)	ma. t/m vr.	8-18 h, op verzoek*
	zat.	8-12 h, op verzoek*
(1 nov.-1 april)	zo. en fd.	gesloten

* Bediening aanvragen tijdens kantoortijden tel. (05146) 13 31, of marifoonkanaal 11, buiten kantoortijden tel. (06) 52 91 01 92.
Tijdens de weekends in het hoogseizoen moet rekening worden gehouden met wachttijden: op zaterdag bij het schutten naar het IJsselmeer, op zondagmiddag bij het schutten naar binnen.
Friese sluis: Zie onder 'Noordoostpolder'.

Riensluis en -brug: Verbinding met de afgedamde Rien (geen verbinding met het Tjeukemeer), bediening:

(15 mrt.-15 nov.)	ma. t/m vr.	8-12, 13-17 h, op verzoek*
	zat.	8-12 h, op verzoek*
	zo. en fd.	gesloten
(15 nov.-15 mrt.)	ma. t/m vr.	8-18 h, op verzoek*
	zat.	8-12 h, op verzoek*
	zo. en fd.	gesloten

* Bediening aanvragen bij de Provincie Friesland, tel. (058) 92 58 88, buiten kantoortijden tel. (058) 12 24 22.

Bruggen: In de vaarweg (Zijlroede) door het dorp naar de Grote Brekken, alle beweegbaar: Oudesluisbrug, H 1,82 m, Flevobrug, H 0,74 m en Zijlroedebrug, H 0,80 m. Bediening als Lemstersluis.
De bruggen worden van ma. t/m vr. van 12-12.10 h en van 12.40-13 h niet bediend. Bruggeld: zie 'Doorvaartgeld'.

Maximumsnelheid: 9 km/h.

Lig- en aanlegplaatsen:
– In de stadswateren: (Liggeld per dag: recreatievaart f 1,25 per m en de bruine vloot f 1,– per m per dag).
● In de kom ten N van de Lemstersluis langs de NO- en Z-zijde ● tussen Oudesluisbrug en Flevobrug aan beide kaden ● tussen Flevobrug en Zijlroedebrug aan de N-kade (bij het afmeren in de Zijlroede dient men rekening te houden met druk scheepvaartverkeer). Openbaar toiletgebouw (17) aan de Schoolstraat 14, dagelijks geopend van 7-12 h, 18-22 h (van 1 april tot 1 nov. op do. en zat. tevens van 14-17 h).

– In de jachthavens aan de binnenzijde van de sluis:

● (6) Gemeentelijke Binnenjachthaven aan de Z-oever van de Zijlroede ten W van de bruggen, havenmeester F. Verhoeff, tel. (05146) 19 79, tarief f 1,40 per m lengte (elektra, toiletten, douches (f 1,–) en wastafels;

● (7) Jachthaven Iselmar*, aan de Zijlroede hoek Stroomkanaal, Plattedijk 16, tel. (05146) 25 75, tarief f 2,– per m lengte per nacht (elektra, toiletten, douches en wastafels);

● (8) Watersportcentrum Tacozijl, aan het Stroomkanaal, Plattedijk 20, havenmeester A. Schokker, tel. (05146) 20 03/36 68, tarief f 1,45 per m lengte per nacht (elektra, toiletten, douches (f 1,–), wastafels en drinkwater), reparatie bib/bub (in noodsituaties ook op zat. en zo. mogelijk);

● (9) Watersport Recr.centrum De Brekken ****, aan het Stroomkanaal en aan de Brekken, Brekkenweg 10, havenmeester M. Ortelee, tel. (05146) 21 15, max.diepgang 1,50 m, tarief f 1,50 per m lengte per nacht (elektra, toiletten, douches en wastafels).

– In de jachthavens aan de IJsselmeerzijde:

● (10) Jachthaven Slump ten ZW van de Riensluis, tel. (05146) 33 16, tarief f 1,25 per m lengte per nacht (toiletten, douches en wastafels);

● (11) Gemeentelijke Buitenjachthaven ten W van de Lemstersluis, Vuurtorenweg 17a, havenmeester Kelderhuis, max.diepgang 2 m, tel. (05146) 33 43, tarief f 1,40 per m lengte per nacht (elektra, toiletten, douches (f 1,–) en wastafels);

● (12) Jachthaven Friese Hoek Lemmer B.V., ten W van de strekdam van de haveningang naar de Lemstersluis, Vuurtorenweg 19, havenmeester E.N.J. Nooy, tel. (05146) 41 41, max.diepgang 2,60 m, tarief vanaf f 14,– per nacht (elektra, toiletten, douches (f 1,–) en wastafels);

● (13) Jachthaven De Brekken, Industrieweg 17a, in de Industriehaven, havenmeester J. Mulder, tel. (05146) 53 70, max.diepgang 3 m, tarief f 1,50 per m lengte per nacht (elektra, toiletten, douches en wastafels);

● (14) Jachthaven/Jachtwerf Maronier ★★★, in de Industriehaven, Vuurtorenweg 16, havenmeester J.W. Maronier, tel. (05146) 33 00, max.diepgang 4 m, tarief f 1,50 per m lengte per nacht en 2 personen (elektra, toiletten, douches en wastafels);
● (15) Yachting Sirius B.V., in de Industriehaven, Vuurtorenweg 15a, tel. (05146) 50 98, tarief f 1,– per m lengte per nacht;
● (16) Jachthaven Marina Lemmer B.V., in de Industriehaven, Vuurtorenweg 10, havenmeester Folkert Roest, tel. (05146) 51 52, max.diepgang 2 m, tarief f 1,50 per m lengte per etmaal (elektra, toiletten, douches (waarborg à f 50,–) en wastafels) (werkplaats op zat. geopend, ma. gesloten);
(17) Openbaar toiletgebouw, zie onder 'stadswateren';
● (18) Jachtwerf Maritiem Lemmer, in de Industriehaven, tel. (05146) 15 00, tarief f 10,– per nacht (elektra, toiletten, douches en wastafels).
Drinkwater: Aan de Lemstersluis (1) (sl); bij de Zijlroedebrug (5) (sl); bij alle genoemde jachthavens en jachtwerven (sl).
Motorbrandstof: Watersportcentrum Tacozijl, die (sl); Jachthaven Slump, sbe (sl), be (sl), die (sl); gemeentelijke Binnenjachthaven (6), die (sl), be (sl).
Reparatie: Bij de jachthavens nr. 7 t/m 10, 13 t/m 16 en 18; Scheepsmotorenbedrijf De Fundatie B.V., Industrieweg 1, tel. (05146) 27 77, bib/bub; L. Hollander, Willemskade, tel. (05146) 32 23, b.g.g. 25 58, bub/bib, romp/uitr; Fa. Gebr. Poppen, Sluisweg, tel. (05146) 14 12, romp/uitr; J. de Vries, Willemskade 14, tel. (05146) 47 56, romp/uitr; P. v. d. Werff, Sluisweg, tel. (05146) 26 77, romp/uitr; Fa. A. v. d. Berg, Polderdijk 5, tel. (05146) 13 83, romp/uitr; Mulder & Rijke Lemmer B.V., bij Jachthaven Friese Hoek (12), romp/uitr (ht, p, a); Zeilmakerij M. F. de Vries, Vuurtorenweg 1, tel. (05146) 20 15, b.g.g. 13 75, zeil/tuigage; Mekon-Shipyard B.V. Lemmer, Sluisweg 9a, tel. (05146) 18 73, zeil/tuigage, romp/uitr (s, a/op de wal + in het water); Jachtbouw/Jachtbetimmering W. H. Dörr, Industrieweg 17b (terrein Jachthaven De Brekken (13)), tel. (05146) 34 70, romp/uitr (ht, p/op de wal + in het water); Jachthaven Iselmar (7), bub/bib (alle merken), romp/uitr (ht, s, a, p/op de wal + in het water), elek, zeil/tuigage; Jachtwerf Maronier, tel. (05146) 33 00, bib (alle merken), romp/uitr (ht, s, p, a/op de wal + in het water), elek, zeil/tuigage; Watersport Recreatiecentrum De Brekken (9), Brekkenweg 10, tel. (05146) 21 15, bub/bib, romp/uitr (ht, p/op de wal + in het water).
Hefkranen: Watersportcentrum Tacozijl (8), max. 20 ton, tarief vanaf f 80,–, max.diepgang 2,85 m (heffen met staande mast mogelijk); Watersport Recreatiecentrum De Brekken (9), max. 12 ton, tarief f 32,– per m^2, max.diepgang 1,50 m (heffen met staande mast mogelijk); Jachthaven Slump (10); Marina Lemmer B.V. (16), max. 9$\frac{1}{2}$ ton, max.diepgang 2 m, tarief f 100,– (liften met staande mast mogelijk); Jachtwerf Maritiem (18), max. 12 ton, max.diepgang 3 m, tarief f 60,– tot f 150,–; Jachthaven Iselmar (7), mastenkraan.
Trailerhellingen: Gemeentelijke Binnenjachthaven (6), tarief vanaf f 7,–, tevens hellingwagen, tarief f 125,–; Jachthaven Iselmar (7), max. 10 ton, tarief tot 5 m f 7,50, langer f 15,–; Watersport Recreatiecentrum De Brekken (9), max. 12 ton, max.diepgang 1,50 m, tarief f 12,50 per keer; Jachthaven/Jachtwerf Maronier (14), max. 20 ton, max.diepgang 2,50 m, tarief f 10,– per handeling.
Botenliften: Jachthaven Friese Hoek (12), max. 30 ton, max.diepgang 2,50 m, tarief op aanvraag (liften met staande mast mogelijk); Jachthaven De Brekken (13), max. 40 ton (met staande mast tot 23 m), tarief f 12,– per m lengte, max. diepgang 2,50 m, tevens mastenkraan; Jachthaven Maritiem (18), max. 30 ton, tarief per uur; Jachthaven/Jachtwerf Maronier (14), max. 30 ton, max.diepgang 2,50 m, tarief tot 9 m f 140,–, langer dan 9 m f 17,50 per m lengte per keer (lif-

ten met staande mast mogelijk), tevens mastenkraan (max. 1,2 ton); Marina Lemmer B.V. (16), max. 9$^1/_2$ ton, tarief f 100,–, max.diepgang 2 m (liften met staande mast mogelijk); Watersport Recreatiecentrum De Brekken (9), max. 12 ton, max.diepgang 1,50 m, tarief f 15,– per m lengte (liften met staande mast mogelijk).
Kampeerterreinen: Gemeentelijk kampeerterrein nabij de Zijlroede; Gemeentelijke Binnenjachthaven (6), aanmelden bij de havenmeester; Watersportcentrum Tacozijl (8).
Wasserettes: Jachthaven Friese Hoek (12); Jachthaven Iselmar (7); Watersport Recreatiecentrum De Brekken (9); Watersportcentrum Tacozijl (8); Mickey Cleaning, aan de Lijnbaan (vlakbij het openbare toiletgebouw aan de Schoolstraat (17)).
Stortplaatsen chemisch toilet: Bij Jachthaven De Brekken (13); bij Jachthaven Friese Hoek (12); bij Watersportcentrum Tacozijl (8); bij Jachthaven Iselmar (7); bij de gemeentelijke Binnenjachthaven aan de binnenzijde (6).
Aftappunt vuilwatertank: Jachthaven Iselmar (7); bij gemeentelijke Binnenjachthaven.

Leuken
Aan de Maas tussen Well en Ayen in Limburg, kmr 135 Ro.
Hier is een uitgestrekte ontgronding in uitvoering. In een gebied van 1800 ha, bestaande uit stuifheuvels, bossen en heiden, wordt een plassengebied gegraven van ca. 500 ha. Er zijn twee plassencomplexen ontworpen met verschillend waterpeil. Van de Maas af komt men via een toegang van 4 m diep (let op in- en uitvarende grindschepen) op een vierkante plas van 400 m x 400 m. Tegenover de toegang is een verbinding gegraven met een grotere, grillig gevormde plas van ca. 80 ha. Over deze verbinding ligt een vaste brug, H 8,50 m, in een secundaire weg. In de Z-hoek voorbij de brug aan stuurboord is de beschutte Jachthaven 't Leuken. Achter deze 2e plas, aan de O-zijde van de rijksweg Nijmegen-Venlo is een nieuwe plas, de Bergerheide, in ontwikkeling. Over de toegang tot deze plas van ca. 100 ha ligt een vaste brug in de rijksweg, H 8,50 m, en een schutsluis. Het schutverschil is ± 4 m. Deze plas is nog niet toegankelijk.
Maximumsnelheid: 9 km/h.
Aanlegplaatsen: Zijn door middel van borden aangegeven, max.verblijfsduur 2 x 24 h; bij Restaurant Recreatiepark Bergerheide.
Ligplaats: Jachthaven 't Leuken ★★★, havenmeester A. Tonnaer, tel. (04783) 17 58, tarief f 1,50 per m lengte per nacht (elektra, douches (f 1,–), wastafels, toiletten en drinkwater (f 1,-)).
Reparatie en hefkraan: Jachthaven 't Leuken, De Kamp 7a, Well, bub (Mercury, Mariner, Johnson, Evinrude), bib (Mercruiser), romp/uitr (ht, s, p/op de wal + in het water), zeil/tuigage, elek, kraan max. 20 ton, max.diepgang 1,90 m, tarief f 150,– (heffen met staande mast mogelijk).
Trailerhelling: Jachthaven 't Leuken, max. 20 ton, tarief f 25,–, max.diepgang 2 m.
Kampeerterrein: Camping Recreatiecentrum Leukermeer, tel. (04783) 24 44, aan de N-zijde van de 2e plas.
Stortplaats chemisch toilet: Bij Jachthaven 't Leuken.

Leur
Zie ook 'Mark en Dintel'.
In de verbinding met de Mark, op 19 km van Breda en 22 km van Dintelsas, ligt het kanaal Leurse Haven, lengte 6 km. Max. toegestane diepgang op het kanaal is 1,90 m. De toegang tot de haven in Leur is ondiep (ca. 0,40 m) en wordt ieder jaar door dichtslibben ondieper.

Lexmond
Aan de Lek, kmr 956,5 Lo; 6 km beneden Vreeswijk.
Ligplaats: Jachthaven van W.V. Bolsweerd, D 1,50 bij GLW, havenmeester P. van Dijk, Achthoven 5, tel. (03474) 18 96, tarief f 7,– per nacht (toiletten).
Motorbrandstof: P. C. van Zessen, Dorpsstraat 72, be, die.
Hefkraan: Bij W.V. Lexmond, tarief f 75,– per handeling, max. 6 ton.
Kampeerterreinen: Camping De Bol en Gemeentecamping, beide gelegen naast de jachthaven.

Leijen, De
1,5 km ten Z van het Bergumermeer; 1 km van Eastermar (Oostermeer); 1,5 km van Opeinde.
Zeer fraai meer (334 ha), bebost aan de oostelijke oever. De vaargeul, D ca. 1,50 m, is betond. Buiten de vaargeul vaak zeer ondiep (zwerfkeien en boomstronken op harde zandgrond). De driehoekige bakens geplaatst op het einde van de Opeindervaart en het begin van de Lits zijn vrij goed te zien. Met 1 m diepgang is het mogelijk in een rechte lijn te varen van de ingang van de Lits aan de N-zijde naar de ingang van de vaart richting Rottevalle.
Maximumsnelheid: 6 km/h.
Lig- en aanlegplaats: Theehuis aan de ingang van de vaart naar Rottevalle; Jachthaven van W.V. De Leijen, max.diepgang 1 m (drinkwater).
Motorbrandstof: Bij W.V. De Leijen, die, be, sbe.
Reparatie, hefkraan en kampeerterrein: Jachthaven W.V. De Leijen, romp/uitr (ht, s, p/op de wal + in het water), zeil/tuigage, elek, hefkraan max. 8 ton, max.diepgang 1 m, tarief f 50,– tot f 100,–.

Lieshout
Aan het Wilhelminakanaal; 3,5 km ten W van de Zuidwillemsvaart.
Aanlegplaats: Aan de loswal.
De zwaaikom ten W van Lieshout is ongeschikt als ligplaats door stenen langs de oever en de zuiging van langskomende schepen.

Linde
Algemeen: Van de Linthorst Homansluis (zie aldaar) in W-richting tot Kuinre, lengte 12 km.
Van de Linthorst Homansluis tot de Ossenzijlersloot bevaarbaar met een max. toegestane diepgang van 1,80 m.
Van de Ossenzijlersloot tot Kuinre 3 vaste bruggen (nl. één ten NW van Ossenzijl, H 2,65 m en twee in Kuinre, H 2,75 m). Diepte 1,75 m; max. toegestane diepgang 1 m. Door de restauratie van de vaarverbinding in Kuinre kan men in W-richting doorvaren naar Schoterzijl. Zie onder 'Kuinre' en 'Tjonger'.
Van de Linthorst Homansluis (zie aldaar) via een klein gedeelte van de Jonkers- of Helomavaart en de hierna genoemde ophaalbrug, H 2,85 m, in O-richting praktisch niet verder bevaarbaar dan de Kontermansbrug (valt buiten de ANWB-waterkaarten), lengte 11 km. Laagste vaste brug H 2,51 m. Dit gedeelte, bovenstrooms van de sluis, is een aantrekkelijke vaarweg. Diepte tot de Blessebrug (vaste dubbele brug in de rijksweg ten ZO van Wolvega) 1,10 m, daarboven 1 m. Het Mallegat, de zijtak naar Oldemarkt is 1,20 m diep. Bij de ingang van het Wijde dient men nauwkeurig de betonning te houden. 500 m van de sluis is een ophaalbrug, H 2,85 m, die men zelf moet bedienen, daarna zijn er vaste bruggen (laagste brug, H 2,51 m).
Vaarwegbeheerder: Gedeelte Linthorst Homansluis tot Kuinre, Provincie Overijssel, Hoofdgroep Milieu en Waterstaat, district West-Overijssel, Tukseweg 158, 8334 RW Tuk, gemeente Steenwijk, tel. (05210) 1 24 66.

Maximumsnelheid: Gedeelte Linthorst Homansluis tot de Ossenzijlersloot 9 km/h; Gedeelte van de Ossenzijlersloot tot Kuinre 6 km/h.
Waterstand: Van de Linthorst Homansluis tot Kuinre (W-gedeelte): 's zomers gelijk aan NAP – 0,70 m; 's winters NAP – 0,80 m. De hoogten van de bruggen zijn aangegeven bij zomerpeil; de diepte bij winterpeil.
Op het O-gedeelte van de Linde is de waterstand constant.
Lig- en aanlegplaatsen: Bij een speciaal ingerichte aanlegplaats ten O van de sluis in de toegang tot de Boven Linde ● in de jachthaven bij de Kontermansbrug (valt buiten de ANWB-kaarten) ● in Oldemarkt zijn enkele aanlegsteigers. Zie verder onder 'Kuinre' en 'Ossenzijl'.
Van de Ossenzijlersloot tot Kuinre is het verboden ligplaats te nemen buiten de speciaal daarvoor aangegeven gedeelten van de oever. Max.verblijfsduur 2 x 24 h.
Drinkwater: Bij de sluis (drinkwaterautomaat); bij de molen 200 m ten W van de Blessebrug.

Linge

Landschappelijk fraai vaarwater met een lengte van 35 km. Vooral in de bloesemtijd zeer aan te bevelen.
Vaarwegbeheerder: Waterschap van de Linge, Postbus 202, 4190 CE Geldermalsen (gedeelte Arkel – Geldermalsen), tel. (03455) 7 16 41.
Toegang tot de Linge: Via Gorinchem (zie aldaar) of via het Merwedekanaal bezuiden de Lek bij Arkel.
Maximumsnelheid: Beneden Asperen: 9 km/h tot een diepgang van 1,50 m, dieper dan 1,50 m 7,5 km/h; boven Asperen: 7,5 km/h tot een diepgang van 1,50 m, dieper dan 1,50 m 6 km/h.
Bevaarbaarheid: De max.diepgang bedraagt vanaf de Gorinchemse kanaalsluis tot Arkelse dam 2,10 m; Arkelse Dam tot sluis Asperen 2,25 m. Op het gedeelte boven sluis Asperen is de max.diepgang 1,80 m. Na de stuw boven Geldermalsen kan men de Linge niet verder opvaren.
Door de begroeiing en bebouwing langs de Linge leent dit water zich niet om te zeilen.
Het is verboden de Linge ten O van de sluizen in Asperen te bevaren tussen zonsondergang en zonsopgang.
Waterstand: KP = NAP + 0,80 m.
Bruggen: 8 vaste bruggen. Laagste vaste brug tussen Gorinchem en Geldermalsen H 4,94 m (spoorbrug Tricht). Zie onder 'Gorinchem', 'Leerdam', 'Asperen' en 'Geldermalsen'.
Lig- en aanlegplaatsen: Zie onder 'Gorinchem', 'Heukelum', 'Leerdam', 'Asperen' en 'Geldermalsen'. ● Passantensteiger Rietveld, gelegen nabij het voetveer Spijk-Arkel, tarief f 5,– per boot per nacht, max. verblijfsduur 2 x 24 h; grote inham bij Vogelswerf aan S.B.B.-terreintje, gratis; foerageersteiger Beesd, aan NW-zijde van de kruising Rijksweg A2 met de Linge, overnachten niet toegestaan. Buiten de speciaal ingerichte aanlegplaatsen en jachthavens is aanleggen niet toegestaan.
Zijwateren: De Korne kan, met schepen die niet langer zijn dan 8 m en maximaal 3 m breed, worden opgevaren tot in Buren. De diepte is 0,80 m. Over de Korne liggen bij Buren 2 vaste bruggen, H ca. 4 m. In Buren zijn geen goede meerplaatsen aanwezig. Men kan eventueel meren vóór de eerste brug aan bakboord aan de steile grasoever.
Motorbrandstof: Zie onder 'Geldermalsen'.

Linne

Aan de Maas, kmr 69.
Lateraal kanaal Linne-Buggenum: De doorgaande vaart maakt gebruik van het Lateraalkanaal, dat ten W van de Maas gegraven is (zie onder 'Maas').

Aanlegplaatsen: Fraaie aanlegplaatsen in de Gerelingsplas en in de afgesneden bocht van de Maas beneden de sluis van Linne, stroomopwaarts van kmr 74.

Linschoten

Smal, slingerend riviertje tussen Woerden en Oudewater; de Korte Linschoten van Woerden naar Linschoten, lengte 3 km en de Lange Linschoten van Linschoten naar Oudewater, lengte 7 km. Zie ook bij 'Montfoortse Vaart'.
Bevaarbaar met kleine boten i.v.m. ondiepten in Oudewater; er bevinden zich veel waterplanten in het gedeelte Linschoten-Oudewater.
Maximumsnelheid: 6 km/h.
Bruggen: 16 vaste bruggen, laagste brug over de Korte Linschoten H 2 m, over de Lange Linschoten H 1,40 m en één beweegbare brug (Vrouwenbrug), H 1,30 m.
Sluizen: Een sluis in Oudewater met vaste brug H 1,30 m. Sluisgeld f 2,50.
Bediening sluis en brug:

(16 april-1 juni en 1 sept.-16 okt.)	ma. t/m zat.	9-12.30, 13.30-19 h
	zo. en fd.	gesloten
(1 juni-1 sept.)	ma. t/m zat.	9-12.30, 13.30-20 h
	zo. en fd.	gesloten
(16 okt.-16 april)	ma. t/m vr.	9-16.30 h, op verzoek*
	zat., zo. en fd.	gesloten

* Bediening tevoren aanvragen bij de brugwachter, tel. (03486) 20 27.

Motorbrandstof: Van Eyk, Engerzandweg (bij provinciale weg), be, sbe.
Kampeerterrein: Natuur-boerderijcamping aan de Linschoten t.h.v. Park Huis in Linschoten en nabij Snelrewaard.

Linthorst Homansluis

10 km van Tjeukemeer; 5 km van Ossenzijl.
Deze sluis met beweegbare brug, H 1,05 m, vormt de verbinding tussen de Jonkers- of Helomavaart (zie aldaar) en het op de Fries-Overijsselse grens lopende ZW-gedeelte van de Linde (zie aldaar).
Bediening: (gratis)

ma. t/m zat.*	(1 mei-1 okt.)	8-12, 13-17, 18-20 h
	(1 okt.-15 nov. en 15 mrt.-1 mei)	8-12, 13-18 h (zat. tot 17 h)
	(15 nov.-15 mrt.)	8-18 h (zat. tot 17 h), op verzoek**
zo. en fd.	(mei en sept.)	9-12, 13-18 h
	(juni t/m aug.)	9-20 h
	(1 okt.-1 mei)	gesloten

* Op werkdagen vóór en na fd: bediening als op zat. en ma.
** Bediening aanvragen bij de Provincie Friesland, tel. (058) 92 58 88, buiten kantoortijden tel. (058) 12 24 22.

In het hoogseizoen moet rekening worden gehouden met lange wachttijden in beide richtingen door druk recreatieverkeer. De bruggen over de Jonkers- of Helomavaart (zie aldaar) en de Linthorst Homansluis worden van 1 okt.-15 nov. door 2 brugwachters bediend, van 15 nov.-15 mrt. bediening door één brugwachter. Hierdoor kan enig oponthoud ontstaan.

De oude Driewegsluis blijft als historisch waardevol waterstaatswerk behouden en kan in noodgevallen nog worden gebruikt.

Lisse

18 km van Haarlem; 5 km van Kaagdorp.
Haven: Te bereiken door het Havenkanaal, 500 m ten Z van de Lisserbrug, D 1,50 m. Maximumsnelheid 6 km/h.
Brug: Lisserbrug over de Ringvaart, zie voor bediening bij 'Ringvaart Haarlemmermeerpolder'.
Ligplaatsen: Jachthaven De Poel aan de Ringvaart ten Z van het Havenkanaal, havenmeester T. Bouter, tel. (02522) 1 24 10, max.diepgang 2 m, tarief f 1,– (overdag f 0,50) per m lengte per nacht (elektra, toiletten, douche (f 1,–), wastafels en drinkwater (f 1,–)) ● Jachthaven van W.V. Lisse aan de Ringvaart, 500 m ten Z van de Lisserbrug, havenmeester tel. (02521) 1 26 49, tarief f 1,– per m lengte per etmaal, (douche (f 1,–) en toiletten) ● bij de werf van W. A. Akerboom, 400 m van de ingang van de haven (gratis).
Drinkwater: Bij de werf van W. A. Akerboom.
Motorbrandstof: Jachthaven De Poel, die (sl).
Reparatie: Jachthaven De Poel, 3e Poellaan 99, tel. (02522) 1 24 10, bub/bib (alle merken), romp/uitr (ht, p, a, s/op de wal + in het water); W. A. Akerboom, Grevelingenstraat 40, romp/uitr; Minnee Boten en Motoren, Lisserdijk 580, Lisserbroek, tel. (02521) 1 40 17, bub (Yamaha, Mercury, Mariner en Suzuki).
Trailerhelling: Minnee Boten en Motoren, max. 1½ ton.
Hefkraan: Jachthaven De Poel, max. 15 ton, max.diepgang 2 m (heffen met staande mast mogelijk).
Kampeerterrein: Bij Jachthaven De Poel (uitsluitend voor kanovaarders).

Lith

Aan de Maas (zie aldaar); 25 km van Grave; 9 km van St. Andries; zie ook 'Lithoijen'.
Sluis: tel. (04128) 12 93. Bediening:

ma.	6-24 h
di. t/m vr.	0-24 h
zat.	0-20 h
zo. en fd.*	9-17 h

* Van 1 april-1 okt. extra schutting voor pleziervaartuigen die om 19 h aanwezig zijn.
Bij het meren aan de wachtsteigers ten O van de sluis moet tijdens het inlaten van water in de sluis (opschutten) rekening worden gehouden met vermindering van de diepte aan de steiger (max.diepgang ca. 2 m), verder moet rekening worden gehouden met een verval in de sluis van ongeveer 4,50 m.
Maximum toegestane afmetingen: Hoogte bij normaal stuwpeil (4,90 m + NAP) 7,35 m, diepgang 3 m.
Marifoon: Kan. 22.
Waterstanden: Benedenstrooms van de stuw: bij gemiddelde rivierafvoer GHW = NAP + 1,16 m, GLW NAP + 1,02 m. Bovenstrooms van de sluis is het officiële stuwpeil NAP + 5 m.
Doorvaarthoogte: Over het bovenpand NAP + 12,10 m = 7,10 m boven SP. Over het benedenpand ligt de onderkant van de geheven W-sluisdeur op NAP – 11,70 m = 10,58 m boven GHW.
Bij geopende stuw wordt van de 3 stuwopeningen gebruik gemaakt. Hierover een vaste brug, H NAP + 13,45 m.
Ligplaats: Zie onder 'Lithse Ham'.

Aanlegplaats: Gemeentelijke passantenhaven, max.breedte 2,50 m, diepgang afhankelijk van waterstand op de Maas, gratis, overnachten niet toegestaan.
Motorbrandstof: Zie onder 'Lithoijen'.
Reparatie: J. A. v. d. Boogaard, Dijk A 18, 800 m beneden de sluis, Z-oever, bub/bib; J. de Bijl, Citadelstraat 4, tel. (04128) 14 66, bub/bib.

Lithoijen

Aan een afgesneden Maasarm, invaart kmr 200 Lo; 1 km van de sluis van Lith; 1 km van Alphen a. d. Maas.
Maximumsnelheid: 9 km/h.
Ligplaats: Jachthaven van de W.V. De Maaskant, ten O van de sluis in Lith in de dode arm, bootsman J. de Groot, tel. (04128) 13 95, b.g.g. 14 79 (privé), meren aan de passantensteiger voor de starttoren, max.diepgang 2 m, tarief f 1,– per m lengte per etmaal (elektra, toiletten, wastafels en douches (f 1,–)).
Motorbrandstof: Van Hulst, woonark Eureka, Kennedylaan, tel. (04128) 13 52, die (sl), be (sl), sbe (sl).
Reparatie en hefkraan: J. de Groot Jr., Osseweg 1, tel. (04128) 13 95, bub/bib (alle merken), kraan max. 4 ton, max.diepgang 2 m.
Trailerhelling: Bij W.V. De Maaskant, max. 1 ton (uitsluitend voor leden van de W.V.).

Lithse Ham

Groot grindgat aan de Maas bij Lith, kmr 207 Lo.
Maximumsnelheid: 9 km/h. Om snel te varen en te waterskiën worden per uur maximaal 4 ontheffingen verleend. Inlichtingen zijn verkrijgbaar bij de havenmeester, tel. (04128) 15 09. Raadpleeg tevens de 'Handleiding' van deze Almanak onder 'Snelle motorboten en Waterskiën'.
Ligplaats: Jachthaven De Lithse Ham, havenmeester J. Berg, tel. (04128) 14 05, tarief f 1,50 per m lengte per nacht (elektra, toiletten, douches, wastafels en drinkwater).
Reparatie, trailerhelling en botenlift: Jachthaven De Lithse Ham, bub/bib (alle merken), romp/uitr (s, p/op de wal + in het water), elek, trailerhelling, hellingwagen max. 12 ton, botenlift max. 20 ton (liften met staande mast mogelijk), max.diepgang 1,90 m.
Kampeerterrein: Camping De Lithse Ham.
Wasserette, stortplaats chemisch toilet en aftappunt vuilwatertank: Bij Jachthaven De Lithse Ham.

Lobith

137 km van Rotterdam via Arnhem; 132 km van Rotterdam via Nijmegen; 135 km van Amsterdam via Arnhem; 174 km van Keulen; aan de Rijn, kmr 863,5 (Vluchthaven).
Alleen de N-oever is Nederlands gebied. De overkant is Duits gebied: verboden aan te leggen.
Voor tochten naar Duitsland kan men de op de ANWB-vestigingen verkrijgbare watersportwijzer 'Varen in het Buitenland' raadplegen, gratis voor leden van de ANWB.
Men moet op de Duitse Rijn voor jachten zwaarder dan 15 ton speciale documenten bezitten. Voor alle schepen voor doorvaart naar Duitsland is het 'Internationaal Certificaat voor Pleziervaartuigen' aan te bevelen.
Een aanvraagformulier is aan te vragen voor ANWB-leden bij de ANWB-vestigingen.
Douane: Kmr 862,3 Ro. Voor douaneformaliteiten zie in de Handleiding van deze Almanak onder 'Douaneformaliteiten'.
Ligplaats: Watersportcentrum De Bijland, na verkregen toestemming, zie onder 'Bijland, De'.

Motorbrandstof: Varende tankboten en aan twee steigers, sbe, be, die (sl); Watersportcentrum De Bijland, ten W van Lobith, aan de Ro van de Rijn, drijvend tankstation, be, sbe en die (sl).
Reparatie: Markerink B.V.*, Lobith-Tolkamer, Bijlandseweg 42, bereikbaar via de Vluchthaven, bub/bib; DEBA Watersport B.V., 's-Gravenwaardsedijk 78, tel. (08365) 4 16 92, bib/bub, romp/uitr (s, p), elek.
Kampeerterrein: Zie onder 'Bijland, De'.
Verbinding met Kleef: Via Vossegat, Alt Rhein, Spoykanaal met sluis in Brienen; bediening van 7-19 h, zo. gesloten.
Geen afzonderlijke schuttingen voor jachten.

Lochem

15 km van de IJssel; 35 km van Enschede; zie ook 'Twentekanalen'.
Havenkantoor: Hanzeweg 8, tel. (05730) 8 92 22.
Ligplaats: Aan de nieuwe gemeentelijke passantensteigers aan de O-zijde van de Berkelstuw tussen de Berkel en het Twentekanaal, vlak bij de Lochemse brug, havenmeester F. Overmars, tarief f 8,– per dag, max.diepgang 1,50 m, max.verblijfsduur 3 dagen.
Drinkwater: Waterkraan aan de W-zijde van de passantenhaven.
Reparatie: Ford-garage, Kwinkweerd 135, 600 m van de laad- en losplaats, bib (Ford).

Loenen a. d. Vecht

18 km van Utrecht; 25 km van Muiden.
Bruggen: Over de Vecht, zie aldaar.
Sluis: Mijndense sluis, zie 'Loosdrechtse Plassen'.
Lig- en aanlegplaatsen:

● Aan de W-oever tussen de beide bruggen en aan een strook van circa 300 m direct ten Z van de meest zuidelijke brug, tarief t/m 9,50 m lengte f 6,50 per nacht, langer dan 9,50 m f 11,–, en toeristenbelasting à f 0,85 p.p. per nacht.
● Verder, ten Z van de hierboven genoemde ligplaats, aan de W-oever langs het Jaagpad, tot Nieuwersluis (1,5 km). Particulier terrein, doch meren voor max. 24 uur is toegestaan. Ter plaatse wordt aangegeven indien bepaalde oevergedeelten tijdelijk niet als aanlegplaats ter beschikking staan. Bij het meren moet men er rekening mee houden dat de oevers ondiep zijn.
Drinkwater: Tussen de beide bruggen.
Motorbrandstof: Garage Oto Lion, sbe, be, die (zo. gesloten); Auto Spijker B.V., be en die, zo. gesloten.
Reparatie: Auto Spijker B.V.*, aan de O-oever van de Vecht, Mijndensedijk 34, bub/bib (kleine reparaties); Oto Lion, Rijksstraatweg 139, bib/bub; Onedin Jachtservice, Dorpsstraat 18, tel. (02943) 12 85, bub (Yamaha, Mercury, Mariner, Johnson en Evinrude), bib (geen BMW, Vetus en Perkins), romp/uitr (s/op de wal + in het water), elek (van 1 april-1 okt. dagelijks geopend).
Hefkraan en botenlift: Onedin Jachtservice, max. 15 ton, max.diepgang 2,25 m, tarief f 176,25.
Kampeerterrein: Achter de Mijndense sluis, zie onder 'Loosdrechtse Plassen'.

Loenersloot

4 km van Baambrugge; 5 km van Nieuwersluis; zie ook 'Angstel'.
Amsterdam-Rijnkanaal: Zie aldaar.
Angstel van Z naar N: Zie aldaar.
Geuzensloot: Vaste brug, H 3,80 m. Zie bij 'Vinkeveense Plassen'.

Loevestein
Kasteel bij de samenvloeiing van de Andelse Maas en de Waal. Aanlegplaats aan een pontonsteiger aan de Waal bij kmr 951, ten N van het kasteel, D GLW – 1 m (uitsluitend voor de veerboot). Er is een goede ankerplaats tussen de kribben bij kmr 951.
Om het kasteel te bezichtigen kan men het beste in Woudrichem aanleggen (zie aldaar).

Loosdrechtse Plassen
Zie ook 'Breukeleveense Plas' en 'Vuntus'.
Hiertoe rekent men gewoonlijk de 1e, 2e, 3e, 4e en 5e Plas en de ten W van de 4e en 5e Plas liggende Kievitsbuurt, nl. de N-Kievitsbuurt ter hoogte van de 4e Plas en de Z-Kievitsbuurt ter hoogte van de 5e Plas. Voor de Z-Kievitsbuurt geldt een verbod voor motorvaart. Al deze wateren staan met elkaar in open verbinding en zijn slechts van elkaar gescheiden door rijen eilandjes en ondiepten met vele bevaarbare doorvaarten. Er is geen belemmering door bruggen of sluizen.
Zie ANWB-waterkaart 'Loosdrechtse Plassen'.
Vaarwaterbeheerder: Plassenschap Loosdrecht, Brigittenstraat 13, 3512 KJ Utrecht, tel. (030) 33 31 17; Gemeentelijke Waterleidingen Amsterdam, kantoor Loenen a. d. Vecht, tel. (02943) 14 59 (toegang Kraaienester- en Weersluis).
Vergunning: Schepen langer dan 24 m en/of met een grotere breedte dan 4,50 m moeten, voor het varen op de Loosdrechtse Plassen, een ontheffing aanvragen bij het Plassenschap Loosdrecht.
Sluizen en toegangswegen:
– Mijndense sluis (Nieuwe): Geeft toegang van de Vecht ten Z van Loenen aan de Vecht tot de Drecht. Schutlengte 50 m, doorvaartbreedte 7 m, diepgang sluis 1,90 m. De max.diepgang waarmee de plassen bereikbaar zijn is 1,45 m. Voor de W-ingang van de sluis ligt een klapbrug.
Bediening sluis en brug:

(16 april-1 juni en 16 sept.-16 okt.)	ma. t/m do.	9-12, 13-16.30, 17.30-19 h
	vr., zat., zo. en fd.	9-12, 13-16.30, 17.30-21 h
(1 juni-16 sept.)	ma. t/m do.	9-12.30, 13-16.30, 17.30-21 h
	vr., zat., zo. en fd.	8-12.30, 13-16.30, 17.30-21 h
(16 okt.-16 april)	ma. t/m vr.	9-16.30 h, op verzoek*
	zat., zo. en fd.	gesloten*

* Bediening op ma. t/m vr. alsmede op de 4 zaterdagen na 15 okt. en de 4 zaterdagen vóór 16 april van 9-16.30 h op verzoek, aanvragen bij de sluiswachter, tel. (02943) 34 00/34 33.
Bij groot aanbod van recreatievaart wordt gedurende de pauze doorgeschut.
Men moet tijdens het schutten de motoren afzetten.
Brug- en sluisgeld: open boten f 1,50, schepen tot 8 m lengte f 4,–, tot 12 m f 6,–, tot 15 m f 8,– en vanaf 15 m lengte f 10,–.
Varende van de Drecht naar de plassen kan men het beste de Muyeveldse Wetering nemen (aan stuurboord, direct voorbij Recreatiecentrum Mijnden), om daarna bij het eerste veengat in O-richting op de plassen te komen. Medio 1995 zal de Muyeveldse Vaart gereed zijn en dan hoeft men geen gebruik meer te maken van de Muyeveldse Wetering. Men is dan ook eerder op ruim water (2e Plas).
Woonschepen, weekendarken e.d. worden niet tot het plassengebied toegelaten.
– Weersluis: Geeft toegang tot de Weersloot, drempeldiepte 0,80 m. Over de Weersluis ligt een vaste brug, H 1,80 m (bij een waterstand

op de Vecht van NAP – 0,40 m). De Weersloot is 0,50 m diep (zachte bodem). De max.breedte bedraagt ca. 4 m. Bediening Weersluis:

(1 april-1 mei)	9-17 h
(1 mei-1 sept.)	9-17, 18-21 h
(1 sept.-15 okt.)	10-17 h
(16 okt.-1 mei)	op verzoek, via tel. (03469) 11 03 of (03402) 6 45 42.

Sluisgeld: open boten f 1,–, schepen tot 8 m lengte f 2,50 en vanaf 8 m f 3,50.
– De Kraaienestersluis heeft een drempeldiepte van 0,80 m en een vaste brug, H 2,30 m (bij een waterstand op de Vecht van NAP – 0,40 m). Bediening:

(16 april-1 juni)	ma. t/m do.	9-12, 13-16.30, 17.30-19 h
	vr., zat., zo. en fd.	9-12, 13-16.30, 17.30-21 h
(1 juni-16 sept.)	ma. t/m do.	9-12.30, 13-16.30, 17.30-21 h
	vr., zat., zo. en fd.	9-12.30, 13-16.30, 17.30-21 h
(16 sept.-16 okt.)	dagelijks	9-12, 13-16.30, 17.30-19 h
(16 okt.-16 april)	ma. t/m vr.	9-16.30 h, op verzoek*
	zat., zo. en fd.	gesloten*

* Bediening op de 4 zaterdagen na 5 sept. en de 4 zaterdagen vóór 16 april van 9-16.30 h op verzoek, aanvragen bij de sluiswachter, tel. (03462) 6 25 40.
Sluisgeld: open boten f 1,–, schepen tot 8 m lengte f 2,50 en vanaf 8 m f 3,50.
Vanaf deze sluis is de 5e Plas bereikbaar door het Tienhovenskanaal, D 0,50 m, met een vaste brug H 1,90 m en 2 beweegbare bruggen (waarvan 1 particuliere brug, staat in principe open). De andere brug bij de toegang tot de 5e Plas (Kalverstraat) wordt bediend als de Weersluis (verzoek tot bediening tel. (03462) 6 44 80). Over het gedeelte van het Tienhovenskanaal in de verbinding met de Breukeleveense Plas liggen vaste bruggen, H 1,30 m. In het kanaal komt in de zomer veel plantengroei voor.
– Van de sluis nabij 's-Graveland, die van het Hilversumskanaal toegang geeft tot de 's-Gravelandse Vaart (zie aldaar), is de 2e Plas bereikbaar door de 's-Gravelandse Vaart, die bij zomerpeil een diepgang toelaat van slechts 0,50 m (praktisch niet bevaarbaar door afval). Er ligt een vaste brug, H 2,40 m, en een beweegbare brug (staat meestal open). Voor bediening zie bij ''s-Gravelandse Vaart'. Vervolgens komt men op de O-Drecht, D 1,50 m.
Diepte van de plassen: Het peil van de plassen is niet constant. Het daalt gewoonlijk van het voorjaar tot het najaar van ca. NAP – 1,07 m tot NAP – 1,17 m. De diepten worden aangegeven bij zomerpeil (ZP), dat aangenomen is op NAP – 1 m.
De plassen zijn over het algemeen bevaarbaar met jachten tot 1,10 à 1,15 m, met uitzondering het O-plassengebied, speciaal de 'Wastobbe'. Verder zijn enige niet-bebakende doorgangen in de eilandenrijen, die de plassen scheiden, voor vaartuigen met meer dan 0,90 m diepgang niet bevaarbaar. De doorvaarten, die voorzien zijn van blauwwit geschilderde bakens, zijn bij ZP alle bevaarbaar voor jachten tot 1,20 m diepgang. In onbebakende doorgangen, die smaller zijn dan ca. 10 m, kan men op niet meer diepte rekenen dan 0,50 m.
In de doorvaart tussen de 1e en 2e Plas ten O van de Wijde Keel, juist bij de ingang van de O-Drecht, liggen betonstortingen gedeeltelijk onder water tegen de O-oever.
In het vroege voorjaar, als riet en biezen nog niet zichtbaar zijn, zijn vele ondiepten niet te onderscheiden.

De gehele Kievitsbuurt is voor diepstekende jachten bevaarbaar, zowel de veengaten als de nauwe doorvaarten in de legakkers. Bij het doorsteken van de legakkers in de lengterichting moet men oppassen dat onlangs weggeslagen gedeelten niet voor een doorvaart worden aangezien. De doorvaarten in de landtong, die de Kievitsbuurt van de 4e Plas en de 5e Plas scheidt, zijn bij ZP voor vaartuigen, die meer dan 1 m diepgang hebben, niet bevaarbaar, echter met uitzondering van de N-doorvaart bij de Weersloot in de NW-hoek van de 4e Plas (ten W van het baken aan de Z-zijde van de eilandenrij), waar de minste diepte bij ZP 1,30 m is.

De van dit punt in Z-richting lopende Kalverstraat, heeft bij ZP hier en daar een diepte van minder dan 1 m, vooral in het Z-gedeelte.

De Muyeveldse Wetering langs de W-zijde van de veengaten van de 2e en 3e Plas is bij ZP bevaarbaar met jachten tot ca. 0,80 m diepgang.

Op de Plassen liggen verder gele tonnen en oranje driehoekige tonnen, dit zijn uitsluitend merktekens voor de wedstrijdbanen.

Motorvaart: Maximumsnelheid tot op 100 m uit de oever (steigers etc.) 6 km/h (ook op de Drecht), overigens (incl. Breukeleveense Plas en De Vuntus) 12 km/h. Het Z-gedeelte van de Kievitsbuurt is voor motorvaart verboden, behoudens vergunning van het Plassenschap Loosdrecht (Brigittenstraat 13, 3512 KJ Utrecht, tel. (030) 33 31 17). Ook het gebied ten O van de open plas De Vuntus is voor motorvaart verboden.

Voor schepen die sneller willen varen dan 20 km/h, wordt een beperkt aantal ontheffingen afgegeven om snel te varen en te waterskiën. Nadere informatie is opgenomen in de ANWB-watersportwijzer 'Snel motorbootvaren in Nederland'. Raadpleeg hiervoor de 'Handleiding' van deze Almanak onder 'Snelle motorboten en Waterskiën'.

Aanlegplaatsen: Zeer aan te bevelen zijn de door het Plassenschap Loosdrecht speciaal voor watertoeristen aangelegde eilanden, t.w. de eilanden Geitekaai en Weer tussen de 3e en 4e Plas, het eiland Markus Pos tussen 2e en 3e Plas en de Meent tussen de 4e en 5e Plas. Max.verblijfsduur 2 x 24 h. De havenkom in de Meent is verboden voor kajuitjachten.

Verder vindt men zowel in de veengaten van de Kievitsbuurt als in het W-gedeelte van de 2e en 3e Plas overal goede ligplaatsen, waar men met niet al te diepstekende jachten tot tegen de legakkers kan meren. In de 4e en 5e Plas zijn enkele aanlegplaatsen gemaakt, waar men voor korte tijd kan meren.

Uitstekende ligplaatsen vindt men ook bij de vele eilandjes. Daar is het echter meestal ondieper. Het betreden van de eilandjes en de legakkers is over het algemeen verboden.

Ligplaatsen:

– Vuntusplas: ● Victorie Recreatie, tel. (02158) 2 31 23, tarief f 1,– per m lengte per nacht (toiletten en wastafels).

– Drecht, 300 m vanaf de Mijndense sluis, N-oever: ● Jachthaven Recreatiecentrum Mijnden, havenmeester R. Brattinga, tel. (02943) 31 65 (b.g.g. 34 47), max.diepgang 1,50 m, tarief f 1,50 per m lengte per etmaal + f 0,80 p.p. toeristenbelasting (elektra, toiletten, douche (f 1,–) en wastafels).

– 1e Plas W-zijde van Z naar N: ● Jachthaven West End ● Jachthaven Piet Hein ● Jachthaven Veilige Haven.

– 1e Plas N-zijde van W naar O: ● Jachthaven van Jachtwerf v/h Gebr. Serry, havenmeester A.P.E. Warnars, tel. (02158) 2 34 04, max.diepgang 1,80 m, tarief f 1,50 per m lengte per etmaal (elektra, douches (f 1,–), wastafels en toiletten) ● Jachthaven De Uitkijk, havenmeester J. v. d. Meulen, tel. (02158) 2 32 26, tarief f 1,20 per m lengte per etmaal, max.diepgang 1,70 m (elektra, douches (f 1,–),

wastafels en toiletten) ● Jachthaven Ottenhome, havenmeester V. Beest, tel. (02158) 2 33 31, tarief f 1,25 per m lengte per nacht (toiletten, douches (f 1,–) en wastafels) ● Jachthaven Plashuis-Navis, tarief f 1,– per m lengte per nacht (douche, wastafels en toiletten) ● Jachthaven 't Kompas ● Jachthaven Wetterwille B.V., havenmeester T. v. Reenen, tel. (02158) 2 33 04, max.diepgang 1,50 m, tarief tot 9 m lengte f 10,–, langer dan 9 m f 15,– per etmaal (elektra, toiletten, douches (f 1,–) en wastafels) ● Jachthaven Wolfrat, tel. (02158) 2 33 09, tarief f 1,50 per m lengte per nacht (elektra, douche, wastafels en toiletten) ● K.W.V. Loosdrecht, havenmeester J. Bakker, tel. (02158) 2 33 63, tarief f 1,50 per m lengte per etmaal (excl. toeristenbelasting) (toiletten, wastafels en douches (f 1,–)) ● Jachtwerf De Plashaven, tarief f 1,– per m lengte per nacht (toilet en wastafels) ● Jachthaven Ocean World ● Gooise W.V. De Vrijbuiter, havenmeester C. Ouwehand, tel. (02158) 2 32 61, tarief f 2,– per m lengte per nacht, 2e nacht gratis voor KNWV-leden (douches (douchemunten à f 1,–), wastafels en toiletten) ● Jachthaven De Otter ● Jachthaven Het Anker, havenmeester W.J. Blom, tel. (02158) 2 50 00, max.diepgang 1,50 m, tarief f 2,20 per m lengte per etmaal (elektra, toiletten, douches (f 1,–) en wastafels) ● Jachthaven Yacht Club Loosdrecht, havenmeester H.J. Gerritse, tel. (02158) 2 65 36, tarief f 1,50 per m (elektra, toiletten, douches (f 1,–) en wastafels).
– Bij de volgende bedrijven aan de N-zijde van de 1e Plas is het toegestaan gedurende 1½ uur gratis aan te leggen aan de zgn. boodschappensteigers: Hotel Loosdrecht, Jachtwerf v/h Gebr. Serry, Jachthaven De Uitkijk, Jachthaven Ottenhome, Jachthaven 't Kompas, Jachthaven Wolfrat.
De steigers zijn door borden aangegeven.
– 1e Plas O-zijde (aan de O-Drecht, max.diepgang 0,80 m): ● Caravanpark Jachthaven Smalland, tarief f 15,75 per etmaal (toiletten, douches (f 1,–) en wastafels) ● Jachthaven W.V. Watervogels ● Jachthaven De Drechtakker, havenmeester H. Resoort, tel. (02158) 2 12 98, tarief f 1,50 per m lengte per nacht (elektra, toiletten, wastafels en douches (f 1,–)) ● Jachthaven De Vaartbrug ● Jachthaven De Groot.
– 3e Plas Z-zijde van O naar W: ● Van Dusseldorp en R. v. d. Broeke ● Jachthaven v. d. Linden, tel. (02158) 2 34 61 ● Nautisch Centrum-Nieuw Loosdrecht B.V. ● Jachthaven Het Witte Huis ● Jachthaven Muyeveld, tarief f 1,25 per m lengte per nacht (elektra, douche, wastafels en toiletten) ● Jachthaven De Rietschans ● Jachthaven Pijl Watersport B.V., havenmeester Th. te Water, tel. (02158) 2 16 38, max.diepgang 1,20 m, tarief f 1,– per m per nacht (elektra, toiletten en douche (f 1,–)).
– 4e en 5e Plas O-zijde van N naar Z: ● Jachthaven De Heul ● Jachthaven De Meent, tarief f 7,50 per nacht (toiletten, douches en wastafels) ● Jac. Ph. den Ouden ● Doornbos Jachtbemiddeling, tel. (02158) 2 46 54, tarief f 1,50 per m lengte per etmaal (elektra, douche, wastafels en toiletten) ● Jachthaven Steppé.
– 5e Plas ZW-hoek: ● Jachthaven Manten ● Jachthaven Ruimzicht.
– Trekgatengebied ten W van de 4e en 5e Plas, van Z naar N: ● Jachthaven A. Wiegmans ● Jachthaven De Eerste Aanleg, tarief f 1,– per m lengte per nacht (toiletten en douches) ● Jachthaven De Toekomst, havenmeester H.J.B. Wiegmans, tel. (03462) 6 12 95, tarief f 1,– per m lengte per nacht (elektra, toiletten, douche (f 1,–) en wastafels) ● Jachthaven De Opbouw, havenmeester G. Kroon, tel. (03462) 6 14 92 of (06) 52 60 59 03, max.diepgang 1,50 m, tarief f 1,– per m per etmaal (elektra, toiletten, wastafels en douches (f 1,–)) ● Watersportbedrijf Van Heusden B.V. ★★, tel. (03462) 6 17 08, max.diepgang 1,80 m, tarief tot 9 m lengte f 10,– en boven 9 m f 15,– per vaartuig per nacht (toiletten, douches (f 1,–) en wastafels).

Drinkwater en motorbrandstof: Bij nagenoeg alle jachthavens uit slang (bij een aantal tegen betaling (f 1,–)). Dieselpompen staan o.a. bij Jacht Club Loosdrecht (1e plas, N-zijde) en Jachthaven Westend (1e Plas, W-zijde); Watersportbedrijf Van Heusden B.V. (Scheendijk 24), die (sl), sbe (sl); A. Wiegmans (Scheendijk); De Rietschans (3e Plas Z-zijde).

Reparatie:
– Aan de Oud-Loosdrechtsedijk: Jachthaven Loosdrecht, Oud-Loosdrechtsedijk 79a, tel. (02158) 2 14 62, bib (Volvo Penta), romp/uitr (s, p/op de wal), elek, zat.ochtend geopend; Scherpel Jachtwerf B.V.* (Jachthaven De Drechtakker), Oud-Loosdrechtsedijk 95a, tel. (02158) 2 12 98, bib (alle merken), romp/uitr (ht/op de wal), zeil/tuigage, elek; Jachthaven Het Anker, Oud-Loosdrechtsedijk 117, bub/bib (alle merken), zeil/tuigage, romp/uitr (ht, s, p, a/op de wal + in het water), zeil/tuigage, elek; Jachthaven De Otter, Oud-Loosdrechtsedijk 131, romp/uitr; Jachthaven Ocean World, Oud-Loosdrechtsedijk 141, tel. (02158) 2 51 14, romp/uitr; Arie De Boom Marine Trading B.V., Oud-Loosdrechtsedijk 163, tel. (02158) 2 45 14, bub (Yamaha, Mercury en Johnson), bib (Volvo Penta en Mercruiser), romp/uitr (p); Bootservice Diepenbroek v/h Interboat, Oud-Loosdrechtsedijk 169a, bub/bib, romp/uitr (s, ht, p); Jachthaven Wetterwille B.V., Oud-Loosdrechtsedijk 185, tel. (02158) 2 33 04, romp/uitr (ht, s, p/op de wal); Jachthaven Plashuis-Navis, romp/uitr (ht); Jachthaven Ottenhome, Oud-Loosdrechtsedijk 207, zeil/tuigage; Jachthaven De Uitkijk, Oud-Loosdrechtsedijk 237, bub/bib (alle merken), romp/uitr (ht, s, p/op de wal) (dagelijks geopend); Jachtwerf v/h Gebr. Serry, Oud-Loosdrechtsedijk 249a-d, tel. (02158) 2 34 04, bub (Yamaha, Johnson, Evinrude en Honda), romp/uitr (s, p/op de wal + in het water), zeil/tuigage, elek; Bootbouwbedrijf F. Jonkhart, Heulakker 27, romp/uitr (ht); Jachtwerf De Plashaven, romp/uitr (ht, s); Scheepswerf De Breedendam, romp/uitr (ht, p); De Vrijheid B.V.*, romp/uitr (ht); Piet Hein, F. Vlug, romp/uitr (ht, s, p); Jachthaven Yacht Club Loosdrecht, Oud-Loosdrechtsedijk 141, tel. (02158) 2 65 36, bub/bib (alle merken), romp/uitr (ht, s, p/op de wal in het water), zeil/tuigage, elek; De Valk Jachtservice B.V., bib (alle merken), romp/uitr (ht, s, p, a/op de wal + in het water), zeil/tuigage, elek; Fred Schot Zeilmakerij, Oud-Loosdrechtsedijk 46a, zeil/tuigage; Vreeken's Zeilmakerij, gevestigd achter perceel Oud-Loosdrechtsedijk 182, zeil/tuigage; Heineke Sails, Oud-Loosdrechtsedijk 170, tel. (02158) 2 32 25, zeil/tuigage; Zeilmakerij Aat Kool, Oud-Loosdrechtsedijk 190, zeil/tuigage; Victorie, Oud-Loosdrechtsedijk 200/272, tel. (02158) 2 31 23, bub (Yamaha), romp/uitr (p)..

– Aan de Scheendijk: A. Wiegmans, bub/bib, romp/uitr (ht, s, p); Jachthaven De Toekomst, Scheendijk 9, B. Wiegmans, bub (Tomos); Jachthaven De Opbouw, Scheendijk 15/11, bub (Yamaha, Mercury, Johnson en Evinrude), bib (behalve Solé, BMW en Daf), elek; De Vries Jachtservice B.V., Scheendijk 15/1 (bij Jachthaven De Opbouw), tel. (03462) 6 15 51, bib (Volvo Penta, Mercedes, Mitsubishi, Daf, Vetus en Sabb), romp/uitr (ht, s/op de wal + in het water), elek (ook op zat. en zo. telefonisch bereikbaar); Frank motoren, bib/bub; Jachthaven De Evenaar, Scheendijk 23, tel. (03462) 6 31 63, bub (alle merken), bib (Volvo Penta, Yanmar en Vetus), romp/uitr (ht, s, p, a/op de wal + in het water); Watersportbedrijf Van Heusden B.V., Scheendijk 24, tel. (03462) 6 17 08, bub/bib (alle merken), romp/uitr (ht, s, p/op de wal + in het water); Van Overbeek, bib/bub.

– Aan de Nieuw-Loosdrechtsedijk: Boten Centrum Loosdrecht, Nieuw-Loosdrechtsedijk 240a, tel. (02158) 2 30 74, bib (alle merken), dagelijks geopend; Pijl Watersport, Nieuw-Loosdrechtsedijk 217/220, bub (Yamaha, Mercury, Mariner, Suzuki en Honda), bib, romp/uitr (ht,

s, p/op de wal + in het water); Jachtwerf v. Dusseldorp, Nw. Loosdrechtsedijk 204c, tel. (02158) 2 32 88, romp/uitr (ht/op de wal + in het water), zeil/tuigage; J. Voogd, Nieuw-Loosdrechtsedijk 214, zeil/tuigage; Jachthaven Muyeveld; Nw. Loosdrechtsedijk 270, tel. (02158) 2 32 77, bub (Yamaha, Mercury, Mariner), bib (Volvo Penta, Yanmar, Mercedes en Mitsubishi), romp/uitr (ht, s, p/op de wal), zeil/tuigage.
– Aan de Herenweg: Doornbos Jachtbemiddeling, Herenweg 21, tel. (02158) 2 46 54, bub/bib (alle merken via Fa. V. Tricht, tel. (02158) 2 56 93), romp/uitr (ht, s, p/op de wal + in het water), zeil/tuigage (via Waterland Zeilmakerij); Jachthaven De Heul, Br. Meentje 8, romp/uitr (ht, s); Jac. Ph. den Ouden, Herenweg 39, romp/uitr (ht, p).
– Verder langs de 's-Gravenlandsevaartweg: Jachtbouw Visser van Doesburg, 's-Gravenlandsevaartweg 1, romp/uitr (p).
Kampeerterrein: Recreatiecentrum Mijnden van het Plassenschap Loosdrecht, N-oever van de Drecht.
Hefkranen, botenliften en trailerhellingen: Bij de meeste jachthavens en werven. Kranen of botenliften met een capaciteit van 20 ton of meer bij: Jachthaven Het Anker, Jachthaven De Uitkijk, Jachthaven Piet Hein, Jachthaven De Valk, Jachthaven Wetterwille B.V., Jachtwerf v/h Gebr. Serry, Jachthaven De Evenaar, Scherpel Jachtwerf B.V. Jachthaven Drechtakker, Jachthaven Muyeveld, Watersportbedrijf Van Heusden B.V., hefkraan max. 6 ton (heffen met staande mast mogelijk); Jachthaven Recreatiecentrum Mijnden; Jachthaven de Toekomst, max. 2$^1/_2$ ton; Jachthaven v.d. Linden, trailerhelling; Jachthaven Gooise W.V. De Vrijbuiter, max. 4 ton.
Wasserettes: Bij Jachthaven Het Anker; Jachthaven Recreatiecentrum Mijnden; Yacht Club Loosdrecht; Jachthaven De Opbouw; Jachthaven De Uitkijk.
Stortplaatsen chemisch toilet: Bij Jachthaven Het Anker; Jachthaven De Drechtakker; Jachthaven Wetterwille B.V.; Jacht Club Loosdrecht; Jachthaven De Opbouw; K.W.V. Loosdrecht; Jachthaven Recreatiecentrum Mijnden; Jachthaven De Uitkijk; Jachthaven Muyeveld.
Aftappunt vuilwatertank: Bij Jachthaven De Drechtakker; Jachthaven Het Anker; Jachthaven v.d. Linden; Jachthaven De Uitkijk; Jachthaven Recreatiecentrum Mijnden; Jachthaven Muyeveld.

Lottum
Aan de Maas, kmr. 118,8 Lo; 1,7 km ten Z van Arcen.
Kampeerterrein: Camping Café-Restaurant De Maashof*, Veerweg 9, tel. (04763) 19 24, ten N van het veer Kasteel Borggraaf op 500 m.

Maarssen
8,5 km van Utrecht-Centrum (Weerdsluis); 7 km van Utrecht-Oog in Al (Amsterdam-Rijnkanaal); 20 km van Nigtevecht.
Bruggen: Twee ophaalbruggen over de Vecht, Ter Meerbrug en Vechtbrug. Voor bediening zie onder 'Vecht'.
Sluis: De Vechtsluis tussen Amsterdam-Rijnkanaal en Vecht ten Z van Maarssen staat altijd open. Geen sluisgeld. Over deze sluis ligt een vaste brug, H 3,75 m (bij een waterstand van NAP – 0,40 m).
Waarschuwing: De monding van de sluis in het Amsterdam-Rijnkanaal is onoverzichtelijk. Laat uitkijk houden op de kop van het schip. Er is een verkeersspiegel geplaatst.
Aanlegplaatsen: In Maarssen gelden meerverboden langs de N-oever van de Vecht tussen de Emmaspriorij aan het Zandpad en de Vechtbrug, aangegeven door borden. Langs het kadegedeelte (de Herengracht) mag in het geheel niet worden gemeerd.
Van 16 april tot 16 okt. mag men niet langer dan max. drie opéénvolgende dagen meren aan het gedeelte van de Vecht tussen het

gemeentehuis Goudestein en het pand Binnenweg 50 en tussen de Nedereindsevaart en de Slotlaan in Oud-Zuilen.
De zandwinningsplassen aan de Lo van de Vecht tussen Leeuwenburg en Cromwijck ten N van Maarssen zijn particulier eigendom van de fa. Bouma en officieel verboden toegang.
Kadegeld: Is alleen in Maarssen verplicht, tarief f 0,50 per m lengte per nacht, afgerond op hele meters.
Drinkwater: Bij de brugwachter van de Vechtbrug (sl), tarief f 0,25 per 100 liter.
Reparatie: Woertman, Nassaustraat 16, tel. (03465) 6 13 62, zeil/tuigage.

Maas

Van 'Andelse Maas', 'Bergse Maas', 'Nieuwe Maas' en 'Oude Maas' treft men elders in deze Almanak een afzonderlijke beschrijving aan. Op het gehele Nederlandse gedeelte van de Maas is het Binnenvaartpolitiereglement (BPR) van kracht.
Vaarwegbeheerder: Vanaf de Belgische grens t/m kmr 226,5: Rijkswaterstaat Directie Limburg, Postbus 25, 6200 MA Maastricht, tel. (043) 29 44 44.
Bijzondere bepalingen: Van Maastricht (kmr 12,0) tot Borgharen gelden voor kleine vaartuigen (tot 20 m lengte) de volgende bepalingen:
a. Met een zeil- en motorboot mag alleen worden gevaren, indien deze is voorzien van een (direct startklare) motor, waarmee een snelheid van tenminste 6 km/h kan worden gehandhaafd.
b. Alle kleine vaartuigen moeten zo dicht mogelijk aan de stuurboordzijde van het vaarwater varen, met dien verstande dat het niet is toegestaan het vaarwater op te kruisen, behalve wanneer op de snelst mogelijke manier wordt overgestoken of wanneer het i.v.m. de veiligheid van het scheepvaartverkeer beter is over een korte afstand zo dicht mogelijk aan de bakboordzijde van het vaarwater te varen.
Op het Lateraalkanaal Linne-Buggenum en de Maas bovenstrooms van Borgharen geldt voor alle schepen een ankerverbod. Meren is alleen toegestaan op de daarvoor aangewezen gedeelten, max.verblijfsduur 3 x 24 h. Zie tevens de 'Handleiding' van deze Almanak onder 'Bijzondere bepalingen'.
Vanaf grenspaal 45 (Lixhe) tot 49 (Klein Ternaaien) en van grenspaal 106 (Smeermaas) tot 126 (plas Brandt) is sedert 1 mei 1994 het reglement voor de Gemeenschappelijke Maas van toepassing.
Maximum toegestane diepgang: Op de Maas en het Lateraalkanaal Linne-Buggenum 3 m, m.u.v. de Grensmaas en de oude sluizen in Linne, Roermond, Belfeld en Sambeek (2,80 m).
Maximumsnelheden: (Informatie is opgenomen in de ANWB-watersportwijzer 'Snel motorbootvaren in Nederland'. Raadpleeg hiervoor de 'Handleiding' van deze Almanak onder 'Snelle motorboten en Waterskiën'.)
– Maas: Van stuw Linne tot kmr 71,7 en van kmr 73,9 tot kmr 81,4, alsmede op afgesneden rivierarmen en in de grindgaten, is de max.snelheid 9 km/h; overigens voor snelle motorboten 20 km/h. De gedeelten van de Maas waar met een snelle motorboot mag worden gevaren met een grotere snelheid dan 20 km/h en waar mag worden gewaterskied worden aangegeven door de borden E.17 en E.20.1 van het Binnenvaartpolitiereglement (BPR).
– Lateraalkanaal Linne-Buggenum: Tussen 500 m ten N van sluis Heel en 400 m bovenstrooms van de benedenmond van het kanaal geldt géén snelheidsbeperking en is waterskiën toegestaan; overigens voor snelle motorboten max. 20 km/h.
Bruggen: De max. toegestane hoogte van schepen op de Maas bedraagt tussen Heumen (monding Maas-Waalkanaal) en Sint Andries

7 m. Verder stroomafwaarts 9,40 m (bij Heusden). Stroomopwaarts van Heumen tot Maasbracht is via het Lateraalkanaal een hoogte van 9,35 m toegestaan bij normaal stuwpeil. Via Roermond is de hoogte 8,50 m. Alleen het Julianakanaal heeft een doorvaarthoogte van 6,75 m. Zie tevens het hoofdstuk 'Rivieren' in deel I van de Almanak voor Watertoerisme en de ANWB-waterkaarten 'Limburgse Maas' (M) en 'Grote Rivieren Midden- en Oostblad' (K en L).

Somer Lift: De Somer Lift is een veerdienst voor recreatievaartuigen, om het traject over de drukbevaren rivieren, Waal, Rijn en Maas te overbruggen. De veerdienst vaart tussen Katwijk (Maas) kmr 166,5 en Doornenburg kmr 871,5 Pannerdenskanaal (vice versa). De periode waarin van de veerdienst gebruik kan worden gemaakt is van de eerste maandag in juli tot de laatste vrijdag in augustus, op ma. t/m vr., 's morgens om 09.00 h vanaf Katwijk/Maas en om 14.00 h vanaf Doornenburg. Zat. en zo. is er geen veerdienst. Tarief is f 5,– per m^2, aanmelden en informatie te verkrijgen via tel. (08850) 2 24 89.

Plaatsbeschrijvingen: In deze Almanak zijn beschrijvingen opgenomen onder 'Eijsden', 'Maastricht', 'Ohé en Laak', 'Stevensweert', 'Thorn', 'Maasbracht', 'Stein', 'Wessem', 'Linne', 'Herten', 'Roermond', 'Asselt', 'Neer', 'Kessel', 'Tegelen', 'Venlo', 'Lottum', 'Arcen', 'Blitterswijck', 'Well', 'Wanssum', 'Leuken', 'Maashees', 'Vierlingsbeek', 'Boxmeer', 'Gennep', 'Oeffelt', 'Cuijk', 'Mook', 'Heumen', 'Grave', 'Niftrik', 'Ravenstein', 'Batenburg', 'Maasbommel', 'Alphen a. d. Maas', 'Lithoijen', 'Lith', 'Lithse Ham', 'Heerewaarden', 'Alem', 'Sint Andries', 'Kerkdriel', 'Gewande', 'Hedel', 'Engelen', 'Ammerzoden' en 'Heusden'.

Sluizen: Alleen de nieuwste sluizen zijn voorzien van drijvende bolders, welke om en om hoog of laag geplaatst zijn. Bij hoge waterstand in de sluis herkenbaar aan:
– Lage bolder (geschikt voor de pleziervaart): aan onderzijde, net boven de waterspiegel is een drijver zichtbaar.
– Hoge bolder (in de meeste gevallen te hoog voor de pleziervaart): geen drijver zichtbaar, wel een dikke stang.
De Maassluizen zijn als volgt telefonisch bereikbaar van Z naar N: Sluis Linne (04747) 14 15; Sluis Heel (04747) 14 15 (Lateraalkanaal Linne-Buggenum); Sluis Roermond (04747) 14 15; Sluis Belfeld (04707) 14 74; Sluis Sambeek (08855) 7 10 45; Sluis Grave (08892) 17 44; Sluis Lith (04128) 12 93.

Marifoon: Alle Maassluizen beschikken over marifoon. Van Z naar N: Sluis Linne (in de Maas langs Roermond), kan. 22; Sluis Heel (in het Lateraalkanaal Linne-Buggenum), kan. 18; Sluis Roermond (in de Maas langs Roermond), kan. 20; Sluis Belfeld, kan. 18; Sluis Sambeek, kan. 22; Sluis Grave, kan. 20; Sluis Lith, kan. 22.

Sluis Limmel (bij Maastricht)-Maasbracht (staat meestal open): Hier volgt de scheepvaart het Julianakanaal (via sluis Limmel, sluis Born en sluis Maasbracht). Zie verder onder 'Julianakanaal'.

Het gedeelte van de Maas tussen de stuw van Borgharen en Ohé en Laak is in de zomer gewoonlijk alleen bevaarbaar voor ervaren kanovaarders. Op talloze plaatsen komen stroomversnellingen door grindbanken voor, waar de stroomsnelheid 10 km/h kan bedragen. Men moet er op voorbereid zijn uit te stappen zodra men vastloopt om beschadiging van het vaartuig te voorkomen. Dit gedeelte is bevaarbaar bij een waterstand hoger dan NAP + 40 m aan de benedenzijde van de stuw in Borgharen. Van tevoren bij deze stuw informeren, tel. (043) 21 42 14 sluis Bosscheveld. In de zomer is de waterstand veelal lager dan NAP + 40 m en staat er op verschillende plaatsen slechts enige dm water. Het komt voor dat dit riviervak zelfs voor kano's niet bevaarbaar is. Zowel vaardiepte als de ligging van een eventueel bevaarbare geul is op dit gedeelte van de Maas niet

aangegeven en niet bekend. Wel kan men met jachten de Maas van Maasbracht af opvaren tot kmr 57 bij Ohé en Laak, een afstand van 9 km (zie onder 'Stevensweert' en 'Ohé en Laak'). Verder bovenstrooms is de Maas gevaarlijk voor plaatselijk niet-bekenden.
De sluis Borgharen wordt niet bediend.
Maasbracht – Maas-Waalkanaal, 95 km.
Sluizen in Linne en in Heel boven Roermond kmr 73,7; beneden Roermond kmr 81; in Belfeld, 7 km boven Venlo kmr 101; in Sambeek, 20 km boven Maas-Waalkanaal kmr 147.
Dit gedeelte van de Maas is het door watertoeristen meest bevaren en aantrekkelijkste riviervak als onderdeel van de vaarweg
Luik – Maastricht – Nijmegen.
In de zomermaanden gewoonlijk zeer weinig stroom. Bij grotere afvoeren, bijv. na zware, langdurige regenval in België, kunnen stroomsnelheden optreden van 3 tot 7 km/h. Bij langdurige grote afvoer (wintermaanden) worden de stuwen gestreken. De sluizen bevinden zich aan de W-oever. Bij gestreken stuwen maakt de scheepvaart van de openingen gebruik behalve in Linne, waar de sluisroute kan worden gevolgd.
Tussen Linne en Buggenum is het Lateraalkanaal Linne-Buggenum gegraven dat de Maasbocht bij Roermond afsnijdt. In dit kanaalpand (lengte 8,9 km) ligt in Heel een dubbele sluis. In de parallel lopende Maas liggen twee sluizen nl. bij Linne en beneden Roermond. Deze sluizen worden bediend vanaf sluis Heel.
Maas-Waalkanaal – St. Andries, 43 km.
Sluizen in Grave kmr 175,5 en in Lith kmr 201.
Westelijk van het Maas-Waalkanaal krijgt de Maas meer het karakter van een benedenrivier waar, tengevolge van wind, sterkere golfslag optreedt. Stroomafwaarts van Lith is de Maas ongestuwd; bij geringe rivierafvoer kunnen door eb en vloed waterstandsverschillen tot 0,40 m optreden.

M

Schutten: Overeenkomstig deel II, hoofdstuk 3, art. 1 van het Binnenvaartpolitiereglement (BPR) moeten afvarende vaartuigen vóór het invaren van de bovenleidingskanalen van de sluizen in Roermond, Belfeld, Sambeek en Lith zo dicht mogelijk de Lo van de Maas houden. Dit geldt dus niet voor Grave waar de afvaart zo dicht mogelijk langs de Ro moet houden. Opvarende vaartuigen moeten voor de afvarende de nodige ruimte laten.
Bij aankomst bij de sluizen is het aan te bevelen zich bij de sluis te melden, indien er veel scheepvaartverkeer is. Meestal wordt men door het sluispersoneel opgeroepen om in te varen ná de beroepsvaart. Let op de aanwijzingen via lichten en pijlen of via de geluidsinstallatie. De melding op de sluis Lith moet persoonlijk gebeuren; op de sluizen Linne, Roermond, Heel, Belfeld, Sambeek en Grave kunnen de praatpalen op de remmingwerken worden gebruikt. Het aanleggen vergt soms wel enig improvisatievermogen. Bij de sluizen Sambeek, Belfeld en Grave is ligplaats voor jachten achter de remmingwerken, landzijde. Bij de sluis in Grave is bovendien aan het einde van de remmingwerken een gedeelte gereserveerd voor schuttende jachten. Bij de sluis in Lith is aan de bovenstroomse zijde een afzonderlijke wachtplaats voor jachten; aan de benedenstroomse zijde is een wachtplaats ingericht, direct vóór de sluis aan de Z-oever (zie voor bijzonderheden onder 'Lith').
Bediening: Sluis Heel (Lateraalkanaal Linne-Buggenum), sluis Linne, sluis Roermond, sluis Belfeld, sluis Sambeek, sluis Grave en sluis Lith: (gratis)

ma.	6-24 h
di. t/m vr.	0-24 h
zat.	0-20 h
zo. en fd.	9-17* h

* Van 1 april-1 okt. een extra schutting voor recreatievaartuigen die om 19 h aanwezig zijn, uitgezonderd sluis Heel.

Door drukke vrachtvaart treden op werkdagen soms lange wachttijden op, hoewel deze ook voor de recreatievaart zoveel mogelijk beperkt blijven, aangezien in volgorde van aankomst geschut wordt (geen voorkeursbehandeling voor de beroepsvaart). Door de luidspreker wordt de volgorde van de schepen afgeroepen die de sluis mogen invaren. Meestal worden ook de jachten met de luidspreker gewaarschuwd.
Zie voor bediening sluis Limmel, sluis Born en sluis Maasbracht onder 'Julianakanaal' en voor sluis Heumen en Weurt onder 'Maas-Waalkanaal'.
Ligplaatsen: Zie onder de betreffende plaatsbeschrijvingen.
Hefkraan en trailerhelling: Raadpleeg de afzonderlijke lijsten met indeling per provincie achter in deze Almanak.

Maasbommel

Aan de Maas, kmr 193 Ro; 16 km van het Kanaal van Sint Andries; 11 km van Ravenstein.
Algemeen: Recreatieproject De Gouden Ham, ca. 330 ha, waarvan 220 ha water.
Door zandwinning rond de afgesneden Maasarm is een grote plas ontstaan, ingericht voor recreatie.
Aan de Z-zijde van de Maaslanden, een gedeelte bij het Hanzeland en bij de kom van het Groene Eiland zijn dagrecreatiestranden, verboden voor de watersport.
De Moringerwaarden, aan de O-zijde van de plas, is een natuurgebied, het is verboden hier voor anker te gaan. Gedurende een gedeelte van het jaar is de toegang tot dit gebied verboden, aangegeven door borden.
Maximumsnelheid: Op de Gouden Ham 9 km/h.
Lig- en aanlegplaatsen: Aan de Gouden Ham: ● Jachthaven Maasbommel, havenmeester dhr. De Kruijff, tel. (08876) 13 11, tarief f 1,50 per m lengte per nacht (elektra, toiletten, douches (f 1,–) en wastafels) ● W.S.V. De Gouden Ham, havenmeester J.A.M. v. d. Broek, tel. (08876) 23 64 (b.g.g. tel. (08870) 1 41 13), max.diepgang 1-6 m, tarief f 1,25 per m lengte per etmaal (toiletten, wastafels en douches (f 1,–), elektra) ● Jachthaven Hanzeland, waarin gevestigd de W.V. Hanzeland, havenmeester J. v. Pelt, tel. (08876) 17 10, max.diepgang 1,60 m, tarief f 1,– per m lengte per nacht (elektra, toiletten, wastafels en douches (f 1,–)) ● diverse meerplaatsen voor passanten aan de plas, zoals de Maaslanden (toiletten en douches), het Langeland en het Groene Eiland, afmeren met voorsteven naar de wal, tarief tot 7 m lengte f 5,–, van 7 tot 12 m f 10,– en vanaf 12 m f 15,– per nacht (vanaf 14 h tot 8 h, in de periode van 15 mei t/m 15 sept.), max.verblijfsduur 3 x 24 h.
Motorbrandstof: Jachthaven Maasbommel, die (sl); A. Carpay, Kerkstraat 5, sbe en be; J. M. v. d. Kamp, Pleinstraatje 1, die.
Reparatie: F. A. Jansen, Appeltern, zeil/tuigage; Jachthaven Maasbommel, Bovendijk 2, bib (Volvo Penta); zie voor reparatie bub/bib onder 'Alphen a/d Maas'.
Hefkraan: Jachthaven Maasbommel, max. 10 ton, tarief f 10,– per m, max.diepgang 2 m.
Trailerhellingen: Openbare helling bij de loswal, aan de kant van

Maasbommel; Jachthaven Maasbommel, max. 6 m lengte, max.diepgang 1 m, tarief f 6,–; direct naast de haven van W.S.V. De Gouden Ham aan de Bovendijk, gratis; Jachthaven Hanzeland, Kreijendijk 3, max. 800 kg, max.diepgang 1,20 m, tarief f 5,–.
Kampeerterrein: Jachthaven/Camping Maasbommel.
Stortplaatsen chemisch toilet: Bij Jachthaven Maasbommel; bij W.S.V. De Gouden Ham; bij Jachthaven Hanzeland.

Maasbracht

kmr 34,5 van het Julianakanaal; 2 km boven het Kanaal Wessem-Nederweert. Ingang Julianakanaal kmr 65 van de Maas (zie ook 'Oude Maas' (L)).
Op de plas Molengreend aan de Ro van de Maas ten N van Maasbracht is scheepvaart verboden.
Bruggen en sluizen: Schutsluis Julianakanaal (zie aldaar), vaste brug over de beneden-hoofdsluis, SP + 10,30 m; vaste brug in de E9, SP + 8,40 m. Max. toegestane doorvaarthoogte 6,75 m.
Marifoon: Zie onder 'Julianakanaal'.
Ligplaatsen: Jachthaven Maasbrachter W.V. aan de Oude Maas, opvarend aan bakboord, havenmeester S. Abelhausen, tel. (04746) 42 62, tarief f 1,25 per m breedte per nacht ● Industriehaven, 2e havenarm aan stuurboord bij Linssen Yachts B.V., max.diepgang 3 m, tarief f 1,50 per m lengte per nacht (elektra, toiletten, douches en wastafels).
Drinkwater: Linssen Yachts B.V. (sl); bij de waterboot van WAMS, tel. (04746) 28 50 en de bunkerstations.
Motorbrandstof: Varende tankbootjes, o.a. Bunkerstation van Bussel v. Boven B.V., Sluisweg 7, be, die; Standard N.V. Ph. Kruyf, Haven, Wilhelminalaan; Fa. Van Kessel, winkelschip in de haven; Romeynders; Houtermans.
Vulstation propaangasflessen: Houtermans, Sluisweg, tel. (04746) 16 56.
Reparatie: Fa. Houben, Roerstraat 6, tel. (04746) 51 83, bub/bib; W. M. Ehrens B.V., Sluisweg 3, tel. (04746) 19 78, bib/bub; H. Valkenburg, Haverkamp 11, tel. (04746) 35 96, bib (diesel); Linssen Yachts B.V., Kokstraat 6, tel. (04746) 34 05, bib/bub, romp/uitr (ht, s, p, a/op de wal + in het water) elek.
Hefkraan en botenlift: Linssen Yachts B.V., max. 20 ton, tarief f 32,30 per m.

Maashees

Aan de Maas, kmr 137 Lo; 3,5 km van Vierlingsbeek; 5 km van Wanssum.
Waterstand: SP = NAP + 10,85 m.
Aanlegplaatsen: Loswal bij kmr 137 (dukdalven), hier liggen vaak vrachtschepen (onrustig); bij Leuken (zie aldaar).
Kampeerterreinen: Café-Restaurant-Camping Op den Berg, Op den Berg 1, expl. J. Bollen, kmr 135,5, steigertje, geschikt voor boten tot ca. 5 m lengte, onrustig, lichte vaartuigen kunnen op de oever worden getrokken; Kampeerterrein De Boshut, expl. J. Smits, steigertje, lichte boten kunnen op de oever worden getrokken.

Maassluis

Aan de Nieuwe Waterweg, kmr 1018,9 Ro; 19 km ten W van Rotterdam (Willemsbrug).
Getijstanden: Rijzing bij doodtij 1,68 m boven gemiddeld LLWS; bij springtij 1,95 m boven gemiddeld LLWS. Gemiddeld LLWS = NAP – 0,80 m. GHW = NAP + 1,05 m; GLW = NAP – 0,54 m.
Haven: Op het W-havenhoofd een rood licht; op het O-havenhoofd

een groen licht. De haven wordt druk bezocht door zeegaande loodsvaartuigen, bergingsschepen en sleepboten. De buitenhaven is goed te verkennen. Ten W van de haveningang staat het kantoor van de havenmeester met de voormalige radarpost en flatgebouwen. Ten O van de haveningang de aanlegsteiger van de veerboten. Voor de haveningang kan de stroomsnelheid bij eb in combinatie met hoge rivierafvoer oplopen tot meer dan 11 km/h. Bij sterke W- tot NW-wind kan de waterstand op de rivier tijdens springtij wel één tot enkele meters hoger zijn dan onder normale omstandigheden.

Jachten kunnen, uitsluitend in overleg met de havendienst, in de binnenhaven achter de openstaande keersluis (de spoorbrug en de Havenbrug) een rustige ligplaats vinden. Binnenhaven, D 3 m bij gemiddeld LLWS. Buitenhaven, D 3,80 m bij gemiddeld LLWS.
Ter plaatse van de keersluis geldt een aanleg- en ankerverbod.
Marifoon: Nieuwe Waterweg, blok Maassluis, kan. 80 (zie verder onder 'Nieuwe Waterweg'); havendienst Maassluis, kan. 68.
Douane: Afhandeling door de douane alleen ma. t/m vr. 8-16.45 h. De douane waarschuwen via het havenkantoor of de marifoon.
's Nachts en op zat., zo. en fd. waarschuwen via tel. (010) 4 76 16 66. Voor douaneformaliteiten zie in de Handleiding van deze Almanak onder 'Douaneformaliteiten'.
Havengeld: f 0,65 per m² per maand, uitsluitend te betalen na een verblijf van meer dan 48 h (bijv. bij slechte weersomstandigheden).
Havenmeester: Kantoor aan de haven op de kop van de W-haveningang, tel. (01899) 1 22 77, b.g.g. tel. (01899) 1 28 52 (brugwachtershuisje bij de spoorbrug).
Doorvaartroute: De Monsterse sluis is buiten gebruik gesteld. Daardoor is er geen rechtstreekse verbinding met de binnenwateren in het Westland. Men kan omvaren via Vlaardingen, zie aldaar.
Bruggen: Tussen de Waterweg en de voormalige Monsterse sluis liggen twee beweegbare bruggen, nl. de spoorbrug, H NAP + 2,75 m en de Havenbrug (bascule), H NAP + 2,20 m.
Bediening Havenbrug: (tel. (01899) 1 28 52)

ma. t/m vr.	5.45-7, 9-16.30, 18-21 h
zat.	7-13 h
zo. en fd.	gesloten

De Havenbrug wordt in aansluiting op de bediening van de spoorbrug bediend.
De spoorbrug wordt van ma. t/m zat. van 6.14 tot 20.54 h (zat. tot 12.54 h) gratis op verzoek bediend, elke .19 en .49 over het hele uur, voor zover de treinenloop dit toelaat. De exacte bedieningstijden zijn opgenomen in de watersportwijzer 'Openingstijden spoorbruggen', gratis verkrijgbaar aan de ANWB-vestigingen. Op Koninginnedag en op Hemelvaartsdag geen bediening.
Bruggeld: Tot 100 m² f 1,65 per opening.
Aanlegplaatsen: In de havenkom (binnenhaven, achter de bruggen) en de buitenhaven, uitsluitend in overleg met de Havendienst, gratis tot een verblijf van 48 h, daarna wordt havengeld geheven.
Reparatie: De Haas Maassluis B.V., Gov. van Wijnkade 3, tel. (01899) 1 35 11, 24-uurs service, bib, romp/uitr (s), scheepshelling; D. Wakker B.V., Scheldeweg 7, zeil/tuigage.

Maastricht
Aan de Maas; 38 km van Wessem; 42 km van Loozen; 5 km van Klein Ternaaien.
Kaartje: Is bij deze beschrijving opgenomen.
Doorvaartroute: Door de Zuidwillemsvaart, komende van het N, kan

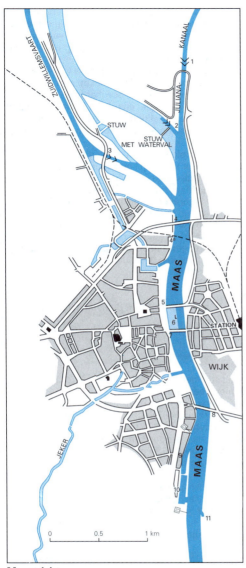

Maastricht

1. Sluis te Limmel, staat gewoonlijk open. Zie 'Julianakanaal'
2. Sluis, H 6,55 m, in Borgharen; onbevaarbaar
3. Sluis Bosscherveld met vaste brug, H 6,75 m
4. Noorderbrug verkeersbrug, vast, H 7,21 tot 8,62 m
4a. Spoorbrug, H 7 m, geheven H 8,50 m
5. Wilhelminabrug, vast, H 8,15 tot 8,30 m
6. Aanlegplaats aan strekdam
7. St. Servaasbrug, H 5,85 m, in geheven stand H 8,10 m
8. John F. Kennedybrug, vast, H 7,83 tot 11 m
9. W.V. Treech '42
10. Jachthaven St. Pieter met W.V. M.C.C. en M.W.C.
11. W.V. Randwijck

men even voorbij Smeermaas door de sluis in het Bosscherveld (3) het kanaal verlaten en de rivier opvaren. Varende naar België door de Zuidwillemsvaart betaalt men vaartuigenbelasting voor het Vlaamse gedeelte van België in de vorm van een 'Waterwegenvignet', verkrijgbaar bij de 1e sluiswachter in België.
Over het Julianakanaal komende komt men even ten N van Maastricht op de rivier. Let bij het uitvaren van dit kanaal op eventuele dwarsstroom naar de stuw (en waterval) bij Borgharen (2) (alleen bij extreem hoog water). De vaargeul, onder en tussen de twee verkeersbruggen, ligt tussen de Ro en een strekdam. Voor het overige ligt ze in het midden van de rivier. In het gedeelte tussen de twee stadsbruggen geldt een oploopverbod.
Het scheepvaartverkeer naar België gaat tot de Belgische grens, kmr 8,7, over de Maas. Vandaar leidt een kort kanaal naar de sluis in Klein Ternaaien. Bovenstrooms van het toeleidingskanaal naar de sluis in Klein Ternaaien is de Maas tot Eijsden bevaarbaar. Motorboten dienen ten O van de betonning te blijven. Ongeveer bij kmr 5 houdt de bevaarbaarheid op (zie onder 'Eijsden').
Bijzondere bepalingen: Op het Verbindingskanaal in het Bosscherveld en voor de Maas te Maastricht geldt voor alle schepen een ankerverbod. Meren is alleen toegestaan op de daarvoor aangewezen gedeelten, max. verblijfsduur (buiten de havens) 3 x 24 h.
Marifoon: Kan. 20, sluis Bosscherveld.
Sluizen:
– Julianakanaal, zie aldaar.
– Sluis Bosscherveld (3), tel. (043) 21 42 14. Bediening: (gratis)

ma. t/m zat.	6.30-21 h
zat.	8-18 h
zo. en fd.	gesloten

Geen bediening als het stuwpeil hoger is dan NAP + 45,30 m.
– Sluis nr. 19 wordt niet meer bediend.
Bruggen: Toegestane doorvaarthoogte op de Maas bij stuwpeil NAP + 44 m: voor de spoorbrug (4a), Noorderbrug (4), Wilhelminabrug (5) en John F. Kennedybrug (8) 6,75 m; voor de St. Servaasbrug (7) 5,85 m (kan op verzoek via marifoon kan. 20 geheven worden: max. toegestane doorvaarthoogte 6,75 m).
Bediening St. Servaasbrug: (gratis)

ma. t/m vr.	6-22 h, op verzoek*
zat.	6-20 h, op verzoek*
zo. en fd.	9-17 h, op verzoek*

* Bediening tevoren aanvragen, tel. (043) 21 42 14 (sluis Bosscherveld).
John F. Kennedybrug, vaste brug, toegestane doorvaarthoogte 6,75 m (8).
Lig- en aanlegplaatsen:
● Jachthaven van W.V. Randwijck (11), tarief eerste dag f 10,–, daarna per dag f 5,– vermeerderd met f 8,– per opvarende vanaf 12 jaar (toiletten, wastafels, douches, zwembad en restaurant) (beperkte aanlegmogelijkheid voor boten tot 7 m);
● Jachthaven van W.V. Treech '42 (9), tarief eerste nacht f 1,50 per m lengte, daarna f 5,50 p.p. en f 1,50 per m lengte per verdere dag met een minimum van f 12,– (toiletten, douches, zwembad en kantine);
● Meerplaats aan de strekdam in de Maas, stadzijde (6), ligplaats nemen toegestaan tussen 16 april-1 november;
● Jachthaven St. Pieter (10), waarin gevestigd: W.V. M.C.C.*, tarief

f 2,50 per m lengte per nacht, met een minimum van f 15,– (voor de eerste 2 nachten) voor 2 personen (toiletten, douches, dagrecreatieterrein en zwembad); W.V. M.W.C. (bij 10), f 1,50 per m lengte per nacht (douches (f 1,–));
● Direct na de haven en Camping Randwyck ligt de toegang naar de Pieterplas met de Jachthaven Pieterplas B.V., havenmeester tel. (043) 67 18 14, marifoonkan. 9, tarief f 3,– per m per nacht (incl. sanitair, water en kabel-TV) (elektra f 3,– per nacht);
● Tussen kmr 7,460 en kmr 9,4 ligt aan de O-zijde het grindgat Watersportcentrum Eijsden (diep). Toegang bij kmr 8,4. Op grond van de gemeentelijke verordening Eijsden en Maastricht is het verboden om buiten de jachthavens aan te leggen of, indien het vaartuig verhaald is, binnen 2 dagen dezelfde ligplaats in te nemen (verhalen binnen een afstand van 500 m wordt beschouwd als afmeren op dezelfde plaats). ● Aan de NO-zijde van het grindgat ligt de jachthaven van W.S.V. De Maasvogels, havenmeester C. Reneerkens, tel. (043) 61 58 55, geopend van 15 april-15 okt., tarief f 7,50 per etmaal (toiletten, douches (f 1,–), wastafels en kantine). Zie verder onder 'Eijsden'.
Drinkwater: Shell tanklichter.
Motorbrandstof: Shell tanklichter van J. C. Jansen aan de Wilhelminakade, 200 m ten N van (5), Lo, die (sl).
Vulstation propaangasflessen: Fa. Geelen-Heuls, Haspergouw 47a, tel. (043) 61 12 31.
Reparatie: Jachtwerf Snijders, werkplaats Beatrixhaven in Limmel, Korvetweg 14, tel. (043) 63 30 34, bub (alle merken), bib (OMC-Mercruiser) (di. gesloten);
Trailerhellingen: In Jachthaven Sint Pieter (10), waarna men geen ligplaats mag nemen in de Jachthaven van W.V. M.C.C.; W.V. Randwijck (11).
Kampeerterreinen: Bij W.V. Randwijck (11); bij W.S.V. De Maasvogels; Camping De Oosterdriessen, aan het grindgat.
Wasserette: Bij Jachthaven Pieterplas B.V.
Stortplaats chemisch toilet: Bij W.S.V. De Maasvogels.
Aftappunt vuilwatertank: Bij Jachthaven Pieterplas B.V.

Maas-Waalkanaal
Van de Maas bij Heumen, kmr 166 Ro, naar de Waal in Weurt, kmr 887. Lengte 13,4 km.
Vaarwegbeheerder: Rijkswaterstaat Directie Limburg, Postbus 25, 6200 MA Maastricht, tel. (043) 29 44 44.
Bijzondere bepalingen: Meren is alleen toegestaan op de daarvoor aangewezen gedeelten, max.verblijfsduur (buiten de havens) 3 x 24 h.
Waterstand:
– Kanaal: KP = NAP + 7,50 m (SP Grave). De waterstand is door de open verbinding met de Maas (sluis Heumen staat als regel open) onderhevig aan het stuwpeil van Grave. Bij een waterstand van NAP + 8,30 m wordt de sluis in Heumen in gebruik genomen.
– Waal (Nijmegen): MR = NAP + 8,15 m; OLW = NAP + 6,10 m.
Max. toegestane afmetingen:
– Vanaf Heumen (Maas) tot 800 m ten Z van de sluis in Weurt: diepgang 3 m; hoogte 8,50 m.
– Vanaf 800 m ten Z van de sluis in Weurt tot de monding in de Waal: diepgang 3,30 m.
Maximumsnelheid: Voor snelle motorboten 20 km/h.
Marifoon: Sluis Heumen, kan. 22. Sluis Weurt, kan. 18; Verkeerspost Weurt, kan. 68.
Sluizen (incl. bruggen over de sluizen): 2 sluizen, nl:

- Sluis Heumen: tel. (080) 58 18 62. Vaste brug aan de N-zijde van de sluis, H SP + 10 m (= NAP + 17,50 m).
In de sluis (staat gewoonlijk open) is éénrichtingsverkeer ingesteld, geregeld door scheepvaartlichten op de sluis. Deze scheepvaartlichten worden automatisch op afstand bediend. De schepen worden d.m.v. radar gesignaleerd. Op de steigers voor de sluis zijn meldknoppen aanwezig. Let op bij het wachten aan de Maaszijde; de inham ten ZW van de sluis is ondiep.
Door de inwerkingtreding van de automatische verkeersregeling van de sluis zijn er een paar aandachtspunten:
– niet meer over marifoon doorvaart vragen;
– als het sein rood-groen toont, krijgt u groen zodra de sluis vrij is;
– als het sein rood blijft tonen of wanneer gedurende enige tijd aan de meerpaal of de recreantensteiger is verbleven: aanmelden met de stang op de wachtplaats of met de meldknop op de recreantensteiger.
De sluis wordt gesloten (schutten noodzakelijk) bij een waterstand op de Maas van NAP + 8,30 m of hoger. Bij een waterstand op de Maas hoger dan NAP + 12,15 m wordt niet meer geschut.
Wanneer sluis Weurt niet bediend wordt (zat. na 20 h en zo. na 17 h) gaat voor sluis Heumen de STAR-regeling in werking, d.w.z. de scheepvaart kan de sluis volgens een vaste cyclus passeren; waarbij de tekens als bedoeld onder G.4 sub 4.1 en teken A.11.1 van bijlage 7 van het BPR getoond kunnen worden.
- Sluis in Weurt (dubbele schutsluis): tel. (080) 77 56 70. De nieuwe sluis (W-sluis) met hefdeuren en een vaste brug,
H MR + 8,05 m = NAP + 16,20 m en de oude sluis (O-sluis) met roldeuren en een hefbrug over het buitenhoofd (Waal), in gesloten stand H MR + 8,30 m = NAP + 16,45 m, geheven
H MR + 12,20 m = NAP + 20,35 m. De brughoogten in gesloten stand zijn aan weerszijden van de sluis afleesbaar op omgekeerde peilschalen. Bij een waterstand op de Waal hoger dan NAP + 12,80 m wordt niet meer geschut.
Voor de recreatievaart zijn tussen de beide sluizen aan weerszijden van het sluizencomplex wachtplaatsen ingericht, aangeduid door het bord 'Sport'. Jachten zonder marifoon kunnen zich melden via de praatpalen op de remmingwerken. Door de luidspreker wordt de volgorde van de schepen afgeroepen die de sluis mogen invaren. Jachten worden ook via de luidspreker gewaarschuwd.
Bediening sluizen en hefbrug O-sluis Weurt: (gratis)

ma.	6-24 h
di. t/m vr.	0-24 h
zat.	0-20 h
zo. en fd.	9-17 h

Bruggen: 6 vaste bruggen, laagste brug doorvaarthoogte 8,50 m. Zie tevens onder 'Max. toegestane afmetingen' en 'Sluizen'.
Ligplaats: Voor jachten ongeschikt wegens drukke scheepvaart. Bij Heumen is een jachthaven aan de Maas, zie onder 'Heumen'.
Zeilen: Moeilijk te bezeilen wegens de hoge bomen aan weerszijden, de ondiepe oevers en de vrij drukke scheepvaart.

Makkum
3 km van Kornwerderzand (Afsluitdijk); 7 km van Tjerkwerd.
Natuurgebied: De ondiepe oeverzones in het IJsselmeer tussen de Afsluitdijk en Workum zijn aangewezen als natuurreservaat.
Haven: De haven is te bereiken door een bebakende 2 km lange geul (r.w. 92°), die geregeld tot meer dan IJWP – 4,10 m wordt uitgebag-

gerd en 35 m tot 50 m breed is. Makkum is van zeer ver kenbaar aan de enorme loods en de torenkraan van een scheepswerf; de toegang tot het Makkumerdiep is kenbaar aan het witte strand van de Makkumerwaard aan weerszijden van de havengeul. Aan de Z-zijde van de Makkumerwaard is op de 2 m dieptelijn t.o.v. NAP aanvullende betonning uitgelegd. Deze betonning sluit aan op het zuidelijker gelegen visserijgebied. De aanloop van het Makkumerdiep is buiten de betonning direct zeer ondiep met harde zandgrond. Het midden van de vaargeul wordt 's nachts aangegeven door een hooggeplaatst groen licht op de Waag en een laag rood licht op de Dijk. De ingang van het Makkumerdiep is aangegeven met havenlichten op de koppen van de havendammen.
Gemeentelijk havengeld: f 1,– per m lengte per nacht.
Havenmeesters (gemeente): S. Schrale, tel. (05158) 3 14 50; O. Adema, tel. (05158) 3 21 27.
Sluis en bruggen: (Sluisgeld f 4,–, bruggeld f 2,–). Bediening:
– Schutsluis en de daarover gelegen draaibrug, de Vallaatsbrug in Makkum, overige bruggen over de Grote Zijlroede en de bruggen over het Van Panhuyskanaal, met uitzondering van de Van Panhuysbrug. Bediening:

ma. t/m zat.	(1 mei-1 okt.)	8-10, 10.30-12, 13-15.30, 16-17.30, 18-20 h
	(1 okt.-15 nov. en 15 mrt.-1 mei)	8-10, 10.30-12, 13-15.30, 16-18 h
	(15 nov.-15 mrt.)	8-10, 10.30-12, 13-15.30, 16-18 h, op verzoek*
zo. en fd.	(mei en sept.)	9-11, 16-18 h
	(juni t/m aug.)	8-11, 14-16, 18-20 h
	(1 okt.-1 mei)	gesloten

* Bediening aanvragen bij de Provincie Friesland, tel. (058) 92 58 88, buiten kantoortijden tel. (058) 12 24 22.
– Van Panhuysbrug, prov. ophaalbrug in Tjerkwerd, H 0,97 m. Bediening:

ma. t/m zat.	(1 mei-1 okt.)	9-12, 13-17, 18-20 h
	(1 okt.-15 nov. en 15 mrt.-1 mei)	9-12, 13-17 h
	(15 nov.-15 mrt.)	9-17 h, op verzoek*
zo. en fd.	(mei en sept.)	9-11, 16-18 h
	(juni t/m aug.)	8-11, 14-16, 18-20 h
	(1 okt.-1 mei)	gesloten

* Bediening aanvragen bij de Provincie Friesland, tel. (058) 92 58 88, buiten kantoortijden tel. (058) 12 24 22.
– De brug over de Makkumervaart bij de monding in het Van Panhuyskanaal en de brug Exmorrazijl over de Makkumervaart (max.doorvaarthoogte 1,45 m) naar Bolsward. Bediening: als de eerdergenoemde schutsluis.
Maximumsnelheid: 9 km/h.
Ligplaatsen: Marina Makkum, gelegen aan het Makkumerdiep, havenmeester P. Rozema, tel. (05158) 3 28 28, max.diepgang 4 m, tarief f 1,80 per m lengte per dag + toeristenbelasting f 0,65 p.p. (elektra, toiletten, douches, wastafels) ● in de gem. binnenhaven aan de kade (D 1,3 m), in de gem. buitenhaven aan de steigers van de Vissershaven (D IJWP – 4,10 m), tarief: zie bij 'Gem. havengeld' (elektra, toiletten, wastafels en douches (f 1,–)), achterlaten van schepen, lan-

ger dan 24 h, alleen na overleg met de havenmeester ● Jachthaven W.V. Makkum, 1 km buiten het dorp, havenmeester I. Zijlstra, tel. (05158) 3 14 08, max.diepgang 1,80 m, tarief f 1,10 per m lengte per nacht (elektra, wastafels, douches (f 1,–) en toiletten) ● Jachtcentrum Bloemsma, aan het Makkumerdiep, tel. (05158) 3 17 89, max.diepgang 2,50 m, tarief f 15,– per nacht (elektra, toiletten, douches (f 1,–) en wastafels) ● Friendship Yacht Club, aan het Makkumerdiep, havenmeester J. van Gemert, tel. (05158) 3 14 15, max.diepgang 2,50 m, tarief f 2,– per m lengte (elektra, toiletten, douches (f 1,–), wastafels) ● Jachthaven Sail-Centre-Makkum/Yachting Denekamp, insteekhaven bedrijventerrein De Zuidwaard, De Stienplaat 9, tel. (05158) 3 23 55, max.diepgang 2,50 m, tarief f 1,80 per m per nacht (elektra, toiletten, douches (f 1,–) en wastafels) ● Jachthaven de Kim Makkum B.V., insteekhaven bedrijventerrein De Zuidwaard, tel. (05158) 3 20 21, max.diepgang 3 m, tarief f 1,– per m per nacht (elektra, toiletten, douche (f 1,–) en wastafels).

Drinkwater: In de buitenhaven bij het visafslaggebouw; binnen de sluis bij garage Horjus naast de ophaalbrug in de Makkumer Rondweg; bij Tichelaar Aardewerkfabriek; Jachtcentrum Bloemsma op de Makkumerwaard aan de Vissershaven; 2 tappunten aan de 100 m lange steiger aan het Makkumerdiep, ten N van de sluis (f 1,–, sl); Marina Makkum; in de jachthaven van de W.V. Makkum (f 1,–, sl); in jachthaven Sail-Centre-Makkum/Yachting Denekamp (sl); bij Hutting Yachts (sl).

Motorbrandstof: Garage Horjus, tel. (05158) 3 13 18, be, sbe, die (sl, wordt per auto op bestelling, min. 200 l, aangeleverd); Jachtcentrum Bloemsma (Vissershaven), die (sl), zat.middag en zo. gesloten; Marina Makkum, tel. (05158) 3 28 28, die (sl), sbe plus (sl); Jachthaven Sail-Centre-Makkum/Yachting Denekamp, die (sl).

Reparatie: Jachtwerf De Bolder, romp/uitr (s, a), op de Makkumerwaard in de Vissershaven; Jachtcentrum Bloemsma, Strânwei 30, tel. (05158) 3 17 89, bib/bub (alle merken), romp/uitr (ht, s, p, a/op de wal + in het water), zeil/tuigage, elek, telescoopkraan voor masten; Marina Makkum, Sudersewei 6-8, tel. (05158) 3 28 28, bub (Yamaha); Het Kolkje Wood Design, Nieuwe insteekhaven, na Marina Makkum rechts Stienplaat 5, tel. (05158) 3 25 73, aanlegsteiger, bub/bib (alle merken), romp/uitr (ht, s, p/op de wal + in het water), zeil/tuigage, elek; Scheepsrestauratiebedrijf Eduard de Boer, aan de Grote Zijlroede, Kalkovens 9, tel. (05158) 3 12 36, romp/uitr (ht, s); A. de Vries, Voorstraat 17, tel. (05158) 3 17 38, zeil/tuigage; Friendship Yacht Club, De Stienplaat 1, tel. (05158) 3 14 15, bib (Volvo Penta en Yanmar), romp/uitr (ht, s, p/op de wal + in het water) zeil/tuigage, elek; Sail-Centre-Makkum/Yachting Denekamp, tel. (05158) 3 23 55, bib (Volvo Penta, Yanmar, Mitsubishi en Vetus), romp/uitr (ht, s, p/op de wal + in het water), zeil/tuigage; Scheepstechn. Dienst Gebr. van Enkhuizen, Sûderdeewei 4a, op terrein Marina Makkum, tel. (05158) 3 26 65, bub (alle merken), bib (alle merken), Yanmar dealer), zeil/tuigage, elek; Hutting Yachts, Stienplaat 3, tel. (05158) 3 20 23/3 19 67, romp/uitr (ht, s, a/op de wal + in het water), zeil/tuigage, elek; De Kim Makkum B.V., De Munnikplaat 12, tel. (05158) 3 20 21, bib/bub (alle merken), romp/uitr (ht, s, p, a/op de wal + in het water), zeil/tuigage, elek, mastenkraan tot 22 m hoogte, tarief vanaf f 25,–.

Trailerhellingen: Jachtwerf De Bolder, Makkumerwaard, tel. (05158) 3 13 17, tarief f 2,50 (doorlopend geopend); op het terrein van De Holle Poarte; Marina Makkum; Jachthaven W.V. Makkum, tarief f 5,–.

Hefkranen: Het Kolkje Wood Design, vaste hijsmast tot 15 ton, max.diepgang 3,20 m, tarief f 190,– (in en uit); Scheepsrestauratiebedrijf Eduard de Boer, max. 25 ton, tarief f 120,– (in en uit) voor kleine vaartuigen of f 27,– per m lengte.

Botenlift: Jachtcentrum Bloemsma, Strânwei 30 (Vissershaven), tel. (05158) 3 17 89, max. 40 ton (met staande mast mogelijk), tarief f 177,75 (in en uit water), max.diepgang 3 m; Marina Makkum, tel. (05158) 3 28 28, max. 40 ton, max.diepgang 4 m, tarief f 24,– per m^2 (met staande mast mogelijk); bij Sail-Centre-Makkum/Yachting Denekamp, max. 20 ton, max.diepgang 2,50 m, tarief f 180,–; Friendship Yacht Club, max. 20 ton, max.diepgang 3 m; De Kim Makkum B.V., max. 20 ton, max.diepgang 3 m f 6,– per m^2 (in en uit) (liften met staande mast mogelijk).
Kampeerterrein: De Holle Poarte*, aan de Makkumer-Zuidwaard, tel. (05158) 3 13 44.
Wasserettes: Marina Makkum; Friendship Yacht Club; Sail-Centre-Makkum/Yachting Denekamp; Hutting Yachts.
Stortplaats chemisch toilet: Aan de gem. buitenhaven; bij Marina Makkum.
Aftappunt vuilwatertank: Bij Marina Makkum.

Mark en Dintel
Van Breda naar het Volkerak, 4 km ten Z van de Volkeraksluizen. De Mark is bovenstrooms van Breda alleen geschikt voor kano's.
Breda tot de monding van het Markkanaal: Lengte 5 km, 2 vaste bruggen, H 7 m; D 2,40 m. Zie voor de vaste bruggen over de Mark in de stad Breda onder 'Breda'. Max.toegestane diepgang Breda-Rode Vaart zuid 2,40 m, Rode Vaart zuid-Dinteloord 2,70 m.
Monding van het Markkanaal tot Dintelsas: Lengte 32,5 km, sluis in Dintelsas, 7 vaste bruggen, laagste brug H 7 m. Max.toegestane diepgang 2,40 m. Verder drie beweegbare bruggen. T.h.v. Terheyden een veerpont. Max. toegestane diepgang 2,40 m; voor het gedeelte Prinsenlandse brug (t.h.v. Dinteloord) – Volkerak 3 m.
Maximumsnelheid: Breda-Stampersgat leeg 9 km/h, geladen 6 km/h. Stampersgat-Dinteloord leeg 12 km/h, geladen 8 km/h.
Waterstand: Gelijk aan NAP, doch er kunnen peilvariaties optreden van NAP + 0,05 m tot NAP – 0,25 m.
Bij de opgave van de brughoogten is uitgegaan van een waterstand gelijk aan NAP (streefpeil).
Brugbediening:
– De spoordraaibrug, H 3 m, bij Langeweg in de lijn Breda-Lage Zwaluwe, de brug wordt op afstand bediend vanuit de treindienstleidingspost te Breda:

ma. t/m zo.	(gehele jaar)	4.23-23.45 h, éénmaal per uur

De exacte bedieningstijden zijn opgenomen in de watersportwijzer 'Openingstijden spoorbruggen', gratis verkrijgbaar aan de ANWB-vestigingen.
– De spoordraaibrug, H 2,50 m, bij Zevenbergen in de lijn Oudenbosch-Zevenbergen, de brug wordt op afstand bediend vanuit de verkeersleidingspost te Roosendaal:

ma. t/m zo.	(gehele jaar)	4.22-23.47 h, éénmaal per uur

De exacte bedieningstijden zijn opgenomen in de watersportwijzer 'Openingstijden spoorbruggen', gratis verkrijgbaar aan de ANWB-vestigingen.
– De brug bij Dinteloord: zie aldaar.
Sluisbediening: Zie 'Dintelsas'.
Aanleg- en ligplaatsen: Het is verboden ligplaats te nemen in de vaarweg behalve in de daarvoor bestemde plaatsen. Langs de rivier kan men alleen aanleggen langs loswallen e.d. De rietkragen zijn be-

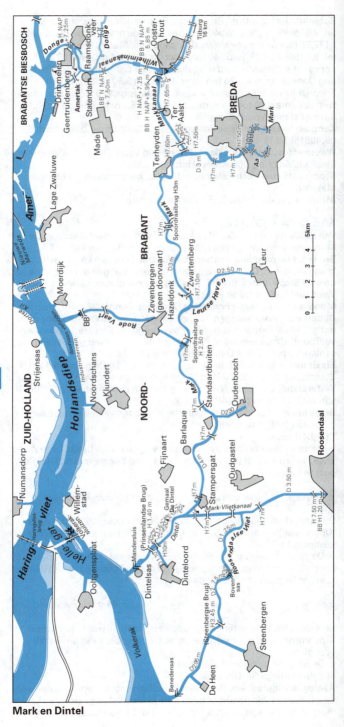

Mark en Dintel

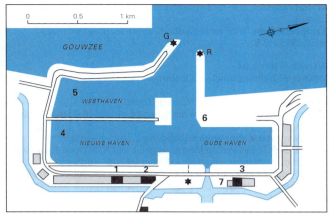

Marken

1. Café De Visscher
2. Sijtje Boes
3. Rijkshavenkantoor
4. W.S.V. Marken
5. Z.V. Het Y
6. Reddingboot
7. Toiletgebouw

schermd door steenstortingen of perkoenpalen, meestal onzichtbaar onder water. Beter kan men meren in een van de havens; zie onder: 'Breda', 'Terheijden', 'Leur', 'Zevenbergen', 'Standdaarbuiten', 'Oudenbosch', 'Stampersgat', 'Dinteloord' en 'Dintelsas'.

Marken

Schiereiland in het Markermeer. Zie ook 'Gouwzee' en 'IJsselmeer'.
Haven: Van de Gouwzee een betonde geul naar de haven, D NAP – 2,40 m. De havenmond is 12 m breed. Diepte van de haven is eveneens NAP – 2,40 m, max.diepgang 2 m.
Verschil tussen de waterstanden bij O- en W-wind kan ca. 0,90 m bedragen.
Groen vast licht op het Z-havenhoofd, rood vast licht op het N-havenhoofd. Wit vast licht op de haven tussen het groene en het rode licht. Vanaf de driesprong van de vaargeulen in de Gouwzee moet men om de haven van Marken te bereiken het witte licht tussen het rode en groene licht houden.
Vuurtoren met wit onderbroken licht, zichtbaar 14 km, elke 8 seconden een onderbreking, op de O-punt van het eiland.
Mistsein: Hoorn (1), 30s (een stoot binnen 30 seconden).
Rijkshavenmeester: Havenkantoor, tel. (02996) 32 31.
Ligplaatsen: In de Nieuwe Haven en de Noordzijde van de Oude Haven, bij W.S.V. Marken (4), havenmeester J. Zonderven, tel. (02996) 13 86, tarief f 1,25 per m lengte per etmaal, excl. toeristenbelasting tarief f 0,50 per persoon (elektra, toiletten, douches (f 1,–), wastafels en drinkwater) ● in de W-haven zijn meerplaatsen van Z.V. Het Y (5), tarief f 1,25 per m lengte per nacht, incl. toeristenbelasting (elektra, toiletten, douches (f 1,–) en drinkwater) ● in een gedeelte van de Rijkshaven (Oude Haven), gratis (excl. toeristenbelasting).
Passanten kunnen gebruik maken van de toilet- en douchegelegenheid naast het Rijkshavenkantoor.
Let op in- en uitvarende schepen van de Marker-Express naar Volendam.

Motorbrandstof: sbe, be en die op parkeerterrein (5 min van de haven).
Kampeerterrein: Informatie bij dhr. K. Zeeman, Buurterstraat 47, tel. (02996) 12 61.

Markkanaal

Van het Wilhelminaknaal t.o. Oosterhout naar de Mark; 4,5 km ten N van Breda.
Kaartje: Zie onder 'Breda' en 'Mark en Dintel'.
Maximumsnelheid: Bij 1,50 m diepgang of minder 10,8 km/h; vanaf 1,50 m diepgang 9 km/h.
Max. toegestane afmetingen: Diepgang 2,50 m, hoogte 5 m.
Waterstand: Ten W van de Marksluis gelijk aan NAP, doch er kunnen peilvariaties optreden van NAP + 0,05 m tot NAP – 0,25 m.
Bij de opgave van de brughoogten is uitgegaan van een waterstand gelijk aan NAP (streefpeil). Ten O van de Marksluis is de waterstand bij gemiddelde rivierafvoer gelijk aan GHW = NAP + 0,60 m; GLW = NAP + 0,35 m.
Bruggen en sluis: 3 vaste bruggen, laagste brug H 7,50 m, en een ophaalbrug over het O-sluishoofd van de Marksluis in Oosterhout, H NAP + 5,95 m. Bediening Marksluis en ophaalbrug (gratis):

ma. t/m vr.		6-22 h
zat.	(1 juli-1 sept.)	6-18 h
	(1 sept.-1 juli)	6-14 h
zo. en fd.	(1 april-1 juli en 1 sept.-1 okt.)	18 h (schutting in beide richtingen)
	(1 juli-1 okt.)	9-10, 16-19 h
	(1 okt.-1 april)	gesloten

M **Marifoon:** Marksluis, kan. 18.

Mark-Vlietkanaal

Van de Dintel ten N van de suikerfabriek in Stampersgat naar Roosendaal. Lengte 10,5 km, nl. van Dintel tot aansluiting met Roosendaalse Vliet 4 km, vandaar tot de oude havenkom in Roosendaal 6,5 km.
Maximumdiepgang: 2,70 m.
Maximumsnelheid: leeg 9 km/h, geladen 6 km/h.
Waterstand: Zie onder 'Mark en Dintel'.
Bruggen: 4 vaste bruggen, H 7 m, en een vaste brug in Rijksweg 17, H 7,50 m.

Maurik

Aan een dode rivierarm in de Z-oever van de Neder Rijn, waarvan de toegang ligt bij kmr 924; 5 km stroomopwaarts van Wijk bij Duurstede.
Maximumsnelheid: Ten O van kmr 923 tot aan de steigers van Jachthaven Eiland van Maurik (einde dode rivierarm) 9 km/h; overigens géén snelheidsbeperking. Snelle motorvaart en waterskiën is met ontheffing toegestaan. Voor snelle motorboten gelden op basis van de plaatselijke verordening o.a. dezelfde voorwaarden als in het Binnenvaartpolitiereglement zijn opgenomen. Zie voor nadere informatie de ANWB-watersportwijzer 'Snel motorbootvaren in Nederland'. Raadpleeg hiervoor de 'Handleiding' van deze Almanak onder 'Snelle motorboten en Waterskiën'.
Ligplaatsen:
– Aan het begin van de afgesneden rivierarm, Z-oever bij Maurik:
● Jachthaven van Watersportcentrum De Loswal, havenmeester Th. Vonk, tel. (03449) 15 72, b.g.g. 28 92, tarief f 1,25 per m lengte per nacht (toiletten, douches (f 1,–), wastafels en elektra).

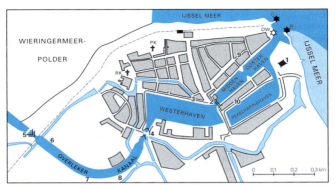

Medemblik

1. Kasteel Radboud
2. Kwikkelsbrug (bb), H 1,96 m, met havenkantoor
3. Stichting Jachthaven Medemblik
4. Westerhavensluis en bb
5. Overlekersluis en 2 bruggen (bb), toegang tot de vaart naar Kolhorn, door de Wieringermeerpolder
6. Jachtwerf Jongert B.V.
7. Jachtwerf Conyplex, Medemblik Yacht Service, Jachtwerf Polymarin, Vlaanderen Watersport
8. Jachtwerf Ten Wolde
9. Zeilmakerij Zig Zag
10. Jachthaven Pekelharinghaven B.V.

– Aan het einde van de afgesneden rivierarm: ● Aan de passantensteigers van Jachthaven Eiland van Maurik van het Watersport- en Recreatiecentrum Betuweoord, havenmeester E.L.M. Kempers, tel. (03449) 15 02, tarief f 1,25 per m lengte per nacht (toiletten, douches (f 1,–), wastafels en elektra).
Reparatie: Na afspraak met havenmeester Jachthaven Eiland van Maurik, tel. (03449) 15 02, b.g.g. 12 32, bib/bub, romp/uitr (ht, s, p/op de wal + in het water).
Hefkraan: Jachthaven Eiland van Maurik, max. 15 ton, tarief f 37,50 per m^2.
Trailerhellingen: Jachthaven van Watersportcentrum De Loswal, Rynbandijk 36; Jachthaven Eiland van Maurik, Rynbandijk 20, max. 15 ton, tarief vanaf f 10,–.
Kampeerterreinen: Camping De Loswal*; Watersport- en Recreatiecentrum Betuweoord Eiland van Maurik*.
Wasserette en stortplaats chemisch toilet: Bij Jachthaven Eiland van Maurik; bij Jachthaven De Loswal.

Medemblik
Aan het IJsselmeer.
Haven: De haven staat in verbinding met de binnenwateren. Medemblik is zeer kenbaar aan het grote witte gebouw van het gemaal Lely op de dijk van de Wieringermeerpolder (valt buiten het kaartje) en het raadhuis aan de dijk daarnaast. Basaltstenen aan beide zijden in de havenmonding. De haventoegang en de geul door de havens is tenminste 3 m diep. Tussen de Midden- en Westerhaven ligt een ophaalbrug, H NAP + 1,76 m (= IJZP + 1,96 m).
De waterstand kan sterke afwijkingen vertonen.
Marifoon: Havenkantoor, kan. 9.
Maximumsnelheid: In de haven 4,5 km/h.
Lichten: Wit onderbroken licht (Oc 5s), tussen de vaste rode en groene havenlichten gebracht, geleidt de haven open. Als de haven niet

toegankelijk is, blijven het rode en het groene havenlicht gedoofd; overdag wordt dan een rode vlag getoond.
Gemeentelijk havenkantoor: Oosterhaven 2, tel. (02274) 16 86 (24 h). Buiten de bedieningstijden wordt de telefoon doorgeschakeld naar een mobilofoon (simplex-verbinding).
Brug en sluizen:
– Kwikkelsbrug (2), ophaalburg. Bediening: (gratis)

ma. t/m vr.	(1 april-16 okt.)	8-12, 13-18 h
	(16 okt.-1 april)	9-12, 13-17 h, op verzoek*
zat.	(1 april-16 okt.)	8-12, 13-18 h
	(16 okt.-1 dec.)	9-11, 15-17 h, op verzoek*
	(1 dec.-1 mrt.)	9-11 h, op verzoek*
	(1 mrt.-1 april)	9-11, 15-17 h, op verzoek*
zo. en fd.	(1 april-16 okt.)	8-10.30, 16-18 h
	(16 okt.-1 dec. en 1 mrt.-1 april)	9-10, 17.17.30 h, op verzoek*
	(1 dec.-1 mrt.)	gesloten

* Bediening op verzoek aanvragen via marifoonkanaal 9 of tel. (02274) 16 86.
Voor bediening van de sluizen (4) en (5): zie onder 'Wieringermeerpolder'.
Toeristenbelasting: f 0,85 p.p. per nacht.
Lig- en aanlegplaatsen:
– Zeezijde: ● In de Pekelharinghaven, bereikbaar via de Oosterhaven en het Oude Vaartsgat (aan de bakboordzijde tot de vlaggemasten tot ca. 1 m uit de oever ondiep), bij Jachthaven Pekelharinghaven B.V. (10), havenmeester P. Kruisbrink, tel. (02274) 21 75, max.diepgang 3 m (elektra (vanaf f 3,50), toiletten, douches (f 1,–) en wastafels).
Tarief (excl. toeristenbelasting):

lengte t/m 6 m	f 7,50	t/m 11 m	f 13,50
t/m 7 m	f 9,50	t/m 12 m	f 14,50
t/m 8 m	f 10,50	t/m 13 m	f 15,50
t/m 9 m	f 11,50	t/m 14 m	f 16,50
t/m 10 m	f 12,50	per m meer	f 3,–

– Zeezijde: ● In de Westerhaven (3) bij de Stichting Jachthaven Medemblik, havenmeester P. Vroonland, tel. (02274) 18 61 of (06) 52 78 50 11, max.diepgang 3,50 m, tarief f 1,25 per m lengte per nacht (excl. toeristenbelasting f 0,85 p.p.) (toiletten, wastafels, douches (f 1,–) en elektra) (tevens toiletgebouw van een stichting aan het Gedempte Achterom, nabij de jachthaven, douches (automaat à f 1,–)).
– Zeezijde: ● In de Middenhaven, diepte langs de oever tenminste 2,50 m, maar het is hier niet toegestaan jachten achter te laten. Er wordt gemeentelijk liggeld geheven en men moet toeristenbelasting betalen. De Oosterhaven is met name bestemd voor de beroepsvaart. (Toiletgebouw aan het Gedempte Achterom.)
– Polderzijde: ● Ingerichte meerplaats in het kanaal naar het gemaal Lely.
Drinkwater: In Ooster- en Middenhaven diverse waterpunten; Medemblik Yacht Service, (sl); in de Westerhaven (3) bij de Stichting Jachthaven Medemblik.
Motorbrandstof: Fa. Kool & Co., Oosterhaven 22, die (sl), be (sl), sbe (sl) (zo. gesloten).
Reparatie: Vlaanderen Watersport, aan het Overlekerkanaal (7), Zeldenrust 6 (kantoor Pekelharinghaven 48), tel. (02274) 45 45, bib (Yanmar), romp/uitr (ht, s, p, a/op de wal + in het water), zeil/tuigage, elek (zat. geopend van 10-17 h); J. Draaisma, Brakeweg 55, tel. (02274)

26 30, bub/bib; Jachtwerf Jongert B.V. (6), Industrieweg 6, tel. (02274) 25 44, aan Overlekerkanaal, N-oever, bub (Volvo Penta en Mercedes), romp/uitr (ht, s, a/op de wal + in het water), zeil/tuigage, elek; Jachtwerf M. H. ten Wolde (8), Breek 9, tel. (02274) 18 21, romp/uitr; Conyplex N.V. (7), romp/uitr (p); Polymarin (7), romp/uitr (p); Medemblik Yacht Service (7), Overleek 3, tel. (02274) 17 69, bib, romp/uitr (ht, s, p, a/op de wal + in het water), zeil/tuigage, elek; Zig Zag Zeilen (9), Gedempte Achterom 24a, tel. (02274) 25 72, zeil/tuigage (zat.ochtend geopend); Jachtwerf W. Dudink, Nijverheidsweg 17, tel. (02274) 34 93, bib (alle merken), romp/uitr (ht, s, p, a/op de wal + in het water), elek; De Goede, Pekelharinghaven, (02274) 47 11 of Oosterhaven 20, tel. (02274) 21 23, zeil/tuigage.
Hefkranen: Stichting Jachthaven Medemblik (3), max. 2850 kg, tarief f 35,– (heffen met staande mast mogelijk), max.diepgang 1,50 m; Jachtwerf Jongert B.V. (6), max. 10 ton; Vlaanderen Watersport (7), max. 12 ton (heffen met staande mast mogelijk), max.diepgang 2,50 m, tarief vanaf f 150,–; Jachthaven Pekelharinghaven B.V. (10), max. 2 ton, tarief f 37,50; Medemblik Yacht Service (7), max. 20 ton, tarief f 10,– per m^2 (in en uit) (heffen met staande mast mogelijk); Jachtwerf W. Dudink, tel. (02274) 34 93, max. 30 en 100 ton (heffen met staande mast mogelijk), max.diepgang 3 m.
Trailerhellingen: Jachthaven Pekelharinghaven B.V. (10), Pekelharinghaven 50/52, tarief f 5,–; Vlaanderen Watersport (7).
Botenlift: Medemblik Yacht Service (7), max. 20 ton, max.diepgang 2,60 m, tarief f 10,– per m^2 (liften met staande mast mogelijk).
Scheepshelling: Jachtwerf Jongert B.V. (6), max. 200 ton, max.diepgang 3 m.
Wasserettes: Bij de Stichting Jachthaven Medemblik (3); bij het particuliere toiletgebouw aan het Gedempte Achterom; Pekelharinghaven (10).
Stortplaatsen chemisch toilet: Bij de Stichting Jachthaven Medemblik (3); bij Jachthaven Pekelharinghaven B.V. (10).

Meerburgerwetering
Van ca. 1 km ten ZW van de Bakkersloot (zie bij 'Vlietland' (Voorschoten)) naar de Oude Rijn nabij de basculebrug in de rijksweg in Leiderdorp, lengte 6 km, D 1 m. Via Nieuwe Vaart (ca. 500 m ten ZW van de Bakkersloot) en Ommedijkse Wetering is er voor kleine vaartuigen een vaarverbinding met het plasje Noord Aa, lengte in totaal 10 km.
Vaarwegbeheerder: Hoogheemraadschap van Rijnland, Postbus 156, 2300 AD Leiden, tel. (071) 25 93 14 (boezembeheer).
Maximumsnelheid: 6,2 km/h.
Motorvaartvergunning: Vereist is de algemene vaarvergunning van het Hoogheemraadschap Rijnland (zie bij 'Drecht').
Bruggen: 10 vaste bruggen waarvan de laagste H 1,60 m.

Meerkerk
Aan het Merwedekanaal; 12 km van Vianen; 12 km van Gorinchem.
Bruggen: Voor bediening zie onder 'Merwedekanaal bezuiden de Lek'.
Sluis: Naar de Oude Zederik. Staat meestal open. Vaste brug over het sluisje, H 1 m.
Ligplaats: Aan de passantenaanlegplaatsen achter het eilandje (gratis), max.verblijfsduur 3 x 24 h.
Motorbrandstof: Tankstation op ca. 200 m van de passantenaanlegplaats, die, sbe, be.
Stortplaats chemisch toilet: Aan de passantenaanlegplaats.

Menaldum
Aan de Menaldumervaart, 7 km van het Van Harinxmakanaal bij Ritzumazijl en 14 km van het Van Harinxmakanaal bij Franeker via Berlikum.
Maximumsnelheid: 6 km/h.
Maximumdiepgang: Op de Menaldumervaart 1,25 m.
Bruggen: Over de Ballensvaart en Menaldumervaart, vaste bruggen, laagste brug H 2,40 m.
In Menaldum basculebrug. Bruggeld f 1,50. Bediening:

(1 mei-1 okt.)	ma. t/m vr.	8-12, 13-17, 18-19 h
	zat.	8-12, 13-17 h
	zo. en fd.	gesloten
(1 okt.-1 mei)	ma. t/m vr.	9-12, 13-17 h
	zat.	8-12, 13-17 h
	zo. en fd.	gesloten

Meppel
Aan het Meppelerdiep; 11 km van Zwartsluis; 44 km van Assen. Door de omlegging van de Hoogeveense Vaart is er in Meppel geen verbinding meer tussen het Meppelerdiep en de Hoogeveense Vaart. Ten Z van Meppel is een kanaal aangelegd, dat het Meppelerdiep en de Hoogeveense Vaart (zie aldaar) met elkaar verbindt (monding in het Meppelerdiep bij kmr 8). De oude verbinding in de binnenstad van Meppel (doodlopend) biedt goede meergelegenheid voor de recreatievaart.
Kaartje: Is bij deze beschrijving opgenomen.
Marifoon: Kaapbruggen, Eshuisbrug en Galgenkampsbrug, kan. 22.
Waterstand: Normale waterstand NAP – 0,20 m, doch door op- en afwaaien kunnen peilvariaties optreden van NAP – 0,50 m tot NAP + 0,50 m.
Bruggen en sluis:
– De Kaapbruggen (2) (over de toegang tot de Buitenhaven in Meppel en over het Meppelerdiep) en de Eshuisbrug (1), 450 m ten ZW van de Kaapbruggen, beweegbaar, H NAP + 6 m, in het Meppelerdiep, en de Galgenkampsbrug (8)* H NAP + 0,90 m worden bediend:

ma. t/m zat.	(mrt. en okt.)	6.30-12, 12.30-19 h
	(1 april-1 okt.)	6-12, 12.30-20 h
	(1 nov.-1 mrt.)	7-12, 12.30-18 h
zo. en fd.	(1 mei-1 okt.)	9-9.30 en 19 h
	(1 okt.-1 mei)	gesloten

* Tijdens het seizoen vindt bediening van de Galgenkampsbrug alleen op de halve en hele uren plaats.

– Meppelersluis met ophaalbrug (4), Zuiderbrug (3) en Emmabrug (6) over de stadsgrachten in Meppel (zie bij 'Ligplaatsen'). Deze vaart is bij de Knoppersbrug (7) doodlopend. Bediening:

(1 mei-1 juni en 1 sept.-1 okt.)	ma. t/m zat.	9-10, 13-14, 17-18 h
	zo. en fd.	gesloten
(1 juni-1 sept.)	ma. t/m zat.	9-12, 13-18 h
	zo. en fd.	gesloten
(1 okt.-1 mei)	ma. t/m zat.	op verzoek*
	zo. en fd.	gesloten

* Bediening aanvragen bij de Gemeente Meppel, tel. (05220) 6 45 49.

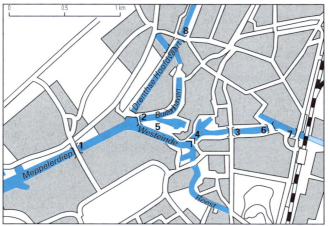

Meppel

1. Eshuisbrug (b) H NAP + 6 m
2. Kaapbruggen (bb)
3. Zuiderbrug (bb)
4. Meppelersluis met ophaalbrug
5. Gem. passantenhaven
6. Emmabrug (bb)
7. Knoppersbrug (geen doorvaart)
8. Galgenkampsbrug (bb)

– Voor de bediening van sluizen en bruggen verder noordelijk zie onder 'Drenthse Hoofdvaart'.
Ligplaatsen:
– Aan het Meppelerdiep: ● Gemeentelijke Passantenhaven aan de Buitenhaven en het Westeinde, max.diepgang 1,40 m, tarief f 1,05 per m lengte per nacht, havenmeester A. Terwal, tel. (05220) 6 45 49 (toiletten, douches en wastafels) ● in de stadsgrachten vanaf de Meppelersluis tot de Knoppersbrug, ten O van de Zuiderbrug, tarief zie 'Gem. Passantenhaven' ● Jachthaven Marine Centre Meppel ten Z van de Eshuisbrug (1) aan de NO-zijde van het Meppelerdiep (valt buiten het kaartje), havenmeester C. Dannijs, tel. (05220) 5 61 46, max.diepgang 2 m, tarief f 1,30 per etmaal (elektra, toiletten, douches (f 1,–) en wastafels) ● Holterman-De Vries B.V., nabij Jachthaven Marine Centre Meppel, tel. (05220) 5 26 16, tarief f 7,50 per nacht, max.diepgang 1,40 m (toiletten en douche).
– Aan de Drenthse Hoofdvaart: ● Pro Aqua Yachting, ten N van de Galgenkampsbrug (8) (valt buiten het kaartje), tel. (05220) 5 40 07, tarief f 10,– per nacht (toiletten, douche en wastafels).
Drinkwater: Aan het Westeinde o.a. bij de Meppelersluis; aan de Buitenhaven; bij Holterman-De Vries B.V.
Motorbrandstof: Pro Aqua Yachting, die (sl); Jachthaven Marine Centre Meppel, die (sl); Holterman-De Vries B.V., die (sl).
Reparatie: Holterman-De Vries B.V., Zomerdijk 27b, tel. (05220) 5 26 16, bub, bib (Volvo Penta, Daf, Ford), romp/uitr (s, a/op de wal + in het water), scheepshelling max. 20 ton; Jachthaven Marine Centre Meppel, Zomerdijk 35, tel. (05220) 5 61 46, bib/bub, romp/uitr (ht, s, p, a/op de wal + in het water); Jachtwerf Worst, Steenwijkerstraatweg, romp/uitr; W. v. d. Werf, a/d Kaap, romp/uitr; A. Wouda, bij de Meppelersluis, zeil/tuigage.
Trailerhellingen: Pro Aqua Yachting, tarief f 7,50 per keer; Jachthaven Marine Centre Meppel, tarief f 15,–, max.diepgang 2 m; aan de Gem. Passantenhaven, uitsluitend voor kleine bootjes.
Botenliften: Pro Aqua Yachting, max. 20 ton, max.diepgang 1,60 m,

tarief f 32,– per m lengte; Jachthaven Marine Centre Meppel, max. 12 ton, max.diepgang 2 m, tarief f 125,–.
Kampeerterrein: Bij de Gemeentelijke Passantenhaven aan het Westeinde.
Stortplaats chemisch toilet: Bij de Gemeentelijke Passantenhaven aan het Westeinde; bij Pro Aqua Yachting.
Aftappunt vuilwatertank: Bij Pro Aqua Yachting.

Meppelerdiep
Van het Zwarte Water naar Meppel (zie aldaar), lengte 11,2 km.
Vaarwegbeheerder: Rijkswaterstaat Directie Overijssel, Dienstkring Zwartsluis, Potgietersingel 2, 8011 NA Zwolle, tel. (038) 25 66 00; het gedeelte binnen de provincie Drenthe, Provincie Drenthe, Postbus 122, 9400 AC Assen, tel. (05920) 6 55 55.
Maximumsnelheid: 9 km/h geladen en 12 km/h ongeladen. In Meppel tussen Kaapbrug en Galgenkampsbrug 6 km/h.
Maximumdiepgang: Via Meppelerdiepkeersluis tot Kaapbrug bij Meppel 3 m t.o.v. NAP; vanaf Kaapbrug tot aansluiting Drenthse Hoofdvaart 2,30 m.
Bijzondere bepalingen: Voor alle schepen geldt een ankerverbod. Meren is alleen toegestaan op de daarvoor aangewezen gedeelten, max.verblijfsduur (buiten de havens (zie 'Meppel')) 3 x 24 h.
Waterstand: Normale waterstand NAP – 0,20 m, doch door op- en afwaaien kunnen peilvariaties optreden van NAP – 0,50 m tot NAP + 0,50 m.
Sluis en bruggen: De Kaapbrug, de Eshuisbrug ten ZW van de Kaapbruggen en de Galgenkampsbrug, zie bij 'Meppel'; Meppelerdiepkeersluis en -brug, zie bij 'Zwartsluis'.
Marifoon: Meppelerdiepbrug kan. 22.

M Merwede
Tussen Gorinchem en Dordrecht, lengte 23 km.
Men onderscheidt de Boven Merwede (kmr 952,5-961,3) en de Beneden Merwede (kmr 961,3-976,2). De Nieuwe Merwede, die de verbinding tussen de Boven Merwede en het Hollandsdiep vormt, is apart beschreven (zie aldaar).
Algemeen: De brede getijderivier is landschappelijk nog altijd aantrekkelijk, omdat de Z-oever tussen Gorinchem en Sliedrecht met zijn vele strandjes nog vrijwel ongerept is. Ook langs de N-oever zijn nog mooie gedeelten. Hoewel de rivier intensief en met hoge snelheden wordt bevaren door o.a. duweenheden, blijft er dank zij de breedte en de vele kribben voldoende ruimte voor de recreatievaart. Aanleggen, ankeren of overnachten is op de rivier niet meer mogelijk wegens de intensieve beroepsvaart. Men kan beter in een van de (jacht)havens meren (zie 'Ligplaatsen').
Vaarwegbeheerder: Rijkswaterstaat, Directie Zuid-Holland, Boompjes 200, 3011 XD Rotterdam, tel. (010) 4 02 62 00. Voor nautische informatie: Regionale Verkeerscentrale Dordrecht, tel. (078) 13 24 21 of marifoonkan. 71, roepnaam 'post Dordrecht' (24 uur).
Maximumsnelheid: Op de Boven Merwede tussen kmr 952,5 en kmr 960 en op de Beneden Merwede tussen kmr 962 en kmr 975 geldt géén snelheidsbeperking; overigens voor snelle motorboten 20 km/h. Waterskiën is verboden. Raadpleeg tevens de 'Handleiding' in deze Almanak onder 'Snelle motorboten en waterskiën'.
Marifoon: De Beneden Merwede vanaf kmr 972 tot de splitsing Noord – Beneden Merwede – Oude Maas maakt deel uit van het marifoonblokgebied kan. 19 'sector Dordrecht' van de Regionale Verkeerscentrale Dordrecht. In het blokgebied is het voor schepen uitgerust met marifoon verplicht op dit kanaal uit te luisteren.

Onder alle omstandigheden moet het nautisch veiligheidsverkeer, zowel tussen schepen onderling als met de verkeerscentrale, op dit marifoonkanaal worden gevoerd.
Verkeersbrug Gorinchem, kan. 71 Regionale Verkeerscentrale Dordrecht (roepnaam 'post Werkendam'); spoorbrug Baanhoek, kan. 71 (roepnaam 'post Dordrecht').
Bijzondere bepalingen: Zowel op de Boven als op de Beneden Merwede gelden voor kleine vaartuigen (tot 20 m lengte) de volgende bepalingen:
a. Met een zeil- en motorboot mag alleen worden gevaren, indien deze is voorzien van een (direct startklare) motor, waarmee een snelheid van tenminste 6 km/h kan worden gehandhaafd.
b. Alle kleine vaartuigen moeten zo dicht mogelijk aan de stuurboordzijde van het vaarwater varen, met dien verstande dat het niet is toegestaan het vaarwater op te kruisen, behalve wanneer op de snelst mogelijke manier wordt overgestoken of wanneer het i.v.m. de veiligheid van het scheepvaartverkeer beter is over een korte afstand zo dicht mogelijk aan de bakboordzijde van het vaarwater te varen.
c. Een varend en een geankerd klein schip moet bij slecht zicht een goed functionerende radarreflektor voeren.
Ankeren is alleen voor kleine vaartuigen toegestaan buiten het voor de doorgaande scheepvaart bestemde vaarwater. Meren is alleen toegestaan op de daarvoor aangewezen gedeelten, max.verblijfsduur (buiten de jachthavens) 3 x 24 h.
Zie tevens de 'Handleiding' van deze Almanak onder 'Bijzondere bepalingen'.
Stroomsnelheid: Bedraagt bij eb ca. 3 km/h. Bij vloed neemt de stroomsnelheid af en op het W-deel van de Beneden Merwede loopt dan zelfs een zwakke stroom in O-richting.
Bruggen:
– Verkeersbrug in Gorinchem (kmr 957), H GHW + 12,50 m, met beweegbaar gedeelte. Bediening:

ma. t/m vr.*	6-21.30 h
zat.*	8-18 h
zo. en fd.	gesloten

* Bediening op verzoek binnen de genoemde tijden, 24 h tevoren telefonisch aanvragen bij Rijkswaterstaat, Dienstkring Gorinchem, tel. (01830) 2 42 44 of marifoonkan. 71 (roepnaam 'post Werkendam').
In de praktijk (niet officieel vastgesteld) wordt de brug van 6.30-10 h en van 15-20 h niet voor de recreatievaart bediend.
Bij een windkracht van 8 Beaufort en hoger wordt de brug ook niet bediend. •
– Spoorbrug bij Baanhoek (kmr 971,4), H GHW + 12,16 m, met beweegbaar gedeelte. Bediening:

•

| ma. t/m zat.* | 8.10-8.20, 10.05-10.22, 13.40-13.55, 17.40-17.50 h |
| zo. en fd.* | 8.10-8.20, 17.40-17.50 h |

* Bediening op verzoek binnen de genoemde tijden, minstens 2 uur tevoren aanvragen bij de Regionale Verkeerscentrale Dordrecht, tel. (078) 13 24 21 of via marifoonkan. 71 (roepnaam 'post Dordrecht'). Bediening op Koninginnedag en Hemelvaartsdag als op zat.
Stroomopwaarts varende pleziervaartuigen mogen onder het beweegbare gedeelte van de brug doorvaren, als deze in gesloten stand verkeert.

- Verkeersbrug bij Papendrecht (kmr 974,25), met beweegbaar gedeelte. Vaste gedeelte in het midden, H GHW + 12,50 m. Bediening:

(16 april-16 okt.)	ma. t/m zat.*	6-22 h
	zo. en fd.*	8-11, 16-20 h
(16 okt.-16 april)	ma. t/m zat.*	6-20 h
	zo. en fd.*	8-11, 16-20 h

* Bediening op verzoek binnen de genoemde tijden, aanvragen bij de Regionale Verkeerscentrale Dordrecht via marifoonkanaal 71 (roepnaam 'post Dordrecht') of via tel. (078) 13 24 21/32 25 55. Tijdens passage van het beweegbare gedeelte dient de scheepvaart uit te luisteren op marifoonkanaal 19. De scheepvaart moet rekening houden met bediening op afstand van het beweegbare gedeelte van de Papendrechtse- en Wantijbrug, vanuit het bedieningsgebouw van de Noordtunnel te Alblasserdam, tel. (01858) 1 75 77/1 99 50. Op bovenstaande tel.nummers kan ook brugbediening worden aangevraagd.
Naar alle waarschijnlijkheid zullen er voor de verkeersbrug te Papendrecht spertijden worden ingevoerd, en wel van 7.30-9 h en van 16.30-18 h. Bij het ter perse gaan van deze Almanak was nog niet bekend of dit wel of niet zou worden ingevoerd.
Ligplaatsen: In de jachthavens van Gorinchem, Sleeuwijk, Werkendam, Hardinxveld-Giessendam, Sliedrecht, Papendrecht en in het Avelingerdiep (zie aldaar).
Een rustige alternatieve vaarweg voor de Boven Merwede is het Kanaal van Steenenhoek, met een doorvaarthoogte van 3,50 m. Zie hiervoor onder 'Hardinxveld-Giessendam' en 'Gorinchem'. Een groot deel van de Beneden Merwede kan men vermijden door via de Helsluis door de Kikvorskil en het Wantij te varen (zie onder 'Biesbosch, Sliedrechtse').

M Merwedekanaal benoorden de Lek

Deze vaarweg loopt vanaf het Amsterdam-Rijnkanaal door Utrecht-W en ten zuiden van Utrecht door Jutphaas (Nieuwegein-N) en Vreeswijk (Nieuwegein-Z) naar de Lek. In Utrecht aansluiting op de Vecht via de Vaartse Rijn (zie tevens onder 'Utrecht'). De aanbevolen doorgaande route tussen het Amsterdam-Rijnkanaal en de Lek loopt via een deel van dit kanaal ter vermijding van het Lekkanaal.
Vaarwegbeheerder: Rijkswaterstaat Directie Utrecht, Dienstkring Amsterdam-Rijnkanaal, Postbus 650, 3430 AR Nieuwegein, tel. (03402) 7 94 55/7 94 95, buiten kantoortijd tel. (03435) 7 13 82.
Maximumsnelheid: 4,5 km/h.
Maximum toegestane diepgang: 2,80 m.
Bijzondere bepalingen: Voor alle schepen geldt een ankerverbod. Meren is alleen toegestaan op de daarvoor aangewezen gedeelten, max.verblijfsduur (buiten de havens) 3 x 24 h.
Waterstand: De hoogten van de bruggen over het kanaal zijn aangegeven t.o.v. KP = NAP + 0,45 m. De waterstand schommelt tussen NAP + 0,40 m en NAP + 0,70 m.
De waterstand op de Lek ten Z van de Koninginnesluis kan aanzienlijk afwijken door windrichting, windkracht en de rivierafvoer.
GHW = NAP + 1,60 m; GLW = NAP + 1 m; bij springtij en lage rivierstand kan het verschil 0,80 m bedragen.
Bruggen en sluizen ten N van het Amsterdam-Rijnkanaal: (van N naar Z) *Het gedeelte van het Merwedekanaal dat loopt vanaf de kruising met het Amsterdam-Rijnkanaal bij de Vleutense brug tot aan de kruising met de Vaartse Rijn.*
Deze route is als doorvaartroute niet aan te bevelen, aangezien de bediening van de sluis en van 3 beweegbare bruggen uitsluitend na telefonisch verzoek (24 h tevoren aangevraagd) plaatsvindt. Zie voor

alternatieven onder 'Utrecht' (Doorvaartroute A), 'Amsterdam-Rijnkanaal' en verderop in deze tekst onder 'Bruggen en sluizen ten Z van het Amsterdam-Rijnkanaal'.
– 2 vaste bruggen: Sowetobrug, H 3,80 m en Jaarbeursbrug, H 3,85 m. De overige bruggen zijn beweegbaar, geen bruggeld.
Bediening beweegbare bruggen en sluis (van N naar Z):
– Spinozabrug, H 3,50 m:

ma. t/m vr.	5-7.30, 8.30-16, 17.45-23 h
zat.	5-21.30 h
zo. en fd.	gesloten

– Sluizen ten W van Utrecht en Muntbrug, H 1 m. Bediening:

ma. t/m zat.	op verzoek*
zo. en fd.	gesloten

* Bediening op verzoek, 24 h tevoren aanvragen (bediening op ma. de vr. voorafgaand aanvragen), tel. (03402) 7 94 95.
– Nelson Mandelabrug (bb), H 1,85 m (in geheven stand H 6,15 m) t.h.v. de Veilinghaven. Bediening op verzoek, 24 h tevoren aanvragen, tel. (03402) 7 94 97.
– Balijebrug, H 3,63 m, en Socratesbrug, H 2,63 m, worden als volgt bediend:

ma. t/m vr.	6.30-7.30, 8.30-12, 13.30-16.30, 17.45-19 h
zat.	8-12 h
zo. en fd.	gesloten

Het gedeelte van het kanaal in de verbinding tussen de Vaartse Rijn ('Utrecht' (Doorvaartroute A)) en het Amsterdam-Rijnkanaal:
– De vaste brug in de rijksweg, H 6,40 m.
– Noordersluis, direct ten N van de splitsing met het Amsterdam-Rijnkanaal, tel. (030) 88 28 12. Bediening: (gratis)

ma. t/m vr.	(gehele jaar)	6-22 h
zat.	(16 april-16 okt.)	6-22 h
	(16 okt.-16 april)	7-18 h
zo. en fd.	(16 april-16 okt.)	9-12, 13.30-19 h
	(16 okt.-16 april)	gesloten

Bruggen en sluizen ten Z van het Amsterdam-Rijnkanaal: (van N naar Z)
– Zuidersluis, tel. (03402) 9 58 95. Bediening (gratis):

ma. t/m vr.	(gehele jaar)	6-22 h
zat.	(16 april-16 okt.)	6-22 h
	(16 okt.-16 april)	7-18 h
zo. en fd.	(16 april-16 okt.)	9-12, 13.30-19 h
	(16 okt.-16 april)	gesloten

– De Nieuwe Rijnhuizerbrug, basculebrug H 0,80 m, tel. (03402) 4 59 03 en de Wierse brug, ca. 500 m ten N van Vreeswijk, basculebrug, H 1,25 m, tel. (03402) 6 24 32. Bediening:

ma. t/m vr.	(gehele jaar)	6-20 h
zat.	(1 april-1 okt.)	6-20 h
	(1 okt.-1 april)	8-16 h
zo. en fd.	(16 april-16 okt.)	9-12, 13.30-19 h
	(16 okt.-16 april)	gesloten

De Plettenburgse brug (bb), H 6,75 m, wordt uitsluitend voor de beroepsvaart op verzoek bediend binnen de bovengenoemde bedieningstijden. Bediening 48 h tevoren aanvragen tijdens kantooruren bij Gemeentewerken Nieuwegein, tel. (03402) 7 18 83.
– De ophaalbrug over het N-hoofd van de Koninginnensluis, H 2,30 m bij KP. Bedieningstijden van de brug als van de sluis. Geen bruggeld.
– Koninginnensluis, verbinding met de Lek, tel. (03402) 6 22 12. Bediening (gratis):

ma. t/m vr.	(gehele jaar)	6-22 h
zat.	(16 april-16 okt.)	6-22 h
	(16 okt.-16 april)	7-18 h
zo. en fd.	(16 april-16 okt.)	9-12, 13.30-19 h
	(16 okt.-16 april)	gesloten

– De ophaalbrug over het Z-hoofd van de Koninginnensluis, H NAP + 7,90 m (let op wisselende rivierstand), wordt voor schepen die de mast kunnen strijken niet bediend. Bedieningstijden van de brug als van de sluis. Geen bruggeld.
Bij waterstanden op de Lek van NAP + 4,40 m en hoger of NAP – 1 m en lager wordt er niet geschut.
– De oude sluizen (ten O van de Koninginnensluis) zijn voor doorvaart gesloten; aan de zijde van de Lek ondiep (steenstortingen). Er wordt vaak mee gespuid of ingelaten; bij inlaten kan er een krachtige gevaarlijke stroom ontstaan, die in het Merwedekanaal evenwel nauwelijks meer merkbaar is.

Merwedekanaal bezuiden de Lek

Van Vianen naar Gorinchem, 24 km.
Vaarwegbeheerder: Rijkswaterstaat, Directie Zuid-Holland, Boompjes 200, 3000 AN Rotterdam, tel. (010) 4 02 62 00. Voor nautische informatie: Regionale Verkeerscentrale Dordrecht, tel. (078) 13 24 21 of marifoonkan. 71, roepnaam 'post Dordrecht' (24 uur).
Maximumsnelheid: 12 km/h en voor snelle motorboten 20 km/h.
Maximum toegestane diepgang: 2,60 m.
Bijzondere bepalingen: Voor alle schepen geldt een ankerverbod. Meren is alleen toegestaan op de daarvoor aangewezen gedeelten, max.verblijfsduur (buiten de havens) 3 x 24 h.
Marifoon: Grote sluis Vianen, kan. 22; Grote Merwedesluis Gorinchem, kan 20; Rijksstraatwegbrug in Arkel, kan. 20.
Waterstand: KP = NAP + 0,80 m.
Sluizen van N naar Z: Grote sluis in Vianen (tel. (03473) 7 13 83); Kerkhofsluis, die altijd openstaat, nabij Gorinchem; Grote Merwedesluis in Gorinchem.
De route voor de recreatievaart loopt vanaf Arkel tot Gorinchem via de Gekanaliseerde Linge, zie onder de genoemde plaatsen.
Max.doorvaarthoogte bij Arkel 5,10 m. Jachten met strijkbare mast wordt aangeraden deze route te volgen.
Toegang tot de Linge: Zie bij 'Linge' en 'Gorinchem' (kaartje opgenomen).
Bruggen: 2 km ten Z van Vianen en 2 km ten N van Gorinchem liggen vaste bruggen, H 7,50 m. Verder beweegbare bruggen over de Grote Sluis in Vianen, over de Grote Merwedesluis en over de Kerkhofsluis in Gorinchem en 6 beweegbare verkeersbruggen, H 1 m en een beweegbare spoorbrug ten N van Arkel, H 1,70 m.
De bruggen (behalve de spoorbrug in Arkel) worden op afstand vanuit Gorinchem bediend. Alleen de Zwaankuikenbrug en de Bolgerijensebrug worden nog door één brugwachter bediend.

De bedieningstijden van de spoorbrug zijn opgenomen in de watersportwijzer 'Openingstijden spoorbruggen', gratis verkrijgbaar aan de ANWB-vestigingen. Bediening van de spoorbrug op Koninginnedag en op Hemelvaartsdag als op zat.
Scheepvaartstremming: In de periode van 16 oktober tot 16 april 1996 is de Grote Sluis te Vianen volledig gesloten.
Bediening sluizen:

ma. t/m vr.	(15 april-16 okt.)	6-21.30 h
	(16 okt.-15 april)	6-20.30 h
zat.	(15 april-16 okt.)	8-17 h
	(16 okt.-15 april)	8-16 h
zo. en fd.	15 april-16 okt.)	10-18 h*
	(16 okt.-15 april)	gesloten

* De Grote Merwedesluis wordt bediend van 10-11 h en 17-18 h.
Bediening bruggen: (M.u.v. de spoorbrug in Arkel)

ma. t/m vr.	(15 april-16 okt.)	6-21 h
	(16 okt.-15 april)	6-20 h
zat.	(15 april-16 okt.)	8-17 h
	(16 okt.-15 april)	8-16 h
zo. en fd.	15 april-16 okt.)	10-18 h*
	(16 okt.-15 april)	gesloten

* De Concordia-, Haarbrug en brug over Gorinchemse Kanaalsluis (doorvaarthoogte KP + 4 m) worden op zondag niet bediend.
– *Spoorbrug in Arkel:*

ma. t/m vr.	(gehele jaar)	6.07-20.12 h
zat.	(16 april-16 okt.)	8.02-17.30 h
	(16 okt.-16 april)	8.55-15.30 h
zo. en fd.	(16 april-16 okt.)	9.55-17.30 h
	(16 okt.-16 april)	gesloten

De exacte bedieningstijden zijn opgenomen in de watersportwijzer 'Openingstijden spoorbruggen', gratis verkrijgbaar bij de ANWB-vestigingen.
Ligplaatsen: In Meerkerk (D 1,50 m); in de Linge (zie 'Arkel'); in Gorinchem (zie aldaar).

Middelburg
7 km van Vlissingen; 7 km van Veere; zie ook 'Kanaal door Walcheren'.
Gemeentelijk havenkantoor: Vlissingsestraat 21, tel. (01180) 8 20 00.
Bruggen over de Binnenhavens:
– Bediening Spijkerbrug, H 2,70-3,20 m, toegang tot de 1e Binnenhaven, waar de W.V. Arne gevestigd is:

(1 april-1 nov.)	ma. t/m zat.	8.30-21.30 h (op de halve h)
	zo. en fd.	8.30, 9.30, 10,30, 11.30, 16.30, 17.30, 18.30, 19.30, 20.30, 21.30 h
(1 nov.-1 april)	ma. t/m zat.	7.30-16 h op verzoek, tel. (01180) 7 53 33
	zo. en fd.	gesloten

– De Bellinkbrug wordt van ma. t/m zat. van 7.30-16 h op verzoek bediend, tel. (01180) 7 53 33. Zo. en fd. gesloten.
Ligplaatsen: Bij W.V. Arne in de 1e Binnenhaven, bereikbaar via de Spijkerbrug, havenmeester H. Platteeuw, tel. (01180) 2 71 80, tarief

f 1,50 per m lengte + f 0,60 p.p. toeristenbelasting per nacht (elektra, toiletten, douches (f 1,–) en wastafels), drinkwater. Telefoon in clubgebouw. Tevens aanlegsteiger voor kort verblijf (max. 2 h).
De loswal in het Kanaal door Walcheren en een gedeelte van de Voorhaven is voorbehouden aan de beroepsvaart. Volgens de Havenverordening Middelburg is het verboden hier jachten te meren. De verboden gedeelten zijn met witte verwijsborden gemarkeerd.
Indien bij W.V. Arne geen ruimte is, kan door de gem. havenmeester elders ligplaats worden toegewezen, tarief: f 1,29 per m lengte per etmaal, met een min. van f 7,40.
Motorbrandstof: Tankstation Texaco, Voorhaven, be, sbe; Tankschip Jos Boone, die (sl) (zo. gesloten).
Reparatie: Via de havenmeester van W.V. Arne, bub/bib (alle merken), romp/uitr, zeil/tuigage, elek; Fa. Clarijs, Herengracht 10, zeil/tuigage; Jachtwerf Jansen, Kinderdijk 60 en 94, romp/uitr (ht, p).
Trailerhelling: Openbare helling aan de 1e Binnenhaven.
Wasserette: W.V. Arne (wasmachine en droogtrommel).

Middelharnis

7 km van Hellevoetsluis; 4 km van Stad aan 't Haringvliet; 7,5 km van De Put; zie ook 'Haringvliet'.
Maximumsnelheid: Op het Havenkanaal 6 km/h.
Haven: Er staan lichtopstanden op de kop van de havenhoofden. De haven kan te allen tijde aangelopen worden. Buitenhaven (Tramhaven) heeft steeds voldoende diepte.
Havenkanaal: Aan de ZW-zijde van de Buitenhaven geeft de sluis, die meestal openstaat, met beweegbare brug, toegang tot het Havenkanaal (naar de Binnenhaven Middelharnis). Bediening:

ma. t/m zat.	(1 april-1 okt.)	7-22 h
	(1 okt.-1 nov.)	7-20 h
	(1 nov.-1 april)	7-18 h
zo. en fd.	(1 april-1 okt.)	8-22 h
	(1 okt.-1 nov.)	8-20 h
	(1 nov.-1 april)	10-17 h

De sluis staat tot een buitenwaterstand van NAP + 0,85 m open. Indien de sluis gesloten is kan op de hele uren worden geschut.
Marifoon: Sluis en havenmeester, kan. 12.
Waterstand: Bij gemiddelde rivierafvoer varieert de waterstand dagelijks van NAP + 0,40 m tot NAP + 0,60 m. Zie voor uitgebreidere gegevens onder 'Haringvliet'.
Gemeentelijke havenmeester: P.T. Doornitz, Havenhoofd 1, tel. (01870) 8 20 68.
Gemeentelijk sluis- en havengeld: Voor recreatievaart gratis van 9-16 h. Overnachtingstarief f 1,05 per m lengte, waarbij het verschuldigde bedrag naar boven wordt afgerond op een veelvoud van f 1,–. Havenmeester komt langs de boten.
Ligplaatsen: In de Binnenhaven (gem. jachthaven), aan het einde van het Havenkanaal aan bakboord nabij het dorp, max.diepgang ca. 2,70 m (toiletten, wastafels en douches (f 1,–)) en in de Buitenhaven zijn gemeentelijke passantenligplaatsen, tarief zie 'Gem. sluis- en havengeld'.
Drinkwater: J.S.F. Jachtservice B.V. (sl); Buitenhaven, Z-zijde; nabij Hotel De Parel van de Delta, aan de Binnenhaven (sl).
Motorbrandstof: J.S.F. Jachtservice B.V., die (sl), sbe (sl); Jachtwerf Peeman in de Binnenhaven, die (sl).
Reparatie: J.S.F. Jachtservice B.V., Westhavendijk 6, tel. (01870) 8 34 58, aan de Binnenhaven aan stuurboord, aanlegsteiger aan-

wezig, bub (Suzuki, Johnson en Evinrude), bib (Mitsubishi, Bukh, Daf, Vetus, Perkins, Lambordini en Ruggerini), romp/uitr (ht, s, p, a/op de wal + in het water), elek; Jachtwerf Peeman, in de Binnenhaven, Oosthavendijk 14, tel. (01870) 8 27 35, romp/uitr (ht, s, p/op de wal + in het water); Jachtwerf Offerhaus, Westhavendijk 8, tel. (01870) 8 47 97, halverwege de Binnenhaven aan stuurboord, romp/uitr (ht, s, p, a/op de wal + in het water), zeil/tuigage; C. van Vliet aan het Havenkanaal, zeil/tuigage.
Hefkranen: J.S.F. Jachtservice B.V., max. 20 ton (heffen met staande mast mogelijk), tarief f 32,50, max.diepgang 2,60 m; Offenhaus Watersport, max. 30 ton (heffen met staande mast mogelijk); Jachtwerf Peeman, max. 5 ton.
Trailerhelling: In de Binnenhaven, openbare helling voor kleine open boten.
Botenlift: Jachtwerf Peeman, max. 35 ton (liften met staande mast mogelijk).
Kampeerterrein: Caravanpark Middelharnis, Oosthavendijk 18.
Wasserette: Mastenbroek, Achterweg.
Stortplaats chemisch toilet: Aan de Binnenhaven, bij het douche/toiletgebouw.

Middenmeer

Aan de Westfriese Vaart, kruising Wieringerwerfvaart, in de Wieringermeerpolder.
Bruggen en sluizen: Zie 'Wieringermeerpolder'.
Ligplaats: Speciaal voor de watersport ingerichte steiger in het dorp, tarief f 4,50 per dag, havenmeester P. Woltens, tel. (02270) 10 05 (toiletten, douches (f 1,–), wastafels), drinkwater f 1,–.

Millingen a. d. Rijn

Aan de Rijn, kmr 866 Lo; 4 km ten W van Lobith.
Ten O van Millingen is de Z-oever Duits gebied. Daar mag niet aangelegd worden.
Drinkwater: Winkelschip Smit's Oliehandel.
Motorbrandstof: Bunkerschepen op de rivier, be en die; Winkelschip Smit's Oliehandel, be, die.

Moerdijk

Aan het Hollandsdiep; 10,5 km ten Z van Dordrecht.
Bruggen: Een verkeers- en een spoorbrug, beide vast, over het Hollandsdiep (zie aldaar).
Waterstand: Bij gemiddelde rivierafvoer varieert de waterstand dagelijks van NAP + 0,66 m tot NAP + 0,46 m. Zie tevens onder 'Haringvliet'.
Haven: Groen licht op de ZW-havendam, rood licht op de NO-havendam. Tijdens mist, met een zicht van minder dan 1000 m, brandt op de W-havendam een geel licht, echter alleen van 6-23 h. Wanneer binnenlopen of uitvaren van de haven tijdelijk onveilig is, wordt dit aangegeven door een 2e rood licht, 1 m onder het rode licht op de NO-havendam en een rood licht 1 m onder het groene licht op de ZW-havendam.
Bij het binnenlopen moet men het midden van de haveningang aanhouden of langs de NO-havendam varen. De diepte van de haveningang en de haven bedraagt NAP – 4,20 m, langs de loswal verder naar binnen NAP – 3,80 m. De ZW-zijde van de haven is ondiep. Langs de loopsteiger vooraan in de haven staat evenveel water als in de haveningang.
Aanlegplaats: Achter in de haven (beperkt aantal plaatsen). De haven dient vooral als overnachtingshaven voor de beroepsvaart.

Mok, De
Op Texel, 7 km ten ZW van Oudeschild; 5 km van Den Helder (over Marsdiep). In geval van nood kan De Mok als vluchthaven gebruikt worden. Zie ook 'Waddenzee' en onder 'Oudeschild'.
Kustwacht: Roepnaam Kustwachtpost Eierland (Texel), marifoonkan. 16 of kan. 5 (ook voor het opvragen van actuele informatie). De post is het gehele jaar bemand van 8-17 h. Buiten deze tijden is de post bereikbaar via Kustwachtcentrum IJmuiden (marifoonkan. 67 (en 16, noodkan.)) of Centrale Meldpost Waddenzee, zie aldaar (marifoonkan. 16 noodkanaal).
Getijstanden: Rijzing bij springtij 1,80 m boven gemiddeld LLWS; bij doodtij 1,60 m. Gemiddeld LLWS = NAP – 1,20 m.
Haven: De haven ligt aan de Texelstroom, pal ten N van Den Helder. De diepte van toegangsgeul en baai bedraagt ongeveer 0,90 m bij gemiddeld LLWS. Aan de Z-oever van de baai bevindt zich een landingssteiger. Door de commandant van de mariniers ter plaatse kan toestemming tot verblijf worden gegeven.

Molenrij
Aan het Molenrijstermaar, D 1 m. Bereikbaar via het Hunsingokanaal (zie aldaar), de Hoornse Vaart en het Uilennestermaar met een max.doorvaarthoogte van 2,50 m.
Aanlegplaatsen: in de gemeentehaven

Monnickendam
Aan het Markermeer; 4,5 km van Edam; zie ook 'Gouwzee'.
Kaartje: Is bij deze beschrijving opgenomen.
Maximumsnelheid: Op de Trekvaart 8 km/h; op de Gouwzee zie onder 'Gouwzee'. Voor het varen met snelle motorboten, zie de ANWB-watersportwijzer 'Snelle motorboten Nederland'.
Haven: De haven en de betonde geul zijn officieel D IJWP – 2 m (vaak echter IJWP – 1,80 m). De haven wordt gevormd door een dam aan de O-zijde. Twee rode vaste lichten inéén, 236°, leiden tussen de havendammen.
Buiten de vaargeul is het Monnickendammergat ca. 1,20 m diep (doch op vele plaatsen ondieper), met veel hinder van waterplanten (fonteinkruid). Bij de oevers is het minder diep.
De laatste 750 m voor de haven is de diepte buiten de geul zeer gering (D ca. 0,60 m).
Gemeentelijk havengeld: Alleen buiten de jachthavens, voor pleziervaartuigen tot 6 m lengte f 4,– + f 0,70 per m langer dan 6 m lengte per nacht, charterschepen tot 12 m lengte f 11,05 + f1,– per m langer dan 12 m lengte per nacht.
Kano's en roeiboten vrij (voor tarief in de jachthavens: zie bij 'Ligplaatsen').
Toeristenbelasting: f 1,25 per nacht.
Gemeentelijke havenmeester: Dhr. H.A. de Haan, tel. (02995) 85 85, of (06) 52 95 44 25.
Marifoon: Jachthaven Marina Monnickendam (12), kan. 31.
Bruggen en sluizen:
– Zeesluis of Grafelijkheidssluis (8) met vaste brug, H 3,66 m, van de haven naar de Purmer Ee; aan de Gouwzeezijde is op het remmingwerk een drukbel aangebracht om de sluiswachter op te roepen.
Waarschuwing: Door inlaten van water door een duiker vlak naast de Grafelijkheidssluis kan een flinke stroom lopen die aan de zeezijde naar de sluis gericht is. Er is daar geen mogelijkheid om vast te maken. Bediening:

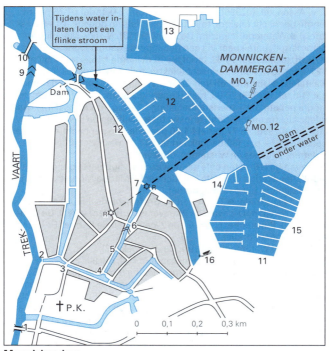

Monnickendam

1. Hefbrug H 1,08 m, geheven 3,93 m
2. t/m 5. Vaste bruggen
6. Damsluis
7. Lange Brug (bb), met laag rood geleidelicht
8. Grafelijkheidssluis en vaste brug, H 3,66 m
9. Sluis en (bb) in Kloosterdijk
10. Vaste brug, H 3,69 m
11. Jachtservice De Waterman
12. Marina Monnickendam
13. Watersportcentrum De Zeilhoek
14. Jachthaven Van Goor B.V.
15. Jachthaven Hemmeland met W.V. Monnickendam
16. Openbare helling voor kleine meeneemboten

(16 mrt.-16 april en 16 okt.-16 nov.)	ma. t/m vr.	8-13, 14-17 h
	zat.	9-13, 14-15 h
	zo. en fd.	gesloten
(16 april-16 okt.)	ma. t/m vr.	8-13, 14-19 h
	zat., zo. en fd.*	9-13, 14-20 h
(16 nov.-16 mrt.)	ma. t/m vr.**	8-13, 14-17 h
	zat., zo. en fd.	gesloten

* Incl. Koninginnedag en 5 mei (Bevrijdingsdag).
** Bediening op 24 en 31 dec. tot 16 h.
Sluisgeld: (ook bij openstaande sluis) recreatievaartuigen f 3,25, overige vaartuigen min. f 3,55.
– Prov. hefbrug (1) en de sluis in de Kloosterdijk (9).
Voor bediening zie bij 'Trekvaart van Het Schouw naar Monnickendam en Edam'.
Ligplaatsen:
– Aan de zeezijde: ● Bij Marina Monnickendam (12), havenmeester

J. v. Assen, tel. (02995) 25 95 (marifoonkan. 31), tarief f 1,75 per m lengte per nacht (elektra, toiletten, wastafels en douche (f 1,–), wastafels) ● Watersportcentrum De Zeilhoek (13), N-zijde Monnickendammergat, bereikbaar via een gebaggerde geul, havenmeester H. Hoff, tel. (02995) 14 63, tarief tot 10 m lengte f 15,–, tot 12,50 m f 21,–, tot 15 m f 30,– per nacht (elektra, toiletten, douches (f 0,25) en wastafels) ● Jachthaven Van Goor B.V. aan het Monnickendammergat (14),tel. (02995) 20 00, max.diepgang 2,30 m, tarief f 1,75 per m lengte per etmaal + toeristenbelasting f 1,– p.p. (douches (f 1,–), wastafels, elektra en toiletten), drinkwater ● Jachthaven Hemmeland (15), tel. (02995) 46 77, tarief f 1,60 per m lengte per nacht + toeristenbelasting f 1,– p.p. (30 dagenkaart tarief f 1,– per m lengte) (elektra, toiletten, douches en wastafels), drinkwater.
De haven bij (16) is ten dele aangewezen als ligplaats voor de 'bruine vloot', het overige gedeelte is in beheer bij Marina Monnickendam, zie aldaar voor het passantentarief.
– Aan de landzijde: ● Ten W van de Grafelijkheidssluis (8) ● in de gehele Trekvaart, O-oever (de W-oever is verboden) ● W.V. De Geuzen aan de Purmer Ee, N-oever (de Z-oever van de Purmer Ee is nabij Monnickendam ondiep).
Drinkwater: Watersportcentrum De Zeilhoek (13).
Motorbrandstof: Marina Monnickendam (12), die (sl).
Reparatie: Marina Monnickendam, Jachthaven 1, tel. (02995) 25 95, bib/bub (alle merken, Volvo Penta dealer) romp/uitr; Galgeriet Yacht Service in de Jachthaven Van Goor B.V., tel. (02995) 22 23, bib (Volvo Penta, Yanmar en Nanni), romp/uitr (ht, s, p/op de wal + in het water), elek; Scheepsmotoren Willem, bij Marina Monnickendam (12), tel. (06) 52 83 46 96, bub/bib (alle merken, dealer Volvo Penta); Watersportcentrum De Zeilhoek (13), Hogedijk 6-7, tel. (02995) 14 63, bib (Yanmar), romp/uitr (s/in het water), zeil/tuigage; Jachtservice De Waterman (11), Galgeriet 41, tel. (02995) 23 85, bib (Yanmar), romp/uitr (s).
Trailerhellingen: Jachthaven Hemmeland, max. 2 ton, tarief f 10,– per keer; aan 't Prooyen (16), in beheer bij de gemeente, alleen toegankelijk voor kleine boten; Hakvoort B.V., Havenstraat 22, tel. (02995) 14 03, max. 50 ton; Jachthaven Van Goor B.V. (14), tarief f 10,–.
Hefkranen: Marina Monnickendam, max. 8,5 ton, tarief f 275,– in en uit (heffen met staande mast mogelijk); Hakvoort B.V., max. 20 ton, tarief f 300,–; Watersportcentrum De Zeilhoek (13), max. 2 ton, tarief f 45,–.
Botenliften: Jachthaven Van Goor B.V. (14), max. 20 ton, tarief vanaf f 250,–; Jachthaven Hemmeland (15), tot max. 30 ton en 4 m breedte, tarief van f 159,– tot f 280,–, tel. (02995) 46 77.
Wasserettes: Wasserette Hoogland, Kalversteeg 1; Watersportcentrum De Zeilhoek (13); Jachthaven Van Goor B.V. (14).
Kampeerterrein: Watersportcentrum De Zeilhoek (13).
Stortplaatsen chemisch toilet: Bij Marina Monnickendam (12); Jachthaven Van Goor B.V. (14); Watersportcentrum De Zeilhoek (13); Jachthaven Hemmeland (15).
Aftappunt vuilwatertank: Bij Jachthaven Hemmeland (15).

Montfoort
19 km van Gouda; 21,5 km van Utrecht.
Bruggen: Zie 'Hollandse IJssel'.
Schutsluis in de Montfoortse Vaart, zie aldaar.
Aanlegplaatsen: Aan beide IJsseloevers met uitzondering van de insteekhaven bij de kerk, max.verblijfsduur 3 dagen en aan de kade 'Onder de boompjes', tarief f 5,– per nacht voor schepen t/m 10 m, voor elke meter meer f 0,65 (toiletten, douches en wastafels in het

zwembad, G. v. Rhenenlaan, toegang f 3,85 voor volwassenen, f 2,25 per kind).
Drinkwater: Langs de kade bevinden zich 2 watertappunten.
Motorbrandstof: Garagebedrijf J. Tuls en Zn., Steenovenweg 16 (aan de Hollandse IJssel), die (sl), be, sbe; Fa. G. van Jaarsveld, Tabakshof 1, be, sbe, die; Fa. Joh. de Reuver, Provincialeweg 1, be, sbe, die.
Hefkraan: Exploitatiemij. Splinter in Willeskop.
Wasserette: Bij het zwembad (speciaal voor de recreatievaart).
Stortplaats chemisch toilet: Bij het zwembad, kan gratis van gebruik worden gemaakt.

Montfoortse Vaart

Van Montfoort naar Linschoten, lengte 4 km, D ca. 0,70 m. Voor de vaart van Linschoten naar Woerden zie bij 'Linschoten'.
Vaarwegbeheerder: Hoogheemraadschap De Stichtse Rijnlanden, Fultonbaan 58, Postbus 1054, 3430 BB Nieuwegein, tel. (03402) 8 29 00.
Maximumsnelheid: 6 km/h.
Bruggen: Zeven vaste bruggen, laagste brug H 1,90 m.
Sluis: In de verbinding met de Hollandse IJssel. Bediening:

(1 sept.-1 juni)	ma. t/m vr.	7-12.45, 13.45-17 h
	zat.	11-15 h
	zo. en fd.	gesloten
(1 juni-1 sept.)	ma. t/m vr.	7-12.45, 13.45-20 h
	zat.	7-20 h
	zo. en fd.	10-13, 15-18 h

Mooie Nel

Zie ook 'Haarlem' en 'Spaarndam'.
Plas ten NO van Haarlem tussen het Noorder Buiten Spaarne en De Liede. De diepte varieert van 1 tot 10 m. De toegang van het Spaarne af is ca. 2,50 m diep, doch langs de oevers en rond het eilandje ondiep. Daarom moet men aan de Haarlemse zijde 25 m uit de wal blijven. Rond het eilandje liggen stenen nabij de rietoevers. De O-doorvaart langs het eiland is ondiep. Op veel plaatsen zijn de oevers van de Mooie Nel en de Liede ondieper dan 1 m.
Ligplaatsen: Jachthaven van de Haarlemse Zeilvereniging aan de O-oever van De Liede, even ten N van Penningsveer, bereikbaar met 1,60 m diepgang. Men moet het midden van het vaarwater houden. Tarief f 1,– per m lengte per nacht (KNWV-leden 1 nacht gratis) (elektra, toiletten, douches (f 1,–) en wastafels).
– Verder bij Penningsveer, bereikbaar met 2,15 m diepgang: ● jachthaven van Jacht Vereniging Watervrienden, tarief f 1,– per m lengte per nacht, havenmeester V. Dierks, tel. (023) 32 78 48 (elektra, toiletten, douches (douchemunten à f 1,– bij de havenmeester) en wastafels) ● Jachthaven A. Peetoom, tel. (023) 32 53 32, aan het einde van de O-oever, max.diepgang 2 m (elektra, toiletten, wastafels en douches (f 1,–)) ● Jachthaven J. v. Assema ● Jachthaven L. J. Poolman.
Doorvaartroute: Voor jachtjes tot ca. 0,90 m hoogte en 0,90 m diepgang is verbinding mogelijk via Penningsveer, Binnen en Buiten Liede, onder de Liebruggen door, met de Ringvaart van de Haarlemmermeer (zie aldaar).
Reparatie: Jacht- en Scheepswerf De Mooie Nel (P. Peetoom), Lagedijk 4a, Spaarndam, tel. (023) 32 34 53, bub/bib, romp/uitr (ht, s, p), helling tot 60 ton; Jachthaven A. Peetoom, Penningsveer 4a, Haarlemmerliede, tel. (023) 32 53 32, romp/uitr (ht, s, p).
Hefkranen: Jacht- en Scheepswerf De Mooie Nel, max. 6 ton; Jachthaven A. Peetoom, max. 10 ton (hijsen met staande mast mogelijk).
Trailerhelling: Haarlemse Zeilvereniging.

Botenlift: Jachthaven A. Peetoom, max. 30 ton, tarief f 20,– per m lengte (max. 10 dagen).

Mook

Aan de Maas, kmr 164,5 Ro; 1 km van Heumen; 12 km van Weurt door het Maas-Waalkanaal; zie ook 'Mookerplas'.
Waterstand: SP = NAP + 7,50 m.
Brug: Spoorbrug over de Maas, H SP + 10,31 m (NAP + 17,81 m). Zie voor de hefbrug over het toeleidingskanaal van de Mookerplas onder 'Mookerplas'.
Lig- en aanlegplaatsen: Passantenhaven 100 m beneden de invaart naar de Mookerplas (onrustig!), verboden te overnachten, drinkwater ● Jachthaven bij Jachtwerf Dolfijn, aan het toeleidingskanaal van de Mookerplas ten N van de hefbrug, havenmeester C. Lieskamp, tel. (08896) 23 10, tarief f 5,– per nacht, max.diepgang 1,50 m (toiletten). Zie verder onder 'Mookerplas'.
Meren langs de invaart naar de Mookerplas is buiten de jachthaven niet aan te bevelen wegens stenen onder water en zuiging van de scheepvaart op de Maas. Men kan beter afmeren of voor anker gaan in de Mookerplas (zie aldaar).
Reparatie: M. J. Poelen, Werkplaats, Rijksweg 74, bub/bib; Jachtwerf Dolfijn, Kanaalweg 14, tel. (08896) 23 10, bub (Mercury, Mariner, Johnson, Evinrude, Honda, Tomos), romp/uitr (ht, p), zeil/tuigage; In- and Outboard Service Palmen, Bovenstsweg 99, tel. (08896) 13 87, bub (géén Tomos); H. A. Eltink, scheeps- en jachtbouw, Kanaalweg 4, romp/uitr.
Hefkraan: Jachtwerf Dolfijn, max. $2^1/_2$ ton, tarief f 50,–.

Mookerplas

De Mookerplas bestaat uit twee delen met een gezamenlijk oppervlak van 134 ha, waarvan 90 ha water. Over de verbinding tussen beide plassen ligt een vaste brug, H 8 m.
Toegang via het toeleidingskanaal, dat bij Mook (zie aldaar) in de Maas uitmondt, kmr 164 Ro. Lengte, incl. het kanaal, 3,5 km, breedte toeleidingskanaal 35 m, overigens variërend van 50 tot 600 m. Prachtig uitzicht op beboste heuvels.
Van 1 december tot 1 maart (behoudens onvoorziene omstandigheden) wordt de Mookerplas door stuwdeuren afgesloten. De plas is in deze periode niet toegankelijk.
Maximumsnelheid: Op de plas 9 km/h; bij bruggen en in havens 6 km/h.
Bruggen: Over het toeleidingskanaal bij de Maas ligt een hefbrug, H 4,13 m bij SP, welke niet meer wordt bediend. Op 3 km van de Maas ligt een vaste brug, H 8 m.
Ligplaatsen: Jachthaven Eldorado ★★★★, achter de 2e brug aan bakboord, havenmeester M. ten Thije, tel. (08896) 23 66, tarief f 2,– per m lengte per nacht (elektra, toiletten, wastafels en douches (f 2,–)), geopend van 1 april-1 okt. ● Jachthaven van Stichting Waterrecreatie De Driesen, achter de 2e brug aan stuurboord, havenmeester H. Siebelink, tel. (08896) 21 61, tarief f 1,50 per m lengte per nacht (elektra, toiletten, wastafels en douches (f 1,–)).
● Nabij de twee jachthavens liggen twee aanlegoevers met toilet- en douchegelegenheid van het Recreatieschap Nijmegen en Omstreken (douchemunten à f 2,– zijn verkrijgbaar bij de liggeldophaler en de beheerder). Wanneer buiten de jachthavens wordt aangemeerd of wanneer in de Mookerplas voor anker wordt gegaan, dient liggeld betaald te worden in de periode 15 mei (of vanaf Hemelvaart indien dit vóór 15 mei valt) tot 1 sept: f 5,– tot 7 m lengte, f 10,– van 7 tot 12 m en f 15,– vanaf 12 m lengte.

D.m.v. borden is aangegeven waar, ter bescherming van het natuurgebied van het Limburgs Landschap en de rietkragen, een meerverbod geldt aan de oevers binnen een strook van 20 m en waar aangemeerd mag worden.
De Grote Siep (strandbad), met gele boeien gemarkeerd, is ter bescherming van de zwemmers verboden gebied.
Drinkwater en motorbrandstof: Drijvend tankstation bij Jachthaven Eldorado, drinkwater (f 1,–) (sl), sbe (sl), be (sl) en die (sl); bij de toiletgebouwen op de aanlegoevers.
Reparatie: Jachthaven Eldorado, Witteweg 9 en 18, Plasmolen (Gem. Mook), tel. (08896) 23 66, bub (Yamaha, Mariner en Tomos), bib (Volvo Penta, Vetus, Daf en Ford), romp/uitr (s, p/op de wal + in het water) (voor reparatie, hijsen en liften op zo. gesloten), elek.
Hefkraan en botenlift: Jachthaven Eldorado, kraan max. 3 ton, tarief f 55,– + uurloon, botenlift max. 20 ton, tarief f 200,– + uurloon (liften met staande mast mogelijk), max. diepgang 3 m (zo. gesloten).
Kampeerterrein: Jachthaven/Camping Eldorado*.
Wasserette: Bij Jachthaven Eldorado (wasmachines en droogtrommel); bij Stichting Waterrecreatie De Driesen.
Stortplaatsen chemisch toilet: Bij Jachthaven Eldorado; Stichting Waterrecreatie De Driesen; bij twee aanlegoevers.

Moordrecht

Aan de Hollandse IJssel t.o. Gouderak, kmr 5,2 Ro; 3 km van de Julianasluis in Gouda.
Bruggen en sluizen: Op 1,8 km beneden de aanlegplaats bij het voormalig Raadhuis, thans Chinees eethuis, verbinding met de Ringvaart van de Zuidplaspolder, zie aldaar.
Aanlegplaats: Bij het voormalig Raadhuis, gratis. Onrustig!

Morra

Onderdeel van de Fluessen; 5 km van Stavoren.
Op de Morra moet men niet te ver ten Z van de betonning komen; ten N van de geul staat ruim 1 m water. In de Geeuw, ten W van de Morra moet de betonning nauwkeurig worden aangehouden. Zie ook 'Fluessen'.
Vaarwegbeheerder: Vaargeul, Provincie Friesland, Gedempte Keizersgracht 38, 8911 KL Leeuwarden, tel. (058) 92 59 25.
Maximumsnelheid: 9 km/h buiten de betonning; 12,5 km/h in de betonde geul.
Ligplaats: Op de W-oever ten zuiden van de hoofdgeul en aan de zuidzijde van het kleine eilandje in de Geeuw (max. diepgang 1 m) zijn meerplaatsen ingericht door de Marrekrite, met borden is aangegeven waar het plaatsen van max. 3 tenten 's nachts (17-10 h) is toegestaan.

Muiden

11 km van Amsterdam (Oranje Sluizen); 4 km van Weesp; 35 km van Nijkerk (sluis); zie ook onder 'Vecht'.
Haven: De haven is door een 1200 m lange bebakende geul te bereiken, welke wordt onderhouden op een diepte van
IJWP – 2 m = IJZP – 2,20 m. (Wat minder diep bij de binnenkant aan de ingang van de W-pier.) De max. toegestane diepgang is 1,80 m. Ten gevolge van afwaaien kan er ca. 0,80 m verschil zijn. De O-dam, die korter is dan de W-dam, ligt gelijk met het wateroppervlak, doch is aangegeven door enkele bakens en op de kop een vast rood licht. Vast groen licht op de kop aan de W-dam. Meer binnenwaarts twee witte flikkerlichten, die 181° ineen Z-waarts leiding geven door de geul naar de haven.

Zeesluis: Zie 'Vecht'.
Spuisluis (Westsluis): Tijdens spuien (water inlaten richting Vecht), aangegeven door de gebruikelijke spuiseinen, dient men rekening te houden met stroom.
Brug: Ophaalbrug over de Vecht (zie aldaar).
Vaarweg naar het Gooimeer: Zie 'Muiderzand'.
Naardertrekvaart: Zie aldaar.
Muidertrekvaart: Zie aldaar.
Ligplaatsen:
● In de jachthaven van de K.N.Z. & R.V., 500 m ten N van de zeesluis, W-oever, uitsluitend voor KNWV-leden, havenmeesters Th. Huisman/C. Eerden, tel. (02942) 6 14 50, tarief f 2,75 per m lengte per etmaal (elektra, toiletten, wastafels en douches (f 1,–)).
● In de jachthaven van de Jachthaven Stichting Muiden, 300 m ten N van de zeesluis, aan de O-oever bij het Muiderslot, havenmeester C. Rutten, tel. (02942) 6 12 23, max.diepgang 2 m (toiletten, douches, wastafels en elektra), tarief per nacht:

tot 7 m lengte	f 13,–	tot 14 m	f 32,–
tot 8 m	f 14,–	tot 16 m	f 39,–
tot 10 m	f 19,–	vanaf 16 m	f 42,–
tot 12 m	f 25,–		

● In Jachthaven Van Deursen, ten N van de rijksbrug, O-oever, beperkte mogelijkheid, tarief f 2,– per m lengte met een min. van f 12,50 per nacht (toiletten, wastafels en douche (f 1,–)).
N.B. Tot 100 m uit de sluis geldt een algemeen meerverbod.
Aanlegplaats: Aan de O-oever buiten de sluis bij de Schippers Vereniging Muiden, tarief f 1,– per m lengte per dag.
Motorbrandstof: Bij de Jachthaven Stichting, aan de O-zijde van de haven, die (sl), sbe (sl); bij de jachthaven van de K.N.Z. & R.V., die (sl).
Reparatie: Jachtwerf V. d. Vliet Quality Yachts B.V., Hellingstraat 30, tel. (02942) 6 12 64, ten N van de sluis, bib/bub (alle merken), romp/uitr (ht, s, p, a/op de wal + in het water), zeil/tuigage, elek, 2 scheepshellingen tot max. 200 ton, tarief vanaf f 375,– (excl. BTW)(hellen met staande mast mogelijk); Dolman Yachts International B.V., Westzeedijk 2-3, tel. (02942) 6 12 85, romp/uitr (ht, s, p/op de wal + in het water), elek; Jachtservice Muiden, Westzeedijk 4-5, tel. (02942) 6 13 34, bub (Yamaha), bib (Volvo Penta), romp/uitr (ht, s, p/op de wal + in het water), tuigage, elek; filiaal van Kempers Zeilmakerij (Aalsmeer), Kazernestraat, zeil/tuigage.
Mast- en tuigkranen: Jachtservice Muiden, tel. (02942) 6 13 34, mastenkraan en mastentuiggiek tot $\frac{1}{2}$ ton (tijdens het seizoen ook op zat.).
Botenliften: Jachtwerf IJsselmeer B.V., max. 20 ton, tarief ca. f 230,– (liften met staande mast mogelijk); Jachtwerf V. d. Vliet Quality Yachts B.V.Maritiem B.V., max. 30 ton, tarief vanaf f 175,– (excl. BTW) (liften met staande mast mogelijk); Jachtservice Muiden, max. 20 ton (liften met staande mast mogelijk); Dolman Yachts International B.V., Westzeedijk 2-3, tel. (02942) 6 12 85, max. 30 ton, max.diepgang 2 m, tarief f 250,– (excl. BTW).
Stortplaats chemisch toilet: Bij de jachthaven van de K.N.Z. & R.V., uitsluitend voor KNWV-leden.

Muiderberg

Aan het IJmeer; ca. 6 km van Almere-Haven.
Vaarweg IJmeer-Gooimeer:
De kust bij Muiderberg is ondiep. Van het hooggelegen dorp strekt het Muiderzand zich in NNO-richting uit. Over de toegang tot het Gooimeer liggen vaste bruggen. Zie verder onder 'Muiderzand'.
Aanlegplaats: Bij de W.V. Muiderberg voor midzwaardscheepjes.

Muidertrekvaart

Van Muiden naar het Amsterdam-Rijnkanaal 4 km.
Maximumsnelheid: 6 km/h.
Sluis en bruggen:
– Weesperpoortsluis (staat vaak open) met lage voet/draaibrug
H 1,40 m en Amsterdamse-Poortbrug H 0,65 m. Bediening:

ma. t/m vr.	(16 april-16 okt.)	9-11, 16-17 h
	(16 okt.-16 april)	9-10 h
zat.	(16 april-16 mei en 16 sept.-16 okt.)	9.30-10.30 h
	(16 mei-16 sept.)	9.30-11.30, 13-16 h
	(16 okt.-16 april)	gesloten
zo. en fd.*	(16 april-16 mei en 16 sept.-16 okt.)	9.30-10.30 h
	(16 mei-16 sept.)	9.30-10.30, 17.30-18.30 h
	(16 okt.-16 april)	gesloten

* Incl. Koninginnedag.
– Penbrug, H 2,90 m (melden d.m.v. de drukknop op het remmingwerk). Bediening:

(16 april-16 mei en 16 sept.-16 okt.)	ma. t/m vr.	8.30-11.30, 15.30-17.30 h
	zat.,zo. en fd.	9-11 h
(16 mei-16 sept.)	ma. t/m vr.	8.30-11.30, 15.30-17.30 h
	zat.	9-12, 12.30-16.30 h
	zo. en fd.	9-11, 17-19 h
(16 okt.-16 april)	ma. t/m vr.	8.30-10.30 h
	zat., zo. en fd.	gesloten

* Incl. Koninginnedag.

Muiderzand

ZO-gedeelte van het IJmeer. Het Muiderzand strekt zich in NNO-richting uit en vormt samen met de vaste bruggen de verbinding tussen het IJmeer en het Gooimeer.
Vaste bruggen: Hollandse brug en spoorbrug (W-zijde Hollandse brug), beide bruggen H NAP + 12,70 m (= IJZP + 12,90 m). De max. toegestane doorvaarthoogte is 12 m. De afstand tot Almere-Haven is ca. 6 km.
Door op- of afwaaien kunnen peilvariaties optreden en kan tevens een sterke stroming ontstaan. Bij harde wind moet tijdens het zeilend passeren van de brug rekening worden gehouden met sterke windvlagen.
Vaarweg IJmeer-Gooimeer:
De kust is ondiep. Van het IJmeer naar de Hollandse brug in de verbinding met het Gooimeer loopt een betonde vaargeul.
Vanaf de bakenlijn tot de brug moet men wegens ondiepten geen meter buiten de vaargeul komen.
Gedurende het zomerseizoen wordt de rand van het Muiderzand aan weerszijden van de vaargeul aangegeven door recreatiebebakening, geplaatst op een diepte van NAP – 1,50 m (= IJZP – 1,30 m). Komende van Muiden behoeft men niet direct de betonde scheepvaartgeul aan te lopen. Schepen met een diepgang van max. 1,20 m kunnen na het uitlopen van de haven, na het eerste rode drijfbaken, stuurboord uitgaan in de richting van de kunstmatige eilanden, die speciaal zijn gebouwd om een veilige route voor kleine jachten tussen Muiden en het Gooimeer te verzekeren. Men kan ten Z van de drie eilanden

langsvaren. Aan de vaste landzijde markeert de recreatiebebakening de dieptelijn van 1,30 m. Ook aan de zijde van de eilanden liggen enkele bakens. Schepen met meer dan 1,10 m diepgang kunnen beter op geruime afstand van de bakenlijnen blijven wegens enkele ondiepten. Voorbij het derde, tevens laatste eiland bakboord uitgaan naar de betonde geul. Men blijft in deze koers ten W van genoemde bakenlijn, langs de W-zijde van het Muiderzand.
Met schepen met een grotere diepgang dan 1,20 m moet men ten N van de eilandjes varen.

Ligplaatsenverordening: Krachtens de ligplaatsenverordening van de Gemeente Almere is het meren aan de polderzijde aan regels gebonden. Zie verder bij 'Flevoland'.

Aanleg- en ankerplaatsen: Het IJmeer tussen de genoemde eilandjes en de bakenlijn biedt een geliefde ankerplaats. Aanleggen kan men aan een aanlegplaats aan de O-zijde van het meest O-gelegen eiland (Hooft). Voorts is een meerplaats aan de kust van Flevoland ingericht aan een strekdam tegen het Muiderstrand. De bebakende toegang mondt bij de groene ton IJM 5 en de scheidingston IJM 7-JH 2 in de vaargeul uit. Deze oude vluchthaven maakt deel uit van de nieuwe Marina Muiderzand. Bij overnachting is men havengeld verschuldigd, zie onder 'Ligplaats'.

Aan de O-zijde van de N-oprit van de Hollandse brug is een schuilhaven bij het Zilverstrand: zie onder 'Gooimeer'.

Ligplaats: Marina Muiderzand aan de kust van Flevoland tegenover Muiderberg, IJmeerdijk 4, 1309 BA Almere, havenmeester J. de Vries, tel. (036) 5 36 51 51, marifoonkan. 31. De toegang tot deze nieuwe jachthaven ligt tussen de groene ton IJM 7 en de scheidingston IJM 5-JH 2, ten N van de toegang tot de oude vluchthaven Muiderstrand (nu onderdeel van de nieuwe jachthaven). Tarief f 2,25 per m lengte per etmaal (elektra, toiletten, douches, wastafels, dagrecreatie en restaurant).

Drinkwater en motorbrandstof: Marina Muiderzand, drinkwater, die (sl) en sbe (sl).

Reparatie: Shipshape Jachtservice, tel (036) 5 36 78 74, in de haven van Marina Muiderzand, bub/bib (alle merken), romp/uitr (ht, s, p, a/op de wal + in het water), elek; Kempers Sails, tel. (036) 5 36 90 27, in de haven Marina Muiderzand, zeil/tuigage.

Hefkraan en botenlift: Marina Muiderzand, IJmeerdijk 4, Almere, tel. (036) 5 36 51 51, kraan en lift max. 30 ton, tarief f 10,50 per m lengte (heffen en liften met staande mast mogelijk).

Trailerhelling: Marina Muiderzand, tarief f 16,–.

Kampeerterrein en wasserette: Marina/Camping Muiderzand.

Stortplaats chemisch toilet: Bij Marina Muiderzand.

Munnekezijl

Aan het Munnekezijlsterriet, onderdeel van de vaarweg Stroobos – Zoutkamp; zie onder 'Lauwers'.

Ligplaats: Passantenhaven 't Eiland, havenmeester E. Zuidersma (Methardusstraat 33), tel. (05948) 82 30, tarief f 0,50 per m lengte per nacht, max.diepgang 1,60 m (toilet, douche, wastafels en speeltuintje).

Drinkwater: Aan de passantenhaven (sl).

Reparatie: Op 50 m van de haven bij een garage, bub/bib.

Hefkraan en trailerhelling: Passantenhaven 't Eiland, De Schans 1, tel. (05948) 82 30, kraan max. $2^{1}/_{2}$ ton, tarief f 35,–, tarief trailerhelling f 5,– (uitsluitend voor kleine bootjes).

Stortplaats chemisch toilet: Bij Passantenhaven 't Eiland.

Mijdrecht
5 km van Uithoorn.
Motorvaart: Voor vergunning zie onder 'Vinkeveense Plassen', maximumsnelheid 9 km/h.
Bruggen en sluizen:
– Pondskoekersluis in Kerkvaart, D 0,90 m. De kanten zijn bezaaid met puin. Tijdens het passeren kan men hierdoor vastlopen. Sluisgeld f 5,–, open boten f 3,–, geen bruggeld. Bediening:

(16 april-1 juni en 1 sept.-16 okt.)	dagelijks	9-12.30, 13.30-19 h
(1 juni-1 sept.)	dagelijks	9-12.30, 13.30-20 h
(16 okt.-16 april)	ma. t/m vr.	9-16.30 h, op verzoek*
	zat., zo. en fd.	gesloten

* Bediening op verzoek, 24 uur tevoren aanvragen tussen 17 en 18 h, tel. (02976) 3 92.
– Ca. 20 m ten W van de sluis ligt een vaste brug, H 2,50 m.
– Ca. 400 m ten O van de sluis en ca. 500 m ten W van Mijdrecht liggen vaste bruggen, eveneens H 2,50 m.
– In Mijdrecht (van W naar O): ophaalbrug in de Dorpsstraat, H 1,50 m, en in de Stationsweg (Steffensbrug), H 0,95 m, en een hefbrug, H 0,95 m, in geheven stand H 2,40 m. Aan de O-zijde van deze hefbrug is een bel aangebracht om de brugwachter van de Steffensbrug, die de brug bedient, te waarschuwen. Bediening: (gratis)

(16 april-1 juni en 1 sept.-16 okt.)	dagelijks	9-12.30, 13.30-16.30, 17.30-19 h
(1 juni-1 sept.)	dagelijks	9-12.30, 13.30-16.30, 17.30-20 h
(16 okt.-16 april)	ma. t/m vr.	9-16.30 h, op verzoek*
	zat., zo. en fd.	gesloten

* Bediening 24 h tevoren aanvragen tussen 17 en 18 h:
Dorpsstraatbrug, Gem. Mijdrecht, tel. (02979) 9 16 16, Steffensbrug en hefbrug, brugwachter A. v. d. Berg, tel. (02979) 8 34 38.
Aanlegplaatsen: Passantenhaven, max.verblijfsduur 2 x 24 h, gratis; Jachthaven Doornekamp.
Drinkwater: Bij de sluis.

Naarden
Aan de Naardertrekvaart, 7,5 km van Muiden; 1,5 km van Bussum; zie ook 'Naardertrekvaart'.
Maximumsnelheid: Naardertrekvaart, zie aldaar; Karnemelksloot 6 km/h.
Havenmeester/brugwachter: Kade 16.
Bruggen:
– Over de Naardertrekvaart: ophaalbrug, H 1,20 m, zie 'Naardertrekvaart'.
– Over de Buitenvestingsingel (bevaarbaar tot de Chem. Fabriek, 1 km buiten Naarden): 3 ophaalbruggen, resp. H 0,95 m (in de toegang tot de haven) en 2 x H 1,20 m.
– Over de Bussumervaart: vaste Galgebrug, H 2,70 m.
– Over de Karnemelksloot in de verbinding met de 's-Gravelandse Vaart liggen enige vaste bruggen, waarvan de laagste H 1 m. Vaste brug, H 3 m naar Ford Ronduit.
Bediening: Alle beweegbare bruggen:

ma. t/m vr.	(1 april-1 okt.)	7-19 h
	(1 okt.-1 april)	7-17 h
zat., zo. en fd.	(gehele jaar)	gesloten

Aanlegplaats: Gemeentelijke aanlegplaats in de Buitenvestinggracht.
Ligplaats: Aan het Gooimeer, in de Gemeentelijke Jachthaven Naarden, t.o. eiland De Schelp, invaart bij scheidingston GM 56, aan het Gooimeer, havenmeester J. v. Engelsdorp Gastelaars, tel. (02159) 4 21 06/4 24 28, max.diepgang 2 m, tarief f 1,60 per m lengte per nacht (elektra, toiletten, douches (f 1,–), wastafels en clubruimte van R.Z.V. Naarden, tel. (02159) 4 88 00).
Drinkwater: Jachthaven Naarden f 1,– (sl); aan de gem. aanlegplaats in de Buitenvesting.
Motorbrandstof: Jachthaven Naarden, be (sl) en die (sl).
Reparatie: Jachtservice Naarden, tel. (02159) 4 24 76, gevestigd in de jachthaven, bub (Yamaha en Johnson), bib (Volvo Penta en Yanmar), romp/uitr (ht, s, p, a/op de wal + in het water), dagelijks geopend; V.O.F. Watersportcentrum Oud-Naarden, Oud Huizerweg 18, tel. (02152) 5 05 20, zeil/tuigage.
Hefkraan, trailerhelling en botenlift: Jachthaven Naarden, Onderwal 4, tel. (02159) 4 21 06/4 24 28, kraan en lift max. 16 ton, max.diepgang 2 m (heffen en liften met staande mast mogelijk), tarief f 9,– per m lengte, tarief trailerhelling f 15,– (in en uit), max.diepgang 1,20 m.
Kampeerterrein: Jachthaven Naarden, max.verblijfsduur 3 nachten (melden bij het havenkantoor).
Wasserette en stortplaats chemisch toilet: Bij Jachthaven Naarden.
Dagrecreatie: Aan de W-zijde van de jachthaven ligt het dagrecreatiegebied het Naarderbos met speelweide, waterpartijen enz.
Aftappunt vuilwatertank: Bij Jachthaven Naarden.

Naardertrekvaart
Van Muiden naar Naarden 7,5 km.
Maximumsnelheid: 6 km/h.
Sluis: Keetpoortsluis in Muiden.
Bruggen: Vier beweegbare bruggen, H 1 m tot 1,20 m en vier vaste bruggen, laagste brug H 5 m.
Bediening:
– Keetpoortsluis/-brug en brug in Muiden en Naarden:

ma. t/m vr.	(16 april-16 okt.)	13.30-15, 18.30-19 h
	(16 okt.-16 april)	13.30-15 h
zat., zo. en fd.*	(gehele jaar)	gesloten

* Incl. Koninginnedag.
– Hakkelaarsbrug:

ma. t/m vr.	(16 april-16 okt.)	14-15, 18-19 h
	(16 okt.-16 april)	14-15 h
zat., zo. en fd.	(gehele jaar)	op verzoek*

* Bediening 24 h tevoren aanvragen bij C.B.O. in Oostzaan tel. (075) 70 50 51.

Nannewijd en Oude Haskerwijd
Ongeveer 1,5 km lange en 1 km brede plas tussen Heerenveen en Joure bij Oude Haske, met veel bomen en riet langs de oever, D 1 à 1,20 m. Aan de W-zijde ligt de zgn. Douwepôlle. Aan de O-zijde aanlegsteigers met paviljoen, zwembad, etc.
's Zomers veel waterplanten. 2 vaste bruggen, H 2,75 m en H 2,50 m, aan de ingang van de plas.
Vaarwegbeheerder: Waterschap Boarnferd, Thialfweg 43, Heerenveen.

Sluis en toegangsroute: De plas is bereikbaar van Heerenveen uit door de Engelenvaart en Veenscheiding.
Bediening van de sluis in de Veenscheiding:

ma. t/m vr.	in overleg met de beheerder, tel. (05130) 2 26 73
zat., zo. en fd.	gesloten

Motorboten: Geen motorvaart toegestaan.
Kampeerterrein: De Kievit, tel. (05130) 7 76 58, N-zijde van het meer; Camping Nannewijd aan de O-zijde van het meer, tel. (05130) 7 72 26.

Nauerna
3,5 km van Buitenhuizen; 3 km van Westzaan.
Maximumsnelheid: Op Zijkanaal D, 15 km/h, op de Nauernase Vaart zie aldaar.
Ligplaats: Jachthaven Nau-er-na, in Zijkanaal D, tarief f 1,25 per m lengte per nacht (toiletten, wastafels en douche).
Sluis: Zie 'Nauernase Vaart'.
Motorbrandstof: Jachthaven Nau-er-na, be (sl), die (sl).
Hefkraan en trailerhelling: Jachthaven Nau-er-na, Kanaaldijk 31, tel. (02987) 17 22, kraan max. 20 ton, tarief trailerhelling f 5,–.

Nauernase Vaart
Lengte 9,1 km (van schutsluis tot Markervaart).
Maximumsnelheid: 9 km/h.
Sluis: Schermersluis met ophaalbrug, H 2,70 m, in Nauerna, in de mond van de vaart. De sluis staat bij gelijke waterstand open.
Men moet rekening houden met stroming van de daarnaast liggende duikersluis. Bediening:

(16 april-1 juni en 1 sept.-16 okt.)	ma. t/m do.	9-12, 13-18 h
	vr.	9-12, 13-17, 18-20 h
	zat.	9-12, 14-19 h
	zo. en fd.**	10-12, 14-19 h
(1 juni-1 sept.)	ma. t/m do.	9-12, 13-17 h
	vr.	9-12, 13-20 h
	zat., zo. en fd.	9-12, 13-17, 18-19 h
(16 okt.-16 april)	ma. t/m vr.***	9-17 h, op verzoek*
	zat.	9-12 h, op verzoek*
	zo. en fd.	gesloten

*   Bediening aanvragen bij de sluiswachter in Nauerna, tel. (075) 35 44 88 of bij de sluiswachter van de Wilhelminasluis in Zaandam, tel. (075) 70 27 81/16 49 32.
** Incl. Koninginnedag en 5 mei (Bevrijdingsdag).
*** Bediening op 24 en 31 dec. tot 16 h.
Sluis- en bruggeld: (Ook bij openstaande sluis) recreatievaartuigen f 3,25; overige vaartuigen min. f 3,55. Bruggeld: f 1,30.
Brug Vrouwenverdriet in Westzaan:
– Ophaalbrug, H 2,49 m. Bediening (gratis):

ma. t/m vr.	8.30-16.30 h, op verzoek, tel. (02987) 14 48
zat., zo. en fd.	gesloten (incl. Koninginnedag en 5 mei (Bevrijdingsdag))

Bruggen in Krommenie: Van Z naar N:
– Spoorbrug (ophaalbrug), H 0,75 m.
Bediening: Als de gemeentelijke ophaalbrug doch i.v.m. de treinen-

loop kunnen wachttijden van 15 à 30 min voorkomen. De exacte bedieningstijden zijn opgenomen in de watersportwijzer 'Openingstijden spoorbruggen', gratis verkrijgbaar aan de ANWB-vestigingen. Bediening op Koninginnedag als op zat.
– Provinciale ophaalbrug, H 2,60 m.
Bediening: Als de brug in Westzaan, doch in aansluiting op de spoorbrugbediening. Geen bruggeld.
– Gemeentelijke ophaalbrug, Vaartbrug, H 1,20 m. Wordt op afstand bediend vanaf de Bernhardbrug, TV-camera's aanwezig of via marifoonkan. 20 en er is een intercom-installatie op de stuurboordremmingen aanwezig. Bediening (gratis):

(16 april-1 juni en 1 sept.-16 okt.)	ma. t/m do.	10-12.30, 13-16.30 h
	vr.	10-12.30, 13-16.30, 18-20 h
	zat., zo. en fd.***	10-12, 14-18 h
(1 juni-1 sept.)	ma. t/m do.	9.30-12.30, 13-16.30 h
	vr.	9.30-12.30, 13-16.30, 18-20 h
	zat., zo. en fd.	9-12, 14-18 h
(16 okt.-16 april)	ma. t/m vr.	8.30-16.30 h, op verzoek*
	zat.	9-12 h**
	zo. en fd.	gesloten

* In principe wordt de brug uitsluitend voor de beroepsvaart bediend, tevoren aanvragen bij het Havenkantoor, tel. (075) 81 68 88.
** Uitsluitend op de eerste en de laatste 2 zaterdagen van deze periode, overige zaterdagen gesloten.
*** Incl. Koninginnedag en 5 mei (Bevrijdingsdag).

Nederhemert-Zuid
Aan de afgesloten arm van de Andelse Maas (zie aldaar). Bij het invaren van deze Maasarm moet men de bolton aan de N-zijde langsvaren.
Maximumsnelheid: Op de afgesloten rivierarm 9 km/h.
Aanlegplaatsen: Langs de oevers is het op verschillende plaatsen voldoende diep. Let op de dagelijkse waterstandverschillen van ca. 0,30 m. Goede ankerplaatsen aan het einde van de dode arm aan stuurboord, in fraaie en rustige omgeving.
Naast de veerstoep is Jachthaven Eiland Nederhemert, beheerder tel. (04185) 25 37, tarief f 1,– per m lengte per nacht.
Kampeerterrein: Kampeerbewijsterrein, beheerder J. Casteleijn, tel. (04185) 22 33/24 68.

Nederhorst den Berg
3,5 km van Nigtevecht. Zie ook 'Spiegelpolder'.
Reevaart (Nieuwe Vecht): Is grotendeels gedempt. Aan de Z-zijde staat nog een beetje water. De toegang is afgesloten door een balk.
Lig- en aanlegplaatsen: Langs de Vecht ter hoogte van de gedempte Reevaart, niet voor overnachten ● Jachthaven Vechtoever van Camping Unie Beheer B.V., havenmeester M. Schuurman, tel. (02945) 16 92, tarief f 16,50 (toiletten, douches en wastafels), drinkwater, max.verblijfsduur 3 x 24 h, ondiep.
Reparatie: Jan Mafait-Bootmotoren, Reeweg 10, tel. (02945) 33 04, N-zijde gedempte Reevaart, op 500 m afstand van de Vecht, bub (Yamaha en Mercury), geopend van di. t/m zat.
Motorbrandstof en drinkwater: Bepo, Reeweg 10, be, sbe, die, N-zijde gedempte Reevaart; J.G. van de Pas, be, sbe, die, N-zijde gedempte Reevaart.

Trailerhelling: in jachthaven Vechtoever van Camping Unie Beheer B.V.
Kampeerterrein, wasserette en stortplaats chemisch toilet: Camping Vechtoever* aan de O-oever van de Vecht, ZW-zijde van het eiland dat door de Vecht en de gedempte Reevaart is omsloten.

Nederweert
16 km van de Maas gelegen aan het knooppunt van Zuidwillemsvaart, Kanaal Wessem-Nederweert en Noordervaart.
Bruggen en sluizen: Zie 'Zuidwillemsvaart', 'Kanaal Wessem-Nederweert' en 'Noordervaart'.
Aanlegplaatsen: In passantenhaven Brug 15, max.verblijf 2 x 24 h, max.diepgang 1,85 m.
Drinkwater: Bij G. Tullemans boven sluis nr. 15 (sl) (zat. na 12.30 h en zo. gesloten).
Motorbrandstof: G. Tullemans, die (zat. en zo. gesloten); Garage Duijts, nabij brug nr. 15 (vaste stalen brug).

Neer
Aan de Maas, kmr 90 Lo; 11 km van Roermond; 11 km van Belfeld.
Lig- en aanlegplaatsen: Jachthaven Hanssum, waarin gevestigd zijn de W.S.V. Hanssum (D 1,35 m) en Jachtwerf Peulen (D 1,25 m), in de monding van de Neer, even bovenstrooms van het Neerse Veerhuis (t.o. kmr 90 Lo), invaart aan de Z-zijde van de loswal, tarief f 1,– per m lengte per nacht (toilet, douche (f 1,–) en wastafels), havenmeester W.V. H. Geleen, tel. (04759) 30 95 ● tegenover deze jachthaven in een oude doodlopende rivierarm, max.diepgang 1 m (N-zijde van de haven ondiep), ligt de jachthaven van W.V. Draeke-Vaarders, tarief f 7,50 per nacht, max.verblijfsduur 5 dagen (wastafels).
Verder benedenstrooms, bij kmr 91 Ro, is een nieuw grindgat, De Rijkelse Beemden. Daar zijn nog ondiepten. Voor de grindgaten bovenstrooms van Neer, zie onder 'Roermond'.
Reparatie: Jachtwerf H. Peulen B.V., Hanssum 40a (bij Jachthaven Hanssum), tel. (04759) 13 14, romp/uitr (ht, p/op de wal + in het water), zeil/tuigage, elek (zat. geopend van 9-14 h).
Hefkraan: Jachtwerf H. Peulen B.V., max. 2 ton, max.diepgang 1,25 m, tarief f 54,– (heffen met staande mast mogelijk).
Trailerhelling: W.V. Hanssum, max. 1 ton, tarief f 5,– per keer; in de jachthaven van W.V. Draeke-Vaarders, max. 5 ton.
Stortplaats chemisch toilet: Bij W.V. Hanssum.

Nes
2 km van Akkrum; 3 km van Aldeboarn (Oldeboorn); 5,5 km van Grou (Grouw).
Op het Bokkumermeer, een onderdeel van de Zijlroede, moet men tussen de tonnen blijven.
Maximumsnelheid: 9 km/h.
Bruggen:
– Over de Zijlroede, in de vaarweg Grou (Grouw) – Akkrum, Nesserzijlbrug (ophaalbrug), H 0,60 m. Bediening: (gratis)

ma. t/m zat.	(1 mei-1 okt.)	9-12, 13-17, 18-20 h
	(1 okt.-15 nov. en 15 mrt.-1 mei)	9-12, 13-17 h
	(15 nov.-15 mrt.)	9-17 h, op verzoek*
zo. en fd.	(mei en sept.)	9-12, 14-18 h
	(juni t/m aug.)	9-12, 14-17, 18-20 h
	(okt. t/m april)	gesloten

* Bediening aanvragen bij de Provincie Friesland, tel. (058) 92 58 88.

– Over de Boorne: Zie 'Opsterlandse Compagnonsvaart'.
Ligplaats: Aan de Boorne bij de Fa. Niemarkt, tarief van f 4,– tot f 7,50 per nacht.
Drinkwater: Fa. Niemarkt.
Motorbrandstof: Fa. Niemarkt, die (sl).
Reparatie: Fa. Niemarkt, 't Hiemske 14, tel. (05665) 18 80, romp/uitr; J. de Boer, Fa. De Boorn, Boarnsterdijk 93, zeil/tuigage.
Hefkraan: Fa. Niemarkt, kraan max. 10 ton, tarief f 15,– per m, hellingwagen max. 20 ton, tarief f 15,– per m.

Nes, De
Noodhaven aan het Markermeer langs polder De Nes, ten Z van de dijk naar Marken.
Noodhaven: De dijk naar Marken is in ZW-richting verlengd en vormt met de dwarsdam op de kust en de oeverlijn een soort haven, die behalve bij ZW-wind beschutting geeft tegen golfslag. Aan de O-zijde langs de loswal treft men de grootste diepte aan, IJZP - 2 m. Naar de W-oever toe neemt de diepte af tot 0,70 à 1,10 m.
Aanlegplaatsen: Aan de O-zijde van de haven is een haventje gemaakt met meerplaats voor een 15-tal jachten. Dit haventje wordt naar het ZW tegen golfslag beschermd door een damwand en is voorzien van een loopsteiger en meerpalen. Er is geen bewaking. Het haventje is als aanloop- en vluchthaven bedoeld, max.verblijfsduur 3 dagen. Schepen niet onbemand achterlaten.

Nes a. d. Amstel
Zie ook 'Amstel'.
Motorbrandstof: P. J. Nieuwendijk, aan de W-oever, be (sl), die (sl); Pompstation ten N van Nes, W-oever, be, die (sl).

Nieuw-Beijerland
Aan het Spui, kmr 1003,3 Lo; 6,3 km van Oud-Beijerland; 5 km van Goudswaard.
Getijstanden: Afhankelijk van de waterstand op de Oude Maas en op het Haringvliet; GHW NAP + 0,85 m; GLW NAP + 0,15 m.
Havenkanaal: Lengte 100 m, de vaargeul is bij GLW 2 m diep.
Lig- en aanlegplaats: In de havenkom, D 1,50 m bij GLW, bij invaart stuurboordwal aanhouden: Jachthaven van W.V. Beijerland, aan stuurboord, havenmeester C. Nobel, tel. (01869) 26 51, max.diepgang 1,80 m, tarief f 1,– per m lengte per nacht (elektra), drinkwater.
Motorbrandstof: Ben Nobel, Spuidijk 6a, tel. (01869) 32 64, op loopafstand, be, sbe, die.
Reparatie: Garage van F. de Korver, bub/bib.

Nieuwebrug
Aan de Heeresloot; 3,5 km van Heerenveen; 1 km van Haskerdijken.
Ligplaats: Jachthaven van Gebr. Langenberg, havenmeester H. Langenberg, tel. (05139) 2 17, max.diepgang 1,30 m, gratis (toilet), drinkwater.
Reparatie: Gebr. Langenberg, Leeuwarderstraatweg 243-245, tel. (05139) 2 17, bib/bub (alle merken), romp/ uitr (ht, s, p/op de wal + in het water), elek, scheepshelling max. 50 ton, tarief f 100,– tot f 400,–.
Hefkraan: Gebr. Langenberg, max. 7 ton, tarief f 100,–.

Nieuwe Diep
Plas ten O van Amsterdam.
Algemeen: Deze plas bestaat uit twee delen, nl. het O-deel (Bovendiep, D 1,60 m), een onderdeel van het Amsterdam-Rijnkanaal en het

W-deel (Benedendiep, D ca. 1,10 m), bereikbaar door de vaste brug, H 2 m, in de kanaaloever. Tussen het Amsterdam-Rijnkanaal en het O-deel van de plas ligt een strekdam met doorvaartopening. Deze plas is nabij de strekdam zeer ondiep.
Maximumsnelheid: 7,5 km/h.
Ligplaatsen:
– Aan het Bovendiep: ● bij W.V. Het Nieuwe Diep, 1e haven aan bakboord vanaf ingang van de plas, havenmeester P. Duhen, tel. (020) 6 65 25 04, tarief f 1,50 per m lengte per nacht, KNWV-leden bij 3 of meer overnachtingen, 1e nacht gratis, (elektra, toiletten, wastafels en douches (f 1,–) ● W.V. De Watergeuzen, max.diepgang 1,70 m, tarief f 5,– per nacht (toiletten, douche (f 1,–) en wastafels) ● Jachthaven Bakker, tel. (020) 6 65 36 35, melden bij de woonark, tarief f 1,– per m^2 per week (toiletten) ● Jachthaven E. Peek B.V., tel. (020) 6 65 57 01, max.diepgang 1,65 m, tarief f 1,– per m lengte per nacht (elektra, douches (f 1,50), wastafels en toiletten) ● Jachthaven Bovendiep, havenmeester Th. de Vries, tel. (020) 6 65 15 82, tarief f 1,– per m lengte per nacht (toiletten en elektra) ● Jachtwerf Pampus, havenmeester F. Visser, tel. (020) 6 65 79 68, max.diepgang 1,20 m, tarief f 1,– per m lengte per etmaal (elektra, toiletten, douches en wastafels).
– Aan het Benedendiep: ● bij de W.V. Ondine en een klein particulier haventje in de O-hoek.
Drinkwater: Jachtwerf Pampus (sl).
Motorbrandstof: Bij de W.V. Het Nieuwe Diep, tegenover de ingang van het Amsterdam-Rijnkanaal, die (sl), be (sl).
Reparatie: Aan het Bovendiep van N naar ZO: Jachthavenbedrijf Jan Dekker, Diemerzeedijk 3, tel. (020) 6 65 24 52, romp/uitr (ht, s, p/op de wal + in het water); Jachthaven H. Bakker, Diemerzeedijk 4, tel. (020) 6 65 36 35, romp/uitr (s/op de wal + in het water), helling tot 40 ton, tarief f 8,10 per m^2, max.diepgang 1,50 m; Jachthaven Oost, romp/uitr (ht); Jachtwerf Pampus, Buitenkerkerweg 7, tel. (020) 6 65 79 68, bib (Volvo Penta, Mercedes, Vetus, Daf, Perkins), romp/uitr (ht, s/op de wal + in het water), zeil, hellingen tot 25 ton; Jachthaven Ed Peek, Diemerzeedijk 35, tel. (020) 6 65 57 01, bub (Mercury, Suzuki en Force), bib (Volvo Penta en Mercruiser), romp/uitr (ht, s, p/op de wal + in het water), zeil/tuigage.
Trailerhelling: Jachthaven Ed Peek, max. 3 ton, max.diepgang 1,20 m, tarief f 35,–; bij W.V. Het Nieuwe Diep, max. 10 ton.
Hefkranen: Jachthaven Ed Peek, max. 10 ton, max.diegang 1,65 m, tarief f 65,– (heffen met staande mast mogelijk); Jachthavenbedrijf Jan Dekker, max. 6^1/$_2$ ton, tarief f 26,– per m^2; W.V. Het Nieuwe Diep, Diemerzeedijk 7, helling met karren, max. 15 ton, tarief niet-leden f 150,–, KNWV-leden f 75,–.
Botenlift: Jachthaven Ed Peek, max. 15 ton, max.diepgang 1,50 m, tarief f 12,– per m^2 (liften met staande mast mogelijk).

Nieuwe Maas

Leidt van de driesprong van de Noord en de Lek bij kmr 989,5 door Rotterdam naar de samenvloeiing met de Nieuwe Waterweg en de Oude Maas bij kmr 1013,5.
Maximumsnelheid: Voor snelle motorboten 20 km/h voor het gedeelte van kmr 989 tot kmr 990; overigens géén snelheidsbeperking. Waterskiën is verboden. Raadpleeg tevens de 'Handleiding' van deze Almanak onder 'Snelle motorboten en Waterskiën'.
Bijzondere bepalingen: Op de Nieuwe Maas gelden bijzondere bepalingen. Deze zijn opgenomen onder 'Nieuwe Waterweg'.
Ankeren is op de Nieuwe Maas alleen voor kleine vaartuigen toegestaan buiten het voor de doorgaande scheepvaart bestemde vaarwater.

Marifoon: Zie bij 'Nieuwe Waterweg'.
Beschrijvingen: Zie onder 'Slikkerveer', 'Krimpen a. d. Lek', 'IJsselmonde', 'Rotterdam', 'Schiedam' en 'Vlaardingen'.
Getijstroom: Stroomrichting en -snelheid op tijdstippen ten opzichte van HW Hoek van Holland:

$$W \frac{2^1/_2}{3} = \text{stroomrichting W, stroomsnelheid } \frac{2^1/_2 \text{ km/h bij gem. tij}}{3 \text{ km/h bij springtij}}$$

(– = geen meting beschikbaar, 0 = stroomsnelheid minder dan $^1/_4$ km/h, x = stroomkentering, W = westgaand, O = oostgaand)

- Ter hoogte van Willemsbrug:

6 h voor	5 h voor	4 h voor	3 h voor	2 h voor	1 h voor	HW HvH
$W \frac{4^1/_2}{4^1/_2}$	$W \frac{3^1/_2}{3^1/_2}$	$W \frac{-}{-}$	$W \frac{3}{3}$	$W \frac{-}{-}$	$W \frac{1^1/_2}{1^1/_2}$	$O \frac{3^1/_2}{3^1/_2}$

HW HvH	1 h na	2 h na	3 h na	4 h na	5 h na	6 h na
$O \frac{4^1/_2}{4^1/_2}$	$O \frac{3^1/_2}{3^1/_2}$	$O \frac{-}{-}$	$O \frac{3}{3}$	$O \frac{-}{-}$	$O \frac{1^1/_2}{1^1/_2}$	$O \frac{3^1/_2}{3^1/_2}$

- Ter hoogte van de Coolhaven:

6 h voor	5 h voor	4 h voor	3 h voor	2 h voor	1 h voor	HW HvH
$W \frac{2^1/_2}{2^1/_2}$	$W \frac{2}{1^1/_2}$	$W \frac{2}{1^1/_2}$	$W \frac{1^1/_2}{1^1/_2}$	$W \frac{1^1/_2}{1^1/_2}$	$\frac{x}{x}$	$O \frac{0}{0}$

HW HvH	1 h na	2 h na	3 h na	4 h na	5 h na	6 h na
$O \frac{0}{0}$	$O \frac{2^1/_2}{3}$	$O \frac{1^1/_2}{2^1/_2}$	$O \frac{^1/_2}{^1/_2}$	$O \frac{1}{^1/_2}$	$O \frac{2^1/_2}{2^1/_2}$	$O \frac{2^1/_2}{3}$

Nieuwe Meer

Algemeen: Fraai gelegen meer van 125 ha aan de ZW-zijde van Amsterdam, lengte ca. 2500 m, breedte variërend van 225 m tot 700 m. Er wordt hier veel gezeild en voorts is er veel doorgaande vaart van de Nieuwe Meersluis (zie onder 'Amsterdam', doorvaartroute A) naar de Ringvaart van de Haarlemmermeerpolder (zie aldaar) door de vaargeul, D 3 m. Deze vaargeul is aan de Z-zijde begrensd door 4 rode lichtboeien met onderbroken rood licht. Aan de N-zijde van de geul staan twee gele wallichten.
Het brede gedeelte ten N van de vaargeul is 20 tot 40 m diep. Ten Z van de vier rode lichtboeien loopt de oever geleidelijk op van 3 m in de boeienlijn tot ca. 1 m langs de oever. Een ondiepte ligt bij de monding in de Ringvaart tussen de rode lichtboei en de Z-oever (Amsterdamse Bos).
Op het Nieuwe Meer is plaatselijk een ankerverbod ingesteld, dit wordt ter plaatse met borden aangegeven.
Vaarwaterbeheerder: Gemeente Amsterdam, Binnenwaterbeheer Amsterdam, Weesperstraat 77, 1018 VN Amsterdam, tel. (020) 5 50 36 36.

Maximumsnelheid: 7,5 km/h.
Sluizen:
– Nieuwe Meerschutsluis, vormt de verbinding met de stadswateren van Amsterdam (zie aldaar onder 'Doorvaartroute A').
– Koenensluis geeft verbinding met de Hoornsloot, die naar de Amstelveense Poel leidt. Zie onder 'Amstelveense Poel'.
– Bosbaansluis in de verbinding met de Bosbaan (roeibaan). De sluis wordt in bijzondere gevallen bediend na telefonisch overleg met de opzichter van het Amsterdamse Bos, tel. (020) 6 44 97 02, b.g.g. 6 85 08 51.
Ligplaatsen:
– In de NO-hoek, dichtbij openbaar-vervoerverbindingen met de stad, vindt men, van N naar Z (van de Nieuwe Meersluis af) de volgende jachthavens: ● W.V. Amsterdam met kenbare starttoren, havenmeester H.R. Bos, tel. (020) 6 44 51 61, tarief f 1,25 per m lengte per nacht, KNWV-leden 2e nacht gratis (elektra, toiletten, douches (f 1,–) en wastafels) ● Jachthaven Het Bosch (met kenbaar tankstation op de kop van de steiger), tel. (020) 6 44 96 96, tarief f 1,– per m lengte per etmaal (elektra, toiletten, wastafels en douches (f 1,–)) ● W.V. De Koenen met kenbare starttoren, max.diepgang 1,80 m, tarief f 1,35 per m lengte per nacht (KNWV-leden 1e nacht gratis), havenmeester J. Meinen, tel. (020) 6 44 59 92 (elektra, toiletten, douches en wastafels).
– Daar voorbij monden twee vaarten (o.a. de IJssloot) in de Nieuwe Meer uit met verschillende jachthavenbedrijven: ● jachthaven van Jachtwerf De Hoop B.V., tarief f 10,– per nacht (toiletten) ● jachthaven van 't Scheepstimmerhuis, havenmeester C. Willemsen, tel. (020) 6 44 15 65, tarief f 10,– per nacht ● Jachthaven van W.V. H '79, tarief f 1,– per m lengte (KNWV-leden 1e nacht gratis) (elektra, toiletten en wastafels) ● aan het eind van de IJssloot bij W.V. De Schinkel, havenmeester (woonark), tel. (020) 6 44 57 13, tarief f 5,– per nacht, max.diepgang 1,80 m (toiletten, douches (f 1,–) en wastafels).
– In de ZW-hoek van de Nieuwe Meer: ● jachthaven van E. W. Driessen B.V. met kenbaar tankstation, havenmeester M. Rijnbeek, tel. (020) 6 15 15 08, max.diepgang 3 m, tarief f 1,50 per m lengte per etmaal (elektra, toiletten, douches (f 1,–) en wastafels).
– In de N-hoek aan de N-oever van de Nieuwe Meer: ● jachthaven van W.V. Onklaar Anker, havenmeesters J. ten Brink en J.B. Siefert, tel. (020) 6 79 95 54/6 71 21 62 (clubgebouw, tel. (020) 6 17 77 74), tarief f 1,– per m lengte per nacht (1e nacht gratis voor KNWV-leden met waterpas en dezelfde gastvrijheidsregeling) (elektra, toiletten, douches (f 1,–) en wastafels).
Aanlegplaatsen: Er is meergelegenheid aan een vrijstaande beschoeiing met meerpalen langs de rietzoom van het Amsterdamse Bos aan de Z-zijde van de Nieuwe Meer (onrustig).
Men mag hier alleen vastmaken overdag van 8-18 h in de periode van 15 april tot 15 sept. De beste ankerplaatsen vindt men langs de ZO-oever. Zorg er voor buiten de vaargeul te blijven. De overige oevers zijn verboden of minder geschikt als meerplaats.
Havengeld: Het water is in beheer bij de Gemeente Amsterdam. Voor havengeld zie onder 'Amsterdam'.
Drinkwater: Aan de Nieuwe Meerschutsluis (sl); bij W.V. Amsterdam (sl), W.V. De Koenen (sl); bij W.V. Onklaar Anker (sl); bij W.V. H'79 (sl); E.W. Driessen B.V. (sl, f 1,–); bij de jachthaven van 't Scheepstimmerhuis; bij Jachthaven Het Bosch; bij Jachtwerf De Hoop B.V.
Motorbrandstof: E. W. Driessen B.V., in de ZW-hoek bij de Ringvaart, die (sl), sbe (sl), be (sl); Jachthaven Het Bosch, 300 m ten ZO van de Nieuwe Meersluis, sbe (sl), be (sl), die (sl); W.V. De Schinkel, die (sl).

Vulstation propaangasflessen: Jachthaven Het Bosch.
Reparatie: Watersport B.V.*, Amstelveenseweg 752, tel. (020)
6 44 58 37, bub (Yamaha, Mariner, Johnson en Evinrude); Jachtwerf
De Hoop B.V.*, Jachthavenweg 42, tel. (020) 6 44 58 17, bub (Yamaha,
Mariner, Johnson, Evinrude en Tomos), bib (Volvo Penta, Yanmar,
Mercedes, Mitsubishi, Vetus en Perkins), romp/uitr (ht, s, p/op de
wal + in het water), elek, hellingwagens tot 10 ton, tarief f 20,– per m
lengte; Jachthaven Het Bosch, Jollenpad 10, tel. (020) 6 44 96 96,
bub/bib (alle merken), elek; 't Scheepstimmerhuis, Tjotterpad 13, tel.
(020) 6 44 15 65, romp/uitr (ht, s/op de wa + in het water); Jachtwerf
Veba, Jachthavenweg, romp/uitr (ht); Jachtwerf Hollandia*, Tjotterpad, romp/uitr (ht, p); Jachtwerf Bibo bij de Bosbaansluis, romp/uitr;
E. W. Driessen B.V., in de ZW-hoek, Oude Haagseweg 47, tel. (020)
6 15 15 08, bub (Yamaha, Mercury), bib (Volvo Penta), romp/uitr (p/op
de wal + in het water); Nautica Sport B.V., Boeierspad 20-21, tel. (020)
6 44 44 74, bub (Yamaha, Johnson, Evinrude, Honda en Tomos).
Hefkranen: Jachthaven Het Bosch, max. 3 ton, tarief f 6,– per m^2; W.V.
Amsterdam, Punterspad 15, tel. (020) 6 44 51 61, max. 10 ton, tarief
f 50,– (excl. BTW); Watersport B.V., max. 800 kg, max.diepgang 1 m;
W.V. H'79, tarief f 32,50 per m^2; E. W. Driessen, mastenkraan.
Trailerhellingen: Jachthaven Het Bosch, max. 4 ton, tarief f 25,–;
E. W. Driessen B.V., max. 2 ton, tarief f 15,–; W.V. De Koenen; W.V. Onklaar Anker.
Botenlift en sleephelling: E. W. Driessen B.V., max. 35 ton, tarief vanaf f 100,– (liften met staande mast mogelijk).
Wasserettes: W.V. Onklaar Anker (wasmachine en droger); W.V. Amsterdam (wasmachine en droogtrommel).

Nieuwe Merwede

Deze 20 km lange rivier vormt tussen kmr 961 en 982 een verbinding
tussen de Merwede (zie aldaar) en het Hollandsdiep.
Algemeen: Op deze rivier, die een breedte van 300 à 500 m heeft,
varen veel vrachtschepen. Naast de betonde vaargeul voor de grote
beroepsvaart, blijft echter volop ruimte over voor de pleziervaart,
daar buiten de kribben altijd minstens 1,50 m water staat. De ondiepten bij kmr 978 en 979 zijn met drijfbakens aangegeven. Langs de N-zijde van deze ondiepten bevindt zich een rustiger vaarwater zonder
beroepsvaart, met een diepte van tenminste 1,50 m bij GLW en een
breedte van ca. 100 m. Er loopt vrijwel altijd een zwakke ebstroom die
toeneemt naarmate met de Haringvlietsluizen meer gespuid wordt.
In combinatie met een W-wind kan hierdoor behoorlijke golfslag ontstaan, dit kan ook gebeuren bij een ZW-wind vooral beneden kmr 975.
De getijverschillen zijn gering, gemiddeld niet meer dan 0,30 m. De
oevers zijn zeer fraai en onbebouwd. Tussen de kribben is het ondiep.
Prachtige strandjes vindt men op de Ro tussen kmr 961 en 963. Hier
treft men nog rivierduinen aan. Er gelden ook hier, evenals in de Biesbosch (Brabantse, Sliedrechtse en Dordtse, zie aldaar), enkele zonerings- en verbodsbepalingen.
Bijzondere bepaling: Een varend en een geankerd klein vaartuig moet
bij slecht zicht een goed functionerende radarreflector voeren.
Vaarwegbeheerder: Rijkswaterstaat, Directie Zuid-Holland, Boompjes 200, 3000 AN Rotterdam, tel. (010) 4 02 62 00. Voor nautische informatie: Regionale Verkeerscentrale Dordrecht, tel. (078) 13 24 21 of
marifoonkan. 71, roepnaam 'post Dordrecht' (24 uur).
Maximumsnelheid: 20 km/h, m.u.v. het gedeelte tussen kmr 963 en
kmr 970 en tussen kmr 972 en kmr 982. Hier geldt géén snelheidsbeperking en is waterskiën buiten de betonde vaargeul toegestaan.
Raadpleeg tevens de 'Handleiding' van deze Almanak onder 'Snelle
motorboten en Waterskiën'.

Lig- en aanlegplaatsen: Jachthaven Zuidhaven van de W.V. Drechtstad, W-oever bij kmr 975,4, D 2 m bij GLW, tarief f 1,– per m (K.N.W.V.-leden 1e nacht gratis).
Voorts vindt men veilige aanlegplaatsen in de jachthavens achter de Biesboschsluis in Werkendam (zie aldaar) en achter de Spieringsluis (zie 'Biesbosch, Brabantse'). Eveneens ligt men rustig in de Sliedrechtse Biesbosch (zie 'Biesbosch, Sliedrechtse'), groter getijverschil (!). Men moet dan schutten door de Ottersluis.
Zonder te schutten zijn de jachthavens van Lage Zwaluwe (zie aldaar) aan de Z-oever van de Amer te bereiken.

Nieuwendam

Ten N van het Afgesloten IJ in de Gemeente Amsterdam aan het Zijkanaal K (invaart tussen de AKZO en de Oranjewerf).
Maximumsnelheid: In het Zijkanaal K 15 km/h, gebruikelijk is 12 km/h.
Bruggen en sluizen: Schutsluisje achter in de haven. D 1,20 m. Bediening te allen tijde. Vaste brug over de sluis, H 2,80 m.
Sluisgeld: Voor vaartuigen t/m 15 ton f 1,50, daarboven afhankelijk van het tonnage, zondags 50% extra, 's nachts f 1,25 boven het zondagstarief.
De verbindingen met Waterland en met het Noordhollandskanaal zijn afgedamd.
Gemeentelijk havengeld: Zie onder 'Amsterdam'.
Ligplaatsen: Jachthaven Twellegea aan de Grote Haven, D 3,50 m, tarief f 1,25 per m lengte per nacht (toiletten, douches) ● jachthaven van W.V. Het Jacht in de Grote Haven, max.diepgang ca. 1,80 m, tarief f 1,– per m lengte per nacht (toilet, elektra, douche (f 1,–) en wastafels), drinkwater ● jachthaven van Jachtservice Valka, aan de Lo van de Grote Haven, tarief f 1,– per m lengte per nacht (toilet, douche en elektra).
Motorbrandstof: Jachthaven Twellegea.
Reparatie: H. Zeinstra*, Nieuwendammerdijk 262, bib/bub; Jachthaven Twellegea, tel. (020) 6 32 48 77, romp/uitr.
Hefkraan: Jachthaven Twellegea, max. 30 ton; jachthaven van W.V. Het Jacht, max. 14 ton, tarief f 45,– per m lengte, max.diepgang 1,80 m.
Trailerhelling: Openbare trailerhelling in bocht Nieuwendammerkanaal t.o. AKZO Chemie.
Kampeerterrein: Camping Vliegenbosch* aan 't einde van Zijkanaal K.

Nieuwendijk

Zuid-Beijerland; tegenover Tiengemeten, aan het Vuile Gat; 3,5 km ten W van Hitsertse Kade; 10 km van Middelharnis; zie ook 'Haringvliet'.
Waterstanden: Zie onder 'Haringvliet'.
Haven: De haven met toegang is ca. 200 m lang, de haven zelf is ruim 50 m lang; breed ca. 20 m. De havenbodem ligt op NAP – 1,60 m. Stenen havenhoofd, binnenwaarts steenglooiing. Achter in de haven betonnen en stenen kademuur. Geen havengeld. Aan beide zijden van de haveningang liggen strekdammen onder water!
Drinkwater en motorbrandstof: W. Bijl, veerman, in het café aan het einde van de haven, water (sl), die.

Nieuwe Niedorp

Aan het Kanaal Alkmaar (Omval)-Kolhorn; 8 km van Kolhorn; 6 km van Noord-Scharwoude.
Lig- en aanlegplaats: In de jachthaven van de Stichting Jachthaven De Rijd, havenmeester Tj. v. d. Brug, tel. (02261) 16 21, tarief f 1,–

per m lengte per nacht (douches (f 1,–)); gem. passantensteiger, tarief f 1,– per m lengte per nacht.
Motorbrandstof: Garagebedrijven, die, be, sbe.
Reparatie: Van der Poel Watersport, Dorpsstraat 126, tel. (02261) 19 13, bub (alle merken, dealer Yamaha en Mercury), bib (alle merken, dealer van Perkins), romp/uitr (ht, s, p/op de wal + in het water), zeil/tuigage (van 1 april-15 aug. dagelijks geopend, zo. voor noodgevallen); Jachtbouw Johan Vels, Dorpsstraat 225, tel. (02261) 17 23, romp/uitr (ht, p/op de wal + in het water).
Trailerhelling: Jachthaven De Rijd, Vijverweg 16, tarief f 5,– (in en uit).
Stortplaats chemisch toilet: Bij Jachthaven De Rijd.

Nieuwe Pekela
Aan het Pekeler Hoofddiep (zie 'Pekel Aa/Pekeler Hoofddiep'); 7,5 km van Stadskanaal; 5 km van Oude Pekela.
Ligplaats: Aan de steigers in het dorp, max.diepgang 1,20 m, gratis (toiletten, douches (f 1,–) en wastafels bij Recreatiehoeve 't Dalheem).
Drinkwater: Bij Recreatiehoeve 't Dalheem (sl), tarief f 1,– per 500 liter.
Motorbrandstof: Garage Zoutman, nabij Recreatiehoeve 't Dalheem, die, sbe, be.
Reparatie: Bootmotorenbedrijf Lange, Albatrosstraat B 48, tel. (05978) 4 52 57, bub/bib.
Kampeerterreinen: Camping Wel Wait; Camping/Recreatiehoeve 't Dalheem, Molenstraat G 64, tel. (05978) 4 61 76.
Wasserette: In het dorp.
Stortplaats chemisch toilet: Nabij de steigers, in beheer bij de gemeente.

Nieuwesluis
Aan het Waardkanaal (zie aldaar); 4 km van het Amstelmeer.
Ligplaats: Jachthaven Nieuwesluis, iets ten N van de beweegbare Nieuwesluizerbrug in het Waardkanaal, tarief f 1,– per m per nacht, na 2 dagen half tarief (elektra, toiletten, douches (f 1,–) en wastafels), drinkwater (sl).
Reparatie: G. Groot, Nieuwesluis 33, tel. (02242) 17 37, bib (alle merken).
Trailerhelling: Jachthaven Nieuwesluis, Nieuwesluis 34, tel. (02242) 32 59, max. 1500 kg, tarief f 2,50.
Kampeerterrein: Op 250 m van de jachthaven.
Wasserette: Bij Jachthaven Nieuwesluis.

Nieuwersluis
2 km van Loenen a. d. Vecht; 1,5 km van de Mijndense sluis naar de Loosdrechtse Plassen; 3 km van Breukelen; 5,5 km van de Demmerikse sluis naar de Vinkeveense Plassen; 5 km naar Loenersloot.
Vecht: Zie aldaar.
Nieuwe Wetering: D 1,60 m. De sluis in de Nieuwe Wetering van de Vecht naar het Amsterdam-Rijnkanaal is gesloten van 16 november tot 16 maart, breedte 3,40 m.
De brug wordt zoveel mogelijk eens per kwartier bediend. Bij drukke recreatievaart wordt de brug alleen bediend wanneer verschillende schepen tegelijk kunnen worden doorgelaten. Max.wachttijd 30 min.
Bediening: (gratis)

(16 april-1 juni en 1 sept.-16 okt.)	dagelijks	9-12, 13-16.30, 17.30-21 h
(1 juni-1 sept.)	dagelijks	8-12.30, 13-16.30, 17.30-21 h
(16 okt.-16 nov. en 16 mrt.-16 april)	ma. t/m zat.	9-16.30 h, op verzoek, tel. (02945) 12 09
	zo. en fd.	gesloten
(16 nov.-16 mrt.)	dagelijks	gesloten

– Over de Nieuwe Wetering ten O van de monding in het Amsterdam-Rijnkanaal ligt een vaste voetbrug H 3 m.
Scheepvaartstremming: De Nieuwe Wetering is jaarlijks van 16 nov. tot 16 mrt. voor de scheepvaart afgesloten d.m.v. schotbalken t.h.v. de vaste voetbrug.
Angstel en Nieuwe Wetering ten W van Amsterdam-Rijnkanaal: Zie onder 'Angstel'.
Maximumsnelheid: Op de Nieuwe Wetering tussen de Vecht en het Amsterdam-Rijnkanaal 6 km/h, van dit kanaal naar en over de Angstel naar de Geuzensloot 9 km/h. In de bebouwde kom 4,5 km/h.
Aanlegplaatsen: Langs de Vecht, maar het is daar veelal niet dieper dan 0,70 m; langs de Nieuwe Wetering tegen de bebouwde kom; in de Angstel ten W van het Amsterdam-Rijnkanaal; zie ook bij 'Loenen a. d. Vecht'.
Motorbrandstof: Auto Spijker B.V., Mijndenseweg 34-36, 450 m ten NO van de Vechtbrug, be en die (zo. gesloten).
Reparatie: Auto Spijker B.V.*, bub.

Nieuwe Statenzijl

Aan de Dollard; 6 km van Nieuwe Schans; 20 km van Termunterzijl; zie ook 'Westerwoldse Aa'.
Bij de sluis is een sleutel te verkrijgen en weer in te leveren tegen een waarborgsom van f 40,–, voor de bediening van de sluizen in het Veendiep, het B.L. Tijdenskanaal en het Ruiten Aakanaal
Getijstanden: GHW = NAP + 1,39 m; GLW = NAP – 1,56 m; gemiddeld LLWS = NAP – 2,10 m.
Buitengeul: De geul (Schanskerdiep) is in de verbreding het ondiepst, dus bij de overgang naar het diepe betonde water van de Dollard. Bij de sluis is de geul zo diep dat jachten tot 1,20 m diepgang niet meer droogvallen bij GLW. Om niet droog te vallen tijdens het wachten op bediening, is het zaak in de geul te blijven door landvasten vast te maken aan meerpalen, staande aan weerszijden van de geul. Er is slechts één loopsteigertje.
De enkele drijvende steigers in de Buitengeul zijn eigendom van de W.V. de Dollardrobben, verboden aanleg voor niet-leden.
Naast de schutsluis ligt de spuisluis waarmee regelmatig wordt gespuid. Men kan voor anker gaan waar de geul van de spuisluis in die van de schutsluis uitmondt. Voor de spuisluis ligt een niet bebakende steenstorting. Meestal wordt gespuid van ca. 3 uur na hoogwater tot ca. 1 uur na laagwater. Tijdens het spuien staat veel stroom in de buitengeul voor de sluis.
Inlichtingen over het spuien kan men inwinnen bij de sluismeester, tel. (05972) 12 52.
Sluis en brug: Nieuwe schutsluis. Breedte 8,50 m, lengte 67 m, toegestane diepgang 2,60 m. Over de sluis ligt een beweegbare brug, H NAP + 7,25 m. Bediening (gratis):

ma. t/m zat.	7-12, 13-18 h*
zo. en fd.	gesloten

* Bediening is afhankelijk van het getij.
Aanlegplaats: Aan de binnenzijde van de sluis kan men over het algemeen een rustige aanlegplaats vinden om te overnachten.
Westerwoldse Aa: Zie aldaar.

Nieuwe Waterweg

Leidt van de samenvloeiing van de Nieuwe Maas en de Oude Maas bij kmr 1013 naar de Maasmond (kmr 1032,6 tot kmr 1035,4).
Beschrijvingen: Zie onder 'Europoort', 'Hoek van Holland' en 'Maassluis'.
Maximumsnelheid: Onbeperkt stuurboordwal houden! Waterskiën is verboden. Raadpleeg tevens de 'Handleiding' van deze Almanak onder 'Snelle motorboten en Waterskiën'.

– Bijzonderheden: Hier geldt o.a. het Bijzonder Reglement Rotterdamse Waterweg. Dit reglement is van toepassing op de Nieuwe Maas, Bakkerskil, Zuiddiepje, Koningshaven, Nieuwe Waterweg en het W-gedeelte van het havengebied in de Maasmond. De bepalingen uit dit reglement zijn opgenomen in het 6e Wijzigingsbesluit BPR; raadpleeg hiervoor de 'Handleiding' in deze Almanak onder 'Bijzondere bepalingen'. (Zie voor de verordening op het Calandkanaal en Hartelkanaal onder 'Europoort'.)

Kleine vaartuigen (tot 20 m lengte) mogen hier slechts varen indien zij:
– voorzien zijn van een motor die voor onmiddellijk gebruik gereed is en waarmee een snelheid gehandhaafd kan worden van minstens 6 km/h;
– zo dicht mogelijk de stuurboordwal houden, met dien verstande dat het niet is toegestaan het vaarwater op te kruisen (de stuurboordwal niet overschrijden; langs de oever liggen rotsblokken, die alleen bij laagwater zichtbaar zijn);
– het vaarwater oversteken uitsluitend dwars op de richting van het scheepvaartverkeer en zonder vertraging;
– 's nachts en bij slecht zicht een deugdelijke radarreflector voeren;
– niet opkruisen;
– niet ankeren (geldt voor alle schepen);
– uitsluitend ligplaats nemen op de daartoe aangewezen gedeelten, max.verblijfsduur (buiten de havens) 3 x 24 h (geldt voor alle schepen).

Roeiboten en soortgelijke vaartuigen mogen zich niet bevinden:
– op meer dan 50 m uit de wal of 20 m om de koppen van de dammen;
– in de Koningshaven en op de Nieuwe Waterweg zeewaarts van kmr 1015. Wel mag de rivier worden overgestoken bij kmr 1008 en kmr 1012;
– in dit gebied gedurende de nacht of bij een zicht van minder dan 1500 m.

Marifoon: Blokkanalen Verkeersbegeleidend Systeem Waterweggebied (Nieuwe Waterweg en Nieuwe Maas) (VBS) van W naar O: Maasmond, kan. 3; Waterweg, kan. 65; Maassluis, kan. 80; Botlek kan. 61; Eemhaven, kan. 63; Waalhaven, kan. 60; Maasbruggen, kan. 81; Brienenoord, kan. 21. (Europoort, kan. 66; Hartel, kan. 5; Oude Maas, kan. 62.)

Binnen het werkingsgebied van het VBS is het voor schepen uitgerust met marifoon verplicht uit te luisteren op de daartoe aangewezen marifoonblokkanalen. Voor de recreatievaart (uitgerust met marifoon) geldt in principe géén meldplicht (m.u.v. het oversteken van de Maasmonding, zie onder 'Hoek van Holland'). Het is toegestaan het betreffende blokkanaal kortstondig te verlaten voor bijv. een korte melding aan de betrokken sluis of havendienst.

Zie voor gedetailleerde informatie de 'Hydrografische Kaart voor Kust- en Binnenwateren, nr. 1809' en de ANWB-waterkaart 'Grote rivieren W-blad'.
Getijstroom: Stroomrichting en -snelheid op tijdstippen ten opzichte van HW Hoek van Holland:

W $\frac{3}{4}$ = stroomrichting W, stroomsnelheid $\frac{3 \text{ km/h bij gem. tij}}{4 \text{ km/h bij springtij}}$

(– = geen meting beschikbaar, 0 = stroomsnelheid minder dan ¼ km/h, x = stroomkentering, W = westgaand, O = oostgaand)

6 h voor	5 h voor	4 h voor	3 h voor	2 h voor	1 h voor	HW HvH
W $\frac{3½}{4½}$	W $\frac{4}{3}$	W $\frac{3½}{3}$	W $\frac{3}{3}$	W $\frac{1½}{2}$	O $\frac{½}{W\ 0}$	O $\frac{3½}{3½}$

HW HvH	1 h na	2 h na	3 h na	4 h na	5 h na	6 h na
O $\frac{3½}{3}$	O $\frac{3}{4½}$	O $\frac{0}{1}$	O $\frac{3½}{2}$	O $\frac{5}{5}$	O $\frac{6½}{6}$	O $\frac{5½}{5½}$

– Ter hoogte van Hoek van Holland:

6 h voor	5 h voor	4 h voor	3 h voor	2 h voor	1 h voor	HW HvH
W $\frac{4}{5½}$	W $\frac{3½}{4½}$	W $\frac{3½}{4}$	W $\frac{3½}{3½}$	W $\frac{2}{2}$	O $\frac{-}{W\ 2}$	O $\frac{-}{5}$

HW HvH	1 h na	2 h na	3 h na	4 h na	5 h na	6 h na
O $\frac{-}{5}$	O $\frac{3}{4½}$	O $\frac{½}{1½}$	O $\frac{3}{1}$	O $\frac{5}{4}$	O $\frac{5½}{6½}$	O $\frac{-}{7}$

Nieuwkoopse Plassen

Ligplaatsverordening: Volgens de Verordening Watergebieden en pleziervaart Zuid-Holland is het verboden in de rietbegroeiing te varen en om er stil of gemeerd te liggen tot binnen een afstand van 2 m uit de randen van deze begroeiing. Men zal dus voor anker moeten gaan (geen tijdsbeperking).
Volgens de Algemene Politieverordening is het voor kajuitboten verboden om langer dan 4 achtereenvolgende uren gemeerd te liggen. Deze tijdsduurbeperking is gericht tegen het al dan niet onbeheerd achterlaten van kajuitboten, verspreid door het gebied. Een uitzondering hierop vormen de daartoe bestemde vrije aanlegplaatsen, waar de ligduur voor kajuitboten beperkt is tot 18 uur. Wanneer men de boot 50 m of minder verplaatst, wordt men geacht op dezelfde plaats te zijn blijven liggen. Dit verbod geldt uiteraard niet voor het verblijf in jachthavens.
Plassengebied: Hiertoe rekent men gewoonlijk het veenplassengebied, dat ligt tussen de Ziendesluis bij Zwammerdam en de sluis bij Slikkendam.
Het bestaat uit talloze veengaten, plassen, sloten en vaarten, afgewisseld door gras-, moeras- en rietlanden.

Van de Kromme Mijdrecht bij het Woerdense Verlaat naar de Oude Rijn bij Zwammerdam is de vaart mogelijk voor jachten met ca. 1,50 m diepgang en 2,50 m hoogte. Deze vaarweg leidt door de Kollesloot, de Slikkendammerschutsluis, de Kadewetering, de Noordeinderplas, de Gemeentevaart, de Zuideinderplas, de Ziendevaart en de Ziendesluis. In deze vaarweg moet de mast éénmaal gestreken worden voor de brug, H 2,50 m, in het Meyepad. De Noordeinderplas en het dorp Nieuwkoop zijn van de Kromme Mijdrecht zonder de mast te strijken bereikbaar. In het open water van de Noordeinder- en de Zuideinderplas komen voor jachten tot 1,50 m diepgang geen hinderlijke ondiepten voor. Langs de ZO-oever van de Noordeinderplas en in de Gemeentevaart liggen veelal veenbonken, die moeilijk zichtbaar zijn. Deze zijn niet bebakend. Het is aan te bevelen op vrij grote afstand uit de ZO-oever van de Noorderplas te blijven.

Van de Kadewetering leidt de Vlietsloot rechtstreeks naar de loswal in het dorp Noorden, max. diepgang 1,50 m.

Voor kleine, niet gemotoriseerde scheepjes met een diepgang tot 0,60 m is het mogelijk vanaf de Noordeinderplas een ommetje te maken door via de Machinesloot en de Meesloot bij het Brampjesgat weer op die plas uit te komen.

Een zeer fraaie route is die van Slikkendam over de Kadewetering en de Meije naar Zwammerdam, ongeveer 1 m diep. Deze vaarweg is echter alleen geschikt voor wherry's en kano's, wegens de vele lage vaste bruggen. Behalve de hierboven genoemde goed bevaarbare routes en plassen bestaat het hele gebied tussen Zwammerdam en Slikkendam uit een labyrint van poelen en sloten, waarvan er vele in de zomer nagenoeg dichtgroeien.

Ten Z van de Kadewetering (ten ZW van de Slikkendammersluis) ligt een mooi begroeid rustig watergebied, genaamd De Haak (80 ha). Een deel hiervan, Lusthof De Haeck (11 ha) is te land over een paadje toegankelijk doch uitsluitend voor leden van Het Zuid-Hollands Landschap. Verder alleen bereikbaar met roeiboten.

N Let op 's nachts uitstaande visnetten.

Vaarwaterbeheerder: Waterschap De Oude Rijnstromen, Hoofdstraat 1-3, Postbus 160, 2350 AD Leiderdorp, tel. (071) 41 05 11.

Overdraagplaats: Tussen de Ringvaart van de polder Nieuwkoop en de Ziendevaart. Daardoor kunnen kano's en roeiboten naar het sluisje bij het gemaal Neptunus aan het Aarkanaal varen.

Maximumsnelheid: In dit gehele gebied, wegens de mogelijkheid van beschadiging van de lage, zwakke oevers die bij grotere snelheden ontstaat: 6 km/h, doch in de Ziendevaart 4,5 km/h.

Motorvaart: Alle motorvaart is 's nachts verboden, nl. vanaf 19.30 h (1 okt.-1 mrt.), vanaf 21 h (1 mrt.-1 juni en 1 sept.-1 okt.) en vanaf 22 h (1 juni-1 sept.) tot zonsopgang. Overigens is voor motorvaartuigen een vergunning van de Gemeente Nieuwkoop, tel. (01725) 7 92 01 verplicht, o.m. verkrijgbaar aan de Slikkendammersluis en aan de Ziendesluis.

Voor boten tot en met 5,9 pk zijn de kosten f 26,– per kalenderjaar; vanaf 6 pk f 45,–. Er is een zgn. '3-dagenvergunning' voor passanten verkrijgbaar voor f 12,50 en een dagkaart voor f 5,–. Ook voor vaartuigen, die voorzien zijn van een hulpmotor, is een vergunning vereist. Toegang tot dit gebied is verboden voor race-, glij- en speedboten die een hogere snelheid kunnen ontwikkelen dan 16 km/h.

De vergunning laat de motorvaart slechts toe op een beperkt aantal met name genoemde waterwegen.

(Globaal de route van Slikkendam naar Zwammerdam, de beide plassen en de vaarwegen naar de loswallen bij de dorpen.)

Bruggen en sluizen: Van NO naar ZW:

- Slikkendammersluis en -brug in Slikkendam. Bediening:

(16 april-1 juni en 1 sept.-16 okt.)	dagelijks	9-12.30, 13.30-19 h
(1 juni-1 sept.)	dagelijks	9-12.30, 13.30-20 h
(16 okt.-16 april)	ma. t/m vr.	9-16.30 h, op verzoek*
	zat., zo. en fd.	gesloten

* Bediening op verzoek, aanvragen bij sluiswachter 24 uur te voren tussen 17-18 h tel. (01724) 81 70.

- Ziendesluis in Zwammerdam, tel. (01726) 1 25 87. Bediening:

(Goede vrijdag-16 okt.)	ma. t/m zat.	7-12.30, 13.30-17, 17.30-20.30 h
	zo. en fd.	12-17, 17.30-20.30 h
(16 okt.-Goede Vrijdag)	ma. t/m vr.	7-12.30, 13.30-19 h
	zat.	7-13.30 h
	zo. en fd.	gesloten

- Ziendebrug, ophaalbrug, H 1,20 m, over de Ziende, de brug wordt op afstand bediend vanaf de Zwammerdamsebrug, observatie vindt plaats d.m.v. camera's. Bediening *:

(16 april-16 okt.)	ma. t/m vr.	5.30-12, 13-17, 18-22.30 h
	zat.	8-13, 14-18 h
	zo. en fd.	10-13, 14.30-19 h
(16 okt.-16 april)	ma. t/m vr.	5.30-12, 13-17, 18-22.30 h
	zat.	8-13 h
	zo. en fd.	gesloten

* Op 24 en 31 dec. bediening tot 18 h (behalve zat.). Avond voor Hemelvaartsdag bediening tot 22 h.

Sluis- en bruggeld: f 5,50 voor de Slikkendammerbrug en -sluis; f 4,– voor de Ziendesluis. Na het passeren van de genoemde brug en sluizen is voor het gehele plassengebied géén bruggeld meer verschuldigd.

Lig- en aanlegplaatsen: (Voor beperking van de tijd dat men mag meren, zie hierboven onder 'Ligplaatsverordening'.)
● Vrije gemeentelijke aanlegplaatsen aan de Geitenkamp of Ronde Bonk aan de W-zijde van de Noordeinderplas en langs de Gemeentevaart nabij het Meyepad ● door Vereniging tot Behoud van Natuurmonumenten ingerichte aanlegplaatsen in het Brampjesgat, de Machinesloot en de Schepegaten (toiletten) ● Jachthaven Plaszicht, ZW-zijde Noordeinderplas, havenmeester J. Tijsterman, tarief f 1,– per m lengte per nacht (douches (f 1,–), toiletten, wastafels en elektra) ● jachthaven van W.V. Noord-Zuid, tel. (01725) 7 48 75, max.diepgang 1,20 m, tarief f 1,– per m lengte per nacht (douche (f 1,–), toiletten en wastafels) ● Jachthaven Gebr. Akerboom aan de Gemeentevaart, tel. (01725) 7 11 48, tarief f 0,90 per m lengte per nacht (elektra, toilet, wastafels en douche (f 1,–)) ● Jachthaven De Ziende, NW-zijde Zuideinderplas, havenmeester J. v. d. Weijden, tel. (01725) 7 17 61, max.diepgang 1,20 m, tarief f 1,– per m lengte per nacht (toiletten, wastafels en douche (f 1,–)) ● Jachtwerf Slikkendam, aan de Kadewetering bij de Slikkendammersluis, tel. (01724) 83 82, max.diepgang 1,60 m, tarief f 5,– per etmaal (toilet en wastafels).

Drinkwater en motorbrandstof: Jachthaven Plaszicht, drinkwater; Jachtwerf Slikkendam, drinkwater, die (sl); aan de gemeentelijke loswallen in Noorden en Nieuwkoop (waterkranen); waterkraan aan de O-zijde van het Meijepad, 50 m ten N van de brug.

Reparatie: Toon Rijnbeek, Dorpsstraat 173, Nieuwkoop, bib/bub; Jachtwerf Slikkendam, bij de Slikkendammersluis, Uitweg 1, Woerdense Verlaat, tel. (01724) 83 82, bub (Yamaha, Mercury, Mariner, Honda en Force), bib (Vetus), romp/uitr (ht, s, p/op de wal + in het water); Gebr. Akerboom, aan de Gemeentevaart, Dorpsstraat 36, Nieuwkoop, tel. (01725) 7 11 48, romp/uitr (ht, s/op de wal + in het water), scheepshelling tot 10 ton; Jachthaven Plaszicht, romp/uitr (ht, s, p/op de wal + in het water); Botenservice M. Tatje, Zuideinde 170, Nieuwkoop, aan de Gemeentevaart, tel. (01725) 7 16 70, bib/bub (dealer Yanmar, reparatie van alle merken), romp/uitr (ht, s, p, a/op de wal + in het water), elek; jachthaven van W.V. Noord-Zuid, Molenpad 7, Nieuwkoop, tel. (01725) 7 48 75 (clubhuis), bub/bib (alle merken), romp/uitr (ht, s, p, a/ op de wal + in het water), zeil/tuigage, elek.
Hefkranen: Jachthaven Plaszicht, max. 4 ton, tarief f 35,–, max.diepgang 1,20 m; Jachtwerf Slikkendam, max. 11 ton, max.diepgang 1,60 m, tarief f 6,– per m^2; jachthaven van W.V. Noord-Zuid; Jachthaven M. Tatje, max. 3 ton, max.diepgang 1,50 m.
Kampeerterrein: Camping De Roerdomp*, aan de W-oever van de Zuidplas.
Stortplaatsen chemisch toilet: Bij Jachthaven Plaszicht; bij Jachthaven De Ziende; bij de jachthaven van W.V. Noord-Zuid.

Nieuwolda
Aan het Termunterzijldiep; 9 km van Termunterzijl.
Ligplaats: Gemeentelijke Jachthaven Dok, max.diepgang 0,90 m (toiletten, douches) en wastafels in het havengebouw naast de brug.
Trailerhelling: Jachthaven Dok.
Kampeerterrein: Camping De Boskamp bij Jachthaven Dok, p/a Molenkade 9, tel. (05964) 17 27/15 91.

Niftrik
Aan de Maas, kmr 181 Ro; 1 km van Ravenstein; 6 km van Grave.
Maximumsnelheid: Op de Loonse Waard 7 km/h.
Lig- en aanlegplaatsen: Jachthaven Z.R.M.V. De Batavier, achter in de dode Maasarm (Loonse Waard) bij Balgoy, havenmeester A. Berends, tel. (08894) 1 34 05, tarief f 1,20 per m lengte per nacht (elektra, toiletten, douches (f 1,–), wastafels en clubhuis met restaurantvoorziening) ● W.V. Hoogeerd Wijchen, halverwege de dode Maasarm, tarief f 1,25 per m lengte per nacht (elektra, toiletten, douche en wastafels) ● verder kan men meren langs de oevers, maar men moet dan wel de diepte peilen wegens mogelijke stenen onder water, tarief f 1,20 per m per nacht + toeristenbelasting f 0,55 p.p. (elektra, toiletten, douche (f 1,–) en wastafels).
Drinkwater: Jachthaven Z.R.M.V. De Batavier (sl); W.V. Hoogeerd Wijchen (sl).
Motorbrandstof: Z.R.M.V. De Batavier, die (sl).
Reparatie: Jachtwerf Bloemen De Maas B.V., Loonse Waard 10, (08894) 1 88 18, bib/bub (alle merken), romp/uitr (ht, s, p, a/op de wal + in het water), elek; Jachtwerf Barten B.V. (gelegen tegenover jachthaven De Batavier), Loonse Waard 26, tel. (08894) 1 29 00, bib (alle merken), romp/uitr (s, a/op de wal + in het water).
Hefkranen: Z.R.M.V. De Batavier, max. 4$^1/_2$ ton, tarief f 75,–; Jachtwerf Barten B.V., max. 40 ton en max. 5 ton (heffen met staande mast mogelijk), tarief vanaf f 160,–, max.diepgang 2,50 m.
Trailerhelling: Z.R.M.V. De Batavier, max. $^1/_2$ ton, tarief f 35,–.
Botenlift: Jachtwerf Bloemen De Maas B.V., tot 18 ton, max.diepgang 2 m.

Nigtevecht

Aan de Vecht (zie aldaar); 13 km van Amsterdam.
Brug en sluis: In de verbinding tussen het Amsterdam-Rijnkanaal en de Vecht ligt een ophaalbrug, H ca. 0,80 m. De sluis staat altijd open. De doorvaart is onoverzichtelijk. Om tegemoetkomende schepen te vermijden moet men letten op de doorvaartlichten.
Wanneer schepen op de Vecht, varende in de richting van het Amsterdam-Rijnkanaal, voor tegemoetkomend verkeer moeten wachten, wordt een geel onderbroken licht getoond, geplaatst op de W-oever van de Vecht, 70 m ten Z van de sluis.
Bediening: (gratis) Brug geautomatiseerd (bij storing tel. (03435) 7 13 82):

ma. t/m vr.	(16 april-16 okt.)	6-22 h
	(16 okt.-16 april)	6-20 h
zat.	(16 april-16 okt.)	6-22 h
	(16 okt.-16 april)	8-16 h
zo. en fd.	(16 april-16 okt.)	9-21 h
	(16 okt.-16 april)	gesloten

Ligplaats: Jachthaven van W.V. Nigtevecht, aan de Vecht, W-oever direct ten Z van de sluis (elektra) ● Passantensteiger van Moby Marina, Dorpsstraat 170-172, overnachten mogelijk.
Drinkwater: Op de sluis (kleine kolk); bij Moby Marina aan de Vecht.

Noord

Verbinding Slikkerveer-Dordrecht, 9 km.
Algemeen: Brede, drukke vaarweg, landschappelijk weinig aantrekkelijk. Veel scheepswerven en industrie. Door snelvarende schepen, duweenheden en losvarende sleepboten hoge verwarde golfslag. Er zijn geen kribben. De oevers bestaan voornamelijk uit basaltglooiingen en -kaden, welke de golfslag terugkaatsen.
Om zo min mogelijk risico te lopen dienen recreatievaartuigen dicht tegen de stuurboordwal te varen en vooral achterom te kijken naar achteroplopers i.v.m. de hoge snelheden van de beroepsschepen. De driesprongen bij Slikkerveer en Dordrecht zijn druk en onoverzichtelijk. Ook daar moet men zo lang mogelijk de oever houden.
Zeilen is alleen verantwoord wanneer de wind ruim invalt. Er zijn af en toe luwten bij fabrieken en de brug. Men moet niet aarzelen de motor te gebruiken.
Van zaterdagmiddag tot zondagavond is er minder beroepsvaart, maar toch is er ook dan nog verkeer (duwvaart).
Bij kmr 979,8 W-oever van de Noord vindt men de benedenmond van de Rietbaan, die bij kmr 977 weer in de Noord uitmondt. De minste diepte bedraagt hier 2,50 m bij GLW. Langs dit weinig bevaren water zijn scheepssloperijen gevestigd.
Vaarwegbeheerder: Rijkswaterstaat, Directie Zuid-Holland, Boompjes 200, 3000 AN Rotterdam, tel. (010) 4 02 62 00. Voor nautische informatie: Regionale Verkeerscentrale Dordrecht, tel. (078) 13 24 21 of marifoonkan. 71, roepnaam 'post Dordrecht' (24 uur).
Maximumsnelheid: Voor snelle motorboten 20 km/h, m.u.v. het gedeelte tussen kmr 977 en kmr 984. Hier geldt géén snelheidsbeperking; waterskiën is verboden. Raadpleeg tevens de 'Handleiding' van deze Almanak onder 'Snelle motorboten en Waterskiën'.
Bijzondere bepalingen: Op de Noord gelden voor kleine vaartuigen (tot 20 m lengte) de volgende bepalingen:
a. Met een zeil- en motorboot mag alleen worden gevaren, indien deze is voorzien van een (direct startklare) motor, waarmee een snelheid van tenminste 6 km/h kan worden gehandhaafd.

b. Alle kleine vaartuigen moeten zo dicht mogelijk aan de stuurboordzijde van het vaarwater varen, met dien verstande dat het niet is toegestaan het vaarwater op te kruisen, behalve wanneer op de snelst mogelijke manier wordt overgestoken of wanneer het i.v.m. de veiligheid van het scheepvaartverkeer beter is over een korte afstand zo dicht mogelijk aan de bakboordzijde van het vaarwater te varen.
c. Een klein varend of geankerd vaartuig moet bij slecht zicht en 's nachts een goed functionerende radarreflector voeren.
Ankeren is alleen voor kleine schepen toegestaan buiten het voor de doorgaande vaart bestemde vaarwater. Afmeren is alleen toegestaan op de daarvoor aangewezen gedeelten, max.verblijfsduur (buiten de jachthavens) 3 x 24 h. Zie tevens de 'Handleiding' van deze Almanak onder 'Bijzondere bepalingen'.
Marifoon: Alblasserdamse brug, kan. 22; de Noord en de Rietbaan vanaf kmr 978 tot de splitsing Noord – Beneden Merwede – Oude Maas maken deel uit van het marifoonblokgebied kan. 19 'sector Dordrecht' van de Regionale Verkeerscentrale Dordrecht. In het blokgebied is het voor schepen uitgerust met marifoon verplicht op dit kanaal uit te luisteren.
Onder alle omstandigheden moet het nautische veiligheidsverkeer, zowel tussen schepen onderling als met de verkeerscentrale, op dit marifoonkanaal worden gevoerd.
Getijstanden: Bij Alblasserdam: GHW = NAP + 1,06 m; GLW = NAP – 0,07 m. Zie verder onder 'Krimpen a. d. Lek' en 'Dordrecht'.
Getijstroom: Stroomrichting en -snelheid in km/h op tijdstippen ten opzichte van HW Hoek van Holland bij gemiddeld tij:
(N = noordgaand tij, eb; Z = zuidgaand tij, vloed)

6 h voor	5 h voor	4 h voor	3 h voor	2 h voor	1 h voor	HW HvH
N 3½	N 4½	N 4½	N 4	N 3½	N 3½	N 1½

HW HvH	1 h na	2 h na	3 h na	4 h na	5 h na	6 h na
N 1½	Z 1	Z 2	Z 1½	Z ½	N 1	N 3

Verkeersbrug Alblasserdam: Beweegbare brug over de Noord. Brug wordt op afstand bediend vanuit de Verkeerscentrale Noordtunnel. De recreatievaart, die uitgerust is met een marifoon, kan zich het beste melden bij de Verkeerscentrale Noordtunnel, marifoonkan. 22. De middelste vaste overspanning heeft een hoogte van NAP + 12,60 m. Omgekeerde peilschaal geeft de hoogte bij de pijlers. In het midden is de brug 0,34 m hoger dan aan de zijkanten. De bascule aan de O-zijde is in gesloten stand véél lager dan de vaste overspanning.
Bediening voor de recreatievaart: Van ma. t/m vr. wordt de brug op vaste tijden voor de recreatievaart bediend. De recreatievaart zal tevens doorvaart worden verleend indien een brugopening plaatsvindt voor de beroepsvaart. In principe wordt op zat., zo. en fd. met bediening voor de recreatievaart gewacht tot zich een tweede jacht heeft aangemeld, maar als dit na ca. 15 min niet is gebeurd dan wordt de brug ook voor één jacht bediend, dit ter beoordeling van de brugwachter. Er vindt geen bediening plaats vanaf windkracht 9 Beaufort.

ma. t/m zat.	(16 april-16 okt.)	6.55, 7.55, 8.55 enz. t/m 20.55 h
	(16 okt.-16 april)	9.30, 11.30, 13.30 en 15.30 h
zo. en fd.	(16 april-16 okt.)	8.55, 9.55, 10.55 enz. t/m 19.55 h
	(16 okt.-16 april)	gesloten

Bediening voor de beroepsvaart:

ma. t/m zat.	(16 april-16 okt.)	6-22 h
	(16 okt.-16 april)	6-20 h
zo. en fd.	(16 april-16 okt.)	8.30-11, 18-20.30 h
(16 okt.-16 april)	gesloten	

Lig- en aanlegplaatsen: Jachthavens zijn aanwezig in Ridderkerk, Hendrik Ido Ambacht, Alblasserdam en in Zwijndrecht. De oevers van de Noord zijn onbruikbaar als aanlegplaats.
Nadere gegevens: Het hoofdstuk 'Varen op de grote rivieren' in Deel 1 van de Almanak voor watertoerisme; de toelichting op de getijtafels in deze Almanak; zie de beschrijvingen onder 'Slikkerveer', 'Ridderkerk', 'Alblasserdam', 'Hendrik Ido Ambacht' en 'Zwijndrecht' in deze Almanak.

Noordervaart (L.)

Verbinding Nederweert-Beringe. Doodlopend. Lengte 15 km.
Vaarwegbeheerder: Rijkswaterstaat Directie Limburg, Postbus 25, 6200 MA Maastricht, tel. (043) 29 44 44.
Maximumsnelheid: 9 km/h, i.v.m. eventuele beschadiging van de oevers.
Max. toegestane diepgang: 1,65 m.
Bijzonder bepalingen: Voor alle schepen geldt een ankerverbod. Meren is alleen toegestaan op de daarvoor aangewezen gedeelten, max.verblijfsduur 3 x 24 h. In droge jaargetijden wordt beperkt geschut i.v.m. waterschaarste.
Sluis Noordervaart: Bediening uitsluitend op verzoek, minimaal 24 h tevoren aanvragen bij Sluis Panheel (tel. (04756) 20 79), gratis:

ma. t/m vr.	8-12 h
zat., zo. en fd.	gesloten

Op het kanaal is éénrichtingsverkeer ingevoerd.
Brugbediening: Aangepast aan de schuttijden van de sluis, gratis. Inlichtingen bij sluis Panheel (tel. (04756) 20 79).
Kampeerterrein: Camping Frerichsoord, Katsberg 30, Meyel, tel. (04766) 19 75.

Noordhollandskanaal

Van Amsterdam tot Purmerend 16 km; tot Akersloot 32 km; tot Alkmaar 37 km; tot Den Helder 79 km.
Vaarwegbeheerder: Van Akersloot tot Den Helder: Rijkswaterstaat N-Holland, Dienstkring Alkmaar, Postbus 8155, 1802 KD Alkmaar, tel. (072) 66 35 00; van Amsterdam tot Akersloot: Rijkswaterstaat N-Holland, Dienstkring Waterland, Sixhavenweg 13-14, 1021 HG Amsterdam, tel. (020) 6 32 04 50. In bijzondere gevallen is bediening van de kunstwerken gedurende de sluitingstijden aan te vragen, 24 uur tevoren, bij de betreffende Dienstkring.
Maximumsnelheid: 9 km/h.
Maximum toegestane diepgang: Amsterdam-Akersloot 3 m, Akersloot-Den Helder 3,50 m.
Bijzondere bepalingen: Voor alle schepen geldt een ankerverbod. Meren is alleen toegestaan op de daarvoor aangewezen gedeelten, max.verblijfsduur (buiten de havens) 3 x 24 h.
Marifoon: Alle bruggen en sluis Purmerend, kan. 20; Post Tesselsebrug, kan. 20; Willemsluizen te Amsterdam, kan. 20.
Bruggen:
Vaste brug ten W van Purmerend, H 6,85 m, ten ZW van Purmerend,

H 7,05 m, in de ringweg van Amsterdam en ten N van de brug in de ringweg, beide H 7,05 m. Alle andere bruggen zijn beweegbaar. De brughoogten zijn aangegeven t.o.v. het 'Referentiepeil', een theoretisch peil dat, uitgaande van de bestaande peilbeheerssituatie, hooguit op een vijftal dagen in het watersportseizoen wordt overschreden (positief of negatief).
Bediening: (gratis)
– (1) Koopvaardersschutsluis in Den Helder, in verbinding met het Nieuwe Diep, zie onder 'Helder, Den'.
– (2) Kooybrug, basculebrug H 7,40 m (vast gedeelte aan de O-zijde, H 8,20 m). Bediening op afstand m.b.v. camera's vanaf het bedieningsknooppunt De Kooy, tel. (02232) 12 20:

ma. t/m do.	(gehele jaar)	6-16.10, 16.45-16.55, 17.15-22 h
vr.	(gehele jaar)	6-15.40, 16.10-16.15, 16.45-22 h
zat.	(16 april-1 juni en	
	16 sept.-16 okt.)	9-18 h
	(1 juni-16 sept.)	9-19 h
	(16 okt.-16 april)	9-16 h
zo. en fd.	(16 april-1 juni en	
	16 sept.-16 okt.)	9-18 h
	(1 juni-16 sept.)	9-19 h
	(16 okt.-16 april)	gesloten

– (3) Spoorbrug (bb), vaste gedeelte H 3,40 m, in Koegras wordt dagelijks 2 x per uur bediend om .06 h en .36 h. De exacte bedieningstijden zijn opgenomen in de watersportwijzer 'Openingstijden spoorbruggen', gratis verkrijgbaar aan de ANWB-vestigingen. Bediening op Koninginnedag en op Hemelvaartsdag als op zat.
– (4) Vlotbrug 't Zand, wordt op afstand bediend vanuit bedieningsknooppunt 'De Kooy', marifoonkan. 20 melden met de naam van de betreffende brug, meldknop op remmingwerk aanwezig, bediening:

ma. t/m vr.	(gehele jaar)	6-22 h
zat.	(16 april-1 juni en	
	16 sept.-16 okt.)	9-18 h
	(1 juni-16 sept.)	9-19 h
	(16 okt.-16 april)	9-16 h
zo. en fd.	(16 april-1 juni en	
	16 sept.-16 okt.)	9-18 h
	(1 juni-16 sept.)	9-19 h
	(16 okt.-16 april)	gesloten

Bediening geldt ook voor brug nr. 5, 6, 7, 8, 9, 9a, 10, 11 en 12.
– (5) Stolperbrug, H 4,45-4,73 m, in Stolpen, afstandsbediening zie Vlotbrug (4).
– (6) St. Maartensvlotbrug, afstandbediening als Vlotbrug (4).
– (7) Burgervlotbrug, afstandbediening als Vlotbrug (4).
– (8) Schoorldammerbrug, H 1,70 m (vaste gedeelte, H 2,65 m), in Schoorldam, afstandbediening als Vlotbrug (4).
– (9) Koedijkervlotbrug bij Alkmaar, wordt op afstand bediend vanuit Post Tesselsebrug, op remmingwerk is een meldknop aanwezig. Bediening als brug nr. 4.
– (9a) Vlielandbrug (bb), H 2,80 m (vaste gedeelte aan de W-zijde: geen doorvaart), in Alkmaar, wordt op afstand bediend vanuit Post Tesselsebrug, op remmingwerk is een meldknop aanwezig. Bediening als brug nr. 4.
– (10) Huiswaarderbrug (bb), H 5,62 m (vaste gedeelte aan W-zijde,

H 5,83 m), in Alkmaar, wordt op afstand bediend vanuit Post Tesselsebrug. Bediening als brug nr. 4.
- (11) Spoorbrug (bb), H 2 m (vaste gedeelte aan W-zijde, H 2,90 m), in Alkmaar. Bediening als brug nr. 4, 2 x per uur om .10 h en .40 h. De exacte bedieningstijden zijn opgenomen in de watersportwijzer 'Openingstijden spoorbruggen', gratis verkrijgbaar aan de ANWB-vestigingen. Bediening op Koninginnedag en op Hemelvaartsdag als op zat.
- (12) Tesselsebrug (bb), H 1,95 m (vaste delen aan beide zijden, H 3 m), in Alkmaar. Bediening als brug nr. 4.
- (13) Friese brug (bb), H 3,80 m, in Alkmaar, wordt op afstand bediend vanuit Post Tesselsebrug. Bediening:

ma. t/m vr.	(gehele jaar)	6-7.45, 8.20-8.30, 9-12, 12.10-12.20, 12.36-12.45, 12.57-16.30, 17.30-22 h
zat., zo. en fd.		als brug nr. 4

- (14) Leeghwaterbrug (bb), H 4,45 m (O-zijde vaste overspanning H 4,71 m), in Alkmaar, wordt op afstand bediend vanuit Post Tesselsebrug. Bediening:

ma. t/m vr.	(gehele jaar)	6-16.30, 17.30-22 h
zat., zo. en fd.		als brug nr. 4

- (15) Kogerpolderbrug (bb), H 4,45 m, in De Woude. Bediening als de sluis in Purmerend (nr. 17). De brug wordt op afstand bediend vanaf de sluis in Purmerend. Schepen zonder marifoon kunnen zich melden via de praatpaal op de meerstoelen aan beide zijden van de brug.
- (16) Vaste brug in Rijksweg 7, H 6,85 m.
- (17) Purmerend, sluis en ophaalbrug, H 1,30 m, bediening:

ma. t/m vr.	(gehele jaar)	6-7.15, 8.15-17, 18-22 h
zat.	(16 april-16 okt.)	9-19 h
	(16 okt.-16 april)	9-15 h
zo. en fd.*	(16 april-16 okt.)	9-19 h
	(16 okt.-16 april)	gesloten

- (18) Spoordraaibrug, H 2,94 m (vaste gedeelte 4,10 m, max. toegestane diepgang 1,40 m) in Purmerend. Bediening 2 x per uur om .22 h en .52 h binnen de volgende tijden:

ma. t/m vr.	(gehele jaar)	5.58-22.04 h
zat.	(16 april-16 okt.)	8.52-19.04 h
	(16 okt.-16 april)	8.52-15.04 h
zo. en fd.*	(16 april-16 okt.)	8.52-19.04 h
	(16 okt.-16 april)	gesloten

* Incl. Koninginnedag.
De exacte bedieningstijden zijn opgenomen in de watersportwijzer 'Openingstijden spoorbruggen', gratis verkrijgbaar aan de ANWB-vestigingen.
- (18a) Vaste brug, H 7,05 m, kmr 13,3.
- (19) Vaste brug, H 7,05 m, in ringweg van Amsterdam, kmr 3,8.
- (20) IJsdoornlaanbrug (bb), vaste overspanning (aan beide zijden) H 4,75 m, bediening:

ma. t/m vr.*	(gehele jaar)	6-7.15, 9-16.30, 18.15-22 h
zat.	(16 april-16 okt.)	9.30-17.30 h
	(16 okt.-16 april)	9-15 h
zo. en fd.	(16 april-16 okt.)	9.30-17.30 h
	(16 okt.-16 april)	gesloten

* De brug wordt tussen 7-7.15 h en 16.15-16.30 h uitsluitend bediend voor schepen richting Purmerend.
– (21) Draaibrug in Buiksloot, H 4,15 m, bediening op afstand vanaf de draaibrug bij het Meeuwenplein, marifoonkan. 20, tevens praatpalen op meerstoelen aanwezig:

ma. t/m vr.	(gehele jaar)	6-7, 8.45-16.15, 18-22 h
zat., zo. en fd.		als brug nr. 20

– (22) Basculebrug bij het Meeuwenplein, H 4,20 m (vast gedeelte H 4,40 m). Bediening:

ma. t/m vr.	(gehele jaar)	6-7, 9-16.15, 18.15-22 h
zat., zo. en fd.		als brug nr. 20

– (23) Basculebrug bij het Kraaienplein, H 4,10 m, in Amsterdam-N. Bediening:

ma. t/m vr.*	(gehele jaar)	6-7.15, 9-16.30, 18.15-22 h
zat., zo. en fd.		als brug nr. 20

* De brug wordt tussen 7-7.15 h en 16.15-16.30 h uitsluitend bediend voor schepen richting Willem I Sluizen.
– (24) Willem I Sluizen in Amsterdam, marifoonkan. 20, bediening:

ma. t/m vr.	(gehele jaar)	5-22 h
zat.	(16 april-16 okt.)	9-19 h
	(16 okt.-16 april)	9-15 h
zo. en fd.	(16 april-16 okt.)	9-13, 14-20 h
	(16 okt.-16 april)	gesloten

Noordoostpolder
Algemeen: Van Urk, Lemmer en De Voorst leiden de hoofdvaarten naar het hart van de polder Emmeloord.
De kanalen heten respectievelijk Urkervaart, Lemstervaart en Zwolse Vaart. De vaart door de polder is aantrekkelijk en bij De Voorst zelfs mooi.
Waterkaart: ANWB-waterkaart 'Noordwest-Overijssel' (kaart C), schaal 1:50.000.
Vaarwegbeheerder: Provincie Flevoland, Postbus 55, 8200 AB Lelystad, tel. (03200) 7 24 11.
Maximumsnelheid: Niet officieel vastgesteld, gebruikelijk is 9 à 12 km/h.
Marifoon: Urkersluis, kan. 22.
Waterstand: Er kunnen peilvariaties optreden van – 0,20 m tot + 0,20 m t.o.v. KP. De hoogten van bruggen zijn opgegeven bij een waterstand gelijk aan KP. Door op- en afwaaiing van het IJsselmeerwater kan in het Vollenhoverkanaal onder en bij de bruggen stroom ontstaan.
Diepte: KP – 2,80 m in de hoofdvaarten (max. toegestane diepgang 2,50 m), D KP – 1,60 m in de zijvaarten.
Sluizen en de daaroverliggende bruggen: De hoofdvaarten zijn toegankelijk via sluizen bij Urk, Lemmer en de Voorst. Halverwege de

Zwolse Vaart nabij Marknesse ligt een vierde sluis tussen de 'hoge' en 'lage' polderafdeling. De maximum toegestane diepgang in de sluizen is 2,50 m bij IJWP. Het peil van de hoge resp. lage polderafdeling bedraagt NAP – 4,50 m resp. NAP – 5,70 m (IJWP = NAP – 0,40 m).
Bediening (gratis):

ma. t/m vr.	(1 april-16 okt.)	7-12.30, 13-19 h
	(16 okt.-1 april)	8-12.30, 13-18 h
zat.	(16 mei-16 sept.)	8-12, 13-19 h
	(16 sept.-16 mei)	8-12 h
zo. en fd.	(16 mei-16 sept.)	9-12, 13-19 h
	(16 sept.-16 mei)	gesloten

De Urkersluis (en de A. de Witbrug) worden op zo. en fd. niet bediend.
Bruggen:
– Over de Lemstervaart liggen de beweegbare Marknesserbrug, H 2,40 m, en vaste bruggen, H 6,50 m.
Over de Zwolse Vaart ligt de beweegbare Kamperbrug, H 2,40 m, en vlak ten O daarvan een vaste brug, H 6,50 m.
Bediening Kamper- en Marknesserbrug:

ma. t/m vr.	(1 april-15 okt.)	7-8, 8.30-12.30, 13-18 h
	(15 okt.-1 april)	8.30-12.30, 13-18 h
zat.	(1 april-15 okt.)	7-8, 8.30-12.30, 13-18 h
	(15 okt.-1 april)	8.30-12.30 h
zo. en fd.	(15 mei-16 sept.)	10-16 h*
	(16 sept.-15 mei)	gesloten

* Bediening Kamperbrug op de halve uren, Marknesserbrug op de hele uren.
– Over de Urkervaart liggen 4 beweegbare bruggen, van O naar W: de Voetbrug H 2,30 m, de Nagelerbrug H 2,57 m (toegestane doorvaarthoogte 2,40 m), de Tollebekerbrug H 2,55 m (toegestane doorvaarthoogte 2,40 m) en de A. de Witbrug H 2,45 m. Tussen de Nageler- en Tollebekerbrug ligt een vaste brug, H 6,50 m.
Bediening Voetbrug:

ma. t/m vr.	(1 april-15 okt.)	8.30-12.30, 13-19 h
	(15 okt.-1 april)	8.30-12.30, 13-18 h
zat.	(1 april-15 okt.)	8.30-12.30, 13-18 h
	(15 okt.-1 april)	8.30-12.30 h
zo. en fd.	(gehele jaar)	gesloten

Bediening van de Nagelerbrug als de Marknesserbrug, doch op zo. en fd. gesloten. Bediening van de Tollebekerbrug en de A. de Witbrug als de Urkersluis (zo. en fd. gesloten).
– Over de zijvaarten liggen uitsluitend vaste bruggen, H 4,60 m, m.u.v. de Luttelgeestenvaart, H 3 m.
Zeilvaart: Nabij de Voorst leidt de Zwolse Vaart door een bosgebied, zodat het daar wel luw is. Verder moet de zeiler er rekening mee houden, dat ten N van de Urkervaart een bomensingel is geplant en dat ten O van de Lemstervaart, tussen het water en de Friese weg een bosgordel is aangelegd. Over de Zwolse Vaart ligt tussen Marknesse en Emmeloord een hoogspanningsleiding, H 13,10 m.
Vrachtvaart: De beroepsvaart volgt voornamelijk de vaarweg van Lemmer langs Emmeloord naar De Voorst. De Urkervaart is veel rustiger.
Aanlegplaatsen langs de kanalen: In Emmeloord is aan de Urkervaart

tussen de Nagelerbrug en de driesprong een loswal, vlak bij het centrum van Emmeloord; nabij Emmeloord in de Zwolsevaart langs de Zuiderkade 190 m aanlegsteigers (toilet en douche); aan de Zwolse Vaart bij Marknesse ten W van de sluis; aan de Zwolse Vaart halverwege Marknesse en Emmeloord t.h.v. het benzineverkooppunt; aan de Lemstervaart t.h.v. de Ruttense Vaart; aan de Urkervaart bij Tollebeek ten W van de Tollebekerbrug; aan de Ruttense Vaart, ± 200 m vanaf de Lemstervaart; aan de Ruttensevaart nabij Rutten t.h.v. de Camping de Stiepe 100 m aanlegsteiger; aan de Ceilervaart, op 25 m vanaf de Lemstervaart. Goede aanlegplaatsen vindt men verder langs de kanaaloevers. De oevers van de vaarten zijn vaak begroeid met riet. Men kan dus niet op alle plaatsen evenwijdig langs de wal aanleggen. Door de nachtsluiting van bruggen en sluizen heeft men 's avonds en 's nachts geen last van de zuiging van langsvarende schepen.

Ligplaatsen: Fraaie ligplaatsen vindt men in de vaart naar Kraggenburg (Leemvaart) aan de steigers in het Voorster Bos, beheerder W.V. Kraggenburg, tarief zie jachthaven ● Jachthaven W.V. Kraggenburg (Leemvaart), havenmeester B. Oosterkamp, tel. (05275) 28 75, tarief f 1,– per m lengte per nacht (elektra, toiletten en douches (f 1,–)) ● aan de loswal van Jachtservice P. Verwer, aan de Marknesservaart (doodlopend), tarief f 8,– per nacht (elektra, toilet, douche (f 1,–) en wastafels) ● aan de Ruttensevaart te Rutten, tarief f 1,– per m lengte (toiletten, douches (f 1,–) en wastafels) ● aan het Kadoelermeer, direct ten N van de Voorstersluis, W-oever, bij Jachtwerf De Voorst, havenmeester M. Wories, tel. (05274) 13 84, tarief f 1,– per m lengte per nacht en f 1,– per persoon (elektra, toilet, douche (f 1,–) en wastafels).

Drinkwater: Jachtservice P. Verwer, Marknesservaart, tarief f 1,– (sl); aanlegplaats Voorster Bos; Urkersluis; Voorstersluis; Marknessersluis; Friese sluis; Tollebekerbrug; Jachtwerf De Voorst (sl, f 1,–/100 l); Zuiderzee Marina (sl, f 1,–); Jachthaven W.V. Kraggenburg (sl, f 1,–).

Motorbrandstof: Zie onder 'Urk' en 'Lemmer'.

Reparatie: K. Bangma, Zuiderkade 10, Emmeloord, tel. (05270) 1 36 78, bib/bub; Jachtwerf De Voorst B.V., Repelweg 6, Marknesse, tel. (05274) 13 84, bib, romp/uitr (ht, s, p/op de wal + in het water); Jachtwerf Gebr. Willems B.V., Havenstraat 2, Emmeloord, tel. (05270) 9 94 77, romp/uitr (s/op de wal + in het water).

Trailerhelling: Jachtwerf De Voorst, max. 750 kg, tarief f 15,–; Zuiderzee Marina, Het Hooiveld 10, Emmeloord, tel. (05270) 9 75 77, max. 10 ton, tarief f 25,–.

Hefkraan: Jachtwerf De Voorst, max. 25 ton, tarief f 11,– per m lengte (heffen met staande mast mogelijk); Zuiderzee Marina, max. 22 ton, tarief f 240,– (heffen met staande mast mogelijk); Jachtwerf Gebr. Willems B.V., Emmeloord, max. 10 ton, max. diepgang 2 m, tarief f 17,50 per m^2.

Botenlift: Jachtservice P. Verwer, Oudeweg 28, Marknesse, tel. (05273) 18 97, max. 15 ton; Zuiderzee Marina, max. 22 ton (liften met staande mast mogelijk).

Kampeerterrein en wasserette: Camping De Voorst*, langs de Zwolse Vaart; Camping De Stiepe te Rutten.

Stortplaats chemich toilet: Op het terrein van Staatsbosbeheer aan de Leemvaart, bij de Friesesluis, de Voorstersluis, de Marknesserssluis en de Urkersluis.

Noordpolderzijl

Vluchthaven aan de Waddenzee; ca. 25 km ten O van Lauwersoog.
Bijzondere bepalingen: Een varend of geankerd klein vaartuig moet bij slecht zicht en 's nachts op de Waddenzee en in de havens aan de Waddenzee een goed functionerende radarreflector voeren.

Getijstanden: Rijzing bij doodtij 2,55 m boven gemiddeld LLWS; bij springtij 2,80 m. Gemiddeld LLWS = NAP – 1,75 m.
Marifoon: Kustwachtpost Schiermonnikoog, kan. 5 (zie tevens onder 'Schiermonnikoog').
Haven: Noordpolderzijl is van oorsprong de (getij)haven voor de garnalenvissers. Voor de recreatievaart van belang als vluchthaven. Men vaart via de ZO-Lauwers in Z-richting de haven binnen langs de 1250 m lange rijsdam en steekbakens, welke de havengeul aan de W-zijde begrenzen. De geul, breedte ca. 4,50 m, bevindt zich aan de O-zijde van de steekbakens.
Schepen met 1 m diepgang kunnen tot 3 uur na HW de haven nog binnenkomen; de haven valt, evenals de Warffumerlaag, bij GLW geheel droog, dus niet geschikt voor boten met vaste kiel.
Vaarverbinding: Er is geen verbinding met de binnenwateren, doch het pittoreske sluisje, dat een onderdeel vormt van de zeedijk, is deels (aan de binnenzijde) bewaard gebleven. Er is een nieuw gemaal gebouwd om te spuien.
Spuiseinen: De spuiseinen worden getoond op de dijk achter de haven.
Aanlegplaatsen: Men kan meren aan palen, aangebracht over een lengte van ca. 210 m en waarvan ook de garnalenvissers gebruik maken. Aansluitend daaraan is een lengte van ca. 70 m vaste ligplaats voor schepen. Voor de recreatievaart zijn slechts een beperkt aantal ligplaatsen aanwezig, tarief f 7,– per dag, langer dan 13 m f 11,75 per dag (tjalken f 23,50 per dag), drinkwater. Max.diepgang 1,50 m bij GHW.
Havenbeheerder: Gemeente Eemsmond, tel. (05953) 15 55. Havenmeester F. van Warners, eigenaar van café 't Zielhoes, tel. (05950) 30 58.
Voorzieningen: In de haven is verlichting aangebracht, er is elektriciteit en water bij het bruine café 't Zielhoes (achter de dijk).
Reparatie: Garage en Autoshop Snijder, Hoofdstraat 11, Usquert, bub/bib; S. Uilhoorn, Zijlsterweg 1, Usquert, tel. (05950) 29 24, zeil/tuigage.
Kampeerterrein: Beperkte mogelijkheden tot het plaatsen van een tent.

Noord-Scharwoude

Zie ook 'Kanaal Alkmaar (Omval)-Kolhorn'.
Ligplaats: Jachthaven De Roskam ten Z van de Roskamsluis, havenmeester H. Spaansen, tel. (02260) 1 27 04, max.diepgang 2,75 m, tarief van f 7,50 tot f 10,– per nacht (elektra, toiletten, douches (f 1,–) en wastafels).
Aanlegplaats: Openbare meerplaats voor recreatievaart ca. 800 m ten Z van de Roskamsluis, W-oever.
Motorbrandstof: Jachthaven De Roskam, die (sl).
Reparatie: Jachthaven De Roskam (Jachtwerf H. Spaansen), De Wuyver 9-11, tel. (02260) 1 27 04, bib (alle merken), romp/uitr (s/op de wal + in het water) (dagelijks geopend).
Hefkraan: Jachthaven De Roskam, max. 30 ton, max.diepgang 2,75 m, tarief f 140,– tot f 165,–.

Noordwillemskanaal

Van de Drenthse Hoofdvaart ten W van Assen naar Groningen, lengte 28 km.
Algemeen: Het kanaal is in de jaren vóór 1972 verbreed en gemoderniseerd. Het biedt een fraai uitzicht op een boomrijk landschap. Er zijn weinig aanlegplaatsen. Men is daartoe aangewezen op de zijvaart naar het Paterswoldse Meer (Hoornse Diep) en voorts kan men meren langs de kanaaloevers waar meerpalen zijn geplaatst.

Vaarwegbeheerder: Binnen de provincie Groningen: Provincie Groningen, Dienst DWK, Postbus 610, 9700 AP Groningen, tel. (050) 16 49 11; binnen de provincie Drenthe: Provincie Drenthe, Postbus 122, 9400 AC Assen, tel. (05920) 6 55 55.
Maximumsnelheid: Gedeelte in de provincie Groningen 6 km/h en het gedeelte in de provincie Drenthe 9 km/h (behalve tussen kmr 0,350 en kmr 1,0, hier geldt een max.snelheid van 6 km/h).
Bijzondere bepalingen: Op het gedeelte in beheer bij de provincie geldt voor alle schepen een ankerverbod en is meren alleen toegestaan op de daarvoor aangewezen gedeelten, max.verblijfsduur (buiten de havens) 3 x 24 h.
Diepte: Drempeldiepte van de sluizen KP – 3 m.
Maximum toegestane diepgang: Van de Zuiderhaven in Groningen tot het Havenkanaal in Assen 2,50 m; overigens 2,20 m.
Bruggen en sluizen: Twee vaste bruggen, H 5,40 m, bij Assen met daartussen een hoogspanningsleiding, H 7,80 m, en een vaste brug ten Z van Vries; verder 17 lage beweegbare bruggen waarvan een hefbrug (in Groningen) en 3 sluizen met een groot verval.
Bediening:
– Bruggen in Groningen: zie aldaar.
– Ophaalbrug Asserwijk ten W van Assen en Sluis in Peelo zie onder 'Drenthse Hoofdvaart'.
– Overige bruggen en sluizen: (geen brug- en sluisgeld)

ma. t/m zat.*	(1 mei-1 sept.)	6-12, 12.30-19 h
	(april en sept.)	7-12, 12.30-19 h
	(mrt. en okt.)	7-12, 12.30-18 h
	(1 nov.-1 mrt.)	8-12, 12.30-18 h
zo. en fd.	(gehele jaar)	gesloten

* In de periode van 12 sept. tot 16 mei worden de bruggen en sluizen (gedeelte Taarlose brug-Oosterbroekse brug) in combinatie bediend. Van 16 mei tot 12 sept. worden de Taarlose brug, Oudemolense brug, Vriese brug en brug De Punt tot 8 h en na 17 h in combinatie bediend. Men moet rekening houden met enig oponthoud.
Bij drukke recreatievaart worden de rijksbruggen slechts bediend, wanneer verschillende schepen tegelijk kunnen worden doorgelaten. De bediening zal echter niet langer dan een half uur worden opgehouden. Bij de sluizen kan i.v.m. waterbesparing een oponthoud van max. 1 uur voorkomen.
Lig- en aanlegplaatsen: Aan de steiger van de Fa. Beuving, aan de W-oever ten Z van brug De Punt (toiletten) ● aan de kade aan de W-oever ten N van brug De Punt (geen bolders aanwezig) ● aan de W-oever nabij de Vriese brug.
Drinkwater: Bij de Fa. Beuving (sl).
Motorbrandstof, reparatie en hefkraan: Fa. Beuving, Groningerstraatweg 118, Glimmen, tel. (05906) 17 59, die (sl), bub/bib, romp/uitr (ht, s, p), hefkraan max. 50 ton, kosten in overleg (zo. gesloten).

Noordwijk-Binnen
7 km van Warmond. Zie ook 'Haarlemmertrekvaart'.
Waterstand: De hoogten van de bruggen zijn aangegeven t.o.v. KP (NAP – 0,60 m). Er treden peilvariaties op van NAP – 0,70 m tot NAP – 0,40 m.
Lig- en aanlegplaatsen: Voor schepen met max. 2,40 m hoogte i.v.m. vaste bruggen: ● Jachthaven Noordwijk, aan de Dinsdagse Watering, 500 m ten W van de Haarlemmertrekvaart waarin gevestigd W.V.

Noordwijk en Jachtwerf Flying Arrow B.V., tarief f 1,– per m lengte per nacht, KNWV-leden bij de W.V. Noordwijk eerste 2 nachten 50% korting (toiletten, wastafels en douche) ● aan de Maandagse Watering (vaste bruggen, ca. H 2,20 m) ● aan de kade van de Dinsdagse Watering in het dorp, vaste bruggen H 2,20 m, D 1 à 1,50 m.
Reparatie: In overleg met de havenmeester van W.V. Noordwijk, tel. (01719) 1 16 15, bub/bib; Jachtwerf Flying Arrow B.V., Jachthaven Noordwijk, van Berckelweg 36-42, tel. (01719) 1 37 52, romp/uitr (ht, s, p).
Hefkraan en stortplaats chemisch toilet: Bij Jachtwerf Flying Arrow B.V., max. 12$^1/_2$ ton, tarief f 83,– per keer.
Trailerhelling: Jachthaven Noordwijk bij de W.V. Noordwijk, f 2,50 per keer.

Noordwijkerhout
19 km van Haarlem (Spaarne); 14 km van Leiden door de Haarlemmertrekvaart en Schippersvaart; zie ook 'Haarlemmertrekvaart'.
Motorboten: Met vergunning van het Hoogheemraadschap Rijnland (zie bij 'Drecht') kunnen motorboten tot aan de Schippersvaart komen. Voor deze vaart zelf wordt geen vergunning verleend. Zeilen is hier verboden.

Noordzeekanaal
Van Amsterdam (IJveer) – IJmuiden, lengte 24 km.
Algemeen: In dit kanaal varen veel zeeschepen. De recreatievaart moet de stuurboordwal houden. De zeeschepen varen gewoonlijk vrij snel. Dit is vaak niet te zien, doordat de boeggolf naar verhouding klein is. Golfslag veroorzaken deze schepen niet, wel zuiging. Met deze zuiging moet men rekening houden bij het zoeken naar ligplaatsen in aan dit kanaal grenzende haventjes en zijkanalen. Losvarende sleepboten en vissersvaartuigen veroorzaken veel beroering in het water. In Amsterdam is een druk havenverkeer waardoor hier bijna altijd een onregelmatige en hoge golfslag loopt.
Vaarwegbeheerder: Rijkswaterstaat Directie Noord-Holland, Postbus 3119, 2001 DC Haarlem, tel. (023) 30 13 01.
Maximumsnelheid: 18 km/h voor schepen met een diepgang minder dan 4 m en voor snelle motorboten 20 km/h.
Bijzondere bepalingen: Op het Noordzeekanaal (ten O van de sluizen in IJmuiden) en op het Afgesloten IJ (zie tevens onder 'Amsterdam') gelden voor kleine vaartuigen (tot 20 m lengte) de volgende bepalingen:
a. Met een zeil- en motorboot mag alleen worden gevaren, indien deze is voorzien van een (direct startklare) motor, waarmee een snelheid van tenminste 6 km/h kan worden gehandhaafd.
b. Alle kleine vaartuigen moeten zo dicht mogelijk aan de stuurboordzijde van het vaarwater varen, met dien verstande dat het niet is toegestaan het vaarwater op te kruisen, behalve wanneer op de snelst mogelijke manier wordt overgestoken of wanneer het i.v.m. de veiligheid van het scheepvaartverkeer beter is over een korte afstand zo dicht mogelijk aan de bakboordzijde van het vaarwater te varen.
c. Een klein varend of geankerd vaartuig moet 's nachts en bij slecht zicht een goed functionerende radarreflector voeren (dit geldt tevens voor alle zijkanalen en havens die in open verbinding staan met het Noordzeekanaal en Afgesloten IJ).
Ten W van de sluizen in IJmuiden geldt naast de verboden genoemd onder a. en b. tevens een vaarverbod voor met spierkracht voortbewogen vaartuigen en windsurfplanken. Zie tevens de 'Handleiding' van deze Almanak onder 'Bijzondere bepalingen'.
Marifoon: Zie onder 'Amsterdam', 'Oranje Sluizen' en 'IJmuiden'.

Nadere bijzonderheden: Zijn vermeld onder 'Oranje Sluizen', 'Amsterdam', 'Nauerna', 'Velsen-Noord' en 'IJmuiden'.
Ligplaatsen: Jachthaven Kokernoot, hoek Noordzeekanaal-Zijkanaal H, tarief f 1,– per m per nacht (toiletten), havenmeester K. Kokernoot, tel. (075) 15 81 81. Zie verder onder 'Amsterdam', 'Nauerna', 'Spaarndam', 'Velsen-Noord', 'IJmuiden', 'Zaandam' en 'Zijkanaal E'.
Reparatie en hefkraan: Jachthaven Kokernoot, bib/bub, romp/uitr (ht, s, p), hefkraan max. 10 ton, tarief ca. f 175,–, dagelijks geopend.

Nulde

4,5 km van de sluis bij Nijkerk; 12 km van de Hardersluis; zie ook 'Nuldernauw' en 'Wolderwijd'.
Ligplaats: Jachthaven Nulde van W.V. Nulde, havenmeester W. Bos, tel. (03418) 5 27 32) waarin gevestigd zijn de thuishaven van de W.V. Nulde, de aanloophaven en de vluchthaven. Alleen toegang voor schepen korter dan 12 m, max. diepgang 1,60 m. Tarief f 1,25 per m lengte per nacht (toiletten, wastafels en douches (f 1,–) en elektra), drinkwater.
De aanloopvaargeul is bebakend.
Motorbrandstof: Achter de jachthaven bij het tankstation, be, sbe en die.
Trailerhelling en botenlift: Jachthaven Nulde, Strandboulevard 5, Putten (afslag 'Strand Nulde'), tarief trailerhelling f 10,– per keer, hefkraan max. 10 ton, tarief f 5,50 per m lengte + arbeidsloon. Max. diepgang 1,60 m.
Stortplaats chemisch toilet: Bij Jachthaven Nulde.

Nuldernauw

Zie ook bij 'Randmeren'.
Dit is het smalle deel van het randmeer tussen Z-Flevoland en de Veluwekust. Het is bereikbaar van het Wolderwijd (zie aldaar) en via de sluis bij Nijkerk van het Nijkerkernauw en het Eemmeer (zie aldaar).
Vaarwaterbeheerder: Rijkswaterstaat Directie Flevoland, Postbus 600, 8200 AP Lelystad, tel. (03200) 9 91 11.
Maximumsnelheid: In de vaargeul 20 km/h, daarbuiten 9 km/h.
Vaargeul: Zie bij 'Randmeren'. De geul heeft een breedte van 150 m. Buiten de vaargeul is het ondiep, behalve tussen de Nijkerkersluis en de Jachthaven Nulde. Ten Z van de vaargeul (de zijde van het oude land) is recreatiebebakening gelegd op de 1,30 m dieptelijn. Ten N van de geul (polderzijde) ligt geen aanvullende bebakening, de diepte varieert er tussen 1 en 2 m, nabij de hoek tegenover de jachthaven is het echter ondieper dan 1 m.
Aan de polderzijde is een visbotenhaven gegraven met vaste voetbrug, H 1,40 m, over de invaart.
Ligplaatsenverordening Gemeenten Almere en Zeewolde: Op grond van een verordening van deze gemeenten is het verboden een ligplaats in te nemen of te ankeren langs 2 oeverstroken langs de polderzijde dichter dan 100 m van het strand (met drijvers). Die verboden oeverstroken zijn:
– tussen de tonnen NN 35 en halverwege NN 25 en 23;
– tussen halverwege NN 9 en 7, en de Jachthaven Zeewolde.
Oevers: Hier en daar langs het meer zijn zowel aan de N-oever als aan de Z-oever stranden aangelegd. De stranden zijn over het water bereikbaar via de jachthavens in Nulde, Horst en Zeewolde (zie onder 'Lig- en aanlegplaatsen'). Het meer wordt intensief gebruikt door windsurfers.
Waterstand: Als Wolderwijd, zie aldaar.
Sluis en brug: Zie 'Nijkerk' en 'Randmeren' (voor bediening).

Lig- en aanlegplaatsen: Jachthaven Nulde (zie bij 'Nulde'); Jachthaven van het Recreatiecentrum Zeewolde (zie bij 'Wolderwijd'); Jachthaven Watersportcentrum Strand-Horst (zie bij 'Wolderwijd'); ligplaats aan de polderzijde tussen de tonnen NN 13 en NN 11 (niet gratis).

Numansdorp
14 km van Moerdijk; 23 km van Dordrecht.
Waterstanden: Zie onder 'Haringvliet'.
Havens:
– De (voormalige) Veerhaven.
Op de W-havendam een hooggeplaatst vast rood licht, op de O-havendam een hooggeplaatst vast groen licht. Max.diepgang 3,50 m.
– De Gemeentehaven bij het dorp Numansdorp (Dorpshaven), op 1,3 km ten O van de voormalige Veerhaven. Dit is een smalle, ongeveer NZ-lopende geul die gemiddeld 2,20 m diep is.
Aan de W-zijde van de havenmond ligt een stenen dam onder water. De kop van de dam wordt gemarkeerd door een rode sparboei met wit flikkerlicht en een baken. Bij binnenvaren 10 à 15 m afstand houden van de W-havendam, waarop tevens nog staken zijn geplaatst. Meer binnenwaarts aan weerszijden zandoevers en een openstaande keersluis. In de havenkom voorbij de keersluis is een kademuur en er zijn steigers.
– Ten O van de Gemeentehaven liggen 2 havens van het Recreatiewoningcomplex Numansgors. Deze havens zijn niet toegankelijk voor passanten.
Havenmeesters: Van de gemeente: Veerhaven en Dorpshaven, J. Leeuwenburgh, tel. (01865) 25 93, privé tel. (01865) 35 73; M. den Haan, tel. (01865) 39 86, privé tel. (01865) 36 96.
Van W.V. Numansdorp: Gemeentehaven, A. Westerkamp en A. Hagoort, tel. (01865) 21 81.
Van Jachtwerf Numansdorp Holland V.O.F.: Veerhaven, Waldi en Jeannet Wiedmer, tel. (01865) 16 44.
Marifoon: W.V. Numansdorp, kan. 31.
Toeristenbelasting: f 0,60 p.p. per nacht.
Ligplaatsen: In de Veerhaven aan de O-kade of aan de dukdalven, in de Gemeentehaven langs de kademuur, tarief f 0,95 per m lengte per nacht + toeristenbelasting f 0,60 per persoon ● W.V. Numansdorp, aan de steigers in de Gemeentehaven (max.diepgang 2 m) en in de Veerhaven (max.diepgang 3,50 m), tarief f 1,30 per m lengte per nacht, excl. toeristenbelasting (elektra, toiletten, wastafels en douches (f 1,–) (tevens telefooncel aanwezig)) ● in de Veerhaven bij Jachtwerf Numansdorp Holland V.O.F., tarief f 1,25 per m lengte per nacht (toiletten, wastafels en douches).
Drinkwater: Zowel in de Veer- als Gemeentehaven; bij Jachtwerf Numansdorp Holland V.O.F. (sl).
Motorbrandstof: Bij Jachtwerf Numansdorp Holland V.O.F., die (sl), sbe (sl).
Reparatie: Jachtwerf Numansdorp Holland V.O.F., Veerhaven, Veerweg 3-5, tel. (01865) 16 44, bub/bib (alle merken), romp/uitr (ht, s, p, a/op de wal + in het water), zeil/tuigage, elek (tijdens het seizoen dagelijks geopend); Fortuin's Scheepsmotoren Servicedienst, de Roolaan, Westmaas, tel. (01864) 25 23, bub/bib.
Hefkraan, trailerhelling en botenlift: Jachtwerf Numansdorp Holland V.O.F., kraan max. 12 ton, tarief vanaf f 70,– (heffen met staande mast mogelijk), trailerhelling, tarief f 10,–, botenlift max. 30 ton, tarief vanaf f 100,–, max.diepgang 3 m.
Mastentakel: W.V. Numansdorp, max. 250 kg, hoogte 14 m.

Wasserette: Bij Jachtwerf Numansdorp Holland V.O.F.
Stortplaats chemisch toilet: Bij W.V. Numansdorp-Dorpshaven.

Nijkerk

17 km van Harderwijk; 26 km van Hollandse brug; zie ook 'Nijkerkernauw'.
Schutsluis en beweegbare brug tussen Nijkerkernauw en Nuldernauw: Ten O van de haven van Nijkerk is een boezemscheiding gemaakt tussen de Veluwemeerboezem (Drontermeer, Veluwemeer, Wolderwijd en Nuldernauw) en de IJmeerboezems (IJmeer, Gooimeer, Eemmeer en Nijkerkernauw), bestaande uit een dam, waarin een schutsluis en stroomsluizen zijn gebouwd. Over de sluizen ligt een brug in de verkeersweg naar Z-Flevoland, met een beweegbaar deel over de schutsluis (in gesloten stand H NAP + 7,20 m (= IJZP + 7,40 m)).
Bediening: Zie bij 'Randmeren'.
Buitenhaven van Nijkerk: Ongeveer 300 m ten W van de sluis Nijkerkernauw takt van de vaargeul door het Nijkerkernauw de geul af naar de Buitenhaven van Nijkerk, D 2,50 m. Dit aftakpunt wordt aangegeven door een scheidingston. Bij het binnenvaren heeft men in de havenmond aan stuurboord een ondiepte, aangegeven door een groene ton. Bij nacht is de Buitenhaven kenbaar aan een groen vast licht op de kop van de W-havendam en een rood vast licht op de kop van de O-havendam.
Marifoon: Arkersluis, kan. 12. Zie verder bij 'Randmeren'.
Sluis en Arkervaart naar Nijkerk: De Arkervaart is van de Buitenhaven afgesloten door de Arkersluis met ophaalbrug (Arkersluisbrug). De vaart is 3 km lang en voert naar de havenkom in het stadje Nijkerk. Max. toegestane diepgang 2,60 m. Ter hoogte van Nijkerk ligt de Hardenbergerbrug, vaste brug, H 7,20 m.
Arkersluis en Arkersluisbrug: Tussen de Arkervaart en de Buitenhaven. Geen sluisgeld, wel havengeld (zie bij 'Ligplaatsen'). De sluiswachter bedient tevens de Arkervaartbrug, waardoor men rekening moet houden met tijdelijke afwezigheid i.v.m. het bedienen van de Arkervaartbrug. Sluismeester, H.J. v. Proosdij, tel. (03494) 5 12 07.
Bediening:

ma. t/m vr.	(1 mei-1 sept.)	7-7.30, 8.15-9.30, 10.15-11.30, 13-13.30, 14.15-15.30, 16.15-17.30, 18.15-19 h
	(1 sept.-1 mei)	7-9.30, 10.15-12, 13-15.30, 16.15-19 h
zat.	(1 mei-1 sept.)	9-9.30, 10.15-11.30, 13-13.30, 14.15-15.30, 16.15-17 h
	(1 sept.-1 mei)	9-10.30, 11.15-12 h
zo. en fd.	(1 mei-1 sept.)	9.15-10 h
	(1 sept.-1 mei)	gesloten

Arkervaartbrug: Basculebrug tussen vaste Hardenbergerbrug en de havenkom, H 0,60 m. De brug wordt bediend door de sluiswachter van de Arkersluis, waardoor men rekening moet houden met enig oponthoud. Bediening:

ma. t/m vr.	(1 mei-1 sept.)	7.45, 9.45, 11.45, 13.45, 15.45, 17.45 h
	(1 sept.-1 mei)	9.45, 15.45 h
zat.	(1 mei-1 sept.)	9.45, 11.45, 13.45, 15.45 h
	(1 sept.-1 mei)	10.45 h
zo. en fd.	(1 mei-1 sept.)	9, 10.15 h
	(1 sept.-1 mei)	gesloten

Gemeentelijk havengeld: f 1,12 per m lengte per etmaal. Max.verblijfsduur 8 dagen.
Ligplaatsen:
– In de Buitenhaven: ● Jachthaven Z. & M.V. De Zuidwal, aan de O-zijde van de Buitenhaven, max.diepgang ca. 1,80 m, havenmeester T. Kroon, tel. (03494) 5 30 33, tarief f 1,– per m lengte per nacht (toiletten, douches (f 1,–) en wastafels) ● aan de W-zijde van de Buitenhaven, aan een nieuwe houten beschoeiing (max.verblijfsduur 8 dagen), tarief f 1,12 per m lengte, max.diepgang 1,50 m (toiletten, douches (munten verkrijgbaar op de Arkersluis) en wastafels).
– In de Arkervaart: ● in de havenkom (zwaaikom) bij het stadhuis van Nijkerk (douches (f 1,–), toiletten, wastafels en telefoon, sleutel sanitairgebouw bij de sluiswachter), tarief zie 'Gemeentelijk havengeld'. Max.diepgang 1,20 m.
Drinkwater: Op de Arkersluis (sl).
Motorbrandstof: In de jachthaven van Z. & M.V. De Zuidwal, sbe (sl), die (sl); G. Heimensen, Westkadijk 2, aan de Arkervaart, direct ten N van de bebouwde kom, be, sbe, die (zo. gesloten).
Vulstaion propaangasflessen: Robo Gascentrale B.V., Gildenstraat 20, tel. (03494) 5 25 45.
Reparatie: Reparatiehelling bij Z. & M.V. De Zuidwal voor jachten tot 15 ton en ca. 1,20 m diepgang, na afspraak met havenmeester T. Kroon, tel. (03494) 5 30 33; Jachtwerf Langman, Westkadijk 7, tel. (03494) 5 12 67, aan de Arkervaart, bib (Yanmar, Mitsubishi, Bukh, Daf, Perkins en Ford), bub (Yamaha, Mercury, Mariner, Johnson, Evinrude, Honda, Tomos en Force), romp/uitr (s, p/op de wal + in het water), zeil/tuigage.
Hefkranen: Jachtwerf Langman, max. 20 ton, max.diepgang 2,20 m; via de havenmeester van Z. & M.V. De Zuidwal kan een hellingwagen besteld worden (heffen met staande mast mogelijk).
Trailerhelling: Jachthaven Z. & en M.V. De Zuidwal, max. 300 kg, max.diepgang 1,20 m.
Kampeerterrein: Theehuis en kampeerterrein Hulckensteyn op enige afstand van de Buitenhaven, Zeedijk 1, tel. (03494) 5 65 03.
Wasserette: Bij Jachthaven Z. & M.V. De Zuidwal.
Stortplaats chemisch toilet: aan de W-zijde van de Buitenhaven.

Nijkerkernauw
Zie ook bij 'Randmeren'.
Het smalle gedeelte van het randmeer van Z-Flevoland, dat zich uitstrekt van het sluizencomplex bij Nijkerk tot het punt op ca. 1 km ten W van Spakenburg, waar het meer zich sterk verwijdt en overgaat in het Eemmeer.
Maximumsnelheid: In de vaargeul 20 km/h, daarbuiten 9 km/h. Tussen Spakenburg en Nijkerk zijn aan de oude landzijde twee banen uitgezet waar géén snelheidsbeperking geldt: één baan richting Spakenburg voor het waterskiën (gele boei met rood-wit-rood topteken met pictogram waterskiër) en één baan richting Nijkerk voor het varen met snelle motorboten (gele boei met rood-wit-rood topteken met pictogram snelle motorboot). Deze banen zijn verboden voor alle andere vaartuigen.
Nadere informatie is opgenomen in de ANWB-watersportwijzer 'Snel motorbootvaren in Nederland'. Raadpleeg hiervoor de 'Handleiding' van deze Almanak onder 'Snelle motorboten en Waterskiën'.
Havenbeschrijvingen: Zie onder 'Nijkerk' en 'Spakenburg'. Zie tevens onder 'Handleiding' in deze Almanak.
Oevers: Aan beide oevers zijn plaatselijk stranden aanwezig.
Lig-, aanleg- en ankerplaatsen: Aanlegplaats op 1500 m ten W van de sluis aan de polderzijde (Hameland), hier wordt liggeld geïnd.

Zie verder onder 'Eemmeer', Jachthaven De Eemhof.
De Ligplaatsenverordening van de Gemeente Zeewolde (polderzijde van het Nijkerkernauw en het Eemmeer) is vrijwel identiek aan de regeling zoals onder 'Flevoland' is aangegeven. Op grond van deze verordening is het verboden ligplaats te nemen (of te ankeren) binnen 100 m vanaf het strand (met drijvers) telkens tussen de volgende tonnen:
– tussen NKN 27 (tegenover Spakenburg) langs Jachthaven De Eemhof (zie onder 'Eemmeer') tot de hoogspanningsleiding bij NKN 21;
– tussen NKN 15 en NKN 11;
– tussen NKN 7 tot halverwege NKN 5 en 3 (waar de aanlegplaats Hameland is gesitueerd).
Als ankerplaatsen blijven dus verschillende plaatsen toegestaan, maar let wel op of voldoende diepte aanwezig is. De waterkaart geeft daar informatie over.

Nijmegen

Aan de Waal; 3 km van Weurt; verkeersbrug, kmr 883,5.
Marifoon: Verkeerspost Nijmegen, roepnaam is 'Post Millingen', kan. 69 roep- en werkkanaal, kan. 13 uitwijkkanaal, kan. 10 noodkanaal en kan. 11 meldingen t.b.v. het MVS en informatie van algemene aard; Havenkantoor, kan. 12.
Verkeerspost Nijmegen: Dag en nacht bereikbaar, tel. (08897) 7 45 55.
Bruggen: Vaste verkeersbrug over de Waal, H MR + 16 m (NAP + 24,66 m); vaste spoorbrug over de Waal, H MR + 14,10 m (NAP + 22,77 m).
Sluis te Weurt: Zie bij 'Maas-Waalkanaal'.
Havenmeester: kantoor, Kromme Elleboog 48, tel. (080) 29 26 96, (06) 52 81 54 21.
Aanlegplaatsen en havens:
● In de Waalhaven na overleg met de Havendienst. Bij het uitvaren van de haven moet men voorzichtig zijn.
● Passantensteiger (lengte 150 m) in de Vluchthaven (benedenstrooms van de verkeersbrug), waar men ten hoogste 2 x 24 h mag liggen, tarief f 12,75 per etmaal (elektra). In het midden van de passantensteiger is een automaat aanwezig voor betaling van het liggeld (alleen muntgeld). De kwitantie op een zichtbare plaats aan boord leggen voor controle door de havendienst. Bij het invaren van de Vluchthaven moet men rekening houden met een sterke neer en met de beroepsvaart die op dit zeer kritieke punt op de Waal nagenoeg geen ruimte kan geven.
– Zie onder 'Weurt'.
Motorbrandstof: Fina, Handelsonderneming Neptun; Shell-lichter. Beide benedenstrooms van de spoorbrug. Marifoonkan. 82. Zie tevens onder 'Weurt'.
Vulstation propaangasflessen: Tramex, De Blecourtstraat 55, tel. (080) 77 67 54; F.J. van Pelt B.V., Hogelandseweg 3, tel. (080) 77 29 05.
Drinkwater: Aan de passantensteiger (sl).
Reparatie: Multi-Power, Nijverheidsweg 40, tel. (080) 7 30 08, bub/bib; H. Post B.V., Hogelandseweg 25, zeil/tuigage.

Ochten

Aan de Waal, kmr 906,1 Ro; 5 km stroomafwaarts van Dodewaard; 7 km stroomopwaarts van Tiel (monding Amsterdam-Rijnkanaal).
Aanlegplaatsen: Grote grindgaten (vluchthavens), toegang: bij kmr 908 Ro (particuliere Industriehaven Houdster Maatschappij Dekker B.V.); kmr 905 Ro; Oude Veerstoep, kmr 906 Ro (vluchthaven, niet

direct voor de recreatievaart); grindgat Kaliwaal bij kmr 908 Lo, de toegang is bij MR 1 m diep, in de zomer dus veelvuldig droogvallend.
Trailerhelling: Aan de Oude Veerstoep, kmr 906 Ro.

Oeffelt
Aan de Maas t.o. Gennep; verkeersbrug, kmr 154,8.
Brug: Vaste verkeersbrug. De rechteropening H SP + 9,62 m, de linkeropening H SP + 11,10 m.
Aanlegplaats: Nabij Camping De Maasvallei, kmr 155,4 Lo.
Kampeerterrein: Camping De Maasvallei, Veerweg 4, tel. (08856) 18 58.

Oegstgeest
1 km van Warmond; zie ook 'Oegstgeesterkanaal' en 'Haarlemmertrekvaart'.
Lig- en aanlegplaatsen: Yachtcharter Zuid-Hollandse Plassen, havenmeester Ph.B. Begemann, aan het Oegstgeesterkanaal bij de brug in de Dorpsstraat, tel. (071) 17 50 79, max.diepgang ca. 1,30 m, tarief f 1,50 per m lengte per nacht, max.verblijfsduur 24 h (vanaf do.avond tot zat.avond voor passanten gesloten) (elektra, toiletten, douche (f 1,50) en wastafels) ● Jachthaven Zwanengat, tel. (071) 15 59 00, aan de Haarlemmertrekvaart, nabij de hoek Leede en Oegstgeesterkanaal, na overleg met havenmeester, tarief van f 10,– per nacht (toiletten) ● Jachthaven Welgelegen, tel. (071) 15 46 84, b.g.g. 15 47 80, aan de Haarlemmertrekvaart (toiletten en douche) ● Jachthaven Poelgeest B.V., aan de Haarlemmertrekvaart, havenmeester J. Juffermans, tel. (071) 17 61 76, max.diepgang 2 m, tarief f 1,– per m lengte per nacht (elektra, toiletten, douche (f 1,–) en wastafels) ● aan de N-zijde van het Oegstgeesterkanaal, gratis.
Drinkwater: Yachtcharter Zuid-Hollandse Plassen (sl f 1,50); Jachthaven Poelgeest (sl f 1,–).
Motorbrandstof: Yachtcharter Zuid-Hollandse Plassen, die (sl).
Reparatie: Jachthaven Poelgeest B.V., Haarlemmertrekvaart 15, bub (Yamaha, Mercury, Mariner, Honda, Johnson en Evinrude), romp/uitr (p/op de wal), elek; De Kwaak Watersport B.V., Haarlemmertrekvaart 10, tel. (071) 17 07 02, bub/bib (alle merken), romp/uitr (ht, s, p/op de wal); Jachthaven Zwanengat, bib (Mercedes, Mitsubishi, Daf en Vetus), romp/uitr (ht, s/op de wal + in het water), helling max. 13 ton; Jachthaven Welgelegen*, Haarlemmertrekvaart 20, dagelijks geopend, romp/uitr.
Hefkranen: Jachthaven Welgelegen, max. 20 ton, max.diepgang 2 m, kosten afhankelijk van gewicht; Jachthaven Poelgeest B.V., max. 10 ton, max.diepgang 1 m; Yachtcharter Zuid-Hollandse Plassen, max.diepgang 1,30 m, max. $1^{1}/_{2}$ ton, tarief f 100,–, tevens helling max. 17 ton, tarief f 20,–.
Trailerhellingen: Jachthaven Welgelegen, max. 5 ton, open boten tot 6,50 m f 60,– per keer, max.diepgang 1 m; De Kwaak Watersport B.V., tarief f 5,– per m lengte, max.diepgang 2 m; Jachthaven Poelgeest B.V., tarief f 7,50.
Botenliften: De Kwaak Watersport B.V., max. 20 ton, max.diepgang 2 m, tarief f 17,50 per m;
Aftappunt vuilwatertank: Bij De Kwaak Watersport B.V.; bij Jachthaven Zwanengat.

Oegstgeesterkanaal
Van de Haarlemmertrekvaart naar het Uitwateringskanaal ten NO van Katwijk aan de Rijn, lengte 4,3 km. Zie ook 'Oegstgeest'.
Maximumsnelheid: 7,2 km/h.

Diepte: 1,80 m bij KP.
Waterstand: KP = NAP – 0,60 m (Rijnlandsboezempeil). Er kunnen peilvariaties optreden van NAP – 0,40 tot – 0,70 m.
Motorvaart: Vereist is de algemene vaarvergunning van het Hoogheemraadschap van Rijnland (zie bij 'Drecht').
Bruggen: Vijf vaste bruggen, waarvan de laagste H 2,35 m bij KP.

Oever, Den

21 km van Medemblik; 11 km van de Slootsluis; zie ook 'Waddenzee' en 'IJsselmeer'.
Vaarwaterbeheerder: Rijkswaterstaat Directie Flevoland, Postbus 600, 8200 AP Lelystad, tel. (03200) 9 91 11.
Maximumsnelheid: Snelle motorboten en waterskiën verboden.
Rijkshavenmeester: G.T.B. Ernens, tel. (02271) 13 03, alleen voor de Noorder- en Vissershaven.
Douane: In Den Oever is geen douanekantoor gevestigd, zie onder 'Den Helder'. Voor douaneformaliteiten zie in de Handleiding van deze Almanak onder 'Douaneformaliteiten'.
Haven:
– IJsselmeerzijde: De betonde toegangsgeul naar de zeesluis heeft een diepte van IJWP – 4 m. De Stontelersluis is bereikbaar via de bebakende vaargeul ten N van het eiland (D 2,20 m). Buiten de vaargeul is het ondiep.
– Waddenzee: De drempeldiepte is minstens gemiddeld LLWS – 2,20 m (na baggeren 2,90 m). Op de Buitenhaven (de kanten vallen droog) sluit de Voorhaven aan, diepte bij gemiddeld LLWS 2,60 m (na baggeren 3,10 m). Over de toegang tot de Voorhaven liggen twee draaibruggen. Tussen deze Voorhaven en de Binnenhaven ligt de sluis. In de W-oever van de Buitenhaven mondt de Noorderhaven uit. In de NW-hoek van deze haven ligt de toegang tot de Vissershaven. Diepte van de Noorder- en Vissershaven, gemiddeld LLWS – 2,60 m.
Het hoge complex van de spuisluizen ten O van de haven is goed kenbaar. Spuien wordt kenbaar gemaakt door drie rode lichten in een gelijkzijdige driehoek (BPR, bijlage 7, H.3 a. en H.3 c.).
Getijstanden: Gemiddeld LLWS = NAP – 1,35 m. Rijzing bij doodtij 1,60 m boven gemiddeld LLWS; rijzing bij springtij 1,80 m.
Zeesluis: De Stevinsluis en de draaibruggen, H NAP + 3,70 m. Maximum toegestane diepgang 3,50 m, afhankelijk van de waterstand. Bediening: (gratis)

ma. t/m vr.	(gehele jaar)	6-22 h
zat.	(1 april-1 nov.)	6-22 h
	(1 nov.-1 april)	6-18 h
zo. en fd.	(1 april-1 nov.)	8-22 h
	(1 nov.-1 april)	10-18 h*

* Wordt op proef gedaan.
Bij een waterstand in de Waddenzee boven NAP + 1,80 m wordt niet geschut.
Sluismeester: T. Peper, tel. (02271) 12 45, tevens havenmeester van de voorhavens van de sluis.
Marifoon: Sluis Den Oever, kan. 20.
Stontelersluis: In de Den Oeverse Vaart, met vaste brug, nabij gemaal Leemans. Zie voor bediening onder 'Wieringermeerpolder'.
Lig- en aanlegplaatsen:
● Aan de kademuur van de Noorder- en Vissershaven, max. 3 etmalen per jaar, in overleg met de rijkshavenmeester.
● Jachthaven Den Oever, gelegen in de Zuiderhaven tegen de Wieringermeerpolder. Invaart bereikbaar via een betonde vaargeul langs

het eiland naar de jachthaven via de O-zijde cq. W-zijde. (Niet aan de loswal afmeren i.v.m. onregelmatige visserij- en beroepsvaart.) Max.diepgang 2,80 m; max.snelheid 5 km/h. Melden in de kantine/havenkantoor in het midden van de jachthaven, havenmeester J. Kuit, tel. (02271) 17 89, tarief f 1,50 per m lengte per nacht (elektra, toiletten, wastafels en douches (f 1,–)). Geen aanlegplaats voor passanten aan het eiland en de N-zijde van de jachthaven.
Motorbrandstof en drinkwater: In de jachthaven, die (sl), be (sl); Coöperatie Den Oever, aan de Z-zijde van de visafslag en via Tankboot Noorderhaven, be (sl), die (sl), zat.middag en zo. gesloten.
Reparatie: Fa. Sandfirden, Haventerrein 1, tel. (02271) 22 43, bib/bub; Machinefabriek J. Luyt, Nijverheidsstraat 1, tel. (02271) 23 41, bub/bib; Jachthaven Den Oever, bib (alle merken); Coöperatie Den Oever, Haventerrein, zeil/tuigage; H. Schrier, Voorstraat 28, tel. (02271) 12 30, bub (Yamaha, Force, Mercury, Tomos), elek.
Hefkranen: Sandfirden, Haventerrein 1, tel. (02271) 22 43, max.diepgang bij halftij 3,50 m, kosten na overleg; Jachthaven Den Oever, max. 9 ton, tarief f 100,– per uur (heffen met staande mast mogelijk).
Botenlift: Machinefabriek J. Luyt, kosten op aanvraag.
Trailerhelling: Ten ZW van de Stevinschutsluis op het terrein van Rijkswaterstaat.
Kampeerterreinen: Camping De Gest*, eig. J. C. Koorn; Camping De Wierde, eig. Gemeente Wieringen; Camping Robbenoord, Staatsbosbeheer, Gemeente Wieringermeer.
Wasserette: Jachthaven Den Oever.

Ohé en Laak

Op 1 km afstand van het grindgat Lakerweerd aan de Maas, kmr 57 Ro; 6 km bovenstrooms van Wessem. De Lo is Belgisch grondgebied. Het grindgat is 5 m tot 8 m diep.
Maximumsnelheid: Op het grindgat 9 km/h.
Toegang: Het gedeelte van de Maas stroomafwaarts van het grindgat is ruim 2 m diep. Toegang tot het grindgat bij kmr 57 Ro. Stroomopwaarts van het grindgat eindigt de bevaarbaarheid van de Maas voor jachten zonder plaatselijke bekendheid.
Ligplaatsen: Jachthaven De Maasterp, kmr 57 Ro, tel. (04755) 13 00, tarief f 15,– per boot + f 0,55 p.p. toeristenbelasting per nacht (toiletten, wastafels en douche op het kampeerterrein) ● Leverkussen Yacht Centrum.
Ankeren is goed mogelijk. Aan de steile oevers kan men op sommige plekken aanleggen, onrustig bij W-wind.
Reparatie: Jachthaven De Maasterp, Dijk 3, tel. (04755) 13 00 (receptie Camping), romp/uitr (ht, s, p, a/op de wal + in het water), zeil/tuigage, elek.
Trailerhelling en botenlift: Jachthaven De Maasterp, tarief helling f 25,–, tarief botenlift f 35,–.
Kampeerterrein: Camping/Jachthaven De Maasterp*.
Wasserette en stortplaats chemisch toilet: Bij Camping/Jachthaven De Maasterp.

Oirschot

Aan het Wilhelminakanaal; 25 km van de Zuid-Willemsvaart; 17 km van Tilburg.
Bruggen: Zie onder 'Wilhelminakanaal'.
Aanlegplaatsen: Aanlegsteiger t.o. de loswal, 800 m ten ZO van de zwaaikom; tussen het viaduct over de Kempenweg en de brug nabij de Heersdijk (richting Best); in de zwaaikom. Max.verblijfsduur 3 x 24 h, gratis.

Oldemarkt
3 km ten ZO van de Linthorst Homansluis.
Bereikbaar over de Linde en het Mallegat met een max.diepgang van 1,60 m.
Maximumsnelheid: 6 km/h.
Aanlegplaats: Aan het einde van het Mallegat, aansluitend op de dorpskern. Aanleggen toegestaan maximaal 2 x 24 h, gratis.
Ligplaats: Het oude haventje is gerestaureerd tot passantenhaventje, max.verblijfsduur 2 x 24 h (toiletten).
Drinkwater en stortplaats chemisch toilet: Bij de passantenhaven.
Toezichthouder dhr. B. Pander, 't Butent 2, tel. (05615) 17 37.
Motorbrandstof en reparatie: Frederiks Watersport, Dwarsveld 7, tel. (05615) 22 84.
Trailerhelling: Openbare helling aan de Weerdijk.

Olst
Aan de Gelderse IJssel, veerpont kmr 957; 13 km van Deventer; 23 km van Zwolle. Er is voor passanten geen bruikbare aanlegplaats.
Kampeerterrein, trailerhelling, wasserette en stortplaats chemisch toilet: Recreatiecentrum 't Haasje, Fortmonderweg 17, tel. (05708) 12 26, tarief trailerhelling f 10,–, kmr 959,5 Ro.

Ommen
Aan de Overijsselse Vecht; 30 km ten O van het Zwarte Water; 25 km van Zwolle.
Brug: Vaste brug in de provinciale weg naar Raalte, H 3,30 m. Er moet rekening worden gehouden met eventueel hogere waterstand na zware regenval.
Maximumdiepgang: 1 m (zie onder 'Overijsselse Vecht').
Ligplaats: Passantenhaven nabij het oude gemeentehuis van W.V. De Vechtstreek, havenmeester Th. Gernant, tel. (05291) 5 32 38, max.diepgang ca. 1 m, tarief vanaf f 5,50 per etmaal (toilet en elektra); buiten de passantenhaven geldt een meerverbod.
Drinkwater: Aan de steiger in de passantenhaven; Hotel De Zon.
Motorbrandstof: Garage Oostendorp, even ten O van de Vechtbrug, die, be, sbe.
Reparatie: Jachtwerf De Snikke, Weegbreestraat 46, bub (Yamaha, Mercury, Mariner, Suzuki en Tomos).
Trailerhelling: Bij W.V. De Vechtstreek.
Kampeerterreinen: Camping Twieg, G. Stegeman, Zwolseweg 9 bij de brug; Camping De Koeksebelt, H. v. d. Boon, Zwolseweg 13, bij de brug (alleen in vakantieseizoen).
Stortplaats chemisch toilet: Bij de passantenhaven van W.V. De Vechtstreek.

Onderdendam
Aan de splitsing van het Boterdiep, Winsumerdiep en Warffumermaar.
Ligplaats: Ten N van het dorp aan het Warffumermaar aan de passantensteiger in de jachthaven van de Stichting Recreatiehaven Onderdendam, havenmeester H. Huizingh, max.diepgang 1,60 m, tel. (05900) 4 93 36, tarief f 0,75 per m lengte per nacht (toiletten, wastafels, douches (f 1,–) en elektra).
Drinkwater: In de jachthaven van de Stichting (sl, f 0,25 per 50 l).
Trailerhelling en hefkraan: Aan de jachthaven, Bedumerweg 12, trailerhelling max. 15 ton, tarief f 5,–. Aan het begin en einde van het seizoen is er een hefkraan, max. 20 ton, tarief f 117,–, max.diepgang 1,60 m.
Kampeerterrein en stortplaats chemisch toilet: Bij de jachthaven is een kampeerweide, ook in beheer van de Stichting.

Ooltgensplaat

Aan het Volkerak (onderdeel van het Zoommeer, zie aldaar) op Overflakkee; 32 km van Dordrecht; 6 km van Numansdorp; 2 km van Dintelsas.
Waterstand: Gelijk aan NAP, doch er kunnen peilvariaties optreden van NAP – 0,25 m tot NAP + 0,05 m.
Haventoegang: De stenen dam reikt tot diep water.
Geen bebakening of verlichting. Bij het aanlopen van de haven moet men het midden van de smalle geul aanhouden, max.diepgang ca. 1,80 m.
De keersluis bij de ingang van het havenkanaal staat open. Drempeldiepte 2 m (peilschaal aanwezig).
Verlichting: De sluiskolk is verlicht door natriumlampen.
Ligplaats: In de jachthaven, max.diepgang 1,80 m, bij W.V. Ooltgensplaat, melden bij Café-restaurant De Hobbelpaarden, tel. (01873) 12 04, ass.havenmeester C. de Vos, tel. (01873) 22 63, tarief f 1,30 per m lengte per nacht (elektra, toiletten, douches en wastafels). Vrije ligplaatsen worden aangegeven met groene bordjes. Verblijfsruimte van de W.V. onder het oude stadhuis aan de haven.
Motorbrandstof: Tankstation op 300 m afstand van de jachthaven, die, sbe en be.
Reparatie: Jachtwerf De Plaete, Steigersdijk 1, tel. (01873) 16 62, romp/uitr (s/op de wal + in het water).
Hefkraan: Jachtwerf De Plaete, max. 20 ton.
Wasserette en stortplaats chemisch toilet: Aan de jachthaven, onder het oude stadhuis.

Oosterbeek

Aan de Neder Rijn, kmr 890; 6 km ten W van Arnhem; 61,5 km van Vreeswijk.
Maximumsnelheid: Op de plas Rosande Polder, toegang bij kmr 887 Ro, 8 km/h.
Brug: Spoorbrug bij kmr 888, H NR + 13,61 m (NAP + 21,16 m).
Ligplaats: Jachthaven van de Stichting Recreatie Oosterbeeks Rijnoever, kmr 888,5 Ro, havenmeester E. Gielen, tel. (085) 33 37 77, drijvende steiger alleen geschikt voor jachten tot 8,50 m lengte. Diepte aan de buitenkant van de steiger 0,80 à 2,20 m, tarief f 10,– per nacht (toiletten, douches en wastafels).
Trailerhelling: Aan de jachthaven, voor boten tot ca. 7 m lengte, gratis.
Kampeerterrein en stortplaats chemisch toilet: Camping Oosterbeeks Rijnoever*, Dolderweg 1, tel. (085) 33 37 77.

Oosterhout (N.B.)

Op de driesprong van het Wilhelminakanaal, Donge en Markkanaal; 10 km van Breda; 10 km van de Amer.
Kaartje: Zie bij 'Breda'.
Sluizen: Zie 'Wilhelminakanaal' en 'Markkanaal'.
Ligplaats: Jachthaven Den Ouwe Sluis van W.V. Sluis I achter in het doodlopende kanaalgedeelte van het oude Wilhelminakanaal (toegang bij driesprong Wilhelminakaal, Markkanaal en doodlopende gedeelte), max.diepgang 2 m, tel. (01620) 2 63 94, tarief f 1,– per m lengte per nacht, max.afmetingen: lengte 12 m, breedte 3,50 m (elektra, douche (f 1,–), wastafels en toilet), drinkwater.
Vulstation propaangasflessen: Snijders Gascentrale B.V., Vaartweg 18, tel. (01620) 5 45 56.

Oosterschelde

Verbinding met de Noordzee via de Roompotsluis aan de Z-zijde van de Oosterscheldekering.
Vaarwaterbeheerder: Rijkswaterstaat Directie Zeeland, Postbus 5014, 4330 KA Middelburg, tel. (01180) 8 60 00.
Bijzondere bepalingen: Bij de Oosterscheldekering (de beweegbare gedeelten) geldt aan weerszijden een vaarverbod tot ca. 2 km uit de Oosterscheldekering.
Kleine vaartuigen (tot 20 m) moeten, zowel varend als verankerd, 's nachts en bij slecht zicht op de Oosterschelde, het Mastgat, het Keeten, het Zijpe en het Krammer een goed functionerende radarreflector voeren.
Voor kleine vaartuigen gelden in de vaargeul de Witte Tonnen Vlije en het Brabantse Vaarwater de volgende bepalingen:
a. Met een zeil- en motorboot mag alleen worden gevaren, indien deze is voorzien van een (direct startklare) motor, waarmee een snelheid van tenminste 6 km/h kan worden gehandhaafd.
b. Alle kleine vaartuigen moeten zo dicht mogelijk aan de stuurboordzijde van het vaarwater varen, met dien verstande dat het niet is toegestaan het vaarwater op te kruisen, behalve wanneer op de snelst mogelijke manier wordt overgestoken of wanneer het i.v.m. de veiligheid van het scheepvaartverkeer beter is over een korte afstand zo dicht mogelijk aan de bakboordzijde van het vaarwater te varen.
c. Een varend en een ankerend klein vaartuig moet bij slecht zicht een goed functionerende radarreflector voeren.
Ankeren is voor alle schepen in beide vaargeulen verboden. Zie tevens de 'Handleiding' van deze Almanak onder 'Bijzondere bepalingen'.
Natuurmonument: Sinds 1991 is in de Oosterschelde de Natuurbeschermingswet van toepassing. Op grond van deze wet zijn delen van de Oosterschelde aangewezen als beschermd en staatsnatuurmonument. Onderdeel van het natuurmonument (NM) vormt een toegankelijkheidsregeling (toegankelijk, beperkt toegankelijk en niet toegankelijk). Er zijn verbodsbepalingen ingesteld, waardoor een aantal gebieden niet langer toegankelijk is voor de schepen (niet toegankelijk gebied), nl. de Vondelingsplaat ten O van de Zeelandbrug, de Roggenplaat in het NW-gedeelte met daarnaast de Oliegeul (voor de geul geldt het verbod alleen van 1 maart-1 okt., buiten deze periode is ankeren in de geul echter niet toegestaan) en de plaat Neeltje Jans. Daarnaast zijn er platen waar alleen bij hoog water overheen gevaren mag worden, het betreden van deze platen of laten droogvallen van een schip op het moment dat ze zijn drooggevallen is niet toegestaan (beperkt toegankelijk gebied). In de toegankelijke gebieden van het NM is zowel varen als betreden van drooggevallen slik toegestaan. Zie voor gedetailleerde informatie de 'Hydrografische kaart voor Kust- en Binnenwateren, nr. 1805'. Informatie betreffende het natuurmonument Oosterschelde: Consulentschap Natuur, Bos, Landschap en Fauna (NBLF) van het Ministerie van Landbouw, Natuurbeheer en Visserij, Postbus 6, 4460 AA Goes, tel. (01100) 3 79 11. Hier zijn aparte kaarten van het natuurmonument Oosterschelde verkrijgbaar. Ten behoeve van voorlichting en controle vaart het MS Branta van NBLF op de Oosterschelde.
Maximumsnelheid: Op Krammer, Zijpe, Mastgat, Krabbenkreek, Keeten en de gebieden die als niet-toegankelijk natuurmonument zijn aangewezen geldt één snelheidsbeperking (20 km/h). Raadpleeg tevens de 'Handleiding' van deze Almanak onder 'Snelle motorboten en Waterskiën'.
Getijstanden: (bij geopende stormvloedkering)
Roompot (binnen): GHW = NAP + 1,31 m; GLW = NAP – 1,19 m.
Roompot (buiten): GHW = NAP + 1,54 m; GLW = NAP – 1,31 m.

Roompotsluis en vaste brug: Deze sluis is gelegen aan de N-zijde van de stroomgeul de Roompot. Afmetingen 100 m x 16 m. Maximum toelaatbare maat schepen 95 m x 14,5 m. Max. toegestane diepgang 5 m (bij waterstand gelijk aan NAP). Hoogte vaste brug over de Roompotsluis NAP + 20 m. De doorvaarthoogte hangt af van de waterstand. In de sluis zijn voldoende verzonken verhaalpotten aanwezig en met het oog op jachten zelfs speciaal kleine. Het schutten kost in het algemeen niet veel tijd gezien het geringe verval.
Bediening: (gratis, tel. (01115) 92 65)

ma. en do.	0-22 h
di. en zo.	6-24 h
wo.	0-24 h
vr. en zat.	6-22 h

Bij het schutten hebben beladen vissersschepen (ex-Waddenzee) voorrang.
Aanlooproute: Komende vanuit zee kan de sluis worden aangelopen door de groene geleidelichten Oc 5s ineen (73,5°) te houden (zie 'Kaart voor Kust- en Binnenwateren, nr. 1801'). De haveningang van de Noordland Buitenhaven wordt gevormd door ver in zee lopende dammen.
Beide dammen zijn op de uiteinden voorzien van een lichtopstand.
Havengeul, D NAP – 7,85 m (ca. 6,20 m bij gemiddeld LLWS).
Marifoon: Roompotsluis, kan. 18. Indien men de sluis verlaat richting Oosterschelde en over een marifoon beschikt, dan is men verplicht om op kan. 68 uit te luisteren.
Mistsein: Zowel op de kop van de NW-havendam in de Noordland Buitenhaven als op de ZW-havendam van de Noordland Binnenhaven staat bij het rode havenlicht een nautofoon: hoorn (2) 30s (2 stoten binnen 30 seconden).
Noordland Buiten- en Binnenhaven: Aan beide zijden van de sluis is een voorhaven aangebracht, die een goede bescherming tegen wind en golven biedt, vooral aan de zeezijde.
In beide voorhavens is aan de stuurboordzijde (sluis invarende) een drijvende steiger aangebracht (met walverbinding), elk met twee praatpalen, waar men zich kan melden. D ca. 5,20 m bij gemiddeld LLWS.
Douane: Op de Roompotsluis is van 1 april tot 1 nov. een douanepost aanwezig, dagelijks geopend van 14-20 h. Buiten deze periode is men aangewezen op de douanepost in Vlissingen (zie aldaar). Voor douaneformaliteiten zie in de Handleiding van deze Almanak onder 'Douaneformaliteiten'.
Brug: Zie onder 'Zeelandbrug'.
Aanlegplaats: Passantensteiger, beheerder Roompot Marina, in de Betonhaven van de Neeltje Jans. Van hieruit is het mogelijk om de Delta Expo te bezoeken. Havenmeester J. Oosdijk, tel. (01107) 42 25, tarief f 1,20 per m lengte per nacht + toeristenbelasting f 1,– p.p., max. verblijfsduur 3 x 24 h.
Plaatsbeschrijvingen: In deze Almanak zijn beschrijvingen opgenomen onder: 'Anna Jacobapolder', 'Bergse Diepsluis', 'Bruinisse', 'Burghsluis', 'Colijnsplaat', 'Flauers', 'Goes', 'Gorishoek', 'Kats', 'Krammersluizen', 'Roompot Marinahaven', 'Sas van Goes', 'Schelphoek', 'Sint Annaland', 'Sint Philipsland', 'Stavenisse', 'Viane (Z)', 'Wemeldinge', 'Yerseke', 'Zandkreekdam', 'Zeelandbrug', 'Zierikzee' en 'Zijpe'.

Oostmahorn
Zie ook 'Lauwersmeer'.
Lig- en aanlegplaats: Jachthaven Oostmahorn B.V., havenmeester C.J. Feyen, tel. (05193) 2 14 45, max.diepgang 4 m, tarief f 1,50 per m

lengte (elektra, toiletten, wastafels en douches (f 1,–)); aan de oude veersteiger.
In de haven ligt een elektriciteitskabel op de bodem (met borden ter plaatse aangegeven).
Motorbrandstof en drinkwater: Aan de jachthaven, die (sl), drinkwater (sl, f 1,– per 100 l).
Reparatie: Via Jachthaven Oostmahorn B.V., Oostmahorn 31, Anjum, tel. (05193) 14 45, bib (alle merken) (dagelijks geopend).
Hefkraan: Via Jachthaven Oostmahorn B.V. (op afspraak), max. 100 ton, max.diepgang 5 m. De kraan is uitsluitend in het voor- en najaar aanwezig.
Wasserette en stortplaats chemisch toilet: Bij Jachthaven/Camping Oostmahorn B.V.

Oostvoorne
7 km ten NW van Brielle. Zie ook 'Brielse Meer'.
Ligplaatsen: Jachthaven Geijsman B.V., ZW-hoek Brielse Meer, havenmeester P. Holkema, tel. (01815) 31 92, tarief f 1,50 per m lengte per nacht (elektra, toiletten, wastafels en douches (douchemunten à f 1,50 verkrijgbaar bij de havenmeester)) ● Jachthaven van W.V. Oostvoorne langs de afsluitdam, tel. (01815) 38 46, tarief f 1,– per m lengte (elektra, toiletten, douches (f 1,–) en wastafels).
Reparatie: Jachthaven Geijsman B.V., Zanddijk 5, tel. (01815) 31 92, bub/bib (alle merken), romp/uitr (ht, s, p/op de wal + in het water), elek.
Trailerhellingen: Jachthaven Geijsman B.V., tarief f 10,–; W.V. Oostvoorne, max. 500 kg (uitsluitend voor leden).
Hefkraan: W.V. Oostvoorne, op afspraak, max. 1½ ton, max.diepgang 1,50 m, tarief f 75,– (heffen met staande mast mogelijk).
Botenlift: Jachthaven Geijsman B.V., max. 25 ton, max.diepgang 3 m (liften met staande mast mogelijk).
Kampeerterrein: Recreatiecentrum Kruininger Gors*.
Stortplaats chemisch toilet: Bij Jachthaven Geijsman B.V.

Oostzaan
4 km van de Zaan; 3,5 km van Landsmeer.
Er is geen bevaarbare verbinding met het recreatiegebied Het Twiske.
Motorvaartvergunning: Voor het gebied Oost Zuiderveld, schriftelijk aanvragen bij het Waterschap De Waterlanden, Postbus 13, 1462 ZG Middenbeemster, tel. (02998) 34 35, onder vermelding van:
– naam, voornaam, adres, woonplaats en postcode
– leeftijd en geboortedatum
– merk van de motor en het nummer, alsmede het bouwjaar
– het aantal pk.
Betaling via postrekening 4301126 of bankrekening 63 67 59 008, onder vermelding van: aanvraag vaarvergunning. De vergunning is voor onbepaalde tijd geldig. Kosten f 50,–. Max.motorvermogen 10 pk.
Maximumsnelheid: 6 km/h.
Aanlegplaatsen: Langs de Ringvaart van de Twiskepolder.

Opeinde
1,5 km van de Leijen; 3 km van Drachten (Buitenstverlaat).
Maximumsnelheid: In de Opeindervaart 9 km/h.
Bruggen: Vier vaste bruggen: zuidelijke brug, H 2,35 m; nieuwe fiets-voetbrug, H 2,65 m; brug in het dorp, H 2,30 m; noordelijke brug, H 4,75 m.
Aanlegplaats: Aan de steiger bij de voormalige melkfabriek.
Reparatie: Okkema, Kommisjewei 105, tel. (05127) 13 60, bub (alleen kleine reparaties en verkoop).

Opheusden
2 km van Wageningen; 21,5 km van Arnhem; aan de Neder Rijn, kmr 905,3, Lo.
Ligplaats: Rustige ligplaats in het baggergat. Let op ondiepten. Nabij de W-oever liggen zéér steile ondiepten, die zich op het echolood niet aankondigen.

Oppenhuizen
3 km van Sneek. Zie ook 'Uitwellingerga'.
Algemeen: Gelegen aan 't Ges, een smal en kronkelend vaarwater langs boerderijen en door verschillende buurtschappen.
Maximumsnelheid: 6 km/h, doch in de bebouwde kom 5 km/h.
Bruggen:
– De brug, H 1,50 m, over 't Ges. Bediening (bruggeld f 2,50):

(1 mei-1 okt.)	ma. t/m zat.	8-9, 13-14, 17-18 h
	zo. en fd.	8-9, 18-19 h
(1 okt.-1 mei)	dagelijks	gesloten

– De brug, H 0,85 m, over de Broeresloot wordt op dezelfde tijden bediend als de brug over 't Ges. Melden bij de brugwachter van 't Ges. Bruggeld f 2,50.
– Over 't Ges liggen voorts veel particuliere bruggen, die men zelf moet bedienen. Er zijn ondiepten tot ca. 0,80 m.
Aanlegplaats: passantenligplaatsen aan het Ges, ± 130 m, tarief tot 7 m lengte f 7,–, tot 10 m f 10,– en meer dan 10 m f 15,50 per nacht + f 0,90 toeristenbelasting p.p.
Reparatie: Jachtwerf H.J. Popma*, Eastwei 2, tel. (05153) 95 32, bub/bib (alle merken), romp/uitr (ht, s, p/op de wal + in het water), zeil/tuigage, elek, dwarshelling tot max. 45 ton; Jachtwerf R. Moedt, Noardein 59, tel. (05153) 92 22, bib, romp/uitr (s/op de wal + in het water), zeil/tuigage; G. Hofstra, Noardein 97, tel. (05153) 93 95, romp/uitr (ht).
Hefkraan: Jachtwerf Moedt, max. 5 ton, max.diepgang 1,10 m (heffen met staande mast mogelijk).

Opsterlandse Compagnonsvaart (Turfroute)
Onder deze naam wordt de vaarweg beschreven over de Boorne van Nes tot Oldeboorn, het Nieuwe Diep, de Nieuwe Vaart tot Gorredijk, de Compagnonsvaart of Appelschastervaart en de Witte Wijk tot de Drenthse Hoofdvaart bij Hijkersmilde. Het is een rustig vaarwater door weinig bezochte gebieden met goede ligplaatsen, vanwaar men mooie wandelingen en fietstochten kan ondernemen.
Van dit vaargebied en de omgeving daarvan is een kaart ('langs de Turfroute') uitgegeven door de Stichting De Nije Kompanjons. De kaart kost ca. f 10,– en kan bij deze stichting worden besteld, p/a mevr. G. de Boer-Hoitsma, Rabobank, Postbus 19, 8400 AA Gorredijk, tel. (05133) 17 75 (kantoor) of 57 66 (privé). Secretariaat Stichting Nije Kompanjons, W. Lingsma, T. Harkeswei 37, 8408 CH Lippenhuizen, tel. (05166) 12 19.
Vaarvergunning: Op de toegangssluizen Gorredijk, Damsluis en Sluis I (zie 'Tjonger') in de route wordt een sticker 'Vrienden van de Turfroute' verkocht. Deze sticker geeft toegang tot de route. Kosten f 20,–, éénmalig per jaar.
Vaarwegbeheerder: Provincie Friesland, Gedempte Keizersgracht 38, 8911 KL Leeuwarden, tel. (058) 92 59 25 (voor aanvragen bediening tel. (058) 92 58 88).
Onderlinge afstanden en brughoogten:

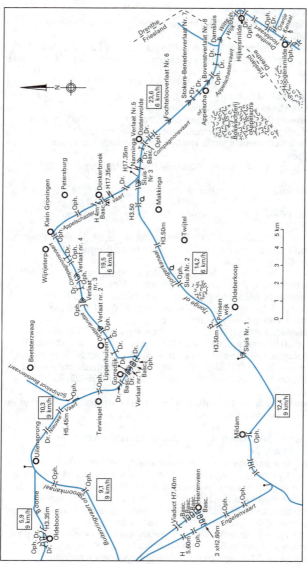

Opsterlandse Compagnonsvaart (Turfroute)

Nes – Oldeboorn – Gorredijk, 18 km, 6 beweegbare en 2 vaste bruggen, waarvan de laagste H 3,35 m.
Gorredijk – monding Tjongerkanaal bij Donkerbroek, 20 km, 4 sluizen, 18 beweegbare bruggen en 1 vaste brug H 4,45 m.
Monding Tjongerkanaal – Drenthse Hoofdvaart bij Hijkersmilde, 14 km, 5 sluizen, 8 beweegbare bruggen en een hoogspanningsleiding H 17,35 m.
Max. toegestane afmetingen: Van Nes tot Gorredijk, lengte 30 m, breedte 5 m, diepgang 1,50 m; van Gorredijk tot de Drenthse Hoofdvaart, lengte 28 m, breedte 5 m, diepgang 1,10 m.

Maximumsnelheid: Nes – Gorredijk 9 km/h; Gorredijk – Drenthse Hoofdvaart 6 km/h.
Brug- en sluisgeld: De kunstwerken worden gratis bediend, m.u.v. de bruggen in Oldeborn en de Spaltenbrug in Terwispel.
Bruggen over de Boorne:
– In Akkrum, zie aldaar.
– In Nes: draaibrug, H 0,75 m. Bediening:

ma. t/m zat.	(1 mei-1 okt.)	9-12, 13-17, 18-20 h
	(1 okt.-15 nov. en 15 mrt.-1 mei)	9-12, 13-17 h
	(15 nov.-15 mrt.)	9-17 h, op verzoek*
zo. en fd.	(mei en sept.)	9-12, 14-18 h
	(juni t/m aug.)	9-12, 14-17, 18-20 h
	(okt. t/m april)	gesloten

* Bediening aanvragen bij de Provincie Friesland, tel. (058) 92 58 88, buiten kantoortijden tel. (058) 12 24 22.
De bruggen over de Zijlroede en de Boorne in Nes worden door één brugwachter bediend. Bij de brug over de Boorne is een camera geplaatst en tevens een microfoon voor het doorgeven van geluidsseinen.
Het brugwachtershuisje bevindt zich bij de brug over de Zijlroede.
– In Oldeborn: Eén vaste brug H 2,85 m aan de kanten en H 3,35 m in het midden, voorts drie draaibruggen. Bediening: als draaibrug in Nes.
Bruggen over de Nieuwe Vaart:
– Rolbrug (bb) H 1 m ten N van Tijnje. Bediening:

ma. t/m zat.	(18 apr.-29 mei en 4 sept.-15 okt.)	13-17 h
	(29 mei-4 sept.)	10-12, 13-17 h
	(15 okt.-18 apr.)	gesloten
zo. en fd.	(gehele jaar)	gesloten

– Vaste brug, H 5,85 m, in de rijksweg Heereveen-Drachten.
– Spaltenbrug, H 1,74 m bij Terwispel. Bediening: als Rolbrug.
Bruggen en sluizen over de Opsterlandse Compagnonsvaart:
– Vanaf Gorredijk tot aan de Witte Wijk. Bediening:

ma. t/m zat.	(29 mei-4 sept.)	10-12, 13-17 h
	(4 sept.-29 mei)	gesloten
zo. en fd.	(gehele jaar)	gesloten

Soms moet een sluiswachter verschillende sluizen bedienen. Het bedienend personeel houdt elkaar telefonisch op de hoogte van de schepen die verwacht kunnen worden.
– Over de Witte Wijk: ophaalbrug (Witte Wijksbrug) in de weg op de W-oever van de Drenthse Hoofdvaart. Bediening:

ma. t/m zat.	(1 juni-5 sept.)	10-12, 13-17 h
	(5 sept.-1 juni)	gesloten
zo. en fd.	(gehele jaar)	gesloten

Bij drukkere vaart wordt de brug bediend wanneer verschillende vaartuigen tegelijk kunnen worden doorgelaten. Particuliere bruggen moet men meestal zelf bedienen.
Aanlegplaatsen: In passantenhaven en aan de kaden in Gorredijk (toilet en douche (f 1,–)) en Aldeboarn (Oldeboorn) (zie aldaar) en voorts

aan graswallen bij Donkerbroek, Oosterwolde, Appelscha, langs de Witte Wijk en t.p.v. de damwanden. Hier kan men ook inkopen doen. Eén fraaie Marrekrite ligplaats nabij bos vindt men tussen Lippenhuizen en Hemrik.

Marrekrite ligplaats bij het Sûdergemaal onder Nij Beets en in Uilesprong vlakbij Tijnje, gratis (toiletten, douches (tarief f 1,50), wastafels, speeltuin en kinderboerderij (beheer: mevr. Oudewater, Uilesprong 1, Tijnje)); in Oosterwolde bevindt zich een aanlegplaats geschikt voor rolstoelgebruikers. Max.verblijfsduur 3 x 24 h.

Drinkwater: Bij de Marrekrite ligplaats in Uilesprong, tarief f 0,01 per liter; bij een particulier tegen betaling; bij toiletgebouw en bij Brouwerswal 62 te Gorredijk.

Hefkraan: A. Klijnstra, Molenwal 45, Gorredijk, tel. (05133) 13 00, max. 12 ton, max.diepgang 1,10 m.

Kampeerterrein: Mini-camping Uilesprong bij de Marrekrite ligplaats.

Opijnen-Neerijnen

Aan de Waal, kmr 931; 4 km ten O van Zaltbommel.

Aanlegplaats: Aan de los- en laadplaats nabij opslagterrein Bitumarin. D ca. MR – 1,30 m. (In de zomer is de waterstand vaak veel lager dan MR.)

Oranjekanaal

Algemeen: Oud, gedeeltelijk onbevaarbaar kanaal van de Drenthse Hoofdvaart bij Hijkersmilde, in ZO-richting naar de Verlengde Hoogeveense Vaart bij Klazienaveen. Het N-deel, van de Drenthse Hoofdvaart tot Emmen, is alleen bruikbaar voor kanovaart.

Het Z-deel is nog volledig in gebruik nl. tussen de Verlengde Hoogeveense Vaart in Klazienaveen en de haven van Emmen, lengte ca. 7 km. Dit gedeelte bestaat uit twee onderdelen, nl. de Bladderswijk (is Oranjekanaal) en het Enkalon- (of Bargermeer)kanaal. Het water is in geringe mate vervuild. In Emmen zijn geen aanlegvoorzieningen.

Kaartje: Zie bij 'Verlengde Hoogeveense Vaart'.

Vaarwegbeheerder: Provincie Drenthe, Postbus 122, 9400 AC Assen, tel. (05920) 6 55 55.

Maximumdiepgang: 1,90 m (Bladderswijk) en 1,50 m (Enkalonkanaal).

Maximumsnelheid: 8 km/h.

Bruggen: Vier vaste bruggen, H 4,25 m, één beweegbare brug.

Sluis: Oranjesluis in Klazienaveen. Bediening: (gratis)

(1 april-1 okt.)	ma. t/m vr.	7.30-12, 12.30-18 h
	zat.	7.30-12 h
	zo. en fd.*	gesloten
(1 okt.-1 april)**	ma. t/m vr.	8-12, 12.30-17.30 h
	zat.	8-12 h
	zo. en fd.	gesloten

* Incl. Koninginnedag.
** Gedurende de periode 1 okt.-1 april worden de Oranjesluis en de Ericasluis (zie verlengde Hoogeveense Vaart) door één sluiswachter bediend.

Vulstation propaangasflessen: De Lange, Pioniersweg 1, Emmen, tel. (05910) 2 06 33 (Industrieterrein Barger Oosterveld).

Oranje Sluizen

Zie ook 'Amsterdam', 'Buiten IJ' en 'Schellingwoude'.
Sluizen: De Oranje Sluizen bestaan uit een complex van drie oude

schutsluizen, een nieuwe schutsluis (gereed omstreeks maart 1995), alleen bestemd voor de beroepsvaart, ten zuiden van het oude complex en een (onbevaarbare) inlaatsluis aan de Z-kant. De Noordersluis van het oude complex wordt bestemd voor uitsluitend recreatievaart.

Tevens wordt een nieuwe verkeerspost in gebruik genomen en ontstaat er voor schepen uitgerust met marifoon een uitluisterplicht. Op de wachtplaatsen en in de sluizen dient men uit te luisteren op kanaal 18.

De invaart tot de sluizen wordt geregeld door rode en groene lichten, soms aangevuld met aanwijzingen via luidsprekers. Met het uitvaren van de sluis moet worden gewacht tot het rode licht aan het einde van de sluiskolk is gedoofd.

Op werkdagen komen veelvuldig wachttijden voor door drukke vrachtvaart. Jachten worden vaak nog meegeschut, zodat men goed moet letten op aanwijzingen van het sluispersoneel en snel moet opvaren. Goed vastmaken om geen hinder te ondervinden van schroefwater van de vrachtschepen. Een enkele keer is de waterstand aan beide zijden van de sluis even hoog en worden de sluisdeuren van de Zuidersluis eventueel aan weerszijden opengezet. Ook dan wordt de doorvaart door lichten geregeld. Deze situatie komt voor in het winterhalfjaar bij weinig wind en bij stroom vanaf het Buiten IJ naar het Afgesloten IJ.

Telefoon sluiskantoor: tel. (020) 6 34 41 86 en regelkantoor tel. (020) 6 36 07 44.
Maximum toegestane diepgang: 3,50 m.
Bediening: Nieuwe sluis: 24 uur per dag.
Oude sluizen dagelijks van 6-22 h.
Wachtplaatsen voor de recreatievaart:
De recreatievaart tot 20 m lengte moet aan weerszijden van de Oranje Sluizen afmeren aan de daarvoor bestemde remmingwerken (noordkant), voorzien van het bord 'Sport'. Op deze remmingwerken zijn tevens praatpalen aanwezig voor contact met het sluispersoneel. De Z-zijden van deze geleidewerken zijn voor de beroepsvaart bestemd, afmeren aan deze zijden kan gevaar voor de recreatievaart opleveren.

De wachtplaatsen zijn duidelijk door borden aangegeven en dienen uitsluitend t.b.v. het wachten op de schutbeurt en mogen niet als overnachtingsplaats worden gebruikt.

Op het Buiten en Afgesloten IJ zijn meerstoelen geplaatst voor de beroepsvaart, nl. op het Afgesloten IJ ca. 450 m ten W van het sluizencomplex aan de N-oever; op het Buiten IJ (zie aldaar). Voor de recreatievaart geldt hier een meerverbod.

De seinen ten behoeve van het inlaten (er wordt slechts in noodsituaties gespuid) worden gegeven door middel van drie rode lichten. Wanneer de top van de driehoek naar beneden wijst: inlaten. (Dit is water naar Binnen IJ.) Wanneer de rode lichten horizontaal geplaatst zijn, zal binnen een half uur worden aangevangen met inlaten.
Scheepvaartlichten: De sluis en de Schellingwouderbrug worden door lantaarns verlicht. Zie verder onder 'Buiten IJ'.
Marifoon: Oranje Sluizen, kan. 18.
Verkeersbrug: Zie onder 'Schellingwoude'.
Drinkwater: Achter het sluisgebouw is een waterkraan.
Telefoon: Op de sluis zijn drie telefooncellen: een aan de Z- en twee aan de N-zijde, waarvan een cel werkt d.m.v. een betaalkaartsysteem.

Osingahuizen
Aan de Wijde Wijmerts; 3 km van Heeg; 2,5 km van de Jeltesloot-brug; 3,5 km van IJlst.

In de Nauwe Wijmerts moet men zoveel mogelijk het midden van de vaart houden.
Maximumsnelheid: Op de Wijde Wijmerts, 9 km/h.
Brug: Ophaalbrug, H 1,23 m. Bediening: (bruggeld f 2,50)

ma. t/m zat.	(15 mrt.-1 mei en	
	1 okt.-15 nov.)	9-12, 13-17 h
	(1 mei-1 okt.)	9-12, 13-17, 18-20 h
	(15 nov.-15 mrt.)	9-16 h, op verzoek*
zo. en fd.**	(15 april-1 juni en	
	1 sept.-15 okt.)	9-12, 14-18 h
	(1 juni-1 sept.)	9-12, 14-17, 18-20 h
	(15 okt.-15 april)	gesloten

* Bediening 24 h tevoren aanvragen Gem. Werken in Heeg, bereikbaar van ma. t/m vr. tussen 9-15 h, tel. (05154) 4 26 40 of bij de Provincie Friesland tel. (058) 92 58 88.
** Geldt ook voor 1e en 2e paasdag.

Oss

Aan het (doodlopende) Burgemeester Delenkanaal, dat tegenover Maasbommel (kmr 193) in de Maas uitmondt.
Het is jachten niet toegestaan om dit kanaal te bevaren anders dan voor reparatiedoeleinden.
– Sluis en brug: De schutsluis in het Burg. Delenkanaal staat meestal open en wordt alleen gesloten bij waterstanden van NAP + 5,50 m en hoger. De hefbrug op 160 m voorbij de sluis
(H NAP + 11,60 m = SP + 7,10 m) wordt bediend:

ma. t/m vr.	6-22 h
zat.	6-14 h
zo. en fd.	gesloten

Vulstation propaangasflessen: Van Neerven & Zn., Van Erpstraat 1, tel. (04120) 2 40 28.
Reparatie: Heesen Shipyard B.V., Kanaalstraat 14, tel. (04120) 3 25 10, romp/uitr; Botra Watersport Oss, Goudmijnstraat 15, tel. (04120) 2 72 46, b.g.g. 3 16 74, bub (Mariner en Tomos (dealer)), bib (alle Merken), romp/uitr (st, p/op de wal), zeil/tuigage; Jachtwerf Dartsailer B.V., Kanaalstraat 37, tel. (04120) 4 36 80, bib (Volvo Penta), romp/uitr (ht, p, a), elek.
Trailerhelling: Botra, max. 2$^{1}/_{2}$ ton.

Osse, Den

Aan het Grevelingenmeer (zie aldaar); 2 km ten NW van Brouwershaven.
Haven: Een deel van de voormalige werkhaven (D 6 m) is ingericht als jachthaven (Jachthaven W.V. Den Osse). De haven is voorzien van een meldpaal (KSB) op de kopsteiger.
Ligplaats: Uitsluitend in Jachthaven Den Osse, havenmeester R. Peters, tel. (01119) 14 57, tarief f 2,– per m lengte + f 0,75 p.p. toeristenbelasting per nacht (elektra, toiletten, douches en wastafels).
Reparatie: Gebr. van Dijke Watersport, terrein Jachthaven Den Osse, tel. (01119) 20 34, bub/bib, romp/uitr (ht, s, p/op de wal + in het water), elek.
Hefkraan en botenlift: Gebr. van Dijke Watersport, kraan max. 8 ton, lift max. 56 ton (heffen en liften met staande mast mogelijk).

Kampeerterrein: Camping Den Osse*, Blankersweg 4, Brouwershaven, tel. (01119) 15 13, b.g.g. 21 18.
Wasserette en stortplaats chemisch toilet: Bij Jachthaven Den Osse.

Ossenzijl

4 km van de Mr. H. P. Linthorst Homansluis. 12 km van Steenwijk. 15 km van Blokzijl.
Gelegen nabij de N-ingang tot het Nationaal Park De Weerribben en nabij het Bezoekerscentrum van het Nationale Park. Ten W van het Bezoekerscentrum is een passantenhaven. Ten O van het Bezoekerscentrum is een kampeerterrein.
Het Nationaal Park De Weerribben vormt samen met het zuidelijker gelegen reservaat De Wieden (Nationaal Monument) het grootste moerasgebied in NW-Europa.
Het huidige landschap is ontstaan door de afgraving van het veen en biedt een grote verscheidenheid aan planten- en dierenleven. De Weerribben worden van N naar Z doorsneden door de Kalenbergergracht en de Heuvengracht. Zie ook onder 'Wetering'.
Maximumsnelheid: Ossenzijlersloot en Kanaal Steenwijk-Ossenzijl 9 km/h; Kalenbergergracht en Heuvengracht 6 km/h.
Max. toegestane diepgang: Ossenzijlersloot 1,80 m; Kalenberger- en Heuvengracht 1,40 m.
Bruggen:
– Provinciale ophaalbrug, H 1,10 m, in Ossenzijl (geen bruggeld) en de basculebrug, H 1,50 m, in Kalenberg over de Kalenbergergracht gemeente IJsselham (bruggeld f 3,–). Bediening:

(16 april-16 okt.)	ma. t/m zat.	8-12, 13-19 h
	zo. en fd.	9-12, 13-19 h
(1 dec.-1 mrt.)	ma. t/m vr.	8-18 h, op verzoek*
	zat.	8-12, 13-17 h, op verzoek*
	zo. en fd.	gesloten
(1 mrt.-16 april en 16 okt.-1 dec.)**	ma. t/m vr.	8-12, 13-18 h
	zat.	8-12, 13-17 h
	zo. en fd.	gesloten

* Bediening tijdens kantooruren aanvragen bij de Prov. Overijssel, tel. (05210) 1 24 66.
** Bediening in de herfstvakantie als van 16 april-16 okt.
– Ophaalbrug over het Kanaal Steenwijk-Ossenzijl, zie aldaar.
Lig- en aanlegplaatsen:
– Ossenzijlersloot: ● aanlegplaatsen voor passanten langs de O-oever en in de buitenkolk ten N van de brug ● jachthaven van Vri-Jon B.V., tarief f 15,– per nacht, max.diepgang 1,50 m, max.verblijfsduur 2 x 24 h ● jachtwerf Fluvius, hoek Ossenzijlersloot en Linde, havenmeester J. Kamphuisen, tel. (05617) 6 03, max.diepgang 1,40 m, tarief f 1,– per m lengte per dag (elektra, toiletten, douches (f 1,50) en wastafels).
– Kanaal Steenwijk-Ossenzijl: Zie aldaar.
– De Weerribben: ● Jachthaven en Camping De Kluft, even ten Z van Ossenzijl nabij het Bezoekerscentrum. De ingang van de haven is aan de O-zijde van de Kalenbergergracht.
Tarief f 1,– per m per nacht, min. f 7,– (toiletten, wastafels en douches). Melden bij de havenmeester, G.T. Reitsma, Hoogeweg 26, tel. (05617) 3 70, b.g.g. 3 67.
– Kalenbergergracht: ● In de dorpskern van Ossenzijl langs de kade ten Z van de brug, door borden aangegeven (in de vernauwing van het vaarwater ten Z van de dorpskern is meren niet toegestaan)

● W-oever (na de vernauwing) tot aan het begin van de Heuvengracht, door borden aangegeven. Nabij de bebouwing aan de kant van Ossenzijl en in de bebouwde kom in Kalenberg is de W-oever grotendeels particulier terrein, zodat voor het meren in dat gedeelte toestemming van de betreffende eigenaar nodig is ● halverwege Ossenzijl-Kalenberg is door Staatsbosbeheer aan de O-oever een insteekhaventje ingericht, herkenbaar aan de witte meerpalen.
– Heuvengracht: Aanlegplaatsen aan twee oevers en ter plekke aangeduid door Staatsbosbeheer.
– Wetering: Zie aldaar.
Drinkwater: Jachtwerf Fluvius (sl), tarief f 1,– per 400 liter; Vri-Jon B.V. (sl f 2,–).
Motorbrandstof: Willigen Maritiem, 200 m ten N van de brug W-oever, die (sl); bij Vri-Jon B.V., aan de Ossenzijlersloot, die (sl); Jachtwerf Fluvius, die (sl).
Reparatie: Jachtwerf Jansen, 100 m ten N van de brug, W-oever, bub, romp/uitr; Jachtwerf Fluvius, Burg v.d. Veenweg 28, tel. (05617) 6 03, bib (Mitsubishi, Daf, Vetus en Ford), romp/uitr (s/op de wal), zeil/tuigage; Vri-Jon B.V., Opdijk 16, tel. (05617) 7 00, romp/uitr (s/op de wal); Jachtwerf Viveen, Opdijk 10, romp/uitr; De Boegspriet, Burg. v. d. Veenweg 28, tel. (05617) 2 83, zeil/tuigage; Jachtwerf Ossenzijl, Opdijk 10, tel. (05617) 6 17, bib (alle merken), romp/uitr (s/op de wal).
Hefkraan: Jachtwerf Jansen, max. 14 ton.
Trailerhelling: Jachtwerf Fluvius, max.diepgang 1,40 m, tarief 15,–.
Botenliften: Jachtwerf Fluvius, max. 25 ton, max.diepgang 1,40 m, tarief f 150,–; Vri-Jon B.V., max. 20 ton, tarief f 150,–, max.diepgang 1,50 m (liften met staande mast mogelijk); Jachtwerf Ossenzijl, max. 40 ton, max.diepgang 2 m, tarief f 150,– (heffen met staande mast mogelijk).
Kampeerterrein: Jachthaven/Camping De Kluft.
Stortplaats chemisch toilet: Bij Jachthaven/Camping De Kluft.

Oterleek
Aan de Ringvaart van de Heerhugowaard.
Maximumsnelheid: 6 km/h.
Hefbrug: H 1,36 m, geheven H 2,79 m. Bediening (gratis):

(16 april-16 okt.)	ma. t/m vr.	9-13, 13.30-17.30 h
	zat., zo. en fd.*	9-13, 14-18 h
(16 okt.-16 april)	ma. t/m vr.	9-17 h, op verzoek**
	zat., zo. en fd.	gesloten

* Incl. Koninginnedag en 5 mei (Bevrijdingsdag).
** Bediening aanvragen op de voorafgaande werkdag vóór 17 h, tel. (02260) 1 63 44.

Ottoland
In de Alblasserwaard; 12 km van Neder-Hardinxveld; zie ook 'Giessen'. Ottoland is uitsluitend bereikbaar vanaf de Giessen, met vaste Vlietbrug (H 1,90 m) bij Giessenburg.
Brug: St. Jacobsbrug (bb), H 1 m. Bediening:

ma. t/m vr.	(1 juni-16 sept.)	8.45-9.15*, 13-13.30, 17.30-18 h
	(16 sept.-1 juni)	gesloten
zat.	(1 mei-16 sept.)	8.45-9.15**, 13-13.30, 17.30-18 h
	(16 sept.-1 mei)	gesloten
zo. en fd.	(1 mei-16 sept.)	8.30-9**, 13-13.30, 17.30-18 h
	(16 sept.-1 mei)	gesloten

* Bediening tussen 8.45-9.15 h van 1 juni tot 16 juni en van 16 aug. tot 16 sept. op verzoek, 12 h tevoren aanvragen bij A. v. Vliet, van Liesveldstraat 3, tel. (01844) 17 96.
** Bediening tussen 8.45-9.15 h, resp. 8.30-9 h van 1 mei tot 16 juni en van 16 aug. tot 16 sept. op verzoek, 12 h tevoren aanvragen.

Oud-Beijerland

Aan het Spui, kmr 997 Lo; 6,3 km van Nieuw-Beijerland; 20 km van Dordrecht.
Getij: GHW = NAP + 0,70 m; GLW = NAP − 0,20 m.
Haven: D NAP − 2 m. In de toegang tot de haven ligt een openstaande keersluis, drempeldiepte NAP − 2 m. De haven is 200 m lang en loopt aan het eind smal toe.
Gemeentelijk havengeld: f 1,– per m lengte per nacht.
Gemeentelijke havenmeester: H. Wols, Esdoornstraat 5, tel. (01860) 3 26 30, b.g.g. 3 25 40.
Ligplaatsen: In het voorste gedeelte van de haven zijn een beperkt aantal ligplaatsen aan de vlotten van de W.V. Het Spui, havenmeester P. Visser, tel. (01860) 1 82 60, tarief f 0,90 per m lengte per nacht tot max. 10,50 m lengte (elektra, toiletten, douches en wastafels) ● grotere vaartuigen aan de kade, anders in het Spui ten W van de haven (bij voorkeur langszij een vrachtschip). Max.verblijfsduur 7 dagen.
Motorbrandstof: Tankstation in de nabijheid van de haven, be, die, sbe.
Reparatie: Watersportcentrum Kats, Buitenhavenstraat 5, tel. (01860) 1 96 60, bub (alle merken), zeil/tuigage, elek; S. A. den Boer, Havendam 25, tel. (01860) 1 27 02, zeil/tuigage; A. C. Schipper, Oostkade 8, tel. (01860) 1 26 64, b.g.g. 1 80 29, zeil/tuigage.
Hefkraan: W.V. Het Spui, max. 5 ton, tarief f 10,– per m lengte, tel. (01860) 1 48 79 (privénummer kraanmachinist) (heffen met staande mast mogelijk).

Ouddeel, Murk en Oudkerkstervaart

Van het Van Harinxmakanaal (kmr 31) ten O van Leeuwarden naar de Dokkumer Ee (kmr 24) bij Bartlehiem. Lengte 14 km. Max.diepgang 1,60 m.
Deze landschappelijk aantrekkelijke route is bevaarbaar voor de kleine recreatievaart. De route is bekend als laatste traject van de Friese Elfstedentocht.
Maximumsnelheid: Niet officieel vastgesteld, gebruikelijk is 6 à 9 km/h.
Bruggen: 10 vaste bruggen, waarvan de laagste H 2,05 m (brug in Bartlehiem) en 1 zelfbedieningsbrug in Oudkerk (H 1,40 m). Bediening:

(1 mei-1 okt.)	dagelijks	8-22 h
(1 okt.-1 mei)	ma. t/m vr.	9-17 h, op verzoek*
	zat., zo. en fd.	gesloten

* Bediening 24 h tevoren aanvragen, tel. (05116) 62 22.
Ligplaatsen: Zie bij 'Leeuwarden'.

Ouddorp

Op Goeree-Overflakkee aan het Springersdiep. Zie ook 'Grevelingenmeer'.
Ligplaats: In de Jachthaven van W.V. Goeree, diepte in de twee toegangen tot de haven, links van havenhoofd ± 2 m en rechts ± 1,10 m, diepgang in de haven zelf 1,90 m, tarief f 1,50 per m lengte per nacht, slechts enkele plaatsen beschikbaar. Meren aan de loswal is niet toegestaan (elektra, toiletten, douche (f 1,–) en wastafels). Zie voor de Marina Port Zélande onder 'Port Zélande, Marina'.

Havenmeester: P. Bezuijen, Havenweg 28, tel. (01878) 30 70, b.g.g. 15 83.
Reparatie: Fa. 't Zagertje, dhr. P. Bos, tel. (01878) 17 45, bub (alle merken).
Hefkraan: W.V. Goeree, max. 6 ton, max.diepgang 2 m, tarief tot 7 m f 75,–, langer f 100,–.

Oudega (Sm.)

Op het eind van de Oudegastervaart (Ouddiep), max.diepgang 1,60 m. Bereikbaar via de Wijde Ee (zie aldaar) en de Nieuwe Monnikengreppel ten NW van Drachten.
Maximumsnelheid: 6 km/h.
Ligplaats: In de jachthaven in het dorpskern, havenmeester K. Welling (Slotsingel 26), tel. (05127) 16 29, tarief tot 7 m lengte f 5,–, tot 9 m f 6,–, tot 11 m f 7,–, boven 11 m f 8,– per nacht (toiletten en douches).

Oudega (W.)

Aan de Oudegasterbrekken. Zie ook 'Fluessen'.
Oudega is bereikbaar via Grote Gaastmeer en Oudegaaster Brekken, D 1,50 m.
Lig- en aanlegplaatsen: In de jachthaven aan de Z-oever van de Oudegasterbrekken ● op 200 m voorbij de jachthaven invaart tot de beschutte dorpskomhaven. De toegangsvaart is smal, met achterin een ruime havenkom, tarief f 1,– per m lengte per nacht + f 0,90 toeristenbelasting p.p. (toiletten, wastafels en douches op de camping).
Havenmeester: W. Hoekstra, Hagenadijk 53, tel. (05154) 6 98 94.
Drinkwater: Langs de Z-oever bij ingang camping.
Motorbrandstof: Martens, Hagenadijk 33, tel. (05154) 6 94 19.
Reparatie: F. Huitema, Breksdijk 12, tel. (05154) 6 96 36, romp/uitr; Bootsma, Vitusdijk 1, Blauwhuis, tel. (05157) 91 91, romp/uitr.
Trailerhelling: Openbare trailerhelling bij Camping De Bearshoeke.
Kampeerterrein: Camping De Bearshoeke, tel. (05154) 6 95 21.
Stortplaats chemisch toilet: Bij de camping.

Oude Maas (ZH)

Algemeen: Diepe getijrivier tussen Dordrecht en Vlaardingen, ca. 30 km lang. Landschappelijk fraai doch niet altijd rustig vaarwater. De rivier wordt druk bevaren door zowel duw- als zeevaart. Buiten de betonning bevaarbaar, echter niet te dicht onder de oever komen. Aan de Oude Maas ligt een aantal oude haventjes, die bij GLW gedeeltelijk droogvallen. De toegangen zijn dichtgeslibt, waardoor de haventjes als vluchthaven niet erg geschikt zijn. Dit betreft o.a. de volgende inhammen:
- Haventje van Rijkswaterstaat, kmr 988,4 Ro.
- Koedoodhaven, kmr 990,8 Ro.
- Albrandswaardse Haven, kmr 997,1 Ro: zie onder 'Poortugaal'.
- Allemanshaven, kmr 1000,5.

Vaarwegbeheerder: Rijkswaterstaat, Directie Zuid-Holland, Boompjes 200, 3000 AN Rotterdam, tel. (010) 4 02 62 00. Voor nautische informatie: Regionale Verkeerscentrale Dordrecht, tel. (078) 13 24 21 of marifoonkan. 71, roepnaam 'post Dordrecht' (24 uur); voor het gebied van kmr 998,2 tot de samenvloeiing met de Nieuwe Maas: Gemeentelijk Havenbedrijf Rotterdam; Rotterdamse Waterweg: Verkeerscentrale Botlek, marifoonkan. 13 (24 uur).
Maximumsnelheid: Voor snelle motorboten 20 km/h, m.u.v. het gedeelte tussen kmr 982 en kmr 994,5 en tussen kmr 996 en kmr 1002. Hier geldt géén snelheidsbeperking; waterskiën is verboden. Raadpleeg tevens de 'Handleiding' van deze Almanak onder 'Snelle motorboten en Waterskiën'.

Marifoon: De gehele Oude Maas maakt deel uit van drie marifoon-blokgebieden. In deze blokgebieden is het voor schepen uitgerust met marifoon verplicht om op het aangewezen marifoonkanaal uit te luisteren. Onder alle omstandigheden moet het nautisch veiligheidsverkeer, zowel tussen schepen onderling als met de verkeerscentrales, op het aangewezen marifoonkanaal worden gevoerd.
Van de splitsing Nieuwe Maas – Nieuwe Waterweg tot kmr 998,2: kan. 62, roepnaam 'sector Oude Maas' van het Verkeersbegeleiding Systeem (VBS) Waterweggebied.
Van kmr 998,2 tot kmr 979,3: kan. 4, roepnaam 'sector Heerjansdam' van de Regionale Verkeerscentrale Dordrecht.
Van kmr 979,3 tot het splitsingspunt Noord – Beneden Merwede: kan. 19, roepnaam 'sector Dordrecht' van de Regionale Verkeerscentrale Dordrecht.
Bijzondere bepalingen: Op dit water gelden voor kleine vaartuigen (tot 20 m lengte) de volgende bepalingen:
a. Met een zeil- en motorboot mag alleen worden gevaren, indien deze is voorzien van een (direct startklare) motor, waarmee een snelheid van tenminste 6 km/h kan worden gehandhaafd.
b. Alle kleine vaartuigen moeten zo dicht mogelijk aan de stuurboordzijde van het vaarwater varen, met dien verstande dat het niet is toegestaan het vaarwater op te kruisen, behalve wanneer op de snelst mogelijke manier wordt overgestoken of wanneer het i.v.m. de veiligheid van het scheepvaartverkeer beter is over een korte afstand zo dicht mogelijk aan de bakboordzijde van het vaarwater te varen.
c. Een klein varend of geankerd vaartuig moet 's nachts en bij slecht zicht een goed functionerende radarreflector voeren.
Ankeren is alleen voor kleine vaartuigen toegestaan buiten het voor de doorgaande vaart bestemde vaarwater. Afmeren is alleen toegestaan op de daarvoor aangewezen gedeelten, max.verblijfsduur (buiten de jachthavens) 3 x 24 h. Zie tevens de 'Handleiding' van deze Almanak onder 'Bijzondere bepalingen'.
Bruggen: Beweegbare bruggen in Spijkenisse en Dordrecht. Zie aldaar.
Havens: Zie onder 'Dordrecht', 'Zwijndrecht', 'Puttershoek', 'Heerjansdam', 'Rhoon', 'Hoogvliet' en 'Spijkenisse'.
Getijstroom: Stroomrichting en -snelheid op tijdstippen ten opzichte van HW Hoek van Holland:

$W \dfrac{4}{3}$ = stroomrichting W, stroomsnelheid $\dfrac{4 \text{ km/h bij gem. tij}}{5 \text{ km/h bij springtij}}$

(– = geen meting beschikbaar, 0 = stroomsnelheid minder dan $1/4$ km/h, x = stroomkentering, W = westgaand, O = oostgaand)

– Ter hoogte van Puttershoek:

6 h voor	5 h voor	4 h voor	3 h voor	2 h voor	1 h voor	HW HvH
$W\dfrac{4,1}{4,6}$	$W\dfrac{4,5}{4,9}$	$W\dfrac{4,1}{4,5}$	$W\dfrac{4,1}{3,7}$	$W\dfrac{4}{3,7}$	$W\dfrac{3}{2,8}$	$O\dfrac{1,5}{1,3}$

HW HvH	1 h na	2 h na	3 h na	4 h na	5 h na	6 h na
$W\dfrac{1,5}{1}$	$O\dfrac{1,7}{2,4}$	$O\dfrac{1,9}{2,4}$	$O\dfrac{2}{3,2}$	$O\dfrac{0,5}{1,5}$	$W\dfrac{1,5}{1,2}$	$W\dfrac{3,3}{3,6}$

– Ter hoogte van het Spui:

6 h voor	5 h voor	4 h voor	3 h voor	2 h voor	1 h voor	HW HvH
$W\frac{5}{5}$	$W\frac{4,5}{4,5}$	$W\frac{4,5}{4}$	$W\frac{4,5}{3,5}$	$W\frac{4}{3}$	$W\frac{1,7}{1,1}$	$O\frac{0,5}{0}$

HW HvH	1 h na	2 h na	3 h na	4 h na	5 h na	6 h na
$O\frac{0,5}{0}$	$O\frac{2,5}{3}$	$O\frac{2,5}{3,5}$	$O\frac{1}{3}$	$W\frac{1}{0,5}$	$W\frac{3,5}{3}$	$W\frac{4,5}{4,5}$

– Ter hoogte van Spijkenisse:

6 h voor	5 h voor	4 h voor	3 h voor	2 h voor	1 h voor	HW HvH
$W\frac{5}{4,5}$	$W\frac{5}{-}$	$W\frac{4,5}{3,5}$	$W\frac{4,5}{-}$	$W\frac{3}{3}$	$W\frac{1,5}{-}$	$O\frac{2}{-}$

HW HvH	1 h na	2 h na	3 h na	4 h na	5 h na	6 h na
$O\frac{2}{-}$	$O\frac{3,5}{-}$	$O\frac{2,5}{3,5}$	$O\frac{2}{2,5}$	$W\frac{0,5}{0,5}$	$W\frac{3,5}{-}$	$W\frac{4,5}{5,5}$

Oude Maas (L)
Oude Maasarm bovenstrooms van Maasbracht bij kmr 65 Ro; zie ook 'Maasbracht'.
Dit sterk verbrede en uitgediepte water is doodlopend. Bevaarbaar over een lengte van 4 km tot voorbij Stevensweert. D 3,50 m tot 18 m.
Maximumsnelheid: 9 km/h.
Ligplaats: Jachthaven Maasbrachter W.V. (zie bij 'Maasbracht').

Oude Maasje
Doodlopende getijderivier, lengte 11,2 km, die juist bovenstrooms van de brug bij Keizersveer in de Bergse Maas uitmondt. Toegang tot de havens van Capelle en Waspik (zie aldaar).
Maximumsnelheid: Op het gedeelte van kmr 1,6 tot kmr 3 en van kmr 3,75 tot kmr 4,75 geldt géén snelheidsbeperking en is waterskiën toegestaan. Tussen de haven van Waalwijk en kmr 4,75, tussen kmr 3,75 en kmr 3,06 en tussen kmr 1,2 en de monding in de Bergse Maas is de max.snelheid 9 km/h; overigens 20 km/h. Raadpleeg tevens de 'Handleiding' van deze Almanak onder 'Snelle motorboten en Waterskiën'.
Keersluis: In de vaargeul ca. 300 m ten O van het gemaal Keizersveer ligt een keersluis, breedte 14 m, die onder normale omstandigheden openstaat. Stroomsnelheid en -richting in de doorvaartopening worden d.m.v. borden op het sluisplateau aangegeven. De stroomsnelheid is doorgaans minder dan 2 km/h, doch kan onder bijzondere omstandigheden meer dan 8 km/h zijn.
De sluis wordt gesloten bij een waterstand hoger dan NAP + 1,40 m. Bij stroomsnelheden van meer dan 3,5 km/h worden de deuren niet gesloten, doch is de doorvaart verboden, hetgeen door scheepvaartlichten op de sluis wordt aangegeven. Aan de W-zijde van de sluis is een steiger ('wachtplaats sport') t.b.v. de watersport als de doorvaart verboden is.

Aan de O-zijde van de sluis is geen wachtplaats, omdat men vóór afvaart naar een eventuele sluiting kan informeren.
Waterstand: Bij gemiddelde rivierafvoer varieert de waterstand dagelijks van NAP + 0,60 m tot NAP + 0,35 m; bij lage rivierafvoer van NAP + 0,35 m tot NAP + 0,15 m.
Diepte: Bij de monding NAP – 4 m tot NAP – 2,20 m aan het einde.
Max. toegestane diepgang: Vanaf de Bergse Maas tot haven Capelle 2,50 m.
Bruggen: Twee vaste bruggen, nl. tegenover de ingang van de haven van Waspik, H 6 m, en ten O van de uitmonding van de Capelse Haven, H 5,60 m.
Havens: Zie onder 'Capelle' en 'Waspik'.
Ligplaats: Jachthaven Hermenzeil B.V., in de toegang tot het Oude Maasje, 200 m ten O van de keersluis aan de Z-oever, havenmeester L. v.d. Brand, tel. (01621) 1 28 54, b.g.g. 1 90 56, max.diepgang 2,50 m, tarief f 1,– per m lengte per nacht (elektra, toiletten, wastafels en douches (f 1,–)), geopend van 1 april-1 nov.
Drinkwater: Jachthaven Hermenzeil B.V.
Reparatie: Jachthaven Hermenzeil B.V., Zeilweg 1, Raamsdonk, tel. (01621) 1 28 54, bub/bib (alle merken), romp/uitr (ht, s, p/op de wal + in het water), elek.
Hefkraan: Jachthaven Hermenzeil B.V., max. 15 ton, max.diepgang 1,50 m, tarief f 17,– per m^2.
Trailerhelling: Jachthaven Hermenzeil B.V., max. 5 ton, max.diepgang 1,50 m, tarief f 10,– per keer.
Botenlift: Jachthaven Hermenzeil B.V., max. 15 ton, max.diepgang 1,50 m, tarief f 175,– per keer.
Kampeerterrein, wasserette en stortplaats chemisch toilet: Bij Jachthaven/Camping Hermenzeil B.V.

Oudenbosch

7 km van Stampersgat; zie ook 'Mark en Dintel'.
Haven en vaste brug: Toegangsroute 1 km lang. Vaste brug, H KP + 4,40 m, over de ingang van de haven. KP is ongeveer gelijk aan NAP, doch tengevolge van spuien is er soms verschil in waterstand.
Maximumsnelheid: In de haven 5 km/h.
Bruggen: Voor bruggen over de Mark, zie onder 'Mark en Dintel'.
Haven: De havenkom is door de gemeente verpacht aan Duijnhouwer Beheer B.V., Goes, tel. (01100) 1 62 56, die in de havenkom de jachthaven exploiteert.
Ligplaats: Jachthaven Oudenbosch in de havenkom vlak bij het centrum van Oudenbosch, havenmeester dhr. Kwaaitaal, tel. (01652) 1 61 77, max.diepgang 1,50 m, tarief f 1,50 per m lengte per nacht (douches (f 1,–), wastafels en toiletten).
Reparatie: Jan van der Krogt Bootservice, op de hoek van de haveningang, Oudlandsedijk 2b, tel. (01652) 1 42 72, bub/bib (alle merken, dealer Mercury), romp/uitr (ht, s, p, a/op de wal + in het water), elek.
Hefkraan: Jan van der Krogt Bootservice, max. 12 ton (op aanvraag een hellingwagen tot 20 ton ter beschikking).

Oude Pekela

Aan de Pekel Aa (zie aldaar); 6 km ten ZW van de Rensel (zie 'Winschoten').
Bruggen: Zie 'Pekel Aa/Pekeler Hoofddiep'.
Havenmeester: J. Pathuis, Flessingsterrein 3, tel. (05978) 1 88 33.
Ligplaats: In de gemeentelijke jachthaven, 200 m ten N van de Blijhamsterbrug, D 2 m, tarief f 2,25 tot f 5,– per etmaal (toilet, wastafels en douche).
Trailerhelling: Gemeentelijke Jachthaven, alleen voor kleine boottrailers.

Vulstation propaangasflessen: Jopie Westerling, Kerklaan 18, tel. (05978) 1 27 62.

Ouderkerk a. d. Amstel
7 km van Amsterdam (Omval); 7 km van Uithoorn; zie ook 'Amstel'.
Bruggen:
- Over Amstel, zie aldaar.
- Over de Bullewijk (Kerkbrug), zie aldaar.

Aanlegplaatsen: In de Amstel bij Restaurant Paardenburg en in de Bullewijk.
Drinkwater: Bij de brugwachterswoning van de Kerkbrug (particuliere buitenkraan).

Ouderkerk a. d. IJssel
13,5 km van Rotterdam; 12,5 km van Mallegatsluis in Gouda.
Gemeentelijke aanlegplaats: Midden in het dorp, in principe alleen voor vrachtschepen.
Drinkwater: Aan de gemeentelijke aanlegsteiger.
Reparatie: Bootbouwerij Busman B.V., IJsseldijk Noord 273, tel. (01808) 32 57, romp/uitr (ht, p/op de wal).

Oude Rijn
Onder deze naam wordt de vaarweg van Utrecht tot Katwijk beschreven, nl. de Leidse Rijn (van Amsterdam-Rijnkanaal tot Harmelen) en de gekanaliseerde Oude Rijn (van Harmelen tot Katwijk). Geen doorvaart naar zee.
De bevaarbaarheid (doorvaarthoogte, breedte en diepgang) in de Leidse Rijn en in de Oude Rijn vooral tot Woerden is zeer beperkt. Zie voor details bij de navolgende onderdelen waarin de vaarweg is verdeeld en die ook landschappelijk sterk verschillen.
Vaarwegbeheerder: Vanaf het Amsterdam-Rijnkanaal t/m de Haanwijkersluis: Hoogheemraadschap De Stichtse Rijnlanden, Fultonbaan 58, 3439 NE Nieuwegein (Postbus 1054, 3430 BB Nieuwegein), tel. (03402) 8 29 00; vanaf de Haanwijkersluis tot provinciegrens Utrecht/Zuid-Holland de Provincie Utrecht, Postbus 80300, 3508 TH Utrecht en vanaf de provinciegrens Utrecht/Zuid-Holland (Nieuwerbrug) tot de brug in rijksweg A4 (Leiderdorp): Provincie Zuid-Holland, Dienst Verkeer en Vervoer, District Oost, Gouwsluisseweg 2, 2405 XS Alphen a. d. Rijn, tel. (01720) 4 62 00; van de brug in rijksweg A4 (Leiderdorp) tot Katwijk: Povincie Zuid-Holland, Dienst Verkeer en Vervoer, District West, Leidseweg 557, 2253 JJ Voorschoten, tel. (071) 32 11 31.
Maximumdoorvaarthoogte: De laagste vaste brug in de Oude Rijn is de Meanderbrug ten O van Woerden, H 2 m. Er kunnen waterstandverschillen optreden van 0,10 à 0,12 m, waardoor de doorvaarthoogte beperkt kan zijn tot 1,88 m en in zeer natte perioden tot 1,80 m.
Maximumsnelheid: Van het Amsterdam-Rijnkanaal (Oudenrijn) tot 1 km ten W van de Haanwijkersluis 6 km/h; vanaf 1 km ten W van de Haanwijkersluis tot de Kwakelbrug in Woerden 6 km/h; vanaf de Kwakelbrug in Woerden tot de Burg. Crolesbrug in Bodegraven 9 km/h; vanaf het Rijn-Schiekanaal tot de Schrijversbrug in Leiden 9 km/h; overige gedeelten 12 km/h.
Van het Amsterdam-Rijnkanaal t/m de Haanwijkersluis (ten W van Harmelen) (10,6 km): Openstaande enkele keerdeuren en hoge vaste brug (H 5 m), direct in de toegang vanaf het Amsterdam-Rijnkanaal, met op ca. 210 m van het Amsterdam-Rijnkanaal een dubbel vijzelgemaal met keerdeur. De 2e keerdeur staat gewoonlijk open. In langdurige droge perioden kan de keerdeur worden gesloten en is geen doorvaart mogelijk. Bij gesloten keerdeur worden er waarschuwings-

borden geplaatst bij het Amsterdam-Rijnkanaal en bij de Blokhuisbrug in Woerden.
In De Meern is een beweegbare brug en in Harmelen is een beweegbare brug (Molenbrug) en een sluis (Haanwijkersluis).
– Max.afmetingen: H 2,25 m, breedte 3 m, diepgang tot de Haanwijkersluis 1,50 m, Haanwijkersluis 1,30 m.
– Bediening brug in De Meern: (gratis)

ma. t/m zat.	(16 april-1 juni en	
	1 sept.-16 okt.)	9-12.30, 13.30-16.30, 17.30-19 h
	(1 juni-1 sept.)	9-12.30, 13.30-16.30, 17.30-20 h
	(16 okt.-16 april)	9-16.30 h* (zat. gesloten)
zo. en fd.	(gehele jaar)	gesloten

* Bediening op verzoek, tevoren aanvragen bij de Gemeente Vleuten-De Meern, tel. (03407) 93 11 of rechtstreeks bij de brugwachter, tel. (03406) 6 12 53.
– Bediening Molenbrug: (gratis)

ma. t/m zat.	(16 april-16 okt.)	9, 12, 15, 17 h
	(16 okt.-16 april)	9-16.30 h* (zat. gesloten)
zo. en fd.	(gehele jaar)	gesloten

* Bediening op andere dan bovengenoemde tijdstippen, mits tussen 7-20 h, is mogelijk indien 24 uur tevoren telefonisch of schriftelijk bij B. en W. van de Gemeente Harmelen aangevraagd, tel. (03483) 24 24.
– Voor de Haanwijkersluis ligt een beweegbare brug, de Pompersbrug H 1 m, die men zelf moet bedienen (slinger aanwezig in café Dorpsstraat 129 of eventueel op het gemeentehuis). Van 16 okt. tot 16 april is de brug vergrendeld, bediening alleen op verzoek aan de Gemeente Harmelen.
– Bediening Haanwijkersluis (sluisgeld f 2,50 (voor schepen langer dan 19 m f 3,50)):

ma. t/m zat.	(16 april-1 juni en	
	1 sept.-16 okt.)	9-12.30, 13.30-19 h
	(1 juni-1 sept.)	9-12.30, 13.30-20 h
	(16 okt.-16 april)	9-16.30 h* (zat. gesloten)
zo. en fd.	(gehele jaar)	gesloten

* Bediening na voorafgaand verzoek aan de sluiswachter, tel. (03483) 20 75.
– Drie vaste voetbruggen ten O van de sluis, resp. H 2,15 m, 2,50 m en 2,45 m. Spoorbrug, H 2,40 m, bij Indijk, ca. 1,5 km ten W van de sluis.
Van de Haanwijkersluis tot Woerden (8 km): Veel vaste bruggen. In de zomer heeft men vaak hinder van kroos en waterplanten, vooral van juli tot september.
– Max.afmetingen: H 1,80 m, breedte 3 m en diepgang 1,30 m.
Ten O van Woerden liggen over de Oude Rijn vaste bruggen. De laagste hiervan is de Meanderbrug bij Woerden, H 2 m. Door peilvariaties kan de doorvaarthoogte beperkt zijn tot 1,80 m. De Snellebrug ten O van Woerden is in het midden H 2,10 m, doch aan de zijkanten H 1,85 m.
Van Woerden tot Bodegraven (11 km): Beweegbare bruggen. Fraai boomrijk landschap. Van Nieuwerbrug aan de Oude Rijn naar het Amsterdam-Rijnkanaal is de vaart over de Dubbele Wiericke en de Hollandse IJssel aan te bevelen (zie aldaar).
– Max.afmetingen: Bevaarbaar voor schepen met ten hoogste 5,50 m breedte en 1,90 m diepgang.

– Ten W van Woerden de Kwakelbrug, H 1,20 m, de Rozenbrug, H 1,70 m en de Burg. H. Vosbrug, H 1,65 m. Bediening: (gratis)

ma. t/m vr.*	5.30-8, 8.30-12, 13.30-17, 18-22.30 h
zat.	7-13, 14-18 h
zo. en fd.	gesloten

* De avond vóór Hemelvaartsdag bediening tot 22 h.
Deze bruggen worden door één brugwachter (tel. (03480) 1 63 36) bediend die zich gewoonlijk bij de Kwakelbrug, de meest westelijke brug, bevindt. Komende uit de richting Utrecht moet men de brugwachter waarschuwen omdat het geluidssignaal op die plaats voor de brugwachter niet hoorbaar is.
– Ophaalbrug in Nieuwerbrug. Bruggeld f 2,50. Bediening:

ma. t/m vr.*	(gehele jaar)	5.30-22.30 h
zat.	(16 april-16 okt.)	7-13, 14-18 h
	(16 okt.-16 april)	7-13 h
zo. en fd.	(25 juni-11 sept.)	11.15, 14, 16 en 17.15 h
	(11 sept.-25 juni)	gesloten

* De avond vóór Hemelvaartsdag bediening tot 22 h.
- Sluis en ophaalbrug (Rijnbrug) in Bodegraven. Bediening:

ma. t/m vr.*	(gehele jaar)	5.30-7.15, 8.30-12, 13-17, 18-22.30 h
zat.	(16 april-16 okt.)	7-13, 14-18 h
	(16 okt.-16 april)	7-13 h
zo. en fd.	(25 juni-11 sept.)	10.30, 12, 15, 16.30 h
	(11 sept.-25 juni)	gesloten

* De avond vóór Hemelvaartsdag bediening tot 22 h.
Bruggeld f 2,50, sluisgeld f 3,–.
Van Bodegraven tot Rijn-Schiekanaal bij Leiden (23 km): Beweegbare bruggen (geen bruggeld). Geen sluizen. Fraai boomrijk landschap, echter lintbebouwing bij Alphen.
Max.diepgang: Van de sluis in Bodegraven tot de Steekterbrug bij Gouwsluis 2,50 m, vandaar tot 's Molenaarsbrug 2,80 m, verder tot het Rijn-Schiekanaal 2,50 m.
800 m ten W van Bodegraven ligt de Burg. Crolesbrug, H 3,30 m (het beweegbare gedeelte is hoger dan de vaste overspanning). De brug wordt op afstand vanaf de Zwammerdamse brug bediend. Observatie vindt plaats m.b.v. camera's. Bediening:

ma. t/m vr.*	(gehele jaar)	5.30-12, 13-17, 18-22.30 h
zat.	(16 april-16 okt.)	8-13, 14-18 h
	(16 okt.-16 april)	8-13 h
zo. en fd.**	(16 april-16 okt.)	10-13, 14.30-19 h
	(16 okt.-16 april)	gesloten

* De avond vóór Hemelvaartsdag bediening tot 22 h; op 24 en 31 dec. bediening tot 18 h.
** Op zo. en fd. zal worden bediend vanaf 1e paasdag, als deze dag valt tussen 10 en 16 april.
– Zwammerdamse brug over de Oude Rijn, basculebrug, H 2,50 m (vaste gedeelte H 2,60 m). Bediening: Als Burg. Crolesbrug. Op de brug is een tappunt voor drinkwater aanwezig.
– Steekterbrug (basculebrug) in Gouwsluis over de Oude Rijn ten O van de kruising met de Gouwe, H 4,60 m. De brug wordt op afstand vanaf de hefbrug Gouwsluis (over de Gouwe, marifoonkan. 18)

bediend. Observatie vindt plaats d.m.v. camera's. Bediening:

ma.*	(gehele jaar)	6-7, 9-16.15, 18.15-24 h
di. t/m vr.*	(gehele jaar)	0-7, 9-16.15, 18.15-24 h (vr. tot 22 h)
zat.	(gehele jaar)	6-18 h
zo. en fd.**	(16 april-16 okt.)	10-18 h
	(16 okt.-16 april)	gesloten

* De avond vóór Hemelvaartsdag bediening tot 22 h; aanvang bediening ná feestdagen om 6 h; op 24 en 31 dec. bediening tot 18 h.
** Op zo. en fd. zal worden bediend vanaf 1e paasdag, als deze dag valt tussen 10 en 16 april.
– Alphense brug in Alphen a. d. Rijn, H 1,85 m (het vaste smalle gedeelte langs de O-oever is H 1,95 m). Marifoonkan. 18. Bediening:

ma.*		6-24 h
di. t/m vr.*		0-24 h (vr. tot 22 h)
zat.		6-18 h
zo. en fd.**	(16 april-16 okt.)	10-18 h
	(16 okt.-16 april)	gesloten

* De avond vóór Hemelvaartsdag bediening tot 22 h; aanvang bediening ná feestdagen om 6 h.
** Op zo. en fd. zal worden bediend vanaf de 1e paasdag, als deze dag valt tussen 10 en 16 april.
– Basculebruggen in Alphen a. d. Rijn: Kon. Julianabrug, H 4,40 m en Alb. Schweitzerbrug, H 5,50 m. Beide bruggen marifoonkanaal 18. Bediening: Als Alphense brug in Alphen.
In verband met het intensieve landverkeer ter plaatse van de bruggen in Alphen a. d. Rijn, kan met bediening worden gewacht tot een aantal jachten zich heeft verzameld of tot een beroepsvaartuig passeert.
– Ophaalbrug, H 1,80 m, in Koudekerk a. d. Rijn. Marifoonkan. 20. Bediening:

ma. t/m vr.	(gehele jaar)	6-22 h
zat.	(16 april-16 okt.)	8-18 h
	(16 okt.-16 april)	8-14 h
zo. en fd.*	(16 april-16 okt.)	10-18 h
	(16 okt.-16 april)	gesloten

* Op zo. en fd. zal worden bediend vanaf de 1e paasdag, als deze dag valt tussen 10 en 16 april.
– Basculebrug in de rijksweg in Leiderdorp. Vast gedeelte H 5,40 m. Bediening:

ma. t/m vr.	6-7, 10-16, 18.30-20* h
zat.	9-14 h
zo. en fd.	gesloten

* Van ma. t/m vr. wordt de brug van 18.30-19 h niet bediend t.b.v. de recreatievaart.
Op 24/12 en 31/12 bediening tot 16 h (op verzoek ook tussen 17.30 en 18 h).
– Leiderdorpse basculebrug, H 2,50 m (vast gedeelte H 2,60 m). Bediening:

ma. t/m vr.	(gehele jaar)	6-7, 9-16, 18-21.30 h
zat.	(16 april-16 okt.)	9-18 h
	(16 okt.-16 april)	9-14 h
zo. en fd.*	(16 april-16 okt.)	11-15 h
	(16 okt.-16 april)	gesloten

* Op zo. en fd. zal worden bediend vanaf de 1e paasdag als deze valt tussen 10 en 16 april.

De brug wordt van ma. t/m vr. van 7-9 h en 16-18 h niet voor de recreatievaart bediend (spitsuursluiting).
Doorvaart tegelijkertijd met beroepsvaart is wel mogelijk.
Vaart langs Leiden: Zie 'Leiden'.
Van Leiden naar Katwijk: Beweegbare bruggen. Geen sluizen. Geen verbinding met de zee. Landschappelijk vrij eentonig.
Bruggen en -bediening: Zie bij 'Leiden'.

Oudeschild

Aan de ZO-zijde van het eiland Texel (zie aldaar); 12 km van Den Helder; 7 km van De Mok; zie ook 'Waddenzee'.
Bijzondere bepalingen: Een varend of een geankerd klein vaartuig moet bij slecht zicht en 's nachts op de Waddenzee en in de havens aan de Waddenzee een goed functionerende radarreflector voeren.
Kustwacht: Roepnaam Kustwachtpost Eierland (Texel), marifoonkan. 16 of 5 (ook voor het opvragen van actuele informatie). De post is het gehele jaar bemand van 8-17 h. Buiten deze tijden is de post bereikbaar via Kustwachtcentrum IJmuiden (marifoonkan. 67 (en 16, noodkan.)) of Centrale Meldpost Waddenzee, zie aldaar (marifoonkan. 16 noodkanaal).
Getijstanden: Rijzing bij springtij 1,74 m boven gemiddeld LLWS; bij doodtij 1,55 m boven gemiddeld LLWS. Gemiddeld LLWS = NAP − 1,07 m.
Haven: Rijkshaven. De haveningang wordt gevormd door stenen dammen, aan de binnenzijde voorzien van remmingwerken. Wit licht aan het einde van de haven (Oc 6s), gehouden tussen twee vaste groene lichten op de N-dam en twee vaste rode lichten op de Z-dam, leidt de haven 293° open.
Aan de NO-zijde van de Werkhaven is de toegang tot de nieuwe passantenhaven.
Binnenkomende met laagwater is het raadzaam langzaam te varen. Tijdens het begin van de vloed loopt een sterke neer ca. 30 m voor de havenhoofden. Bij de haveningang ontstaat een lastige zee wanneer harde wind (met name ZO-wind) en stroom tegen elkaar in staan.
De diepte in de buitengeul is 4,90 m, in de havenmond 4,40 m, in de Zuiderhaven 3,90 m, in de Noorderhaven 3,40 m, in de Werkhaven 4,40 m en in de passantenhaven 2,40 m bij gemiddeld LLWS.
Mistsein: (Nautofoon) op de Z-havendam, 2 stoten binnen 30 seconden. Tussen 22 h en 6 h wordt geen mistsein gegeven.
Rijkshavenmeester: C. M. de Graaf, tel. (02220) 1 27 10/1 35 38, b.g.g. 1 35 27.
Marifoon: Havenmeester Oudeschild, kan. 9; zie tevens 'Kustwacht'.
Douane: Douanekantoor is van 1 april tot 1 nov. geopend van 9.30-20 h. Voor douaneformaliteiten zie in de Handleiding van deze Almanak onder 'Douaneformaliteiten'.
Toeristenbelasting: f 1,20 p.p. per nacht.
Ligplaats: In de oude en nieuwe passantenhaven (in beheer bij de Stichting Passantenhaven Oudeschild), waarin gevestigd de W.V. Texel, aan de NO-zijde van de Vissershaven, havenmeester W. Welbie, tel. (02220) 1 36 08, tarief f 1,60 (excl. BTW) per m lengte per nacht, excl. toeristenbelasting van f 1,20 per persoon (elektra (f 1,−), toiletten, douches (f 1,−) en wastafels). De haven is van 1 april-1 nov. geopend. Max.verblijfsduur 3 dagen.
Motorbrandstof: Op het tankschip van de Stichting Passantenhaven, die (sl).
Vulstation propaangasflessen: Jimmink Kampeercentrum, Spinbaan 14, Den Burg, tel. (02220) 1 31 63; Verhuurbedrijf Bruinig, Brink 6, De Koog, tel. (02220) 2 70 27.

Reparatie: Fa. Duinker, Oudeschild, bub/bib; Fa. Betsema, Spinlaan 3, Den Burg, tel. (02220) 1 43 02, bib (Volvo Penta), bub; H. Boom, Heemskerckstraat 40, tel. (02220) 1 26 61, romp/uitr (ht, s, p); Zeilmakerij Texel, Heemskerckstraat 40, tel. (02220) 1 32 72, zeil/tuigage.
Trailerhelling: In de passantenhaven, gratis.
Wasserette en stortplaats chemisch toilet: Aan de passantenhaven.

Oude Schouw

4 km van Akkrum; 2,5 km van Jirnsum (Irnsum); 3,5 km van Terherne (Terhorne); 5 km van Grou (Grouw).
Maximumsnelheid: Op het Prinses Margrietkanaal, zie aldaar; op de Boorne en de Rechte Grouw naar Irnsum 9 km/h.
Brug: Basculebrug in de rijksweg, H 7,30 m (geen bruggeld).
Bediening: zie onder 'Prinses Margrietkanaal'.
Er is langs de brugpijlers een ketting gespannen, waaraan men zich bij tegenwind kan doorhalen.
Doorvaartroutes:
– Voor het kanaal naar het Pikmeer, zie onder 'Grou (Grouw)'.
– Over de Boorne naar Akkrum, twee beweegbare bruggen in Akkrum (zie aldaar).
– Over de Rechte Grouw tussen Jirnsum (Irnsum) en Grou (Grouw) (route door het Rak van Ongemak) vaste bruggen, zie onder 'Jirnsum (Irnsum)' en 'Grou (Grouw)'.
Kampeerterrein: Bij het hotel aan het Nieuwe Kanaal bij de monding van de Boorne ten O van de verkeersbrug.

Oudesluis

7 km van Stolperbrug (Noordhollandskanaal); 4 km van Anna Paulowna.
Maximumsnelheid: Niet officieel voorgeschreven, gebruikelijk 9 km/h.
Grote Sloot: Wegens ondiepten bevaarbaar met max. 0,80 m diepgang. Laagste vaste brug, H 2,28 m.
Bruggen en sluizen: Sluiswachter, tel. (02242) 12 83. Over de sluis ligt een vaste brug, H 3,40 m. Ten Z van de sluis ligt een draaibrug, H 0,75 m.
– Bediening sluis- en draaibrug:

(16 april-1 juni)	dagelijks	9-12, 14-18 h
(1 juni-16 sept.)	dagelijks	9-12, 13-20 h
(16 sept.-16 okt.)	dagelijks	9-12, 14-19 h
(16 okt.-16 april)	ma. t/m zat.**	9-18 h, op verzoek*
	zo. en fd.	gesloten

* Bediening op verzoek, tel. (02242) 12 83.
** Bediening op 24 en 31 dec. tot 16 h.
Sluisgeld (ook bij openstaande sluis): recreatievaartuigen f 3,25; overige vaartuigen min. f 3,55. Bruggeld: f 1,30.
– Vaste spoorbrug 2 km ten Z van de sluis, H 2,15 m boven gemiddeld peil (NAP – 0,30 m).
– Voor verbinding met de Van Ewijcksluis, zie aldaar.
Aanlegplaats: Bij de draaibrug.
Motorbrandstof: Schagerweg 31, Schagerbrug.
Reparatie en trailerhelling: Kossen Boten Motoren, Noorderweg 10, tel. (02242) 12 54, bub (Yamaha, Tomos), trailerhelling tot $1\frac{1}{2}$ ton.

Oude Tonge

Op Overflakkee; aan de Krammer, onderdeel van het Zoommeer (zie aldaar).

Maximumsnelheid: 6 km/h.
Waterstand: Gelijk aan NAP, doch er kunnen peilvariaties optreden van NAP – 0,25 m tot NAP + 0,05 m.
Bijzondere bepalingen: De max. toegestane diepgang in de (binnen- en buiten)havengeul en in de haven is 2 m (APV Gemeente Oostflakkee).
Havengeul: In de toegang liggen de tonnen OT 1 en OT 2, in aansluiting op de recreatiebebakening op het Zoommeer op de 1,50 m dieptelijn. Vanaf het hoofdvaarwater splitst de havengeul zich af tussen de tonnen ZV 2 en ZV 4. Aan de W-zijde van de geul ligt een strekdam onder water. De kop van de dam wordt gemarkeerd door de ton OT 4 en een steekbaken. De diepte van de buiten- en binnengeul is NAP – 1,80 m. De haven heeft een diepte van NAP – 1,80 m.
Keersluizen: Drempeldiepte buitenkeersluis NAP – 2,20 m, binnenkeersluis NAP – 2,10 m. Voor de buitensluis is een remmingwerk aanwezig. De sluizen staan open en zullen slechts in bijzondere gevallen gesloten worden.
Verlichting: De buitensluiskolk is verlicht met natriumlampen.
Ligplaats: Jachthaven van W.V. Oude Tonge, havenmeester J. Bal, tel. (01874) 30 29, tarief f 1,35 per m lengte per nacht (elektra, toiletten, wastafels en douches (f 1,–)), drinkwater (sl). Max. toegestane diepgang 1,80 m.
Reparatie: Jachtwerf Vlieger, Zuiddijk 65, tel. (01874) 13 69, bub/bib (alle merken), romp/uitr (ht, s, p/op de wal + in het water), zeil/tuigage, elek.
Kampeerterrein: Camping Oude Tonge, Handelsterrein 28, tel. (01874) 15 50.

Oudewater

Aan de Hollandse IJssel; 7 km van Montfoort; 4 km van de Goejanverwellesluis in Hekendorp.
Waterstand: Er kunnen vrij snel aanmerkelijke verschillen optreden, zie onder 'Hollandse IJssel'.
Bruggen: Zie 'Hollandse IJssel'.
Sluizen: In de Lange Linschoten: zie onder 'Linschoten'.
Aanlegplaatsen: Ten Z van de ophaalbrug aan de zijde van het bos nabij het zwembad; ten N van de Hoenkoopse brug aan de N-oever (buiten de bebouwde kom). Max.verblijfsduur 3 dagen (toilet en douche (f 1,–) bij Zwembad Molenwal 45, van 1 mei tot 1 sept.).
Havengelden: Minder dan 20 m^3 gratis, daarboven f 0,05 per ton.
Drinkwater: Bij de Hoenkoopse brug (sl).
Motorbrandstof: Garages nabij bruggen aan de provinciale weg, be, sbe en die; op diverse plaatsen in het centrum achter de Ned. Hervormde Kerk (o.a. aan de Wijdstraat), be, sbe en die.
Wasserette: Bij Zwembad Molenwal 45 (1 mei tot 1 sept.).

Oude Wetering

2 km van Leimuiden; 0-1,5 km van het Braassemermeer; 6,2 km van Kaag(dorp).
Maximumsnelheid: Op de Oude Wetering 12 km/h, op de Ringvaart van de Haarlemmermeerpolder zie aldaar.
Aanlegplaatsen: Over de volle lengte van de vaart door het dorp, W-zijde, bijzonder onrustige meergelegenheid, max.verblijfsduur 24 h (ontheffing voor passanten mogelijk tot 14 dagen); in de Drecht (voor motorvaartvergunning zie onder 'Drecht').
Ligplaatsen: Aan het Braassemermeer:
● Jachthaven Watersportcentrum (W.S.C.) Braassemermeer, havenmeester E.B. Barto, tel. (01713) 1 40 02, max.diepgang 2,50 m, tarief f 1,50 per m lengte per nacht (elektra, toiletten, douches (f 1,–) en wastafels);

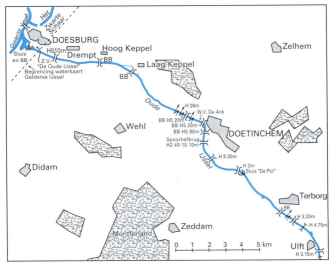

Oude IJssel

- Jachthaven De Brasem N.V. ★★★, havenmeester P. Olyerhoek, tel. (01713) 1 26 64 (privé 1 20 40), tarief f 1,50 per m lengte per nacht (elektra, toiletten, wastafels en douches (f 1,–)).
Drinkwater: W.S.C. Braassemermeer (sl, f 1,–); Jachthaven De Brasem N.V., (sl, f 1,–)
Reparatie: Werf J. van Dam, bub/bib; W.S.C. Braassemermeer, Plantage 33, tel. (01713) 1 40 02, bub (Yamaha, Mercury, Mariner, Suzuki, Johnson en Evinrude), bib (Volvo Penta en Yanmar), romp/uitr (ht, s, p/op de wal + in het water), elek; A. Remmelts, bij Jachthaven De Brasem N.V., bub/bib; Navigare Nederland, Veerstraat 1, bub/bib; J. van Dam & Zn., romp/uitr (s, ht); De Bock en Meijer B.V., Westeinde 9, tel. (01713) 1 22 08, romp/uitr (s/op de wal + in het water); Zeilmakerij De Jong, Kerkstraat 56, zeil/tuigage.
Hefkranen: W.S.C. Braassemermeer, max. 4 ton, max.diepgang 1,20 m, tarief f 50,–; J. Kraan, Westerdijk 20, tel. (01713) 1 27 67 (overleg nodig), max. 1,8 ton; Jachthaven De Brasem N.V., Plantage 13a, tel. (01713) 1 26 64, max. 3 ton; De Bock en Meijer B.V., max. 8 ton, max.diepgang 1,70 m, tarief f 25,– per m lengte.
Trailerhelling: W.S.C. Braassemermeer, max. 1½ ton, max.diepgang 1,20 m, tarief f 15,– (in en uit); Jachthaven De Brasem N.V., max. 3 ton.
Botenlift: De Bock en Meijer B.V., max. 80 ton, tarief op aanvraag.
Kampeerterrein: Camping De Braassem*, Galgekade 2, Roelofarendsveen, tel. (01713) 1 20 91.
Wasserette: Bij W.S.C. Braassemermeer; bij Jachthaven De Brasem N.V.; De Bock en Meijer B.V.

Oude IJssel

Van sluis Doesburg tot de stuw in Ulft 24,5 km. Zie ook 'Doesburg', 'Laag Keppel' en 'Doetinchem'.
Behoudens enkele gekanaliseerde gedeelten (delen van de oorspronkelijke rivier zijn afgedamd), is het een landschappelijk mooi vaarwater met fraaie omgeving, vooral rond Laag Keppel (kasteel).
Kaartje: Is bij deze beschrijving opgenomen.
Diepte: De diepte verloopt van Doesburg tot Ulft van ca. 5 m tot 3,50 m. De max. toegestane diepgang is 2,50 m.

Motorvaart: Verboden voor snelle motorboten (schepen die sneller kunnen varen dan 16 km/h).
Aanlegplaatsen: In principe verboden, behalve aan de hiervoor bestemde meerplaatsen (zie 'Doesburg' en 'Doetinchem').
Maximumsnelheid: Voor kleinere motorboten 9,9 km/h.
Sluizen: In Doesburg en bij De Pol.
Bruggen: 6 vaste bruggen (tot even ten N van sluis De Pol laagste vaste brug, H SP + 8,10 m; laagste vaste brug vanaf de brug ten N van sluis De Pol, H SP + 3 m), 9 beweegbare verkeersbruggen, incl. die over de sluis in Doesburg en de spoorhefbrug in Doetinchem. Hoogspanningsleidingen, waarvan de laagste met een doorvaarthoogte van 23 m.
Bediening sluizen en verkeersbruggen: Met uitzondering van sluis De Pol en de brug in Terborg en Ulft. (Tijdens de spitsuren in het landverkeer over de Europabrug en Gaswalbrug wordt de Europabrug niet bediend van 7.45-8.45 h en van 16.15-17.15 h. De Gaswalbrug wordt niet bediend van 7.45-8.45 h.):

ma. t/m vr.	(febr.)	7.30-12, 12.45-17.30 h
	(mrt.)	7-12, 12.45-18.30 h
	(1 april-1 okt.)	7-12, 12.45-18.30 h
	(okt.)	7-12, 12.45-17.30 h
	(1 nov.-1 febr.)	7.30-12, 12.45-17 h
zat.**		
zo. en fd.*	gesloten, doch van 1 mei tot 1 sept. in Doesburg om 17 h op zo. één sluisopening met daaropvolgende brug openingen in Hoog Keppel en Laag Keppel tot de jachthaven van W.V. De Ank in Doetinchem.	

*   Incl. Koninginnedag
** Bediening op zat. is als volgt:
Sluis in Doesburg:

(1 april-1 okt.)	7-12, 12.45-18.30 h
(1 okt.-1 april)	8-12, 12.45-17 h

Brug in Hoog Keppel:

(1 april-1 okt.)	8.30-8.45, 9.30-9.45, 11-11.15, 12-12.15, 14.20-14.35, 15.20-15.35, 16.20-16.35 h
(1 okt.-1 april)	9.30-9.45, 12.45-13, 15.30-15.45 h

Brug in Laag Keppel:

(1 april-1 okt.	8-8.15, 9-9.15, 11.30-11.45, 12.30-12.45, 14.50-15.05, 15.50-16.05, 17.45-18 h
(1 okt.-1 april)	9-9.15, 10-10.15, 11.45-12, 13.15-13.30, 15-15.15, 16-16.15 h

Bruggen in Doetinchem (Europabrug en Gaswalbrug):

(1 april-1 okt.)	7-7.30, 10.05-10.30, 13.45-14, 17-17.20 h
(1 okt.-1 april)	8-8.30, 10.45-11.15, 14-14.30, 16.45-17 h

Bediening spoorbrug (H 2,40 m in gesloten stand) in Doetinchem:

ma. t/m zat.	7-19 h, éénmaal per uur
zo. en fd.*	gesloten

* Incl. Koninginnedag.

De exacte bedieningstijden zijn opgenomen in de watersportwijzer 'Openingstijden spoorbruggen', gratis verkrijgbaar aan de ANWB-vestigingen.
Bediening sluis De Pol:

(1 juni-1 sept.)	ma. t/m zat.	11-11.15 h opvaart
		12-12.15 h afvaart
		16-16.15 h opvaart
		17-17.15 h afvaart
	zo. en fd.	gesloten
(1 sept.-1 juni)	ma. t/m zat.	op verzoek*
	zo. en fd.**	gesloten

* Bediening 24 h tevoren aanvragen bij het Waterschap van de Oude IJssel, tel. (08350) 2 36 41, of bij de sluiswachter, tel. (08350) 2 33 80.
** Incl. Koninginnedag en 5 mei.
Bediening ophaalbrug in Terborg:

(1 juni-1 sept.)	ma. t/m zat.	11.30-11.45, 16.30-16.45 h
	zo. en fd.	gesloten
(1 sept.-1 juni)	ma. t/m zat.	op verzoek (zie 'sluis De Pol')
	zo. en fd.*	gesloten

* Incl. Koninginnedag en 5 mei.
Hefbrug in Ulft: Deze brug, H 3,15 m, ligt ten Z van sluis De Pol en wordt niet meer bediend.
Kanaalgeld (per kanaalpand, incl. brug- en sluisgelden, heen en terug): Voor jachten voorzien van motor f 0,20 per m^3 inhoud, min. f 5,–; voor jachten zonder motor f 0,15 per m^3 inhoud, min. f 1,50. Zowel het eerste pand tussen de Gelderse IJssel en de sluis De Pol voorbij Doetinchem alsook het tweede pand tussen sluis De Pol en de stuw in Ulft zijn voor het watertoerisme zeer aantrekkelijk.
Men moet in het bezit zijn van het Reglement van scheepvaart voor de Oude IJssel, verkrijgbaar à f 2,– bij de sluiswachters.
Drinkwater: Sluis Doesburg; gemeentelijke loswal in Doetinchem, kmr 12,7; sluis De Pol (ca. 17 km).

Oude Zeug
Vluchthaventje aan NW-zijde van het IJsselmeer, langs de O-dijk Wieringermeer, ca. 10 km ten N van Medemblik.
Haven: Men loopt de haven binnen in NNW-lijke koers. Een vast rood licht aan de W-zijde, een vast groen licht aan de O-zijde van de invaart. In de havenmond staat 3,20 m water bij IJWP, in de havenkom 3,50 m en langs de ijzeren damwand, die de NW- en N-zijde van de haven vormt, 3 m.
Contactadres: Heemraadschap De Wieringermeer, Ir. Smedingplein 1, Wieringerwerf, tel. (02272) 14 44.
Aanlegplaats: Langs genoemde ijzeren damwand. Er is een peilschaal. De overige wallen van de haven zijn zacht glooiend.

Oudvaart
Vaarwater tussen Sneek en Rauwerd met verbinding naar Terherne (Terhorne) via Bangavaart en Terzoolsterzijlroede.
Toegang bij Sneek door de Dompsluis en bij Terherne (Terhorne) door de Terzoolsterschutsluis. Deze route is bevaarbaar voor schepen tot 2,10 m hoogte en 1 m diepgang.
Deze route vermijdt het Snekermeer, hetgeen bij harde wind voor kleinere jachten van belang kan zijn.

Vanaf Poppenwier (Poppengawier) kan men via de Zijltjessloot (2 vaste bruggen, waarvan de laagste H 2 m) en de Dillesluis de Snekertrekvaart of Zwette bereiken (zie onder 'Zwette').
Sluizen: Alle drie de sluizen moeten door de gebruiker zelf worden bediend. Geen sluisgeld.

Oud-Zuilen a. d. Vecht
2 km van Vechtsluis in Maarssen; 4,5 km van Utrecht-centrum (Weerdsluis); zie ook onder 'Vecht'.
Sluis: De Vechtsluis in de verbinding met het Amsterdam-Rijnkanaal staat altijd open. Over de sluis ligt een vaste brug (Opburenbrug), H 3,75 m.
Brug: Ophaalbrug over de Vecht, zie aldaar.
Lig- en aanlegplaatsen: Aan de W-oever vóór en achter de ophaalbrug, verblijfsduur max. 3 x 24 h van 16 april-16 okt., gratis ● Jachtwerf Kramer, max. diepgang 1 m, tarief f 10,– per nacht (toiletten en wastafels).
Drinkwater: Jachtwerf Kramer (sl), tarief f 1,– per 100 liter.
Motorbrandstof: Jachtwerf Kramer, sbe (sl), die (sl) (van 1 apr tot 15 sept. zat. en zo. geopend).
Reparatie: Jachtwerf De Klop (J. Kuiper), Fortlaan 46, tel. (030) 44 18 78, romp/uitr; Jachtwerf Kramer, Daalseweg 8, tel. (030) 44 09 88, bub/bib (alle merken), romp/uitr (h, s, p/op de wal + in het water).
Hefkranen: Jachtwerf De Klop.

Overschie
5 km van Rotterdam (Parkhaven); 5 km van Schiedam (Buitensluis); 9 km van Delft.
Doorvaartroutes:
– Van de Nieuwe Maas bij de Parksluizen over de Delfshavense Schie naar de Delftse Schie bij Overschie: zie bij 'Doorvaartroute A' onder 'Rotterdam'.
– Van de Nieuwe Maas bij Schiedam naar Overschie, zie onder 'Schiedam'.
– Van Overschie naar Delft: zie 'Delftse Schie'.

Overijsselse Vecht
Van het Zwarte Water tot Junne zeer aan te bevelen voor het watertoerisme, lengte 33 km.
Boven de stuw van Junne, 3 km bovenstrooms van Ommen, is de rivier alleen bevaarbaar voor kano's en roeiboten, die bij de stuwen overgedragen moeten worden (overdraagplaats aanwezig).
Kaartje: Is bij deze beschrijving opgenomen.
Vaarwegbeheerder: Rijkswaterstaat Directie Overijssel, Dienstkring Zwartsluis, Potgietersingel 2, 8011 NA Zwolle, tel. (038) 25 66 00.
Maximumsnelheid: 9 km/h.
Maximumdiepgang: Van het Zwarte Water tot de stuw in Junne 1 m. In het benedenhoofd van sluis Vilsteren ligt een drempel, D 1 m.
Waterstand: Beneden sluis Vechterweerd dient men rekening te houden met vrij sterk wisselende waterstanden door op- en afwaaien wegens de open verbinding met het IJsselmeerwater. Normale waterstand: NAP – 0,20 m aan de benedenzijde van sluis Vechterweerd. Men moet zich realiseren dat men op een rivier vaart, waardoor de waterstanden niet gegarandeerd kunnen worden.
Bij geringe afvoer van het water kan het voorkomen dat bij de sluizen in Vilsteren en Vechterweerd niet elk vaartuig apart wordt geschut, maar dat gewacht wordt tot er verschillende zijn. Een en ander ter beoordeling van de sluismeesters.

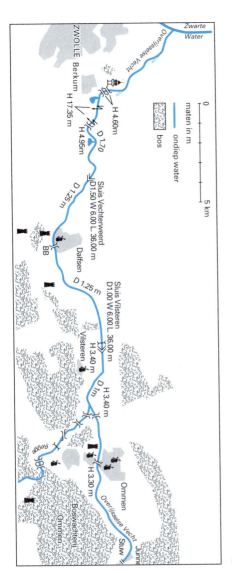

Overijsselse Vecht

Brug- en sluisbediening Zwarte Water–Junne:
– De sluizen in Vechterweerd en Vilsteren (voor bediening uiterlijk 20 minuten vóór sluitingstijd aanmelden): (gratis)

ma. t/m vr.	(1 okt.-do. vóór Pasen)	op verzoek*
	(do. vóór Pasen-1 juni en 1 sept.-1 okt.)	8-12, 13-17 h
	(1 juni-1 sept.)	8.30-12, 13-18.30 h
zat.	(1 sept.-1 juni)	gesloten
	(1 juni-1 sept.)	8.30-12, 13-18.30 h
zo. en fd.**	(1 sept.-1 juni)	gesloten
	(1 juni-1 sept.)	***

* Bediening 24 h tevoren aanvragen bij de Dienstkring Zwartsluis in Zwolle, tel. (038) 25 66 00.
** Indien Hemelvaartsdag en 2e pinksterdag op of na 1 juni vallen, dan bediening van 8.30-12, 13-18.30 h.
*** Sluis Vilsteren: afschutten om 15.30 h, opschutten om 19 h; sluis Vechterweerd: afschutten om 17 h, opschutten om 17.30 h.
Brug in Dalfsen: (gratis)

ma. t/m vr.	(1 sept.-1 juni)	op verzoek*
	(1 juni-1 sept.)	8.30-18.30 h**
zat.	(1 sept.-1 juni)	gesloten
	(1 juni-1 sept.)	8.30-18.30 h**
zo. en fd.	(1 sept.-1 juni)	gesloten
	(1 juni-1 sept.)	16.15, 18.15 h

* Bediening 24 h tevoren aanvragen bij de Dienstkring Zwartsluis in Zwolle, tel. (038) 22 45 43.
** Bediening ieder uur op het halve uur (derhalve 8.30, 9.30, 10.30 enz. t/m 18.30 h).
De vaste brug in Ommen, H 3,30 m; de vaste spoorbrug en verkeersbruggen bij Berkum, H 4,60 m.
Plaatsbeschrijvingen: In deze Almanak zijn beschrijvingen opgenomen onder: 'Berkum', 'Vechterweerd', 'Dalfsen', 'Vilsteren' en 'Ommen'.
Aanlegplaatsen: Fraaie zandwinningsgaten nabij Berkum, Z-oever (de plas aan de N-oever is afgesloten) en bij de monding, N-oever. Zie verder bij de plaatsbeschrijvingen. Men mag op vele plaatsen niet aanleggen. De oevers zijn stenig en laten veelal geen grotere diepgang toe dan 1 m.
Ligplaatsen: Zie onder 'Berkum' en 'Ommen'.

Overijsselskanaal
Het grootste gedeelte van dit kanalensysteem is voor de scheepvaart gesloten. Er is nog een kanaal in gebruik nl. het Kanaal Almelo-De Haandrik (in de verbinding met Coevorden), zie aldaar.

Paal
Bij Graauw aan de Westerschelde. Getijhaven op Oostelijk Zeeuws-Vlaanderen, ten W van het Verdronken land van Saaftinge; 6 km ZO van Walsoorden.
Getijstanden: Rijzing bij springtij 5,50 m boven gemiddeld LLWS; bij doodtij 4,65 m boven gemiddeld LLWS.
Marifoon: Zandvliet Radio, kan. 12.
Toegang: De toegang leidt van de Westerschelde door het Speelmansgat (bij laagwater droogvallende drempel nabij de Westerschelde), met een minste diepte van 0,60 m bij gemiddeld LLWS (de W-zijde is het diepst) en verder door een korte, kromme geul, met steekbakens aan de N-zijde (aan stuurboord houden), welke bij gemiddeld LLWS 1,80 m droogvalt. Deze geul loopt langs de dijk verder. De haven is bereikbaar van 2½ uur vóór hoogwater tot 2½ uur na hoogwater.
Haven: De haven valt bij laagwater droog, evenals de daarin gebouwde jachthaven. De haven is niet geschikt voor jachten met vaste kiel. Bij springtij loopt een sterke neer voor de haven, bij doodtij geen neer. Gunstige omstandigheden of plaatselijke bekendheid zijn vereist.
Ligplaats: Jachthaven Paal van W.V. Saeftinghe, tarief f 0,50 per m lengte per nacht (droogvallend) (elektra, toiletten, wastafels en douches (f 1,–), drinkwater. Havenmeester J. van Denderen, tel. (01140) 1 55 48 (havenkantoor).
Kampeerterrein: Uitsluitend voor passanten bij de jachthaven, contact opnemen met de havenmeester.
Stortplaats chemisch toilet: Jachthaven W.V. Saeftinghe.

Pampus

Ruïne van verlaten fort op kunstmatig eilandje in het IJmeer, 3 km ten N van Muiden; 3,5 km van Hoek van het IJ; 7 km van Muiderberg (Hollandse brug); zie ook 'IJmeer'.
Licht: Op het eilandje is een wit licht geplaatst, FL 5s.
Aanlegplaats: Rond het eiland ligt een dam van steen en puin net onder het wateroppervlak met aan de Z-zijde 2 strekdammen van 25 m lengte boven water, die de toegang vormen tot de nieuwe T-vormige aanlegsteiger. De steiger is 30 m lang en alleen toegankelijk voor bezoekers van het eiland (geen vrije ligplaatsen) met een diepgang tot 2,30 m bij IJZP. De oever van het eiland bestaat verder uit grote basaltblokken, waardoor meren uitsluitend aan de steiger mogelijk is. Voor het meren aan de steiger en een rondleiding op het eiland wordt een redelijke vergoeding gevraagd van f 6,– per persoon, te voldoen aan de beheerder, N. van den Bergh, woonachtig op het eiland. Aanmelden voor rondleiding via tel. (06) 52 86 99 04.
Het eiland is eigendom van de Sichting Pampus, Postbus 40, 1399 ZG Muiderberg, tel. (02942) 6 33 72. De stichting heeft tot doel om het fort te restaureren en het eiland voor het publiek toegankelijk te houden. Openingstijden in de periode 1 april tot 1 november, di. t/m zo. 10-16 h, ma. gesloten.

Panheel

Aan het Kanaal Wessem-Nederweert; 13,5 km van Nederweert; 2,5 km van de Maas.
Kaartje: Zie onder 'Kanaal Wessem-Nederweert'.
Sluis: tel. (04756) 20 79. Bediening: (gratis)

ma. t/m vr.	6-22 h
zat.	6-20 h
zo. en fd.	gesloten

Oude (kleine) sluis en nieuwe (grote) sluis. De sluizen hebben gewoonlijk een verval van ca. 8 m. Wanneer men komende uit de richting Nederweert achter in de sluis ligplaats neemt, moet men er rekening mee houden, dat de drempel, die bij het vallen van het water boven water komt, ongeveer 5 m in de sluiskolk vooruit steekt (d.m.v. witte vlekken op de kolkmuur aangegeven). Men dient dus op voldoende afstand van de deur te blijven. Het gebruik van spaarkolken in de kleine sluis leidt tijdens opschutten tot dwarse stromingen. De kleine sluis wordt praktisch niet meer gebruikt. In de grote of nieuwe sluis zijn drijvende bolders aanwezig. Bij het wachten voor de sluis moet men rekening houden met de stroom en kolking, die bij vollopen of leeglopen buiten de sluis kunnen optreden.
Dus niet te dicht bij de sluis meren en goed vastmaken.
Marifoon: Sluis Panheel, kan. 11.
Grindgaten aan de Maas: Ten NO van Panheel liggen drie grote plassen in open verbinding met de Maas. Toegang tot de plassen aan de Lo van de Maas bij de monding van het Kanaal Wessem-Nederweert. Over de invaart een vaste brug, H ca. 7 m. De plassen staan met elkaar in verbinding via een smalle vaargeul met vaste brug, H ca. 7 m. Het N-gedeelte van de 1e plas is zeer ondiep. Men kan hier het beste de vaargeul tussen de vaste bruggen aanhouden. Overigens voldoende diepte.
De oevers van de 3e plas zijn soms steil en gedeeltelijk bebost. Aanleggen langs deze (steile) oevers is veelal mogelijk. Op de 3e plas kan men tevens in het NO-gedeelte voor anker gaan (niet te diep).
De plassen zijn grotendeels gereed. Er zijn nog wel baggermolens en vrachtschepen aanwezig. Aan de ZW-zijde van de 2e plas is een haven.

Pannerdenskanaal

Onderdeel van de Rijn, tussen Pannerdense Kop (verdeelpunt van Boven Rijn en Waal) kmr 867,4 en de monding van De Keel of Oude Rijn (doodlopend) bij kmr 873,6 Ro. Vanaf kmr 873,6 is de officiële naam Neder Rijn, waarbij de Gelderse IJssel zich bij kmr 878,6 (IJsselkop) afsplitst.

Maximumsnelheid: In de Loowaard (Gat van Moorlag) bij kmr 874 Ro, 9 km/h. Op het kanaal is de max.snelheid voor snelle motorboten 20 km/h, m.u.v. de gedeelten waar géén snelheidsbeperking zal gelden en waterskiën zal worden toegestaan. Zie de 'Handleiding' in deze Almanak onder 'Snelle motorboten en waterskiën' en 'Bijzondere bepalingen'.

Bijzondere bepalingen: Op het kanaal gelden voor kleine vaartuigen (tot 20 m lengte) de volgende bepalingen:
a. Met een zeil- en motorboot mag alleen worden gevaren, indien deze is voorzien van een (direct startklare) motor, waarmee een snelheid van tenminste 6 km/h kan worden gehandhaafd.
b. Alle kleine vaartuigen moeten zo dicht mogelijk aan de stuurboordzijde van het vaarwater varen, met dien verstande dat het niet is toegestaan het vaarwater op te kruisen, behalve wanneer op de snelst mogelijke manier wordt overgestoken of wanneer het i.v.m. de veiligheid van het scheepvaartverkeer beter is over een korte afstand zo dicht mogelijk aan de bakboordzijde van het vaarwater te varen.
Zie tevens de 'Handleiding' van deze Almanak onder 'Bijzondere bepalingen'.

Somer Lift: De Somer Lift is een veerdienst voor recreatievaartuigen, om het traject over de drukbevaren rivieren, Waal, Rijn en Maas te overbruggen. De veerdienst vaart tussen Katwijk (Maas) kmr 166,5 en Doornenburg kmr 871,5 Pannerdenskanaal (vice versa). De periode waarin van de veerdienst gebruik kan worden gemaakt is van de eerste maandag in juli tot de laatste vrijdag in augustus, op ma. t/m vr., 's morgens om 09.00 h vanaf Katwijk/Maas en om 14.00 h vanaf Doornenburg. Zat. en zo. is er geen veerdienst. Tarief is f 5,- per m², aanmelden en informatie te verkrijgen via tel. (08850) 2 24 89.

Lig- en aanlegplaatsen: Vluchthaventje, ca. 1 km benedenstrooms van de motorgierpont, Lo, t.o. kmr 871,7 ● jachthaven van W.S.V. Loo Waard, in het grindgat van Moorlag, invaart nabij kmr 874 Ro, tarief f 1,- per m lengte per nacht (elektra).
In het grindgat wordt gebaggerd, voorzichtig varen i.v.m. eventueel aanwezige ankertonnen. De toegang tot het grindgat is ondiep.

Motorbrandstof: Tankschip Fa. Willemsen, tel. (08366) 12 17, 500 m bovenstrooms van de motorgierpont, Ro, be, rode en witte die. In Duitsland is het varen met rode dieselolie niet toegestaan. Meer informatie hierover is opgenomen in het watersportwijzer 'Varen in het Buitenland', gratis verkrijgbaar aan de ANWB-vestigingen.

Papendrecht

Aan de Beneden Merwede (veer bij kmr 975,5) en de Noord.
Getijstanden: GHW = NAP + 0,90 m, GLW = NAP + 0,10 m.
Brug: Over de Beneden Merwede bij kmr 973,750. Zie verder bij 'Merwede'.

Lig- en aanlegplaatsen: Jachthaven W.V. Papendrecht bij kmr 975,300 Ro, tarief f 1,- per m lengte per nacht, max.lengte 10 m (in seizoen tot 12,50 m), havenmeester H. v.d. Pol, tel. (078) 15 94 76 (elektra) ● in de Kooyhaven voor schepen langer dan 10 m.
Motorbrandstof: Bunkerschip P. Drecht, Merwedesingel, bij kmr 974.500, t.h.v. de kerk, die (sl).
Reparatie: Van Rossum, Westeind 45, bub/bib; H. Versteeg, Kerkbuurt 1a, tel. (078) 15 10 00, bub/bib; Jansen Jachtbouw Papendrecht B.V.,

aan de Schaarhaven (kmr 972, Ro), Rosmolenweg 5, tel. (078) 15 13 70, romp/uitr (s/op de wal + in het water).
Botenliften: Jachthaven W.V. Papendrecht, max. 20 ton, uitsluitend voor leden van de W.V. en in noodgevallen; Jansen Jachtbouw Papendrecht B.V., max. 40 ton, max.diepgang 1,75 m.

Parrega
3 km van Tjerkwerd; 5 km van Workum; zie ook 'Trekvaart van Workum naar Bolsward'.
Brug: Basculebrug in het dorp over de Trekvaart van Workum naar Bolsward, voor bediening zie aldaar.
Aanlegplaats: Aan de kade in het dorp.
Drinkwater en motorbrandstof: Tankstation Garage Bosma, ten Z van de brug aan de W-oever, water (sl), be (sl), sbe (sl), die (sl).
Vulstation propaangasflessen: Tankstation Garage Bosma, Trekweg 78.

Paterswoldse en Hoornse Meer
8 km van Groningen.
Algemeen: Fraaie, in open verbinding met elkaar gelegen meren (260 ha), met eilandjes en boomgroepen. Bevaarbaar tot een diepgang van 1 m. Ten Z van het Paterswoldse Meer ligt, gescheiden door de Meerweg, het – roeiend – bereikbare natuurgebied Het Friese Veen.
Maximumsnelheid: 16 km/h, 's nachts 9 km/h en in het verbindingskanaal 6 km/h.
Toegang: Zie onder 'Noordwillemskanaal'.
Sluis: Verbindingssluis met het Noordwillemskanaal, lang 18,40 m en breed 4 m; benedenslagdorpel, D 1,40 m. Bediening:

(1 mei-1 okt.)	ma. t/m zat.	7-12, 14-19 h
	zo. en fd.	gesloten
(1 okt.-1 mei)	ma.	9-12, 14-17 h
	di. t/m zat.	op verzoek*
	zo. en fd.	gesloten

* Bediening 24 h tevoren aanvragen bij de sluiswachter, Hoornsedijk 9, Haren (Gr.), tel. (050) 34 48 83, b.g.g. bij de opzichter-beheerder van het Meerschap, tel. (050) 25 53 81/67 33 01.
Sluisgeld: f 5,–.
Lig- en aanlegplaatsen: Passantensteiger Jachthaven Zuidwesthoek B.V., havenmeester M. Fekkes, tel. (05907) 9 44 44, tarief f 1,– per m lengte per etmaal, max.diepgang 1,10 m (elektra, toiletten, wastafels en douches (f 1,–)), drinkwater (sl, f 1,–) ● Watersportpaviljoen 't Vergulde Anker (achter Familiehotel) ● aan de eilandjes ● bij Kaap Hoorn (NW-zijde Hoornse Meer).
Motorbrandstof: Jachthaven Zuidwesthoek B.V., die (sl), be (sl).
Reparatie: Jachthaven Zuidwesthoek B.V., Meerweg 247, Haren (Gr.), tel. (05907) 9 44 44, bub (alle merken), bib (Volvo Penta, Yanmar, Mercedes, Bukh, Vetus, Farymann en Perkins), romp/uitr (ht, s, p/op de wal + in het water), elek, in het zomerseizoen dagelijks geopend.
Trailerhellingen: Clubhuis W.V. De Twee Provinciën, Meerweg 227, Haren (Gr.), tel. (05907) 9 13 66; Jachthaven Zuidwesthoek B.V., tarief f 5,– (in en uit).
Botenlift: Jachthaven Zuidwesthoek B.V., max. 5 ton, tarief tot 6,50 m f 54,–, vanaf 6,50 m f 75,–.
Kampeerterrein: Camping Friesche Veen, direct gelegen aan het natuurgebied Het Friese Veen, op enige afstand van het Paterswoldse Meer aan de ZO-zijde, tel. (05907) 9 11 00, b.g.g. 9 41 69.
Wasserette en stortplaats chemisch toilet: Bij Jachthaven Zuidwesthoek B.V.; Camping Friesche Veen.

Pekel Aa en Pekeler Hoofddiep

Van de Westerwoldse Aa bij het Bultsterverlaat naar het Stadskanaal. In Winschoten aansluiting op het Winschoterdiep via de Rensel (zie 'Winschoten'). Lengte totaal 22 km.

Door renovatie van deze vaarverbinding is doorvaart voor de recreatievaart mogelijk vanaf de Westerwoldse Aa en Winschoten (in konvooi) via Oude en Nieuwe Pekela naar het Stadskanaal.

Vaarwegbeheerder: Waterschap Dollardzijlvest, Hoofdweg 2, 9698 AE Wedde, tel. (05976) 52 52.
Maximumsnelheid: 6 km/h.
Maximum toegestane afmetingen:
– Bultsterverlaat - Winschoten (Rensel): hoogte onbeperkt, breedte 5,70 m, diepgang 1,80 m;
– Winschoten (Rensel) - Stadskanaal: hoogte 5,10 m, breedte 5,70 m, diepgang 1,20 à 1,30 m.
Marifoon: Winschoterhoge brug, kan. 22.
Bediening bruggen en sluizen:
Van de Westerwoldse Aa tot Winschoten (Rensel):
– Bultsterverlaat, sluis met stuw, in de verbinding met de Westerwoldse Aa. Deze nieuwe sluis is zelf bedienbaar. Instructie tot zelfbediening is op de sluis aangegeven. Bediening: (gratis)

(1 mei-1 okt.)	dagelijks	8-20 h (zelfbediening)
(1 okt.-1 mei)	ma. t/m vr.	8-12, 13-17 h, op verzoek*
	zat., zo. en fd.	gesloten

* Bediening 24 h tevoren aanvragen bij de Provinciale Dienst Beheer Wegen en Kanalen, tel. (05970) 1 20 72.

Van Winschoten (Rensel) tot het Stadskanaal:
– Winschoterhoge brug, ophaalbrug. Bediening:

(1 mei-1 okt.)	ma. t/m zat.	8-12, 13-17 h
	zo. en fd.	9.50-10.40, 13.50-14.40, 17.50-18.40 h
(1 okt.-1 mei)	ma. t/m vr.	8-12, 13-17 h, op verzoek*
	zat., zo. en fd.	gesloten

* Bediening 24 h tevoren aanvragen bij de Prov. Groningen, Dienst DWK, Winschoten, tel. (05970) 1 20 72.

Ca. 2,4 km ten Z van de Winschoterhoge brug ligt de jachthaven van Oude Pekela (zie aldaar).
– Begeleide konvooivaart van **1 mei tot 1 okt.** vanaf de Blijhamsterbrug in Oude Pekela, ten Z van de jachthaven, tot het Stadskanaal en in omgekeerde richting. In dit traject liggen ca. 30 beweegbare (lage) bruggen en 4 sluizen. Bediening van ma. t/m zat. van 1 mei tot 1 okt. (In verband met de Jaarmarkt op de 2e zat. in september geen bediening.): (gratis)

Jachthaven Oude Pekela	09.30 ▲	12.30	13.30 ▲	16.30 h
Centrum Oude Pekela	10.00	12.00	14.00	16.00 h
Benedenverlaat	10.45	11.15	14.45	15.15 h
Centrum Nieuwe Pekela	11.00	11.00	15.00	15.00 h
Middenverlaat	11.15	10.45	15.15	14.45 h
Bovenverlaat	12.00	10.00	16.00	14.00 h
Zuiderdraai/sluis Boven Pekela* ▼	12.30	09.30 ▼	16.30	13.30 h

* Sluis Boven Pekela is het laatste kunstwerk in het Pekeler Hoofddiep op ca. 2 km van het Stadskanaal.

Op zo. en fd. het gehele jaar gesloten. Van 1 okt. tot 1 mei worden de kunstwerken van ma. t/m vr. op verzoek bediend, 24 h tevoren aan-

vragen bij de Gemeente Pekela, tel. (05978) 1 75 55 (zat., zo. en fd. gesloten).
Ligplaatsen: Gem. Jachthaven Oude Pekela (zie aldaar); in Nieuwe Pekela (zie aldaar).

Perkpolder
Veerhaven ten NW van Walsoorden. Diepte 4,80 m bij gemiddeld LLWS. Voor alle scheepvaart verboden.
Ten O van de Veerhaven ligt de handelshaven Walsoorden (zie aldaar).

Piet, De
Zie ook 'Veerse Meer'.
Aanlegplaatsen van N naar Z:
– Aanlegsteiger, lang 72 m, speciaal voor jachten, ten N van de voormalige Landbouwhaven De Piet.
– Meergelegenheid in de Uitwateringsgeul, genaamd De Piet of Schenge, D 2 m, bereikbaar door vaste brug, H 2,50 m.
– Eiland ten ZW van de voormalige Landbouwhaven, met aanleggelegenheid (De Omloop).
De voormalige Landbouwhaven is in beheer bij de Staat. Gebruik van de haven door watersporters is niet toegestaan.
Trailerhelling: Openbare helling ten Z van de voormalige Landbouwhaven.

Pikmeer en Wijde Ee
Het Pikmeer (60 ha) en de daaraan onmiddellijk grenzende Peanster, Wijde en Sytebuurster Ee zijn over het algemeen over de gehele breedte te bevaren met 1,80 m diepgang. Met uitzondering van het gedeelte ten O van de vaargeul naar Akkrum waar men geleidelijk minder diepte peilt naarmate men de oever nadert. Bij de oever is het ca. 1 m diep. Voor de vaart naar Akkrum, zie 'Nes'. Voor de vaart Pikmeer–Oude Schouw, zie 'Grou (Grouw)'. Hooidam bereikt men door de Kromme Ee (ondiepe oevers!), waarvan de ingang in het NO-gedeelte van de Sytebuurster Ee ligt en het Grietmansrak. Voor jachten met minder dan 1,20 m diepgang is de vaart naar het Grietmansrak over de Modderige Bol en Goengahuistersloot mogelijk (ingang in het O-gedeelte van de Wijde Ee).
Bijzondere bepalingen: Op de vaargeul van het Pikmeer, dat een onderdeel is van het Prinses Margrietkanaal, is een bijzonder reglement van kracht. In het reglement is bepaald dat:
a. Met een zeilboot alleen mag worden gevaren, indien deze is voorzien van een direct startklare motor;
b. Alle kleine vaartuigen zoveel mogelijk de stuurboordwal moeten houden;
c. Oversteken alleen op de snelst mogelijke manier is toegestaan.
Dit betekent dat men niet mag laveren. Dit reglement geldt niet op zo. en fd.
Maximumsnelheid: In de NZ-lopende vaargeul (onderdeel Prinses Margrietkanaal) 12,5 km/h; vaargeul Pikmeer, het gedeelte ten O van de NZ-lopende vaargeul en het gedeelte ten W van de lijn Aegehoek tot de monding van de Janssloot 9 km/h.
Buiten deze gebieden is snelle motorvaart (met vaartuigen tot 1,5 m^3 waterverplaatsing) en waterskiën op het Pikmeer, de Wijde, de Peanster en de Sytebuurster Ee van 1 sept. tot 1 juni dagelijks en van 1 juni tot 1 juli alleen van ma. t/m vr. toegestaan (m.u.v. Pinksteren en de zaterdag voor Pinksteren). Nadere informatie is opgenomen in de ANWB-watersportwijzer 'Snel motorbootvaren in Nederland'. Raadpleeg hiervoor de 'Handleiding' van deze Almanak onder 'Snelle motorboten en Waterskiën'.

Ligplaatsen: Terrein van de Ver. Leeuwarder Watersport De Aegehoek aan de Wijde Ee voor leden van een W.V. ● ligplaatsen van de Marrekrite aan de NW-zijde van de Wijde Ee, aan de ZO-zijde vanaf de Aegehoek over een afstand van 350 m in NO-richting en van de Baak af eveneens 350 m in NO-richting en tenslotte zijn er meerplaatsen aan de Grote Bol, zowel aan de NW-zijde als aan de ZO-zijde.
Aanlegplaatsen: Aan de talloze steigers in Grou (Grouw), zie aldaar.

Poortugaal
Aan de Oude Maas, kmr 997,2 Ro; 1,2 km van Rhoon; 7 km van Spijkenisse.
Waterstand: Getijverschil ca. 1,25 m.
Ligplaats: In de Albranswaardse haven, D ca. 1 m bij GHW, bij W.V. Poortugaal. De haven valt bij eb droog en is dus niet geschikt voor kieljachten, tarief f 3,50. Verblijf voor KNWV-leden 2 nachten gratis (toiletten, douche (f 1,–) en wastafels).
Hefkraan: W.V. Poortugaal, max. 10 ton, max.diepgang 1,30 m, tarief f 50,–.

Port Zélande, Marina
Haven gelegen in het Grevelingenmeer aan de O-zijde van de Brouwersdam in haven Kabbelaarsbank.
Haven: Kabbelaarsbank, max.diepgang 5,50 m. Onderdeel van Recreatiedorp Port Zélande met o.a. een tropisch zwembad. Bij aankomst melden aan de meldsteiger.
Marifoon: Kanaal 31.
Lig- en aanlegplaats: Jachthaven Marina Port Zélande, havenmeesters C. Schot en P. de Bruijn, tel. (01117) 19 20/17 10, tarief f 2,70 per m lengte per nacht, max. 1 h gratis (elektra, douches (f 1,–), toiletten en wastafels). De jachthaven is voorzien van een ontvangstinstallatie.
Motorbrandstof: Marina Port Zélande, die (sl), be (sl).
Reparatie: Marina Port Zélande, Kabbelaarsbank 1, Ouddorp, tel. (01117) 19 20/17 10, bub (Mercury, Mariner en Johnson), bib (Volvo Penta, Yanmar, Vetus en Perkins), romp/uitr (h, s, p/op de wal), zeil/tuigage, elek.
Trailerhelling en botenlift: Marina Port Zélande, helling, tarief f 15,–, lift max. 40 ton (liften met staande mast mogelijk).
Wasserette en stortplaats chemisch toilet: Bij Marina Port Zélande.
Aftappunt vuilwatertank: Bij Marina Port Zélande.

Princenhof
Zeer fraai waterlandschap aan beide zijden van de brede OW-lopende Folkertssloot, ten W van het NZ-lopende vaarwater Kruiswaters, Lange Sloot, Siegersdiep, Fokkesloot, Hooidamsloot (vaarwater van Warten (Wartena) over Earnewâld (Eernewoude) naar de Hooidammen). Oppervlakte 200 ha.
Door de vele eilanden en landstroken is er weinig ruim water aanwezig. Ten Z van de Folkertssloot ligt een gebied dat gedeeltelijk natuurmonument is. Dwars door dit gebied loopt de Raamsloot, van de Folkertssloot over de Oksepoel naar de Hooidamsloot. Bevaarbaar met een diepgang tot max. 1,20 m. In omgekeerde richting is deze route moeilijk te vinden.
Maximumsnelheid: Op het open water 9 km/h, in de verbindingswateren 6 km/h.
Lig- en aanlegplaatsen: Op vele plaatsen vindt men aantrekkelijke aanlegplaatsen langs de ligakkers in de veengaten ● Verder heeft de Marrekrite, over het gehele gebied verspreid, ligplaatsen ingericht.

Prinses Margrietkanaal

Druk scheepvaartkanaal tussen Lemmer en Stroobos, lengte 64,5 km.
Vaarwegbeheerder: Provincie Friesland, Gedempte Keizersgracht 38, 8911 KL Leeuwarden, tel. (058) 92 59 25 (voor aanvragen bediening tel. (058) 92 58 88).
Maximumsnelheid: 12,5 km/h.
Bijzondere bepalingen: Op het gedeelte van het Prinses Margrietkanaal van de Kruiswaters nabij Warten (Wartena) (kmr 51,8) tot de invaart van de Jeltesloot (kmr 77,7) is een bijzonder reglement van kracht. In het reglement is bepaald dat:
a. Met een zeilboot alleen mag worden gevaren, indien deze is voorzien van een direct startklare motor;
b. Alle kleine vaartuigen zoveel mogelijk de stuurboordwal moeten houden;
c. Oversteken alleen op de snelst mogelijke manier is toegestaan. Dit betekent dat men niet mag laveren. Dit reglement geldt niet op zo. en fd.
Bruggen en sluizen: De bruggen zijn alle beweegbaar. Om vlug onder de bruggen door te kunnen varen is het voor zeilboten noodzakelijk de eventuele aanwezige hulpmotor te gebruiken, of anders een sleepje te vragen.
Gerekend vanaf Oostersluis (stad Groningen) zijn de afstanden en bedieningstijden als volgt:

afstand (kmr)		bediening volgens regeling
27,4	Stroobos, draaibrug, H 2,10 m	B
30,4	Blauwverlaat, basculebrug, H 7,30 m	C
36,3	Kootstertille, ophaalbrug, H 7,30 m	C
38,4	Skûlenboarch (Schuilenburg), draaibrug, H 1,23-1,68 m	B
39,3 – 41,1	Bergumermeer	
44	Burgumerdam, basculebrug, H 7,30 m	A
49	Fonejacht, basculebrug, H 7,30 m	A
58,4 – 59,2	Pikmeer	
61,2	Grou (Grouw), basculespoorbrug, H 5,30 m in de lijn Leeuwarden-Zwolle	B[1]*
63,3	Oude Schouw, basculebrug, H 7,30 m	A
67	Terherne (Terhorne), Schutsluis, staat meestal open, bediening alleen indien gesloten bij harde ZW-wind	B[1]
67 – 69,8	Snekermeer	
73,6	Uitwellingerga, basculebrug, H 7,30 m	A
78 – 81,5	Koevordermeer	
84,1	Spannenburg, basculebrug, H 7,30 m	A
85,5 – 89,7	Grote Brekken	
90,7	Lemmer, Prinses Margrietsluis met ophaalbrug, H 7,30 m (op zo. en fd. in het watersportseizoen kan men gebruik maken van de zondagsbediening in Lemmer (Lemstersluis), zie aldaar)	B

* Bediening gemiddeld 2- à 3-maal per uur, al naar gelang de treinenloop. De eerstvolgende brugopening wordt door middel van een klok op de brug aangegeven. De exacte bedieningstijden zijn opgenomen in de watersportwijzer 'Openingstijden spoorbruggen', gratis verkrijgbaar aan de ANWB-vestigingen. Bediening op Hemelvaartsdag en Koninginnedag als op zat.

[1] Bediening op zo. en fd. als regeling A.

Bediening volgens regeling A: (geen sluis- en bruggeld)

ma. t/m zat.	(mei en sept.)	6-8*, 8-20 h
	(juni t/m aug.)	6-8*, 8-21 h (zat. tot 20 h)
	(1 okt.-15 nov. en 15 mrt.-1 mei)	6-8*, 8-19, 19-20 h* (zat. 6-8*, 8-18, 18-19 h*)
	(15 nov.-15 mrt.)	6-8*, 8-12, 13-17, 17-20 h* (zat. 6-19 h*)
zo. en fd.**	(15 april-1 juni en 1 sept.-15 okt.)	9-12, 14-18 h
	(1 juni-1 sept.)	9-12, 14-17, 18-20 h
	(15 okt.-15 april)	gesloten

* Bediening op verzoek, aanvragen bij de Provincie Friesland, tel. (058) 92 58 88, buiten kantooruren tel. (058) 12 24 22. Op werkdagen vóór fd: bediening als op zat.
** Bediening op 1e en 2e paasdag (3 en 4 april) als in periode 15 april-1 juni.

Bediening volgens regeling B: (geen sluis- en bruggeld)

ma.	4-24 h
di. t/m vr.	0-24 h
zat.	0-20 h
zo. en fd.	gesloten

Op werkdagen vóór en na fd: bediening als op zat. en ma.

Bediening volgens regeling C: (geen sluis- en bruggeld)

ma. t/m zat.	(mei en sept.)	6-8*, 8-20 h
	(juni t/m aug.)	6-8*, 8-21 h (zat. tot 20 h)
	(1 okt.-15 nov. en 15 mrt.-1 mei)	6-8*, 8-19, 19-20 h* (zat. 6-8*, 8-18, 18-19 h*)
	(15 nov.-15 mrt.)	6-8*, 8-12, 13-17, 17-20 h* (zat. 6-19 h*)
zo. en fd.	(gehele jaar)	gesloten

* Bediening op verzoek, aanvragen bij de Provincie Friesland, tel. (058) 92 58 88, buiten kantooruren tel. (058) 12 24 22.
Op werkdagen vóór en na fd: bediening als op zat. en ma.
Voor nadere gegevens zie bij bovengenoemde namen van plaatsen en wateren.
Marifoon: Prinses Margrietsluis en brug Stroobos, kan. 20; Spoorbrug in Grou (Grouw), kan. 18; sluis Terherne (Terhorne), kan. 22.

Purmerend
16 km van Amsterdam (Willemssluizen); 24 km van Alkmaar; zie ook 'Noordhollandskanaal'.
Maximumsnelheid: Op de Where en de Purmerringvaart 6 km/h.
Noordhollandskanaal: Zie aldaar.
Beemsterringvaart: Zie aldaar. Voor bediening Beemsterbrug zie bij 'Doorvaart door Purmerend'.
Purmerringvaart:
N-gedeelte: vaarroute van Purmerend naar Edam, 4 vaste bruggen, laagste brug, H 3 m, en 2 beweegbare bruggen (zie voor bediening onder 'Edam'). D 1,60 m.
Z-gedeelte: vaarroute van Purmerend via Ilpendam naar Monnicken-

dam (via Purmer Ee), 8 vaste bruggen, laagste brug (Slofbrug),
H 1,80 m, D 1,20 m (Purmer Ee).
Doorvaart door Purmerend: Via de Molengracht en de Where (van W naar O).
Bruggen: Beemsterbrug (bascule) over de Beemsterringvaart, H 0,95 m; Hoornse brug (bascule) over de Molengracht, H 0,93 m; Burg. Kooimanbrug (ophaal) over de Where, H 0,83 m; spoorbrug (bascule) over de Where, H 1,56 m, vast gedeelte 1,89 m (de exacte bedieningstijden zijn opgenomen in de watersportwijzer 'Openingstijden spoorbruggen', gratis verkrijgbaar aan de ANWB-vestigingen, wachttijden hoogstens een half uur); Wheermolenbrug (bascule) over de Where, H 0,90 m, vaste gedeelte H 0,95 m.
Bediening van de 4 verkeersbruggen en de spoorbrug:

(16 april-1 juni en 16 sept.-16 okt.)	ma. t/m vr.	10-13, 14-16.30 h
	zat., zo. en fd.**	10-13, 14-17 h
(1 juni-16 sept.)	ma. t/m vr.	9-13, 14-16, 18-19 h
	zat., zo. en fd.	9-13, 14-19 h
(16 okt.-16 april)	ma. t/m vr.	10-16 h, op verzoek*
	zat., zo. en fd.	gesloten

* Bediening 1 uur tevoren aanvragen bij Gemeentewerken Purmerend, tel. (02990) 5 29 11.
** Incl. Koninginnedag.
Bruggeld per brug: f 0,75 overdag, na 18 h f 1,50 (de spoorbrug is gratis). Bij doorvaart moet rekening worden gehouden met een oponthoud van ca. 20 min (in de ochtendspits van 8-10 h tot 30 min), afhankelijk van de verkeersdrukte op de weg.
Voor een volledige doorvaart tussen Wheermolenbrug en Beemsterbrug dient de schipper drie kwartier voor het einde van de bedieningstijden aanwezig te zijn bij één van deze bruggen.
Lig- en aanlegplaatsen: Ten Z van de sluis aan de stadszijde ● Beemsterburgwal, ten W. van de Beemsterbrug ● aan de kaden, in beheer bij W.V. Purmerend, aan de N-zijde van de Where ten W van de Hoornse brug, binnen de bebouwde kom ● Jachthaven W.V. 't Neckerhop, aan de Wormerringvaart, achter de vaste brug, H 2,40 m, in de Z-oever van het Noordhollandskanaal, havenmeester J. Wessels, tel. (02990) 2 71 32, tarief f 3,50 per nacht (KNWV-leden 2 nachten gratis) (toilet).
Drinkwater: Zuidewind B.V.; bij de W.V. Purmerend, nabij de Hoornse brug.
Motorbrandstof: Zuidewind B.V., Wagenweg 7, bij de Hoornse brug, be en die.
Wasserette: Aan het Wormerplein.

Put, De

2,5 km ten W van Nieuwendijk, 7,5 km van Middelharnis; zie ook 'Haringvliet'.
Lang smal baggergat aan de N-oever van het Haringvliet – Vuile Gat, ca. 2,5 km ten W van Nieuwendijk. De haveningang wordt aangegeven door één stompe en één spitse gele ton.
Het W-deel is afgesloten (natuurgebied), het O-deel is in gebruik als jachthaven van W.V. De Put, max.diepgang 1,90 m.
Ligplaats: Jachthaven W.V. De Put, tel. havenkantoor (01866) 18 52, secretaris tel. (010) 4 21 92 12, tarief f 1,25 per m lengte per nacht (elektra, toiletten, douches en wastafels), drinkwater (sl).

Puttershoek
Aan de Oude Maas, kmr 983,5 Lo; 6,5 km van Dordrecht.
De verbinding met het recreatiegebied Binnenbedijkte Maas is afgedamd.
Getijstanden: GHW = NAP + 0,85 m, GLW = NAP + 0,05 m.
Haven: Lang ca. 60 m en vrij smal, D NAP – 1,50 m (in het midden). Onrustig door zuiging van de beroepsvaart op de Oude Maas. Havengeld voor jachten min. f 3,- (geldig voor 10 dagen).
Lig- en aanlegplaats: Goede aanlegplaatsen voor schepen tot een diepgang van 1,50 m in het Lorregat (bij kmr 983,3 Lo), in gebruik bij W.V. De Waterlelie, tarief f 0,75 per m lengte per etmaal van 1 april-1 dec. (van 1 dec.-1 april f 0,35 per m lengte), drinkwater.
Motorbrandstof: Garage A. v. d. Veer & Zn., P. Repelaerstraat 68, tel. (01856) 11 22, be, sbe en die; Garage J. Snel, Sportlaan 1, tel. (01856) 16 30, be, sbe en die.
Reparatie: Autocenter Maréchal, A. v. Lierstraat 12, tel. (01856) 13 64, bub/bib.

Raamsdonksveer
Aan de Donge, ten Z van de vaste brug in Geertruidenberg. Zie ook 'Donge' en 'Geertruidenberg'.
Waterstand: Varieert bij gemiddelde rivierafvoer dagelijks van NAP + 0,60 m tot NAP + 0,35 m.
Aanlegplaats: In de haven, D ca. 3 m, voor een kort verblijf, tarief f 2,50. Overnachten niet toegestaan.
Ligplaats: Jachthaven De Meerpaal, aan het einde van het Zuidergat, havenmeesters dhr. en mevr. Schonewille, tel. (01621) 2 20 24, tarief f 1,- per m lengte per nacht, max.diepgang 1,30 m (toiletten, douches (f 1,-) en wastafels).
Drinkwater en motorbrandstof: B.V. Bunkercentrale, drijvend tankstation, ca. 200 m ten N van de brug, water (sl), be (sl), die (sl).
Reparatie: Asto B.V., Bergsedijk 2-10, tel. (01621) 1 36 50, aan de Donge t.o. Geertruidenberg ten N van de brug, bib (Bukh, Daf, BMC, Thornycroft, Lister/Petter, Leyland), romp/uitr (s/in het water); Nautic Watersport*, Wilhelminalaan 30, bub/bib; Tak Jachtbouw B.V.*, Haven 100, bub/bib, romp/uitr (s); Wuyten-Sails, Industrieterrein Dombosch 1, tel. (01621) 1 25 37, zeil/tuigage; Nion Watersport, Oosterhoutseweg 20, tel. (01621) 1 29 97, bub (dealer Yamaha en Mercury, reparatie van alle merken); Jachthaven De Meerpaal, Kartuizerstraat 12, bib/bub (alle merken), romp/uitr (ht, s, p, a/op de wal + in het water), elek; Ludo van Well Jachtbouw, Maasdijk 9, tel. (01621) 2 15 15, romp/uitr (ht, p/op de wal + in het water).
Hefkranen: Jachthaven De Meerpaal, max. 15 ton, tarief f 20,- per m lengte in/uit, max.diepgang 1,30 m; Ludo van Well Jachtbouw, max. 14 ton, max.diepgang 2 m.
Trailerhelling: Jachthaven De Meerpaal, max. 15 ton, tarief f 10,- per keer.
Wasserette en stortplaats chemisch toilet: Bij Jachthaven De Meerpaal (wasmachine en droogtrommel).

Randmeren van Flevoland
Algemeen: Van de Hollandse brug bij Muiderberg tot Ketelmond, lengte 79 km, 3 sluizen.
Dit is de verzamelnaam van de meren die tussen de IJsselmeerpolders en de oude kust zijn uitgespaard:
– Ketelmeer (zie aldaar) en Zwarte Meer (zie aldaar).
– Kadoeler- en Vollenhovermeer (zie bij 'Kadoelermeer', 'Vollenhove' en 'Blokzijl').
– De vaarweg van het IJmeer naar het Ketelmeer over het Gooimeer,

Eemmeer, Nijkerkernauw, Nuldernauw, Wolderwijd, Veluwemeer, Drontermeer en Vossemeer.
Waterkaart: ANWB-Waterkaart 'Randmeren/Flevoland' (kaart E), schaal 1:50.000.
Vaarwegbeheerder: Rijkswaterstaat, Directie Flevoland, Postbus 600, 8200 AD Lelystad, tel. (03200) 9 91 11.
Ligplaatsverordeningen: Op de randmeren tussen Ketelbrug en de Hardersluis geldt de ligplaatsverordening Dronten. Zie bij 'Dronten'. Op de randmeren ten Z van de Hardersluis, IJmeer en Markermeer gelden de ligplaatsverordeningen van de Gemeente Zeewolde (Hardersluis-Stichtse brug) en de Gemeente Almere (Stichtse brug t/m Markermeer). Zie bij 'Flevoland'.
Vaargeul: Door deze vaarweg loopt een betonde vaargeul, aangegeven door tonnen, lichtboeien of lichtopstanden.
De diepte bedraagt 3 m of meer.
Maximumsnelheid: In de vaargeul 20 km/h, daarbuiten 9 km/h. Op enige randmeren (Gooimeer, Nijkerkernauw, Veluwemeer) geldt binnen de door gele boeien met rood-wit-rood topteken, voorzien van pictogram snelle motorboot, gemarkeerde banen géén snelheidsbeperking. Voor het waterskiën zijn tevens speciale banen gemarkeerd (gele boeien met rood-wit-rood topteken voorzien van het pictogram met een waterskiër). Zie tevens onder 'Handleiding' in deze Almanak onder 'Snelle motorboten en waterskiën'.
Marifoon: Nijkerkersluis, kan. 18; Hardersluis, kan. 20; Roggebotsluis, kan. 22.
Bruggen en sluizen: Voor bediening van de sluizen op de Randmeren dient men uiterlijk 15 min vóór sluitingstijd aanwezig te zijn (geen brug- en sluisgeld).
– In Muiderberg: Hollandse brug, vaste brug, H NAP + 12,70 m (= IJZP + 12,90 m). Direct naast de verkeersbrug ligt een vaste spoorbrug, die ca. 0,20 m lager is. Door op- en afwaaien kunnen peilvariaties optreden. Tussen Gooimeer en Eemmeer ligt de vaste Stichtse brug, H NAP + 12,70 m (= IJZP + 12,90 m). Zie ook onder 'Eemmeer'.
– In Nijkerk: Nijkerkersluis met beweegbare brug, H NAP + 7,20 m (= IJZP + 7,40 m), tel. (03494) 5 12 78. Max. toegestane diepgang 2,50 m. Bediening:

ma. t/m zat.	(1 april-1 nov.)	7-12.30, 13-19 h
	(1 nov.-1 april)	8-12.30, 13-19 h (zat. tot 18 h)
zo. en fd.	(1 april-1 nov.)	10-12.30, 13.30-19 h
	(1 nov.-1 april)	gesloten

– In Harderwijk: Hardersluis met 2 ophaalbruggen, H NAP + 1,20 m (= IJZP + 1,40 m), tel. (03200) 8 84 51. Max. toegestane diepgang 2,50 m. Bediening:

ma. t/m vr.	(1 april-1 nov.)	7-12.30, 13-19 h
	(1 nov.-1 april)	8-12.30, 13-18 h
zat.	(1 april-1 nov.)	7-12.30, 13-19 h
	(1 nov.-1 april)	8-12.30 h
zo. en fd.	(1 april-1 nov.)	10-12.30, 13.30-19 h
	(1 nov.-1 april)	gesloten

– In Elburg: ophaalbrug, H NAP + 5,40 m, tel. (05250) 13 45.

Bediening:

ma. t/m vr.	(1 april-1 nov.)	7-12.30, 13-19 h
	(1 nov.-1 april)	8-12.30, 13-18 h, op verzoek*
zat.	(1 april-1 nov.)	7-12.30, 13-19 h
	(1 nov.-1 april)	8-12.30 h, op verzoek*
zo. en fd.	(1 april-1 nov.)	10-12.30, 13.30-19 h
	(1 nov.-1 april)	gesloten

* Bediening op verzoek, tel. (03210) 1 24 41.
– In Roggebotsluis: Roggebotsluis met ophaalbrug, H NAP + 5 m, tel. (03210) 1 26 97. Max. toegestane diepgang 2,50 m. Bediening: Als Hardersluis in Harderwijk. Tevens kan men de sluis zelf bedienen in het zomerseizoen buiten de bedieningstijden 's avonds tot zonsondergang en 's ochtends vanaf zonsopkomst tot het begin van het bedieningsschema en tijdens de middagsluiting, alleen is er tijdens de zelfbediening geen brugbediening mogelijk. Op de aanlegsteiger voor de sluis bevindt zich een trekstang om de sluis in werking te stellen. Tijdens het spuien staat de sluis open. Ook dan wordt de doorvaart met de sluislichten geregeld.
N.B. Bij alle sluizen kunnen in het hoogseizoen lange wachttijden voorkomen door drukke recreatievaart.
De alternatieve route leidt over de kanalen van O- en Z-Flevoland (zie aldaar).
Gedetailleerde gegevens van deze vaarweg zijn in afzonderlijke beschrijvingen opgenomen. Zie bij 'Gooimeer', 'Eemmeer', 'Nijkerkernauw', 'Nuldernauw', 'Wolderwijd', 'Veluwemeer', 'Drontermeer' en 'Vossemeer'.

Rasquerdermaar en Kanaal Baflo-Mensingerweer
Van het Warffumermaar via Baflo naar het Mensingerweersterloopdiep, lengte 8,3 km, max.diepgang 1,20 m.
Maximumsnelheid: 6 km/h.
Bruggen: Negen vaste bruggen, waarvan de laagste H 2,20 m.
Lig- en aanlegplaatsen: In de passantenhaven van Baflo, max.diepgang 0,90 m, havenmeester B. Deelman, tel. (05941) 20 72, tarief f 1,– per m lengte.
Drinkwater: Aan de passantenhaven in Baflo.
Reparatie: Bij Garage Bregman in Baflo, bub/bib (alle merken).
Trailerhelling: Bij de passantenhaven in Baflo.

Ravenstein
Aan de Maas, kmr 182 Lo; 7 km beneden Grave; 27 km van St. Andries.
Waterstand: Tussen sluis Grave en sluis Lith, SP = NAP + 5 m.
Vaste spoorbrug: Kmr 182,8, H SP + 8,81/8,47 m (= NAP + 13,81/13,47 m).
Vaste verkeersbrug: Kmr 181,8, H SP + 9,10 m (= NAP + 14,10 m).
Ligplaats: Jachthaven van de W.V. Windkracht 13, t.o. kmr 182,210 linkeroever, gelegen op 200 m vanaf het centrum, max.diepgang 2 m, tel. (08867) 15 04, havenmeester G. Dekkers, tarief f 1,25 per m lengte per nacht, max.diepgang 2,50 m (elektra, toiletten, douches en wastafels).
Trailerhelling: Jachthaven van de W.V. Windkracht 13, tarief f 5,–.
Stortplaats chemisch toilet: Jachthaven van de W.V. Windkracht 13.

Reeuwijkse Plassen
De Reeuwijkse Plassen zijn een aantal fraai begroeide veenplassen, die van elkaar zijn gescheiden door dijken, waarvan sommige met bebouwing. Deze plassen staan onderling met elkaar in verbinding

door bruggen, maar soms moet men omvaren over een derde plas om een direct aangrenzende plas te bereiken.

De plassen zijn bijna overal bevaarbaar voor schepen, die door de sluis kunnen binnenkomen. De diepte varieert van 0,80 tot 3 m. In de plassen Nieuwe Broek en Roggebroek komen enige ondiepten voor in de vorm van veenbonken en boomstompen. In de verbinding van de Driewegsluis (Reeuwijkse Verlaat) rechtstreeks met de plas Elfhoeven moet echter op slechts ca. 0,50 m diepte gerekend worden en een vaste brug, H 0,70 m. Jachten, met een diepgang tot 1 m, kunnen van de Driewegsluis over de Breevaart door de ophaalbrug (zelfbediening) de plas Elfhoeven bereiken. Alle plassen staan met elkaar en met de Breevaart in open verbinding. Over de verbindingen liggen bruggen die men zelf moet bedienen. De brug in de Groene Ree tussen Elfhoeven en 's-Gravenbroek is 2,80 m wijd. Met vaartuigen die kunnen worden overgedragen, kan men van de plassen op verschillende manieren in de Kleine Wiericke komen (zie hiervoor onder 'Enkele Wiericke'). De Broekvelderplas ten N van de Reeuwijkse Plassen is over het water niet bereikbaar. Deze plas is uitsluitend toegankelijk voor de kleine recreatievaart (windsurfplanken, kleine zeilboten etc.) en is verboden voor motorboten.

Toegangsroutes:
– Van Gouda door de Breevaart en de Reeuwijkse schutsluis of Dubbeldverlaat. Voor bediening van de beweegbare bruggen en de sluis en voor de maximumafmetingen, zie onder 'Gouda'.
– De route van de Oude Rijn bij Bodegraven via de Wonnewetering, Ringvaart van de Tempelpolder en de Oudreeuwijkse Wetering is mogelijk voor kano's, max.hoogte 0,75 m (veel bruggen zijn helaas niet op hoogte). Er is een overdraagplaats bij het afgedamde sluisje in de Wonnewetering.

Vergunning voor motorboten: Voor motorvaart is een vergunning nodig van de Gemeente Reeuwijk en van de besturen van de polders Sluipwijk en Reeuwijk. Aanvraagformulieren voor deze vergunningen zijn verkrijgbaar aan het gemeentehuis, waar zij ingevuld weer kunnen worden ingeleverd. Kosten f 12,– per 10 dagen, f 23,50 per maand en f 47,– per jaar.

Maximumsnelheid: 6 km/h.

Bijzondere bepalingen: Het is verboden langer dan 4 uur achtereen ligplaats in te nemen langs een oever of een eiland van de plassen. Dit verbod geldt niet voor open boten of kajuitboten met minder stahoogte dan 1,50 m op de 's-Gravenbroekse Plas, de plas Elfhoeven en in de jachthavens.

Lig- en aanlegplaatsen: Bij het clubhuis van de R. en Z.V. Gouda, aan de 's-Gravenbroekse Plas, tel. (01829) 22 80 ● jachthaven van de W.V. Elfhoeven aan de Elfhoevenplas, havenmeester C. Vergunst, tel. (01824) 27 90 (toiletten, wastafels en douches (f 0,25)) ● Café-Restaurant Het Wapen van Reeuwijk aan de 's-Gravenbroekse Plas ● Jachthaven Het Wapen van Reeuwijk, aan de 's-Gravenbroekse Plas, havenmeester dhr. Van Dam, tel. (01829) 35 35, tarief f 5,– per etmaal, max.diepgang 2 m (toiletten en douche) ● Jachtwerf Rik Homan, aan de Z-zijde van de Elfhoevenplas, tel. (01820) 1 50 07, max.diepgang 1,20 m, tarief f 1,– per m lengte per dag (elektra, toiletten, wastafels en douches (f 1,–)), drinkwater ● MacDaniël Watersport B.V. aan de 's-Gravenbroekse Plas (elektra, toilet, douche en wastafels) ● steiger van Café-Restaurant 't Vaantje, Korssendijk 32, tel. (01820) 1 38 11, uitsluitend bereikbaar voor kleine boten vanaf de Elfhoevenplas ● Motorboot en Watersportvereniging Reeuwijk aan de 's-Gravenbroekse Plas, tel. (01829) 26 44, havenmeester dhr. Hammann, tarief f 1,– per m lengte per nacht (elektra, toiletten, douches en wastafels).

Drinkwater: Zie onder 'Lig- en aanlegplaatsen'.
Reparatie: MacDaniël Watersport B.V., Not. d 'Aumerielaan 29-31, tel. (01829) 27 31, bub (dealer Yamaha, verder alle merken) (zat. geopend tot 17.00 h); Jachtwerf Rik Homan, Platteweg 33, tel. (01820) 1 50 07, bub (Yamaha, Mercury, Mariner, Johnson, Evinrude, Honda en Force), bib (Volvo Penta, Yanmar, Mitsubishi, Vetus, Albin en Nanni), romp/uitr (ht, s, p/op de wal + in het water) (dagelijks geopend); Jachtbouw C. L. Rutjes, Fokkestraat 14, romp/uitr; Motech-Service Reeuwijk, 's-Gravenbroekseweg 14, tel. (01829) 25 85, bub/bib (alle merken); Fa. De Jong, Not. d'Aumerielaan 39 (kantooradres: Zoutmansweg 72, tel. (01829) 25 04), bub (Mercury).
Hefkranen: MacDaniël Watersport B.V., max. 750 kg, tarief f 25,–; Jachtwerf Rik Homan, max. 2 ton, max.diepgang 1,20 m, tarief tussen f 50,– en f 100,–; W.V. Elfhoeven, max. 1$\frac{1}{2}$ ton, tarief ca. f 35,–; Fa. De Jong, Not. d'Amerielaan 39, max. 3 ton, tarief f 65,–.
Trailerhellingen: Jachtwerf Rik Homan, max. 1 ton, tarief f 25,–; W.V. Elfhoeven, voor kleine boten; Jachthaven Elfhoeven, Ree 2, max. 500 kg, tarief f 10,–; MacDaniël Watersport B.V..
Botenliften: Jachtwerf Rik Homan, max. 8 ton, tarief tussen f 100,– en f 200,–; MacDaniël Watersport B.V., max. 7$\frac{1}{2}$ ton.
Kampeerboerderij: J. van Holst, 's-Gravenbroekseweg 22.
Kampeerterrein: Camping Reeuwijkse Hout, Oudeweg 9, tel. (01829) 59 44 (aan het einde van de Breevaart), aanlegvoorziening bij de camping. N.B. vaste brug H 1,80 m en breed 2 m.
Kamperen is slechts toegestaan met vergunning op de door de gemeente aangegeven kampeerplaatsen.
Vergunningen minstens acht dagen van tevoren aanvragen.
Voor slechts één nacht per jaar kan een dagvergunning worden afgegeven door de eigenaars van de terreinen.
Stortplaats chemisch toilet: Bij MacDaniël Watersport B.V.; bij Jachthaven van W.V. Elfhoeven.

Reitdiep
Van Groningen tot Zoutkamp 31 km.
Vaarwegbeheerder: Provincie Groningen, Dienst DWK, Postbus 610, 9700 AP Groningen, tel. (050) 16 49 11.
Maximumsnelheid: Van de brug in Roodehaan tot Zoutkamp 9 km/h; overige gedeelte 6 km/h.
Marifoon: Centrale bedieningspost bij brug Roodehaan, kan. 22 (voor bediening brug Wierumerschouw, Garnwerd en Roodehaan), Reitdiepbrug te Zoutkamp, kan. 22 en brug bij Electra, kan. 22.
Bruggen: Alle beweegbaar.
Sluizen: In Dorkwerd (ten Z van de kruising met het Van Starkenborghkanaal), bij Electra (staat gewoonlijk open) en in Zoutkamp (staat open).
Bediening:
– De bruggen in de stad Groningen tussen de Zuiderhaven en sluis Dorkwerd worden van 1 mei-1 okt. op zo. en fd. bediend. Zie verder bij 'Groningen'.
– Alle bruggen vanaf het Van Starkenborghkanaal tot Zoutkamp en sluis Electra (staat gewoonlijk open). Bediening:

ma. t/m zat.	(1 mei-1 okt.)	7-12, 13-19 h
	(1 okt.-1 mei)	7-12, 13-18 h
zo. en fd.	(1 mei-1 okt.)	9-12, 13-16, 18-20 h
	(1 okt.-1 mei)	gesloten

De brug Wierumerschouw en Garnwerd worden op afstand bediend vanuit de centrale bedieningspost bij de brug Roodehaan; bij de

bruggen zijn steigers aanwezig voor de recreatievaart, voorzien van een meldknop en op de brug kan met een tijdklok de bedieningstijden voor de recreatievaart worden aangegeven (deze tijdklok wordt echter zelden gebruikt).
– Bediening Reitdiepbrug bij Zoutkamp en sluizen te Zoutkamp (beperkte bediening op zo. en fd. van 1 mei-1 okt.), zie onder 'Zoutkamp'.
Diepte: Vanaf de Noorderhaven tot de spoorbrug (kmr 4,7), D 1,80 m; overigens D 2,40 m over een bodembreedte van 10 m. Door spuien te Lauwersoog kan de waterstand aanmerkelijk wisselen (schommelingen tot 0,50 m) en moet men rekening houden met stroom (in natte periodes).
Breedte: 20 tot 250 m van oever tot oever.
Hoogspanningskabels: H 30 m.
Bijzonderheden: Het Reitdiep is een kronkelende voormalige zeearm, zeer aantrekkelijk voor het watertoerisme. Tussen Electra en Zoutkamp ligt betonning. Langs de oevers vindt men daar nog enkele vervallen kribben, let op stenen onder water in de kribvakken.
Door de bouw van een nieuw gemaal bij Oostersluis moet het gemaal bij Dorkwerd op dubbele capaciteit werken, waardoor de stroomsnelheid op het Reitdiep zo is toegenomen dat de scheepvaart er last van heeft, vooral tijdens het wachten bij bruggen.
Lig- en aanlegplaatsen: Sauwerder Haventje in Sauwerd, op 1$\frac{1}{2}$ km van het Reitdiep, havenmeester B. Deelman, tel. (05941) 20 72, max. H 3 m, max.diepgang 1,30 m, tarief f 1,– per m lengte per nacht ● nabij Schouwerzijl, 100 m van Reitdiep (gratis) ● ter hoogte van de Allersmabrug (gratis). Zie verder onder 'Garnwerd', 'Electra' en 'Zoutkamp'.
Drinkwater: Aan het Sauwerder Haventje in Sauwerd.

Renkum

Aan de Rijn, kmr 897 Ro; 14 km ten W van de brug in Arnhem.
Haven: Uitsluitend bestemd voor de beroepsvaart.
Trailerhelling: Veerstoep aan de N-oever van de Rijn.

Rhederlaag

Aan de Gelderse IJssel; 13,5 km van de IJsselkop.
Tegenover Rheden is door afsnijding en ontzanding een watersportgebied ontstaan. Ingang tegenover kmr 889 Ro, diepgang vanaf 2,50 m. Er wordt nog steeds gebaggerd.
Maximumsnelheid: Voor het hele gebied Rhederlaag 9 km/h.
Ligplaatsen:
● Jachthaven W.V. Giesbeek, havenmeesters A. Witjes/G. Vels, tel. (08336) 3 14 34, tarief f 1,50 per m lengte per etmaal (elektra, douches (f 1,–), wastafels en toiletten).
● Jachthaven 't Eiland, havenmeester T. de Hart, tel. (08336) 3 25 40, tarief f 1,50 per m lengte per nacht (min. f 15,–), max.diepgang 2 m (douches, elektra, wastafels en toiletten).
● Jachthaven De Honingraat, havenmeester tel. (08336) 3 22 11, melden bij de receptie van de camping, tarief f 1,10 per m lengte per nacht + toeristenbelasting f 1,50 p.p., max.diepgang 3,50 m (elektra, toiletten, douches en wastafels).
● Jachthaven De Mars, havenmeester H.J. Groenewoud, tel. (08336) 3 11 31/3 11 28, tarief f 1,– per m lengte per nacht (toiletten, wastafels en douches (douchemunten f 1,–)).
● Aanloophaven De Veerstal, bij de ingang naar Rhederlaag, havenmeester J. Heebink, tel. (08336) 3 13 19, tarief f 10,– per nacht (elektra, toiletten, douches (f 1,–) en wastafels).
Motorbrandstof: W.V. Giesbeek, die (sl); Shell Service, Groenestraat, Rheden, be, sbe.

Reparatie: Jachthaven 't Eiland, De Muggewaard 16, Lathum, tel. (08336) 3 16 20, bub (géén Suzuki en Tomos), bib (Volvo Penta, Yanmar, Daf, Vetus, Perkins en Ford), romp/uitr (s, p/op de wal + in het water), elek; Jachthaven De Honingraat, Marsweg 2, Lathum, tel. (08336) 3 22 11, bib/bub (alle merken).
Trailerhellingen: Jachthaven De Honingraat, max.diepgang 4,50 m, tarief f 7,50; Jachtwerf Frederiks (bij W.V. Giesbeek), max. 25 ton; Jachthaven De Mars; Jachthaven 't Eiland, max. 25 ton, tarief f 10,–; Jachthaven W.V. Giesbeek, Havenweg 4, max. 20 ton, max.diepgang 2 m; aanloophaven De Veerstal, schepen tot max. ca. 6 m, tarief f 10,–; ook trailerhellingen bij Lathumse Hoek en Meentsestrand.
Botenlift: Jachthaven 't Eiland, max. 30 ton, tarief f 7,50 per m^2 lengte (liften met staande mast mogelijk).
Kampeerterreinen: Jachthaven/Camping De Mars, Marsweg 6, Lathum, tel. (08336) 3 11 31; De Veerstal, Rhedense Veerweg 3, Giesbeek, tel. (08336) 3 13 19; Jachthaven/Recreatiepark De Honingraat*, Marsweg 2, Lathum, tel. (08336) 3 22 11.
Wasserettes: Jachthaven De Honingraat; Jachthaven De Mars; Jachthaven W.V. Giesbeek; Jachthaven De Veerstal.
Stortplaatsen chemisch toilet: Bij Jachthaven/Camping De Mars; Jachthaven De Honingraat; Jachthaven/Camping De Veerstal.

Rhenen
Aan de Neder Rijn, kmr 910 Ro; 8 km ten W van Wageningen.
Vaste verkeersbrug: Kmr 909,2. H 13,50 m bij gestuwde rivier = NAP + 19,57 m.
Ligplaatsen: Passantenhaven (Recreatieschap Rijn- en Lekoevers te Utrecht, tel. (030) 33 31 17), 30 m ten W van de oude veerstoep, tarief f 6,– per overnachting (toiletten), toezichthoudster mevr.
E. v. d. Schouw-van Essen, Restaurant De Stichtse Oever, Veerplein 1 (goed vastmaken met het oog op zuiging van voorbijvarende schepen) ● aan de steigers van W.V. Midden Betuwe, in een grindgat, ingang ca. 700 m beneden de verkeersbrug, Lo (voldoende diep) (toilet, wastafels en douche op de woonboot).
Motorbrandstof: Firma Soetendaal, Parallelweg 6, tel. (08376) 1 36 88/1 27 65.
Trailerhellingen: Bij kmr 910,2 Lo en Ro liggen de veerstoepen van het voormalige Rhenense veer; bij de W.V. Midden Betuwe, tel. (08886) 27 72, max. 12 ton, tarief f 100,– (in en uit).

R Rhoon
Aan de Oude Maas, kmr 996,1 Ro; 9,3 km van Heerjansdam; 6,9 km van Hoogvliet; zie ook 'Oude Maas'.
Getijstanden: Getijverschil ca. 1,10 m.
Ligplaats: Jachthaven De Rhoonse Grienden van het Recreatieschap IJsselmonde, havenmeester K. Vermaas, tel. (01890) 1 22 70, marifoonkan. 31, haventoegang D NAP – 3 m bij GLW, tarief f 1,50 per m lengte per nacht (elektra, douches, wastafels en toiletten). Tevens thuishaven van W.V. De Koedood.
Motorbrandstof: Jachthaven De Rhoonse Grienden, be (sl), sbe (sl), die (sl).
Reparatie: Vlasblom-Havendam, tel. (01890) 1 64 44, bub; H. Geeve Nautic Sport, tel. (010) 4 85 60 10, bub; via Jachthaven De Rhoonse Grienden, bib/bub, romp/uitr, zeil/tuigage, elek.
Trailerhelling: Jachthaven De Rhoonse Grienden, op afspraak met de havenmeester, max.diepgang 2 m, tarief f 25,–.
Hefkraan en botenlift: Jachthaven De Rhoonse Grienden, op afspraak met de havenmeester, max. 16 ton, f 9,10 per m^2, max.diepgang 2 m (heffen met staande mast mogelijk).

Wasserette, stortplaats chemisch toilet en aftappunt vuilwatertank: Bij Jachthaven De Rhoonse Grienden.

Ridderkerk

Aan de Noord, kmr 983,2 Lo (haven); 17 km van Rotterdam.
Getijstanden: GHW varieert van NAP + 0,97 m tot + 1,22 m, GLW varieert van NAP – 0,30 m tot – 0,38 m, afhankelijk van lage of hoge rivierafvoer.
Haven: Gemeentehaven Ridderkerk, gemeentelijke havenmeester L.J. Foekema, tel. (01804) 2 49 25, waarin ondergebracht W.V. St. Joris en Stichting Jachthaven Ridderkerk.
Ligplaatsen: Jachthaven W.V. St. Joris, havenmeester J. Troost, tel. (01804) 2 33 57, tarief f 1,– per m lengte per nacht (KNWV-leden krijgen korting), max.diepgang 2 m bij GHW (elektra, douches (f 1,–), wastafels en toiletten) ● Stichting Jachthaven Ridderkerk, havenmeester J. Rijsdijk, tel. (01804) 3 39 02 en (06) 52 12 26 44, tarief f 1,– per m lengte per nacht (elektra, toiletten, douche (f 1,–)).
Vulstation propaangasflessen: V.d. Rest Butagas B.V., Staalstraat 2, tel. (01804) 2 08 55.
Reparatie: Jachtmotoren Rotterdam B.V. (JMR), Staalstraat 1, tel. (01804) 2 72 92, bub/bib (alle merken); Stichting Jachthaven Ridderkerk, bib (alle merken), romp/uitr (ht, s, p, a/in het water), elek; N.V. v/h J. Smit, Havenstraat 2, tel. (01804) 2 04 90, zeil/tuigage.
Helling: Jachthaven W.V. St. Joris, langshelling, max. 10 ton, tarief 17,50 per m^2.

Ried

Aan het Riedwijd; 7 km ten N van Franeker; 7 km van Menaldum. Bereikbaar via het Van Harinxmakanaal bij Franeker (zie aldaar) en bij Ritzumazijl ten W van Leeuwarden via de Menaldumervaart langs Menaldum (zie aldaar) en Berlikum.
Maximumsnelheid: Op het Riedwijd 6 km/h.
Bruggen: Over de Riedwijd liggen vaste bruggen, laagste brug H 2,50 m. In Franeker een beweegbare brug, voor bediening zie onder 'Franeker'. Via Ritzumazijl, Menaldum en Berlikum bereikbaar met een max.hoogte van 2,40 m.
Maximum toegestane diepgang: 1,25 m.
Ligplaats: Jachthaven It Kattegat van de Stichting Recreatiehaven Ried, tel. (05171) 6 93 02, tarief f 1,– per m lengte per nacht, max.diepgang 1,20 m (toiletten, douche en wastafels).
Trailerhelling: Jachthaven It Kattegat, Dr. Vitus Ringersstraat 6, max. 5 ton, tarief f 7,50.
Kampeerterrein: Camping It Kattegat bij de jachthaven.

Ringvaart van de Haarlemmermeerpolder

Vaarwegbeheerder: Nautisch beheer Provincie Noord-Holland, Dienst Wegen/Verkeer en Vervoer, Postbus 205, 2050 AE Overveen, tel (023) 14 44 00. Technisch beheer Waterschap Groot Haarlemmermeer, Marktplein 47, 2132 DA Hoofddorp, tel. (02503) 16 55 44.
Maximumsnelheid: Beroepsvaart 6 km/h, recreatievaart 9 km/h.
Maximumbreedte: gedeelte Nieuwe Meer – Oude Wetering 8,25 m, overige gedeelte 7,50 m.
Marifoon: Schipholbruggen in Amstelveen, kan. 22; basculebrug in Aalsmeer en brug in Leimuiden, kan. 18.
Diepte: De Ringvaart mag met een diepgang van 2,30 m vrij bevaren worden, met uitzondering voor het gedeelte Zuider Buiten Spaarne – Buiten Liede 2 m.
In het gedeelte van de N-Ringvaart, gelegen tussen het Zuider Buiten Spaarne en de Molenplas, bevindt zich een ondiepte, D 1 m.

**Brugbediening tussen het Nieuwe Meer en de Oude Wetering
(17,9 km):** In verband met het vliegverkeer bij Schiphol mogen schepen hoger dan 23 m boven water niet zonder vergunning varen tussen het Nieuwe Meer en de Aalsmeerderbrug. Ontheffing kan worden verleend door de Provincie Noord-Holland, tel. (023) 14 53 00, indien de aanvraag ten minste 2 weken tevoren wordt ingediend.
– Schiphol-basculebrug, vaste gedeelte aan de O-zijde H 7,90 m, ten O van deze vaste overspanning nog 2 vaste delen, H 7 m, beweegbaar gedeelte H 6,70/7,10 m:

ma. t/m vr.**	(gehele jaar)	5-6.30, 12.30-13.30***, 20-21 h
zat.**	(16 april-16 okt.)	7-8, 12.30-13.30***, 19-20 h
	(16 okt.-16 april)	7-8, 12.30-13.30***, 18-19 h
zo. en fd.*	(16 april-16 okt.)[1]	8-10.30, 18.30-21 h
	(16 okt.-16 april)	gesloten

* Incl. Koninginnedag en 5 mei (Bevrijdingsdag).
** Op 24 en 31 dec. laatste bediening van 12.30-13.30 h.
*** De brug wordt van 12.30-13.30 h zo min mogelijk bediend in verband met het drukke wegverkeer. In principe vindt bediening plaats om ca. 13 h en om 13.30 h.
Bij mist of slecht zicht wordt de brug niet bediend.
– Schiphol-draaibrug[1], H 3,45 m:

ma.		5-7.30, 8.30-16.30, 17.30-24 h
di. t/m do.		0-7.30, 8.30-16.30, 17.30-24 h
vr.		0-7.30, 8.30-16.30, 17.30-22 h
zat.	(16 april-16 okt.)	6-22 h
	(16 okt.-16 april)	6-19 h
zo. en fd.*	(16 april-16 okt.)	8-13, 14-22 h
	(16 okt.-1 nov. en 1 april-16 april)	8-12, 14-17 h
	(1 nov.-1 april)	gesloten

* Incl. Koninginnedag en 5 mei (Bevrijdingsdag).
– Bosrandbrug, H 1,46 m, vast O-gedeelte H 1,88 m, W-gedeelte H 1,73 m. Bediening als Schiphol-draaibrug (bediening elk kwartier vanuit de Schiphol-draaibrug).
– Basculebrug[1], H 2,50 m, in Aalsmeer (het nieuwe (NO-)gedeelte van deze brug is enkele centimeters hoger dan het oude (ZW-)gedeelte) en de basculebrug[1], H 2,56 m in Leimuiden:

ma.**		5-7.30, 8.30-16.30, 17.30-24 h
di. t/m do.**		0-7.30, 8.30-16.30, 17.30-24 h
vr.		0-7.30, 8.30-16.30, 17.30-22 h
zat.	(16 april-16 okt.)	6-20 h
	(16 okt.-16 april)	6-19 h
zo. en fd.*	(16 april-16 okt.)	8-13, 14-20 h
	(16 okt.-16 april)	gesloten

* Incl. Koninginnedag en 5 mei (Bevrijdingsdag).
** De basculebrug in Aalsmeer wordt van 22-6 h op verzoek door de brugwachter van de Leimuiderbrug bediend. De Leimuiderbrug is bereikbaar via marifoonkan. 18 of tel. (01721) 83 60. Bij geen gehoor kan contact worden opgenomen met de Schipholbrug via marifoonkan. 22 of tel. (020) 6 41 38 64.

---

[1] Bij druk wegverkeer wordt de brug eens per half uur bediend en bij minder druk wegverkeer eens per kwartier.

Voor de Schiphol-draaibrug, de Bosrandbrug, de bruggen in Aalsmeer en Leimuiden geldt op de dag, voorafgaand aan een feestdag (ook Koninginnedag en 5 mei) bediening tot 22 h (op 24 en 31 december tot 18 h, de spitsuursluiting van 16.30-18 h vervalt dan) en na een feestdag bediening vanaf 5 h. Bij zeer druk wegverkeer kunnen de bruggen kortere of langere tijd gesloten worden gehouden.
Brugbediening tussen Oude Wetering en Leeghwater (Kaagdorp) (6,4 km):
– Basculebrug, H 2,60 m, in Oude Wetering. Bediening[1]:

ma. t/m vr.**	(gehele jaar)	6-22 h
zat.	(16 april-1 juni en 1 sept.-16 okt.)	7-20 h
	(1 juni-1 sept.)	7-21 h
	(16 okt.-16 april)	7-17 h
zo. en fd.*	(16 april-16 okt.)	9-13, 14-20 h
	(16 okt.-16 april)	gesloten

* Incl. Koninginnedag en 5 mei (Bevrijdingsdag).
** Op 24 en 31 dec. tot 18 h.
Aan weerszijden van deze brug zijn wachtsteigers aanwezig.
Meerbrug, H 0,85 m in Nieuwe Wetering. Bediening:

ma. t/m vr.*	(gehele jaar)	6-22 h
zat.	(16 april-1 juni en 1 sept.-16 okt.)	7-20 h
	(1 juni-1 sept.)	7-21 h
	(16 okt.-16 april)	7-17 h
zo. en fd.	(1 juni-1 sept.)	8-13, 14-21 h
	(16 april-1 juni en 1 sept.-16 okt.)	9-13, 14-20 h
	(16 okt.-16 april)	gesloten

* Op 24 en 31 dec. tot 18 h.
Brugbediening tussen Leeghwater (Kaagdorp) en de Spaarnemonding (15,8 km):
– Verkeersbrug en spoorbrug Sassenheim (tel. (02522) 1 38 77). Verkeersbrug in Rijksweg A44 bij Sassenheim, vaste overspanning H 4,70 m, beweegbaar gedeelte H 4,40 m.
Ca. 70 m ten O van deze brug ligt, in de Schipholspoorlijn, een spoorbrug met een vaste overspanning, H 4,95 m, en een beweegbaar gedeelte, H 5,13 m.
Deze beide bruggen, waartussen geen ligplaats mag worden genomen, worden tegelijkertijd bediend:

ma. t/m vr.		6.24-7.16, 12.26-13.17, 18.43-19.33 h
zat.*		10.13-11.03, 14.13-14.33, 17.13-17.33 h **
zo. en fd.*	(16 april-16 okt.)	8.43-9.03, 11.43-12.03, 17.13-17.33 h
	(16 okt.-16 april)	gesloten

* Op Koninginnedag en op Hemelvaartsdag bediening als op zat.
** Op 24 en 31 dec. tot 18 h.
De exacte bedieningstijden zijn opgenomen in de watersportwijzer 'Openingstijden spoorbruggen', gratis verkrijgbaar aan de ANWB-vestigingen. Men moet er rekening mee houden dat per opening slechts doorvaart in één richting kan plaatsvinden. Bij mist of slecht zicht worden de bruggen niet bediend.

---

[1] Bij druk wegverkeer wordt de brug eens per half uur bediend en bij minder druk wegverkeer eens per kwartier.

- Lisserbrug, H 1 m, ophaalbrug. Bediening[1]:

ma. t/m vr.	(gehele jaar)	7-7.30, 8.30-16.30, 17.30-21 h
zat.**	(16 april-16 okt.)	9-17 h
	(16 okt.-16 april)	9-14 h
zo. en fd.*	(16 april-16 okt.)	9-12, 16.30-18.30 h
	(16 okt.-16 april)	gesloten

* Incl. Koninginnedag en 5 mei (Bevrijdingsdag).
** Op 24 en 31 dec. tot 16 h.
- Hillegommerbrug, H 1 m, ophaalbrug. Bediening:

ma. t/m vr.	(gehele jaar)	7-7.30, 8.30-16.30, 17.30-21 h
zat.**	(16 april-16 okt.)	9-17 h
	(16 okt.-16 april)	9-14 h
zo. en fd.*	(16 april-16 okt.)	9-12, 17-19 h
	(16 okt.-16 april)	gesloten

* Incl. Koninginnedag en 5 mei (Bevrijdingsdag).
** Op 24 en 31 dec. tot 16 h.
- Bennebroekerbrug, H 1,05 m, basculebrug. Bediening[1]:

ma. t/m vr.	(gehele jaar)	7-21 h
zat.**	(16 april-16 okt.)	9-17 h
	(16 okt.-16 april)	9-14 h
zo. en fd.*	(16 april-16 okt.)	9-12, 17.30-19.30 h
	(16 okt.-16 april)	gesloten

* Incl. Koninginnedag en 5 mei (Bevrijdingsdag).
** Op 24 en 31 dec. tot 16 h.
- Cruquiusbrug, H 2,70 m. Deze brug kan niet helemaal worden geopend, met dien verstande dat de brugklep gedeeltelijk boven het vaarwater hangt. Bediening[2]:

ma. t/m vr.	(gehele jaar)	7-22 h
zat.**	(16 april-16 okt.)	8-17 h
	(16 okt.-16 april)	8-15 h
zo. en fd.*	(16 april-16 okt.)	9-12, 16.30-20.30 h
	(16 okt.-16 april)	gesloten

* Incl. Koninginnedag en 5 mei (Bevrijdingsdag).
**Op 24 en 31 dec. tot 16 h.

Brugbediening van de noordelijke Ringvaart van het Spaarne tot het Nieuwe Meer (19,7 km):
- Brug in Vijfhuizen, ophaalbrug, H 1 m. Bediening[3]:

ma. t/m vr.	(16 april-16 okt.)	9-17 h
	(16 okt.-16 april)	9-17 h, op verzoek*
zat.	(16 april-16 okt.)	10-18 h
	(16 okt.-16 april)	9-12 h, op verzoek*
zo. en fd.**	(16 april-16 okt.)	10-12, 16-18 h
	(16 okt.-16 april)	gesloten

---

[1] Voor recreatievaart wordt de brug alleen op de hele en halve uren bediend.
[2] Bij druk wegverkeer kunnen bij deze bruggen wachttijden ontstaan van max. een half uur. Bij druk recreatieverkeer worden de bruggen ongeveer eens per kwartier bediend.
[3] Deze brug wordt op ma. t/m zat. voor de recreatievaart alleen op de hele uren bediend.

* Bediening aanvragen op voorafgaande werkdag vóór 16 h, tel. (02505) 13 92.
** Incl. Koninginnedag en 5 mei (Bevrijdingsdag).
Twee vaste bruggen, H 5,27 en 5,30 m, nabij de monding van de Buiten Liede. Dubbele vaste brug in Rijksweg 6, H 5,60 m.
Brug, H 2,20 m, in Halfweg. Bediening[1]:

ma. t/m vr.	(gehele jaar)	7.30*, 9-16.30 h
zat.	(16 april-16 okt.)	10-18 h
	(16 okt.-16 april)	9-12 h, op verzoek*
zo. en fd.**	(16 april-16 okt.)	10-12, 16-18 h
	(16 okt.-16 april)	gesloten

* Bediening aanvragen op voorafgaande werkdag vóór 16 h, tel. (02907) 20 73.
** Incl. Koninginnedag en 5 mei (Bevrijdingsdag).
Brug, H 0,80 m, in Sloten/Badhoevedorp. Bediening[1]:

ma. t/m vr.	(gehele jaar)	6-7*, 8.30, 9-16.30, 18-19 h
zat.	(16 april-16 okt.)	10-18 h
	(16 okt.-16 april)	9-12 h, op verzoek*
zo. en fd.**	(16 april-16 okt.)	10-12, 16-19 h
	(16 okt.-16 april)	gesloten

* Bediening aanvragen op voorafgaande werkdag vóór 16 h, tel. (020) 6 15 98 41.
** Incl. Koninginnedag en 5 mei (Bevrijdingsdag).
Complex van vaste bruggen, H 7,90 m, in Rijksweg 4 en de Schipholspoorlijn ten ZO van Badhoevedorp en vaste brug, H 5,70 m, in oude rijksweg Amsterdam-Den Haag.

Ringvaart van de Zuidplaspolder

Onder dit hoofd wordt de vaarweg beschreven van de Rottemeren naar de Hollandse IJssel bij Nieuwerkerk a. d. IJssel over de Hennipsloot en de Ringvaart van de Zuidplaspolder. Totale lengte 13 km. Laagste vaste brug, H 2,40 m.
Diepte: 1,20 m, doch door plaatselijke ondiepten (drempel is aangegeven door borden 'beperkte Waterdiepte') is de max.diepgang beperkt tot 0,90 m.
Maximumsnelheid: 6 km/h.
Bruggen en sluizen:
– Zevenhuizerverlaat. Bediening (sluisgeld f 5,50):

(1 april-1 okt.)	8-18 en 20 h (op de hele uren)
(1 okt.-1 april)	8-18 h, op verzoek, tel. (01802) 23 61

– Twee vaste bruggen ten ZW van Zevenhuizen, H 2,40 m.
– De drie bruggen in Zevenhuizen. Bediening (bruggeld f 1,35 per brug):

(1 april-1 okt.)	ma. t/m zat.	9.30, 11.30, 13.30, 15.30, 17.30 h (vr. tevens om 19.30 h)
	zo. en fd.	11.30, 13.30, 15.30, 17.30 h
(1 okt.-1 april)	ma. t/m zat.	8-17 h, op verzoek*
	zo. en fd.	gesloten

* Bediening op verzoek, tel. (01802) 16 44.

---

[1] Voor recreatievaart wordt de brug alleen op de hele en halve uren bediend.

De beide beweegbare bruggen tussen Zevenhuizen en Nieuwerkerk
a. d. IJssel. Bediening (van N naar Z):
Ophaalbrug (bruggeld f 1,35):

(1 april-1 okt.)	ma. t/m zat.	10-11, 12-13, 14-15, 16-17 h (vr. tevens 18-19 h)
	zo. en fd.	14-15, 16-17 h
(1 okt.-1 april)	ma. t/m zat.	8-17 h, op verzoek*
	zo. en fd.	gesloten

* Bediening op verzoek, tel. (01802) 14 47.
Draaibrug: zelfbediening.
– Drie vaste bruggen, laagste brug H 2,80 m (2 verkeersbruggen en een spoorbrug) in Nieuwerkerk a. d. IJssel.
– Vier beweegbare bruggen in Nieuwerkerk a. d. IJssel (Gele brug, kmr 22,4, H 0,30 m; nieuwe ophaalbrug, kmr 22,7, H 0,70 m; nieuwe ophaalbrug, kmr 23,6, H 1 m; ophaalbrug, kmr 24,6, H 1,60 m). Bediening:

(1 april-1 okt.)	ma. t/m zat.	10.15-11, 12.15-13, 14.15-15, 16.15-17 h (vr. tevens 18.15-19 h)
	zo. en fd.	14.15-15, 16.15-17 h
(1 okt.-1 april)	ma. t/m vr.	10.15-11, 14.15-15 h
	zat.	14.15-15 h
	zo. en fd.	gesloten

– Snelle Sluis/Kolksluis tussen de Ringvaart van de Zuidplaspolder en de Hollandse IJssel. De sluis wordt automatisch bediend vanaf het gemaal Abraham Kroes, tel. (01827) 32 48. Op de sluis zijn camera's en luidsprekers aanwezig. Bediening aanvragen via drukknoppen op het remmingwerk. Bediening:

(1 april-1 okt.)	ma. t/m zat.	10-12, 13-18 h
	zo. en fd.	14-18 h
(1 okt.-1 april)	ma. t/m vr.	10-12, 13-17 h
	zat.	13-17 h
	zo. en fd.	gesloten

Over de sluis ligt een vaste brug, H NAP + 4 m (bij GHW ca. 2,70 m).
Nadere gegevens: Zie onder 'Zevenhuizen'.
Ringvaart richting Gouda: Doodlopend gedeelte van de Ringvaart, toegang direct ten NW van de Snelle sluis via Moordrecht richting Gouda. De vaart is bevaarbaar tot de spoorbrug bij Gouda en alleen van plaatselijk belang, ondiep. Over dit gedeelte liggen 4 lage beweegbare bruggen, H ca. 0,50 m. Brugwachter, tel. (01827) 46 50. Bediening:

(1 april-1 okt.)	ma. t/m zat.	9.45-11, 16.45-18.15 h
	zo. en fd.	16.45-18.15 h
(1 okt.-1 april)	ma. t/m vr.	9.45-11, 15.45-17.15 h
	zat.	14.30-16 h
	zo. en fd.	gesloten

Ringwiel
Ten O van Workum en ten ZW van Oudega.
Klein rustig meertje in open verbinding met de Vlakke Brekken en Oudegasterbrekken. Diepte 0,50 tot 1,70 m, bij Sanfirden zijn harde ondiepten.
Aanlegplaatsen: Aan de Z-zijde van het meer, max.diepgang 0,60 m.

Roelofarendsveen
4 km van Woubrugge; 3 km van Oude Wetering; zie ook 'Braassemermeer'.
Sluis: Sluis tussen Braassemermeer en Veenwetering, zelfbediening.
Ligplaatsen: Jachthaven van W.V. Braassemermeer aan de Noorderhem, havenmeester C. Kelkvink, tel. (01713) 1 23 26, tarief f 1,50 per m lengte per nacht (met KNWV-Waterpas f 1,25) (elektra, toiletten, wastafels en douches (f 1,–)) ● Jachthaven De Meerkant, havenmeester dhr. Rodewijk, tel. (01713) 1 46 76, tarief f 1,– per m lengte per nacht (elektra, toiletten, douches (f 1,–) en wastafels).
Hefkraan: Jachthaven van W.V. Braassemermeer, max. 2 ton, tarief f 25,– per keer.

Roermond
Aan de Maas, kmr 79,5 (verkeersbrug); 27 km van Venlo; 98 km van Weurt bij Nijmegen.
Waterstand: SP = NAP + 16,85 m.
Havenmeester: J. van Herten, Maashaven, tel. (04750) 8 92 29.
Lateraalkanaal ten W van Roermond: De doorgaande vaart (van de Maas) maakt gebruik van het Lateraalkanaal Linne-Buggenum (zie onder 'Maas').
Bruggen en sluizen: In de oude Maasbedding langs Roermond ligt een sluis benedenstrooms en een sluis bovenstrooms van Roermond (bij Linne). Voor bediening zie onder 'Maas'. Vaste spoorbrug bij Buggenum, ca. 1,5 km beneden de stuw in Roermond, H SP + 10,85 m. Vaste brug in Roermond, H SP + 8,50 m.
Marifoon: Zie onder 'Maas'.
Havengeld: f 0,14 per ton per 14 dagen (min. f 5,–).
Lig- en aanlegplaatsen:
– Haven La Bonne Aventure, invaart 1 km ten Z van de verkeersbrug: ● Driessen Watersport B.V., tel. (04750) 1 82 69, tarief f 1,– per m lengte per nacht (elektra, toiletten, douches en wastafels) ● Bij Jachthaven Het Steel, havenmeester H.H. van Zijl of P. Grubben, tel. (04750) 1 83 04, max.diepgang 1,50 m, tarief f 2,– per m lengte per nacht (elektra, toiletten, wastafels en douches (f 1,–)) ● bij de Roermondse W.V. Nautilus, havenmeester P. Kessels, tel. (04750) 1 87 62, tarief f 1,75 per m lengte per nacht (elektra, toiletten, wastafels en douches (f 1,–)).
– Roermonding, in de binnenstad van Roermond passantenplaatsen dicht bij de Vismarkt, deze plaatsen zijn niet bedoeld om te overnachten.
– Roerhaven (monding van de Roer) bij de verkeersbrug, D 3,20 m. Voor de woonboten bevindt zich permanent een ondiepte die door borden wordt gemarkeerd.
– Maashaven, D 2,50 m, 350 m stroomafwaarts van de verkeersbrug, kmr 79,8 Ro ● Jachthaven Maashaven, havenmeester F. Schoonheim, tel. (04750) 1 86 86, tarief f 1,50 per m lengte per nacht (elektra, toiletten, douches (f 1,–) en wastafels).
– Willem-Alexanderhaven, NW-gedeelte van de Maashaven, invaart bij kmr 79,8 Ro.
In de grindgaten aan de Maas (in grindgaten geldt een maximumsnelheid van 9 km/h), van Z naar N:
– Beneden de stuw van Linne: De grindgaten Oolerplas en Gerelingsplas (zie onder 'Linne').
– Enige grindgaten bovenstrooms van Roermond, o.a. bij Jachthaven Rosslag, toegang bij kmr 77,6 (zie bij 'Herten').
– Watersportcentrum (W.S.C.) Midden-Limburg, ingericht in een uitgebreide ontgronding (260 ha water, 260 ha grond), waarvan de toegang ligt bij kmr 77, Lo.
Ligplaatsen: ● Jachthaven Hermus Watersport, havenmeester

K. Hermus, tel. (04750) 3 71 12, tarief f 2,– per m lengte per nacht (elektra, toiletten, douches en wastafels) ● in de Jachthaven Hatenboer, Plas Hatenboer, bij de Roermondse R. & Z.V. Maas en Roer, havenmeester J. Hermus, tel. (04750) 3 55 44, max.diepgang 2,20 m, tarief f 1,20 per m lengte per etmaal (elektra, toiletten, douches (f 1,–) en wastafels) ● Camping Jachthaven Hatenboer, havenmeester R. Vrancken, tel. (04758) 12 92, max.diepgang 1,40 m (toiletten, douches (f 1,–) en wastafels) ● in de Jachthaven van Camping J. Hermans, aan de Noordplas (Hornergriend), tel. (04758) 16 79, tarief f 2,– per m lengte (douches, toiletten en wastafels) ● Jachthaven van Camping De Weerd in Horn, havenmeester H. v. Ass, tel. (04758) 12 83, tarief f 3,– per overnachting + f 1,50 p.p. (elektra, toiletten, douches (f 0,25) en wastafels) ● Zuidplas Marina Oolderhuuske, havenmeester R. Wester, tel. (04758) 86 86, tarief f 2,50 per m lengte per nacht + toeristenbelasting f 1,65 per persoon, max.diepgang 2,50 m (elektra, toiletten, douches en wastafels).
– Beneden de sluis van Roermond: De Asseltse Plassen, toegang kmr 87 Ro (zie onder 'Asselt').
Drinkwater: Kraan bij het kantoor van de havenmeester aan de Maashaven.
Motorbrandstof: Bij de werven in de Haven La Bonne Aventure, o.a. Driessen Watersport B.V., die (sl), sbe (sl); varende tankboot in de Maas, bovenstrooms van Roermond, bij kmr 77,6 (zo. gesloten), die (sl); Jachthaven Hermus Watersport (1 april-1 nov. dagelijks geopend), die (sl), be (sl), sbe (sl); Jachthaven Maashaven Watersport, die, be, sbe.
Vulstation propaangasflessen: Wilbe, Metaalweg 10, tel. (04750) 2 33 36.
Reparatie: Driessen Watersport B.V., tel. (04750) 1 82 69, bub (Mariner), bib (Volvo Penta, Solé en Vetus), romp/uitr (ht, s, p/op de wal + in het water); Helenawerf Moset B.V., Maasboulevard 101, tel. (04750) 1 70 93, bub (Yamaha en Mariner), bib (Yanmar, Mercedes, Bukh, Daf, Vetus, Farymann, Perkins, Sabb en Ford), romp/uitr (s, p/in het water), elek; Jachtwerf St. Helena, bib/bub; D. Span, Mijnheerkens aan de Willem-Alexanderhaven, bub; Jachthaven Hermus Watersport, Hatenboer 54, tel. (04750) 3 71 12, bub (dealer Suzuki, Honda, reparatie van alle merken), romp/uitr (ht, s, p, a/op de wal + in het water), zeil/tuigage, elek (1 april-1 nov. dagelijks geopend); Schepenkring-Krekelberg-Nautic, Hertenerweg 2, tel. (04750) 1 56 61, bib, romp/uitr (s, p/op de wal) (zat. geopend); Jachtwerf H. Somers, Sint Jacobskade 15, tel. (04750) 1 59 72, bub (Yamaha, Mercury, Mariner, Johnson, Evinrude), romp/uitr (ht, p/op de wal + in het water), zeil/tuigage; Jachthaven Het Steel, tel. (04750) 1 83 04, bib (Yanmar, Daf, Vetus en Ford), zeil/tuigage; Kalle en Bakker Maashaven Watersport B.V., Schipperswal 6, tel. (04750) 1 86 86, bub (Mercury, Mariner, Johnson en Evinrude), bib (BMW, Mercruiser/OMC); Jachthaven De Weerd, De Weerd 3, tel. (04758) 12 83, bub,bib (alle merken), romp/uitr (ht/op de wal + in het water), zeil/tuigage.
Hefkranen: R. en Z.V. Maas en Roer, Hatenboer 48, tel. (04750) 3 55 44, max. 16 ton, max.diepgang 2,20 m, tarief f 10,– per m lengte (heffen met staande mast mogelijk); Jachtwerf Somers, max. 1 ton, tarief f 50,–; Jachthaven Hermus Watersport, kolomzwenkkraan, max. 10 ton, tarief vanaf f 50,–; D. Span, max. 40 ton; Driessen Watersport B.V., max. 15 ton; Kalle en Bakker Maashaven Watersport B.V., max. 4,5 ton, max.diepgang 1,90 m, tarief f 10,– per m lengte; Jachthaven De Weerd, max. 15 ton, tarief f 40,– (heffen met staande mast mogelijk).
Trailerhellingen: R. en Z.V. Maas en Roer, Hatenboer 48, tel. (04750) 3 55 44, max.diepgang 1,50 m, tarief f 16,50; Camping Jachthaven Hatenboer, Hatenboer 51, tel. (04758) 12 92, tarief f 16,–; Jachthaven

Hermus Watersport, max. 5 ton, tarief f 25,– (in en uit); Jachthaven Het Steel, max. 750 kg, tarief f 25,–; Marina Oolderhuuske, max. 20 ton, tarief f 30,–; Jachthaven Camping Hermans, max.diepgang 1,20 m, tarief f 20,–; Jachthaven Maashaven Watersport, tarief f 15,–, max.diepgang 1 m; Jachthaven De Weerd, max. 10 ton, tarief f 12,50.
Botenliften: Schepenkring-Krekelberg-Nautic, max. 20 ton, max.diepgang 2 m, tarief f 10,– per m lengte (liften met staande mast mogelijk); Jachthaven Het Steel, max. 30 ton, max.diepgang 1,50 m, tarief op aanvraag (liften met staande mast mogelijk); R. en Z.V. Maas en Roer, Hatenboer 48, tel. (04750) 3 55 44, max. 16 ton, tarief f 10,– per m lengte, max.diepgang 2,20 m (liften met staande mast mogelijk); Marina Oolderhuuske, Oolderhuuske 1, tel. (04758) 86 86, max. 20 ton, max.diepgang 2 m, tarief f 85,– (liften met staande mast mogelijk).
Kampeerterreinen: Aan de Noordplas: Camping Hermans en Camping De Weerd; Camping Jachthaven Hatenboer* (Plas Hatenboer); Marina Oolderhuuske (Zuidplas).
Wasserette: Bij Camping Jachthaven Hatenboer; bij Marina Oolderhuuske.
Stortplaatsen chemisch toilet: Bij Driessen Watersport B.V.; bij Jachthaven Het Steel; bij Camping Jachthaven Hatenboer; bij Jachthaven Hermus Watersport; bij R. en Z.V. Maas en Roer; bij Jachthaven van Camping Hermans; bij Marina Oolderhuuske; bij Maashaven Watersport; bij Camping De Weerd.
Aftappunt vuilwatertank: Bij Marina Oolderhuuske.

Roggebotsluis
7 km van de Ketelmond; 11 km van Elburg.
Deze sluis vormt de verbinding tussen het Drontermeer en het Vossemeer (zie aldaar). Over de sluis ligt een ophaalbrug, H NAP + 5 m (= IJZP + 5,20 m).
Bediening: Zie bij 'Randmeren'.
Lig- en aanlegplaatsen: (Zie ook onder 'Drontermeer'):
Ten N van de sluis:
● Aanlegsteiger van Recreatie-Bungalowpark Lido, tarief f 1,– per m lengte per nacht.
● Ankerplaats, D 1,30 m, tegenover de bungalows.
Ten Z van de sluis:
● Jachthaven Roggebotsluis, ca. 700 m ten Z van de sluis in de oude oever: Zie onder 'Drontermeer'.
● Aanlegsteiger van Restaurant 't Haasje, tarief: f 1,– per m lengte. Diepgang vanuit vaargeul naar steiger ca. 1,50 m.
Kampeerterrein: Vakantieoord Het Anker. Zie verder onder 'Drontermeer'.

Ronduite
5 km van Zwartsluis; 2 km van Walengracht. Zie ook 'Beulaker- en Belterwijde'.
Maximumsnelheid: 6 km/h.
Brug: Ophaalbrug tussen Beulaker- en Belterwijde, H 1,20 m. Voorzichtig varen, want de brug ligt in een onoverzichtelijke bocht. Brugwachter, tel. (05274) 62 48. Bediening: (gratis)

(16 april-16 okt.)	dagelijks	9-12, 13-19 h
(1 dec.-1 mrt.)	ma. t/m vr.	8-8.30, 16.30-17 h, op verzoek*
	zat., zo. en fd.	gesloten
(1 mrt.-16 april en		
16 okt.-1 dec.)**	ma. t/m vr.	8-8.30, 16.30-17 h
	zat.	8-9 h
	zo. en fd.	gesloten

* Bediening 24 h tevoren aanvragen, tijdens kantooruren, P.W.S. Overijssel, tel. (05210) 1 24 66.
** Bediening in de herfstvakantie als van 16 april-16 okt.
In de verbinding met Zwartsluis via de Arembergergracht liggen drie vaste bruggen H 3,60 m bij Belt-Schutsloot (zie aldaar) en Zwartsluis (zie aldaar).

Roode Vaart
3,5 km ten W van Moerdijkbrug aan het Hollandsdiep.
De verbinding met de Mark en Dintel is bij Zevenbergen afgedamd. Deze beschrijving betreft het N-gedeelte; voor het Z-gedeelte, zie 'Zevenbergen'.
Waterstand: Bij gemiddelde rivierafvoer varieert de waterstand dagelijks van NAP + 0,66 m tot NAP + 0,46 m. Zie tevens onder 'Haringvliet'.
Maximumdiepgang: 2,40 m.
Haven: Grenzend aan het Hollandsdiep (zie aldaar) ligt een grote diepe industriehaven. In de Z-hoek ligt een jachthaven, bereikbaar via een smalle toegang tot de sluis met beweegbare brug.
Sluis: D NAP – 2 m met beweegbare brug, met hefdeur aan de noordzijde, max.hefhoogte NAP + 14,60 m. Bediening (gratis):

ma. t/m vr.	(gehele jaar)	6-22 h
zat.	(1 april-1 okt.)	8-12.30*, 14-21 h
	(1 okt.-1 nov.)	8-12.30*, 14-20 h
	(1 nov.-1 april)	8-16.30 h
zo. en fd.	(1 april-1 okt.)	9.30-12.30*, 14-21.30 h
	(1 okt.-1 nov.)	9.30-12.30*, 14-20 h
	(1 nov.-1 april)	gesloten

* Laatste schutting om 12 h van binnen naar buiten.
Bij de laatste schutting, die steeds een half uur voor sluitingstijd plaatsvindt, wordt uitsluitend van buiten naar binnen geschut. Indien geen beroepsvaart aanwezig, schutting uitsluitend op de hele uren (op zat. van 1 nov.-1 april bediening bij aanmelding). Spuien wordt aangegeven door de gebruikelijke seinen.
Maximumsnelheid: leeg 9 km/h, geladen 6 km/h.
Ligplaats: Watersportcentrum Hollandsch Diep B.V., havenmeester H. Lokers, tel. (01683) 23 00, tarief f 1,25 per m lengte per nacht (toiletten, douches, wastafels en elektra).
Motorbrandstof: Watersportcentrum Hollandsch Diep B.V., die (sl), be (sl).
Reparatie: Fa. Scheepswerf Moerdijk B.V., tel. (01683) 28 20, bub/bib, romp/uitr (s), scheepshelling max. 40 ton; Fa. Van Ballegooy B.V., tel. (01683) 28 90, bib/bub, romp/uitr (s), scheepshelling max. 200 ton; Fa. Timmerservice Moerdijk B.V., tel. (01683) 23 12, b.g.g. (01621) 1 23 78, romp/uitr (ht); Watersportcentrum Hollandsch Diep B.V., Roode Vaart 44, Moerdijk, tel. (01683) 23 00, bib/bub (alle merken).
Trailerhelling en hefkraan: Watersportcentrum Hollandsch Diep B.V., trailerhelling max. 1$^1/_2$ ton, tarief f 9,50, kraan max. 30 ton (heffen met staande mast mogelijk) (zo. en ma. gesloten).
Stortplaats chemisch toilet: Bij Watersportcentrum Hollandsch Diep B.V.

Roompot Marinahaven
Aan de Oosterschelde ten N van Kamperland op Noord-Beveland.
Haven: Voormalige werkhaven (oude naam: Sophiahaven) ten ZO van de Oosterscheldekering, D 2,50 m bij gemiddeld LLWS. Vast

groen licht op de N-havendam, vast rood licht op de Z-havendam. Ten O en W van de haven zijn ondiepten. Bij het aanlopen van de haven rood-groene scheidingston aan bakboord houden en vervolgens rode boeienlijn aanhouden tot in de haven!
Ligplaats: Jachthaven De Roompot, havenmeester J. Oosdijk, tel. (01107) 42 25, max.diepgang 4,75 m, tarief f 29,50 per nacht (excl. toeristenbelasting à f 0,60 p.p., toegang tot zwemparadijs middels kortingsbonnen verkrijgbaar bij havenmeester) (elektra, toiletten, douches en wastafels).
Motorbrandstof: Jachthaven De Roompot, die (sl), be.
Trailerhelling: Jachthaven De Roompot, Mariapolderseweg 1, Kamperland, tarief f 10,–.
Kampeerterrein: Camping Roompot Recreatie B.V.
Wasserette en stortplaats chemisch toilet: Bij Jachthaven De Roompot (wasmachines en droogtrommel).

Roosendaal

Aan het Mark-Vlietkanaal; 11 km van Bovensas; 14,5 km van Dinteloord. De industriehaven en een gedeelte van de oude haven na de brug zijn niet toegankelijk voor de pleziervaart.
Maximumsnelheid: 6 km/h.
Aanlegplaats: Aan het Mark-Vlietkanaal voor de brug, aanlegplaatsen bij W.S.V. De Vliet, tel. (01650) 5 65 74, tarief f 5,– per schip per nacht, max.diepgang 1,20 m.
● Het gedeelte van de haven na de brug (H 1,20 m) is alleen toegankelijk voor reparatie bij Watersportcentrum Roosendaal. Bediening van de brug (alleen op verzoek) aanvragen bij Watersportcentrum Roosendaal, West Havendijk 5, tel. (01650) 4 44 49.
Drinkwater: bij W.S.V. De Vliet (sl).
Motorbrandstof: bij W.S.V. De Vliet, die (uitsluitend in noodgevallen).
Reparatie: Watersportcentrum Roosendaal, West Havendijk 5, 200 m ten Z van de brug, tel. (01650) 4 44 49, bub/bib (alle merken), romp/uitr (s, p, a/op de wal + in het water), elek (beperkt); Liebau Watersport, Boul. Antverpia 10, tel. (01650) 3 43 58, bub (Johnson en Evinrude).
Hefkraan: Watersportcentrum Roosendaal, max. 10 ton, tarief op aanvraag. lengte (min. f 75,–), max.diepgang 1,75 m.

Roosendaalse en Steenbergse Vliet

Van het Mark-Vlietkanaal (Roosendaal) naar Benedensas aan het Zuidvlije (Volkerak).
Waterstand: Gelijk aan NAP, doch er kunnen peilvariaties optreden van NAP + 0,05 m tot NAP – 0,25 m.
Kaartje: Zie bij 'Mark en Dintel' blz. 338.
Maximum toegestane diepgang: Van het Mark-Vlietkanaal tot Bovensas 1,40 m, van Bovensas tot Benedensas 2,40 m.
Vaargeul: Van Benedensas tot het Bovensas is de diepte 2,40 m. De rivier heeft aan de Z-zijde verschillende ondiepe verbredingen. De begrenzing van deze ondiepten bestaat uit enkele palen met een groene kegel. Verder tot het Mark-Vlietkanaal is de diepte 1,40 m. De vaargeul ligt in de buitenbochten en verder middenvaarwaters.
Maximumsnelheid: Van Benedensas tot Bovensas leeg 9 km/h, geladen 6 km/h en van Bovensas tot Mark-Vlietkanaal 6 km/h.
Sluizen: In Benedensas en Bovensas.
De sluis in Benedensas staat te allen tijde open (zie 'Benedensas'). De sluis Bovensas staat onder normale omstandigheden open. De doorvaart wordt dan niet door lichten geregeld. Over de sluis ligt een vaste brug H 3 m. Afmeren aan de N-zijde van de brug is niet toegestaan. Er wordt geen sluisgeld geheven.
Bruggen: 2 vaste bruggen (brug Bovensas H 3 m, Steenbergse brug

H 3 m) en 1 beweegbare brug over de sluis Benedensas. Deze brug staat doorgaans open (zie 'Benedensas').
Aanlegplaats, drinkwater, reparatie en hefkraan: J. C. Groen, Dintel-oordseweg 57, Steenbergen, tel. (01670) 6 36 28, gelegen bij de Steenbergse brug, bib, hefkraan max. 6 ton.
Ligplaatsen: Zie onder 'Benedensas', 'Heen (De)', 'Steenbergen' en 'Roosendaal'.

Rotte

Zie ook 'Bleiswijk' en 'Zevenhuizen'. Lengte 15,8 km.
Bevaarbaar met 1,20 m diepgang en 2,40 m hoogte tot de spoorbrug in de lijn Den Haag-Gouda. Tussen Bleiswijk en Zevenhuizen verbreedt de Rotte zich tot de Rottemeren, ook Bleiswijkse Plassen genoemd. Door Rotterdam verbinding met de Nieuwe Maas via het Noorder-kanaal en de Parksluizen (zie onder 'Rotterdam').
Maximumsnelheid: 9 km/h.
Bruggen: Rottebanbrug, vaste brug, H 2,50 m; vaste bruggen H 2,50 m t.h.v. het gemaal de Kooi en het Lage Bergse Bos; Prinses Irenebrug, zie kaartje 'Rotterdam' (brugnr. 40), beweegbaar, H 1,30 m. Bediening (gratis):

(16 april-16 okt.)	ma. t/m do.	9-16.30 h
	vr.	7-7.30, 9-16, 18-22 h
	zat.	7-22 h
	zo. en fd.	7-9.30, 10-16.45, 17-22 h
(16 okt.-16 april)	ma. t/m zat.	9-16.30 h
	zo. en fd.	gesloten

Aanlegplaatsen: verschillende openbare steigers, max.verblijfsduur 3 x 24 h

Rotterdam

5,5 km van IJsselmonde; 20 km van Dordrecht. (Voor Bergse Plassen en Kralingse Plas zie aldaar.)
Kaartje: Is bij deze beschrijving opgenomen.
Maximumsnelheid: Op doorvaartroute A 12 km/h; op het Schie-Schiekanaal en het Noorderkanaal 6 km/h.
Getijstanden: Rijzing bij doodtij 1,67 m boven gemiddeld LLWS; rijzing bij springtij 1,97 m. Gemiddeld LLWS = NAP – 0,65 m.
GHW = NAP + 1,20 m, GLW = NAP – 0,43 m.
De hoogte van de bruggen over getijwater is aangegeven ten opzichte van NAP, overigens ten opzichte van KP.
Haven: Het is op grond van de Havenverordening Rotterdam verboden de zeehavens aan de Nieuwe Waterweg en de Nieuwe Maas (vanaf kmr 989,5 tot samenvloeiing Oude Maas kmr 1013,5) met een recreatievaartuig binnen te varen. Gemotoriseerde pleziervaart is toegestaan in de zeehavens waarin een jachthaven gevestigd is, mits de jachthaven op de snelst mogelijke manier wordt aangelopen of verlaten. Zie verder onder 'Lig- en aanlegplaatsen'.
Haven-, brug- en sluisgelden: Kano's en roeiboten zijn vrijgesteld van havengeld; de overige recreatievaartuigen zijn tot 14 dagen na de dag van aankomst vrijgesteld van havengeld, daarna f 0,53 per m^2 per maand. Geen brug- en sluisgeld.
Haven Coördinatie Centrum (HCC): 24 uur per dag bereikbaar via marifoonkan. 11 of tel. (010) 4 25 14 00/4 25 14 10.
Havendienst: Regio Kantoor Stad, Waalhaven o/z 111, tel. (010) 4 29 02 10.
Rivierpolitie: St. Jobsweg 6, tel. (010) 4 24 34 10.
Marifoon: Koninginnebrug (41) kan. 18; Parksluizen, kan. 22; Rijks- en

Gem. havenmeester, kan. 14 (op de hele en halve uren worden nautische mededelingen omgeroepen); HCC, kan. 11 en 14; Hoge Brug (16) in Overschie (doorvaartroute A), kan. 22; Spoorbrug Delfshavense Schie (15), kan. 22; Giessenbrug (15a), kan. 22.
Douane: Het douanekantoor is gevestigd aan de Parkkade of in de Veerhaven, tel. (010) 4 76 51 44 ('s nachts, zaterdags en op zon- en feestdagen tel. (010) 4 76 16 66). Voor douaneformaliteiten zie in de Handleiding van deze Almanak onder 'Douaneformaliteiten'.
Bediening doorvaartroute A (van de Nieuwe Maas naar Overschie):
– Parksluizen (11). Grote Parksluis*:

ma.	4-24 h
di. t/m zat.	0-24 h (zat. tot 20 h)
zo. en fd.	gesloten

– Kleine Parksluis* (11) (met vaste bruggen over het buitenhoofd, H GHW + 3,20 m, over het binnenhoofd, H 3,65 m):

ma. t/m zat.	(gehele jaar)	als Grote Parksluis
zo. en fd.	(16 april-16 okt.)	7-10, 17-22 h
	(16 okt.-16 april)	gesloten

– Parkhavenbrug, H GHW + 2,35 m, over het buitenhoofd van de grote schutkolk van de Parksluizen, de Coolhavenbrug, H 3,10 m, over het binnenhoofd, H 3,65 m (11), en Pieter de Hoochbrug*, H 4,50 m (12):

ma.	4-7.30, 8.30-16, 17.30-24 h
di. t/m vr.	0-7.30, 8.30-16, 17.30-24 h
zat.	0-20 h
zo. en fd.	gesloten

– Lage Erfbrug*, H 3,25 à 3,55 m (13) en Mathenesserbrug*, H 4 m (14):

ma.	4-7.15, 8.30-16, 17.30-24 h
di. t/m vr.	0-7.15, 8.30-16, 17.30-24 h
zat.	0-20 h
zo. en fd.	gesloten

De brug is gedurende 5 min geopend, tussen twee openingen tenminste 10 min gesloten.

– Beukelsbrug*, H 5,50 m (vast gedeelte, H 5,25 m) (15):

ma.	4-24 h
di. t/m vr.	0-24 h
zat.	0-18 h
zo. en fd.	gesloten

– Nieuwe spoorbrug, H 7 m (15). Brugwachter, tel. (010) 4 13 93 40, tst. 453:

ma. t/m zat.*	10.58-11.02 h
zo. en fd.**	gesloten

*   Op werkdagen tussen 22 en 7 h kunnen verzoeken voor openingen 3 uur tevoren gericht worden aan de sluiswachter van de Parksluizen, tel. (010) 4 36 54 05.
** Op Hemelvaartsdag en Koninginnedag bediening als op de dag.

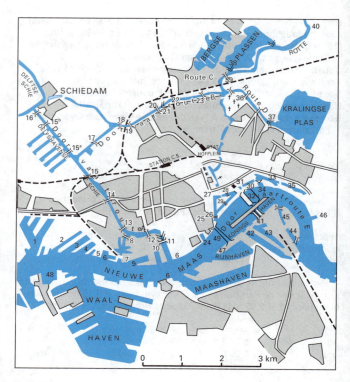

Rotterdam

Hoogten van bruggen over getijwater zijn aangegeven t.o.v. NAP, overige t.o.v. KP.

1. Merwehaven
2. Keilehaven
3. Lekhaven
4. IJsselhaven
5. Koushaven
6. Tunnelgebouwen
7. Dam in Schiemond
8. Binnenvaarthavens, bereikbaar via de Achterhavenbrug (bb), H 4,70 m, van de Coolhaven uit
9. Schiehaven
10. St. Jobshaven
11. Parkhaven met Parksluizen, lang 125 m, breed 13,50 m, diep 3,60 m; Coolhaven- en Parkhavenbruggen (bb). Vaste bruggen Kleine Parksluis H 3,65 m
12. Coolhaven met Pieter de Hoochbrug (bb), H 4,50 m
13. Lage Erfbrug (bb), H 3,25 à 3,55 m
14. Mathenesserbrug (bb), H 4 m
15. Spoorbrug (bb), H 7 m, daarnaast de Beukelsbrug (bb), H 5,50 m
15a. Giessenbrug (bb), H 5,55 m
15b. Spaansebrug (bb), H 3,85 m
16. Hoge brug, H 2 à 2,15 m
17. Blijdorpse brug, vast, H 3,75 m, direct ten Z van de Fokkehaven (jachthavens)
18. Schansbrug, vast, H 3,10 m
19. Spoorbrug, vast, H 3,80 m
20. Vlaggemansbrug, vast, H 2,60 m en Vroesenbrug, vast, H 2,40 tot 2,70 m
21. Bergsluis, lang 85 m, breed 5,80 m en diep 2,25 m en Spoorbrug, vast H 4,60 m
22. Rozenlaanviaduct, vast, H 2,40 m
23. Bergwegbrug, vast, H 2,40 m
24. Veerhaven met K.R. & Z.V. De Maas
25. Vervallen (haven gedempt)
26. Brug over Leuvehaven (bb), H 4,70 m (verboden voor recreatievaart)
27. Vervallen
28. Wijnhaven met Regentessebrug, vast H 2,70 m en Grote Wijnbrug (bb), H 2,30 m (verboden voor recreatievaart)
29. Scheepmakershaven met Rederijbrug (bb), H 2,40 m (verboden voor recreatievaart)

30. Haringvliet met aan de O-zijde de Oostbrug (bb), H 3,05 m (verboden voor recreatievaart)
31. Oude Haven (geen rechtstreekse verbinding met de Nieuwe Maas). Naar (28): Jan Kuitenbrug (bb), H 2,35 m en naar (30): Spaanjaardsbrug (bb), H 2,15 à 2,70 m (verboden voor recreatievaart)
32. Nieuwe Willemsbrug, vast, H 9,76 - 11,50 m en spoorbrug, vast, H 9,25 m; voorzover de hoogte het toelaat is men verplicht van een zijopening gebruik te maken
33. Boerengatbrug (bb), H 4,70 m (verboden voor recreatievaart)
34. Keersluis (staat open) met (bb), H 4,70 m (verboden voor recreatievaart)
35. Admiraliteitsbrug (bb), H 2,75 m (verboden voor recreatievaart)
36. Hoge Boezem met Crooswijksebrug tussen Rotte en Boezem, vast, H 2,40 m, Barakkenbrug, vast, H 2,65 m en Paradijsbrug, vast H 2,60 m
37. Schutsluis naar Kralingse Plas, lang 25 m, breed 4 m en diep 1,20 à 1,45 m, met vaste Lange Padbrug, H 2,50 m
38. Sluis naar Bergse Plas, lang 17 m, breed 3 m en diep 0,90 m met (bb), H 0,70 m
39. Philip Willembrug, vast, H 2,45 m en spoorwegviaduct, H 2,90 m
40. Pr. Irenebrug (bb), H 1,30 m
41. Koninginnebrug (bb), H 3,70 m en spoorbrug (bb), staat open H 8,25 m
42. Spoorweghaven met spoorwegbrug (bb), H 3 m (verboden voor recreatievaart)
43. Binnenhaven met Binnenhavenbrug (bb), H 2,50 m (verboden voor recreatievaart)
44. Persoonshaven (verboden voor recreatievaart)
45. Nassauhaven met beweegbare brug, H 1,50 m (verboden voor recratievaart)
46. Haventje waterleiding bij Oude Plantage; aan de W-zijde is R.V. Nautilus gevestigd (verboden voor recreatievaart)
47. Gebouw Holland-Amerikalijn
48. Rotterdamse Droogdokmaatschappij
49. Erasmusbrug (in aanbouw)

De exacte bedieningstijden zijn opgenomen in de watersportwijzer 'Openingstijden spoorbruggen', gratis verkrijgbaar aan de ANWB-vestigingen.
- Giessenbrug, H 5,55 m (15a):

ma. t/m vr.**	6-7.15, 9-16, 18-22 h
zat.	6-12 h
zo. en fd.	gesloten

** Bediening op 24 en 31 dec. tot 16.30 h.
- Spaanse brug*, H 3,85 m (15b):

ma.	4-7.15, 7.45-16, 17.30-24 h
di. t/m vr.	0-7.15, 7.45-16, 17.30-24 h
zat.	0-20 h
zo. en fd.	gesloten

- Hoge brug*, H 2 m (gemeten bij een waterstand van NAP – 0,30 m, soms staat het water lager) (16):

ma.		4-24 h
di. t/m vr.		0-24 h
zat.		0-20 h
zo. en fd.	(16 april-16 okt.)	19-21 h
	(16 okt.-16 april)	gesloten

*1) op de eerste werkdag, na een erkende feestdag, wordt de brug niet bediend voor 6 h
 2) op de dag voorafgaand aan Hemelvaartsdag wordt de brug niet bediend na 22 h
 3) op 24 en 31 december wordt de brug niet bediend na 18 h

Doorvaartroute B (van de Delfshavense Schie naar de Rotte):
Bij de fabriek van Van Nelle het Schie-Schiekanaal in en onder de Blijdorpse brug door ((17) vaste brug, H 3,75 m), verder door het Noorderkanaal met een schutsluis (21) en vaste bruggen, waarvan de laagste H 2,40 m. Max.diepgang 1,80 m.
– De Bergsluis wordt bediend:

(16 april-16 okt.)	ma. t/m do.	9-17 h
	vr. en zat.	6-22 h
	zo. en fd.	8-22 h
(16 okt.-16 april)	ma. t/m zat.	9-17 h
	zo. en fd.	gesloten

Doorvaartroute C (verder over de Rotte naar de Bergse Plassen):
Eén spoorwegviaduct (39), H 2,90 m, en de vaste Philip Willembrug (39), H 2,45 m. Voor de Bergse Plassen zie aldaar. Voor de verbinding met de Rottemeren zie onder 'Rotte, De'.

Doorvaartroute D (van de Rotte naar de Kralingse Plas door de Hoge Boezem):
Drie vaste bruggen (36), waarvan de laagste brug H 2,40 m. In de toegang tot de plas de nieuwe schutsluis (37) Kralingse Verlaat met vaste brug, H 2,50 m. Max.diepgang 1,45 m. Zie voor nadere gegevens 'Kralingse Plas'.

Doorvaartroute E (Nieuwe Maas):
Over de Nieuwe Maas tussen kmr 999 en 1001 liggen een vaste brug, de Nieuwe Willemsbrug (32), H NAP + 9,76-11,50 m, en de nieuwe verkeersbrug, Erasmusbrug, in aanbouw over Nieuwe Maas ten westen van Noordereiland.
De afvaart moet gebruik maken van de N-opening, de opvaart van de Z-opening van deze bruggen.
Het is verboden door de geopende bruggen van de Koningshaven te varen, wanneer men onder het hoogste gedeelte van bovengenoemde bruggen over de Nieuwe Maas door kan varen.
Over de Koningshaven ligt de Koninginnebrug (41), basculebrug H NAP + 3,70 m, naast een spoorhefbrug (41), H NAP + 8,25 m, deze is geheven H 45 m. Bediening van de Koninginnebrug (41) en spoorhefbrug is alleen op verzoek mogelijk via marifoonkan. 18 of tel. (010) 4 85 87 06. Tijdens de spitstijden op ma. t/m vr. is er geen bediening mogelijk van 7.30-9 en van 16.30-18 h.
Zie voor de Van Brienenoordbrug over de Nieuwe Maas onder 'IJsselmonde'.

Lig- en aanlegplaatsen:
– Langs de Nieuwe Maas: ● In de Veerhaven (24) bij de Stichting Veerhaven, nabij het Westplein, tel. (010) 4 36 54 46. De haven ligt beneden de bruggen over de Nieuwe Maas en staat in open verbinding met de rivier. Goede ligplaats, hoofdzakelijk bedoeld voor traditionele schepen, doch passanten zijn tevens welkom, tarief f 2,25 per m lengte per nacht (elektra, toiletten, wastafels en douches (douchemunten verkrijgbaar bij de havenmeester)). Diepte 2,40 tot 3,30 m bij gemiddeld LLWS ● in de Oude Haven (31) bij Scheepshelling Koningspoort tel. (010) 4 33 44 30, uitsluitend voor traditionele schepen, 1e dag gratis, daarna f 5,– per dag, D 2,30 bij gemiddeld LLWS (toilet en douche).
– Langs de binnenwateren vindt men talloze jachthavens, o.a. aan de Coolhaven in de Jachthaven van de W.V. Verenigde Liggers Delfshaven, havenmeester D. van Helvoirt, tel. (010) 4 77 92 19, tarief f 1,25 per m lengte per nacht (elektra, toiletten, douches (f 1,–) en wastafels) ● bij de Blijdorpse brug ● Jachthaven Blijdorp van W.V. Piet Heyn aan het Schie-Schiekanaal (17), max.diepgang 1,20 m, tarief f 0,80 per m lengte per nacht (toiletten, douche (f 1,–) en wastafels) ● in de

Fokhaven bij de Bijdorpse brug (17) bij W.V. De Kolk, tel. (010) 4 76 88 32, tarief f 1,– per m lengte per nacht, korting voor KNWV-leden (elektra, toiletten, douches (f 1,–) en wastafels) ● aan het Noorderkanaal tussen (17) en (21) bij de jachthaven van Watersport B.V., havenmeester H. Elfring, tel. (010) 4 65 86 27, tarief f 1,– per m lengte per etmaal, max.diepgang 1,80 m (elektra, toilet en wastafels) ● jachthaven van Jachtwerf De Hudson B.V., tussen (15) en (15a), tel. (010) 4 66 20 51, havenmeester A. de Geus, max.diepgang 1,80 m, tarief f 1,– per m per nacht (toilet en wastafels) ● Jachthaven W.V. Overschie, aan het Noorderkanaal, 500 m vanaf de Bergsluis (21), tarief f 5,– per nacht, KNWV-leden 3 dagen gratis (elektra, toiletten en douche (f 1,–)) ● Jachtwerf A. Wurth, aan de 'Doorvaartroute C' bij brug (39), max.diepgang 1,50 m, tarief f 1,– per m lengte per nacht (elektra) ● passantenligplaats aan de Delfshavense Schie (Spangesekade); langs de Kralingse Plas en de Bergse Plassen (zie bij de beschrijvingen van deze plassen onder eigen naam).
Anders dan op officiële ligplaatsen is het verboden om ligplaats te nemen in het gehele gebied waar de Pleziervaartuigenverordening van kracht is.

● Zie verder onder 'IJsselmonde'.
Drinkwater: Jachtwerf A. Wurth (sl); Scheepshelling Koningspoort (sl); bij jachthaven Watersport B.V., (sl).
Motorbrandstof: Varende tanklichter in de Parkhaven, be, die; A. L. Valkhof, Boezembocht 18, nabij de Rotte, be, zo. gesloten; Veerhaven, die (sl).
Vulstation propaangasflessen: De Klok, West Varkensoordenweg 470, tel. (010) 4 19 02 00; Leeflang, Ceintuurbaan 114, tel. (010) 4 18 18 60.
Reparatie: Outboard Shop Rotterdam, J. van Avennestraat 44-46, bub; Watersport B.V., Noorderkade 120, tel. (010) 4 65 86 27, bub (Yamaha, Mariner, Johnson, Evinrude en Tomos), romp/uitr (ht, s/op de wal + in het water), scheepshelling max. 10 ton, tarief op aanvraag (uitsluitend op zo. gesloten); W.S.B. Euroboot, Beatrijsstraat 73a, tel. (010) 4 77 38 66, bib; Nautic Sport, Stieltjesstraat 88, tel. (010) 4 85 60 10, bub (Johnson en Evinrude), bib (OMC Cobra); Jachtwerf De Hudson B.V., Vroesenkade 160, tel. (010) 4 66 20 51, romp/uitr (ht, s, p/op de wal + in het water), zeil/tuigage, scheepshelling tot 12 ton, max.diepgang 1,80 m, tarief tussen f 300,– en f 400,–; Datema Delfzijl B.V., Veerhaven 10, tel. (010) 4 36 61 88, elek; Nautische Boekhandel Kelvin Hughes Observator B.V., Nieuwe Langweg 41, Hoogvliet, tel. (010) 4 16 76 22, elek; Jachtwerf A. Wurth, Bergse Rottekade 18 (bij (39), tel. (010) 4 22 84 40, bib (alle merken), romp/uitr (ht, s/op de wal + in het water), scheepshelling max. 35 ton; Agam Motoren Rotterdam B.V., Goudsesingel 214, tel. (010) 4 14 97 55, bib (Mercedes, Adim); Scheepshelling Koningspoort, Koningsdam 1, tel. (010) 4 33 44 30, romp/uit (ht, s/op de wal + in het water), elek, uitsluitend reparatie van traditionele schepen, scheepshelling max. 150 ton (dagelijks geopend); Kewi Boot, Delftweg 129, tel. (010) 4 37 95 62, bub (Johnson), bib Ford en OMC/Mercruiser), romp/uitr (p/op de wal).
Zie verder onder 'Bergse Plassen' en 'Kralingse Plas'.
Hefkranen: Agam Motoren Rotterdam B.V., tarief op aanvraag, max.diepgang ca. 4 m; Scheepshelling Koningspoort, max. 1250 kg, tarief f 85,– per uur; Kewi Boten, max. 8 ton, tarief f 125,–.
Wasserette en stortplaats chemisch toilet: In de Fokhaven bij W.V. De Kolk; in de Veerhaven van Stichting Veerhaven Rotterdam; in jachthaven van Watersport B.V. (geen wasserette).
Nautische boekhandels: Datema Delfzijl B.V., Veerhaven 10, tel. (010) 4 36 61 88; Nautische Boekhandel Kelvin Hughes Observator B.V., Nieuwe Langweg 41, Hoogvliet, tel. (010) 4 16 76 22.

Rottumeroog
Klein eiland met enkele duinenrijen en stuifdijken op de W-zijde van het eiland. Bij GHW ca. 3 km lang met een grootste breedte van ca. 1,5 km. De groen geschilderde houten bungalow, een ijzeren kaap en een woonbarak (op de ZO-stuifdijk) zijn van verre zichtbaar. Het is verboden het eiland zonder vergunning te betreden. Er worden alleen vergunningen verleend voor wadlooptochten. Voor het aanvragen van een vergunning dient men zich te richten tot Rijkswaterstaat, directie Groningen, Dienstkring Delfzijl, Eemsmondgebouw, Duurswoldlaan 2, Postbus 20003, 9930 PA Delfzijl, hetgeen minstens één maand vóór de bezoekdatum dient te geschieden.
Er is geen haven of aanlegplaats in de gewone zin van het woord, terwijl een beschutte lig- of aanlegplaats nauwelijks is te vinden. Zowel de W- als de O-geul van het Schild zijn de laatste jaren sterk verzand en daardoor nauwelijks bevaarbaar.
Zonder plaatselijke bekendheid moet het varen met jachten met vaste kiel worden afgeraden.
Ten W en NW van het eiland bevinden zich de gevaarlijke en niet bebakende Schildgronden. Zowel het eiland als het vaarwater het Schild zijn in mei 1981 aangewezen als Staatsnatuurreservaat, zodat behalve de eerder genoemde vergunning ook een vergunning vereist is van het Hoofd Landinrichting, Engelse Kamp 6, Groningen.
N.B. In de periode 1 mei-1 sept. geldt een vaarverbod voor het Boswad en het Schild op grond van de Natuurbeschermingswet.
Getijstanden: GHW = ca. NAP + 1 m; GLW = ca. NAP − 1,40 m.

Rottumerplaat
Een langgerekt eiland ten W van Rottumeroog (tussen Lauwers en het Schild) met op het O-gedeelte een ca. 3 km lange stuifdijk. Bij GHW ca. 5 km lang en ca. 1 km breed.
Aan de O-zijde zijn enkele gebouwen en een soort reddinghuisje (uitkijktoren) duidelijk zichtbaar. Het eiland mag niet worden betreden.
Lig- of ankerplaatsen zijn nauwelijks te vinden.
Ten Z van de eilanden, op het Groninger Wad, bevinden zich ondiepe, soms droogvallende, aan veranderingen onderhevige geulen; ten NW van de Rottumerplaat liggen de gevaarlijke Lauwersgronden en ten NO van het eiland de gevaarlijke en niet bebakende Schildgronden. Zowel het eiland als het vaarwater het Schild zijn in mei 1981 aangewezen als Staatsnatuurreservaat.
Zonder plaatselijke bekendheid moet het varen met jachten met vaste kiel worden afgeraden.
N.B. In de periode 1 mei-1 sept. geldt een vaarverbod voor het Boswad en het Schild op grond van de Natuurbeschermingswet.
Getijstanden: GHW = NAP + 1 m; GLW = NAP − 1,40 m.

Rozenburg
Zie ook 'Brielse Meer'.
Aanlegplaatsen: W.V. Nautica; Stichting Natuurvrienden Nivon, Schreiershaven.
Drinkwater: Bij het Nivon.
Motorbrandstof: Bij W.V. Nautica, die, be, sbe (sl).

Ruiten Aakanaal
Vaarweg van Ter Apel naar Veelerveen. Traject Ter Apel – Bourtange.
Maximumsnelheid: 6 km/h.
Bediening: Het ligt in de bedoeling de bruggen te automatiseren voor zelfbediening. Bij het ter perse gaan van deze Almanak was nog niet bekend of dit voor het vaarseizoen 1995 gerealiseerd zal zijn. Zo niet, dan blijft de huidige situatie gehandhaafd. Begeleide konvooivaart

van ma. t/m zat. Vertrek Ter Apel 9 h, vertrek Wollinghuizerbrug (bij Bourtange) 9 h.
Van Bourtangersluis tot aan de vaste brug bij de splitsing Mussel Aa-kanaal zijn de bruggen en sluizen geautomatiseerd en zelf bedienbaar. De bediening geschiedt met behulp van een sleutel die tegen een waarborgsom van f 40,– verkrijgbaar en weer in te leveren is bij de brugwachter van de Wollinghuizerbrug en bij de haven in Bourtange (camping 't Plathuis).
Via Bourtangersluis met beweegbare brug en Vlagtweddersluis met vaste brug (H 3 m) naar Parc Emslandermeer.
Van brug Noabersbadde (splitsing Mussel Aa-kanaal) vaste brug (H 2,50 m) via B.L. Tijdenskanaal en Veendiep naar Park Wedderbergen. Bediening van 1 mei tot 1 okt. dagelijks van 8-20 h. Zon- en feestdagen gesloten.
Ligplaats: Gem. Jachthaven Bourtange, zie aldaar.

Rustenburg

3 km van Oterleek; 1,5 km van Ursum.
Maximumsnelheid: 6 km/h.
Sluis: Schutsluis met ophaalbrug, H 0,40 m, tussen het Kanaal Alkmaar-Huigendijk-Ursum-Avenhorn en de Ringvaart van de Heerhugowaard (richting Opmeer).
Men moet rekening houden met stroom van de daarnaast liggende duikersluis. Bediening:

ma. t/m zat.**		7-20 h
zo. en fd.*	(16 april-16 okt.)	8-10, 17-20 h
	(16 okt.-16 april)	gesloten

* Incl. Koninginnedag en 5 mei (Bevrijdingsdag).
** Op 24 en 31 dec. tot 16 h.
Sluisgeld, ook bij openstaande sluizen: recreatievaartuigen f 3,25; overige vaartuigen min. f 3,55. Bruggeld: f 1,30.
Bruggen: Van de sluis in Rustenburg naar het Kanaal Alkmaar-Kolhorn in Nieuwdorperverlaat via Korte Langereis en Westerlangereis zijn 13 vaste bruggen, waarvan de laagste H 1,82 m (Trompenbrug bij Opmeer).
Laagste vaste brug over het kanaal Alkmaar-Huigendijk-Ursum-Avenhorn, H 1,98 m.

Rijn

Zie Almanak deel 1 onder hoofdstuk 'Varen op de Grote Rivieren' en in deze Almanak onder 'Amerongen', 'Arnhem', 'Bijland, De', 'Driel', 'Heteren', 'Lobith', 'Maurik', 'Oosterbeek', 'Pannerdenskanaal', 'Renkum', 'Rhenen', 'Wageningen' en 'Wijk bij Duurstede'.
Maximumsnelheid: Voor snelle motorboten 20 km/h, m.u.v. de gedeelten waar géén snelheidsbeperking zal gelden en waterskiën zal worden toegestaan. Zie de 'Handleiding' in deze Almanak onder 'Snelle motorboten en waterskiën' en 'Bijzondere bepalingen'.
Bijzondere bepalingen: Op de Boven Rijn (incl. het Bijlands Kanaal en Pannerdenskanaal) en op de Neder Rijn tot aan de Gelderse IJssel gelden voor kleine vaartuigen (tot 20 m lengte) de volgende bepalingen:
a. Met een zeil- en motorboot mag alleen worden gevaren, indien deze is voorzien van een (direct startklare) motor, waarmee een snelheid van tenminste 6 km/h kan worden gehandhaafd.
b. Alle kleine vaartuigen moeten zo dicht mogelijk aan de stuurboordzijde van het vaarwater varen, met dien verstande dat het niet is toegestaan het vaarwater op te kruisen, behalve wanneer op de snelst mogelijke manier wordt overgestoken of wanneer het i.v.m. de veilig-

heid van het scheepvaartverkeer beter is over een korte afstand zo dicht mogelijk aan de bakboordzijde van het vaarwater te varen.
Zie tevens de 'Handleiding' van deze Almanak onder 'Bijzondere bepalingen'.
Bruggen: Zie 'Bruggenstaat' in de Almanak deel 1, onder 'Doorvaarthoogten van bruggen'. De doorvaarthoogte op de Boven Rijn en het Pannerdenskanaal is onbeperkt. De doorvaarthoogte op de Neder Rijn is beperkt tot ca. 12 m. Bij het bepalen van de max.doorvaarthoogte op de Neder Rijn kan men uitgaan van de laagste brug bij Arnhem ten W van de kruising met de Gelderse IJssel (IJsselkop). Het stuwpeil in het riviervak IJsselkop-Driel bedraagt NAP + 8,60 tot 9,20 m (bij de berekening is uitgegaan van NAP + 9 m). De laagste brug is de John Frostbrug, kmr 883, H NAP + 21,55 m (in het midden 1,30 m hoger) = SP + 12,55 m.
Sluizen en stuwen: In de Neder Rijn en de Lek bevinden zich 3 schutsluizen en stuwen, nl. bij Driel (Neder Rijn, kmr 891,2), Amerongen (Neder Rijn, kmr 922) en Hagestein (Lek, kmr 946,8). Afhankelijk van de waterstand worden de stuwen in werking gesteld (gesloten) en dient men te schutten (de stuwen worden geheven (open) als de waterstand bij Lobith het peil van NAP + 10,50 m overschrijdt). Bediening van de sluizen: zie onder betreffende plaats, gratis. Zie verder onder de genoemde plaatsen.
Waterstanden: De rivierstanden worden dagelijks via de radio omgeroepen via Radio 5: ma. t/m zat. om 09.25 h en zo. om 09.55 h.
Voorts kan men de waterstanden te allen tijde opvragen via het telefonisch antwoordapparaat tel. (085) 62 90 00.
Door het stuwprogramma zal de vaardiepte als regel meer dan 3 m bedragen. Indien de vaardiepte minder is dan 3 m dan wordt dit bekendgemaakt via de genoemde media.
Somer Lift: De Somer Lift is een veerdienst voor recreatievaartuigen, om het traject over de drukbevaren rivieren, Waal, Rijn en Maas te overbruggen. De veerdienst vaart tussen Katwijk (Maas) kmr 166,5 en Doornenburg kmr 871,5 Pannerdenskanaal (vice versa). De periode waarin van de veerdienst gebruik kan worden gemaakt is van de eerste maandag in juli tot de laatste vrijdag in augustus, op ma. t/m vr., 's morgens om 09.00 h vanaf Katwijk/Maas en om 14.00 h vanaf Doornenburg. Zat. en zo. is er geen veerdienst. Tarief is f 5,– per m^2, aanmelden en informatie te verkrijgen via tel. (08850) 2 24 89.

Rijnsaterwoude

4 km van Oude Wetering (monding van de Drecht); 3 km van Roelofarendsveen; 5 km van Woubrugge; zie ook 'Braassemermeer'.
Lig- en aanlegplaatsen: ● Gemeentelijke Jachthaven 't Venegat, havenmeester mevr. E. l'Ami-Calandt, tel. (01721) 71 66, 300 m ten N van de dorpskom, tarief ca. f 1,– per m lengte per nacht (elektra) ● in de Leidse Vaart (vaarvergunning vereist van het Hoogheemraadschap van Rijnland, zie bij 'Drecht').
Voor kajuitboten is een ligplaatsverbod in de Leidse Vaart, N-oever, tussen het Braassemermeer en de W-grens van de bebouwing.
Kampeerterrein: Camping De Blauwe Reiger bij Jachthaven 't Venegat.
Trailerhelling: Gemeentelijke Jachthaven 't Venegat, tarief f 25,–.

Rijnsburg

Aan het Oegstgeesterkanaal; 5 km van Warmond; 6 km van Katwijk aan Zee.
Bruggen: Vaste bruggen, Voorhouterbrug H 2,55 m, overige H 2,40 m.
Motorvaartvergunning: Voor het Oegstgeesterkanaal is de Algemene Vaarvergunning nodig van het Hoogheemraadschap van Rijnland in Leiden, zie bij 'Drecht'.

Ligplaats: Jachthaven De Kwakel, ca. 250 m na de invaart van de Maandagse Watering, O-oever, tarief f 6,– per nacht (kantine, douche en toiletten).
Motorbrandstof: Jachthaven De Kwakel, die.
Reparatie: Jachtbouw F. Ligtvoet, Kanaalpad Noord/West, tel. (01718) 2 14 73, romp/uitr (ht, s, p/op de wal + in het water), elek (alleen op zo. gesloten).
Hefkraan: Jachtbouw F. Ligtvoet, max. 8 ton, max.diepgang 1,40 m.
Trailerhellingen: Jachthaven De Kwakel, tel. (01718) 2 33 98, tarief trailerhelling f 7,50 (in en uit) (scheepshelling tot 15 m lengte); Jachtbouw F. Ligtvoet, max. 15 ton.

Rijn-Schiekanaal

Van de Spanjaardsbrug bij Leiden naar de zwaaikom aan de Z-zijde van Delft, lengte 25 km.
Voor de verbinding tussen Delft en Overschie zie bij 'Delftse Schie'.
Vaarwegbeheerder: Provincie Zuid-Holland, District West, Huize Ter Wadding, Leidseweg 557, 2253 JJ Voorschoten, tel. (071) 32 11 31.
Maximumsnelheid: 12 km/h.
Kanaalgeld: In Leidschendam dient kanaalgeld (f 0,105 per m^2, min. tarief f 5,50) te worden betaald voor iedere keer dat de sluis wordt ingevaren. Op een bord buiten aan het sluiskantoor staat het te innen bedrag aangegeven.
In Delft moet kanaalgeld worden betaald, f 0,105 per m^2, min.tarief f 5,50. Dit bedrag wordt geïnd vanaf het brugwachtershuisje aan de W-zijde van de Hambrug. Aan beide zijden van de brug staat het te innen bedrag op borden aangegeven. Er is voldoende aanlegmogelijkheid.
Kanaalgeld moet dus zowel in Leidschendam als in Delft betaald worden.
Marifoon: Bruggen in Delft, kan. 18; Hoornbrug in Rijswijk, kan. 18; sluis in Leidschendam, kan. 18.
Bruggen en sluis: (max.doorvaarthoogte 5,60 m):
– In Leiden: zie aldaar.
– In Voorschoten: Vlietlandbrug, H 2,70 m. Bediening:

ma. t/m vr.	(gehele jaar)	6-21.30 h
zat.	(gehele jaar)	9-14 h
zo. en fd.	(16 april-16 okt.)	11-15 h
	(16 okt.-16 april)	gesloten

– In Leidschendam: Schutsluis met twee ophaalbruggen (Z-brug H 0,53 m, N-brug H 0,73 m). Sluismeester, P. H. van Benten, tel. (070) 3 27 42 90 (kantoor). Bediening *:

ma. t/m vr.		6-16.30, 17.45-21.30 h
zat.	(16 april-16 okt.)	7-18 h
	(16 okt.-16 april)	8-14 h
zo. en fd.	(16 april-16 okt.)	8-11.30, 16-20.30 h
	(16 okt.-16 april)	gesloten

* Op 24 en 31 dec. tot 18 h (behalve zat.). Bediening vanaf 1e paasdag als deze valt tussen 10 en 16 april.
De noordelijke brug wordt op ma. t/m vr. bediend tussen 16.45-17.30 h voor het inlaten van schepen; er wordt dan niet geschut.
Tijdens de weekends in het vaarseizoen moet veelal worden gerekend op lange wachttijden bij het schutten.
Op vrijdagavond en zaterdag in de richting naar de Kagerplassen, op zondagmiddag en -avond in de richting naar Delft.

- Spoorbrug: H 4,72 m (vaste gedeelte H 4,95 m). Bediening van ma. t/m zat. op verzoek (zo. geen bediening) via Den Haag CS (oproepvoorziening is bij de brug aanwezig), tel. (070) 3 85 98 81.
- Direct naast de spoorbrug ligt een vaste voetbrug, H 5,60 m.
- In Voorburg: De Wijkerbrug, Kerkbrug en Oude Tolbrug, alle drie beweegbaar, H 2,43 m en de Nieuwe Tolbrug (bb), H 2,41 m. Bediening *:

ma. t/m vr.	6-21.30 h
zat.	8-13 h
zo. en fd.	gesloten

* Op 24 en 31 dec. bediening tot 18 h (behalve zat.).
- In de Rijksweg 12 ligt een vaste brug, H 5,60 m.
- Nieuwe spoorbrug, vaste brug, H 5,60 m.
- In Rijswijk: Hoornbrug (bb), H 2,40 tot 2,89 m (vast gedeelte H 4,10 m). Bediening:

ma. t/m vr.*	(gehele jaar)	6-22 h
zat.	(15 april-15 okt.)	7-18 h
	(15 okt.-15 april)	8-13 h
zo. en fd.		gesloten

* Op ma. t/m do. nacht wordt de brug van 22-6 h in begeleide vaart bediend door de brugwachter van de Abtswoudsebrug te Delft. Dit geldt voor zowel vaart naar als vanuit Den Haag. Deze brugwachter is bereikbaar via marifoonkan. 18 of tel. (015) 56 37 17 en mobiele tel. (06) 52 85 09 78.

- Vaste verkeersbrug (in Rijksweg 4) Het Fortuin, H 7 m.
- In Delft (uitsluitend beweegbare bruggen): Reineveldbrug, H 4 m, Plantagebrug, H 2,50 m (vaste gedeelte H 2,78 m, bediening op afstand vanaf de Koepoortbrug), Koepoortbrug, H 2,50 m, Oostpoortbrug, H 1,05 à 1,40 m, St. Sebastiaanbrug, H 4,40 m (bediening op afstand vanaf de Hambrug), Hambrug, H 1,44-1,51 m en de Abtswoudse brug, H 1,40 m. Bediening:

ma. t/m vr.*	(gehele jaar)	6-22 h**
zat.	(15 april-15 okt.)	7-18 h
	(16 okt.-16 april)	8-13 h
zo. en fd.		gesloten

* Van ma. t/m vr. moet men rekening houden met sluitingen van 10 à 15 min bij de aanvang van de colleges, bediening op woensdag vóór Hemelvaartsdag tot 22 h.
** Gedurende het gehele jaar worden op ma. t/m do. nacht alle bruggen in dit traject van 22-6 h in begeleide vaart bediend door de brugwachter van de Abtswoudebrug. Dit geldt voor zowel vaart naar als vanuit Den Haag. Brugwachter is bereikbaar via marifoonkan. 18 of tel. op de brug (015) 56 37 17 en mobiele tel. (06) 52 85 09 78.

Zie verder onder 'Delftse Schie'.
Lig- en aanlegplaatsen: Zie onder 'Leiden', 'Leidschendam', 'Voorburg' en 'Delft'.

Rijp, De

Aan de Beemsterringvaart; 3 km van het Noordhollandskanaal.
Maximumsnelheid: Zie bij 'Beemsterringvaart'.
Bruggen: Zie bij 'Beemsterringvaart'.
Sluisje: In de verbinding met Eilandspolder, zie aldaar.

Ligplaatsen: Jacht- en Passantenhaven De Meermolen, aan de ringvaart ten N van De Rijp, max.diepgang 1,75 m, havenmeester W.L. Verburg (Oostdijkje 12), tel. (02997) 15 57, tarief f 7,50 per etmaal, tarief voor kort verblijf f 2,50 (elektra, toiletten, wastafels en douches (f 1,–)) ● Gem. passantenhaven Graft-De Rijp in de Zuiderhaven, zijtak van de Beemsterringvaart, max.diepgang 2 m, havenmeester P. v. Bambergen (Meelzak 12), tel. (02997) 40 85, tarief per etmaal of een deel daarvan: tot 6 m lengte f 5,–, tot 9 m f 7,– en vanaf 9 m f 1,– per m lengte, 'boodschappentarief' tot 6 m lengte f 2,50 en vanaf 6 m f 4,– (toiletten, wastafels en douches (f 1,–)), geopend van 1 mei-1 okt.
Drinkwater: Watertappunt in de gemeentelijke passantenhaven; Jacht- en Passantenhaven De Meermolen (sl).
Motorbrandstof: Jachthaven De Meermolen, die (sl).
Kampeerterreinen: Klein kampeerterreintje naast de gemeentelijke passantenhaven; bij Jacht- en Passantenhaven De Meermolen.
Wasserette: Jacht- en Passantenhaven De Meermolen.
Stortplaatsen chemisch toilet: Bij de gemeentelijke passantenhaven; bij Jacht- en Passantenhaven De Meermolen.

Rijpwetering

7 km van Warmond (zie ook 'Kagerplassen'), gelegen aan de Rijpweteringervaart tussen de Koppoel en de Wijde Aa.
Ten Z van de vaste provinciale brug bevaarbaar met 1 m diepgang.
Maximumsnelheid: 6 km/h.
Motorvaart: Voor de Rijpweteringervaart tussen Koppoel en de provinciale weg Leiden-Oude Wetering is de Algemene Vaarvergunning van het Hoogheemraadschap Rijnland vereist, zie bij 'Drecht'. Ten Z van deze provinciale weg is geen motorvaart toegestaan.
Bruggen: Van N naar Z: Beweegbare brug, bediening te allen tijde. Vaste brug H 3,10 m in de prov. weg en vaste brug, H 4 m in de rijksweg. Verder vele lage beweegbare bruggen die men zelf moet bedienen.
Lig- en aanlegplaatsen: Aan de kade in het dorp, gratis (verblijfsduur tussen 10-18 h max. 2 uur, overnachten toegestaan) ● Jachthaven De Koppoel (eig. V.J. Jonkman), havenmeester dhr. Broekman, ligplaats in overleg met havenmeester (toiletten en douches (f 1,–)) ● Jachthaven P. v. Haestregt.
Reparatie: V.J. Jonkman, Jachthaven De Koppoel, Ripselaan 3, tel. (01712) 82 27, bub (Yamaha, Johnson en Evinrude); Jachthaven P. v. Haestregt, Poeldijk 13, tel. (01712) 82 79, bub/bib, romp/uitr (ht, s, p); H. Rotteveel, Zuidweg 12b, tel. (01712) 25 95, bub (Yamaha, Mercury, Mariner, Johnson, Evinrude en Honda) bib (alle merken), romp/uitr (in het water), elek.
Hefkranen: G.J. Zoetemelk, Ripselaan 2, max. 4 ton, f 10,– à f 25,–; P. v. Haestregt, max. 7 ton, ongeveer f 60,–.

Rijswijk (Z.H.)

Aan het Rijn-Schiekanaal tussen 's-Gravenhage en Delft.
Marifoon: Steenplaetsbrug, kan. 18.
Bruggen: Hoornbrug, over het Rijn-Schiekanaal, zie aldaar. Steenplaetsbrug (bb), H 1,30 m, over de toegang tot de haven wordt alleen bediend voor de beroepsvaart:

ma. t/m vr.	7.30-17 h
zat., zo. en fd.	gesloten

Aanlegplaats: Bij de Geestbrug over de Trekvliet.
Havengeld: f 0,20 tot 10 ton.
Drinkwater: Bij het havenkantoor.

Sassenheim

1,5 km van Dieperpoel; 8,5 km van Oudewetering; 2,5 km van Kaag (dorp); zie onder 'Kagerplassen'.
Bruggen: Twee naast elkaar liggende beweegbare bruggen over de Ringvaart van de Haarlemmermeer; laagste brug H 4,40 m. Voor bediening zie bij 'Ringvaart Haarlemmermeerpolder'.
Twee vlak achter elkaar liggende vaste bruggen over de Sassenheimervaart, H 4,10 m.
Motorvaartvergunning: Voor de Sassenheimervaart, D 2,50 m, is de Algemene Vaarvergunning van het Hoogheemraadschap Rijnland in Leiden vereist, zie bij 'Drecht'. Max.snelheid 6 km/h.
Lig- en aanlegplaatsen: Jachthaven Jonkman aan de Sassenheimervaart, ca. 200 m van de Dieperpoel (Kagerplassen), tarief f 1,50 per m lengte per etmaal (elektra, toiletten, douches (f 1,–), wastafels en speeltuintje) ● Jachthaven Oosthaven, die door de Sassenheimervaart (1500 m) verbonden is met de Kagerplassen (Dieperpoel) en via Dieperpoel met de Ringvaart van de Haarlemmermeer, tarief f 1,– per m² per dag.
Hefkraan: Jachthaven Jonkman, aan de Sassenheimervaart, Jachthaven 1, tel. (02522) 1 15 83, max. 1½ ton, tarief f 50,–, max.diepgang 1,20 m.
Trailerhelling: Jachthaven Jonkman, uitsluitend voor ligplaatshouders, max. 1½ ton.
Kampeerterrein: Mevr. A. C. C. Duineveld-van Staveren, Hellegatspolder 2 (aan de Dieperpoel/Ringvaart, nabij Jachthaven Jonkman).

Sas van Gent

Aan het Kanaal Gent-Terneuzen; 13 km van Terneuzen; 19 km van Gent.
Voor tochten naar België kan men de watersportwijzer 'Varen in het Buitenland' raadplegen, voor ANWB-leden gratis verkrijgbaar aan de ANWB-vestigingen.
Maximumsnelheid: 16 km/h.
Marifoon: Verkeerspost Terneuzen, kan. 11.
Brug: Ten Z van de brug van Sas van Gent splitst het kanaal zich van Terneuzen in drie kanaalarmen. Ten N van deze brug splitst het kanaal zich in twee kanaalarmen.
De vaarweg leidt door de O-kanaalarm. De W- en middenkanaalarm worden gebruikt als haven.
Er is een beweegbare brug ter plaatse van het middenvaarwater en de W-doorvaartopening, max. toegestane doorvaarthoogte in gesloten stand 7 m, resp. 6,50 m. Vaste O-gedeelte van de brug, max. toegestane doorvaarthoogte 6,50 m. De brug wordt op aanvraag via de Verkeerspost Terneuzen (marifoonkan. 11) te allen tijde bediend, m.u.v. enkele spitsuursluitingen op ma. t/m vr. van 20 min (7.40-8 h en 16.40-17 h). Schepen, die geen gebruik maken van het middengedeelte van de brug (bb) dienen in N-richting van de O-overspanning en in Z-richting van de W-overspanning gebruik te maken.
Havendienst Terneuzen: Tel. (01158) 8 24 01.
Ligplaats: Jachthaven van W.V. 't Sas, ca. 300 m ten N van de brug over het Kanaal Gent-Terneuzen in de W-kanaalarm, havenmeester W. v.d. Ruijtenbeek, tel. (01158) 5 25 29, tarief f 1,– per m lengte per nacht (elektra en drinkwater), max.diepgang 1,90 m.
Douane: Voor douaneformaliteiten zie in de Handleiding van deze Almanak onder 'Douaneformaliteiten'.

Sas van Goes

Aan de Oosterschelde (zie aldaar); 13 km van Zierikzee; 25 km van Zijpe; 6 km van Wemeldinge; 6 km van Katse Veer.

Sluismeester: tel. (01100) 1 67 44.
Havenmeester Gemeente Goes: H. P. Boone, tel. (01100) 1 43 22, b.g.g. 1 67 44.
Marifoon: Sluis Goese Sas, kan. 18.
Maximumsnelheid: 6 km/h.
Getijstanden: GHW = NAP + 1,55 m; GLW = NAP − 1,47 m.
Buitenhaven: De toegang tot de haven is ruim. Langs de Z-zijde van de haven zijn bakens geplaatst. De havendammen worden aangegeven door de gebruikelijke rode en groene lichten die rondschijnend zijn. Vooral bij O-wind staat er een sterke ebstroom voor de haven. Bij O-wind moet men tijdens vloed op een flinke deining rekenen. Aan de O-zijde van de Buitenhaven ligt een strekdam. Diepte bij gemiddeld LLWS 3,20 m.
Sluis: Goese Sas in de toegang tot het kanaal naar Goes.
Diepte buitendrempel NAP − 4,50 m. Diepte binnendrempel KP − 3,20 m (KP = NAP + 1,20 m). Men wordt verzocht op marifoon-kan. 18 uit te luisteren. Bediening:

ma. t/m vr.	(15 april-1 nov.)	6-22 h
	(1 nov.-15 april)	6-21 h
zat., zo. en fd.*	(15 april-15 juni, 15 sept.-1 nov.)	8-12, 16-19 h
	(15 juni-15 sept.)	8-20 h
	(1 nov.-15 april)	8-10, 16-18 h

* Op 1e en 2e kerstdag en Nieuwjaarsdag gesloten.
N.B. 24 en 31 dec. na 18 h gesloten, tevens zondagbediening op Koninginnedag.
Brug: Beweegbare brug, H 1 m, over het kanaal naar Goes in Wilhelminadorp. Bediening als sluis Goese Sas. De brug wordt op afstand vanaf de sluis bediend.
Verbinding met Goes: Zie aldaar.
Lig- en aanlegplaatsen: Zie onder 'Goes'.

Schagen

Zie ook Kolhorn. Aan het kanaal Stolpen-Schagen-Kolhorn; 4 km van Stolpen; 8 km van Kolhorn.
Maximumsnelheid: Op het kanaal Stolpen-Schagen-Kolhorn beroepsvaart 6 km/h en recreatievaart 9 km/h, langs de jachthaven Schagen 5 km/h.
Marifoon: Stolperophaalbrug en Zijperbrug, kan. 20.
Bruggen: Over het Kanaal Stolpen-Schagen-Kolhorn: tussen het Noordhollandskanaal en ten W van Schagen twee beweegbare bruggen (Stolpener- en Zijperbrug), H 2,90 m. Bediening:

ma. t/m vr.*	7-18 h
zat., zo. en fd.	gesloten (incl. Koninginnedag en 5 mei (Bevrijdingsdag))

* Op 24 en 31 dec. tot 16 h.
Tussen Schagen en Kolhorn (Molenkolksluis) liggen zeven vaste bruggen, waarvan de laagste H 2,85 à 2,95 m.
Ligplaats: Langs het kanaal, tussen de Trapbrug en de Spoorbrug (beide vast, H 2,90 m) is aan de Z-oever afmeermogelijkheid van 750 m, waarvan 500 m steiger en aan de N-oever 270 m afmeermogelijkheid aan de wallekant van W.V. Jan van Ketel, tarief t/m 5 m lengte f 3,50, t/m 7 m f 5,50, t/m 9 m f 7,-, t/m 11 m f 8,50, t/m 13 m f 10,- en t/m 15 m f 12,- per etmaal (elektra (f 2,50), toiletten, wastafels en douches (f 1,-)), drinkwater (sl, f 1,-). Havenkantoor tel. (02240) 9 65 95. Voor de hele vaarweg geldt een afmeerverbod

met uitzondering van de plaatsen waar met borden is aangegeven dat afmeren is toegestaan.
N.B. Aan de N-zijde van het kanaal tussen de Trapbrug en de Molenkolksluis ligt een steenbestorting ca. 0,40 à 0,50 m onder water. Geadviseerd wordt daarom ca. 5 m uit die oever te blijven.
Reparatie: De Twee Gesusters, Zyperweg 16, tel. (02240) 1 63 65, zeil/tuigage.
Wasserette: In het havenkantoor van W.V. Jan van Ketel.

Schardam
Aan het Hoornse Hop, onderdeel van het Markermeer; 5 km ten ZZW van Hoorn; 11 km van Edam.
Haven: Het haventje wordt gevormd door een geul voor de uitwateringssluizen van Kennemerland door laag buitendijks land. Geen verbinding met binnenwateren. Men moet rekening houden met sterke stroom naar binnen.
Monding: De haven is voorzien van de gebruikelijke havenlichten. De vaargeul in de toegang tot de haven is betond. De stenen dam aan de N-zijde van de geul loopt nog ca. 40 m onder water door; ten Z van de geul is het zeer ondiep met palingfuiken. Voor verkenning van de haven is het kapelletje op de dijk een kenbaar punt. Dichterbij de haven ziet men de masten van zeiljachten boven het land uitsteken. De aanloopkoers in de vaargeul is 250°.
Diepte: Bij IJWP: 1,70 m zeewaarts van de vaargeul, 1,40 m op de drempel bij de havenmond en 1,80 m verder naar binnen. In de havenmond tot de bocht het midden houden, verder overal voldoende diep.
Ligplaats: Bij W.V. Scharwoude, uitsluitend langs de N-oever tot ca. 600 m van de monding af gerekend.
Verder binnenwaarts is de haven afgesloten door een ketting met bakens. I.v.m. de naar binnen lopende stroom is het aan te bevelen over bakboord te draaien en is de haven niet toegankelijk voor schepen langer dan 15 m.
Tarief per nacht: tot $7^{1}/_{2}$ m lengte f 4,50, tot $9^{1}/_{2}$ m f 6,–, tot $12^{1}/_{2}$ m f 8,50 en tot 15 m f 15,–.
N-uitwateringsgeul: Op ca. 250 m ten N van de havenmond van Schardam vormt een tweede uitwateringskanaal een kleine OW-liggende kom, ca. 25 m breed en ca. 150 m lang, aan de O-zijde enigszins beschermd door een in het midden onderbroken zeer lage stenen dam, waarboven afgebroken paaltjes uitsteken, doorvaartbreedte ca. 10 m. Minste diepte even buiten de doorvaart bij IJZP ongeveer 1,10 m.
Als aanlegplaats niet geschikt, daar door de hoge rietkragen langs de kant de wal niet te bereiken is en er een vrij krachtige stroom kan staan. Aanbevolen aanloopkoers 260°, voorzichtig naderen, alleen met wind uit W-richting tijdens betrouwbaar weer.

Scharendijke
Haven op Schouwen-Duiveland aan het Grevelingenmeer; 6 km ten W van Brouwershaven; zie ook 'Grevelingenmeer'.
Havenmeester: (W.V. Scharendijke) S. Flohil, Dorpsstraat 10, havenkantoor tel. (01117) 12 64 (dag en nacht bereikbaar) of privé 12 14.
Haven: Diepte ca. 2,50 m. De oude en nieuwe haven zijn verhuurd aan W.V. Scharendijke. De haven is voorzien van een ontvangstinstallatie, bestaande uit intercoms in de toegang tot de haven, die communicatie met de havenmeester mogelijk maakt.
Ligplaats: Jachthaven Scharendijke, W.V. Scharendijke, op aanwijzing van de havenmeester, dhr. S. Flohil, tel. (01117) 12 64, dagelijks tot 16 h, max. $1^{1}/_{2}$ uur gratis. Tarief per etmaal (excl. toeristenbelasting): tot

6 m lengte f 10,50, tot 7,5 m f 13,50, tot 8,25 m f 15,–, tot 9 m f 16,–, tot 10,5 m f 21,–, tot 12 m f 25,–, tot 15 m f 30,– en vanaf 15 m f 40,– (toiletten, wastafels en douches (douchemunten à f 1,– bij de havenmeester)).
Toeristenbelasting: f 0,75 p.p. per nacht.
Motorbrandstof: Fa. Gebr. van Dongen, aan de servicesteiger, die (sl), be (sl).
Vulstation propaangasflessen: V.d. Panne, Kuijersdamseweg 64, tel. (01117) 13 38.
Reparatie: Jachtwerf De Grevelingen, Haven Kloosternol 1, tel. (01117) 14 90, bub (Yamaha, Mercury, Johnson en Evinrude), bib (Volvo Penta, Bukh en Perkins), romp/uitr (s, p, a/op de wal + in het water), elek.
Trailerhelling: Jachthaven Scharendijke, max. 5 ton, tarief f 2,50, in overleg met de havenmeester, tel. (01117) 12 64 (dag en nacht bereikbaar).
Hefkraan: Jachtwerf De Grevelingen, max. 20 ton, max. diepgang 2,20 m.
Stortplaats chemisch toilet: Bij Jachthaven Scharendijke.

Scharsterbrug

3 km van Langweerderwielen; 5 km van Tjeukemeer.
Maximumsnelheid: Op de Scharster Rijn 9 km/h.
Bruggen: Over de Scharster Rijn:
– Ophaalbrug, H 1,15 m in het dorp. Bediening (gratis):

ma. t/m zat.*	(1 mei-1 okt.)	9-12, 13-17, 18-20 h
	(1 okt.-15 nov. en 15 mrt.-1 mei)	9-12, 13-17 h
	(15 nov.-15 mrt.)	9-17 h, op verzoek**
zo. en fd.	(mei en sept.)	9-12, 14-18 h
	(juni t/m aug.)	9-12, 14-17, 18-20 h
	(okt. t/m april)	gesloten

* Op werkdagen vóór en na fd: bediening als op werkdagen.
** Bediening aanvragen bij de Provincie Friesland, tel. (058) 92 58 88, buiten kantoortijden tel. (058) 12 24 22.
– Basculebrug, H 3,50 m in de Rijksweg 50, ten Z van het dorp. Bediening:

ma. t/m zat.	(1 mei-1 okt.)	9-12, 13-17, 18-20 h
	(1 okt.-1 mei)	9-12, 13-17 h, op verzoek*
zo. en fd.	(mei en sept.)	9-12, 14-18 h
	(juni t/m aug.)	9-12, 14-17, 18-20 h
	(okt. t/m april)	gesloten

* Bediening 24 h tevoren aanvragen, tel. (05665) 17 18 of (058) 92 58 88, buiten kantoortijden tel. (058) 12 24 22.
Bediening uitsluitend voor jachten met moeilijk strijkbare mast.
Aanlegplaatsen: Aan de O-wal ten Z van de brug en aan de W-oever ten N van de brug, tarief f 4,– per nacht.
Motorbrandstof: W. de Boer, Hollandiastraat 19, be, sbe, die.

Scheemda

Aan het Termunterzijldiep (zie aldaar); 9 km van Winschoten.
Ligplaats: Jachthaven Scheemda, max. diepgang 1,50 m, tarief tot 5 m f 3,–, tot 10 m f 6,–, tot 15 m f 9,– en langer dan 15 m lengte f 12,– per etmaal (elektra, toilet, wastafels en douche (f 1,–)), fam. Tiggelaar, Diepswal 59, tel. (05979) 31 78.
Motorbrandstof: Watersportbedrijf De Combinatie (Jachthaven Scheemda), die (sl).

Reparatie: Watersportbedrijf De Combinatie (Jachthaven Scheemda), tel. (05979) 20 43, bub (Yamaha, Mercury, Mariner, Johnson en Evinrude), bib (Volvo Penta, Mercedes, Bukh, Vetus en Cummins), romp/uitr (ht, s, p/op de wal + in het water), zeil/tuigage, elek (zat. geopend).
Hefkraan: Watersportbedrijf De Combinatie (Jachthaven Scheemda), max. 15 ton, tarief f 17,50 per m lengte.
Trailerhelling: Jachthaven Scheemda, gratis.
Stortplaats chemisch toilet: Bij Jachthaven Scheemda (bij toiletgebouw aan de Hogeweg).

Scheerwolde

Aan het Steenwijkerdiep; 6 km van Steenwijk.
Bruggen:
– Ophaalbrug, H 1,60 m, over de Wetering. Bediening: zie bij 'Wetering'.
– Kooibrug, H 1,10 m, over het Steenwijkerdiep. Bediening: zie bij 'Steenwijk'.

Schelde-Rijnverbinding

Zie ook 'Kreekraksluizen' en 'Zoommeer'.
Van het Volkerak (Zuidvlije) langs Tholen naar de kruising met:
– toegang tot Bergen op Zoom via het Bergse Diep.
– toegang tot de Oosterschelde via het Tholense Gat en de Bergse Diepsluis.
Verder door Z-Beveland via de Kreekraksluizen naar de zwaaikom binnen de Zandvlietsluis (België) 15 km ten N van Antwerpen.
Algemeen: Grootscheepsvaarwater, bodembreedte minstens 120 m, bodemdiepte voor het gedeelte ten N van de Kreekraksluizen 6,50 m, ten Z daarvan 5,30 m. Er is een intensief scheepvaartverkeer met alle soorten binnenschepen. Duwvaartkonvooien ziet men er veelvuldig. De scheepvaart veroorzaakt een steile verwarde golfslag, die door de grote diepte lang blijft doorlopen en in de smalle gedeelten door de steile oevers wordt teruggekaatst.
Ter hoogte van de kruising Tholense Gat-Bergse Diep wordt het Schelde-Rijnkanaal met borden en lichtopstanden als hoofdvaarwater aangegeven.
Wanneer men dicht onder de stuurboordwal vaart, moet men rekening houden met strekdammen onder water, die de bakens langs het kanaal met elkaar verbinden.
Waterstand: Ten N van de Kreekraksluizen gelijk aan NAP, doch er kunnen peilvariaties optreden van NAP + 0,05 m tot NAP – 0,25 m. Ten Z van de Kreekraksluizen NAP + 1,80 m.
Onderlinge afstanden: Volkerak – Bergse Diep (bij Bergen op Zoom) 18 km; Bergse Diep – Zandvlietsluis 19 km, één sluis.
Kaartjes: Zijn bij deze beschrijving opgenomen. Bij de beschrijving van Tholen is een meer gedetailleerd kaartje afgedrukt.
De brughoogten zijn aangegeven ten opzichte van NAP.
Maximumsnelheid: 20 km/h.
Max. toegestane diepgang: 4 m.
Bijzondere bepalingen: Op de Schelde-Rijnverbinding gelden voor kleine vaartuigen (tot 20 m lengte) de volgende bepalingen:
a. Met een zeil- en motorboot mag alleen worden gevaren, indien deze is voorzien van een (direct startklare) motor, waarmee een snelheid van tenminste 6 km/h kan worden gehandhaafd. Windsurfen is verboden. Op het Belgisch gedeelte is het verboden te zeilen.
b. Alle kleine vaartuigen moeten zo dicht mogelijk aan de stuurboordzijde van het vaarwater varen, met dien verstande dat het niet is toegestaan het vaarwater op te kruisen, behalve wanneer op de snelst mogelijke manier wordt overgestoken of wanneer het i.v.m. de veilig-

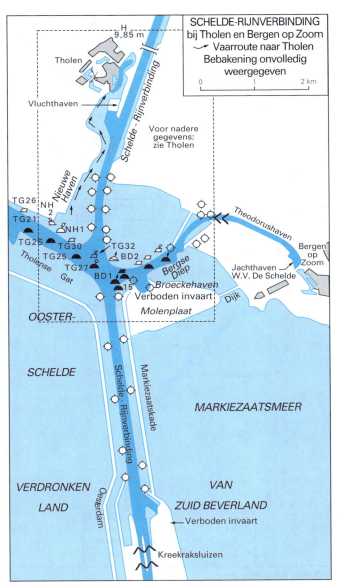

Schelde-Rijnverbinding

heid van het scheepvaartverkeer beter is over een korte afstand zo dicht mogelijk aan de bakboordzijde van het vaarwater te varen.
c. Kleine vaartuigen moeten zowel varend als verankerd 's nachts en bij slecht zicht op het Volkerak en het Zuidvlije een goed functionerende radarreflector voeren.
Ankeren is verboden. Afmeren is alleen toegestaan op de daarvoor aangewezen gedeelten (zie onder 'Havens').
Zie tevens de 'Handleiding' van deze Almanak onder 'Bijzondere bepalingen'.

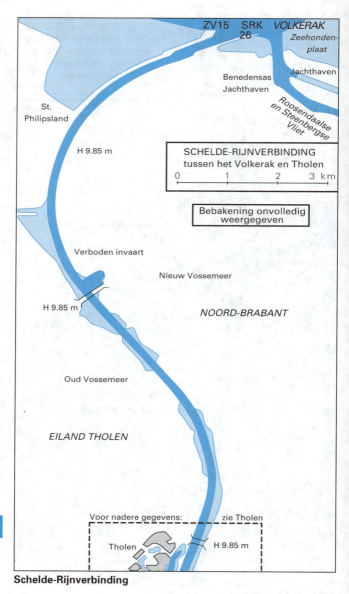

Schelde-Rijnverbinding

Bruggen: Vaste bruggen, onderdoorvaarthoogte van de bruggen over het gedeelte ten Z van de Kreekraksluizen NAP + 10,90 m, over het gedeelte ten N van de sluizen NAP + 9,85 m. Let op peilvariaties.
Sluis: Kreekraksluizen, zie aldaar.
Havens: Langs het kanaal zijn geen ligplaatsen. Men is aangewezen op Bergen op Zoom of de jachthaven in Tholen, zie aldaar.

Schellingwoude
Aan het Buiten IJ ter hoogte van de Oranje Sluizen (zie aldaar). Zie ook 'Amsterdam' en 'Buiten IJ'.

Brug: Verkeersbrug over het Buiten IJ, ca. 500 m ten O van de Oranje Sluizen. Het vaste middengedeelte van de brug is
H NAP + 8,90 m = IJZP + 9,10 m = IJWP + 9,30 m.
Ten N van het beweegbare gedeelte van de brug loopt een vaargeul onder de vaste zijoverspanningen van de brug door, D 2,60 m bij IJZP. Deze vaargeul is speciaal aangelegd voor de recreatievaart met beperkte masthoogte. De recreatievaart die geen gebruik behoeft te maken van het beweegbare gedeelte van de brug wordt aanbevolen om deze vaargeul te nemen, welke wordt aangeduid door het bord 'Sport'. Vanaf het Markermeer richting Oranje Sluizen is de hoogte van de vaste overspanning van de brug IJZP + 6,90 m; vanaf de Oranje Sluizen richting Markermeer is de hoogte IJZP + 7,70 m. Op de pijlers kan men de max.doorvaarthoogte aflezen bij de heersende waterstand (welke door op- of afwaaiing verschillen tot 1 m kan vertonen).
De geul is gedeeltelijk voorzien van recreatiebetonning (groen-witte tonnen). Deze betonning geeft de 2 m dieptelijn aan.
Bediening: (Bij harde wind (Beaufort 7 of meer) vindt geen bediening meer plaats.) Voor beroeps- en recreatievaart alleen om de 20 min, en wel om .00, .20 en .40. Let op: op het einde van een periode (7, 16, 21 en 22 h) vindt de bediening 5 min. vroeger plaats en eindigt dan op het volle uur. Voorts wordt een extra bediening gegeven vóór en na het eind van de spitsuursluiting. Bediening:

ma. t/m vr.	(gehele jaar)	6-7, 9-16, 18-22 h
zat.	(gehele jaar)	6-22 h
zo. en fd.	(1 april-1 nov.)	9-21 h
	(1 nov.-1 april)	gesloten

Telefoon: Brugwachter, tel. (020) 4 90 42 22.
Ligplaats: Aan de zijde van het Buiten IJ bij de W.V. De Zuiderzee (200 m ten NO van de Oranje Sluizen), max.diepgang 3 m, tarief f 1,– per m lengte per nacht (drinkwater); Overnachtings- en slechtweerligplaatsen (max. 3 x 24 h) te Schellingwoude (aan noordzijde tussen Oranje Sluizen en Schellingwouderbrug, alleen voor beroepsvaartuigen).

Schelphoek
Aan de Oosterschelde (Serooskerke op Schouwen).
Haven: Aan de N-zijde van het Gat van de Schelphoek is een werkhaven gebouwd, D 3,50 m bij GLW. Men moet er rekening mee houden dat er verondieping zal kunnen optreden.

Scheveningen
Aan de Noordzee; geen verbinding met 's-Gravenhage.
Bijzondere bepalingen: Een varend en een geankerd klein vaartuig moeten bij slecht zicht en 's nachts in de haven van Scheveningen een goed functionerende radarreflector voeren. Zie verder onder 'Marifoon'.
Getijstanden: Rijzing bij springtij 2,10 m; bij doodtij 1,70 m boven gemiddeld LLWS; gemiddeld LLWS = NAP – 0,93 m.
Havenkantoor: Aan de 1e Haven, tel. (070) 3 52 77 12/3 52 77 13.
Marifoon: Verkeerscentrale Scheveningen, kan. 14; Radar Scheveningen, kan. 21. Voor het aanlopen van de haven is bezit van een marifoon verplicht voor schepen langer dan 15 m (wel aan te bevelen i.v.m. een veilige doorvaart). Indien aan boord over een marifoon wordt beschikt, dient men aan de semafoor Scheveningen (kan. 14) vooraf toestemming tot het binnenvaren van de Buitenhaven aan te vragen.
Douane: Douanekantoor Kranenburgerweg 202, tel. (070) 3 51 44 81. Openingsuren: ma. t/m vr. 07.00-01.00 h (volgende dag), zat., zo. en fd: 07.00-22.45 h. Voor douaneformaliteiten zie in de Handleiding van deze Almanak onder 'Douaneformaliteiten'.

Haven: Het is gevaarlijk om de haven binnen te lopen tijdens harde tot stormachtige wind uit het NW. Wind en zeegang komen dan van achteren in. Door opstuwing van het water tegen de havendammen is de stroomsterkte tot enkele honderden meters zeewaarts van de havenhoofden groter dan verder in zee, met name rond het tijdstip van hoogwater is de noordgaande stroom het sterkst. De gunstigste tijd van binnenlopen is van ca. 2 h vóór tot ca. 3 h ná hoogwater (kentering van de stroom).

De diepte van de Buitenhaven is 5,80 m bij gemiddeld LLWS. De diepte van de Voorhaven en de 1e Haven is 6,80 m bij gemiddeld LLWS. De diepte van de 2e Haven is 5 m bij gemiddeld LLWS. Behalve voor het voldoen van het havengeld of het vervullen van douaneformaliteiten op de daarvoor gebruikelijke plaatsen is het niet toegestaan met jachten ligplaats te nemen buiten de jachthaven in de 2e Haven.

Mistsein: Op de kop van het Z-havenhoofd, hoorn (3) 30s (3 stoten binnen 30 seconden).

Semafoor: Aan het seinraam van de semafoor kunnen overdag zowel als 's nachts de volgende lichten worden getoond:
Een rood licht boven een wit licht: verboden invaart.
Een rood licht onder een wit licht*: verboden uitvaart.
* Dit sein wordt ook getoond op het havenkantoor in de richting van de doorvaart van de 2e naar de 1e Haven.

Verkeerssein: Dit sein wordt getoond in de ZW-hoek van de 1e Haven: Een geel flikkerlicht: één of meer binnenkomende schepen passeren het Buitenhavenhoofd, daarom wachten in de 1e Haven.

Verlichting: De vuurtoren toont een groepschitterlicht (2 schitteringen in 10 seconden).
Op het N-havenhoofd van de Buitenhaven staat een vast rood licht. Op het Z-havenhoofd een vast groen licht met mistsein. De aanlooproute leidt van de verkenningston Sch (op ca. 2 zeemijl buiten de haven) in de koers 156° tot tussen de havenhoofden. Deze koers wordt 's nachts aangegeven door een hoog en een laag wit isofase licht (Iso 4s). Tussen de havenhoofden moet men de koers wijzigen in 131°. Deze koers wordt aangegeven door een hoog en een laag groen onderbroken licht (Oc 5s).

Spuiseinen: Worden getoond boven de spuisluis in de ZO-hoek van de 2e Haven en nabij de steiger van de reddingsboot in de ZW-hoek van de 1e Haven: 3 rode vaste lichten in een gelijkzijdige driehoek. In de 2e Haven wordt tevens onder het spuisein een blauw bord getoond met het opschrift 'spuien'.

Ligplaats: Jachtclub Scheveningen in de ZW-hoek van de 2e Haven. Tarief per nacht (excl. toeristenbelasting à f 2,– p.p. per nacht):

lengte	t/m	6,99 m f 15,–	lengte	t/m 14,99 m f 47,–
	t/m	7,99 m f 19,–		t/m 15,99 m f 52,–
	t/m	8,99 m f 23,–		t/m 16,99 m f 57,–
	t/m	9,99 m f 27,–		t/m 17,99 m f 62,–
	t/m	10,99 m f 31,–		t/m 18,99 m f 67,–
	t/m	11,99 m f 35,–		t/m 19,99 m f 72,–
	t/m	12,99 m f 39,–		t/m 20,99 m f 77,–
	t/m	13,99 m f 43,–		

Vanaf 21 m lengte f 0,80 per m^2. Catamarans en Trimarans f 0,84 per m^2 (elektra, toiletten, wastafels en douches). Havenmeester R. v.d. Kraats, tel. (070) 3 52 00 17. Clubhuis, tel. (070) 3 52 03 08.
Alvorens in- of uit te varen zo mogelijk per marifoonkan. 14 toestemming vragen. Men moet zich zelf melden bij de havenmeester.

Motorbrandstof: Esso-tankbootje, die (zo. gesloten); Shell, Vissershaven 84 aan de NO-kant van de 1e Haven; Jachtclub Scheveningen, die (sl).

Reparatie: Marcel Kreisel, tel. (01829) 39 27, bub/bib; Apeldoorn, Veenkade 88, tel. (070) 3 46 38 46, bub/bib; Jachtclub Scheveningen, bub/bib (alle merken), romp/uitr (ht, s, p, a/op de wal), zeil/tuigage, elek; Hoogenraad en Kuyt, tegenover de jachthaven, romp/uitr (ht, s, p); Schuitemaas Surf Cat, Vissershavenweg 55b, tel. (070) 3 54 55 83, romp (p), zeil; Vrolijk Zeilmakerij, Schokkerweg 26, tel. (070) 3 55 49 57, zeil/tuigage; Vrolijk Watersport, Wassenaarsestraat 67, tel. (070) 3 55 10 38, zeil/tuigage; Nautilus Watersport, Treilerweg 65, tel. (070) 3 54 71 71, zeil/tuigage; Nautilus Handelsmaatschappij, Dr. Lelykade 62, tel. (070) 3 50 09 00, zeil/tuigage; Pronk Yacht Engineering, Treilerdwarsweg 6, tel. (070) 3 54 09 81, bib (alle merken, behalve BMW), romp/uitr (ht, s/op de wal + in het water), tuigage, elek; Offringa Marine Engeenering, Dr. Lelykade to 190, tel. (070) 3 50 82 14, bib/bub, elek.

Hefkraan: Hoogenraad en Kuyt, tel. (070) 3 51 43 21, max. 15 ton, tarief tot 7 m f 192,50, tot 14 m van f 209,– tot f 308,–, 15 m en meer tot f 800,–.
Wasserette: Jachtclub Scheveningen.
Brandingboten: Het te water laten van jachtjes, kano's enz. vanaf het strand of in de haven is verboden. De plaatselijke zeilvereniging heeft hiervan voor eigen leden een ontheffing.

Schiedam

4 km van Overschie; 6,5 km van Rotterdam (Willemsbrug). Voorhaven Buitensluis, kmr 1006,6.
Maximumsnelheid: 6 km/h.
Waterstanden: Op de Nieuwe Maas: GHW = NAP + 1,20 m, GLW = NAP – 0,50 m. Rijzing bij doodtij 1,80 m boven gemiddeld LLWS; bij springtij 2,20 m.
In de Schie en de Schiedamse binnenhavens: KP = NAP – 0,40 m, met een mogelijke afwijking van + of – 0,10 m.
Marifoon: Nieuwe Maas, walradarsector Eemhaven, kan. 63; Buitensluis, kan. 22; Brug Huis te Rivière, kan. 22.
Spuihaven: In open verbinding met de Nieuwe Maas, invaart bij kmr 1007,2 Ro, stroomafwaarts van de toegang tot de Buitensluis. In deze haven zijn gevestigd de jachthaven van Jachtclub Schiedam, W.V. Volharding, W.V. Nieuwe Waterweg en W.S.V. Samenwerking. De toegang tot de haven is bij laagwater ca. 2,50 m diep.
Havenmeester: Chef Havendienst A. Boom, Kantoor Havenstraat 6, tel. (010) 4 46 53 89/4 46 53 90; Kantoor O.N.S., Van Heekstraat 15, tel. (010) 2 62 10 00.
Douane: Aan de Merwehaven, kmr 1006 Ro, Marconistraat 105, tel. (010) 476 16 66, dag en nacht geopend. Voor douaneformaliteiten zie in de Handleiding van deze Almanak onder 'Douaneformaliteiten'.
Havengeld: Gemeentelijk overnachtingstarief per week: f 5,40 tot 10 m lengte, f 8,65 tot 12,50 m en vanaf 12,50 m f 8,65 + f 1,65 voor elke m of gedeelte daarvan boven de 12,50 m.

Bruggen en sluizen in de vaarweg Overschie (Schiedamse Schie) naar Voorhaven en Nieuwe Maas:
– 3 vaste bruggen: brug H 5,30 m in Rijksweg 20, spoorbrug H 3,60 m tot 4,40 m en de Brandersbrug H 4,40 m.
– Een persleiding (tijdelijk) H 5 m ten N van de brug Huis te Rivière.
– 11 beweegbare bruggen en 2 sluizen, van N naar Z:
Oost-Abtsbrug H 3,70 m, Rolbrug H 1 m (tel. (010) 4 15 24 05), 's-Gravelandbrug H 1 m, Delflandbrug H 0,50 m, Proveniersbrug H 0,80 m, Ooievaarsbrug H 0,80 m, Beursbrug met Beursbrug H 2,90 m, Appelmarktbrug H 1,70 m, Koemarktbrug H 2,60 m, Buitensluis met Koninginnebrug H 4,15 m (tel. (010) 4 26 76 34).

Bediening:

ma. t/m do.	(gehele jaar)	7.30-12, 13-17.30 h
vr.	(15 april-15 okt.)	7.30-12, 13-19* h
	(15 okt.-15 april)	7.30-12, 13-17.30 h
zat.	(15 april-15 okt.)	7.30-12 en 18* h
	(15 okt.-15 april)	7.30-12 h
zo. en fd.*	(15 april-15 okt.)	19*, 20.15* en 21.30** h
	(15 okt.-15 april)	gesloten

* Van resp. 17.30-19 h op vr., om 18 h op zat. en om 19 h en 20.15 h op zo. is alleen doorgaande vaart door de stad mogelijk voor schepen tot 2,50 m hoogte (de Koemarktbrug, Oost-Abtsbrug en Beursbrug worden op deze tijdstippen nl. niet bediend).
** Uitsluitend bediening van de Buitensluis met Koninginnebrug (en Hoofdbrug) en de Rolbrug en 's-Gravelandbrug.

Hoewel de route door de Parksluizen 4 km langer is, kan men deze route door Rotterdam gewoonlijk sneller varen wegens het kleinere aantal bruggen. Zie onder 'Rotterdam'. Wanneer men onderweg is naar de Oude Maas vermijdt men door via Schiedam te varen het drukste gedeelte van de Nieuwe Waterweg.

Bruggen over de Nieuwe Haven (doodlopend): Hoofdbrug* (bb) H 1,30 m, Oranje-brug (bb) H 1,50 m (geheven H 6,40 m) en de Oranje-voetbrug (bb) H 1,40 m. Bediening:

ma. t/m vr.	7.30-12, 13-17 h
zat.	7.30-12 h
zo. en fd.	gesloten

* De Hoofdbrug wordt tevens bediend op de tijdstippen die aansluiten op de bediening van de bruggen over de Schiedamse Schie.

Lig- en aanlegplaatsen:
– In de Spuihaven: ● Jachthaven van Jachtclub Schiedam in de Spuihaven voor jachten tot 21 m lengte, max.diepgang 2 m, havenmeester Mevr. N. Beukers, tel. (010) 4 26 77 65, tarief f 1,30 per m lengte per nacht (elektra, toiletten, douche (f 1,–) en wastafels) ● W.V. Nieuwe Waterweg, in de Spuihaven, voor jachten tot 10 m lengte, tarief f 5,– per nacht (toiletten) ● Jachthaven van W.V. Volharding, havenmeester A. Noordijk, tel. (010) 4 73 56 40, voor jachten tot 12 m, tarief f 1,– per m lengte per etmaal (elektra).
– Aan de Schiedamse Schie: ● Jachthaven W.V. De Vrije Liggers ★★★★, vlak bij de Hulpbrug, tel. (010) 4 15 37 51, max.diepgang 1,30 m (toiletten, douches en wastafels) ● Jachthaven W.V. De Schie, ca. 50 m ten Z van de Rolbrug, tel. (010) 4 15 04 39, max.diepgang 1,25 m, tarief f 1,– per m lengte per nacht (elektra, wastafels, douches (f 1,–) en toiletten) ● in de Noordvestgracht, direct ten Z van de Proveniersbrug, max. verblijfsduur 7 dagen (zie voor tarief onder 'Havengeld')
● Jachthaven De Nieuwe Haven van W.V. De Nieuwe Haven, vanaf de Schiedamse Schie te bereiken via de Hoofdbrug, 300 m ten N van de Buitensluis, havenmeester J.C. Fister, tel. (010) 4 73 52 94, tarief f 1,– per m lengte per nacht (elektra, toiletten, douches (f 1,–) en wastafels).
Drinkwater: Rolbrug en Buitensluis.
Motorbrandstof: Jachthaven W.V. Volharding, die (sl).
Vulstation propaangasflessen: Gebr. Kerkhof, Ringerspad 5, tel. (010) 4 15 15 91.
Wasserettes: Aan de Spuihaven; bij W.V. De Vrije Liggers (wasmachine); bij Jachthaven W.S.V. De Nieuwe haven.
Stortplaats chemisch toilet: Bij W.V. De Vrije Liggers; bij W.S.V. De Nieuwe Haven.

Schiermonnikoog
Zie ook onder 'Waddenzee'.
Bijzondere bepalingen: Een varend en een geankerd klein vaartuig moeten bij slecht zicht en 's nachts op de Waddenzee en in de havens aan de Waddenzee een goed functionerende radarreflector voeren.
Getijstanden: Rijzing bij doodtij 2,49 m boven gemiddeld LLWS; bij springtij 2,80 m. Gemiddeld LLWS = NAP – 1,70 m.
Kustwacht: Kustwachtpost Schiermonnikoog, marifoonkan. 5 (ook voor het opvragen van actuele informatie); Kustwachtcentrum IJmuiden, marifoonkan. 67 (en 16, noodkan.); Centrale Meldpost Waddenzee, marifoonkan. 4 (zie onder 'Waddenzee'). Via marifoonkan. 5 worden op de volgende lokale tijden scheepvaartberichten uitgezonden: 8.20, 13.20, 18.20 en 23.20 h.
Aanlooproute: Men kan vanuit Lauwersoog de Zoutkamperlaag blijven volgen tot de scheidingston waar de Glinder aftakt van de Zoutkamperlaag in NO-richting waarna men uitmondt in het Gat van Schiermonnikoog.
Daarna vaart men verder in ONO-richting tot de scheidingston van 't Gat van Schiermonnikoog en de Reegeul, om daarna op de hieronder beschreven wijze over de Siegewal te varen, om vervolgens 500 m in N-richting te varen tot het groene drijfbaken R 3. Daarna voert de door steekbakens aangegeven geul (de bakens met samengebonden takken aan stuurboord, de boompjes met gespreide takken aan bakboord) sterk kronkelend naar de toegang tot de jachthaven. In deze geul over de Siegewal staat bij hoogwater bij doodtij 1,30 m en bij springtij 1,60 m water.
In verband met het droogvallen van het aanloopgeultje naar de jachthaven is het gunstige tijdstip om de haven aan te lopen van 2 h vóór tot ca. 1 h ná hoogwater met een max.diepgang van ca. 1,60 m.
In het hoogseizoen is het aan te raden, voordat men met een schip langer dan 12 m naar Schiermonnikoog afvaart, eerst te informeren of er plaats is in de jachthaven.
Havenmeester: C. Rickal, tel. (05195) 3 15 44/3 12 50 (aanwezig van 3 h vóór hoogwater tot 2 h ná hoogwater).
Ligplaats: Jachthaven Oude Veerdam aan de Z-zijde van het eiland, aan de O-zijde van de oude Veerdam, diepte in de havenkom ca. 1,50 m bij gemiddeld LLWS (de toegangsgeul valt droog bij laagwater; zie onder 'Aanlooproute') (elektra, toiletten, douches (f 1,–) en wastafels). Max.verblijfsduur bij een volle haven 4 dagen. Er geldt een meerverbod aan de Nieuwe Veersteiger. Deze passantenhaven is in 1987 volledig gerenoveerd. Er zijn drijvende steigers. De haven is geopend van 1 mei-16 sept. (van 16 sept. tot 1 mei is er geen havenkantoor en toiletaccommodatie; de drijvende steigers in de haven zijn van 1 okt.-1 mei niet aanwezig).
Platbodemjachten kunnen droogvallen aan de kop van de oude Veerdam en op de zandplaat ten O van de kop van de veerdam. Bij het voor anker gaan op de zandplaat zijn tevens leges en toeristenbelasting verschuldigd. Buiten deze plaat geldt een ankerverbod.
Tarief per etmaal (excl. toeristenbelasting): in de jachthaven van ca. f 15,– tot ca. f 40,– in het hoogseizoen (voor schepen van 10 m lengte gemiddeld f 25,–), afhankelijk van scheepslengte en het seizoen; aan de steiger van de oude Veerdam van f 16,– tot f 24,–.
Toeristenbelasting: f 1,50 p.p. per nacht.

Schildmeer
Het meer, groot 300 ha, is overal 1 à 1,20 m diep, het Slochterdiep en het Afwateringskanaal van Duurswold zijn 1,60 m diep.
Vaarwegbeheerder: Waterschap Eemszijlvest, Westersingel 66, 9901 GJ Appingedam, tel. (05960) 5 42 22.

Aanlooproute en bruggen:
– Over het Eemskanaal door de Groevesluis-Zuid en Groevebrug. De Groevebrug moet men zelf bedienen. Diepte Groevesluis-Zuid 1,70 m.
– Eemskanaal, Slochtersluis, Slochterdiep en W-tak van het Afwateringskanaal. In het Slochterdiep liggen beweegbare bruggen, die men zelf moet bedienen. Over de W-tak van het Afwateringskanaal liggen vaste bruggen, H 2,50 m.

Brugbediening: De Groevebrug en de bruggen over het Slochterdiep moet men zelf bedienen met behulp van een sleutel, die tegen een waarborgsom van f 40,– verkrijgbaar – en weer in te leveren – is bij de Groevesluis-Zuid en de Slochtersluis. De bruggen zijn van 1 mei tot 1 okt. bedienbaar van 8-20 h.

O-tak van het Afwateringskanaal van Duurswold: Is afgedamd bij het Eemskanaal en nog bevaarbaar tot voorbij Meedhuizen.
In dit deel liggen vier vaste bruggen, laagste brug H 2,20 m en één beweegbare brug (Steendammerbrug in Steendam), H 1,25 m.
Bediening op verzoek telefonisch aanvragen bij Partycentrum Boei 12, tel. (05983) 13 48.

Maximumsnelheid: In het Afwateringskanaal van Duurswold ten Z van het Schildmeer, in de Groeve ten N van het Schildmeer en in het Slochterdiep 6 km/h. Op het Schildmeer 12 km/h.

Sluisbediening:
– Groevesluis-Zuid, sluis wordt op afstand bediend vanuit centrale bedieningspost bij de Groevesluis-Zuid. Bediening kan worden aangevraagd via marifoonkan. 69 of melden bij het bord 'Sport'. Bediening:

ma. t/m zat.	(1 mei-1 okt.)	8-20 h
	(1 okt.-1 mei)	8-19 h
zo. en fd.	(1 mei-1 okt.)	9-19 h
	(1 okt.-1 mei)	gesloten

– Slochtersluis: zie voor bediening onder 'Slochterdiep'.
Bij de Slochtersluis is een sleutel tegen een waarborgsom van f 40,– verkrijgbaar en inleverbaar voor de zelfbedieningsbruggen in het Damsterdiep en Slochterdiep.

Ligplaatsen: Jachthaven Boei 12, havenmeester tel. (05983) 17 17, max.diepgang 4 m, tarief tot 6 m lengte f 9,–, tot 8 m lengte f 15,–* en tot 10 m lengte f 24,–* (* incl. stroomaansluiting) per nacht, geopend van 1 april-1 okt. (elektra, toiletten, douches (f 1,–) en wastafels)
● Jachthaven Watersportcentrum De Otter, havenmeester dhr. Smidt, tel. (05983) 15 43, tarief f 1,25 per m lengte per etmaal, max.diepgang 1,20 m (elektra, toiletten, douches (f 1,–) en wastafels)
● Hinrichs Watersport, havenmeester J.E. Hinrichs, tel. (05960) 2 91 37, max.diepgang 1 m, tarief f 1,– per m lengte per nacht (toiletten, douches (f 1,–) en wastafels).

Motorbrandstof: Jachthaven Boei 12, die (sl).

Reparatie: Hinrichs Watersport, Damsterweg 32, Steendam, tel. (05960) 2 91 37, bub, romp/uitr (ht, p/op de wal); Watersportcentrum De Otter, Roegeweg 9, Steendam, tel. (05983) 15 43, romp/uitr (ht/op de wal + in het water), zeil/tuigage; H. Haan, op terrein Jachthaven Boei 12, tel. (05980) 9 77 70, b.g.g. (05983) 27 28, romp/uitr (ht);

Hefkranen: Jachthaven Boei 12, Roegeweg 3, Steendam, max. 6 ton, tarief f 65,–, max.diepgang 1,50 m; Watersportbedrijf De Otter, max. 3 ton, tarief f 35,–; Hinrichs Watersport, max. 1 ton, tarief f 25,–, max.diepgang 1 m.

Trailerhellingen: Jachthaven Boei 12, max. 2 ton, tarief f 25,– per keer; Watersportbedrijf De Otter, max. 5 ton, tarief f 2,50 per keer.

Kampeerterreinen: Camping Schildmeer* van Hinrichs Watersport, Steendam, aan de O-oever; Camping Watersportcentrum De Otter.

Stortplaats chemisch toilet en wasserette: Bij Jachthaven Boei 12; bij Jachthaven Watersportcentrum De Otter.

Schiphol

5 km van Amsterdam (Nieuwe Meersluis); 6,7 km van Aalsmeer (brug).
Bruggen: Zie 'Ringvaart van de Haarlemmermeerpolder'.
Aanlegplaatsen: De oevers van de Ringvaart zijn ondiep met stenen. Alle aanlegplaatsen in deze omgeving zijn permanent bezet door vracht- en pleziervaartuigen, die voor een deel worden bewoond. Aan de O-oever mag niet worden gemeerd.

Schipluiden

7,5 km van Vlaardingen; 9 km van Maassluis; 4 km van Delft; zie ook 'Westland'.
Zouteveense brug: Beweegbaar, H 0,20 m. Bruggeld f 5,–. Brugwachter, N. v. Dijk (Café De Vergulde Valk), tel. (01738) 81 20. Bediening:

dagelijks	(gehele jaar)	8-20 h, bediening op de hele uren

Lig- en aanlegplaats: Jachthaven Schipluiden, aan de Vlaardingse Vaart aan de ZW-zijde van Schipluiden, havenmeester L.D. Meinsma, tarief f 1,– per m per dag (elektra); voor korte tijd in de dorpskom (bijv. om boodschappen te doen).
Trailerhelling: Jachthaven Schipluiden, tarief f 10,–.
Motorbrandstof: R. Langstraat, Dorpsstraat 55, be, sbe; Shell Tankstation, die, be, sbe.

Schokkerhaven

24 km van Zwartsluis; 26 km van Blokzijl; 8,5 km van de Ketelbrug; 4 km van de Ketelmond; zie ook 'Zwarte Meer' en 'Ketelmeer'.
Haven: De ingang, D NAP – 3,50 m (IJZP = NAP – 0,20 m; IJWP = NAP – 0,40 m), ligt aan de O-zijde van de haven, dus na het binnenvaren rekening houden met een haakse bocht. Let op stroom! Op de kop van de Z-havendam staat een rood isofaselicht (Iso 4s) met witte sector. De witte sector van dit licht is van belang voor de schepen, die uit Z-richting de haven naderen. Vast groen licht op de kop van de N-havendam. Meer binnenwaarts op de W-havendam een vast rood licht, schijnende alleen over de haveningang, dat gebracht tussen het onderbroken rode en het vaste groene licht op de dammen de haven open geleidt.
Mistsein: (Nautofoon) hoorn (1), 4s (een stoot binnen 4 seconden).
Havenmeester: H. Jonge, tel. (05276) 23 10.
Aanlegplaats: In de W-hoek is een jachtensteiger, in beheer bij de Gemeente Noordoostpolder, max. verblijfsduur 2 x 24 h, max. toegestane scheepslengte 9 m (toiletten). Jachten mogen niet onbeheerd blijven liggen. Aan de loswal mag alleen in overleg met de havenmeester worden afgemeerd. Er is een tuigsteiger aan de W-zijde binnen de havenmonding.
Drinkwater: Bij de jachtensteiger.

Schoonhoven

Aan de Lek; 1 km van Nieuwpoort; 3 km van Groot-Ammers.
Getijstanden: GHW = NAP + 1,20 m; GLW = NAP + 0,11 m.
Lig- en aanlegplaatsen:
– In de Jachthaven Recreatieoord 't Wilgerak, kmr 971 Ro, bovenstrooms van Schoonhoven, de haveningang is onverlicht met boeien, tel. (01823) 8 28 36, D 2,20 m bij GLW, tarief f 1,25 per m lengte per nacht (elektra, toiletten, wastafels en douches (f 1,–)).
– In de Noodhaven kmr 971,5, W.V. De Zilvervloot, aan de kade voor

jachten tot 1,50 m diepgang. Aan de plantsoenkant (indien er vrije ligplaatsen zijn) voor schepen tot 1 m diepgang. Door de sluis (drempel op NAP – 1,40 m) naar de Scheepmakershaven en de Voorhaven, alleen op aanwijzing van de havenmeester: tamelijk ondiep, tarief f 0,75 per m lengte per nacht, havenmeester G. Scheer, tel. (01823) 8 23 19.
Sluis: De buitenkeersluis tussen Noodhaven en Scheepmakershaven wordt alleen bij zeer hoog water gesloten. Over de sluis ligt een beweegbare voetgangersbrug, die vanaf de boot bediend kan worden. hoogte GHW + 5,80 m.
Drinkwater: In de Noodhaven (sl) en de Scheepmakershaven (sl).
Motorbrandstof: Recreatieoord 't Wilgerak, sbe (sl), die (sl).
Kampeerterrein, wasserette en stortplaats chemisch toilet: Bij Recreatieoord 't Wilgerak* (geopend van 1 april tot 1 okt.).

Schoorldam

10 km van Alkmaar; 32 km van Den Helder; zie ook 'Noordhollandskanaal'.
Brug: Ophaalbrug over het Noordhollandskanaal, voor bediening zie aldaar.
Vaarweg naar Hargen: De toegang tot de Harger- of Nieuwe Vaart ligt bij Zijpersluis, 3 km ten N van de ophaalbrug. Nadere gegevens zijn vermeld bij 'Hargen'.
Ligplaats: Beperkt aantal meerplaatsen bij Jachtwerf Kuyper, ten Z van de brug, aan de O-oever. Over de toegang tot de haven ligt een beweegbare brug in beheer bij de jachtwerf. Max.diepgang 1,80 m. Tarief f 12,50 per nacht (elektra en toilet).
Drinkwater: Bij Jachtwerf Kuyper.
Motorbrandstof: Bij Jachtwerf Kuyper, die (sl).
Reparatie: Jachtwerf Kuyper*, Kanaalkade 35, tel. (02209) 13 32, romp/uitr (s/op de wal + in het water), elek, bib (Volvo Penta, Yanmar, Mercedes, Bukh (dealer); Vetus, en Sabb); Garage Centrum, Herenweg 11, Schoorl, bib/bub.
Botenlift: Jachtwerf Kuyper, max. 8 ton, tarief op aanvraag, langshelling max. 20 ton (met staande mast mogelijk).

Schoterzijl

Aan de Tjonger; 4 km van Kuinre.
Via de sluis in Kuinre is de nieuwe verbinding met de Linde gerealiseerd. Zie tevens onder 'Tjonger' en 'Kuinre'.
Aanlegplaats: Ten Z van de sluis (staat open), W-oever.

Schouw, Het

6 km van Amsterdam (Willemsluizen) aan het Noordhollandskanaal.
Maximumsnelheid: Op het Noordhollandskanaal zie aldaar; op de Trekvaart, zie aldaar.
Brug: Vaste brug over de Trekvaart naar Monnickendam, zie aldaar.
Motorbrandstof: Tankstation Het Schouw, bij de driesprong, 200 m van het kanaal, be, sbe, die.

Sint Andries

Aan de Waal, kmr 926,8; aan de Maas, kmr 209,2 Ro.
Maximumsnelheid: Voor snelle motorboten 20 km/h.
Bijzondere bepalingen: Op het Kanaal van Sint Andries gelden voor kleine vaartuigen (tot 20 m lengte) de volgende bepalingen:
a. Met een zeil- en motorboot mag alleen worden gevaren, indien deze is voorzien van een (direct startklare) motor, waarmee een snelheid van tenminste 6 km/h kan worden gehandhaafd.
b. Alle kleine vaartuigen moeten zo dicht mogelijk aan de stuurboord-

zijde van het vaarwater varen, met dien verstande dat het niet is toegestaan het vaarwater op te kruisen, behalve wanneer op de snelst mogelijke manier wordt overgestoken of wanneer het i.v.m. de veiligheid van het scheepvaartverkeer beter is over een korte afstand zo dicht mogelijk aan de bakboordzijde van het vaarwater te varen.
Meren is alleen toegestaan op de daarvoor aangewezen gedeelten, max.verblijfsduur (buiten de havens) 3 x 24 h. Zie tevens de 'Handleiding' van deze Almanak onder 'Bijzondere bepalingen'.
Max. toegestane diepgang: Max. toegestane diepgang 3,50 m.
Sluis en hefbrug: tel. (04182) 12 84. Bediening:

ma. t/m vr.	6-22 h
zat.	6-20 h
zo. en fd.	9-17 h

Bij waterstanden hoger dan NAP + 8 m (zowel aan Waal- als Maaszijde) wordt de sluis niet bediend.
Door de hefbrug en de hefdeur is de doorvaarthoogte aan de Waalzijde beperkt tot NAP + 12,70 m. De geheven hefsluis aan de Maaszijde is NAP + 11,90 m (zie ook onder 'Bijzondere Bepalingen'). De waterstand is vooral op de Waal sterk aan schommelingen onderhevig. Aan de Waalzijde moet men rekening houden met een sterke dwarsstroom.
Marifoon: Sluis St. Andries, kan. 20.
Aanlegplaats: Aan kleine drijvende steigers, zowel aan de Waal- als aan de Maaszijde, achter de dukdalven van de beroepsvaart. De aanlegplaats dient uitsluitend als wachtplaats voor op schutting wachtende vaartuigen; ca. 0,30 m tijverschil in de zomer. De oever is glooiend, doch men kan meestal van het schip op de stenige oever komen. Meren aan de dukdalven van de beroepsvaart is aan de binnen- èn buitenzijde verboden.
Aan de Maaszijde ligplaatsen in de zeer diepe dode arm. Voor de jachthaven: zie onder 'Alem'.

Sint Annaland
Op de N-punt van het eiland Tholen, aan de betonde Krabbenkreek, die W-waarts verbinding geeft met het Mastgat (Oosterschelde).
Getijstanden: GHW = NAP + 1,56 m; GLW = NAP – 1,50 m.
Haven: D NAP – 4 m. Aan de Z-zijde is een kademuur. Aan de N-zijde is de jachthaven van W.V. Sint Annaland. Het is voor jachten verboden aan de loswal te meren.
Ligplaats: Jachthaven W.V. St. Annaland, havenmeester C. Smits, tel. (01665) 27 83, tarief f 1,50 per m lengte per nacht + f 0,60 toeristenbelasting p.p. per nacht (elektra, toiletten, douches en wastafels). Clubhuis met café-restaurant aan de buitendijk nabij de aanlegsteigers.
Reparatie: Jacht- en Metaalbouw St. Annaland, Havenweg 4, tel. (01665) 22 82, bib (alle merken), romp/uitr (ht, s, p, a/op de wal + in het water), zeil/tuigage, elek (dagelijks geopend).
Trailerhelling: Bij de jachthaven in de handelshaven, sleutel halen bij Jacht- en Metaalbouw St. Annaland, max. 2500 kg, max.diepgang 2,50 m, tarief f 7,50 per keer.
Botenlift: Jacht- en Metaalbouw St. Annaland, max. 25 ton, max.diepgang 3,50 m, tarief vanaf f 14,50 per m lengte (liften met staande mast mogelijk).
Kampeerterrein: Bij Jachthaven W.V. St. Annaland, Camping De Krabbenkreek.
Stortplaats chemisch toilet en aftappunt vuilwatertank: Bij Jachthaven W.V. St. Annaland.
Wasserette: Op Camping De Krabbenkreek.

Sint Nicolaasga
Van de ZW-hoek van het Tjeukemeer bij Follega leidt ten W van de rijksweg een vaarroute met een diepte van 1,50 m en hoogte van 12 m (hoogspanningsleiding) naar de zandput bij Sint Nicolaasga. Hier ligt de jachthaven van W.V. Sint Nicolaasga.
Maximumsnelheid: 6 km/h.
Ligplaats: Jachthaven W.V. Sint Nicolaasga, havenmeester Tj. de Vries, tel. (05134) 3 17 06, max.diepgang 1,50 m, tarief f 6,– per boot, f 1,– per volwassene en f 0,50 per kind (toiletten, wastafels en douches).
Motorbrandstof: W.V. Sint Nicolaasga, die (sl).
Trailerhelling en hefkraan: W.V. Sint Nicolaasga, helling, max. 1 ton, tarief f 10,–, kraan tot 15 ton, tarief f 6,– per m lengte (heffen met staande mast mogelijk).
Kampeerterrein: W.V. Sint Nicolaasga.
Stortplaats chemisch toilet: Bij W.V. Sint Nicolaasga.

Sint Philipsland
Op het schiereiland Sint Philipsland, ca. 10 km van Zijpe.
Getijstanden: GHW = NAP + 1,60 m; GLW = NAP – 1,38 m.
Haven: De haven is aan de ZO-zijde geheel open, bereikbaar door een geul door de slikken, valt ca. 0,80 m droog bij gemiddeld LLWS. De haven is D NAP – 1 m en wordt zelden door jachten aangelopen.

Sleeuwijk
Zie ook 'Merwede' en 'Gorinchem' (kaartje).
Haven: Voormalige veerhaven aan de Boven Merwede, kmr 955,4 Lo, t.o. Gorinchem. Diepe haven, waarin de jachthaven is ondergebracht. Ligplaats nemen aan de kade is zonder vergunning niet toegestaan. Het dorp Sleeuwijk is vanaf het water het best toegankelijk vanuit genoemde haven (afstand tot centrum ca. 1 km).
Ligplaats: Jachthaven van Sleeuwijk Yachting B.V., tel. (01833) 45 11, max.diepgang 2,50 m, tarief f 1,– per m lengte per nacht (elektra, toiletten, douches en wastafels).
Motorbrandstof: Aan de jachthaven, die (sl).

Sliedrecht
Aan de Merwede; 6 km van Dordrecht; 14 km van Gorinchem.
Getijstanden: GHW = NAP + 0,84 m; GLW = NAP + 0,20 m.
Haven: Toegangskanaal bij kmr 970. D 3,60 m bij GLW.
Havenmeesters: Gemeentehaven, G. van Krimpen, Burg. Ipeystraat 2, tel. (01840) 1 90 99 (kantoor) of 1 41 76 (privé); W.V. Sliedrecht, tel. (01840) 2 00 73.
Brug: Spoorbrug bij Baanhoek, kmr 971,4, H GHW + 12,16 m (NAP + 13 m). Zie verder bij 'Merwede'.
Lig- en aanlegplaatsen: In de Gemeentehaven, kmr 970 Ro, als er ruimte is, tarief f 8,– per etmaal ● W.V. Sliedrecht, tel. (01840) 2 00 73, in het O-gedeelte van de Gemeentehaven, tarief f 1,– per m lengte per nacht (elektra, toiletten, wastafels en douche (f 1,–)) ● Jachtservice Constructie Sliedrecht, in de Gemeentehaven, tarief f 15,– per etmaal (elektra, toiletten en wastafels).
Drinkwater: Bij de gemeentelijke havenmeester; bij W.V. Sliedrecht.
Reparatie: Fa. Hoogendijk aan de Gemeentehaven, bib/bub; Revisie Drinkwaard Motoren Cv, Parallelweg 20, tel. (01840) 1 23 32, bib (Mercedes, Mitsubishi, Daf en Vetus).
Hefkraan: Revisie Drinkwaard Motoren Cv, max. 15 ton.

Slikkerveer
Aan de samenkomst van de Noord, de Lek en de Nieuwe Maas (kmr 989,5 Lo); 10,5 km van Rotterdam; 9 km van Dordrecht.

Vluchthavens: Scheepswerf De Groot & Van Vliet N.V. op de hoek van de Noord en de Nieuwe Maas; N.V. Electrotechn. Ind. Electro-Smit; Scheepswerf Gusto.
Men dient toestemming te vragen bij de portiers van de genoemde bedrijven.

Slingerrak
Vaarwater gelegen tussen Prinses Margrietkanaal en Langweerdervaart, ten N van de Janesloot. Lengte ca. 1 km. D 1,30 m.
Brug: Op 500 m ten O van het Prinses Margrietkanaal ligt over de Hoitesloot een brug die voor de scheepvaart openstaat en slechts gesloten wordt voor de passage van weg- en landbouwverkeer. Bij gesloten brug is zelfbediening mogelijk; na doorvaart brug openlaten.

Slochterdiep
Het Slochterdiep is een onderdeel van het zgn. Damsterdiepcircuit. Het W-gedeelte vormt de verbinding tussen het Eemskanaal ten O van de Ruischerbrug, het Afwateringskanaal van Duurswold en het Schildmeer, D 1,60 m. Op 1,7 km vanaf de Slochtersluis ligt de nieuwe Watersportbaan N-Nederland (roei- en kanobaan, lengte 2200 m, D 3 m), die in 1993 aansluiting geeft op de nieuwe jachthaven van recreatiegebied Grunostrand.
Het O-gedeelte van het Slochterdiep loopt vanaf het Afwateringskanaal naar Slochteren (bevaarbaar tot de jachthaven Slochterhaven). Over dit gedeelte ligt een beweegbare brug die men met behulp van een sleutel moet bedienen, zie onder 'Bruggen'.
Vaarwegbeheerder: Waterschap Eemszijlvest, Westersingel 66, 9901 GJ Appingedam, tel. (05960) 5 42 22.
Sluis: Slochtersluis in de toegang tot het Slochterdiep vanaf het Eemskanaal. Bediening:

(1 mei-1 okt.)	ma. t/m zat.	9-12.30, 14-17.30 h
	zo. en fd.	9.30-12.30, 16-19 h
(1 okt.-1 mei)	ma. t/m vr.	8-12, 13-17 h, op verzoek*
	zat., zo. en fd.	gesloten

* Bediening 24 h tevoren aanvragen bij Prov. Groningen, Dienst DWK, District Noord, tel. (05960) 1 20 92.
Bruggen: Beweegbare bruggen die men zelf moet bedienen met behulp van een sleutel die tegen een waarborgsom van f 40,- verkrijgbaar – en in te leveren – is bij de Groevesluis-Noord en -Zuid en de Slochtersluis. De bruggen zijn van 1 mei tot 1 okt. bedienbaar van 8-20 h. Door de vaste bruggen over het Afwateringskanaal van Duurswold is het Schildmeer uitsluitend bereikbaar voor vaartuigen met een max.hoogte van 2,50 m.
Ligplaatsen: Jachthaven Lageland aan de N-oever van het Slochterdiep (toiletten in Café De IJzeren Klap); Jachthaven Slochterhaven, zie onder 'Slochteren'.
Kampeerterrein: Jachthaven/Camping Grunostrand*, Hoofdweg 163, Harkstede, tel. (050) 41 63 71.

Slochteren
Aan het O-gedeelte van het Slochterdiep (zie aldaar).
Ligplaats: Nieuwe Gemeentelijke Jachthaven Slochterhaven, havenmeester E. Scheidema, tel. (05981) 62 00, gratis (toiletten en douches, tevens een invalide-toilet, tegen betaling).
Reparatie: Watersportbedrijf De Woudbloem, Scharmer Ae 3, Woudbloem, tel. (05981) 62 00, bub/bib.
Hefkraan en stortplaats chemisch toilet: Jachthaven Slochterhaven.

Sloten (Fr.)
Zie ook 'Slotermeer'.
Maximumsnelheid: 9 km/h.
Brug: Nieuwe Lange brug, ophaalbrug, H 1,10 m.
Bruggeld f 2,50. Bediening:

ma. t/m zat.	(15 nov.-15 mrt.)	op verzoek**
	(15 mrt.-1 mei en 1 okt.-15 nov.)	9-12, 13-17 h
	(1 mei-1 okt.)*	9-12, 13-17, 18-20 h
zo. en fd.***	(1 okt.-1 mei)	gesloten
	(1 mei-1 juni en 1 sept.-1 okt.)	9-12, 14-18 h
	(1 juni-1 sept.)	9-12, 13-17, 18-20 h

*   Incl. 2e pinksterdag en Hemelvaartsdag.
** Bediening aanvragen bij de Gemeente Gaasterlân-Sleat, tel. (05140) 81 11 toestel 178, b.g.g. tel. (05143) 14 01.
*** 15, 16 en 17 april, 23 en 30 april en 1 en 8 oktober 1995 bediening als in periode 1 mei-1 juni en 1 sept.-1 okt.

Havenmeester: Jachthaven De Lemsterpoort, H. M. Spoelstra, tel. (05143) 16 68, b.g.g. 12 88.
Lig- en aanlegplaatsen: Aan de Z-zijde van Sloten bij de molen, bij de Lemsterpoort en in Jachthaven De Lemsterpoort (max.diepgang 1,60 m), tarief f 1,25 per m lengte per nacht (elektra, toiletten, wastafels en douches (f 1,–)) ● aanlegsteigers ten NW van de ophaalbrug aan de stadszijde; langs de oever van de Ee; aan de W-zijde van het Slotergat, ten N van Sloten, tarief: zie 'Jachthaven De Lemsterpoort'.
Drinkwater: Bij de aanlegsteigers (sl), tarief f 1,–.
Motorbrandstof: In Jachthaven De Lemsterpoort, die (sl); bij Jachtwerf Sloten die (sl).
Reparatie: Jachthaven De Lemsterpoort, bub/bib (alle merken).
Hefkraan en trailerhelling: Jachthaven De Lemsterpoort, max. 15 ton; bij Jachtwerf Sloten, Jachthaven, tel. (05143) 13 86, kraan max. 2 ton, max.diepgang 1,50 m, tarief op aanvraag, hellingwagen max. 10 ton.
Kampeerterreinen: Op het complex van de Jachthaven De Lemsterpoort ten Z van Sloten; tussen de vaste brug en de ophaalbrug (NW-zijde van de stad); aan de Z-zijde van de stad bij de kleine jachthaven.
Wasserette en stortplaats chemisch toilet: Bij Jachthaven De Lemsterpoort.

Slotermeer (Fr.)
Oppervlakte 1161 ha. De vaargeulen zijn 1,70 m diep. Er is een betonde geul van de Ee bij Woudsend naar het Slotergat en een van Woudsend naar de Luts bij Balk. De splitsing van de beide geulen ligt juist zuidelijk van de monding van de Ee. Buiten de vaargeul kan men op 1 m diepte rekenen behalve langs de oevers die ondiep zijn. Tussen het Slotergat en de Luts kan men rechtstreeks varen met 1,20 m diepgang; daarbij moet men ongeveer 200 m van de oever verwijderd blijven.
Maximumsnelheid: In de vaargeulen en in een strook van 500 m in het ZW-gedeelte van het Slotermeer (door gele sparboeien aangegeven) 9 km/h. Daarbuiten geldt géén snelheidsbeperking voor vaartuigen tot 1,5 m^3 waterverplaatsing en is waterskiën toegestaan. Nadere informatie is opgenomen in de ANWB-watersportwijzer 'Snel motorbootvaren in Nederland'. Raadpleeg hiervoor de 'Handleiding' van deze Almanak onder 'Snelle motorboten en Waterskiën'.
Kampeerterrein: Camping 't Hop, Fam. C. Meyer, tel. (05140) 24 36, aan de ondiepe vaart die leidt van de Z-oever in de richting van Wijckel, bereikbaar met een max.diepgang van 0,50 m. Zie verder onder 'Balk'.

Sloterplas

In het W-gedeelte van Amsterdam.
Algemeen: Kunstmatig meer van 2 km lengte en 500 m breedte. Diepte tot 35 m. Bij ZW-wind hoge en verwarde golfslag in het NO-deel waar ook de Burg. Cramergracht op uitmondt. Oppervlakte 100 ha.
Maximumsnelheid: Zowel op de plas als op de toegangsroutes 7,5 km/h.
Toegangsroutes:
– Van de Kostverlorenvaart door de Admiralengracht en Erasmusgracht naar de Slotermeerschutsluis in de toegang tot de Burg. Cramergracht. De Burg. Cramergracht geeft verbinding met de Sloterplas. Vaste bruggen, H 2,10 m.
– Van de Ringvaart van de Haarlemmermeerpolder ten W van de brug bij Sloten via de Akersluis, over de Slotervaart, bakboord uit langs Osdorp en stuurboord uit naar de W-zijde van de plas. Vaste bruggen, H 2,10 m.
– De vaarweg naar de Postjeswetering, Westlandgracht naar Slotervaart is niet voor de scheepvaart opengesteld.
Sluisbediening: Van ma. t/m vr. om ca. 16.30 h, op aanvraag kan bediening voor de Slotermeerschutsluis gegeven worden na overleg met Binnenwaterbeheer Amsterdam, Brug Westerkeersluis, tel. (020) 6 24 98 76.
Op zat. en zo. wordt bediend vanaf de laatste zat. in mei t/m de 1e zo. in sept. op de volgende uren: Akersluis (bij Sloten): 10-12, 16-18 h. Slotermeersluis (in de Burg. Cramergracht): 12.30-15.30 h.
Lig- en aanlegplaatsen:
– In de havenkom aan de N-zijde van de plas zijn twee jachthavens gevestigd: ● W.S.C. Fortuna en de particuliere Jachthaven Sloterplas, tarief ca. f 10,– per week.
● Ook zijn bij rustig weer de steigers bruikbaar, die gelegen zijn aan weerszijden van de brug over de monding van de Burg. Cramergracht en even ten Z van de jachthavenkom.
● Jachthaven Ganzenpas van de W.V. Sloterplas, op het Ganzeneiland in de ZW-hoek van de plas, havencommissaris niet altijd aanwezig, tel. (020) 6 15 86 63, tarief f 7,50 per nacht, KNWV-leden 1 nacht gratis (elektra, toiletten, douches (f 1,–) en wastafels).
Stortplaats chemisch toilet: Jachthaven Ganzenpas.

Sluiskil

6 km van Terneuzen; 7 km van Sas van Gent. Zie ook 'Kanaal Gent-Terneuzen' en 'Terneuzen'.
Maximumsnelheid: 16 km/h.
Het kanaal wordt geleid langs de O-oever. De vaargeul is aangegeven door een groene lichtboei aan de W-zijde.
Hier splitst het kanaal zich in drie kanaalarmen.
Brug: 1 km ten N van Sluiskil. Het midden- en W-gedeelte van de brug is beweegbaar, max. toegestane doorvaarthoogte in gesloten stand 7 m, resp. 6,50 m. Vast O-gedeelte van de brug, max. toegestane doorvaarthoogte 6,50 m. De brug wordt na aanmelding via de Verkeerspost Terneuzen (marifoonkan. 11) te allen tijde bediend met uitzondering van enkele spitsuursluitingen op ma. t/m vr. van 20 min (7.40-8 en 16.40-17 h). Schepen, die geen gebruik maken van het middengedeelte van de brug (bb) dienen in N-richting van de O-overspanning en in Z-richting van de W-overspanning gebruik te maken.

Smeermaas

Belgisch douanekantoor (tevens Ontvangstkantoor der Scheepvaartrechten) aan de Zuidwillemsvaart. Voor douaneformaliteiten zie in de Handleiding van deze Almanak onder 'Douaneformaliteiten'.

Aanlegkade aanwezig.
Doorvaartrechten 20 tot 35 Bfr (afhankelijk van afstand reisdoel). Het kantoor is van ma. t/m zat. geopend van 1 april tot 1 okt. van 6.30-21 h (zat. tot 14 h), van 1 okt.-1 april van 7-18 h (zat. tot 14 h). Op zondag is het kantoor gesloten en mag op het kanaal niet worden gevaren.

Sneek

6 km van Sneekermeer; 4 km van IJlst; 3 km van Scharnegoutum.
Kaartje: Is bij de beschrijving opgenomen.
Maximumsnelheid: In de Houkesloot vanaf de invaart van de 1e Industriehaven tot het Prinses Margrietkanaal 12,5 km/h; in het overige gedeelte van de Houkesloot, het Zomerrak en de doorgaande route naar IJlst 9 km/h; in het NO-gedeelte van de stadsgracht tot de voormalige Oosterpoortsbrug 6 km/h; in de Woudvaart 9 km/h.
Bruggen over doorvaartroutes A en B:
In de doorvaartroute B ligt in de rondweg om Sneek over de Woudvaart ten N van de verbinding met de Houkesloot een vaste brug, H 4,50 m. De overige bruggen zijn beweegbaar. Bruggeld f 3,– voor inkomende schepen in de binnenstad, wordt geheven aan de Oppenhuizerbrug (7), Lemmerbrug (9) en Woudvaartsbrug (12).
– Bediening van Lemmerbrug (9), Van Harinxmabrug (8), Oppenhuizerbrug (7) (tussen Houkesloot en Geeuw) en Woudvaartsbrug (12) over de Woudvaart:

ma. t/m zat.	(1 april-1 nov.)	8-12, 13-17, 18-20 h
	(1 nov.-1 april)	8-12, 13-17, 18-20 h
		(zat. alleen 9-12 h), op verzoek*
zo. en fd.**	(15 april-15 okt.)	9-12, 14-17, 18-20 h
	(15 okt.-15 april)	gesloten

* Bediening aanvragen bij de Provincie Friesland, tel. (058) 92 58 88, buiten kantoortijden tel. (058) 12 24 22, of Gemeente Sneek, tel. (05150) 1 36 58/8 59 00.
** Bediening op 1e en 2e paasdag (3 en 4 april) als in periode 15 april-15 okt.

– Bediening van de brug over de Geeuw (vast gedeelte H 3 m):

ma. t/m zat.	(15 mrt.-1 mei en	
	1 okt.-15 okt.)	9-12, 13-17 h
	(1 mei-1 okt.)	9-12, 13-17, 18-20 h
	(15 okt.-15 mrt.)	9-12, 13-17 h,
		op verzoek, tel. (05157) 51 35
zo. en fd.*	(15 april-1 juni en	
	1 sept.-15 okt.)	9-12, 14-18 h
	(juni t/m aug.)	9-12, 14-17, 18-20 h
	(15 okt.-15 april)	gesloten

* Bediening op 1e en 2e paasdag (3 en 4 april) als in periode 15 april-15 okt.

In de maanden juni t/m aug. is op alle bruggen een brugwachter aanwezig. Buiten deze periode wordt de Van Harinxmabrug bediend door de brugwachter van de Oppenhuizerbrug en de Woudvaartsbrug door de brugwachter van de Lemmerbrug.
Doorvaartroute C (geen bruggeld):
Vaste Oosterpoortsbrug (6), H 1,54 m. Bediening Koninginnebrug (3) als Zwettebrug, zie bij 'Doorvaartroute D'. Voor gegevens van de Franekervaart, zie aldaar.
Doorvaartroute D (geen bruggeld):
Laagste vaste brug H 1,65 m. Zie ook bij 'Zwette'.

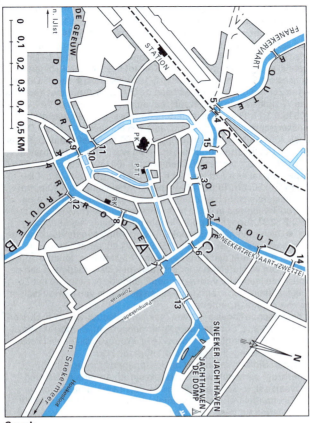

Sneek

1. Zwettebrug (bb)
2. Laatste Stuiversbrug (bb)
3. Koninginnebrug (bb)
4. Spoorbrug, vast, H 1,90 m
5. Hospitalerbrug, vast, H 1,65 m
6. Oosterpoortsbrug, vast, H 1,54 m
7. Oppenhuizerbrug (bb)
8. Van Harinxmabrug (bb)
9. Lemmerbrug (bb)
10. Waterpoort
11. Wonderbrug, vast, H 2,85 m; ten N hiervan vaste bruggen, waarvan de laagste H 1,22 m
12. Woudvaartsbrug (bb), H 0,80 m
13. Overkluizing (zeer laag). Geen ligplaats langs dit vaarwater
14. Vaste brug, H 1,65 m
15. Vaste brug (Heechhout), H 1,80 m

Zwettebrug (1) en Laatste Stuiversbrug (2). Bediening:

ma. t/m zat.	(1 april-1 nov.)	9-12, 13-17 h, melden bij de Oppenhuizerbrug, tel. (05150) 1 36 58
	(1 nov.-1 april)	9-12, 13-17 h (zat. alleen 9-12 h), op verzoek tel. (05150) 1 36 58, b.g.g. 1 23 23
zo. en fd.	(gehele jaar)	gesloten

Dompschutsluis: Zie bij 'Oudvaart'.
Havenmeester: Gemeente Sneek, E. Talen, Stadhuis, Marktstraat 15, tel. (05150) 8 53 67, (06) 52 78 15 95.

Havengeld: Verschuldigd voor pleziervaartuigen (ook roeiboten), die aan gemeentekaden of -wallen ligplaats nemen, tarief f 1,– per m lengte per nacht, min. f 5,– en max. f 15,–, max.verblijf 24 h.

Lig- en aanlegplaatsen: De Kolk bij de Waterpoort en een gedeelte van de Geeuw ten W van de Kolk (10) (toiletten, douches (f 1,–) en wastafels) ● de Stadsgracht van de Kolk tot het Zomerrak (begin van de Houkesloot) (toiletten, douches (f 1,–) en wastafels) ● aan de Oosterkade ten ZO van (6) ● Woudvaart aan de O-kade ● Aquanaut Yachting aan de W-zijde van de Woudvaart, havenmeester dhr. V. d. Wal, tel. (05150) 1 17 93 (elektra, toiletten, douches (f 1,–) en wastafels) ● Sneekerjachthaven aan de Oudvaart, havenmeester J.J. van Delden, tel. (05150) 1 30 89, max.diepgang 1,60 m, tarief vanaf f 7,50 per nacht (elektra, toiletten, douches (f 2,–) en wastafels) ● Jachthaven De Domp I, havenmeester W. Veenstra, tel. (05150) 1 25 59/1 27 67, tarief per etmaal: t/m 7 m lengte f 6,–, t/m 9 m f 7,50, t/m 11 m f 9,–, t/m 13 m f 10,50, t/m 15 m f 12,– + toeristenbelasting f 0,50 p.p. (toiletten, wastafels, douches (douchemunten à f 2,–) en elektra) ● bij Jachtwerf Twellingea in de 1e insteekhaven aan de Houkesloot, tel. (05150) 2 32 37, tarief f 1,– per m lengte per etmaal, max.diepgang 1,50 m ● Jachthaven/Theeschenkerij Toppenhof, aan de Houkesloot, havenmeester W. de Graaff, tel. (05150) 1 77 60, tarief f 1,– per m lengte per nacht met een minimum van f 7,50 (elektra, toiletten, douches (f 1,–) en wastafels) ● voor schepen tot 2,50 m diepgang aan de Pampuskade (sanitaire voorzieningen), langs de N-zijde van het Zomerrak (sanitaire voorzieningen) of aan de Z-zijde van de Houkesloot bij de voormalige groenteveiling.

Voor de volgende kades geldt een max.verblijfsduur van 24 h: Oosterkade, Jousterkade, Bothniakade, Koopmansgracht, Zomerrak, Waterpoortgracht, Prinsengracht, Geeuwkade, Woudvaartkade en IJlsterkade. De 24-uursregeling geldt van 1 april tot 1 okt.

Drinkwater: Simon Watersport bij de Oppenhuizerbrug (7) (sl); Lemmerbrug; gemeentewerken (Houkesloot); Aquanaut Yachting (Woudvaart), sl; H. Schippers (Geeuw); Jachtwerf Rimare (Houkesloot); Oliehandel Den Boer, Bothniakade 25, tussen brug nr. 7 en 8 (sl); Tankstation Aqua-service aan de Houkesloot (sl); Jachtwerf Twellingea aan de Houkesloot (sl); Abma's Jachtwerf 'De Domp' B.V.

Motorbrandstof: Oliehandel Den Boer, Bothniakade 25, die (sl); Jachthaven De Domp I, be (sl), sbe (sl), die (sl); Sneekerjachthaven, be (sl), die (sl); Jachtwerf Frisia B.V. aan de Houkesloot, die (sl); Aquanaut Yachting, be (sl), die (sl), sbe (sl); Abma's Jachtwerf De Domp B.V., die (sl), be; Tankstation Aqua-service aan de Houkesloot, be (sl), die (sl); Jachtwerf Rimare, die (sl).

Vulstation propaangasflessen: Den Boer, Bothniakade 25, tel. (05150) 1 24 86.

Reparatie: Fa. J. v. d. Meulen B.V.*, Selfhelpweg 11-13, tel. (05150) 1 30 78, romp/uitr (ht/op de wal + in het water); zeil/tuigage, dwarshelling max. 25 m lengte; Aquanaut Yachting, Selfhelpweg 9, tel. (05150) 1 22 53, bub (Yamaha, Evinrude), bib (Volvo Penta, Vetus, Ford), romp/uitr (ht, s/op de wal + in het water); Abma's Jachtwerf De Domp B.V., Groenedijk 29a, tel. (05150) 1 90 65, bub (Honda), bib (Yanmar, Farymann, Sabb, Nanni en Ford), romp/uitr (ht, s/op de wal + in het water), zeil/tuigage, elek, scheepshelling tot 13 ton; Jachtwerf Hospes, Jachthavenstraat 51, tel. (05150) 1 25 94, romp/uitr (ht, s, p, a/op de wal + in het water), scheepshelling tot 10 ton; Jachtwerf Frisia B.V., Oude Oppenhuizerweg 79-81, tel. (05150) 1 28 14, aan de Houkesloot, bib (alle merken), romp/uitr (ht, p/op de wal + in het water), zeil/tuigage, elek; Gebr. Van Dijk, Houkeslootstraat 6-8, tel. (05150) 1 50 54, romp/uitr (ht, s, p); J. de Jong, Oude Oppenhuizerweg 29, romp/uitr (s); Jachtwerf Rimare, Oude Oppenhuizerweg 87/89,

tel. (05150) 1 23 96, aan de Houkesloot, dagelijks geopend (24-uurs-service, tel. (06) 52 91 10 68), bub (Mariner), bib (alle merken), romp/uitr (ht, s, p/op de wal + in het water), elek; Jachtwerf Wilja, Oude Oppenhuizerweg 212, tel. (05150) 1 62 73, aan de Houkesloot, bub/bib, romp/uitr (s); H. Schippers, IJlsterkade 120, tel. (05150) 1 31 98, bub (alle merken), bib (alle merken, behalve Mitsubishi, BMW, Sabb en Nanni), romp/uitr (s, p/op de wal + in het water); A. Zandstra, Bothniakade 39, zeil/tuigage; H. J. van de Wal, Scheepsmotoren, Top 2, Schuttevaerhaven, tel. (05150) 2 49 03, bib (alle merken), romp/uitr (s/op de wal), elek; Tankstation Aqua-service (Fa. Koopmans B.V.) aan de Houkesloot, beperkte reparatiemogelijkheden; Jachtwerf Twellingea, Einsteinstraat 9, tel. (05150) 2 32 37, aan de Houkesloot in de 1e insteekhaven, bib (alle merken), romp/uitr (s/op de wal + in het water); Zeilmakerij-Tuigerij Niek Goes, Top 6a, tel. (05150) 2 77 44, zeil/tuigage; Brandsma Jachten B.V., Oudvaart 1-3, tel. (05150) 2 50 00, bib (Yanmar, Mercedes, Mitsubishi, Vetus en Ford).
Hefkranen: Jachtwerf Frisia B.V., Houkesloot, max. 12 ton, max.diepgang 2,40 m, tarief f 50,– (heffen met staande mast mogelijk); Jachtwerf Rimare, max. 9 ton, max.diepgang 1,80 m, tarief f 50,– (heffen met staande mast mogelijk); Jachtwerf Wilja, Houkesloot, max. 4 ton; H. J. v. d. Wal, Scheepsmotoren, max. 20 ton, tarief f 100,– (heffen met staande mast mogelijk); H. Schippers, max. 15 ton; Jachtwerf Hospes, max. 6 ton; Goodwin Yachts (Jachthaven De Domp II), max. 4 ton; Molenmaker en Mantel Jachtbouw, IJlsterkade 140, tel. (05150) 1 45 03, max. 13 ton, max.diepgang 1,40 m, tarief f 20,– per m^2 (heffen met staande mast mogelijk); Jachtwerf Twellingea, Houkesloot, max. 20 ton, tarief f 150,–.
Mastenkraan: Niek Goes, Top 6a, tel. (05150) 2 77 44.
Botenliften: Gebr. Van Dijk, max. 32 ton; Aquanaut Yachting, max. 12 ton; Abma's Jachtwerf De Domp, max. 35 ton, max.diepgang 1,90 m, tarief van f 75,– (liften met staande mast mogelijk).
Trailerhellingen: Aquanaut Yachting, Woudvaart, max. 10 ton; H. Schippers, IJlsterkade 120, uitsluitend voor kleine boten, tel. (05150) 1 31 98; aan de 2e insteekhaven aan de Houkesloot voor boten tot 6 m lengte, gratis.
Kampeerterreinen: Jachthaven De Domp I; beperkte mogelijkheden bij de Eerste Friese Zeilschool, 't Op 3.
Wasserettes: Aquanaut Yachting, Woudvaart; Tante Sidonia, Kleinzand 54; Jachthaven/Theeschenkerij Toppenhof.
Stortplaats chemisch toilet: Toiletgebouw aan de Pampuskade.
Aftappunt vuilwatertank: Aan de Pampuskade.

Sneekermeer
Zie ook 'Goingarijp', 'Sneek' en 'Terherne (Terhorne)'.
Maximumsnelheid: In de betonde vaargeul 12,5 km/h, daarbuiten 9 km/h, op de smalle verbindingswateren zoals de Joustervaart 3 km/h. Ten NW van de betonde vaargeul van het Prinses Margrietkanaal geldt, voor het gedeelte aangegeven door gele boeien, géén snelheidsbeperking voor vaartuigen tot 1,5 m^3 waterverplaatsing en is waterskiën toegestaan. Nadere informatie is opgenomen in de ANWB-watersportwijzer 'Snel motorbootvaren in Nederland'. Raadpleeg hiervoor de 'Handleiding' van deze Almanak onder 'Snelle motorboten en Waterskiën'.
Bijzondere bepalingen: Op de betonde vaargeul van het Sneekermeer, dat een onderdeel is van het Prinses Margrietkanaal, is een bijzonder reglement van kracht.
Vaarmogelijkheden: Het Sneekermeer staat in open verbinding met de Goingarijpsterpoelen en de Zoute Poel, die men vanaf het Sneekermeer bereikt, resp. door de Sijbesloot en het Heerengat. De Goinga-

rijpsterpoelen en de Zoute Poel staan door een brede doorvaart, De Klok genaamd, met elkaar in verbinding.
Doorvaarten: De doorvaarten tussen deze meren worden, zoals gebruikelijk in Friesland, aangegeven door driehoekige bakens. In de ZW-hoek van het Sneekermeer vindt men twee op een dergelijke wijze aangeduide toegangen tot de Houkesloot, de waterweg naar Sneek (6 km). De ene vindt men op de NO-punt van het Kolmeersland. De andere, het Kolmeersgat, bij de starttoren op het Kolmeersland. In de Z-oever van de Goingarijpsterpoelen vindt men de toegang tot de Noorder Oude Weg (baken), welk vaarwater naar Joure en de Langweerderwielen voert. Ten W van de ingang van de Noorder Oude Weg vindt men een brede uitloper van de Goingarijpsterpoelen, de Gudsekop, waardoor men twee aardige kleine meertjes kan bereiken, de Langstaartenpoel en het Jentjemeer.
Diepte: Sneekermeer, Goingarijpsterpoelen, Zoute Poel en Terkaplester- en Terhornsterpoelen vormen een samenhangend watergebied, dat met jachten tot ca. 1,20 m diepgang bijna overal bevaarbaar is. Een uitzondering hierop maakt de zgn. Gravinneweg, een verzameling van zeer harde banken aan de O-oever van het Sneekermeer, door tonnen bebakend. Bij W-winden is dit een verraderlijke lagerwal. De Gravinneweg bevindt zich direct ten Z van de strekdam van de Terhornstersluis en loopt tot de punt van de landtong bij het Heerengat. Men dient niet te dicht langs de strekdam te varen i.v.m. aanwezigheid van stenen.
Schepen met een diepgang van 1,20 m en meer die van de Terhornstersluis komen met bestemming Heerenzijl dienen vanaf de sluis de vaargeul te houden tot aan de lichtopstand aan bakboord en dan door te steken naar het Heerengat en daarbij geen O-koers te varen dan de denkbeeldige lijn tussen de lichtopstand en de punt van de meest O-landtong van het Heerengat. Vanuit het Z kan men met deze schepen vanaf de vaargeul na de eerste groene lichtopstand na het starteiland het Sneekermeer oversteken naar de Heerenzijl via het Heerengat.
Een andere ondiepte, eveneens betond, vindt men ten W van de lijn Heerengat-baken en de doorvaart van Zoute Poel naar Goingarijpsterpoelen. Vooral de hoek van het laatstgenoemde baken is ondiep; dit geldt niet voor kleine boten met een diepgang van minder dan 0,75 m.
Jachten met meer dan 0,90 m diepgang kunnen ook gedurende de vaart naar de Langstaartenpoel en het Jentjemeer op sommige plaatsen aan de grond lopen. Van de Gudsekop af is het wenselijk de O-wal te houden.
In de Vrijegrassloot zijn aan de NW- en ZO-oever ligplaatsen van de Marrekrite. In het Jentjemeer kunnen schepen met meer dan 1 m diepgang beter niet tussen het eilandje en de W-wal komen.
De Joustervaart die rechtstreeks van de Kruiswaters naar de Gudsekop voert, is bevaarbaar met 0,90 m diepgang en biedt aan de NO-oever diverse goede ligplaatsen tot ca. 0,80 m diepte.
Voor De Dolte, Hollegracht en Nauwe Geeuw geldt een toelaatbare diepgang van ca. 0,90 m. (De Tienesloot is afgedamd.).
Het bovenomschreven samenstel van wateren biedt geen bijzondere moeilijkheden. Wel kan er op het uitgestrekte Sneekermeer bij harde wind een flinke golfslag staan.
Zie ook 'Sneek', 'Terherne (Terhorne)' en 'Terhornsterpoelen'.
Sluis: De sluis in het N-deel van het Sneekermeer in de verbinding met Terherne (Terhorne), Grou (Grouw) enz., staat gewoonlijk open. Door de sluis is veel vrachtvaart. In veel gevallen is de vaarweg door het Heerenzijl dringend aan te raden. Bij harde, aanhoudende ZW-wind wordt het water van het Sneekermeer naar Terherne (Terhorne)

opgestuwd. In dat geval wordt de sluis bij Terherne (Terhorne) gesloten en is ook omvaren via het Heerenzijl niet mogelijk vanwege het onder de brug aanwezige keersluisje, dat onder deze omstandigheden gesloten wordt, waardoor aldaar geen doorvaart mogelijk is.
– Bediening grote sluis in Terherne (Terhorne):

ma. t/m zat.	(gehele jaar)	4-20 h
zo. en fd.	(1 mei-1 okt.)	8.30-12, 14-17.30, 18-20 h
	(1 okt.-1 mei)	gesloten

Heerenzijl: Brug (bb), H 2,50 m, tussen de Zoute Poel (NO-uitloper van het Sneekermeer) en Terkaplesterpoelen. Door deze brug kan men de drukke scheepvaartsluis in het Prinses Margrietkanaal bij Terherne (Terhorne) vermijden. Men moet rekening houden met een aanzienlijke stroom in het bruggat. In de doorvaart bevindt zich aan weerszijden een jaagpad.
– Bediening brug Heerenzijl (bruggeld f 2,–):

ma. t/m zat.	(1 mei-1 okt.)	9-12, 13-17, 18-20 h
	(1 okt.-1 mei)	gesloten
zo. en fd.	(1 mei-1 juni en 1 sept.-1 okt.)	9-12, 14-18 h
	(1 juni-1 sept.)	9-12, 14-17, 18-20 h
	(1 okt.-1 mei)	gesloten

Lig- en aanlegplaatsen: Op vele plaatsen vindt men goede meerplaatsen aan zachte walletjes.
– Bij W-winden komen hiervoor vooral in aanmerking: ● Kampeerhaven De Potten, D 1,20 m, ingang Houkesloot, tel. (05150) 1 52 05, tarief f 1,– per m lengte, min. f 7,50 en f 2,50 p.p. per nacht (toiletten, douches en wastafels) (aan de N-oever ten W van Kampeerhaven De Potten is op een bord de plaats aangegeven, waar het is toegestaan 's nachts (17-10 h) max. 3 tenten te plaatsen) ● een gedeelte van de N-oever van de Houkesloot (van de Marrekrite) ● de ZW-oever van het Sneekermeer Jachthaven het Starteiland, havenmeester tel. (05150) 1 67 24, tarief f 1,– per m lengte + toeristenbelasting f 0,75 p.p. per nacht (toiletten, douches (f 1,50) en wastafels), Recreatiegebouw 't Foarunder, gelegen op het Starteiland en voor ieder toegankelijk ● de NW-oever van het Sneekermeer met de rustieke Gauwster Hoppen ● de NW-oever van de Zoute Poel (van de Marrekrite) ● Paviljoen Sneekermeer, aan de ZW-oever van het meer, ingang aan stuurboord van de hoofdsteiger, havenmeester R. de Vries Stadelaar, tel. (05150) 1 39 55, max.diepgang 1,60 m, tarief f 1,25 per m per nacht met een minimum van f 10,– (excl. toeristenbelasting f 0,75 p.p.) (elektra, toiletten, douches (douchemunten à f 2,– verkrijgbaar op het havenkantoor) en wastafels).
– Bij O-winden biedt de O-wal van de Goingarijpsterpoelen beschutte ligplaatsen. Op vele plaatsen zijn de wallen aan de poelen echter met hout en steen beschoeid; aanleggen moet hier zeer voorzichtig geschieden, wanneer het al mogelijk is.
– Officiële ligplaatsen van de Marrekrite (zie tevens bij 'Bij W-winden.....') langs de O-oever van de Goingarijpsterpoelen nabij de Noorder Oude Weg, D 1,20 m ● aan de W-oever van de Goingarijpsterpoelen (eilanden Lytse Griene en Greate Griene) ● aan het eilandje in de Zoute Poel ● aan de O-zijde van de invaart naar De Potten, bereikbaar via de Houkesloot ● aan het Schareiland en in de Joustervaart, het plaatsen van max. 3 tenten is hier 's nachts (17-10 h) toegestaan, waar dit op borden staat aangegeven ● aan de O-oever van het Jentjemeer ● aan de N- en Z-oever van de Langstaartenpoel.

Drinkwater en motorbrandstof: Paviljoen Sneekermeer, water (sl, f 1,–), die (sl), sbe (sl); Kampeerhaven De Potten; Jachthaven Starteiland, water (sl).
Reparatie: Paviljoen Sneekermeer, Paviljoenwei 4, Offingawier, tel. (05150) 1 39 55, op afspraak, bub/bib (alle merken), romp/uitr (ht, s, p/op de wal + in het water), zeil/tuigage, elek.
Hefkranen: Paviljoen Sneekermeer, max. 5 ton, max.diepgang 1,60 m, tarief van f 45,– tot f 60,– (heffen met staande mast mogelijk); Kampeerhaven De Potten, De Potten 36, Offingawier, max. 400 kg, tarief f 35,–, max.diepgang 1,20 m.
Trailerhellingen: Openbare trailerhelling 50 m ten W van het Heerenzijl nabij Terherne (Terhorne); Paviljoen Sneekermeer, max. 1 ton, tarief f 5,–; Kampeerhaven De Potten, max. 1 ton, max.diepgang 1,40 m; Jachthaven Starteiland.
Kampeerterrein: Kampeerhaven/Recreatiecentrum De Potten*; op het Starteiland.
Wasserettes: Paviljoen Sneekermeer; Kampeerhaven De Potten.
Stortplaats chemisch toilet: Bij Kampeerhaven De Potten; Paviljoen Sneekermeer.

Son

12 km van de Zuidwillemsvaart; 13 km van Oirschot; zie ook 'Wilhelminakanaal'.
Brug: In gesloten stand, H 1 m. Voor bediening zie 'Wilhelminakanaal'.
Haven: Kanaalverbreding in de Z-oever ten W van de draaibrug met kademuur. D 1,90 m.

Spaarndam

5,5 km ten N van Haarlem; 3,5 km ten Z van het Noordzeekanaal bij Buitenhuizen; zie ook 'Mooie Nel'.
Vaarwegbeheerder: (Zijkanaal C) Rijkswaterstaat Directie Noord-Holland, Postbus 3119, 2001 DC Haarlem, tel. (023) 30 13 01.
Marifoon: Sluis, kan. 18; brug Buitenhuizen, kan. 18.
Maximumsnelheid: Op Zijkanaal C tot de schutsluis in Spaarndam 6 km/h; vanaf de schutsluis in Spaarndam tot de Waarderbrug in Haarlem 9 km/h.
Bijzondere bepalingen: Op het Zijkanaal C moet een klein varend of geankerd vaartuig 's nachts en bij slecht zicht een radarreflector voeren. Zie tevens de 'Handleiding' van deze Almanak onder 'Bijzondere bepalingen'.
(Grote) Sluis en de sluisbrug (bb, H 2,35 m): Bediening:

ma. t/m vr.	(gehele jaar)	5.30-21.30 h
zat.	(16 april-16 okt.)	8-20 h
	(16 okt.-16 april)	8-16 h
zo. en fd.	(16 april-16 okt.)	8.30-11.30, 16-21 h
	(16 okt.-1 nov. en 1 april-16 april)	9-10, 16-17 h
	(1 nov.-1 april)	gesloten

Sluisgeld: f 3,–, op zo. f 3,50; bruggeld: f 1,50. Betalen in het bedieningshuisje.
Brug Rijksweg 9 (Zijkanaal C): 1 km ten N van Spaarndam, beweegbare gedeelte, H 6,90 m (vaste deel, H 6,80 m). Op het brughoofd is een omgekeerde peilschaal aangebracht.

Bediening (gratis):

ma. t/m vr.	(16 april-16 okt.)	5.30-6.30, 12-13, 19.30-20.30 h
	(16 okt.-16 april)	5.30-6.30, 12-13, 19-20 h
zat.	(16 april-16 okt.)	8.30-9.30, 12-13, 16.45-17.15 h
	(16 okt.-16 april)	8.30-9.30, 12-13, 15-15.10 h
zo. en fd.	(1 april-16 april en 16 okt.-1 nov.)	9-10, 16-17 h
	(16 april-16 okt.)	8.30-9.30, 17.30-17.40, 20-20.15 h
	(16 okt.-16 april)	gesloten

Brug in Buitenhuizen (Zijkanaal C): Ophaalbrug, H 4 m. Bediening (gratis):

ma. t/m zat.	(gehele jaar)	5-23 h (zat. tot 21 h)
zo. en fd.	(16 april-16 okt.)	7-10.30, 17-21.30 h
	(16 okt.-16 april)	8.30-10.30, 15.30-17.30 h

Bij mist wordt de brug niet bediend, in verband met de gevaarlijke situatie die dan voor het wegverkeer ontstaat.
Ligplaatsen: Jachthaven van Scheepswerf De Rietpol, 100 m ten Z van de sluis, max.diepgang 2,70 m, havenmeester E. Verharen, tel. (023) 37 14 70, tarief f 1,50 per m lengte per nacht (elektra, toiletten, douches (f 1,–) en wastafels) ● aan Zijkanaal C, 300 m van Buitenhuizen, aan de steigers van de jachthaven van W.V. IJmond, havenmeester J.P. de Wal, tel. (023) 37 50 03, max.diepgang ca. 2,30 m, tarief f 1,– per m lengte per nacht (excl. BTW en toeristenbelasting (f 0,75 per persoon)) (toiletten, wastafels, douches (f 1,–) en elektra (f 1,–)).
Motorbrandstof: Jachthaven W.V. IJmond, die (sl); J. J. Balm & Zn., IJdijk 2-6, be, sbe, die.
Reparatie: A. van Giesen, Velsen-Zuid, bub en bib; Scheepswerf De Rietpol, De Rietpol 1, tel. (023) 37 14 70, bub (géén Honda en Tomos), bib (géén BMW en Nanni), romp/uitr (ht, s, p, a/op de wal + in het water), zeil/tuigage, elek; in overleg met de havenmeester van W.V. IJmond zijn kleine reparaties mogelijk aan romp/uitr; A. J. C. de Vries*, Oostkolk 17a, zeil/tuigage.
Hefkranen: Scheepswerf De Rietpol, max. 80 ton, max.diepgang 3,50 m, tarief vanaf f 225,– (heffen met staande mast mogelijk).
Botenlift: W.V. IJmond, max. 20 ton, max.diepgang 2 m, tarief f 135,– (liften met staande mast mogelijk), gebruik voor niet-leden uitsluitend in noodgevallen.
Kampeerterrein: Camping Weltevreden, Buitenhuizerweg 2, tel. (023) 38 37 26, op ca. 350 m afstand van de Jachthaven W.V. IJmond, geopend van 1 april-1 okt.
Wasserette: W.V. IJmond (wasmachine en droogtrommel).
Stortplaats chemisch toilet: Bij Watersportcentrum De Rietpol.

Spakenburg
6 km van de Stichtse brug; 7 km van Nijkerk (schutsluis); zie ook 'Eemmeer'.
Maximumsnelheid: In de beide havens 5 km/h.
Haven: De vaargeul, die vanaf de scheidingston NKN 32 S1 langs de doorgaande vaargeul door de randmeren naar de havenmonding leidt, is ca. IJWP – 2,40 m diep. Op de W-havendam staat een vast groen licht en op de O-havendam een vast rood licht.
Vanaf de havenmonding tot aan de splitsing Oude en Nieuwe Haven is de diepte IJWP – 2,25 m. In beide havens is de diepte IJWP – 2 m, oplopend naar de kaden.
Men moet er rekening mee houden dat bij krachtige Z-winden het

water soms met 0,50 m kan verminderen, bij krachtige N- en W-winden kan er een vrij sterke opwaaiing zijn. Bij een windrichting tussen W en N vanaf 5 Beaufort verdient het aanbeveling de havenmonding zoveel mogelijk aan stuurboord te naderen i.v.m. windkracht, stroming en golfslag. Door de dan inlopende golfslag is het voor kleine schepen niet aan te bevelen binnen een afstand van 50 m van de haveningang een ligplaats in te nemen. Men kan beter doorvaren en in overleg met de havenmeesters afmeren.
Havenmeesters: Van de gemeente: J. van Wincoop, tel. (03499) 8 55 33 (kantoor, open van april t/m okt.) b.g.g. (06) 53 12 66 33 (privé, (03499) 8 28 71); van W.V. De Eendracht: C. den Hartigh, Kerkemaat, tel. (03499) 8 17 55 (havenkantoor, open van april t/m nov.) of (03499) 8 51 73 (privé), b.g.g. (03499) 8 23 73.
Ligplaatsen: Na het invaren van de havenmonding aan bakboord aan de O-havendam en in de Nieuwe Haven bij W.V. De Eendracht, tarief f 0,95 per m lengte per nacht met een min. van f 5,–, melden bij het havenkantoor (elektra, toiletten, wastafels en douches (f 1,–)) ● aan de W-havendam en in de Oude Haven, in beheer bij de gemeente, tarief per nacht f 1,14 per m lengte (min. f 8,– per nacht) (wastafels, douche (f 1,–) en toiletten), melden bij de havenmeester (zie boven) ● Jachthaven Nieuwboer aan het Nijkerkernauw, scheidingston NKN 36 JHN 1, 600 m ten NW van de havenmonding van Spakenburg, havenmeester T.M. de Boer, tel. (03499) 8 23 06, max.diepang 2,50 m, tarief f 1,50 per m per etmaal (elektra, toiletten, douches (f 1,–) en wastafels).
Motorbrandstof: W.V. De Eendracht in de Nieuwe Haven, die (sl), op zo. niet verkrijgbaar; Jachthaven Nieuwboer, be (sl), sbe (sl) en die (sl).
Reparatie: Langman Motoren en Boten, Zuidwenk 80b, Bunschoten, tel. (03499) 8 36 73, b.g.g. (03494) 5 12 67, bub/bib (Alle merken); Scheepwerf Nieuwboer, Oude Schans 86, tel. (03499) 8 58 51, romp/uitr (ht, s); Fa. W. v. d. Schuur, Kerkstraat 45, tel. (03499) 8 13 46, zeil/tuigage; Fa. J. Hopman, Westdijk 4, tel. (03499) 8 19 90, zeil/tuigage; Fa. J. Poort, St. Nicolaasweg 9c, tel. (03499) 5 59 59, zeil/tuigage.
Hefkraan en trailerhellingen: W.V. De Eendracht, trailerhelling aan de O-havendam aan bakboord, max. 500 kg, tarief f 1,– per m lengte, min. f 5,– (in/uit), kraan op het haventerrein, max. 6 ton, tarief f 6,– per m lengte; Jachthaven Nieuwboer, Westdijk 36, tel. (03499) 8 23 06, hefkraan max. 10 ton, tarief f 100,– in/uit, trailerhelling, tarief f 15,– in/uit.
Botenlift: Jachthaven Nieuwboer, max. 15 ton, max.diepgang 2,50 m.
Kampeerterreinen: Bij W.V. De Eendracht, na overleg, uitsluitend voor passanten; bij Jachthaven Nieuwboer; Camping Spakenburg, Westdijk 30, tel. (03499) 8 25 78.
Wasserette: Bij W.V. De Eendracht aan de Nieuwe Haven; bij Jachthaven Nieuwboer.
Stortplaats chemisch toilet: Bij het havenkantoor aan de Oude Haven; bij Jachthaven Nieuwboer.

Spiegel- en Blijkpolder

Door zandwinning ontstane plas in het laagveengebied ten O van Nederhorst den Berg, toegankelijk via de Zanderijsluis.
Vaarwegbeheerder: Hoogheemraadschap Amstel en Vecht, Postbus 97, 1190 AB Ouderkerk a.d. Amstel, tel. (02963) 31 53.
Vaarverbinding: Er zijn geen bevaarbare verbindingen met de Ankeveense Plassen.
Maximumsnelheid: 6 km/h.
Sluis: De Zanderijsluis tussen de Vecht en de Spiegelpolder (lengte 100,80 m, breedte 4 m, D 1,45 m) met ophaalbrug. Bediening vindt doorgaans plaats tussen april en nov. (1 à 2 x per dag). Voor informa-

tie over de exacte bedieningstijden, tel. (02945) 30 08. Geen brug- of sluisgeld.

Ligplaatsen: In Nederhorst den Berg, aan de W-oever: ● Jachthaven van W.V. De Spiegel, havenmeester L. van Vliet, tel. (02945) 31 26, tarief f 5,– per etmaal, KNWV-leden 2 x 24 h gratis (toiletten, douches (f 1,–) en wastafels) ● Jachthaven De Rietlanden, havenmeester P.W. Lodewijkx, tel. (02945) 30 08, max.diepgang 1,50 m, tarief f 1,– per m lengte per nacht (toiletten, douches (f 1,–) en wastafels) ● Jachthaven van W.V. De Poldergeuzen, gratis (toiletten, douches en wastafels) ● Jachthaven Spiegelzicht, havenmeester Mèlanie Snel, tel. (02945) 37 78, tarief f 1,50 per m lengte per nacht, max.diepgang 1,40 m (toiletten, douches en wastafels).

Hefkraan en trailerhelling: Jachthaven Spiegelzicht, Dammerweg 84-85, Nederhorst den Berg, tel. (02945) 37 78, kraan max. 10 ton, trailerhelling, tarief f 15,–; Jachthaven Rietlanden, trailerhelling, max. 2 ton, tarief f 15,–, max.diepgang 1,10 m.

Botenlift: Jachthaven De Rietlanden, Dammerweg 104, tel. (02995) 30 08, max. 8 ton, tarief f 75,–, max.diepgang 1,60 m.

Spui en Beningen

Rustige diepe getijderivier tussen de Oude Maas en het Haringvliet (18 km) met weinig beroepsvaart. De oevers bestaan uit vrij hoge dijken zonder kribben. De monding in het Haringvliet, Beningen genaamd, ligt tussen buitendijkse slikken. Er zijn enkele havens; nauwelijks beschutte ankerplaatsen.

Vaarwegbeheerder: Rijkswaterstaat, Directie Zuid-Holland, Boompjes 200, 3000 AN Rotterdam, tel. (010) 4 02 62 00. Voor nautische informatie: Regionale Verkeerscentrale Dordrecht, tel. (078) 13 24 21 of marifoonkan. 71, roepnaam 'Post Dordrecht' (24 uur).

Maximumsnelheid: Voor snelle motorboten 20 km/h, m.u.v. het gedeelte tussen kmr 998 en kmr 1002 en tussen kmr 1004 en kmr 1010. Hier geldt géén snelheidsbeperking; waterskiën is verboden. Raadpleeg tevens de 'Handleiding' van deze Almanak onder 'Snelle motorboten en Waterskiën'.

Marifoon: Het gebied tussen kmr 996 en de monding in de Oude Maas maakt deel uit van het marifoonblokgebied kan. 4, roepnaam 'Sector Heerjansdam'. In het blokgebied is het voor schepen uitgerust met marifoon verplicht om op dit kanaal uit te luisteren. Onder alle omstandigheden moet het nautisch veiligheidsverkeer, zowel tussen schepen onderling als met de verkeerscentrale, op dit marifoonkanaal worden gevoerd.

Getijstanden:	GHW	GLW
bij de Oude Maas	NAP + 0,97 m	NAP – 0,06 m
Haringvliet	NAP + 0,60 m	NAP + 0,40 m

Getijstromen: De stroomrichting en -snelheid op het Spui worden beheerst door de volgende factoren:
- de waterafvoer van Rijn en Maas;
- de getijbeweging op zee;
- het manipuleren met de schuiven van de Haringvlietsluizen.

Bij lage rivierafvoeren, wanneer er dus weinig via de Haringvlietsluizen wordt gespuid, zal de waterbeweging voornamelijk in de richting van de Oude Maas zijn.

Bij relatief grote rivierafvoeren zal de waterbeweging daarentegen voornamelijk in de richting van het Haringvliet zijn. In combinatie met een matige tot sterke W-wind kan hierdoor met name in de Beningen behoorlijke golfslag ontstaan. De volgende tabel geeft nadere bijzonderheden over de stroomrichting en -snelheid:

Rijnafvoer	Waterstand Lobith	Ebduur (richting Oude Maas)
1700 m³/s	NAP = 9,40 m	9 uur
2200 m³/s	NAP = 10,40 m	9½ uur
3000 m³/s	NAP = 11,50 m	8 uur
4500 m³/s	NAP = 13,10 m	6 uur
6000 m³/s	NAP = 14,60 m	0 uur

6 h voor	5 h voor	4 h voor	3 h voor	2 h voor	1 h voor	HW HvH
NO 3½	NO 3½	NO 3	NO 3	NO 3	NO 2	NO 1

HW HvH	1 h na	2 h na	3 h na	4 h na	5 h na	6 h na
NO 1	ZW 1½	ZW 3	ZW 2	ZW ½	NO ½	NO 2½

Havens: Zie onder 'Oud-Beijerland', 'Nieuw-Beijerland', 'Zuidland' en 'Goudswaard'.

Spijkenisse
Aan de Oude Maas, haven kmr 1002,4 Lo; 0,3 km van Hoogvliet; 6,4 km van Rhoon; voor verbinding met Brielse Meer, zie aldaar.
Getijstanden: GHW = NAP + 1,01 m tot 1,06 m; GLW = NAP – 0,39 m tot 0,60 m, afhankelijk van de rivierafvoer.
Bruggen: Twee hefbruggen:
– bij kmr 1002,6 de Spijkenisserbrug, H NAP + 12,50 m (GHW + 11,45 m);
– bij kmr 1004,1 de Botlekbrug, H NAP + 8 m (GHW + 6,95 m), de vaste overspanningen aan de O- en W-zijde van de hefbrug, H ca. NAP + 6,85 m.
Bediening Spijkenisser- en Botlekbrug:

ma. t/m vr.	0-6.45, 7.15-8, 8.30-16.30, 17-17.30, 18-24 h
zat., zo. en fd.	0-24 h (incl. Koninginnedag)

Bij windkracht vanaf 9,5 wordt niet meer bediend.
Bediening voor de recreatievaart: Botlekbrug op de hele uren, Spijkenisse op de halve uren.
Slechts indien wind of stroom het onmogelijk maken de brug zonder zeilen te passeren wordt deze ook geopend voor vaartuigen met strijkbare mast.
Het is verboden onder het hefbare gedeelte van de brug door te varen zolang daar rode lichten (al of niet gecombineerd met groen) getoond worden, behalve wanneer boven deze doorvaartopening tevens één of twee gele lichten worden getoond.
Marifoon: Spijkenisserbrug en Botlekbrug, kan. 18.
Haven: Toegang bij kmr 1002,4 Lo. In de havenmond is een (open-staande) keersluis met een drempeldiepte van NAP – 2,65 m. De keersluis wordt pas gesloten bij een stormvloedwaterstand van NAP + 2,75 m. Max.verblijfsduur 24 h.
Ligplaats: In de jachthaven van W.V. Hoogvliet, Ro, ten N van de Spijkenisserbrug. Zie onder 'Hoogvliet'.

Spijkerboor
8,8 km van Purmerend; 7,3 km van Akersloot.

Maximumsnelheid: Op het Noordhollandskanaal zie aldaar; op de Knollendammervaart 6 km/h; op de Beemsterringvaart zie aldaar.
Bruggen:
– Ophaalbrug, H ca. 0,90 m (vast gedeelte, H 0,95 m) over de Knollendammervaart bij het Noordhollandskanaal. Bediening:

(16 april-16 okt.)	ma. t/m zat.	8-13, 14-19 h
	zo. en fd.*	9-13, 14-19 h
(16 okt.-16 april)	dagelijks	gesloten

* Incl. Koninginnedag.
Over de Beemsterringvaart een vaste brug, H 2,72 m.
Aanlegplaats: Langs de Beemsterringvaart ter hoogte van de Volgerweg (700 m ten N van de vaste brug over de Ringvaart), O-oever. Ligplaats nemen langs de rietoevers van de Knollendammervaart is verboden.

Stad a. h. Haringvliet

28 km van Moerdijk; 12 km van Hellevoetsluis; zie ook 'Haringvliet'.
Waterstand: Zie onder 'Haringvliet'.
Haven: De haven is bij laag water 2,30 m diep. Op het uiteinde van de O-havendam staat een baak. In de toegang ligt een openstaande keersluis. Bij het binnenlopen de uiterste stuurboordwal houden. Buiten de sluis staan drie meerstoelen 20 m uit elkaar. De mond is 25 m wijd met een stenen dam aan de O-kant; W-kant zware paalwerken. Breedte vermindert tot 10 m.
Havenlicht: Op de W-havendam een vast groen licht.
Havengeld: Overnachtingstarief f 0,95 per m lengte.
Ligplaats: Jachthaven Atlantica, aan het Haringvliet, havenmeester S. Bakker, tel. (01871) 25 24, tarief f 1,50 per m lengte (elektra, toiletten, douches (f 1,–) en wastafels).
Drinkwater: Aan de haven; bij Jachthaven Atlantica (sl).
Motorbrandstof: Jachthaven Atlantica, die (sl).
Reparatie: Jachthaven Atlantica, Zeedijk 54-56, tel. (01871) 25 24, in overleg met havenmeester, bub/bib (alle merken), romp/uitr (ht, s, p, a/op de wal + in het water), zeil/tuigage, elek.
Trailerhelling en botenlift: Jachthaven Atlantica, helling max. 15 ton, max.diepgang 2 m, tarief f 28,– (in en uit), lift, max. 30 ton, max.diepgang 3,25 m (liften met staande mast mogelijk).
Kampeerterrein, stortplaats chemisch toilet en aftappunt vuilwatertank: Jachthaven Atlantica.

Stadskanaal

Onder deze naam worden de gegevens vermeld van het Stadskanaal, Musselkanaal en Ter Apelkanaal in de verbinding van Bareveld (zie onder 'Veendam') met Barnflair (tegen de Duitse grens, in de verbinding met het Haren-Rütenbrock Kanal), lengte 31 km. Vaartijd 7 à 10 h. Diepgang 1,50 m. Oud kanaal met nauwelijks beroepsvaart en met veel bebouwing langs het kanaal.
Maximumsnelheid: 6 km/h (bij de woonschepen snelheid minderen).
Sluizen: 7 sluizen (Verlaat 1 t/m 7, het verlaat op de Duitse grens staat als regel open).
Bruggen: 30 beweegbare bruggen. Vaak bedient één brugwachter verschillende bruggen, hierdoor kunnen wachttijden ontstaan. Geen bruggeld.
Voor brug/sluisbediening tel. (05990) 1 09 89.
De spoorbrug, H 3,70 m, bij Bareveld wordt alleen op verzoek bediend, 24 h tevoren aanvragen bij de NS in Groningen, tel. (050) 12 17 10.

Bediening:

(1 mei-1 okt.)	ma. t/m zat.	8-12, 13-17 h
	zo. en fd.	gesloten
(1 okt.-1 mei)	ma. t/m vr.	8-12, 13-17 h
	zat., zo. en fd.	gesloten

N.B. Op het Haren-Rütenbrock Kanal is een zaterdagbediening in de vorm van konvooivaart ingevoerd van 1 mei-1 okt., zie onder 'Ter Apel'.
Lig- en aanlegplaatsen: Passantensteigers in het centrum van Stadskanaal, tussen de Eurobrug en de Drouwenermondse brug bij de Hoofdstraat en in de Drouwenermond, gratis ● passantensteigertje in het centrum van Musselkanaal naast de Stationsbrug aan de Marktkade, gratis ● passantensteiger bij brug De IJzeren Klap, vóór Hotel Platen (hoek Kruisstraat/Marktstraat), gratis (toiletten, douches en wastafels bij Hotel Platen, Musselkanaal) ● nieuwe gemeentelijke Jachthaven Spoordok in Musselkanaal, max.diepgang 1,50 m, tarief tot 5 m f 3,–, van 5 tot 10 m f 6,–, van 10 tot 15 m f 9,– en vanaf 15 m lengte f 12,– (toiletten, douches en wastafels (de sleutel voor het toiletgebouw is bij de brugwachter verkrijgbaar) ● bij Hotel De IJzeren Klap bij de ingang tot het spoordok. ● Verder zijn zowel boven- als benedenstrooms van de sluizen in het traject Stadskanaal – Musselkanaal aanleg- en overdraagvoorzieningen aangelegd. Overigens mag overal langs het kanaal worden aangelegd (gratis).
Drinkwater: Aan de N-zijde van de Eurobrug (schuin t.o. de passantensteigers) is een aftappunt; Hotel Platen, Musselkanaal.
Motorbrandstof: Oliehandel Gebr. Overberg, Schoolstraat 145, Musselkanaal, rode en witte die (sl); Garage Alberts, naast Hotel Platen in Musselkanaal, die (sl), be (sl), sbe (sl).
Reparatie: Garage Alberts in Musselkanaal, bub (alle merken); Jachtbouw- en Reparatiewerf H. Holtman Jr., Hoofdkade 164, tel. (05990) 1 25 76, romp/uitr (ht, s, p); Fa. Metz in Musselkanaal, tel. (05994) 1 23 56, zeil/tuigage; Garage Boelens, Veenstraat, bub/bib.
Hefkraan: Jachtbouw- en Reparatiewerf H. Holtman Jr., voor schepen tot 12 m lengte.
Kampeerterrein en stortplaats chemisch toilet: Bij Jachthaven Spoordok, Musselkanaal.

Stampersgat
7 km ten O van Dintelsas; zie ook 'Mark en Dintel'.
Brug: Vaste brug, H 7 m.
Ligplaats: Bij Jachtwerf De Roterij, tarief f 1,– per m lengte per nacht (douches). Geen drinkwater aanwezig.
Reparatie, hefkraan, trailerhelling en wasserette: Jachtwerf De Roterij, tel. (01651) 12 81, bib (alle merken), romp/uitr (ht, s, p/op de wal + in het water), hefkraan max. 40 ton, max.diepgang 2 m, scheepshelling max. 85 ton, wasmachine (dagelijks geopend).

Standdaarbuiten
28 km van Breda; 11 km van Dintelsas; zie ook 'Mark en Dintel'.
Brug: Vaste brug over de Mark, H 7 m.
Ligplaats: Jachthaven Leeman, toegang aan de N-zijde van de Mark, max.diepgang 1 m, tarief f 10,– per nacht, tel. (01652) 1 77 57.

Starkenborghkanaal, Van
Vaarweg ten N van de stad Groningen.
Vaarwegbeheerder: Provincie Groningen, Dienst DWK, Postbus 610, 9700 AP Groningen, tel. (050) 16 49 11.
Max.doorvaarthoogte: H 6,70 m.

Indien men met grotere hoogte dan 6,70 m van Friesland naar Groningen/Delfzijl wil varen moet men van de Fonejachtbrug de vaarweg kiezen over het Van Harinxmakanaal, door Leeuwarden, over de Dokkumer Ee langs Dokkum, over het Dokkumer Grootdiep, door Dokkumer Nieuwe Zijlen, over het Lauwersmeer en over het Reitdiep via de stad Groningen naar het Eemskanaal. Nadere gegevens zijn vermeld onder de genoemde namen.
Maximumsnelheid: 11 km/h.
Bediening van bruggen en sluizen: Van W naar O:
– Brug, H 6,55 m, in Eibersburen (tussen Stroobos en Gaarkeuken):

ma. t/m vr.	8-12, 13-17 h, op verzoek*
zat., zo. en fd.	gesloten

* Bediening 24 h tevoren aanvragen bij Prov. Groningen, Dienst DWK in Gaarkeuken, tel. (05947) 1 28 55.

Sluis Gaarkeuken (marifoonkan.18), is tevens Centrale Bedieningspost (marifoonkan. 68 of tel. (05947) 1 23 03) voor de bruggen van Zuidhorn, Aduard en Dorkwerd, evenals de bruggen van Noordhorn tot Groningen en de Oostersluis:

ma.*	4-24 h
di. t/m vr.*	0-24 h
zat.*	0-20 h
zo. en fd.**	gesloten

* Op werkdagen vóór en ná fd. is de bediening als op zat. resp. ma.
** Van 1 mei tot 1 okt. wordt de Oostersluis op zo. en fd. uitsluitend voor de recreatievaart bediend van 8-12, 14-20 h. De Paddepoelsterbrug en de Korrewegbrug (beide ten NW van de Oostersluis) worden in deze periode bediend van 8-12, 13.45-20 h.

De Paddepoelsterbrug wordt op afstand bediend vanaf de Korrewegbrug. Voor bediening melden bij de brug bij het bord 'Sport', of via marifoonkanaal 68.

Door de zondagbediening op dit gedeelte van het kanaal (tussen het Eemskanaal en het Reitdiep) zijn tal van weekendrondvaarten mogelijk met een max.doorvaarthoogte van 6,70 m.

Door drukke beroepsvaart treden voornamelijk bij de Oostersluis vaak lange wachttijden op. Meestal kunnen jachten meeschutten met eerder aangekomen vrachtschepen.
Marifoon: Sluis Gaarkeuken, kan. 18; Oostersluis in Groningen, kan. 20.
Ligplaats, kampeerterrein en trailerhelling: Aan de O-zijde van Stroobos. Op bijbehorend terrein met sanitaire voorzieningen kan men kamperen, max.verblijfsduur 3 etmalen. Zie verder onder 'Briltil'.

Stavenisse

Aan de Oosterschelde op het Tholen; 11 km van Bruinisse; 11 km van Zierikzee.
Getijstanden: GHW = NAP + 1,57 m; GLW = NAP – 1,37 m.
Havenmeester: Mevr. N. Wesdorp, Veerweg 2, tel. (01663) 28 15.
Haven: In de monding van het havenkanaal is een keersluis met een drempeldiepte van NAP – 2,30 m. Deze sluis staat normaal open, doch wordt gesloten bij de zeer hoge waterstand NAP + 2,30 m, tenzij geen hogere waterstand dan NAP + 2,60 m wordt verwacht.
De diepte van het havenkanaal is zowel binnen als buiten de sluis gelijk aan NAP – 3,74 m. De haven is voor jachten met een diepgang tot 1,80 m vanaf drie uur voor hoogwater tot drie uur na hoogwater te bereiken.

Lig- en aanlegplaatsen: In de sportvissershaven zijn aan W-zijde aan de kop van de eerste steiger enkele aanlegplaatsen, bij GLW staat er nog ca. 0,80 m water ● Jachthaven Stavenisse aan het einde van het havenkanaal (toiletten, douches (f 1,–), wastafels en elektra).
Havengeld: Per nacht tot 7 m lengte f 7,05, tot 10 m f 10,60 en langer f 14,10 (± 11 m) + f 0,60 toeristenbelasting p.p. per nacht; per week: 5 x dagtarief.
Trailerhelling: Naast de steigers in de jachthaven, gratis.
Reparatie en hefkraan: T. J. Struik, tel. (01663) 23 30, bub/bib, mobiele kraan tot 4½ ton, op afspraak.

Stavoren

Aan het IJsselmeer; 23 km van Enkhuizen; 3 km van Warns.
Nieuwe Voorhaven: Ligt ca. 1 km ten Z van de Oude Haven.
De Johan Frisosluis geeft toegang tot de Warnservaart, een onderdeel van het Johan Frisokanaal. Op de kop van de N-havendam staat een vast rood licht; op de kop van de Z-havendam een vast groen licht. Op het begin van de N-dam staat een wit flikkerlicht (Fl 5s), dit geleidt tussen de beide havenlichten de Voorhaven open. De havendammen zijn vanaf het IJsselmeer moeilijk te onderscheiden. Men kan echter op het duidelijk kenbare J. L. Hoogland Gemaal afvaren. Dit is een gebouw met een holle daklijn. De rood gekleurde lichtopstand van het W-havenlicht wordt hoe meer men de kust nadert beter zichtbaar op de achtergrond.
(Oude) Vissershaven (Buitenhaven, Spoorhaven en Oude Haven):
Een hoog wit licht (Iso 4s) aan de N-zijde van de haven. Dit licht, 29° inééngehouden met een wit vast licht op de Z-havendam van de Oude Haven, geleidt vrij ten W van het Vrouwenzand. Een rood vast licht op het N-havenhoofd en een groen vast licht op het Z-havenhoofd. De steenglooiingen aan de mond van de Oude Haven steken vrij ver vooruit.
Buitenhaven en Spoorhaven, D 3,10 m, Oude Haven D 2,40 m (bij IJZP).
Voor de haven, tot 1 km uit de oever, loopt bij Z- tot NW-winden soms een moeilijke zee.
Johan Frisosluis en beweegbare brug (geen brug- en sluisgeld):

Bediening:

ma. t/m zat.**	(1 mei-1 okt.)	6-7*, 7-21 h (zat. tot 20 h)
	(1 okt.-15 nov. en 15 mrt.-1 mei)	6-7*, 7-19, 19-20 h* (zat. 6-7*, 7-18, 18-19 h*)
	(15 nov.-15 mrt.)	6-7*, 7-17, 17-20 h* (zat. 6-19 h*)
zo. en fd.***	(1 april-15 april en 15 okt.-1 nov.)	9-11, 16-18 h
	15 april-1 juni en 1 sept.-15 okt.)	9-18 h
	(1 juni t/m 1 sept.)	9-20 h
	(1 nov. t/m 1 april)	gesloten

*   Bediening op verzoek, aanvragen bij de Provincie Friesland, tel. (058) 92 58 88, buiten kantoortijden tel. (058) 12 24 22.
** Op werkdagen vóór en na fd: bediening als op zat. en ma.
*** Bediening op 1e en 2e paasdag (3 en 4 april) als in periode 15 april-1 juni.
Tijdens de weekends in het vaarseizoen moet rekening worden gehouden met wachttijden door drukke recreatievaart, op zaterdag bij

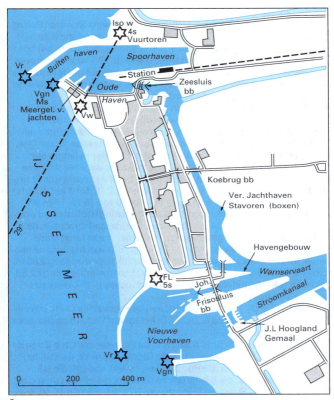

Stavoren

het schutten naar het IJsselmeer, op zondagmiddag en -avond bij het schutten naar binnen. Aan de landzijde van de sluis moet men bij drukke vaart gebruik maken van de fuik aan bakboord, welke kenbaar wordt gemaakt met een werkend matrix-pijlbord.
Zeesluis: De (Oude) Zeesluis, aansluitend aan de Oude Haven, is gerestaureerd. Geen bediening. In bijzondere gevallen (storm) is een speciale schikking mogelijk na overleg met de sluiswachter, R. Wouda, Noord 16, tel. (05149) 16 91 of Stichting Recreatiebelangen Stavoren, havenmeester, tel. (05149) 19 88. Sluisgeld f 7,50.
Koebrug: Beweegbare brug, H 1,70 m. Bruggeld: f 3,50. Bediening:

| (1 april-1 nov.) | op verzoek* |
| (1 nov.-1 april) | op verzoek, 24 h tevoren aanvragen* |

* Bediening aanvragen bij de havenmeester, tel. (05149) 19 88.
Maximumsnelheid: Op het Johan Frisokanaal, 12,5 km/h; in de stadsgracht 6 km/h.
Havenmeesters: Gem.havenmeester ((Oude) Vissershaven en Spoorhaven), J. v.d. Veen, tel. (05149) 12 16; Marina Stavoren B.V., J. de Vries/J. Schilstra, tel. (05149) 15 66; De Roggebroek, A. van Dijk, tel. (05149) 14 69; Stichting Recreatiebelangen Stavoren (gem. aanlegplaatsen binnen de sluis), B. van der Iest, tel. (05149) 19 88.
Toeristenbelasting: f 1,– p.p. per nacht.

Lig- en aanlegplaatsen:
- Buiten de sluis: ● De nieuwe jachthaven van Marina Stavoren Buitenhaven B.V., havenkantoor tel. (05149) 15 66, max.diepgang 3,50 m, tarief f 2,– per m lengte per nacht + toeristenbelasting f 2,75 per boot (elektra, toiletten, douches en wastafels) ● In de (Oude) Vissershaven, afmeren in rijen langszij van elkaar, liggeld verschuldigd (toiletten en douches) ● de spoorweghaven ten N van het station mag alleen worden bevaren met vergunning van de havenmeester.

● In de Nieuwe Voorhaven zijn aan de Z-havendam nieuwe aanlegsteigers (vluchtsteigers bij slecht weer op IJsselmeer); onrustig.
- Binnen de sluis, in overleg met de havenmeesters: ● Jachthaven De Roggebroek, 800 m ten O van de sluis, havenmeester A. van Dijk, tel. (05149) 14 69, max.diepgang 2 m, tarief f 2,– per m lengte per nacht (excl. toeristenbelasting) (elektra, toiletten, douches (f 1,–) en wastafels) ● langs de gem. stadsgrachten, tarief per nacht (tot 15 m lengte incl. toeristenbelasting): tot 7 m lengte f 7,75, tot 8 m f 9,75, tot 9 m f 11,–, tot 10 m f 12,–, tot 12 m f 14,–, tot 16 m f 15,75, 16 m en langer f 0,80 per m lengte (excl. toeristenbelasting) (toiletten en douches (f 1,–)) ● Ver. Jachthaven Stavoren, O-zijde stadsgracht, in de met 'vrij' (groen) aangegeven boxen (tarief gelijk aan tarief stadsgrachten) ● jachthaven van Marina Stavoren B.V. aan het Johan Frisokanaal (of Warnservaart, valt buiten het kaartje), max.diepgang 2,80 m, tarief ca. f 1,75 per m lengte per nacht (excl. toeristenbelasting f 2,50 per boot) (elektra, toiletten, wastafels en douches (f 1,–), recreatieterrein en overdekt zwembad).

Drinkwater: Op de Johan Frisosluis, aan de kant van de Oude Haven; bij de Koebrug; Fa. H. Smit & Zn.; bij Scheepswerf Volharding Staveren B.V.; Fa. E. Sirag, (sl, f 1,–).

Motorbrandstof: Fa. H. Smit & Zn., aan de Warnservaart, ten Z van de Koebrug, die (sl), sbe (sl), be (sl); A. de Groot, Noord 12, die (sl), be, zo. gesloten; Jachthaven De Roggebroek, be (sl), sbe (sl), die (sl); Marina Stavoren B.V., die (sl), be (sl); Fa. E. Sirag, die (sl), be (sl), sbe (sl).

Reparatie: Marina Stavoren Buitenhaven B.V., tel. (05149) 15 66, bub, bib (dealer Volvo Penta), romp/uitr (ht, s, p, a/op de wal + in het water) zeil/tuigage, elek; Fa. E. Sirag, in de Binnenhaven, Schans 49-50, tel. (05149) 12 32, bub, bib (Yanmar, Mercedes, Mitsubishi, Bukh, Daf, Vetus en Farymann), elek; Marina Stavoren B.V., Middelweg 15, tel. (05149) 15 66, bib (alle merken, tevens Volvo Penta dealer), romp/uitr (ht, s, p, a/op de wal + in het water), zeil/tuigage, elek; Scheepswerf Volharding-Staveren B.V., Hellingpad 11 en Kooyweg 8, tel. (05149) 12 07, bub (Suzuki), bib (Mercedes, Mitsubishi, Daf, Perkins, Nanni en Ford), romp/uitr (ht, s, a/op de wal + in het water), elek; Jachtservice Noord-Nederland, Kooyweg 14, tel. (05149) 18 05/13 46, bib (alle merken), romp/uitr (ht, s, p, a/op de wal + in het water), elek; Ver. Jachthaven Stavoren, zeil/tuigage; Zwaan B.V., bij het station, zeil/tuigage; Jachthaven De Roggebroek, Koeweg 44, tel. (05149) 14 69, romp/uitr (ht, p/op de wal + in het water), zeil/tuigage, elek; Scheepsbouw en Motoren S. Heijsman, in de Spoorhaven, Schans 60, bib (alle merken), romp/uitr (s/op de wal + in het water).

Hefkranen: Scheepswerf Volharding-Staveren B.V., max. 7 ton, tarief f 165,–, dwarshelling, max. 175 ton, tarief f 165,– per wagen; Jachtservice Noord-Nederland, max. 30 ton, tarief f 6,– per m^2 (heffen met staande mast mogelijk); Marina Stavoren B.V., max. 35 ton, tarief op aanvraag (heffen met staande mast mogelijk); Jachthaven De Roggebroek, max. 15 ton, max.diepgang 2 m, tarief vanaf f 65,–.

Trailerhelling: Scheepswerf Volharding-Staveren B.V., max. 1 ton, tarief f 50,–; Marina Stavoren Buitenhaven B.V.

Botenliften: Marina Stavoren B.V., max.diepgang 3 m, max. 25 en 35 ton, tarief op aanvraag (liften met staande mast mogelijk); Jacht-

haven De Roggebroek, Koeweg 44, tel. (05149) 14 69, max. 15 ton, tarief vanaf f 70,–; Jachtservice Noord-Nederland, max. 30 ton, tarief f 6,– per m².
Kampeerterreinen: Camping De Roggebroek; Ships Camping Marina Stavoren B.V.; Camping Súdermeer, Middelweg.
Wasserette: Marina Stavoren B.V.; Jachthaven De Roggebroek; in havengebouw Stadsfenne 23; Marina Stavoren Buitenhaven B.V.
Stortplaatsen chemisch toilet: Bij Marina Stavoren B.V.; Jachthaven De Roggebroek; bij Camping Súdermeer, Middelweg; bij Havengebouw Stadsfenne 23; bij Marina Stavoren Buitenhaven B.V.
Aftappunt vuilwatertank: Bij Marina Stavoren B.V. en Marina Stavoren Buitenhaven B.V.

Steeg, De
Aan de Gelderse IJssel, in de bochtafsnijding Lo, invaart bij kmr 890,6 Lo; 15,5 km van IJsselkop.
Bochtafsnijding, Ro: Zie onder 'Rhederlaag'.
Ligplaats: Jachthaven W.V. De Engel, tel. (08309) 5 42 85, aan de afgesloten IJsselarm, invaart onder de vaste Middachtenbrug, bij NR H 8,21 m (NAP + 16,13 m), in het midden 1,29 m hoger. Tarief f 5,– per nacht (elektra (f 1,–), douche (f 1,–), toilet en drinkwater). Havenmeester G. Saul, tel. (08309) 5 32 93.
Trailerhelling: Jachthaven W.V. De Engel, max. 1 ton, tarief f 15,– per keer.
Hefkraan: Jachthaven W.V. De Engel, max. 11 ton, tarief vanaf f 30,– per keer.
Kampeerterrein: Bij de verkeersbrug.

Steenbergen
7 km van het Volkerak; zie ook 'Roosendaalse en Steenbergse Vliet'. Bereikbaar via de Roosendaalse en Steenbergse Vliet, na 4,5 km stuurboord uit, uniek stukje vaarwater, 2,5 km naar Steenbergen. Max.diepgang 2,80 m.
Ligplaats: In het midden van het stadje in de Steenbergse Jachthaven, max.diepgang 2,80 , tarief f 1,50 per m lengte per nacht (elektra, toiletten, douches (f 1,–) en wastafels), drinkwater. Havenmeester T. Vermeulen (Brabant Jachtbouw B.V.), tel. (01670) 6 58 54.
Reparatie en hefkraan: Brabant Jachtbouw B.V., Kade 1-3, tel. (01670) 6 58 54, in de jachthaven, bib (alle merken), romp/uitr (ht, s, p/in het water), hefkraan max. 1 ton, max.diepgang 2,80 m.

Steenwijk
8 km van Giethoorn; 8,5 km van Wetering.
Havenmeester: P. van Lier, gemeente Steenwijk, Vendelweg 1, 8331 XE Steenwijk, tel. (05210) 2 78 45 (kantoor 8-17 h) of 8 88 78 (privé).
Maximumsnelheid: Kanaal Beukers-Steenwijk en Kanaal Steenwijk-Ossenzijl 9 km/h; Steenwijkerdiep 6 km/h.
Max. toegestane diepgang: Steenwijkerdiep 1,60 m; Kanaal Steenwijk-Ossenzijl vanaf de kruising Kanaal Beukers-Steenwijk naar Steenwijk 2,40 m; Gedeelte Kanaal Steenwijk-Ossenzijl vanaf de kruising Kanaal Beukers-Steenwijk naar Ossenzijl 1,80 m.
Bruggen:
– Vaste brug over het kanaal Steenwijk-Ossenzijl in de stad, vóór de toegang tot de gem. passantenhaven, H 6,60 m (Ruxveensebrug).
– Over het Dolderkanaal (toegang tot de Spoorweghaven) ligt de Dolderbrug, een hefbrug, H 1,75 m, geheven 5,80 m. Er is geen brugwachter aanwezig. Bediening in overleg met de havenmeester. Geen bruggeld.

– De ophaalbrug, H 1,20 m, over het Steenwijkerdiep, 5 km van Steenwijk (Halfwegbrug) en de ophaalbrug (Kooibrug) nabij de Wetering, H 1,20 m worden als volgt bediend:

(16 april-16 okt.) (1 dec.-1 mrt.)	dagelijks ma. t/m vr. zat. zo. en fd.	9-12, 13-19 h 9-18 h, op verzoek* 9-12 h, op verzoek* gesloten
(1 mrt.-16 april en 16 okt.-1 dec.)**	ma. t/m vr. zat. zo. en fd.	9-12, 13-18 h 9-12 h gesloten

* Bediening tijdens kantooruren aanvragen bij de Prov. Overijssel, tel. (05210) 1 24 66.
** Bediening in de herfstvakantie als van 16 april-16 okt.
Bruggeld: Kooibrug gemeente IJsselham f 3,–; Halfwegbrug gemeente Steenwijk gratis.
– Voor bediening van de bruggen over het Kanaal Steenwijk-Ossenzijl: zie aldaar.
– Voor het Kanaal Beulakerwijde-Steenwijk: zie aldaar.
Ligplaats: Gemeentelijke Passantenhaven Steenwijkerdiep, tarief f 1,25 per m lengte per nacht (toiletten, wastafels en douches (f 1,–)). Max.verblijfsduur 3 x 24 h.
Aanlegplaatsen: Ligplaats innemen langs het Kanaal Beulakerwijde-Steenwijk is verboden behalve op plaatsen waar dat door middel van borden is toegestaan.
Drinkwater: In de passantenhaven (sl), tarief f 1,– per 270 liter; bij Jachtwerf C.J. Boekwijt.
Motorbrandstof: Jonas Watersport, Tankstation aan de werf 'Balkengat'.
Reparatie: Jachtwerf Steenwijk, Produktieweg 14 (achter de Dolderbrug, zie bij 'Bruggen'), tel. (05210) 1 29 02, bib/bub (alle merken), romp/uitr (s/op de wal + in het water); Jachtwerf C.J. Boekwijt Scheepvaart- en Containerbedrijf, Broekslagen 10, tel. (05210) 1 64 92, haven Groot Verlaat, ten N van de Heerenbrug, romp/uitr (ht, s, p/op de wal + in het water), zeil/tuigage.
Hefkraan en botenlift: Jachtwerf Steenwijk, dagelijks geopend, hefkraan en lift max. 20 ton; Scheepvaart- en Containerbedrijf C.J. Boekwijt, max. 12 ton, tarief f 20,– per m^2 (excl. BTW), max.diepgang 2,20 m.
Stortplaats chemisch toilet: Bij de passantenhaven; Balkengat.
Wasserette: In de gemeentelijke passantenhaven.

S Stein

21 km van Maasbracht; 15 km van Maastricht; zie ook 'Julianakanaal'.
Aanlegplaats: Aan en nabij de loswal in de haven, in beheer bij de Fa. Lortye in Hoensbroek, tel. (045) 21 23 58.

Stellendam

Aan het Haringvliet bij de Haringvlietdam. Voor de Goereese sluis, zie onder 'Haringvlietdam'.
Vaarwegbeheerder Buiten- en Binnenhaven: Rijkswaterstaat, Directie Zuid-Holland, Dienstkring Haringvliet, Haringvlietplein 2, 3251 LD Stellendam, tel. (01879) 72 00. Voor nautische informatie: Regionale Verkeerscentrale Dordrecht, tel. (078) 13 24 21 of marifoonkan. 71, roepnaam 'post Dordrecht' (24 uur).
Marifoon: Verkeersbegeleidingspost 'Maas Approach', kan. 1; Goereese sluis, zie 'Haringvlietdam'.
Getijstanden: Zie onder 'Haringvlietdam'.

Buitenhaven: Gelegen aan het Zeegat van Goeree. Tijdens harde wind en afgaand tij wordt het aanlopen van de Buitenhaven sterk ontraden. Een mogelijkheid om bij harde wind toch de haven aan te lopen is gedurende de vloedstroom, wanneer deze al geruime tijd doorstaat en het water al flink gerezen is. Tijdens het spuien met de Haringvlietspuisluizen kan er voor de haveningang een sterke stroom lopen. Vanaf het Slijkgat (goed betond en verlicht) is de haveningang van de buitenhaven pas zichtbaar als men de voorlaatste boei is gepasseerd. Op de kop van de N-havendam vast groen licht en mistsein. Op de kop van de Z-havendam vast rood licht. Een wit licht (Oc 6s) op de N-havendam aan de landzijde geleidt de haven open. Diepte Buitenhaven 4,70 m bij gemiddeld LLWS. Zie verder onder 'Haringvlietdam'. De Buitenhaven wordt grotendeels gebruikt als vissershaven.
Douane: Het douanekantoor is gevestigd op de sluis in Stellendam, dagelijks geopend van 8.30-20 h in de periode van 1 april tot 1 nov. Buiten deze periode mogen buitenlandse jachten (buiten de EU) die nog geen 'verklaring betreffende tijdelijke invoer van pleziervaartuigen' (VS 24) hebben, in de Buitenhaven afmeren, mits die verklaring binnen 24 uur aanwezig is. De verklaring is verkrijgbaar in Middelharnis op het industrieterrein achter de Advocaatfabriek Warnink. Voor douaneformaliteiten zie in de Handleiding van deze Almanak onder 'Douaneformaliteiten'.
Ligplaatsen: Aan de binnenzijde van de Goereese sluis is een haven, welke voor een gedeelte in gebruik is als vissershaven en gedeeltelijk kan worden gebruikt door recreatievaartuigen, die willen overnachten. Max.verblijfsduur 3 x 24 h.
In de Buitenhaven is een beperkt aantal plaatsen voor recreatievaartuigen om te overnachten, eveneens een max.verblijfsduur van 3 x 24 h.
Motorbrandstof: Tankstation bij de Buitenhaven, die, sbe en euro loodvrij (zat. na 11.15 h en zo. gesloten).
Reparatie: GM Nautic Equipment, aan de Binnenhaven, Scheelhoekweg 10, tel. (01879) 16 59, bib/bub (alle merken, Yanmar dealer), romp/uitr (ht, s, p, a/op de wal + in het water), zeil/tuigage, elek.

Stevensweert

Kmr 61,8 Ro van de Maas; ca. 4 km ten Z van Wessem.
Rondom Stevensweert liggen aan de Nederlandse oever drie grindgaten, elk met een jachthaven.
Toegangen vanaf de Maas:
– Kmr 62,6, toegang (D 1,80 m) tot klein grindgat met Jachthaven Stevensweert (zomerhaven met passantenplaatsen).
– Kmr 64, toegang (D 1,80 m) tot Brandtplas, Eilandplas (Winterhaven van Jachthaven Stevensweert en van W.V. Stevensweert, geen ligplaatsen voor passanten). De kleine N-plas (Huiskensveldplas) is niet meer toegankelijk (toegang dichtgestort).
– Kmr 65,8, toegang tot de uitgebaggerde en grillig verbrede Oude Maas (L), zie aldaar.
Maximumsnelheid: Op de grindgaten 9 km/h.
Lig- en aanlegplaatsen: Jachthaven Stevensweert (zomerhaven), max.diepgang 1,70 m, tarief f 15,– + f 0,53 toeristenbelasting p.p. per nacht, havenmeester A. de Ridder, tel. (04755) 15 55/15 53, geopend van 1 april-nov., max.verblijfsduur 48 h (elektra, wastafels, douches (f 1,–) en toiletten); passantenaanlegplaats aan de Maas, kmr 61,5, zeer onrustig.
Reparatie: Jachthaven Stevensweert, In 't Broek 3, tel. (04755) 15 55/15 53, romp/uitr (s/op de wal + in het water).
Hefkraan: Jachthaven Stevensweert, max. 6 ton, tarief f 7,– per m lengte.

Trailerhelling: Jachthaven Stevensweert, max. 15 ton.
Stortplaats chemisch toilet: Bij Jachthaven Stevensweert.

Stieltjeskanaal
Van Coevorden (einde Coevorden-Vechtkanaal) naar Nieuw Amsterdam (aan de Verlengde Hoogeveense Vaart), via Zandpol, 12 km.
Kaartje: Zie bij 'Verlengde Hoogeveense Vaart'.
Vaarwegbeheerder: Provincie Drenthe, Postbus 122, 9400 AC Assen, tel. (05920) 6 55 55.
Maximumdiepgang: 1,90 m.
Maximumsnelheid: 8 km/h.
Sluis en bruggen: Drie vaste bruggen, H 5,40 m, en drie beweegbare bruggen. De sluis en de bruggen zz worden gratis bediend.
Bediening:

(1 april-1 okt.)	ma. t/m vr.	7.30-12, 12.30-18 h
	zat.	7.30-12 h
	zo. en fd.*	gesloten
(1 okt.-1 april)	ma. t/m vr.	8-12, 12.30-17.30 h
	zat.	8-12 h
	zo. en fd.	gesloten

* Incl. Koninginnedag.

Op 8,8 km vanaf Coevorden-Vechtkanaal ligt de spoorbrug van de N.A.M. De brug heeft eigen bedieningstijden. T.p.v. deze brug kan max. 1¼ h oponthoud optreden.
Ligplaats: Bij Rekrea Service Engelage, nabij de Huttenheugte, tel. (05240) 1 83 00, tarief f 1,– per m lengte (wastafels, toiletten en douche (f 2,50)). Zie verder bij 'Coevorden'.
Drinkwater: Bij de Stieltjeskanaalsluis (tevens telefoon en huisvuilcontainer aanwezig); bij Rekrea Service Engelage; in het centrum Nieuw Amsterdam t.h.v. Vaart zz 40 (tevens vuilcontainer).
Motorbrandstof: Bij Rekrea Service Engelage, be, sbe, die (sl).
Reparatie: Rekrea Service Engelage, Stieltjeskanaal 30, Stieltjeskanaal, tel. (05240) 1 83 00, bub/bib (alle merken, kleine reparaties).
Kampeerterreinen: Camping Dalerhof, 5 km buiten Coevorden vóór de brug, Lo; bij Rekrea Service Engelage (beperkte kampeermogelijkheden).
Wasserette, stortplaats chemisch toilet en aftappunt vuilwatertank: Bij Rekrea Service Engelage (wasmachine en droogtrommel).

Stienservaart
Zijvaart van de Dokkumer Ee naar Stiens, 5,6 km lang, D 1,45 m.
Bruggen: In de toegang tot de jachthaven 1 vaste brug, H 2,50 m, voorbij de haven 2 vaste bruggen, laagste brug H 2,20 m.
Ligplaats: Jachthaven Leeuwarderadeel van W.V. De Klompskippers in Britsum, havenmeester B. Tienstra, tel. (05109) 22 82, tarief f 3,75 per etmaal, drinkwater.
Reparatie: Jachthaven Leeuwarderadeel, bub/bib (alle merken), romp/uitr (ht, s, p, a/op de wal + in het water).
Hefkranen: B. Tienstra, tel. (05109) 22 82, max. 6 ton, tarief f 125,–, max.diepgang 2 m.
Trailerhelling: Jachthaven Leeuwarderadeel, Efter de Wal 3, max. 2½ ton, gratis.

Streefkerk
Aan de Lek, kmr 980,2 Lo; 9 km van de Noord.
Getijstanden: GHW bij gemiddelde rivierafvoer NAP + 1,12 m; GLW = NAP – 0,03 m.

Ligplaats: Jachthaven Lekzicht van Jachthaven Streefkerk B.V., Lo, kmr 980, havenmeester H. Oechies, tel. (01848) 18 73/10 32, tarief f 1,10 per m lengte per nacht, max.diepgang 2 m (elektra, toiletten, wastafels, douches (f 1,–) en wastafels).
Reparatie: Jachthaven Streefkerk B.V., Nieuwe Veer 115, tel. (01848) 18 73/10 32, bub/bib (alle merken), romp/uitr (ht, s/op de wal + in het water), elek, scheepshelling tot max. 25 ton, max.diepgang 1,50 m.
Trailerhelling: Jachthaven Lekzicht, tarief f 5,–.
Stortplaats chemisch toilet: Bij Jachthaven Lekzicht.

Stroobos

Zie ook 'Prinses Margrietkanaal'.
Brug: Draaibrug, H 2,10 m. Voor bediening zie onder 'Prinses Margrietkanaal'.
Havenmeester: J. v.d. Veen, Jachtcharter en bemiddeling, tel. (05123) 15 88.
Ligplaats: Jachthaven Stroobos, in de oude kanaalarm (Hoendiep), nabij de dorpskern, ten O van de brug, max.diepgang 1,55 m, max.verblijfsduur 3 x 24 h, tarief f 0,75 per m lengte per etmaal + f 0,50 p.p. toeristenbelasting per nacht (elektra, douche (f 1,–), wastafels en toiletten).
Drinkwater: Aan de passantenhaven, tarief f 1,50 per tankinhoud.
Motorbrandstof: Jachtservice Stroobos, be (sl), die (sl), zo. gesloten; Garage Wouda, Verlaatsterweg 10, be en die.
Reparatie: Jachtservice Stroobos, Groningerstreek 30, tel. (05123) 24 14, bub/bib, romp/uitr (ht, s, p/op de wal + in het water) ('s zondags gesloten).
Trailerhelling: Jachthaven Stroobos, max. 2^1/$_2$ ton, gratis.
Hefkraan: Jachtservice Stroobos, max. 13 ton.

Stroobossertrekvaart

Dokkum – Stroobos 15,3 km; zie ook 'Dokkum', 'Kollum', 'Stroobos' en 'Zwemmer'.
Algemeen: Landschappelijk aantrekkelijke vaarweg voor kleine vaartuigen. Op 4,3 km afstand van Stroobos is een zijtak naar Kollum. De trekvaart is bij Dokkum omgelegd. De vaart zelf is daar afgedamd, maar er is een verbindingskanaal gegraven dat 2 km ten O van Dokkum in het Dokkumer Grootdiep uitmondt. Voor de Nieuwe Vaart richting Bergumermeer en de Nieuwe Zwemmer richting Dokkumer Nieuwe Zijlen, zie onder 'Zwemmer'.
Vaarwegbeheerder: Provincie Friesland, Gedempte Keizersgracht 38, 8911 KL Leeuwarden, tel. (058) 92 59 25.
Maximumsnelheid: 9 km/h.
Bruggen: 14 vaste bruggen, laagste brug H 2,85 m.
Maximumdiepgang: 1,40 m.
Aanlegplaats: Nabij Oudwoude bij de Zuivelfabriek Huis ter Noord, goed uitgangspunt voor wandelingen naar het bos van Veenklooster.
Motorbrandstof: Jachtwerf Lauwersmeer B.V., die (sl).
Reparatie: Jachtwerf Lauwersmeer B.V., Simmerwei 6, Westergeest, tel. (05113) 21 81, bib, romp/uitr (ht, s), tevens op zat. van 10-13 h geopend.
Trailerhelling: Jachtwerf Lauwersmeer B.V., max. 30 ton.

Strijensas

Aan de N-oever van het Hollandsdiep; 2,5 km beneden de monding van de Dordtse Kil; 14 km van Dordrecht.
Maximumsnelheid: 6 km/h.
Waterstand: Bij gemiddelde rivierafvoer varieert de waterstand dagelijks van NAP + 0,66 m tot NAP + 0,46 m. Zie tevens onder 'Haringvliet'.

Haven: Op de kop van de W-havendam staat een lichtopstand met rood licht, op de kop van de O-havendam staat een baken. Op de W-havendam staat op ca. 100 m van de kop een rood en wit onderbroken licht. De rode sector dekt de oever van de Hoekse Waard aan weerszijden van Strijensas.

De haven is smal en bij laagwater 2,25 m diep. Van het W-havenhoofd steekt een bankje uit. De meeste diepte wordt aanvankelijk aangetroffen aan de W-wal; vóór de lichtopstand moet men echter oversteken naar de O-wal, die men verder moet aanhouden. Door een 5 km lang kanaal met sluis verbonden met Strijen, D 1,20 m.

Ligplaatsen: Vóór de sluis in de havenkom aan stuurboord de Jachthaven Strijensas, havenmeester dhr. Theuns, tel. (01854) 21 82, tarief f 1,50 per m lengte per nacht (elektra, toiletten, douches (f 1,–) en wastafels) ● aan bakboord de jachthaven van W.V. Westhaven, havenmeester B. J. Kruijthoff, tel. (01854) 27 62, tarief f 1,50 per m per nacht (elektra).

Sluis: Lengte 27 m, breedte 5,95 m. Bediening alleen van ma. t/m vr. van 8-16.30 h op verzoek, aanvragen bij de sluiswachter, B. J. Kruijthoff, Buitendijk 22, tel. (01854) 27 62, b.g.g. tel. (01864) 15 66 (Waterschapshuis in Klaaswaal). Sluisgeld f 2,70. Over de sluis ligt een ophaalbrug, die bediend wordt indien de doorvaarthoogte voor schepen met gestreken mast of met vaste opbouw niet voldoende is. De O-kant van de schutsluis (aan de zijde van het Hollandsdiep) is dieper dan de W-kant, bovendien is hier een aanlegsteiger. Op tijden dat de sluis niet wordt bediend mogen passanten aan de aanlegsteiger meren.

Motorbrandstof: Jachthaven Strijensas, be (sl), die (sl).

Reparatie: Jachthaven Strijensas, Sassedijk 6, tel. (01854) 21 82, romp/uitr (ht, s, p/op de wal + in het water); B. Verhoeff, Havenstraat 43, zeil/tuigage.

Mastenkraan: Jachthaven Strijensas.

Trailerhelling: Jachthaven Strijensas, max. 2 ton, tarief f 15,– per keer.

Botenlift: Jachthaven Strijensas, max. 12 ton, tarief f 5,– per m^2 per keer (liften met staande mast mogelijk tot 5 ton).

Stortplaats chemisch toilet: Achter het havengebouw van Jachthaven Strijensas.

Stukske, Het

Mooi rustig haventje aan de Bergse Maas, kmr 235,1 Lo; 1,5 km ten O van de kabelpont van Drongelen; 4 km ten W van de verkeersbrug bij Heusden. Het haventje ligt in de monding van het Afwateringskanaal, dat achter de jachthaven door een spuisluis is afgesloten. Voorbij de spuisluis is scheepvaart niet toegestaan. Bij invaart het midden houden, beide oevers zijn ondiep en niet verder doorvaren dan tot het einde van de grote steiger. Diep ca. 2 m bij GLW. Voorbij de grote steiger is de diepte minder dan 1 m. Haven in gebruik bij W.V. De Bergse Maas. Wanneer het elektrisch gemaal werkt moet men rekening houden met sterke stroom.

Ligplaats en kampeerterrein: Jachthaven 't Stukske van W.V. De Bergse Maas, havenmeester, tel. (04160) 3 48 99, tarief f 1,– per m lengte per nacht (KNWV-leden 25% korting) (toilet en wastafels), drinkwater (sl).

Suwâld (Suawoude)

± 1 km ten N van de Fonejachtbrug aan het Prinses Margrietkanaal Ro.

Lig- en aanlegplaats: In de plaatselijke jachthaven De Trijesprong, van W.V. Suwâld. Jachthaven staat in directe verbinding met het Prinses Margrietkanaal, ingang haven (bij de Bakkerij) is met borden aangegeven. Havenmeester O. Bosker, tel. (05118) 19 90, tarief f 1,– per m (drinkwater en elektra).

Swifterbant
In O-Flevoland aan de Swiftervaart. Bereikbaar via de Lage Vaart. Zie ook onder 'Flevoland'.
Bruggen: 3 vaste bruggen, H 4,25 m.
Ligplaats: In de havenkom in het centrum van Swifterbant, bij W.V. Swift, tarief f 6,– per nacht, max.verblijfsduur 3 dagen (elektra, douche en drinkwater).
Motorbrandstof: Op loopafstand van de haven.

Tacozijl
2 km van Lemmer; 1,5 km van de Grote Brekken.
Maximumsnelheid: Op de Zijlroede, 6 km/h.
Sluizen: Uitwateringssluis. Voor de scheepvaartsluis zie bij 'Lemmer'.

Tegelen
Aan de Maas, kmr 104,5; 3,5 km van Belfeld; 4 km van Venlo.
Aanlegplaats: Aan de loswal (onrustig).
Reparatie: Fa. A.G. van Lier, Metaalstraat 11/13, tel. (077) 73 13 36, aanlegsteiger benedenstrooms van de loswal, romp/uitr.

Ter Apel
45 km van het Winschoterdiep; 14 km van het Dortmund-Ems Kanal.
Grensoverschrijding: Voor tochten naar Duits gebied dient men in het bezit te zijn van de vereiste documenten.
Raadpleeg hiervoor de op de ANWB-vestigingen voor ANWB-leden gratis verkrijgbare watersportwijzer 'Varen in het Buitenland'.
Haren-Rütenbrock Kanal: Vaarweg van Nederland naar Haren aan het Dortmund-Ems Kanal.
De sluis in het Haren-Rütenbrock Kanal aan de Nederlandse grens wordt bediend door de sluiswachter van het 7e Verlaat.
De sluis juist over de Nederlandse grens, recht t.o. het Duitse grenskantoor staat normaal open.
Komende vanuit Duitsland moet men bij het Nederlandse grenskantoor telefoneren naar de sluiswachter van het 7e Verlaat voor het openen van de hefbrug en de bediening van de sluis over het Nederlandse deel van het Haren-Rütenbrock Kanal. Sluiswachter 7e en 8e Verlaat, dhr. K. Snijder, tel. (05994) 1 63 37, b.g.g. (05995) 19 36 (bedrijf Wedeka-Ter Apel). Zie tevens de aanwijzingen bij de brug.
Bediening bruggen en sluizen:

1 mei-1 okt.)	ma. t/m vr.	8-12, 13-17 h
	zat.	konvooivaart vertrek om 9 h van sluis 1 in Haren richting Nederland; om 11 h van de grenssluis in Rütenbrock richting Ems (BRD)
	zo. en fd.	gesloten
(1 okt.-1 mei)	ma. t/m vr.	8-12, 13-17 h
	zat., zo. en fd.*	gesloten

* Incl. Koninginnedag.
Ter Apelkanaal, Musselkanaal en Stadskanaal: Van Barnflair (tegen de Duitse grens) naar Bareveld (in de verbinding door Veendam naar het Winschoterdiep), zie onder 'Stadskanaal' en 'Veendam'.
Vaarweg naar Klazienaveen: Is onbevaarbaar door dammen.
Ruiten Aakanaal: Zie aldaar.
Aanlegplaatsen: Verschillende aanlegsteigers (ook voor kano's) in Ter Apel, o.a. steiger Molenplein/Hoofdstraat. Tarief zie onder 'Ligplaats'.
Ligplaats: Jachthaven Ter Apel tussen sluis Barnflair en Ter Apel. Over de toegang tot de jachthaven ligt een vaste brug, H 3 m. Max.diepgang 1,50 m. Havenmeester M. Riper, tel. (05995) 34 53.

Tarief per etmaal tot 5 m lengte f 2,50, tot 10 m f 5,–, tot 15 m f 7,50, vanaf 15 m f 10,– (elektra (f 2,60), toiletten, douche (douchemunten à f 1,–) en wastafels). Ook buiten de haven wordt aan de steigers in het centrum van Ter Apel liggeld geheven.
Drinkwater: Passantensteiger Molenplein/Hoofdstraat.
Motorbrandstof: Bij Potze tegenover de sluis in het Haren-Rütenbrock Kanal aan de Nederlandse grens.
Trailerhelling en kampeerterrein: Jachthaven Ter Apel, helling max. 5 ton (beperkte kampeermogelijkheden).

Terherne (Terhorne)

4 km van Akkrum; 4,5 km van de Houkesloot (Kruiswater); 3,5 km van Oudeschouw; zie ook 'Terhornster- en Terkaplesterpoelen'.
Maximumsnelheid: Op Prinses Margrietkanaal 12 km/h; op andere vaarwegen 9 km/h.
Sluis: De grote sluis tussen het Snekermeer en het Terhornstermeer staat gewoonlijk open. Zie verder bij 'Snekermeer'.
Vaaraanwijzing: Tussen de sluis en het dorp moet men zich aan de betonning houden, evenals aan de zijde van het Snekermeer over de eerste 100 m.
Bruggen:
– Beweegbare brug, H 2,45 m, over de Nieuwe Zandsloot ten N van het dorp. Bruggeld f 2,–. Bediening:

ma. t/m zat.	(15 mrt.-1 mei en 1 okt.-15 nov.)	6-7*, 7-8, 8.30-12, 13-17.30, 18-19**, 19-20* h (zat. tot 19 h)
	(1 mei-1 okt.)	6-7*, 7-8, 8.30-12, 13-17.30, 19-21 h (zat. tot 20 h)
	(15 nov.-15 mrt.)***	6-7*, 7-8, 8.30-12, 13-17, 17-20* h (zat. tot 19 h)
zo. en fd.	(april en okt.)	9-11, 16-18 h
	(mei en sept.)	9-12, 14-18 h
	(1 juni-1 sept.)	9-12, 14-17, 18-20 h
	(1 nov.-1 april)	gesloten

* Op verzoek, 24 h tevoren aanvragen bij de Gemeente Boarnsterhim, tel. (05662) 92 62.
** Zat. op verzoek.
*** Zat. van 6-19 h op verzoek.
De oude ophaalbrug over de Zandsloot door het dorp wordt niet meer bediend.
De bedieningstijden van de brug Heerenzijl zijn opgenomen onder Snekermeer, zie aldaar.
Waarschuwing: Er kan stroom lopen door het bruggat van de brug over de Nieuwe Zandsloot.
Lig- en aanlegplaatsen: Jachthaven Terzoolsterzijl, ten NW van de grote sluis, NW-hoek Terhornsterpoelen, havenmeester K.C. Vlig, tel. (05668) 95 95, tarief t/m 7 m lengte f 10,–, tot 10 m f 12,50, tot 12 m f 15,– per nacht (elektra, toiletten, douches (f 1,–) en wastafels)
● Aan de O-kant van de oude brug in de Zandsloot aan de Z-oever
● in de jachthavens o.a. Dorpsjachthaven van Sjerp de Vries, havenmeester C. de Jong, tel. (05668) 92 65, tarief f 1,– per m lengte per nacht (toiletten, douches (f 1,–) en wastafels) ● jachthaven van Watersportbedrijf De Horne aan de Horne, naast de Strandjachthaven, diepte vaargeul 1 m, tarief f 1,– per m lengte + f 0,46 p.p. toeristenbelasting per nacht ● Jachthavens Waterrecreatie Terhorne (Strandjachthaven aan de Horne en steigers bij Caravanpark Jongebuorren aan het Snekermeer en steigers bij Camping Oan 'd Poel), haven-

meester F. Postma-Lenger, tel. (05668) 93 51 tst. 17, max.diepgang 1,40 m, tarief f 1,– per m lengte per nacht (toiletten, douches (f 1,–) en wastafels) ● verschillende door de Marrekrite ingerichte ligplaatsen aan de Terhornster- en Terkaplesterpoelen ● jachthaven van Watersportbedrijf De Horne, tel. (05668) 92 64, tarief f 1,– per m lengte per nacht (elektra, toiletten, douches (f 1,–) en wastafels) ● Jachthaven Rijpkema, Terhornsterpoelen, tarief f 1,– per m lengte per nacht ● Jachthaven De Zandsloot, via Pr. Margriekanaal, havenmeester J. de Schiffart, tel. (05668) 98 10 (elektra, toiletten, douches en wastafels).
Drinkwater: Ten O van de oude brug in het dorp (sl).
Motorbrandstof: Watersportbedrijf De Horne, sbe (sl), die (sl); Jachthaven Terzoolsterzijl, die (sl); Jachthaven W.S.C. Zandsloot, die (sl).
Reparatie: Watersportbedrijf De Horne, Syl 11, tel. (05668) 92 64, bib/bub (alle merken), romp/uitr (ht, s, p, a/op de wal + in het water), elek; Jachtwerf Watersportbedrijf Rijpkema, aan de Terhornsterpoelen, bub/bib, romp/uitr; Jachthaven Terzoolsterzijl, Wjitteringswei 23, tel. (05668) 95 95, bub/bib (alle merken), romp/uitr (ht, s, p, a/op de wal + in het water), zeil/tuigage, elek; Jachthaven Oksewiel aan de Nieuwe Zandsloot, Terhornsterdijk 4, tel. (05668) 92 77, scheephelling max. 12 ton; Jachthaven De Zandsloot, bib/bub (alle Merken).
Hefkranen: Watersportbedrijf De Horne, Syl 11, Strandweg, tel. (05668) 92 64, dagelijks van 7-20 h, max. 3 ton, max.diepgang 1,10 m, tarief f 35,– tot f 45,–; Jachthaven Oksewiel, tel. (05668) 92 77, max. 6 ton, tarief f 25,– per m^2, scheepshelling max. 12 ton; Jachtwerf Watersportbedrijf Rijpkema, Buorren 8a, tel. (05668) 93 40, max. 10 ton; W. Dam, Buorren 100, tel. (05668) 95 38, max. 2 ton; Jachthaven Terzoolsterzijl, max. 7 ton, tarief f 25,– per m^2 (heffen met staande mast mogelijk); Jachthaven De Zandsloot, max. 20 ton, max.diepgang 2 m; Fa. Sjerp de Vries, kraan alleen geschikt voor open zeilboten, tarief f 35,–.
Trailerhellingen: Bij de Strandjachthaven van Waterrecreatie Terhorne aan de Horne (gratis); Watersportbedrijf De Horne, tarief f 5,–; openbare helling 50 m ten W van het Heerenzijl, Z-oever; Jachthaven Terzoolsterzijl, max. 1 ton, tarief f 7,50 .
Botenlift: Jachthaven De Zandsloot, max. 25 ton, max.diepgang 2 m.
Kampeerterreinen: Camping Oan 'd Poel*, beheerder J. Postma; Strandcamping aan het Snekermeer, beheerder R. van Sloten, geschikt voor kampeerders met zwaardboten, camping bij Watersportbedrijf De Horne. De genoemde campings zijn eigendom van Waterrecreatie Terhorne, tel. (05668) 93 51.
Wasserettes: Jachthaven Terzoolsterzijl; Camping Oan 'd Poel; Strandcamping; Jachthaven De Zandsloot.
Stortplaats chemisch toilet: Bij Jachthaven Terzoolsterzijl; bij Strandcamping; bij Jachthaven De Zandsloot.
Aftappunt vuilwatertank: Bij Jachthaven W.S.C. Zandsloot.

Terheijden
Aan de Mark; 8 km van Breda; zie ook 'Mark en Dintel'.
Havenmeester: A. C. Hamers, Markstraat 59, tel. (01693) 27 47.
Ligplaats: Gemeentelijke jachthaven, waarin gevestigd W.V. Terheyden, tarief eerste 4 uur gratis, daarna f 1,– per m lengte per nacht, max.diepgang ca. 3 m (toilet, douche en wastafels).
Motorbrandstof: Bij plaatselijke pompstations (Fa. Van Riel en Karremans) in het dorp op ± 200 m afstand van de haven, die, sbe en be.
Reparatie: Fa. Van Riel, Hoofdstraat 72, aan de Mark, tel. (01693) 12 15, bub/bib (zo. geopend); Fa. Karremans, Hoofdstraat 7a, bub/bib.

Terhornster- en Terkaplesterpoelen
Deze plassen hebben bijzondere landschappelijke schoonheid door

de fraai begroeide eilandjes. Er leidt een betonde vaargeul, D 1,95 m, van de ophaalbrug Heerenzijl (zie onder 'Snekermeer') naar de Meinesloot. Buiten deze vaargeul zijn de poelen bevaarbaar met 0,95 m diepgang behoudens enkele plaatselijke ondiepten. Deze plassen zijn goed bereikbaar door de Meinesloot, Henshuisterdeel en Akkrumerrak (O-zijde ondiep, zie ook 'Terherne (Terhorne)').
Maximumsnelheid: 9 km/h.
Ligplaatsen: Er zijn verschillende fraaie meerplaatsen door de Marrekrite ingericht. Op enkele plaatsen is met borden aangegeven dat het plaatsen van max. 3 tenten 's nachts (17-10 h) is toegestaan; verschillende eilanden, eigendom van W.V. Onder Ons, aan het vaarwater naar Akkrum en Heerenveen, alleen toegang met geldige kampeervergunning afgegeven door Gemeente Terherne.
Heerenzijl: (naar Snekermeer) Zie onder 'Snekermeer'.
Kampeerterreinen: Camping Maran*, bereikbaar via de Wijde Geeuw en de Lange Sloot en een zelf te bedienen brug in Terkaple (zie aldaar); zie verder onder 'Ligplaatsen'.

Terkaple
2 km van de Terkaplesterpoelen, 5 km van de Zijlroede bij Joure.
Vaarroute: Er leidt een schilderachtige route van de Terkaplesterpoelen langs Terkaple, Goingarijp en Akmarijp naar de Zijltjessloot, verder over de Scheensloot langs Broek naar de Zijlroede (zie onder 'Joure').
Bruggen: Over deze route liggen twee vaste bruggen en, bij Akmarijp, een draaibrug die soms openstaat en te allen tijde bediend kan worden (door de eigenaar of door zelfbediening). Over de Heremavaart (doodlopend in Terkaple) ligt een beweegbare brug, H 1,15 m (zelfbediening).
Ligplaats: Passantenhaven Terkaple, aan de O-oever van de Heremavaart (zijvaart van de Lange Sloot) in het dorp voorbij de beweegbare brug, tarief ca. f 5,– per nacht (toiletten, douches en wastafels bij Camping Maran).
Drinkwater: Bij Werf Noordmans; Camping Maran.
Motorbrandstof: Bij Werf Noordmans, die (sl); Douma Akmarijp, die (sl).
Reparatie: Werf Noordmans, Oenemawei 4, tel. (05668) 93 21, ten N van de meest N vaste brug, bib, romp/uitr (s); Kapa Jachtbouw, Bourren 9, tel. (05668) 94 94, romp/uitr (s/in het water); Douma Akmarijp, in Akmarijp, tel. (05668) 93 61, nabij de meest N vaste brug, romp/uitr, hellingwagen 15 ton.
Hefkranen: Werf Noordmans, max. 12 ton, tarief f 100,– per keer; Camping Maran, max. 3 ton, tarief f 35,–; Kapa Jachtbouw.
Kampeerterrein: Camping Maran*, Skutmakkerspole 8, tel. (05668) 93 67, b.g.g. 93 05, aan de O-zijde van de Heremavaart in het dorp.

Termunterzijl
Aan de Eems; 8 km ten O van Delfzijl.
Bijzondere bepalingen: Een varend of geankerd klein vaartuig moet bij slecht zicht en 's nachts in de haven van Termunterzijl een goed functionerende radarreflector voeren.
Getijstanden: Rijzing bij doodtij 3,20 m boven gemiddeld LLWS; bij springtij 3,55 m; gemiddeld LLWS = NAP – 2 m.
Haventoegang: De haven is bereikbaar via een 500 m lange vaargeul, breed 30 m en D 1 m bij gemiddeld LLWS. De geul is bebakend. Aan het einde van de vaargeul ligt de stormvloedkeersluis, die toegang geeft tot de haven. Van ca. 3 uur vóór tot 3 uur ná hoogwater staat er een felle stroom dwars op de vaargeul.
Havenmeester: G. L. Verschoor, Café Golden Zieltje, Diekstok 3, tel. (05962) 18 91.

Marifoon: Havenkantoor, kan. 9.
Stormvloedkeersluis: Deze heeft een drempeldiepte van 1,50 m bij gemiddeld LLWS en wordt alleen bij buitengewoon hoogwater gesloten. Een schip dat, in welke richting dan ook, door de keersluis wil varen, moet bij nadering van die sluis, ter voorkoming van aanvaring, het aandachtssein (één lange stoot) geven en dit zo nodig herhalen.
Ingeval van gevaar voor aanvaring van schepen met tegengestelde koers bij doorvaart door de keersluis, heeft het naar buiten varende schip voorrang boven het naar binnen varende.
Indien de doorvaart is gesloten, wordt dit aangegeven door het tonen van twee rode lichten boven elkaar aan stuurboordzijde van de doorvaartopening, zowel overdag als 's nachts. Bij vrije doorvaart kan er een krachtige stroom naar buiten staan als gevolg van het spuien met de zeesluizen of het in werking zijn van het gemaal in de stormvloedkeersluis.
Spuien: Voornemen tot spuien wordt op het Gemaal Cremer kenbaar gemaakt: overdag door het halfstok hijsen van een blauwe vlag waarop in witte letters 'spuien' staat; 's nachts door het tonen van drie horizontaal geplaatste rode lichten. Tijdens het spuien wordt deze vlag in top getoond en worden de rode lichten geplaatst in een driehoek met de top naar boven. Deze spuiseinen zijn van buiten komend niet zichtbaar.
Sluis: De Nieuwe Sluis geeft toegang tot het Termunterzijldiep, dat de verbinding vormt tussen Termunterzijl en het Winschoterdiep bij Scheemda (zie onder 'Termunterzijldiep').
De Oude of Kleine Sluis (de W-sluis) is buiten gebruik gesteld. De Nieuwe Sluis (de O-sluis) is 7,90 m breed.
Bij groter verschil dan 1 m tussen KP en de waterstand buiten wordt niet meer geschut. KP = NAP − 1,28 m.
Sluisbediening:

(1 mei-1 okt.)	ma. t/m zo. en fd.	8-20 h, op verzoek*
(1 okt.-1 mei)	ma. t/m zat.	8-20 h, op verzoek, 24 h tevoren aanvragen*
	zo. en fd.	gesloten

* Bediening aanvragen bij het Waterschap Eemszijlvest, Gemaal Cremer, tel. (05962) 14 89. Bediening afhankelijk van het getij. De sluismeester is vanaf 3 uur vóór laagwater aanwezig in het gemaal of in de directe nabijheid van het gemaal.

Ligplaats: In de gemeentelijke Jachthaven Termunterzijl in de Vissershaven met drijvende steigers, vallen bij laagwater droog, toegankelijk van ca. 1 uur ná laagwater tot ca. 2 uur vóór laagwater, en in de Binnenhaven. Tarief van f 9,50 tot f 14,− per dag, afhankelijk van de lengte (max. 25 m), tarief voor de 'bruine vloot' f 0,25 per m^2 per dag (elektra, toiletten, douches en wastafels). Er is een toeslag verschuldigd voor extra brede of lange schepen. Buiten het vaarseizoen (15 okt.-1 april) worden de drijvende steigers verwijderd. Vissershaven D 0,90 m bij gemiddeld LLWS.
Motorbrandstof: Maritime Supply Centre B.V., in de jachthaven, rode en witte die (sl).
Reparatie: Fa. Bosker en Zn., A. Verburghwijk 6, tel. (05962) 14 53/ 16 51/18 74, r (s); via Jachthaven Termunterzijl, bub (Yamaha, Mercury, Suzuki, Evinrude), bib (géén Solé, BMW, Farymann, Sabb, Nanni), romp/uitr (ht, s, p, a), zeil/tuigage, elek; J. Koster, Jacht- en Scheepstechniek, M Coendersbuurt, tel. (05962) 16 18, bib (alle merken), romp/uitr (ht, s/in het water), zeil/tuigage, elek.
Kampeerterrein: Camping Eems-Dollard bij de jachthaven.

Termunterzijldiep
Door de openstelling van het Termunterzijldiep in 1987 is de doorvaart gerealiseerd van Termunterzijl naar het Winschoterdiep in Scheemda. Het Termunterzijldiep heeft een lengte van 18 km, D 1,60 m en is i.v.m. de bediening van de bruggen en de sluis bevaarbaar van 7-19 h (van 19-7 h zijn de kunstwerken niet bedienbaar). Zie ook 'Nieuwolda', 'Scheemda' en 'Termunterzijl'.
Vaarwegbeheerder: Waterschap Eemszijlvest, Westersingel 66, 9901 GJ Appingedam, tel. (05960) 5 42 22.
Maximumsnelheid: 6 km/h.
Bruggen en sluizen: Vaste bruggen, laagste brug H 2,50 m.
Bediening beweegbare bruggen en sluis: De bruggen vanaf Scheemda t/m de brug in Termunterzijl (6 elektrisch beweegbare bruggen) en de sluis in Scheemda moet men zelf bedienen d.m.v. sleutels die dagelijks in Scheemda en Termunterzijl tegen een borgsom van f 40,- verkrijgbaar (en in te leveren) zijn:
– In Scheemda van 15 april-1 okt. bij Café De Haven, Diepswal 23, tel. (05979) 12 52; bij de fam. Tiggelaar, Diepswal 59, tel. (05979) 31 78.
– In Termunterzijl (zie aldaar) van 1 april-15 okt. bij de havenmeester (Café Golden Zieltje), Diekstok 3, tel. (05962) 18 91.
Van 1 okt.-15 april is een sleutel verkrijgbaar bij het Gemeentehuis Scheemda, tel. (05979) 52 00.
Bij de sleutel ontvangt men tevens een instructie voor de zelfbediening. Deze informatie is ook op de bruggen aangebracht, alsmede een telefoonnummer (tel. (05975) 12 12) in geval van storing.
Bediening sluis Termunterzijl: Zie aldaar.
Aanlegplaatsen: Bij verschillende bruggen en op diverse plaatsen langs de route zijn steigers aangelegd.
Ligplaatsen: Jachthaven Waarschip in 't Waar, gratis. Zie verder onder 'Nieuwolda', 'Scheemda' en 'Termunterzijl'.
Reparatie: Werf Waarschip B.V., Hoofdweg 103, 't Waar, tel. (05984) 2 01, bib (Volvo Penta, Yanmar, Mitsubishi, BMW, Vetus, Nanni en Ruggerini), romp/uitr (ht, s, p/op de wal + in het water). Zie verder onder 'Scheemda'.
Hefkraan: Werf Waarschip B.V., max. 5 en 10 ton, tarief f 75,- en f 150,-

Terneuzen
21 km van Vlissingen; 21 km van Hanswheert; 6 km van Sluiskil; zie ook 'Westerschelde'.
Kaartje: Is bij deze beschrijving opgenomen.
Getijstanden: Rijzing bij doodtij 4,15 m boven gemiddeld LLWS; bij springtij 5 m boven gemiddeld LLWS; gemiddeld
LLWS = NAP – 2,44 m.
Reglementen: In de havens van Terneuzen en op het Nederlandse gedeelte van het Kanaal Terneuzen-Gent geldt o.a. het 'Havenreglement Terneuzen' en het nieuwe Nederlandse 'Scheepvaartreglement van het Kanaal Terneuzen-Gent'. Op het Belgische gedeelte van het Kanaal Terneuzen-Gent geldt het nieuwe Belgische reglement van het Kanaal Terneuzen-Gent. Op het Belgische en Nederlandse gedeelte van het kanaal is het verplicht om het betreffende reglement aan boord te hebben. De beide reglementen zijn bijna identiek en afgestemd op het 'Scheepvaartreglement Westerschelde' (eind 1991 in werking getreden). Beide reglementen zijn opgenomen in de Almanak voor Watertoerisme deel 1, uitgave 1995/1996.
Op grond van het havenreglement van Terneuzen zijn de volgende havens (c.q. steiger) ten Z van de sluis verboden voor 'kleine vaartuigen': Noorderdok, Zuiderdok, Massagoedhaven, Ro-Ro steiger nr. 1 (tussen de Massagoed- en Zevenaarhaven) en Zevenaarhaven.

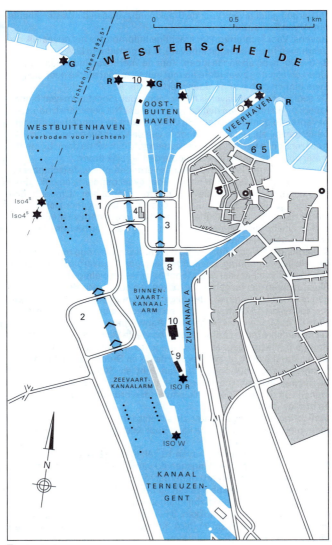

Terneuzen

1. Havengebouw, waarin gevestigd: Rijkswaterstaat, Douane, Rijkspolitie te water, Kon. Marechaussee en Havendienst
2. Westsluis (Zeevaartsluis)
3. Oostsluis (binnenvaart en jachten)
4. Middensluis (zee- en binnenvaart)
5. Jachthaven W.V. Neusen
6. Stichting Jachthaven Terneuzen, Jachthaven Royal Belgian Club en W.V. De Honte
7. Ponton
8. Vermeulen's Jachtwerf V.O.F. en ten O daarvan Jachthaven van W.V. Neussen
9. Scheepswerf met drijvende bokken
10. Verkeerspost

Dit verbod geldt tevens voor de Braakmanhaven aan de Westerschelde ten W van Terneuzen.
Havens: Voor jachten zonder krachtige hulpmotor is het gevaarlijk de Veerhaven (met buiten-jachthaven), D bij gemiddeld LLWS 3,40–3,90 m, bij eb aan te lopen. Vóór de Veerhaven loopt een zware vloed en een nog zwaardere eb met een bijzonder sterke neer die tot even binnen de havenhoofden merkbaar is.
De geul naar de Veerhaven is nauw. Men moet vóór stroom naar binnen lopen; bij eb hoeft men niet bang te zijn voor het benedenstroomse havenhoofd dank zij de neer. Bij vloed luistert de manoeuvre minder nauw dan bij eb. Het O-havenhoofd van de Veerhaven moet men ruim ronden in verband met stortsteen tot 20 m uit de dam; bij laagwater valt deze gevaarlijke ondiepte gedeeltelijk droog.
Meren of ankeren in de Veerhaven is verboden m.u.v. de jachthaven. Voor de West- en Oostbuitenhaven loopt veel minder tij en ook minder neer dan voor de Veerhaven. De stroom loopt hier nl. meer buiten de havenhoofden. De Westbuitenhaven is verboden voor jachten. Onder normale omstandigheden is het stil water ongeveer een half uur na hoogwater en ca. ³/₄ uur na laagwater Terneuzen. Zie tevens onder 'Reglementen'.
Ankerplaats: Op de rede voor de haven, tussen de rode tonnenlijn en de gele jachtbetonning, bevindt zich een goede ankerplaats. In het N-gedeelte van het vaarwater loopt betrekkelijk weinig stroom.
Sluis: Jachten dienen gebruik te maken van de Oostsluis (3). Aanwijzingen m.b.t. het schutten worden gegeven op marifoonkan. 18. Bij drukke recreatievaart en/of stremming worden jachten ook door de Westsluis (2) of Middensluis (4) geschut. Aanwijzingen worden gegeven via de luidsprekers, marifoonkan. 6 en via de Verkeerspost kanaal 3.
Bruggen: Alle beweegbaar, max. toegestane doorvaarthoogte in gesloten stand 7 m en ter plaatse van de W- en O-doorvaart 6,50 m (vaste delen) (zie ook onder 'Sas van Gent' en 'Sluiskil').
Bediening: Te allen tijde. In verband met waterbesparing kan het bedienen van de sluis door de sluismeester worden beperkt. Geen sluis- en bruggelden.
Verlichting: Voor havenlichten zie schetskaartje; voor sectorlicht moet men de Hydrografische kaart voor Kust- en Binnenwateren, nr. 1803' raadplegen.
Havendienst: Bij (1), Buitenhaven 1d, tel. (01150) 8 24 01.
Marifoon: Binnen het werkingsgebied van VTS-SM is alle scheepvaart (ook de recreatievaart) uitgerust met marifoon vanaf zee tot de Libo 35 verplicht bereikbaar te zijn op het Verkeerskanaal VHF-3. Verkeerscentrale Terneuzen bij in- en uitvaart van de havens en sluis en voor brugbediening, blokkan. 3 (vanaf de Westerschelde (blok 'Radar Terneuzen')), resp. 11 (blok 'Kanaal Terneuzen-Gent'); West- en Middensluis, kan. 6; Oostsluis, kan. 18.
Scheepvaartberichten ieder uur op kan. 3 (om .05 h) en kan. 11 (om .55 h). De beroepsvaart kan tevens gebruik maken van kan. 69 om zich ruim tevoren aan te melden.
Voor de recreatievaart geldt geen marifoon-meldplicht.
Het is toegestaan het Verkeerskanaal kortstondig te verlaten voor een korte melding aan een sluis, havendienst of radarcentrale.
Zie voor gedetailleerde informatie de 'Hydrografische Kaart voor Kust- en Binnenwateren, nr. 1803'.
Douane: Op de Zeesluizen, Rijkshavengebouw (1), Buitenhaven 1d, tel. (01150) 1 23 77, kantooruren 0-24 h. Voor douaneformaliteiten zie in de Handleiding van deze Almanak onder 'Douaneformaliteiten'.
Vaarweg naar België: Het Kanaal Terneuzen-Gent, lengte 32 km, geeft verbinding met het Vlaamse kanalenstelsel, dat met het Franse in verbinding staat. Formaliteiten zijn beschreven in de ANWB-water-

sportwijzer 'Varen in het Buitenland', voor ANWB-leden gratis verkrijgbaar aan de ANWB-vestigingen.
Ligplaatsen:
– Buiten de sluizen in de Veerhaven: Jachthavens, D 2-3 m bij gemiddeld LLWS: ● Stichting Jachthaven Terneuzen (6) achter de nieuwe middensteiger voor binnenschepen, havenmeester M. Pape, tel. (01150) 9 70 89, tarief f 0,60 per m^2 per etmaal (toiletten, wastafels, douches (f 1,–) en elektra) ● Jachthaven van de W.V. Neusen (5) langs de middensteiger, havenmeester dhr. Bisdom, tel. (01150) 9 63 31, (privé 3 12 36), tarief per nacht f 0,45 per m^2 (toiletten, douches, wastafels en elektra).
– Binnen de sluizen en Zijkanaal A: ● Jachthaven van W.V. Neusen (8), havenmeester J. Vrieswijk tel. (01150) 1 44 11 (privé 9 54 04), tarief per nacht f 0,45 per m^2 (douches, wastafels, toiletten en elektra) ● jachthaven van Vermeulen's Jachtwerf & Co V.O.F. (8), havenmeester V. d. Werff, tel. (01150) 1 28 66, tarief f 1,– per m lengte per nacht, max.diepgang 3,50 m; voorts in overleg met de Havendienst Terneuzen, te bereiken op marifoonkan. 11.
Drinkwater: In de Veerhaven (7) (sl), alleen langs de midden- en O-steiger voor de jachten; Vermeule's Jachtwerf & Co V.O.F. (sl) (8), jachthaven van W.V. Neusen.
Motorbrandstof: Bondewel in Zijkanaal A, die (sl).
Reparatie: Fa. Swets B.V., afd. Scheepsrep. (9), Schependijk 37, tel. (01150) 1 21 08, bib, romp/uitr (s, ht); Vermeulen's Jachtwerf & Co V.O.F. (8), Schependijk 25, tel. (01150) 1 27 16/1 31 15/1 28 66, bib (dealer Volvo Penta, Vetus, Bukh, reparatie van alle merken); romp/uitr (ht, s, p, a/op de wal + in het water), zeil/tuigage, elek (zat. geopend); Marines Services B.V., Beneluxweg 2e, tel. (01150) 9 55 67, aan Zijkanaal A tegenover No. 9, bib; Daimond Sailmakers Benelux, werkplaats Nieuwstraat 20, op 200 m van de jachthaven (6), tel. (01150) 1 90 96, zeil/tuigage; Dries Hamelink B.V., in Zijkanaal A tegenover Vermeulen's Jachtwerf (8), tel. (01150) 9 72 40/9 58 42, bib.
Hefkraan: Vermeulen's Jachtwerf & Co V.O.F. (8), max. 10 ton, tarief f 14,– per m^2 (heffen met staande mast mogelijk).
Trailerhelling: Openbare helling bij (7); Stichting Jachthaven Terneuzen (6), max. 1 ton, gratis.
Botenlift: Vermeulen's Jachtwerf & Co V.O.F. (8), max. 50 ton, tarief f 14,– per m^2 (liften met staande mast mogelijk).
Wasserette: Bij Stichting Jachthaven Terneuzen (6).
Stortplaatsen chemisch toilet: Bij W.V. Neusen (5); bij Stichting Jachthaven Terneuzen (6).

Terschelling

33 km van Harlingen door de Blauwe Slenk; 36 km over de Vlakte van Oosterbierum door het Kimstergat; zie ook onder 'Waddenzee'.
Bijzondere bepalingen: Een varend of een geankerd klein vaartuig moet bij slecht zicht en 's nachts op de Waddenzee en in de havens aan de Waddenzee een goed functionerende radarreflector voeren.
Marifoon en kustwacht: Binnen het werkingsgebied van VTS-Terschelling (Vessel Traffic Services in en rond het Zeegat van Terschelling) is de recreatievaart uitgerust met marifoon verplicht uit te luisteren op het daartoe aangewezen marifoonblokkanaal 2 (Roepnaam 'Verkeerscentrale Brandaris'). Voor de recreatievaart (uitgerust met marifoon) geldt in principe géén meldplicht.
Havendienst Terschelling, kan. 9; Verkeerscentrale Brandaris (roepnaam: Verkeerscentrale Brandaris), kan. 2 (ook voor het opvragen van actuele informatie); Kustwachtcentrum IJmuiden, kan. 67 (en 16 (noodkan.)); Centrale Meldpost Waddenzee, kan. 4 (zie onder 'Waddenzee').

Op kan. 2 worden ieder oneven uur + 30 min scheepvaartberichten uitgezonden: bijv. 1.30, 3.30, 5.30 h enz.

Zolang de rode vlaggen in het schietoefenterrein ten N van Terschelling zijn uitgezet, worden alle schepen die van het Boomkensdiep of een vaarroute door het gebied van de Noordergronden gebruik willen maken, verzocht vóóraf via marifoonkan. 74 (marifoonwalstation) contact op te nemen met de post Rangecontrol 'Noordvaarder, roepnaam Noordvaarder', om te informeren naar de mogelijkheid van een veilige doorvaart.

Het Boomkensdiep is sedert 1991 niet meer van betonning voorzien en derhalve niet veilig meer te bevaren.

Douane: Van Pasen t/m de herfstvakantie is een douaneambtenaar aanwezig in het kantoor aan de passantenhaven, Dellewal 1, tel. (05620) 28 84. Buiten deze periode zijn de havenmeesters van de passantenhaven en van de Rijkshaven bevoegd tot het afhandelen van de douaneformaliteiten, tel. (05620) 33 37/22 35. Voor douaneformaliteiten zie in de Handleiding van deze Almanak onder.'Douaneformaliteiten'.

Getijstanden: Rijzing bij doodtij 2 m boven gemiddeld LLWS; bij springtij 2,25 m; gemiddeld LLWS = NAP − 1,37 m.

Haven: De havengeul van West-Terschelling is 30-40 m breed. De diepte bedraagt 3,60 m bij gemiddeld LLWS (max. toegestane diepgang 3,40 m).

Direct na de haveningang is aan de W-zijde van de havengeul een havenkom, die uitsluitend bestemd is voor de veerdienst, de eilander viskotters, het bergingsbedrijf en de KNRM-vloot op Harlingen en de beroepsvaart. De recreatievaart moet heel goed rekening houden met de veerboten.

Het havencomplex bestaat verder uit drie havenkommen: de N-havenkom D 2,63 m bij gemiddeld LLWS, de Middenkom D 2,63 m bij gemiddeld LLWS en de Z-havenkom D 2,63 m bij gemiddeld LLWS. De Midden-, N- en Z-havenkom worden ingenomen door op Terschelling thuishorende vaartuigen, de grotere beroepsvaart en de chartervaart. De passantenhaven (verplicht voor jachten) bevindt zich achterin de haven, diepte 2,63 m bij gemiddeld LLWS. Men kan te allen tijde de haven invaren, doch men dient er rekening mee te houden, dat er een sterke getijstroom voor de haven kan staan. Voor de haven kentert het tij op het moment van hoog- en laagwater. In het Vlie (Vliestroom) loopt de eb nog ca. een uur door na laagwater; vloed een half uur na hoogwater. Wanneer er twee rode lichten op de W-havendam getoond worden, is de haven vol en zal in overleg met de Brandaris (kan. 2) (de Brandaris heeft contact met de havenmeester) eventueel invaren moeten worden overeengekomen.

Mistsein: Kop W-havenhoofd, hoorn (1) 15s (een stoot binnen 15 seconden) bij minder dan 1000 m zicht.

Verkeersdienst Waddenzee: Tel. (05620) 31 53.

Rijkshavenmeester: tel. (05620) 22 35.

Ligplaats: In de Passantenhaven Terschelling aan de Dellewal 1, havenmeesters J. van Roosmalen en Tj. van Weeren, tel. (05620) 33 37, tarief f 2,10 per m lengte per etmaal + f 1,75 p.p. toeristenbelasting per nacht, max.verblijfsduur bij grote drukte 3 dagen (elektra, toiletten, douches (f 2,–) en wastafels).

Toiletaccomodatie voor de chartervaart nabij de loskade (toiletten, douches (f 2,–) en wastafels).

Drinkwater: In de passantenhaven (sl); op de steigers tussen de havenkommen.

Motorbrandstof: P. Smit, Hoofdweg, Midsland, tel. (05620) 88 13 (op ± 5 km afstand van de jachthaven).

Reparatie: A. Gruppen, Oosterburen 20, Midsland, zeil/tuigage; Jonker

Watersport, Willem Barentszkade 45, tel. (05620) 22 24, zeil/tuigage (nabij de passantenhaven); Fa. Rijf, tel. (05620) 22 96, voor motorreparaties aanboord; Jacht- en Scheepsservice Bedrijf W. Meuldijk, Europalaan 68, tel. (05620) 27 26, bib (alle merken), romp/uitr (s, p, a/in het water).
Trailerhellingen: Aan de passantenhaven.
Wasserette en stortplaats chemisch toilet: Aan de passantenhaven.

Terwolde
6 km van Deventer; 13 km van Veessen; 1 km van de Gelderse IJssel.
Ligplaats: Jachthaven van Recreatie-camping De Scherpenhof aan de Gelderse IJssel (kmr 951,8), D ca. 1,75 bij NR, tarief f 1,75 per m lengte (elektra, toiletten, douches en wastafels).
Trailerhelling, kampeerterrein, wasserette en stortplaats chemisch toilet: Jachthaven Recreatie-camping De Scherpenhof, Bandijk 60, tel. (05717) 17 31, helling max. 20 ton, tarief f 15,–.

Texel
Zie ook 'Waddenzee'.
Douane: Douanekantoor in Oudeschild, geopend van 1 april tot 1 nov. dagelijks van 9.30-20 h (zie 'Oudeschild'). Voor douaneformaliteiten zie in de Handleiding van deze Almanak onder 'Douaneformaliteiten'.
Havens:
– De normale haven Oudeschild, zie aldaar.
– De Veerhaven Het Horntje, onbruikbaar voor jachten en bovendien verboden.
– Direct ten NO van de Veerhaven een haven van het Zoölogisch Station Texel, D NAP – 5,90 m. Alleen in noodgevallen toegankelijk voor jachten.
– De Marinehaven De Mok, voor noodgevallen. Zie onder 'Mok, De'.
Kustwacht: Roepnaam Kustwachtpost Eierland (Texel), marifoonkan. 16 of kan. 5 (ook voor het opvragen van actuele informatie). De post is het gehele jaar bemand van 8-17 h. Buiten die tijden is de post bereikbaar via Kustwachtcentrum IJmuiden (marifoonkan. 67 (en kan. 16, noodkan.)) of Centrale Meldpost Waddenzee, zie aldaar (marifoonkan. 16 noodkanaal).

Tholen
Aan de Schelde-Rijnverbinding; 18 km van Roosendaalse en Steenbergse Vliet; 7 km van Gorishoek.
Kaartje: Is bij de beschrijving opgenomen.
Waterstand: Gelijk aan NAP, doch er kunnen peilvariaties optreden van NAP + 0,05 m tot NAP – 0,25 m.
Haventoegang: De toegang tot de haven leidt van het Tholense Gat bij de rood-groene bolton door de Nieuwe Haven.
De geul is 4 m diep en kronkelt min of meer evenwijdig aan de dijk, rode tonnen en bakens aan bakboord houden, de groene spitse tonnen aan stuurboord. Daarentegen moet de reeks kleine dicht na elkaar liggende ronde gele tonnen ten Z van de vluchthaven niet voor navigatie gebruikt worden. De tonnen vormen een afbakening voor de vluchthaven. Van de Schelde-Rijnverbinding kan men de toegangsgeul invaren bij de groene ton NH 11.
Vluchthaven: Direct ten Z van Tholen, ook toegankelijk voor de pleziervaart, D ca. 6 m, overnachten toegestaan.
Oude Haven en jachthaven: D 2,40 m. De havenhoofden zijn voorzien van een groen en een rood licht. Aan de buitenzijde van de havens liggen drijvende steigers van W.S.V. De Kogge. In de Oude Haven zijn mogelijkheden om af te meren voor schepen groter dan 15 m uitsluitend na overleg met de havenmeester. Haven is voorzien van een Haven Ontvangst Installatie (H.O.I.).

Tholen

Havengeld: In de gemeentehaven (Oude Haven): f 0,40 per m² per nacht, abonnement na overleg mogelijk.
Ligplaatsen: Aan de drijvende steigers (of in beschikbare boxen) van W.S.V. De Kogge, havenmeester F. Zoeteweij, tel. (01660) 24 72 of (06) 53 17 11 10, tarief f 1,50 per m lengte + f 0,60 toeristenbelasting p.p. per nacht (toiletten, douches, wastafels en elektra) ● Fa. M. v. Duivendijk, tel. (01660) 23 69, ten N van de Oude Haven, max.diepgang 3 m, tarief f 1,50 per m lengte per etmaal (elektra en toilet).
Drinkwater: Fa. M. v. Duivendijk (sl); W.S.V. De Kogge (sl).
Reparatie: M. Oerlemans, Slagveld 3, bub/bib; Garage C. Bal, Wattstraat 3, bub (Mercury en Mariner), bib (alle merken); Fa. M. v. Duiven-

dijk, Contre-Escarpe 1, tel. (01660) 23 69, bub/bib (alle merken), romp/uitr (ht, s, p/op de wal + in het water).
Hefkranen: Fa. M. v. Duivendijk, max. 35 ton, max.diepgang 3 m, tarief f 35,– per m lengte; aan de Oude Haven, max. 1 ton.
Trailerhellingen: Eén openbare helling aan de O-oever van de afgesloten Eendracht, D 2 m.
Wasserette, stortplaats chemisch toilet en aftappunt vuilwatertank: Bij W.S.V. De Kogge (alleen voor passanten van de jachthaven van W.S.V. De Kogge en leden of in overleg met de havenmeester).

Thorn

Het witte stadje met veel monumenten, 3 km ten N van Stevensweert, aan het grindgat De Grote Heg. Bereikbaar via de Maas (plas Koeweide) bij Wessem, kmr 65,5 Lo; de toegang tot het grindgat bij kmr 64,5 Lo is afgesloten. Op de plas Koeweide moet men voorzichtig varen i.v.m. de aanwezigheid van grinddepots onder water. Door baggeren op de Koeweide en de nabij gelegen plas van Kessenich in België kan geluidsoverlast ontstaan.
Maximumsnelheid: 9 km/h.
Lig- en aanlegplaats: Voor zeiljachten tot 10 m lengte in de jachthaven van de Thorner Zeilclub aan de Koeweide, havenmeester T. Coolen, tarief f 5,– per etmaal (eerste nacht gratis) (toilet), gelegen op ca. 20 minuten loopafstand van Thorn ● langs de dijk bij het dorp, max.verblijfsduur 2 x 24 h, gratis (primitief).

Tiel

Aan de Waal, kmr 914,7; 80 km van Rotterdam; 30 km van Nijmegen; veerpont.
Haven: De havenmond is 70 m breed en wordt door een rood en een groen licht aangegeven. Let op: buiten het groene licht steekt een krib 110 m uit de oever. Deze krib is verlicht (rood licht). Havendiepte ca. 5 m.
Havenmeester (gemeente): C. van Vliet, Gemeentehuis, tel. (03440) 1 52 02.
Sluis: In het Amsterdam-Rijnkanaal. Bediening te allen tijde. Vaste brug, H KP + 10,55 m (KP = Lekpeil = NAP + 3 m).
Marifoon: Sluis Tiel (Prins Bernhardsluis) kan. 18; Verkeerspost Tiel kan. 69.
Ligplaats: In de jachthaven van de Tielse W.V. De Waal, havenmeester T. van Valen, tel. (03440) 1 48 34 (b.g.g. 1 66 80), tarief f 1,25 per m lengte per etmaal (elektra, toiletten, douches (f 1,–) en wastafels).
Motorbrandstof: Be op 200 m van de haven.
Vulstation propaangasflessen: Oostendorp, Voor de Kijkuit 1, tel. (03440) 2 07 49.
Reparatie: Watersportbedrijf Aqua-centrum, Nieuwe Tielseweg 60, tel. (03440) 1 25 05, bub.
Trailerhelling: Buiten gebruik gestelde veerstoep ten ZW van de havenmond.

Tiengemeten

Eiland tussen het Haringvliet en het Vuile Gat; zie ook 'Haringvliet'.
Havens: Het is niet toegestaan gebruik te maken van de haventjes.

Tilburg

35 km van de Amer; zie ook 'Wilhelminakanaal'.
Bruggen en sluizen: Het Wilhelminakanaal loopt in een boog door de N- en O-zijde van de stad. Komende uit W-richting passeert men eerst de sluizen nr. 2 en 3 (dubbele sluis), daarna in totaal vier vaste bruggen, waarvan de laagste H 5,25 m en zeven beweegbare bruggen.

Voor bediening van deze bruggen en sluizen zie bij 'Wilhelminakanaal'.
Bij kmr 27,1 takt in W-richting het Zijkanaal naar de Piushaven zich af. Over dit Zijkanaal liggen een vaste brug, H 5,40 m, en een draaibrug, die toegang geeft tot de Piushaven. Bediening:

(13 mei-4 sept.)	ma. t/m zat.	10, 12, 14, 16, 18 h
	zo. en fd.	gesloten
(4 sept.-13 mei)	dagelijks	gesloten

Lig- en aanlegplaatsen: In de Piushaven in het centrum van Tilburg, voorbij de draaibrug, tarief f 1,– per m lengte per etmaal, havenmeester A. Vialle, tel. (013) 42 93 68, b.g.g. 36 50 86 (privé) (toiletten, wastafels en douches naast Café Havenzicht) ● ongeveer 3 km ten ZO van Tilburg bevindt zich aan de Z-zijde van het kanaal de ingang naar het merencomplex van het Recreatieoord De Beekse Bergen, zie bij 'Hilvarenbeek' ● Jachthaven Tilburgse W.V., hoek Wilhelminakanaal/Piushavenkanaal, tel. (013) 43 36 03, tarief tot 10 m lengte f 7,50, voor elke m meer f 1,– per nacht (toiletten, wastafels en douches).
Drinkwater: Aan de Piushaven (sl).
Vulstation propaangasflessen: Brabantgas, Galjoenstraat 5; Van Gorp Bolsius B.V., Voltstraat 43, tel. (013) 43 59 30.
Hefkraan: Bij de Tilburgse W.V., max. 8 ton, max.diepgang 2 m, tarief f 75,–.
Wasserette en stortplaats chemisch toilet: Bij de toiletaccommodatie in de Piushaven naast Café Havenzicht.

Tjerkwerd

2,5 km van Bolsward; 7 km van Makkum; 3 km van Parrega.
Bruggen: Zie bediening van de bruggen over de Trekvaart van Workum naar Bolsward en over het Van Panhuyskanaal onder 'Trekvaart van Workum naar Bolsward', resp. 'Makkum'.
Maximumsnelheid: Op beide vaarwegen 9 km/h.
Aanlegplaats: Beperkte mogelijkheden aan de kade in het dorp.

Tjeukemeer

1 km van Echtenerbrug; 0,5 km van Follega; 5 km van Scharsterbrug. Het Tjeukemeer heeft een oppervlakte van 2077 ha. Bij flinke wind loopt er al spoedig een hoge golfslag. Er leiden betonde vaargeulen van de Pier Christiaansloot (Echtenerbrug) naar de Follegasloot en van de Follegasloot naar de Scharster Rijn (Lutkekruis). De monding van de Broeresloot is ca. 1 m diep. Zie verder onder 'Broeresloot'. Met helder zicht kan men met max. 1,50 m diepgang van de Scharster Rijn rechtstreeks naar de Pier Christiaansloot varen. Deze vaarweg leidt van de 3e ton vanaf de Scharster Rijn recht naar de kerktorens van Echten. Bij slecht zicht moet deze afsteekroute worden ontraden, tenzij men een goed kompas aan boord heeft.
In de NW-hoek van het meer liggen gele sparboeien. Tussen deze boeien en de vaargeul of walkant mag niet met hoge snelheid gevaren worden.
Vaarwegbeheerder: Provincie Friesland, Gedempte Keizersgracht 38, 8911 KL Leeuwarden, tel. (058) 92 59 25.
Ondiepten: Deze komen voor ten Z van de O-W-vaargeul. De ondiepten aan de N-zijde van het meer zijn betond met rood-witte tonnen. De overige ondiepten zijn bebakend d.m.v. de officiële betonning.
Maximumsnelheid: 9 km/h in de vaargeul, het gedeelte ten W van de Rijksweg 50 en ten O van de Rijksweg tot de vaargeul van de Scharsterrijn en het gedeelte vanaf het dagrecreatieterrein Uilesprong tot de gele tonnen haaks op de vaargeul bij de ton SR 12.

Buiten deze gebieden geldt voor vaartuigen tot 1,5 m³ waterverplaatsing géén snelheidsbeperking en is waterskiën toegestaan (zie ANWB-waterkaart 'Friese Meren' (kaart B)). Nadere informatie is opgenomen in de ANWB-watersportwijzer 'Snel motorbootvaren in Nederland'. Raadpleeg hiervoor de 'Handleiding' van deze Almanak onder 'Snelle motorboten en Waterskiën'.
Brug: Rijksweg 50 doorsnijdt het W-deel van het meer.
Over de vaargeul van de Pier Christiaansloot naar de Follegasloot ligt, vlak ten W van de afsplitsing van de geul naar de Scharster Rijn, een vaste brug, in het midden H 12,40 m. De brug en de oprijtten zijn van grote afstand zichtbaar.
Lig- en aanlegplaatsen: Aan de Z-zijde van het meer, Jachthaven van Oosterzee (Gietersebrug) onder beheer van Plaatselijk Belang Oosterzee, betonde geul halverwege vaargeul Follega-Echtenerbrug, havenmeester A.M. Cuiper, tel. (05144) 17 16, max.diepgang 1,50 m, tarief f 1,– per m lengte (elektra, toiletten, douches (f 1,–) en wastafels), drinkwater (f 1,–) ● beschutte ligplaatsen vindt men verder bij Echtenerbrug (zie aldaar) ● in de monding van de Scharster Rijn (Lutkekruis) (van de Marrekrite) ● aan de O-zijde van het dijklichaam van de verkeersweg door het meer, aan de eilandjes (van de Marrekrite) ● ten W van het dijklichaam van de verkeersweg, iets ten N van de monding van de Follegasloot naar Follega, 2 steigertjes van de Marrekrite (er is geen verbinding met de wal). Zie ook 'Sint Nicolaasga'.
Hefkraan: Jachthaven van Oosterzee (Gietersebrug), max. 3 ton, max.diepgang 1,50 m, tarief f 25,–.
Kampeerterrein en stortplaats chemisch toilet: Jachthaven van Oosterzee.

Tjonger (of Kuinder)

– Voor de vaarweg ten N van de Engelenvaart zie onder 'Tjongerkanaal'.
– Van de Engelenvaart tot de aansluiting met de Jonkers- of Helomavaart, D 2,40 tot 2,50 m, doorvaarthoogte onbeperkt (zie voor max.afmetingen onder 'Tjongerkanaal').
– Vanaf de aansluiting met de Jonkers- of Helomavaart richting Schoterzijl en vandaar over de Tussen Linde en het Nieuwe Kanaal naar Kuinre. Via de gerestaureerde sluis en de Linde in Kuinre kan men doorvaren naar Ossenzijl.
De vaste bruggen in dit gedeelte van de Tjonger hebben een hoogte van 2,75 m. Diepte 1,75 m; max. toegestane diepgang 1 m. In Tjonger zijn een paar ondieptes van ± 1 m, verder bevinden zich hier veel visstokken. Zie ook 'Kuinre' en 'Linde'.
Vaarwegbeheerder: Provincie Friesland, Gedempte Keizersgracht 38, 8911 KL Leeuwarden, tel. (058) 92 59 25.
Maximumsnelheid: 6 km/h.
Bruggen en sluis: Tot de jachthaven in Kuinre 5 vaste bruggen, laagste brug H 2,75 m. De sluis in Schoterzijl staat open. Zie verder onder 'Kuinre'.
Aanlegplaatsen: Aan een paar eilandjes tussen Broeresloot en Schipsloot. Het plaatsen van een tent is 's nachts (17-10 h) toegestaan waar dit d.m.v. borden is aangegeven. Zie tevens onder 'Kuinre'. Vanaf Kuinre tot Schoterzijl is het verboden ligplaats te nemen buiten de speciaal daarvoor aangegeven gedeelten van de oever. Max.verblijfsduur 2 x 24 h.
Ligplaatsen: Jachthaven De Driesprong aan 't Wijde van de Tjonger ten N van Langelille, havenmeester H. W. Stekelenburg, tel. (05618) 14 73, b.g.g. 19 97, max.diepgang 1,40 m, tarief f 1,– per m lengte per nacht (elektra, toiletten, wastafels en douches (f 1,–)) ● Jachthaven W.V. De Oude Haven aan de ZW-zijde van Kuinre (zie aldaar).

Hefkraan, kampeerterrein en wasserette: Jachthaven De Driesprong, Lemsterweg 21, Langelille, kraan max. 10 ton, max.diepgang 1,40 m (tevens zandstrandje aanwezig).

Tjongerkanaal

Van de Engelenvaart tot de Opsterlandse Compagnonsvaart bij Oosterwolde, 28 km.
Vaarwegbeheerder: Provincie Friesland, Gedempte Keizersgracht 38, 8911 KL Leeuwarden, tel. (058) 92 59 25 (voor aanvragen bediening tel. (058) 92 58 88).
Kaartje: Zie onder 'Opsterlandse Compagnonsvaart'.
Algemeen: Rustig vaarwater met veel goede ligplaatsen. Beneden (W van) de meest westelijke sluis nr. 1 leidt het riviertje de Tjonger door een weidegebied. Boven deze sluis komt men in het eenzame Tjongerdal met verschillende vogelreservaten. Vlak boven de sluizen kan men van de boot af nog over het land uitzien, maar de oevers worden hoger naarmate men de volgende sluis dichter nadert.
Het gekanaliseerde gedeelte van de Tjonger wordt gerekend tot de z.g. Turfroute. Bij Sluis I wordt een sticker 'Vrienden van de Turfroute' verkocht die toegang geeft tot het Tjongerkanaal en de verdere Turfroute. Kosten f 20,–, éénmalig per jaar.
Max. toegestane afmetingen: Van de Pier Christiaansloot tot sluis nr. 1, lengte 30 m, breedte 5 m, diepgang 1,50 m; van sluis nr. 1 tot de Compagnonsvaart, lengte 28 m, breedte 5 m, diepgang 1,10 m bij KP (zie verder onder 'Opsterlandse Compagnonsvaart').
Maximumsnelheid: Van de Pier Christiaansloot tot sluis nr. 1, 9 km/h; overigens 6 km/h.
Sluizen: Drie sluizen. Van W naar O genummerd 1, 2 resp. 3. Geen sluisgeld. Bediening als de bruggen (zie aldaar).
Bruggen: Er zijn drie beweegbare en zeven vaste bruggen, H 3,25 m. Geen bruggeld. Bediening:

ma. t/m zat.	(30 mei-5 sept.)	10-12, 13-17 h
	(5 sept.-30 mei)	gesloten
zo. en fd.	(gehele jaar)	gesloten

Ligplaats: Passantenhaven Oldeberkoop tussen de sluizen nr. 1 en 2, havenmeester H. Bouwhuis, tel. (05164) 12 70, tarief f 7,50 per nacht (elektra, douche, toiletten en wastafels) (tevens witte fietsen beschikbaar) ● aan de O-oever van het kanaal ten O van de afslag naar Oldeberkoop ● ten N van sluis nr. 1.
Drinkwater: Aan de passantenhaven (sl).
Trailerhelling: Aan de passantenhaven.

Trekvaart van Het Schouw naar Monnickendam en Edam

Algemeen: Van het Noordhollandskanaal nabij Het Schouw via Broek in Waterland, Monnickendam en Edam naar de Purmerringvaart. Totale lengte 13,4 km. D ca. 1,30 m.
Vaarwegbeheerder: Provincie Noord-Holland, Dienst Wegen/Verkeer en Vervoer, Postbus 205, 2050 AE Overveen, tel. (023) 14 31 43.
Maximumsnelheid: 6 km/h.
Bruggen en sluis:
– 2 vaste bruggen bij het Schouw (H 3,92 m) en bij Monnickendam (in de toegang tot het Stinkevuil of Purmer Ee), H 3,69 m.
– In Broek in Waterland, hefbrug H 1,56 m, in geheven stand H 4,69 m en een ophaalbrug H 1,32 m. Geen bruggeld. Beide bruggen worden door één brugwachter bediend.

Bediening:

(16 april-1 juni en		
1 sept.-16 okt.)	ma. t/m do.	10-13, 14-16.30 h
	vr., zat., zo. en fd.*	10-13, 14-16.30, 18.30-20 h
(1 juni-1 sept.)	dagelijks	9-13, 14-16.30, 18.30-20 h
(16 nov.-16 mrt.)	ma. t/m vr.	10-13 h, op verzoek**
	zat., zo. en fd.	gesloten
(16 mrt.-16 april en		
16 okt.-16 nov.)	ma. t/m vr.	10-13 h, op verzoek**
	zat.	9-13 h, op verzoek**
	zo. en fd.	gesloten

* Incl. Koninginnedag en 5 mei (Bevrijdingsdag).
** Bediening 24 h tevoren aanvragen, tel. (02995) 14 39.
In Monnickendam: Prov. hefbrug H 1,08 m, geheven H 3,93 m (gratis).
– Kloosterdijksluis (zie 'overzichtskaartje', opgenomen bij de beschrijving van 'Monnickendam').
Sluisgeld: Vaartuigen t/m 15 ton f 1,50, grotere vaartuigen volgens tarief, op zondagen 50% extra, 's nachts f 1,25 boven zondagstarief. Boven het sluisgeld wordt nog f 0,50 bruggeld geheven.
– Ten N van Monnickendam in de Trekvaart: Twee beweegbare bruggen, de Rietvinksbrug in Katwoude en de Zeddebrug, beide H 1,52 m (gratis) en een vaste brug (nieuw) H 3,23 bij KP (KP = NAP - 0,50 m). (Met een diepgang tot max. ca. 1 m (veel hinder van bagger) kan men de beide beweegbare bruggen vermijden door om te varen via Stinkevuil of Purmer Ee, Purmerringvaart en Zeddegat (tevens veel hinder van bagger)).
– Bediening van deze drie bruggen en de sluis:

(16 mrt.-16 april en		
16 okt.-16 nov.)	ma. t/m vr.	10-13 h, op verzoek**
	zat.	9-13 h, op verzoek**
	zo. en fd.	gesloten
(16 april-1 juni en		
1 sept.-16 okt.)	ma. t/m do.	10-13, 14-17 h
	vr., zat., zo. en fd.*	10-13, 14-17, 18-20 h
(1 juni-1 sept.)***	dagelijks	10-13, 14-17, 18-20 h
(16 nov.-16 mrt.)	ma. t/m vr.	10-13 h, op verzoek**
	zat., zo. en fd.	gesloten

* Incl. Koninginnedag en 5 mei (Bevrijdingsdag).
** Bediening 24 h tevoren aanvragen, tel. (02995) 14 39, voor Kloosterdijksluis, Waterschap de Waterlanden, tel. (02998) 22 22.
*** Voor de hefbrug en de Kloosterdijksluis in Monnickendam geldt in de periode 1 juni-1 sept. een afwijkende bediening nl:

(1 juni-1 sept.)	dagelijks	9-13, 14-17, 18-20 h

Plaatsbeschrijvingen: Zie onder 'Schouw, Het', 'Broek in Waterland', 'Monnickendam' en 'Edam'.

Trekvaart van Workum naar Bolsward
Vaarwegbeheerder: Provincie Friesland, Gedempte Keizersgracht 38, 8911 KL Leeuwarden, tel. (058) 92 59 25.
Lengte: 10 km.
Maximumsnelheid: Vanaf 1975 m ten ZW van de sluis in Workum tot het Kruiswater in Bolsward, 9 km/h.

Bruggen: Alle beweegbaar. Prov. brug in de weg Hindeloopen–Bolsward (geen bruggeld), zie bij 'Workum'.
Bediening: Brug in Nijhuizum bij Workum (f 2,–), brug Hollanderzet (bruggeld f 1,50) en de bruggen bij Parrega, Tjerkwerd (dorp) en Eemswoude (bruggeld f 2,– per brug):

ma. t/m zat.	(1 mei-1 okt.)	8-10, 10.30-12, 13-15.30, 16-17.30, 18-20 h
	(1 okt.-15 nov. en 15 mrt.-1 mei)	8-10, 10.30-12, 13-15.30, 16-18 h
	(15 nov.-15 mrt.)	8-10, 10.30-12, 13-15.30, 16-18 h, op verzoek*
zo. en fd.	(mei en sept)	9-11, 16-18 h
	(1 juni-1 sept.)	8-11, 14-16, 18-20 h
	(1 okt.-1 mei)	gesloten

* Bediening aanvragen bij de Provincie Friesland, tel. (058) 92 58 88, buiten kantoortijden tel. (058) 12 24 22. De bediening van de brug Hollanderzet dient 24 h tevoren aangevraagd te worden via de Provincie Friesland.

Tuil
Aan de Waal t.o. Zaltbommel, kmr 934,7 Ro.
Haven: In het midden diep ca. 1,20 m bij GLW. De waterstand is in de zomer vaak lager dan GLW.
Aanlegplaats: Langs de loswal, meestal rustig (gratis).

Twentekanalen
Kanaal Zutphen-Enschede en Zijkanaal naar Almelo. Zie ook onder 'Eefde', 'Lochem', 'Goor', 'Delden', 'Hengelo' en 'Enschede'. Er is verbinding tussen het Zijkanaal naar Almelo en het kanaal Almelo-De Haandrik (zie onder 'Almelo').
Algemeen: Landschappelijk fraai kanaal tot de W.V. in Hengelo. Daar voorbij minder mooi.
Kaartje: Is bij de beschrijving opgenomen. De hoogten van de bruggen en diepten zijn in meters.
Vaarwegbeheerder: Rijkswaterstaat Directie Overijssel, Dienstkring Twentekanalen, Holterweg 30, 7475 AW Markelo, tel. (05476) 82 22.
Maximumsnelheid: Kanaal Zutphen-Enschede en Zijkanaal naar Almelo voor 'lege' schepen 12 km/h, Kanaal Almelo-De Haandrik voor 'lege' schepen 8 km/h.
Maximumdiepgang: Op het Kanaal Zutphen-Enschede tussen kmr 0 en 17,2 (Lochem) 2,80 m bij een buitenwaterstand van NAP + 3,20 m bij sluis Eefde (IJsselzijde); overigens 2,60 m. Op het Zijkanaal naar Almelo 2,50 m.
Bijzondere bepalingen: Voor alle schepen geldt een ankerverbod. Meren is alleen toegestaan op de daarvoor aangewezen gedeelten, max.verblijfsduur (buiten de havens) 3 x 24 h.
Bruggen: 25 vaste bruggen in Kanaal Zutphen-Enschede en 11 vaste bruggen in Zijkanaal naar Almelo, laagste brug, H 6,30 m. Voor schepen is de max. toegestane hoogte 6 m. Over beide kanalen zijn hoogspanningsleidingen, waarvan de laagste, H 16,80 m.
Sluizen: 3 sluizen in Kanaal Zutphen-Enschede, nl. in Eefde, Delden en Hengelo. Aan de rivierzijde van de sluis Eefde bevindt zich een voorsluis, die gebruikt wordt bij lage waterstand.
Pleziervaartuigen worden alleen geschut gelijktijdig met de beroepsvaart. In bijzondere gevallen kan voor grotere aantallen pleziervaartuigen bij tijdige aanvraag afzonderlijke schutting worden toegestaan.

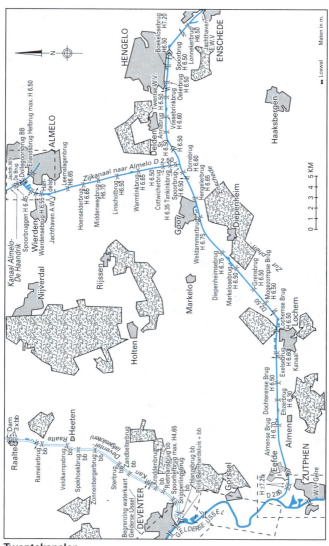

Twentekanalen

Geen sluisgelden.
Sluismeester in Eefde, tel. (05750) 1 32 12; Delden (05407) 6 14 05 en
Hengelo (074) 91 20 60. Bediening:
– Sluis Eefde:

ma.	6-24 h
di. t/m vr.	0-24 h
zat.	0-20 h
zo. en fd.*	9-17 h

– Sluis Delden:

ma. t/m vr.	6-22 h
zat.	6-20 h
zo. en fd.*	9-17 h

* Bediening op 30 april, 5 mei, Hemelvaartsdag en Goede Vrijdag, als op werkdagen. 1e kerstdag geen bediening, overige fd. bediening als op zondag en de dag voorafgaand tot 20 h.
– Sluis Hengelo:

ma. t/m vr.*	6-7.30, 12-13.30, 16-18 h
zat.	6-8.30, 12-13.30, 16-18 h
zo. en fd.**	gesloten

* I.v.m. de watervoorraad zijn, van ma. t/m vr., tussentijdse schuttingen (ter beoordeling van de sluismeester) mogelijk.
** Bediening op 30 april, 5 mei, Hemelvaartsdag en Goede Vrijdag als op zaterdag. 1e kerstdag geen bediening, overige fd. vallend op werkdagen, bediening 9-11, 15-17 h.
Marifoon: Sluis Eefde, kan. 22; Sluis Delden, kan. 18.
Gemeentelijke havenmeesters: In Lochem, dhr. Overmaas, tel. (05730) 5 66 31; in Markelo, tel. (05476) 15 64; in Goor, W. ten Zende, tel. (05470) 8 77 55.
Lig- en aanlegplaatsen: Bij de watersportverenigingen in Hengelo, Enschede en Almelo, zie aldaar ● aan de gemeentelijke losplaatsen in Markelo, Goor (oevers ondiep met stenen) en Delden. Bij deze losplaatsen ligt men niet altijd rustig; bij de jachtensteiger juist binnen de sluis in Eefde in een zijarm (zie onder 'Eefde') ● in de passantenhaven in Lochem (zie aldaar).

Uitdam
Aan het Markermeer; 8 km ten NO van Hoek van het IJ.
Toeristenbelasting: Tarief f 1,25 p.p. per nacht
Ligplaats: Jachthaven Uitdam ★★★★, havenmeester B.W. van Dam, tel. (02903) 14 33, 1 km ten N van het dorp, max.diepgang 2,10 m, tarief f 2,– per m lengte per nacht (elektra, toiletten, wastafels en douches (f 1,–)).
Direct ten Z van de ingang ligt een ondiepte in het Markermeer. Havenmond ca. 20 m breed, aangegeven door groen en rood licht en betonning.
Drinkwater: Jachthaven Uitdam (sl).
Motorbrandstof: Jachthaven Uitdam, die (sl), sbe (sl).
Hefkraan: Jachthaven Uitdam, Zeedijk 2-4, tel. (02903) 14 33, max. 9 ton, tarief f 30,– per m lengte (heffen met staande mast mogelijk).
Trailerhelling: Jachthaven Uitdam, max. 3 ton, tarief f 25,– per keer, max.diepgang 1,75 m.
Noodhaven: Bij polder De Nes, zie 'Nes, De'.
Kampeerterrein, wasserette en stortplaats chemisch toilet: Camping Jachthaven Uitdam*.

Uitermeer
Aan de Vecht; 4 km van Weesp; 5 km van Nigtevecht.
Brug: Over de Vecht (zie aldaar).
Sluis: Sluis met ophaalbrug, H 1,80 m, in de 's-Gravelandse Vaart (zie aldaar).
Motorbrandstof: Fa. Bruinekool Oliehandel, bij 't fort, die (sl).

Uitgeest

5 km van Knollendam; 5 km van Gat van het Meer; zie ook 'Alkmaardermeer'.
Schutsluisje met beweegbare brug: Naar Uitgeester- en Heemskerkerbroekpolder. Sluisgeld f 2,50, bruggeld f 1,50. Bediening ook op zo. en fd.
Maximumsnelheid: 6 km/h.
Ligplaatsen: Jachthaven Watersportcentrum Uitgeest bij Zaadnoordijk Watersport B.V., havenmeester H. v. Leeuwen, tel. (02513) 1 23 15, tarief f 1,50 per m lengte per etmaal, max.diepgang 2 m (elektra, toiletten, wastafels en douches), speelplaats voor kinderen
● Jachthaven Zwaansmeerpolder (jachthaven van de Z. en W.V. Uitgeest), havenmeester R. v. d. Stelt, ass.havenmeester P.R. de Vries, tel. (02513) 1 35 53, max.diepgang 1,90 m, tarief f 1,– met een min. van f 5,– (leden van een W.V. aangesloten bij het KNWV f 2,– korting) (elektra, toiletten, wastafels en douches (f 1,–)).
Reparatie: Jachthaven Joosten V.O.F., Sluisbuurt 47a, tel. (02513) 1 27 95, bub (Yamaha); Zaadnoordijk Watersport B.V., Lagendijk 7, tel. (02513) 1 90 08, bub/bib (alle merken, dealer Yanmar), romp/uitr (ht, s, p/op de wal + in het water), elek; Fa. De Weers (Watersportcentrum Uitgeest), zeil/tuigage.
Hefkranen: Zaadnoordijk Watersport B.V., max. 9 ton, tarief f 6,– per m^2 (heffen met staande mast mogelijk); Jachthaven Zwaansmeerpolder, kraantje tot 600 kg, max.diepgang 1,70 m, tarief f 10,–; Jachthaven Joosten V.O.F., max. 4 ton, tarief f 50,–.
Trailerhelling: Jachthaven Zwaansmeerpolder, max. 350 kg, tarief f 3,– per keer, max.diepgang 1,50 m.
Botenlift: Jachthaven Zwaansmeerpolder, max. 14 ton, tarief f 80,–, max.diepgang 2 m (liften met staande mast mogelijk).
Kampeerterreinen: Bij Recreatiepark Dorregeest.
Wasserette: Zaadnoordijk Watersport B.V. (wasmachine en droogtrommel); Jachthaven Zwaansmeerpolder.
Stortplaatsen chemisch toilet: Bij Jachthaven Zwaansmeerpolder.

Uithoorn

11 km van Ouderkerk; 8 km van Tolhuissluis; 3 km van Pondskoekensluis; zie ook 'Amstel'.
Bruggen: De nieuwe busbrug (voorheen spoorbrug), H 2,80 m en de Prinses Irenebrug over de Amstel, H 2,80 m, worden bediend zoals is aangegeven onder 'Amstel'.
Lig- en aanlegplaatsen: Tussen de verkeersbrug en de oude spoorbrug zijn haaks op de kademuur drijvende steigers (pontons) aangebracht. Deze pontons hebben een lengte van 6 m. Men kan ook aan de kade afmeren. Havenmeester J. Baas, tel. (02975) 4 32 26, (toiletten, wastafels en douches (munten verkrijgbaar bij Restaurant Sirtaki, Wilhelminakade 11).
Gemeentelijk liggeld: f 0,065 per m^3, met een min. van f 6,50 per dag.
Drinkwater: Bij de steigers.
Reparatie: Fa. Burggraaf, Boterdijk 12, zeil, elek
Stortplaats chemisch toilet: Op de kade naast Wilhelminakade 11.

Uithuizen

22 km van Groningen; 8 km van Middelstum; aan het Boterdiep (zie aldaar).
Vanaf het Warffumermaar bereikbaar via het Usquerder- en Helwerdermaar (zie aldaar) met een max.diepgang van 0,60 m en hoogte van 2 m.
Ligplaats: Jachthaven W.V. Op 't End, havenmeester J. Nienhuis, max.diepgang 1 m, tarief f 5,– per nacht (elektra, toiletten, wastafels en douches (f 1,–)).

Reparatie: K. Bisschop, Mennonietenkerkstraat 10, tel. (05953) 37 17, zeil/tuigage; Luchtenberg B.V., bedrijfsterrein Edema, tel. (05953) 18 35, romp/uitr (p).
Hefkraan: Jachthaven W.V. Op 't End, max. 15 ton, tarief f 50,–, uitsluitend aan het begin en einde van het seizoen.
Kampeerterrein: Camping Sportpark Uithuizen, Oudetilsterweg, op 300 m afstand van het Boterdiep.
Stortplaats chemisch toilet: Bij Jachthaven W.V. Op 't End.

Uithuizer- en Meedstermaar

Zijvaart van het Boterdiep (zie aldaar) ten Z van Uithuizen. D 1 m. Deze vaart is tevens bereikbaar via het Usquerder- en Helwerdermaar (zie aldaar). Het Meedstermaar is slechts tot de ophaalbrug Paapstil in Oldenzijl bevaarbaar.
Bruggen: 3 vaste bruggen, H 2,95 m, en een ophaalbrug (brug Paaptil) over het Meedstermaar in Oldenzijl.
Aanlegplaats: Aan de oude loswal in Oldenzijl vóór de ophaalbrug Paapstil, gratis.

Uitwellingerga

7 km van Terherne (Terhorne); 4,5 km van het Koevordermeer; 4 km van Sneek; zie ook 'Prinses Margrietkanaal'.
Brug: Beweegbare brug, H 7,30 m, over het Prinses Margrietkanaal. Geen bruggeld. Bediening zie onder 'Prinses Margrietkanaal'.
De brug blijft t.b.v. de autobusdienst telkens gesloten van .00–.10 h, .21–.35 h, .44–.47 h en .56–.00 h.
Algemeen: Het dorp zelf ligt aan de oude arm van de Oosterbrugsloot. Langs Oppenhuizen (zie aldaar) over 't Ges verbinding met de Houkesloot (Sneek), diepte minder dan 1 m. Mooi landelijk water.
Ligplaatsen: Jachthaven Watersportcentrum (W.S.C.) Hart van Friesland, aan de kruising van 't Ges en de Oosterbrugsloot, havenmeester T. Snijders, tel. (05153) 94 44, max.diepgang 1,50 m, tarief f 1,25 per m lengte per nacht (toiletten, douches (f 1,–) en wastafels) ● Aan de gemeentelijke laad- en loswal, tarief tot 7 m lengte f 7,–, tot 10 m f 10,– en meer dan 10 m f 15,50 per nacht + f 0,90 toeristenbelasting p.p. (toiletwagen aanwezig) ● Jachthaven/Zeilschool Krekt oer't Wetter, 150 m ten O van de Horse brug naar bakboord, na 700 m aan stuurboord, bereikbaar met een max.hoogte van 2,60 m, tarief f 1,– per m lengte (toiletten, douches en wastafels) ● Jachthaven De Watervriend, 300 m ten O van de Horse brug bakboord uit, havenmeester J. van Engelen, tel. (05153) 98 97, max.diepgang 1,40 m, tarief f 1,– per m lengte per nacht (elektra, toiletten, wastafels en douches (f 1,–)).

● Ligplaats van de Marrekrite in het verlengde van de Nauwe Geeuw, bereikbaar via de Oosterbrugsloot. Verder naar het ZW zijn talrijke goede ligplaatsen langs de Witte en Zwarte Brekken, Oudhof en Wijmerts. Op sommige plaatsen is met borden aangegeven dat het plaatsen van max. drie tenten 's nachts (17-10 h) is toegestaan.
Drinkwater: Bij de openbare toiletwagen (toiletten en wastafel) aan de N-oever van de Oosterbrugsloot, ten W van de splitsing met 't Ges (muntautomaat).
Reparatie: Krekt oer't Wetter, Sjuwedijk 16, tel. (05153) 92 44, romp/uitr (ht, p); Jachtverhuur Wetterwille, Buorren 88, tel. (05153) 92 49, romp/uitr (s, p/op de wal + in het water).
Hefkranen: Krekt oer't Wetter, max. 5 ton, tarief f 75,– per keer; Jachthaven De Watervriend, max. 20 ton, max. 1,40 m, tarief f 75,– (heffen met staande mast mogelijk); Jachtverhuur Wetterwille, max. 8 ton, tarief 3,– per m^2 (min. f 50,–), max.diepgang 1,20 m (heffen met staande mast mogelijk); Jachthaven Bouma, Buorren 1, tel. (05153) 92 78, max. $2^1/_2$ ton, tarief f 50,–.

Trailerhellingen: Jachthaven W.S.C. Hart van Friesland, max. 300 kg, tarief f 5,– per keer.
Botenlift: Jachthaven De Watervriend, max. 20 ton, tarief f 75,– (liften met staande mast mogelijk).
Wasserette: Jachthaven W.S.C. Hart van Friesland.
Stortplaatsen chemisch toilet: Bij Jachthaven Krekt oer't Wetter.
Aftappunt vuilwatertank: Jachthaven De Watervriend.

Ulrum
Aan het Hunsingokanaal ten N van Zoutkamp.
Ligplaats: Jachthaven Trekweg van W.V. De Watergeuzen, aan de kruising van het Hunsingokanaal en de Ulrumeropvaart, tevens jachthaven voor kleine motorboten aan de Ulrumeropvaart, Brugweg, Ulrum, tarief f 5,– per nacht (toiletten en douches (f 1,–)), havenmeesters Jachthaven Trekweg, W. Jager, tel. (05956) 23 39, Brugweg A. de Vries, tel. (05956) 20 53.
Motorbrandstof en reparatie: Fa. Bakker, Nieuwstraat, tel. (05956) 12 12, die, be, sbe, bib/bub.
Trailerhelling: Jachthaven Trekweg, max. 1 ton, tarief f 2,50 per keer.
Kampeerterrein: Camping Achter Tiltje, aan de Ulrumeropvaart naar Ulrum, max.diepgang 1 m. Beheerder R. Vogel, Brugweg 12, tel. (05956) 20 30 (kanosteiger aanwezig).
Stortplaats chemisch toilet: Bij Jachthaven Trekweg.

Urk
Kaartje: Is bij deze beschrijving opgenomen.
Vaaraanwijzing: Ten W van Urk ligt de Vormt, een ondiepte van ca. 0,40 tot 0,70 m waar veel grote stenen liggen, hetgeen veel schroefschade kan veroorzaken. Jaarlijks stranden hier nog vele jachten. Deze ondiepte is betond. Komende van het N of het W moet men er rekening mee houden dat de haventoegang 0,9 km ten ZO van de vuurtoren ligt.
Havens: De haven is moeilijk te verkennen, vanuit ZW- en ZO-richting komende is het gemaal bij de Urkersluis een kenbaar punt: pas op korte afstand ziet men de rood-wit en groen-wit gestreepte lichtopstanden aan weerszijden van de haveningang. Bij de vuurtoren is het ondiep (de Vormt). Diepte van de havens 3,20 m bij IJWP.
Lichten: Wit schitterlicht om de 5 seconden (vuurtoren). Rood vast licht op de kop van de W-havendam. Groen vast licht op de kop van de OW-lopende dam ten Z van de Werkhaven. Wit geleidelicht (Iso 4s) met groene sector op de kop van de oude O-havendam, alleen zichtbaar bij het aandoen van de haven. Men dient het laatst genoemde licht tussen de beide havenlichten te houden.
Mistseinen (nautofoons):
– Bij de vuurtoren, hoorn (2) 30s (2 stoten binnen 30 seconden).
– Kop W-havendam, hoorn (3) 30s (3 stoten binnen 30 seconden).
Toeristenbelasting: Per schip per overnachting: tot 10 m lengte f 0,80, tot 14 m lengte f 1,40, vanaf 14 m f 2,10.
Havenmeester: J. van Urk (7), tel. (05277) 26 97.
Marifoon: Havenkantoor, kan. 12.
Sluis: Toegang Urkervaart in de Noordoostpolder door schutsluis. Voor bediening en gegevens omtrent de doorvaart naar Lemmer of de Kadoelersluis bij Vollenhove zie 'Noordoostpolder'. De maximale doorvaarthoogte is 6,50 m i.v.m. een vaste voetbrug over het benedenhoofd van de sluis.
Lig- en aanlegplaatsen: Alle ligplaatsen zijn vrij, in overleg met de havenmeester, tarief voor plezierjachtuigen f 1,10 per m lengte per etmaal (excl. toeristenbelasting), max.verblijfsduur 1 week. Grote schepen moeten vooraf contact opnemen met de havenmeester via

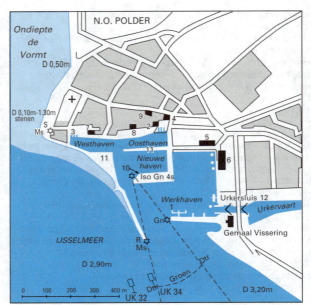

Urk

1. W.V. Zuiderzee
2. Havenkantoor
3. Jachtwerf J. Hakvoort
4. Oude Werf Metz
5. Fa. A. Hoekman
6. Nieuwe Werf Metz
7. Watersporthandel A. Post
8. Hotel Verwachting
9. Hotel Wapen van Urk
10. Visafslag
11. Toiletgebouwtje
12. Urkersluis en vaste voetbrug over de binnenzijde, H 6,50 m

marifoonkan. 12 (drie toiletgebouwen (11) met toiletten, douches (f 1,–) en wastafels).
● Verder is er de jachthaven van de W.V. De Zuiderzee (1) aan de Z-oever van de Werkhaven voor de Urkersluis voor jachten tot 10 m lengte, havenmeester M. Buter, tel. (05277) 16 77, tarief f 1,– per m lengte per nacht, excl. toeristenbelasting (elektra, toiletten, douches (f 2,–) en wastafels). Toiletaccommodatie tussen de Oost- en de Nieuwe Haven (11). Havenmeester C. Zeeman, tel. (05277) 26 97.
Drinkwater: In toiletgebouwtje (11); bij het havenkantoor; aan de Visafslag; aan de Westhaven bij het strand.
Motorbrandstof: Bij verschillende adressen aan de haven en bij tankboten, die (sl), be (sl), sbe (sl), op zo. gesloten.
Reparatie: Fa. Hoekman (5), bub/bib; Watersporthandel A. Post, Westhavenkade, bib/bub; Scheepswerf Metz (4) en (6), romp/uitr (s/op de wal + in het water); J. Hakvoort (3), romp/uitr (ht, s, p); K. Snijder, Westhaven, zeil/tuigage.
Hefkraan: Scheepswerf Metz, Wijk 2 no. 23-25, tel. (05277) 17 41 (zat. geopend tot 13 h), max. 2 ton, geen uithouder, max.diepgang 2,50 m, kosten in overleg.
Trailerhelling: Jachthaven van W.V. De Zuiderzee.

Ursem

Aan de Schermerringvaart; 2 km van Rustenburg; 4 km van Avenhorn; 10 km van De Rijp.

Maximumsnelheid: Schermerringvaart, Ursemmervaart en Huigenvaart 6 km/h.
Bruggen: Over de Schermerringvaart ligt in Ursem een vaste brug, Westerverlaat, H 1,98 m (bij NAP – 0,30 m, vaak staat het water 0,10 m lager). Over de Ursemmervaart liggen twee vaste bruggen, H 2,05 m. Over deze vaart lopen elektrische draden ten O van Ursem, aangegeven door waarschuwingsborden aan weerszijden. De Rijp is met 2,05 m hoogte bereikbaar via het Zwet langs Schermerhorn.

Usquerder- en Helwerdermaar

Van het Warffumermaar naar het Boterdiep bij Uithuizen (zie aldaar). Usquert is bereikbaar met een max.diepgang van 1,20 m. Uithuizen is over het Helwerdermaar bereikbaar met een max.diepgang van 0,60 m.
Sluis: In Helwerd (16 m x 4 m), zelfbediening.
De sluis is het gehele jaar bedienbaar van 8-22 h. De zelfbediening geschiedt met drukknoppen. De sluis is voorzien van sluislichten, die bij de bediening automatisch worden geregeld. Tijdens het spuien (aangegeven door drie rode lichten) is de sluis eveneens bedienbaar; het spuien wordt dan automatisch gestopt.
Bruggen: Vijf vaste bruggen, laagste brug H 2,10 m, en bij de passantenhaven in Usquert een beweegbare brug.
Havenkantoor: (Gemeente) tel. (05953) 15 55.
Ligplaats: Passantenhaven in Usquert, max.verblijfsduur 3 x 24 h, gratis. Zie ook 'Uithuizen'.
Drinkwater: Passantenhaven Usquert.
Motorbrandstof: Coop. Werktuigen Ver., Wadwerderweg 33-35, Usquert, tel. (05950) 21 88, die, be.
Reparatie: Zeilmakerij Uilhoorn, Zijlsterweg 1, Usquert, tel. (05950) 29 24, zeil/tuigage.

Utrecht

Havenkantoor: (Gemeente) Tractieweg 2, tel. (030) 44 38 21.
Waterstand: De hoogten van de bruggen over de Vaartse Rijn, de Oude Gracht en de Oostelijke Ring zijn aangegeven t.o.v. KP = NAP + 0,45 m. Onder normale omstandigheden schommelt deze waterstand tussen NAP + 0,40 m tot NAP + 0,70 m.
Doorvaartroute A (maximumsnelheid officieel 4,5 km/h): Over de Vecht, de Oude Gracht en de Vaartse Rijn.
Laagste vaste brug, H 3,25 m. Geen bruggeld. Achtereenvolgens vaart men van N naar Z door:
– De Vecht, zie aldaar.
– De Oude Gracht met 16 vaste bruggen, H 3,25 m.
– De Vaartse Rijnbrug (vastgezet), H 3,32 m.
– Vaste spoorbrug, H 4,85 m.
– Vondelbrug, Oranjebrug en Zuiderbrug, resp. 1,95, 1,82 en 1,84 m hoog.
Bediening:

(16 april-16 okt.)	ma. t/m vr.	9-12.30, 13.30-16.30, 17.30-19.30 h
	zat., zo. en fd.	9-12.30, 13.30-19.30 h
(16 okt.-16 april)	ma. t/m vr.	7-7.30, 8.45-12, 13.30-16 h
	zat.	8-12 h
	zo. en fd.	gesloten

Bediening van 16 april-16 okt. door twee brugwachters, van 16 okt.-16 april door één brugwachter (bij de bruggen is een meldknop aanwezig).
Brugwachter, tel. (030) 44 38 21 (gemeentekantoor).

– Voor doorvaart over het Merwedekanaal, zie onder 'Merwedekanaal benoorden de Lek'.
Doorvaartroute B: 'Oostelijke Ring' (Stadsbuitengracht). Maximumsnelheid 4,5 km/h. Over de Vecht, ten Z van de Weerdsluis bakboord uit, Weerdsingel, Witte Vrouwensingel, Maliesingel, Tolsteegsingel, Oude Gracht (kruising Vaartse Rijn), Vaartse Rijn (doorvaartroute A). Over de 'Oostelijke Ring' liggen vaste bruggen, laagste brug (Herenbrug), H 2,10 m. Let op wisselende waterstanden (zie onder 'Waterstand')!
Havengeld: f 5,50 tot 10 m lengte per overnachting, elke m langer f 0,55 extra.
Lig- en aanlegplaatsen:
● Op loopafstand van het voetgangersgebied van de binnenstad en Hoog Catharijne: In de Oude Gracht (is met borden aangegeven) en in de Catharijnesingel bij het Pelmolenplantsoen.
● Meerplaats langs de W-oever van de Vaartse Rijn.
● Bij Jachtwerf De Klop B.V. tussen de Marnix- en de J.M. de Muinck Keizerbrug, tarief f 1,– per m lengte per dag (elektra, toiletten, douche (f 1,–) en wastafels).
Drinkwater: Gedurende de openingstijden bij de brugwachters van de Weerdsluis, Zuider- en Vondelbrug (sl); nabij de Bartholomeïbrug; Jachtwerf De Klop (sl).
Motorbrandstof: Markus B.V. winkelboot Keulse Kade, in de monding Merwedekanaal bij Amsterdam-Rijnkanaal t.o. Douwe Egberts, zo. gesloten.
Reparatie: Jachtwerf De Klop B.V., Fortlaan 46, tel. (030) 44 18 78, bib (Yanmar, Mitsubishi, Farymann en Vetus), romp/uitr (ht, s, p, a/op de wal + in het water); Zeilmakerij Lammerts van Bueren B.V., Arkansasdreef 24, tel. (030) 66 06 00, zeil/tuigage.
Hefkraan: Jachtwerf De Klop B.V., max. 5 ton, max.diepgang 1,20 m, tarief f 120,–.

Valomstervaart

8 km ten N van het Bergumermeer aan de ZW-zijde van de Nieuwe Vaart, bereikbaar via het Valomsterverlaat.
De sluis in de verbinding met Veenwouden wordt alleen bediend op verzoek aan het Waterschap De Wâlden, tel. (05111) 18 53.
Veenwouden is slechts bereikbaar voor kleine schepen (max.hoogte 1,80 m en -diepgang 0,70 m). Verder is het water ondiep en slechts bevaarbaar voor kano's e.d., die Rijperkerk kunnen bereiken met tweemaal overdragen wegens afdammingen.

Vecht

Fraaie, bijna stroomloze rivier van Utrecht naar Muiden (40 km), door veelal parkachtige omgeving.
Beheerders: Van de Groote Zeesluis in Muiden tot het Hilversumskanaal: Rijkswaterstaat Directie N-Holland, Dienstkring Waterland, Sixhavenweg 13-14, 1021 HG Amsterdam, tel. (020) 6 32 04 50; van het Hilversumskanaal tot Utrecht: Rijkswaterstaat Directie Utrecht, Dienstkring Amsterdam-Rijnkanaal, Postbus 650, 3430 AR Nieuwegein, tel. (03402) 7 94 55/7 94 95, buiten kantoortijd tel. (03435) 7 13 82.
Maximumsnelheid: In de bebouwde kom 4,5 km/h; buiten de bebouwde kom 9 km/h.
Bijzondere bepalingen: Voor alle schepen geldt een ankerverbod. Meren is alleen toegestaan op de daarvoor aangewezen gedeelten, max.verblijfsduur (buiten de havens) 3 x 24 h.
Waterstand: De hoogten van de bruggen zijn aangegeven t.o.v. het gemiddeld Vechtpeil, dat NAP – 0,40 m bedraagt. Onder normale omstandigheden wisselt deze stand van ongeveer NAP – 0,20 m tot NAP – 0,50 m.

Maximumafmetingen: De max. toegestane diepgang op de Vecht is 2,10 m. De max. toegestane diepgang in de Weerdsluis in Utrecht is 1,60 m bij het gemiddelde Vechtpeil van NAP – 0,40 m. De max. toegestane diepgang tussen de zeesluis in Muiden en het IJmeer is 1,80 m.
Bruggen en sluizen:
2 sluizen, 5 vaste bruggen en 16 beweegbare bruggen.
Met uitzondering van brug nr. 11 en sluis nr. 23 geen brug- en sluisgelden. Van N naar Z:
1. Groote Zeesluis in Muiden (met draaibrug, H 2 m).
   De Westsluis is in gebruik als spuisluis. Tijdens spuien (water inlaten richting Vecht), aangegeven door de gebruikelijke spuiseinen, dient men rekening te houden met (dwars)stroom.
2. Basculebrug in Rijksweg A1, H 5,20 m.
3. Spoorbrug in Weesp, vaste gedeelte H 3,75 m, beweegbare gedeelte H 3 m.
4. Lange of Vechtbrug in Weesp (gem. dubbele ophaalbrug), H 1,90/2,50 m.
5. Ophaalbrug in Uitermeer (prov. brug), vaste gedeelte H 2,10/2,65 m, beweegbare gedeelte H 3,05 m.
6. Van Leerbrug in Vreeland (gem. ophaalbrug), H 1,75/2,20 m.
7. Ophaalbrug in Vreeland (prov.), H 2,10 m.
8. Ophaalbrug in Loenen (gem. brug), H 1,60/1,75 m.
9. Basculebrug in Loenen (prov. brug), H 1,75/2,25 m.
10. Ophaalbrug in Nieuwersluis (prov. brug), H 1 m.
11. Ophaalbrug in Breukelen, H 2,03/2,28 m (bruggeld f 2,50).
12. Vechtbrug in Maarssen (gem. ophaalbrug), H 1,90-2,20 m.
13. Ter Meerbrug in Maarssen (gem. basculebrug), H 1,50 m.
14. Vaste brug, H 9,60 m.
15. Hoekbrug, vaste brug H 4 m.
16. Weth. D. M. Plompbrug in Oud-Zuilen (gem. ophaalbrug), H 1,90 m.
17. Vaste brug, H 4 m.
18. Vaste brug, H 4 m.
19. Rode brug in Utrecht (gem. ophaalbrug), H 2 m.
20. Vaste spoorbrug, H 5,70 m.
21. David van Mollembrug in Utrecht (gem. basculebrug), H 2,10 m
22. Stenenbrug in Utrecht (gem. basculebrug), H 2,48 m.
23. Weerdsluis in Utrecht (sluisgeld f 3,–), tel. (030) 71 93 49.

Scheepvaartstremming: De Weerdsluis (23) in Utrecht is, i.v.m. renovatiewerkzaamheden, tot 30 april 1995 en van 16 oktober 1995 tot 30 april 1996 gesloten.
Bediening:
– (1) Groote Zeesluis, tel. (02942) 6 12 19:

(16 april-1 juni en 16 sept.-16 okt.)	dagelijks	9-11.30, 12.15-13, 13.30-19.30 h
(1 juni-16 sept.)	ma. t/m vr.	7.30-11.30, 12.15-13, 13.30-21 h
	zat., zo. en fd.	7.30-21 h
(16 okt.-16 april)	ma. t/m zat.	9-11.30, 12.15-13, 13.30-17 h
	zo. en fd.	gesloten

– (2) Basculebrug in Rijksweg A1, tel. (02942) 6 16 29:

(16 april-16 okt.)	ma. t/m vr.	10.30-10.45, 13-14, 19-20 h
	zat.	9.30-9.45, 13-14, 19-20 h
	zo. en fd.	8.30-9.30, 14-15 h
(16 okt.-16 april)	ma. t/m vr.	13-14 h
	zat., zo. en fd.	gesloten

In aansluiting op de Zeesluis in Muiden wordt de brug slechts tweemaal per uur geopend.
Voor schepen met eenvoudig strijkbare mast wordt de brug niet geopend.
– (3) Spoorbrug in Weesp:
Bediening alle dagen van ca. 8.34-20.37 h éénmaal per uur. In het remmingwerk is telefoon aangebracht waarmee men bediening kan aanvragen.
Men moet rekening houden met lange wachttijden gedurende de spitsuren, nl. ma. t/m vr. van 7-9 h en 17-19 h.
De exacte bedieningstijden zijn opgenomen in de watersportwijzer 'Openingstijden spoorbruggen', gratis verkrijgbaar aan de ANWB-vestigingen. Bediening op Koninginnedag en op Hemelvaartsdag als op zat.
– (4 en 5) Lange of Vechtbrug in Weesp (4) (tel. (02940) 7 63 56) en ophaalbrug in Uitermeer (5):

(16 april-1 juni en		
16 sept.-16 okt.)	ma. t/m vr.	9-12, 13-16.30, 17.30-19 h
	zat., zo. en fd.	9-12, 13-16.30, 17.30-19 h
(1 juni-16 sept.)	ma. t/m vr.	9-12, 13-16.30, 17.30-20 h
	zat., zo. en fd.	9-12, 13-16.30, 17.30-20 h
(16 okt.-16 april)[1]	ma. t/m vr.	9-12, 13-16.30 h
	zat., zo. en fd.	gesloten*

* Bediening op de 4 zaterdagen na 16 okt. en de 4 zaterdagen vóór 16 april van 9-16.30 h op verzoek[1].
De Lange of Vechtbrug (4) wordt in de herfstvakantie bediend als in de periode van 16 sept.-16 okt.
De brugwachter van de Lange of Vechtbrug moet verschillende bruggen bedienen. Hierdoor kunnen wachttijden ontstaan. Als de brugwachter niet aanwezig is, moet op een knop bij de brug gedrukt worden.
De ophaalbrug in Uitermeer (5) wordt in principe op elk heel en half uur bediend.
– (6, 7, 8, 9 en 10):
Van Leerbrug (6) en ophaalbrug (7) in Vreeland, ophaal- en basculebrug in Loenen (8 en 9) en de ophaalbrug in Nieuwersluis (10).

(16 april-1 juni)	ma. t/m do.	9-12, 13-16.30, 17.30-19 h
	vr., zat., zo. en fd.	9-12, 13-16.30, 17.30-21 h
(1 juni-16 sept.)	dagelijks	9-12.30, 13-16.30, 17.30-21 h
(16 sept.-16 okt.)	dagelijks	9-12, 13-16.30, 17.30-19 h
(16 okt.-16 april)[1]	ma. t/m vr.	9-16.30 h
	zat., zo. en fd.	gesloten*

* Bediening op de 4 zaterdagen na 16 okt. en de 4 zaterdagen vóór 16 april van 9-16.30 h op verzoek[1].
– (11, 12, 13, 16):
Ophaalbrug in Breukelen (11), Vechtbrug (12) en Ter Meerbrug (13) in Maarssen, Weth. D. M. Plompbrug (16) in Oud-Zuilen.

(16 april-16 okt.)	ma. t/m vr.	9-12.30, 13.30-16.30, 17.30-19 h
	zat., zo. en fd.	9-12.30, 13.30-19 h
(16 okt.-16 april)[1]	ma. t/m vr.	8-12, 13.30-16.30 h
	zat.	8-12 h
	zo. en fd.	gesloten

– (19, 21, 22 en 23):
Rode brug (19), David van Mollembrug (21) en Stenenbrug (22) in Utrecht en de Weerdsluis* (23) (tel. (030) 71 93 49).

(16 april-16 okt.)	ma. t/m vr.	9-12.30, 13.30-16.30, 17.30-19.30 h
	zat., zo. en fd.	9-12.30, 13.30-19.30 h
(16 okt.-16 april)	ma. t/m vr.	8.30-12, 13.30-16.30 h
	zat.	8-12 h
	zo. en fd.	gesloten

* De laatste schutting van de Weerdsluis is van 16 april-16 okt. dagelijks om 18.45 h (Utrecht in) en om 19 h (Utrecht uit).
Tussen de Rode brug (19) en de Weerdsluis (23) vindt konvooivaart plaats. Hierdoor kan enige wachttijd ontstaan.
Voor de overige bruggen in Utrecht, zie aldaar.
Nadere gegevens: Zie onder 'Utrecht' ('Doorvaartroute A'), 'Oud-Zuilen', 'Maarssen', 'Breukelen', 'Nieuwersluis', 'Loenen', 'Vreeland', 'Nederhorst den Berg', 'Nigtevecht', 'Uitermeer', 'Weesp' en 'Muiden'.

Vechterweerd
Aan de Overijsselse Vecht; 12 km van het Zwarte Water.
Sluis: Zie voor bediening onder 'Overijsselse Vecht'. Bij het opdraaien naar het sluiskanaal moet men rekening houden met sterke stroom.

Veen
Aan de Andelse Maas, kmr 237 Lo; 12 km van Gorinchem.
Lig- en aanlegplaatsen: Jachthaven Maasveen, direct aan de Andelse Maas ten N van het veerpont, havenmeester F. Edelenbosch, tel. (04164) 34 97, max.diepgang 1,50 m, tarief f 1,– per m lengte per nacht, tarief overdag van f 1,– tot f 2,50 per boot (elektra, toilet, douche (f 1,–) en wastafel ● aan de W-oever in het zandgat, kmr 239 Lo (uitsluitend met toestemming van de WV De Veense Put (het zandgat is particulier eigendom), tel. (04164) 21 36.
Kampeerterrein en stortplaats chemisch toilet: Bij Jachthaven Maasveen, beperkte kampeermogelijkheden.

Veendam
7,2 km van het Winschoterdiep (zie aldaar), 6,7 km van het Stadskanaal (zie aldaar).
A. G. Wildervanckkanaal
Modern, breed scheepvaartkanaal van het Winschoterdiep naar Veendam, 6,7 km tot Veendam. D 3 m.
Vaarwegbeheerder: Provincie Groningen, Dienst DKW, Postbus 610, 9700 AP Groningen, tel. (050) 16 49 11.
Maximumsnelheid: 11 km/h.
Bruggen: Van N naar Z:
– Beweegbare spoorbrug, H 4,50 m (400 m ten Z van de aftakking van het Winschoterdiep).
– Meedenerbrug (op 3,2 km van het Winschoterdiep) en Geert Veenhuizerbrug (op 7 km).

---

[1] In de winter (16 okt.-16 april) zijn niet alle bruggen bemand. Bediening moet voor verschillende bruggen telefonisch aangevraagd worden gedurende de bedieningsuren op ma. t/m vr. (bediening op zat. de vr. voorafgaande tijdens kantooruren aanvragen). Men kan gebruik maken van de telefoon op de sluis in Nigtevecht en de telefooncel ten N van de Rodebrug. Vervolgens dient het te varen traject zonder onderbreking gevaren te worden. De bruggen die in de winter op aanvraag bediend worden, zijn: (5) alleen 2 x 2 zaterdagen, tel. (02975) 6 80 08; (6) tel. (02943) 28 50/10 78/17 45; (8) tel. (02943) 26 26/38 88/19 63, (9 en 10) tel. (02943) 19 64/(03469) 17 01; (11) tel. (03462) 6 46 44; (12, 13 en 16) tel. (03465) 6 31 12.

Bediening: (gratis)

ma. t/m vr.**	(gehele jaar)	7-12, 13-18 h
zat.	(1 mei-1 okt.)	8-12, 13-17 h*
	(1 okt.-1 mei)	gesloten
zo. en fd.	(gehele jaar)	gesloten

*   Begeleide konvooivaart vanaf de spoorbrug en de Geert Veenhuizerbrug.
** De Meedenerbrug en de Geert Veenhuizerbrug worden van ma. t/m vr. door één brugwachter bediend, waardoor wachttijden kunnen ontstaan. Tussen 7-8.30 h en 16-17.30 h wordt de Geert Veenhuizerbrug éénmaal per half uur bediend i.v.m. het verkeersaanbod op de weg.

Aanlegplaatsen: Aan het A. G. Wildervanckkanaal alleen waar kaden zijn.

Oosterdiep

Oud, smal kanaal met veel bebouwing, van Veendam (aansluiting op het A. G. Wildervanckkanaal) tot Bareveld 6,7 km. Het kanaal wordt verbeterd door aanbrengen van oeverbescherming en renoveren van bruggen. D 2 m.

Maximumsnelheid: 6 km/h.

Sluizen: 3 sluizen nl. Wilhelminaschutsluis in Veendam, Participantenverlaat (of Middenverlaat) en Batjeverlaat (of Bovenverlaat). Sluisgeld Participantenverlaat f 2,50, Batjeverlaat f 0,04 per 4 ton.

Bruggen: Totaal 30 beweegbare bruggen, waarvan de meeste door een brugwachter worden bediend. Enkele bruggen worden elektrisch bediend.

Geen bruggeld.

In Veendam is bovendien een spoorbrug die openstaat, behalve gedurende 2 treinpassages op werkdagen om ca. 10 h en om ca. 15.30 h.

Bediening: (gratis)

ma. t/m vr.	(gehele jaar)	7-12, 13-18 h*
zat.	(1 mei-1 okt.)	7-12, 13-18 h*
	(1 okt.-1 mei)	gesloten
zo. en fd.	(gehele jaar)	gesloten

*   Begeleide konvooivaart vanaf Veendam en Bareveld.

Lig- en aanlegplaatsen: Jachthaven Molenstreek, havenmeester H. Meesters, tel. (05987) 1 37 80, max.diepgang 1,75 m, tarief van f 2,50 tot f 10,– per dag (elektra, toilet, douche (f 1,–) en wastafels) ● Jachthaven Schipperskwartier in Wildervank, tel. (05987) 2 62 58, tarief eerste 4 h gratis, daarna f 0,40 per m lengte per etmaal ● vrijwel overal zijn aanlegmogelijkheden.

Motorbrandstof: Tegenover Jachthaven Schipperskwartier; bij de spoorbrug in Veendam.

Trailerhelling: Jachthaven Schipperskwartier; Jachthaven Molenstreek.

V Veendiep

Vaarverbinding tussen het B.L. Tijdenskanaal en de Westerwoldse Aa, met 2 vaste bruggen (H 2,50 m) en een Groene Sluis, die zelf bedienbaar is met behulp van een sleutel die tegen een waarborgsom van f 40,– verkrijgbaar en weer in te leveren is bij de brugwachter van de Wollinghuizer in het Ruiten Aa-kanaal, bij de haven in Bourtange (camping Plathuis), bij de haven in Wedderveer, bij de brugwachter in Klein Ulsda in de Westerwoldse Aa en bij sluis Nieuwe Statenzijl.

Bediening van 1 mei tot 1 okt. dagelijks van 8-20 h.
Vaarwegbeheerder: Waterschap Dollardzijlvest, Postbus 1, 9698 ZG Wedde, tel. (05976) 5252.
Maximumafmetingen: max.diepgang 1,10 m, max. doorvaarthoogte 2,50 m.
Ligplaats: Nieuwe gemeentelijke jachthaven in Bellingwedde (toiletten en douches).

Veere

18 km van de Zandkreekdam; 14 km van Vlissingen; zie ook 'Veerse Meer' en 'Kanaal door Walcheren'.
Doorvaartroute: Het Kanaal door Walcheren kan met staande mast worden bevaren. Zie voor de bedieningstijden van de kunstwerken onder 'Kanaal door Walcheren'.
Brug: De ophaalbrug in de Stadshaven wordt van 8-20 h door het havenpersoneel bediend.
De Stadshaven is geheel voor jachten beschikbaar. Diepte in de monding 3,30 m, tot de brug 2,80 m, voorbij de brug 1,80 m.
Waterstand: Zie 'Veerse Meer' en 'Kanaal door Walcheren'.
Aanlegplaatsen: Aanloopsteiger ten ZO van de Campveerse toren, voor schepen tot 12 m lengte en 1,50 m diepgang; verder in de Stadshaven langs de ZO-oever tussen de Campveerse toren en de brug, tot 15 h gratis.
Ligplaatsen:
– 1,5 km ten NW van de Stadshaven is een voormalige werkhaven, genaamd Oostwatering. In deze haven zijn gevestigd: ● Jachthaven W.V. De Arne (melden achterin de haven aan de passantensteiger bij de havenontvangstinstallatie), havenmeester G. v. d. Dussen, tel. (01181) 14 84/19 29, tarief f 1,20 per m lengte per etmaal + f 0,85 p.p. toeristenbelasting per nacht (elektra, toiletten, wastafels en douches (f 1,–)) ● jachthaven van Jachtwerf Oostwatering B.V., havenmeester J. Harten, tel. (01181) 16 65, max.diepgang 4 m, tarief f 1,50 per m lengte per etmaal + f 0,85 p.p. toeristenbelasting per nacht (elektra, toiletten, douches (f 1,–) en wastafels).
● Jachthaven van Jachtclub Veere, in de Stadshaven, tel. (01181) 12 46, tarief vanaf 15 h f 1,50 per m lengte + f 0,85 p.p. toeristenbelasting per nacht (elektra, toiletten en douches (f 1,–)).
● Jachthaven Marina Veere B.V. in de Buitenhaven aan het Kanaal door Walcheren, tel. (01181) 15 53, tarief f 2,– per m lengte + f 1,– p.p. toeristenbelasting per etmaal, max.diepgang 3 m (elektra, toiletten, wastafels en douches (f 1,–)).
Reparatie: Jachtwerf Flipper*, Warwijcksestraat 2, tel. (01181) 18 90, aan de Stadshaven, bub/bib, romp/uitr (ht, s, p/op de wal + in het water), zeil/tuigage, elek; Scaldis Sails, Kanaalweg WZ 3a, tel. (01181) 17 75, zeil/tuigage; Jachtwerf Oostwatering B.V., Polredijk 13b, tel. (01181) 16 65, dagelijks geopend, bub (Yamaha, Mercury, Mariner, Suzuki, Johnson, Evinrude, Honda en Force), bib (Volvo Penta, Yanmar, Mercedes, Mitsubishi, Bukh, Daf, Vetus, Farymann, Perkins en Ford), romp/uitr (ht, s, p, a/op de wal + in het water), zeil/tuigage, elek; Jachthaven W.V. De Arne, romp/uitr (ht, s, p, a/op de wal + in het water).
Hefkranen: Jachthaven W.V. De Arne, max. 12 ton (heffen met staande mast mogelijk); Jachtwerf Oostwatering B.V., max. 5 ton, max.diepgang 2,25 m, tarief f 65,– (heffen met staande mast mogelijk).
Trailerhellingen: Jachthaven W.V. De Arne, strandafrit, max. 1 ton, tarief f 5,– per dag; kleine trailerhelling aan de NW-zijde van de Stadshaven, gratis; Jachtwerf Oostwatering B.V., max.diepgang 1,25 m, tarief f 15,– per keer (in of uit).

Botenliften: Jachtwerf Oostwatering B.V., max. 17 ton, max.diepgang 2,25 m, tarief f 160,– (liften met staande mast mogelijk); Jachthaven W.V. De Arne, max. 12 ton (liften met staande mast mogelijk).
Kampeerterreinen: De Oude Scheepslantaarn* aan het sluiswegje bij de sluis; kampeerterrein van Staatsbosbeheer nabij Jachthaven Oostwatering; bij W.V. De Arne.
Wasserette: Jachtwerf Oostwatering B.V., munten verkrijgbaar in de watersportwinkel en het havenkantoor.
Stortplaatsen chemisch toilet: Bij W.V. De Arne; bij Jachtwerf Oostwatering B.V.
Aftappunt vuilwatertank: Bij Jachthaven Oostwatering B.V.

Veerse Meer

Dit meer is gelegen tussen de voormalige eilanden Zuid-Beveland, Walcheren en Noord-Beveland en wordt aan de NW-zijde begrensd door de Veerse dam en aan de O-zijde door de Zandkreekdam (zie aldaar). Oppervlakte 2150 ha. De lengte van dit meer bedraagt ca. 22 km, de breedte varieert van 250 tot 1500 m. Het is dus een lang, betrekkelijk smal meer. Doordat er bochten in het vaarwater zijn loopt de golfslag minder hoog op dan op een recht meer van dezelfde lengte, maar de langste rakken zijn toch nog ongeveer 8 km lang zodat, mede door het open karakter van de omgeving, hier toch een flinke golfslag kan staan.
Vaarwaterbeheerder: Rijkswaterstaat Directie Zeeland, Postbus 5014, 4330 KA Middelburg, tel. (01180) 8 60 00.
Landschap: Het Veerse Meer ligt tussen de oude hoge zeedijken, zodat men van het landschap erachter niet veel anders ziet dan torenspitsen en hier en daar een molen. Veere, dat op een hoogte ligt, levert van het water gezien een schilderachtige aanblik op. Duinen begrenzen het meer ten NW van Veere bij Vrouwenpolder.
In het meer liggen diverse eilanden. Gedeelten van deze eilanden, alsmede de drooggevallen oevergedeelten zijn aangeplant.
Waterstand: Van 29 maart t/m de herfstvakantie is de waterstand gelijk aan NAP. Buiten deze periode is de waterstand gelijk aan NAP – 0,70 m.
Diepten, ook bij plaatsbeschrijvingen, zijn vermeld ten opzichte van NAP.
Diepte en betonning: De vaarwegmarkering wordt gevormd door vaste lichtopstanden. Over het algemeen is op 20 m afstand van deze lichtopstanden de vaargeul gelegen die in diepte varieert van 3 m tot 25 m. Buiten deze lichtopstanden treft men grote watervlakten aan, gedeeltelijk met veel minder diepte.
Op het Veerse Meer is, naast de vaste lichtopstanden, ook bebakening uitgezet op de lijn van 1,50 m diepte, zowel langs de oevers als rond de afzonderlijke ondiepten. Deze bebakening bestaat uit in de bodem gestoken jonge boompjes: steekbakens met dichtgebonden zijtakken staan aan de spitse (groene) zijde van het vaarwater, met losgelaten zijtakken aan de stompe (rode) kant.
Het is (uiteraard) verboden aan de scheepvaarttekens vast te maken.
Maximumsnelheid: 15 km/h, m.u.v. de banen aangewezen voor de snelle watersport (zie onder 'Snelle watersport').
Snelle watersport: Op het Veerse Meer zijn twee gebieden aangewezen waar géén snelheidsbeperking geldt en waterskiën is toegestaan. De begrenzingen van de gebieden zijn aangegeven op de hierna te noemen waterkaarten. De gebieden worden begrensd door tonnen voorzien van gele bakens of door vaste gele bakens (palen) en langs lijnen die in het verlengde liggen van gele bakens die buiten het gebied zijn geplaatst. Nadere informatie is opgenomen in de ANWB-watersportwijzer 'Snel motorbootvaren in Nederland'. Raadpleeg

hiervoor de 'Handleiding' van deze Almanak onder 'Snelle motorboten en Waterskiën'.
Maximumdiepgang: De maximum toelaatbare diepgang op het Veerse Meer is afhankelijk van de waterstand buiten de Zandkreeksluis. Met het oog op de ligging van de drempels van de Zandkreeksluis is het, ter bescherming, noodzakelijk dat bij het passeren van de sluis de diepgang niet meer dan 4,30 m bedraagt bij een buitenwaterstand van NAP -0,50 m, of zoveel minder als de buitenwaterstand lager is dan NAP -0,50 m. Alle schepen die de Zandkreeksluis willen passeren dienen met deze maximum toegelaten diepgang rekening te houden.
Informatiepanelen: Op 55 locaties aan het Veerse Meer zijn toeristische informatieborden geplaatst. Deze borden geven informatie over o.a. de 24-uursregeling aan openbare steigers en de beperkingen voor snelle motorboten.
Toegangen: Alleen redelijk zeewaardige jachten kunnen met dito bemanning dit meer veilig op eigen kracht bereiken:
– Van de Oosterschelde af door de sluis in de Zandkreekdam, zie aldaar.
– Via het kanaal door Walcheren, zie aldaar.
Via beide routes kan men het meer met staande mast bereiken.
Lig- en aanlegplaatsen: Zie onder 'Vrouwenpolder', 'Veere', 'Kamperland', 'Kortgene', 'Wolphaartsdijk', 'Arnemuiden', '(De) Piet' en 'Geersdijk'.
De oever is over het algemeen ondiep zodat aanleggen moeilijk is. Wel kan men er ankeren, o.a. hier en daar achter de eilanden.
Er zijn verschillende steigers speciaal voor watertoeristen gebouwd. Verder is een aantal meerpalen geplaatst, bruikbaar voor jachten tot 1 m diepgang.
Max.verblijfsduur op één plaats is 24 h. Wanneer een vaartuig minder dan 150 m wordt verhaald, wordt het geacht niet te zijn verplaatst.
Waterkaart: ANWB-waterkaart 'Veerse Meer', of de 'Hydrografische kaart voor Kust- en Binnenwateren, nr. 1805', beide schaal 1:25.000.
Kampeerterreinen: Zie onder 'Veere', 'Arnemuiden' en 'Wolphaartsdijk'.
Trailerhelling en hefkraan: Zie onder 'Arnemuiden', 'Veere', 'Kortgene', 'Wolphaartsdijk' en 'Kamperland'.

Veessen

Aan de Gelderse IJssel, kmr 962,3 Lo; 5 km van Olst; 4 km van Wijhe.
Ligplaats: Jachthaven Watersportcentrum IJsselzicht, in de ingang van de Hank, dode IJssel-arm, havenmeester A. Jansen, tel. (05783) 12 58, max.diepgang 2 m, tarief f 1,– per m lengte en toeristenbelasting à f 1,– p.p. per nacht (elektra, toiletten, wastafels en douches (f 1,–)). Fietsverhuur.
Reparatie: In overleg met de havenmeester van Watersportcentrum IJsselzicht.
Hefkraan: Watersportcentrum IJsselzicht, IJsseldijk 40, tel. (05783) 12 58, max. 8 ton, tarief f 60,–.
Wasserette en stortplaats chemisch toilet: Bij Watersportcentrum IJsselzicht.
Kampeerterreinen: Bij Watersportcentrum IJsselzicht; bij Camping De IJsselhoeve B.V., IJsseldijk 46, tel. (05783) 14 92.

Veghel

19 km van 's Hertogenbosch; 42 km van Nederweert; zie ook 'Zuidwillemsvaart'.
Havens: De Oude Haven en de Industriehaven, D 2,10 m.

Havenkantoor: (Gemeente) Zuidkade 33, tel. (04130) 6 25 73.
Bruggen en sluizen: Voor bediening op de Zuidwillemsvaart zie aldaar. De Spoorbrug over de Zuidwillemsvaart staat meestal open, H 1,25 m, in geheven stand, H 5,50 m.
Vaste brug, Wittebrug, over de mond van de Oude Haven, H 5 m.
Lig- en aanlegplaats: In de Oude Haven in het centrum aan de N-kade bij W.V. Veghel, voor informatie, tel. (04130) 5 29 29, tarief f 1,25 per m lengte per nacht, max.verblijfsduur 3 nachten (toiletten, wastafels en douche).
Drinkwater: Bij de sluiswachter sluis IV; bij ingang van de oude haven, gratis (sl); bij de W.V. Veghel.
Motorbrandstof: Tankstation Texaco, N.C.B.-laan, sbe, be, die.
Reparatie: Garage V. d. Dungen, bij de Oude Haven, bub/bib;
Fa. V. Ieperen, H. Hartplein 28, tel. (04130) 6 47 37, bub; Rüttchen B.V., tel. (04130) 6 49 30, bib.

Velsen-Noord
2 km van het Noordzeekanaal, aan het einde van Zijkanaal A bij Beverwijk.
Havenkantoor: Pijpkade 1, tel. (02510) 2 47 50.
Havenmeester: C. Vreeswijk, Zeeweg 175, IJmuiden, tel. (02550) 2 01 75.
Marifoon: Haven, kan. 71.
Maximumsnelheid: 15 km/h.
Havengeld: Voor jachten f 0,82 per m lengte per dag.
Lig- en aanlegplaatsen: Aan de Nieuwe Kade en Handelskade. Loskade (niet meer in gebruik) aan de W-oever, vóór de knik in de haven, ongeveer onder de hoogspanningslijn, H 37 m.
Drinkwater: Aan de Nieuwe Kade.

Veluwemeer
Randmeer (3200 ha) tussen de dijk van de polder O-Flevoland en de kust van de Veluwe. Toegankelijk vanaf het Wolderwijd (zie aldaar) door de Hardersluis bij Harderwijk en vanaf het Drontermeer (zie aldaar) door de brug bij Elburg. Lengte ca. 17 km. Zie ook bij 'Randmeren'.
Waterkaart: ANWB-waterkaart 'Randmeren-Flevoland' (kaart E), schaal 1:50.000.
Reddingsbrigade Veluwemeer: tel. (03202) 4 56, gevestigd aan de polderzijde op het Harderstrand en het Ellerstrand en aan de oude landzijde bij het Veluwestrandbad bij Elburg.
Maximumsnelheid: In de vaargeul 20 km/h, daarbuiten 9 km/h. Aan de zijde van de Harderdijk in O-Flevoland ten N van Harderwijk zijn twee banen uitgezet waar géén snelheidsbeperking geldt: één voor het varen met snelle motorboten (gele boei met rood-wit-rood topteken voorzien van pictogram snelle motorboot) en één voor het waterskiën (gele boei met rood-wit-rood topteken voorzien van pictogram waterskiër). Deze banen zijn verboden voor alle andere vaartuigen. Zie tevens onder 'Handleiding' in deze Almanak.
Hardersluis: Nabij Harderwijk ligt de Hardersluis in de verbinding tussen het Veluwemeer en het Wolderwijd. Over de sluis liggen 2 ophaalbruggen, H NAP + 1,20 m (= IJZP + 1,40 m). Door de bouw van de 2e ophaalbrug heeft het verkeer minder oponthoud, waardoor schepen sneller kunnen worden geschut en wachttijden in het hoogseizoen sterk zijn verminderd.
Bediening: Zie bij 'Randmeren'.
Elburgerbrug: Ophaalbrug, H NAP + 5,40 m, zie onder 'Elburg'. Bediening: zie bij 'Randmeren'.

Diepte: Het brede deel van Harderwijk tot de drie eilandjes ter hoogte van Nunspeet (ca. 10 km) is aan de NW-zijde tamelijk diep (tot 2,50 m langs de dijk van O-Flevoland). De bodem loopt langzaam op naar de kust van Gelderland. De 1,50 m dieptelijn (t.o.v. NAP; zie verder in deze tekst bij 'Waterstand') ligt 1 tot 1,5 km uit de NW-oever en wordt in de zomer aangegeven door recreatiebebakening (overeenkomstig het BPR). Vanaf de vaargeul naar de Lorentzhaven NO-waarts tot ca. 1 km ten NO van De Kluut is een zandwinningsgebied. Plaatselijk liggen hier tijdelijk ankerkabels. Beter dit gebied te mijden. Op ca. 10 m uit de basaltdijk en 50 à 100 m uit de kale oever ligt de 2 m dieptelijn. De oude ZO-oever is afgewisseld met begroeiing en uitzicht op de hoge gronden van de Veluwe. De NW-oever bestaat over een groot deel van de lengte uit buitendijks land met stranden, afwisselend met begroeiing en een stuk kale dijk.

Buiten de betonde vaargeul kunnen fuiken worden geplaatst door de beroepsvisserij. Onderlinge afstand ca. 250 m. Deze fuiken zijn zodanig geplaatst dat zeilers ook bij laveren zo weinig mogelijk hinder ondervinden. Aangezien de netten niet door een verlichting zijn aangegeven moet men na zonsondergang niet buiten de vaargeul varen. Ca. 700 m ten NO van Gemaal Lovink wordt het meer gekruist door een hoogspanningsleiding. In de nabijheid van de voet van de in het meer geplaatste masten voor de hoogspanningsleiding is het ondiep. Aanleggen is verboden.

Het smalle gedeelte van het Veluwemeer tussen Bremerbergse Hoek en Elburg is reeds direct buiten de betonde vaargeul zeer ondiep ('s zomers ca. 0,60 m en plaatselijk minder).

Vaargeul: Zie bij 'Randmeren'. De knikpunten zijn aangegeven door lichtopstanden, deze zijn niet voorzien van radarreflectoren.

Waterstand: In het zomerhalfjaar (1 april-1 okt.) NAP – 0,05 tot NAP – 0,10 m, in het winterhalfjaar NAP – 0,30 m. Er zijn peilschalen bij de sluizen.

Ligplaatsenverordening: De ligplaatsenverordening Dronten geeft beperkende bepalingen voor het afmeren tussen Hardersluis en Ketelbrug. Zie verder bij 'Dronten'.

Lig- en aanlegplaatsen:
– Ten N van Harderwijk aan de oude landzijde is de jachthaven van Watersportcentrum Harderwijk gevestigd ter hoogte van de hoogspanningsleiding. Bereikbaar via de vaargeul naar de Lorentzhaven (Industriehaven), voor de haven bakboord uit (zie verder onder 'Harderwijk').

● Jachthaven De Bremerbergse Hoek (tarief f 1,60 per m per nacht, voor verdere tarieven zie aldaar), ligt aan het N-einde van het brede gedeelte van het meer, aan de polderzijde. Deze jachthaven voert ook het beheer over de eilanden de Ral en Pierland (zie hieronder bij 'Eilanden'), tarief (op de eilanden) f 1,60 per m lengte per nacht (toiletten).

● Op ca. 2,5 km ten NO van de Hardersluis aan de polderzijde ligt de goed bescherming biedende Jachthaven Flevostrand voor schepen tot 13 m lengte en 1,80 m diepgang, havenmeester R. de Haas, tel. (03202) 4 57, tarief tot 6 m lengte f 10,–, voor elke m meer f 2,– per nacht (elektra, toiletten, wastafels, douches en overdekt zwembad). De zanddammen geven toegang tot het strandgedeelte langs de dijk van O-Flevoland, dat alleen voor dagrecreatie vrij toegankelijk is.

– Er zijn aanlegplaatsen bij officiële kampeerterreinen (zie onder 'Kampeerterreinen').

– Aan de NO-zijde van de steigers van de Reddingsbrigade (zie de alinea 'Reddingsbrigade Veluwemeer'), een aanlegplaats voor passanten, diepte 1 à 1,25 m.

- Jachthaven De Klink, aan de polderzijde, max.diepgang 2 m, havenmeester J. Bruns, tel. (03211) 14 65, tarief f 1,– per m lengte, excl. toeristenbelasting à f 0,50 p.p. per nacht (elektra, toiletten, wastafels en douches (douchemunten à f 1,50)). Deze haven ligt aan het smalle deel van het meer halverwege de brug bij Elburg op 2 km afstand van de Flevohof.
- 1 km ten Z van de Elburgerbrug ligt de Jachthaven/Camping Rivièra Beach* in de polder, dus achter de dijk. Max.diepgang 2 m, voorzichtig aanlopen in verband met de ondiepe kust buiten de geul, havenmeester tel. (03211) 10 92/13 44, tarief f 2,– per m per etmaal (elektra, toiletten, douches (f 1,–), wastafels en overdekt zwembad).
- Direct ten O van de Hardersluis aan de polderzijde ligt een werkhaven (Harderhaven), waarvan de toegang is aangegeven met een vast rood en een vast groen licht. Het NO-gedeelte van deze werkhaven is ingericht als vluchthaven, diepte ca. 4 m. In deze haven is gevestigd de W.V. Scout Centrum Harderhaven, havenmeester H. Leuverink, tel. (03202) 8 85 35, tarief f 5,– per nacht, excl. toeristenbelasting (elektra, toiletten, douches (f 1,–) en wastafels). Aan de rijkssteigers en aan of nabij de woonarken mag niet worden gemeerd. Deze haven is van belang indien men niet geschut kan worden en de wind NO is.
- De toegangen tot de jacht- en aanloophaventjes en zanddammen, voorzien van een schoeiing, zijn, waar nodig, aangegeven met rode resp. groene boeien. Direct buiten deze geulen is het zeer ondiep, zie ANWB-waterkaart 'Randmeren-Flevoland'.

Eilanden: In het Veluwemeer bevinden zich zes eilandjes, drie aan het NO-einde van het brede deel van het Veluwemeer, één halverwege het brede deel van het meer, één op ca. 2 km en één op 1,5 km vanaf de Hardersluis (even NO van de hoogspanningsleiding ten ZO van de vaargeul). De eilanden aan het N-einde van het brede meer resp. van O naar W de Kwak, de Ral en de Snip en halverwege het brede meer, het Pierland, zijn het gehele jaar vrij toegankelijk. De toegang tot de overige eilanden, de Krooneend en de Kluut, is in verband met de broedtijd niet toegestaan van 15 mrt.-25 juni, doch ook nadien wordt verzocht het bezoeken van deze eilanden ten sterkste te beperken om het waterwild zo weinig mogelijk te storen. Bovendien is het zeer ondiep rondom deze eilanden. Aan de NW-zijde van de Kluut is een schoeiing aangebracht, waar men zo nodig kan aanleggen.

Het eiland de Ral, t.o. de Bremerbergse Hoek, is voorzien van een aanlegplaats (diepte NAP – 2 m) die door een strekdam is beschermd tegen ZW-wind en ingericht als aqua-camping. Voor tarief zie bij 'Lig- en aanlegplaatsen'.

Het atolvormige eiland Pierland halverwege het meer omsluit een vluchthaven (diepte NAP – 2 m, afmetingen 100 m x 200 m) die als vlucht- en lighaven kan worden gebruikt. De havenmond ligt op het NW en is door een dam beschermd tegen ZW-wind. Door 'neerstroom' kan de toegang plaatselijk verzand zijn. De haven is in beheer bij Bremerbergse Hoek, de tarieven zijn gelijk aan die van het eiland de Ral. Zie bij 'Lig- en aanlegplaatsen'. De overige eilandjes hebben een flauw hellend talud en zijn door steenstorting beschermd tegen afslag.

Accommodatie voor snelle motorboten: Op ruim 3 km ten NO van het Gemaal Lovink zijn op het N-eind van het langs de polderdijk aangebrachte strand een haventje en een tewaterlaatplaats voor snelle motorboten aangebracht. Dit haventje is niet toegankelijk voor andere vaartuigen. Zie ook alinea 'Trailerhellingen'. Omtrent de bijzondere voorschriften voor snelle motorboten is een gedetailleerde watersportwijzer verkrijgbaar bij de ANWB-vestigingen.

Tussen het haventje met tewaterlaatplaats en het strand bij de Bremerbergse Hoek zijn twee banen uitgezet: één aan de polderzijde t.b.v. het waterskiën (gele boei met rood-wit-rood topteken voorzien van pictogram waterskiër) en één aan de vaargeulzijde t.b.v. het varen met snelle motorboten (gele boei met rood-wit-rood topteken voorzien van pictogram snelle motorboot). Deze banen zijn verboden voor alle andere vaartuigen.
Motorbrandstof: Jachthaven Flevostrand, die (sl), be (sl), sbe (sl); Het Plashuis, die, be; Jachthaven Rivièra Beach, die (sl), sbe (sl).
Reparatie: Flevo Marine, terrein Jachthaven Flevostrand, bib (alle merken).
Hefkraan: Jachthaven Flevostrand, Strandweg 1, Biddinghuizen, tel. (03200) 8 84 57, max. 10 ton, max.diepgang 1,85 m, tarief f 60,– (heffen met staande mast mogelijk).
Trailerhellingen: 2 Hellingen op het Waterskicentrum De Harder aan het einde van de afgesloten Veluwemeerdijk ten O van Gemaal Lovink, D 1,50-2 m, in beheer bij W.V. De Harder, tel. (03202) 4 03, uitsluitend voor snelle motorboten; Jachthaven De Klink, Bremerbergdijk 27, Biddinghuizen, max. 1 ton, tarief f 10,– (in en uit); Jachthaven Flevostrand, tarief f 20,–; bij Jachthaven Rivièra Beach, tarief f 15,–.
Kampeerterreinen: Behalve op de Aqua-camping De Ral en op het eiland Pierland (zie hiervoor onder 'Eilanden') en Jachthaven Bremerbergse Hoek (zie aldaar) mag op de voorlanden en stranden langs het Veluwemeer en op de eilanden nergens in tenten worden overnacht. Overdag is het verblijf in tenten wel toegestaan. Voor overnachten is men aangewezen op de volgende campings:
– 1 km ten Z van de Elburgerbrug ligt de Jachthaven/Camping Rivièra Beach* in de polder, dus achter de dijk.
– Tegenover Harderwijk, ca. 2 km vanaf Gemaal Lovink ligt de Flevocamping, in de polder achter de dijk, bij de Jachthaven Flevostrand, tel. (03200) 8 84 57.
– Bij de Vluchthaven ten NO van de Hardersluis bij W.V. Scout Centrum Harderhaven.
– Aan de Veluwse oever liggen van N naar Z: Camping Polsmaten, eig. Van Dorp, tel. (03412) 5 22 00/5 84 93 (met jachthaven, max.diepgang 0,50 m, tarief f 3,50 p.p. per nacht), Camping Het Plashuis, eig. Slager (met jachthaven, tarief f 3,50 per overnachting), Camping De Oude Pol en Camping Bad Hoophuizen. Deze havens zijn slechts te bereiken met een diepgang van 0,30 à 0,60 m, afhankelijk van de waterstand.
– Het reeds genoemde eiland de Ral t.o. de Bremerbergse Hoek is ingericht als kampeereiland waar gedurende een beperkte tijd kan worden gekampeerd. Er zijn daartoe eenvoudige voorzieningen aangebracht.
Wasserettes: Jachthaven Flevostrand; Het Plashuis; Jachthaven/Camping Rivièra Park; Camping Polsmaten.
Stortplaatsen chemisch toilet: Bij Jachthaven Flevostrand; Jachthaven De Klink; Het Plashuis; Jachthaven/Camping Rivièra Park; Camping Polsmaten. Zie ook 'Bremerbergse Hoek'.

Venlo

13 km van Arcen; 7 km van Belfeld; aan de Maas, Oude Haven kmr 108,2 Ro.
Bruggen: Verkeersbrug Zuiderbrug kmr 105,8, H 10,75 m. Vaste spoorbrug en vaste verkeersbrug vlak naast elkaar bij kmr 107,6, H SP + 10,95 m (NAP + 21,70 m). Verkeersbrug, H 11,55 m, in Rijksweg E3 bij kmr 110,9.
Lig- en aanlegplaatsen: Los- en laadwal in de Industriehaven, kmr 110,6 ● Lo passantenhaven, vlakbij koop- en winkelcentrum

Blerick ● De Oude Haven, beneden de spoorbrug kmr 108, deze binnenhaven is primair voor de beroepsvaart bestemd en niet voor overnachtingen, aanleggen voor korte tijd om bijv. te winkelen in Venlo is toegestaan na overleg met gemeentelijke havenmeester B. Fleuren, tel. (077) 82 82 37 ● Jachthaven W.V. De Maas, kmr 110,8 Lo, 2,5 km stroomafwaarts van Venlo (door borden aangegeven), havencommissaris L. Smits, tel. (077) 82 38 20, max.diepgang 2 m, tarief f 1,50 per m lengte per nacht (elektra, toiletten, wastafels, douches en clubhuis (met restaurant).
Motorbrandstof: Tankboot Giel Jansen aan het eind van de loswal bij de Oude Haven Ro, die (sl); Jachthaven W.V. De Maas, die (sl).
Vulstations propaangasflessen: Service Station Venlo B.V., Weselseweg 100, tel. (077) 51 47 80.
Reparatie: J. Derkx-Keeren, Molensingel 13, Venlo, tel. (077) 51 06 22, zeil/tuigage.
Hefkraan: W.V. De Maas, max. 12 ton, alleen in noodgevallen in overleg met de havenmeester.
Kampeerterrein: Ro. (alleen voor kanovaarders) bij K.V. Viking, na telefonische afspraak tel. (077) 51 13 85.

Vennemeer
Onderdeel van de Kagerplassen (zie aldaar). Diepe kleine plas, gedeeltelijk beschut.
Motorvaart: Vereist is de algemene vaarvergunning van het Hoogheemraadschap van Rijnland, vergunning is verkrijgbaar bij de havenmeester (zie voor tarieven bij 'Drecht').
Ligplaats: Jachthaven van W.V. Vennemeer, havenmeester W. Visser, tel. (01712) 85 10, tarief f 1,– per m lengte per etmaal (elektra, toiletten, wastafels en douches), drinkwater (sl).

Verlengde Hoogeveense Vaart
Van Hoogeveen naar Klazienaveen (ingang Oranjekanaal), lengte 32,5 km. Tussen Nieuw-Amsterdam en Klazienaveen is het water doorgaans in geringe mate vervuild. Het kanaalgedeelte in de bebouwde kom van Klazienaveen is voor de scheepvaart gesloten.
Kaartje: Is bij deze beschrijving opgenomen.
Vaarwegbeheerder: Provincie Drenthe, Postbus 122, 9400 AC Assen, tel. (05920) 6 55 55.
Maximumsnelheid: 8 km/h.
Maximumdiepgang: Tussen Hoogeveen en haven Veenoord 1,50 m, tussen Veenoord en Klazienaveen 1,90 m.
Bruggen: Drie vaste bruggen, laagste brug H 5,11 m, en 20 beweegbare bruggen (geen bruggeld).
De max.doorvaarthoogte onder de hoogspanningskabel bij Zwinderen is 17 m.
Sluizen: In Noordscheschut en Erica. Geen sluisgeld.
– Bediening bruggen:

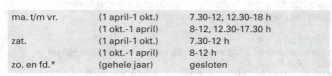

ma. t/m vr.	(1 april-1 okt.)	7.30-12, 12.30-18 h
	(1 okt.-1 april)	8-12, 12.30-17.30 h
zat.	(1 april-1 okt.)	7.30-12 h
	(1 okt.-1 april)	8-12 h
zo. en fd.*	(gehele jaar)	gesloten

* Incl. Koninginnedag.

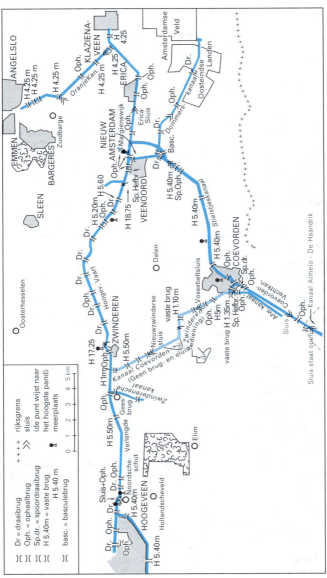

Verlengde Hoogeveense Vaart

Bediening Noordscheschutsluis:

ma. t/m vr.	(1 april-1 nov.)	8.30-12, 12.30-17 h
	(1 nov.-1 april)	8.30-17 h, op verzoek*
zat.	(1 april-1 nov.)	8.30-12 h
	(1 nov.-1 april)	8.30-12 h, op verzoek*
zo. en fd.	(gehele jaar)	gesloten

* Bediening op verzoek 24 h tevoren aanvragen op sluis Rogat, tel. 05224) 12 27.

Bediening Ericasluis:

ma t/m vr.	(1 april-1 okt.)	7.30-12, 12.30-18 h
	(1 okt.-1 april)	8-12, 12.30-17.30 h*
zat.	(1 april-1 okt.)	7.30-12 h
	(1 okt.-1 april)	8-12 h*
zo. en fd.	(gehele jaar)	gesloten

* Gedurende de periode 1 okt.-1 april wordt de Ericasluis en de Oranjesluis (zie Oranjekanaal) door één sluiswachter bediend.

De spoorbrug bij Veenoord wordt op afstand bediend. Bediening aanvragen via een drukknop op het remmingwerk. De exacte bedieningstijden zijn opgenomen in de watersportwijzer 'Openingstijden spoorbruggen', gratis verkrijgbaar aan de ANWB-vestigingen.

Aansluitende kanalen: Oranjekanaal (op enige afstand van Emmen doodlopend), Stieltjeskanaal en Hoogeveense Vaart. Zie aldaar.

Aanlegplaatsen: Boven en beneden de sluis in Noordscheschut (eventueel gebruik van toiletten en douches in het sportgebouw op 100 m afstand); nabij de Zwinderse brug, de Oosterhesselerbrug, de Klenckerbrug, de Holslootsbrug en de Kerkbrug in Nieuw-Amsterdam. Max.verblijfsduur 3 x 24 h.

Drinkwater: Bij de sluis in Noordscheschut.

Reparatie: Jachtwerf Kesimaat, Margienewijk, Nieuw-Amsterdam.

Viane (Z)

Aan de N-zijde van de Keeten.

Haven: De haven is niet meer bruikbaar voor jachten door de vele wrakstukken in de toegangsgeul en in de haven.

Vianen a. d. Lek

50 km van Rotterdam; 66,5 km van Arnhem; 48 km van Amsterdam; 23 km van Gorinchem.

Getijstanden: Het getijverschil bedraagt 0,75 m, maar is afhankelijk van de rivierafvoer, windrichting en windkracht.

Bruggen en sluizen:
- Over de Lek liggen vaste verkeersbruggen:
 bij kmr 952: H GHW + 13,30 m = NAP + 14,92/15,54 m;
 bij kmr 949: H GHW + 13,80 m = NAP + 15,30/15,80 m.
- Voor bediening van de sluis en de brug aan het Merwedekanaal, zie onder 'Merwedekanaal bezuiden de Lek'. De ophaalbruggen over de sluis worden niet geopend voor schepen met gemakkelijk strijkbare mast.

Ligplaats: In het grindgat tussen kmr 953 en 954 ligt aan de Lo van de Lek de jachthaven van W.V. De Peiler, havenmeester G.J. van Putten, tel. (03473) 7 63 56, D ca. 2 m, tarief f 1,25 per m lengte per etmaal (elektra, douches, wastafels en toiletten).

Aanlegplaatsen: Binnen de sluis aan het voormalige Zederikkanaal aan de grasdijk (lage walkant), drinkwater. Direct na de grote sluis Vianen is er aan de westelijke oever.

Trailerhelling: W.V. De Peiler, max. 1½ ton, tarief f 25,–.

Kampeerterrein: Camping Clementie naast de jachthaven van W.V. De Peiler, Middelwaard 7.

Vierlingsbeek

Aan de Maas, kmr 140,5 Lo.

Waterstand: SP = NAP + 10,75 m.

Ligplaats: Veerhuis Staaij, kleine binnenhaven, gratis, max.diepgang 1,80 m (toilet en douche) (aan de houten brug mag niet worden afgemeerd).

Drinkwater: Bij Veerhuis Staaij.
Hefkraan: H. v. d. Boogaard, Staayweg 8, tel. (04781) 3 12 48, max. 12 ton, tarief vanaf f 50,–.
Trailerhelling: H. v. d. Boogaard, max. 2 ton, tarief f 10,–.
Kampeerterrein: Overnachten aan de binnenhaven is mogelijk.
Stortplaats chemisch toilet: Bij H. v. d. Boogaard.

Vilsteren
Aan de Overijsselse Vecht; 22 km van het Zwarte Water.
Bruggen en sluizen: Schutsluis ten Z van de stuw. Zie voor bedieningstijden onder 'Overijsselse Vecht'.
Bij het opdraaien naar het sluiskanaal moet men goed op mogelijke sterke stroom letten.

Vinkeveen
4 km van Wilnis; 3 km van de Demmerikse sluis; zie ook 'Vinkeveense Plassen'.
Bruggen:
– Ophaalbrug (Heulbrug) in het dorp over de verbinding tussen de Geuzensloot en de Ringvaart. 50 m ten O van deze brug nog een ophaalbrug (Geuzenbrug).
Bediening van de beide bruggen: (gratis)

(16 mrt.-16 april en 16 okt.-16 nov.)	ma. t/m zat.	9-12.30, 13.30-17 h
	zo. en fd.	gesloten
(16 april-16 okt.)	dagelijks	9-12.30, 13.30-17, 18-20 h
(16 nov.-16 mrt.)	ma. t/m vr.	9-12.30, 13.30-17 h
	zat.	9-13 h
	zo. en fd.	gesloten

Soms duurt het openen enige tijd en daar het kanaaltje ter plaatse zeer smal is (ca. 7 m) is opdraaien soms moeilijk.
– Voor de vaart naar Wilnis, zie aldaar.
– In de vaarweg over de Ringvaart naar de Gemeenlandse Vaart liggen drie vaste bruggen, waarvan de laagste H 1,50 m, daarna een particuliere draaibrug die overdag dagelijks wordt bediend en tot slot over de Gemeenlandse Vaart de beweegbare Gemeenlandse Vaartbrug.
Bediening (gratis):

(16 april-16 okt.)	dagelijks	9-12.30, 13.30-17, 18-20 h
(16 okt.-16 april)	ma. t/m vr.	9-12.30, 13.30-17 h
	zat.	9-13 h
	zo. en fd.	gesloten

Aanlegplaats: Tussen de Reigers- en Roerdompbrug (beide vaste bruggen H 1,50 m) aan de Ringvaart. Zie verder onder 'Vinkeveense Plassen'.

Vinkeveense Plassen
Vaarwaterbeheerder: Recreatieschap Vinkeveense Plassen, Brigittenstraat 13, 3512 KJ Utrecht, tel. (030) 33 31 17; voor toeleidende wateren en sluizen Hoogheemraadschap Amstel en Vecht, Postbus 97, 1190 AB Ouderkerk a. d. Amstel, tel. (02963) 31 53.
Waterkaart: Vinkeveense Plassen, uitgave ANWB, schaal 1:10.000.
Toegangsroutes en bruggen: De plassen zijn bereikbaar via:
– de Vecht, het Amsterdam-Rijnkanaal bij Nieuwersluis, de Nieuwe Wetering (zie 'Nieuwersluis'), de Angstel, de Geuzensloot, waarover

een vaste brug, H 3,80 m, en de Demmerikse sluis met een diepgang van 2,20 m.
- de Amstel bij Ouderkerk, de Bullewijk, de Waver, de Winkel en de Proostdijerschutsluis met een diepgang van ca. 1,20 m (zie 'Ouderkerk a. d. Amstel' en 'Winkel').
- de Kromme Mijdrecht, de Pondskoekersluis met vaste brug, H 2,30 m, de Kerkvaart, de Ringvaart van de Polder Groot Mijdrecht en de Geuzensloot of de Gemeenlandse Vaart met een diepgang van ca. 0,90 m (zie 'Mijdrecht', 'Wilnis' en 'Vinkeveen') en van de Kromme Mijdrecht door de Heinoomsvaart, de Oudhuizerschutsluis, Wilnis en Vinkeveen met 2,40 m hoogte en 1 m diepgang (zie 'Heinoomsvaart', 'Wilnis' en 'Vinkeveen').

Maximumsnelheid: Op de plassen 9 km/h, doch op een afstand van minder dan 50 m uit de oevers en eilanden 6 km/h.

Bij het varen door de sluizen van het Hoogheemraadschap en binnen een afstand van 10 m van de sluizen is het varen met mechanische kracht verboden (Verordening Vinkeveense Plassen 1990).

De plassen (en de twee beweegbare bruggen er in): In het W-gedeelte van dit plassengebied zijn de legakkers van de veenderij nog volledig aanwezig. Alle veengaten tussen deze legakkers zijn met een diepgang van 1,25 m bevaarbaar. In het O-gedeelte zijn de meeste legakkers weggeslagen en is veel open water ontstaan. Daar komen enige ondiepten voor, gevormd door de resten van de oude legakkers, waarop men zelfs met jachten, die geringe diepgang hebben, kan vastlopen. Deze ondiepten treft men veel aan in de verlengden van de legakkers, die nog boven het water steken.

Op de N-plas is door zandwinning veel diep water gekomen (10 tot 50 m). Dit water is omgeven door kunstmatige eilanden met ondiepe oevers. Bij harde wind kan dit gedeelte van de plas gevaar opleveren voor kleine schepen.

- Het N- en Z-gedeelte van de plassen staan met elkaar in verbinding door een doorvaart in de zgn. Baambrugse Zuwe, waarover een beweegbare brug ligt (Middenweteringbrug), H 1 m. Bediening: (gratis)

(16 mrt.-16 april en 16 okt.-16 nov.)	ma. t/m zat.*	9-12.30, 13.30-17 h
	zo. en fd.	gesloten
(16 april-16 juni en 1 sept.-16 okt.)	dagelijks	9-12.30, 13.30-17, 18-20 h
(16 juni-1 sept.)	dagelijks	9-12.30, 13.30-17, 18-22 h
(16 nov.-16 mrt.)*	ma. t/m vr.	9-12.30, 13.30-17 h
	zat.	9-13 h
	zo. en fd.	gesloten

* Oproepen van de brugwachter via de drukknop aan weerszijden van de brug.

Door de aanleg van de provinciale weg is een gedeelte van de Z-plassen gescheiden en nog slechts bereikbaar van de Geuzensloot uit door de ophaalbrug in genoemde weg, H 2,50 m of door de vaste brug, H 1,40 m (bij het dorp). De ophaalbrug wordt alleen bediend voor schepen die niet met gestreken mast onder de brug door kunnen varen (geen bruggeld). Bediening:

(16 april-1 juni en 1 sept.-16 okt.)	dagelijks	9-12.30, 13.30-16.30, 17.30-19 h
(1 juni-1 sept.)	dagelijks	9-12.30, 13.30-16.30, 17.30-20 h
(16 okt.-16 apr.)	ma. t/m vr.	als Demmerikse sluis
	zat., zo. en fd.	als Demmerikse sluis*

Bij afwezigheid van de brugwachter dient men zich te wenden tot de sluismeester van de Demmerikse sluis.
* De brug wordt op zat. van 16 okt.-16 nov. en 4 zaterdagen voor aanvang van het voorseizoen bediend van 8.30-16.30 h op verzoek, een dag tevoren aanvragen tussen 17 en 18 h, tel. (02972) 6 25 40.

Eilanden en legakkers: Vele legakkers zijn onder beheer van de Vereniging De Goede Vangst. Voor het betreden zijn toegangskaarten vereist, die afgegeven worden o.a. op de Demmerikse sluis en bij diverse jachthavens, tarief f 2,25 p.p. per dag, f 6,50 per week, f 17,50 per maand en f 25,- per jaar. Gezinskaart f 32,50 per jaar (tarieven 1994). Op de legakkers van het Recreatieschap Vinkeveense Plassen zijn palen (met gele kop) aanwezig. Overdag kan gratis worden aangelegd. Voorts is in het O-gedeelte van de N-plas een reeks van 12 zandeilanden opgeworpen ter beteugeling van een grote door ontzanding ontstane plas. Deze eilanden worden beheerd door het Recreatieschap Vinkeveense Plassen en zijn ingericht voor de openluchtrecreatie (in principe vrij toegankelijk). Voor deze eilanden is een gebruiksverordening van kracht, waarin bepaald is dat er vrij mag worden gemeerd gedurende 3 x 24 h. Na het verlaten van een ligplaats (na 3 opeenvolgende nachten) mag binnen 2 x 24 h niet opnieuw 's nachts aan hetzelfde eiland worden gemeerd. Het plaatsen van tenten en het afmeren bij zwemstranden is verboden.

Bruggen: Zie 'Toegangsroutes en bruggen', 'De plassen en de twee beweegbare bruggen' en verder onder 'Vinkeveen'.

Sluizen: De plassen zijn aan de Z-zijde toegankelijk via de Demmerikse sluis in de Geuzensloot en aan de N-zijde via de Proostdijersluis in de verbinding met de Winkel.
- Bediening (sluisgeld: f 4,45 per sluis):

(16 april-1 juni en 1 sept.-16 okt.)	dagelijks	9-12.30, 13.30-19 h
(1 juni-1 sept.)	dagelijks	9-12.30, 13.30-20 h
(16 okt.-16 april)	ma. t/m vr.	9-16.30 h, op verzoek, 24 h tevoren aanvragen*
	zat., zo. en fd.*	gesloten

* Op zat. van 16 okt.-16 nov. en 4 zaterdagen voor aanvang van het voorseizoen bediening van 8.30-16.30 h op verzoek, een dag tevoren aanvragen tussen 17 en 18 h (Demmerikse sluis, tel. (02972) 6 25 40; Proosdijersluis, tel. (02946) 33 83).

Tijdens de weekends in het hoogseizoen moet rekening worden gehouden met lange wachttijden, op vrijdagavond en op zaterdag bij het schutten naar de plassen, op zondagmiddag en -avond bij het schutten naar de Winkel en de Geuzensloot.
- Zie voor de sluizen in de toegangsroutes onder 'Heinoomsvaart' (Oudhuizersluis) en 'Mijdrecht' (Pondskoekersluis).

Lig- en aanlegplaatsen:
- Aan de N-plas:

langs de N-oever: ● Jachthaven Bon, havenmeesters Jack en Joop Bon, tel. (02946) 13 95, max.diepgang 2 m, tarief f 1,- per m lengte per nacht (excl. toeristenbelasting) (elektra, toiletten, douches (f 1,-) en wastafels) ● Jachthaven Winkeloord, havenmeester C. Griffioen, tel. (02946) 14 26, max.diepgang 1,40 m, tarief f 1,- per m lengte per nacht (elektra, toiletten, douches (f 1,-) en wastafels);

langs de O-oever: ● Jachthaven 't Wijd ● W.V. De Watergeuzen;

langs de Z-oever: ● Jachthaven De Plashoeve ● Jachthaven Hk. Oldenburger (v/h De Vinkenplas), tel. (02972) 6 12 42, max.diepgang 3 m, tarief f 1,- per m lengte per etmaal (elektra, toiletten, douches (f 1,10) en wastafels);

langs de ZW-oever: ● Jachthaven Omtzigt ★★★★, havenmeester tel. (02972) 6 10 38, max.diepgang 2 m, tarief f 1,– per m lengte (elektra, toiletten, douches (f 1,–) en wastafels) ● Jachthaven Achterbos, havenmeester G. Pieterse, tel. (02972) 6 47 56, max.diepgang 3,50 m, tarief f 10,– per nacht (toiletten, douches (f 1,–) en wastafels) ● Jachthaven Watersportcentrum Proosdij, tel. (02972) 6 12 66 (toiletten, douches (f 1,–) en wastafels).

– Aan de Z-plas, in de ZO-hoek: ● Jachthaven De Wilgenhoek, havenmeesters C. Kok/F. v. d. Linden, tel. (02949) 18 42, max.diepgang 2,20 m, tarief f 1,50 per m lengte per nacht (elektra, toiletten, douches (f 1,–) en wastafels) ● Jachthaven De Lokeend, tarief tot 10 m f 7,50 per nacht, boven de 10 m f 10,– per nacht (toiletten, douches en wastafels) ● Jachthaven/Hotel De Instuif, havenmeester J.P.W. Alles, tel. (02949) 12 26, tarief f 1,– per m lengte per nacht (elektra,toiletten en wastafels).

– Langs de oevers en aan de eilandjes en legakkers (alleen voor bezitters van toegangskaarten) ● aan speciaal ingerichte meerplaatsen aan de grote zandeilanden rond de ontzanding (zie bij 'Eilanden').

– Boodschappensteiger aan de ZW-oever van de N-plas bij Jachthaven Omtzigt ★★★★, max.verblijfsduur (van 8-22 h) 1½ h; boodschappensteiger aan de N- en Z-zijde van de vaste brug in de provinciale weg (S 21) in Vinkeveen, max.verblijfsduur 1½ h.

Drinkwater: Proostdijersluis, automaat; Watersportbedrijf De Plasmolen (sl, f 1,–), aanlegsteiger aan de O-oever van de N-plas; Jachthaven Winkeloord; Jachthaven Borger; Jachthaven Omtzigt; Jachthaven De Wilgenhoek (sl, f 1,–/80 l); Jachthaven Bon (sl, f 1,–).

Motorbrandstof: Bij Jachthaven Omtzigt, be (sl), die (sl), sbe (sl); Jachthaven De Wilgenhoek, die (sl), be (sl), sbe (sl); Watersportbedrijf De Plasmolen, O-oever van de N-plas, sbe (sl).

Reparatie: Van Dijk, Vinkenkade 19, tel. (02949) 31 08, zeil/tuigage; W. P. v. Dijk, tel. (02972) 6 10 03, bub/bib; Watersportbedrijf De Plasmolen, Molenkade 3, tel. (02949) 14 92 (van 1 april-1 okt. dagelijks geopend), bub (Johnson en Evinrude), bib (Volvo Penta en OMC), romp/uitr (p/op de wal + in het water), zeil/tuigage; Fa. De Ree en Struik, tel. (02972) 6 33 20, bij de brug over de Gemeenlandse Vaart, bub/bib, romp/uitr (p); Jachthaven De Wilgenhoek, Groenlandsekade 9-13, tel. (02949) 18 42, bib/bub (alle merken), romp/uitr (ht, s, p, a/op de wal + in het water), zeil/tuigage, elek (van 1 april-1 okt. dagelijks geopend); Jachthaven Omtzigt, Achterbos 24a, tel. (02972) 6 10 38, bib/bub (alle merken), romp/uitr (ht, s, p/op de wal + in het water), zeil/tuigage, elek; Jachthaven Winkeloord, Winkeldijk 20a, tel. (02946) 14 26, bub (Yamaha, Mercury, Mariner, Johnson, Evinrude, Honda en Force), bib (Volvo Penta, Yanmar, Bukh, Daf, Vetus, Farymann, Perkins en Ford), romp/uitr (ht, s, p, a/op de wal + in het water); J. J. Bonzet, Vinkenkade, romp/uitr (ht); Scheepswerf Th. Kok B.V., Herenweg 281, tel. (02972) 6 12 16, romp/uitr (ht, s, a/op de wal + in het water) (helling tot 50 ton); Fa. Klinkhamer, Baambrugse Zuwe 204-206, tel. (02949) 15 45, bib/bub (alle merken), romp/uitr (p/op de wal + in het water); Jachthaven Bon, Winkeldijk 25, tel. (02946) 13 95, bub (Yamaha, Mercury, Mariner, Johnson en Evinrude), bib (Volvo Penta, Yanmar, Bukh, Vetus, Farymann, Sabb, Ford en Renault), romp/uitr (ht, s, p/op de wal + in het water), zeil/tuigage, elek; Zeilmakerij Jena Sails, bij Jachthaven Omtzigt, Achterbos 24a, tel. (02972) 6 39 50/ 6 49 81, zeil/tuigage; Jachthaven Hk. Oldenburger, Baambrugse Zuwe 127, tel. (02972) 6 12 42, romp/uitr (ht, s, p, a/op de wal + in het water), elek; Revisie EBIM, Wilgenlaan 39a, tel. (02972) 6 16 57, bib (Perkins).

Hefkranen: Jachthaven De Plashoeve, max. 6 ton; Jachthaven Omtzigt, max. 20 ton, tarief f 10,– per m², max.diepgang 2,50 m; Jacht-

haven Bon, max. 5 ton, max.diepgang 2 m, tarief f 190,– (heffen met staande mast mogelijk); Jachthaven De Wilgenhoek, max. 1 ton, tarief f 45,– (heffen met staande mast mogelijk); Jachthaven De Lokeend, max. 4 ton, tarief f 25,– per keer; Watersportbedrijf De Plasmolen, max. 4 ton, tarief f 100,–, max.diepgang 1,20 m; Jachthaven Winkeloord, max. 12 ton, max.diepgang 1,40 m, tarief f 175,– (heffen met staande mast mogelijk); Jachthaven Achterbos, Achterbos 24, tel. (02972) 6 47 56, max. 5 ton, tarief f 125,–; Jachthaven Hk. Oldenburger, max. 10 ton, max.diepgang 1,40 m, tarief f 52,50; Fa. Klinkhamer, tel. (02949) 15 45, max. 8 ton, tarief vanaf f 40,–; Jachthaven Borger, Herenweg 240, tel. (02972) 6 12 45, max. 8 à 9 ton, max.diepgang 4 m, tarief in overleg.
Trailerhellingen: Jachthaven De Lokeend, max. 1$^1\!/_2$ ton, tarief f 7,50 per keer; Jachthaven De Wilgenhoek, max. 800 kg, tarief f 22,50 per keer; Jachthaven Winkeloord, max. 1 ton, tarief f 5,– per keer; Jachthaven Omtzigt, max. 1$^1\!/_2$ ton, tarief f 25,–; Jachthaven Borger; Jachthaven Hk. Oldenburger, max. 5 ton, tarief f 15,–.
Botenliften: Jachthaven De Wilgenhoek, max. 24 ton, tarief f 85,– tot f 400,– (liften met staande mast mogelijk); Jachthaven Bon, max. 12 ton, max.diepgang 2 m, tarief f 190,–; Jachthaven Winkeloord, max. 12 ton, tarief f 175,–.
Kampeerterreinen: Op eilandjes in de Vinkeveense Plassen. Vergunning aanvragen bij Vereniging De Goede Vangst, p/a M. Donkervoort, tel. (02949) 33 95 of J. Catsburg, Donkereind 52, Vinkeveen, tel. (02972) 6 31 90 b.g.g. tel. 06 52 96 14 52 (controleur) (tarief f 17,50 per tent per dag); Jachthaven Winkeloord; Jachthaven Bon; Watersportcentrum Proosdij; Camping Klinkhamer; Jachthaven Borger.
Wasserettes: Jachthaven De Wilgenhoek; Jachthaven Omtzigt; G. Hartsing, Herenweg 101; Camping Klinkhamer.
Stortplaatsen chemisch toilet: Bij Jachthaven De Wilgenhoek; Jachthaven Omtzigt; Jachthaven Winkeloord; Watersportcentrum Proosdij; Camping Klinkhamer; op de zandeilanden nr. 3 en 8 (zie 'ANWB-waterkaart').
Aftappunten vuilwatertank: Bij Jachthaven De Wilgenhoek.

Vlaardingen
11 km van Rotterdam; 13 km van Delft; zie ook 'Westland'.
Getijstanden: GHW = NAP + 1,14 m; GLW = NAP – 0,51 m. Rijzing bij doodtij 1,70 m boven gemiddeld LLWS; bij springtij 2 m. Gemiddeld LLWS NAP – 0,75 m.
Haven: Buitenhaven, Oude Haven (ten N van de schutsluis) en toegang Vlaardingervaart bij kmr 1010,8. Op het Westerhoofd een vast rood licht, op het Oosterhoofd een vast groen licht.
Havenmeester: Havendienst, Oosterhavenkade 85a, tel. (010) 4 34 47 00; W.V. Vlaardingen, K. v. d. Lugt, tel. (010) 4 34 67 86.
Marifoon: Havendienst, kan. 20.
Douane: Voor douaneformaliteiten zie in de Handleiding van deze Almanak onder 'Douaneformaliteiten'. Voor afhandeling van douaneformaliteiten telefonisch melden: ma. t/m vr. (8-16.45 h) tel. (010) 4 35 73 33, 's nachts en op zo. en fd., tel. (010) 4 76 16 66.
Bruggen en sluizen: Vanaf de rivier de Nieuwe Maas bevinden zich achtereenvolgens:
– Deltabrug;
– Delflandse Buitensluis (schutsluis);
– Spoorbrug, H NAP + 2,10 m. Wordt bediend als de treinenloop het toelaat, geen bruggeld. Van 15 okt.-15 april, geen bediening op zo. en fd; van 15 april-15 okt. zeer beperkte bediening;
– Prinses Julianabrug, H NAP + 1,85 m. Bediening als de spoorbrug, geen bruggeld;

- Oude Havenbrug, H NAP + 1,50 m. Bediening op werkdagen van 8-17 h. Op zo. en fd. (1 april-15 okt.) beperkte bediening, in aansluiting op bediening spoorbrug en Prinses Julianabrug;
- Vlaardinger Driesluizen geven toegang tot de Vlaardingervaart en de Bree- of Lichtvoetwetering, die de verbinding vormen met Schipluiden en Delft. Sluiswachter P. Voskamp, tel. (010) 4 34 38 50. Deze sluis heeft een doorvaarthoogte onder de overkluizing van NAP + 2,75 m = KP + 3,15 m. Sluisgeld f 4,10 (ieder vaartuig t/m 10 ton), te vermeerderen met f 0,50 per ton bij een grotere inhoud en/of f 4,10 bij doorvaart tussen 21 en 6 h.
Bediening:

(15 april-15 okt.)	ma. t/m do.	8-9, 13-14, 16-17 h
	vr.	8-9, 13-14, 17.30-20 h
	zat.	8.30-10, 16-17 h
	zo. en fd.	17-18.30 h
(15 okt.-15 april)	ma. t/m vr.	8-9, 13-14, 16-17 h
	zat., zo. en fd.	in overleg met de sluiswachter

- Ten N van de sluis vier vaste bruggen, H 1,90 m. Nadere gegevens zijn vermeld onder 'Westland'.

Lig- en aanlegplaatsen: Bij W.V. Vlaardingen in de Oude Haven (Binnenhaven), aan de Oosthavenkade, tussen de Prinses Julianabrug en de Oude Havenbrug, tarief f 1,25 per m lengte per dag (KNWV-leden 50% korting) (elektra) ● bij W.V. P.V.V. De Kulk aan de Vlaardingse Vaart, tarief f 5,– per etmaal, KNWV-leden 1 nacht gratis ● W.V. De Bommeer aan de Vlaardingse Vaart, tarief f 3,– per dag, KNWV-leden 2 nachten gratis (toiletten, douche en wastafels) ● Jachthaven Callenburgh van W.V. De Kleiput aan de Vlaardingse Vaart, havenmeester H. van Rey, tel. (010) 4 35 75 95, max.diepgang 1,50 m, tarief f 5,– per nacht (elektra, toiletten en wastafels) ● W.V. De Fuut aan de Vlaardingse Vaart. In de Vlaardingse Vaart, voor zover binnen de gemeentegrenzen van Vlaardingen gelegen, is afmeren uitsluitend toegestaan van zonsopkomst tot zonsondergang aan de d.m.v. borden aangegeven meerplaatsen.

Havengeld: Gem. havengeld buiten de jachthavens voor pleziervaartuigen f 0,487 per m^2 (min. grondslag 20 m^2).

Motorbrandstof en drinkwater: Texaco-station, Westhavenkade 10, tussen Prinses Julianabrug en Oude Havenbrug, die (sl), water (sl); Oliehandel J. v.d. Linden & Zn., Esso-station, Westhavenkade 86 (Buitenhaven), die (sl), be, sbe, water (sl).

Vulstation propaangasflessen: Indusgas Ned. B.V., Beugsloepweg 3, tel. (010) 4 34 04 55.

Reparatie: Nautik, Oosthavenkade 15, tel. (010) 4 35 40 83, bub/bib; Garage Elen, W. Beukelszoonstraat 55, bib/bub; Machinefabriek W. Houdijk, Trawlerweg 4, bib/bub; Bedrijf Toekomst, Havenstraat 75, tel. (010) 4 34 02 98, bub (Yamaha), bib (Vire); P.V.V. De Kulk, Havenstraat 45, tel. (010) 4 70 92 23, romp/uitr; A. van Roon B.V., Westhavenkade 61, tel. (010) 4 34 34 92/4 34 30 46, bib/bub, elek, zeil/tuigage, zat. geopend; J. Storm, Westhavenkade 37, zeil/tuigage; Gebr. Kok, Oosthavenkade bij de spoorbrug, zeil/tuigage; J. van Dorp, Havenstraat 87, tel. (010) 4 34 51 51, zeil/tuigage.

Hefkraan: Bij W.V. De Bommeer aan de Vlaardingervaart.

Trailerhelling en botenlift: Jachthaven Callenburgh van W.V. De Kleiput, helling en botenlift, max. 10 ton, max.diepgang 1,50 m, tarief van f 15,– tot f 100,–.

Vlieland
Zie ook onder 'Waddenzee'.

Bijzondere bepalingen: Een varend of een geankerd klein vaartuig moet bij slecht zicht en 's nachts op de Waddenzee en in de havens aan de Waddenzee een goed functionerende radarreflector voeren.
Kustwacht en marifoon: Kustwachtpost Vlieland (tel. (05621) 13 26), marifoonkan. 67, bemand van 10-12 (alleen 's zomers) en 15-17 h, buiten deze tijden via de Kustwachtpost Terschelling (roepnaam: Brandaris), marifoonkan. 2, het Kustwachtcentrum IJmuiden, marifoonkan. 67 (en 16 (noodkan.)) of Centrale Meldpost Waddenzee, marifoonkan. 4 (zie ook 'Waddenzee').
Douane: Het douanekantoor is geopend van 1 mei tot 1 november. Buiten deze periode kan men terecht bij de jachthavenmeester. Voor douaneformaliteiten zie in de Handleiding van deze Almanak onder 'Douaneformaliteiten'.
Getijstanden: Rijzing bij springtij 2,30 m boven gemiddeld LLWS; bij doodtij 2 m; gemiddeld LLWS = NAP – 1,39 m.
Natuurreservaat: Zie 'Kaart voor Kust- en Binnenwateren, nr. 1811', uitgave Chef der Hydrografie.
Rijksveerdam: Bij het dorp, uitsluitend ten behoeve van de veerboten, D 2,75 m bij gemiddeld LLWS.
Haven: Aan de ZO-zijde van het eiland. De haven heeft een diepte van 2,40 m bij gemiddeld LLWS. Op het W-havenhoofd een vast rood licht, op het O-havenhoofd een vast groen licht. Bij het invaren van de haven moet men rekening houden met sterke eb- en vloedstroom. Voor de haven kentert het tij op het moment van hoog- en laagwater. Achterin de haven is de toegang tot de jachthaven met drijvende steigers, geëxploiteerd door de Stichting Aanloophaven Vlieland. Aan de NO- en ZO-kade van de haven zijn tevens drijvende steigers aangebracht voor jachten (in beheer bij de stichting; havengeld is verschuldigd).
Havenmeester: Jachthavenmeester H. Wortel, tel. (05621) 17 29, (alleen bij noodgevallen 14 78). Marifoonkanaal 9.
Ligplaats: De jachthaven van de Stichting Aanloophaven Vlieland is de verplichte aanloophaven voor passanten, D 1,80 m bij gemiddeld LLWS, tarief f 2,– per m lengte + f 1,10 p.p. toeristenbelasting per nacht (elektra, toiletten, wastafels en douches (f 1,–) in het havengebouw). Bij aankomst dient men zich direct te melden en vooraf te betalen.
Levensmiddelen: Rijdende winkel op de haven aanwezig; in het dorp op 20 min van de haven.
Motorbrandstof: Pomp aan de Fortweg (Texaco), be, sbe en die; bij Haan's Transportbedrijf, Dorpsstr. 76, die (kan aan de haven geleverd worden (kannen van 10 liter)).
Vulstation propaangasflessen: Hoogland, W. de Vlaminghweg 37, tel. (05621) 13 52.
Reparatie: C.J. de Jong, tel. (05621) 15 07, bib (alle merken); voor reparatie elek. tel. (05621) 15 58; W.R.S.V. Wadden Rescue Salvage Vlieland, Helmweg 5, tel. (05621) 15 07 (b.g.g. 15 53), reparatiewerkzaamheden.
Hefkraan: Max. 10 ton, gebruik in overleg met jachthavenmeester, tarief f 100,– (heffen met staande mast mogelijk).
Trailerhelling: Aan de jachthaven, gratis.
Wasserette en stortplaats chemisch toilet: Bij de jachthaven.

Vlietland

Recreatieplas in aanleg, gelegen tussen de Vliet (Rijn-Schiekanaal) en de Rijksweg Amsterdam-Rotterdam, ten O van Voorschoten. Deze plas wordt doorsneden door de Bakkersloot, de verbinding tussen de Vliet en de Meerburgerwetering. De Bakkerssloot is niet betond. De toegang vanaf de plas tot de Meerburgerwetering is door steekbakens gemarkeerd (tussen de oever en het eilandje ligt een dam onder

water, die bij het eilandje ca. 0,30 m onder het wateroppervlak ligt).
Het midden van de toegangsgeul tot de Meerburgerwetering is voldoende diep, de kanten zijn ondiep.
Toegangswegen:
– Vanaf de Vliet op drie plaatsen via een vaste brug, van N naar Z resp. H 1,60 m (naar de Jan Bakkersloot). De tweede brug H 1 m is een draaibrug, die uitsluitend voor de beroepsvaart (zandschuiten) bediend wordt. De derde brug is een vaste brug H 1 m.
– Vanaf de Meerburgerwetering via twee vaste bruggen, H 1,60 m (naar de Bakkersloot).
Vaarwegbeheerder: Hoogheemraadschap van Rijnland, Postbus 156, 2300 AD Leiden, tel. (071) 25 93 14 (boezembeheer).
Motorvaart: Voor de doorvaart door de Bakkersloot is een vergunning vereist, af te geven door het Hoogheemraadschap van Rijnland in Leiden, zie bij 'Drecht'. Op het Vlietland zelf is motorvaart officieel verboden.
Lig- en aanlegplaatsen: Jachthaven van W.V. Leidschendam aan het Rijn-Schiekanaal t.h.v. Vlietland (zie onder 'Leidschendam') ● Jachtwerf Ad Spek aan het Rijn-Schiekanaal (zie onder 'Leidschendam') ● Watersportcentrum/Camping Vlietland voor schepen tot 7 m lengte, aan de N-zijde van de plas, havenmeester G. te Loo, tel. (071) 61 22 00, max.diepgang 1,50 m, tarief f 15,– per dag (toiletten, wastafels, douches (f 1,–) en restaurant) ● aan de O- en W-zijde van de plas en op het eiland zijn aanlegsteigers.
Drinkwater: Bij Watersportcentrum/Camping Vlietland.
Reparatie en hefkraan: Zie onder 'Leidschendam'.
Trailerhelling: Openbare helling bij de camping Vlietland, gratis.
Kampeerterrein: Watersportcentrum/Camping Vlietland, Rietpolderweg 11, Leidschendam, tel. (071) 61 22 00.
Wasserette en stortplaats chemisch toilet: Bij Watersportcentrum/Camping Vlietland.

Vlietlanden
Recreatieplan in het Westland. Gesitueerd ten Z van de Maassluisse Trekvaart tussen Maassluis en het Bommeer. Zie aldaar.

Vlissingen
7 km van Middelburg; 21 km van Terneuzen; 5 km van Breskens; 55 km van Oostende; zie ook 'Kanaal door Walcheren'.
Kaartje: Is bij deze beschrijving opgenomen.
Douane: Westerhavenweg bij de sluis (1), tel. (01184) 8 46 00, dag en nacht geopend. Voor douaneformaliteiten zie in de Handleiding van deze Almanak onder 'Douaneformaliteiten'.
Stroom: Zowel voor de Buitenhaven als voor de Koopmanshaven loopt zwaar tij.
Getijstanden: Rijzing bij springtij 4,70 m; bij doodtij 3,85 m boven gemiddeld LLWS; gemiddeld LLWS = NAP – 2,32 m. GHW = NAP + 2,02 m; GLW = NAP – 1,80 m.
Buitenhaven: D LLWS – 6 tot 10 m. Zeer onrustig door de golfslag van de zee, zeeschepen en veerboten naar Breskens. Groot tijverschil. Weinig ruimte aan de steigers. Die aan de havendam is gereserveerd voor het Loodswezen. Aan de steigers van de veerboot mag niet aangelegd worden.
Op het W-havenhoofd van de Buitenhaven kunnen de volgende havenseinen getoond worden:
– overdag een rode vlag of 's nachts 2 rode lichten boven elkaar: toegang tot de haven verboden voor alle scheepvaart.
– 3 lichten (rood-rood-groen), verticaal geplaatst: toegang tot de haven verboden voor schepen met een diepgang groter dan 6 m.

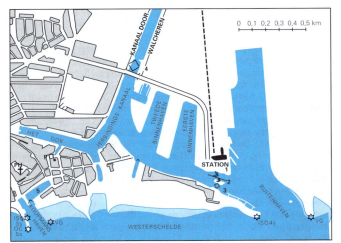

Vlissingen

1. Sluis en aanlegplaats veerboten naar Breskens
2. Sluis
3. Keersluis (vrijwel altijd gesloten)
4. Beweegbare brug, openstaande keersluis en jachthaven
5. Vissershaven, openstaande keersluis en jachthaven

– op het W-havenhoofd nabij het sluizencomplex: wind- en stormseinen.

Sluizen: Bediening te allen tijde (1) en (2). Oppassen voor de veerboten naar Breskens, die ten N van (1) aanleggen.
Megafoon op de sluis. De keersluis bij (4) staat open.
Marifoon: Aanloop Westerschelde (bij het naderen van het werkingsgebied VTS-SM). Er bestaat in het gebied van het VTS-SM bereikbaarheidsplicht op de Verkeerskanalen voor schepen uitgerust met een marifoon. Voor recreatievaart geldt geen marifoon-meldplicht.
Aanloop Westerschelde (bij het naderen van het werkingsgebied VTS-SM) Verkeerskanaal VHF-kan. 64 (Roepnaam Traffic Centre Steenbank) vanuit zee tot de Libo OG 13. Verkeerskanaal VHF-kan. 14 van de Libo OG 13 tot de PvN/SP/E3a (roepnaam Centrale Vlissingen). Blok Vlissingen, blokkan. 21 (roepnaam 'Radar Vlissingen'); Havendienst Vlissingen, kan. 9 (roepnaam 'Havenschap Vlissingen', voor in- en uitvaart havengebied); sluis Vlissingen, kan. 22. De beroepsvaart dient zich ruim tevoren aan te melden via kan. 14/21/64 (roepnaam Centrale Vlissingen/Radar Vlissingen/Traffic Centre Steenbank, met ieder uur om .55 h scheepvaartinformatie).
Het is toegestaan het betreffende Verkeerskanaal kortstondig te verlaten voor een korte melding aan een sluis, havendienst of radarcentrale. Zie voor gedetailleerde informatie de 'Hydrografische Kaart voor Kust- en Binnenwateren, nr. 1801 en 1803'.
Schelde Coördinatie Centrum (SCC): Commandoweg 50, 2e verdieping, 4381 BH Vlissingen, Centrale Verkeersleiding, tel. (01184) 2 47 60.
Verkeerscentrale Vlissingen: Commandoweg 50, 4e verdieping, 4381 BH Vlissingen, Regionale Verkeersleiding, tel. (01184) 2 47 90, marifoonkan. 14 (roepnaam 'Centrale Vlissingen'); 21 (roepnaam 'Radar Vlissingen'); 64 (roepnaam 'Traffic Centre Steenbank').
Doorvaartroute (Kanaal door Walcheren): Het kanaal door Walcheren kan met staande mast worden bevaren. Zie onder 'Kanaal door Walcheren'.

Koopmanshaven: Op de kop van de W-havendam een sectorlicht (Oc 5s) en meer landinwaarts een wit licht (Iso 3s). Op de kop van de aanlegsteiger van het Loodswezen, direct naast de W-havendam een vast rood licht. Op de kop van de O-havendam een vast groen licht. Onrustig door de golfslag. D ca. 2,60 m bij gemiddeld LLWS, langs de O-havendam minder diep. De haven is in gebruik bij het Loodswezen, maar geeft tevens toegang tot de jachthaven in de Vissershaven. Op de kop van de O-havendam kan, in verband met de beperkte drempeldiepte van de keersluis in de toegang tot de Vissershaven, een dubbelrood licht getoond worden (verbodsteken A1 van de bijlage 7 van het BPR); toegang tot de Vissershaven is dan verboden.

Vissershaven (5): De haven is toegankelijk via de Koopmanshaven (let op seingeving O-havendam!) en de keersluis met 2 draaibruggen (H NAP + 6,07 m) in de toegang tot de Vissershaven. De drempeldiepte van de sluis is 1 m bij gemiddeld LLWS. Binnen de sluis in de jachthaven is een peilschaal aangebracht. Gedurende het vaarseizoen van 1 mei tot 1 okt. staat de sluis open. De draaibruggen worden overdag bediend door de havenmeester van de jachthaven. 's Nachts staan de bruggen open, doch voor passanten is de toegang tot de haven van 22-8 h verboden. Van 15 nov. tot 1 maart is de keersluis gesloten en is de haven niet toegankelijk. In het voor- en naseizoen kan de sluis eventueel op verzoek worden bediend door de havenmeester.

1e en 2e Binnenhaven: Druk en onrustig door beroepsvaart.

Ligplaatsen: In de jachthaven ten Z van (4) bij de Ver. voor Watertoerisme Schelde, havenmeester A. Bos, tel. (01184) 6 59 12, D 3 m, rustige haven, tarief f 1,50 per m lengte + toeristenbelasting à f 0,50 p.p. per nacht (elektra, toiletten, wastafels en douches (f 1,–)) ● Jachthaven Michiel De Ruyterhaven in de Vissershaven (5), havenmeester A. Blankenburgh, tel. (01184) 1 44 98, toegankelijk met een max.diepgang van 1 m bij gemiddeld LLWS (drempeldiepte sluis), max.diepgang in de haven 2,65 m bij gemiddeld LLWS, tarief f 3,– per m lengte + f 0,60 p.p. toeristenbelasting per nacht en een borgsom van f 25,– (elektra, toiletten, douches (f 1,–) en wastafels in het Grand Café Montparnasse).

Motorbrandstof: Tankboten in de Binnen- en Buitenhavens, be, die, niet op zo; aan de jachthaven bij (4) en (5), die (sl).

Vulstation propaangasflessen: Primagaz, Gildeweg 35, tel. (01184) 1 73 94.

Reparatie: Fa. Hermes, Gildeweg, bub/bib (alle merken); Fa. Kramer, Badhuisstraat, bub/bib (alle merken); Fa. C. v. d. Gruyter, Edisonweg 1, vlak bij (4), zeil/tuigage; Jachthaven Michiel De Ruyterhaven (5), Ruyterplein 1, tel. (01184) 1 44 98, romp/uitr (ht, s, p/in het water), zeil/tuigage.

Botenlift: Aan de jachthaven (4) bij de Ver. voor Watertoerisme Schelde, lift max. 15 ton, tarief f 75,– per dag, max.diepgang 2,20 m (liften met staande mast mogelijk).

Wasserette: Bij de Ver. voor Watertoerisme Schelde (4).

Stortplaats chemisch toilet: Bij de Ver. voor Watertoerisme Schelde (4).

Volendam

21 km van Hoek van het IJ.

Haven: De diepte van de haven is 2,70 m, nabij de boxen van W.V. Volendam ca. 2,40 m. Rood vast licht op de kop van het Z-havenhoofd, groen vast licht op de kop van het N-havenhoofd. Bij het binnenvaren door de bebakende geul moet men de visafslag met onderbroken wit licht tussen beide havenlichten houden. Krachtig rood licht op de torenspits van de meest noordelijke kerk.

Mistsein: Op het N-havenhoofd sirene, elke 2 min een stoot van 25 seconden.

Havenmeester: C. E. Bootsman, kantoor ten N van de visafslag, tel. (02993) 6 96 20 of (06) 52 89 09 30, privé: Tulpenstraat 1, tel. (02993) 6 55 90; assistent havenmeester K. Veerman, kantoor Gemeentewerken, tel. (02993) 6 09 11.

Havengeld: Tarieven per nacht: tot 7 m lengte f 6,50, tot 10 m f 8,25, tot 13 m f 10,25, tot 18 m f 12,50, tot 25 m f 20,75, tot 30 m f 24,–, tot 35 m f 27,–, tot 40 m f 32,50, 40 m en langer f 37,25. Tot 18 h 50% havengeld verschuldigd.

Lig- en aanlegplaatsen: (Toiletten, wastafels en douches (muntautomaat) in het toiletgebouw naast het havenkantoor ten N van de visafslag.)

De max. toegestane lengte is 15 m, ontheffing is mogelijk.

● Bij W.V. Volendam (in overleg met de havenmeester), tarief t/m 10 m lengte f 12,50, langer dan 10 m f 14,– per nacht. Tot 18 h is 50% havengeld verschuldig.

● Aan de W-oever van de N-havendam is een aanlegwal voor jachten, die blijven overnachten.

● Een aangegeven deel van de W-oever ten N van de visafslag. Alleen voor kort bezoek.

● Aan de houten steiger langs de NO-oever, voor overnachten.

● Steiger voor grote schepen, speciaal vakantieschepen voor zieken, buiten de haven aan het Z-havenhoofd (voor jachten verboden).

● In de haven is rond de viskaren en nabij de aanlegplaats van de Marken Express een steiger aangelegd. Binnen deze steiger en het Havendijkje mag niet worden afgemeerd.

Afmeren aan de vissersschepen wordt afgeraden, aangezien de vissersschepen meestal 's nachts al uitvaren.

Drinkwater: Rondom de haven staan acht kranen met slang (muntautomaat).

Reparatie: W. Prins*, Zuiderhavendam 47a, bib/bub; Jachtbouw Habbeké, Chr. Huygensstraat 7, tel. (02993) 6 21 82, romp/uitr (ht, s, p, a/op de wal + in het water); J. Schokker's* Zeilmakerij IJsselmeer, Zuiderhavendam 45, tel. (02993) 6 36 66, steiger aanwezig, zeil/tuigage; F. Schokker Zeilmakerij, Julianaweg 204, tel. (02993) 6 32 60, zeil.

Trailerhelling: Fa. Gebr. Jonk, Slobbeland 7, tel. (02993) 6 35 59, dagelijks geopend van 7-20 h (overleg nodig), tarief f 10,–.

Volkerak

Onder dit hoofd wordt de vaarweg beschreven van de Volkeraksluizen (zie aldaar), N-Volkerak, langs de haven Dintelsas (zie aldaar) en verder over het Zuidvlije, langs de monding van de Roosendaalse en Steenbergse Vliet tot de monding van de Schelde-Rijnverbinding (zie aldaar) of over het Zuidvlije en het Krammer naar de Krammersluizen. Zie tevens onder 'Zoommeer'.

Kaarten: 'Nr. 1807, kaart voor Kust- en Binnenwateren', uitgave Chef der Hydrografie en ANWB-waterkaart 'Grevelingenmeer'.

Sluis: Wordt afzonderlijk beschreven onder het hoofd 'Volkeraksluizen'.

Onderlinge afstanden:

– Volkeraksluizen – Dintelsas 5 km
– Dintelsas – monding Roosendaalse en Steenbergse Vliet 8,5 km
– Roosendaalse en Steenbergse Vliet – monding Schelde-Rijnverbinding 1 km.

Algemeen: Het Volkerak is onderdeel van de zeer druk bevaren scheepvaartverbinding tussen de zeehavens als Rotterdam, Antwerpen en Vlissingen en het achterland. De snelle Rijnschepen en de krachtige duwcombinaties veroorzaken steile golven die grillig tegen elkaar inlopen. Wanneer er een krachtige wind in de lengterichting van het vaarwater staat komen hier nog de windgolven overheen. Op zaterdag en vooral zondag is het scheepvaartverkeer geringer.

Maximumsnelheid: In de betonde hoofdvaargeul, in het W begrensd door de lijn tussen de lichtopstanden ZV 1 en ZV 2 en in het O door de lijn tussen de lichtopstanden NV 11/DS 2 en NV 12/HG 1, geldt géén snelheidsbeperking, doch waterskiën is verboden. Ten W van Dintelomd ligt een speciale baan voor snelle motorvaart en waterskiën. Overigens geldt een max.snelheid van 20 km/h, m.u.v. de gebieden die als niet-toegankelijk gebied zijn aangewezen. Gedetailleerde informatie is opgenomen in de ANWB-watersportwijzer 'Snel motorbootvaren in Nederland'. Raadpleeg hiervoor de 'Handleiding' van deze Almanak onder 'Snelle motorboten en Waterskiën'.

Natuurmonument: Het Volkerak heeft de status van 'Beschermd Natuurgebied'. Er zijn verbodsbepalingen ingesteld, waardoor een aantal gebieden niet toegankelijk is voor de watersport, nl. de Hellegatsplaten, Dintelse Gorzen, Slikken van de Heen-W en de Heen-O, Noordplaat, Krammersche Slikken en Plaat van de Vliet.

Bijzondere bepalingen: Kleine vaartuigen moeten, zowel varend als verankerd, 's nachts en bij slecht zicht op het Volkerak, het Krammer en het Zuidvlije een goed functionerende radarreflector voeren. In de betonde vaargeulen van het Volkerak geldt voor alle schepen een ankerverbod.

Betonning: Op het Volkerak is gedurende de periode van 1 april tot 1 nov. de route voor de recreatievaart aangegeven met recreatiebebakening op de 1,50 m dieptelijn. De recreatievaart wordt aanbevolen van deze route gebruik te maken.

Waterstand: Het Volkerak is na de sluiting van de Philipsdam in 1987 een onderdeel geworden van het Zoommeer (zie aldaar). Het meer is niet onderhevig aan getij en de waterstand is gelijk aan NAP, doch er kunnen peilvariaties optreden van NAP − 0,25 m tot NAP + 0,05 m.

Volkeraksluizen

3,5 km van Willemstad; 3 km van de Haringvlietbrug; 5 km van Dintelsas; 20 km van Krammersluizen; voor aansluitende wateren zie 'Haringvliet' en 'Volkerak'.

Beheerder: Rijkswaterstaat, Directie Zuid-Holland, Dienstkring Haringvliet, Harinvlietplein 2, 3251 LD Stellendam, tel. (01879) 72 00. Voor nautische informatie: Regionale Verkeerscentrale Dordrecht, tel. (078) 13 24 21 of marifoonkan. 71, roepnaam `post Dordrecht' (24 uur). Bedieningsgebouw Volkeraksluizen tel. (01687) 25 54.

Beroepsvaartsluizen en jachtensluis: Het sluizencomplex bestaat uit (van O naar W): drie beroepsvaartsluizen (elk 325 m x 24 m), een brede spuisluis en een jachtensluis (140 m x 16 m). De beroepsvaartsluizen, de spuisluis en de jachtensluis zijn gescheiden door ver uitgebouwde havendammen.

Bediening: Te allen tijde, gratis. Tijdens het vaarseizoen druk recreatieverkeer. 's Nachts en op rustige tijden vindt bediening van de jachtensluis op afstand plaats. Buiten het vaarseizoen (tussen 1 november en 1 april) en in geval van stremmingen wordt de recreatievaart door één van de beroepsvaartsluizen geschut.

Marifoon: Beroepsvaartsluizen, kan. 18 (melden) en kan. 69 (overige zaken). De recreatievaart mag alleen gebruik maken van deze marifoonkanalen indien zij moet schutten in de beroepsvaartsluizen (beweegbare brug).

Waterstanden: Aan de N-zijde is de waterstand afhankelijk van de rivierafvoer (zie onder 'Haringvliet'); aan de Z-zijde van de sluizen is de waterstand vrij constant (zie onder 'Volkerak').

Aanlooproutes en richtingborden: De recreatievaart dient door de jachtensluis te schutten. Om te schutten kan men zich melden via de praatpalen op de drijvende steigers.

's Nachts en op rustige tijden vindt bediening op afstand plaats. Buiten het vaarseizoen (tussen 1 november en 1 april) en in geval van strem-

mingen wordt men door één van de beroepsvaartsluizen geschut. Voor het aangeven van de route naar de voor de recreatievaart bestemde sluis, zijn voor de voorhavens van de beroepsvaartsluizen verlichte borden met het opschrift 'Sport' en richtingpijlen geplaatst.
Doorvaarthoogten in de sluizen:
– Jachtensluis: vaste brug, H NAP + 19 m, over de schutkolk.
– Beroepsvaartsluizen: de bruggen liggen ten Z van de schutkolken. Voor de W-kolk en middenkolk ligt een vaste brug, H NAP + 14,80 m, voor de O-kolk ligt een beweegbare brug, H NAP + 14 m, bediening tot windkracht 8 Beaufort.
Geleidewerken, praatpalen: In de beide voorhavens voor de jachtensluis zijn aan de W-zijde drijvende steigers gemaakt, waaraan men in rijen van vijf (naast elkaar) kan afmeren. Niet afmeren aan het vaste remmingwerk vlak voor de sluis. Aan de O-zijde is ook een remmingwerk, doch alleen bestemd voor beroepsschepen. Het melden via een praatpaal is verplicht wanneer de betreffende aanwijsborden zijn verlicht en tevens tussen 22-6 h.
Bij verwijzing naar een van de beroepsvaartsluizen, dient men de aanwijzingen via de luidsprekers c.q. marifoon stipt op te volgen. Behalve door groene lichten wordt de betreffende sluis aangegeven door een wit knipperlicht naast een vast licht op de kop van de remmingwerken tussen de schutkolken.
In de sluiskolken moet men vastmaken aan de verhaalpotten, niet aan de ladders. In deze sluiskolk vindt men achter de ladders intercoms: men behoeft slechts aan een ketting te trekken om mondeling contact te krijgen met de sluiswachters.
Ligplaats: Men wordt verzocht niet te lang in de voorhaven, aan de binnenzijde van de drijvende steigers, te blijven liggen, doch dit te beperken tot 1 nacht. Telefooncel aan de W-zijde van de jachtsluis. Het is verboden zich via de beroepsvaartsluizen of de jachtensluis aan boord te begeven (over land niet voor publiek toegankelijk).

Vollenhove
24 km van Schokkerhaven; 6 km van Blokzijl; 14 km van Zwartsluis.
Vaarwegbeheerder: (Vollenhovermeer/-kanaal) Provincie Flevoland, Postbus 55, 8200 AB Lelystad, tel. (03200) 7 24 11.
Maximumsnelheid: Op het Vollenhovermeer en -kanaal 20 km/h.
Bruggen en sluizen:
– Klapbrug over het Vollenhoverkanaal, H IJZP + 2,80 m. Door op- en afwaaiing van het IJsselmeerwater kan in het Vollenhoverkanaal onder en bij de bruggen stroom ontstaan. Hierdoor kunnen tevens grote verschillen in waterstand optreden. Bediening (gratis):

ma. t/m vr.	(1 april-16 april)	7-12.30, 13-18 h
	(16 april-16 okt.)	7-12.30, 13-19 h
	(16 okt.-1 nov.)*	8-12.30, 13-18 h
	(1 nov.-1 april)	8-12.30, 13-18 h, op verzoek**
zat.	(1 april-16 april)	8-12 h
	(16 april-16 okt.)	8-12, 13-19 h
	(16 okt.-1 nov.)*	8-12 h
	(1 nov.-1 april)	8-12 h, op verzoek**
zo. en fd.	(16 apr.-16 okt.)	9-12, 13-19 h
	(16 okt.-16 apr.)*	gesloten

*   Bediening in de herfstvakantie als van 16 april-16 okt.
** Bediening binnen de openingstijden alleen op verzoek, 24 h tevoren aanvragen, tel. (05270) 9 89 64.
– Voorstersluis, zie 'Noordoostpolder'.
– Kadoelerkeersluis en brug, zie 'Kadoelermeer'.

Aanlegplaatsen: Aan de W-oever van het Vollenhovermeer t.o. het Uitwateringskanaal van Gemaal A. F. Stroink; aan de W-oever van het Vollenhoverkanaal t.h.v. de loswal bij Blokzijl; aan de westoever van het Vollenhovermeer ten noorden van de Vollenhoverbrug.
Ligplaatsen: Aan de drijvende steigers in de binnenhaven achter het ophaalbruggetje, H 3,70 m, D 1,25 m en in de Jachthaven Vollenhove in de voormalige buitenhaven, op aanwijzing van de havenmeester K. Winter, tel. (05274) 17 00, tarief f 1,50 per m lengte per nacht (elektra, toiletten, douches (f 1,–), wastafels en drinkwater (f 1,–)).
Motorbrandstof: Mobil Service, De Weijert, die (sl), be, sbe (zo. gesloten); Jachtcentrum Vollenhove, Vollenhoverkanaal, die.
Reparatie: Jachtcentrum Vollenhove, bib/bub (alle merken), romp/uitr (ht, s, p, a/op de wal + in het water), zeil/tuigage, elek.
Trailerhelling: Voor kleine boten in Jachthaven Vollenhove, max. 2 ton, max.diepgang 1,50 m, tarief f 15,–.
Hefkraan: Jachtcentrum Vollenhove, Vollenhoverkanaal, max. 25 ton, max.diepgang 2 m, tarief op aanvraag.
Kampeerterrein en wasserette: Jachthaven Vollenhove.
Stortplaats chemisch toilet: Bij het eiland in de binnenhaven; in de Jachthaven Vollenhove.

Voorburg
1,5 km van 's-Gravenhage; 15,5 km van Leiden; zie ook 'Rijn-Schiekanaal'.
Bruggen: Over het Rijn-Schiekanaal, zie aldaar.
Aanlegplaats: Aan de provinciale loswal direct ten N van de spoorbrug in de lijn Den Haag-Utrecht en de verkeersbrug; aan de gemeentelijke loswal ten N van de Kerkbrug. Het meren van vaartuigen naast elkaar is verboden. Max.verblijfsduur 24 h.

Voorschoten
Aan het Rijn-Schiekanaal; 7 km van de Spanjaardsbrug in Leiden.
Rijn-Schiekanaal: De plaatselijke naam voor dit kanaal is de Vliet: zie onder 'Rijn-Schiekanaal'.
Korte Vlietkanaal: Zie onder 'Leiden'.
Vlietland: Recreatieplas in verbinding met de Vliet, doorvaarthoogte beperkt i.v.m. lage vaste bruggen in de toegang tot de plas. Zie onder 'Vlietland'.
Lig- en aanlegplaatsen van N naar Z: Café-restaurant Allemansgeest aan de Vliet ● ligplaats aan de 'provinciale' wal na de brug rechts
● Jachthaven van Jachtwerf Mulder, hoek Kerksloot/Vliet, max.diepgang 1,80 m, tarief f 1,50 per m lengte per nacht (toiletten en wastafels) en drinkwater (sl).
Reparatie: Jachtwerf Klaassen & Zn. B.V., Hofweg 51 bij Korte Vlietkanaal, tel. (071) 76 45 48, bib, zeil/tuigage; Jachtwerf Mulder, Fr. Halsplantsoen 6 bij de Kerksloot, tel. (071) 61 23 25, bib, romp/uitr (ht, s, a/op de wal + in het water), zeil/tuigage; Jachtwerf (Jachthaven) Klaassen & Zn. B.V., Kniplaan 12 bij De Knip, romp/uitr.
Trailerhelling: Bij de Vlietlandbrug naar Vlietland.

Vossemeer
Dit meer (365 ha) strekt zich uit van de Ketelmond, ten Z van de strekdam en verder in ZO-richting tot de Roggebotsluis, die toegang geeft tot het Drontermeer. Lengte 7 km. De diepte is buiten de betonde vaargeul minder dan 1 m, behalve aan het W-einde, ten Z van de Ketelmond. Daar is het 1,50 tot 1,80 m diep en vindt men goede ankerplaatsen, goed beschut behalve bij W-wind. Op ca. 3 km ten N van de Roggebotsluis bevindt zich ten O van de Vaargeul het eiland De Zwaan. Zie tevens onder 'Randmeren'.

Vaarwaterbeheerder: Rijkswaterstaat Directie Flevoland, Postbus 600, 8200 AP Lelystad, tel. (03200) 9 91 11.
Maximumsnelheid: In de vaargeul 20 km/h, daarbuiten 9 km/h.
Roggebotsluis: Zie aldaar. Bediening: zie bij 'Randmeren'.
Lig- en aanlegplaatsen: Nabij de Roggebotsluis, zie aldaar. Elders langs het Vossemeer zijn geen meerplaatsen.

Vreeland

Aan de Vecht (zie aldaar); 3,5 km van Loenen, 2 km van de monding van het Hilversumskanaal.
Bruggen: Over de Vecht, zie aldaar.
Toeristenbelasting: f 0,85 p.p. per nacht.
Lig- en aanlegplaatsen: Korte graswal, direct ten N van de bruggen, W-oever, tarief f 6,50 per tijdvak van 3 uur (of gedeelte daarvan), m.u.v. de periode tussen 21-6 h en de eerste aaneengesloten periode van max. 3 uur tussen 6-21 h, excl. toeristenbelasting ● bij Hotel De Nederlanden direct ten Z van de meest noordelijke brug, uitsluitend voor gasten van het restaurant en/of hotel ● aan de W-oever ten Z van de bruggen (primitief).

Vreeswijk (Nieuwegein-Z)

49 km van Rotterdam; 47 km van Amsterdam; 66 km van Arnhem; 24,5 km van Gorinchem; 10,5 km van Utrecht (Oog in Al); vaste brug over de Lek, bij kmr 952 en bij kmr 949, zie onder 'Vianen a. d. Lek'; zie ook 'Merwedekanaal benoorden de Lek', 'Lekkanaal' en 'Jutphaas (Nieuwegein-N)'.
Waterstanden: De waterstand op de Lek kan aanzienlijk afwijken en is afhankelijk van windrichting, windkracht en rivierafvoer.
GHW = NAP + 1,60 m; GLW = NAP + 0,74 m. Zie voor de waterstand op het Merwedekanaal onder 'Merwedekanaal benoorden de Lek'.
Bruggen en sluizen:
– Prinses Beatrixsluis: zie onder 'Lekkanaal'.
– Koninginnensluis en de sluisbruggen: zie onder 'Merwedekanaal benoorden de Lek'.
– De Oranjebrug, H 0,50 m, over het doodlopende kanaal in het stadje, kan in de maanden juni t/m augustus worden bediend van ma. t/m zat. tussen 9-10 en 18-19 h na overleg via tel. (03402) 8 91 11 (Wierse brug).
– Voor de hoogte van de vaste verkeersbruggen over de Lek, zie bij 'Vianen a. d. Lek'.
Lig- en aanlegplaatsen:
Aan de Lekzijde:
● In de Schipbrughaven, achterin bij de Z.V. De Lek, havenmeester C. Valkenburg, tel. (03402) 6 29 70, tarief f 1,– per m lengte per nacht, max.lengte 9,70 m, max.breedte 3,75 m, max.diepgang ca. 1,50 m bij GLW (elektra, toiletten en wastafels), drinkwater.
● Aan dukdalven (primitief, aan trappen in het remmingwerk).
● Aan de trappen in het sluishoofd, rivierzijde, W-kant.
● Na overleg met de sluismeester in de Buitenhaven ten Z van de Prinses Beatrixsluizen.
– Aan de Kanaalzijde:
● In het dorp, ten N van de brug ten N van de Koninginnensluis, alleen de W-oever tussen de Handelskade en de Wierse brug. Aanleggen uitsluitend toegestaan van 1 april tot 1 okt.
Meren aan de Handelskade is verboden (uitsluitend bestemd voor beroepsvaart).
– In het doodlopende kanaal in het stadje van juni t/m aug., mits er voldoende ruimte is en de verblijfsduur beperkt blijft tot ten hoogste enkele dagen. Rustige en rustieke ligplaats. Over de toegang tot het

kanaal ligt de beweegbare Oranjebrug, H 0,50 m. Zie voor bediening onder 'Bruggen en sluizen'.
Gemeentelijk havengeld: Geen.
Drinkwater: Bij de tankboten; zie ook bij 'Lig- en aanlegplaatsen'.
Motorbrandstoffen: Garage Swart, direct aan de Wierse brug, die, sbe, be (zo. gesloten); BP-pomp, Handelskade 49, be, sbe, die (zo. gesloten); Shell Service, Handelskade 24, be, die; Z.V. De Lek, die (sl).
Reparatie: Koekman B.V., Handelskade 39, tel. (03402) 6 22 15, zeil/tuigage.
Hefkraan: Fa. J. Brouwer & Zn., Eikstraat 34, tel. (03402) 3 66 44.
Kampeerterrein: Camping De Uiterwaarden, tussen de kribben aan de Lek, Ro, kmr 953,3, geopend van 1 april-1 okt.
Trailerhelling: Camping De Uiterwaarden.

Vrouwenpolder
Dorp op de N-hoek van Walcheren achter de duinen vlak bij de Veerse dam, die het Veerse Meer van de zee scheidt. Zie ook 'Veerse Meer'.
Aanlegplaatsen: Ten ZO van Vrouwenpolder bevindt zich de grote diepe werkhaven, waarin gevestigd de Jachthaven Oostwatering (zie onder 'Veere'), overgebleven van de dijkaanleg.
Aan het strand aan de binnenzijde (Veerse Meerzijde) van de Veerse dam mag men niet aanleggen; men kan hier wel ankeren. Bovendien zijn er steigers aangebracht, geschikt voor jachten tot 1 m diepgang.

Vuntus
Zie ook 'Wijde Blik' en 'Loosdrechtse Plassen'.
De Vuntus is een onderdeel van de Loosdrechtse Plassen. Het is een kleine ondiepe plas met veel begroeiing en waterplanten, grenzend aan een natuurgebied. Vanaf de 1e Loosdrechtse Plas is de Vuntus bereikbaar met kleine vaartuigen door de Heul, onmiddellijk ten W van het Jachthavenbedrijf Ottenhome, max.breedte 2,30 m, diepte bij zomerpeil 0,60 m, vaste brug, H 1,70 m. Vanaf de 's-Gravenlandse Vaart toegankelijk door de Raaisloot, ca. D 0,60 m, vaste brug, H 1,50 m.
Motorvaart: Max.snelheid 9 km/h, op 75 m uit de oevers 4,8 km/h. Ten O van de open plas verboden voor motorvaart.
Lig- en aanlegplaatsen:
– Aan de Horndijk, W-zijde van de plas: ● Jachthaven Quo Vadis, ● Jachthaven De Vuntus ● Jachthaven De Horndijk;
– Aan de Z-zijde van de plas (in Oud-Loosdrecht, dorp): ● Victorie Recreatie B.V., havenmeester J. Floor, tel. (02158) 2 31 23, tarief f 0,75 per m lengte per nacht (toiletten, douches en wastafels);
– Aan de O-zijde van de plas: ● Jachthaven W.V. De Funtus t.o. de Heulbrug, uitsluitend voor KNWV-leden, max.verblijfsduur enkele dagen, gratis.
Reparatie: Jachthaven De Vuntus, romp/uitr (ht, p); Victorie Recreatie B.V., Oud-Loosdrechtsedijk 200 en 272, Oud-Loosdrecht, tel. (02158) 2 31 23, bub, romp/uitr (ht, p).
Hefkraan: Chr. M. Manten, aan de Heul, Oud-Loosdrechtsedijk 206, Oud-Loosdrecht, tel. (02158) 2 45 51, max. $2^{1}/_{2}$ ton, tarief f 35,–; Victorie Recreatie B.V., max. 2 ton, tarief f 20,–.
Trailerhelling: Victorie Recreatie B.V., max. 1 ton, tarief f 7,50.
Kampeerterrein: A. Heinenken, Oud-Loosdrechtsedijk 166.

Vijfhuizen
8 km van Halfweg; 3,5 km van de Cruquius; zie ook 'Ringvaart van de Haarlemmermeerpolder'.
Brug: Ophaalbrug, H 1 m. Voor bediening zie bij 'Ringvaart van de Haarlemmermeerpolder'.

Kampeerterrein: Camping De Liede, J. C. Uijtenhaak, aan de NW-oever van de Buitenliede.

Waal

Zie hoofdstuk 'Varen op de grote rivieren' in Deel 1 van de Almanak.
Vaarwegbeheerder: Rijkswaterstaat Directie Gelderland, Postbus 9070, 6800 ED Arnhem, tel. (085) 68 89 11.
Plaatsbeschrijvingen: In deze Almanak opgenomen onder 'Gendt', 'Nijmegen', 'Weurt', 'Ewijk', 'Deest', 'Dodewaard', 'Druten', 'Beneden-Leeuwen', 'Wamel', 'Tiel', 'Dreumel', 'Heesselt', 'St. Andries', 'Opijnen-Neerijnen', 'Zaltbommel', 'Tuil', 'Brakel' en 'Loevestein'.
Maximumsnelheid: Voor snelle motorboten 20 km/h, m.u.v. de gedeelten waar géén snelheidsbeperking zal gelden en waterskiën zal worden toegestaan. Zie de 'Handleiding' in deze Almanak onder 'Snelle motorboten en waterskiën' en 'Bijzondere bepalingen'.
Bijzondere bepalingen: Op de Waal gelden voor kleine vaartuigen (tot 20 m lengte) de volgende bepalingen:
a. Met een zeil- en motorboot mag alleen worden gevaren, indien deze is voorzien van een (direct startklare) motor, waarmee een snelheid van tenminste 6 km/h kan worden gehandhaafd.
b. Alle kleine vaartuigen moeten zo dicht mogelijk aan de stuurboordzijde van het vaarwater varen, met dien verstande dat het niet is toegestaan het vaarwater op te kruisen, behalve wanneer op de snelst mogelijke manier wordt overgestoken of wanneer het i.v.m. de veiligheid van het scheepvaartverkeer beter is over een korte afstand zo dicht mogelijk aan de bakboordzijde van het vaarwater te varen.
Zie tevens de 'Handleiding' van deze Almanak onder 'Bijzondere bepalingen'.
Waterstand: De rivierstanden worden dagelijks via Radio 5 omgeroepen van ma. t/m zat. om 09.25 h en op zo. om 09.55 h.
Voorts kan men de waterstanden te allen tijde opvragen via het telefonisch antwoordapparaat tel. (085) 62 90 00.
Somer Lift: De Somer Lift is een veerdienst voor recreatievaartuigen, om het traject over de drukbevaren rivieren, Waal, Rijn en Maas te overbruggen. De veerdienst vaart tussen Katwijk (Maas) kmr 166,5 en Doornenburg kmr 871,5 Pannerdenskanaal (vice versa). De periode waarin van de veerdienst gebruik kan worden gemaakt is van de eerste maandag in juli tot de laatste vrijdag in augustus, op ma. t/m vr., 's morgens om 09.00 h vanaf Katwijk/Maas en om 14.00 h vanaf Doornenburg. Zat. en zo. is er geen veerdienst. Tarief is f 5,– per m^2, aanmelden en informatie te verkrijgen via tel. (08850) 2 24 89.

Waalwijk

Aan de Bergse Maas; 13 km van Keizersveer; 8 km van Heusden.
Waterstanden: Bij gemiddelde rivierafvoer varieert de waterstand dagelijks van NAP + 0,65 m tot NAP + 0,50 m.
Haven: Ingang aan de Bergse Maas t.o. kmr 236, even ten O van de motorkabelpont bij Drongelen, 's nachts kenbaar aan rode en groene lichten op de havenhoofden. In het havenkanaal is een sluis met beweegbare brug, H NAP + 6,50 m, die toegang geeft tot de binnenhaven. De binnenhaven is bestemd voor de beroepsvaart. Toegang tot de binnenhaven is voor de recreatievaart uitsluitend toegestaan voor reparatiedoeleinden of winterberging.
Bediening sluis en ophaalbrug*: (sluisgeld f 5,90 (in en uit))

ma. t/m vr.	6.30-12, 13-18.30 h
zat.	9-11 h
zo. en fd.	gesloten

* Op afroep kan op werkdagen tussen 9 en 17 h en op zat. tussen 9 en 10 h via tel. (04160) 3 24 79 een extra schutting worden aangevraagd: ma. t/m vr. van 19 tot 21 h en zat. van 12 tot 17 h. Kosten voor deze extra schutting bedragen f 65,–.

Bij zeer hoog water (NAP + 2,10 m of meer) kan de sluis niet worden bediend.
Ligplaats: Buiten de sluis in de jachthaven van de W.V. Waalwijk in de insteekhaven aan bakboord, D 1,40 m, havenmeester, tel. (04160) 3 00 96, tarief f 1,– per m lengte per nacht (elektra, toiletten en douches (f 1,–)). Denk om tijverschil! Zie tevens onder 'Stukske, Het'.
Reparatie: Van Dalen Watersport, Gedempte Haven 10, tel. (04160) 3 57 09, bub/bib; Moverbo Watersport B.V., aan de binnenhaven direct achter de sluis aan bakboord, Industrieweg 91, tel. (04160) 3 78 48, bub/bib (alle merken), romp/uitr (p/op de wal + in het water), elek.
Hefkranen: Moverbo Watersport B.V., max. 5 ton, max. diepgang 1,80 m, tarief f 10,– à f 15,– per m lengte; Bootstal, Industrieweg 89, tel. (04160) 3 21 90, max. 20 ton.

Waardkanaal

Fraaie vaarweg van Kolhorn naar het Amstelmeer, 9 km. De Wieringermeerpolder vormt de O-oever, de oude Zuiderzeekust de W-oever. Varend vanaf Kolhorn richting Amstelmeer moeten de groene steekbakens aan bakboord worden gehouden, andersom gerekend aan stuurboord.
Vaarwaterbeheerder: Hoogheemraadschap van Uitwaterende Sluizen in Hollands Noorderkwartier, Schepenmakersdijk 16, Postbus 15, 1135 ZH Edam, tel. (02993) 6 06 11.
Maximumsnelheid: 9 km/h.
Bruggen:
– Waardbrug (ophaal, H 2,90 m) nabij Kolhorn. Bediening:

ma. t/m vr.	(16 april-16 okt.)	9-13, 13.30-17.30 h
	(16 okt.-16 april)	9-17 h, op verzoek*
zat.	(1 juni-16 sept.)	9-13, 13.30-17.30 h
	(16 sept.-1 juni)	gesloten
zo. en fd.**	(gehele jaar)	gesloten

* Bediening één dag tevoren aanvragen vóór 17 h via tel. (02272) 36 01 (antwoordapparaat) met opgave van brugnaam en dag, datum en tijdstip van passage.
** Incl. Koninginnedag.

De brug wordt bediend door de sluiswachter van de Westfriese sluis. Er is een waarschuwingsbel aangebracht.
– Nieuwesluizerbrug (ophaal, H 2,40 m, vaste gedeelte W-zijde, H 2,65 m). Bediening als de Waardbrug, doch bediening van 16 okt.-16 april één dag tevoren aanvragen vóór 17 h, tel (02272) 23 44 (b.g.g. (02272) 40 15).
– Ulkesluis (openstaande keersluis), met basculebrug, H 4,70 m. Bediening:

ma. t/m vr.	(16 april-16 okt.)	9-13, 13.30-17.30 h*
	(16 okt.-16 april)	9-17 h, op verzoek**
zat.	(1 juni-16 sept.)	9-13, 13.30-17.30 h*
	(16 sept.-1 juni)	gesloten
zo. en fd.	(gehele jaar)	gesloten

* De brug wordt bediend door de brugwachter van de Nieuwsluizerbrug, deze is oproepbaar door een bij de Ulkesluis geplaatste drukbel.

** Bediening aanvragen op de voorafgaande werkdag vóór 17 h via tel. (02272) 23 44 (b.g.g. (02272) 40 15).
Ligplaats: Zie 'Wieringerwaard'.

Waddenzee

De Waddenzee staat in open verbinding met de Noordzee. In het W-deel liggen diepe stroomgeulen met diepten van 5 tot 20 m, op sommige punten zelfs nog meer. Van het Marsdiep tussen Den Helder en Texel leiden diepe geulen naar Den Oever en naar Kornwerderzand en verder tot voorbij Harlingen. Van het Zeegat van Terschelling – tussen Vlieland en Terschelling – leidt een diepe geul naar Harlingen, bevaarbaar voor zeeschepen. Beide geulenstelsels staan met elkaar in verbinding. Via het Lauwersmeer is tevens de Zoutkamperlaag met grote diepgang te bereiken. Dit geldt ook voor de monding van de Eems. Jachten met grote diepgang behoeven de Waddenzee niet te mijden, maar zij zijn wel op de diepe vaargeulen aangewezen.

Behalve de zeer diepe stroomgeulen die aansluiten op de zeegaten, zijn er ook geulen met een wat geringere diepte. Het zijn aftakkingen en uitlopers van de hoofdgeulen. Zij worden ondieper naarmate zij verder het wad binnendringen. De geulen die het verst het wad binnendringen vormen de vaarwegen naar de wantijen. De ondiepste gedeelten van deze wantijen vallen bij laagwater droog. Wie de weg op het wad niet goed kent, doet er goed aan om zoveel mogelijk met wassend water te varen.

Het geulenstelsel in de Waddenzee is aan voortdurende wijziging onderhevig. Daarom is het noodzakelijk om steeds gebruik te maken van de nieuwste editie van de kaarten voor de kust- en binnenwateren nr. 1811 en 1812 van de Chef der Hydrografie. Aangezien de betonning ook tijdens het seizoen regelmatig wordt aangepast is het van belang de kaarten steeds bij te werken aan de hand van de wekelijks verschijnende Berichten aan Zeevarenden. De berichten die voor de watersport van belang zijn worden opgenomen in de rubriek 'Vaartberichten' in de Waterkampioen. Tussen het wijzigen van de betonning en het verschijnen van de 'Vaartberichten' zit een periode van enige weken. Wie over een marifoon beschikt kan varend in het Waddengebied de meest recente gegevens opvragen bij de Kustwacht. Zie voor gegevens over de Kustwacht onder 'Den Helder', 'Texel', 'Vlieland', 'Terschelling', 'Ameland' en 'Schiermonnikoog'.

Maximumsnelheid: In de betonde vaargeul 20 km/h, daarbuiten 15 km/h (geregeld in het Binnenvaartpolitiereglement en de Gemeentelijke verordeningen Waddengebied).

Bijzondere bepalingen: Een varend of geankerd klein vaartuig moet bij slecht zicht en 's nachts een goed functionerende radarreflector voeren, zowel op de Waddenzee als in de havens aan de Waddenzee. Er geldt een algemeen verbod tot droogvallen of het innemen van een ligplaats buiten de jachthavens en andere aanlegvoorzieningen. Dit verbod geldt niet voor een gebied van 200 m aan weerszijden van de betonde en beprikte vaargeulen.

De bebakende route van de Blauwe Balg naar het Borndiep is een extra verbinding voor de waterrecreatie door een belangrijk gebied voor de zeehonden. Deze route mag alleen voor dóórvaart gebruikt worden, dus ankeren en/of droogvallen is hier niet toegestaan.

Gemeentelijke Verordening Waddenzeegebied: Deze verordening is in mei 1991 van kracht geworden voor de Waddeneilandgemeenten. In 1992 is deze verordening eveneens in werking getreden voor de overige Waddenzeegemeenten.

De verordening stelt regels ten aanzien van onder andere het droogvallen en ligplaats innemen, de vaarsnelheid, het afstand houden tot kwetsbare gebieden en bevat een aantal gedragsregels.

Een voorlichtingsbrochure m.b.t. de verordening is op ruime schaal verspreid. Nadere informatie is verkrijgbaar bij de aan de Waddenzee grenzende gemeenten.
Getijden: Getijtafels zijn opgenomen in deze Almanak.
Stroom: De hoogste stroomsnelheid wordt gemeten in de zeegaten (de geulen tussen de eilanden). Deze bedraagt in het felst van de vloed en onder gemiddelde omstandigheden iets meer dan 3 zeemijl per uur (5,4 km/h). De stroom is behalve van het getij ook sterk afhankelijk van de wind.
Voor gedetailleerde informatie kan men de stroomatlassen raadplegen: 'Waddenzee W-deel' en 'Waddenzee O-deel', uitgaven van de Chef der Hydrografie.
Kaarten en gids: 'Kaart voor de kust- en binnenwateren, nr. 1811 en 1812' en 'Vaargids voor de Nederlandse en Belgische kust', uitgaven van de Chef der Hydrografie.
Natuurreservaat: Tussen 1981 en 1993 is op steeds grotere delen van de Waddenzee de Natuurbeschermingswet van toepassing geworden (sinds 1 december 1993 ca. 90% van de gehele Waddenzee, m.u.v. de hoofdvaargeulen, de Vliehors en Noordsvaarder en de stroken direct onder de bewoonde delen van de eilanden). Op grond van deze wet zijn delen van de Waddenzee aangewezen als beschermd natuurmonument. Naast deze beschermde natuurmonumenten, die men wel mag bezoeken, zijn er ook die zijn afgesloten gedurende een deel van het jaar of zelfs het gehele jaar. Deze gebieden zijn ingetekend op de kaarten, waarbij de verbodsbepalingen zijn opgenomen en zijn aangegeven met gele tonnen.
Havenbeschrijvingen: Zie in deze Almanak voor de Waddenzee onder 'Harlingen', 'Kornwerderzand', 'Breezanddijk', 'Den Oever', 'Den Helder', 'Oudeschild', 'Vlieland', 'Terschelling', 'Ameland', 'Lauwersoog', 'Schiermonnikoog' en 'Noordpolderzijl'. Zie voor de havens aan de Eems onder 'Eemshaven', 'Delfzijl' en 'Termunterzijl'. Zie voor de Dollard onder 'Nieuwe Statenzijl'.
Centrale Meldpost: De Centrale Meldpost Waddenzee is ondergebracht op de vuurtoren Brandaris op Terschelling, tel. (05620) 31 00 en marifoonkan. 4 (dekt het gehele Waddengebied). Bijzonderheden over het Waddengebied zoals bijv. brand, verontreiniging, ontregelde vaarwegmarkering of verstoringen in natuurgebieden kunnen 24 uur per dag bij deze post worden aangemeld. Voor het nood-, spoed- en veiligheidsverkeer blijft marifoonkan. 16 het aangewezen kanaal.
Verkeerscentrale (VTS): In en rond het zeegat van Terschelling is het werkingsgebied van VTS-Terschelling (Vessel Traffic Services Terschelling) operationeel. De recreatievaart binnen dit werkingsgebied uitgerust met marifoon is verplicht om uit te luisteren op het daartoe aangewezen marifoonblokkanaal 2. Voor de recreatievaart (uitgerust met marifoon) geldt in principe géén meldplicht. Zie verder onder 'Terschelling'.

Waddinxveen
8,5 km van Gouwsluis; 5,5 km van de Julianasluis in Gouda; zie ook 'Gouwe'.
Bruggen: Zie onder 'Gouwe'.
Vulstation propaangasflessen: Vis B.V., 2e Blokweg 54, tel. (01828) 1 21 77.
Reparatie: Diesel Danko B.V., Mercuriusweg 16, tel. (01828) 1 69 44, bib.

Wageningen
Aan de Neder Rijn, haven kmr 903,2 Ro; 47 km van Vreeswijk; 19,5 km van Arnhem.

Haven: Enige neer bij de invaart van het havenkanaal. In de inham direct aan bakboord ligt de jachthaven. Max.snelheid in het havenkanaal 5 km/h.
Ligplaats: Drijvende aanlegsteiger in de jachthaven, max.diepgang 1,50 m bij MR. Hier is de R.Z. en M.V. Vada gevestigd, melden aan de meldsteiger, havenmeester J. W. Mollevanger, tel. (08370) 1 45 57, tarief f 1,35 per m lengte per nacht + toeristenbelasting per boot: tot 8 m lengte f 1,20, van 8 tot 12 m f 1,80 en langer dan 12 m f 2,40 (elektra, toiletten en douches (f 1,–)).
Motorbrandstof: Bij de havenmeester aan de meldsteiger, be (sl), die (sl).
Reparatie: Inlichtingen bij de havenmeester van de jachthaven; Fa. G. Albers, Nude 37b (dekzeilen).
Hefkraan: R.Z. en M.V. Vada, in overleg met havenmeester, max. 10 ton, max.diepgang 1,50 m, tarief f 15,– per m^2 (excl. BTW).
Trailerhellingen: Openbare helling op de kop van de W-kanaaldijk t.o. R.Z. en M.V. Vada; op het terrein van R.Z. en M.V. Vada, max. 2 ton, in overleg met de havenmeester.

Walsoorden

6 km ten Z van Hanswert; 46 km van Antwerpen; 3 km ten O van Perkpolder, zie ook 'Westerschelde'.
Getijstanden: GHW = NAP + 2,24 m; GLW = NAP – 2,16 m; rijzing bij doodtij 4,70 m boven gemiddeld LLWS; bij springtij 5,70 m boven gemiddeld LLWS.
Marifoon: Blok Centrale Zandvliet, kan. 12 (ieder uur om .35 h scheepvaartbericht).
Haven: Nieuwe grote overslag- en industriehaven ten ZO van Walsoorden. De invaart is 55 m breed, de breedte van de haven is ruim 80 m. De diepte in de havenmonding en in de nieuwe haven bedraagt 2,30-3,40 m bij gemiddeld LLWS. Het W-deel van de haven (oude haven) valt droog; daar is een ligplaats ingericht voor sportvissersbootjes. Even buiten de O-havendam ligt een stenen dam onder water (niet gemarkeerd), die tijdens laagwater soms gedeeltelijk droog kan vallen.
Havenlichten: Op de kop van de W-havendam een groen vast licht. Op de O-havendam een vast rood licht. Verder binnenwaarts zijn twee witte geleidelichten (Oc 3s) ontstoken die 220° inéén leiding geven in de havengeul.
Ligplaats: In de nieuwe haven, passanten dienen zich bij binnenkomst te melden bij de havenmeester, P. Baart, tel. (01148) 12 35, tarief per etmaal of een deel daarvan f 0,60 per m (excl. BTW) lengte, min. f 6,–, max.verblijfsduur 24 h (elektra).
Drinkwater: Aan de nieuwe haven (sl).
Reparatie: Jachtwerf Moed & Trouw, tel. (01148) 12 05, bib/bub; Fa. Doedee, Oude Haven, tel. (01148) 18 72, bub/bib; Fa. Verras & Zn., Walsoordensestraat 5, tel. (01148) 12 05, romp/uitr (ht, s, p/op de wal + in het water).
Hefkraan: Fa. Verras & Zn., max. 10 ton.

Wamel

Aan de Waal, t.o. Tiel, kmr 914,8 Lo.
Aanlegplaats: Verschillende loswallen nabij de aanlegplaats van het voetveer Tiel-Wamel.
Drinkwater: Aan het veerhuis.

Wanneperveen

Zie ook 'Belterwijde', 'Blauwe Hand' en 'Ronduite'.
Ligplaatsen: Jachthaven Meyer, aan de Belterwijde, 400 m vanaf de

brug Blauwe Hand, tarief f 0,75 per m lengte per nacht ● Watersportbedrijf Belterwiede, havenmeester R. Worst, tel. (05228) 12 76, tarief f 10,– per etmaal, max.diepgang 1 m (elektra, toiletten, douches (f 1,50) en wastafels) ● Jachthaven Nijenhuis, Veneweg 199, tel. (05228) 15 28.
Motorbrandstof: Bomert Watersport, be en sbe; Watersportbedrijf Belterwiede, be (sl), sbe (sl).
Reparatie: Watersportbedrijf Belterwiede, Veneweg 193, tel. (05228) 12 76, bub (Yamaha, Mariner, Suzuki), bib (Volvo Penta), romp/uitr (s, p/op de wal + in het water), elek.
Hefkraan: Watersportbedrijf Belterwiede, max. 5 ton.
Trailerhellingen: Jachthaven Meyer, Veneweg 260, tel. (05228) 12 35; Watersportbedrijf Belterwiede, max. 3 ton, tarief f 5,–.
Kampeerterrein: Watersportbedrijf/Camping Belterwiede (zie ook onder 'Belterwijde').
Wasserette en stortplaats chemisch toilet: Bij Watersportbedrijf Belterwiede.

Wanssum

Aan de Maas, kmr 133,1 Lo; 23,5 km beneden Venlo.
Lig- en aanlegplaatsen: Jachthaven Wanssum B.V., in het centrum van het dorp aan het einde van het Havenkanaal, D 2 m, havenmeester Piet Aarts, tel. (04784) 26 00 en (06) 53 18 22 48, tarief f 1,25 per m lengte per nacht + toeristenbelasting f 0,85 p.p. (drinkwater, elektra, toiletten, wastafels en douches (douchemunten f 1,25 bij de havenmeester)) ● meerplaats 1 km ten W van de Koninginnebrug ● bij Hotel Verstraelen.
Motorbrandstof: Jachthaven Wanssum B.V., sbe (sl), die (sl).
Trailerhelling: Jachthaven Wanssum B.V., Geysterseweg 8, tel. (04784) 26 00, f 25,– in en uit het water.
Stortplaats chemisch toilet: Bij Jachthaven Wanssum B.V.

Warffumermaar

Van Onderdendam aan het Winsumerdiep tot Warffum, daar doodlopend. Lang 7 km, max. toegestane diepgang 1,20 m.
Bruggen: Tot de haven in Warffum zes vaste bruggen, laagste brug H 2,50 m bij KP ('s zomers staat het water vaak 0,10 m hoger, waardoor de hoogte beperkt is tot 2,40 m) en een particuliere draaibrug (H 1,20 m), dagelijks bediening op verzoek (de brug staat gewoonlijk open).
Maximumsnelheid: 6 km/h.
Doorvaartroute: Zie onder 'Rasquerdermaar' en 'Uithuizen'.
Ligplaats: Jachthaven De Pollen (steiger voor recreatievaart) in de oude haven in Warffum, voorbij de spoorbrug stuurboord uit, D 1,20 m, max.verblijfsduur 3 x 24 h, gratis (toilet, wastafels en douche (f 1,–)).
Drinkwater: Jachthaven De Pollen (sl).
Motorbrandstof en reparatie: Garage Pit, Noorderstraat 1, Warffum, tel. (05950) 21 81, die, sbe, bib (Mercedes, Ford en Peugeot).
Kampeerterrein: Pension/Camping Zuiderhorn nabij de jachthaven.
Stortplaats chemisch toilet: Bij Jachthaven De Pollen.

Warmond

3,5 km van Kaag-Sociëteit; 4 km van Kaagdorp; zie ook 'Kagerplassen'.
Motorvaartvergunning: Voor vaartuigen die van hun motorvermogen gebruik maken is op een aantal vaarwegen in de omgeving de zgn. Algemene Vaarvergunning van het Hoogheemraadschap van Rijnland vereist, zie verder bij 'Drecht'. Dit geldt voor het Oegstgeesterkanaal, de Haarlemmertrekvaart in de richting van Haarlem en de verbinding met het Poelmeer en de Hoflee.

De Grote Sloot en 't Joppe in de verbinding met de Zijl zijn opengesteld voor de motorvaart (zie onder 'Kagerplassen').
Vanuit Warmond is geen doorvaart door Leiden mogelijk via de Haarlemmertrekvaart (afgedamd).
Maximumsnelheid: Op de Warmonder Leede van de Haarlemmertrekvaart tot het Zomergat 6 km/h; overige gedeelte 9 km/h. Snelvaren is toegestaan met ontheffing op het Norremeer en de Dieperpoel.
Bruggen: De bruggen over de Warmonder Leede zijn vast, H 2,70 m.
Lig- en aanlegplaatsen: Aan de NO-zijde van de brug, welke de verbinding vormt tussen Warmond en het eiland Koudenhoorn, tarief f 1,– per m lengte per etmaal (eerste 2 h gratis) ● langs het eiland Koudenhoorn aan de zijde van 't Joppe, tarief f 1,– per m lengte per etmaal (eerste 2 h gratis) (toiletten, douche en wastafels in het beheersgebouw op Koudenhoorn, beheerder H. de Ruiter, tel. (01711) 1 04 73 van 1 mei-1 okt.) ● langs de boezemkade van Zwanburg aan de zijde van 't Joppe, max.diepgang 1 m (overnachten niet toegestaan) ● Jachtbouw Aad Juffermans, aan de Grote Sloot, tel. (01711) 1 05 48, tarief f 1,– per m lengte per nacht (elektra, toiletten, wastafels en douches (f 1,–)) ● K.W.V. De Kaag, aan de Leede, passanten dienen vóór 17 h te meren in Haven-W i.v.m. toewijzing ligplaats door havenmeester, J.G. v. Veen, tel. (01711) 1 00 35, tarief f 1,20 per m lengte per nacht (elektra, toiletten, douches en wastafels) ● Jachthaven Lockhorst B.V., aan de Leede, havenmeester J.A.M. Versluijs, tel. (01711) 1 03 78, max.diepgang 1,60 m, tarief f 1,– per m lengte per etmaal (toiletten en wastafels) ● Jachtwerf Gebr. Visch, aan de Leede, tel. (01711) 1 03 00, max.diepgang 1,50 m, tarief f 1,– per m lengte per etmaal (elektra, toiletten, wastafels en douches (f 1,–))
● Jachthaven 't Fort, tel. (01711) 1 92 05, tarief per nacht tot 10 m f 15,–, daarboven f 20,– (elektra, toiletten, douche en wastafels)
● Jachthaven Cieco (toiletten, wastafels en douche)
● Camping/Jachthaven Royal, bereikbaar vanaf de Hoflee, max.diepgang 0,90 m, havenmeester J. Schölzel, tel. (01711) 1 14 13, tarief f 5,– per nacht (toiletten, douches (douchemunten à f 1,–) en wastafels).
Drinkwater: Gemeentepark bij het theekoepeltje; beheersgebouw eiland Koudenhoorn (sl); Jachtbouw Aad Juffermans (sl); Jachtwerf Gebr. Visch (sl); Scheepsbouw B.V. van der Leest aan de Leede/Grote Sloot (sl); gemeentelijke aanlegplaats bij de brug over de Leede.
Motorbrandstof: Fa. Gebr. Koppers, Herengracht 1, sbe, die; Scheepsbouw B.V. van der Leest aan de Leede/Grote Sloot die (sl).
Reparatie: Fa. Gebr. Koppers, Herengracht 1; Jachtwerf Gebr. Visch, Burg. Ketelaarstraat 19, tel. (01711) 1 03 00, bub (Yamaha); Jachtbouw Aad Juffermans, Veerpolder 69, tel. (01711) 1 05 48, aan de Grote Sloot, bub (Yamaha), romp/uitr (ht, s, p/op de wal + in het water); Jeanneau Nederland B.V., Veerpolder 53, tel. (01711) 1 92 03, aan de Grote Sloot, romp/uitr (p/op de wal + in het water), zeil/tuigage, elek; Jachthaven Zwanengat, Haarlemmertrekvaart 1, tel. (071) 15 59 00, bib (Volvo Penta. Mercedes, Daf, Vetus en Perkins), romp/uitr (ht, s/op de wal), scheepshelling tot 15 ton; Jachthaven/Jachtwerf De Waag*, Waagdam 34, tel. (01711) 1 04 08, aan de Leede, romp/uitr (p, ht/op de wal + in het water); J. van Tongeren, aan de Grote Sloot, romp/uitr; Fa. A. Vreeken, Teylingerkade 8, zeil/tuigage; Jachthaven Lockhorst B.V., Sweilandstraat 7a, tel. (01711) 1 03 78, romp/uitr (ht, s, p/op de wal + in het water), tijdens het seizoen dagelijks geopend; Scheepsbouw B.V. van der Leest, Veerpolder 45-47, tel. (01711) 1 10 00, aan Leede/Grote Sloot, bib (Volvo Penta, Yanmar, Mercedes, Daf, Farymann en Perkins), romp/uitr (ht, s, p, a/op de wal + in het water), scheepshelling max. 60 ton, max.diepgang 1,60 m; Jachtwerf Sprünken, Waagdam 32, tel. (01711) 1 12 86, romp/uitr (ht/op de wal + in het water).

Mastenkraan: Jeanneau Nederland B.V., Veerpolder 53, de- en montage van masten tot max. 17,50 m lengte.
Hefkranen: Jachtwerf Gebr. Visch, max. 4 ton, tarief f 50,– per ton, (min. f 50,–); Jachthaven 't Fort, max. 3 ton, tarief f 75,–; M. C. Versluis, ingang Sweilandstraat; Jachthaven Lockhorst B.V., max. 20 ton, max.diepgang 1,80 m (heffen met staande mast mogelijk); J. van Tongeren, max. 3 ton; Jachthaven/Jachtwerf De Waag, max. 5 ton, max.diepgang 1,10 m, tarief f 75,–; Jachthaven Zwanengat, max. 12 ton, max.diepgang 1,50 m, tarief f 25,– (excl. BTW) per m lengte; Camping/Jachthaven Royal, Wasbeeklaan 9, tel. (01711) 1 14 13, max. 5 ton, max.diepgang 0,90 m, tarief f 150,–; Scheepsbouw B.V. van der Leest, max.diepgang 1,50 m, max. 2 ton; Jachtwerf Sprünken, max. diepgang 1,30 m, max. 5 ton, tarief f 85,– (heffen met staande mast mogelijk).
Trailerhellingen: J. van Tongeren; Camping/Jachthaven Royal, max. 1 ton, tarief f 5,–; Jachtbouw Aad Juffermans; Jachthaven Lockhorst B.V., max. 100 kg.
Botenliften: Jeanneau Nederland B.V., max. 13½ ton, max.diepgang 2 m, tarief op aanvraag (liften met staande mast mogelijk); Jachtbouw Aad Juffermans, max. 30 ton, max.diepgang ca. 2,10 m (liften met staande mast mogelijk); Jachthaven Lockhorst B.V., max. 20 ton, max.diepgang 1,80 m (liften met staande mast mogelijk).
Kampeerterreinen: De Lokkerstee, J.H.J. Schölzel, Wasbeeklaan 9, tel. (01711) 1 14 13M; De Wasbeek, J.M. Warmerdam, Wasbeeklaan 7, tel. (01711) 1 13 80.
Stortplaats chemisch toilet: Jachthaven Lockhorst B.V.
Aftappunt vuilwatertank: Jachthaven Zwanengat

Warns

3 km van Staveren; 5 km van Galamadammen.
Maximumsnelheid: 9 km/h.
Brug: Beweegbare brug, H 1,25 m. Bediening: (gratis)

ma. t/m zat.**	(1 mei-1 okt.)	6-7*, 7-21 h (zat. tot 20 h)
	(1 okt.-15 nov. en 15 mrt.-1 mei)	6-7*, 7-19, 19-20 h* (zat. 6-7*, 7-18, 18-19 h*)
	(15 nov.-15 mrt.)	6-7*, 7-17, 17-20 h* (zat. 6-19 h*)
zo. en fd.	(mei en sept.)	9-12, 13-18 h
	(juni t/m aug.)	9-12, 13-17, 18-20 h
	(april en okt.)	9-11, 16-18 h
	(nov. t/m mrt.)	gesloten

* Bediening op verzoek aan Prov. Friesland, tel. (058) 92 58 88.
** Op werkdagen vóór en na fd: bediening als op zat. en ma.
Lig- en aanlegplaatsen: ● Ten W van de brug in de jachthaven van Watersportbedrijf De Stormvogel, havenmeester L. van Dijk tel. (05149) 13 88, tarief f 1,– per m lengte per nacht (excl. toeristenbelasting) (elektra, toiletten, douches (f 1,–) en wastafels) ● ten O van de brug voor Paviljoen Greate Pier ● Marina Friesland, 900 m ten O van de brug, havenmeester J. Feenstra, tel. (05149) 14 32, tarief f 1,70 per m lengte per nacht (toiletten, wastafels en douches (f 1,–))
● Jachtbouw/Jachthaven Sybren Sytsma, ten W van de brug, havenmeester Maaike Sytsma, tel. (05149) 16 23, tarief f 1,25 per m lengte per nacht, excl. toeristenbelasting (elektra, toiletten, douches (f 1,–) en wastafels).
Drinkwater: Paviljoen Greate Pier; Jachtbouw/Jachthaven Sybren Sutsma (sl).

Motorbrandstof: Paviljoen Greate Pier, sbe, die (sl); Watersportbedrijf De Stormvogel, die (sl), be (sl); Jachtbouw/Jachthaven Sybren Sytsma, die, be.
Reparatie: Watersportbedrijf De Stormvogel, Boppelans 9-11, tel. (05149) 13 88, bub/bib (alle merken), romp/uitr (ht, s, p/op de wal + in het water), zeil/tuigage (1 april-1 nov. dagelijks geopend); Marina Friesland, Ymedam 1, tel. (05149) 14 32, bub/bib (alle merken), romp/uitr (ht, s, p, a/op de wal + in het water), elek; Jachtbouw/Jachthaven Sybren Sytsma, Op De Wal 12, tel. (05149) 16 23, bib (alle merken), romp/uitr (ht, s, p, a/op de wal + in het water), zeil/tuigage, elek.
Hefkranen: Jachtbouw/Jachthaven Sybren Sytsma, max. 20 ton, max.diepgang 2,35 m, tarief vanaf f 60,– (heffen met staande mast mogelijk).
Trailerhellingen: Watersportbedrijf De Stormvogel, max. 1 ton; Marina Friesland, tarief f 15,–; Jachtbouw/Jachthaven Sybren Sytsma, tarief f 10,–.
Botenlift: Marina Friesland, max. 30 ton, max.diepgang 2,25 m, tarief vanaf f 75,– (liften met staande mast mogelijk); Watersportbedrijf De Stormvogel, max. 20 ton, tarief f 100,– (liften met staande mast mogelijk).
Wasserettes: Marina Friesland; Jachtbouw/Jachthaven Sybren Sytsma; Watersportbedrijf De Stormvogel.
Stortplaatsen chemisch toilet: Bij Marina Friesland; bij Watersportbedrijf De Stormvogel; bij Jachtbouw/Jachthaven Sybren Sytsma.

Warten (Wartena)

10 km van Leeuwarden; 4 km van Fonejachtbrug; 4 km van Earnewâld (Eernewoude); 8 km van Grou (Grouw).
Maximumsnelheid: In het Lang Deel, Wartenasterwijd en de Rogsloot 9 km/h.
Bruggen:
– Provinciale brug ten Z van Warten (Wartena) over de Rogsloot, H 4,35 m. Bediening: (gratis)

ma. t/m zat.	(1 mei-1 okt.)	9-12, 13-17, 18-20 h
	(1 okt.-1 mei)	9-17 h*
zo. en fd.	(mei en sept.)	9-12, 14-18 h
	(juni t/m aug.)	9-12, 14-17, 18-20 h
	(okt. t/m april)	gesloten

* Bediening op verzoek aan Prov. Friesland, tel. (058) 92 58 88.
– Basculebrug in het dorp, H 0,75 m. Bruggeld f 2,–. Bediening:

ma. t/m zat.	(15 mrt.-1 mei en 1 okt.-15 nov.)	9-12, 13-17 h
	(1 mei-1 okt.)	9-12, 13-17, 18-20 h
	(15 nov.-15 mrt.)	9-17 h*
zo. en fd.	(april en okt.)	10-11, 16-17 h
	(1 mei-1 okt.)	9-12, 14-17, 18-20 h
	(1 nov.-1 april)	gesloten

* Bediening op verzoek, 24 h tevoren aanvragen bij Gemeente Boarnsterhim, tel. (05662) 92 62.

Bij de brug zijn weinig voorzieningen om vast te maken. Bij aanleggen zowel voor als achter vastmaken in verband met stroom.
Lig- en aanlegplaats: Stichting Jachthaven Wartena, tel. (05105) 5 18 70, tarief f 0,85 per m lengte per nacht (elektra, toiletten, wastafels en douche) ● langs de O-oever van de Rogsloot.
Motorbrandstof: Bij de jachthaven, be (sl), die (sl).

Reparatie: Jachtwerf T. de Jong, Wartena 203, romp/uitr; Scheepstechnisch Bedrijf Klaas van Huizen (Jachthaven Wartena), tel. (05105) 5 26 65/5 26 60, romp/uitr (s), bib/bub; Jachtwerf Wartena, Midsbuorren 32, tel. (05105) 5 16 57, bib/bub (alle merken), romp/uitr (ht, s, p, a/op de wal + in het water), zeil/tuigage, elek.
Hefkraan: Jachtwerf Wartena, max. 20 ton, max.diepgang 2 m, tarief f 150,– (heffen met staande mast mogelijk).
Trailerhelling: Stichting Jachthaven Wartena, tarief f 5,– per keer.
Scheepshelling: Bij de Jachthaven tot 13 ton; Jachtwerf Wartena, max. 100 ton, tarief f 450,–.
Stortplaats chemisch toilet: Bij de Jachthaven.

Waspik
5 km van Keizersveer; zie ook 'Oude Maasje'.
Ligplaatsen: Jachthaven 't Oude Maasje, havenmeester J. Rekkers, tel. (04168) 28 50, max.diepgang 2 m, tarief f 1,– per m lengte per nacht (elektra, toiletten, douches (f 1,–) en wastafels) ● Jachthaven W.S.B. Scharloo, aan de Kerkvaartse Haven (oude havenkanaal) aan de rand van het dorp, havenmeester A. Theuns, tel. (04168) 23 26, tarief f 1,– per m lengte per nacht (elektra, toiletten, douches en wastafels) ● Vrijbuiter Jachtbouw B.V., aan de Kerkvaartse Haven, tel. (04168) 23 58, max.diepgang 1,50 m, tarief f 2,– per m lengte per nacht (elektra).
Drinkwater en motorbrandstof: Vrijbuiter Jachtbouw B.V., die (sl), be (sl), water; Jachthaven 't Oude Maasje (sl).
Reparatie: Jachthaven 't Oude Maasje, Overdiepsekade 2, tel. (04168) 28 50, bub/bib, romp/uitr (ht, s/op de wal + in het water); Vrijbuiter Jachtbouw B.V., Scharlo 10, tel. (04168) 23 58, bib (Volvo Penta, Mercedes, Daf, Vetus, Perkins, Nanni en Ford), romp/uitr (s, a/op de wal + in het water); Jachthaven W.S.B. Scharloo, Scharlo 6-8, tel. (04168) 23 26, bub (Yamaha, Mercury, Suzuki, Johnson en Honda), bib (Volvo Penta, Yanmar, Mercedes, Mitsubishi, Bukh, Daf, Vetus, Farymann, Perkins, Nanni en Ford), romp/uitr (s, p/op de wal), zeil/tuigage.
Hefkraan: Jachthaven W.S.B. Scharloo, max. 15 ton, max.diepgang 2,50 m.
Trailerhelling: Jachthaven 't Oude Maasje, max. 15 ton, tarief f 10,– (open boten), max.diepgang 1 m.
Botenlift: Jachthaven 't Oude Maasje, max. 20 ton, tarief vanaf f 100,– (liften met staande mast mogelijk).
Stortplaats chemisch toilet: Bij Jachthaven W.S.B. Scharloo.

Wassenaar
4 km van Haagse Schouw bij Leiden.
Wassenaarse Watering of Zijlwatering: Lengte 7,2 km (waarvan 4,3 km bevaarbaar voor motorboten), mondt uit in de Oude Rijn ten W van Haagse Schouw. Diepte 1,20 m tot 1,35 m. Max.snelheid 6 km/h. Zeven vaste bruggen, H KP + 2,45 m. Motorvaartvergunning aanvragen bij het Hoogheemraadschap van Rijnland, zie bij 'Drecht'.
Waterstand: KP = NAP – 0,60 m. De waterstand schommelt tussen NAP – 0,40 m en NAP – 0,70 m.
Ligplaatsverordening: Het is verboden langer dan 12 uur achtereen ligplaats in te nemen in de openbare wateren binnen de bebouwde kom van de gemeente. In bepaalde gedeelten van de Wassenaarse Watering, het Havenkanaal en de Princehaven geldt een aanlegverbod.
Ligplaatsen: In de jachthavens van de W.V. Wassenaar aan de Wassenaarse Zijlwatering vlak vóór de bebouwde kom (Thuishaven W.V.) en in de Dorpshaven in het centrum van het dorp, havenmeester M. Toet (havenkantoor Thuishaven, tel. (01751) 1 33 70 (bereikbaar

van 19-20 h), b.g.g. 1 29 72 (privé)), max.diepgang 1,50 m, tarief f 1,–
per m lengte per nacht (aan de Thuishaven: elektra, douches (f 1,–),
toiletten en wastafels) ● Jachthaven Princehaven, tel. (01751)
1 36 27, direct na de splitsing Wetering – Havenkanaal aan de Lo,
tarief f 5,– per nacht (toiletten).
Reparatie: Jachthaven Princehaven, van Zuylen van Nijeveltstraat
100, tel. (01751) 1 36 27, bub/bib, romp/uitr (ht, s, p) (op zat. en zo.
geopend van 11-17 h); W. Mol Zeilmakerij, Tuinpad 69, tel. (01751)
1 76 81, zeil/tuigage.
Hefkraan: Jachthaven Princehaven, max. 20 ton.
Trailerhelling en stortplaats chemisch toilet: In de Thuishaven van de
W.V. Wassenaar aan de Zijlwatering.

Waver en Oude Waver

De gebruikelijke verbinding van de Amstel bij Ouderkerk naar Proost-
dijerschutsluis en de Vinkeveense Plassen leidt over de Bullewijk, de
Waver en de Winkel (zie aldaar) met uitsluitend beweegbare bruggen.
Max.diepgang 1,20 m. Over de Waver twee beweegbare bruggen,
H 1 m, nl. bij de Voetangel- en bij de Stokkelaarsbrug. Bruggeld f 2,–
per brug. Voor beide bruggen te betalen bij de Voetangelbrug.
De Oude Waver vormt de verbinding tussen de vaarweg
Waver – Winkel bij Stokkelaarsbrug en de Amstel bij Nesselsluis. De
Oude Waver is een smal vaarwater. Jagen alleen mogelijk met lange
lijn. Max.diepgang 1,20 m. Ophaalbrug nabij gemaal Winkel bij het
dorpje Waver (gratis) en de draaibrugjes nabij Botshol (gratis), zelf-
bediening.
Vaarwegbeheerder: Hoogheemraadschap Amstel en Vecht, Postbus 97,
1190 AB Ouderkerk a. d. Amstel, tel. (02963) 31 53.
Bediening bruggen:

(16 april-1 juni en 1 sept.-15 okt.)	dagelijks	9-12.30, 13.30-19 h
(1 juni-1 sept.)	dagelijks	9-12.30, 13.30-20 h
(16 okt.-15 april)	ma. t/m vr.	9-16.30 h, op verzoek*
	zat.**, zo. en fd.	gesloten

* Voetangelbrug en Stokkelaarsbrug, Gem. Abcoude, bediening
  24 h te voren aanvragen tijdens kantooruren (vóór 17 h),
  tel. (02946) 12 50; ophaalbrug Gemaal De Winkel, brugwachter,
  tel. (02974) 5 64; draaibrug nabij Botshol, J. F. Feddema, Waver 32, Ouderkerk a/d Amstel.
** De Voetangelbrug en de Stokkelaarsbrug worden op zat. van
  16 okt.-16 nov. en 4 zaterdagen voor aanvang van het voorseizoen
  bediend van 8.30-16.30 h op verzoek, 24 h tevoren aanvragen tijdens kantooruren (vóór 17 h).
De overige particuliere beweegbare draaibruggen moet men soms
zelf bedienen, soms bediening door particulieren (gratis).
Maximumsnelheid: Op de Waver en alle genoemde verbindingswateren 6 km/h.
Aanlegplaatsen: Aan de Z-oever, even voor de monding in de Amstel;
aan de Z-oever ten W van de openstaande keersluis met beweegbare
brug.

Wedderveer

Aan de Westerwoldse Aa (zie aldaar); 13 km van Winschoten.
Ligplaats: Jachthaven Wedderveer, max.diepgang 0,90 m, havenmeester R. Slikker, tel. (05974) 30 33, b.g.g. (05990) 1 77 11 (privé),
tarief f 5,– per nacht (toiletten), jachthaven onderdeel van Camping
Wedderbergen.

Motorbrandstof: Tankstation op 1 km afstand van de jachthaven, die, be, sbe.
Trailerhelling: Jachthaven Wedderveer, tarief f 5,– per keer.
Kampeerterrein: Camping Wedderbergen*, even ten N van Wedde bij de jachthaven.
Wasserette en stortplaats chemisch toilet: Bij Jachthaven Wedderveer.

Weert

62 km van 's-Hertogenbosch; 20 km van Wessem; zie ook 'Zuidwillemsvaart'.
Bruggen en sluizen: Voor bediening zie bij 'Zuidwillemsvaart'. Geen brug- en sluisgeld.
Lig- en aanlegplaatsen: In de nieuwe Passantenhaven (juli 1995 gereed). Aan de stadszijde in de Zuidwillemsvaart tussen Biester- en Stadsbrug (max. 3 x 24 h, max. 4 m breed); tussen Stadsbrug en gemeentehaven (max. 3 x 24 h); in de gemeentehaven beneden sluis nr. 16; langs de kade bij de grensovergang De Kempen-Lozen.
Motorbrandstof en drinkwater: H. C. Lingen, Kempenweg 110, bij de grensovergang De Kempen-Lozen, die (sl), water (sl), be via het nabij gelegen tankstation (zat. open tot 20 h en zo. van 8 tot 15 h).
Vulstation propaangasflessen: Gruythuizen B.V., Beekstraat 70, tel. (04950) 3 25 19 (nabij Stadsbrug).
Reparatie en hefkraan: Weerter Scheepsbouw Mij. B.V., Scheepsbouwkade 21, tel. (04950) 3 20 29, bib (alle merken), romp/uitr (s/op de wal + in het water), hydr. kraan, max. 60 ton; Garage Duyts.

Weesp

Aan de Vecht (zie aldaar); 5,5 km van Muiden; 4 km van Uitermeer; 2 km van Driemond.
Vaarwegbeheerder: Rijkswaterstaat Directie Noord-Holland, Dienstkring Waterland, Sixhavenweg 13-14, 1021 HG Amsterdam, tel. (020) 6 32 04 50.
Maximumsnelheid: Op de Vecht zoals vermeld onder 'Vecht', op het Smal Weesp 4,5 km/h.
Smal Weesp: Vaarweg van de Vecht naar het Amsterdam-Rijnkanaal. Max. toegestane diepgang 2,10 m.
Sluis: Staat altijd open. De ophaalbrug (Sluisbrug) over de sluis, H 1,80 m in gesloten stand.
– Verkeersbruggen: De Sluisbrug H 1,80 m, de Zwaantjesbrug H 0,55 m en de Roskambrug H 0,65 m worden soms door een enkele brugwachter geopend wat lange wachttijden tot gevolg kan hebben. Bediening:

16 april-1 juni en		
16 sept.-16 okt.)	ma. t/m vr.	9-12, 13-16.30, 17.30-19 h
	zat., zo. en fd.	9-12, 13-16.30, 17.30-19 h
(1 juni-16 sept.)	ma. t/m vr.	9-12, 13-16.30, 17.30-20 h
	zat., zo. en fd.	9-12, 13-16.30, 17.30-20 h
(16 okt.-16 april)	ma. t/m vr.	9-12, 13-16.30 h
	zat., zo. en fd.	gesloten*

* Bediening op de 4 zaterdagen na 16 okt. en de 4 zaterdagen vóór 16 april van 9-16.30 h op verzoek, tel. (02940) 7 63 56.
De bruggen worden in de herfstvakantie bediend als in de periode van 16 sept.-16 okt.
– Bruggeld: Zwaantjesbrug f 4,–; overige bruggen gratis.
Vecht: Lange Vechtbrug en spoorbrug, zie onder 'Vecht'.
Lig- en aanlegplaatsen: Gemeentesteiger tussen sluis en de Zwaantjesbrug, tarief f 0,75 per m lengte per etmaal + milieutoeslag f 1,–

per boot (toiletten en douches (f 1,–) aan Smal Weesp) ● steigers van de VVV in de Vecht aan de Hoogstraat tussen de sluis en de Lange Vechtbrug, tarief per nacht: t/m 7 m f 7,50, t/m 10 m f 8,50, boven de 10 m f 9,50 ● W.V. De Vecht aan de Vecht, ten O van de stad, havenmeester E. Snel, tel. (02940) 1 27 00, tarief f 1,10 per m lengte per nacht (elektra, toiletten, wastafels en douches (f 2,–)) ● W.V. De Zeemeermin aan de Vecht, vanuit het Z vóór de Lange Vechtbrug aan stuurboord, havenmeester P. Buninga, max.diepgang 1,50 m, tarief f 1,– per m lengte per nacht (elektra) ● Shipshape Jachtservice Weesp B.V., aan de Vecht ten O van de spoorbrug.

Drinkwater: De VVV-steiger tussen de sluis en de Vechtbrug (standpijp); aan de sluis; Shipshape Jachtservice Weesp B.V. (sl); Bruinekool Oliehandel B.V., bij het fort Uitermeer (sl); aan de Gemeentesteiger.

Motorbrandstof: Bruinekool Oliehandel B.V., tel. (02940) 1 51 71, bij het fort Uitermeer, die (sl), be, sbe.

Reparatie: Shipshape Jachtservice Weesp B.V., Nijverheidslaan 18, tel. (02940) 1 04 24, bub/bib; Lemstra Watersport, bub/bib; Scheepswerf De Bruin, romp/uitr.

Hefkraan: Shipshape Jachtservice Weesp B.V., max. 35 ton.
Botenlift: Shipshape Jachtservice Weesp B.V., max. 50 ton.
Stortplaats chemisch toilet: Bij de Gemeentesteiger.

Weespertrekvaart

Van de Amstel en de Omval door Diemen, Duivendrecht en Driemond naar het Amsterdam-Rijnkanaal in Weesp 9,2 km (incl. de Gaasp en het Smal Weesp). Goed bevaarbaar voor schepen met een max. toegestane diepgang van 2,10 m.

Vaarwegbeheerder: Rijkswaterstaat Directie N-Holland, Dienstkring Waterland, Sixhavenweg 13-14, 1021 HG Amsterdam, tel. (020) 6 32 04 50.

Maximumsnelheid: Op de Weespertrekvaart en de Gaasp 9 km/h en op het Smal Weesp 4,5 km/h.

Bijzondere bepalingen: Voor alle schepen geldt een ankerverbod. Meren is alleen toegestaan op de daarvoor aangewezen gedeelten, max.verblijfsduur (buiten de havens) 3 x 24 h.

Bruggen:
– Hefbrug bij de Omval, H 3,10 m in gesloten en H 5,15 m in geheven stand. De brug wordt op afstand bediend vanaf de Duivendrechtsebrug, marifoonkan. 22 (roepnaam Omvalbrug) of via een meldknop aan beide zijden van de brug. Bediening (gratis):

ma. t/m vr.		6-7, 9-16, 18-22 h
zat.		6-22 h
zo. en fd.	(16 april-16 okt.)	10-13, 14-20 h
	(16 okt.-16 april)	gesloten

– 2 vaste spoorbruggen in de lijn Amsterdam-Utrecht, H 5,05 m.
– Vaste brug, H 5,10 m.
– Vaste brug in Rijksweg 10, H 5,10 m.
– Duivendrechtsebrug (hefbrug bij de Rozenburglaan), H 2,90 m, in geheven stand H 5 m. Marifoonkan. 22. Brugwachter, tel. (020) 6 90 85 37 (beheerder: tel. (020) 6 32 04 50). Bediening als hefbrug bij de Omval.
– Bruggen in Diemen: Venserbrug (kmr 2,8) en Diemerbrug (kmr 3,2), H 0,65 m. Bediening als hefbrug bij de Omval. Brugwachter Venserbrug, tel. (020) 6 99 08 38. De Diemerbrug wordt op afstand vanaf de Venserbrug bediend. Verzoek tot bediening d.m.v. de gebruikelijke geluidssignalen.
– Vaste spoorbrug, H 4,95 m.

- Vaste brug in de prov. weg Schiphol-Diemen, H 4,95 m.
- Vaste brug in Gaasperdammerweg, H 6,40 m.
- Brug in Driemond over het Smal Weesp, ten W van Amsterdam-Rijnkanaal, (bb) H 1,95 m. Brugwachter, tel. (02940) 1 24 93 (beheerder: tel. (03402) 7 94 97). De schutsluis staat altijd open. Brugbediening:

ma. t/m zat.*		6-22 h
zo. en fd.	(16 april-16 okt.)	10-13, 14-20 h
	(16 okt.-16 april)	gesloten

* Bediening van 5.30-6 h mogelijk, mits vóór 21 h aangevraagd.
- Het Smal Weesp, ten O van het Amsterdam-Rijnkanaal, zie onder 'Weesp'.

Weidum
Aan de Zwette of Sneekertrekvaart, 5 km ten Z van Leeuwarden.
Lig- en aanlegplaats: Jachthaven it Weidumerhout, Dekemawei 9, tel. (05106) 98 88, max. afmetingen lengte 7,5 m, diepgang 1,20 m, tarief f 4,50 per nacht (elektra, toiletten, douches en wastafels), drinkwater.
Motorbrandstof en trailerhelling: Jachthaven it Weidumerhout, die, trailerhelling max. 1000 kg, tarief f 5,–.
Kampeerterrein, wasserette en stortplaats chemisch toilet: Camping/Jachthaven it Weidumerhout.

Well
Aan de Maas, kmr 132,2 Ro; 24 km ten N van Venlo; zie ook onder 'Leuken'.
Brug: Koninginnebrug, kmr 131,6, H SP + 9,40 m.
Aanlegplaats: Aan de loswal even boven het voormalige veer. Beneden het voormalige veer is het te ondiep.
Drinkwater: Bij het Veerhuis.
Motorbrandstof: Bij de tankstations aan de rijksweg en aan de Kasteellaan.

Welle
De Welle vormt de verbinding tussen Woudsend en het Koevordermeer. Diepte 1,70 m. Vaste brug, H 1,55 m, met aan weerszijden tuigsteigers.
Maximumsnelheid: 9 km/h.
Ligplaatsen: Marrekrite-ligplaatsen aan de N-oever ten O van de Wellebrug.

Wemeldinge
Aan de Oosterschelde (zie aldaar); zie ook 'Kanaal door Zuid-Beveland'.
Getijstanden: GHW = NAP + 1,80 m; GLW = NAP – 1,45 m.
Haven: Voor de haven gaat geen neer van betekenis. De groene spitse ton ten N van het O-havenhoofd dekt de kop van een krib.
De haven is bij gemiddeld LLWS minstens 3,80 m diep. De havendammen worden aangegeven door de gebruikelijke rode en groene lichten die rondschijnend zijn. De taluds van de havendammen worden met natriumlampen verlicht.
Gemeentelijke havenmeester: Tel. (01192) 20 93 (kantoor).
Verkeerspost Wemeldinge: Verkeerspost Wemeldinge, kan. 68 (ieder uur, .15 h, wordt via dit kan. een weers- en windverwachting gegeven), tel. (01109) 21 10.
Bruggen: Alle bruggen in het Kanaal door Zuid-Beveland zijn beweegbaar.
Lig- en aanlegplaats: De gemeentelijke jachthaven bestaat uit een buiten- en een binnenhaven. Binnen- en buitenhaven zijn getijde-

havens en staan in directe verbinding met de Oosterschelde (geen sluizen). Tarief f 0,51 per m^2 per nacht (elektra (f 2,50 per nacht), toiletwagen met toiletten, douches (f 1,–)).
Motorbrandstof: Fa. A. Wagenaar (flessengas), tel. (01192) 12 86.
Reparatie: Florusse B.V., tel. (01192) 12 53, zeil/tuigage.

Wergea (Warga)
Aan de Wargastervaart van Grou (Grouw) naar Leeuwarden; 6 km van Grou (Grouw).
Maximumsnelheid: 9 km/h.
Brug: Gemeentebrug (bb), H 0,91 m, bruggeld f 2,50. Bediening:

ma. t/m zat.	(1 mei-1 okt.)	9-12, 13-17, 18-20 h
	(1 okt.-1 mei)	9-17 h, op verzoek*
zo. en fd.	(mei en sept.)	9-12, 14-18 h
	(1 juni-1 sept.)	9-12, 14-17, 18-20 h
	(1 okt.-1 mei)	gesloten

* Bediening 24 h tevoren aanvragen bij Gemeente Boarnsterhim, tel. (05662) 92 62 of bij de brugwachter, tel. (05105) 5 21 33.
Ligplaats: Jachthaven De Onderneming van Fa. B. v. d. Werff, ten N van Wergea, max.diepgang 1,80 m, tarief tot 5 m lengte f 5,–, boven 5 m lengte f 7,50 per nacht; Passantensteiger W.W.S. ten Z van Wergea, tarief tot 7 m lengte f 5,–, boven 7 m lengte f 7,50 (toiletten en douches).
Drinkwater en motorbrandstof: Jachthaven De Onderneming, water (sl, f 1,–), die (sl); Passantensteiger W.W.S. (sl, f 1,–).
Reparatie, hefkraan en trailerhelling: Jachthaven De Onderneming, Nieuwe Hoek 17, tel. (05105) 5 19 63, bub/bib (alle merken), romp/uitr (ht, s, p/op de wal + in het water), hefkraan max. 30 ton, max.diepgang 1,80 m, tarief f 175,–, trailerhelling max. 3 ton, tarief f 15,–.

Werkendam
Aan de Nieuwe Merwede, kmr 961,4 Lo; 6 km ten W van Gorinchem; zie ook 'Biesbosch, Brabantse'.
Haven: Biesboschhaven, kmr 962,3 Lo. Op de O-havendam is een vast rood, op de W-havendam een vast groen licht. Gemiddeld getijverschil 0,30 m.
Biesboschsluis: Zie 'Biesbosch, Brabantse'.
Lig- en aanlegplaatsen: Biesboschhaven ten N van de Biesboschsluis, doch hier is weinig accommodatie voor jachten ● Jachthaven De Steur, ten Z van de Biesboschsluis, havenmeester fam. v.d. Dag, tel. (01835) 18 12, max.diepgang 1,50 m, tarief f 1,– per m lengte ● in de Bruinekilhaven bij W.V. Werkendam, aan het Steurgat ten ZO van de Biesboschsluis, havenmeester, tel. (01835) 48 80, tarief f 1,– per m lengte per nacht (elektra, wastafels, douches, toiletten en fietsenverhuur) ● Jachthaven van Oversteeg V.O.F., havenmeester A.A. van Oversteeg, tel. (01835) 16 33, max.diepgang 1,30 m, tarief f 1,– per m per nacht, overdag f 7,50 per boot (elektra, toiletten en drinkwater (sl, f 0,25)).
Motorbrandstof: L. Kieboom (Biesboschhaven), zo. gesloten, die (sl); Jachthaven De Steur, die (sl) (zo. gesloten); Bruinekilhaven, tankauto op vr.avond en zat.ochtend, die (sl), be.
Reparatie: Jacht- en Scheepsbouw De Alm B.V., aanlegplaats in de insteekhaven kmr 962 Lo, Beatrixhaven 25, tel. (01834) 31 96, bib (Volvo Penta, Mitsubishi, Daf, Perkins en Ford), romp/uitr (s/in het water); Scheepsbouwers B.V., Steurgat 3b, tel. (01835) 32 91, 500 m ten Z van de Biesboschsluis, bib (Vetus en Ford), romp/uitr (ht, s/op de wal + in het water), zeil/tuigage, elek (zat. tot 15 h geopend).

Hefkranen: Scheepsbouwers B.V., max. 30 ton, max.diepgang 1,90 m, tarief op aanvraag; Bruinekilhaven (W.V. Werkendam), max. 10 ton, tarief f 50,– tot f 60,–.
Trailerhellingen: W.V. Werkendam, max. $^1/_2$ ton, tarief f 10,– per keer; Jachthaven De Steur, tarief f 50,– per seizoen (5 keer); Jachthaven van Oversteeg V.O.F., Spieringsluis 5, tel.(01835) 16 33, hydraulische botentrailer max. 10 ton, max.diepgang 1,20 m.

Werkhaven Bommenede
11 km van Bruinisse; 5 km van Brouwershaven.
Diepe werkhaven van Natuur- en Recreatieschap De Grevelingen. Tevens in gebruik als vluchthaven voor de Watersport. Max.verblijfsduur 3 x 24 h, gratis.

Wervershoof
Polderwateren: Het meertje de Grote Vliet kan men varende bereiken van het Overlekerkanaal in Medemblik door de Vaarsloot en de Kleine Vliet. Vaste bruggen, H 1,50 m. D ca. 0,70 m. Van de Grote Vliet zijn o.a. Wervershoof, Oostwoud en Hauwert bereikbaar. De vaart naar Enkhuizen is mogelijk met een max.diepgang van 0,50 m.
Maximumsnelheid: 6 km/h.
Kampeerterrein: Aan het binnendijks gelegen meer De Grote Vliet zijn twee terreinen ingericht voor tenten en caravans.

Wessem
Aan de Maas, kmr 66,1; aan de toegang tot het Kanaal Wessem-Nederweert, zie aldaar.
Brug: Verkeersbrug over de Maas, in het midden H SP + 10,86 m, nabij de Lo H SP + 8,94 m, nabij de Ro H SP + 9,41 m.
Grindgaten: Nabij Thorn, Wessem (De Koeweide, ca. 12 m diep), Panheel en Heel, max.snelheid 9 km/h. Op de grindgaten voorzichtig varen wegens mogelijkheid van stenen onder water.
Ligplaats: Jachthaven van Watersportcentrum De Koeweide in de Pr. Mauritshaven aan de Maas, havenmeester A. Drenth, tel. (04756) 12 21, passanten melden bij het havenkantoor, tarief f 1,50 per m per nacht (elektra, toiletten, wastafels en douches (f 1,–)).
Drinkwater en motorbrandstof: Bunker- en Werkschip Limburg van Otten en Zn. Scheepvaartbureau op de kop van de Pr. Mauritshaven, water (sl), sbe (sl), die (sl), be (sl).
Vulstation propaangasflessen: Schreurs, Maasdijk 1, tel. (04756) 12 90.
Reparatie: P. Stuckstette, Markt 16, bub/bib; Jaree-Tinnemans, tussen sluis en Trambrug in Kanaal Wessem-Nederweert, Z-oever, bib/bub; Scheepswerf Roumen in de Pr. Mauritshaven bij W.V. Wessem, bib/bub, romp/uitr; via Watersportcentrum De Koeweide, Waagenaak, tel. (04756) 12 21, bib (iveco); Otten en Zn. Scheepvaartbureau (Bunker- en Werkschip Limburg), op de kop van de Pr. Mauritshaven, romp/uitr (ht, s, p, a), dagelijks geopend.
Hefkraan: Scheepswerf Roumen in de Pr. Mauritshaven, max. 14 ton.
Trailerhelling: Watersportcentrum De Koeweide, max.diepgang 2,50 m, max. 3 ton, tarief f 12,50 per handeling.
Wasserette en stortplaats chemisch toilet: Bij Watersportcentrum De Koeweide.

Westeinderplas
Zie ook 'Aalsmeer' en 'Leimuiden'.
De Westeinderplas wordt door groepen eilanden verdeeld in de Grote Poel, de Kleine Poel en de Blauwe Beugel, die door vele doorvaarten met elkaar in verbinding staan.

Diepte van de Grote Poel 2,25 m, van de Kleine Poel in het midden ca. 1,60 m. Naar de oevers toe neemt de diepte af tot ca. 1,25 m. De toegangen tot de havens van de Jachthaven Dragt en W.V. Nieuwe Meer zijn goed op diepte. De NW-hoek van de Grote Poel is iets ondieper. De doorvaarten van de Kleine Poel naar de Grote Poel zijn wel eens ondiep door aanslibben van bagger uit de Grote Poel. Langs de gehele eilandenrij aan de NW-zijde van de Grote Poel is als oeverbescherming steenstorting aangebracht. Sommige puindammen liggen op enige afstand van de eilanden. Achter vijf van zulke dammen zijn beschutte schuilhavens ontstaan, nl. de Kwakel, de Kodde, Starteiland, Grote Brug en de Rijzen.

Ten W van de doorvaart de Kleine Brug liggen in de Grote Poel resten van dammen onder water, aangegeven door drie rode tonnen. Men dient daar ca. 40 m uit de wal te blijven. In het midden van de Grote Poel, ten W van de lijn Kleine Brug – toren Kudelstaart, liggen harde ondiepten, de Lansenskamp, D 1,50 en D 2 m, die niet zijn aangegeven.

Doorvaartroutes: Van de Ringvaart van de Haarlemmermeerpolder kan men de Westeinderplas bereiken via (vermeld van ZW (Leimuiderbrug) naar NO (Aalsmeerderbrug)):

– De Pieter Leendertsloot die 700 m ten NO in de Ringvaart uitmondt, D 1,70 m, let op tegenliggers in dit onoverzichtelijke vaarwater. Halverwege de verbinding staat in de buitenbocht een groot kenbaar baken.
– Het Kloppenburgergat, voorzien van kenbaar baken.
– De vaarweg door het Wijde Gat.
– De vaarweg door de Blauwe Beugel tegenover Rijsenhout.
– De vaarweg door de Aardbeiensloot vlak langs Aalsmeer, D 1 m, vaste brug, H 1,10 m; deze vaarweg mondt in het NO-gedeelte van de Kleine Poel uit.

Maximumsnelheden: In het gebied van de Westeinderplas geldt een max.snelheid van 12 km/h met uitzondering van alle sloten die smaller zijn dan 20 m. Daar geldt een max.snelheid van 6 km/h. Op een groot aantal plaatsen is de voorgeschreven max.snelheid door borden aangegeven. Er is één door boeien gemarkeerde baan waar géén snelheidsbeperking geldt en waterskiën is toegestaan. Voor het varen met snelle motorboten is een ontheffing van de gemeente Aalsmeer vereist (WA-verzekering verplicht). Nadere informatie is opgenomen in de ANWB-watersportwijzer 'Snel motorbootvaren in Nederland'. Raadpleeg hiervoor de 'Handleiding' van deze Almanak onder 'Snelle motorboten en Waterskiën'.

Lig- en aanlegplaatsen (zie ook 'Aalsmeer'): Bij de verschillende watersportverenigingen aan de Kleine Poel ● Jachthaven Kempers B.V. bij Kudelstaart, ZO-oever van de Westeinder, havenmeester C. Tissink, tel. (02977) 2 47 90, max.diepgang 1,75 m, tarief f 1,25 per m lengte per nacht (elektra, toiletten, wastafels en douches (f 1,–))
● Jachthaven Gé Been bij Kalslagen aan de ZO-oever van de Grote Poel, tel. (02977) 2 71 80, tarief f 1,50 per m lengte per nacht (toiletten, douches (f 1,50), wastafels en elektra) ● Jachthaven De Stormvogel van W.V. De Residentie, aan de Blauwe Beugel, havenmeester J.J. Klijn, tel. (02977) 2 54 97, max.diepgang 1,50 m, tarief f 1,50 per m lengte + f 1,20 p.p. toeristenbelasting per nacht (elektra, toiletten, douche (f 1,–) en wastafels) ● Jachthaven De Blauwe Beugel aan de Blauwe Beugel, tarief f 6,– tot f 12,50 per nacht (toiletten, douches en wastafels) ● aan de losplaats in Kudelstaart in de ZO-hoek van de Grote Poel (onbeschut) ● Nautisch Centrum Leimuiden, in het W-deel van de Grote Poel, tarief f 1,50 per m lengte per nacht (elektra, toiletten, wastafels en douches (munten à f 1,– bij de havenmeester))
● Jachthaven v. Hasselt B.V. (Kleine Poel bij de Blauwe Beugel), havenmeester K. Meijdam, tel. (02977) 2 04 72, max.diepgang 1,50 m

(elektra, toiletten, douches en wastafels) ● Jachthaven R. Dragt en Zn. ✶✶ in de NO-hoek van de Westeinderplassen, Stommeerweg 72, tel. (02977) 2 44 64, tarief t/m 12 m f 1,50 per m lengte per nacht, daarboven op aanvraag (toiletten, douches (f 1,–), wastafels en elektra).
● In de kunstmatige schuilhavens, gevormd door strekdammen van stortsteen aan de NW-oever van de Grote Poel, D ca. 1,50 m. Deze terreinen, Ravesteinakker, Kleine Poelakker en Starteiland, zijn voor ieder gratis toegankelijk en enkele zijn ingericht met aanlegplaatsen en meerpalen. Op grond van een speciale politieverordening is het verboden planten te beschadigen of te verwijderen. Dit houdt tevens het verbod in om ankers in het riet te gooien of binnen 1,50 m uit het riet te ankeren.
De eilandjes in en aan de Kleine Poel zijn vrijwel alle particulier bezit of nog als tuinderij in gebruik. Hierdoor zijn de aanlegmogelijkheden beperkt.
Het is verboden om met kajuitschepen (zowel motor- als zeilschepen) langer dan twee etmalen ononderbroken ligplaats te kiezen op een en dezelfde plaats buiten de jachthavens.
Motorbrandstof: Nautisch Centrum Leimuiden, die (sl); Jachthaven Kempers B.V., sbe (sl), die (sl); Jachthaven R. Dragt en Zn., sbe (sl), die (sl).
Reparatie: Nautisch Centrum Leimuiden, E. v. d. Linden, tel. (01721) 87 70/87 71, bub/bib (alle merken), zeil/tuigage, romp/uitr (ht, s, p, a/op de wal + in het water); Jachthaven Gé Been, Herenweg 68, Kudelstaart, tel. (02977) 2 71 80, romp/uitr (ht, s, p); Hulshoff Watersport* aan de Ringvaart, Leimuiderdijk 53, Rijsenhout, tel. (02977) 2 66 44, bub (alle merken), bib (Volvo Penta, Farymann), zeil/tuigage; De Hartog en Maarssen B.V.*, Madame Curiestraat 3, Kudelstaart, bub (Evinrude en Johnson); Jachthaven Kempers B.V., Kudelstaartseweg 226, Kudelstaart, tel. (02977) 2 47 90, bib (alle merken), romp/uitr (ht, s, p, a/op de wal + in het water), zeil/tuigage, elek; Jachthaven De Blauwe Beugel, bub/bib, romp/uitr (ht, s, p); Fa. Voor de Wind, Herenweg 33, Kudelstaart, aan de Z-oever van de Grote Poel, tel. (01721) 87 01, zeil/tuigage; Jachthaven v. Hasselt B.V., Uiterweg 377, tel. (02977) 2 04 72, romp/uitr (ht, s, p/op de wal + in het water); Jachthaven R. Dragt en Zn., Stommeerweg 72, tel. (02977) 2 44 64/2 71 29, tuigage, sleephelling tot 10 ton.
Hefkranen: Jachthaven Kempers B.V., max. 1$\frac{1}{2}$ ton, tarief f 40,–; Nautisch Centrum Leimuiden, max. 3 ton, tarief f 54,–; Jachthaven Van Hasselt B.V. (Kleine Poel bij de Blauwe Beugel), tel. (02977) 2 04 72, max. 4 ton, max.diepgang 1,50 m, tarief op aanvraag.
Trailerhellingen: Nautisch Centrum Leimuiden, max. 6 ton, tarief f 15,–; Jachthaven Kempers B.V., tarief f 2,50 per keer; Jachthaven De Blauwe Beugel, max. 25 ton, tarief f 150,–, tel. (02977) 2 24 15; Jachthaven Gé Been, max. 1 ton, max.diepgang 1,50 m, tarief f 15,– per keer.
Botenliften: Nautisch Centrum Leimuiden, max. 20 ton, tarief vanaf f 175,–; Jachthaven De Stormvogel, max. 4 ton, tarief f 100,–.
Kampeerterreinen: Camping in de Haarlemmermeerpolder, gelegen aan de Ringvaart ter hoogte van het Wijde Gat nabij Rijsenhout; Jachthaven De Blauwe Beugel.
Wasserette: Jachthaven R. Dragt en Zn.
Stortplaatsen chemisch toilet: Bij Nautisch Centrum Leimuiden; bij Jachthaven Kempers B.V.; bij Jachthaven R. Dragt en Zn.

Westerschelde
Grote brede zeearm met sterke getijstromen en 4 à 5 m getijverschil. Zeer druk scheepvaartverkeer met zee- en binnenvaart en weinig havens die ook bij laagwater bruikbaar zijn.

Hier geldt het Scheepvaartreglement Westerschelde. Dit reglement is opgenomen in de Almanak deel 1.
Voor een uitgebreide beschrijving van de vaaromstandigheden op de Westerschelde, zie 'Almanak deel 1'.
Maximumsnelheid: Onbeperkt. Waterskiën is toegestaan. Deze rivier is echter vanwege zijn zeer drukke beroepsvaart niet aan te bevelen voor snelle watersport en waterskiën.
Bijzondere bepalingen: Kleine schepen moeten zijn voorzien van een goed functionerende radarreflector.
Marifoon: Binnen het werkingsgebied van VTS-SM (Vessel Traffic Services Schelde en haar Mondingen) is de recreatievaart uitgerust met marifoon verplicht bereikbaar te zijn op de daartoe aangewezen Verkeerskanalen VHF-kan. 14 vanaf de Scheldemond tot Libo 35 of VHF-kan. 12 vanaf Libo 35 tot Wintham (België). Voor de recreatievaart (uitgerust met marifoon) geldt in principe géén meldplicht. Het is toegestaan het betreffende Verkeerskanaal kortstondig te verlaten voor bijv. een korte melding aan de betrokken sluis, havendienst of radarcentrale (Blokkanalen VHF-kan. 14 Vlissingen; VHF-kan. 3 Terneuzen; VHF-kan. 65 Hansweert).
Zie voor gedetailleerde informatie de 'Hydrografische Kaart voor Kust- en Binnenwateren, nr. 1801 en 1803'. Zie verder onder de betreffende plaatsnamen.
Douane: Nederlandse douanekantoren in Vlissingen, Breskens en Hansweert.
Voor douaneformaliteiten zie in de Handleiding van deze Almanak onder 'Douaneformaliteiten'.
Beschrijvingen: Zie in deze Almanak onder 'Breskens', 'Hansweert', 'Terneuzen', 'Vlissingen' en 'Walsoorden'.

Westervoort
Aan de Gelderse IJssel Ro, tegenover Arnhem.
Bruggen: Gecombineerde vaste spoor- en verkeersbrug, kmr 880,9, bij NR H 11,06 m (NAP + 20,08 m), in het midden 0,07 m hoger.
Ligplaats: Jachthaven Het Hazenpad in het grindgat, direct stroomafwaarts van de brug bij Velp, kmr 883 Ro, D 5 m bij MR, havenmeester J. Lourens, tel. (08303) 1 23 36, tarief f 1,50 per m lengte per nacht (elektra, toiletten, wastafels en douches (f 1,–)).
Trailerhelling: Jachthaven Het Hazenpad, max. 20 ton, tarief f 50,–.

Westerwoldse Aa
De Westerwoldse Aa bestaat uit twee gedeelten:
Van Nieuwe Statenzijl (zie aldaar) aan de Dollard langs Nieuweschans tot de monding van de Pekel Aa, lengte 12 km.
Dit riviervak is onderdeel van de scheepvaartweg Dollard-Groningen.
Maximumsnelheid: 6 km/h.
Kanaalpeil: Van mei t/m sept. (zomerpeil) gelijk aan NAP + 0,25 m; winterpeil gelijk aan NAP. De hoogten van de bruggen zijn aangegeven t.o.v. het zomerpeil.
Sluis: Voor de sluis naar de Dollard, zie 'Nieuwe Statenzijl'.
Bruggen en afstanden:
– 5,7 km. Lage beweegbare spoorbrug bij Nieuweschans.
– 6 km. Lage prov. draaibrug in Nieuweschans.
– Gemeentelijke fietsbrug in Nieuweschans (bb), H 2,50 m.
Bediening van deze drie bruggen: (gratis)

(1 mei-1 okt.)	ma. t/m zat.	9-12, 14-17 h
	zo. en fd.	gesloten
(1 okt.-1 mei)	ma. t/m zat.	8-12, 13-17 h, op verzoek*
	zo. en fd.	gesloten

* Bediening 24 h tevoren aanvragen bij de Provinciale Dienst Beheer Wegen en Kanalen, tel. (05970) 1 20 72, b.g.g. (05960) 1 32 93 (Zeesluis Farmsum). Bediening op zat. reeds op vr. vóór 16 h aanvragen. Geen bediening gedurende 20 min voorafgaand aan het vertrek van een trein vanaf NS-station Nieuweschans.

De bruggen worden door één brugwachter bediend. Voor bediening de brugwachter thuis waarschuwen, informatie is aangegeven bij de ligplaatsen voor de bruggen.

– 6,7 km. Dubbele basculebrug, H 4 m, in de rijksweg. Bediening:

ma. t/m zat.		8-12, 13-17 h, op verzoek*
zo. en fd.	gesloten	

* Bediening 24 h tevoren aanvragen bij Rijkswaterstaat, Steunpunt Kolham, tel. (05980) 9 62 99.
– 11 km. Lage ophaalbrug in Klein-Ulsda. Bediening:

(1 mei-1 okt.)	dagelijks	9-12, 14-17 h
(1 okt.-1 mei)	ma. t/m vr.	8-12, 13-17 h, op verzoek*
	zat., zo. en fd.	gesloten

* Bediening 24 h tevoren aanvragen bij de Provinciale Dienst Beheer Wegen en Kanalen, tel. (05970) 1 20 72.

Bij de brugwachter van Klein-Ulsda is een sleutel tegen een waarborgsom van f 40,– verkrijgbaar en weer in te leveren ten behoeve van de zelfbedieningsbruggen en sluizen in het Veendiep, het B.L.-Tijdenskanaal en het Ruiten Aa-kanaal t/m de Bourtangersluis.

– 12 km. Splitsing van vaarwegen: rechtuit het Bultsterverlaat, richting Winschoten en Groningen (zie 'Pekel Aa'); aan bakboord onder de vaste brug door verbinding met het tweede gedeelte van de Westerwoldse Aa.

Het gedeelte bovenstrooms vanaf de monding van de Pekel Aa leidt naar Wedde, lengte 11 km.

Vaste bruggen, H 2,50 m, behalve de brug bij Wedderveer, H 2,40 m. D 2 m, voorbij Wedde verminderend tot 0,80 m bij de stuw. Het gedeelte van de rivier tot Wedderveer ligt in een nieuw gegraven bedding tussen hoge rechte dijken. Van Wedderveer tot Wedde, lengte 2 km, stroomt de rivier langs het fraai begroeide recreatieoord Wedderbergen. De vaarweg eindigt bij de vaste brug bij Wedde (hierna alleen nog mogelijkheden voor kano's).

Lig- en aanlegplaatsen: In Nieuweschans; Jachthaven Wedderveer (zie 'Wedderveer').
Kampeerterreinen: Camping Wedderbergen*, even ten N van Wedde (zie 'Wedderveer'); Eurocamping in Bellingwolde; Camping Holland Poort in Nieuweschans.

Westerwijtwerdermaar

Van Dijkshorn aan het Damsterdiep naar Middelstum aan het Boterdiep, lengte 9,7 km.
Maximumsnelheid: 6 km/h.
Sluis: Oosterdijkshornerverlaat nabij het Damsterdiep. Hefhoogte deuren 3 m.
Bruggen: Acht vaste bruggen, waarvan de laagste H 2,20 m bij KP (het water staat 's zomers vaak 0,20 m hoger dan KP) en twee beweegbare bruggen.

Brug- en sluisbediening:
Van 1 mei tot 1 okt. dagelijks:

Boerdam	10.00 ▲	11.00	12.00 ▲	13.15 ▲	16.00	16.00 h
Westerwijdwerd	10.20	10.40	12.20	12.55	15.40	16.20 h
Oosterdijkshorn	▼ 14.00	09.00 ▼	14.00	11.15	14.00 ▼	18.00 h

Van 1 okt. tot 1 mei van ma. t/m vr. 8-12, 13-17 h*
* Bediening 24 h tevoren aanvragen bij Waterschap Hunsingo in Onderdendam, tel. (05900) 4 89 11.
Diepte: Westerwijtwerdermaar en Stedumermaar, D 1,40 m.
Ligplaats: In de Stedumerhaven aan het Stedumermaar, zijvaart van het Westerwijtwerdermaar naar Stedum, geen bruggen, max.verblijfsduur 2 dagen, gratis.

West Graftdijk
29 km van Amsterdam; 11 km van Alkmaar.
Maximumsnelheid: Op het Noordhollandskanaal zie aldaar; op de Schermerringvaart 6 km/h.
Bruggen: Voor de bediening van de Kogerpolderbrug (bb), H ca. 4,15 m, over het Noordhollandskanaal 1 km ten W van het dorp, zie onder 'Noordhollandskanaal'. Vanaf het Noordhollandskanaal is West Graftdijk te bereiken via een rolbrug (bb) in de O-Kanaaldijk, H 0,60 m, die op zondag niet wordt bediend. Geen bruggeld.
De Vuile Graft en de Schermerringvaart zijn rechtstreeks vanaf het Noordhollandskanaal te bereiken. Over de Vuile Graft ligt een vaste verkeersbrug, H 2,80 m bij normale waterstand van NAP – 0,30 m.
Sluis: Schutsluisje naar de Eilandspolder, zie aldaar.
Reparatie: PGH-Scheepswerf Voorwaarts, tel. (02981) 12 05, romp/uitr (s, a), scheepshelling tot 200 ton.

Westland
Gebied en waterwegen tussen 's-Gravenhage, Delft, Vlaardingen en 's-Gravenzande. Het O-deel is weidegebied, in het W-deel is veel glascultuur.
Toegangswegen en doorvaartroutes:
– De meest gebruikte vaarweg leidt van Delft naar Vlaardingen (15 km) via de Buitenwatersloot, Gaag en de Vlaardingervaart. De laagste vaste brug is H 1,80 m. Er is een lage ophaalbrug in Schipluiden (voor bediening zie aldaar) en men moet schutten in de sluis in Vlaardingen (zie aldaar). Via deze route is Maassluis (zie aldaar – de sluis is afgedamd) bereikbaar, evenals de Foppenplas en het Bommeer (zie aldaar);
– Van de W-zijde van Schipluiden af leiden er verbindingen naar De Lier, Honselersdijk, Naaldwijk, Kwintsheul en verder naar Poeldijk en 's-Gravenzande. Over deze vaarwegen liggen vaste bruggen, laagste brug H 1,50 m. Diepte 1 m.
– Foppenplas, eind 1992 in gebruik genomen plasje in het Westland, ten oosten van Maasland, bij het Boommeer, zie verder onder 'Foppenplas'.
Waterstand: De aangegeven hoogten van de bruggen gelden bij een normale waterstand, zijnde Delflands boezempeil. Er kunnen peilvariaties optreden van ca. 0,15 m.
Motorvaart: Voor het varen en liggen met een motorboot is voor het Westland een vergunning vereist van het Hoogheemraadschap van Delfland, Phoenixstraat 32, 2611 AL Delft, tel. (015) 60 83 04. Kosten vaarvergunningen: f 21,– per jaar, f 10,50 per 6 weken of een gratis dagvergunning. Wijzigingen aangaande vergunninghouder en/of motor dienen te worden gemeld.

De maximumsnelheid wordt in de vergunning per vaarwater vermeld en is 4 km/h of 6 km/h.
Lig- en aanlegplaatsen: Langs de Boonervliet ● in het Bommeer (zie aldaar) ● in de Foppenplas langs de Breë of Lichtvoetswatering ● aan de Lange Watering(kade) bij Kwintsheul, gratis ● Jachthaven De Malle Heul van W.V. Westland in De Lier aan de Lierwatering/kruising Verlengde Strijp, havenmeester D. Timmers, tel. (01745) 1 77 02, max.diepgang 1,10 m, max.verblijfsduur 3 dagen, gratis voor KNWV-leden (elektra en toiletten) ● Jachthaven Schipluiden (nabij de Korpershoeksemolen) ● Watersportcentrum Vlietland bij W.V. Vlietland, aan de Zuidvliet bij Maassluis, ten Z van het viaduct Rijksweg A20, havenmeester J. v. Dijk, tel. (01899) 1 50 45, diepgang haven 1-1,50 m, tarief f 4,– per nacht (toilet) ● in Vlaardingen (zie aldaar).
Reparatie: Scheepswerf M. van Waveren, Gantellaan 39, Monster, tel. (01749) 1 25 15, max.doorvaarthoogte 1,60 m, aanlegsteiger aanwezig, bib, romp/uitr (s, a/op de wal + in het water), scheepshelling tot 20 ton.
Hefkranen: Watersportcentrum Vlietland, Zuidvliet 117, Maassluis, max. 3 ton.
Trailerhelling: Jachthaven De Malle Heul in De Lier, max. 1$^1/_2$ ton, gratis.

Westzaan
3 km van Nauerna; 4 km van Krommenie.
Brug: Over de Nauernase Vaart: zie aldaar.
Westzijderveld:
– Max.diepgang 0,80 m.
– Maximumsnelheid 6 km/h.
– De Westzanersluis en bb geeft vanaf de Nauernase Vaart toegang tot het Westzijderveld. Bediening:

vr., zat. en zo.	8.30-10, 17-19 h
overige dagen	op verzoek, tel. (075) 28 27 05

Sluisgeld f 2,70, bruggeld f 1,50.
– Brug over de Weelsloot wordt na overleg bediend, behalve op zat. en zo. tussen 11-17 h. Brugwachter, tel. (075) 28 13 50.
– De Westzaner Overtoomsluis geeft vanaf Zijkanaal E (Noordzeekanaal) toegang tot het Westzijderveld. Bediening: (sluisgeld f 2,50)

ma. t/m vr.	8-17 h*
zat., zo. en fd.	gesloten

* Bediening zo mogelijk een dag tevoren aanvragen, tel. (075) 28 41 17/(02510) 2 73 20/(075) 28 10 73/(072) 40 22 44.
– De Mallegatsluis en bb geeft vanaf de Zaan toegang via de bebouwing van Zaandam tot het Westrijderveld (sluisgeld f 2,50). Bediening zie Westzaner Overtoomsluis.

Wetering (gem. IJsselham te Oldemarkt)
De W-oever van de Wetering grenst in het N aan het Nationaal Park De Weerribben. Via de Heuvengracht vaart men het Nationale Park binnen. Nabij Ossenzijl aan het einde van de Kalenbergergracht verlaat men het Nationaal Park. Voor verdere informatie over deze route, zie onder 'Ossenzijl'.

Vaarwegbeheerder: Provincie Overijssel, Hoofdgroep Milieu en Waterstaat, district West-Overijssel, Tukseweg 158, 8334 RW Tuk (gem. Steenwijk), tel. (05210) 1 24 66.
Maximumsnelheid: Op de Riete en de Wetering 6 km/h.
Max. toegestane diepgang: Gedeelte Giethoornsemeer-Steenwijkerdiep 1,60 m en gedeelte Steenwijkerdiep-Heuvengracht 1,40 m.

Bruggen:
– Vaste brug, H 5,50 m, over de Wetering in de weg Steenwijk – Blokzijl, nabij Muggenbeet. Bij de brug zijn aanlegplaatsen voor het strijken en zetten van de mast.
– Scherebrug, ophaalbrug H 1,60 m, over de Wetering bij Scheerwolde.
Bediening (gratis), vanaf voorjaar 1995 wordt de brug buiten het hoogseizoen (vakantieperiode) automatisch bediend:

(16 april-16 okt.)	ma. t/m zat.	8-12, 13-19 h
	zo. en fd.	9-12, 13-19 h
(1 dec.-1 mrt.)	ma. t/m vr.	8-18 h, op verzoek*
	zat.	8-12, 13-17 h, op verzoek*
	zo. en fd.	gesloten
(1 mrt.-16 april en 16 okt.-1 dec.)**	ma. t/m vr.	8-12, 13-18 h
	zat.	8-12, 13-17 h
	zo. en fd.	gesloten

* Bediening tijdens kantooruren aanvragen bij de Prov. Overijssel, tel. (05210) 1 24 66.
** Bediening in de herfstvakantie als van 16 april-16 okt.

Lig- en aanlegplaatsen:
– De Riete: ● Bij het verlaten van het Giethoornse Meer ligplaatsen aan de O-oever ● ten Z van de vaste brug aan de W-oever (tuigkade); verboden is te leggen aan de losplaats ten Z van de vaste brug langs de O-oever.
– Wetering: ● Direct ten N van de vaste brug aan de W-oever ● aan het N-einde van de vaart aan de W-oever ● aan het N-einde van de vaart aan de O-oever een insteekhaventje van Staatsbosbeheer.
– Steenwijkerdiep: ● Aanleggen is toegestaan op vier daartoe aangewezen plaatsen.

Weurt

Aan de Waal, kmr 887 Lo; 3 km van Nijmegen; zie ook 'Maas-Waalkanaal'.
Sluizen en bruggen: In de toegang tot het Maas-Waalkanaal is een dubbele schutsluis, nl. de nieuwe sluis (W-sluis) met hefdeuren met een vaste brug en de oude sluis (O-sluis) met roldeuren en een hefbrug. De brughoogten in gesloten stand zijn aan weerszijden van de sluis afleesbaar op omgekeerde peilschalen. Zie voor bediening en doorvaarthoogten onder 'Maas-Waalkanaal'.
Marifoon: Verkeerspost, kan. 68.
Lig- en aanlegplaatsen: In de Industriehaven, ten ZO van de sluis na overleg met de portier, gedurende het weekend rustig; voor boodschappen ten ZW of NW van de sluis; t.o. de sluis aan de Ro van de Waal in een grindgat.
De Plas, het grindgat ten W van de monding van het Maas-Waalkanaal, is niet meer bereikbaar.
Motorbrandstof en drinkwater: Oliehandel Keizer Karel B.V., speciale pomp voor jachten op de bunkersteiger aan de Z-zijde van de sluis, die (sl); Oliehandel Nefkens in het Maas-Waalkanaal.

Wieringermeerpolder

Algemeen: Deze polder in de kop van Noord-Holland wordt doorsneden door een aantal kanalen die hier zijn aangegeven. De kanalen zijn recht maar niettemin aantrekkelijk door boomsingels en het uitzicht over het bouwland. De Den Oeverse Vaart doorsnijdt in het N het Robbenoordbos (zie bij 'Ligplaatsen').

Maximumsnelheid: Op het Groetkanaal, de Hoge Kwelvaart, de Robbevaart, een gedeelte van de Hoekvaart (vanaf de Robbevaart tot de Medemblikkervaart), de Medemblikkervaart en de Wieringerwerfvaart 6 km/h; overige wateren 9 km/h. Voor het gedeelte van de Oosterterptocht vanaf de vaste brug in de Terpweg tot de Robbevaart geldt géén snelheidsbeperking. Voor het Amstelmeer, zie aldaar.
Sluis- en bruggeld: Sluisgeld f 3,25 per vaartuig, te betalen op het moment waarop, komend van buiten de Wieringermeerpolder, de Stontelersluis, de Haukessluis, de Westfriese sluis of de Overlekersluis wordt binnengevaren. Bruggeld f 1,35 voor elke doorvaart.
Westfriese Vaart van Medemblik langs Middenmeer naar Kolhorn (16 km), D 2,10 m:
– Westerhavensluis en -brug (bb) in Medemblik. Bediening:

ma. t/m vr.	(1 april-16 okt.)	8-12, 13-18 h
	(16 okt.-1 april)	9-12, 13-17 h, op verzoek*
zat.	(1 april-16 okt.)	8-12, 13-18 h, op verzoek*
	(16 okt.-1 dec. en 1 mrt.-1 april)	9-11, 15-17 h, op verzoek*
	(1 dec.-1 mrt.)	9-11 h, op verzoek*
zo. en fd.	(1 april-16 okt.)	8-10.30, 16-18 h
	(16 okt.-1 dec. en 1 mrt.-1 april)	9-10, 17-17.30 h, op verzoek*
	(1 dec.-1 mrt.)	gesloten

* Bediening 1 uur tevoren aanvragen bij het Havenkantoor Medemblik, tel. (02274) 16 86 (24 h) of marifoonkan. 9.
– Overlekersluis, 1 km van de Westerhavensluis. Bediening:

ma. t/m vr.	(16 april-16 okt.)	8.30-12, 13-17.30 h
	(16 okt.-16 april)	9-17 h, op verzoek*
zat.	(16 april-16 okt.)	8.30-12, 13-17.30 h
	(16 okt.-16 april)	gesloten
zo. en fd.	(1 juni-16 sept.)	8.30-10.30, 17-19 h
	(16 sept.-1 juni)	gesloten

* Bediening 24 h tevoren aanvragen via tel. (06) 52 83 71 40.
– Hoornse brug (vaste brug), H 5,64 m.
– Alkmaarse brug (ophaalbrug), H 2,53 m. Bediening vindt plaats d.m.v. oproepen via een drukbel:

ma. t/m vr.	(16 april-16 okt.)	9-13, 13.30-17.30 h
	(16 okt.-16 april)	9-17 h, op verzoek*
zat.	(1 juni-16 sept.)	9-13, 13.30-17 h
zo. en fd.**	(1 juni-16 sept.)	9-11, 16-18 h
zat., zo. en fd.**	(16 sept.-1 juni)	gesloten

* Bediening aanvragen op de voorafgaande werkdag vóór 17 h, tel. (02260) 12 78.
** Incl. Koninginnedag en 5 mei (Bevrijdingsdag).
– Westfriese sluis bij Kolhorn. Bediening:

ma. t/m vr.	(16 april-16 okt.)	9-13, 13.30-17.30 h
	(16 okt.-16 april)	9-17 h, op verzoek*
zat.	(16 april-16 okt.)	9-13, 13.30-17.30 h
	(16 okt.-16 april)	gesloten
zo. en fd	(1 juni-16 sept.)	9-11, 16-18 h
	(16 sept.-1 juni)	gesloten

* Bediening daags tevoren vóór 17 h aanvragen via tel. (06) 52 83 71 40.

Slootvaart van Middenmeer langs Slootdorp naar Haukessluis in de verbinding met het Amstelmeer (9 km), D 1,50-1,70 m:
– Schagerbrug (ophaalbrug), H 2,64 m. Bediening vindt plaats d.m.v. oproepen via een drukbel:

ma. t/m vr.	(16 april-16 okt.)	9-13, 13.30-17.30 h
	(16 okt.-16 april)	9-17 h, op verzoek*
zat.	(1 juni-16 sept.)	9-13, 13.30-17 h
	(16 sept.-1 juni)	gesloten
zo. en fd.**	(1 juni-16 sept.)	9-11, 16-18 h
	(16 sept.-1 juni)	gesloten

* Bediening aanvragen op de voorafgaande werkdag vóór 17 h, tel. (02260) 12 78.
** Incl. Koninginnedag en 5 mei (Bevrijdingsdag).
– Slootsluis met beweegbare brug, H 2,50 m, bediening:

ma. t/m vr.	(16 april-16 okt.)	9-13, 13.30-17.30 h
	(16 okt.-16 april)	9-17 h, op verzoek*
zat.	(16 april-16 okt.)	9-11, 15-17 h
	(16 okt.-16 april)	gesloten
zo. en fd.	(1 juni-16 sept.)	9-10, 16-17 h
	(16 sept.-1 juni)	gesloten

* Bediening 24 h tevoren aanvragen via tel. (02272) 23 44.
– Haukessluis met vaste brug, H 5,60 m, bediening:

ma. t/m vr.	(16 april-16 okt.)	10-11, 14.30-15.30 h
	(16 okt.-16 april)	10-11, 14.30-15.30 h, op verzoek*
zat.	(16 april-16 okt.)	10-11, 14.30-15.30 h
	(16 okt.-16 april)	gesloten
zo. en fd.	(1 juni-16 sept.)	10-11, 14.30-15.30 h
	(16 sept.-1 juni)	gesloten

* Bediening 24 h tevoren aanvragen via tel. (06) 52 83 71 40.

Den Oeverse Vaart van Slootdorp naar Den Oever met vaste bruggen, H 3,95 m (10 km), D 1,50 m:
– Stontelersluis met vaste brug, H 3,95 m, bij Den Oever, bediening:

ma. t/m vr.	(16 april-16 okt.)	8.30-9.30, 16-17 h
	(16 okt.-16 april)	8.30-9.30, 16-17 h, op verzoek*
zat.	(16 april-16 okt.)	8.30-9.30, 16-17 h
	(16 okt.-16 april)	gesloten
zo. en fd.	(gehele jaar)	gesloten

* Bediening 24 h tevoren aanvragen via tel. (06) 52 83 71 40.

Wieringerwerfvaart van Middenmeer in de richting van Wieringerwerf (loopt halverwege dood):
– Middenmeerbrug, H 2,60 m. Bediening: (gratis)

ma. t/m vr.	9-13, 13.30-17.30 h
zat., zo. en fd.**	gesloten

* Bediening aanvragen op voorafgaande werkdag vóór 17 h via tel. (02272) 23 44 (b.g.g. (02272) 40 15).
** Incl. Koninginnedag.

Medemblikkervaart van de Westfriese Vaart bij Medemblik in N-richting: De vaart is niet meer toegankelijk (afgesloten bij de Medemblikkersluis).
Ligplaatsen: Aan de O-zijde van de Den Oeverse Vaart, 1,5 km ten Z van het Gemaal Leemans in het Robbenoordbos, max.verblijfsduur 2 x 24 h ● aanlegsteiger in de Wieringerwerfvaart nabij de Middenmeerbrug, tarief f 4,50 per dag of deel daarvan, doch eerste 3 h gratis ● aanlegsteiger aan de Z-zijde van het toeleidingskanaal naar Gemaal Lely, nabij Medemblik, max.verblijfsduur 2 x 24 h.
Drinkwater: Zie onder 'Oever, Den' en 'Medemblik'.
Kampeergelegenheid: Camping in Robbenoordbos ten O van Gemaal Leemans.

Wilhelminakanaal

De Nieuwe Amertak en het Wilhelminakanaal vormen de vaarweg van de Amer langs Geertruidenberg, Oosterhout, Tilburg en Oirschot naar de Zuidwillemsvaart. Totaal 73 km lang. Er zijn een paar hoogspanningsleidingen, waarvan de laagste met een doorvaarthoogte tot 27 m.
De scheepvaart is matig druk. Men wordt doorgaans vlot door de elektrisch bediende sluizen geschut.
Het landschap is zeer fraai, vooral in de omgeving van Oirschot. Ook de oevers van het kanaal zijn mooi begroeid.
Vaarwegbeheerder: Rijkswaterstaat Directie Noord-Brabant, Postbus 90157, 5200 MJ 's-Hertogenbosch, tel. (073) 81 73 41.
Kaartje: Is bij deze beschrijving opgenomen. (Op het kaartje zijn de brughoogten en diepten opgegeven in meters.)
Maximumsnelheid: 10,8 km/h.
Maximum toegestane afmetingen: Van sluis 1 tot sluis 2 diepgang 2,70 m, breedte 9,50 m; overigens diepgang 1,90 m, breedte 7,20 m en hoogte 5 m.
Marifoon: Sluis nr. 1, kan. 18.
Bruggen en sluizen: Vijf sluizen, waarvan die bij Lieshout gewoonlijk openstaat.
Vaste bruggen, laagste brug H 5,30 m. De draaibruggen (bb) zijn ca. 1 m hoog.
Bediening: (gratis)

ma. t/m vr.	(gehele jaar)	6-22 h
zat.	(1 juli-1 sept.)	6-18 h
	(1 sept.-1 juli)	6-14 h
zo. en fd.	(gehele jaar)	gesloten

De brug in Son wordt niet bediend van ma. t/m vr. tussen 7.30-8.45 h en 17-18.15 h, de overige bruggen hebben spitsuursluitingen van max. 30 min.
Lig- en aanlegplaatsen:
– Op tien plaatsen is het kanaal verbreed tot zwaaikommen maar de meeste zijn te ondiep om te meren.
Goede meerplaatsen vindt men in de kom van Oirschot (zie aldaar) en in Hilvarenbeek (zie aldaar).
– Zie verder onder 'Oosterhout', 'Tilburg', 'Hilvarenbeek', 'Oirschot', 'Son', 'Lieshout'.

Willemsdorp

Aan de Dordtse Kil, kmr 987,7 Ro.
Waterstanden: Bij gemiddelde rivierafvoer varieert de waterstand dagelijks van NAP + 0,66 m tot NAP + 0,46 m. Zie tevens onder 'Haringvliet'.
Haven: De ingang van de Kilhaven ligt aan de noordzijde van het

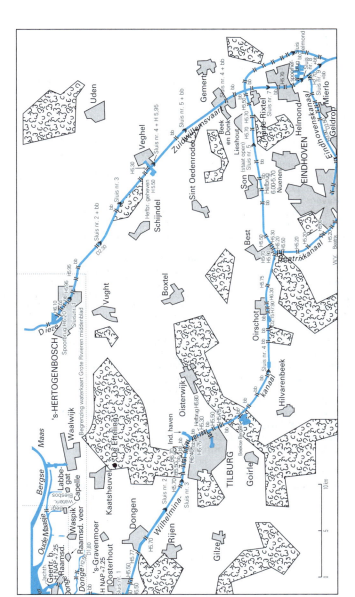

Wilhelminakanaal

Hollandsdiep, ongeveer 200 m ten westen van de Moerdijkverkeersbrug, max.diepgang ± 1,90 m.
Ligplaatsen: Achter in de Kilhaven, aan de steigers van W.S.V. De Kil, havenmeester R. Mackay tel. (078) 51 18 03, tarief f 1,– per m lengte per nacht (elektra), drinkwater, gasten kunnen gebruik maken van de sanitaire voorzieningen van het recreatiecentrum ● aan de O-zijde van de Kilhaven aan de steigers van Jachthaven Bruggehof, havenmeester R. Mouthaan, tel. (078) 18 32 41, geopend van 1 april-15 okt., max.diepgang ca. 1,80 m, tarief f 1,50 per m lengte per nacht, overdag

f 2,50 per persoon (elektra, toiletten, wastafels en douches (f 1,–)).
Trailerhelling: Jachthaven Bruggehof, Rijksstraatweg 186, Dordrecht, tarief f 4,50 per keer.
Kampeerterrein: Recreatiecentrum/Jachthaven Bruggehof*.
Wasserette en stortplaats chemisch toilet: Bij Jachthaven Bruggehof.

Willemstad

Aan het Hollandsdiep; 30 km van Dordrecht.
Kaartje: Is bij de beschrijving opgenomen.
Waterstand: Bij gemiddelde rivierafvoer varieert de waterstand dagelijks van NAP + 0,67 m tot NAP + 0,45 m. Zie tevens onder 'Haringvliet'.
Gemeentelijke havenmeesters: Havenkantoor, tel. (01687) 25 76, b.g.g. P. Joosten, tel. (01687) 32 62 (privé), J. Kuttschreutter, tel. (01687) 34 27 (privé).
Havens en ligplaatsen:
– Gemeentehaven (Voorhaven, Jachthaven en Binnenhaven): de havenmond is ca. 7 m diep maar neemt ongeveer dwars van de kop van de Z-havendam af tot 3,50 m en ongeveer 20 m binnen de kop tot 2,50 m onder NAP.
Op de kop van het N-havenhoofd is het groene vaste licht tijdelijk vervangen door een gasboei met een groen snel knipperlicht. Bij het binnenvaren en in de Voorhaven moet men de havenas aanhouden.
Bij aankomst direct melden bij het drijvend havenkantoor dat vooraan ligt afgemeerd. De gemeentelijke havenmeester wijst de ligplaatsen aan voor passanten. Toiletten, douches, wastafels en elektra aan de Binnenhaven en aan de Jachthaven.
De diepte in de Binnenhaven bedraagt ca. NAP – 2,25 m. Zachte bodem. De diepte in de Jachthaven bedraagt NAP – 3 m. De ingang is vanuit de Voorhaven bakboord uit. Thuishaven van de W.V. Willemstad en de W.V. Op Vier Streken. Bij de uitgang van de steiger naar het stadje ligt een sanitair ponton (toiletten, douches, wastafels en elektra).
– Werkhaven van Rijkswaterstaat, ca. 500 m ten W van de Gemeentehaven. Behoudens in noodgevallen verboden voor jachten. Kantonnier, tel. (01687) 32 59/26 71.
Havengeld: Passantentarief f 0,60 per m^2 per dag (voor charterschepen in de Voorhaven bij de voormalige veerstoep (1) f 1,19 per m lengte per dag).
Toeristenbelasting: f 0,65 p.p. per dag.
Motorbrandstof: Bunkerservice B.V., tel. (01687) 31 07, die (sl), be (sl), sbe (sl) (aan de jachthaven); Fa. Saarloos, Voorstraat 30-34, be, sbe, die.
Reparatie: C. M. Saarloos*, Voorstraat 30-34, tel. (01687) 23 73, bib; J.C.M. Wierckx, Benedenkade 5, tel. (01687) 28 55, bub; Jachtservice Grubo, tel. (06) 52 73 22 34, bib/bub.
Trailerhelling: Aan de Gemeentehaven bij het vuurtorentje (gratis), alleen bij hoogwater goed bruikbaar.
Stortplaats chemisch toilet: Tagrijn, Benedenkade.

Wilnis

3 km van Mijdrecht; 4 km van Vinkeveen; 4 km van de Oudhuizersluis (in de Heinoomsvaart).
Bruggen: Over de Ringvaart van Groot Mijdrecht liggen twee vaste bruggen, H 2,40 m, een vaste voetbrug, H 2,50 m en een ophaalbrug, H 0,70 m (Burg. de Voogtbrug). Bediening ophaalbrug (gratis):

(16 april-1 juni en 1 sept.-16 okt.)	dagelijks	9-12.30, 13.30-19 h
(1 juni-1 sept.)	dagelijks	9-12.30, 13.30-20 h
(16 okt.-16 april)	ma. t/m vr.	9-16.30 h, op verzoek*
	zat., zo. en fd.	gesloten

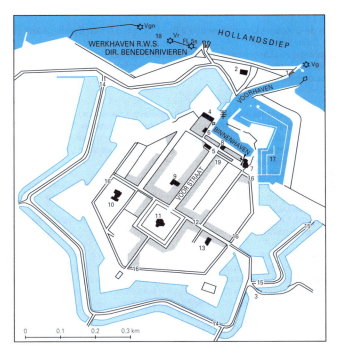

Willemstad

1. Voormalige veerstoep en meerplaats voor charterschepen
2. Massagraf Belgische militairen
3. Bushalte
4. Voormalig arsenaal
5. Voormalig gemeentehuis
6. Hotel Wapen van Willemstad
7. d'Orange Molen
8. Hotel Bellevue
9. Ger. kerk
10. Mauritshuis, tevens Raadhuis
11. N.H. kerk
12. Landpoortstraat
13. RK kerk
14. Grote Singel
15. Kleine Singel
16. Wandelpad langs de wallen
17. Gemeentelijke jachthaven, thuishaven W.V. Willemstad, D NAP – 3 m
18. Werkhaven van Rijkswaterstaat, verboden voor jachten, D NAP – 5 m
19. VVV kantoor

* Bediening tijdens kantooruren aanvragen bij Gemeente Wilnis, tel. (02979) 9 16 16.
Zie voor de hefbrug over de Heinoomsvaart onder 'Heinoomsvaart'.
Lig- en aanlegplaatsen: Jachthaven van J. J. van Beek, aan de Ringvaart, uitsluitend tijdens het seizoen, geen speciale passantensteiger, beperkte capaciteit, tarief f 10,– per nacht (toilet) ● ten O van Wilnis aan de N-oever van de Ringvaart ● Recreatieterrein Heinoomsvaart, max. verblijfsduur 3 x 24 h (toiletten).
Reparatie: J. J. van Beek, Herenweg 106, tel. (02979) 8 30 27, romp/uitr (ht, s); Berkelaar Scheepsmotoren, Herenweg 26a, tel. (02979) 8 60 00, bib (alle merken).
Hefkraan: J. J. van Beek, max. 10 ton.
Trailerhelling: Recreatieterrein Heinoomsvaart, voor kleine zeilboten, roei- en motorboten.

Wilsum
Aan de Gelderse IJssel, kmr 990,0 Ro; 11 km ten N van Zwolle; 4 km ten Z van Kampen.
Ligplaats: Passantenhaventje van het Recreatieschap West-Overijssel, tarief f 1,– per m lengte per nacht, max.verblijfsduur 2 x 24 h.
Max.diepgang 1,50 m.

Winkel
Aantrekkelijk, smal vaarwater tussen de Waver (zie aldaar) en de Proostdijerschutsluis naar de Vinkeveense Plassen. Veel luwten. Ten O van de Proostdijerschutsluis is de Winkel uitsluitend bevaarbaar voor kano's.
Vaarwegbeheerder: Hoogheemraadschap Amstel en Vecht, Postbus 97, 1190 AB Ouderkerk a. d. Amstel, tel. (02963) 31 53.
Maximumsnelheid: 6 km/h.
Bruggen: In de richting van de sluis: Botsholse brug en Nellesteinse brug (gem. ophaalbruggen) en daartussen een lage particuliere draaibrug (staat altijd open).
Bruggeld: f 4,– totaal voor deze bruggen, te betalen bij de Nellesteinse brug. Bediening:

(16 april-1 juni en 1 sept.-15 okt.)	dagelijks	9-12.30, 13.30-19 h
(1 juni-1 sept.)	dagelijks	9-12.30, 13.30-20 h
(16 okt.-15 april)	ma. t/m vr.	9-16.30 h, op verzoek*
	zat.**, zo. en fd.	gesloten

* Bediening 24 h tevoren aanvragen tijdens kantooruren (vóór 17 h) bij de Gemeente Abcoude, tel. (02946) 12 50.
** Op zat. van 16 okt.-16 nov. en 4 zaterdagen vóór aanvang van het voorseizoen bediening van 8.30-16.30 h op verzoek, 24 h tevoren aanvragen tijdens kantooruren (vóór 17 h).
Aanlegplaatsen: Aan de Z-oever bij de Nellesteinse brug; aan de N-oever t.h.v. gemaal Holendrecht: aan de N-oever nabij de Proostdijersluis.

Winschoten
35,4 km van Groningen (Oostersluis); 16 km van Nieuw Statenzijl; zie ook 'Winschoterdiep'.
– Gemeentelijke havenmeester: J. Puister, Grindweg 86, tel. (05970) 1 25 64.
Haven: Bij de spoorbrug mondt het Winschoterdiep uit in een overgebleven deel van het vroegere riviertje de Rensel, met een lengte van ca. 2 km, dat het Winschoterdiep met de haven verbindt. De haven bereikt men door de Nieuwe Renselbrug (voor bediening zie onder 'Winschoterdiep') en door de Industriebrug over het achterste gedeelte van de haven. Max.diepgang 3,50 m. Brugbediening via marifoonkanaal 22.
Bediening Industriebrug:

ma. t/m vr.	6-12, 13-19 h
zat.	op verzoek*
zo. en fd.	gesloten

* Bediening 24 h tevoren aangevragen bij de Gemeente Winschoten, afd. Gemeentewerken, tel. (05970) 2 50 00, tst. 383.
Havengeld: f 5,50 per week.
Ligplaats: Aan de Renselkade of aan de kaden in de haven achter en vóór de Industriebrug; behoudens aan de kademuren mag men niet aanleggen in de Rensel en in het Winschoterdiep.
Drinkwater: Aan de havenkade voorin de haven, tarief f 2,– per m^3.

Verbinding met de Pekel Aa: Van het Winschoterdiep kan men via de Rensel de Pekel Aa bereiken. Maximumsnelheid 6 km/h. In deze verbinding liggen de volgende bruggen en sluis:
- Spoorbrug, H ca. 0,50 m, over de Rensel. Bediening: (gratis)

(1 mei-1 okt.)	dagelijks	9-12, 14-17.30 h
(1 okt.-1 mei)	ma. t/m vr.	8-12, 13-17 h, op verzoek*
	zat., zo. en fd.	gesloten

* Bediening 24 h tevoren aanvragen bij Ned. Spoorwegen, Rayon Groningen, tel. (050) 68 13 39.

De spoorbrug en de klapbrug over de sluis worden van 1 mei-1 okt. door één brugwachter bediend.

Winschoterdiep

Van Groningen (Oostersluis) naar Winschoten 35,4 km; zie ook 'Groningen', 'Hoogezand', 'Zuidbroek' en 'Winschoten'.
Vaarwegbeheerder: Provincie Groningen, Dienst DWK, District Zuid, tel. (05970) 1 20 72.
Maximumsnelheid: 11 km/h.
Marifoon: Bedieningscentrale Post Euvelgunnerbrug (Lage en Nieuwe Euvelgunnerbrug en Duinkerkenbrug), kan. 22; bedieningscentrale Post Hoogezand (Westerbroekster-, Rengers-, Zweden-, Knijps-, Slochter- en Noordbroeksterbrug), kan. 22; Zuidbroekster- en Beertsterbrug, kan. 22.
Sluizen: Twee sluizen: ten O van Zuidbroek en in Scheemda. Deze sluizen staan meestal open.
Bruggen: Beweegbare bruggen. Een groot aantal daarvan is 0,50 à 1 m hoog. Hoger zijn de Gideonbrug, H 7,40 m in gesloten stand (de 3e brug van Groningen af gerekend), en de 13e brug, H 3,95 m, ten O van Zuidbroek. Voorts is tussen de Lage Euvelgunnerbrug (de 1e brug) en de Gideonbrug nog een basculebrug, nl. de Nieuwe Euvelgunnerbrug, H 6,80 m.

De Lage Euvelgunnerbrug, de Nieuwe Euvelgunnerbrug en de Duinkerkenbrug (kmr 1-3,2) worden centraal bediend vanuit de bedieningscentrale bij de Nieuwe Euvelgunnerbrug, tel. (050) 13 19 33 of marifoonkan. 22 (roepnaam: 'Euvelgunnerbrug'). Bij de Duinkerkenbrug zijn bij de borden 'Sport' melders aangebracht op het remmingwerk. De Westerbroeksterbrug, Rengersbrug, Zwedenbrug, Knijpsbrug, Slochterbrug en Noordbroeksterbrug worden op afstand bediend vanaf de bedieningscentrale post Hoogezand (bij de Rengersbrug), tel. (05980) 9 25 01 of marifoonkan. 22 (roepnaam: 'Hoogezand'). Bij de bruggen zijn melders aangebracht op de remmingwerken. Bediening:

ma. t/m zat.	(gehele jaar)	6-12, 13-19 h[1]
zo. en fd.	(1 mei-1 okt.)	W-gedeelte[2]: begeleide vaart van Lage Euvelgunnerbrug t/m Zuidbroeksterbrug en omgekeerd; O-gedeelte[3]: begeleide vaart van Eextersluis/-brug t/m Nieuwe Renselbrug en omgekeerd. (vaartijd 3½ h)
	(1 okt.-1 mei)	gesloten

---

[1] Voor de Gideonbrug H 7,40 m in Groningen, gelden de volgende bedieningstijden: 6-7, 9-12, 13-16, 18-19 h op verzoek, 24 h tevoren aanvragen bij RWS, Steunpunt Kolham, tel. (05980) 9 62 99.
[2] Bediening van de bruggen op vaste tijden (m.u.v. de Nieuwe Euvelgunnerbrug en de Gideonbrug; op zo. gesloten):
[3] Bediening van de bruggen op vaste tijden (m.u.v. de 13e brug, H 3,95 m. Deze brug kan eventueel op afstand bediend worden door de brugwachter van de Zuidbroeksterbrug in aansluiting op bediening van het O-gedeelte).

W.-Gedeelte

Euvelgunnerbrug	08.00 ▲	09.30	09.30 ▲	11.00	11.00 h
Duinkerkenbrug	08.20	09.10	09.50	10.40	11.20 h
Waterhuizerbrug	▼08.45	08.45 ▼	10.15	10.15 ▼	11.45 h

Euvelgunnerbrug	▲16.45	16.45 ▲	18.15	18.15 h
Duinkerkenbrug	16.25	17.05	17.55	18.35 h
Waterhuizerbrug	16.00 ▼	17.30	17.30 ▼	19.00 h

Westerbroeksterbrug
Rengersbrug
Zwedenbrug
Knijpsbrug   tussen 9-12, 14-18 h
Slochterbrug
Noordbroeksterbrug

Zuidbroeksterbrug   9-10.30, 11.30-12, 14-14.30, 18.30-19 h

O.-Gedeelte

Nieuwe Renselbrug	08.00 ▲	10.30	12.00 ▲	14.30	16.30 ▲	19.00
Beersterbrug	08.25	10.05	12.25	14.05	16.55	18.35
Kloosterbrug	08.40	09.50	12.40	13.50	17.10	18.20
Graaf Adolfbrug	08.55	09.35	12.55	13.35	17.25	18.05
Eextersluis/-brug	▼09.15	09.15 ▼	13.15	13.15 ▼	17.45	17.45

De Eextersluis en de Graaf Adolfbrug in Scheemda, alsmede de Kloosterbrug en de Beertsterbrug in Winschoten worden door één brugwachter bediend. De Nieuwe Renselbrug in Winschoten wordt vanuit de Beertsterbrug op afstand bediend. Bij de brug zijn op de remmingwerken melders aangebracht.
Door deze combinatie van bediening kunnen wachttijden ontstaan. Brugwachter (bruggen Scheemda en Winschoten), tel. (05970) 1 29 41, b.b.g. 1 20 72. Marifoonkan. 22.
Sluis- en bruggeld: Geen.
Verbinding met Nieuwe Statenzijl: Zie onder 'Winschoten', 'Pekel Aa', 'Westerwoldse Aa' en 'Nieuwe Statenzijl'.
Verbinding met Termunterzijl: Sinds eind 1986 is het mogelijk via de zelfbedieningssluis in het Termunterzijldiep in Scheemda de Eems te bereiken (zie onder 'Termunterzijl').
Lig- en aanlegplaatsen: Aan kademuren en daarvoor ingerichte plaatsen bij bruggen en sluizen ● Passantenhaven Zuidbroek (zie onder 'Zuidbroek') ● Recreatiehaven Scheemda (zie onder 'Termunterzijldiep').
Motorbrandstof: Zie onder 'Zuidbroek'.
Reparatie: Zie onder 'Hoogezand'.
Hefkraan: Zie onder 'Hoogezand'.

Winsum

Aan het Winsumerdiep (zie aldaar); 5 km van Onderdendam; 15 km van Groningen.
Lig- en aanlegplaatsen: Jachthaven Winsum bij Camping Wierdezoom, havenmeester P. Waterdrinker, tel. (05951) 27 50, aan de W-zijde van Winsum, tarief f 15,– per nacht (toiletten, douches (f 1,–) en wastafels) ● diverse aanlegsteigers binnen de gemeente, tarief zie jachthaven.

Motorbrandstof: Jachthaven Winsum, die (sl).
Reparatie: Jachtstalling en reparatiebedrijf Winsum, Onderdendamsterweg 51, tel. (05951) 24 24/23 32, romp/uitr (ht, s, p, a/op de wal + in het water), bib/bub.

Trailerhelling: Voor kleine boten in het dorp, gratis.
Hefkraan: Jachtstalling en reparatiebedrijf Winsum, max. 12 ton.
Kampeerterrein: Camping Wierdezoom.
Stortplaats chemisch toilet: Bij Jachthaven Winsum.

Winsumerdiep

Tussen Schaphalsterzijl aan het Reitdiep en Onderdendam aan het Boterdiep. Lengte 9 km. D 1,40 m. Keersluis, die openstaat, in Schaphalsterzijl. Zie ook 'Winsum'.
Maximumsnelheid: 6 km/h.
Bruggen: Het Schaphalsterzijl en de vijf vaste bruggen in Winsum zijn H 3,10 m. De Zijlvesterbrug, ophaalbrug H 1,40 m, in Onderdendam wordt bediend:

(1 mei-1 okt.)	dagelijks	8.40, 11.30, 12.20, 14.30, 14.40 en 17.30 h
(1 okt.-1 mei)	ma. t/m vr.	8-12, 13-17 h, op verzoek*
	zat., zo. en fd.	gesloten

* Bediening 24 h tevoren aanvragen op werkdagen van 9-12 en 14-16 h bij de Provinciale Dienst Beheer Wegen en Kanalen, District-N, tel. (05960) 7 33 33.
Aanlegplaats: Bij Schaphalsterzijl verblijf max. 3 x 24 h (gratis).

Woerden

18,5 km van Utrecht; 33 km van Leiden; zie ook 'Linschoten' en 'Montfoortse Vaart'.
Doorvaartroute: Leidt door de Z-stadsgracht.
Bruggen: Over de Oude Rijn, zie aldaar. Voor de Blokhuisbrug, zie onder 'Grecht'.
Ligplaatsen: ● In de Centrumhaven, tussen de Burg. Vosbrug en de Rozenbrug aan de Oude Rijn, havenmeester G.J.M. Jansen, tel. (03480) 2 84 13, meren in de boxen voorzien van een groene stip of langs de Emmakade voor toewijzing van een ligplaats, tarief f 1,– per m lengte per nacht (toiletten en douche (douchemunten à f 1,50) aan de achterzijde van eetcafé De Dukdalf) ● Jachthaven de Greft van W.V. De Greft, ten N van de Blokhuisbrug aan de Grecht, havenmeester P. Lökken, tel. (03480) 1 19 09/1 64 27, max.diepgang 1,25 m, tarief f 1,– per m lengte per etmaal (elektra, toiletten, douches (f 1,–) en wastafels). Vrije boxen worden aangegeven door een wit bord met rode letters 'vrij'. Max.verblijfsduur 7 dagen. Fietsverhuur.
Drinkwater: Via de brugwachter van de Rozenbrug; aan de Centrumhaven (sl). De sleutel is verkrijgbaar bij het eetcafé of bij de havenmeester).
Motorbrandstof: Abo Garage aan de Nieuwe Markt, op 100 m afstand van de Centrumhaven, die, be, sbe.
Vulstation propaangasflessen: Fa. Griffioen, J. van Oldenbarneveltlaan 3 (nabij het NS-station), tel. (03480) 1 30 03.
Reparatie: Jachtwerf P. Kompier, Rietveld 63, tel. (03480) 1 24 60/ 1 61 32, romp/uitr (s, a/op de wal + in het water); Fa. De Waal, Nieuwerdijk 97, tel. (03480) 1 06 01, zeil/tuigage; Fa. Wisseloo, aan de Nieuwe Haven, bub.
Hefkraan en trailerhelling: W.V. De Greft, kraan max. $1\frac{1}{2}$ ton, max.diepgang 1,25 m, tarief f 50,– per handeling (heffen met staande mast mogelijk), trailerhelling max. 1 ton, tarief f 20,–; Jachtwerf P. Kompier, trailerhelling, max.diepgang 1,75 m.
Kampeerterrein: Bij W.V. De Greft (beperkte mogelijkheden).
Stortplaats chemisch toilet: Bij de Centrumhaven; bij W.V. De Greft.

Woerdense Verlaat
12 km van Uithoorn; 10 km van Woerden; zie ook 'Kromme Mijdrecht', 'Grecht' en 'Heinoomsvaart'.
Sluis en bruggen: Het Woerdense Verlaat, schutsluis in de Grecht, sluisgeld: f 3,25 per vaartuig.
Kollenbrug (bb), H 0,55 m, over de Kromme Mijdrecht, geen bruggeld. Zie voor de brug Hoek van Westveen (Westveense brug, bb) bij 'Heinoomsvaart' en voor de sluis in Zwammerdam en Slikkerdam bij 'Nieuwkoopse Plassen'.
Bediening:
– Sluis Woerdense Verlaat:

(16 april-1 juni en 1 sept.-16 okt.)	dagelijks	9-12.30, 13.30-19 h
(1 juni-1 sept.)	dagelijks	9-12.30, 13.30-20 h
(16 okt.-16 april)	ma. t/m vr.	9-16.30 h, op verzoek*
	zat., zo. en fd.	gesloten

* Bediening 24 h tevoren aanvragen van 17-18 h, tel. (01724) 84 97.
– Kollenbrug:

(16 april-16 okt.)	ma. t/m vr.	9-12, 13-17, 18-20 h
	zat., zo. en fd.	9-13, 14-17, 18-20 h
(16 okt.-16 april)	ma. t/m vr.	9-16.30 h, op verzoek*
	zat., zo. en fd.	gesloten

* Bediening 24 h tevoren bij de brugwachter aanvragen tussen 17 en 18 h, tel. (01724) 92 03.

Wolderwijd
Breed gedeelte van het randmeer (1830 ha) tussen de dijk van de polder Z-Flevoland en de kust van de Veluwe. Toegankelijk door de Hardersluis bij Harderwijk (van het Veluwemeer af, zie aldaar) en via het Nuldernauw (zie aldaar). Nabij Harderwijk is dit meer ongeveer 3 à 4 km breed. Ongeveer tegenover Horst vernauwt dit meer zich tot een breedte van 1 km en minder. Zie ook bij 'Randmeren'.
Waterstand: In het zomerhalfjaar van 1 april tot 1 oktober is de waterstand gelijk aan NAP – 0,10 tot NAP – 0,15 m, in het winterhalfjaar NAP – 0,30 m.
Maximumsnelheid: In de vaargeul 20 km/h, daarbuiten 9 km/h.
Vaargeul: Zie bij 'Randmeren'.
Ten Z van de betonde geul naar Harderwijk ligt nabij het einde van de havendam een ondiepte, D ca. NAP – 1,05 m (bij normale waterstand). Daarom moet men komende van Harderwijk de bocht die de vaargeul naar bakboord maakt niet afsnijden.
Het brede gedeelte is aan de Veluwezijde ondiep maar de diepte neemt naar de zijde van de Z-Flevopolder toe tot omstreeks NAP – 1,50 m.
De oevers aan de polderzijde van het meer bestaan uit een met steen beklede dijk, waarlangs palingfuiken staan. Gedurende het zomerseizoen wordt buiten de vaargeul de dieptelijn van NAP – 1,50 m (= IJZP – 1,30 m) aangegeven door aanvullende markering. In het ZW-deel van het brede gedeelte ligt het eiland De Zegge, dat vanaf de vaargeul langs beide zijden te benaderen is. In het NW-deel is het eiland de Biezen ingericht voor de watersport.
Ligplaatsenverordening Gemeente Zeewolde: Ligplaats innemen of ankeren binnen 100 m uit het strand is verboden langs de ondiepe oever ten Z van Jachthaven Wolderwijd over een afstand van 800 m (tot de zgn. Wolderhoek). Zie ook onder 'Flevoland'.

Lig- en aanlegplaatsen: Aan een tweetal aanlegsteigers aan de W-zijde van het eiland De Zegge (tenten toegestaan) ● eiland De Biezen
● Jachthaven van Recreatie- en Kampeercentrum Zeewolde, hoek Nuldernauw en Wolderwijd, aan de polderzijde, havenmeester H.J. Jacobse, tel. (03242) 12 46, max.diepgang 2 m (toegangsgeul D. 2,40 m), tarief tot 3,50 m breedte f 10,–, vanaf 3,50 m breedte f 15,– per etmaal (elektra, toiletten, wastafels en douches)
Jachthaven Wolderwijd ● aanloophaven, bij invaart rechtdoor kan men meestal langszij afmeren in deze unieke passantenhaven, die gelegen is aan de kop van het moderne winkelcentrum van Zeewolde, tarief f 1,25 per m lengte per nacht (toiletten, douches (douchemunten à f 1,–) in de Bonshaven op 300 m of de Bolhaven op 300 m).
● Bonshaven ★★★★, bij invaart aan bakboord, D 2,50 m. Havenmeesters I.B. Leutscher en G.J.H. Saaltink, tel. (03242) 12 20/12 27, tarief f 1,50 m per m lengte per nacht (elektra, toiletten, douches (douchemunten à f 1,–) en wastafels).
● Bolhaven, bij invaart aan stuurboord, D 2,50 m, dit is tevens de thuishaven van W.V.Z. (Watersport Vereniging Zeewolde), havenmeester mevr. M. Steenken, tel. (03242) 66 91, tarief f 1,50 per m lengte per etmaal (elektra, toiletten, douches (douchemunten f 1,–) en wastafels).
● Jachthaven Strand Horst ten W van Harderwijk (o.a. de thuishaven van W.V. Ermelo), max.diepgang 3 m, havenmeester A. Dragt, tel. (03417) 6 13 33, tarief f 1,25 per m lengte per nacht (elektra, toiletten, douches (f 1,–) en wastafels). Zie ook onder 'Harderwijk' en 'Zeewolde'.
Motorbrandstof: Bonshaven, aan de zuidzijde, zelfbediening, die, euro; Jachthaven Strand Horst, die (sl), be (sl), sbe (sl) en mengsmering (sl), loodvrij (sl).
Reparatie: Bonshaven, Strandweg 125, Zeewolde, tel. (03242) 12 20/12 28, bib/bub (alle merken, dealer Mariner en Bukh), romp/uitr (ht, s, p/op de wal + in het water), zeil/tuigage, elek; Jachthaven Strand Horst, Palmbosweg 14-20, Ermelo, tel. (03417) 6 13 33, bub (Suzuki, Johnson, Evinrude en Honda), bib (Volvo Penta, Yanmar, Mercedes, Mitsubishi, Bukh, Daf, Vetus, Perkins, Sabb en Ford), romp/uitr (ht, s, p, a/op de wal + in het water), zeil/tuigage, elek.
Mastenkraan: Jachthaven Strand Horst, tarief f 85,–.
Hefkraan: Jachthaven Strand Horst, max. 25 ton, tarief op aanvraag (heffen met staande mast mogelijk).
Trailerhellingen: Recreatie- en Kampeercentrum Zeewolde, Dassalaarweg 1, Zeewolde tel. (03242) 12 46, max. 3 ton, tarief f 10,–; Bonshaven, max. 3 ton, tarief f 7,50 per keer; Bolhaven, max. 1 ton, tarief f 7,50 per keer; Jachthaven Strand Horst, max. 25 ton, max.diepgang 2 m, tarief f 12,50.
Botenlift: Bonshaven, max. 20 ton, tarief f 5,– per m^2, mastenkraan (liften met staande mast mogelijk); Jachthaven Strand Horst, max. 25 ton, max.diepgang 2 m, tarief op aanvraag.
Kampeerterrein: Recreatie- en Kampeercentrum Zeewolde; Bolhaven.
Wasserettes en stortplaats chemisch toilet: Recreatie- en Kampeercentrum Zeewolde; Bonshaven, onder havenkantoor; Bolhaven, alleen stortplaats; Jachthaven Strand Horst.

Wolphaartsdijk

4 km van de Zandkreekdam; 18 km van Veere; zie ook 'Veerse Meer'.
Havens en ligplaatsen: (Diepten gemeten bij zomerpeil, winterpeil 0,70 m lager), van O naar W:
● Sportvissershaven, D 1,70 m.
● Schorhaven, Nieuwe en Oude Landbouwhaven ten O van de voormalige veerstoep (D 1,50-2,50 m) bij W.V. Wolphaartsdijk, haven-

meester C.P. Westerweele, tel. (01198) 15 65, tarief f 1,25 per m lengte per nacht, excl. toeristenbelasting (toiletten, wastafels, douches en elektra).
● Westhaven bij Royal Yacht Club de Belgique (R.Y.C.B.), D 3 m, tel. (01198) 14 96, tarief f 1,– per m lengte per nacht, excl. toeristenbelasting (toiletten, douches en wastafels).
Toeristenbelasting: f 0,70 p.p. per overnachting.
Motorbrandstof: Bunkerstation Verbrugge, aan de tanksteiger, O-zijde van de voormalige veerdam, be (sl), sbe (sl) en die (sl); Westhaven bij R.Y.C.B., die (sl), be (sl), sbe (sl).
Reparatie: Scheepsreparatiebedrijf Rido, Zandkreekweg 6, tel. (01198) 10 05, b.g.g. (01100) 1 61 54, bub (geen Mariner, Honda, Tomos), bib (geen Mitsubishi, Solé), romp/uitr (ht, s, p/op de wal + in het water), elek, dagelijks geopend; Dixie's Timmerwerken, romp/uitr; Zeilmakerij J. de Jong & Zn. V.O.F., Sportweg 9, tel. (01198) 14 21, zeil/tuigage.
Hefkraan: W.V. Wolphaartsdijk, max. 20 ton, max.diepgang 2,50 m, tarief f 28,– per ton (heffen met staande mast mogelijk).
Trailerhellingen: W.V. Wolphaartsdijk, max. 500 kg, tarief f 7,– (niet voor dagrecreanten); Westhaven bij R.Y.C.B.; Jachthaven Wolphaartsdijk, tarief f 10,– (in en uit).
Kampeerterreinen: Camping De Veerhoeve*, Veerweg 48 (op ± 500 m van de jachthavens); Camping Het Veerse Meer*, Veerweg 71; Camping De Haas, Oud Sabbinge; Mini-Camping M. Janse, Muidenweg 10, tel. (01198) 15 84.
Wasserettes: In de Schorhaven bij W.V. Wolphaartsdijk (wasmachines).
Stortplaats chemisch toilet en aftappunt vuilwatertank: In de Schorhaven bij W.V. Wolphaartsdijk.

Wolvega
Aan de Schipsloot, zijvaart van het Tjongerkanaal. Max.diepgang Schipsloot 1,50 m. Zie ook 'Tjongerkanaal'.
Bruggen over de Schipsloot: Beweegbare brug in Nijelamer en een nieuwe vaste brug (H 3,50 m) ten O van Nijelamer.
Bediening brug Nijelamer (gratis):

(15 april-1 nov.)	ma. t/m vr.	8.30-12, 13-17.30, 18-19 h
	zat., zo. en fd.	8.30-12, 14-17.30, 18-19.30 h
(1 nov.-15 april)	dagelijks	op verzoek*

* Bediening op verzoek, 24 h tevoren aanvragen bij tel. (05610) 1 59 36.
Ligplaats: Onder de brug door aan stuurboord bij Jachtwerf De Haaf, havenmeester H.H. Segveld, tel. (05610) 1 46 26, max.diepgang 1,50 m, tarief f 3,– per etmaal (toilet en wastafel), drinkwater (sl, f 1,– per 100 l) ● Hulzinga Watersport (bij de gasfabriek), tel. (05610) 1 75 76, tarief f 0,50 per m lengte per nacht.
Reparatie: Hulzinga Watersport, Schuttevaerstraat 2 (bij de gasfabriek), tel. (05610) 1 75 76, bub (Yamaha, Mariner, Johnson, Evinrude en Tomos), bib (Yanmar, Volvo Penta, Vetus en Solé), romp/uitr (s, p/op de wal); Jachtwerf De Haaf, Schuttevaerstraat 4, tel. (05610) 1 46 26, romp/uitr (ht, s/op de wal + in het water).
Hefkraan: Hulzinga Watersport, max. 10 ton, max.diepgang 1,60 m, tarief vanaf f 50,–.
Botenlift: Jachtwerf De Haaf, max. 12 ton, tarief vanaf f 35,–, max.diepgang 1,50 m.

Wommels
Aan de Bolswardertrekvaart (zie aldaar); 7 km van Bolsward.
Bruggen: Zie 'Bolwardertrekvaart'.

Ligplaats: In de passantenhaven naast Zwembad De Klomp, ten N van de ophaalbrug, beheerder zwembad 'De Klomp', tel. (05159) 3 12 25, max.diepgang 1,20 m, tarief tot 7 m f 5,–, vanaf 7 m f 7,50 per nacht (douches en toiletten, in beheer bij Ondernemersvereniging Wommels, tel. (05159) 3 12 05).
Drinkwater: Aan de passantenhaven (sleutel verkrijgbaar bij het zwembad).
Reparatie: Garagebedrijf buiten het dorp, bub/bib; KMA Zeilmakerij, Walperterwei 41, tel. (05159) 3 13 44, zeiltuigage.
Stortplaats chemisch toilet: Aan de passantenhaven.

Workum

7,5 km van de Fluessen; 16 km van Galamadammen; 12 km van Heeg.
Haven: Men moet bij het binnenlopen de rode bakens aan bakboord houden.
Bij normale waterstand (normale zomerwaterstand van het IJsselmeer) van NAP – 0,20 m kunnen schepen met een max.diepgang van 2,15 m in- en uitvaren.
Diepte op de plaat benoorden de strekdam ca. NAP – 0,80 m.
Het hoge witte vaste licht op de dijk, inééngehouden met het lage onderbroken witte licht geleidt naar de haven. (De lijn van beide lichten is precies OW.)
Op het eind van de dam is een groen licht geplaatst.
Doorvaartroutes: De vaarweg van de zeesluis (drempeldiepte 1,65 m) naar het kruispunt tussen de Trekvaart naar Workum en het Klifrak naar de meren (2,5 km) leidt door Diepe Dolte met drie lage beweegbare bruggen.
Zeesluis en bruggen* (sluisgeld f 5,–, bruggeld f 1,– per brug). Bediening:

ma. t/m vr.	(15 mrt.-1 mei en 1 okt.-15 nov.)	8-12, 13-18 h
	(1 mei-1 okt.)	8-12, 13-17, 18-20 h
	(15 nov.-15 mrt.)	8-18 h, op verzoek**
zat.	(15 mrt.-1 mei en 1 okt.-15 nov.)	8-12, 15-17 h
	(1 mei-1 okt.)	8-12, 13-17, 18-20 h
	(15 nov.-15 mrt.)	8-17 h, op verzoek**
zo. en fd.**	(1 april-15 april en 15 okt.-31 okt.)	9-11, 16-18 h
	(15 april-1 juni en 1 sept.-15 okt.)	9-12, 14-18 h
	(1 juni-1 sept.)	9-12, 14-17, 18-20 h
	(1 nov.-1 april)	gesloten

* Excl. de prov. brug in de weg Koudum-Bolsward (zie verderop) en de Nijhuizumerbrug over de Trekvaart van Workum naar Bolsward (zie aldaar).
** Bediening aanvragen bij de Provincie Friesland, tel. (058) 92 58 88, buiten kantoortijden tel. (058) 12 24 22 of bij de Gemeente Nijefurd, tel. (05151) 4 88 88.

Watersporters die van het IJsselmeer komen en zonder oponthoud Workum willen doorvaren (4 bruggen) dienen bij aanvang van de aangegeven bloktijden aanwezig te zijn.
Tijdens de weekends in het vaarseizoen moet rekening worden gehouden met lange wachttijden door drukke recreatievaart, op zat. voor de vaart in de richting van het IJsselmeer en op zo.middag en -avond van het IJsselmeer naar binnen. Tijdens minder gunstige weersomstandigheden kan men de drukte in tegengestelde richting verwachten.

- Prov. brug in de weg Hindeloopen-Bolsward. Bediening (gratis):

ma. t/m zat.*	(1 mei-1 okt.)	8-12, 13-17, 18-20 h
	(1 okt.-15 nov. en	
	15 mrt.-1 mei)	8-12, 13-18 h (zat. tot 17 h)
	(15 nov.-15 mrt.)	8-18 h (zat. tot 17 h), op verzoek**
zo. en fd.	(april en okt.)	9-11, 16-18 h
	(mei en sept.)	9-12, 14-18 h
	(juni t/m aug.)	9-12, 14-17, 18-20 h
	(nov. t/m mrt.)	gesloten

* Op werkdagen vóór en na fd: bediening als op zat. en ma.
** Bediening aanvragen bij de Provincie Friesland, tel. (058) 92 58 88, buiten kantoortijden tel. (058) 12 24 22.
- De spoorbrug (bb), H 0,85-1,45 m. Bediening:

(15 mrt.-15 nov.)	dagelijks	7.10-20.45 h, tweemaal per uur om .10 h en .40 h
(15 nov.-15 mrt.)	ma. t/m zat.	8.10-11.45, 13.10-17.45 h, tweemaal per uur om .10 h en .40 h
	zo. en fd.	gesloten

De exacte bedieningstijden zijn opgenomen in de watersportwijzer 'Openingstijden spoorbruggen', gratis verkrijgbaar aan de ANWB-vestigingen. Bediening op Koninginnedag als op zat.
- Voor bediening van de bruggen over de 'Trekvaart van Workum naar Bolsward', zie aldaar.

Maximumsnelheid: Op het Zool vanaf 1975 m ten ZW van de sluis richting Workum, op de Trekvaart naar Bolsward en op de vaarwegen (en vaargeulen) in de verbinding met het Johan Frisokanaal 9 km/h.
Lig- en aanlegplaatsen: (In volgorde van IJsselmeer naar binnen):
A. Buiten de sluis:
● Jachthaven It Soal (aan het Zool), tel. (05151) 4 29 37/4 12 22, tarief f 2,- per m lengte per nacht, excl. toeristenbelasting (toiletten, douches, wastafels en elektra).
● Workum Shipyards B.V. (aan het Zool), havenmeester F. Mulder, tel. (05151) 4 23 61, max. diepgang 2 m, tarief f 1,50 per m lengte per nacht, excl. toeristenbelasting f 1,- p.p. (elektra, toiletten, wastafels en douches (f 1,-)).
● Balkema Jachtbouw B.V., havenmeester J. Balkema, tel. (05151) 4 21 08, max. diepgang 2 m, tarief f 17,50 per nacht, excl. toeristenbelasting (elektra en drinkwater)
● In de havenkom met steiger, tarief per nacht (tot 15 m lengte incl. toeristenbelasting): tot 7 m lengte f 8,-, tot 8 m f 9,75, tot 9 m f 11,-, tot 10 m f 12,-, tot 12 m f 14,-, tot 15 m f 15,75, 15 m en langer f 0,80 per m lengte + toeristenbelasting f 1,- per persoon (toiletten, douches en wastafels).
B. Binnen de sluis:
● Openbare aanlegplaatsen in de stad en vanaf de Noorderbrug tot de provinciale brug, tarief per nacht (tot 15 m lengte incl. toeristenbelasting): tot 7 m lengte f 5,75, tot 8 m f 7,25, tot 9 m f 7,75, tot 10 m f 8,50, tot 12 m f 10,-, tot 15 m f 11,-, 15 m en langer f 0,80 per m lengte + toeristenbelasting f 1,- per persoon.
● Openbare aanlegplaatsen van de provinciale brug tot de Nijhuizumerbrug, voor tarief zie onder 'A' (havenkom buiten de sluis).
● Jachthaven Schaap (ten Z van de Noorderbrug, centrum van Workum), tel. (05151) 4 17 28, tarief f 1,35 per m lengte per etmaal, excl. toeristenbelasting (toiletten, wastafels en douches (f 1,-)).

- Jachtwerf en -haven T. Bouma, 200 m buiten de Noorderbrug, max.diepgang 1,60 m, tarief f 1,25 per m lengte per nacht, excl. toeristenbelasting (toiletten, wastafels en douche (f 1,–)).
- Jachthaven Bouwsma Workum, tussen Noorderbrug en prov. brug, havenmeester E.F. de Beer, tel. (05151) 4 20 04, max.diepgang 2 m, tarief f 1,50 per m lengte per nacht (elektra, toiletten, wastafels en douches (f 1,–)).
- Workumer Jachthaven, aan het Klifrak bij de spoorbrug, havenmeester H.S. Douma, tel. (05151) 4 18 55, max.diepgang 1,80 m, tarief f 1,25 per m lengte per nacht + toeristenbelasting f 2,50 per schip (elektra, toiletten, douches (f 1,–) en wastafels).

Toeristenbelasting: f 0,75 p.p. per nacht.
Drinkwater: Aan de sluis, sl; toiletgebouw tussen Noorderbrug en provinciale brug; Jachtwerf T. Bouma (sl); Jachtwerf De Slinke (sl).
Motorbrandstof: Workum Shipyards B.V., die (sl); Jachthaven Schaap, die (sl), be (sl); Jachtwerf T. Bouma, die (sl); Workumer Jachthaven, die (sl); Jachthaven Bouwsma Workum, die (sl); Jachthaven It Soal, die (sl).
Vulstation propaangasflessen: Boogaard, Sud 74, tel. (05151) 4 27 70.
Reparatie: J. Siemonsma, Trekweg, bub, zat. geopend; Jachthaven Schaap, Doltewâl 32, tel. (05151) 4 17 28, bib/bub (alle merken), romp/uitr (ht, s, p/op de wal + in het water), zeil/tuigage, elek; Workumer Jachthaven, Parallelweg 7, tel. (05151) 4 18 55, bub/bib (alle merken), romp/uitr (ht, s, p, a/op de wal + in het water), zeil/tuigage, elek; Jachtwerf De Slinke, Kaeidijk 4 (buiten de sluis), bib/bub, romp/uitr (ht, s, p); F. D. Heida Scheepsmotorenservice-bedrijf, Heidenskipsterdijk, t.o. Workumer Jachthaven aan de Horsea, bub/bib; Jachthaven It Soal, Súderséleane 23, tel. (05151) 4 29 37, bub/bib, romp/uitr (ht, s, p/op de wal + in het water), zeil/tuigage, elek, 24-uurs-service; Jachthaven Bouwsma Workum, Algeraburren 29, tel. (05151) 4 20 04, bib/bub (alle merken), romp/uitr (ht, s, p/op de wal + in het water); Jachtwerf T. Bouma, Algeraburren 27, tel. (05151) 4 17 97, romp/uitr (ht, s, p/op de wal + in het water), dagelijks geopend; S. Visser, tussen Kettingbrug en sluis, tel. (05151) 4 16 98, romp/uitr; Workum Shipyards B.V., Súderséleane 15-19, tel. (05151) 4 23 61, bib (alle merken), romp/uitr (ht, s, p, a/op de wal + in het water), zeil/tuigage, elek; Scheepstimmerwerf De Hoop, Séburch 7 (bij de sluis), tel. (05151) 4 21 76, romp/uitr (ht/op de wal); Douma Scheepstechniek, Dwarsnuard 3, tel. (05151) 4 17 08, bib/bub (dealer Honda, Mariner, Tohatsu, reparatie van alle merken), elek; Balkema Jachtbouw B.V., Súderséleane 13, tel. (05151) 4 21 08, bib, romp/uitr (ht, s, p, a/op de wal + in het water), zeil/tuigage, elek.
Hefkranen: Jachtwerf T. Bouma, max. 8 ton, max.diepgang 1,60 m, kosten in overleg; S. Visser, max. 20 ton; Jachtwerf De Slinke, max. 20 ton; Jachthaven Bouwsma Workum, max. 20 ton, max.diepgang 2 m, tarief f 10,– per m (heffen met staande mast mogelijk); Workumer Jachthaven, max. 20 ton, max.diepgang 1,80 m, tarief f 4,– per m^2 (heffen met staande mast mogelijk); Scheepstimmerwerf De Hoop, max. 8 ton, max.diepgang 1,60 m, tarief f 6,– per m^2 (excl. BTW).
Trailerhellingen: Jachthaven It Soal, tarief f 12,– (in en uit); Workumer Jachthaven, max. 1 ton, tarief f 10,–.
Botenliften: Workumer Jachthaven, max. 20 ton, max.diepgang 1,80 m, tarief f 4,– per m^2 (liften met staande mast mogelijk); Jachthaven Bouwsma Workum, max. 20 ton, tarief f 10,– per m (liften met staande mast mogelijk); Workum Shipyards B.V., max. 40 ton, max.diepgang 2 m, tarief op aanvraag (liften met staande mast mogelijk); Jachthaven It Soal, max. 40 ton, tarief f 5,50 per m^2; Jachthaven Schaap, max. 16 ton, tarief in overleg, max.diepgang 1,60 m (liften

met staande mast mogelijk); Balkema Jachtbouw B.V., max. 40 ton, max.diepgang 2,50 m, tarief f 13,50 per m².
Kampeerterrein: Camping It Soal*, ligt aan de N-oever van het Zool aan de monding van het IJsselmeer; Jachthaven Bouwsma Workum.
Wasserettes: Workumer Jachthaven; Jachthaven It Soal; Jachthaven Bouwsma Workum.
Stortplaatsen chemisch toilet: Bij de Workumer Jachthaven; bij Jachthaven It Soal; bij Jachthaven Bouwsma Workum; bij Jachthaven Schaap; havenkom Workum.
Aftappunt vuilwatertank: Bij Jachthaven Anne Wever Workum B.V.

Wormer
Aan de Poel en het Zwet in het Jisperveld (zie aldaar) aan de O-oever van de Zaan; 9 km van de Zaansluizen.
Ligplaatsen: Jachthaven van Watersportcentrum Weromeri aan de NW-zijde van de Poel nabij de Poelsluis, tel. (075) 28 16 79, tarief per etmaal f 1,– per m lengte (toiletten, douches (f 1,–) en wastafels)
● Jachthaven van W.V. Wormer, aan het Zwet, havenmeester D. Breet, tel. (02982) 38 35, tarief f 5,– per nacht, KNWV-leden 2 nachten gratis per seizoen, max. lengte 8 m (elektra, toiletten, douche en wastafels).
Reparatie: Bijdam, zie onder 'Jisperveld'.
Trailerhelling: W.V. Wormer.
Kampeerterrein: Watersportcentrum Weromeri.

Wormerringvaart
Maximumsnelheid: 6 km/h.
Bruggen: Vaste bruggen, laagste brug H 2,35 m. De beweegbare bruggen, Haaldersbroekerbrug (bruggeld f 1,50) over de Braaksloot tussen de Wormerringvaart en de Poel (Zaan), Engewormerbrug en Neckerbrug over de N-Ringvaart van de Wijde Wormer worden bediend:

(16 april-16 okt.)	ma. t/m zat.	15-17 h
	vr. en zo.*	18.30-20.30 h
(16 okt.-16 april)	dagelijks	gesloten

* Buiten de genoemde tijden is bediening op verzoek mogelijk; Haaldersbroekerbrug, tel. (075) 15 80 12, Engewormerbrug, tel. (075) 21 29 93, Neckerbrug, tel. (02990) 2 45 92.

Wormerveer
Aan de Zaan; 7 km van Zaansluizen.
Zaanbrug en havengeld: Zie onder 'Zaan'.
Aanlegplaats: W-oever, aan de NW-zijde van de Zaanbrug, tarief f 4,– per dag.
Drinkwater: Aan de Spoorkade, automaat, 250 l à f 1,–.
Motorbrandstof: Standard N.V., Boon & Reyne, Marktstraat 321, 100 m van de Zaan, be.
Wasserette: De Wassalon, Voltastraat 23, tel. (075) 28 08 92.

Woubrugge
Aan de Heimans- en Woudwetering; 3 km van 's Molenaarsbrug; 6 km van Oude Wetering.
Woubrugse brug (bb): Zie voor bediening onder 'Heimanswetering'.
Lig- en aanlegplaatsen: Jachtwerf Hollandia, 1 km ten N van de brug, W-zijde Woudwetering, havenmeester F. Bulk, tel. (01729) 87 30, tarief f 1,– per m lengte per nacht (elektra en toilet) ● Jachtwerf De Nieuwe Haven, naast Jachthaven Hollandia, tel. (01729) 87 30, tarief

f 1,50 per m lengte per etmaal (elektra, toiletten en douche, gebruik toilet en douche f 5,–) ● Jachtwerf Van Wijk & Zn., W-oever Woudwetering, havenmeester tel. (01729) 81 20, max.diepgang 1,80 m, tarief f 15,– per nacht (toiletten, douches en wastafels) ● Jachthaven Jacobswoude, W-oever Heimanswetering, 200 m ten Z van de brug, havenmeester J. v. d. Laan (kantoor in kantine De Schaepskooi), tel. (01729) 81 77, max.diepgang 1,50 m, tarief f 10,– per nacht (elektra, toiletten, wastafels en douches (f 0,25)) ● Jachtwerf Molenaar, W-oever (elektra en toiletten) ● Jacht- en Scheepswerf V. d. Laan, ten Z van de brug, W-oever, havenmeester P. v. d. Laan, tel. (01729) 81 13, max.diepgang 1,10 m, tarief f 8,– per nacht (elektra, toiletten en douches (f 1,–)).

Direct ten N van de Woubrugse brug geldt langs de W-oever een meerverbod.

Drinkwater: Jachtwerf De Nieuwe Haven (sl); Jachtwerf Van Wijk & Zn. (sl); Jachtwerf Molenaar (sl); Jacht- en Scheepswerf V. d. Laan, (sl) f 1,–; Jachtwerf Hollandia (sl).

Motorbrandstof: Jachtwerf Hollandia, sbe (sl), be (sl), die (sl); Jacht- en Scheepswerf V. d. Laan, die (sl), sbe (sl); Jachtwerf De Nieuwe Haven, die (sl), be (sl), sbe (sl).

Reparatie: (van N naar Z): Jachtwerf De Nieuwe Haven, Weteringpad 17, tel. (01729) 87 30, bib/bub (alle merken), romp/uitr (ht, s, p, a/op de wal + in het water); Jachtwerf Molenaar, Weteringpad 15, tel. (01729) 81 85, romp/uitr (ht, s, p/op de wal + in het water), scheepshelling max. 15 ton; Jacht- en Scheepswerf V. d. Laan, Vrouwgeestweg 71, tel. (01729) 81 13, bib (alle merken), romp/uitr (ht, s, p), elek, scheepshelling max. 70 ton; Hans Jansen Jachtservice, Vierambachtsweg 59b, tel. (01729) 91 72, aanlegmogelijkheid, zeil/tuigage.

Hefkranen: Jachtwerf Van Wijk & Zn., Hosangweg 80, max. 16 ton, max.diepgang 2,20 m, tarief f 30,– per m (heffen met staande mast mogelijk); Jachtwerf Hollandia en Jachtwerf De Nieuwe Haven, max. 35 ton, tarief vanaf f 50,– (heffen met staande mast mogelijk); Jachtwerf Molenaar, max. 5 ton; Jacht- en Scheepswerf V. d. Laan, max. 12 ton, tarief f 20,– per ton (heffen met staande mast mogelijk); Jachthaven Jacobswoude, Vrouwgeestweg 84, tel. (01729) 81 77, max. 12 ton (heffen met staande mast mogelijk).

Trailerhelling: Jachtwerf De Nieuwe Haven.

Kampeerterrein en wasserette: Jachthaven en Recreatiebedrijf Jacobswoude (wasmachine).

Woudrichem

3 km van Gorinchem; kmr 952,5 Lo.

Getijstanden:	GHW	GLW
Hoge rivierafvoer	NAP + 1,25 m	NAP + 0,80 m
Lage rivierafvoer	NAP + 0,80 m	NAP + 0,60 m

Lig- en aanlegplaatsen: Jachthaven van de W.V. Woudrichem in de Buitenvestinggracht, ingang t.o. kmr 247 aan de Andelse Maas, clubgebouw tel. (01833) 12 06, max.diepgang 1,80 m bij GLW, tarief f 1,– per m lengte + f 1,– p.p. toeristenbelasting per nacht (elektra, toiletten, douches (f 1,–) en wastafels) ● gem. passantensteiger, gratis, overnachten niet toegestaan (zéér onrustig).

Trailerhelling: W.V. Woudrichem, max. 25 ton, max.diepgang 1,50 m, tarief f 10,– per keer.

Kampeerterrein: Camping De Mosterdpot*, ten W van het stadje (kano's en werries kunnen op het strand worden getrokken).

Woudsend

4 km van Heeg; 4 km van Osingahuizen; 6 km van Sloten; 7 km van Balk.

Op de Noorder Ee moet men binnen de tonnen blijven. De Welle van Kruiswater tot de voormalige zuivelfabriek is aan de kanten niet te bevaren voor kielboten. In de Nauwe Wijmerts loopt de geul aan de O-zijde, 7 m breed. De Welle en de Wijmerts zijn D 2,25 m. De N- en W-oever van de Woudsenderrakken zijn ondiep.
Maximumsnelheid: 9 km/h (geldt voor alle omliggende wateren).
Brug: Basculebrug, H 2,50 m. Bediening:

ma. t/m zat.	(1 mei-1 okt.)	9-12, 13-17, 18-20 h
	(1 okt.-15 nov. en 15 mrt.-1 mei)	9-12, 13-17 h
	(15 nov.-15 mrt.)	9-16 h, op verzoek*
zo. en fd.*	(11 april-1 juni en 1 sept.-1 okt.)	9-12, 14-18 h
	(1 juni-1 sept.)	9-12, 14-17, 18-20 h
	(1 okt.-11 april)	gesloten

* Bediening op verzoek, aanvragen bij de Provincie Friesland tel. (058) 92 58 88, buiten kantoortijd tel. (058) 12 24 22.
Lig- en aanlegplaatsen: Eewal, W-oever, aan weerszijden van de brug, tarief tot 7 m f 7,–, tot 10 m f 10,– en daarboven f 15,50 per nacht + f 0,90 toeristenbelasting p.p. (wastafels, douches (f 1,–) en toiletten) ● passantensteiger W-oever Woudsender Rakken, tarief tot 6 m f 7,–, tot 8 m f 9,–, tot 10 m f 11,– en boven 10 m f 14,– per nacht, aanmelden op havenkantoor verplicht ● Watersportbedrijf De Welle, tel. (05141) 13 03, tarief f 1,– per m lengte per nacht (toiletten, douches en wastafels) ● Jachthaven De Rakken, aan de passantensteiger, tarief per nacht: tot 6 m lengte f 7,–, tot 8 m f 9,–, tot 10 m f 11,–, langere schepen f 14,– per nacht, melden op havenkantoor ● Koalite Yachts B.V., tarief f 1,– per m lengte per nacht (elektra, toiletten, wastafels en douches (f 1,–)).
– Ligplaatsen van de Marrekrite: ● Aan het eind van de Woudsenderrakken bij het Hegermeer ● in de Nauwe Wijmerts, O-zijde ● ten N van de brug, O-zijde.
Drinkwater: Koalite Yachts B.V. (f 1,– per 30 min); Schipperskraan bij de brugwachter; Jachtverhuur Tusken De Marren (f 1,– per 100 liter (sl)); Watersportbedrijf De Welle (sl); Camping De Rakken (sl).
Motorbrandstof: B. Pietersma, Vosseleane 4, 50 m ten O van de brug, be, die; Watersportbedrijf De Welle, die (sl), be (sl).
Reparatie: F. Mulder, 50 m ten O van de brug, bub/bib; Koalite Yachts B.V., Vosselaan 51, tel. (05141) 13 21, bib/bub (alle merken), romp/uitr (ht, s, p, a/op de wal + in het water), zeil/tuigage, elek (dagelijks geopend); Watersportbedrijf De Welle, Vosselaan 47, tel. (05141) 13 03, bub/bib (alle merken), romp/uitr (s, p/op de wal + in het water), zeil/tuigage, elek; Kuipers Machinefabriek B.V., Dok- en Scheepsbouw Woudsend B.V., Vosselaan 43-45, tel. (05141) 14 43, bib (Volvo Penta, Mercedes, Daf, Vetus, Farymann en Iveco), romp/uitr (s, a/op de wal + in het water), elek, scheepshelling max. 50 ton; Technisch Watersportbedrijf K. van der Kooij, Iewal 44, tel. (05141) 16 45 of (06) 52 91 40 72, bib/bub (alle merken, dealer Yamaha), romp/uitr (ht, s, p/op de wal), elek.
Hefkranen: Koalite Yachts B.V., max. 15 ton, tarief tot 5 ton f 40,–, daarboven f 85,–; Watersportbedrijf De Welle, max. 10 ton, tarief vanaf f 50,–; Jachtverhuur Tusken De Marren, max. 2 ton, tarief vanaf f 60,–, max.diepgang 1,30 m.
Trailerhelling: Koalite Yachts B.V., tarief f 10,–.
Botenlift: Koalite Yachts B.V., max. 35 ton, tarief tot 13 m f 210,–, tot 16 m f 300,– (liften met staande mast mogelijk).
Wasserette: Koalite Yachts B.V.; Jachthaven De Rakken.

Stortplaatsen chemisch toilet: Bij Koalite Yachts B.V.; bij Aqua Camping De Rakken.

Wijde Aa
Een meer ten ZW van het Braassemermeer, van het Paddegat (verbinding tussen beide wateren) tot Hoogmade, 3,5 km lang. Diepte varieert van 1,30 m bij Hoogmade tot 3 m bij de ingang van het Paddegat.
Motorvaart: Algemene vaarvergunning van het Hoogheemraadschap van Rijnland, zie bij 'Drecht'.
Maximumsnelheid: 12 km/h.
Aanlegplaatsen: Hier en daar kan men met geringe diepgang langs de N-oever afmeren.

Wijde Blik
Vaarwegbeheerder: Hoogheemraadschap Amstel en Vecht, Postbus 97, 1190 AB Ouderkerk a.d. Amstel, tel. (02963) 31 53.
Maximumsnelheid: 9 km/h.
De plas: Bereikbaar van het Hilversumskanaal (zie aldaar) door een vaste brug, H 2,90 m (komende van het kanaal de brug goed openvaren omdat tegemoet komend verkeer lang aan het oog onttrokken blijft). Overal bevaarbaar met een diepgang van 1,50 m, behalve in de nabijheid van nieuw opgespoten eilanden. Bij harde wind loopt er een voor kleine jachten hinderlijke golfslag.
Aan de O-oever vindt men even ten Z van Jachthaven De Nieuwe Zuwe de vaart naar de Graversbrug. Zie ook 'Kortenhoef', 'Kortenhoefse Plassen' en 'Vuntus'.
Lig- en aanlegplaatsen: Jachthaven De Nieuwe Zuwe, in de NO-hoek, havenmeester P. Zaagman, tel. (035) 56 12 24, max.diepgang 1,50 m, tarief f 2,– per m lengte per nacht (elektra, douches, wastafels en toiletten) ● Werf Avontuur, bij de Graversbrug (één overnachting gratis) ● Jachthaven De Wijde Blik, havenmeester H. Ridder, tel. (035) 56 04 43, max.diepgang 1,75 m, tarief f 1,– per m lengte per nacht (elektra, toiletten, douche (f 1,–) en wastafels) ● Jachthaven Kortenhoef, tel. (035) 56 15 52, in de NO-hoek ● Jachthaven Bouwman B.V., O-zijde, tel. (035) 56 03 95, tarief f 0,80 per m lengte per nacht (elektra, toiletten, wastafels en douche) ● aan legakkers, voornamelijk in het W- en NW-deel van de plas (het betreden van de akkers is verboden) ● in het N- en O-deel van de plas zijn strandjes en eilanden met zandoevers aanwezig met meergelegenheid.
Motorbrandstof: Jachthaven De Nieuwe Zuwe, be (sl), die (sl).
Reparatie: Jachtwerf Bouwman B.V., Moleneind 23-25, Kortenhoef (bij de Graversbrug), tel. (035) 56 03 95, romp/uitr (ht, s, p/op de wal + in het water), scheepshelling tot 25 ton; Jachthaven en -werf De Wijde Blik, Moleneind 65, Kortenhoef, tel. (035) 56 04 43, romp/uitr (s, p/op de wal + in het water); Jachthaven De Nieuwe Zuwe, Zuwe 20, Kortenhoef, bub (Mercury, Mariner en Force), bib (Volvo Penta, Yanmar en Vetus), romp/uitr (op de wal + in het water); Jachtwerf Gebr. de Kloet, Moleneind 7a, Kortenhoef, tel. (035) 56 13 94, bib (Mitsubishi, Bukh, Vetus, Farymann en Nanni), romp/uitr (s, p/op de wal + in het water), zeil/tuigage, aanlegsteiger aanwezig.
Hefkranen: Jachthaven De Wijde Blik, max. 15 ton, max.diepgang 1,75 m, tarief f 10,– per m (heffen met staande mast mogelijk); Jachthaven Kortenhoef, max. 6 ton, helling tot 30 ton; Jachthaven De Nieuwe Zuwe, max. 5½ ton, max.diepgang 1,50 m, tarief op aanvraag; Jachtwerf Gebr. de Kloet, max. 5 ton, max.diepgang 1 m.
Trailerhelling: Jachthaven De Nieuwe Zuwe, max. 1½ ton, tarief f 15,– per keer.
Stortplaatsen chemisch toilet: Bij Jachthaven De Wijde Blik.

Wijde Ee

Er zijn in Friesland drie wateren van deze naam, nl:
- ten W van Burgum (Bergum), zie aldaar.
- ten ZO van Grou (Grouw), zie onder 'Pikmeer en Wijde Ee'.
- ten O van Hooidammen (of ten W van Drachten).

Deze beschrijving betreft de Wijde Ee ten O van Hooidammen. Men moet de vaargeul houden. De oevers zijn ondiep. De Smalle Eesterzanding (verbinding met Drachten) is eveneens buiten de betonning zeer ondiep (zie verder onder 'Hooidammen').

Maximumsnelheid: In de vaargeul 12,5 km/h; overigens 9 km/h, m.u.v. het gedeelte ten O van de denkbeeldige lijn 300 m ten O van de kruising Hooidamsloot – Wijde Ee – Grietmansrak. Hier is snelle motorvaart (met vaartuigen tot 1,5 m^3 waterverplaatsing) en waterskiën buiten de vaargeul toegestaan van 1 sept. tot 1 juni dagelijks en van 1 juni tot 1 juli alleen van ma. t/m vr. (m.u.v. Pinksteren en de zaterdag voor Pinksteren). Nadere informatie is opgenomen in de ANWB-watersportwijzer 'Snel motorbootvaren in Nederland'. Raadpleeg hiervoor de 'Handleiding' van deze Almanak onder 'Snelle motorboten en Waterskiën'.

Ligplaatsen: Officiële ligplaatsen van de Marrekrite aan de Z-oever en aan eilanden aan de Nieuwe Monnikegreppel en aan de Oude Monnikegreppel ten Z van de Nieuwe Monnikegreppel, D 1,70 m.

Kampeergelegenheid: Op borden langs de Monnikegreppel is aangegeven waar het plaatsen van max. 3 tenten 's nachts (17-10 h) is toegestaan.

Wijdenes

Vlucht- en passantenhaventje aan het IJsselmeer tussen Hoorn en Broekerhaven, ca. 2 km ten ZW van Lekerhoek.

Havenmeester: J.P. Beets, Zuiderdijk 39, tel. (02293) 12 28.

De invaart is voorzien van een groen en rood havenlicht. De haven is overdag moeilijk te verkennen. De ingang is op het NO gericht.
De diepte van het haventje is aangelegd op ca. 1,60 m tot 1,80 m, doch kan zijn opgeslibd; bij het naderen moet men rekening houden met plaatselijke verondiepingen.

Ligplaats: Beschutte ligplaats aan kade, max. 3 overnachtingen of 14 dagen. Geen voorzieningen. Tarief tot 8 m lengte f 5,–, tot 12 m f 7,50, tot 20 m f 12,50, vanaf 20 m f 15,– per nacht.

Wijhe

Aan de Gelderse IJssel, kmr 965,1 Ro; 12,5 km van Hattem; 17,5 km van Deventer.

Ligplaats: Passantenhaven Wijhe, havenmeester M. Eckelboom, tel. (05702) 23 13, max.diepgang 2 m, tarief f 1,– per m lengte per nacht, max.verblijfsduur 7 dagen (toiletten, douches (f 1,–) en wastafels), geopend van 1 mei-1 okt.

Drinkwater en stortplaats chemisch toilet: Aan de passantenhaven (sl).

Wijk bij Duurstede

Aan de N-oever van de Neder Rijn, bij kmr 926, ca. 1,5 km ten O van kanaalkruising Amsterdam-Rijnkanaal. Geen verbinding tussen Lek en Kromme Rijn.

Maximumsnelheid: In de oude rivierarm 9 km/h, m.u.v. een gedeelte dat met borden is aangegeven; hier geldt géén snelheidsbeperking en is waterskiën toegestaan. Op basis van de plaatselijke verordening gelden voor snelle motorboten dezelfde voorwaarden als in het Binnenvaartpolitiereglement zijn voorschreven. Nadere informatie is opgenomen in de ANWB-watersportwijzer 'Snel motorbootvaren in

Nederland'. Raadpleeg hiervoor de 'Handleiding' van deze Almanak onder 'Snelle motorboten en Waterskiën'.
Sluizen: De Prinses Irenesluis ten W van de stad wordt te allen tijde bediend. Er zijn twee schutkolken naast elkaar. Hefdeur H KP + 9,05 m (KP = NAP − 0,40 m). De Prinses Marijkesluis ten Z van de Lek staat meestal open. Hefdeur H MR + 11,70 m (MR = NAP + 4 m). Zie verder onder 'Amsterdam-Rijnkanaal'.
Op een bord aan de kanaalzijde van de Prinses Irenesluis is de stroomsnelheid op de kruising vermeld; de laagste waarde die aangegeven wordt is 4 km/h, ook als er minder stroom staat.
Marifoon: Sluis Wijk bij Duurstede, kan. 22; Centrale Post Scheepvaartdienst Wijk bij Duurstede, kan. 13.
Centrale Post Scheepvaartdienst Wijk bij Duurstede: Men wordt verzocht, alvorens de kruising Lek/Amsterdam-Rijnkanaal te passeren, contact op te nemen met deze Centrale Post via kan. 13 en hierop te blijven uitluisteren tot de kruising is gepasseerd.
Deze post is tevens centrale meldpost (in noodgevallen ook op kan. 10). Schepen die niet zijn uitgerust met marifoon dienen uit te luisteren naar mededelingen die mogelijk via op de kruising opgestelde luidsprekers worden gegeven. Tel. (03435) 7 13 82.
Lig- en aanlegplaatsen: Stroomafwaarts varend vindt men achtereenvolgens:
● Jachthaven van W.V. Rijn en Lek in de oude rivierarm bij kmr 926, op 10 min loopafstand van de binnenstad, tarief f 1,25 per m lengte per etmaal (van 12-15 h gratis), melden bij de havenmeester dhr. P. de Graauw op het verenigingsschip in de haven, tel. (03435) 7 30 49 (elektra, toiletten, douches (f 1,–, munten bij de havenmeester) en wastafels).
● De haven waarvan de toegang stroomafwaarts ligt van het winkelschip, langszij beroepsvaartuigen. Op werkdagen onrustig door overslag van grind en graan en daarom als ligplaats niet aan te bevelen.
Motorbrandstof: Verschillende bunkerschepen op de rivier en het kanaal, sbe (sl), die (sl) (zo. gesloten).
Reparatie: Fa. Buunen-Pisano, aan de Oude Haven, Havenweg, tel. (03435) 7 45 58, bib (alle merken), romp/uitr (s/op de wal + in het water).
Hefkraan: W.V. Rijn en Lek, max. 1 ton.

Wijk en Aalburg
Aan de Andelse Maas, kmr 233,7; 5 km van Heusden.
Ligplaats: Jachthaven van de Wijkse Z.V. Trident in de havenkom, havenmeester A. v. Ballegooyen, tel. (04164) 18 00, max.diepgang 2,20 m, tarief f 1,– per m lengte per nacht (elektra, toiletten, douches (f 1,–) en wastafels).
Reparatie: Jan Duister, Maasdijk 20, bub (Yamaha, Mercury, Johnson, Evinrude), bib (alle merken); via Wijkse Z.V. Trident, romp/uitr (ht, s/op de wal + in het water), zeil/tuigage.
Hefkraan en trailerhelling: Wijkse Z.V. Trident, Maasdijk 40, kraan (medio 1995) max. 12 ton, max.diepgang 2 m, helling max. 8 ton, max.diepgang 1,25 m, tarief f 7,50 (in/uit).

Wijmers (Loppersumer Wijmers)
Van Garrelsweer aan het Damsterdiep (zie aldaar) naar Loppersum en Westeremden. Lengte 7,5 km, D 1,60 m.
Vaarwegbeheerder: Waterschap Eemszijlvest, Westersingel 66, 9901 GJ Appingedam, tel. (05960) 5 42 22.
Maximumsnelheid: 6 km/h.
Sluis: Bij Loppersum aan de Stedumerweg. Zelfbediening. Breedte 2,50 m.

Bruggen: 3 Vaste bruggen, H 2,50 m bij KP (in de zomer staat het water vaak 0,20 m hoger).
Aanlegplaatsen: In Loppersum bij de klapbrug en de sluis.

Yerseke

Aan de Oosterschelde, 6 km ten O van Wemeldinge.
Getijstanden: GHW = NAP + 1,70 m; GLW = NAP – 1,58 m.
Vaargeul: Is uitgebaggerd en betond tot de ingang van de Prins Willem-Alexanderhaven.
Marifoon: Gemeentelijke havenmeester, kan. 9.
Ligplaats: Zie 'Oude vissershaven'.
Nieuwe vissershaven (Kon. Julianahaven): Dit is de meest noordelijke haven en bestemd voor vissersschepen. D 1,90 m bij LLWS.
Havenlichten: Aan de NW-zijde van de haveningang een vast groen licht en aan de ZO-zijde een vast rood licht.
Oude vissershaven (Prinses Beatrixhaven): Deze haven ligt ten Z van de Kon. Julianahaven. Bij het aanlopen van deze haven moet men de scheidingston SvI 20/VWG 1 aan bakboord houden, doet men dat niet dan loopt men het gevaar rond halftij vast te lopen. D 2 m bij gemiddeld LLWS. In deze haven liggen aan de ZW-zijde enkele drijvende steigers voor jachten. Hier is ook de passantensteiger.
Havengeld: f 2,30 per m lengte per nacht (elektra, toiletten, wastafels en douches). Havenmeester A. M. Groen, tel. (01131) 17 26.
Havenlichten: Aan de NO-zijde van de haveningang een vast groen licht, aan de ZW-zijde een vast rood licht.
Jachthaven (Prins Willem-Alexanderhaven): Deze haven ligt ten Z van de twee eerder genoemde havens. Voor jachten zijn drijvende steigers aanwezig (vaste ligplaatsen). D 1,70 m bij gemiddeld LLWS.
Havenlichten: Aan de NO-zijde van de haveningang een vast groen licht, aan de ZW-zijde een vast rood licht.
Drinkwater: Op de drijvende steigers t.b.v. de jachten in de oude vissershaven (sl).
Motorbrandstof: 2 tankbootjes in de Pr. Beatrixhaven, die (sl), zo. gesloten.
Reparatie: Fa. Bakker, tel. (01131) 18 25, bib/bub; Fa. Eckhardt, bub; L. Slabbekoorn, tel. (01131) 18 81, bub/bib; Fa. Van Os, tel. (01131) 14 47 of 12 39, overdekte helling; J. Zoetewey, tel. (01131) 14 97, zeil/tuigage.
Deze bedrijven zijn op zat. geopend. Tevens reparatiemogelijkheden van romp/uitr (ht, s, p) en elek.
Hefkraan: Aan de oude vissershaven bij W.V. Yerseke, max. 10 ton, tarief f 100,– per handeling (heffen met staande mast mogelijk).
Kampeerterrein: Camping Zon en Zee, op 100 m afstand van de oude vissershaven.
Stortplaats chemisch toilet: Bij het havenkantoor aan de oude vissershaven.

IJlst

4 km van Sneek (zie ook 'Geeuw'); 3,5 km van Osingahuizen; 9 km van Bolsward (zie ook 'Bolswardervaart').
Maximumsnelheid: 9 km/h; in de bebouwde kom 5 km/h.
Brug: Ophaalbrug over de Geeuw, H 1,10 m. Bruggeld f 2,50.

Bediening:

ma. t/m zat.	(15 mrt.-1 mei)	9-12, 13-17 h
	(1 mei-1 okt.)	9-12, 13-17, 18-20 h
	(1 okt.-15 nov.)	9-12, 13-17 h
	(15 nov.-15 mrt.)	9-16 h, op verzoek*
zo. en fd.	(15 april-1 juni en	
	1 sept.-15 okt.)	9-12, 14-18 h**
	(1 juni-1 sept.)	9-12, 14-17, 18-20 h
	(15 okt.-15 april)	gesloten

* Bediening 24 h tevoren aanvragen van ma. t/m vr. van 9-15 h bij Gemeentewerken in Heeg, tel. (05154) 4 26 40 of bij de Provincie Friesland, tel. (058) 92 58 88.
**Geldt ook voor 1e en 2e paasdag.
Lig- en aanlegplaatsen: Beperkte mogelijkheden aan de kaden in het stadje (grotendeels privé-terrein), gemeentelijk passantentarief: tot 7 m lengte f 7,–, tot 10 m f 10,–, meer dan 10 m f 15,50 per nacht + f 0,90 toeristenbelasting p.p. (toilet en douches (f 1,–)) ● bij de jachthaven van Skipper Club Charter, 500 m voorbij de ophaalbrug richting Sneek, tel. (05155) 3 15 99, tarief f 1,– per m lengte per nacht (elektra, toiletten, wastafels en douches (f 1,–)) ● Camping De Geeuwpôlle, 300 m voorbij de ophaalbrug richting Sneek ● Jachthaven De Uitkijk, 200 m voorbij de ophaalbrug richting Sneek, stuurboord uit (O-Dijkgracht), havenmeester W. v. d. Velde, tel. (05155) 3 13 51, max.diepgang 1,40 m, tarief f 1,10 per m per nacht (toiletten, douches (f 1,–) en wastafels) ● Jachtbouw Koopmans, tel. (05155) 3 25 01 (elektra, toiletten, douches en wastafels), drinkwater.
Motorbrandstof: Jachthaven van Skipper Club Charter, die (sl); Jachtbouw Koopmans, die (sl), be.
Reparatie: Jachtwerf Miedema, romp/uitr; Technisch bedrijf Bakker, romp/uitr; Feenstra's Scheepstimmerbedrijf, romp/uitr; Jachtbouw Koopmans, Nijesyl 25, tel. (05155) 3 25 01, romp/uitr (ht, s, p/op de wal + in het water), zeil/tuigage.
Hefkraan: Jachtbouw Koopmans.
Trailerhelling: Jachthaven De Uitkijk, max. 1$^1/_2$ ton, tarief f 2,50.
Kampeerterrein: Camping De Geeuwpôlle (met aanlegsteiger) aan de Geeuw.

IJmeer
Dit is de naam van het gedeelte van het Markermeer rond het eiland Pampus (zie aldaar). Naar het ZO gaat het IJmeer ter plaatse van de Hollandse brug (zie onder 'Muiderzand') over in het Gooimeer (zie aldaar). Oppervlakte 4800 ha. Zie ook 'Muiden', 'Muiderberg', 'Muiderzand'.
Vaarwaterbeheerder: Rijkswaterstaat Directie Flevoland, Postbus 600, 8200 AP Lelystad, tel. (03200) 9 91 11.
Ligplaatsenverordening: Meren en ankeren langs de polder van Z-Flevoland is aan regels gebonden; zie verder bij 'Flevoland'.
Maximumsnelheid: Voor snelle motorboten in de vaargeul 20 km/h. Ten Z van de lijn tussen de vuurtoren van de Hoek van het IJ en de Z-punt van de leidam van Pampushaven geldt buiten de vaargeul een max.snelheid van 9 km/h, m.u.v. het door gele betonning gemarkeerde gebied. Hier geldt géén snelheidsbeperking en is waterskiën toegestaan.
Nadere informatie is opgenomen in de ANWB-watersportwijzer 'Snel motorbootvaren in Nederland'. Raadpleeg hiervoor de 'Handleiding' van deze Almanak onder 'Snelle motorboten en Waterskiën'.
Pampushaven: Vluchthaven, aan de W-punt van Z-Flevoland, ten NO

van Pampus. De haven wordt omsloten door twee dijken en twee dwarsdammen aan het Z-eind van het Oostvaardersdiep en is in gebruik als werkhaven en opslagterrein. In deze haven mag max. 3 x 24 h of 3 nachten ligplaats worden genomen. (Beheerder: Rijkswaterstaat, Directie Flevoland in Lelystad.) Er zijn geen aanlegplaatsen. Er is een intensief gebruikte losval. De haven biedt wel beschutte ankerplaatsen maar let op, de ankergrond is slecht. De haven is uitsluitend van het ZW uit te bereiken. De W-havendam is aangegeven door een rood vast licht, de kop van de Z-havendam door een groen vast licht en de N-dwarsdam door een groen flikkerlicht (LF1 10s).

Vluchthaven Over-Diemen (Ballasthaven): Gelegen ten W van Muiden. Verboden voor de recreatievaart.

Muiderstrand: De oude vluchthaven Muiderstrand, aan de ZW-punt van Z-Flevoland ten NO van de Hollandse brug, is sinds 1991 een onderdeel van de nieuwe Jachthaven Muiderzand. Zie verder onder 'Muiderzand'.

Vaarweg Muiden-Gooimeer: Zie onder 'Muiderzand'.

IJmuiden

21 km van Amsterdam (IJ-veer); zie ook 'Noordzeekanaal'.

Sluiskantoor: tel. (02550) 6 41 41 (dag en nacht).

Havenmond: Breedte tussen de pieren is 400 m. Vrijwel het gehele havencomplex is meer dan 4,50 m diep.

Bijzondere bepalingen: Op het Noordzeekanaal (ten O van de sluizen in IJmuiden) en in het gebied ten W van de sluizen (incl. de Buitenhaven) gelden voor kleine vaartuigen (tot 20 m lengte) de volgende bepalingen:

a. Met een zeil- en motorboot mag alleen worden gevaren, indien deze is voorzien van een (direct startklare) motor, waarmee een snelheid van tenminste 6 km/h kan worden gehandhaafd.

b. Alle kleine vaartuigen moeten zo dicht mogelijk aan de stuurboordzijde van het vaarwater varen, met dien verstande dat het niet is toegestaan het vaarwater op te kruisen, behalve wanneer op de snelst mogelijke manier wordt overgestoken of wanneer het i.v.m. de veiligheid van het scheepvaartverkeer beter is over een korte afstand zo dicht mogelijk aan de bakboordzijde van het vaarwater te varen.

c. Een klein varend of geankerd vaartuig moet 's nachts en bij slecht zicht een radarreflector voeren (dit geldt alleen ten O van de sluizen). Ten W van de sluizen in IJmuiden geldt naast de verboden genoemd onder a. en b. tevens een vaarverbod voor met spierkracht voortbewogen vaartuigen en windsurfplanken. Zie tevens de 'Handleiding' van deze Almanak onder 'Bijzondere bepalingen'.

Getijden: Rijzing bij doodtij 1,65 m boven gemiddeld LLWS; rijzing bij springtij 2 m; gemiddeld LLWS = NAP – 0,95 m.

Onafhankelijk van de richting en kracht van de wind, komt het NO-gaand tij in de regel 2 uur vóór hoogwater door en staat hard door van 1 uur vóór tot 1 uur ná hoogwater. Het ZW-gaand tij komt ongeveer 4 uur na hoogwater door. Op de duur en de tijd van doorkomen van het ZW-gaand tij heeft de wind belangrijke invloed.

Bij storm en vloed doen zich vóór en in de havenmond zware brekers voor met een moeilijke zee.

De geleidelichten (lichten inéén 100°5') branden ook overdag.

Sleepzuigers: Men moet langsvaren aan de zijde waar een zwarte cilinder is gehesen ('s nachts een wit licht); de verboden zijde wordt aangegeven door twee zwarte ballen boven elkaar ('s nachts twee vaste rode lichten en nog een rood flikkerlicht).

Haven Operatie Centrum (H.O.C.): Op de Z-oever van het Zuiderbuitenkanaal. Boven het H.O.C. wordt d.m.v. lichten de waterstand aan-

gegeven. Groen boven wit: rijzend water; groen beneden wit: vallend water.
Ten Z van (van buiten komend aan stuurboord) de semafoor kan een wit flikkerlicht worden getoond, een teken dat de loodsdienst is gestaakt. Het seinraam is verder buiten werking gesteld.
Buitenhaven: Het is verboden met motorboten te varen ten Z van de lijn: groen licht Zuiderstrekdam en groen licht Zuiderbinnenhoofd. Voorts moet men zoveel mogelijk stuurboordwal houden (haaks oversteken is toegestaan). Zeilboten moeten voorzien zijn van een startklare motor (zie 'Bijzondere bepalingen').
Sluizen: Er zijn vier sluizen, van N naar Z (tevens de volgorde van de grootte) Noordersluis, Middensluis, Zuidersluis en Kleine Sluis. De minst diepe sluis is bij gemiddeld LLWS D 4,10 m. Voor detailkaart van de haven en het Noordzeekanaal zie de 'Zeekaart no. 1543' of de 'ANWB-waterkaart Amsterdam-Alkmaar', schaal 1:50.000. Voor detailkaart van de haven zie ook de kaart voor 'Kust- en binnenwateren, nr. 1801' (Noordzeekust). Over de Zuidersluis en de Kleine Sluis ligt een draaibrug, H NAP + 6 m. De gebruikelijke rode en groene lichten geven aan welke sluis gebruikt moet worden; de recreatievaart wordt van 1 april-1 okt. door de Kleine Sluis geschut (naderen via het Zuiderbuitenkanaal). Via de luidsprekerinstallatie kunnen vaaraanwijzingen verstrekt worden.
Bediening: Van 1 april-1 okt. wordt de recreatievaart door de Kleine Sluis geschut:

ma.*	6-24 h
di. t/m zat.	0-24 h
zo. en fd.	0-21 h

* Op dagen na een feestdag bediening als op ma.
In principe zal elk uur een schutting naar binnen en naar buiten plaatsvinden. Indien de Kleine Sluis en de Zuidersluis gesloten zijn, kan op aanwijzing van de sluisdienst door een van de andere sluizen worden geschut (bediening te allen tijde).
Marifoon: Voor naar binnen- en naar buitengaande scheepvaart is het havengebied van IJmuiden verdeeld in een aantal sectoren namelijk:
– Houtrakgemaal tot sluizen IJmuiden, roepnaam 'Verkeersdienst Noordzeekanaal', kan. 11;
– Bij het Houtrakgemaal ter hoogte van kmr 11 kan de sluis worden aangeroepen op kan. 68;
– Sluis, roepnaam 'Sluis IJmuiden', kan. 22;
– Vanaf de sluizen tot 5 mijl uit de pieren, roepnaam 'IJmuiden Haven', kan. 9;
– Buiten 5 mijl uit de pieren, roepnaam 'Traffic Centre IJmuiden', kan. 12.
Voor en tijdens het schutten moet de recreatievaart zich, indien voorzien van een marifoon, melden op kan. 22. Tijdens en na het verlaten van de sluis moet worden uitgeluisterd op het blokkan. 9 voor W-gaande scheepvaart en op het blokkan. 11 voor O-gaande scheepvaart. Blokkan. 11 sluit in O-gaande richting aan op blokkan. 14 van de Havendienst Amsterdam.
Zie tevens onder 'Lig- en aanlegplaatsen'.
Sluis-, rijkshaven- of rijkskadegeld: Geen. Bij meren in de Vissers- en Haringhaven moet wel havengeld betaald worden (zie onder 'Aanlegplaatsen').
Douane/Kon. Marechaussee: Het douanekantoor ligt tegenover de getijdensteiger (jachtensteiger), welke ligt aan de buitenzijde van de Kleine- en Zuidersluis. Voor douaneformaliteiten zie in de Handleiding van deze Almanak onder 'Douaneformaliteiten'.

Aanwijzingen: In het belang van de grensbewaking zijn daartoe op borden aanwijzingen gegeven overeenkomstig art. 24 Vreemdelingen Besluit. Deze borden zijn geplaatst op het forteiland, landtong Midden-, Kleine en Zuidersluis, alsmede op de steiger zelf. Douane, tel. (02550) 2 33 09.
Lig- en aanlegplaatsen: Seaport Marina IJmuiden, direct aan Zuidpier, melden via marifoonkanaal 74, havenkantoor tel. (02550) 3 34 48, max.diepgang 4,50 m, tarief vanaf f 25,50 per nacht + toeristenbelasting f 0,75 p.p. (elektra, toiletten, douches (f 1,–) en wastafels); tijdelijk langs de loswal bij de kleine sluis; op 10 km afstand van IJmuiden, door brug aan stuurboord Jachthaven van W.V. IJmond, zie verder onder 'Spaarndam'. Zie tevens onder 'Velsen-Noord'.
Drinkwater: Voor het vullen van tanks, vragen aan de waterboot in het Zuiderbinnenkanaal (zo. gesloten).
Motorbrandstoffen: Seaport Marina IJmuiden, die (sl), sbe (sl); Gulf-depot, die; tankbootje varende in de Vissershaven of liggende achter het dok, die; tankbootje binnen de sluis aan een steiger langs de Z-oever (sl), zo. gesloten.
Reparatie: Seaport Marina IJmuiden, Zuidpier, tel. (02550) 3 34 48, bub (Yamaha, Mercury, Mariner, Johnson, Evinrude, Honda en Force), bib (alle merken), romp/uitr (ht, s, p/op de wal + in het water), zeiltuigage, elek, gehele jaar geopend 24 h per dag; Machinefabriek en Reparatiebedrijf J.C. Terlouw B.V., Kennemerboulevard 714, in het bedrijvencentrum in Seaport Marina IJmuiden, tel. (02550) 6 03 20 of (06) 52 61 56 49, bib (alle merken, dealer Volvo Penta), romp/uitr (s, p/op de wal + in het water), zeil/tuigage, elek; D. Plug, Trawlerkade 42, zeil/tuigage; K. v. Veelen, Middenhavenstraat 41, zeil/tuigage.
Botenlift en trailerhelling: Seaport Marina IJmuiden, lift max. 70 ton, tarief vanaf f 125,– (liften met staande mast mogelijk), trailerhelling max.diepgang 1,50 m, tarief f 25,– in/uit.
Wasserette, stortplaats chemisch toilet en aftappunt vuilwatertank: Bij Seaport Marina IJmuiden.

IJsselmeer en Markermeer

Dit is het watergebied tussen Amsterdam en de Afsluitdijk tussen Den Oever en Kornwerderzand.
Het IJsselmeer is door de Houtribdijk tussen Enkhuizen en Lelystad in tweeën gedeeld, nl. in een N-gedeelte en een Z-gedeelte. De naam van het Z-gedeelte is Markermeer.
Vaarwaterbeheerder: Rijkswaterstaat Directie Flevoland, Postbus 600, 8200 AP Lelystad, tel. (03200) 9 91 11.
Vaaraanwijzingen: Men kan het hoofdstuk 'Vaaraanwijzingen voor het IJsselmeer' in Deel 1 van de Almanak raadplegen.
Maximumsnelheid: Géén snelheidsbeperking, m.u.v. de volgende gebieden waar een max.snelheid geldt van 20 km/h of minder:
– de betonde vaargeulen (voor snelle motorboten 20 km/h).
– de gedeelten achter de aanvullende markering (m.u.v. het gedeelte van het Krabbersgat (zie onder 'Enkhuizen')). Voor deze gedeelten geldt plaatselijk een lagere max.snelheid dan 20 km/h.
– de oeverstroken binnen een afstand van 250 m uit de oever. Ook voor deze gedeelten geldt plaatselijk een lagere max.snelheid dan 20 km/h.
– de Gouwzee, m.u.v. het door gele betonning gemarkeerde gebied (zie onder 'Gouwzee').
– op het IJmeer ten Z van de lijn tussen de vuurtoren van de Hoek van het IJ en de Z-punt van de leidam van Pampushaven geldt buiten de vaargeul een max.snelheid van 9 km/h, m.u.v. het door gele betonning gemarkeerde gebied (zie onder 'IJmeer').
Nadere informatie is opgenomen in de ANWB-watersportwijzer 'Snel

motorbootvaren in Nederland'. Raadpleeg hiervoor de 'Handleiding' van deze Almanak onder 'Snelle motorboten en Waterskiën'.
Waterstand: In het zomerhalfjaar (1 april-1 okt.) NAP – 0,20 m (= IJZP), echter in tijden van grote droogte kan een iets hoger zomerpeil worden nagestreefd; in het winterhalfjaar NAP – 0,40 m (= IJWP). Door op- of afwaaien is in de uiterste hoeken van het IJsselmeer en Markermeer een waterstandafwijking mogelijk tot ca. 1 m van het gemiddeld peil.
Havens en sluizen: Zijn onder hun eigen naam beschreven.
Schietoefeningen: Vanuit het schietpunt bij Breezanddijk kunnen schietproeven worden gehouden in het gebied Breezanddijk, Medemblik, Den Oever. De Schietdagen worden onder andere aangekondigd door Scheveningen Radio:
– daags vóór de te houden schietproeven ná het weerbericht van 19 h;
– op de dag zelf op de even uren ná de verkeerslijsten en het weerbericht (08.05, 10.05, 12.05, 14.05 en 16.05 h (lokale tijd)).
De uitzendingen worden verzorgd op de navolgende kanalen: West-Terschelling, kan. 25; Wieringerwerf, kan. 27; Lelystad, kan. 83.
Doorgaans wordt het schietterrein gebruikt op dinsdag, woensdag en donderdag van 10-19 h. In de zomermaanden is een verlenging tot 21 h mogelijk. Incidenteel kan ook op maandag en/of vrijdag worden geschoten. In de periode half juli tot half augustus wordt in principe niet van het schietterrein gebruik gemaakt. De schietende eenheid is op schietdagen per marifoon bereikbaar via kan. 71 onder roepnaam 'Schietterrein Breezanddijk'.
Marifoon, Centrale Meldpost: Op 1 april 1995 wordt het Centraal meldpunt IJsselmeergebied in gebruik genomen. Dit is gevestigd op de Houtribsluizen en maakt gebruik van kanaal 1. Dit kanaal is geen blokkanaal; op dit kanaal wordt informatie gegeven over nautische zaken, de vaarder kan ook zaken melden als brand, waterverontreiniging en onjuistheden in de betonning. Voor nood-, spoed- en veiligheidsverkeer blijft in het IJsselmeergebied kanaal 16 het aangewezen kanaal.
Schip-schipverkeer vindt op het IJsselmeer plaats op kanaal 10.

IJsselmonde

5,5 km van Rotterdam.
Bruggen:
– Van Brienenoordbrug (dubbele verkeersburg (bb)) over de Nieuwe Maas, kmr 995,2. Hoogte vaste gedeelte, in het midden NAP + 25,04 m en aan de kanten op 25 m uit de pijlers NAP + 24,36 m. Beweegbaar gedeelte in de brug ligt bij de N-oever. Bediening: te allen tijde. Van ma. t/m vr. is de brug van 8-16 h bemand, buiten deze tijden bediening op verzoek, 3 h tevoren aanvragen bij VCRD Noordtunnel, tel. (01858) 1 91 50. Gedurende spitsuren (ma. t/m vr. 7-10 en 15.30-19 h) geen bediening.
Bij een windkracht van 8 Beaufort en hoger wordt de brug niet meer bediend.
– Over het Zuiddiepje: de hoogte van het vaste gedeelte van de overspanning van de Van Brienenoordbrug over de O-toegang tot het Zuiddiepje aan de Z-zijde van het Eiland van Brienenoord is H NAP + 20 m.
Bediening van de beweegbare brug in de W-toegang tot het Zuiddiepje, H NAP + 4,50 m, kan worden aangevraagd via marifoonkan. 13 (Verkeerscentrale Stad) of tel. (010) 4 25 17 01. Diepte Zuiddiepje NAP – 3,50 m.
Marifoon: Van Brienenoordbrug, kan. 20; Verkeerscentrale Stad, kan. 13.
Getijstanden: GHW = NAP + 1 m; GLW = NAP – 0,50 m.

Ligplaatsen: Aan de vlotten van de rustige jachthaven van de W.V. IJsselmonde ca. 300 m ten O van de Van Brienenoordbrug, aan de Z-oever van de Nieuwe Maas, melden bij het havenkantoor, tarief f 1,– per m lengte per etmaal (elektra, toiletten, wastafels en douches), max.verblijfsduur 2 weken, langer verblijf na overleg, tel. (010) 4 82 83 33, D 2,50 m bij gemiddeld LLWS ● Jachthaven De Kreek van W.V. De Kreek aan het Zuiddiepje, invaart aan de O-zijde van de Van Brienenoordbrug, havenmeester E. Le Comte, tel. (010) 4 32 43 00, max.diepgang 2,50 m bij gemiddeld LLWS, tarief f 1,– per m lengte per dag (KNWV-leden met bewijs van lidmaatschap 1e nacht gratis) (elektra, toiletten, wastafels en douche (f 1,–)).
Botenliften: W.V. IJsselmonde, max. 20 ton, gebruik en kosten in overleg, tel. (010) 4 82 83 33; W.V. De Kreek, Stadionweg 1, max. 15 ton, tarief f 250,–.
Wasserette: Bij W.V. IJsselmonde.
Aftappunt vuilwatertank: Bij W.V. De Kreek.

IJsselstein
28 km ten O van Gouda; 11,5 km van Utrecht.
Bruggen: Zie 'Hollandse IJssel'.
Lig- en aanlegplaatsen: Fraaie, voldoende diepe meerplaatsen overal langs de Hollandse IJssel o.a. bij de beide IJsselbruggen en aan het einde van het jaagpad Montfoort-IJsselstein. Sanitaire voorzieningen bij de Oranjebrug (toiletten, wastafels en douches (f 1,–)).
Drinkwater: Bij de brugwachters van beide beweegbare bruggen (sl); Fa. Vermeulen, Panoven 21, (sl).
Motorbrandstof: Garage Miltenburg, 1 km ten O van de Hoge Boomsbrug in Achthoven, sbe, be, die; Fa. Vermeulen, Panoven 21, die; L. Stigter, ca. 100 m van de Beneluxbrug, be, sbe, die (zo. gesloten); Garage Swart, ca. 100 m van de Oranjebrug, be, sbe (zo. gesloten); Garage Damsté, ca. 100 m van de Poortdijkbrug), sbe, be (zo. gesloten).
Kampeerterrein: Camping De Voormolen, Z-IJsseldijk 4, eigenaar dhr. V. Wijngaarden, tel. (03408) 8 21 79.

Zaan
Van het Noordzeekanaal tot de Knollendammervaart, ruim 13 km.
Vaarwegbeheerder: Gemeente Zaanstad, Afd. Havens, Bruggen en Markten, Westkade 2, 1506 BA Zaandam, tel. (075) 81 68 88 (in noodgevallen tel. (075) 70 17 01, 24 uur per dag bereikbaar).
Waterstand: De hoogten van de bruggen zijn aangegeven t.o.v. het Referentiepeil (een theoretisch peil dat, uitgaande van de bestaande peilbeheersingssituatie, hooguit op een 5-tal dagen in het watersportseizoen wordt overschreden).
Maximumsnelheid: 12 km/h, met uitzondering van het gedeelte van de Tapsloot tot Jachthaven West-Knollendam (9 km/h) en de bocht ten N van de Zaanbrug (6 km/h).
Bijzondere bepalingen: Op de Voorzaan (Noordzeekanaal tot de Wilhelminasluis) geldt dat een klein varend of geankerd vaartuig 's nachts en bij slecht zicht voorzien moet zijn van een radarreflector. Zie tevens de 'Handleiding' van deze Almanak onder 'Bijzondere bepalingen'.
Havengeld/Doorvaartrecht: f 4,– per dag (0-24 h), abonnement f 25,– per jaar. Sluisgeld recreatievaartuigen f 3,25, overige vaartuigen f 3,55. Naast het doorvaartrecht dient tevens sluis- en bruggeld voor de Wilhelminabrug en -sluis te worden betaald op het kantoor van het Hoogheemraadschap van de Uitwaterende Sluizen, gevestigd op de Wilhelminasluis, tel. (075) 16 49 32.
Marifoon: Dr. J. M. den Uijlbrug, Wilhelminabrug, Beatrixbrug, Bernhardbrug en Spoorbrug kanaal 20, Pr. Clausbrug, Beatrixbrug te

Knollendam, Alexanderbrug, Coenbrug, Julianabrug, Zaanbrug, Pr. Clausbrug en de Beatrixbrug te Knollendam kanaal 18.
Bruggen algemeen: De op afstand bediende bruggen in Zaanstad worden bij mist bij een zicht van 50 m of minder niet meer bediend, m.u.v. de Coenbrug, zijnde de basculebrug over de Zaan in Rijksweg A8, richting Coentunnel, welke niet bediend wordt bij een zicht van 300 m of minder.
Brug Zijkanaal G: Dr. J. M. den Uijlbrug (bb), beweegbare gedeelte H 6,50 m, vaste gedeelte H 7,10 m. De brug wordt op afstand vanaf de Wilhelminasluis bediend. Waarneming vindt plaats m.b.v. camera's en intercoms of via marifoonkan. 20. Bediening als de Wilhelminabrug (gratis).
Wilhelminasluis in de Zaan, tel. (075) 16 49 32. Bediening:

ma. t/m vr.[2]		6-21.45 h
zat.		7-12, 13-18 h
zo. en fd.[1]	(16 april-16 okt.)	8-12, 16-19 h
	(16 okt.-16 april)	9.45-10.15*, 11.45-12.15 h

* Niet op fd.
Naast de Wilhelminasluis ligt de Oude Sluis. Indien de Wilhelminasluis door werkzaamheden buiten gebruik wordt gesteld, kan de kleine recreatievaart van de Oude Sluis gebruik maken.
– Sluisgeld (ook bij openstaande sluis): recreatievaartuigen f 3,25; overige vaartuigen min. f 3,55. Het sluis- en bruggeld voor de Wilhelminasluis en -brug dient te worden voldaan op het kantoor van het Hoogheemraadschap van de Uitwaterende Sluizen op de Wilhelminasluis.
Wilhelminabrug: Basculebrug, H 2,50 à 2,90 m. Over het Z-hoofd van de sluis. Bruggeld f 1,55. Bediening:

ma. t/m vr.[2]		6-17, 17.15-17.30, 17.50-21.45 h
zat.		7-12, 13-18 h
zo. en fd.[1]	(16 april-16 okt.)	8-10.30, 16-19 h
	(16 okt.-16 april)	gesloten

Prinses Beatrixbrug (bb) direct ten N van de sluizen. Het vaste deel, H 2,85 m, ligt over de toegang tot de Oude Sluis, het beweegbare deel, H 2,94 m, overspant de toegang tot de grote sluis. Bediening als de Wilhelminabrug (gratis).
Prins Bernhardbrug (bb): H 2,25 m, vaste gedeelte H 2,35 m. Bediening (gratis):

ma. t/m vr.[2]		6.15-21 h
zat.	(16 april-16 okt.)	7.30-12, 13-16.45 h
	(16 okt.-16 april)	7.30-12, 13-16.30 h
zo. en fd.[1]	(16 april-16 okt.)	8.15-12, 14-19 h
	(16 okt.-16 april)	gesloten

Spoordraaibrug: H 2 m (vaste overspanningen H 3 m).
Gewoonlijk blijft de brug telkens gedurende slechts 15 à 20 minuten gesloten, behalve op spitsuren (ca. 40 minuten). Bediening als Prins Bernhardbrug, aangepast aan de treinenloop, gratis. De exacte bedieningstijden zijn opgenomen in de watersportwijzer 'Openingstijden spoorbruggen', gratis verkrijgbaar aan de ANWB-vestigingen. Bediening op Koninginnedag en op Hemelvaartsdag als op zo. Bij de

[1] Incl. Koninginnedag en 5 mei (Bevrijdingsdag).
[2] Bediening op 24 en 31 dec. tot 16 h

brug zijn geen aanlegmogelijkheden. De oever aan de O-zijde, ten N van de brug, is ondiep door puinstort.
Prins Willem-Alexanderbrug: Basculebrug, H 2,67 m, vaste gedeelte O-zijde H 2,85 m en W-zijde H 2,10 m. Bediening (gratis):

ma. t/m vr.[2]		6.15-21 h
zat.	(16 april-16 okt.)	7.30-12, 13-16.45 h
	(16 okt.-16 april)	7.30-12, 13-16.30 h
zo. en fd.[1]	(16 april-16 okt.)	8.15-10.30, 16.30-19 h
	(16 okt.-16 april)	gesloten

Coenbrug (bb): Vaste gedeelte H 6,20 m. De brug wordt op afstand vanaf de Prins Willem-Alexanderbrug bediend. Bediening (gratis):

ma. t/m vr.*		6.15-21 h
zat.	(16 april-16 okt.)	7.30-12, 13-16.45 h
	(16 okt.-16 april)	7.30-12, 13-16.30 h
zo. en fd.[1]	(16 april-16 okt.)	8.40, 9.30, 10.26, 16.55, 18 en 18.55 h (opening gemiddeld ca. 10 min)
	(16 okt.-16 april)	gesloten

* Op 24 en 31 dec. laatste bediening van 13-17 h.
Julianabrug in Zaandijk (bb): H 3,05 m. In de weg van Haarlem naar Purmerend. Bediening (gratis):

ma. t/m vr.[2]		6.15-21 h
zat.	(16 april-16 okt.)	7.30-12, 13-17.15 h
	(16 okt.-16 april)	7.30-12, 13-16.30 h
zo. en fd.[1]	(16 april-16 okt.)	8.30-10, 16-19 h
	(16 okt.-16 april)	gesloten

Zaanbrug in Wormerveer (bb): H 2,33 m. Bediening (gratis):

ma. t/m vr.[2]		6.15-21 h
zat.	(16 april-16 okt.)	7.30-12, 13-19 h
	(16 okt.-16 april)	7.30-12, 13-16.30 h
zo. en fd.[1]	(16 april-16 okt.)	8-12, 15-19 h
	(16 okt.-16 april)	gesloten

Pr. Clausbrug (bb): De brug wordt op afstand bediend vanaf de Zaanbrug, bediening zie Zaanbrug.
Brug over de Tapsloot (Beatrixbrug, bb): Zie onder 'Knollendam'.
Sluizen in de Zaanoevers:
– Hanepadsluis met vaste brug, H ca. 2,60 m, aan de Voorzaan, in de toegang tot het Oostzijderveld (hier is voor motorvaart een vergunning nodig, zie bij 'Oostzaan'). Bediening:

ma. t/m vr.	8-17 h
zat.	9-11 h, op verzoek*
zo. en fd.	9-11, 17-21 h, op verzoek*

* Sluiswachter L. van Noord, Zuiddijk 226, Zaandam, tel. (075) 16 30 88.
Sluisgeld: ma. t/m vr. f 2,–, zat. en zo. f 4,–.

---

[1] Incl. Koninginnedag en 5 mei (Bevrijdingsdag).
[2] Bediening op 24 en 31 dec. tot 16 h

- Papenpadsluis, gesloten.
- Mallegatsluis met beweegbare brug, H 2,50 m. Bediening:

ma. t/m vr.	8-17 h, op verzoek*
zat., zo. en fd.	gesloten

* Bediening zo mogelijk een dag tevoren aanvragen, tel. (075) 28 41 17/(02510) 2 73 20/(075) 28 10 73/(072) 40 22 44. (Zie ook onder 'Westzaan'.)

Sluisgeld: f 2,50. Bruggeld: f 1,50.
- Kogersluis: Afgesloten.
- Zaandijkerschutsluis: Gedempt.
- Poelsluis: Zie onder 'Jisperveld'.
- Gerrit Haremakersluis: Gedempt.

Zaandam
9 km van Amsterdam (IJ-veer); 25,5 km van Alkmaar; zie ook 'Zaan'.
Bruggen en sluizen: Zie 'Zaan'.
Havenkantoor: Westkade 2, geopend dagelijks van 8-17 h, tel. (075) 81 68 88; tel. (075) 70 17 01 (alleen in noodgevallen, 24 uur per dag bereikbaar).
Lig- en aanlegplaatsen: Van Z naar N: Jachtwerf Th. Hoogmoed, aan het Zijkanaal G, tel. (075) 16 97 46 (toiletten) ● Dehler Jachtbouw B.V., Zuiddijk 412, aan de Voorzaan, O-oever, bij het Noordzeekanaal ● Jachthaven Dukra, havenmeester K.G. Kramer, tel. (075) 17 91 53, aan de Voorzaan, W-oever, tegen de William Pontbrug, tarief f 1,– per m lengte (elektra, toiletten, douches (f 1,–) en wastafels) ● Jachthaven Z.V. De Onderlinge, aan de Poel, ca. 500 m van de Zaanse Schans, havenmeester mevr. A. Kars-Fonteijn, tel. (075) 16 67 79, tarief f 1,– per m lengte per nacht, doch gratis voor leden van verenigingen, aangesloten bij het KNWV, met dezelfde gastvrijheidsregeling (elektra, toiletten, douches (f 1,–) en wastafels) ● in de Dirk Metselaarhaven, Jongert Zaandam B.V., tel. (075) 15 86 52, havenmeester J. Kleiss, tarief f 1,50 per m lengte per nacht (elektra, toiletten, douches (f 2,50) en wastafels) ● Jachthaven van W.V. De Remming, aan de Voorzaan voor de W.Pontbrug, max.diepgang 1,50 m, tarief f 0,75 per m lengte, 2e dag gratis (elektra).
Drinkwater: In de Voorzaan bij het begin van de Prins Hendrikkade (sl), automaat f 1,– per 275 liter; in de Schippershaven op de William Pontbrug W-zijde, in de verbinding van de Voorzaan naar de N-zijde van de oude haven (sl); Jachtwerf Th. Hoogmoed (sl).
Motorbrandstof: J. op den Velde B.V., Westzijde 254-256, die (sl) (aan de Achterzaan).
Reparatie: Stuwkracht N.V., Oostzijde 241, bub/bib; C. Kramer, 't Kalf, bub/bib; H. J. Bleij, Oostzijde 307c, bub/bib; Jachtwerf De Hippert*, Weerpad 2, tel. (075) 16 34 62, in de polder Oostzaan, bib/bub (alle merken), romp/uitr (ht, s, p/op de wal + in het water), zeil/tuigage, helling tot 8 ton; Klaas Mulder Jachtbouw, Gerrit Bolkade 9, tel. (075) 17 45 35, aan het Schiethavenkanaal, bib (Vetus); Jachtwerf Jongert B.V., Kruisbaken 10, tel. (075) 15 86 52, Dirk Metselaarhaven, bub/bib (alle merken), romp/uitr (ht, s, p, a/op de wal + in het water), zeil/tuigage, elek, helling max. 100 ton; Scheepswerf J. Haak, Achtersluispolder (industrieterrein ten O van Zijkanaal G), romp/uitr; Jachtwerf Th. Hoogmoed, P. Ghijsenlaan 4 (bij Bruynzeel), tel. (075) 16 97 46, romp/uitr (ht/op de wal + in het water), helling max. 30 ton; Grinwis Scheepsbetimmeringen, Oostzijde 319, romp/uitr; Kooboten, Hollandsche Pad 40, romp/uitr (ht) (kleine schouwen); Scheepswerf Vooruit, Zuiddijk 404, tel. (075) 15 63 58, (traditionele schepen); Mole-

naar's Scheepswerf B.V., D. Sonoyweg 13, tel. (075) 16 62 79, romp/uitr (s, a/op de wal + in het water); J. H. Zwiebel & Zn Jachtservice, Dirk Metselaarhaven, Sluispolderweg 62, tel. (075) 31 28 73, romp/uitr (ht, s, p, a/op de wal + in het water) (zat. geopend, zo. uitsluitend op afspraak); M. Dekker, Rozengracht 9, zeil/tuigage; R. van Zaane, Touwslagerstraat 17-19, zeil/tuigage; Nautic Service Center, Rijsenhoutweg 8b, Isaac Baarthaven, tel. (075) 70 27 41, bib (Volvo Penta, Perkins), romp/uitr (ht, p/op de wal + in het water), elek.
Hefkranen: J. Schol, Oostzijde 301a, ten N van de spoorbrug over de Zaan, tel. (075) 16 20 70 b.g.g. 16 54 93, max. 15 ton; Klaas Mulder Jachtbouw, aan het Schiethavenkanaal, max. 20 ton, kosten in overleg; Scheepswerf Vooruit B.V., max. 12 ton, tarief f 50,–; Jachtwerf De Hippert, max. 1½ ton, tarief f 75,– tot f 150,–; Z.V. De onderlinge, max. 10 ton, gebruik voor niet-leden uitsluitend in noodgevallen; Jachtwerf Brouwer B.V., Hogendijk 17, tel. (075) 16 36 04, max. 25 ton.
Botenliften: Jachtwerf Th. Hoogmoed, max. 12 ton, max.diepgang 2,25 m, tarief f 10,– per m^2 (liften met staande mast mogelijk); J. H. Zwiebel & Zn Jachtservice, max. 60 ton, tarief f 35,– per m^2, max.diepgang 4,50 m (liften met staande mast mogelijk); Nautic Service Center, max. 20 ton (liften met staande mast mogelijk).
Trailerhelling: Jachtwerf De Hippert, tarief f 5,–; Jachthaven Dukra.

Zaandijk

2,5 km van de Wilhelminasluis (Zaandam); zie ook 'Zaan'.
Havengeld: Tarief f 4,– per dag.
Lig en aanlegplaatsen: Aan de W-oever ten N van de Julianabrug bij Hotel De Zaanse Schans ● aan de O-oever ten N van de Julianabrug bij Hotel De Walvis ● jachthaven van Z.V. De Onderlinge op 500 m van de Zaanse Schans, zie onder 'Zaandam'.
Hefkraan: J. Schol, Zuideinde 124, tel. (075) 16 20 70/16 54 93, max. 50 ton.

Zaltbommel

62 km van Rotterdam; 21 km van Gorinchem; 48,5 km van Nijmegen; verkeersbrug, kmr 933,5, over de Waal.
Waterstanden: MR = NAP + ca. 2,20 m; sterke afwijkingen mogelijk.
Bruggen: Vaste verkeers- en spoorbrug, verkeersbrug H NAP + 16,79 tot 17,40 m, spoorbrug H NAP + 17,07 tot 17,44 m. Scheepvaart door Z- en middenopeningen.
Ligplaats: De loswal in de stadshaven is voornamelijk bestemd voor beroepsvaart en kan slechts door grote plezierv aartuigen gebruikt worden. Voor kleinere jachten vindt men in de stadshaven een ligplaats aan de steigers van W.V. De Golfbreker, ook voor kano's, havenmeester G. de Graaf, tel. (04180) 1 48 07, tarief f 1,– per m lengte per nacht, KNWV-leden 2e nacht gratis (elektra). Bij het invaren van de haven moet men rekening houden met sterke stroom.
Motorbrandstof: Lichterschip Slurink-Zwaans B.V., ligplaats voor de stad, die; bij de stadshaven, die, be, sbe (zo. gesloten).
Reparatie: Navara Sportboats B.V., Dwarsweg 13 (Ind.terrein De Ooijk), tel. (04180) 1 21 39, romp/uitr (p/op de wal + in het water).

Zandkreekdam

Deze dam met schutsluis en beweegbare brug vormt de O-begrenzing van het Veerse Meer (zie aldaar).
Getijstanden: GHW = NAP + 1,54 m; GLW = NAP – 1,47 m.
Sluis: Lengte 140 m, breedte 20 m, D NAP – 5,50 m. Beweegbare brug over de sluis, H NAP + 7 m. Aan weerszijden van de sluis voorhavens met achter de dukdalven aan beide kanten veilige wachtplaatsen voor jachten aan vlotten. De gebruikelijke verlichting is aanwezig.

Bediening: Dagelijks van 6-24 h, gratis, doch bij windkracht vanaf 8 Beaufort wordt niet meer bediend.
Aanwijzingen voor het doorvaren van de sluis:
Van het Veerse Meer naar de Oosterschelde:
– Motorjachten varen als eerste de sluis in en meren vóór in de sluis naast elkaar af. Grote jachten tegen de kolkmuur en kleine langszij. Daarachter de zeiljachten.
– Nadat de sluisdeuren zijn geopend, varen de motorjachten bij groen uitvaartlicht en geel onderdoorvaartlicht onder de brug door naar buiten. Onderdoorvaarthoogte: bij GHW ca. 5,50 m, bij GLW ca. 8,50 m.
– Bij het openen van de brug, als het gele onderdoorvaartlicht is gedoofd, varen de overige jachten zo snel mogelijk naar buiten, zo mogelijk met 2 à 3 jachten naast elkaar.
Van de Oosterschelde naar het Veerse Meer:
– Bij groen invaartlicht en geel onderdoorvaartlicht varen de motorjachten onder de brug door de sluis binnen en meren af vóór in de sluis.
– Zeiljachten naderen de sluis zo dicht mogelijk na aanwijzing van het sluispersoneel.
– Tijdens het openen van de brug, als het gele onderdoorvaartlicht is gedoofd, varen de overige jachten zo snel mogelijk naar binnen; niet één voor één, maar zo mogelijk met 2 à 3 jachten naast elkaar.
Marifoon: Sluis Kats, kan. 18. Indien men de sluis verlaat richting Oosterschelde en over een marifoon beschikt, dan is men verplicht om op kan. 68 uit te luisteren.

Zeelandbrug

Brug over de Oosterschelde die N-Beveland met Schouwen-Duiveland verbindt. Het is een vaste betonnen brug met daarin een basculebrug.
Doorvaartopeningen/hoogten onder de vaste gedeelten:
Men kan van twee betonde vaarwateren gebruik maken:
– langs de Z-oever: de Schaar en Colijnsplaat;
– langs de N-oever: de Oosterschelde.
Alle overspanningen zijn gewelfd. Afgezien van de eerste drie overspanningen, aansluitend aan beide oevers, alsmede het beweegbare gedeelte, zijn de overige 46 overspanningen even hoog.
Per overspanning bedraagt de doorvaarthoogte symmetrisch tussen twee pijlers, over $^2/_3$ deel van de totale doorvaartbreedte, 11,80 m bij GHW Springtij. De doorvaarthoogte hangt af van de waterstand.
De doorvaarthoogte kan men aflezen van geverfde hoogteschalen die zijn aangebracht op een aantal pijlers aan weerszijden van de onderdoorvaartopeningen, die als vaarroute zijn aangegeven.
Deze hoogteschalen zijn van zonsondergang tot -opgang door aanschijnlichten verlicht. De onderdoorvaartopeningen zijn boven het midden van de betreffende overspanningen door een geel schijnend licht kenbaar gemaakt. Op de 'Kaart voor Kust- en Binnenwateren' zijn deze lichten ingetekend.
De afgelezen hoogte geldt voor het al eerder genoemde $^2/_3$ deel van de doorvaartbreedte. De schaal gaat uit van een hoogte van NAP + 13,60 m; hierin is geen veiligheidsmarge voor golfoploop begrepen.
In het midden van de boogvormige overspanning is de doorvaarthoogte 1,50 m groter dan de hoogteschalen aanwijzen. Vlak tegen de pijler is de doorvaarthoogte 2 m minder dan de hoogteschalen aanwijzen.
De eerste drie overspanningen aansluitend aan beide oevers, die de opritten naar de brug vormen, zijn lager en worden alleen door kleine vaartuigen gebruikt.

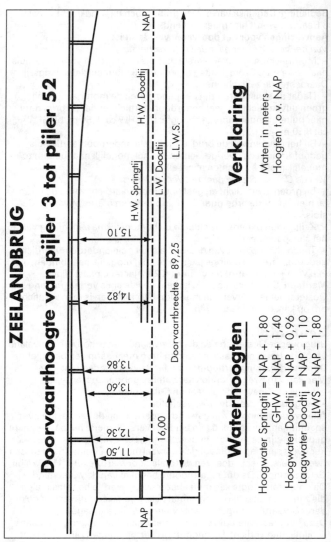

Zeelandbrug

Nadere gegevens zijn op bijgaand schetsje schematisch aangegeven.
Onder de brug kan een zeer sterke stroom staan, vooral aan de
Schouwse oever. Het is noodzakelijk steeds aan te koersen op het
midden van een doorvaart, rekening houdend met de sterke stroom.
De stroomrichting onder de basculebrug kan tot ca. 45° verschillen
met de as van de doorvaartopening. Bij sterke stroom méé moet men
daarom opletten vrij te blijven van het remmingwerk van de brug.
Vóór stroom varende schepen krijgen meestal eerst gelegenheid tot
doorvaart, daarna zij die tegenstroom hebben.
Let op de doorvaartseinen bij de basculebrug.
Getijstanden: Zie bijgaand schetskaartje.

Bediening:

(16 mrt.-1 nov.)***	
ma. t/m vr.	7-7.07, 7.23-7.37, 8.53-9.07, 9.23-9.37, 9.53-10.07, 10.23-10.37 h, verder elk uur van .53-.07, .23-.37 h tot 21.07, vervolgens 21.23-21.30 h
zat., zo. en fd.**	9-9.07, 9.23-9.37, 9.53-10.07, 10.23-10.37 h, verder elk uur van .53-.07, .23-.37 h tot 17.37 h, vervolgens 18.53-19.07, 19.23-19.37, 20.53-21.07, 21.23-21.30 h
(1 nov.-16 mrt.)	
ma. t/m vr.	7-9*, 9-17, 17-21.30 h*
zat., zo. en fd.	9-21.30 h*

*   Op verzoek, tenminste 2 h tevoren aanvragen bij de brugwachter, tel. (01110) 1 32 37, van ma. t/m vr. van 7-19 h en op zat, zo. en fd. van 9-19 h bereikbaar.
** Incl. Goede Vrijdag en Koninginnedag.
*** Binnen de genoemde 7 à 14 min wordt de brug slechts éénmaal geopend.

Bij harde wind (7 Beaufort of meer) kan de brug niet geopend worden. Dit wordt aangegeven door een derde rood licht.
Marifoon: Zeelandbrug, kan. 18, waar men de exacte doorvaarthoogte kan opvragen.

Zeeuwse stromen
Zie hiervoor in de Almanak deel 1 het hoofdstuk 'Vaaraanwijzingen voor de Zeeuwse stromen' en in dit deel onder de verschillende havenplaatsen en voorts onder 'Volkeraksluizen', 'Volkerak', 'Krammersluizen', 'Oosterschelde', 'Zeelandbrug', 'Zandkreekdam', 'Veerse Meer', 'Bergse Diepsluis' en 'Westerschelde'.

Zeewolde
Gelegen in de polder van Z-Flevoland aan het Wolderwijd (zie aldaar).
Haven en ligplaatsen: De havengeul en de haven zijn 2,80 m diep. De havengeul is betond en loopt vanaf de ton WW 31-JH 2 in NW-richting. De haveningang wordt gemarkeerd door een rood-wit gestreepte lichtopstand en vast rood licht aan bakboord en een groen-wit gestreepte lichtopstand en vast groen licht aan stuurboord. Voor verdere gegevens zie onder 'Wolderwijd'.
● Jachthaven De Kaar, nabij Nijkerkersluis (door begroeiing slecht te zien), havenmeester J. de Boer, tel. (03242) 84 21, tarief f 1,50 per m lengte (toiletten, douches en wastafels), max.diepgang 1,60 m.
Trailerhelling: Jachthaven De Kaar, max. 2 ton, max.diepgang 1 m, tarief f 15,– in/uit.
Kampeerterrein: Jachthaven De Kaar.
Stortplaatsen chemisch toilet: Bij Jachthaven De Kaar.

Zegerplas
Toegang tot het Recreatiegebied Zegerplas bij Alphen a. d. Rijn vanaf het Aarkanaal ca. 1 km van de Oude Rijn door een 4,50 m brede invaart met daarover een vaste brug, H 2,50 m. Diepte tot 20 m, langs de wal ca. 0,80 m. Aanleggen alleen toegestaan aan de onverharde oevers, welke voorzichtig dienen te worden benaderd i.v.m. stenen onder water.
Langs de O-oever zijn recreatievoorzieningen aangelegd, o.a. speelweiden, toiletten, trailerhellingen voor kleine boten en mogelijkheden om te windsurfen. Motorvaart toegestaan.
Maximumsnelheid: 9 km/h.
Aanlegplaats: Aan de W-oever van het Aarkanaal ter hoogte van het Recreatiegebied Zegerplas (openbare toiletten aanwezig).

Zevenbergen
Aan de Roode Vaart; 2 km van de Mark.
Rode Vaart: Deze vaart is in Zevenbergen afgedamd (er is geen verbinding tussen het Hollandsdiep en de Mark). Deze beschrijving betreft de accommodatie ten Z van Zevenbergen, bereikbaar via de Mark. Max.diepgang 2,10 m.
Maximumsnelheid: 6 km/h.
Aanlegplaats: In de Roode Vaart nabij het centrum, overnachten niet toegestaan.
Ligplaats: Jachthaven van W.V. Nolleke Sas, havenmeester H.M. Machielse, tel. (01680) 2 48 85, bij de monding van de Roode Vaart in de Mark, max.diepgang 1,50 m, tarief f 1,– per m lengte per nacht (elektra, toiletten, douches (f 1,–) en wastafels).
Reparatie: G. Bijlsma, Reesloot 32, tel. (01680) 2 68 36, zeil/tuigage.

Zevenhuizen
2,5 km van Rottemeren.
Sluis en bruggen: Zevenhuizerverlaat (sluisgeld f 5,50).
Bediening: Zie 'Ringvaart van de Zuidplaspolder'.
Ligplaatsen: Jachthaven De Eendragt (expl. Recreatieschap Rottemeren), havenmeester T. Lekkerkerker, tel. (01802) 40 36, tarief: f 9,– per etmaal, max.lengte 10 m, max.diepgang 1,10 m (elektra, toiletten, douches (f 1,–) en wastafels) ● bij de Unie van Watertoeristen (uitsluitend voor leden), t.o. de dependance van Jachthaven De Eendragt.
Trailerhelling: Jachthaven De Eendragt, max. 800 kg, tarief f 5,75.
Kampeerterrein, wasserette en stortplaats chemisch toilet: Camping Zevenhuizen*, Tweemanspolder 8, tel. (01802) 16 54.

Zevenhuizen
Aan de O-zijde van de Kagerplassen aan het Sweiland. Zie ook 'Kagerplassen'.
Ligplaatsen: Jachthaven Spijkerboor, aan de zijvaart van het Sweiland naar Zevenhuizen, havenmeesters H. en B. v.d. Hulst, tel. (01712) 88 69, max.diepgang 1,65 m, tarief f 1,50 per m lengte per nacht (elektra, toiletten, douches (douchemunten à f 0,50) en wastafels) ● Jachthaven De Horizon, aan het Sweiland, havenmeester Theo de Haas, tel. (01712) 85 03, max.diepgang 1,50 m, tarief f 1,50 per m lengte per etmaal.
Hefkranen: Jachthaven Spijkerboor, Boekhorsterweg 21, Oud Ade, tel. (01712) 88 69, max. $4^1/_2$ ton; Jachthaven De Horizon, Sweilandpolder 10a, Warmond, tel. (01712) 85 03, max. 9 ton, max.diepgang 1,75 m, tarief f 50,–.
Trailerhellingen: Jachthaven De Horizon, max. 2 ton, max.diepgang 1,50 m, tarief f 10,– per keer; Jachthaven Spijkerboor, max. 150 kg.
Kampeerterreinen: Jachthaven/Camping De Horizon; Jachthaven/Camping Spijkerboor.
Wasserette en stortplaats chemisch toilet: Bij Jachthaven De Horizon.

Zierikzee
Aan de Oosterschelde; 22 km van Bruinisse; 35 km van de Kreekraksluizen.
Getijstanden: GHW = NAP + 1,42 m; GLW = NAP – 1,39 m.
Maximumsnelheid: Binnen de keersluis 5 km/h.
Havenkanaal: Voor de havenmonding loopt een sterk getij en bij opkomend water een zware neer, welke bij NW-wind een koppige zee kan doen ontstaan. Onder alle omstandigheden moet men de haven vanuit het O aanlopen. De toegang tot de haven bestaat uit een recht havenkanaal, lang 2,5 km, D 2,40 m bij gemiddeld LLWS. De vaargeul

is slechts ca. 10 m breed; buiten de geul treft men dadelijk veel minder diepte aan.

Jaarlijks van 15 sept. tot 1 mei staan aan de W-zijde staken ter dekking van fuiken, die geplaatst zijn tussen de W-dijk en de staken. Binnenvarend dient men deze dus aan bakboord, uitvarend aan stuurboord te houden.

Op 1,8 km vanaf de havenmond ligt een keersluis, wijd 12,50 m, die bij stormvloed (bij waterstand hoger dan NAP + 1,90 m) gesloten wordt. Direct ná de keersluis, in het vernauwde havenkanaal, vindt men aan bakboord drijvende steigers van twee jachthavens.

In het vernauwde gedeelte van het havenkanaal en door de openstaande sluis hebben vóór stroom varende schepen voorrang boven tegen stroom varende schepen. Staat er geen stroom, dan hebben de haven uit varende schepen voorrang op de haven in varende schepen.

Stadshaven: Ca. 700 m ná de keersluis zijn de stadskaden (hier begint de Nieuwe Haven), voor het grootste deel in gebruik voor de beroepsvaart, met vlak vóór de ophaalbrug aan bakboord een passantensteiger (bij de Zuidhavenpoort).

Verderop (achter de ophaalbrug) liggen resp. aan stuur- en bakboord de Bovenhaven en de Oude Haven. Beide havens vallen droog bij laagwater en zijn voor bezoekende watersporters van geen belang.

Havenmeesters: (gemeente) R. Visscher, tel. (01110) 1 31 74; hulphavenmeester/brugwachter Ph. de Leeuw, tel. (01110) 1 47 16; (W.V. Zierikzee) C. Nelisse, tel. (01110) 1 48 77, privé 1 34 46.

Bruggen: Bediening van ma. 0 h tot zat. 24 h. Bruggeld f 6,90, ongeacht tonnage.

Lig- en aanlegplaatsen: Jachthaven tussen de keersluis en 't Luitje, met drijvende passantensteiger aan het einde van het vernauwde havenkanaal, D 3 m bij LLWS (elektra, toiletten, douches (f 1,–) en wastafels) ● Jachthaven van de W.V. Zierikzee aan het vernauwde havenkanaal, D 3 m bij LLWS (toiletten, douches (f 1,–), wastafels, elektra en publieke telefooncel) ● aan de drijvende steiger bij de Zuidhavenpoort (Stadshaven).

N.B. Voor schepen van 15 m lengte of meer dient in de maanden juni t/m augustus telefonisch vóóroverleg met de havenmeester te worden gepleegd, om er zeker van te zijn dat een ligplaats beschikbaar is.

Havengeld: In de gehele gemeentehaven geldt het tarief van f 1,95 per m lengte per nacht, toeristenbelasting f 0,65 per persoon per nacht.

Drinkwater: Ponton 't Luitje en steiger Zuidhavenpoort (sl).

Motorbrandstof: Shell-tankponton aan de Nieuwe Haven, die (sl); Fa. Bouwman en Zn. (Nieuwe Haven), die (sl); Tankstation 't Sas, be, sbe.

Vulstation propaangasflessen: Fa.W. Bouwman en Zn., Nieuwe Haven 67-73, tel. (01110) 1 29 66.

Reparatie: Watersport Service Burcksen, tel. (01110) 1 25 95 (na 18 h 1 69 90), bib, romp/uitr (s, p); Mulder Jachtservice, Deltastraat 17, tel. (01110) 1 64 88, bub (Yamaha, Johnson en Honda), bib (Volvo Penta Yanmar en Daf), romp/uitr (ht, s, p/op de wal + in het water), zeil/tuigage; 't Loefje, Nieuwe Haven 3, tel. (01110) 1 34 03, zeil/tuigage.

Hefkranen: Tot max. 20 ton, gebruik in overleg met de Fa. Burcksen, Roompotstraat 5, tel. (01110) 1 25 95; Mulder Jachtservice, max. 20 ton.

Kampeerterrein: Camping Zierikzee; Camping Kloet.

Wasserettes: Café De Gekroonde Suikerbiet, Nieuwe Haven 141; De Parlevinker, Nieuwe Haven 7 (in de zomer dagelijks geopend).

Stortplaatsen chemisch toilet: Aan 't Luitje; bij de steiger Zuidhavenpoort.

Vluchthaven De Val: Niet toegankelijk voor normale scheepvaart. Er is geen goede aanlegplaats, in noodgevallen kan men er beschutting vinden. De havenlichten zijn gedoofd en er is geen mistsein.

Zoeterwoude

Plasje Noord Aa 15 km van Leiderdorp; 12 km van Voorschoten.
Via het Rijn-Schiekanaal, de Vlietland, de Meerburgerwetering, de Nieuwe Vaart en de Ommedijkswetering is er voor kleine vaartuigen een vaarverbinding met het plasje Noord Aa (dit is niet de recreatieplas Noord Aa). Vaste bruggen, laagste brug H 1,60 m.
Via de Oude Rijn en de Meerburgerwetering is de N-zijde van het dorp bereikbaar met aansluiting op de Oude Rijn bij Leiderdorp. Vaste bruggen, laagste brug, H 1,70 m, een beweegbare brug H 0,75 m, zelfbediening.
Maximumdiepgang: 0,90 m.

Zoeterwoude-Rijndijk

1 km ten Z van de brug in Leiderdorp; zie ook 'Oude Rijn'.
Reparatie: Jachtbouw Tijssen B.V., Hoge Rijndijk 143, tel. (071) 41 01 85, aan de Oude Rijn, romp/uitr (ht, s, p); Nauta Nautic, Hoge Rijndijk 93-103, tel. (071) 41 09 66, bub (Yamaha en Mercury), bib (Mercruiser).
Hefkraan en trailerhelling: Jachtbouw Tijssen B.V., kraan max. 10 ton.
Botenlift: Nauta Nautic, max. 3$\frac{1}{2}$ ton.

Zoommeer

Met het gereedkomen van de compartimenteringswerken (Oesterdam en Philipsdam) in 1987 is een nieuwe waterstaatkundige eenheid ontstaan, bestaande uit het Volkerak, de Schelde-Rijnverbinding (tot de Kreekraksluizen) en het Zoommeer. Het gehele bekken bestaat uit zoet water.
Met het Zoommeer wordt bedoeld het water ten N van de Molenplaat tussen de Oesterdam en de Brabantse kust. Het Zoommeer staat via de Bergse Diepsluis in verbinding met de Oosterschelde. De 1,50 m dieptelijn wordt aangegeven door een recreatiebebakening.
Het gebied van de NAP – 1,50 m dieptelijn tot de oever mag niet bevaren of betreden worden. Dit wordt op de gele betonningsvoorwerpen aangegeven door het teken A1 van de bijlage 7 van het BPR.
Maximumsnelheid: Géén snelheidsbeperking, m.u.v. de gebieden die als niet-toegankelijk natuurmonument zijn aangewezen, de betonde vaargeul van het Volkerak en Zuidvlije (20 km/h), de Schelde-Rijnverbinding (20 km/h) en het gebied ten Z van de Bergse Diepsluis en de bakens van de Speelmanplaat (20 km/h). Waterskiën is toegestaan in de gebieden waar geen snelheidsbeperking geldt, m.u.v. de betonde vaargeul van het Bergse Diep. Raadpleeg tevens de 'Handleiding' van deze Almanak onder 'Snelle motorboten en Waterskiën'.
Bijzondere bepalingen: Op de verschillende wateren die deel uitmaken van het Zoommeer zijn bijzondere bepalingen van kracht (zie onder 'Volkerak' en 'Schelde-Rijnverbinding').
Waterstand: Gelijk aan NAP, doch er kunnen peilvariaties optreden van NAP – 0,25 m tot NAP + 0,05 m.

Zoutkamp

Zie ook 'Lauwersmeer' en 'Reitdiep'.
Komende van de Slenk (Lauwersmeer) heeft men de sluis van Zoutkamp naar het Reitdiep recht voor zich uit. De vaarweg wordt door blezen gemarkeerd en de minste vaardiepte in de verbinding met het Reitdiep (met openstaande schutsluis en bb) bedraagt 3 m. Binnen de leidammen leidt een ca. 2 m diepe geul in NO-richting naar de Hunsingosluis (vaarwater naar Ulrum). Voor deze leidammen is de nieuwe Jachthaven Hunzegat aangelegd. In de hoek gevormd door de Z-leidam en de dijk ligt de Friese sluis, die toegang geeft tot een klein vaarwater naar Stroobos aan het Prinses Margrietkanaal (zie onder 'Lauwers').

Sluizen en brug:
– Schutsluis naar het Reitdiep staat gewoonlijk open.
Van de schutsluis kunnen en worden alleen nog de stormdeuren gebruikt. Dit gebeurt slechts in het kader van de dijkbewaking. Als de deuren zijn gesloten kan er dus niet worden geschut.
Bij spuien kan hier een krachtige stroom staan. Brug over de sluis (Reitdiepbrug), in gesloten stand H 3,40 m. Bediening van de brug (gratis):

ma. t/m zat.	(1 mei-1 okt.)	7-12, 13-19 h
	(1 okt.-1 mei)	7-12, 13-18 h
zo. en fd.	(1 mei-1 okt.)	9-11, 15-17, 20.30 h
	(1 okt.-1 mei)	gesloten

– De Friese sluis naar de Lauwers laat een lengte toe van 10 m. De diepte in de toegang tot de Friese sluis is ca. 1,80 m, drempeldiepte van de sluis 1,90 m. Over de sluis ligt een vaste brug H 2,50 m. Bediening van de sluis is gelijk aan de schutsluis naar het Reitdiep. Melden bij de Reitdiepbrug. Zie verder onder 'Lauwers'.
– De Hunsingosluis ten N van Zoutkamp geeft toegang tot het Hunsingokanaal en de overige vaarwegen in N-Groningen. De sluis staat meestal open. Voor openingstijden Hunsingobrug en vaargegevens, zie onder 'Hunsingokanaal'.
Lig- en aanlegplaatsen: Van W naar O: ● Jachthaven Hunzegat aan de Zoutkamperril ten W van Zoutkamp, buiten de leidammen, havenmeester J. bij de Leij, tel. (05956) 25 88, tarief f 1,– per m lengte per nacht (toiletten, douches (f 1,–), wastafels en elektra) ● aan het Reitdiep in de oude binnenhaven achter de havendam, ten oosten van de sluis, havenmeester J. bij de Leij, tel. (05956) 13 31, tarief f 1,– per m lengte per nacht (elektra, toiletten, douches (f 1,–) en wastafels)
● Jachtwerf Gruno bij de voormalige visafslag aan de Reitdiepkade
● Jachthaven De Rousant, tussen het Reitdiep en het Munnekezijlsterried tegenover Zoutkamp aan het Lauwersmeer, havenmeester M.J. v.d. Ploeg, tel. (05956) 25 00, tarief f 1,– per m per nacht + f 1,– p.p., max.diepgang 1,25 m (toiletten, douches en wastafels).
Drinkwater: Aan de oude binnenhaven (sl).
Motorbrandstof: Jachtwerf Gruno, die (sl).
Reparatie: Jachtwerf Gruno, tel. (05956) 20 57, bub/bib, romp/uitr (s, p).
Hefkranen: Jachtwerf Gruno, max. 20 ton.
Trailerhellingen: 2 openbare hellingen ten W van de jachthaven; Jachthaven Hunzegat, uitsluitend voor kleine schepen; Jachthaven De Rousant, Nittersweg 8.
Wasserette en stortplaats chemisch toilet: Bij Jachthaven Hunzegat, bij Jachthaven De Rousant.
Kampeerterrein: Camping de Rousant, gelegen op de landtong tussen het Reitdiep en Munnekezijlsterriet, tel. (05956) 25 00.

Zuidbroek
Aan het Winschoterdiep (zie aldaar); 17 km van Groningen; 15 km van Winschoten.
Ligplaats: Passantenhaven Zuidbroek, 50 m ten W van de Zuidbroeksterbrug, havenmeester W.J. Veldhuis, tel. (05985) 22 91/34 55, max.diepgang 2 m, tarief tot 5 m lengte f 3,–, tot 10 m f 6,– en langer dan 10 m lengte f 9,– per etmaal (elektra, toiletten, douche (f 1,–) en wastafels).
Bij de havenmeester is een sleutel tegen een waarborgsom van f 40,– verkrijgbaar en weer in te leveren voor de zelfbedieningsbruggen en -sluizen in het Veendiep, het B.L. Tijdenskanaal en een deel van het Ruiten Aa-kanaal.

Drinkwater: Aan de passantenhaven (sl, f 1,50).
Motorbrandstof: In het dorp op 50 m afstand van het water, sbe, be, die.
Reparatie: Pedro-boat, W. A. Scholtenweg 92, tel. (05985) 17 63, 1 km ten W van de Passantenhaven, bib (alle merken), romp/uitr (s, a/op de wal + in het water).
Stortplaats chemisch toilet: Bij de passantenhaven.

Zuideindigerwijde
Bij Giethoorn. D 0,50 m tot 1 m. Harde zandgrond. Verboden voor de recreatievaart.
De vaarverbinding over de Bovenboerse Vaart verbindt de Bovenwijde met de Belterwijde. De route is d.m.v. borden aangegeven.

Zuidhollandse stromen
Zie hiervoor in deze Almanak onder de verschillende havenplaatsen. Verder zijn beschrijvingen opgenomen onder de volgende trefwoorden: 'Haringvliet', 'Haringvlietbrug', 'Haringvlietdam', 'Volkerak', 'Volkeraksluizen', 'Krammersluizen', 'Zoommeer', 'Grevelingen' (voor de sluis in de Grevelingendam zie 'Bruinisse').

Zuidlaardermeer
Ten ZO van Groningen.
Toegang: Van Groningen naar het Zuidlaardermeer leidt de route over het Winschoterdiep (zie aldaar) en het Drenthse Diep. Over het Drenthse Diep ligt een vaste spoorbrug met een doorvaarthoogte van 3,15 m. Geen sluizen.
Maximumsnelheid: 12 km/h.
Diepte: De gedeeltelijk betonde NZ-lopende vaargeul door het meer is 1,50 m diep. Direct buiten de geul is het op de meeste plaatsen minstens 1,20 m diep met een enkele ondiepte van 1 m. Naar de oevers wordt de diepte geleidelijk minder tot 0,50 m.
Het Drenthse Diep is 2,10 m diep.
Het Noordlaardervaartje, aan de W-zijde van het meer, is bereikbaar via een niet betonde vaargeul met 1,20 m diepgang. Het vaartje is vanaf de monding ca. 0,60 m diep.
De Hunze (of Oostermoerse Vaart), die in de Z-zijde in het meer uitmondt, voert via de Groeve Drenthe in. De diepte bedraagt 1,50 m. Deze verbinding is goed bevaarbaar tot de stuwen bij Gieterveen (ca. 15 km). Motorvaart echter is na de Groeve verboden. Hier zijn ook vaste bruggen. Met kano's is met tweemaal overdragen Bronnergerveen (ca. 22 km) te bereiken.
De Zuidlaardervaart die van de Hunze afsplitst en in de richting van Zuidlaren leidt, is omzoomd door hoge bomen en geeft toegang tot het haventje waar men gedurende korte tijd mag aanleggen om er inkopen te doen. Over deze vaart liggen tot de toegang van het haventje in Zuidlaren 2 vaste bruggen, H 2,80 m.
Lig- en aanlegplaatsen: Passantenhaven in Noordlaren, aan het einde van het Noordlaardervaartje, beheerder K. Vos, tel. (05905) 9 24 48, max.verblijfsduur 1 dag, gratis, max.diepgang 0,60 m (zie onder 'Diepte') ● in Zuidlaren in de Zuidlaardervaart, nabij het centrum, max.verblijfsduur 1 dag van 8-20 h, gratis ● langs de zachte wallen van de Hunze of Oostermoerse Vaart in de Groeve nabij Café De Groeve ● Watersportbedrijf Meerzicht aan de Z-zijde van het meer, havenmeester J.D. de Groot, tel. (05905) 9 14 46, tarief f 5,- tot f 10,- per nacht (toiletten, wastafels en douche (f 1,–)) ● Jachthaven De Bloemert, aan de W-zijde, havenmeester W. Otto, tel. (05905) 9 15 55, max.diepgang 1,50 m, tarief f 1,25 per m lengte per nacht (elektra, toiletten, douches (f 1,–) en wastafels) ● Paviljoen Plankensloot aan de W-zijde ● Recreatiecentrum De Leine, NO-zijde van het meer,

havenmeester J. Schrage, tel. (05980) 2 26 06, max.diepgang 0,90 m, tarief f 1,– per m lengte per nacht + toeristenbelasting f 0,55 p.p. (toiletten, douches (douchemunten à f 1,–) en wastafels) ● Watersportbedrijf De Rietzoom, NO-zijde van het meer, tarief vanaf f 5,– per nacht (toiletten) ● Paviljoen Klein Scheveningen, aan de NO-zijde van het meer ● Jachthaven Meerwijck, aan de NO-zijde van het meer, havenmeester H. Stalman, tel. (05980) 2 35 56, tarief f 1,– per m lengte per nacht, max.diepgang 1,20 m (toiletten, douche (f 1,–) en wastafels) ● Kampeerterrein-Jachthaven Meerwijck, langs de O-oever van het Drenthse Diep, uitsluitend in combinatie met kamperen, havenmeester P. de Vries, tel. (05980) 2 36 59, tarief f 2,90 per boot per nacht + f 3,10 p.p. (toiletten, douches en wastafels) ● aanlegplaatsen langs de gehele wal (langs de O-oever is de max.diepgang 0,60 m).
Drinkwater: Recreatiecentrum De Leine; Watersportbedrijf De Rietzoom; Jachthaven De Bloemert (sl).
Motorbrandstof: Jachthaven Meerwijck, NO-zijde, die (sl), sbe (sl), be (sl); Watersportbedrijf De Rietzoom, die, be.
Reparatie: Jachthaven Meerwijck, Meerweg 56a, Kropswolde, tel. (05980) 2 35 56, bub/bib (alle merken), romp/uitr (s, p, a/op de wal + in het water), zeil/tuigage, elek; Recreatiecentrum De Leine, Meerweg 62a, Kropswolde, tel. (05980) 2 26 06, bub (Yamaha, Mercury, Johnson, Evinrude, Honda en Tomos), romp/uitr (s, p/op de wal + in het water); Watersportbedrijf De Rietzoom, Meerweg 60, tel. (05980) 2 25 20/2 26 97, bub/bib, romp/uitr (ht), dagelijks geopend; Watersport Scheve, Havenstraat 18, Zuidlaren, tel. (05905) 9 29 46, bub (alle merken); Watersportbedrijf Meerzicht, Meerzicht 1a, Midlaren, tel. (05905) 9 14 46, bub (alle merken), romp/uitr (ht, p/op de wal + in het water).
Hefkranen: Recreatiecentrum De Leine, max. 5 ton, tarief f 25,– tot f 70,–; Watersportbedrijf Meerzicht, tel. (05905) 9 14 46, max. 1 ton, tarief f 40,– tot f 50,– (heffen met staande mast mogelijk); Watersportbedrijf De Rietzoom, max. 2 ton, tarief f 30,–; Watersport Scheve, Zuidlaren, max. 2 ton, tarief f 10,– per keer; Watersportcentrum De Bloemert, max. 1 ton, max.diepgang 1,50 m, tarief f 30,–.
Trailerhellingen: Fa. Plankensloot, Groningerstraat 21, Midlaren, tel. (05905) 9 15 46, tarief f 2,50; Watersportcentrum De Bloemert, max. 2 ton, tarief f 5,–; Watersportbedrijf De Rietzoom, max. 2 ton, tarief f 5,–; Jachthaven Meerwijck, max. 1½ ton, tarief f 4,45; Z.V. Zuidlaardermeer, tel. (05980) 2 24 79; Recreatiecentrum De Leine, max. 500 kg, tarief f 2,50.
Botenliften: Jachthaven Meerwijck, max. 12 ton, tarief f 12,50 per m lengte; Jachthaven De Bloemert, max. 20 ton, tarief f 7,– per m^2 (excl. BTW) (liften met staande mast mogelijk).
Kampeerterreinen: Kampeerterrein-Jachthaven Meerwijck langs de O-oever van het Drenthse Diep, tel. (05980) 2 36 59; Recreatiecentrum De Bloemert; Recreatiecentrum/Camping De Leine; Watersportbedrijf De Rietzoom.
Wasserettes: Jachthaven De Bloemert.
Stortplaatsen chemisch toilet: Bij Kampeerterrein-Jachthaven Meerwijck, O-oever Drenthse Diep; Jachthaven Meerwijck; Recreatiecentrum De Leine; Jachthaven De Bloemert.
Aftappunt vuilwatertank: Recreatiecentrum De Leine.

Zuidland

Aan het Spui, kmr 1008,4, Ro; 12 km van de Oude Maas; 2 km van het Haringvliet.
Havens: Overslaghaven (kmr 1007,1 Ro), verboden voor jachten. Jachthaven van W.V. Blinckvliet (kmr 1008,4, Ro) op ca. 3 km van het dorp, havenmeester J. Stok, tel. (01881) 19 91.

Ligplaats: Aan drijvende steigers van de W.V. Blinckvliet.
D NAP – 2,50 m. Bij laag water dienen diepstekende schepen goed het midden van de haveningang te houden. Tarief f 1,50 per m lengte per nacht (toiletten, wastafels en douches).
Motorbrandstof: In de jachthaven van de W.V. Blinckvliet, die (sl).
Reparatie en hefkraan: Marfrig Yachting B.V., Munnikenweg 2, tel. (01881) 18 46, romp/uitr (s, p/op de wal + in het water), kraan max. 12 ton, max.diepgang 2,50 m, tarief vanaf f 100,– (heffen met staande mast mogelijk).
Stortplaats chemisch toilet: Bij de jachthaven van de W.V.

Zuidwillemsvaart

Kaartje: Is bij de beschrijving opgenomen. De hoogten van bruggen en diepten zijn in meters.
Vaarwegbeheerder: Van 's-Hertogenbosch tot Sluis 13, Rijkswaterstaat Directie Noord-Brabant, Postbus 90157, 5200 MJ 's-Hertogenbosch, tel. (073) 81 78 17: van Sluis 13 tot Loozen (Belgische grens), Rijkswaterstaat Directie Limburg, Postbus 25, 6200 MA Maastricht, tel. (043) 29 44 44.
Maximumsnelheid: 10,8 km/h.
Maximumafmetingen: Toegestane hoogte van schepen 5 m. Kanaalgedeelte vanaf de Dieze tot brug nr. 15 (Nederweert), max.diepgang 1,90 m (tot sluis nr. 4 2,10 m), breedte 6,60 m; vanaf brug nr. 15 tot de grens bij Lozen, max.diepgang 2,10 m, breedte 7,20 m.
Bijzondere bepalingen: Voor alle schepen geldt een ankerverbod. Meren is alleen toegestaan op de daarvoor aangewezen gedeelten, max.verblijfsduur (buiten de havens) 3 x 24 h.
Marifoon: Sluis nr. 13 in Someren en sluis nr. 0 in 's-Hertogenbosch, kan. 18; sluis nr. 15, kan. 20; sluis nr. 16 in Weert, kan. 18.
Op de Zuidwillemsvaart kan men de volgende gedeelten onderscheiden:
's-Hertogenbosch–Nederweert (61 km): 12 sluizen, vaste bruggen in 's-Hertogenbosch (zie aldaar), Veghel (spoorbrug en vaste brug na de sluis), Omleidingskanaal om Helmond, Someren en Nederweert. Laagste vaste brug H 5,30 m. Er zijn vier hoogspanningsleidingen, waarvan de laagste H 25,70 m.
Komende van 's-Hertogenbosch moet de scheepvaart nabij Veghel de stuurboordwal (het verbrede gedeelte) van de Zuidwillemsvaart houden. Het andere gedeelte is in gebruik als haven. Druk scheepvaartverkeer tussen 's-Hertogenbosch en Veghel.
In Nederweert o.a. aansluiting op het Kanaal Wessem-Nederweert (zie aldaar) naar de Maas. Afwisselend landschap. Bediening beweegbare bruggen en sluizen:
– Orthenbrug, Kasterenbrug en sluis nr. 0 met brug in 's-Hertogenbosch:

ma. t/m vr.	6-8, 9-16.45, 17.45-22 h
zat.	6-14.30, 15.30-18 h
zo. en fd.	gesloten

– De bruggen in Helmond, de Aarle-Rixtelsebrug, Julianabrug, Veestraatbrug, spoorhefbrug en de Houtse Parallelbrug, worden niet meer bediend.
– Overige bruggen en sluizen in dit gedeelte:

ma. t/m vr.	(gehele jaar)	6-22 h
zat.	(1 juli-1 sept.)	6-18 h
	(1 sept.-1 juli)	6-14 h
zo. en fd.	gesloten	

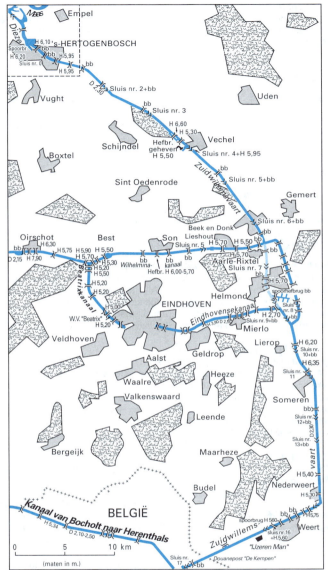

Zuidwillemsvaart

Plaatsbeschrijvingen: zie onder "s-Hertogenbosch', 'Veghel', 'Helmond', 'Nederweert' en 'Weert'.
Nederweert–Weert–Belgische grens–Bocholt (18,5 km): 4 sluizen (sluis nr. 15 in Nederweert en sluis 16 in Weert, sluis nr. 17 en 18 (beide met ophaalbrug) in het Belgische gedeelte), twee ophaalbruggen in Weert, 7 vaste bruggen, laagste brug H 5,10 m, en een hoogspanningsleiding H 28 m.
Voor grensdocumenten, scheepvaartrechten enz. kan men de ANWB-

watersportwijzer 'Varen in het Buitenland' raadplegen, gratis verkrijgbaar aan de ANWB-vestigingen voor leden van de ANWB. In Bocholt verbinding met het Kempenkanaal. Bediening sluizen en bruggen in Weert:
– Sluis nr. 15 in Nederweert en nr. 16 in Weert:

ma. t/m vr.	6-22 h
zat.	7-17 h
zo. en fd.	gesloten

– Biesterbrug in Weert (wordt bediend vanaf de Stadsbrug te Weert):

ma. t/m vr.	6-8.15, 8.35-16.25, 16.40-22 h
zat.	7-17 h
zo. en fd.	gesloten

– Stadsbrug in Weert:

ma. t/m vr.	6-8.10, 8.30-16.20, 16.35-22 h
zat.	7-17 h
zo. en fd.	gesloten

Bocholt door België naar Maastricht (42 km): 1 sluis nl. sluis Bosscherveld in aansluiting op de Maas in Maastricht. Voor de bediening van deze sluis zie onder 'Maastricht'. Alle bruggen zijn vast, laagste brug, H 5,15 m. Er zijn 3 hoogspanningsleidingen, H 20 m. Voor de vaart door Maastricht, zie aldaar. Fraaie ligplaatsen in de verschillende verlaten kanaalarmen. Eenzaam landschap met veel natuurschoon.

Zuidzijdervaart
Onderdeel van de vaarweg Kagerplassen (Sociëteit De Kaag) – Zijp – Achtergat – Stingsloot – Zuidzijdervaart – Does. Door vele plaatselijke ondiepten (o.a. in de Stingsloot) is de max.diepgang beperkt tot 1 m. De meest zuidelijke brug in deze vaarroute (Wittert van Hooglandbrug) is een vaste brug, H 1,50 m, in de weg Hoogmade-Leiderdorp.
Motorvaart: Vereist is de algemene vaarvergunning van het Hoogheemraadschap van Rijnland, zie bij 'Drecht'.

Zutphen
45 km van de IJsselkop; spoorbrug over de Gelderse IJssel, kmr 928,1.
Bruggen: Zie 'Gelderse IJssel'.
Gewoonlijk wordt de spoorbrug (kmr 928,1, H NAP + 10,69 m (NR + 5,75 m, in het midden 0,23 m hoger); geheven H NAP + 16,09 m (NR + 11,15 m)) met onregelmatige en soms met zeer grote tussenpozen bediend, zie lijst 'Openingstijden Spoorbruggen', gratis verkrijgbaar aan de ANWB-kantoren. Op Koninginnedag en Hemelvaartsdag bediening als op zat.
De brug wordt 's nachts niet bediend en overdag evenmin wanneer de waterstand lager is dan NAP + 2,50 m. Na speciaal verzoek aan de dienstleiding van de NS in Zutphen wordt de brug echter wel bediend.
Marifoon: IJsselbrug, kan. 20.
Verboden ankerplaats: Tussen spoorbrug en Z-zijde van de stad geldt een ankerverbod.
Ligplaatsen: Vispoorthaven (Turfhaven) bij Jachthaven Gelre van de W.V. Gelre, haven, tel. (05750) 1 95 80, tarief f 1,10 per m lengte per nacht (elektra, toiletten, wastafels en douches (f 1,–)) ● in de Marshaven bij W.V. De Mars, invaart via de Industriehaven t.o. kmr 930, max.diepgang 2,40 m, havenmeester B. Veenstra, tel. (05750) 1 54 80,

tarief f 1,– per m lengte + f 2,50 (havenfaciliteiten) per schip per nacht (elektra, toiletten, wastafels en douches) ● in de Houthaven, kmr 929, bij W.V. Houthaven, max.diepgang 3 m, havenmeester H. Groenhuis, tel. (05750) 1 71 44, tarief f 7,50 per etmaal (elektra).
Motorbrandstof: H. Doeleman, aan de Marshaven naast W.V. De Mars, invaart via de Industriehaven, die (sl).
Vulstation propaangasflessen: Primagaz, Industrieweg 102, tel. (05750) 1 08 20; H. Doelemans's Oliehandel, Winkelschip a.d. IJsselkade, tel. (05750) 1 43 14, die (sl).
Reparatie: Jachtwerf Marshaven, tel. (05750) 1 59 69, bib/bub, romp/uitr (ht, s, p, a/op de wal + in het water), hellingwagen max. 20 ton; H. Doeleman aan de Marshaven, bib/bub.
Hefkranen: Jachthaven Gelre, max. 10 ton, tarief f 150,– (in en uit); W.V. Houthaven, max. 1 ton, tarief f 25,– (heffen met staande mast mogelijk).
Trailerhelling: W.V. De Mars, gratis.
Wasserettes: Groenmarkt 36, tel. (05750) 1 64 17; bij W.V. De Mars.

Zwaagwesteinde

Aan de Nieuwe Vaart en Kuikhornstervaart, onderdeel van de vaarweg Dokkumer Nieuwe Zijlen – Bergumermeer (zie onder 'Zwemmer').
Ligplaats: Jachthaven 't Eibertsnêst ten Z van de spoorbrug, havenmeester H. Mozes, tel. (05110) 7 27 75, b.g.g. 7 51 65, max.diepgang 1,80 m, tarief f 1,– per m lengte per nacht (elektra, toiletten, douches (f 1,–) en wastafels).
Drinkwater: Fa. Zwemmerwerf (sl).
Motorbrandstof: Jachthaven 't Eibertsnêst, die (sl), be (sl), sbe (sl); Fa. Zwemmerwerf, die (sl).
Reparatie: Fa. Zwemmerwerf, tel. (05113) 22 05, romp/uitr; Jachthaven 't Eibertsnêst, Kuikhornsterweg 31, tel. (05110) 7 27 75, b.g.g. 7 51 65, bub (Yamaha), bib (Volvo Penta, Mercedes en Vetus), romp/uitr (s, p/op de wal), 24-uursservice.
Hefkranen: Jachthaven 't Eibertsnêst, max. 15 ton, tarief op aanvraag (heffen met staande mast mogelijk); Fa. Zwemmerwerf, max. 25 ton, tarief vanaf f 25,– per keer.
Trailerhelling: Jachthaven 't Eibertsnêst, max. 15 ton, tarief f 5,– (in en uit).
Wasserette en stortplaats chemisch toilet: Bij Jachthaven 't Eibertsnêst.

Zwammerdam

4 km van Gouwsluis; zie ook 'Oude Rijn' en 'Nieuwkoopse Plassen'.
Bruggen:
– Over de Oude Rijn: zie aldaar.
– Over de Ziende, ophaalbrug: zie onder 'Nieuwkoopse Plassen'.
Ligplaats: Aan de Oude Rijn bij de kruising met de Ziende, N-oever, max.verblijfsduur 2 x 24 h, gratis.
Reparatie: B.V. Scheepswerf De Volharding, Molenstraat 56, tel. (01726) 1 22 38, bib (alle merken), romp/uitr (ht, s, p/op de wal + in het water), elek, zo. gesloten.
Trailerhelling: B.V. Scheepswerf De Volharding, max. 20 ton, tarief vanaf f 200,–, max. diepgang 1,60 m.

Zwarte Meer

Tussen Ramspol, Genemuiden en Kadoelen.
Algemeen: Dit meer (1750 ha) is van het Vogeleiland tot de Ramspolbrug 11 km lang. De breedte varieert van 2,8 km tot 350 m. De betonde en verlichte vaargeul Ramsdiep is 3 m diep (toegestane diepgang Ramsdiep en Zwolse Diep 3 m t.o.v. NAP) en leidt van het ontmoetings-

punt van het Zwolse Diep met het Zwanendiep (max.diepgang 2,70 m), waar middenvaarwaters een scheepvaartlicht is geplaatst, naar de Zwarte Hoek in de Noordoostpolder en verder langs de polderdijk naar de Ramspolbrug. Buiten de geul is het meer meteen veel minder diep. De 1,30 m dieptelijn wordt aangegeven door een recreatiebebakening. Op de ANWB-waterkaart zijn de bakenlijnen aangegeven. De waterstand kan sterk variëren door op- of afwaaien: bij O-wind wordt de waterstand lager, bij W-wind juist hoger.
Voorbij de bakenlijn loopt de bodem aan de Z-zijde van het meer geleidelijk op; het gedeelte bij het Vogeleiland is bijzonder ondiep.
Bij harde ZW-wind staat er hoge golfslag in de vaargeulen nabij het Vogeleiland.
Natuurmonument: Het Zwarte Meer is aangewezen als natuurmonument. Dit betekent dat het varen buiten de betonde en bebakende vaargeulen verboden is.
Vaarwegbeheerder: Rijkswaterstaat Directie Overijssel, Dienstkring Zwartsluis, Potgietersingel 2, 8011 NA Zwolle, tel. (038) 25 66 00.
Maximumsnelheid: Binnen de betonde en bebakende vaargeulen 20 km/h; daarbuiten geldt een vaarverbod.
Ramsdiep: Schokkerhaven (zie aldaar) vormt de toegang van het Ketelmeer naar het Ramsdiep. Dit loopt tussen de dijk van de Noordoostpolder en de strekdam. Over het Ramsdiep ligt bij Ramspol een basculebrug (zie 'Brug') en ca. 1500 m ten NO van de brug ligt een hoogspanningslijn, H 31 m. Max. toegestane diepgang op het Ramsdiep 3 m t.o.v. NAP.
Brug: Over het Ramsdiep ligt bij Ramspol een basculebrug, H 5,55 m bij IJZP, breedte 11,50 m. Voor jachten kan de brug afzonderlijk worden bediend, tenzij het wegverkeer te druk is (bijv. tijdens spitsuren). Aan weerszijden van de brug is meergelegenheid, speciale steiger voor jachten aan de W-zijde van de brug. Brugwachter, tel. (05275) 13 70.
Bediening (gratis):

ma. t/m vr.	(gehele jaar)	6.30-12.30, 13-17.30, 18-21 h
zat.	(gehele jaar)	6.30-12.30, 13.30-18.30 h
zo. en fd.	(1 mei-1 sept.)*	9.30-12.30, 14.30-17 h
	(1 sept.-1 okt.)	9.30 en 17 h
	(1 okt.-1 mei)	gesloten

* Incl. Koninginnedag.
Marifoon: Ramspolbrug, kan. 20.
Ramsgeul: Ten Z van de strekdam die genoemd is onder 'Ramsdiep' loopt de Ramsgeul, D ca. 2,50 m. Het vaste deel van de Ramspolbrug over de geul is H 2,60 m (waterstandverschillen veroorzaken afwijkende doorvaarthoogte). De geul is bebakend. Ten O van de brug is de geul tot dicht onder de oevers diep. Ten W van de brug moet men ongeveer 100 m van de strekdam verwijderd blijven. Men moet de koers langs de strekdam blijven volgen tot men de NZ-lijn van de recreatiebebakening voorbij is, die op de 1,50 m dieptelijn van het Ketelmeer ligt. In de Noordoostpolder staat in het verlengde van deze bakenlijn een kenbaar knooppunt van hoogspanningsleidingen. Dit is een goed punt om heen te koersen indien men van het Ketelmeer de Ramsgeul wil aanlopen. Omgekeerd kan men vanuit dit punt rechtstreeks de Ketelhaven aanlopen, kenbaar aan de masten in de haven.
Aanlegplaatsen: In Schokkerhaven (zie aldaar). De steiger bij de Ramspolbrug en de beide loswallen tegen de polderdijk zijn onrustig door het scheepvaartverkeer.
– Ankerplaatsen: In de Ramsgeul. Hier loopt vaak stroom. Voorts kan men bij NW-wind een beschutte ankerplaats vinden langs de dijk van de Noordoostpolder ten NO van de Zwarte Hoek. Langs de dijk loopt

een oude werkgeul. Let op: in het vroegere tracé van het Zwolse Diep (naar Oud Kraggenburg in de polder) liggen de oude havendammen tot vlak onder water. Daarom moet men niet verder varen dan tot 1 km van de Zwarte Hoek. Het met boompjes begroeide eilandje op een van de oude havendammen is verboden gebied (natuurreservaat voor aalscholvers). Let op de zeer vele visnetten, die geplaatst zijn tussen de vaargeul en de bakenlijn.
Natuurreservaat: Het Vogeleiland, 4 km ten NW van Genemuiden is een natuurreservaat. Belangstellenden kunnen zich vervoegen bij de vogelwachter van Staatsbosbeheer, tel. (05208) 5 43 46, Haventje Rijkswaterstaat aan het Zwolse Diep, W-zijde.

Zwarte Schaar

Afgedamde IJsselarm benedenstrooms van Doesburg. De toegang is ten Z van kmr 905 Ro van de Gelderse IJssel, bovenstrooms van Dieren. Het Zwarte Schaar is niet meer betond of bebakend. Hier en daar liggen langs de oevers ondiepten, veroorzaakt door het afkalven van de oevers. Daaraan kan men de ondiepten herkennen.
Deze rivierarm biedt prachtige ankerplaatsen.
Maximumsnelheid: 8 km/h, m.u.v. de betonde speedbootbaan; hier geldt tussen 11 en 17 h géén snelheidsbeperking en is waterskiën toegestaan. Een WA-verzekering is verplicht. Nadere informatie is opgenomen in het ANWB-inlichtingenblad 'Snel motorbootvaren in Nederland'. Raadpleeg hiervoor de 'Handleiding' van deze Almanak onder 'Snelle motorboten en Waterskiën'.
Ligplaatsen: Jachthaven Dorado Beach, havenmeester E. Jansen, tel. (05755) 15 29, max.diepgang 1,40 m, tarief f 1,50 per m lengte + f 0,60 p.p. toeristenbelasting per nacht (elektra, toiletten, wastafels en douches (douchemunten à f 1,-)) ● Jachthaven Het Zwarte Schaar, 3 km van de monding, havenmeester R. van Witteveen, tel. (08334) 7 31 28, tarief f 1,- per m lengte + f 0,90 p.p. toeristenbelasting per nacht (elektra, toiletten, douches (f 1,-) en wastafels) ● Jachthaven IJsselhaven, 4 km van de monding, havenmeester R. Takkenkamp, tel. (08334) 7 40 63/7 27 97, tarief f 1,20 per m lengte + f 1,50 p.p. toeristenbelasting per nacht (toiletten, wastafels, douches (f 0,75) en elektra).
Motorbrandstof: Jachthaven Dorado Beach, die (sl), be (sl), sbe (sl).
Reparatie: Jachthaven Het Zwarte Schaar, Eekstraat 17-19, Doesburg, tel. (08334) 7 31 28, bub (alle merken), bib (volvo Penta, Yanmar, Mercedes, Mitsubishi, Daf, Vetus, Farymann, Perkins en Ford); Jachthaven Dorado Beach, Pipeluurseweg 8, Olburgen, tel. (05755) 15 29, bib/bub (alle merken), romp/uitr (ht, s, p, a/op de wal + in het water), elek, zeil/tuigage; Fa. J. Pasman Watersport, Emmerikseweg 103, Baak, aan de jachthaven IJsselhaven, tel. (05754) 15 30, bub/bib (alle merken), romp/uitr (s en p).
Trailerhellingen: Jachthaven IJsselhaven, Eekstraat 18, Doesburg, tel. (08334) 7 40 63/7 27 97, tarief f 7,50 (in en uit), max. 4 ton; Jachthaven Het Zwarte Schaar, max. 10 ton, tarief f 10,- (in en uit); Jachthaven Dorado Beach, max. 14 ton, max.diepgang 1,40 m, tarief f 30,- per keer.
Botenlift: Jachthaven Dorado Beach, tel. (05755) 15 29, Craddle-wagen max. 14 ton, tarief f 25,- per m lengte, max.diepgang 1,40 m.
Kampeerterreinen: Camping IJsselstrand* (Jachthaven IJsselhaven); Jachthaven/Camping Het Zwarte Schaar*; Recreatiecentrum Jachthaven Dorado Beach. Zie ook onder 'Doesburg'.
Wasserettes: Jachthaven Dorado Beach; Jachthaven IJsselhaven; Jachthaven Het Zwarte Schaar.
Stortplaatsen chemisch toilet: Bij Jachthaven IJsselhaven; Jachthaven Het Zwarte Schaar; Jachthaven Dorado Beach.

Zwartewaal
Aan het Brielse Meer, Lo; 9 km van de Voornse sluis aan de Oude Maas; 4 km van Brielle.
Gemeentelijke havenmeester: J. Luyben, Lobeliastraat 22a, Spijkenisse, tel. (01880) 1 95 56.
Ligplaatsen: Bij W.V. Zwartewaal, in de Gemeentehaven, D ca. 1,60 m, havenmeester C. Lems, tel. (01887) 43 85, max.diepgang 1,60 m, tarief f 1,– per m lengte per etmaal (elektra, toiletten, douches en wastafels) ● in de jachthaven van W.V. De Vijfsluizen, tel. (01887) 19 58, tarief f 0,80 per m lengte per nacht, voor leden van een W.V. 1e nacht gratis ● Jachthaven/Café-Restaurant De Witte Raaf, eig. dhr. Brouwer, tel. (01887) 15 54, gelegen aan het Brielse Meer direct ten W van de Gemeentehaven, tarief f 5,– per etmaal.
Motorbrandstof: W.V. De Vijfsluizen, be (sl), die (sl), wo. gesloten.
Reparatie: Jachtwerf V. d. Zee, Werfplein 1, Zwartewaal, tel. (01887) 13 78, aan de O-zijde van de Gemeentehaven in de kom van de haven, romp/uitr. zo. gesloten.
Hefkranen: Jachtwerf V. d. Zee, max. 6 ton, tarief in overleg; Jachthaven De Witte Raaf, sleephelling tot 8 ton.

Zwarte Water
Van het Zwolle-IJsselkanaal bij Zwolle naar het Zwarte Meer (vaargeul Zwolse Diep). Lengte 18 km. Diepte NAP – 4 m. Maximumdiepgang 3 m t.o.v. NAP. Over het Zwarte Water ligt een beweegbare brug (zie onder 'Brug') en 2 hoogspanningslijnen, H 29,90 m.
In de verbinding tussen het Zwarte Water en de Gelderse IJssel bij Zwolle ligt het Zwolle-IJsselkanaal met vaste bruggen, H NAP + 9 m. Zie voor de verbinding met de stadsgrachten in Zwolle onder 'Zwolle'.
Vaarwegbeheerder: Rijkswaterstaat Directie Overijssel, Dienstkring Zwartsluis, Potgietersingel 2, 8011 NA Zwolle, tel. (038) 25 66 00.
Maximumsnelheid: Voor snelle motorboten 20 km/h. Van 1 juni tot 1 januari geldt voor het gedeelte tussen kmr 12,7 en kmr 15,3 géén snelheidsbeperking en is waterskiën toegestaan. Nadere informatie is opgenomen in het ANWB-inlichtingenblad 'Snel motorbootvaren in Nederland'. Raadpleeg hiervoor de 'Handleiding' van deze Almanak onder 'Snelle motorboten en Waterskiën'.
Waterstand: Gelijk aan NAP tot NAP – 0,20 m. Door op- of afwaaiing en afstroming kunnen de waterstanden sterk variëren (tot 1,30 m verschil met MR), dus let op de omgekeerde peilschaal bij de brug.
Marifoon: Zwarte Waterbrug in Hasselt, kan. 22.
Brug: Zwarte Waterbrug (bascule) in Hasselt, kmr 10,3.
H NAP + 5,50 m. tel. (05209) 12 73. Bediening (gratis):

ma. t/m zat.	(1 mrt.-1 okt.)	5-21 h
	(1 okt.-1 mrt.)	6-20 h
zo. en fd.	(1 april-1 okt.)	7-9, 18-20 h
	(1 okt.-1 april)	gesloten

Plaatsbeschrijvingen: In deze Almanak zijn beschrijvingen opgenomen onder: 'Zwolle', 'Hasselt', 'Zwartsluis' en 'Genemuiden'.

Zwartsluis
16,5 km van Zwolle; ca. 25 km van de Linde bij Ossenzijl; 5 km van het Zwarte Meer; 16 km van Kampen; 23 km van het Ketelmeer (Schokkerhaven); 32 km van de Ketelbrug.
Marifoon: Meppelerdiepbrug, kan. 22.
Maximumsnelheid: Op de Arembergergracht 6 km/h. Zie verder onder 'Meppelerdiep' en 'Zwarte Water'.

Sluizen en bruggen:
– Meppelerdiepkeersluis ten O van Zwartsluis, met beweegbare brug, H IJZP + 5,20 m. Max.diepgang 3 m t.o.v. NAP. Deze sluis staat meestal open (dit wordt door middel van witte pijlen op blauwe borden aangeduid). De brugwachters behoeven de brug niet te openen voor schepen met gemakkelijk strijkbare mast. Bediening:

ma. t/m zat.	(1 mrt.-1 okt.)	6.30-12, 12.30-20 h
	(1 okt.-1 mrt.)	7-12, 12.30-18 h
zo. en fd.*	(1 mrt.-1 okt.)	7.30-8.30, 19-20 h
	(1 okt.-1 mrt.)	gesloten

* Bediening op 2e paasdag als van 1 mrt.-1 okt.

Naast deze spuisluis staat het gemaal Zedemuden, met aan weerszijden een breed stroomkanaal. Bij spuien loopt hier een hinderlijke stroom. Als de sluis is gesloten dient men te schutten door de Grote Sluis (of Kolksluis), ten W van de Meppelerdiepkeersluis in de kom van het stadje. Let op de witte pijlen aan de invaart naar de sluis.
– De Grote Sluis (of Kolksluis) met beweegbare brug is niet voor doorvaart bestemd zolang de Meppelerdiepkeersluis openstaat. Doorvaart door de Grote Sluis wordt dan oogluikend toegestaan, maar de doorvaarthoogte wordt beperkt door een (beweegbare) fietsbrug, H 1,90 m. Max.diepgang 2,70 m t.o.v. NAP. Let op, er treden waterstandverschillen op waardoor de brughoogte verandert; voorts moet men er rekening mee houden dat de sluisdeuren los staan zodat deze door stroom of zuiging kunnen dichtvallen. Bij hoge waterstand op het Zwarte Water wordt de Meppelerdiepkeersluis gesloten en moet in de Grote Sluis worden geschut. Bediening als Meppelerdiepkeersluis. Geen brug- of sluisgelden.
– Arembergersluis (breedte 4,60 m) in de Arembergergracht ten W van Zwartsluis, D 2 m. Max.diepgang bij winterpeil 1,40 m. Bediening:

(16 april-16 okt.)	dagelijks	9-12, 13-19 h
(1 dec.-1 mrt.)	ma. t/m vr.	8-8.30, 16.30-17 h, op verzoek*
	zat., zo. en fd.	gesloten
(1 mrt.-16 april en		
16 okt.-1 dec.)**	ma. t/m vr.	8-8.30, 16.30-17 h
	zat.	8-9 h
	zo. en fd.	gesloten

* Bediening aanvragen tijdens kantooruren bij P.W.S. Overijssel, tel. (05210) 1 24 66.
** Bediening in de herfstvakantie als van 16 april-16 okt.

Vóór deze sluis ligt langs het Zwarte Water een vaste verkeersbrug, H 2,95 m. Vaste brug over de sluis, H 3,45 m. Bij buitenwaterstanden hoger dan NAP + 1,30 m wordt niet geschut.
Vaste brug, H 3,60 m, 2 km ten N de Arembergersluis: zie onder 'Belt-Schutsloot'.
Sluisgeld: Bij de Meppelerdiepkeersluis en de Grote Sluis is voor pleziervaartuigen geen sluisgeld verschuldigd; Arembergersluis gratis.
Toeristenbelasting: f 0,60 p.p. per nacht.
Lig- en aanlegplaatsen: Jachthaven De Kranerweerd ★★★★, ingang smalle zijarm van het Meppelerdiep, binnen de Meppelerdiepkeersluis aan de Z-zijde (bij Scheepswerf Geertman), havenmeester J.L. van Kralingen, tel. (038) 3 86 73 51, max.diepgang 2 m, tarief f 1,25 per m lengte per etmaal, excl. toeristenbelasting f 1,– p.p. (elektra, toiletten, wastafels en douches (f 1,–)) ● Langs de W-oever van de Arembergergracht tussen Zwartsluis en Belt-Schutsloot, max.ver-

blijfsduur 2 x 24 h tussen de voor dit doel geplaatste borden ● In de jachthaven van de Stichting Recreatiecentrum Zwartewater (thuishaven W.V. Zwartsluis) aan het Zwarte Water tussen de ingang Arembergergracht en het Meppelerdiep, havenmeester W. Marinus, tel. (05208) 6 66 52, mar.kan. 10, tarief f 1,25 per m lengte per nacht, excl. toeristenbelasting (elektra, toiletten, wastafels en douches (f 1,–)) ● Jachthaven De Watergeus, ten NO van de Grote Sluis, havenmeester mevr. M. Grashuis, tel. (05208) 6 77 72, max.diepgang 1,40 m, tarief f 1,10 per m lengte per nacht, excl. toeristenbelasting (elektra, toiletten, wastafels en douches (f 1,–)) ● Jachthaven Zomerdijk, 1 km ten N van de Grote Sluis, aan bakboord, bij de Kalkoven, tel. (05208) 6 68 69 (toiletten en douche) ● Voor schepen met een grotere diepgang dan 2,50 m of een grotere lengte dan 25 m is er ligplaats aan de Rijkshavendijk (alleen voor passanten) in de Voorhaven van de Grote Kolksluis. Eveneens voor passanten ook in de Binnenhaven, te bereiken via het Meppelerdiep in de kom van de stad, aan de Handelskade, max.verblijfsduur 2 h.
Drinkwater: Yachtcharter Panorama (sl); Jachtwerf S. Lok (sl, f 2,–).
Motorbrandstof: Jachthaven De Kranerweerd, sbe (sl), die (sl); Jachthaven De Watergeus, die (sl); Yachtcharter Panorama, die (sl) (zo. gesloten); diverse tankstations bij watersportwinkels (zo. gesloten).
Reparatie: Jachthaven De Kranerweerd, Het Oude Diep 5-7, tel. (038) 3 86 73 51, bib (alle merken, dealer Yanmar), romp/uitr (s, p/op de wal + in het water), elek; V. d. Veer en Brinks, bub/bib; H. Schraa, bub/bib; Scheepswerf Poppen, romp/uitr; Scheepswerf Geertman, Het Bosch 12, tel. (05208) 6 71 72, romp/uitr (ht, s, p, a/op de wal + in het water), elek; Jachthaven Zomerdijk, Zomerdijk 84, tel. (05208) 6 68 69, bib, romp/uitr (ht, s, p); Jachtwerf S. Lok, Zomerdijk 94, tel. (05208) 6 76 16, bib/bub (alle merken), romp/uitr (ht, s, p/op de wal + in het water); Zeilmakerij Giethoorn, Zuiderpad 46, Giethoorn, zeil/tuigage; Jachthaven De Watergeus (Watergeus Zwartsluis B.V.), Mastenmakerstraat 23, tel. (05208) 6 77 72, bub (Yamaha, Mercury, Mariner, Johnson, Evinrude en Tomos), bib (alle merken), romp/uitr (ht, s, p, a/op de wal + in het water), elek (dagelijks geopend).
Hefkranen: Jachthaven Zomerdijk, max. 30 ton, tarief vanaf f 90,– (heffen met staande mast mogelijk); Jachtwerf S. Lok, max. 6 ton, tarief op aanvraag, max.diepgang 1,50 m (heffen met staande mast mogelijk); Jachthaven De Watergeus, max. 20 ton, tarief f 10,– per m lengte (heffen met staande mast mogelijk).
Trailerhellingen: Jachthaven Stichting Recreatiecentrum Zwartewater, De Vleugel 2, tel. (05208) 6 66 52, max. ½ ton, tarief f 10,–; Jachtwerf S. Lok.
Botenliften: Jachthaven De Kranerweerd (Scheepswerf Geertman), max. 40 ton, tarief vanaf f 75,–.
Kampeerterrein: Camping Swartesluys, bij Recreatiecentrum Zwartewater.
Wasserettes: Jachthaven De Kranerweerd; Jachthaven Stichting Recreatiecentrum Zwartewater.
Stortplaatsen chemisch toilet: Bij Jachthaven Stichting Recreatiecentrum Zwartewater; bij Jachthaven De Kranerweerd.

Zwemmer
Dit is de vaarweg Bergumermeer – Dokkumer Nieuwe Zijlen, bestaande uit de onderdelen: Stoppelzool, Kuikhornstervaart, Nieuwe Vaart, De Brekken, Petsloot, Oude Zwemmer, Nieuwe Zwemmer, Oud Dokkumerdiep. Totale lengte ca. 19 km. Zie ook 'Zwaagwesteinde'.
Vaarwegbeheerder: Provincie Friesland, Gedempte Keizersgracht 38, 8911 KL Leeuwarden, tel. (058) 92 59 25.
Maximumsnelheid: 9 km/h.

Bruggen: 10 vaste bruggen, laagste brug H 2,75 m (verkeersbrug bij Twijzelerheide).
Ligplaatsen: Officiële ligplaatsen van de Marrekrite langs de N-oever nabij Driesum (Rinsmastate), Westergeest, Wijgeest en aan de Z-oever van het Oud Dokkumerdiep ter hoogte van de Oude Zijlsterrijt. Het is verboden langer dan 3 x 24 h op één plaats te blijven liggen ● Ljeppershiem te Westergeest, ten W van de brug, noordoever Zemmer, beheerder W. Koster, tel. (05113) 42 94 (toiletten, douches en drinkwater) ● Passantenligplaatsen te Westergeest, aan Z-oever van de Zwemmer ter plaatse van Camping Oan 'e Swemmer, beheerder W.F. Goudswaard, tel. (05113) 21 79 (toiletten en douches) ● Jachthaven Zwartkruis, 2 km ten N van het Bergumermeer in Noordbergum, havenmeester Y. Zijlstra-Postma, tel. (05110) 7 63 19, max.diepgang 1,50 m, tarief f 1,– per m lengte per nacht + toeristenbelasting f 0,75 p.p. per nacht (toiletten, douches (f 1,–) en wastafels) ● Jachthaven 't Eibertsnêst, zie onder 'Zwaagwesteinde'.
Motorbrandstof: Jachthaven Zwartkruis, die (sl).
Reparatie, hefkraan en trailerhelling: Jachthaven Zwartkruis, Rijksstraatweg 80, Noordbergum, tel. (05110) 7 63 19, bub/bib (alle merken), romp/uitr (ht, s, p/op de wal + in het water), elek, kraan max. 15 ton, tarief f 6,– per m lengte, trailerhelling max. $2\frac{1}{2}$ ton, max.diepgang 1,40 m, tarief f 5,– per keer.
Kampeerterrein en wasserette: Bij Jachthaven Zwartkruis; bij Camping Oan 'e Swemmer te Westergeest.

Zwette of Sneekertrekvaart

Stil vaarwater (door de weilanden) van het Van Harinxmakanaal tot Sneek, 20 km, max.diepgang 1,20 m.
Vaarwegbeheerder: Provincie Friesland, Gedempte Keizersgracht 38, 8911 KL Leeuwarden, tel. (058) 92 59 25.
Maximumsnelheid: 9 km/h.
Bruggen: 11 vaste bruggen, waarvan de laagste H 1,65 m, twee beweegbare verkeersbruggen in Sneek.
Voor bediening van de beide bruggen in Sneek zie aldaar (bij 'Doorvaartroute D').
Vanaf het Van Harinxmakanaal kan men met een doorvaarthoogte van 2,85 m tot Oosterwierum varen, met 2,30 m tot Scharnegoutum en met 1,65 m verder naar Sneek. Even ten Z van Oostwierum is via de Dillesluis en de Terzoolsterschutsluis een vaarverbinding met het Sneekermeer. Zie verder bij 'Oudvaart'.
Lig- en aanlegplaatsen: Zie onder 'Weidum'.

Zwolle

Aan het Zwolle-IJsselkanaal en het Zwarte Water.
Maximumsnelheid: In de stadsgrachten tot 1,25 m diepgang 9 km/h, tot 1,50 m diepgang 7,5 km/h, overigens 6 km/h.
Marifoon: Holtenbroekerbrug, kan. 20.
Waterstand: Zie onder 'Zwarte Water' en 'Zwolle-IJsselkanaal'. De hoogten van de bruggen over het Zwarte Water en de stadsgrachten zijn aangegeven bij een waterstand gelijk aan NAP.
Bruggen:
– Holtenbroekerbrug (bb), H 2 m (geheven H 8 m), en Hofvlietbrug (bb), H 2,70 m, over het Zwarte Water in de toegang tot de stadsgrachten. De beide bruggen worden op zo. en fd. door één brugwachter bediend. Bediening:

ma. t/m zat.		7-7.30, 8.30-12, 13.30-16.45, 17.30-18 h
zo. en fd.	(1 mei-1 okt.)	7.30-8.30, 18.30-19.30 h
	(1 okt.-1 mei)	gesloten

Beatrixbrug, vaste brug over het Zwarte Water in de toegang tot de stadsgrachten, H 8 m.
- Bruggen in de stad: hoogte in gesloten stand tussen 1,30 m en 2,50 m. Deze bruggen worden in principe niet meer bediend; bediening uitsluitend van ma. t/m vr. (tijdens kantooruren) op speciaal verzoek aan de brugwachter van de Holtenbroeker- of Hofvlietbrug, tel. (038) 21 95 31, resp. 53 63 41.
- IJsselbruggen: De vaste verkeersbrug over de IJssel, bij NR H 9,93 m (NAP + 10,66 m), in het midden 0,28 m hoger. De nieuwe vaste verkeersbrug bij NR H 8,93 m (NAP + 9,63 m), in het midden 3,70 m hoger. De spoorbrug is een hefbrug, bij NR H 5,36 m (NAP + 6,15 m). Bij geopende brug is de doorvaarthoogte bij NR 10,46 m (NAP + 11,25 m).
Voor jachten met vaste mast wordt de spoorbrug bediend voorzover de treinenloop het toelaat:

ma. t/m vr.	5.55-22.34 h
zat.	6.23-18.35 h
zo. en fd.*	8.09-17.34 h

* Bediening op Koninginnedag en op Hemelvaartsdag als op zat. Voor de exacte bedieningstijden zie de watersportwijzer 'Openingstijden spoorbruggen', gratis verkrijgbaar aan de ANWB-vestigingen.
Marifoon: Spoorbrug Zwolle, kan. 18; Holtenbroekerbrug, kan. 20.
Lig- en aanlegplaatsen: Speciaal voor jachten drijvende aanlegsteiger in de Schuttevaerhaven (noordwestelijke Singelgracht), gemeentelijk passantentarief f 0,75 per m lengte per nacht ● Jachthaven Z.V. Zwolle aan het Zwarte Water, havenmeester W. Spelthuis, tel. (038) 21 80 93, tarief f 1,– per m lengte per nacht (toiletten, wastafels en douches (f 1,–)) ● Jachthaven De Hanze, eveneens aan het Zwarte Water ten N van de Jachthaven Z.V. Zwolle, havenmeester A. Hageman, tel. (038) 22 11 18, tarief f 1,– per m lengte per nacht (elektra, toiletten, wastafels en douches (f 1,–)) ● Aan de oevers van het Zwarte Water, de Vecht en bijbehorende kolken mag op met borden aangegeven plaatsen gedurende de zomermaanden 3 x 24 h worden aangelegd. Zie verder onder 'Berkum'.
Drinkwater: Aan de steiger in de Schuttevaerhaven; aan de Hofvlietbrug (sl); walkranen ten Z van Kamperpoorterbrug; walkranen op Friese Wal (t.o. gem. aanlegsteiger); aan het Rodetorenplein aan de kant van Wibra Textiel Supermarkt; aan de Prinses Margriethaven.
Motorbrandstof: Jachthaven De Hanze, sbe (sl), die (sl);
Fa. H. J. Huisman, Buitenkant 14, die (sl).
Vulstation propaangasflessen: W. Assies, Van Ittersumstraat 1, tel. (038) 21 54 31.
Reparatie: Fa. Leenman, direct ten N van hefbrug in de rondweg, bib/bub, romp/uitr; Fa. J. de Vries, Thorbeckegracht 85, bib/bub; Fa. Boterman, 500 m ten NW van hefbrug in de rondweg, bib/bub; Jachthaven De Hanze, Holtenbroekerdijk 42-44, tel. (038) 22 11 18, bub (Yamaha, Mercury, Mariner), bib (Volvo Penta, Daf, Perkins, Ford), romp/uitr (s, p/op de wal + in het water), dagelijks geopend; Jachthaven Z.V. Zwolle, Holtenbroekerdijk 41-42, tel. (038) 21 30 73, bub (Yamaha, Mariner), romp/uitr (s/op de wal); Fa. H. J. Huisman, Buitenkant 14, zeil/tuigage; Garage Martin, 3e Bredehoek 5, tel. (038) 21 43 57, bib.
Hefkraan: Jachthaven De Hanze, max. 15 ton, kosten op aanvraag.
Trailerhellingen: Jachthaven De Hanze, max. 2 ton; Jachthaven Z.V. Zwolle, max. 12 ton, tarief f 100,– (5 dagen, in en uit).
Botenlift: Jachthaven De Hanze, max. 15 ton, kosten op aanvraag.
Stortplaats chemisch toilet: Jachthaven De Hanze.

Zwolle-IJsselkanaal
Dit kanaal verbindt de Gelderse IJssel met het Zwarte Water ten NW van Zwolle. Lengte 3 km.
Vaarwegbeheerder: Rijkswaterstaat Directie Overijssel, Dienstkring Zwartsluis, Potgietersingel 2, 8011 NA Zwolle, tel. (038) 25 66 00.
Bijzondere bepalingen: Voor alle schepen geldt een ankerverbod. Meren is alleen toegestaan op de daarvoor aangewezen gedeelten, max. verblijfsduur (buiten de havens) 3 x 24 h.
Maximumsnelheid: 13,2 km/h.
Maximum toegestane diepgang: 3,25 m, of zoveel minder als de waterstand op het kanaal lager is dan NAP.
Waterstand: Gelijk aan NAP tot NAP – 0,40 m. Door op- of afwaaiing en afstroming kunnen de waterstanden sterk variëren (tot 1,30 m verschil met MR).
Marifoon: Spooldersluis, kan. 22.
Sluis: Spooldersluis met ophaalbrug over het binnenhoofd, H NAP + 4,40 m, tel. (038) 21 55 67. Bediening (gratis):

ma. t/m zat.	(1 mrt.-1 okt.)	5-23 h
	(1 okt.-1 mrt.)	6-22 h
zo. en fd.	(gehele jaar)	7-9, 17-19 h

Bruggen: Vaste bruggen, H NAP + 9 m.

Zwijndrecht
Aan de Oude Maas, kmr 977 Ro, t.o. Dordrecht; aan de Noord, kmr 977 Lo.
Getijstanden: (ten opzichte van NAP):

	GHW	GLW
Hoge rivierafvoer	NAP + 1,25 m	NAP – 0,24 m
Lage rivierafvoer	NAP + 0,90 m	NAP + 0,10 m

Ligplaats: Haven De Strooppot (doodlopende arm van de Rietbaan) bij W.V. Zwijndrecht, max. diepgang ca. 1,20 m bij GLW, tarief f 0,50 per m lengte per nacht.
Vluchthavens: Gemeentelijke Develhaven, D 2,25 m bij GLW; Gemeentehaven Drechthaven, D 3,25 m bij GLW; de Gemeentehaven Swinhaven, D 3,25 m bij GLW; de haven van Schokbeton N.V. en de Uilehaven ten ZW van de bruggen en ten W van de Ver. Oliefabrieken (toestemming vragen via de portiers).
Bruggen: Over de Oude Maas (spoorbrug en verkeersbrug), zie onder 'Dordrecht'.
Motorbrandstof en drinkwater: In de Oude Maas liggen ten O van de bruggen olietankschepen, be, die; op ca. 100 m van Haven De Strooppot bij Fa. de Knecht, be, sbe, die.

Zijkanaal E
Haven, invaart vanaf Noordzeekanaal ten oosten van kmr 14, havenlichten aanwezig.
Ligplaats: Jachthaven van W.V. Bruynzeel, havenmeester A. Stend, tarief f 1,– per m lengte per nacht (elektra, toiletten, douches (f 1,–) en wastafels), drinkwater (sl).

Zijl
Breed slingerend vaarwater van de viersprong, gevormd door Rijn-Schiekanaal en Oude Rijn, naar de Kagerplassen, langs de hoogbouw van Leiden en verder langs polders.
Vaarwegbeheerder: Provincie Zuid-Holland, Dienst Verkeer en Vervoer, Koningskade 1, 2596 AA 's-Gravenhage, tel. (070) 3 11 66 11.
Maximumsnelheid: 12 km/h.
Bruggen: Zie onder 'Leiden'.

Zijpe

Onderdeel van de Oosterschelde; vluchthaven op 29 km van Willemstad; 22 km van Wemeldinge; 44 km van Veere.
Getijstanden: GHW = NAP + 1,60 m; GLW = NAP – 1,38 m.
Vluchthaven: Zijpe-Stoofpolder. Haveningang in het Zijpe even ten ZW van het licht Stoofpolder. Haveningang goed kenbaar aan de opening in de basalten dijk met aan weerszijden een lichtopstand. Op de N-havenkop een groen, op de Z-havenkop een rood licht.
D NAP – 6 m.
Rijkshavenmeester: J. Verburg, tel. (01113) 12 39.
Maximumsnelheid: Zie onder 'Oosterschelde'.
Bijzondere bepalingen: Kleine vaartuigen moeten 's nachts en bij slecht zicht in de betonde vaargeulen van het Zijpe een goed functionerende radarreflector voeren. Zie tevens onder 'Oosterschelde'.
Ligplaats: In de ZW-hoek van de Vluchthaven aan de steigers, lengte 50 m.
Er mogen geen jachten onbeheerd worden achtergelaten. Max.verblijfsduur 3 dagen (gratis).
Motorbrandstof: Olietankscheepjes, die; C. Roukema.
Reparatie en hefkraan: Fa. Bal en Co., Scheepstimmerbedrijf, Noordstraat 16, Bruinisse (in de Vluchthaven), tel. (01113) 13 88, romp/uitr., kraan max. 30 ton, max.diepgang 2,40 m, tarief f 30,– per m lengte (heffen met staande mast mogelijk).
Voormalige Veerhaven: Direct ten Z van de Vluchthaven. Verboden voor alle scheepvaart.

Watertoeristische gegevens van Belgische plaatsen en wateren

Algemeen

We dienen er rekening mee te houden dat op de Belgische binnenwateren (behoudens een enkele jachthaven in de grotere plaatsen als Brussel, Antwerpen, Luik, Namen en Hasselt Kanne) weinig speciale voorzieningen voor de recreatievaart zijn. Er zijn nauwelijks speciaal voor de watersport ingerichte ligplaatsen, watersportbedrijven en jachthavens. Er zijn nu wèl aanlegplaatsen ingericht langs de Maas in Hoei, Namen, Dinant, Waulsort en Yvoir.
Langs de kust zijn grote, vaak goed ingerichte jachthavens.
De overnachtingstarieven voor passanten in de jachthavens zijn vermeld, voor zover het tarief van 1995 bij de Vakgroep Watersport bekend is.

Vaarbewijs

Vanaf 1 juni 1995 zal op de Belgische binnenwateren een Nederlands vaarbewijs verplicht zijn voor bestuurders van pleziervaartuigen die in Nederland vaarbewijsplichtig zijn. Informatie over deze nieuwe regeling in opgenomen in de watersportwijzer 'Varen in het Buitenland'.

Scheepvaartrechten

Op de kanalen en gekanaliseerde rivieren moeten in Wallonië scheepvaartrechten worden betaald. Voor jachten met een geringere waterverplaatsing (gewicht) van 3 ton is betaling van de rechten niet verplicht, doch wel aan te bevelen om problemen te voorkomen. Deze rechten worden geïnd aan het 'Bureau de perception des droits de navigation' en de 'Poste de controle des droits de navigation' en bedragen voor trajecten tot 20 km Bfr 20 en voor langere trajecten (20 km of meer) Bfr 35. Het ontvangstbewijs moeten we tijdens de tocht bij de hand houden: één daarvan moet op elk ontvangstkantoor of op elke controlepost getoond en/of afgestempeld worden, het eerste exemplaar moet aan het einde van het traject weer worden ingeleverd.

Waterwegenvignet

Voor de waterwegen van het Vlaamse Gewest moeten pleziervaartuigen een Waterwegenvignet aanschaffen. Deze verplichting geldt niet voor de Maas, de Maasplassen en de zeehavens (tot de eerste sluis). Buitenlandse pleziervaartuigen moeten zich melden bij aankomst bij de eerste sluis en kunnen daar het vignet aanschaffen. Nadere informatie is opgenomen in de watersportwijzer 'Varen in het buitenland'.

Scheepvaartreglementen

In België moeten we een exemplaar van het 'Algemeen reglement der scheepvaartwegen van het Koninkrijk België' en de 'Bijzondere reglementen van sommige scheepvaartwegen' aan boord hebben. Deze reglementen zijn opgenomen in de Almanak voor Watertoerisme deel 1, uitgave 1995/1996.

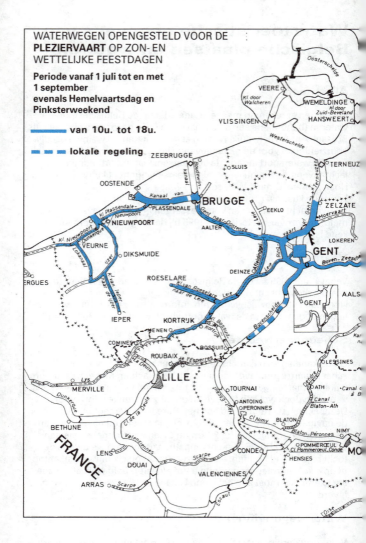

Marifoon

Verschillende sluizen en bruggen zijn voorzien van marifoon en bereikbaar op werkkanaal 20. Zie verder onder de beschrijving van de betreffende plaatsen en wateren.

Vlaggen

In België moet elk varend vaartuig te allen tijde een rode vlag met een wit blok (de vroegere Nederlandse sleepvlag) voeren, ook indien het niet gesleept wordt. Afmetingen zijn niet voorgeschreven.

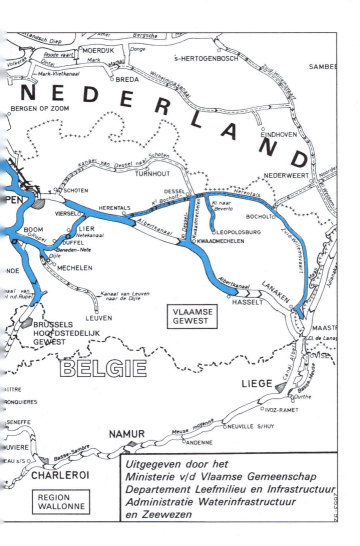

Drinkwater

Het is aan te bevelen om drinkwater in te nemen bij elke gelegenheid die zich voordoet. In België zijn verschillende standpijpen en kranen zonder slang. Het is daarom aan te bevelen een waterslang mee te nemen. Daar voor passanten in jachthavens en bij watersportverenigingen doorgaans gelegenheid is tot het tanken van water, worden deze niet afzonderlijk vermeld.

A Bedieningstijden

De kunstwerken in het Vlaamse Gewest worden in het algemeen op de volgende dagen en tijden bediend:

ma. t/m zat.	(16 mrt.-16 sept.)	6-19.30 h
	(16 sept.-1 okt.)	6-19.15 h
	(1 okt.-16 okt.)	6.30-18.45 h
	(16 okt.-1 nov.)	7-18.15 h
	(1 nov.-16 nov.)	7.15-17.30 h
	(16 nov.-1 dec.)	7.45-17.30 h
	(1 dec.-16 jan.)	8-17.30 h
	(16 jan.-1 febr.)	7.45-17.45 h
	(1 febr.-16 febr.)	7.30-18.15 h
	(16 febr.-1 mrt.)	7.15-18.45 h
	(1 mrt.-16 mrt.)	6.45-19 h
zo. en fd.	(gehele jaar)	gesloten

Uitzonderingen op dit schema, o.a. voor de getijwateren, bepaalde drukbevaren waterwegen, de Maas, Albertkanaal, Kanaal Briegden-Neerharen, Zuidwillemsvaart, Kanaal Bocholt-Herentals, Kanaal Dessel-Kwaadmechelen, Kanaal Dessel-Turnhout-Schoten en de Sambre zijn in de plaatsbeschrijvingen vermeld.
In principe vindt geen bediening plaats op zon- en feestdagen (feestdagen: nieuwjaarsdag, 2e paasdag, Hemelvaartsdag, Feest van de Arbeid (1 mei), 2e pinksterdag, Nationale Feestdag (21 juli), O.L.V. Hemelvaart (15 augustus), Allerheiligen (1 november), Wapenstilstand (11 november) en 1e kerstdag (2e kerstdag bediening vanaf 9 h)).

Op een aantal waterwegen in Vlaanderen is pleziervaart op zondagen toegestaan en wordt een aantal van de sluizen en bruggen in de periode van 26 juni t/m 28 augustus op de zondagen bediend van 10 tot 18 h.
Het kaartje 'Waterwegen opengesteld voor de pleziervaart' geeft een overzicht van de wateren waarop deze regeling van toepassing is.

Agimont
19 km ten Z van Dinant; zie ook onder 'Maas'.
De scheepvaartrechten voor Wallonië dienen bij sluis nr. 1 (sluis Hastière) in Hermeton betaald te worden.
Motorbrandstof en drinkwater: Aan de kade (Port de la Douane) bij de Belgische douanepost, die (sl); Fa. C. Feneau, bij de Franse grens, be (sl), die (sl); verder uit tanklichters tussen Agimont en Anseremme.

Albertkanaal
Breed en diep scheepvaartkanaal tussen Antwerpen en Luik, totale lengte 130 km. Laagste vaste brug H 6,70 m. Max. toegestane diepgang 3,40 m, tot op 15 m uit de oevers.
Hier varen schepen met meer dan 2000 ton laadvermogen.
Kaartje: Is bij deze beschrijving opgenomen.
Maximumsnelheid: Tot 1 m diepgang 15 km/h, tot 2 m 12 km/h. Men mag geen hogere golven dan 0,40 m veroorzaken.
Sluizen: In Wijnegem, Olen (Herentals), Kwaadmechelen (Ham), Hasselt, Diepenbeek en Genk. Bediening:

ma. t/m zat.	6-22 h
zo. en fd.	gesloten

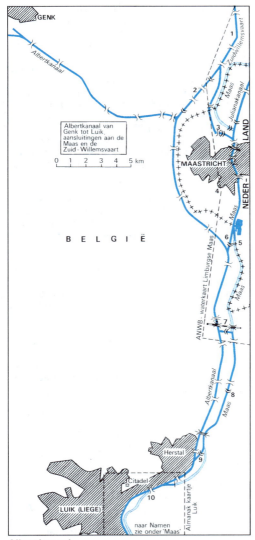

Albertkanaal

1. Zie onder 'Zuidwillemsvaart'
2. Kanaal Briegden-Neerharen, met 2 sluizen, verval van elk ong. 8,50 m (drinkwater op beide sluizen), verkooppunt voor Waterwegenvignet op de sluis in Lanaken
3. Verbindingskanaal in Bosscherveld, met sluis, verval 3,65 m, zie onder 'Maastricht'
4. Zie onder 'Maastricht'
5. Zie onder 'Eijsden'
6. Sluizencomplex Klein-Ternaaien, verval 13,94 m, verkooppunt voor Waterwegenvignet, zie onder 'Klein-Ternaaien'
7. Kanaal Haccourt-Visé, verval 6,70 m (drinkwater), zie onder 'Visé'
8. Sluis Hermalle-Argentau, verval 1 m, zie onder 'Argentau'
9. Sluis Monsin, verval 5,70 m, controlepost scheepvaartrechten, zie onder 'Herstal-Monsin'
10. Zie onder 'Luik'

Tussen de sluizen Wijnegem en Genk, alsmede opwaarts de sluis Genk en op het Waalse gedeelte van het kanaal is scheepvaart op zo. en fd. wel toegestaan, de sluizen worden echter niet bediend.
Marifoon: Sluis Diepenbeek, kan. 18; overige sluizen kan. 20; Straatsburgbrug (Antwerpen) kan. 80.
Vaarvergunning: Waterwegenvignet verkrijgbaar van ma. t/m zat. op de sluis in Genk, Kwaadmechelen, Olen en Wijnegem. Scheepvaartrechten voor het Waalse gedeelte moeten betaald worden op het 'Bureau de perception' in Vivegnis (zie onder 'Herstal-Monsin').
Motorbrandstof en drinkwater: Fa. Transoil, nabij brug ca. 3 km ten ZO van Kanaal Dessel-Kwaadmechelen, Z-oever; stroomopwaarts Merksem-Dok, Ro (de brugwachter verzorgt de installatie op werkdagen tussen 8 en 18 h), (sl); Straatsburgdok Antwerpen (3 drinkwaterpunten zonder slang en 1 met slang (tussen de Straatsburgbrug en Albertbrug)).

Lig- en aanlegplaatsen:
Langs het kanaal zijn loswallen gebouwd maar die zijn voor pleziervaartuigen onbruikbaar als aanlegplaats door de hoge deining. Voor aanlegplaatsen is men aangewezen op de zijkanalen. Men moet dan schutten met uitzondering van het kanaal van Dessel naar Kwaadmechelen. *Goede ligplaatsen:*
● in Hasselt (zie aldaar);
● aan het Kanaal van Dessel over Turnhout naar Schoten (zie aldaar);
● in de Kolenhaven in Genk, 10 km ten O van Hasselt, bij de Genker W.V., gratis voor leden van de V.V.W. en C.E.W.S. (toiletten en douches), in juli en aug. dagelijks geopend, overige periode uitsluitend in het weekend geopend;
Aanlegplaatsen (over het algemeen onrustig):
● bij de Waterskiclub Beringen ten NW van Hasselt, beperkt aantal meerplaatsen (toiletten en douches).
● In de zwaaikom bij de V.V.W. Grubbendonk, 5 km ten O van de monding van het Netekanaal (Z-oever), max.verblijfsduur 24 h, gratis (toiletten, douches en wastafels (uitsluitend in het weekend toegankelijk).
● Havenkom van de V.V.W. Kempen aan de Z-oever van het kanaal, ten W van de monding van het Netekanaal, havenmeester W. Valgaeren, tel. (015) 21 71 80, tarief Bfr 100 (elektra, toiletten, douches (Bfr 20) en wastafels (uitsluitend in het weekend toegankelijk)).
● Aan de Z-oever bij V.V.W. Olen ten O van sluis Olen.
● Aan de N-oever bij V.V.W. Aqua Ski ten Z van Geel.
Motorbrandstof: In de nabijheid van de havenkom van de V.V.W. Kempen; direct ten W van de monding van het Netekanaal vlak bij de Viersel Waterskiclub aan de Z-oever; nabij de zwaaikom van V.V.W. Grubbendonk.
Trailerhellingen: Aan de zwaaikom bij de V.V.W. Grubbendonk, 5 km ten O van de monding van het Nete Kanaal (Z-oever), max. $2^1/_2$ ton, tarief Bfr 500 (van 1 mei tot 1 okt. alleen geopend op zat. vanaf 14 h en op zondag vanaf 10 h); in de Kolenhaven in Genk bij de Genker W.V.; bij de Waterskiclub Beringen; bij de V.V.W. Kempen, max. 2 ton, max.diepgang 2 m.
Hefkraan: Bij de Waterskiclub Beringen.
Stortplaats chemisch toilet: Aan de Kolenhaven in Genk bij de Genker W.V.

Anseremme
Aan de Maas; 2,5 km ten Z van Dinant; 122 km van Maastricht; monding van de voor kajuitboten onbevaarbare Lesse. Speciale aanlegplaats voor de recreatievaart aan de Ro onmiddellijk stroomopwaarts

van de spoorbrug, aan verlaagd kadegedeelte (parkeerautomaat). Men ligt hier boven de stuw en moet dus rekening houden met stroom.

Antwerpen
33 km van Bergen op Zoom; 48 km van Hansweert.
Kaartje: Is bij deze beschrijving opgenomen.
Getijstanden: Rijzing bij springtij 6,17 m boven gemiddeld LLWS; bij doodtij 5,16 m. Gemiddeld LLWS = NAP – 2,80 m.
Douane: Indien men België via de Schelde binnenkomt of verlaat, kan men zich voor controle melden bij de Sectie van Metering aan de Schelde naast het gebouw van het Ned. Loodswezen. De overige douanekantoren zijn opgeheven.
Marifoon: Indien men over een marifoon beschikt is men verplicht bij binnenkomst van of vertrek uit de haven via de marifoon uit te luisteren op kan. 74. Tevens dient men zich op de volgende plaatsen via de marifoon te melden:
– kan. 18 als men van of naar de Kreekraksluizen vaart;
– kan. 20 bij haven- en ontvangstkantoor 'Straatsburgdok', voor de scheepvaart met herkomst of bestemming Albertkanaal of Lobroekdok;
– kan. 22 bij het in- en uitvaren van de Kattendijk- en Royerssluis;
– kan. 22 bij het aan- en afmeren aan de Scheldekaaien;
– kan. 11 als men via de Boudewijn- of de Van Cauwelaertsluis vaart.
Nadat het vaartuig regelmatig is aangemeld, dient elke wijziging van de gemelde bestemming te worden doorgegeven via de genoemde kanalen.
Overige kanalen:
Blok Centrale Zandvliet (werkingsgebied VTS-SM), kan. 12 (roepnaam 'Centrale Zandvliet', met ieder uur om .35 h scheepvaartberichten); Zandvlietsluis en zeesluis Berendrecht, kan. 79; havenkantoor Straatsburgdok (Kallosluis), kan. 20; Radio Antwerpen, kan. 24; Kattendijksluis en Royerssluis, kan. 22; Lillo- en Londonbrug, kan. 13; N.I.C.-haven (voorheen Imalso-jachthaven), kan. 9; Straatsburgbrug, kan. 80.
Meldplicht: Door de invoering van het 'Antwerp Port Information en Coordination System' (gegevensbank voor o.a. de inning van de havenrechten) is ieder vaartuig verplicht zich te melden voor de toekenning van een Financieel Dienst (FD-)nummer. Bij de toekenning van het FD-nummer worden de volgende gegevens gevraagd:
– naam van het vaartuig
– vlag waaronder men vaart
– tonnemaat, lengte, breedte en datum van de tewaterlating
– nummer van de meetbrief en datum van uitgifte
– naam en adres van de eigenaar
– plaats van herkomst en bestemming.
Voor de eerste toekenning van het FD-nummer dient men zich persoonlijk te melden bij het havenkantoor Straatsburgdok (11). Indien een FD-nummer is toegekend en men over een marifoon beschikt, moet men zich bij binnenkomst of vertrek van de haven via de marifoon melden. Als men niet over een marifoon beschikt en de haven verlaat richting Kreekraksluizen, dan moet men zich afmelden aan het havenkantoor Straatsburgdok.
Binnenscheepvaartrechten: Dit is een vergoeding voor het aanlopen van en/of verblijf in het havengebied van Antwerpen. Iedere passant is verplicht om deze rechten te betalen. Tarief voor jachten (tot 250 ton) Bfr 615, max.verblijfsduur 1 maand, bij voorkeur te betalen bij aankomst in het bijkantoor aan de N-oever van het Straatsburgdok (11). Schepen die de haven verlaten langs de Schelde-Rijnverbinding kunnen de betaling voldoen bij de Fa. Comex aan de Kreekraksluizen

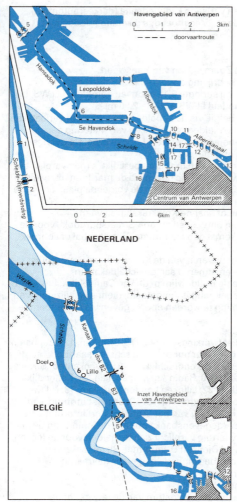

Antwerpen

1. Kreekraksluizen
2. Vaste bruggen over het Schelde-Rijnkanaal
3. Zandvlietsluis en zeesluis Berendrecht (verboden voor jachten)
4. Lillobrug (bb) spoorbrug, H 9,40 m
5. Boudewijnsluis (NO sluis) en Van Cauwelaertsluis (ZW sluis), beide verboden voor jachten
6. Vervallen
7. Brug (bb), H ca. 7 m
8. Vervallen
9. Royerssluis (beroepsvaart en jachten)
10. Twee beweegbare bruggen (Albertbrug en Straatsburgbrug), H ca. 1 m
11. Straatsburgdok met ontvangstkantoor scheepvaartrechten en verkooppunt Waterwegenvignet
12. Albertkanaal met vaste bruggen, H 6,70 m
13. Nieuwe Lobroekdok met W.V.
14. Londonbrug, dubbele brug (bb), naar het Kattendijkdok
15. Kattendijksluis met vaste brug H ca. 6 m bij GHW
16. N.I.C. haven met keersluis, alleen open ongeveer 1 h vóór tot 1 h na hoogwater
17. Beweegbare bruggen (geen bediening voor jachten)

of binnen 1 maand na aankomst in de haven deze rechten betalen door storting op naam van 'Havenbedrijf Antwerpen, Brouwersvliet 8, 2000 Antwerpen, girorekeningnr. 000-0095884-48 (stortingskosten ten koste van de havengebruiker). Bij betaling via de postrekening moet de naam van het schip en de aankomstdatum van de reis waarvoor betaald wordt vermeld worden.

Openingstijden ontvangstkantoren:
- Hoofdbureau, Brouwersvliet 8: ma. t/m vr. 8.30-16 h;
- Straatsburgdok: ma. t/m zat. en plaatselijke feestdagen: 6-22 h.

Doorvaartrechten: Dit is een vergoeding voor het bevaren van de dokken aan de Ro van de Schelde. Tarief voor jachten Bfr 265. Doorvaart moet binnen 24 uur geschieden via de aangegeven doorvaartroutes (zie 'Doorvaartroute A, B en C'). Uren gemaakt op zon- en feestdagen worden niet meegerekend. Voor doorvaartroute A zijn géén doorvaartrechten verschuldigd.

Havendienst: Bureau Straatsburgdok, tel. (03) 5 41 00 43.

Schelde: In Antwerpen moet men op de Schelde stuurboordwal houden. Zie voor nadere bijzonderheden onder 'Schelde'.

Van de Schelde naar het Albertkanaal (Straatsburgdok (11)) (doorvaartroute A): Schutten door de Kattendijksluis (vaste brug, H GHW + 6 m = sluispeil + ca. 8,50 m). De Royerssluis is bij voorkeur voor beroepsvaart met bestemming Albertkanaal, maar recreatievaart kan, na overleg, meeschutten.

Voor bediening zie bij 'Sluizen'. De route loopt vanaf de Kattendijksluis via Kattendijkdok, Amerikadok, Straatsburgdok en Albertkanaal. Er is voor Antwerpen geen doorvaartrecht verschuldigd.

Van de Schelde-Rijnverbinding (Kreekraksluizen) naar het Albertkanaal (doorvaartroute B): Doorvaart is toegestaan via de Kanaaldokken B3, B2 en B1, Hansadok, 5e Havendok, Amerikadok en Straatsburgdok. Voor doorvaartrechten, zie aldaar.

Van de Schelde-Rijnverbinding naar de Schelde (doorvaartroute C): Route via de Kanaaldokken B3, B2 en B1, Hansadok, 5e Havendok en Amerikadok naar de Royerssluis (9). Voor bediening zie bij 'Sluizen'. Voor doorvaartrechten, zie aldaar.

Albertkanaal: Jachten op doorvaart van de Schelde-Rijnverbinding naar het Albertkanaal of andersom moeten een vaarvergunning (Waterwegenvignet) aanschaffen bij het ontvangstkantoor in het Straatsburgdok (11). Op zon- en wettelijke feestdagen worden de bruggen en sluizen in het Albertkanaal niet bediend. Op bepaalde trajecten tussen de sluizen is scheepvaart op zo. en fd. wel toegestaan. Zie verder onder 'Albertkanaal'.

Sluizen: Voor keersluis van de N.I.C.-haven (16) zie onder 'Lig- en aanlegplaatsen'.

De Royerssluis (9) wordt dagelijks 24 h per dag bediend.

De Kattendijksluis (15) wordt uitsluitend bediend als de Royerssluis door omstandigheden buiten gebruik is. Jachten moeten dus ook van de Royerssluis (9) gebruik maken en met de beroepsvaart meeschutten.

Zeeschepen mogen binnenvaren indien van de top van de mast op het N-hoofd van de sluis een groene vlag waait. Jachten alleen wanneer van de gaffel van deze mast een groene vlag waait. Vóór die tijd kunnen jachten bij de tegenoverliggende Lo ankeren.

Varende op de Schelde met de Antwerpse binnenwateren als bestemming, kan men het beste de wachtpost aanroepen die aan het benedenhoofd van de Kattendijksluis (15), marifoonkan. 22, te vinden is. Deze adviseert over de volgorde van binnenvaren.

De meest noordelijk gelegen sluizen, nl. de Van Cauwelaert-sluis, de Boudewijnsluis, de Zandvlietsluis en de zeesluis Berendrecht zijn gebouwd voor de zeevrachtvaart en voor jachten verboden.

A Op de Schelde varende moet men rekening houden met de mogelijkheid van druk verkeer naar en van deze sluizen.
N.B. Let op: vrachtvaart gaat te allen tijde voor. Door deze regeling kan oponthoud voor de recreatievaart ontstaan.
Lichten en seinen: Op het N-hoofd van elke sluis wordt, wanneer deze voor invaart is geopend, bij dag een groene vlag of groen licht getoond. Een rode vlag of rood licht betekent dat invaart verboden is. Een blauwe vlag of blauw licht betekent dat de sluis gesloten is.
Bruggen: Er zijn geen vaste bruggen in het havengebied, alle bruggen worden dagelijks op aanvraag gratis bediend. Marifoonkan. 13. Enkele van deze bruggen op de route naar het Albertkanaal: Luikbrug, Albertbrug en Straatsburgbrug, welke Rijksbruggen zijn, worden 's nachts slechts bediend tegen betaling van Bfr 350.
Aanvragen bij de Dienst der Scheepvaart in het Straatsburgdok, tel. (03) 5 41 06 58.
Over het Albertkanaal liggen echter vaste bruggen, H 6,70 m, over de Schelde-Rijnverbinding vaste bruggen, H 9,10 m.
Lig- en aanlegplaatsen:
Aan de **Schelde:**
● Nautical and Industrial Contractors-Marina (N.I.C.-haven) (16), voorheen bekend onder de naam Imalso-jachthaven, aan de Lo, direct stroomopwaarts van de groene gaston 109, tegenover het centrum van de stad (toiletten, douches en elektra). Havenkantoor bij de keersluis, tel. sluis- en havenmeester (03) 2 19 08 95, (privé) (03) 5 68 96 59. Via de Scheldetunnel is het centrum van de stad snel te bereiken.
De toegangsgeul is aangegeven door een gele spitse ton (Yachts 1) aan de benedenstroomse zijde. Benedenstrooms van de sluis ligt tevens een gele meerboei. Jachten die wachten op bediening van de keersluis kunnen aan deze boei meren. De keersluis in de toegang is de meeste tijd gesloten en dan kan er niet worden geschut. De keersluis staat alleen open van ongeveer 1 uur vóór tot 1 uur na hoogwater, d.w.z. bij waterstanden hoger dan 4 m boven laagwater. Bij een waterstand hoger dan 5,30 m wordt de keersluis weer tijdelijk gesloten. Dat komt voor bij springtij of harde W-wind.
De toegang tot de keersluis wordt geregeld d.m.v. de gebruikelijke verkeersseinen (groene en rode lichten).
In de N.I.C.-haven zijn de Liberty Yacht Club en de Royal Yacht Club van België gevestigd.
● Op stroom (bijzonder onrustig door getijstroom en golven van rondvaartboten en andere schepen):
Bij de Vlaamse Vereniging voor Watersport en de Société Royale Nautique Anversoise, ten Z van de N.I.C.-haven en bij het loodswezen, 500 m stroomopwaarts van de toegang tot de Royerssluis, Ro, t.o. de N.I.C.-haven.
In de dokken (let op, men moet naast het tarief in de jachthaven ook het gemeentelijk binnenscheepvaartrecht betalen, zie aldaar). Komende van de Schelde moet men het verblijf in een van de dokken melden op de sluis, komende van de Kreekraksluizen in het Straatsburgdok (11):
● In het Nieuwe Lobroekdok (13) aan het Albertkanaal, direct ten W van de brug in de rondweg rond Antwerpen, ten N van de elektriciteitscentrale. Afmeren aan kaai L24. Hier zijn voor passanten twee watersportverenigingen gevestigd:
● Antwerpse Yachtclub, Fr. Koenraads, tel. (03) 3 21 36 51, max.diepgang 1,20 m, tarief Bfr 50 (toiletten);
● Sodipa-watersport (vereniging van personeel van de stad Antwerpen), tarief eerste 3 dagen gratis (toiletten, douche, wastafels en clubhuis);

● Voorts mag men max. 48 h in andere dokken liggen in de stad, maar dat is onrustig door de scheepvaartbewegingen.
Zie verder onder 'Schelde'.
Drinkwater: Wordt geleverd aan alle meerplaatsen door een waterboot. (Men dient dan een rode vlag met wit vierkant en daaronder een witte vlag te hijsen.) Kosten zijn bij het havengeld inbegrepen. 3 drinkwaterpunten zonder slang aan het Straatsburgdok en 1 met slang tussen de Straatsburgbrug en de Albertbrug.
Motorbrandstof: Bij de N.I.C.-haven (16).
Reparatie: Nautical Technical Engineering, N.I.C.-haven, tel. (03) 5 68 96 59, bub/bib, zeil/tuigage; Gebr. Longueville, Trapstraat 15, bub/bib; Marine Motors Agency N.V., Verbindingskaai 12a, tel. (03) 2 31 19 60, bub/bib.
Zeekaarten: Martin, Oude Leeuwenrui 37, tel. (03) 2 25 03 83; Fa. Landmeter Yachting, Nassaustraat 14, Kattendijkdok.
Hefkranen: Bij de R.Y.C.B. in de N.I.C.-haven, aan de Schelde-oever, max. 5 ton; verder langs de Scheldekaden, 2 tot 4 ton, of in de dokken mits aangevraagd bij de havenkapitein-commandant.
Botenlift: Aan de N.I.C.-haven.
Kampeerterrein: Op het Sint-Annastrand, Lo (bereikbaar voor midzwaardjachtjes e.d.).

Argenteau
Aan het bevaarbare gedeelte van de Maas tussen Visé en Herstal-Monsin. Vanaf het N bereikbaar via het Albertkanaal en het Kanaal Haccourt-Visé (zie 'Visé') en vanaf het Z via de Maas en het Verbindingskanaal van Monsin (zie 'Herstal-Monsin').
Sluis: Sluis Hermalle-sur-Argenteau is opgeheven.

Baasrode
Aan de Schelde, 40 km stroomopwaarts van Antwerpen en 15 km van Temse, 40 km stroomafwaarts van Gent.
Ligplaats: Drijvende steiger ter hoogte van Driehuizen, grotendeels toebehorende aan de Baasroodse W.V., tarief 48 h gratis, voor langer verblijf afspreken met de beheerder.

Blankenberge
Aan de kust; 5 km ten ZW van Zeebrugge; 37 km van Vlissingen; 19 km van Oostende. Geen verbinding met binnenwateren.
Getijstanden: Rijzing bij springtij 4,80 m; bij doodtij 3,90 m boven gemiddeld LLWS.
Getijstromingen: Buiten de haven: vloedstroom van ca. 2 uur voor tot ca. 3 uur na hoogwater van ZW naar NO (stroomsnelheid ongeveer 2,5 zeemijl per uur bij hoogwater); ebstroom van ca. 3 uur voor tot ca. 3 uur na laagwater van NO naar ZW (stroomsnelheid ca. 1,6 zeemijl per uur bij laagwater).
Verlichting: Witte, 31 m hoge vuurtoren met zwarte kap, Gp Occ (2) 8s. (GO, elke 8 seconde 2 onderbrekingen.) De vuurtoren staat aan de O-zijde van de haventoegang. Haveningang: rood resp. groen havenlicht, mistklok (2 slagen binnen 15 seconden) onder het rode licht op het NO-havenhoofd.
Meer binnenwaarts staan 2 rode geleidelichten, lichtenlijn 134°.
Maximumsnelheid: Snelheidsbeperking voor werktuiglijk voortbewogen vaartuigen aangeduid op borden:
– in de havengeul en de geul leidend naar de haven max. 10 km/h;
– in de havens max. 5 km/h.
Havengeul: De havengeul is 750 m lang en 50 m breed en loopt ongeveer op 10 m langs het Oost-Staketsel. Diepte van de geul 1,50 m bij gemiddeld LLWS, maar tijdens stormweer verzandt de haven snel. In

B de zomer van 1995 wordt niet gebaggerd ('s winters van 1 okt.-1 mei wordt er nooit gebaggerd), waardoor de haven niet aangelopen kan worden van 2$^1/_2$ uur vóór laagwater tot 2$^1/_2$ uur na laagwater. Op de haven is op het uiteinde van het NO-havenhoofd een verlicht zeewaarts gericht bord geplaatst, waarop de gemiddelde diepte in decimeters wordt aangegeven. Men wordt aangeraden, indien mogelijk, tevoren te informeren naar de betreffende diepte (marifoonkan. 8). Signalisatiepaneel Plaats Oosterhoofd, Havenvuur rood, aanduiding MLLWS, aanduiding waterstand op bepaalde datum.
Marifoon: Reddingsdienst Blankeberge, kan. 8; havenmeester Vrije Noordzeezeilers, kan. 8; Oostende Radio, kan. 16.
Lig- en aanlegplaatsen: Er zijn 2 binnenhavens, nl. de oude N-haven en de voormalige spuikom aan de Z-kant. Beide havens zijn ingericht als jachthaven.
Drijvende steigers. De diepte is 1,80 à 2 m bij gemiddeld LLWS (modderbodem). In de haven zijn de volgende verenigingen gevestigd:
● V.V.W. Blankenberge (oude spuikom), havenmeester A. Walter, tel. (050) 41 75 36, tarief per nacht naar breedte: tot 2 m Bfr 250, tot 3 m Bfr 350, tot 3$^1/_2$ m Bfr 450, tot 4 m Bfr 550, tot 4,25 m Bfr 700, tot 4,5 m Bfr 800, tot 4,75 m Bfr 900, tot 5 m Bfr 1000, tot 5,25 m Bfr 1100, tot 5,5 m Bfr 1350, tot 5,75 m Bfr 1550, tot 6 m Bfr 1800 (elektra, toiletten, douches (Bfr 20) en wastafels).
● Scarphout Yacht Club Blankenberge (oude haven), tel. (050) 41 14 20, tarief als bij de V.V.W. Blankenberge (douches en elektra). Tevens bankinstelling aanwezig.
● Vrije Noordzeezeilers (Nieuwe en Oude haven Blankenberge), havenmeester J. Cottenjé, tel. (050) 41 77 77, tarief vanaf Bfr 300 tot Bfr 600 (elektra, toiletten, douches (Bfr 40), wastafels en clubhuis).
Motorbrandstof: Aan een drijvende steiger aan de W-zijde van de havengeul bij Internautic (dagelijks geopend), be (sl), die (sl).
Reparatie: Agemex Marine, havengeul, tel. (050) 41 49 38, bub/bib (alle merken), romp/uitr (ht, s, p) (buiten het seizoen op zo. gesloten); Internautic, Havengeul, tel. (050) 41 31 78, bub/bib (alle merken), romp/uitr (ht, s, p) (dagelijks geopend); North-Sea-Boating, Bevrijdingsplein 1, tel. (050) 41 20 06, bub/bib (alle merken), romp/uitr (p) (buiten het seizoen op zo. gesloten); Wittevrongel Sails-Rigging, Oude Wenduinesteenweg, aan de haven, tel. (050) 41 18 63/41 16 90, zeil/tuigage.
Hefkranen: Agemex Marine, max. 7 ton; Internautic, max. 9 ton, vaste hijsinstallatie tot 22 ton.
Trailerhelling: Bij de V.V.W. Blankenberge.
Kampeerterrein en wassalon: Bij de V.V.W. Blankenberge.

Brugge

45 km van Gent; 20 km van Oostende; 12 km van Zeebrugge.
Vaarvergunning: Voor alle inlichtingen en verkoop vaarvergunning (Waterwegenvignet):
● De Nieuwe Dammepoortsluis ten NO van de stad.
● De Verbindingssluis van het kanaal Gent-Oostende en het Boudewijnkanaal (Kanaal Brugge-Zeebrugge).
Marifoon: Nieuwe Dammepoortsluis, kan. 10; Verbindingssluis, kan 13.
Maximumsnelheid: Op het Kanaal Gent-Oostende 15 km/h voor vaartuigen minder dan 2,50 m breed, 12 km/h voor vaartuigen van 2,50 m breed en meer. Op het Boudewijnkanaal 7,2 km/h.
Doorvaartroutes: Komende van Gent leidt de gebruikelijke route over het Kanaal Gent-Oostende ten O van het stadscentrum door de Katelijnepoortbrug, de Gentpoortbrug en Kruispoortbrug naar de Nieuwe Dammepoortsluis. De binnenarm van de stad is niet meer toegankelijk, evenmin als het Kanaal Brugge-Sluis.

De Verbindingssluis geeft toegang tot het Boudewijnkanaal (Kanaal Brugge-Zeebrugge), max.doorvaarthoogte 5,40 m. De Sint Pieterskaaibrug wordt alleen bediend voor de beroepsvaart. Over dit kanaal liggen uitsluitend beweegbare bruggen, nl. 2 over de Verbindingssluis (bediening gelijktijdig met de sluis) en 3 beweegbare bruggen bij Dudzele, waarvan 1 nieuwe brug pas medio 1995 operationeel is. Bediening van de draaibruggen moet aangevraagd worden via marifoonkan. 13.

Bruggen Kanaal Gent-Oostende: Over het kanaalgedeelte van Gent tot Brugge liggen vaste bruggen met een doorvaarthoogte van 7,50 m en twee beweegbare bruggen (Steenbrugge en Moerbrugge). Over het kanaalgedeelte van Brugge tot Oostende liggen vaste bruggen, de laagste vaste brug is H 7 m, en twee beweegbare bruggen. Over de arm rond de stad Brugge, als onderdeel van het kanaal, liggen beweegbare bruggen.

Bediening bruggen: Over het Kanaal Gent-Oostende:

ma. t/m zat.	(16 mrt.-16 sept.)	6-19.30 h
	(16 sept.-16 mrt.)	6-18 h
zo. en fd.*	(26 juni-29 aug.)	10-18 h*
	(29 aug.-26 juni)	gesloten

* De bruggen (en sluis) in de arm rond de stad Brugge (als onderdeel van het Kanaal Gent-Oostende) worden beperkt bediend.

Doorvaart vindt plaats in de vorm van konvooivaart. Bediening:
– om 10 h vanaf de Katalijnepoortbrug (ZO-zijde van Brugge) en verder stroomafwaarts tot de Nieuwegebrug;
– om 14.30 h vanaf de Nieuwegebrug (ten O van Oostende t.h.v. Varsenare) en verder stroomopwaarts tot de Katalijnepoortbrug.

Sluizen:
– Nieuwe Dammepoortsluis (tel. 050-33 17 48). Bediening:

ma. t/m zat.	(16 mrt.-16 sept.)	6-19.30 h
	(16 sept.-16 mrt.)	6-18 h
zo. en fd.	(29 aug.-26 juni)	gesloten
	(26 juni-29 aug.)	*

* Bediening in aansluiting op de brugbediening (zie aldaar).
– Verbindingssluis. Bediening:

| ma. t/m zat. | 8-12, 13-17 h. |
| zo. en fd. | gesloten |

Sluisgeld: Op de Verbindingssluis worden sluisgelden geïnd voor het traject op het Boudewijnkanaal.

Lig- en aanlegplaatsen: Ten Z van de Katelijnepoortbrug in de jachthaven van de V.V.W. Grootbrugge, dode arm aan de W-oever, tel. (050) 38 43 51 ● tussen de brug Steenbrugge en de Katelijnepoortbrug in de jachthaven van de V.V.W. Jachtclub Flandria, havenmeesters R. Casselman en E. Schoonbaert, tel. (050) 38 06 49 (aanwezig van 1 april-1 okt.), max.diepgang 1,60 m, tarief Bfr 350 per nacht (elektra, toiletten, wastafels en douche (Bfr 20)) ● aan de W-oever van het Kanaal Gent-Oostende in de Coupure aan meerpalen voor de Coupurekade, D 1,50 m, rustig, midden in het centrum van de stad ● in de nabijheid van de Nieuwe Dammepoortsluis ● in de haven van de V.V.K.S. Zeescouts St. Leo aan het Boudewijnkanaal, uitsluitend voor V.V.W.-leden en waterscouts, havenmeester H. Verstraete, tel. (050) 33 46 92, tarief op aanvraag (toiletten, douches en wastafels).
● Aan het Kanaal Gent-Oostende, ten ZO van Brugge te Beernem,

jachthaven van W.S.V. Beernem, zuidoever, tel. (050) 78 00 57, max. diepgang 1,50 m, tarief Bfr 300 per nacht (elektra, toiletten, douches en wastafels).
Drinkwater: Aan de Dammepoortsluis (sl).
Trailerhelling: Jachthaven V.V.W. Jachtclub Flandria, max. 15 ton; W.S.V. Beernem, max. 5 ton, max.diepgang 0,90 m, tarief Bfr 300.
Botenlift: Jachthaven V.V.W. Jachtclub Flandria, max. 10 ton, max.diepgang 1 m, tarief Bfr 1000.

Dender

Van Dendermonde naar Ath. Lengte 65 km. In Ath aansluiting op het Kanaal Blaton-Ath.
Men kan de Dender stroomopwaarts opvaren vanaf de Schelde een paar honderd meter voorbij de verkeersbrug van Dendermonde. Voorbij Aalst wordt de vaarweg aantrekkelijk met veel bochten en weinig scheepvaart, voorbij Ninove wordt het echt heel landelijk.
Door spuien van de sluizen kan er een ebstroom lopen. Hier moet men rekening mee houden, met name als men stroomafwaarts vaart. Tijdens de zomermaanden kan de Dender door laagwater sterk vervuild zijn tussen Dendermonde en Ninove.
Maximumsnelheid: 6 km/h.
Vaarvergunning: Waterwegenvignet verkrijgbaar aan de sluis in Dendermonde en Aalst.
Marifoon: Sluis Dendermonde, kan. 20.
Sluizen: Tien sluizen.
De sluizen van Aalst tot Lessines worden door de sluismeester met de hand bediend. De sluizen Dendermonde (getijsluis) en Denderbelle worden elektronisch bediend. Het verval is max. 2,80 m per sluis.
Bediening sluizen en bruggen:

| ma. t/m zat. | (16 mrt.-1 okt.) | 6-20 h |
| | (1 okt.-16 mrt.) | 8-17 h |

De sluis Dendermonde wordt tevens op zo. bediend:

| zo.* | (16 mrt.-1 okt.) | 7-13 h |
| | (1 okt.-16 mrt.) | 8-14 h |

* Geen bediening op 1 jan., 1e paasdag, 1e pinksterdag, 1 mei, 1 nov. en 25 dec.
De overige sluizen zijn op zo. gesloten.
De beweegbare bruggen worden door een mobiele ploeg bediend. Bij de eerste sluis moet deze ploeg gewaarschuwd worden.
Maximumafmetingen: Sluis Dendermonde tot sluis Denderbelle, max. H 5 m, diepgang 2,10 m; sluis Denderbelle tot sluis Aalst, max. H 6 m, diepgang 2,10 m; sluis Aalst tot spoorbrug Aalst, max. H 3,95 m, diepgang 2,10 m; spoorbrug Aalst tot Ath, max. H 3,95 m, diepgang 1,90 m.
Drinkwater: Bij een aantal sluizen (sl).
Motorbrandstof: Ten Z van de St. Annabrug bij sluis Aalst, W-oever.

Dendermonde

Aan de samenvloeiing van de Dender en de Schelde; 9 km van Baasrode; 49 km van Gent (sluis Merelbeke).
Ligplaats: Ten W van de spoor- en verkeersbrug in Dendermonde liggen tegen de N-oever de drijvende steigers van de V.V.W. Dendermonde, steigers geschikt voor kleine schepen.

Dinant

Aan de Maas; 27 km van Namen; 19 km van de Franse grens.
Lig- en aanlegplaatsen: Er zijn drijvende steigers (met parkeermeters voor jachten) langs de Ro, zowel bovenstrooms als benedenstrooms van de brug (drinkwater maar geen slang, elektra). Bovenstrooms van de brug is het onrustig door rondvaartboten.
Voorts kan men 2 km stroomopwaarts van de brug meren nabij de duidelijk kenbare Roche à Bayard, aan een lage kade, Ro (garage met benzinepomp op 20 m afstand).
Motorbrandstof: Bij de hiervoor genoemde 'Lig- en aanlegplaatsen' en bovendien stroomopwaarts van de brug, aanleggen voorbij de pontons van de passagiersboten aan de trap. Op het plein is 20 m naar rechts een garage met pomp.
Drinkwater: Aan sluis nr. 4 benedenstrooms van Dinant (sl).

Doel

Aan de Schelde, t.o. Lillo; 17 km van Antwerpen; 31 km van Hansweert.
Haven: Goede vluchthaven voor de pleziervaart. De O-zijde van de haven valt bij laagwater droog, aan de W-zijde staat bij GLW nog ca. 1 m water. Men kan van ca. 2 uur vóór tot ca. 2 uur na laagwater het haventje niet binnenlopen. Op het N-havenhoofd staat een sectorlicht, een zwarte opengewerkte toren (wit-zwart-wit gestreept), dagmerk: Occ WR 5s. Op de kop van dit havenhoofd bevindt zich tevens de steiger van het vroegere voetgangersveer naar Lillo. Bij het aanlopen van de haven moet men rekening houden met druk scheepvaartverkeer van en naar Antwerpen. De stroomsnelheid voor de haveningang is max. 9 km/h.
Tijdens de ebstroom staat er een zware neer.
Marifoon: 'Zandvliet Radio', kan. 12.
Getijstanden: Rijzing bij doodtij 4,65 m boven gemiddeld LLWS; bij springtij 5,70 m boven gemiddeld LLWS.
Ligplaats: Jachthaven van Jachtclub De Noord, drijvende steigers met modderige bodem (haven droogvallend), havenmeester, tel. (03) 7 73 51 36.
Reparatie: Via de havenmeester bij C. Moes, bub/bib.

Gent

81 km van Antwerpen; 32 km van Terneuzen; 68 km van Oostende.
Scheepvaartreglement: Op het Kanaal van Gent naar Terneuzen geldt het Belgische scheepvaartreglement Kanaal Gent-Terneuzen. Dit reglement komt sterk overeen met het Nederlandse scheepvaartreglement Kanaal Gent-Terneuzen. Ook op het Belgische gedeelte van het kanaal moet de tekst van het (Belgische) reglement aan boord zijn.
Doorvaartroutes: Van de Schelde ten ZO van Gent leidt de Ringvaart in een grote boog langs de Z-, W- en N-zijde van de stad naar het Kanaal Gent-Terneuzen. In deze Ringvaart zijn twee sluizen gebouwd: in de aansluiting tussen de Boven Schelde en de Schelde bij Merelbeke en in de verbinding met het Kanaal Gent-Terneuzen bij Evergem. D 2,80 m. De Ringvaart kruist de Boven Schelde en de Leie en geeft ook aansluiting op het Kanaal Gent-Oostende.
Vanaf het Kanaal Gent-Terneuzen geeft de Tolhuissluis in het centrum van Gent aansluiting op het Verbindingskanaal en het Kanaal Gent-Oostende.
De doorvaart over de Leie in Z-richting is mogelijk via de sluis in Astene (Deinze), zie voor bediening onder 'Leie'. Voor doorvaart naar Kortrijk of Frankrijk is echter het Afleidingskanaal van de Leie als doorgaande route aan te bevelen.
De Schelde tussen het aftakpunt van de Ringvaart en de toegangs-

sluis in Gentbrugge naar de stadswateren is bij GLW ca. 0,60 m diep en komt meestal volledig droog te staan. Deze toegangssluis is voorlopig buiten gebruik. Men kan de stad beter bereiken via de Ringvaart.
Getijstanden: (op de Boven-Zeeschelde en de Ringvaart (zuidervak)) Rijzing bij springtij 2,15 m boven gemiddeld LLWS; bij doodtij 1,70 m.
Vaarvergunning: Waterwegenvignet verkrijgbaar op de sluis in Merelbeke (controlepost geopend van ma. t/m zat. 6-19.30 h, zo. en fd. 8-13.30 h), sluis Evergem (ma. t/m zat. 6-19.30 h), Tolhuissluis in de stad (ma. t/m zat. 6-19.30 h).
Maximumsnelheid: Op het Kanaal Gent-Terneuzen 16 km/h; op de Ringvaart om Gent, op de Boven Schelde en op het Kanaal Gent-Oostende 15 km/h voor vaartuigen met een diepgang van 1 m en minder, 12 km/h voor vaartuigen met een grotere diepgang.
Sluizen: Behalve de onder 'Doorvaartroutes' vermelde sluizen zijn er nog schutsluizen in de stad.
Bediening: ma. t/m zat. 6-19.30 h.
Op zo. en fd. worden de sluizen niet bediend, met uitzondering van: Sluis Merelbeke:

zo. en fd.*	(16 mrt.-1 okt.)	7-13 h
	(1 okt.-16 mrt.)	8-14 h

* 1 jan., 1e paasdag, 1e pinksterdag, 1 mei, 1 nov. en 25 dec. gesloten.
Sluis Evergem:

zo. en fd.	(26 juni-29 aug.)	10-18 h
	(29 aug.-26 juni)	gesloten

De Gentbruggesluis in het centrum van Gent in de verbinding met de oude Scheldearm ten O van Gent wordt niet meer bediend.
Bruggen: Over de Ringvaart liggen vaste bruggen, H 7 m. In de stad zelf zijn zowel vaste als beweegbare bruggen. In de verbinding Kanaal Gent-Terneuzen door het centrum van de stad over de Schelde tot de kruising met de Ringvaart ten Z van de stad, laagste vaste brug H 3,50 m. Laagste vaste brug over de verbinding Ringvaart-Leie-Gent-centrum, H 4,20 m.
Marifoon: Havendienst Gent, kan. 11 en 5; sluis Merelbeke en Evergem, kan. 20.
Lig- en aanlegplaatsen van N naar Z:
Aan de zijarmen van het Kanaal Gent-Terneuzen:
● Aan de Moervaart bij Fort Rodenhuize bij de V.V.W. Mendonk, max.diepgang 1,30 m, havenmeester R. van Strydonck, V.V.W.-leden 1e nacht gratis (toiletten, douches, wastafels en clubhuis), winkelcentra op 2 km, busverbinding naar Gent en Zelzate;
● Koninklijke Yachtclub Gent (K.Y.G.), tel. (091) 53 83 06, aan het schiereiland in Langerbrugge in het Kanaal Gent-Terneuzen, 12 km van Zelzate (clubhuis, restaurant op zat. en zo., ligplaatsen voorzien van water en elektra, busdienst tot het centrum van Gent).
Aan de Leie (het water stinkt onder sommige omstandigheden):
● Van de Ringvaart in N-richting naar de stad komt men eerst door een openstaande keersluis. Daarna komt men bij G.L.V. (Gentse Leievaarders), alleen kleine jachten, drinkwater op 200 m afstand, winkelcentrum op 400 m afstand; daar voorbij is een aanlegplaats ingericht voor grotere vaartuigen.
● Aan de Leie bij de V.V.W. Gent-Leie, ten N van de kruising met de Ringvaart (toegang via de keersluis), in de insteekhaven bij de Lindelei vlak bij het centrum, clubhuis tel. (091) 20 44 24, max.diepgang 1,80 m (elektra, toiletten, douche en wastafels).

● Aan de Leie ten N van de kruising met de Ringvaart (toegang via de keersluis) vlak bij het centrum van de stad, bij de Gent Centrum Yachting Club, tel. (091) 33 03 06/25 00 03, meren aan de steigers aan de Ketelvaart, de steiger met water- en elektra-aansluiting ten N van de St. Agnetabrug aan de Lindelei (ten W van de Ketelvaart) en aan de kade (met water- en elektra-aansluiting) van de oude sluiskom achter de St. Agnetabrug (toiletten, douches en wastafels in het brugwachtershuisje bij de St. Agnetabrug, sleutel bij de havenmeester, borgsom Bfr 500).
● Ten Z van de Ringvaart aan de Leie, op 600 m van het kruispunt bij Drongen bij de L.S.V. (eerste nacht gratis, helling, gebruik Bfr 250, clubhuis) en bij de V.C.D. (clubhuis).
● Aan de Leie in St. Martens/Leerne/Deurle, 5 km van de Ringvaart bij de M.Y.C.G. (eerste nacht gratis, daarna volgens lengte, clubhuis, winkels in de nabijheid, openbaar vervoer naar Gent en Deinze, musea van Deurle op 10 min gaans).
● Aan de Visserijkade in de stad, bereikbaar via het Kanaal Gent-Terneuzen en de Schelde.
Drinkwater: Op de Tolhuissluis aan het begin van het Kanaal Gent-Terneuzen; aan de haveninstallaties (Vliegtuiglaan); bij particulieren.
Motorbrandstoffen: Bunkerboot ligt aan het begin van de Boven Schelde, be, die; V.C.D., be; M.Y.C.G., be, die; aan de Moervaart bij V.V.W. Mendonk, rondvarend tankschip, die.
Reparatie: Scheepswerf Langerbrugge (voornamelijk beroepsscheepvaart), romp/uitr; Fa. Julien van den Bossche, tel. (091) 25 38 59, bib/bub; verschillende werven aan de Opper-Schelde. Voor kleine reparaties bij verschillende verenigingen, genoemd onder 'Lig- en aanlegplaatsen'.
Hefkraan: Koninklijke Yachtclub Gent, max. 3 ton.
Trailerhellingen: Bij de V.V.W. Mendonk, max. 4 ton; bij de L.S.V., op 600 m van het kruispunt bij Drongen; aan de Leie bij de V.V.W. Gent-Leie, tel. (091) 20 44 24, max. 2 ton; bij de V.C.D. (ten Z van de Ringvaart aan de Leie).
Stortplaats chemisch toilet: Bij de V.V.W. Gent-Leie.

Hasselt

Aan het Albertkanaal; 77 km van Antwerpen; 31 km van Klein Ternaaien.
Albertkanaal: Zie aldaar.
Lig- en aanlegplaats: Jachthaven Koninklijke Hasseltse Yachting Club, tel. (011) 21 25 70, uitsluitend voor kleine boten; in de havenkom van Hasselt, vlak bij het centrum, in de jachthaven van de V.V.W. H.Y.A.C., in de toegang tot de haven ligt een vaste brug, max.doorvaarthoogte ca. 4 m, max.diepgang ca. 2,50 m (waterstandverschillen van ca. 0,70 m mogelijk), havenmeester G. Vanormelingen, tel. (011) 24 30 82/25 57 50 (elektra Bfr 100 extra) (elektra, toiletten, douches) en wastafels).
Reparatie: Via de V.V.W. H.Y.A.C. (bub (géén Tomos), bib (Volvo Penta, Mercedes, Mitsubishi, BMW, Daf, Vetus en Ford), romp/uitr (ht, s, p, a/in het water), elek.

Herstal-Monsin

Aan de Maas; 7 km van Luik; 20 km van Maastricht.
Sluizen: Aan de Maas en aan het Albertkanaal. Schutsluis in het Verbindingskanaal van Monsin (sluis Monsin, verval 5,70 m) naar de Maas; keer- en schutsluis (veiligheidssluis) in het Albertkanaal (staat open).
Scheepvaartrechten: Bureau de perception in Vivegnis (marifoonkan. 22) (W-oever, ten N van de brug in de autoweg Brussel-Aken). Alle

vaartuigen dienen zich hier te melden voor controle. Openingstijden: ma. t/m vr. van 6-21 h, zat. 6-19.30 h.
Bediening sluis Monsin:

ma. t/m vr.	6-21 h
zat.	6-19.30 h
zo. en fd.	9-17 h

Drinkwater: Op sluis Monsin (sl).
Motorbrandstof: Tankschip ten Z van sluis Monsin, aan de Lo van de Maas, die.

Hoei (Huy)
Aan de Maas; 32 km van Namen; 32 km van Luik.
Lig- en aanlegplaatsen: Tussen de beide verkeersbruggen in Hoei aan de Ro aan de Promenade Lebeau langs het park (zeer hinderlijke en gevaarlijke golfslag) en aan de Lo; jachthaven van Corphalie, 2,5 km benedenstrooms van de verkeersbrug aan de Lo (toiletten, wastafels, restaurant en winkel); verder in Wanze, 2 km bovenstrooms van de brug, Lo.
Drinkwater: Op de sluis in Neuville (bij Hoei).
Motorbrandstof: Tankstation vlak benedenstrooms van Hoei, be, die, sbe; Garage Kursaal, Lo, naast de nieuwe brug (zo. gesloten).

Kanaal naar Beverlo
Zijtak van het Kanaal van Bocholt naar Herentals. Lengte 14,8 km. Weinig beroepsvaart tot Vieille-Montagne (4,6 km), vanaf daar uitsluitend recreatievaart.
Maximumdiepgang: Tot Vieille-Montagne 2,30 m, van Vieille-Montagne tot Leopoldsburg 1,90 m tot 4 m van de oevers.
Maximumsnelheid: 5 km/h.
Bruggen: Vaste bruggen, laagste brug tot Vieille-Montagne H 5,25 m, van Vieille-Montagne tot Leopoldsburg H 4,40 m (brug Kerkhoven). De beweegbare brug in Balen-Wezel wordt op aanvraag bediend door de portier van de fabriek Vieille-Montagne.
Ligplaatsen: Aan het begin van het kanaal aan de steigers van V.V.W. Geel en V.V.W. Blauwe Kei ● in Kerkhoven aan de steigers van Jachtclub De Blauwe Reiger, havenmeester W. Michielsen, tel. (03) 3 83 43 65 (elektra) ● aan het einde van het kanaal in de jachthaven van Jachtclub Leopoldsburg, in de havenkom in het centrum van de stad, havenmeester R. Sterckx, tel. (011) 40 12 69, max.diepgang 1,50 m, tarief Bfr 200 per nacht (elektra, toiletten, douches (Bfr 20), wastafels en clubhuis (clubhuis op wo. gesloten)).
Motorbrandstof: Tankstation op 200 m van de jachthaven van Jachtclub Leopoldsburg, be, sbe, die.
Reparatie: Jachtwerf op 500 m van de jachthaven van Jachtclub Leopoldsbrug, bib/bub, romp/uitr (op de wal + in het water), elek.
Hefkraan: Jachthaven van Jachtclub Leopoldsburg, op afspraak max. 25 ton, max.diepgang 1,50 m.
Trailerhelling: Jachthaven van Jachtclub Leopoldsburg, max. 2 ton, tarief Bfr 200 per keer.
Wasserette: Nabij de jachthaven van Jachtclub Leopoldsburg.

Kanaal Blaton-Ath
Verbindingskanaal tussen de Dender bij Ath en het Kanaal van het Centrum bij Blaton. Lengte 22,5 km. Tijdens droge zomers is het bovenste gedeelte bij Beloeil niet bevaarbaar.
Maximumsnelheid: 3,6 km/h.

Maximumafmetingen: Diepgang 1,90 m; hoogte 3,70 m (vaste bruggen).
Sluizen: 21 sluizen. Bediening:

ma. t/m zat.	(1 febr.-1 nov.)	8-18 h
	(1 nov.-16 jan.)	8-17.30 h
	(16 jan.-1 febr.)	8-17.45 h
zo. en fd.	(gehele jaar)	gesloten

De eerste 10 sluizen (sluis nr. 1 t/m 10) vanaf Blaton overbruggen een verval van 27,40 m (stijging); sluis nr. 11 t/m 15 een verval van 14,50 m (daling); sluis 16 t/m 21 een verval van 19,50 m (daling).
Scheepvaartrechten: Controlepost voor de scheepvaartrechten bij sluis nr. 21 in Ath. Alle vaartuigen dienen zich hier te melden voor controle.

Kanaal Bocholt-Herentals

Herentals-kruising ten O van Dessel 28 km, 7 sluizen; kruising bij Dessel-Bocholt (aansluiting aan de Zuid-Willemsvaart) 31 km, 3 sluizen. Over het kanaal liggen vaste bruggen, H 5 m, en lage beweegbare bruggen. Max. toegestane diepgang 2,10 m, tot op 6 m van de oever. Levendig verkeer met vrachtschepen tot 600 ton. Ten W van de kruising bij Dessel zijn de sluizen kleiner dan ten O van de kruising. In het O-gedeelte kunnen jachten soms met de beroepsvaart meeschutten.
Bediening bruggen en sluizen:

ma. t/m vr.	(16 mrt.-1 okt.)	6-22 h
	(1 okt.-16 mrt.)	6-21 h
zat.	(16 mrt.-1 okt.)	7-15 h (sluis nr. 1 t/m 3 tot 22 h, op aanvraag)
	(1 okt.-16 mrt.)	7-15 h (sluis nr. 1 t/m 3 tot 21 h, op aanvraag)
zo. en fd.	(26 juni-29 aug.)	10-18 h
	(29 aug.-26 juni)	gesloten

Vaarvergunning: Het Waterwegenvignet is van ma. t/m zat. verkrijgbaar op sluis nr. 1 in Lommel, sluis nr. 4 in Dessel en sluis nr. 10 in Herentals.
Lig- en aanlegplaatsen: De kanaalkanten zijn te ondiep en de langskomende schepen te groot om veilig langs de kanaaloevers aan te leggen. Toch vindt men goede ligplaatsen. Van W naar O:
● Herentals: in een verbreding in de N-oever tussen de 2e verkeersbrug en de spoorbrug langs het bos.
● V.V.W. Geel tussen sluis 8 en 9, aan steigers in een zwaaikom ('s avonds van 7 tot 10 h onrustig door waterskiën), havenmeester A. Wouters, tel. (014) 58 44 85.
● Ten O van sluis 6 (ter hoogte van Eurochemie).
● Ten W van sluis 3, Z-oever, voor de buiten gebruik gestelde sluiskolk, wandeling naar het Zilvermeer.
● Mooie aanlegplaats ten O van sluis 2, Z-oever, bosrijk.
● Mooie aanlegplaats tussen de sluizen nr. 1 en 2, Z-oever, bosrijk, eveneens wandeling naar het Zilvermeer.
● Betonnen steiger, 500 m ten W van de brug in de weg Lozen-Kauille, ZO-oever in bos (improviseren).
● Idem maar dan 800 m ten O van de brug.
● Zie tevens onder 'Kanaal naar Beverlo'.
Drinkwater: Sluis nr. 10 in Herentals en sluis nr. 1 te Lommel.
Trailerhelling: Bij de V.V.W. Geel, in overleg met de havenmeester.

Kanaal Bossuit-Kortrijk
Verbindingskanaal tussen de Boven Schelde en de Leie (zie aldaar). Lengte 15 km.
Sluizen: 8 sluizen. De sluizen hebben een verval van 9,50 m (sluis Bossuit) tot 1,85 m (laatste sluis in Kortrijk).
Marifoon: Sluis Bossuit kanaal 20.
Maximumdiepgang: Van Bossuit tot Zwevegem 2,30 m; van Zwevegem tot Kortrijk 1,80 m.
Bruggen: Vaste bruggen, laagste brug H 3,68 m.
Vaarvergunning: Waterwegenvignet verkrijgbaar op de laatste sluis (nr. 11) in Kortrijk en de sluis in Bossuit.
Maximumsnelheid: In de verbrede gedeelten van het kanaal 15 km/h, overigens 8 km/h.
Aanlegplaatsen: Aan de kade tussen sluis Bossuit en Moen; bij Kanoclub Sobeka ten Z van de sluis in Zwevegem aan bakboord; tussen de sluizen in Zwevegem aan de kade aan bakboord (particulier eigendom); bij de Harelbeekse Kanovereniging, ten Z van de sluis in Kortrijk, aan stuurboord; tussen de sluizen in Kortrijk aan de rand van de stad.
Drinkwater: Op de sluizen, m.u.v. sluis nr. 8 in Zwevegem.

Kanaal van Briegden naar Neerharen
Van de Kom van Briegden (Albertkanaal) tot de Kom van Neerharen (Zuidwillemsvaart) te bevaren met een max.diepgang van 2,10 m.
Bruggen: Vaste bruggen, laagste brug H 6,05 m (brug in Tournebride).
Sluizen: Sluis Lanaken (verval 8,50 m) en sluis Neerharen (verval 8,77 m). Bediening:

ma. t/m zat.	(16 mrt.-1 okt.)	6-22 h (zat* van 7-15 h)
	(1 okt.-16 mrt.)	6-21 h (zat* van 7-15 h)
zo. en fd.	(gehele jaar)	gesloten

* Bediening op aanvraag van 16 mrt - 1 okt tot 22 h en van 1 okt - 16 mrt tot 21 h.

Vaarvergunning: Waterwegenvignet verkrijgbaar op sluis Lanaken.
Drinkwater: Sluis van Lanaken; steiger stroomopwaarts van de sluis in Neerharen (sl).
Aanlegplaatsen: Ten Z van de sluis Lanaken aan de W-oever aanlegsteigers en een zwaaikom met meergelegenheid.

Kanaal van het Centrum
(Onder dit hoofd wordt ook beschreven het Kanaal Nimy (Mons-Bergen)-Blaton-Péronnes).
Afstand van de aftakking van het Kanaal Charleroi-Brussel tot de insteekhaven bij Mons: 19 km, 4 hefwerken, 4 sluizen.
Het O-gedeelte van het Kanaal van het Centrum is oud en smal maar wel schilderachtig. Hier komen 4 ruim 100 jaar oude hydraulische scheepsliften in voor die elk een niveauverschil overwinnen van 14 tot 17 m. Bediening van ma. t/m zat. 7-17 h. De eerste sluis ten W van de hefwerken is sluis Thieu. Deze sluis is klein en wordt met de hand bediend (bediening ma. t/m zat. 6.30-17.30 h). Verder westwaarts zijn de sluizen groot en modern.
Het oude deel van het kanaal is vervangen door een nieuw pand. Daarin is een scheepslift, bij het plaatsje Thieu, in aanbouw (gereed in 1997). De lift overwint een niveauverschil van 73 m en zal de voormelde oude hefwerken gaan vervangen. Bezichtiging van de oude hefwerken, die geheel op waterkracht werken, is al mogelijk (voor informatie: Compagnie du Canal de Centre, Musée du Canal, Rue de

l'Ascenseur 127, 7110 Bracquegnies, tel. (064) 66 25 61.
Afstand van Mons tot de monding in de Boven Schelde: 40 km, 2 sluizen.
Ten W van Nimy (Mons) is het kanaal aanvankelijk smal en recht, gedeeltelijk aardig begroeid. Ten W van Péruwelz is het kanaal weer ruimer en leidt het door een bosrijke omgeving. De oevers zijn er hoog. Via twee sluizen op 2,8 km en 0,8 km van de Boven Schelde daalt men tot het niveau van deze rivier. Bediening:

ma. t/m zat.	(1 febr.-1 nov.)	8-18 h
	(1 nov.-16 jan.)	8-17.30 h
	(16 jan.-1 febr.)	8-17.45 h
zo. en fd.	(gehele jaar)	gesloten

Tussen beide laatste sluizen is een plas waar veel met kleine vaartuigen wordt gezeild en gewindsurft.
Maximumsnelheid: Tussen La Louvière en Havré (Mons) 3,6 km/h, tussen Havré en Nimy (Mons) 8 km/h, op het Kanaal Nimy-Blaton-Péronnes 8 km/h.
Lig- en aanlegplaatsen:
● In het oude kanaaldeel kan men hier en daar wel een aanlegplaats improviseren. Een mooi punt vindt men in Houdeng-Aimeries, ten W van de ophaalbrug (tussen de hefwerken nr. 3 en 4, van het O af gerekend).
● In de ruime kom ten N van Mons (Bergen) zijn loswallen en een W.V. met clubhuis en douches.
● Loswal met uitzicht op glooiende korenvelden, tussen de spoorbrug en de verkeersbrug ten Z van Callenelle, 7 km ten O van de monding in de Boven Schelde.
● Watersportplasje tussen de beide meest westelijke hefwerken, ten Z van Péronnes.

Kanaal Charleroi-Brussel
Charleroi (aansluiting op de Sambre) – aftakking van het Kanaal van het Centrum bij Seneffe, 26 km, 3 sluizen, Seneffe-Brussel (aansluiting aan het Zeekanaal Rupel-Brussel), 42 km, 7 sluizen en het 'Hellend vlak'. Het kanaalgedeelte door Brussel is sterk vervuild, er drijft van alles in het water 'Riool van Brussel'.
Maximumsnelheid: 8 km/h.
Marifoon: Sluis Molenbeek (sluis nr. 11) en het Hellend vlak van Ronquières, kan. 20.
Sluizen (van N naar Z): Vijf sluizen, nr. 11 t/m 7 van Brussel tot Halle, schutverschil gemiddeld 3,70 m, vervolgens de moderne grote sluis nr. 6 Lembeek, schutverschil 7,30 m en sluis nr. 5 Ittre, schutverschil 13,35 m, daarna het Hellend vlak van Ronquières (niveauverschil bijna 70 m, bezienswaardig; voor informatie: Toeristische Dienst Henegouwen, Rue des Clercs 31, 7000 Mons, tel. (065) 36 04 64).
Op de hoogvlakte die nu volgt, mondt het Kanaal van het Centrum uit. Vervolgens schutten de sluizen nr. 3, 2 en 1 af naar de Sambre, schutverschil 7 m per sluis.
Bediening:

ma. t/m zat.	(1 mrt.-1 nov.)	6-19.30 h
	(1 nov.-1 mrt.)	7-18.30 h
zo. en fd.		gesloten

Bruggen: Vast, H 4,50 m.
Scheepvaartrechten: Vaarvergunning voor het Vlaamse Gewest (Waterwegenvignet) van ma. t/m zat. verkrijgbaar op sluis nr. 6 in Lem-

beek. Voor het Waalse gedeelte worden per traject scheepvaartrechten geheven, controle vindt plaats op de sluizen.
Aanlegplaatsen: Mooie vrije hoge kaden in Halle, nabij de verkeersbrug is een verlaagd kadegedeelte; mooi gelegen loskade langs de O-oever, juist ten N van het Hellend vlak van Ronquières.
Drinkwater: Op alle sluizen.

Kanaal van Dessel naar Kwaadmechelen
Verbinding tussen het Albertkanaal (kom van Kwaadmechelen) en het Kanaal van Bocholt naar Herentals (kom van Dessel). Lengte 15,7 km, max.diepgang 2,80 m, tot op 12,5 m uit de oever. Diepte langs de oever 0,50 m.
Bruggen: Vaste bruggen, laagste brug H 5,20 m (brug Mol Sluis en spoorbrug Balen).
Maximumsnelheid: 6 km/h.
Aanlegplaatsen: Aan beide oevers van het kanaal over de totale lengte, o.a. aanlegkade in Balen-Neet met winkelcentrum. Let op de diepte (ca. 0,50 m). In de insteekhaven bij Mol geldt een vaarverbod.

Kanaal van Dessel via Turnhout naar Schoten
Het kanaal wordt weinig door de vrachtvaart gebruikt. Het leidt door de Kempen met veel bouwland en, vooral in het O-gedeelte, bospartijen. Er is kleinschalige industrie. Lengte 63 km.
Bruggen en sluizen: 10 sluizen. Sluis nr. 10 in Schoten heeft een verval van 4,35 m, de overige sluizen gemiddeld een verval van 2,50 m. De max.doorvaarthoogte van de vaste bruggen is 5,15 m. De max.diepgang is 1,90 m, tot 4 m uit de oever. Behalve de vaste bruggen liggen nog 19 lage beweegbare bruggen over het kanaal.
Bediening:
– Gedeelte Dessel-sluis nr. 2 in Brecht:

ma. t/m vr.	(16 mrt.-1 okt.)	6-20 h
	(1 okt.-16 mrt.)	8-17 h
zat.	(gehele jaar)	7-15 h
zo. en fd.	(gehele jaar)	gesloten

– Gedeelte sluis nr. 2 Brecht-sluis nr. 10 Schoten:

ma. t/m zat.	8-16 h
zo. en fd.	gesloten

Maximumsnelheid: Officieel 5 km/h, in de praktijk voor jachten 5 km/h.
Vaarvergunning: Waterwegenvignet verkrijgbaar bij sluis nr. 1 in Rijkevorsel en sluis nr. 10 in Schoten.
Lig- en aanlegplaatsen: Langs de oevers kan men hier en daar wel een ligplaats improviseren ● in Turnhout zijn twee industriehavens waar pleziervaartuigen een veilige ligplaats vinden, D 1 m ● zwaaikom aan de W-oever bij Retie, iets ten N van Dessel (camping en verkoop van levensmiddelen op 500 m afstand) ● bij de Brechtse Jachtclub in de kom nr. 8 in Brecht ten Z van St. Lenaarts ● bij de Schotense Jachtclub in de kom nr. 14 in Schoten op de kruising met het Albertkanaal.
De St. Jobse Yachtclub, afwaarts sluis 4, en voor doorvaart tussen sluis 2 en sluis 10 te Schoten, telefonisch aanmelden op volgende nummers; sluis 3 (Brecht): (03) 663 01 19; Brug 14 (Schoten): (03) 658 84 49; Sluis 9 (Schoten): (03) 658 45 73.

Kanaal van de Dijle naar Leuven
Van de Beneden Nete bij Rumst via de Beneden Dijle naar Leuven, 30 km. De vaste bruggen zijn 6 m hoog. Maximumdiepgang 2,30 m. De rivier de Dijle is tot Mechelen bevaarbaar, door sterke verontreiniging wordt dit ontraden.
Maximumsnelheid: 6 km/h.
Marifoon: Zennegatsluis, kan. 20 of 10.
Sluizen: 5 sluizen. Zennegatsluis in de verbinding met de Beneden Dijle, bediening van ma. t/m zat. tussen 6 en 24 h, van $3^1/_2$ uur voor hoogwater (Antwerpen) tot $3^1/_2$ uur na hoogwater. Verval max. 6 m; sluis Battel, verval 4 m; sluis Boortmeerbeek, verval 2,70 m; sluis Kampenhout, verval 2,40 m; sluis Tildonk, verval 2,40 m.
Voor alle sluizen zijn lange meerlijnen nodig, aangezien er uitsluitend bovenaan de sluismuren bolders zijn aangebracht.
Bediening sluizen en bruggen:
– Zennegatsluis: zie onder 'Sluizen';
– Overige kunstwerken:

ma. t/m zat.	(april)	6.30-18.30 h
	(mei t/m aug.)	6.30-19 h
	(sept.)	7-19 h
	(mrt. en okt.)	7-18 h
	(1-16 nov. en febr.)	7.30-17.30 h
	(16 nov.-1 dec.)	8-17.30 h
	(dec. en jan.)	8-17 h (zat. tot 16 h)
zo. en fd.	(gehele jaar)	gesloten

De bruggen worden bediend door een mobiele ploeg. Bij de eerste sluis die men passeert, moet deze ploeg worden gewaarschuwd.
Aanlegplaatsen: Stroomopwaarts van de Zennegatsluis aan bakboord; vóór de vaste brug in Battel ● stroomopwaarts van sluis Battel ● in de zwaaikom in Kampenhout.

Kanaal Roeselare-Leie
Doodlopend kanaal (centrum van Roeselare), vanaf de Leie bereikbaar via de sluis in Ooigem. Lengte 16,5 km. D 2,50 m. Druk scheepvaartverkeer (vrachtschepen tot 1350 ton). Zie ook onder 'Leie'.
Sluis: 1 sluis bij Ooigem, verval 7,50 m, marifoonkan. 18.
Bediening:

ma. t/m zat.	(gehele jaar)	6-19.30 h
zo. en fd.	(26 juni-29 aug.)	10-18 h
	(29 aug.-26 juni)	gesloten

Vaarvergunning: Waterwegenvignet verkrijgbaar op de sluis in Ooigem (goede aanlegplaats).
Bruggen: Vaste bruggen, laagste brug H 4,80 m.
Maximumsnelheid: 15 km/h.
Lig- en aanlegplaatsen: Aan de kademuren in Roeselare (gratis afmeren bij kort verblijf) ● tussen de Bruanebrug en Schaapsbrug in Roeselare ● bij de Izegemse Jachtclub in Kachtem.
Motorbrandstof: Impens Jeroom, Café De Wante in Roeselare.
Snelle watersport: Waterskiën toegestaan tussen de zwaaikom in Izegem en de Schaapsbrug in Roeselare (2,4 km) en van de Wantebrug in Ingelmunster tot 50 m ten W van de sluis in Ooigem (4,5 km).

Klein-Ternaaien (Petit-Lanaye)
4 km van Maastricht; 10 km van Visé.
Scheepvaartrechten: Bureau de perception, gevestigd in de sluisto-

ren, voor betaling van de kanaalrechten. Afmeren stroomafwaarts van de sluistoren aan bakboord, vlak voor de kleine sluis.
Men betaalt Bfr 35, geldig voor de vaart over de Maas tot de Franse grens.
In tegengestelde richting dient men zich uitsluitend voor de vaart richting Ternaaien te melden bij het Bureau de perception.
Marifoon: Kan. 18.
Sluis: Schutsluis tussen het toeleidingskanaal tot de Maas en het Albertkanaal, verval ca. 14 m. Het sluizencomplex bestaat uit 4 sluizen, 2 grote sluizen (1 x lengte 136 m, breedte 16 m, de andere is in ontwerp lengte 200 m, breedte 25 m) en 2 kleine sluizen (lengte 55 m, breedte 7,50 m). De meest O-sluis (de grote sluis) is voorzien van drijvende bolders, de andere sluizen niet. Aangezien het water met grote snelheid wordt ingelaten, moet men in de kleine sluizen de trossen snel verhalen.
Bediening:

ma. t/m vr.		6-22 h
zat.		6-19.30 h
zo. en fd.	(1 mei-16 sept.)	9-19.30 h
	(16 sept.-1 nov.)	9-18 h
	(1 nov.-1 mei)	9-17 h

Nachtschuttingen zijn tegen extra tarief mogelijk.

Leie
Vanaf de Franse grens (Belgische verkooppunt Waterwegenvignet op de nieuwe grote sluis in Halluin (Menen), op Frans grondgebied, (ter vervanging van de oude sluis in Menen) tot de verbinding met het Afleidingskanaal van de Leie bij Deinze, ten ZW van Gent. Lengte 62 km, waarvan 24 km Grensleie. 4 sluizen.
Vanaf het Afleidingskanaal van de Leie tot de Ringvaart van Gent, lengte 25 km, 1 sluis. Dit gedeelte is niet gekanaliseerd en ziet er schilderachtig uit.
Het gedeelte tussen Deinze en Kortrijk is gekanaliseerd en geschikt voor schepen tot 1350 ton. Stroomopwaarts van Kortrijk zal het idyllische karakter ook verdwijnen door geplande kanalisatie in aansluiting op het Kanaal van Duinkerken.
Via Ooigem en het Kanaal Roeselare-Leie (zie aldaar) is Roeselare bereikbaar. In Kortrijk aansluiting op het Kanaal Bossuit-Kortrijk (zie aldaar). Ten Z van deze kruising splitst de Leie zich. De route voor de doorgaande vaart loopt via de Leiearm aan stuurboord. De andere zijarm is afgesloten. Vanaf Komen volgt de Leie haar natuurlijke loop over een afstand van 6 km tot de Franse grens.
Vaarvergunning: Waterwegenvignet verkrijgbaar op de sluis in Halluin (Menen).
Sluizen: In Astene (geen verval, rekening houden met stroom door afwatering), St. Baafs Vijve (verval 2,40 m), Harelbeke (2,20 m), Halluin (Menen) (verval 1,70 m) en sluis Comines (verval 1,10 m).
Bediening:
Sluis Astene:

ma. t/m zat.	(15 april-1 mei)	8.30-12, 12.30-18 h
	(1 mei-1 okt.)	9.30-18 h
	(1 okt.-15 april)	8.30-12, 12.30-16.30 h
zo. en fd.	(26 juni-29 aug.)	10-18 h
	(29 aug.-26 juni)	gesloten

Overige sluizen:

ma. t/m zat.	6-19.30 h
zo. en fd.	als sluis Astene.

Bruggen: Tussen de Ringvaart van Gent en Kortrijk, laagste vaste brug H 5 m en een beweegbare brug Deinze-Centrum, H 2,70 m (zo. en fd. geen bediening).
In Kortrijk, ten N van de aansluiting met het Kanaal Bossuit-Kortrijk, een lage vaste brug, H 4,50 m.
Maximumdiepgang: Van de Ringvaart van Gent tot Deinze 1,90 m; van Deinze tot Ooigem 2,50 m; Ooigem tot Kortrijk 2,30 m; Kortrijk tot Franse grens 2,10 m.
Marifoon: Sluis Halluin (roepnaam sluis Menen), kan. 20; sluis Harelbeke, kan. 20 en sluis St. Baafs Vijve, kan. 22.
Maximumsnelheid: Op de verbrede gedeelten 15 km/h, overigens 12 km/h.
Snelle watersport: Tussen het Afleidingskanaal in Deinze en sluis St.-Baafs Vijve (lengte 10 km).
Lig- en aanlegplaatsen: Ten Z van de draaibrug in Deinze in de jachthaven van de Deinze Yacht Club aan de Leie op ca. 500 m van het centrum van de stad, havenmeester A. Malfait, tel. (091) 86 14 80 (toiletten, douche en wastafels), clubhuis op zo. van 1 mei tot 1 okt. geopend ● stroomopwaarts van de sluis van St. Baafs Vijve in de oude Leiearm (beperkte diepgang) ● in Harelbeke stroomopwaarts van de sluis aan bakboord, onrustig ● bij de W.V. Kuurne in Harelbeke ● in de oude Leiearm in Kortrijk bij de Kortrijkse Yacht Kano Club, stroomopwaarts van de Leiesplitsing aan bakboord, vlakbij het centrum ● aan de kademuur aan beide zijden van de nieuwe sluis in Halluin (Menen) ● in Wervik vlak bij de brug aan stuurboord ● aan de oude sluismuur in Comines en stroomopwaarts van de nieuwe sluis aan stuurboord ● in Warneton bij de brug aan stuurboord.
Drinkwater: Aan de sluis in Comines.
Reparatie: Poly-al-Boats, Kortrijksesteenweg 60, Deinze, tel. (091) 86 31 00, bub (géén Honda en Tomos), bib (géén Solé, Mitsubishi, Farymann, Sabb en Nanni), romp/uitr (p/op de wal + in het water).
Trailerhellingen: Bij de W.V. Kuurne; bij de Deinze Yacht Club, tarief Bfr 250, max.diepgang 1 m.

Lier

12 km van Viersel; 75 km van Lozen; 28 km van Rupelmonde; zie ook 'Nete Kanaal'.
Bezienswaardige stad aan de samenvloeiing van Kleine Nete en Grote Nete, die zich hier verenigen tot de Beneden Nete.
Marifoon: Sluis Viersel en Duffel, kan. 22.
Doorvaartroute: De vaarweg leidt van het Albertkanaal in Viersel over het Nete Kanaal langs Emblem, ten O van Lier langs naar de Beneden Nete nabij Duffel (aantrekkelijke vaarweg door velden). Zie voor de bediening van de sluizen onder 'Nete Kanaal'. De Kleine Nete door Lier is niet meer bevaarbaar.
Motorbrandstof: Garage Docx, Merkelsestraat 108; BP-station, Veemarkt.

Lillo

Aan de Ro van de Westerschelde; 15 km ten NW van Antwerpen; 13 km ten ZO van Bath.
Haven: Men kan de haven aanlopen met een diepgang van 1 m van 3 uur vóór tot 3 uur ná hoogwater, doch men wordt geadviseerd om omstreeks het tijdstip van hoogwater binnen te lopen. Let op druk

scheepvaartverkeer van en naar de haven van Antwerpen. De haven valt tijdens laagwater droog. Ca. 2 uur voor hoogwater staat er een sterke neer in de haveningang. Op ca. 100 m ten W van de haveningang ligt de aanlegsteiger van de vroegere veerboot, met op de kop van de steiger een sectorlicht (zwarte paal met bordes en rood dagmerk: Occ WRG 10s). Op de dijk bij het W-havenhoofd staat een gedeeltelijk wit geschilderd gebouw, waarin o.a. de douane gevestigd is.
Getijstanden: Rijzing bij doodtij 4,70 m boven gemiddeld LLWS; rijzing bij springtij 5,70 m.
Marifoon: 'Zandvliet Radio', kan 12.
Havenmeester: F. Janssens, tel. (03) 6 65 25 85.
Drinkwater: Gratis uit kranen met slang op de kademuur.
Douane: Zie onder 'Antwerpen'.
Ligplaats: Bij Yachtclub Scaldis (elektra), melden bij de havenmeester, 1e nacht gratis.
Reparatie: Via de havenmeester bij Jan Nuyst, Zandvliet, bib.
Trailerhelling: Bij Yachtclub Scaldis.

Lozen
Aan de Belgische Zuidwillemsvaart (zie aldaar); 12 km van Weert.
Aanlegplaats: Aan de N-zijde van de zwaaikom ten W van de sluis.
Sluis nr. 17: Voor bediening zie onder 'Zuidwillemsvaart'.
Vaarvergunning: Waterwegenvignet verkrijgbaar op sluis nr. 18 in Bocholt (Belgische grens).
Motorbrandstof: Aan de grens.

Luik (Liège)
27 km van Maastricht; 110 km van de Franse grens.
Kaartje: Is bij deze beschrijving opgenomen.
Vaaraanwijzingen: Te bereiken over de Maas, de sluis Klein Ternaaien (zie aldaar) en verder over het Albertkanaal of over de Maas via het Kanaal van Haccourt naar Visé (zie ook 'Visé' en 'Argenteau'). Bij Monsin ligt een stuw in de Maas waarvan de schutsluis ligt in het verbindingskanaal naar het Albertkanaal (zie 'Herstal-Monsin').
Op de bogen van de bruggen over de Maas in Luik zijn aan weerszijden rode en groene lichten aangebracht, die de doorvaart regelen.
Ourthe: De benedenloop tussen Luik en Angleur is gekanaliseerd tot Portes De Garde, lang 2,5 km, twee sluizen. De vaste bruggen zijn ten minste 4,25 m hoog. De diepte bedraagt 1,90 m.
Bediening: Zie voor de route over de Maas onder 'Visé', 'Argenteau' en 'Herstal-Monsin'; voor de route over het Albertkanaal, zie aldaar. De splitsing van de Maas en het Albertkanaal is duidelijk kenbaar aan het bijna 50 m hoge monument met het standbeeld van Koning Albert, dat men bij het varen in N-richting aan stuurboord moet houden. De andere zijde voert naar de stuw in de Maas. Hier dreigt levensgevaar wegens de slecht zichtbare waterval over de stuw. Het is verboden om de stuw dichter dan 200 m te naderen.
Aanleg- en ligplaatsen: De beste en meest beschutte lig- en aanlegplaats vindt men in de jachthaven, Port Autonome de Liège, gelegen aan de Lo van de Maas in het centrum van de stad (3), tarief f 5,– à f 10,– per nacht al naar gelang scheepslengte.
Het gebouw van de Royal Sport Nautique de la Meuse ligt aan de Ro, 600 m bovenstrooms van de Pont Albert in het Parc de la Boverie (6) (telefoon). (Na 19.30 h geen bewaking en geen drinkwater.)
Port de Corronmeuse, stroomafwaarts de Maas te Luik net voor laatste brug aan bakboord, havenmeester dhr. Jaeken, tel. (041) 27 41 03, max.diepgang 3 m (toiletten en wastafels)
Motorbrandstof: Bij tankbootjes, gemeerd langs de O-oever van de

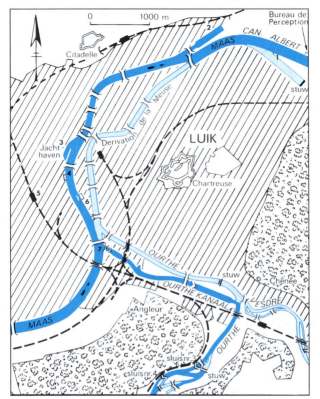

Luik

1. Standbeeld Koning Albert
2. Sleepboothaven
3. Jachthaven
4. Port Albert
5. Station des Guillemins
6. Royal Sport Nautique de la Meuse in het Parc de la Boverie (roeiclub)
7. Pont de Fragnée

Maas, tussen de 2e en 3e brug ten ZW van de samenvloeiing met de Derivation de la Meuse (ten Z van de Citadelle), die (sl), be; Port De Corronmeuse, die (sl).

Reparatie: Port De Corronmeuse, bub (Yamaha, Mercury, Suzuki, Johnson en Evinrude), bib (Volvo Penta, Mercedes, Mitsubishi, BMW, Daf, Perkins en Ford), romp/uitr (ht, s, p/op de wal + in het water), zeiltuigage, elek.

Hefkranen: Bij Le Yacht Club de la Meuse; Royal Sport Nautique de la Meuse; Royal Motor Union section autonautique, Ro, direct stroomafwaarts van de brug in Wandre; Port De Corronmeuse, max. 30 ton, max.diepgang 3 m.

Maas

Beschrijvingen: Zijn opgenomen onder 'Klein-Ternaaien', 'Visé', 'Argenteau', 'Herstal-Monsin', 'Luik', 'Hoei', 'Namen', 'Profondeville', 'Dinant', 'Anseremme', 'Waulsort', 'Agimont' en 'Maasplassen'.
Kaartje: Er zijn twee kaartjes bij de beschrijving opgenomen.
Algemeen: De Maas is in België zeer goed bevaarbaar. Zeilen is echter uitgesloten door de vele vaste bruggen en het gebrek aan wind. De stroom is als op Nederlandse Maas, dus zeer gering, 1 à 2 km/h, be-

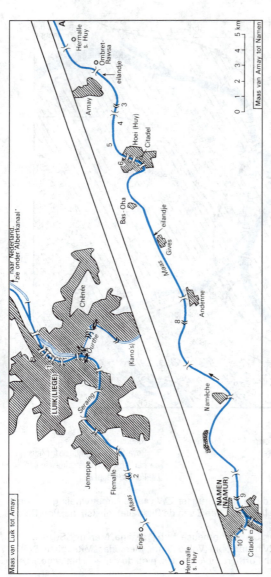

Maas

1. Zie onder 'Luik'
2. Sluis Ivoz-Ramet (scheepvaartrechten, verval 4,50 m)
3. Sluis Ampsin-Neuville (scheepvaartrechten, verval 4,70 m)
4. Kerncentrale
5. Jachthaven
6. Zie onder 'Hoei'
7. Sluis vervallen
8. Sluis Andenne-Seilles (verval 5,25 m)
9. Sluis Grands Malades (scheepvaartrechten, verval 3,90 m)
10. Zie onder 'Namen'

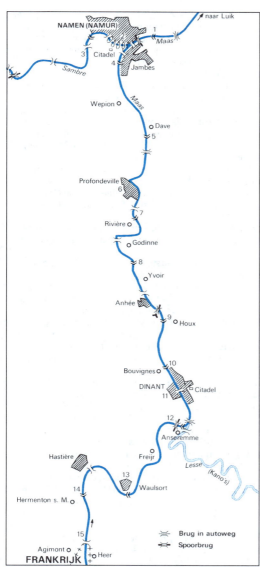

Maas

1. Sluis nr. 10 Grands Malades (scheepvaartrechten, verval 3,90 m)
2. Zie onder 'Namen'
3. Zie onder 'Sambre'
4. Sluis nr. 9 La Plante (verval 1,48 m)
5. Sluis nr. 8 Tailer (verval 2,05 m)
6. Zie onder 'Profondeville'
7. Sluis nr. 7 Rivière (verval 2,04 m)
8. Sluis nr. 6 Hun (verval 2,80 m)
9. Sluis nr. 5 Houx (verval 2,02 m)
10. Sluis nr. 4 Dinant (verval 2,01 m)
11. Zie onder 'Dinant'
12. Sluis nr. 3 Anseremme (verval 2,23 m), zie onder 'Anseremme'
13. Sluis nr. 2 (verval 2,40 m), zie verder onder 'Waulsort'
14. Sluis nr. 1 Hastière (scheepvaartrechten, verval 2,89 m)
15. Zie onder 'Agimont'

halve na abnormale regenval. Tussen Luik en Namen is nagenoeg overal aan weerszijden van de rivier een betonnen of stenen oeverbeschoeiing aangebracht, welke in de grotere plaatsen loodrecht uit het water oprijst. Na het passeren van een beroepsschip of snelvarende motorboot blijft het water daardoor geruime tijd onrustig. Van rustige ligplaatsen is pas sprake vanaf het tijdstip dat de sluizen niet meer worden bediend en er geen snelle motorboten meer varen. Nabij Luik is veel scheepvaartverkeer. Bovenstrooms van Namen is het scheepvaartverkeer veel minder. Het mooiste gedeelte ligt ten Z van Namen; tussen Dinant en de Franse grens is de omgeving zelfs vaak mooier dan langs de Duitse Rijn. Het loont de moeite vrij ver Frankrijk in te varen.
Maximumsnelheid: 15 km/h, minstens 25 m uit de oever. Men mag geen nadelige deining veroorzaken. Er zijn enkele secties aangewezen voor de snelle watersport, aangegeven door borden met de afbeelding van een snelle motorboot.
Marifoon: Sluis Klein-Ternaaien, Ampsin-Neuville, Hun en Grand Malades kan. 18; Ivoz-Ramet, Rivière, Andenne-Seilles en Hastière, kan. 18.
De scheepvaart wordt verzocht uit te luisteren op het kanaal van de sluis welke zij naderen en zich op ca. 1000 m van de sluis via de marifoon te melden.
Bruggen: Alle bruggen zijn vast, laagste brug H 5,66 m (in Dinant).
Sluizen: Voor de ligging, zie de overzichtskaartjes.
Betonning: Op de Luikse Maas (benedenstrooms van Andenne) is de rivier tot 15 m uit de oever over de gehele breedte bevaarbaar. Op de Maas worden voor het aangeven van ondiepten cilindervormige boeien gebruikt: zwarte of groene boeien (met witte banden) geven een verbod aan te varen tussen deze boei en de Lo, rode boeien (met witte banden): verbod te varen tussen deze boeien en de Ro. De kleine blauw-witte tonnetjes dienen als meerboei voor visboten of duiden visplaatsen aan.
Scheepvaartrechten: Zie onder 'Klein-Ternaaien' en 'Agimont'.
Lig- en aanlegplaatsen: Goede aanlegplaatsen die vaak fraai gelegen zijn, vindt men op verschillende punten: Luik (zie aldaar); Engis, aan weerszijden van de brug, N-zijde aan de kade (17 km van Luik); kade met watersportclub aan de N-oever boven de sluis Ampsin-Neuville (1,5 km benedenstrooms de kerncentrale van Tihange) (28 km van Luik); Jachthavens, gevormd door een van de N-oever uitgebouwde betonmuur, 1 km bovenstrooms de kerncentrale (31 km van Luik); Hoei (zie aldaar) 32 km van Luik; Andenne, kade bovenstrooms van de brug, Z-oever; Namen (zie aldaar) 32 km van Hoei; Profondeville (zie aldaar) 10 km van Namen; Dinant (zie aldaar) 27 km van Namen; Anseremme (zie aldaar) 3 km van Dinant; Waulsort (zie aldaar) 9 km van Dinant.
Afstanden: Maastricht-Luik, 39 km, zie onder 'Klein-Ternaaien', 'Visé', 'Argenteau', 'Herstal-Monsin' en 'Luik'. Tussen Ternaaien en Visé is de vaart over de Maas voor jachten niet mogelijk (gevaarlijk wegens grindbanken, waarover sterke stroom loopt). Grensoverschrijding op de Maas is verboden. Voor doorvaart vanaf Klein-Ternaaien naar Visé moet men gebruik maken van het Albertkanaal. Men kan desgewenst van Visé af verder naar Luik over de Maas varen (zie 'Visé', 'Argenteau' en 'Herstal-Monsin') of over het Albertkanaal. Luik-Franse grens, 110 km.
Bediening:
– Sluis Klein-Ternaaien, zie aldaar.
– Gedeelte van de Maas tussen Visé en Herstal-Monsin: zie 'Visé', 'Argenteau' en 'Herstal-Monsin' (zie voor de alternatieve vaarweg via het Albertkanaal onder 'Albertkanaal').
– Sluis Ivoz-Ramet:

ma. t/m vr.		6-22 h
zat.		6-19.30 h
zo. en fd.	(1 mei-16 sept.)	9-19.30 h
	(16 sept.-1 nov.)	9-18 h
	(1 nov.-1 mei)	9-17 h

– Sluis Ampsin-Neuville, Andenne-Seilles en Grands Malades:

ma. t/m zat.		6-19.30 h
zo. en fd.	(1 mei-16 sept.)	9-19.30 h
	(16 sept.-1 nov.)	9-18 h
	(1 nov.-1 mei)	9-17 h

– Sluis La Plante t/m sluis Hastière:

ma. t/m zat.	(16 mrt.-1 okt.)	6-19.30 h
	(1 nov.-1 febr.)	8-17.30 h
	(1 febr.-16 mrt. en 1 okt.-1 nov.)	7-18 h
zo. en fd.	(1 mei-16 sept.)	9-19.30 h
	(16 sept.-1 nov.)	9-18 h
	(1 nov.-1 dec. en 1 febr.-1 mei)	9-17 h
	(1 dec.-1 febr.)	9-14 h

Drinkwater (sl): (tarief: tot 1000 liter Bfr 100) Sluis Visé (Kanaal Haccourt-Visé); sluis Monsin (Verbindingskanaal van Monsin); sluis Ivoz-Ramet; sluis Ampsin-Neuville; sluis Grands-Malades (sluis nr. 10); Rivière (sluis nr. 7); Dinant (sluis nr. 4); Waulsort; Heer Agimont.

Maasplassen
Algemeen: De Maasplassen zijn gelegen tussen Maaseik en Kessenich aan de rivier de Maas. De Maas vormt hier de grens tussen Nederland en België. Aan de Lo liggen drie grote grindgaten in open verbinding met de Maas. Er zijn geen bruggen. Deze fraaie plassen zijn goed bevaarbaar, doch er zijn nog enkele zeer ondiepe gedeelten, met name in de buurt van baggermolens en eilandjes, die nauwelijks gemarkeerd zijn. De toegangen vanuit de Maas zijn ca. 2,50 m diep. De rivier zelf is goed bevaarbaar, D 3,50 m; het gedeelte stroomafwaarts van kmr 57 tot de toegang bij kmr 87, D 2 m of meer. Stroomopwaarts van kmr 57 is de rivier onbevaarbaar. De stroom is doorgaans gering.
Op werkdagen vindt hier veel beroepsvaart plaats (zandschepen).
De Belgische Maasplassen vormen samen met de Maas en de Nederlandse Maasplassen in dit gebied, een vrij druk bezocht watersportgebied. De oevers van de plassen zijn grotendeels hoog en steil en soms zwaar begroeid met weinig bebouwing. Aanleggen aan de harde oevers is soms mogelijk, ankeren op niet te diepe gedeelten, vooral bij de oevers, is een alternatief.
Vaarvergunning: Voor het bevaren van de drie plassen is een vergunning verkrijgbaar tijdens kantooruren bij de havenmeesters van de Jachthavens Heerenlaak en Spaanjerd. Prijs ca. f 11,– per jaar.
– *Kmr 57,1 Lo, Plas Heerenlaak (tegenover Ohé):*
Grillige en drukke plas, diepte 3 tot 6 m. Onrustig door baggerwerk, speedboten, waterski- en windsurfscholen.
Ligplaats: Jachthaven Heerenlaak, tel. (089) 56 68 42, tarief Bfr 20 per m lengte (elektra, toiletten, douches (Bfr 25) en restaurant).
Kampeerterrein: Jachthaven Heerenlaak.
Reparatie, trailerhelling en hefkraan: Jachthaven Heerenlaak, tel. (089) 56 68 42, bub (geen Suzuki, Honda en Tomos), bib (Volvo Penta,

Mecedes, Daf en Vetus), trailerhelling max. 3 ton, tarief Bfr 400, max. diepgang 1 m, hefkraan max. 8 ton, tarief Bfr 800, max.diepgang 3 m.
– *Kmr 62 Lo, Plas De Spaanjerd (ten W van Stevensweert):*
Toegang tot de totaal 5 km lange plassen. De grote plas heeft in het Z een verbinding met een kleinere plas, waarin aan de Z-oever de Jachthaven Spaanjerd gevestigd is. De diepte van de plassen is 3 tot 12 m, met uitzondering van de betonde ZO-zijde van de grote plas (steenstortingen onder water). Waterskiën verboden.
Ligplaats: Jachthaven De Spaanjerd, tel. (089) 56 31 25, Z-zijde kleine plas, tarief Bfr 20 per m lengte (elektra, toiletten, wastafels, douches (Bfr 25), levensmiddelen, VVV-kantoor en restaurant).
Kampeerterrein: Jachthaven De Spaanjerd.
Reparatie, motorbrandstof, hefkraan en trailerhelling: Jachthaven De Spaanjerd, tel. (089) 56 31 25, die (sl), be (sl), sbe (sl), bub (alle merken), bib (geen Sabb en Nanni), romp/uitr (s, p, op de wal/in het water), hefkraan max. 8 ton, tarief van Bfr 1000 tot 1800, trailerhelling max. 2¹/₂ ton, tarief Bfr 500, max. diepgang 4 m.
Stortplaats chemisch toilet: Bij Jachthaven De Spaanjerd.
– *Kmr 63,9 Lo: toegang tot de kleine plas bij Kessenich:*
Diepte 5 tot 14 m. Het ZW-deel van de plas is grotendeels onbevaarbaar door ondiepten met resten van primitieve betonning. Het smalle N-deel is ca. 14 m diep. Geen accommodatie aanwezig.

Namen (Namur)

Aan de Maas; 90 km van Maastricht; 46 km van de Franse grens.
Lig- en aanlegplaatsen: Jachthaven Port de Jambes, aan de Ro van de Maas direct ten N van sluis nr. 9 (La Plante) in het centrum van de stad, tarief Bfr 250 per nacht (elektra, toiletten, wastafels en douches) (beheerder: Fédération du Tourisme de la Province de Namur, Rue Notre Dame 3, 5000 Namur) ● Port du Grognon, tussen de eerste en tweede brug over de Sambre, aan de Lo ● aan de kade aan de Lo van de Maas, benedenstrooms van de monding van de Sambre (tijdens het seizoen liggen hier roundvaartboten) ● Ile de Dave, 5 km stroomopwaarts van Namen aan de Maas bij de Royal Club de Sambre et Meuse (voornamelijk voor waterskiën en dergelijke).
Drinkwater: Sluis Namur-Salzinnes (sluis nr. 17, Sambre); sluis Grands-Malades (sluis nr. 10, Maas).
Motorbrandstof: Jachthaven Port de Jambes, die (sl); garage nabij de Jachthaven Port de Jambes, be.
Wasserette: Bij Jachthaven Port de Jambes.

Nete Kanaal en Beneden Nete

Verbinding tussen de Rupel en het Albertkanaal ten Z van Antwerpen. Het gedeelte tot sluis Duffel (Beneden Nete) is onderhevig aan getij, 11 km lang. Bij laagwater heeft men door de steile oevers geen uitzicht over het landschap. Van sluis Duffel tot de kruising met het Albertkanaal (Nete Kanaal) bij Viersel, 15,5 km lang. Over het algemeen zijn de oevers begroeid en is er weinig industrie. Matig tot drukke beroepsvaart. Varende op de Beneden Nete vanaf de Rupel dient men bij eb ter hoogte van de aluminiumfabriek bij Duffel niet te dicht onder de kant te varen door de aanwezigheid van een strandingsbank voor schepen. Stroomafwaarts van sluis Duffel mondt de Kleine Nete (aan stuurboord) uit in de Beneden Nete; de Kleine Nete is niet meer bevaarbaar.
Getijden: Hoogwater valt ca. 4.20 h na HW te Vlissingen; laagwater valt 8.45 h na HW te Vlissingen (ten O van de voormalige keersluis in Lier in de Kleine Nete en ten O van de sluis in Duffel).
Getijstanden: Rijzing bij springtij 2,60 m boven gemiddeld LLWS; bij doodtij 2,20 m.
Sluizen: Sluis Duffel, getijsluis; sluis Viersel, verval 5 m.

Bediening:

ma. t/m zat.		6-21 h.
zo. en fd.	(26 juni-29 aug.)	10-18 h
	(29 aug.-26 juni)	gesloten

Marifoon: Sluizen, kan. 22.
Maximumafmetingen: Max.doorvaarthoogte op de Beneden Nete 4,80 m bij GHW; op het Nete Kanaal 5,75 m. Max.diepgang op de Beneden Nete 1,60 m bij GLW (plaatselijk ondiep door zandbanken); Nete Kanaal 2,50 m (plaatselijk ondiep door zandbanken).
Maximumsnelheid: Op het Nete Kanaal 9 km/h; op de Beneden Nete 12 km/h.
Lig- en aanlegplaatsen: Ten W van sluis Duffel aan de N-oever; jachthaven ten O van de sluis Duffel in dode arm aan de N-oever; ten NO van Lier in de oude rivierarm, rustig.
Op het Nete Kanaal mag binnen de scheepvaarturen niet buiten de daarvoor aangewezen plaatsen gemeerd worden.

Nieuwpoort

Aan de Noordzee; 18 km van Oostende; 74 km van Breskens.
Getijverschil: Bij springtij 5,30 m; bij doodtij 4,30 m boven gemiddeld LLWS.
Haven: De haveningang wordt gevormd door pieren die uit een houten palenconstructie bestaan en op de uiteinden ieder een wit-metalen lichtopstand (H 12 m) hebben.
De haven kan onafhankelijk van het getij tot een windkracht van ca. 7 Beaufort binnengelopen worden, rekening houdend met een minste diepte van 2 m bij gemiddeld LLWS in de haveningang. Bij harde wind staat er in de ingang, vooral bij GLW, een flinke zee. Het is steeds zaak om al naar gelang de stroomrichting de havenhoofden goed open en vrij te varen. Eenmaal binnen de pieren gaat de stroom in de lengterichting van de havengeul staan (max.stroomsnelheid 3,6 km/h bij de havenhoofden).
Verkeersseinen: De verkeersseinen worden getoond op de mast op het Loodswezengebouw. Er zijn vijf combinaties van lichten mogelijk (vast of occulting):
1. drie rode lichten onder elkaar: in- of uitvaart verboden;
2. drie groene lichten onder elkaar: in- of uitvaart toegestaan (eenrichtingsverkeer);
3. groen-groen-wit licht: in- of uitvaart toegestaan (tweerichtingsverkeer);
4. (schitterlichten) drie rode lichten onder elkaar: ernstige moeilijkheden, alle schepen stoppen en wachten op instructie.
Op de mast van het gebouw van de loodsdienst kunnen tevens de volgende seinen getoond worden:
– (dagsein) twee zwarte kegels met de punten tegen elkaar, de ene loodrecht onder de andere;
5. (nachtsein) een violet schitterlicht.
Dit betekent dat schepen korter dan 6 m de haven niet mogen verlaten.
Marifoon: Kan. 16 en 9.
Havenmeester: Waterschoutsambt, Langestraat 89, tel. (058) 23 30 45.
Douane: Aan de Vismijn aan de Kade, tel. (058) 23 34 51.
Reglementen: In het havengebied geldt het Politie- en Scheepvaartreglement voor de Belgische territoriale zee, de havens en de stranden van de Belgische kust. Men is verplicht om de tekst van het reglement aan boord te hebben. Dit reglement is opgenomen in Almanak deel 1, uitgave 1995/1996.

Maximumsnelheid: Van de haveningang tot de sluizen van de Vissershaven (Achterhaven) 5 km/h; in de toegang naar en in de Vlotkom 3 km/h. De snelheidsbeperkingen worden op diverse plaatsen door middel van borden aangegeven.

Vaaraanwijzingen: Naar binnen varend passeren we achtereenvolgens aan stuurboord: het gebouw van de loodsdienst met marifoonkan. 9; aan bakboord: het tijdok (niet in gebruik) en de scheepshelling; aan stuurboord: de lichtopstand (F.Gr.), de zeilschool van BLOSO, de steiger van de loodsdienst, de steiger van de kielbank; middenvaarwater: de lichtopstand (Fl. G) dekkende de N-punt van de Krommenhoek.

Als men dit licht aan stuurboord houdt, dan ziet men aan bakboord de lichtopstand (F R). Hier ligt de jachthaven van de Vlaamse Vereniging voor Watersport (Novus-Portus) met helemaal in de bakboordhoek de jachthaven van de Watersportkring van de Luchtmacht (Novus-Portus-Jachtdok). Een jacht mag alleen doorvaren naar de Vismijn voor het vervullen van de douaneverplichtingen of het innemen van water. Na de lichtopstand (F G) gepasseerd te zijn vaart men in de lichtenlijn 175° (F R) verder. (N.B. Het is verboden ligplaats te nemen aan de Ro of in de Vissershaven (Achterhaven)).

Als men dit licht (Fl G) aan bakboord houdt dan komt men in de haven van de Koninklijke Jachtclub Nieuwpoort.

Lig- en aanlegplaatsen: Er zijn 4 jachthavens:

● V.V.W. Nieuwpoort, Euro Jachthaven (Novus-Portus), D 2,60 m bij gemiddeld LLWS, passanten moeten aanleggen aan de aanmeldsteiger nr. A recht t.o. het witte piramidegebouw in de Buitenhaven, havenmeester K. Vyncke, tel. (058) 23 52 32 tst. 313, marifoonkan. 77 (toiletten, wastafels, douches, restaurant, levensmiddelen, gratis fietsen ter beschikking). Tarief tot 7 m lengte Bfr 260, tot 9 m Bfr 360, tot 11 m Bfr 450, tot 13 m Bfr 600, tot 15 m Bfr 750, tot 20 m Bfr 1000, vanaf 20 m Bfr 1500 per nacht (voor catamarans geldt een afzonderlijk tarief).

● Koninklijke Jachtclub Nieuwpoort (Krommenhoek, voormalige Vlotkom), D 2 m bij LLWS, havenmeester T. v. Sluis, tel. (058) 23 44 13, tarief tot 8 m lengte Bfr 350, 8-10 m Bfr 500, 10-12 m Bfr 650, 12-15 m Bfr 800, 15 m en langer Bfr 1500 (geen ligplaatsen voor catamarans) (douches, fietsen, levensmiddelenzaak en restaurant).

● Watersportkring van de Luchtmacht (Novus-Portus-Jachtdok), D 2 m bij gemiddeld LLWS. tel. (058) 23 36 41, tarief Bfr 30 per m lengte per nacht (levensmiddelenzaak).

● Jachthaven Spaarbekken van V.V.W. Westhoek aan het Spaarbekken, tel. (058) 23 87 16, tarief tussen Bfr 200 en Bfr 500 (elektra, toiletten, douches (Bfr 50) en wastafels).

Motorbrandstof: Aan de Vissershaven na telefonische afspraak, tel. (058) 23 33 90, die (sl) (zo. gesloten); tankstation in de stad, be en sbe; Nieuwpoort Marina, die (sl), be (sl) en sbe (sl); Koninklijke Jachtclub Nieuwpoort, die (sl); V.V.W. Westhoek die (sl); V.V.W. Nieuwpoort, die (sl).

Reparatie: Rijkaert, Albert I-laan 76, tel. (058) 23 54 82 (werkplaats tel. 23 38 16), bub/bib, romp/uitr (zat. geopend, zo. van 10-12 h geopend); Belgium Boat Service, Watersportlaan, tel. (058) 23 44 73, bub/bib, romp/uitr (zat. van 9-12 h geopend); Nieuwpoort Marine, Havengeul Ro, tel. (058) 23 45 75, bib/bub, romp/uitr (zat. geopend, zo. van 10-12 h geopend); Westdiep Yachting Centre, Louisweg 2, tel. (058) 23 40 61/23 43 77, bib/bub, romp/uitr (p), zeil/tuigage; Ship Shop, Watersportlaan, tel. (058) 23 50 32, bub, romp/uitr; Van de Weghe, Valkestraat 1, tel. (058) 23 54 22; Omega Sails Design, zeil/tuigage.

Hefkranen: Koninklijke Jachtclub Nieuwpoort, max. 3 ton; Belgium Boat Service, max. 6 ton; Westdiep Yachting Centre, max. 15 ton;

Ship Shop, max. 9 ton; Nieuwpoort-Marine, max. 25 ton; Yacht Service, max. 9 ton; V.V.W. Westhoek, max. 8 ton, tarief Bfr 3000 per h.
Trailerhellingen: Koninklijke Jachtclub Nieuwpoort; V.V.W. Nieuwpoort; V.V.W. Westhoek, max. 2½ ton.
Botenliften: V.V.W. Nieuwpoort, max. 45 ton, max.diepgang 2 m, tarief vanaf Bfr 1500 (liften met staande mast mogelijk); Koninklijke Jachtclub Nieuwpoort, max. 20 ton.
Wasserette: Bij het BLOSO Centrum (wit piramidegebouw); V.V.W. Nieuwpoort; Koninklijke Jachtclub Nieuwpoort.
Stortplaats chemisch toilet en aftappunt vuilwatertank: V.V.W. Nieuwpoort (wordt in 1995 geïnstalleerd).
Vaarverbinding: Verbinding met het kanaal Plassendale-Nieuwpoort, dat in NW-richting loopt en in het Kanaal Gent-Oostende uitmondt, D 1,90 m. Men kan ook in ZW-richting binnendoor naar Duinkerken varen (D 1,80 m) of een rondvaart maken via het Kanaal Nieuwpoort-Duinkerken, het Lokkanaal bij Veurne en de IJzer langs Diksmuide (aanlegsteiger) terug naar Nieuwpoort (totaal 3 sluizen in Nieuwpoort (2 sluizen in de Achterhaven en de St. Jorissluis) en 1 sluis in Lo-Reninge (Fintelesluis), D 1,80 m).
Alle kanalen hebben vaste bruggen, H ca. 4 tot 4,50 m en draai- of hefbruggen.
– Bediening kunstwerken in het kanaal Ieper-IJzer en het Lokkanaal:

ma. t/m zat.	(16 sept.-15 juni)	8-17 h
	(15 juni-16 sept.)	8-18 h
zo. en fd.	(26 juni-29 aug.)	10-18 h
	(29 aug.-26 juni)	gesloten

– Bediening kunstwerken Kanaal Plassendale-Nieuwpoort:

ma. t/m zat.	volgens algemene regeling	
zo. en fd.	(26 juni-29 aug.)	10-18 h
	(29 aug.-26 juni)	gesloten

De bruggen over het Kanaal Plassendale-Nieuwpoort worden door een mobiele ploeg bediend. Voor bediening van deze bruggen moet men zich aan de sluis in Plassendale of in Nieuwpoort melden.
– Bediening kunstwerken Kanaal Nieuwpoort-Duinkerken:

ma. t/m zat.	volgens algemene regeling	
zo. en fd.	(26 juni-29 aug.)	10-18 h
	(29 aug.-26 juni)	gesloten

Vaarvergunning: Waterwegenvignet verkrijgbaar aan de eerste sluis in de toegang tot de binnenwateren van Vlaanderen en bij de sluis in Veurne (eerste sluis bij binnenkomst over het kanaal van Duinkerken (Dunkerque, Frankrijk) naar Nieuwpoort).
Bruggen en sluizen van de Achterhaven in Nieuwpoort: Bediening overdag van 3 uur vóór tot 3 uur ná hoogwater.

Oostende

20 km van Brugge; 25 km van Nieuwpoort (binnendoor gemeten); 19 km van Blankenberge; 18 km van Nieuwpoort (over zee).
Getijverschil: Rijzing bij springtij 5,10 m; bij doodtij 4,25 m boven gemiddeld LLWS.
Diepte (bij gemiddeld LLWS): De havengeul tussen de pieren, D 4,70; havengeul t.h.v. Montgomerydok tot Demeysluis D 4,20 m; Voorhaven D 3,90 m.
Havendienst: tel. (059) 70 11 00.

Haven: De haveningang wordt gevormd door witte pieren op een houten palenconstructie. Ten O van de haven staat de vuurtoren, FL (3) 10s. Op het O-havenhoofd staat de witte seinpost met marifoonkanaal 9 waarvanaf de verkeersseinen worden getoond.

Verkeersseinen: Voor regeling van het verkeer naar en van de haven worden op de seinpost op de kop van het O-havenhoofd seinen getoond:

De seinen bestaan uit een serie van drie verticaal onder elkaar geplaatste lichten (vast of occulting):
– 3 rode lichten: in- of uitvaart verboden;
– groen-groen-wit licht: in- of uitvaart toegestaan, tweerichtingsverkeer;
– groen-wit-groen licht: in- of uitvaart toegestaan en verkregen toestemming, deze toestemming via marifoonkanaal 9 aanvragen.
– 3 rode schitterlichten: ernstige moeilijkheden, alle schepen stoppen en wachten op instructies.
– Op de mast boven het Loodswezengebouw aan het Montgomerydok en op de tijseinpost van de O-havendam wordt een geel flikkerlicht ontstoken, wanneer de toegang tot de haven en de havengeul tot aan de Demeysluis (de sluis aan de Z-zijde van de haven in de verbinding met de Belgische binnenwateren) door alle vaartuigen moet worden vrijgehouden.
– Aan de ingang van het Montgomerydok kan een geel flikkerlicht in combinatie met een vast rood licht met het woord STOP worden getoond. Dit betekent dat schepen die het Montgomerydok of de nieuwe Vissershaven willen verlaten moeten wachten tot deze lichten gedoofd worden.
– Op de mast van het gebouw van de loodsdienst kunnen de volgende seinen getoond worden: (dagsein) twee zwarte kegels met de punten tegen elkaar, de ene loodrecht onder de andere; (nachtsein) een violet schitterlicht. Dit betekent dat roeiboten van welke omvang ook en pleziervaartuigen van 6 m en korter de haven niet mogen verlaten.

Spuiseinen (sluis Demey): Deze seinen worden getoond aan de stuw in Sas Slykens en aan de Voorhavenbrug en waarschuwen voor sterke stroom tijdens het spuien: oranje licht (lozing verwacht); rood licht (lozing). Deze waarschuwing is vooral van belang voor schepen die afgemeerd liggen in de jachthaven van de Royal Yacht Club Oostende. Bij mist wordt gelijktijdig met het rode licht een geluidssein in werking gesteld bij het gebouw van de R.Y.C.O.

Wanneer de sluis geopend is voor binnenvarende schepen wordt dit overdag aangegeven door een zwarte bal, 's nachts door twee blauwe lichten. Een blauw licht ('s nachts) betekent dat de sluis gesloten is voor binnenvarende schepen.

Marifoon: Mercatorsluis en Mercator-Jachthaven, kan. 14; 'Oostende Radio', kan. 16.

Douanekantoor: Voor afhandelen douaneformaliteiten, tel. (059) 32 20 09.

Lig- en aanlegplaatsen:

● Bij de North Sea Yachtclub, bereikbaar door de Havengeul, vanaf de Noordzee eerste havenbekken aan stuurboord (Montgomerydok), N-zijde, Montgomerykaai, tel. (059) 50 59 12. Diepte 1,20 m bij gemiddeld LLWS. Tarief per nacht voor schepen tot 11 m lengte Bfr 600, van 11 tot 15 m Bfr 700, langere schepen afhankelijk van lengte/breedte en aantal opvarenden (catamarans dubbel tarief) (toiletten, douches en elektra).

● In de gemeentelijke Mercator-Jachthaven, tel. (059) 32 16 69/32 16 87. Deze haven is te bereiken via het Montgomerydok en de aan de Z-zijde daarop aansluitende Mercatorsluis (drempeldiepte 2,70 m bij gemiddeld LLWS). De haven ligt in het stadscentrum, D ca. 5 m bij dokpeil.

Tarief: tot 7,50 m lengte Bfr 560, tot 11 m Bfr 670, tot 14 m Bfr 920, tot 20,50 m Bfr 1170, tot 25 m Bfr 1380, langere schepen tarief op aanvraag (van 1/10 tot 1/4 geldt een gereduceerd tarief). Gegevens omtrent ligplaatsen worden tijdens het schutten door de sluismeester verstrekt (toiletten en douches in het sluisgebouw en in het sanitaire gebouw aan de Kapellebrug, douchemunten aldaar verkrijgbaar).
– Royal Yacht Club Oostende, clubgebouw en ankerplaats, achter in de Voorhaven, Dr. E. Moreauxlaan 1, tel. (059) 32 14 52 (secr.).
D 3,90 m bij gemiddeld LLWS (douches en elektra).
Sluizen:
– De Demeysluis met beweegbare brug, H KP + 4 m, wordt te allen tijde bediend. Deze sluis ligt aan de Z-zijde van de haven en geeft toegang tot de Belgische binnenwateren. Sluisgeld voor schepen tot 11 m lang Bfr 200, voor langere schepen Bfr 250.
– De Mercatorsluis wordt dag en nacht bediend en geeft toegang tot de Mercator-Jachthaven. Drempeldiepte gemiddeld LLWS – 2,70 m.
Doorvaartroute: Naar Brugge enz. via de Demeysluis, beweegbare brug, bediening te allen tijde; de Houtbrug voorbij de Demeysluis, H 1,65 m, bediening te allen tijde; Doksluis in Sas Slykens in de vaarweg verder naar de binnenwateren met de twee beweegbare bruggen wordt te allen tijde bediend met uitzondering van korte onderbrekingen voor het goederentreinverkeer.
Drinkwater: Tegen betaling wordt op verzoek aan de sluismeester van de Demeysluis door personeel van de waterleiding drinkwater aan boord verstrekt (sl).
Motorbrandstof: Bij de North Sea Yachtclub Oostende en bij de Mercator-Jachthaven via de havenmeester (een tankauto komt aan de kade); Royal Yacht Club Oostende, tankstation nabij de haven.
Reparatie: N.V. Valcke, Hendrik-Baals-Kaai 3, tel. (059) 32 18 14, bub/bib (voor noodreparaties 24 uur per dag bereikbaar); Marina Yachting Center, Dr. Ed. Moreauxlaan 3, tel. (059) 32 30 90, romp/uitr; Yachting Slyckens, Oudenburgse Steenweg 32, tel. (059) 50 16 99, romp/uitr, zeil/tuigage; North Sea Marine, Nieuwe Werfkaai 5 (Vissersdok), tel. (059) 32 06 88, romp/uitr, zeil/tuigage; Industrielle de Pêcheries S.V., Slipwaykaai 4 en Nieuwe Werfkaai 1, tel. (059) 32 18 64, romp/uitr; N.V. Scheepswerven Seghers, Slipwaykaai 4, tel. (059) 32 13 30; Omega Sails, Cirkelstraat 21a, zeil/tuigage; Lefebre Sails, Hendrik-Baals-Kaai 44, tel (059) 32 42 79, zeil/tuigage.

Profondeville

Aan de Maas; 10 km van Namen; 17 km van Dinant.
Goede meerplaats aan verlaagd kadegedeelte, juist voorbij de scherpe bocht, wanneer men in stroomopwaartse richting vaart. Let op uitspringend kraagstuk juist onder water. Ter plaatse is een springschans voor waterskiërs met een waterskischool en een waterskiclub. Rustiger ligt men direct bovenstrooms van sluis 7 (Rivière), boven de brug in de weg naar Lustin.
Drinkwater: Sluis Rivière (sluis nr. 7), sl.

Rupel

Van de monding in de Schelde tot de samenloop van de Dijle (Kanaal van de Dijle naar Leuven) en de Beneden Nete. Lengte 12 km. Geen sluizen.
De vaargeul is bebakend. Op de Lo worden de kleine stroomleidammen door witte ronde bakens aangegeven. Bij het opvaren van de Rupel vanaf de Schelde moet men de stuurboordwal houden (aan bakboord ligt een zandbank). Bij laagwater moet men de groene bakens in één lijn varen. Voor de monding van de Dijle is de vaargeul aan bakboord ondiep.

Getijden: Hoogwater valt ca. 4 h 20 min na hoogwater in Vlissingen; laagwater valt ca. 8 h 45 min na hoogwater Vlissingen. Getijverschil ca. 4,90 m.
Maximumdiepgang: 1,80 m bij gemiddeld LLWS.
Bruggen: Beweegbare verkeersbrug in Boom, H GHW + 5,10 m (H GLW + 10 m). Bediening van ma. t/m zat. van 6-22 h. Bediening moet 24 h tevoren aangevraagd worden.
De spoorbrug in Boom staat open, doch wordt voor een korte tijdsduur sporadisch gesloten. De doorvaarthoogte bedraagt bij GHW voor het beweegbare gedeelte 1,40 m en voor het vaste gedeelte 2,80 m.

Sambre
Maximumsnelheid: 7,2 km/h.
Scheepvaartrechten: De scheepvaartrechten dienen bij de eerste sluis te worden betaald.
Bediening:
– Basse-Sambre (Namen-Charleroi,
Sluis Salzinnes/Namen t/m sluis Marcinelle):

ma. t/m zat.	(16 mrt.-1 okt.)	6-19.30 h
	(1 okt.-16 mrt.)	7-18 h
zo. en fd.	(1 nov.-1 mei)	9-14 h
	(1 mei-1 nov.)	9-17 h

– Haute-Sambre (Charleroi-Franse Grens, sluis Monceau t/m sluis Solre-sur-Sambre):

ma. t/m zat.	(16 mrt.-1 okt.)	6-19.30 h
	(1 febr.-16 mrt. en 1 okt.-1 nov.)	7-18 h
	(1 nov.-1 febr.)	8-17.30 h
zo. en fd.	als gedeelte Basse-Sambre	

Drinkwater (sl): (tarief: tot 1000 liter 100 Bfr) Sluis Namur-Salzinnes (sluis nr. 17); Mornimont (sluis nr. 15); sluis Roselies; sluis Montignies; sluis Marcinelle; sluis Monceau; sluis Lobbes; sluis Solre-sur-Sambre.
Namen – Charleroi: 53 km, 7 sluizen:
Brede genormaliseerde rivier, geschikt voor vrachtschepen tot 1350 ton. Het scheepvaartverkeer is slechts matig druk. De oevers bestaan uit een betonnen of stenen beschoeiing. Van Namen tot ongeveer Farciennes (34 km) bestaat de omgeving uit beboste heuvels met dorpen en verspreide bebouwing. Van Farciennes tot de monding van het kanaal naar Charleroi (12 km) leidt de Sambre door een smalle bedding langs een opeenvolging van hoogovens, constructiewerkplaatsen en chemische fabrieken. De rivier is enigszins vervuild. Doordat er veel koelwater in de rivier stroomt, kan de temperatuur tot wel 20 °C oplopen.
Aanlegplaatsen: In dit deel van de Sambre zijn nauwelijks mooie aanlegplaatsen. Genoemd kunnen worden (in de richting van Namen naar Charleroi):
● Mooi gelegen loskade in de zwaaikom Basse de Franière ten N van de spoorbrug ten W van Floreffe, 1 km bovenstrooms van sluis Florifoux (nr. 16), 9 km van de Maas.
● 500 m verder stroomopwaarts meerkade aan de voet van de abdij van Floreffe; buiten de schuttijden de wachtplaats boven de sluis Mornimont (sluis nr. 15, 17 km van de Maas).
● Aan een oude met struweel begroeide loswal, direct stroomaf-

waarts van de verkeersbrug ten W van Auvelais, Ro, 27 km van de Maas.
● Wal ten W van de Chatelet, juist benedenstrooms van de spoorbrug (vuile omgeving), 41 km van de Maas.
– In Marchienne-au-Pont, aan de kademuur aan de Lo, direct stroomopwaarts van de ijzeren brug, ca. 2 km stroomafwaarts van de sluis Monceau (geschikt voor het inslaan van levensmiddelen).
Motorbrandstof: Aan de kade in Marchienne-au-Pont, die.
Charleroi – Franse grens: 35 km, 10 sluizen:
Gekanaliseerd riviertje, geschikt voor kleinere vrachtschepen (tot 350 ton). Rustig vaarwater, landelijke omgeving. Op veel plaatsen kan men een ligplaats improviseren.
Ligplaatsen: Jachthaven Port de Landelies, 10 km stroomopwaarts van Charleroi, nabij sluis nr. 9, bij Yachtclub de La Haute-Sambre, Rue des Mulets, Landelies, tel. (071) 51 70 21 (elektra, toiletten en douche (60 Bfr); Jachthaven Port d'Erquelinnes, 0,6 km vanaf de Franse grens nabij sluis nr. 1, bij Yachtclub des Frontières, Rue du Port, Erquelinnes, havenmeester P. Miot, tel. (071) 55 40 66/55 44 56, tarief 250 Bfr (elektra, toiletten en douche (50 Bfr).
Motorbrandstof: Aan de kade bij het oude douanekantoor in Erquelinnes, bovenstrooms van de jachthaven, die.

Schelde

Boven Schelde: (Franse grens – Gent) 86 km, 6 sluizen.
Er zijn drie beweegbare bruggen die vlot worden bediend. Bovenstrooms van Oudenaarde is het landschap heuvelachtig (Vlaamse Ardennen), verder benedenstrooms tot Gent vlak, maar wel aantrekkelijk met afwisselende begroeiing. Bovenstrooms van Doornik zijn er industrieën. Benedenstrooms van Doornik tot Gent is er een afwisselend half heuvelachtig en vlak landschap met weinig industrie. De oevers bestaan voor het merendeel uit stortsteen en zijn nergens bruikbaar als aanlegplaats.
Vaarvergunning: Waterwegenvignet verkrijgbaar op de sluis in Oudenaarde en Asper.
Maximumsnelheid: Op de Boven Schelde 12 km/h voor vaartuigen met een diepgang van 1 m of minder, 9 km/h voor vaartuigen met een diepgang tot 2,10 m.
Maximumdiepgang: 2,50 m stroomopwaarts van de Ringvaart, 2,10 m stroomafwaarts van de Ringvaart.
Marifoon: Sluizen Bergem-Kerkhove, Oudenaarde, Kain en Asper, kan. 20; sluis Antoing, kan. 22.
Bruggen: Vaste bruggen, laagste brug H 6,80 m.
Bediening sluizen: Sluis Kerkhove, sluis Oudenaarde en sluis Asper:

| ma. t/m zat. | 6-19.30 h |
| zo. en fd. | gesloten |

De sluizen stroomopwaarts van Kerkhove worden volgens de algemene regeling bediend.
Aanlegplaatsen: Aan de kaden van Oudenaarde; bovenstrooms van sluis Kain, ten N van Doornik; in Gavere stroomafwaarts van de brug (Ro) en aan de kaaimuur op de Lo bij het industrieterrein. In het centrum van Doornik mag niet worden gemeerd (te smal).
Drinkwater: O.a. op de 1e sluis boven Oudenaarde en de sluis Antoing.
Motorbrandstof: Scheepsartikelenwinkel bij de sluis van Antoing; bunkerschip ten Z van de kruising met de Ringvaart om Gent, die (sl).
Schelde: (Antwerpen – Gent) 80 km, 1 sluis (sluis Merelbeke, zie onder 'Gent' bij 'Doorvaartroutes').

Open getijderivier. Het getijverschil bedraagt in Antwerpen ca. 5,50 m, bij Gent ca. 2 m. Harde getijstromen die minder worden naar mate men dichter bij Gent komt. Om de gedachten te bepalen: in het felst van de vloed is de stroomsnelheid bij Dendermonde wel 8 km/h. Er ligt geen betonning; daarom moet men bij laagwater de buitenbochten houden en niets trachten af te snijden om vastlopen te voorkomen. De Schelde kronkelt in sterke mate. Van Gent tot Schoonaarde is de rivier tot 50 m breed en gevat tussen hoge zeedijken, beschermd door stortsteen. Daarboven ziet men het vele geboomte dat deze streek siert. Enkele dorpjes liggen met hun ruggen naar de rivier. Van Schoonaarde tot Dendermonde verbreedt de rivier zich tot soms 100 m. De oevers zijn veelal nog natuurlijk. Zij slaan af en doen denken aan de vroegere Biesbosch. In de binnenbochten liggen vaak slikplaten. Er drijft veel wrakhout.
Beneden Baasrode wordt de Schelde wel 200 m breed. Van Temse af geeft de Schelde de indruk van een zeearm.
Marifoon: Brug bij Temse, kan. 10.
Vaarvergunning: Waterwegenvignet verkrijgbaar aan de Oude Scheldebrug in Dendermonde (bedieningscabine) op di. en do. van 8-12 h en in Antwerpen (zie aldaar).
Bruggen: Van Antwerpen uit gerekend ligt de eerste brug (bb) over de Schelde bij Temse (zie aldaar). In gesloten stand is de doorvaarthoogte 5,50 m bij GHW en 11 m bij GLW. Bediening van ma. t/m zat. van 3 uur vóór tot 3 uur na hoogwater. Verder stroomopwaarts liggen uitsluitend vaste bruggen, H 5,50 m bij GHW (eerste vaste brug even stroomafwaarts van Dendermonde (Vlassenbroek)). Over de Ringvaart in de verbinding tussen de Boven Schelde en de Schelde liggen tevens vaste bruggen, H GHW + 6,50 m.
Diepte: Tussen Dendermonde en de Ringvaart bij Gent beperkte diepte bij gemiddeld LLWS.
Reglement Beneden-Zeeschelde: Benedenstrooms van de benzinesteiger tegenover Burcht (ten Z van Antwerpen) tot de Nederlands-Belgische grens geldt het Scheepvaartreglement Beneden-Zeeschelde en het Politiereglement Beneden-Zeeschelde. Voor beide reglementen geldt de verplichting om de wetstekst aan boord te hebben. Deze reglementen zijn opgenomen in Almanak deel 1, uitgave 1995/1996. Men is verplicht om (tot de genoemde benzinesteiger) de stuurboordzijde van de vaargeul te houden (art. 9, dit wordt gecontroleerd!). Vaartuigen met een lengte van minder dan 12 m moeten, voorzover dit uitvoerbaar is, buiten de vaargeul varen. Vaartuigen die gebruik maken van de hoofdvaargeul moeten voorzien zijn van een gebruiksklare motor en een snelheid van ten minste 6 km/h kunnen handhaven (art. 6.2).

S

Lig- en aanlegplaatsen: (van Antwerpen naar Gent): V.V.W. Kruibeke ten ZW van Antwerpen, havenmeester R. Vermeulen, tel. (03) 7 75 15 87, gratis, max.verblijfsduur 1 x 24 h (toilet, douche (Bfr 20), wastafels en drinkwater) ● in Temse (zie aldaar); 500 m ten Z van de monding van de Durme in Hamme aan de drijvende steigers van Jachtclub Hamme Driegoten, dhr. E. Van Damme, marifoonkan. 77, max.diepgang 2 m bij GLW, tarief Bfr 150 per nacht (elektra, douche en drinkwater) ● drijvende steiger van W.V. Branst, Ro; aan de kaaimuur in St. Amands van 3 uur vóór hoogwater tot 3 uur na hoogwater; Baasrode (zie aldaar) ● V.V.W. Moerzeke, Lo, tel. (052) 47 18 26 (elektra); drijvende steiger bij het kerkje Vlassenbroek; Dendermonde (zie aldaar) ● drijvende steigers van W.V. Zele; vlakbij de verkeersbrug in Wetteren aan de kaaimuur (rekening houden met verval van 2 m).
Reparatie: Op afspraak via Jachtclub Driegoten in Hamme, tel. (052) 47 75 18/48, bub (Mercury, Suzuki en Johnson), bib (Volvo Penta, Perkins en Peugeot).

Hefkraan: Via Jachtclub Driegoten in Hamme, kraan op afspraak, max. 20 ton, max. diepgang 2 m, tarief Bfr 80 per m².
Trailerhellingen: Jachtclub Driegoten in Hamme, gratis, max. diepgang 1,50 m; V.V.W. Kruibeke, max. 15 ton, tarief Bfr 300, tevens hellingwagen van max. 12 ton.

Temse

Aan de Schelde; 6 km van Rupelmonde; 15 km van Baasrode.
In de laatste bocht voor de brug ligt aan de binnenzijde een grote zandbank; bij laagwater moet men midstrooms varen.
Getijverschil: Ca. 5,50 m.
Marifoon: Scheldebrug, kan. 10.
Scheldebrug: In gesloten stand is de doorvaarthoogte 5,50 m bij GHW en 11 m bij GLW. Bediening van ma. t/m zat. van 3 uur vóór tot 3 uur na hoogwater. De veiligste doorvaart bevindt zich tussen de met rode en groene lichten aangegeven brughoofden.
Lig- en aanlegplaatsen: Benedenstrooms van de brug ligt langs de Lo de Temse W.V., kleine drijvende pontons; bovenstrooms van de brug aan de drijvende steiger langs de kade, max. verblijfsduur 2 h; verder stroomafwaarts, zie onder 'Antwerpen'.
Trailerhelling: Bij de Temse W.V.

Visé

Aan de Maas; 14 km van Maastricht.
Aanlegplaats: Ile Robinson in de Maas.
Drinkwater: Op de sluis (sl) in het Kanaal Haccourt-Visé; bij de aanlegplaats.
Sluis: In het verbindingskanaal tussen het Albertkanaal en de Maas (Kanaal Haccourt-Visé). Verval 6,70 m. De Maas is ten Z van Visé wel, ten N van deze stad niet bevaarbaar. Zie verder onder 'Argenteau' en 'Herstal-Monsin'.
Bediening:

ma. t/m vr.	8-16 h
zat.	8-16 h*
zo. en fd.	9-17 h*

* Op verzoek, op vrijdag vóór 12.00 h aanvragen, tel. (041) 67 70 48 (Office de la Navigation, Angleur (Liège)).

Waulsort

Aan de Maas; 130 km van Maastricht; 9 km van Dinant; 10 km van Givet (Franse grens).
Ligplaats: Aan de kade van de Jachthaven aan de Ro t.o. het dorp (bereikbaar m.b.v. een voetgangerspontje).

Zeebrugge

Aan de Noordzee; 32 km van Vlissingen; 5 km van Blankenberge; 12 km van Brugge.
Haven: De haven wordt gevormd door twee grote havendammen. Aan de W-kant van de haven bevindt zich achter de nieuwe havendam de oude Môle met kranen en met op het uiteinde de vuurtoren. Op de O-havendam staan windmolens. De nieuwe zeesluis bevindt zich ongeveer in het verlengde van de Pas van het Zand. De oude zeesluis bevindt zich ten W hiervan, maar wordt nog zelden gebruikt. Druk scheepvaartverkeer in de haven.
Getijstanden: Rijzing bij springtij 4,80 m; bij doodtij 3,90 m boven gemiddeld LLWS; gemiddeld LLWS = NAP – 2,70 m.
Marifoon: Blokkan. 69 (roepnaam 'Wandelaar Approach') bij het na-

deren van het werkingsgebied VTS-SM; blok Wandelaar, kan. 65 (roepnaam 'Traffic Control Wandelaar'); blok Zeebrugge, kan. 69 (roepnaam 'Centrale Zeebrugge'); havendienst, kan. 71 (in- en uitvaren haven); sluis, kan. 13. De beroepsvaart kan gebruik maken van kan. 69 om zich ruim te voren aan te melden ('Centrale Zeebrugge'). Binnen het werkingsgebied van VTS-SM (Vessel Traffic Services Schelde en haar Mondingen) is de recreatievaart uitgerust met marifoon verplicht uit te luisteren op de daartoe aangewezen marifoonblokkanalen. Voor de recreatievaart (uitgerust met marifoon) geldt in principe géén meldplicht. Het is toegestaan het betreffende blokkanaal kortstondig te verlaten voor bijv. een korte melding aan de betrokken sluis of havendienst.

Zie voor gedetailleerde informatie de 'Hydrografische Kaart voor Kust- en Binnenwateren, nr. 1801'.

Verkeersseinen:
Signalen voor de regeling van het verkeer in de haven worden getoond op de kop van de nieuwe W-strekdam. Alle signalen bestaan uit een serie van drie verticaal onder elkaar geplaatste lichten:
– 3 rode lichten: in- of uitvaart verboden;
– groen-groen-wit licht: in- of uitvaart toegestaan, tweerichtingsverkeer;
– groen-wit-groen licht: in- of uitvaart toegestaan na verkregen toestemming.
– Een geel flikkerlicht ten O van de oude sluis en op de Z-punt van de ingang van de Vissershaven betekent dat alle verkeer van en naar de Vissershaven verboden is.
– Op de mast bij het gebouw van de loodsdienst (tegenover de ingang van de Vissershaven) kan een verbodssein getoond worden:
– dagsein (twee naar elkaar gerichte zwarte pijlen);
– nachtsein (violet flikkerlicht).
Dit betekent dat schepen korter dan 6 m lengte de haven niet mogen verlaten.

Douane: Voor afhandelen van douaneformaliteiten, tel. (050) 54 42 23.
Ligplaats: Voor jachten aan het vlot van de Royal Belgian Sailing Club, aan de zeezijde van de Vissershaven, D 3,40-4,90 m bij gemiddeld LLWS, eerste ingang aan bakboord binnen de havenhoofden. Havenmeester, tel. (050) 54 49 03. Tarief per nacht: tot 6 m lengte Bfr 200, tot 9 m Bfr 350, tot 11 m Bfr 450, tot 14 m Bfr 550, tot 17 m Bfr 650, langere schepen Bfr 800, catamarans en trimarans dubbel tarief (toiletten en douches).
Sluis: Nieuwe zeesluis (Pierre Vandammesluis). Bediening aanvragen via marifoonkan. 13. Bediening te allen tijde.
De sluis geeft toegang tot de Binnenhaven en het Boudewijnkanaal naar Brugge. Over het Boudewijnkanaal liggen uitsluitend beweegbare bruggen, waardoor Brugge met staande mast bereikbaar is (zie 'Brugge'). Verder dan de Verbindingssluis te Brugge kan met staande mast niet gevaren worden.
Motorbrandstof: R.B.S.C., die; olieboot, te bestellen via de havenmeester van de R.B.S.C., die (sl), be (sl), sbe (sl).
Reparatie en hefkraan: Yachtwerf Marine Technics, Vissershavenkaai, tel. (050) 54 60 31, bib/bub, romp/uitr (s, a), hefkraan max. 15 ton (bij reservering vooruit max. 30 ton) (dagelijks geopend).

Zeekanaal Rupel-Brussel
Van de Schelde bij de monding van de Rupel tot Brussel. Lengte 32 km, 2 sluizen.
Haven van Brussel: Maatschappelijke Zetel, 'Haven van Brussel', Redersplein 6-1210 Brussel, tel. (02) 4 25 20 00. Havenkapiteindienst, Voorhavenstraat 2 bus 1, 1210 Brussel, tel. (02) 2 15 69 25/2 15 75 91.

Afmetingen: Het kanaal is 14,2 km lang en heeft een diepte die varieert van 6,5 tot 3 m. De breedte varieert van 25 tot 35 m.
Het havencomplex: De haven van Brussel strekt zich uit over 14,2 km tussen Vilvoorde en het kanaal van Charleroi te Sint Pieters Leeuw en omvat 11,5 km aanlegkaaien.
Sluizen:
– Sluis te Molenbeek (sluis 11), nuttige lengte 81,60 m, breedte 10,50 m, waterpeil afwaarts 13,30 m, opwaarts 18 m.
– Sluis te Anderlecht (sluis 10), nuttige lengte 81,60 m, breedte 10,50 m, waterpeil afwaarts 18 m, opwaarts 21,90.
– de sluizen worden bediend van mrt. t/m okt. van 6-19.30 h en van nov. t/m febr. van 7-18.30 h. Er is geen doorvaart op zo. en fd. De voor zeevaart bereikbare Voorhaven is 24 h toegankelijk, ook op zo. en fd.
Bruggen: Twee beweegbare bruggen, de Budabrug te Neder-Over-Heembeek en de Godshuizenbrug te Molenbeek. De overige bruggen zijn vast.
Marifoon: Kan. 68.
Overig gedeelte van het Zeekanaal van Rupel-Brussel:
Sluizen:
– Sluis Wintam, in de verbinding van de Rupel met het Zeekanaal. Het getijverschil stroomafwaarts van de sluis is bij springtij 7 m, bij doodtij 4,20 m boven gemiddeld LLWS.
– Zemst, grote moderne sluis, schutverschil 8 m, drijvende bolders. Voor deze sluis wordt een groot signalenbord gebruikt met 6 posities voor de binnenvaart (met ronde signalen) en eveneens 6 posities voor de zeevaart (met driehoekige signalen). De verklaring staat vermeld in het reglement.
– Bediening beide sluizen: Te allen tijde. Jachten worden meegeschut met de beroepsvaart.
Bruggen: Tot de jachthaven van de Bruxelles Royal Yacht Club in Brussel zijn de bruggen beweegbaar.
Bediening: Te allen tijde (vlotte bediening).
Maximumsnelheid: 18 km/h voor schepen tot 1,50 m diepgang.
Maximumdiepgang: 5,80 m.
Vaarvergunning: Waterwegenvignet is verkrijgbaar bij de eerste sluis die men passert.

Lig- en aanlegplaatsen (van N naar Z):
● Jachthaven van de Rupel Yacht Club (R.Y.A.C.), aan het begin van het oude zijkanaal naar Klein Willebroek (t.o. Rupelhoek), max.diepgang 2 m, tarief Bfr 200 per nacht (toiletten en douches, wastafels, clubhuis met restaurant (di. gesloten)), havenmeester E. Verstrepen, a/b woonboot Mon, tel. (03) 8 86 06 06.
● Jachthaven De Kwiek van de Klein Willebroek Yachting Club (K.W.Y.C.) in het dorpscentrum aan het einde van het oude zijkanaal naar Klein Willebroek, havenmeester R. Heeren, tel (03) 8 86 60 19, max.diepgang in de vaargeul 3 m, diepte langs de oever 2 m, tarief Bfr 200 per nacht.
● Jachthavenbedrijf Rupelhoek, op de hoek tussen het Zeekanaal en het oude zijkanaal naar Klein Willebroek. Uitsluitend bestemd voor overwinteren en alle reparaties.
● Jachthaventje voor jachtjes tot 1 m diepgang bij Cercle de la Voile in Grimbergen bij Verbrande brug.
● Jachthaven V.V.W. Brussel in Grimbergen bij Verbrande brug.
● Jachthaven van de B.R.Y.C. bij de Van Praetbrug (vaste brug H 5,70 m) in het N-gedeelte van Brussel (Laken), tarief per nacht Bfr 35 per m lengte (elektra, douches). Bij aankomst afmeren aan de passantenkade. Secretaris, tel. (02) 2 16 48 28.
● Verlaagd kadegedeelte voor kleinere schepen in het N-gedeelte van Brussel (Anderlecht).

Motorbrandstof: Bij de B.R.Y.C. in Brussel, die (sl); Tankschip Esso Brussels (marifoonkan. 10) in Brussel; Jachthaven Rupel Yacht Club, die (sl).
Reparatie: Jachthaven Rupel Yacht Club, via de havenmeester, bub/bib (alle merken), romp/uitr (s, p, a/op de wal + in het water).
Trailerhelling: Bij de Rupel Yacht Club in Klein Willebroek, max. 10 ton.
Kampeerterrein: Beperkte kampeermogelijkheden bij de Rupel Yacht Club.
Wasserette: Bij de B.R.Y.C. in Brussel.
Stortplaats chemisch toilet: Bij de Rupel Yacht Club.

Zelzate

Aan het Kanaal Gent-Terneuzen; 3 km van Sas van Gent; 16 km van Gent.
Marifoon: Brug Zelzate, kan. 11.
Brug: Dubbele basculebrug, H 8,50 m. Bediening te allen tijde. Doorvaart door de gesloten basculebrug is alleen toegestaan wanneer er gele lichten worden getoond. Verder werkt men met de gebruikelijke rode en groene scheepvaartlichten. De brug wordt niet bediend voor schepen met strijkbare mast.
Scheepvaartreglement: Op het Kanaal van Gent naar Terneuzen geldt het Belgische scheepvaartreglement Kanaal Gent-Terneuzen. Dit reglement komt sterk overeen met het Nederlandse scheepvaartreglement Kanaal Gent-Terneuzen. Ook op het Belgische gedeelte van het kanaal moet de tekst van het (Belgische) reglement aan boord zijn.
Vaarvergunning: Waterwegenvignet verkrijgbaar bij de controlepost aan de Beneluxlaan, ma. t/m zat. geopend van 6.30-20.30 h, op zo. en fd. van 8-12 h.
Motorbrandstof: Uit tanklichters.

Zuidwillemsvaart

Belgische gedeelte van de Zuidwillemsvaart van de Nederlands-Belgische grens bij Lozen tot de grens bij Smeermaas in aansluiting op de Maas (zie 'Maastricht'). Ten N van Smeermaas aansluiting op het Kanaal Briegden-Neerharen (zie aldaar). Lengte van Lozen tot Smeermaas 43 km.
Vaarvergunning: Waterwegenvignet verkrijgbaar op sluis Bocholt, zie aldaar; in Smeermaas moet men varende over de Zuidwillemsvaart richting België een vaarvergunning (Waterwegenvignet) aanschaffen bij het oude douanekantoor, controlepost 3,3 km ten N van sluis Bosscherveld, aan de W-oever (aanlegvoorzieningen).
Bruggen: Van Lozen (grens) tot Maastricht, laagste brug H 5,15 m.
Sluizen: 2 sluizen. Sluis nr. 17 in Lozen en sluis nr. 18 in Bocholt.
Bediening:

ma. t/m vr.	(16 mrt.-1 okt.)	6-22 h
	(1 okt.-16 mrt.)	6-21 h
zat.	(gehele jaar)	7-15 h
zo. en fd.	(gehele jaar)	gesloten

Zie voor de aansluiting met de Maas via de sluis Bosscherveld onder 'Maastricht'.
Maximumdiepgang: Van Lozen (grens) tot Bocholt 1,90 m, Bocholt tot grens Smeermaas 2,50 m.
Lig- en aanlegplaatsen: In de zwaaikommen o.a. in Bree; Jachthaven V.V.W. Neeroeteren.
Drinkwater: Steiger in Bree.
Motorbrandstof: In Lozen (grens); controlepost Smeermaas.
Kampeerterrein: Bij Jachthaven V.V.W. Neeroeteren.

Tafels voor hoog- en laagwater in Harlingen, Hoek van Holland en Vlissingen*

– Tafels voor de maanden januari tot en met december 1995 en januari en februari 1996.
– Gegevens voor het afleiden van de tijdstippen van hoog- en laagwater in andere plaatsen in Nederland en een aantal plaatsen daarbuiten.

Toelichting

Het gebruik van getijtafels is noodzakelijk voor watertoeristen die op de benedenrivieren, de Zeeuwse stromen, de Waddenzee of langs de kust varen en wel om verschillende redenen:

Berekenen van de waterstand op getijdewater

Men moet de getijtafels gebruiken om te kunnen vaststellen, op welke tijden van de dag er genoeg water zal staan om op bepaalde punten te kunnen varen of een haven te kunnen binnenlopen met een bepaalde diepgang. Langs onze kusten, in de zeegaten en op de benedenrivieren rijst en daalt het water nl. tweemaal in de ca. 25 uur. Het hoogteverschil tussen hoogwater en laagwater is het *verval* of tijverschil (niet te verwarren met 'rijzing').

De waterstanden op de tijdstippen van hoogwater zijn echter niet elke dag gelijk. Hetzelfde geldt voor de waterstanden op de tijdstippen van laagwater. Het verschil tussen hoog- en laagwater is het grootst bij springtij (in Zeeland 'giertij' genoemd). Gedurende het springtij stijgt het water op het tijdstip van hoogwater zeer hoog en daalt het water op het tijdstip van laagwater zeer laag. Springtij komt voor $1^1/_2$ à $2^1/_2$ dag na volle en nieuwe maan, dus tweemaal per maand en een enkele keer driemaal (zie 'Tabel voor maansop- en -ondergang').

Het verschil tussen hoog- en laagwater is het kleinst bij doodtij. In tegenstelling met springtij kenmerkt het doodtij zich door lage hoogwaters en hoge laagwaters. Doodtij komt voor $1^1/_2$ à $2^1/_2$ dag na de kwartierstanden van de maan, dus eveneens twee- of driemaal per maand. Tussen doodtij en springtij bestaat een geleidelijke overgang.

Door het raadplegen van de maanfasen, die in deze Almanak zijn opgenomen bij de tabel van maansop- en -ondergang, kan men nagaan of men met doodtij, springtij of de overgangsperiode heeft rekening te houden.

Op de Nederlandse zeekaarten en bij sommige plaatsen in de Almanak worden de diepten aangegeven ten opzichte van gemiddeld laag-laagwater-spring (LLWS) (= reductievlak). Dit is het gemiddelde van de laagste laagwaterstanden bij springtij van elke maand over een tijdvak van ongeveer 5 jaar (in de tabellen wordt het gemiddelde LLWS over de periode 1980-1984 aangegeven als: LLWS 1985.0). Slechts bij ca. 40 laagwaters per jaar staat er iets minder water, terwijl er in het gehele jaar meer dan 700 laagwaters voorkomen.

---

* Naar gegevens van Ministerie van Verkeer en Waterstaat, Directoraat Generaal Rijkswaterstaat, Dienst Getijdewateren/RIKZ in samenwerking met de Dienst Informatieverwerking.

Meestal staat er dus op het tijdstip van laagwater meer water. Op het tijdstip van laagwater bij springtij kan men dus ongeveer op zoveel diepte rekenen als de kaart of de Almanak aangeeft bij gemiddeld LLWS.
Hoe vinden we nu de diepte op het tijdstip van hoogwater bij springtij en hoogwater bij doodtij?
Daarvoor vindt men op de zeekaarten bij sommige plaatsen aangegeven hoeveel het water ter plaatse rijst boven het reductievlak bij doodtij en bij springtij. Dit reductievlak is de hoogte van het water bij gemiddeld LLWS. Hieruit kan men de diepte van het water op het tijdstip van hoogwater afleiden, zowel bij springtij als bij doodtij, door de rijzing bij springtij of de rijzing bij doodtij op te tellen bij de diepte bij gemiddeld LLWS.

De berekening van de juiste diepte op het tijdstip van laagwater bij doodtij is zeer ingewikkeld. Men kan zich behelpen op de volgende wijze: de diepte (met een reserve aan de veilige kant) kan men ongeveer berekenen door het verschil tussen de rijzing bij springtij en de rijzing bij doodtij op te tellen bij de diepte bij gemiddeld LLWS. Eigenlijk staat er bij laagwater-doodtij meer water, aangezien gemiddeld LLWS lager ligt dan laagwater-springtij. Om dezelfde reden treft men bij het binnenlopen bij laagwater-springtij meestal meer water aan dan gemiddeld LLWS aangeeft. Helaas heeft de bovenstaande berekening slechts beperkt nut, aangezien factoren als windkracht, windrichting en afvoer van rivierwater zeer grote verschillen teweeg kunnen brengen.
Aan het binnenlopen van havens waar bij laagwater juist voldoende diepte verwacht kan worden, blijft dus een groot risico verbonden, ook als men na een nauwkeurige berekening tot de theoretische slotsom komt, dat er juist genoeg water moet staan.

Tussen doodtij en springtij liggen steeds ongeveer 7 dagen. Gedurende die periode zal het water elke dag iets meer stijgen en verder wegvallen. Is bijv. het verschil tussen de rijzing bij springtij en de rijzing bij doodtij 0,70 m, dan zal van de dag van doodtij af het water elke dag ongeveer 0,10 m meer stijgen en 0,10 m verder wegvallen. Dezelfde geleidelijke overgang bestaat er tussen de dag van springtij en de dag van doodtij. Wanneer op de kaart of in de Almanak de rijzing bij doodtij en springtij niet staat aangegeven, dan kan men een plaats in de buurt raadplegen, die aan hetzelfde water ligt.

Staat in de zeekaart onder een dieptecijfer een streepje, ten teken dat een ondiepte bij gemiddeld LLWS zoveel m droog valt als het cijfer aangeeft, dan vindt men de diepte bij hoogwater-springtij en hoogwater-doodtij door dit onderstreepte getal van de rijzing bij doodtij of springtij af te trekken.

Ook staat bij sommige plaatsen op de kaart aangegeven hoeveel het reductievlak ligt onder de middenstand. Dit is de stand van het water berekend uit de gemiddelden van de 2, 5, 8, 11, 14, 17, 20 en 23 uur-standen, opgemeten op de peilschalen.

De middenstand is in Nederland bij IJmuiden en bij zuidelijker gelegen plaatsen 0,08 à 0,10 m lager en voor noordelijker gelegen plaatsen 0,08 à 0,18 m hoger dan halftij, zijnde de stand midden tussen hoogwater en laagwater. Men kan dus zeggen dat gedurende een zelfde tij het water er bij hoogwater evenveel boven rijst als het bij laagwater er onder daalt. Ook op deze wijze kan men dus ongeveer de diepte afleiden bij laagwater-springtij en laagwater-doodtij.

Door verschillende factoren, zoals windkracht, windrichting en afvoer bovenwater kunnen echter afwijkingen voorkomen. Dit geldt natuurlijk voor alle berekende waterstanden.

Bij vele plaatsen in de Almanak zijn de gemiddelde hoogten van hoog- en laagwater aangegeven. Uit de aangegeven diepten kan men dan ongeveer nagaan, hoeveel water men kan verwachten.

Hierna is een voorbeeld gegeven van de berekening van de verschillende waterstanden in Delfzijl. Zie ook in het hoofdstuk "Watertoeristische gegevens van Nederlandse plaatsen en wateren' onder 'Delfzijl'.

Voorbeeld van getijstanden in Delfzijl:

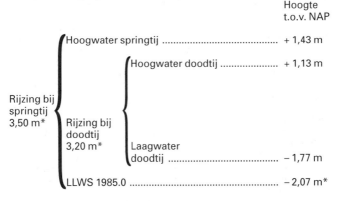

		Hoogte t.o.v. NAP
Rijzing bij springtij 3,50 m*	Hoogwater springtij	+ 1,43 m
	Rijzing bij doodtij 3,20 m* — Hoogwater doodtij	+ 1,13 m
	Laagwater doodtij	− 1,77 m
	LLWS 1985.0	− 2,07 m*

* Gegevens in de Almanak onder Delfzijl.

Berekenen van het tijdstip waarop de eb, resp. vloedstroom begint te lopen

De tweede reden, waarom een getijtafel gebruikt wordt is de mogelijkheid om er ongeveer de tijd van eb- en vloedstroom en de stroomsnelheid mee te bepalen. Wanneer het water aan de kust stijgt (vloed) stroomt het in de zeegaten en op de benedenrivieren naar binnen, wanneer het water aan de kust daalt (eb) stroomt het weer naar buiten.

Het is nuttig om vast te stellen op welk tijdstip men de tocht zal aanvangen om de stroom zoveel mogelijk mee te krijgen, wat de duur van de reis belangrijk beïnvloedt. Tevens is de veiligheid ermee gebaat, daar er op de genoemde wateren, indien wind en stroom elkaar tegenwerken, buitengewoon hoge golven kunnen ontstaan. De richting en sterkte van de getijden langs de Nederlandse kust zijn op een overzichtelijke wijze aangegeven in de stroomatlassen van de Nederlandse getijdewateren en in de gids 'Waterstanden en stromen'. (Zie 'Uitgaven voor Watertoerisme' in deze Almanak.)

Bij het maken van tochten is het vaak nuttig om het tijdstip van *stroomkentering* te kennen, dat gewoonlijk niet gelijk, maar enige tijd na het tijdstip van hoog- of laagwater valt.
Vaart men bijv. van Gouda naar Dordrecht, dan heeft men het meeste voordeel van de stroom, wanneer men kort na het tijdstip van stroomkentering bij laagwater van de Hollandse IJssel op de Nieuwe Maas komt.

In het algemeen geven de tijdstippen van stroomkentering het volgende beeld:
Op de Noordzee valt de kentering ca. 3 h 30 min na hoog- en laagwater; in de brede en diepe zeegaten 1 à 2 h na hoog- en laagwater.

In de ondiepere, smallere uitlopers en op de benedenrivieren 1 à 0 h na hoog- en laagwater.

Windrichting en windsterkte kunnen het tijdstip van kentering sterk beïnvloeden. Bij westelijke windrichting valt het tijdstip van kentering bij hoogwater later en bij laagwater vroeger dan bij oostelijke windrichtingen.
Vooral voor plaatsen aan de rivieren gelegen zullen de tijden van hoog- en laagwater, zoals deze zijn opgegeven, zeer veel kunnen verschillen met die welke werkelijk worden waargenomen.

Hoog- en laagwater op andere plaatsen dan in de tabellen opgenomen
Het tijdstip van hoogwater van andere plaatsen, die niet met een eigen tabel zijn opgenomen kan afgeleid worden met behulp van de gegevens op de kaartjes die vóór de getijtabellen zijn opgenomen. Voor het afleiden van hoog- en laagwater elders dan in Harlingen, Hoek van Holland en Vlissingen dient men de op de kaartjes met gemiddelde tijdsverschillen aangegeven tijden op te tellen bij (aangegeven door +) of af te trekken van (aangegeven door –) de tijden die voor de datum in de basistabel zijn vermeld. Wil men bijv. de tijdstippen van hoog- en laagwater in Delfzijl weten op 5 mei 1995, dan gaat men uit van de tabel van Harlingen.
Men vindt: hoogwater Harlingen 1 h 14 min en 13 h 35 min. Tijdsverschil tussen HW Harlingen en HW Delfzijl is blijkens het kaartje 'Gemiddelde tijdsverschillen met hoogwater in Harlingen'
+ 2 h 20 min. Derhalve valt HW Delfzijl om
1 h 14 min + 2 h 20 min = 3 h 34 min (MET + 1 h) en om
13 h 35 min + 2 h 20 min = 15 h 55 min (MET + 1 h). Voor laagwater Delfzijl vindt men 8 h 49 min + 1 h 20 min = 10 h 09 min (MET + 1 h) en 21 h 14 min + 1 h 20 min = 22 h 34 min (MET + 1 h).
Het uur tijdsverschil i.v.m. de zomertijd, van 26 maart t/m 23 september, is in de tabellen al opgenomen (MET + 1 h). Dit is ook het geval met bovenstaand voorbeeld.
Zowel op het kaartje bij de getijtafels van Harlingen als van Vlissingen vindt men nog de gemiddelde tijdsverschillen met een aantal havens in het buitenland. Doordat er voor de afgeleide tijden met gemiddelde tijdsverschillen gerekend wordt moet men rekening houden met enige afwijkingen.

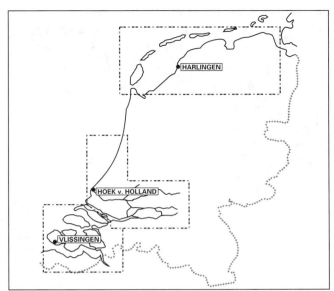

Indeling getijgegevens Nederland

Gemiddelde tijdsverschillen met HW in Harlingen

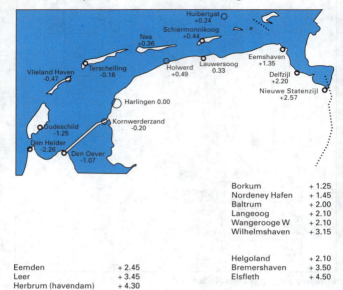

Borkum	+ 1.25
Nordeney Hafen	+ 1.45
Baltrum	+ 2.00
Langeoog	+ 2.10
Wangerooge W	+ 2.10
Wilhelmshaven	+ 3.15
Helgoland	+ 2.10
Bremershaven	+ 3.50
Elsfleth	+ 4.50

Eemden	+ 2.45
Leer	+ 3.45
Herbrum (havendam)	+ 4.30

Cuxhaven	+ 3.25
Brunsbüttel	+ 4.30

− = vroeger
+ = lager } dan Harlingen in uren en minuten

Gemiddelde tijdsverschillen met LW in Harlingen

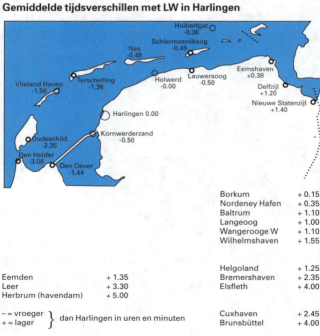

Borkum	+ 0.15
Nordeney Hafen	+ 0.35
Baltrum	+ 1.10
Langeoog	+ 1.00
Wangerooge W	+ 1.10
Wilhelmshaven	+ 1.55
Helgoland	+ 1.25
Bremershaven	+ 2.35
Elsfleth	+ 4.00

Eemden	+ 1.35
Leer	+ 3.30
Herbrum (havendam)	+ 5.00

Cuxhaven	+ 2.45
Brunsbüttel	+ 4.00

− = vroeger
+ = lager } dan Harlingen in uren en minuten

Harlingen

januari 1995

datum		hoogwater		laagwater	
		h min MET	NAP +cm	h min MET	NAP −cm
1 zo	NM 11.55	9.04 21.36	106 121	4.24 16.49	92 85
2 ma		10.10 22.25	104 127	5.24 17.39	96 88
3 di		11.05 23.16	99 131	6.16 18.29	98 92
4 wo		11.55 23.56	93 132	7.00 19.09	99 97
5 do		12.25 −	88 −	7.39 19.49	97 100
6 vr		00.25 12.44	129 83	8.22 20.24	94 101
7 za		1.15 13.05	123 79	8.53 20.58	88 97
8 zo	EK 16.46	1.45 13.25	114 77	9.22 21.28	81 90
9 ma		2.05 14.20	104 76	9.58 22.09	74 82
10 di		2.54 15.15	95 73	10.49 22.59	68 73
11 wo		3.54 16.24	87 73	11.48 −	64 −
12 do		5.04 17.44	83 79	0.03 12.58	66 66
13 vr		6.25 18.55	84 89	1.27 14.19	67 74
14 za		7.25 19.54	88 98	2.48 15.19	75 82
15 zo		8.25 20.44	91 105	3.49 15.58	80 86
16 ma	VM 21.26	8.54 21.15	92 110	4.28 16.49	83 86
17 di		9.34 21.54	94 117	5.14 17.24	84 87
18 wo		10.15 22.35	97 124	5.59 18.09	86 89
19 do		10.54 23.26	98 128	6.34 18.39	90 93
20 vr		11.56 −	95 −	7.14 19.19	92 96
21 za		0.16 12.24	127 88	7.49 19.59	91 97
22 zo		0.56 12.54	121 79	8.29 20.28	88 96
23 ma		1.30 13.20	112 74	8.59 21.08	84 93
24 di	LK 5.58	1.54 13.45	104 77	9.38 21.59	79 88
25 wo		2.25 14.35	98 79	10.28 22.59	74 82
26 do		3.24 15.44	91 78	11.39 −	70 −
27 vr		4.55 17.40	84 81	0.19 12.59	79 71
28 za		6.25 19.10	84 95	1.38 14.20	83 78
29 zo		7.54 20.25	89 109	2.58 15.29	91 86
30 ma	NM 23.47	9.15 21.26	93 119	4.19 16.28	99 93
31 di		10.06 22.10	93 126	5.14 17.24	104 98

februari 1995

datum		hoogwater		laagwater	
		h min MET	NAP +cm	h min MET	NAP −cm
1 wo		10.50 22.55	91 128	6.02 18.12	104 102
2 do		11.35 23.41	88 129	6.44 18.52	102 107
3 vr		11.45 −	87 −	7.22 19.25	101 111
4 za		0.16 12.14	125 86	7.48 20.02	98 111
5 zo		0.56 12.44	117 84	8.24 20.34	94 105
6 ma		1.26 13.16	105 82	8.51 21.02	87 96
7 di	EK 13.54	1.25 13.29	94 82	9.18 21.29	80 87
8 wo		2.16 14.05	86 79	9.48 22.09	76 80
9 do		3.00 15.14	78 74	10.29 22.48	72 73
10 vr		4.05 16.34	70 72	11.18 −	68 −
11 za		5.24 18.15	68 79	0.03 13.08	67 68
12 zo		6.44 19.30	73 90	1.47 14.28	74 81
13 ma		7.54 20.25	80 99	2.57 15.29	87 91
14 di		8.45 21.15	84 105	3.58 16.19	91 95
15 wo	VM 13.15	9.34 21.35	86 110	4.52 17.03	99 97
16 do		10.15 22.14	88 117	5.39 17.49	100 99
17 vr		10.44 22.55	90 122	6.19 18.32	102 104
18 za		11.25 23.56	91 123	6.59 19.10	104 107
19 zo		12.20 −	89 −	7.39 19.49	102 108
20 ma		0.46 12.44	117 83	8.09 20.28	97 106
21 di		1.27 13.05	106 79	8.44 20.58	92 102
22 wo	LK 14.04	1.50 13.24	95 81	9.13 21.49	87 96
23 do		2.14 14.15	85 82	10.04 22.44	82 90
24 vr		3.20 15.30	73 77	11.08 23.59	76 85
25 za		5.00 17.30	65 81	12.17 −	75 −
26 zo		6.34 18.44	69 93	1.23 13.59	91 84
27 ma		8.06 20.16	77 107	2.59 15.19	102 97
28 di		9.00 21.05	84 116	4.04 16.19	114 106

LLWS 1985.0 = NAP −118 cm ; LAT = NAP −135 cm

Harlingen

maart 1995

datum		hoogwater		laagwater	
		h min MET c.q. zomertijd	NAP +cm	h min MET	NAP −cm
1 wo	NM 12.47	9.56 21.50	85 120	4.59 17.11	116 110
2 do		10.36 22.24	84 120	5.41 17.49	111 110
3 vr		10.55 23.15	86 120	6.22 18.29	105 112
4 za		11.25 23.50	90 117	6.54 19.04	102 116
5 zo		12.06 −	92 −	7.24 19.33	103 117
6 ma		0.14 12.15	108 90	7.50 20.04	101 111
7 di		0.56 12.34	95 86	8.13 20.28	96 101
8 wo		0.54 13.06	83 85	8.39 20.59	90 93
9 do	EK 11.13	1.14 13.30	77 85	9.03 21.17	88 88
10 vr		2.00 14.15	71 79	9.39 22.19	86 84
11 za		3.04 15.45	61 73	10.39 23.07	81 79
12 zo		4.25 17.04	56 74	11.49 −	76 −
13 ma		6.04 18.34	61 83	0.53 13.27	81 81
14 di		7.35 19.55	71 94	2.17 14.59	96 95
15 wo		8.24 20.35	78 101	3.29 15.49	108 104
16 do		9.14 21.36	81 106	4.24 16.42	114 108
17 vr	VM 2.26	10.05 22.11	83 111	5.11 17.25	115 111
18 za		10.34 22.44	85 114	5.59 18.12	114 115
19 zo		11.26 23.35	88 114	6.39 18.56	113 119
20 ma		12.00 −	90 −	7.19 19.33	110 119
21 di		0.26 12.45	108 88	7.54 20.14	105 116
22 wo		1.06 12.55	97 86	8.23 20.54	100 111
23 do	LK 21.10	1.34 13.14	83 86	9.08 21.39	95 105
24 vr		2.20 14.04	70 85	9.38 22.29	92 99
25 za		3.30 15.35	59 81	10.48 23.49	87 96
26 zo		6.10 18.14	56 85	13.03 −	87 −
27 ma		7.30 19.34	62 96	2.08 14.27	103 96
28 di		8.34 20.56	71 106	3.39 15.59	116 110
29 wo		9.46 21.45	78 111	4.38 16.59	126 119
30 do		10.35 22.35	80 111	5.39 17.49	125 119
31 vr	NM 4.08	11.00 23.16	82 109	6.19 18.28	115 115

april 1995

datum		hoogwater		laagwater	
		h min MET zomertijd	NAP +cm	h min MET	NAP −cm
1 za		11.15 23.34	86 108	6.53 19.09	106 113
2 zo		11.55 −	94 −	7.19 19.35	103 116
3 ma		0.26 12.30	106 99	7.50 20.09	107 117
4 di		0.56 13.05	99 97	8.19 20.39	109 113
5 wo		1.14 13.25	87 91	8.49 21.03	105 105
6 do		1.40 13.34	75 87	9.09 21.29	100 97
7 vr		1.50 13.55	68 86	9.33 22.04	98 95
8 za	EK 7.35	2.14 14.44	63 83	10.14 22.43	97 93
9 zo		3.14 15.54	55 77	10.58 23.43	93 90
10 ma		4.44 17.26	49 77	11.57 −	87 −
11 di		6.15 18.45	52 83	1.13 13.33	91 88
12 wo		7.45 19.54	62 92	2.38 15.08	104 99
13 do		9.05 21.10	73 100	3.48 16.09	117 109
14 vr		10.00 22.06	79 104	4.49 17.08	123 115
15 za	VM 14.08	10.45 22.56	82 106	5.44 17.59	123 118
16 zo		11.26 23.35	86 106	6.32 18.52	121 122
17 ma		12.05 −	90 −	7.14 19.39	118 125
18 di		0.26 12.46	104 94	7.59 20.22	115 126
19 wo		1.17 13.26	97 96	8.39 21.04	111 123
20 do		1.56 13.54	87 96	9.09 21.43	107 118
21 vr		2.34 14.24	74 95	9.52 22.29	105 112
22 za	LK 5.18	3.30 15.24	62 93	10.28 23.28	103 108
23 zo		4.40 16.56	55 91	11.29 −	101 −
24 ma		5.44 18.05	54 94	0.29 12.43	107 101
25 di		7.05 19.26	60 99	1.48 14.09	113 107
26 wo		8.04 20.26	68 104	3.09 15.23	122 118
27 do		9.04 21.26	75 104	4.08 16.29	129 124
28 vr		9.45 22.00	79 102	5.05 17.24	127 122
29 za	NM 19.36	10.36 22.46	83 98	5.52 18.05	117 115
30 zo		11.00 23.15	90 97	6.24 18.42	107 110

LLWS 1985.0 = NAP −118 cm ; LAT = NAP −135 cm

De tijdstippen van 26 maart t/m 23 september zijn in ZOMERTIJD.

Harlingen

mei 1995

datum		hoogwater		laagwater	
		h min MET zomertijd	NAP + cm	h min MET	NAP − cm
1 ma		11.36	98	6.54	105
		23.50	96	19.09	110
2 di		12.16	103	7.19	109
		–	–	19.44	113
3 wo		0.15	91	7.49	113
		12.46	103	20.13	112
4 do		0.55	83	8.19	111
		13.04	97	20.49	106
5 vr		1.14	71	8.49	107
		13.35	91	21.14	101
6 za		1.35	61	9.19	104
		13.45	87	21.37	98
7 zo	EK 23.44	2.04 14.24	56 85	9.48 22.28	103 98
8 ma		2.50	51	10.49	100
		15.24	83	23.23	97
9 di		4.05	46	11.38	96
		16.55	83	–	–
10 wo		5.25	48	0.33	98
		18.00	88	12.47	94
11 do		7.04	57	1.59	106
		19.10	94	14.19	101
12 vr		8.14	68	3.08	117
		20.14	99	15.28	110
13 za		9.20	78	4.14	123
		21.36	102	16.39	116
14 zo	VM 22.48	10.15 22.15	85 102	5.10 17.35	122 120
15 ma		11.06	91	6.05	120
		23.27	100	18.29	122
16 di		11.35	97	6.52	118
		–	–	19.19	125
17 wo		0.10	96	7.39	116
		12.30	103	20.09	127
18 do		1.00	89	8.22	115
		13.16	106	20.51	126
19 vr		1.45	80	9.02	114
		13.56	108	21.39	122
20 za		2.46	70	9.39	113
		14.40	107	22.19	118
21 zo	LK 13.35	3.24 15.24	62 104	10.24 23.08	113 115
22 ma		4.20	57	11.13	112
		16.24	101	–	–
23 di		5.25	56	0.03	113
		17.35	99	12.18	110
24 wo		6.25	60	1.09	113
		18.34	98	13.29	110
25 do		7.14	66	2.24	117
		19.35	98	14.49	114
26 vr		8.14	74	3.29	120
		20.40	97	15.59	117
27 za		9.04	81	4.29	120
		21.30	94	16.54	116
28 zo		9.55	88	5.13	114
		22.04	90	17.35	110
29 ma	NM 11.27	10.25 22.50	94 89	5.49 18.13	107 104
30 di		11.16	101	6.24	105
		23.25	88	18.50	102
31 wo		11.57	106	6.54	108
		–	–	19.19	105

juni 1995

datum		hoogwater		laagwater	
		h min MET zomertijd	NAP + cm	h min MET	NAP − cm
1 do		0.00	87	7.29	111
		12.14	108	19.53	107
2 vr		0.25	82	7.59	112
		12.55	106	20.29	105
3 za		1.04	74	8.28	110
		13.36	100	20.59	102
4 zo		1.44	64	9.04	108
		13.54	94	21.33	101
5 ma		2.14	55	9.39	106
		14.24	90	22.13	100
6 di	EK 12.26	2.35 15.25	50 89	10.29 23.03	104 99
7 wo		3.34	49	11.19	100
		16.25	90	–	–
8 do		4.35	51	0.08	98
		17.20	93	12.29	97
9 vr		6.00	57	1.13	101
		18.36	95	13.38	99
10 za		7.15	67	2.29	107
		19.40	98	14.59	105
11 zo		8.24	79	3.39	113
		21.06	99	16.03	111
12 ma		9.34	91	4.39	114
		22.05	99	17.09	114
13 di	VM 6.03	10.40 23.05	101 96	5.39 18.12	113 118
14 wo		11.36	108	6.28	113
		–	–	19.09	121
15 do		0.06	91	7.18	114
		12.16	114	19.55	124
16 vr		0.56	85	8.05	117
		13.00	118	20.42	125
17 za		1.46	78	8.48	119
		13.46	119	21.25	123
18 zo		2.25	72	9.29	120
		14.35	117	22.05	119
19 ma		3.10	66	10.09	119
		15.25	112	22.50	113
20 di	LK 0.01	3.55 16.00	61 106	10.59 23.39	116 108
21 wo		4.34	60	11.49	110
		16.55	99	–	–
22 do		5.25	61	0.17	103
		17.55	93	12.49	103
23 vr		6.24	67	1.29	101
		18.55	90	13.53	100
24 za		7.24	75	2.38	100
		20.06	88	15.14	101
25 zo		8.30	85	3.39	106
		20.49	88	16.19	102
26 ma		9.25	93	4.39	107
		21.34	86	17.09	101
27 di		10.04	99	5.19	105
		22.24	85	17.49	97
28 wo	NM 2.50	10.56 22.55	104 84	5.59 18.29	102 95
29 do		11.15	108	6.39	102
		23.25	85	19.04	97
30 vr		12.06	113	7.08	105
		–	–	19.39	100

LLWS 1985.0 = NAP −118 cm ; LAT = NAP −135 cm

De tijdstippen van 26 maart t/m 23 september zijn in ZOMERTIJD.

Harlingen

juli 1995

datum		hoogwater		laagwater	
		h min MET zomertijd	NAP +cm	h min MET	NAP −cm
1 za		0.04	85	7.38	107
		12.45	115	20.13	103
2 zo		0.55	82	8.19	108
		13.25	113	20.49	102
3 ma		1.45	74	8.49	107
		14.05	107	21.29	100
4 di		2.14	64	9.29	106
		14.24	100	21.59	98
5 wo	EK 22.02	2.35 15.16	57 96	10.09 22.44	103 96
6 do		2.55	57	10.59	99
		15.56	95	23.39	92
7 vr		3.44	61	11.53	95
		16.34	94	–	–
8 za		4.45	65	0.40	90
		17.44	93	13.09	92
9 zo		6.30	72	1.49	93
		19.04	92	14.24	96
10 ma		7.54	85	2.59	98
		20.34	94	15.39	101
11 di		9.04	99	4.09	102
		21.44	95	16.48	106
12 wo	VM 12.49	10.25 23.05	111 94	5.19 17.59	105 111
13 do		11.16	119	6.19	107
		23.55	91	18.54	115
14 vr		12.00	125	7.03	111
		–	–	19.41	118
15 za		0.47	86	7.52	116
		12.56	127	20.29	118
16 zo		1.26	82	8.34	120
		13.24	127	21.05	117
17 ma		2.00	78	9.14	122
		14.04	123	21.43	112
18 di		2.25	73	9.52	119
		14.56	115	22.19	104
19 wo	LK 13.09	3.05 15.14	70 104	10.25 22.59	112 96
20 do		3.30	69	11.03	102
		15.55	94	23.39	89
21 vr		4.04	68	11.49	91
		16.55	86	–	–
22 za		5.30	70	0.29	83
		17.54	80	12.37	81
23 zo		6.35	76	1.27	81
		19.04	80	14.13	80
24 ma		7.56	86	2.59	87
		20.15	83	15.28	85
25 di		8.44	96	4.00	95
		21.04	85	16.28	91
26 wo		9.50	104	4.49	99
		22.16	86	17.19	92
27 do	NM 17.13	10.35 22.45	108 86	5.33 18.03	99 92
28 vr		10.54	111	6.14	97
		23.14	87	18.44	93
29 za		11.35	117	6.54	98
		23.44	89	19.24	96
30 zo		12.05	122	7.28	101
		–	–	19.59	99
31 ma		0.40	90	8.03	104
		13.01	124	20.35	100

augustus 1995

datum		hoogwater		laagwater	
		h min MET zomertijd	NAP +cm	h min MET	NAP −cm
1 di		1.14	85	8.39	104
		13.47	119	21.09	97
2 wo		1.54	77	9.19	102
		14.26	110	21.44	93
3 do		2.24	70	9.58	99
		14.55	102	22.19	88
4 vr	EK 5.16	2.34 15.14	70 96	10.40 22.58	94 84
5 za		3.15	75	11.29	89
		15.55	91	23.59	80
6 zo		4.14	77	12.39	84
		17.15	85	–	–
7 ma		6.05	80	1.14	79
		18.54	84	13.59	85
8 di		7.24	92	2.39	84
		20.30	89	15.18	92
9 wo		8.45	108	3.49	92
		21.45	94	16.38	100
10 do	VM 20.16	10.06 22.34	121 95	5.01 17.45	99 107
11 vr		10.56	129	5.59	103
		23.36	93	18.41	109
12 za		11.47	132	6.49	107
		–	–	19.25	108
13 zo		0.25	90	7.34	111
		12.26	133	20.05	106
14 ma		0.56	89	8.14	115
		13.06	131	20.41	104
15 di		1.25	88	8.48	116
		13.46	125	21.15	100
16 wo		1.55	86	9.29	111
		14.20	114	21.49	92
17 do		2.05	83	9.59	101
		14.45	101	22.19	84
18 vr	LK 5.04	2.34 15.04	82 90	10.23 22.38	90 78
19 za		3.15	81	10.59	80
		15.44	81	23.19	73
20 zo		4.15	78	11.49	71
		17.06	74	23.58	68
21 ma		5.34	77	12.37	64
		18.20	72	–	–
22 di		6.54	85	1.43	67
		19.25	78	14.27	69
23 wo		8.26	97	3.20	79
		20.45	86	15.48	82
24 do		9.26	107	4.19	90
		21.45	90	16.49	90
25 vr		10.16	112	5.03	94
		22.24	91	17.39	92
26 za	NM 6.31	10.34 22.55	115 91	5.49 18.19	93 92
27 zo		11.10	121	6.29	93
		23.35	94	19.01	94
28 ma		11.56	126	7.12	96
		–	–	19.39	95
29 di		0.04	96	7.49	99
		12.36	129	20.18	95
30 wo		1.06	95	8.29	100
		13.26	125	20.54	91
31 do		1.35	91	9.03	98
		14.00	116	21.29	85

LLWS 1985.0 = NAP −118 cm ; LAT = NAP −135 cm

De tijdstippen van 26 maart t/m 23 september zijn in ZOMERTIJD.

Harlingen

september 1995

datum		hoogwater		laagwater	
		h min MET c.q. zomertijd	NAP + cm	h min MET	NAP − cm
1 vr		1.55	85	9.39	93
		14.25	103	21.53	81
2 za	EK 11.03	2.14 14.55	85 93	10.18 22.38	88 77
3 zo		2.44	88	11.09	82
		15.35	84	23.29	73
4 ma		3.44	87	12.19	77
		17.20	76	–	–
5 di		5.44	89	0.50	70
		18.54	78	13.38	79
6 wo		7.25	102	2.08	76
		20.25	87	15.14	89
7 do		8.34	117	3.27	87
		21.30	95	16.32	100
8 vr		9.45	129	4.43	97
		22.25	97	17.32	105
9 za	VM 5.37	10.24 23.10	133 97	5.44 18.22	101 102
10 zo		11.15	134	6.32	102
		23.45	96	19.04	95
11 ma		11.55	133	7.14	90
		–	–	19.39	90
12 di		0.21	99	7.48	104
		12.36	130	20.09	89
13 wo		0.45	102	8.23	105
		13.04	123	20.39	88
14 do		1.15	102	8.52	100
		13.45	111	21.08	84
15 vr		1.34	98	9.29	89
		13.55	97	21.33	77
16 za	LK 23.09	1.54 14.15	95 87	9.49 21.59	78 72
17 zo		2.25	94	10.18	71
		14.44	80	22.28	70
18 ma		3.15	90	10.59	66
		15.44	72	23.19	67
19 di		4.24	84	11.59	61
		17.14	68	–	–
20 wo		5.54	86	0.29	62
		18.55	74	13.27	61
21 do		7.24	97	1.58	65
		20.10	85	15.03	76
22 vr		8.25	108	3.39	79
		21.15	93	16.14	89
23 za		9.36	116	4.29	88
		21.54	96	17.04	94
24 ma	NM 17.55	9.04 21.34	120 97	4.20 16.49	90 94
25 di		9.34	124	5.03	91
		22.05	99	17.34	93
26 wo		10.25	128	5.49	93
		22.50	103	18.19	91
27 do		11.15	129	6.32	96
		23.35	105	18.53	89
28 vr		11.56	125	7.14	96
		–	–	19.35	85
29 za		0.16	104	7.49	93
		12.46	115	20.04	80
30 zo		0.45	102	8.29	88
		13.25	102	20.39	76

oktober 1995

datum		hoogwater		laagwater	
		h min MET	NAP + cm	h min MET	NAP − cm
1 zo	EK 15.36	1.10 13.54	101 89	9.09 21.19	83 74
2 ma		1.34	100	9.59	78
		14.50	77	22.08	71
3 di		3.00	98	11.09	75
		16.30	72	23.29	69
4 wo		4.44	101	12.29	79
		17.44	77	–	–
5 do		6.16	112	0.54	76
		19.16	87	13.53	90
6 vr		7.20	124	2.19	88
		20.16	95	15.08	100
7 za		8.20	131	3.29	97
		21.06	98	16.09	102
8 zo	VM 16.52	9.05 21.35	132 100	4.18 16.55	99 95
9 ma		9.45	130	5.11	96
		22.16	103	17.39	84
10 di		10.26	128	5.50	91
		22.35	110	18.09	78
11 wo		10.54	125	6.24	91
		23.10	116	18.39	79
12 do		11.45	119	6.53	92
		23.50	117	19.03	82
13 vr		12.05	109	7.29	89
		–	–	19.34	81
14 za		0.15	112	7.53	81
		12.35	96	19.59	75
15 zo		0.24	106	8.29	71
		12.34	86	20.23	72
16 ma	LK 17.26	0.44 12.55	103 81	8.54 20.59	66 70
17 di		1.29	101	9.34	64
		13.54	75	21.43	69
18 wo		2.46	95	10.23	62
		15.15	68	22.49	65
19 do		4.00	94	11.27	61
		16.50	71	23.48	63
20 vr		5.15	100	13.13	72
		18.20	80	–	–
21 za		6.25	109	1.33	72
		19.24	91	14.28	86
22 zo		7.34	118	2.43	83
		20.25	98	15.24	94
23 ma		8.14	123	3.49	88
		21.04	102	16.19	94
24 di	NM 5.36	9.15 21.44	126 105	4.34 17.04	91 92
25 wo		9.54	126	5.24	92
		22.25	110	17.49	88
26 do		10.50	125	6.10	93
		23.05	114	18.29	85
27 vr		11.46	119	6.55	94
		23.56	116	19.12	82
28 za		12.25	110	7.39	91
				19.50	78
29 zo		0.24	116	8.24	87
		13.15	98	20.30	76
30 ma	EK 22.17	1.04 14.00	115 86	9.09 21.09	82 76
31 di		2.05	113	9.59	79
		14.57	76	22.04	76

LLWS 1985.0 = NAP −118 cm ; LAT = NAP −135 cm

De tijdstippen van 26 maart t/m 23 september zijn in ZOMERTIJD.

Harlingen

november 1995   december 1995

datum		hoogwater		laagwater		datum		hoogwater		laagwater	
		h min MET	NAP + cm	h min MET	NAP – cm			h min MET	NAP + cm	h min MET	NAP – cm
1 wo		3.10	110	10.53	78	1 vr		4.06	115	11.39	81
		16.14	73	23.23	76			16.50	75	23.53	84
2 do		4.30	112	12.09	81	2 za		4.55	113	12.48	83
		17.24	77	–	–			17.44	80	–	–
3 vr		5.45	117	0.29	80	3 zo		6.05	113	1.09	86
		18.35	85	13.28	89			18.39	88	13.58	86
4 za		6.44	122	1.48	89	4 ma		7.04	112	2.24	90
		19.24	92	14.39	96			19.34	96	14.59	88
5 zo		7.55	125	2.58	96	5 di		7.54	111	3.22	91
		20.25	98	15.40	96			20.25	104	15.54	86
6 ma		8.35	124	3.59	96	6 wo		8.44	109	4.18	87
		20.54	103	16.29	89			20.55	111	16.39	79
7 di	VM 8.20	9.15	121	4.49	90	7 do	VM 2.27	9.35	107	5.04	80
		21.24	109	17.09	78			21.35	118	17.15	75
8 wo		9.56	119	5.29	83	8 vr		9.54	106	5.33	75
		22.16	117	17.42	73			22.14	124	17.39	76
9 do		10.24	117	5.58	80	9 za		10.35	106	6.09	75
		22.45	124	18.09	75			23.00	128	18.14	81
10 vr		11.06	114	6.29	81	10 zo		11.10	104	6.39	77
		23.20	126	18.28	80			23.30	127	18.38	84
11 za		11.35	107	6.59	81	11 ma		11.45	98	7.14	78
		23.55	122	19.09	81			–	–	19.19	84
12 zo		11.54	96	7.34	77	12 di		0.05	122	7.43	76
		–	–	19.39	78			12.04	89	19.43	83
13 ma		0.15	115	7.59	70	13 wo		0.24	115	8.19	73
		12.24	87	20.09	75			12.40	81	20.19	82
14 di		0.35	110	8.38	66	14 do		0.54	110	8.37	72
		12.34	81	20.40	74			12.54	77	20.59	81
15 wo	LK 12.40	1.04	107	9.08	66	15 vr	LK 6.31	1.24	108	9.39	72
		13.14	77	21.19	73			13.34	76	21.49	79
16 do		1.54	104	9.53	66	16 za		2.24	108	10.29	71
		14.14	72	22.19	71			14.34	76	22.49	76
17 vr		3.10	103	10.59	66	17 zo		3.35	109	11.29	71
		15.44	71	23.19	69			15.54	79	23.53	75
18 za		4.20	106	12.18	70	18 ma		4.40	111	12.37	75
		17.04	77	–	–			17.10	85	–	–
19 zo		5.25	112	0.39	71	19 di		5.56	112	1.08	79
		18.15	86	13.39	81			18.25	93	13.59	83
20 ma		6.35	118	1.58	80	20 wo		7.04	113	2.23	87
		19.25	96	14.39	90			19.44	104	14.59	88
21 di		7.45	122	2.59	87	21 do		8.14	113	3.28	91
		20.24	104	15.39	92			20.44	113	15.58	89
22 wo	NM 16.43	8.55	123	4.04	91	22 vr	NM 3.22	9.36	111	4.40	93
		21.25	111	16.29	90			21.50	121	16.59	88
23 do		9.34	121	4.59	92	23 za		10.25	107	5.39	95
		21.55	116	17.25	87			22.45	126	17.59	88
24 vr		10.35	117	5.55	93	24 zo		11.25	101	6.29	97
		22.44	121	18.12	85			23.31	130	18.39	90
25 za		11.14	110	6.42	94	25 ma		12.05	95	7.19	98
		23.45	125	18.59	83			–	–	19.25	94
26 zo		12.04	102	7.29	92	26 di		0.05	131	8.01	98
		–	–	19.38	83			12.44	88	20.09	96
27 ma		0.25	127	8.14	90	27 wo		1.06	130	8.49	94
		12.54	93	20.20	83			13.30	82	20.48	98
28 di		1.16	126	8.59	87	28 do	EK 20.06	1.45	126	9.22	90
		13.44	84	21.04	85			14.00	77	21.34	97
29 wo	EK 7.28	2.06	123	9.43	84	29 vr		2.31	119	10.09	84
		14.44	77	21.49	85			14.34	75	22.19	92
30 do		2.55	119	10.39	82	30 za		3.05	110	10.59	79
		15.35	73	22.43	85			15.34	74	23.13	86
						31 zo		4.04	102	11.53	75
								16.44	76	–	–

LLWS 1985.0 = NAP –118 cm ; LAT = NAP –135 cm

Harlingen

januari 1996

datum	hoogwater		laagwater	
	h min MET	NAP + cm	h min MET	NAP − cm
1 ma	5.14	98	0.23	91
	17.55	82	13.09	77
2 di	6.25	97	1.39	82
	19.06	91	14.07	81
3 wo	7.25	97	2.59	85
	19.44	100	15.19	85
4 do	8.14	97	3.49	86
	20.34	107	16.09	85
5 vr	9.16	96	4.39	83
	21.25	113	16.45	83
6 za	9.45	96	5.19	78
	21.54	117	17.18	81
7 zo	10.04	97	5.49	77
	22.35	122	17.53	84
8 ma	10.45	100	6.16	80
	23.05	126	18.29	88
9 di	11.15	99	6.53	84
	23.35	125	18.59	91
10 wo	–	–	7.29	85
	12.05	94	19.29	92
11 do	0.15	120	7.59	84
	12.25	85	20.09	92
12 vr	1.06	113	8.29	83
	13.00	79	20.39	91
13 za	1.24	108	9.09	81
	13.14	78	21.24	89
14 zo	1.45	106	9.54	79
	14.05	81	22.20	84
15 ma	2.55	105	10.49	75
	15.16	82	23.19	80
16 di	3.54	101	–	–
	16.14	83	12.08	73
17 wo	5.15	98	0.33	80
	17.44	88	13.19	78
18 do	6.56	97	1.53	86
	19.14	99	14.28	85
19 vr	8.04	99	3.14	92
	20.46	111	15.38	89
20 za	9.14	100	4.29	96
	21.46	120	16.43	92
21 zo	10.26	98	5.25	101
	22.35	126	17.42	96
22 ma	11.15	95	6.16	104
	23.26	129	18.28	102
23 di	11.55	91	7.05	106
	–	–	19.15	107
24 wo	0.00	131	7.49	105
	12.25	87	19.54	111
25 do	0.46	128	8.23	102
	13.16	83	20.34	111
26 vr	1.26	121	8.59	95
	13.24	80	21.08	106
27 za	1.44	110	9.33	88
	13.34	79	21.43	98
28 zo	2.30	100	10.08	80
	14.30	78	22.29	88
29 ma	3.26	89	10.58	73
	15.35	75	23.18	78
30 di	4.14	80	11.47	68
	17.00	76	–	–
31 wo	5.46	77	0.43	73
	18.15	83	13.29	73

februari 1996

datum	hoogwater		laagwater	
	h min MET	NAP + cm	h min MET	NAP − cm
1 do	6.44	79	2.09	78
	19.25	93	14.39	82
2 vr	7.44	83	3.18	86
	20.14	101	15.39	90
3 za	8.34	85	4.09	89
	21.16	106	16.24	92
4 zo	9.14	86	4.48	88
	21.56	109	17.04	91
5 ma	10.00	89	5.29	87
	22.04	114	17.39	91
6 di	10.24	93	6.03	90
	22.35	120	18.08	95
7 wo	10.55	96	6.39	94
	23.25	124	18.49	100
8 do	11.45	95	7.19	97
	–	–	19.19	102
9 vr	0.10	121	7.49	96
	12.36	88	19.54	102
10 za	0.56	112	8.14	93
	12.55	81	20.29	100
11 zo	1.26	103	8.50	89
	12.54	79	21.03	97
12 ma	1.34	98	9.29	86
	13.35	84	21.49	92
13 di	2.15	94	10.18	81
	14.23	85	22.49	86
14 wo	3.14	85	11.18	76
	15.45	82	–	–
15 do	4.54	77	0.09	83
	17.25	83	12.49	76
16 vr	6.40	77	1.27	88
	19.04	95	13.58	84
17 za	7.55	84	2.59	97
	20.25	109	15.28	93
18 zo	9.05	89	4.13	106
	21.36	118	16.29	100
19 ma	10.16	90	5.14	110
	22.16	124	17.25	106
20 di	10.56	89	6.01	111
	23.05	126	18.14	112
21 wo	11.36	88	6.46	111
	23.45	126	18.56	118
22 do	–	–	7.24	110
	12.05	88	19.36	122
23 vr	0.14	121	8.01	107
	12.35	87	20.08	120
24 za	1.00	112	8.29	100
	12.54	85	20.49	112
25 zo	1.15	98	8.59	92
	13.04	83	21.19	101
26 ma	1.44	86	9.28	85
	13.56	82	21.43	91
27 di	2.15	75	9.47	79
	14.34	77	22.29	81
28 wo	3.25	65	10.49	73
	15.54	72	23.17	73
29 do	4.44	59	–	–
	17.24	74	12.03	68

LLWS 1985.0 = NAP −118 cm ; LAT = NAP −135 cm

Gemiddelde tijdsverschillen met HW in Hoek van Holland

Geldig bij MR (waterstand in Lobith tussen NAP + 10,20 en 10,40 m)

Gemiddelde tijdsverschillen met LW in Hoek van Holland

Geldig bij MR (waterstand in Lobith tussen NAP + 10,20 en 10,40 m)

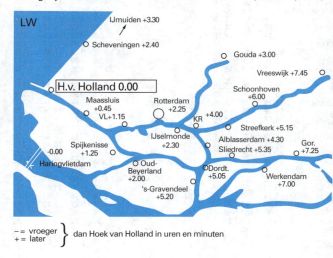

De aangegeven tijdsverschillen hebben betrekking op het 1e LW van Hoek van Holland. Indien het 2e LW vooruitberekend is (in de tabel aangeduid met een *) moet men de tijdsverschillen verminderen met ongeveer 2 h.

Getijtafel voor Hoek van Holland

De tijden van laagwater in Hoek van Holland vragen speciale aandacht. Hier treden in elk getij twee laagwaters op, gescheiden door een agger, een kortstondige kleine rijzing van het water van minder dan 10 cm, weer gevolgd door een daling. Er zijn dus twee tijden van laagwater, resp. LW I en LW II. De getijcyclus in Hoek van Holland is als volgt: na hoogwater volgt een daling gedurende 5 h 38 min tot LW I, dan volgt de agger van 2 h, waarna LW II volgt. Vervolgens stijgt het water 4 h 32 min (duur van de gehele getijdebeweging gemiddeld 12 h 10 min).
In de tabel wordt het laagste laagwater gegeven, dus als het eerste laagwater (LW I) het laagste is wordt dit vermeld; als het tweede laagwater (LW II) het laagste is worden stand en tijdstip van het tweede laagwater gegeven. In dit laatste geval is dit aangegeven met een sterretje (* = LW II). Wanneer er geen agger voorspeld is, terwijl het laagwatertijdstip toch op een laat tijdstip valt, dan is dit eveneens aangegeven met een sterretje.

Voor het vaststellen van het tijdstip van kentering, de overgang van eb naar vloed, is niet LW I doch LW II van belang. Dat tijdstip berekent men dus door 2 uur op te tellen bij het tijdstip van LW I.
Men moet er rekening mee houden dat het water na dit tijdstip aanvankelijk maar langzaam stijgt. Pas 1 à 1 h 30 min later gaat de stijging ineens merkbaar sneller en zet ook de vloedstroom goed door. Voor het gehele benedenrivierengebied geldt dat tijdens de meeste laagwaterperioden de waterstand gedurende enkele uren weinig verandert. Op de Nieuwe Waterweg treden de laagwaters meestal op aan het begin van de laagwaterperiode, op de Oude Maas, de Nieuwe Maas en verder stroomopwaarts meestal aan het einde van de laagwaterperiode.

Hoek van Holland

januari 1995

datum		hoogwater		laagwater	
		h min MET	NAP + cm	h min MET	NAP − cm
1 zo	NM 11.55	1.44 14.06	125 141	7.16 19.34	61 51
2 ma		2.34 14.52	126 147	7.56 20.18	67 45
3 di		3.19 15.35	126 149	8.40 23.54*	72 40
4 wo		4.07 16.25	125 147	9.26 –	75 –
5 do		4.51 17.10	123 143	0.55* 10.09	40 77
6 vr		5.37 17.58	120 134	1.56* 10.59	40 77
7 za		6.24 18.43	115 123	2.46* 11.53	39 76
8 zo	EK 16.46	7.14 19.44	109 111	0.55 12.54	38 74
9 ma		8.09 20.44	100 98	1.45 14.10	41 68
10 di		9.15 21.54	89 87	3.00 15.34	42 62
11 wo		10.23 23.30	82 87	4.20 16.44	44 57
12 do		11.54 –	85 –	5.05 17.44	46 54
13 vr		0.25 12.39	92 93	6.05 18.50	50 51
14 za		1.03 13.25	97 101	6.54 19.40	53 48
15 zo		1.55 13.53	103 110	7.24 20.10	55 46
16 ma	VM 21.26	2.24 14.27	108 121	7.55 20.36	58 45
17 di		2.52 15.04	114 131	8.13 20.44	63 45
18 wo		3.24 15.36	120 139	8.45 23.10*	69 47
19 do		4.00 16.15	122 141	9.19 23.54*	73 50
20 vr		4.38 16.51	119 140	9.55 –	75 –
21 za		5.14 17.30	115 136	0.45* 10.35	51 77
22 zo		5.50 18.14	112 130	1.35* 11.11	49 80
23 ma		6.37 19.04	110 122	2.04* 12.05	45 80
24 di	LK 5.58	7.28 20.05	106 112	2.10* 13.14	43 78
25 wo		8.39 21.14	102 104	2.24 14.35	47 74
26 do		9.43 22.29	99 98	3.26 15.35	49 67
27 vr		11.05 23.45	101 97	4.14 16.45	50 60
28 za		12.08 –	110 –	5.14 17.49	54 56
29 zo		0.45 13.04	102 122	6.15 18.44	61 51
30 ma	NM 23.47	1.34 13.55	109 132	6.59 22.05*	68 48
31 di		2.24 14.40	115 140	7.39 22.50*	74 45

februari 1995

datum		hoogwater		laagwater	
		h min MET	NAP + cm	h min MET	NAP − cm
1 wo		3.15 15.24	120 143	8.26 23.46*	78 44
2 do		3.54 16.06	123 143	9.06 –	80 –
3 vr		4.34 16.50	124 138	0.36* 13.05*	46 80
4 za		5.14 17.35	123 129	1.14* 13.56*	48 80
5 zo		5.54 18.15	120 119	2.10* 11.25	48 75
6 ma		6.34 18.58	114 108	0.05 12.14	45 73
7 di	EK 13.54	7.25 19.48	105 95	0.54 13.14	51 70
8 wo		8.25 20.49	93 82	2.00 14.20	53 63
9 do		9.13 21.53	80 70	3.40 16.25*	52 55
10 vr		10.43 23.33	74 71	4.55* 17.15	55 55
11 za		12.04 –	82 –	5.50 18.24	58 54
12 zo		0.50 12.59	82 95	6.34 19.56	59 52
13 ma		1.22 13.34	91 107	9.31* 21.56*	61 54
14 di		2.05 14.04	100 119	10.04* 22.17*	63 51
15 wo	VM 13.15	2.23 14.37	108 131	7.44 22.34*	66 49
16 do		3.00 15.15	117 140	8.19 23.00*	74 50
17 vr		3.36 15.55	122 144	8.56 23.34*	79 53
18 za		4.14 16.30	123 143	9.25 –	82 –
19 zo		4.49 17.10	122 138	0.36* 10.06	55 83
20 ma		5.30 17.51	121 130	1.16* 10.49	55 84
21 di		6.15 18.40	119 119	1.55* 11.39	53 82
22 wo	LK 14.04	6.59 19.38	115 105	0.04 13.10	54 77
23 do		8.03 20.55	105 91	2.00 14.30	59 74
24 vr		9.29 22.15	97 80	3.05 15.35	60 65
25 za		10.43 23.35	95 80	3.55 16.45	59 56
26 zo		11.58 –	104 –	5.04 20.17*	61 56
27 ma		0.34 12.54	89 116	8.44* 21.25*	67 56
28 di		1.34 13.44	100 126	9.35* 21.55*	72 52

LLWS 1985.0 = NAP −84 cm ; LAT = NAP−95 cm
* = Voorspelde tijdstip valt aan het einde van de laagwaterperiode

Hoek van Holland

maart 1995

datum		hoogwater		laagwater	
		h min MET c.q. zomertijd	NAP + cm	h min MET	NAP − cm
1 wo	NM 12.48	2.14 14.26	109 133	7.21 22.36*	77 49
2 do		2.54 15.06	116 136	8.06 23.15*	80 50
3 vr		3.34 15.48	122 135	8.41 –	81 –
4 za		4.14 16.26	125 131	0.05* 12.46*	54 80
5 zo		4.48 17.07	125 123	0.56* 13.26*	58 80
6 ma		5.24 17.45	122 113	1.45* 14.05*	59 73
7 di		5.58 18.25	117 104	1.57* 11.44	56 68
8 wo		6.38 19.04	109 94	0.20 12.35	60 67
9 do	EK 11.13	7.35 20.04	96 81	1.05 13.34	64 64
10 vr		8.40 21.05	83 69	1.54 15.55*	62 58
11 za		9.55 22.13	74 61	4.36* 17.06*	62 57
12 zo		11.19 23.53	78 68	5.26* 17.55	65 57
13 ma		12.13 –	92 –	6.05 19.58*	65 58
14 di		0.44 13.05	81 107	8.45* 21.20*	66 64
15 wo		1.23 13.38	93 121	9.40* 22.16*	71 62
16 do		1.58 14.09	105 133	7.14 22.45*	70 57
17 vr	VM 2.26	2.35 14.48	115 142	7.45 23.00*	78 54
18 za		3.08 15.26	124 145	8.21 23.24*	84 56
19 zo		3.46 16.06	128 142	9.01 21.25	86 58
20 ma		4.28 16.48	130 135	9.45 22.05	84 60
21 di		5.08 17.35	130 124	10.36 22.55	81 64
22 wo		5.55 18.25	127 111	11.24 23.54	76 67
23 do	LK 21.10	6.44 19.13	120 95	13.17 –	74 –
24 vr		7.43 20.34	107 81	1.25 14.20	71 71
25 za		9.25 21.53	97 71	2.25 15.20	72 62
26 zo		11.39 –	96 –	4.35 19.50*	69 57
27 ma		0.24 12.48	74 105	5.44 21.20*	68 62
28 di		1.28 13.44	86 115	9.46* 22.15*	77 63
29 wo		2.18 14.27	97 122	10.24* 22.35	79 57
30 do		2.58 15.07	106 126	8.04 23.04*	75 54
31 vr	NM 4.08	3.34 15.48	113 128	8.46 23.50*	77 56

april 1995

datum		hoogwater		laagwater	
		h min MET zomertijd	NAP + cm	h min MET	NAP − cm
1 za		4.16 16.26	119 127	9.21 –	77 –
2 zo		4.48 17.04	124 123	0.24* 12.54*	61 75
3 ma		5.24 17.44	125 116	1.26* 13.35*	67 75
4 di		5.55 18.15	122 108	2.05* 14.05*	70 71
5 wo		6.28 18.44	117 101	2.35* 14.30*	69 65
6 do		7.04 19.24	110 94	2.45* 14.40*	67 62
7 vr		7.33 19.58	100 84	1.25 14.20	71 61
8 za	EK 7.35	8.34 21.24	87 71	2.15 15.04	71 58
9 zo		10.03 22.34	79 63	5.11* 17.30*	69 58
10 ma		11.23 23.42	81 64	6.00* 18.34*	70 59
11 di		12.34 –	94 –	6.55* 20.20*	70 61
12 wo		1.04 13.25	76 109	9.05* 21.56*	70 68
13 do		1.44 14.04	90 123	10.15* 22.40*	75 69
14 vr		2.24 14.39	104 134	7.46 23.25*	75 64
15 za	VM 14.08	3.04 15.21	116 141	8.26 20.48	81 60
16 zo		3.45 16.04	127 142	8.59 21.26	84 63
17 ma		4.25 16.45	133 137	9.39 21.59	83 67
18 di		5.05 17.28	136 128	10.25 22.48	78 71
19 wo		5.48 18.15	136 116	11.16 23.35	72 74
20 do		6.36 19.05	132 103	14.10* –	67 –
21 vr		7.28 20.03	123 90	0.45 14.15	78 68
22 za	LK 5.18	8.38 21.24	111 80	2.10 15.04	82 65
23 zo		10.04 22.43	103 73	3.15 16.04	83 58
24 ma		11.24 –	102 –	4.14 19.24*	79 61
25 di		0.09 12.34	77 108	7.45* 20.55*	78 66
26 wo		1.09 13.28	87 115	9.04* 21.55*	82 67
27 do		1.54 14.14	96 118	10.05* 22.27*	80 62
28 vr		2.33 14.50	103 119	10.45* 23.00*	73 59
29 za	NM 19.36	3.14 15.30	109 119	8.35 20.55	72 60
30 zo		3.54 16.08	115 118	9.15 –	70 –

LLWS 1985.0 = NAP −84 cm ; LAT = NAP−95 cm
* = Voorspelde tijdstip valt aan het einde van de laagwaterperiode
De tijdstippen van 26 maart t/m 23 september zijn in ZOMERTIJD.

Hoek van Holland

mei 1995

datum		hoogwater		laagwater	
		h min MET zomertijd	NAP +cm	h min MET	NAP −cm
1 ma		4.25	120	0.10*	66
		16.44	116	11.50*	68
2 di		4.57	123	0.37*	72
		17.18	112	12.40*	68
3 wo		5.34	121	1.30*	77
		17.47	106	13.24*	67
4 do		6.07	117	2.00*	77
		18.24	99	14.00*	63
5 vr		6.38	111	2.24*	76
		18.55	93	14.27*	60
6 za		7.15	105	3.10*	75
		19.35	86	15.00*	58
7 zo	EK	7.53	97	1.44	76
	23.44	20.23	75	15.27*	57
8 ma		9.35	89	2.50	76
		21.59	70	17.05*	57
9 di		10.33	91	3.45	73
		23.05	70	18.05*	58
10 wo		11.47	100	4.50	71
		−	−	19.20*	59
11 do		0.03	78	5.44	72
		12.45	112	21.15*	65
12 vr		1.09	92	6.35	75
		13.28	124	22.16*	68
13 za		1.54	106	7.15	79
		14.14	132	23.01*	67
14 zo	VM	2.37	119	8.00	81
	22.48	14.56	136	20.25	66
15 ma		3.21	129	8.39	79
		15.41	134	21.06	70
16 di		4.02	136	9.26	74
		16.26	128	21.45	74
17 wo		4.47	139	10.09	67
		17.15	119	22.29	78
18 do		5.32	138	13.54*	61
		18.00	110	23.25	81
19 vr		6.19	134	14.55*	60
		18.54	101	−	−
20 za		7.15	126	0.25	85
		19.54	93	15.51	59
21 zo	LK	8.23	117	1.40	89
	13.35	21.15	87	16.50*	58
22 ma		9.34	110	2.44	89
		22.19	82	17.44*	58
23 di		10.54	106	3.45	85
		23.35	82	18.54*	60
24 wo		12.02	107	7.26*	81
		−	−	19.55*	62
25 do		0.34	88	8.25*	79
		13.05	110	21.20*	64
26 vr		1.28	95	9.30*	74
		13.48	112	22.04*	64
27 za		2.15	100	7.34	68
		14.34	111	22.50*	63
28 zo		2.54	105	8.24	66
		15.14	110	20.44	65
29 ma	NM	3.27	110	9.20	63
	11.27	15.54	110	21.25	70
30 di		4.05	115	10.37	61
		16.24	110	22.36	72
31 wo		4.38	120	11.50*	60
		16.54	109	−	−

juni 1995

datum		hoogwater		laagwater	
		h min MET zomertijd	NAP +cm	h min MET	NAP −cm
1 do		5.15	121	0.47*	77
		17.27	106	12.50*	60
2 vr		5.44	119	1.35*	80
		18.05	100	13.34*	60
3 za		6.18	115	2.04*	80
		18.34	95	14.05*	58
4 zo		6.54	112	2.55*	79
		19.15	89	14.54*	57
5 ma		7.34	108	1.05	77
		19.53	83	15.37*	55
6 di	EK	8.34	103	2.04	79
	12.26	21.04	78	16.30*	54
7 wo		9.55	102	3.05	80
		22.18	80	16.58*	53
8 do		10.59	107	4.05	79
		23.29	86	17.14	54
9 vr		11.58	114	4.54	78
		−	−	17.55	56
10 za		0.24	96	6.05	78
		12.57	121	21.35*	61
11 zo		1.24	109	6.56	77
		13.46	126	19.25	64
12 ma		2.10	121	7.39	75
		14.36	127	20.05	69
13 di	VM	2.58	131	8.25	69
	6.03	15.24	125	20.48	74
14 wo		3.44	138	9.09	62
		16.11	121	21.29	78
15 do		4.31	140	13.00*	54
		16.58	116	22.16	81
16 vr		5.15	140	13.44*	53
		17.46	111	23.06	84
17 za		6.06	137	14.34*	53
		18.37	106	23.54	86
18 zo		6.57	131	15.34*	54
		19.34	102	−	−
19 ma		7.54	123	1.04	88
		20.24	97	16.35*	54
20 di	LK	9.15	114	2.04	88
	0.01	21.34	92	17.15*	53
21 wo		10.03	105	3.14	85
		22.49	87	18.14*	53
22 do		11.35	100	4.34	79
		23.59	87	19.14*	54
23 vr		12.40	101	5.35	73
		−	−	20.20*	56
24 za		0.54	91	6.39	68
		13.23	102	21.25*	59
25 zo		1.43	96	7.34	63
		14.13	103	22.30*	63
26 ma		2.35	101	8.25	59
		15.05	104	20.25	65
27 di		3.14	106	9.10	55
		15.38	105	21.15	69
28 wo	NM	3.44	112	9.56	52
	2.50	16.03	107	21.40	72
29 do		4.14	119	11.10	51
		16.38	110	22.04	73
30 vr		4.54	124	12.14*	53
		17.15	110	−	−

LLWS 1985.0 = NAP −84 cm ; LAT = NAP−95 cm

* = Voorspelde tijdstip valt aan het einde van de laagwaterperiode

De tijdstippen van 26 maart t/m 23 september zijn in ZOMERTIJD.

Hoek van Holland

juli 1995

datum		hoogwater		laagwater	
		h min MET zomertijd	NAP + cm	h min MET	NAP − cm
1 za		5.27	126	1.04*	76
		17.44	106	13.10*	55
2 zo		5.57	124	1.56*	78
		18.18	101	14.00*	56
3 ma		6.34	121	2.36*	78
		18.54	97	14.40*	55
4 di		7.14	119	3.15*	76
		19.34	94	15.14*	52
5 wo	EK	8.05	116	1.04	79
	22.02	20.28	92	16.00*	49
6 do		9.05	112	2.20	81
		21.39	91	15.50	49
7 vr		10.14	110	3.24	80
		22.49	94	16.24	52
8 za		11.25	110	4.25	77
		23.55	100	17.15	55
9 zo		12.27	112	5.35	73
		–	–	18.15	59
10 ma		0.57	110	6.40	69
		13.29	114	19.05	64
11 di		1.50	121	7.29	64
		14.20	117	19.49	70
12 wo	VM	2.44	131	8.15	57
	12.49	15.09	118	20.35	75
13 do		3.29	139	8.59	50
		15.56	118	21.15	79
14 vr		4.15	143	12.34*	45
		16.46	118	21.59	82
15 za		5.02	144	13.25*	45
		17.29	117	22.45	83
16 zo		5.48	141	14.25*	47
		18.14	115	–	–
17 ma		6.35	134	2.55*	84
		19.04	113	15.14*	48
18 di		7.28	126	3.45*	83
		19.54	109	16.16*	48
19 wo	LK	8.25	115	1.34	80
	13.09	20.43	102	14.35	46
20 do		9.13	103	2.34	77
		21.43	93	15.24	50
21 vr		10.28	92	3.55	71
		23.04	85	16.34	52
22 za		12.05	87	5.14	65
		–	–	17.45	55
23 zo		0.25	85	6.15	60
		13.04	90	18.44	58
24 ma		1.24	91	7.20	56
		13.59	96	19.40	61
25 di		2.15	99	8.05	51
		14.44	100	20.14	62
26 wo		2.55	106	8.45	47
		15.24	103	20.44	63
27 do	NM	3.24	114	9.30	44
	17.13	15.48	108	21.15	66
28 vr		3.54	123	10.17	43
		16.14	113	21.35	70
29 za		4.28	132	11.45*	45
		16.48	117	22.05	72
30 zo		4.59	136	12.56*	48
		17.24	116	22.35	73
31 ma		5.36	136	13.24*	50
		17.55	112	23.11	74

augustus 1995

datum		hoogwater		laagwater	
		h min MET zomertijd	NAP + cm	h min MET	NAP − cm
1 di		6.09	133	14.26*	50
		18.30	110	23.49	76
2 wo		6.50	130	15.00*	48
		19.07	109	–	–
3 do		7.34	125	0.35	78
		19.54	108	15.35*	45
4 vr	EK	8.23	117	1.29	77
	5.16	20.54	104	15.07	46
5 za		9.39	109	2.55	73
		22.15	101	15.45	50
6 zo		10.54	102	4.04	68
		23.29	102	16.49	53
7 ma		12.05	98	5.15	61
		–	–	17.44	55
8 di		0.33	108	6.25	55
		13.15	101	18.56	61
9 wo		1.38	120	7.19	50
		14.15	108	19.35	67
10 do	VM	2.30	132	10.35*	46
	20.16	15.00	115	20.15	73
11 vr		3.14	141	11.24*	41
		15.46	120	20.55	77
12 za		3.59	145	12.26*	38
		16.28	124	21.39	79
13 zo		4.44	146	13.16*	39
		17.10	126	22.22	78
14 ma		5.25	143	14.06*	42
		17.49	126	–	–
15 di		6.11	136	2.46*	76
		18.34	124	14.56*	45
16 wo		6.54	126	3.26*	73
		19.17	120	15.45*	44
17 do		7.44	115	1.00	67
		20.05	112	13.50	43
18 vr	LK	8.34	103	1.55	64
	5.04	20.54	101	14.50	48
19 za		9.29	90	3.20	59
		22.05	88	16.20	50
20 zo		10.33	77	5.00	54
		23.23	80	17.24	53
21 ma		12.34	77	5.54	50
		–	–	18.36	56
22 di		0.54	87	6.54	48
		13.35	87	19.15	58
23 wo		1.43	99	8.00	45
		14.24	96	19.59	58
24 do		2.24	110	10.27*	45
		14.54	103	23.06*	58
25 vr		2.58	120	11.20*	43
		15.18	110	20.45	59
26 za	NM	3.28	131	11.30*	38
	6.31	15.48	118	21.06	65
27 zo		4.00	141	9.29	38
		16.20	125	21.35	70
28 ma		4.36	147	12.15*	41
		16.55	127	22.05	72
29 di		5.11	147	13.16*	44
		17.29	127	22.46	72
30 wo		5.48	143	13.56	45
		18.06	126	23.26	72
31 do		6.28	137	14.35*	44
		18.46	126	–	–

LLWS 1985.0 = NAP −84 cm ; LAT = NAP−95 cm

* = Voorspelde tijdstip valt aan het einde van de laagwaterperiode

De tijdstippen van 26 maart t/m 23 september zijn in ZOMERTIJD.

Hoek van Holland

september 1995 — oktober 1995

datum		hoogwater		laagwater		datum		hoogwater		laagwater	
		h min MET c.q. zomertijd	NAP +cm	h min MET	NAP −cm			h min MET	NAP +cm	h min MET	NAP −cm
1 vr		7.11	129	0.16	71	1 zo	EK	6.45	112	12.25	52
		19.34	123	12.29	45		15.36	19.03	122	–	–
2 za	EK	8.04	117	1.03	66	2 ma		7.55	97	1.45	50
	11.03	20.24	115	14.07	46			20.28	110	13.54	54
3 zo		9.08	103	3.00	62	3 di		9.25	86	2.50	44
		21.55	105	15.15	50			21.53	106	14.55	53
4 ma		10.29	92	3.54	55	4 wo		10.44	84	6.05*	37
		23.03	102	16.24	51			23.14	113	16.05	52
5 di		11.55	87	5.10	47	5 do		11.54	94	7.45*	43
		–	–	17.24	52			–	–	20.05*	61
6 wo		0.29	109	8.40*	44	6 vr		0.19	125	8.35*	45
		13.04	94	18.29	57			12.44	106	20.54*	64
7 do		1.28	122	9.44*	46	7 za		1.04	134	9.20*	41
		14.04	105	22.20*	64			13.27	117	18.39	61
8 vr		2.14	133	10.35*	42	8 zo	VM	1.47	140	9.35	35
		14.48	115	19.59	68		16.52	14.10	126	19.25	63
9 za	VM	3.04	141	10.55*	36	9 ma		2.24	142	7.45	34
	5.37	15.27	123	20.38	72			14.47	133	19.59	63
10 zo		3.41	146	11.44*	34	10 di		3.06	142	8.26	38
		16.10	130	21.15	72			15.24	138	20.39	59
11 ma		4.24	146	12.40*	37	11 wo		3.44	138	12.05*	44
		16.47	134	22.00	69			16.01	140	–	–
12 di		5.06	142	13.36*	41	12 do		4.24	132	0.25*	53
		17.26	135	–	–			16.45	137	12.56*	48
13 wo		5.45	134	2.05*	65	13 vr		5.04	123	0.55*	49
		18.05	132	14.26*	45			17.14	132	13.36*	48
14 do		6.27	125	2.50*	61	14 za		5.35	115	1.27*	42
		18.45	127	14.55*	44			17.55	124	11.04	48
15 vr		7.04	115	3.26*	52	15 zo		6.03	107	1.34*	39
		19.20	120	12.45	44			18.28	114	11.54	51
16 za	LK	7.55	104	1.15	50	16 ma	LK	6.49	98	0.45	38
	23.09	20.08	108	13.50	49		17.26	19.13	100	13.05	52
17 zo		8.45	92	2.15	47	17 di		8.00	86	1.45	35
		21.24	93	14.44	49			20.49	91	15.34*	49
18 ma		9.38	80	4.17	42	18 wo		9.03	77	3.55*	34
		22.35	83	17.10*	51			22.05	90	16.46*	51
19 di		10.53	70	5.35	41	19 do		10.14	75	5.04	36
		–	–	17.59*	54			23.13	100	17.24*	52
20 wo		0.03	85	6.34	41	20 vr		11.44	86	6.20*	38
		12.43	77	18.55	55			–	–	18.24	52
21 do		1.15	100	7.57	41	21 za		0.15	116	8.25*	45
		13.45	91	19.34	54			12.35	100	20.45*	56
22 vr		1.55	114	9.54*	46	22 zo		0.43	130	9.25*	48
		14.19	102	22.14*	56			13.03	114	21.35*	56
23 za		2.29	127	10.55*	46	23 ma		1.27	143	9.55*	44
		14.44	112	20.10	55			13.44	128	19.06	61
24 zo	NM	2.54	138	10.30*	41	24 di	NM	2.01	152	7.24	41
	17.55	14.15	123	19.35	62		5.36	14.25	139	19.39	66
25 ma		2.29	149	7.59	38	25 wo		2.45	155	8.05	46
		14.49	133	20.06	68			15.02	147	20.19	66
26 di		3.08	155	8.29	40	26 do		3.24	154	8.39	50
		15.28	139	20.46	70			15.42	151	20.59	63
27 wo		3.45	154	9.01	42	27 vr		4.06	146	9.19	54
		16.09	141	21.26	69			16.26	151	21.48	57
28 do		4.25	148	9.39	45	28 za		4.50	135	10.05	57
		16.44	142	22.05	66			17.08	148	22.39	49
29 vr		5.09	139	10.25	48	29 zo		5.36	123	11.06	59
		17.26	140	22.56	60			17.56	140	–	–
30 za		5.54	127	11.16	51	30 ma	EK	6.27	109	0.57*	42
		18.14	134	23.54	53		22.17	18.54	127	12.05	60
						31 di		7.44	97	1.34	41
								20.12	116	13.35	62

LLWS 1985.0 = NAP −84 cm ; LAT = NAP−95 cm

* = Voorspelde tijdstip valt aan het einde van de laagwaterperiode

De tijdstippen van 26 maart t/m 23 september zijn in ZOMERTIJD.

Hoek van Holland

november 1995

datum		hoogwater		laagwater	
		h min MET	NAP + cm	h min MET	NAP − cm
1 wo		8.53	89	2.35	36
		21.45	113	14.39	60
2 do		10.24	88	5.55*	36
		22.59	117	18.25*	59
3 vr		11.35	96	7.25*	42
		23.53	124	19.40*	64
4 za		12.24	107	8.36*	45
		–	–	20.35*	63
5 zo		0.44	130	9.05*	42
		13.07	117	21.24*	57
6 ma		1.28	133	9.45*	38
		13.55	124	19.09	56
7 di	VM	2.07	134	7.35	40
	8.20	14.27	131	19.44	54
8 wo		2.47	134	8.09	46
		15.05	136	20.29	51
9 do		3.28	132	8.50	50
		15.40	139	21.09	45
10 vr		4.04	128	12.26*	53
		16.16	138	–	–
11 za		4.38	122	0.00*	43
		16.54	133	13.01*	55
12 zo		5.08	116	0.40*	39
		17.24	126	10.44	54
13 ma		5.45	109	1.04*	36
		18.04	119	11.34	56
14 di		6.13	102	1.10*	34
		18.34	110	12.24	57
15 wo	LK	7.03	93	1.36*	33
	12.40	19.54	101	13.14	56
16 do		8.34	85	2.56*	32
		21.15	99	14.14	53
17 vr		9.35	83	4.30*	33
		22.14	105	17.05*	51
18 za		10.38	89	5.34*	36
		23.13	116	18.04*	51
19 zo		11.44	101	7.40*	40
		–	–	17.20	54
20 ma		0.03	129	8.45*	46
		12.30	116	17.54	58
21 di		0.55	140	9.35*	47
		13.16	130	18.39	62
22 wo	NM	1.36	147	7.05	47
	16.43	13.59	142	19.26	62
23 do		2.20	149	7.46	52
		14.42	150	20.02	60
24 vr		3.04	146	8.25	58
		15.25	154	20.46	54
25 za		3.50	138	9.08	63
		16.08	154	21.35	47
26 zo		4.34	130	9.56	66
		16.55	151	22.24	39
27 ma		5.24	120	10.49	69
		17.44	143	–	–
28 di		6.17	111	1.27*	35
		18.44	133	11.44	70
29 wo	EK	7.35	103	1.20	35
	7.28	19.52	123	13.05	71
30 do		8.39	98	2.04	34
		21.03	116	14.05	68

december 1995

datum		hoogwater		laagwater	
		h min MET	NAP + cm	h min MET	NAP − cm
1 vr		9.54	94	5.25*	35
		22.24	114	15.25	63
2 za		11.04	97	6.34*	39
		23.35	116	18.54*	62
3 zo		11.54	104	7.47*	42
		–	–	19.55*	59
4 ma		0.24	120	8.44*	44
		12.48	112	18.19	53
5 di		1.14	122	9.35*	44
		13.34	118	19.04	51
6 wo		1.58	123	7.24	47
		14.15	123	19.44	49
7 do	VM	2.38	123	8.04	53
	2.27	14.43	128	20.35	47
8 vr		3.14	123	8.43	58
		15.19	133	21.57	44
9 za		3.48	123	9.15	60
		15.58	135	23.10*	42
10 zo		4.17	121	9.44	61
		16.34	133	23.55*	41
11 ma		4.50	117	10.24	61
		17.08	129	–	–
12 di		5.25	111	0.50*	39
		17.38	124	11.05	62
13 wo		5.54	106	1.30*	37
		18.17	120	11.44	63
14 do		6.39	101	1.57*	36
		18.53	114	12.24	64
15 vr	LK	7.34	94	2.17*	35
	6.31	20.03	109	13.35	65
16 za		8.55	91	2.35	36
		21.25	110	14.36	64
17 zo		9.55	94	3.34	37
		22.23	115	15.35	62
18 ma		10.59	102	4.34	39
		23.34	122	16.35	61
19 di		12.00	114	5.14	42
		–	–	17.36	61
20 wo		0.24	129	6.10	48
		12.48	127	18.15	60
21 do		1.16	134	6.44	53
		13.34	139	19.05	58
22 vr	NM	2.01	135	7.30	60
	3.22	14.22	147	19.56	53
23 za		2.48	134	8.09	66
		15.08	152	20.35	47
24 zo		3.36	130	8.56	71
		15.55	154	21.14	40
25 ma		4.21	126	9.35	75
		16.39	151	–	–
26 di		5.10	122	1.16*	37
		17.26	145	10.29	78
27 wo		6.04	117	2.05*	37
		18.25	136	11.25	78
28 do	EK	6.53	112	3.05*	36
	20.06	19.24	126	12.35	78
29 vr		7.59	107	1.34	37
		20.35	115	13.34	75
30 za		9.14	99	2.24	38
		21.44	105	14.44	69
31 zo		10.19	95	3.34	38
		23.05	102	16.05	62

LLWS 1985.0 = NAP −84 cm ; LAT = NAP−95 cm

* = Voorspelde tijdstip valt aan het einde van de laagwaterperiode

Hoek van Holland

januari 1996 — februari 1996

datum	hoogwater h min MET	NAP +cm	laagwater h min MET	NAP −cm	datum	hoogwater h min MET	NAP +cm	laagwater h min MET	NAP −cm
1 ma	11.29	98	6.45	40	1 do	0.44	93	6.15	56
	–	–	17.15	57		12.59	100	18.45	51
2 di	0.04	106	8.20	45	2 vr	1.34	99	9.34	60
	12.24	103	18.04	53		13.45	107	21.47	49
3 wo	0.53	109	9.26	51	3 za	2.19	104	10.25	62
	13.14	109	18.54	50		14.13	113	20.14	47
4 do	1.48	112	9.54	53	4 zo	2.42	107	8.05	63
	13.53	114	19.50	48		14.44	121	20.57	46
5 vr	2.23	113	7.55	57	5 ma	3.07	113	8.24	68
	14.34	119	20.25	46		15.18	130	22.20	48
6 za	3.04	115	8.24	61	6 di	3.45	118	8.55	72
	15.08	126	21.17	44		15.50	136	23.14	52
7 zo	3.35	118	8.54	65	7 wo	4.10	121	9.25	74
	15.37	132	22.40	45		16.24	136	–	–
8 ma	4.05	120	9.25	68	8 do	4.45	118	0.16	55
	16.15	134	23.25	46		16.56	134	9.59	75
9 di	4.34	119	9.53	68	9 vr	5.14	115	0.56	56
	16.48	133	–	–		17.34	130	10.35	77
10 wo	5.09	115	0.14	47	10 za	5.47	114	1.24	53
	17.17	129	10.36	69		18.10	127	11.16	80
11 do	5.34	110	1.15	47	11 zo	6.31	114	1.55	50
	17.54	126	11.10	71		18.57	120	11.59	82
12 vr	6.14	107	1.55	45	12 ma	7.13	109	0.19	53
	18.35	123	11.44	73		19.54	108	13.05	78
13 za	6.54	104	2.20	42	13 di	8.29	102	2.25	55
	19.24	117	12.34	75		21.15	98	14.34	73
14 zo	8.05	99	2.05	43	14 wo	9.49	98	3.14	56
	20.32	111	13.55	74		22.29	92	15.45	66
15 ma	9.15	97	2.44	45	15 do	11.07	101	4.15	56
	21.55	109	15.00	71		23.44	92	16.54	59
16 di	10.24	100	3.50	47	16 vr	–	–	5.25	60
	22.54	109	16.05	66		12.08	111	20.46	57
17 wo	11.29	108	4.55	49	17 za	0.44	99	6.09	67
	–	–	17.16	62		13.04	124	21.35	56
18 do	0.05	112	5.45	54	18 zo	1.37	108	6.56	74
	12.29	119	18.04	59		13.54	135	22.04	52
19 vr	0.58	117	6.36	60	19 ma	2.24	115	7.38	81
	13.21	131	18.55	56		14.38	143	22.56	49
20 za	1.47	121	7.16	67	20 di	3.06	122	8.18	85
	14.06	141	19.35	51		15.21	146	23.46	49
21 zo	2.34	124	7.55	74	21 wo	3.50	126	9.06	85
	14.54	148	20.19	46		16.06	144	–	–
22 ma	3.21	126	8.40	79	22 do	4.31	128	0.36	51
	15.38	151	–	–		16.50	138	9.45	83
23 di	4.06	126	0.06	43	23 vr	5.14	127	1.26	54
	16.24	149	9.21	82		17.35	128	14.06	81
24 wo	4.54	125	0.44	43	24 za	5.54	123	2.16	54
	17.11	144	10.09	82		18.25	116	11.24	76
25 do	5.37	123	1.55	44	25 zo	6.40	117	0.10	52
	17.57	135	11.05	81		19.08	103	12.35	74
26 vr	6.24	119	2.35	44	26 ma	7.35	105	1.14	59
	18.55	123	12.06	80		20.09	88	13.50	70
27 za	7.18	113	1.04	44	27 di	8.34	91	2.15	60
	19.54	110	13.10	78		21.14	72	15.07	63
28 zo	8.14	103	1.45	48	28 wo	9.53	78	4.06	60
	21.05	95	14.14	72		23.15	66	16.35	59
29 ma	9.23	91	2.54	49	29 do	11.28	81	5.06	62
	22.24	85	15.34	64		–	–	17.25	56
30 di	10.55	87	4.20	50					
	23.45	86	16.44	58					
31 wo	11.58	92	5.13	52					
	–	–	17.45	54					

LLWS 1985.0 = NAP −84 cm ; LAT = NAP−95 cm

* = Voorspelde tijdstip valt aan het einde van de laagwaterperiode

Gemiddelde tijdsverschillen met HW in Vlissingen

Bij open stormvloedkering

Zeebrugge	− 0.35
Blankenberge	− 0.40
Oostende	− 0.55
Nieuwpoort	− 1.10
Calais	− 1.35
Dover	− 2.10
Le Havre	− 3.55

Antwerpen	+ 1.50
Rupelmonde	+ 2.30
Wintham	+ 2.45
Duffel	+ 3.50
Lier	+ 4.20
Temse	+ 2.50
Hamme	+ 3.05
Dendermonde	+ 3.45
Gent	+ 5.55

− = vroeger
+ = later } dan Vlissingen in uren en minuten

Gemiddelde tijdsverschillen met LW in Vlissingen

Bij open stormvloedkering

Zeebrugge	− 0.35
Blankenberge	− 0.35
Oostende	− 0.30
Nieuwpoort	− 0.30
Calais	− 1.00
Dover	− 1.10
Le Havre	− 3.25

Antwerpen	+ 2.30
Rupelmonde	+ 2.20
Wintham	+ 2.30
Duffel	+ 4.20
Lier	+ 5.15
Temse	+ 2.40
Dendermonde	+ 4.10
Gent	+ 8.20

− = vroeger
+ = later } dan Vlissingen in uren en minuten

Vlissingen

januari 1995

datum		hoogwater		laagwater	
		h min MET	NAP + cm	h min MET	NAP – cm
1 zo	NM 11.55	1.13 13.35	236 252	7.45 20.06	204 198
2 ma		2.05 14.23	245 261	8.36 20.52	216 196
3 di		2.48 15.10	248 264	9.22 21.35	223 189
4 wo		3.35 15.56	248 260	10.06 22.18	223 181
5 do		4.22 16.46	243 249	10.51 22.58	219 173
6 vr		5.05 17.31	234 233	11.36 23.39	210 164
7 za		5.51 18.19	219 211	12.15 –	198 –
8 zo	EK 16.46	6.39 19.16	199 185	0.26 13.06	153 182
9 ma		7.29 20.10	175 160	1.15 13.56	141 164
10 di		8.35 21.26	151 141	2.14 14.54	128 147
11 wo		9.56 22.46	137 140	3.30 16.04	122 138
12 do		11.06 23.39	142 153	4.34 17.25	124 140
13 vr		12.02 –	158 –	5.50 18.16	136 147
14 za		0.32 12.50	170 176	6.40 18.58	150 156
15 zo		1.16 13.28	185 194	7.26 19.36	163 163
16 ma	VM 21.26	1.45 13.57	200 212	8.00 20.08	176 172
17 di		2.17 14.31	215 229	8.35 20.46	189 179
18 wo		2.51 15.06	227 240	9.16 21.22	200 184
19 do		3.25 15.39	234 246	9.55 22.02	208 184
20 vr		4.01 16.15	232 244	10.36 22.46	210 179
21 za		4.36 16.55	228 237	11.16 23.20	208 174
22 zo		5.15 17.36	220 225	11.57 –	202 –
23 ma		6.02 18.27	211 208	0.00 12.36	169 195
24 di	LK 5.58	6.51 19.32	197 189	0.45 13.28	163 186
25 wo		7.59 20.46	182 174	1.46 14.26	155 173
26 do		9.15 21.56	174 168	2.50 15.31	148 163
27 vr		10.25 23.08	178 176	4.16 16.56	148 161
28 za		11.36 –	194 –	5.29 18.11	162 172
29 zo		0.11 12.36	195 217	6.46 19.05	185 184
30 ma	NM 23.47	1.05 13.26	215 238	7.36 19.52	207 191
31 di		1.55 14.16	231 251	8.23 20.36	223 193

februari 1995

datum		hoogwater		laagwater	
		h min MET	NAP + cm	h min MET	NAP – cm
1 wo		2.36 14.56	243 258	9.08 21.18	230 192
2 do		3.16 15.39	248 257	9.52 21.58	231 188
3 vr		4.01 16.20	248 248	10.36 22.38	225 183
4 za		4.40 17.06	242 232	11.09 23.15	215 176
5 zo		5.21 17.45	228 211	11.45 23.56	201 167
6 ma		5.58 18.26	209 187	12.20 –	185 –
7 di	EK 13.54	6.45 19.09	185 161	0.30 12.54	156 166
8 wo		7.31 20.06	157 134	1.15 13.55	140 145
9 do		8.40 21.26	130 114	2.46 15.15	124 130
10 vr		10.17 23.00	119 121	3.55 16.36	122 129
11 za		11.25 –	136 –	5.05 17.46	131 139
12 zo		0.05 12.25	145 163	6.15 18.30	148 153
13 ma		0.48 13.06	171 189	7.00 19.09	166 165
14 di		1.21 13.38	193 213	7.40 19.48	182 176
15 wo	VM 13.15	1.55 14.08	213 233	8.15 20.26	197 186
16 do		2.27 14.42	230 249	8.52 20.59	212 194
17 vr		3.02 15.18	242 258	9.32 21.42	223 198
18 za		3.36 15.55	247 258	10.13 22.22	227 197
19 zo		4.16 16.35	247 250	10.56 23.02	224 193
20 ma		4.55 17.16	241 235	11.36 23.46	217 188
21 di		5.36 18.05	230 215	12.18 –	207 –
22 wo	LK 14.04	6.29 19.05	211 187	0.25 13.06	181 192
23 do		7.35 20.21	187 163	1.26 14.00	170 173
24 vr		8.55 21.35	169 148	2.30 15.16	158 155
25 za		10.11 22.55	166 154	3.56 16.34	153 150
26 zo		11.30 –	183 –	5.25 18.00	166 163
27 ma		0.05 12.28	178 209	6.35 18.56	191 178
28 di		0.57 13.16	204 230	7.25 19.37	213 188

LLWS 1985.0 = NAP −232 cm ; LAT = NAP −255 cm

Vlissingen

maart 1995

datum		hoogwater		laagwater	
		h min MET c.q. zomertijd	NAP + cm	h min MET	NAP − cm
1 wo	NM 12.48	1.38 13.59	223 244	8.09 20.19	226 193
2 do		2.19 14.39	237 250	8.52 20.58	232 196
3 vr		2.56 15.16	246 250	9.29 21.36	231 197
4 za		3.36 15.55	249 244	10.07 22.11	226 195
5 zo		4.15 16.33	244 230	10.42 22.48	215 189
6 ma		4.48 17.08	232 211	11.16 23.25	200 179
7 di		5.26 17.42	214 191	11.46 23.56	184 169
8 wo		6.02 18.26	193 168	12.15 –	169 –
9 do	EK 11.13	6.45 19.10	166 143	0.19 12.44	157 150
10 vr		7.56 20.21	136 118	1.05 14.00	138 127
11 za		9.05 21.45	118 106	3.26 15.55	126 125
12 zo		10.45 23.20	127 128	4.36 17.00	134 137
13 ma		11.46 –	158 –	5.25 18.00	151 154
14 di		0.15 12.29	160 191	6.25 18.46	172 169
15 wo		0.49 13.06	189 218	7.09 19.20	191 183
16 do		1.23 13.41	214 241	7.51 19.58	207 195
17 vr	VM 2.26	1.59 14.16	235 258	8.25 20.38	221 204
18 za		2.36 14.53	251 266	9.05 21.18	232 210
19 zo		3.14 15.34	259 265	9.50 22.06	235 211
20 ma		3.53 16.14	260 255	10.32 22.46	232 209
21 di		4.34 16.58	255 238	11.16 23.28	223 206
22 wo		5.18 17.47	242 214	11.55 –	210 –
23 do	LK 21.10	6.11 18.48	219 185	0.15 12.41	198 193
24 vr		7.19 19.59	191 158	1.04 13.42	186 171
25 za		8.39 21.26	171 142	2.20 15.00	173 152
26 zo		11.06 23.45	167 150	4.45 17.25	167 148
27 ma		12.19 –	186 –	6.20 18.50	180 163
28 di		0.55 13.19	175 210	7.22 19.46	202 177
29 wo		1.46 14.02	199 227	8.16 20.21	217 187
30 do		2.20 14.42	217 236	8.48 21.05	224 193
31 vr	NM 4.08	3.01 15.21	229 240	9.28 21.38	226 200

april 1995

datum		hoogwater		laagwater	
		h min MET zomertijd	NAP + cm	h min MET	NAP − cm
1 za		3.35 15.56	239 241	10.02 22.16	225 204
2 zo		4.10 16.32	243 237	10.40 22.50	220 205
3 ma		4.47 17.07	241 226	11.15 23.25	210 198
4 di		5.21 17.39	231 211	11.45 23.58	196 189
5 wo		5.56 18.11	215 194	12.15 –	182 –
6 do		6.30 18.48	196 176	0.21 12.46	179 169
7 vr		7.08 19.30	175 154	0.51 13.15	170 156
8 za	EK 7.35	8.06 20.38	149 130	1.35 14.03	157 137
9 zo		9.26 21.55	131 116	3.00 16.16	140 126
10 ma		10.45 23.14	135 125	4.46 17.26	145 137
11 di		12.06 –	161 –	5.56 18.15	160 154
12 wo		0.28 12.51	156 195	6.45 19.06	179 172
13 do		1.11 13.36	188 224	7.36 19.45	198 187
14 vr		1.51 14.11	216 247	8.16 20.29	214 201
15 za	VM 14.08	2.29 14.49	240 262	8.58 21.16	227 211
16 zo		3.09 15.30	257 268	9.43 21.58	234 218
17 ma		3.49 16.12	266 265	10.25 22.46	235 221
18 di		4.31 16.56	267 254	11.08 23.28	229 222
19 wo		5.16 17.43	261 235	11.56 –	219 –
20 do		6.03 18.36	245 212	0.15 12.41	219 206
21 vr		6.58 19.36	223 187	1.06 13.26	213 189
22 za	LK 5.18	8.15 20.45	200 166	2.06 14.31	203 170
23 zo		9.28 22.02	184 153	3.05 15.45	192 154
24 ma		10.45 23.26	179 157	4.24 17.25	186 152
25 di		11.59 –	192 –	6.06 18.36	193 164
26 wo		0.28 12.56	177 209	7.02 19.26	207 176
27 do		1.19 13.42	196 221	7.50 20.06	214 184
28 vr		2.01 14.22	209 226	8.28 20.40	215 191
29 za	NM 19.36	2.38 15.01	218 228	9.06 21.12	213 199
30 zo		3.16 15.35	226 229	9.38 21.50	212 206

LLWS 1985.0 = NAP −232 cm ; LAT = NAP −255 cm

De tijdstippen van 26 maart t/m 23 september zijn in ZOMERTIJD.

Vlissingen

mei 1995

datum		hoogwater		laagwater	
		h min MET zomertijd	NAP + cm	h min MET	NAP − cm
1 ma		3.47	232	10.09	209
		16.09	228	22.25	208
2 di		4.22	233	10.46	202
		16.46	221	23.06	204
3 wo		4.57	226	11.18	192
		17.16	210	23.40	196
4 do		5.31	214	11.50	179
		17.50	196	–	–
5 vr		6.05	199	0.05	186
		18.21	182	12.20	168
6 za		6.39	184	0.40	179
		19.06	165	12.55	158
7 zo	EK	7.25	166	1.20	172
	23.44	20.06	146	13.39	147
8 ma		8.46	152	2.20	163
		21.15	135	14.50	136
9 di		10.00	154	3.44	161
		22.25	139	16.36	139
10 wo		11.10	171	4.54	171
		23.38	160	17.30	154
11 do		12.10	198	6.00	186
		–	–	18.22	171
12 vr		0.32	189	6.56	201
		12.57	225	19.15	188
13 za		1.19	218	7.49	216
		13.42	246	20.06	203
14 zo	VM	2.03	241	8.36	225
	22.48	14.26	259	20.52	215
15 ma		2.45	258	9.18	229
		15.09	263	21.38	223
16 di		3.28	266	10.06	228
		15.55	258	22.27	228
17 wo		4.16	266	10.50	220
		16.40	247	23.15	229
18 do		5.02	259	11.35	211
		17.29	233	–	–
19 vr		5.52	247	0.01	229
		18.22	217	12.18	198
20 za		6.51	231	0.55	225
		19.25	200	13.09	185
21 zo	LK	8.00	214	1.49	219
	13.35	20.31	184	14.10	171
22 ma		9.06	198	2.56	209
		21.35	170	15.15	159
23 di		10.15	188	4.16	199
		22.50	166	16.40	154
24 wo		11.29	190	5.36	195
		23.56	174	18.01	159
25 do		12.29	200	6.36	198
		–	–	18.56	168
26 vr		0.48	187	7.26	200
		13.19	208	19.40	177
27 za		1.38	197	8.06	198
		14.00	212	20.16	184
28 zo		2.19	204	8.38	196
		14.41	214	20.49	192
29 ma	NM	2.55	211	9.10	195
	11.27	15.18	216	21.28	200
30 di		3.27	218	9.43	195
		15.48	218	22.06	204
31 wo		4.02	223	10.20	192
		16.25	218	22.45	205

juni 1995

datum		hoogwater		laagwater	
		h min MET zomertijd	NAP + cm	h min MET	NAP − cm
1 do		4.37	223	10.55	186
		16.58	213	23.26	201
2 vr		5.11	216	11.25	177
		17.32	203	–	–
3 za		5.45	206	0.00	195
		18.02	191	12.06	168
4 zo		6.26	196	0.30	189
		18.45	179	12.40	161
5 ma		7.05	186	1.10	185
		19.29	167	13.26	154
6 di	EK	8.06	175	1.55	181
	12.26	20.36	157	14.16	148
7 wo		9.16	173	3.00	179
		21.46	157	15.26	147
8 do		10.26	181	4.16	181
		22.49	169	16.36	154
9 vr		11.28	198	5.15	188
		23.51	190	17.40	167
10 za		12.22	218	6.16	197
		–	–	18.40	183
11 zo		0.47	215	7.15	208
		13.16	236	19.40	199
12 ma		1.36	236	8.11	216
		14.06	247	20.32	214
13 di	VM	2.26	253	8.58	219
	6.03	14.56	252	21.26	224
14 wo		3.13	260	9.47	216
		15.40	250	22.15	231
15 do		4.00	263	10.33	209
		16.26	245	23.01	235
16 vr		4.48	260	11.18	200
		17.16	238	23.48	235
17 za		5.39	252	12.05	190
		18.07	229	–	–
18 zo		6.36	239	0.45	232
		19.06	217	12.49	181
19 ma		7.36	224	1.36	225
		19.58	203	13.46	171
20 di	LK	8.35	206	2.26	214
	0.01	20.55	185	14.40	161
21 wo		9.39	188	3.26	199
		22.06	170	15.46	152
22 do		10.55	177	4.24	185
		23.16	165	17.00	149
23 vr		11.58	179	5.56	178
		–	–	18.16	154
24 za		0.20	171	6.45	177
		12.56	186	19.16	163
25 zo		1.15	180	7.29	177
		13.41	194	19.49	173
26 ma		1.59	190	8.09	177
		14.21	200	20.36	181
27 di		2.36	198	8.46	177
		14.59	205	21.10	189
28 wo	NM	3.11	208	9.20	180
	2.50	15.31	212	21.46	197
29 do		3.45	218	9.55	182
		16.06	218	22.25	203
30 vr		4.17	225	10.36	182
		16.37	220	23.06	205

LLWS 1985.0 = NAP −232 cm ; LAT = NAP −255 cm

De tijdstippen van 26 maart t/m 23 september zijn in ZOMERTIJD.

Vlissingen

juli 1995

datum		hoogwater		laagwater	
		h min MET zomertijd	NAP + cm	h min MET	NAP − cm
1 za		4.52	226	11.05	178
		17.11	215	23.39	204
2 zo		5.25	221	11.45	172
		17.47	207	–	–
3 ma		5.57	214	0.20	200
		18.21	199	12.26	165
4 di		6.38	207	1.01	196
		19.01	191	12.59	161
5 wo	EK	7.29	198	1.35	192
	22.02	19.55	182	13.48	158
6 do		8.32	189	2.25	189
		21.06	175	14.46	155
7 vr		9.46	186	3.26	185
		22.16	177	15.45	155
8 za		10.50	190	4.30	183
		23.18	188	17.00	161
9 zo		11.56	200	5.39	185
		–	–	18.15	173
10 ma		0.21	205	6.56	191
		12.57	216	19.19	191
11 di		1.19	226	7.50	200
		13.51	230	20.20	210
12 wo	VM	2.12	244	8.46	204
	12.49	14.39	241	21.12	224
13 do		3.01	256	9.30	204
		15.26	247	22.02	233
14 vr		3.48	263	10.16	198
		16.16	250	22.47	237
15 za		4.35	263	10.59	192
		16.58	248	23.37	236
16 zo		5.22	257	11.42	185
		17.46	243	–	–
17 ma		6.10	245	0.19	230
		18.35	232	12.26	177
18 di		7.01	228	1.05	220
		19.26	216	13.09	170
19 wo	LK	7.51	206	1.50	206
	13.09	20.15	195	14.00	160
20 do		8.56	181	2.35	188
		21.15	171	14.55	148
21 vr		10.00	159	3.35	169
		22.31	152	16.05	139
22 za		11.15	150	4.34	154
		23.46	149	17.13	138
23 zo		12.26	158	6.05	151
		–	–	18.36	147
24 ma		0.45	161	7.00	155
		13.20	174	19.24	159
25 di		1.40	178	7.46	160
		14.01	188	20.15	171
26 wo		2.14	192	8.22	165
		14.39	199	20.49	181
27 do	NM	2.55	206	9.01	170
	17.13	15.08	211	21.28	191
28 vr		3.25	221	9.32	176
		15.41	223	22.01	201
29 za		3.58	234	10.10	180
		16.15	231	22.46	208
30 zo		4.28	240	10.45	181
		16.47	232	23.20	211
31 ma		5.02	240	11.25	177
		17.22	228	23.55	208

augustus 1995

datum		hoogwater		laagwater	
		h min MET zomertijd	NAP + cm	h min MET	NAP − cm
1 di		5.38	235	12.05	172
		17.57	222		
2 wo		6.17	227	0.38	203
		18.37	216	12.46	167
3 do		6.58	215	1.15	197
		19.21	206	13.26	164
4 vr	EK	7.55	199	2.00	190
	5.16	20.26	191	14.09	160
5 za		9.05	184	2.52	180
		21.38	181	15.15	154
6 zo		10.20	176	4.00	169
		22.56	180	16.29	153
7 ma		11.36	178	5.16	164
		–	–	17.55	162
8 di		0.05	193	6.36	169
		12.41	195	19.10	182
9 wo		1.07	216	7.38	181
		13.37	216	20.10	205
10 do	VM	2.00	239	8.25	190
	20.16	14.27	234	20.59	222
11 vr		2.48	255	9.15	192
		15.12	247	21.45	232
12 za		3.35	264	9.58	191
		15.56	255	22.32	234
13 zo		4.16	265	10.40	188
		16.36	257	23.15	229
14 ma		5.00	259	11.19	182
		17.20	253	23.55	220
15 di		5.46	245	11.59	176
		18.05	242	–	–
16 wo		6.27	227	0.36	206
		18.45	225	12.40	168
17 do		7.08	203	1.09	190
		19.30	202	13.20	158
18 vr	LK	7.55	177	1.50	171
	5.04	20.19	174	14.16	143
19 za		8.49	150	2.46	150
		21.26	145	15.14	129
20 zo		10.05	127	4.00	133
		22.55	130	16.35	125
21 ma		11.45	130	5.16	128
		–	–	17.55	132
22 di		0.15	144	6.19	136
		12.50	153	18.53	147
23 wo		1.09	169	7.16	147
		13.35	177	19.50	164
24 do		1.55	192	7.55	157
		14.11	197	20.24	176
25 vr		2.30	212	8.35	165
		14.45	214	21.06	188
26 za	NM	2.57	231	9.05	173
	6.31	15.16	230	21.38	200
27 zo		3.29	247	9.45	181
		15.45	244	22.16	209
28 ma		4.03	257	10.22	185
		16.20	250	22.56	214
29 di		4.36	258	11.02	184
		16.56	250	23.31	212
30 wo		5.16	253	11.42	180
		17.33	246	–	–
31 do		5.53	242	0.16	205
		18.13	238	12.26	175

LLWS 1985.0 = NAP −232 cm ; LAT = NAP −255 cm

De tijdstippen van 26 maart t/m 23 september zijn in ZOMERTIJD.

Vlissingen

september 1995

datum		hoogwater		laagwater	
		h min MET c.q. zomertijd	NAP +cm	h min MET	NAP −cm
1 vr		6.36	226	0.52	196
		18.57	224	13.02	171
2 za	EK	7.27	203	1.35	184
	11.03	19.55	201	13.56	163
3 zo		8.40	178	2.30	168
		21.15	181	14.55	153
4 ma		9.58	162	3.35	151
		22.35	174	16.21	148
5 di		11.16	161	5.00	143
		23.51	187	17.45	156
6 wo		12.29	182	6.26	150
		−	−	19.06	178
7 do		0.57	213	7.28	166
		13.27	209	20.00	202
8 vr		1.51	237	8.16	177
		14.12	231	20.48	218
9 za	VM	2.35	252	8.58	184
	5.37	14.56	246	21.30	225
10 zo		3.16	261	9.38	186
		15.36	257	22.10	224
11 ma		3.56	262	10.15	187
		16.15	262	22.48	218
12 di		4.36	256	10.55	183
		16.55	259	23.25	206
13 wo		5.15	244	11.35	177
		17.32	247	23.59	191
14 do		5.56	224	12.10	168
		18.12	229	−	−
15 vr		6.31	203	0.32	174
		18.50	206	12.46	156
16 za	LK	7.12	180	1.06	156
	23.09	19.36	178	13.20	143
17 zo		8.00	154	1.45	136
		20.24	148	14.04	125
18 ma		9.06	128	2.54	115
		21.50	127	16.05	117
19 di		10.30	114	4.36	111
		23.24	132	17.04	123
20 wo		12.10	135	5.46	121
		−	−	18.20	139
21 do		0.35	162	6.45	137
		12.59	166	19.15	158
22 vr		1.19	193	7.30	154
		13.35	193	19.55	174
23 za		1.55	219	8.06	163
		14.11	217	20.32	188
24 zo	NM	2.27	241	7.40	174
	17.55	13.42	238	20.06	200
25 ma		1.59	259	8.15	183
		14.16	255	20.45	210
26 di		2.35	270	8.55	189
		14.54	265	21.27	214
27 wo		3.13	271	9.38	191
		15.31	268	22.08	211
28 do		3.51	264	10.22	189
		16.11	264	22.48	203
29 vr		4.33	249	11.02	185
		16.53	253	23.29	191
30 za		5.18	229	11.51	179
		17.39	234	−	−

oktober 1995

datum		hoogwater		laagwater	
		h min MET	NAP +cm	h min MET	NAP −cm
1 zo	EK	6.11	202	0.18	176
	15.36	18.39	207	12.40	170
2 ma		7.26	174	1.15	156
		19.59	184	13.45	158
3 di		8.39	157	2.20	138
		21.22	177	15.05	152
4 wo		10.06	157	3.45	130
		22.41	189	16.46	159
5 do		11.18	179	5.16	140
		23.45	213	17.51	181
6 vr		12.15	205	6.16	156
		−	−	18.48	200
7 za		0.35	234	6.59	169
		12.55	226	19.28	210
8 zo	VM	1.19	247	7.40	177
	16.52	13.35	242	20.08	213
9 ma		1.57	253	8.16	183
		14.16	252	20.46	210
10 di		2.37	254	8.56	186
		14.52	257	21.22	205
11 wo		3.16	250	9.36	186
		15.29	255	21.58	194
12 do		3.51	239	10.10	181
		16.05	246	22.30	179
13 vr		4.27	223	10.46	170
		16.41	228	23.06	162
14 za		4.58	204	11.15	158
		17.18	208	23.30	147
15 zo		5.35	185	11.50	147
		17.56	184	−	−
16 ma	LK	6.18	164	0.06	132
	17.26	18.26	158	12.36	133
17 di		7.16	140	0.43	114
		20.06	138	13.47	118
18 wo		8.25	124	2.51	102
		21.19	136	15.30	123
19 do		9.55	128	3.54	111
		22.45	158	16.35	136
20 vr		11.10	156	5.00	128
		23.41	191	17.30	154
21 za		11.55	188	5.50	145
		−	−	18.15	172
22 zo		0.20	221	6.29	161
		12.35	217	18.58	188
23 ma		0.56	247	7.08	175
		13.11	242	19.39	201
24 di	NM	1.33	264	7.50	186
	5.36	13.48	262	20.18	209
25 wo		2.11	274	8.32	194
		14.26	273	21.03	211
26 do		2.49	274	9.17	198
		15.09	277	21.43	207
27 vr		3.32	265	10.03	198
		15.51	272	22.25	198
28 za		4.16	249	10.51	195
		16.39	259	23.12	185
29 zo		5.03	228	11.35	190
		17.26	239	−	−
30 ma	EK	5.59	204	0.00	169
	22.17	18.31	214	12.29	182
31 di		7.10	181	0.56	151
		19.50	195	13.35	172

LLWS 1985.0 = NAP −232 cm ; LAT = NAP −255 cm

De tijdstippen van 26 maart t/m 23 september zijn in ZOMERTIJD.

Vlissingen

november 1995

datum		hoogwater		laagwater	
		h min MET	NAP + cm	h min MET	NAP − cm
1 wo		8.26	166	2.06	134
		21.05	186	14.56	165
2 do		9.39	164	3.25	127
		22.18	192	16.14	167
3 vr		10.51	179	5.06	134
		23.25	209	17.36	180
4 za		11.45	199	5.56	149
		–	–	18.25	192
5 zo		0.19	225	6.39	161
		12.35	216	19.08	197
6 ma		1.01	234	7.20	170
		13.17	229	19.45	196
7 di	VM	1.41	238	7.55	178
	8.20	13.56	237	20.20	194
8 wo		2.17	239	8.31	185
		14.31	243	20.56	190
9 do		2.56	237	9.12	188
		15.07	244	21.31	183
10 vr		3.27	232	9.51	185
		15.46	238	22.06	172
11 za		4.06	221	10.26	176
		16.20	226	22.35	159
12 zo		4.35	207	11.00	166
		16.55	210	23.06	146
13 ma		5.09	192	11.25	156
		17.29	193	23.36	135
14 di		5.50	176	11.59	148
		18.04	174	–	–
15 wo	LK	6.35	158	0.15	124
	12.40	19.16	157	12.45	138
16 do		7.46	143	1.04	112
		20.30	152	14.25	133
17 vr		9.01	141	3.06	109
		21.39	163	15.35	140
18 za		10.08	156	4.16	121
		22.45	187	16.36	153
19 zo		11.11	183	5.00	139
		23.38	216	17.30	170
20 ma		11.56	214	5.50	157
		–	–	18.20	186
21 di		0.23	241	6.41	174
		12.41	240	19.08	199
22 wo	NM	1.05	259	7.26	188
	16.43	13.26	260	19.53	206
23 do		1.47	267	8.16	198
		14.06	273	20.38	206
24 vr		2.34	266	9.00	205
		14.50	276	21.26	202
25 za		3.16	259	9.51	207
		15.35	272	22.11	192
26 zo		4.05	247	10.35	207
		16.23	261	22.55	181
27 ma		4.52	231	11.28	205
		17.15	245	23.41	169
28 di		5.49	214	12.19	199
		18.19	225	–	–
29 wo	EK	6.52	198	0.37	154
	7.28	19.28	208	13.19	190
30 do		7.56	182	1.36	140
		20.35	193	14.26	179

december 1995

datum		hoogwater		laagwater	
		h min MET	NAP + cm	h min MET	NAP − cm
1 vr		9.08	173	2.50	131
		21.49	188	15.39	171
2 za		10.20	175	4.15	130
		23.00	194	17.05	172
3 zo		11.25	186	5.25	140
		23.55	205	18.00	177
4 ma		12.12	200	6.15	152
		–	–	18.42	179
5 di		0.45	213	6.54	162
		12.59	210	19.20	178
6 wo		1.25	218	7.38	172
		13.39	218	19.56	177
7 do	VM	2.00	221	8.15	180
	2.27	14.18	225	20.28	177
8 vr		2.37	223	8.49	186
		14.51	230	21.06	175
9 za		3.11	224	9.25	188
		15.25	231	21.40	171
10 zo		3.45	221	10.08	186
		15.58	226	22.16	163
11 ma		4.18	214	10.46	179
		16.32	217	22.45	154
12 di		4.52	203	11.15	172
		17.05	205	23.15	146
13 wo		5.28	191	11.46	166
		17.41	194	23.56	140
14 do		6.05	179	12.25	162
		18.29	182	–	–
15 vr	LK	7.01	167	0.35	134
	6.31	19.41	172	13.13	157
16 za		8.06	159	1.36	128
		20.45	172	14.25	155
17 zo		9.16	163	2.44	128
		21.56	183	15.36	159
18 ma		10.22	180	4.06	138
		22.55	202	16.45	168
19 di		11.22	204	5.10	154
		23.51	223	17.46	180
20 wo		12.16	228	6.10	172
		–	–	18.46	192
21 do		0.42	240	7.05	189
		13.03	249	19.32	200
22 vr	NM	1.29	250	7.56	204
	3.22	13.51	263	20.23	201
23 za		2.16	254	8.48	213
		14.35	270	21.07	198
24 zo		3.03	253	9.35	220
		15.26	270	21.53	191
25 ma		3.50	249	10.26	221
		16.11	264	22.38	183
26 di		4.39	241	11.15	220
		17.02	252	23.25	174
27 wo		5.29	231	12.06	214
		17.57	236	–	–
28 do	EK	6.26	216	0.16	164
	20.06	18.55	215	12.56	203
29 vr		7.26	198	1.01	153
		20.02	194	13.50	188
30 za		8.28	179	2.06	140
		21.09	175	14.45	170
31 zo		9.40	166	3.16	131
		22.26	168	16.04	157

LLWS 1985.0 = NAP −232 cm ; LAT = NAP −255 cm

Vlissingen

januari 1996

datum	hoogwater		laagwater	
	h min MET	NAP + cm	h min MET	NAP − cm
1 ma	10.49	168	4.34	132
	23.29	179	17.31	160
2 di	11.51	179	5.44	143
	–	–	18.26	162
3 wo	0.25	190	6.40	156
	12.45	191	19.00	164
4 do	1.12	199	7.19	166
	13.28	201	19.35	165
5 vr	1.49	205	7.58	175
	14.05	209	20.10	168
6 za	2.21	211	8.36	183
	14.35	218	20.42	172
7 zo	2.56	218	9.12	191
	15.07	227	21.18	175
8 ma	3.26	223	9.45	195
	15.38	231	21.56	174
9 di	3.59	223	10.26	195
	16.16	228	22.28	170
10 wo	4.31	217	10.55	191
	16.46	221	23.00	164
11 do	5.06	208	11.30	187
	17.20	214	23.37	159
12 vr	5.37	201	–	–
	17.57	205	12.06	183
13 za	6.26	191	0.16	156
	18.49	192	12.50	179
14 zo	7.20	179	1.06	151
	20.06	179	13.39	173
15 ma	8.36	171	2.06	145
	21.12	177	14.50	167
16 di	9.45	175	3.15	144
	22.22	183	15.59	166
17 wo	10.52	190	4.36	152
	23.28	198	17.15	172
18 do	11.55	213	5.50	169
	–	–	18.19	184
19 vr	0.26	218	6.52	190
	12.46	235	19.15	194
20 za	1.15	234	7.49	209
	13.36	254	20.07	200
21 zo	2.05	246	8.35	224
	14.23	265	20.52	200
22 ma	2.48	252	9.26	231
	15.09	270	21.38	197
23 di	3.35	255	10.12	234
	15.56	267	22.22	192
24 wo	4.20	252	10.58	231
	16.45	256	23.02	185
25 do	5.06	244	11.39	222
	17.36	239	23.48	177
26 vr	5.55	230	–	–
	18.26	216	12.26	208
27 za	6.45	208	0.35	166
	19.19	189	13.05	190
28 zo	7.42	182	1.25	152
	20.26	161	14.06	168
29 ma	8.49	156	2.24	137
	21.46	141	15.09	149
30 di	10.15	144	3.50	130
	23.00	144	16.25	140
31 wo	11.26	153	5.16	135
	–	–	17.46	145

februari 1996

datum	hoogwater		laagwater	
	h min MET	NAP + cm	h min MET	NAP − cm
1 do	0.06	160	6.26	149
	12.26	171	18.36	153
2 vr	0.52	178	7.06	163
	13.16	187	19.16	159
3 za	1.31	191	7.42	175
	13.46	200	19.50	166
4 zo	2.06	202	8.18	185
	14.15	214	20.22	174
5 ma	2.30	215	8.50	196
	14.45	228	20.58	182
6 di	3.02	227	9.26	205
	15.15	238	21.36	186
7 wo	3.35	234	10.06	210
	15.49	241	22.05	186
8 do	4.05	232	10.35	209
	16.20	237	22.39	182
9 vr	4.39	227	11.12	205
	16.55	231	23.15	178
10 za	5.15	222	11.46	199
	17.35	222	23.56	175
11 zo	5.56	213	–	–
	18.22	206	12.26	193
12 ma	6.46	198	0.38	171
	19.19	184	13.16	183
13 di	7.52	179	1.32	162
	20.36	166	14.16	170
14 wo	9.16	169	2.46	152
	21.51	161	15.30	160
15 do	10.28	176	4.04	153
	23.05	171	16.55	161
16 vr	11.38	197	5.35	168
	–	–	18.06	173
17 za	0.08	194	6.40	193
	12.36	223	19.02	188
18 zo	1.02	218	7.36	215
	13.25	246	19.52	198
19 ma	1.49	237	8.26	231
	14.09	260	20.36	203
20 di	2.33	250	9.08	240
	14.53	267	21.20	203
21 wo	3.16	258	9.53	241
	15.36	265	22.02	201
22 do	3.59	258	10.35	234
	16.22	255	22.42	196
23 vr	4.42	251	11.13	223
	17.07	237	23.26	188
24 za	5.26	235	11.52	207
	17.48	213	–	–
25 zo	6.09	213	0.06	178
	18.38	185	12.29	188
26 ma	7.00	184	0.45	164
	19.25	153	13.15	165
27 di	7.55	151	1.46	146
	20.29	123	14.26	142
28 wo	9.26	126	3.06	133
	22.25	113	15.46	130
29 do	10.55	131	4.25	133
	23.36	133	16.54	134

LLWS 1985.0 = NAP −232 cm ; LAT = NAP −255 cm

Tijden van opkomst en ondergang van de zon in 1995

dag	mnd.	op	onder	dag	mnd.	op	onder
1	januari	8.47	16.36	5	juli	5.25	22.01
6	januari	8.46	16.42	10	juli	5.29	21.58
11	januari	8.44	16.49	15	juli	5.35	21.53
16	januari	8.40	16.57	20	juli	5.41	21.47
21	januari	8.35	17.05	25	juli	5.48	21.41
26	januari	8.29	17.14	30	juli	5.56	21.33
31	januari	8.21	17.23				
				4	augustus	6.03	21.25
5	februari	8.13	17.32	9	augustus	6.11	21.16
10	februari	8.04	17.42	14	augustus	6.19	21.06
15	februari	7.55	17.51	19	augustus	6.28	20.56
20	februari	7.45	18.00	24	augustus	6.36	20.45
25	februari	7.34	18.10	29	augustus	6.44	20.34
2	maart	7.24	18.19	3	september	6.52	20.23
7	maart	7.12	18.28	8	september	7.00	20.11
12	maart	7.01	18.37	13	september	7.09	19.59
17	maart	6.49	18.45	18	september	7.17	19.48
22	maart	6.38	18.54	23	september	7.25	19.36
27	maart	7.26	20.03	28	september	6.33	18.24
1	april	7.15	20.11	3	oktober	6.42	18.13
6	april	7.03	20.20	8	oktober	6.50	18.01
11	april	6.52	20.29	13	oktober	6.59	17.50
16	april	6.41	20.37	18	oktober	7.08	17.39
21	april	6.30	20.46	23	oktober	7.16	17.28
26	april	6.19	20.54	28	oktober	7.25	17.18
1	mei	6.09	21.03	2	november	7.35	17.09
6	mei	6.00	21.11	7	november	7.44	17.00
11	mei	5.51	21.19	12	november	7.53	16.52
16	mei	5.43	21.27	17	november	8.01	16.45
21	mei	5.36	21.35	22	november	8.10	16.38
26	mei	5.30	21.42	27	november	8.18	16.33
31	mei	5.25	21.48				
				2	december	8.25	16.30
5	juni	5.21	21.53	7	december	8.32	16.27
10	juni	5.18	21.58	12	december	8.38	16.26
15	juni	5.17	22.01	17	december	8.42	16.26
20	juni	5.17	22.03	22	december	8.45	16.28
25	juni	5.18	22.04	27	december	8.47	16.32
30	juni	5.21	22.03				

De tijdstippen vanaf 27 maart t/m 23 september zijn in zomertijd, de overige in MET.

Tijden van opkomst en ondergang van de maan in 1995

Dag	fase	januari op h.min	onder h. min	fase	februari op h.min	onder h. min	fase	maart op h.min	onder h. min
1	NM	8.18	17.11		8.33	19.50	NM	6.59	18.41
2		9.03	18.28		8.57	21.03		7.23	19.53
3		9.38	19.46		9.20	22.14		7.46	21.03
4		10.07	21.02		9.43	23.23		8.09	22.11
5		10.32	22.15		10.07	—.—		8.34	23.16
6		10.55	23.25		10.32	0.29		9.02	—.—
7		11.17	—.—	EK	11.01	1.33		9.34	0.19
8	EK	11.39	0.34		11.35	2.33		10.11	1.18
9		2.03	1.40		12.14	3.30	EK	10.54	2.12
10		12.29	2.44		13.00	4.22		11.44	3.01
11		13.00	3.46		13.54	5.09		12.40	3.43
12		13.36	4.46		14.53	5.49		13.42	4.20
13		14.18	5.41		15.58	6.24		14.48	4.53
14		15.08	6.31		17.07	6.55		15.58	5.21
15		16.04	7.15	VM	18.18	7.22		17.11	5.48
16	VM	17.06	7.53		19.32	7.47		18.26	6.13
17		18.13	8.25		20.47	8.11	VM	19.43	6.38
18		19.22	8.53		22.02	8.36		21.02	7.04
19		20.33	9.19		23.19	9.02		22.20	7.33
20		21.46	9.43		—.—	9.31		23.36	8.07
21		22.59	10.06		0.35	10.06		—.—	8.47
22		—.—	10.30	LK	1.48	10.48		0.48	9.36
23		0.14	10.56		2.56	11.38	LK	1.51	10.33
24	LK	1.30	11.26		3.57	12.38		2.44	11.38
25		2.46	12.03		4.47	13.45		3.28	12.48
26		3.59	12.48		5.29	14.58		5.05	15.01
27		5.06	13.43		6.04	16.13		5.35	16.14
28		6.05	14.48		6.33	17.28		6.01	17.26
29		6.53	16.01					6.25	18.37
30	NM	7.33	17.18					6.49	19.47
31		8.05	18.35				NM	7.12	20.55

Dag	fase	april op h.min	onder h. min	fase	mei op h.min	onder h. min	fase	juni op h.min	onder h. min
1		7.36	22.02		7.08	22.55		8.10	23.52
2		8.03	23.06		7.46	23.47		9.09	—.—
3		8.34	—.—		8.31	—.—		10.11	0.24
4		9.09	0.06		9.21	0.34		11.17	0.52
5		9.49	1.02		10.17	1.15		12.24	1.17
6		10.36	1.53		11.18	1.50	EK	13.33	1.41
7		11.29	2.38	EK	12.22	2.21		14.45	2.04
8	EK	12.28	3.17		13.29	2.48		16.00	2.28
9		13.31	3.50		14.39	3.13		17.18	2.55
10		14.38	4.20		15.52	3.37		18.36	3.26
11		15.48	4.47		17.07	4.02		19.54	4.04
12		16.01	5.12		18.26	4.28		21.05	4.51
13		18.17	5.37		19.46	4.57	VM	22.07	5.49
14		19.35	6.03	VM	21.06	5.33		22.58	6.58
15	VM	20.56	6.31		22.21	6.16		23.39	8.13
16		22.15	7.03		23.27	7.09		—.—	9.31
17		23.32	7.42		—.—	8.12		0.12	10.49
18		—.—	8.29		0.21	9.23		0.40	12.04
19		0.41	9.25		1.05	10.37	LK	1.05	13.16
20		1.39	10.29		1.41	11.53		1.28	14.26
21		2.28	11.39	LK	2.10	13.07		1.51	15.33
22	LK	3.07	12.52		2.36	14.18		2.15	16.39
23		3.39	14.05		2.59	15.28		2.41	17.42
24		4.06	15.17		3.22	16.36		3.11	18.42
25		4.30	16.27		3.45	17.42		3.46	19.38
26		4.53	17.36		4.10	18.47		4.26	20.30
27		5.16	18.44		4.37	19.49		5.12	21.15
28		5.40	19.50		5.09	20.48	NM	6.04	21.54
29	NM	6.05	20.55	NM	5.45	21.43		7.02	22.28
30		6.34	21.57		6.27	22.32		8.04	22.57
31					7.16	23.15			

De tijdstippen vanaf 26 maart t/m 23 september zijn in zomertijd, de overige in MET.

Tijden van opkomst en ondergang van de maan in 1995

Dag	juli fase	op h.min	onder h. min	augustus fase	op h.min	onder h. min	september fase	op h.min	onder h. min
1		9.08	23.23		11.33	23.05		14.14	23.22
2		10.14	23.47		12.46	23.31	EK	15.22	—.—
3		11.22	—.—		13.59	—.—		16.22	0.12
4		12.32	0.10	EK	15.13	0.02		17.14	1.12
5	EK	13.44	0.33		16.25	0.38		17.58	2.20
6		14.58	0.58		17.32	1.23		18.34	3.33
7		16.13	1.26		18.31	2.18		19.06	4.50
8		17.29	2.00		19.21	3.23		19.33	6.07
9		18.42	2.40		20.03	4.36	VM	19.59	7.23
10		19.48	3.31	VM	20.37	5.54		20.24	8.37
11		20.45	4.33		21.07	7.13		20.50	9.49
12	VM	21.31	5.45		21.33	8.31		21.17	10.58
13		22.09	7.03		21.58	9.47		21.48	12.05
14		22.40	8.22		22.23	10.59		22.22	13.08
15		23.07	9.41		22.49	12.10		23.02	14.05
16		23.32	10.56		23.17	13.17	LK	23.47	14.58
17		23.56	12.09		23.48	14.21		—.—	15.44
18		—.—	13.19	LK	—.—	15.21		0.38	16.25
19	LK	0.20	14.27		0.24	16.16		1.34	17.00
20		0.46	15.32		1.06	17.06		2.34	17.31
21		1.14	16.33		1.53	17.50		3.39	17.58
22		1.47	17.31		2.47	18.29		4.46	18.24
23		2.25	18.25		3.45	19.02		5.55	18.49
24		3.09	19.12		4.48	19.31	NM	6.07	18.13
25		3.59	19.54		5.54	19.57		7.20	18.40
26		4.55	20.30	NM	7.02	20.22		8.35	19.09
27	NM	5.55	21.01		8.12	20.46		9.50	19.42
28		6.59	21.29		9.23	21.11		11.04	20.22
29		8.06	21.54		10.35	21.37		12.14	21.10
30		9.13	22.17		11.49	22.06		13.17	22.07
31		10.23	22.40		13.02	22.41			

Dag	oktober fase	op h.min	onder h. min	november fase	op h.min	onder h. min	december fase	op h.min	onder h. min
1	EK	14.11	23.11		14.39	0.40		13.59	2.08
2		14.56	—.—		15.05	1.54		14.24	3.17
3		15.34	0.22		15.29	3.06		14.50	4.25
4		16.06	1.36		15.54	4.17		15.20	5.31
5		16.35	2.50		16.19	5.27		15.53	6.34
6		17.00	4.05		16.47	6.34		16.32	7.33
7		17.25	5.18	VM	17.18	7.40	VM	17.16	8.27
8	M	17.51	6.30		17.54	8.42		18.06	9.14
9		18.17	7.40		18.35	9.40		19.01	9.56
10		18.47	8.48		19.21	10.32		19.59	10.32
11		19.20	9.53		20.13	11.17		21.01	11.03
12		19.57	10.53		21.09	11.56		22.04	11.30
13		20.40	11.49		22.09	12.30		23.09	11.55
14		21.29	12.38		23.12	12.59		—.—	12.18
15		22.23	13.20	LK	—.—	13.26	LK	0.16	12.41
16	LK	23.21	13.57		0.17	13.50		1.25	13.05
17		—.—	14.30		1.24	14.14		2.36	13.32
18		0.23	14.58		2.34	14.38		3.50	14.03
19		1.28	15.24		3.46	15.04		5.06	14.40
20		2.35	15.49		5.01	15.34		6.21	15.26
21		3.45	16.13		6.19	16.09		7.32	16.23
22		4.58	16.39	NM	7.36	16.52	NM	8.34	17.30
23		6.13	17.07		8.49	17.44		9.27	18.46
24	NM	7.29	17.39		9.55	18.46		10.09	20.05
25		8.46	18.18		10.50	19.56		10.44	21.24
26		10.00	19.04		11.35	21.12		11.14	22.41
27		11.08	19.59		12.12	22.28		11.41	23.55
28		12.07	21.03		12.43	23.43	EK	12.05	—.—
29		12.56	22.13	EK	13.10	—.—		12.30	1.07
30	EK	13.36	23.26		13.35	0.57		12.56	2.16
31		14.10	—.—					13.24	3.22

De tijdstippen vanaf 26 maart t/m 23 september zijn in zomertijd, de overige in MET.

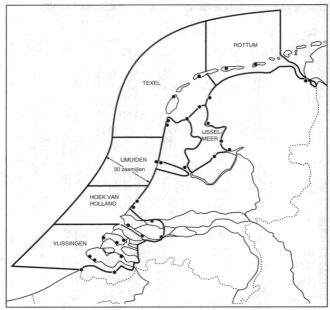

Districtenindeling Nederlandse kustwateren en IJsselmeer

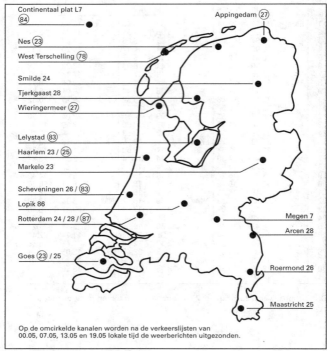

Op de omcirkelde kanalen worden na de verkeerslijsten van
00.05, 07.05, 13.05 en 19.05 lokale tijd de weerberichten uitgezonden.

Nederlandse marifoonnet

Frequenties Radio 1 t/m 5 (Nederland)

Radio	1	2	3	4	5
Middengolf	kHz		kHz		kHz
Flevoland	747				1008
Hulsberg	1251				891
Lopik			675		
FM	MHz	MHz	MHz	MHz	
Wieringermeer	101,6	87,7	89,8	92,2	
Roermond	104,8	88,2	90,9	94,5	
Smilde	101,0	88,0	91,8	94,8	
Goes	104,4	87,9	95,0	99,8	
Markelo	104,6	91,4	96,2	98,4	
Lopik	100,1	92,6	96,8	98,9	
Hulsberg (Z-Limburg)	105,3	92,1	103,9	98,7	
Rotterdam	90,2				
Lelystad	103,0				
Loon op Zand	98,2				
Haarlem	94,3				
Arnhem	104,1				

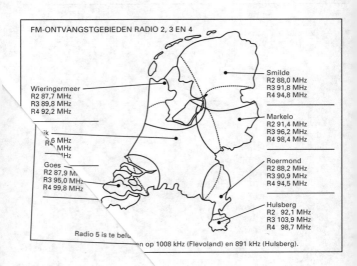

Scheepvaartberichten

Nederland

– Radioberichten voor de scheepvaart worden (voor zover noodzakelijk, zoals bijv. stremmingen) omgeroepen via de volgende
zenders:
ma. t/m zo.   Radio 5   06.45-06.50 h*
ma. t/m zo.   Radio 5   08.55 h*   (waterhoogten op de rivieren)

Bijzonder urgente berichten voor de scheepvaart worden tevens
omgeroepen via de zenders Radio 1, 2 en 3 elk uur na de nieuwsbe-
richten.

* De scheepvaartberichten zijn ook 24 uur per dag opvraagbaar via
de Informatielijn voor de Binnenwateren van het Berichtencentrum
van het RIZA, telefoonnummer (03200) 4 16 02.

België

Radioberichten voor de scheepvaart op de Belgische wateren worden (voor zover noodzakelijk) omgeroepen via de zender BRT 1
(927 kHz) ma. t/m zat. 12.00 h.

Weerberichten

Verklaring van de letters
A = scheepsweerbericht Ned. kustwateren en IJsselmeer
B = scheepsweerbericht Noordzee
C = scheepsweerbericht Oostzee
D = scheepsweerbericht Skagerrak, Kattegat, Western Baltic
E = scheepsweerbericht Het Kanaal
F = uitgebreid weeroverzicht en weersverwachting
G = weersverwachting (o.a. windkracht en -richting)
a = wind- en stormwaarschuwingen Ned. kustwateren en IJsselmeer
b = wind- en stormwaarschuwingen Noordzee
c = wind- en stormwaarschuwingen Oostzee
d = wind- en stormwaarschuwingen Skagerrak, Kattegat, Western
    Baltic
e = wind- en stormwaarschuwingen Het Kanaal

Standaardtijden

In verband met de invoering van de zomertijd in Europa zijn de uitzendtijden van de weerberichten via de **omroepzenders** gegeven in
lokale tijd.
De uitzendtijden via de **scheepskuststations** zijn uitgedrukt in UTC
(Universal Coordinated Time) = GMT. In het bijgaande staatje is het
verschil tussen lokale tijd en UTC aangegeven *in de periode dat in
Nederland de zomertijd geldt*. (Zomertijd in Nederland van 26 maart
t/m 23 september 1995; zomertijd in Engeland van 26 maart t/m 21
okt. 1995.)

land	lokale tijd (h)	UTC (h)
Nederland	12.00	10.00
België	12.00	10.00
Frankrijk	12.00	10.00
Engeland	12.00	11.00
Duitse Bondsrepubliek	12.00	10.00

Nederland

Alle onderstaande uitzendingen zijn in de Nederlandse taal.

lokale tijd	zender	inhoud
00.00 t/m 06.00	Radio 1 en 2	weer- + windverwachting of weersverwachting + kustsein
06.30	Radio 1	idem
07.00	Radio 2, 3, 4 en 5	idem
07.30 (ma-vr)	Radio 5	idem
08.00	Radio 2, 3 en 4	idem
09.00 t/m 12.00	Radio 1, 2 en 3	idem
13.00	Radio 2, 3 en 4	idem
14.00 t/m 16.00	Radio 1, 2, 3 en 5	idem
17.00	Radio 2 en 3	idem
18.00	Radio 2, 3, 4 en 5	idem
19.00 t/m 22.00	Radio 1, 2 en 3	idem
23.00	Radio 2 en 3	idem
06.45	Radio 5	weeroverzicht, weersverwachting, windverwachting, kustsein, verwachting voor de Ned. kustwateren en het IJsselmeer
07.00	Radio 1	weers-, windverwachting en kustsein
08.00	Radio 1 en 5	idem
13.00	Radio 1 en 5	idem
17.00	Radio 1	idem
	(ma/vr ook Radio 5)	idem
18.00	Radio 1	idem
23.00	Radio 1	idem

Op Radio 1 (op de middengolf) wordt van 7-18 h op ieder heel uur een windverwachting gegeven (windkracht en -richting).
Verder windverwachting (windkracht en -richting Nederlandse kustwateren en IJsselmeer) op Radio 1 om 23.00 h en op Radio 5 om 07.00, 08.00, 13.00 en 17.00 h.

Bij windkracht 6 Beaufort en hoger geven alle uitzendingen van de radionieuwsdienst een waarschuwing. Hierbij wordt de districtsbenaming gebruikt van het scheepsweerbericht

Radio 1 en 2	op elk heel uur van 0-24 h
Radio 3	op elk heel uur van 7-23 h (zo. vanaf 8 h)
Radio 4	7, 8, 13, 18, 20 h
Radio 5	9, 12, 13, 18 h

Scheveningen Radio (alleen enkelzijband)
De onderstaande uitzendingen zijn in de Nederlandse en de Engelse taal.
Frequentie: 1713 en 1890 kHz (1713 kHz is vooral bedoeld voor de sector ten N van Nederland).

Tijd (UTC)	inhoud
03.40	b, B, F (tevens op 2824 kHz)
09.40	b, B, F
15.40	b, B, F
21.40	b, B, F

Wind- en stormwaarschuwingen worden bovendien uitgezonden direct na ontvangst en na de eerstvolgende stilteperiode om h + 03 of h + 33 (3, resp. 33 min na elk heel uur).
Scheveningen Radio geeft de weerberichten voor de scheepvaart op de Noordzee. De Noordzee wordt voor het weerbericht onderverdeeld in de districten Viking, Forties, Fisher, Dogger, German Bight, Humber, Thames en Dover. De verwachting wordt gegeven per district (soms gedeelten daarvan) of een groep van districten. De weerberichten van Scheveningen Radio bestaan uit:
- berichten van de wind- en stormwaarschuwingsdienst (stormwaarschuwing vanaf 7 Beaufort);
- weeroverzicht voor de Noordzee en omgeving;
- verwachting voor de eerstkomende 12 uur;
- vooruitzichten voor de periode van 12 uur volgend op de eerste periode van 12 uur.

Weerberichten

Scheveningen Radio zendt via 10 marifoonkanalen een weerbericht voor de Nederlandse kustwateren en het IJsselmeer uit.
Onder de Nederlandse kustwateren wordt verstaan een strook, die zich tot op 30 zeemijl van de kust uitstrekt, plus de Waddenzee, de vaarwateren kustinwaarts naar en de havengebieden van Amsterdam, Rotterdam en Dordrecht en voorts het gebied van de Zuidhollandse en Zeeuwse stromen.
Het weerbericht, dat door het KNMI wordt opgesteld is bedoeld om de veiligheid van de scheepvaart langs de kust, op de Waddenzee en op het IJsselmeer te vergroten.
Het weerbericht wordt viermaal per dag uitgezonden na de verkeerslijsten van het kuststation Scheveningen Radio van 00.05, 07.05, 13.05 en 19.05 h (lokale tijd). Het bestaat uit een korte opsomming van belangrijke weersystemen (de synopsis), de eventueel geldende stormwaarschuwingen (zo mogelijk 6 tot 12 uur voor optreden, vanaf 6 Beaufort), neerslag, zicht en de windverwachting de eerstvolgende 12 uur.

Stormwaarschuwingen

De stormwaarschuwingen voor de Nederlandse kustwateren, de Waddenzee en het IJsselmeer voor 6 Beaufort of meer worden, direct nadat ze door het KNMI zijn uitgegeven, aangekondigd via het marifoonkanaal 16 en uitgesproken via dezelfde 10 werkkanalen waarop de weerberichten worden uitgezonden. Daarna worden de waarschuwingen ieder uur, na de verkeerslijst van Scheveningen Radio, herhaald op dezelfde 10 werkkanalen net zolang tot de waarschuwingen zijn ingetrokken.
Er wordt gewaarschuwd voor de districten Vlissingen, Hoek van Holland, IJmuiden, Texel, Rottum en IJsselmeer.
Wijzigingen in de waarschuwingen en intrekkingen worden behandeld als een nieuw bericht.

Marifoonkanalen
– Voor weerberichten:

Goes	23
Rotterdam	87
Scheveningen	83
Haarlem	25
Wieringermeer	27
Continentaal plat L 7	84
West-Terschelling	78
Nes	23
Appingedam	27
Lelystad	83

– Voor stormwaarschuwingen:
a. direct na ontvangst: aankondigen op kanaal 16 en uitspreken op dezelfde 10 marifoon-werkkanalen als bij weerberichten.
b. 5 min na ieder uur (na de verkeerslijst): op de 10 marifoonkanalen.

Telefonische informatie
Het KNMI stelt een speciaal weerbericht voor de waterrecreatie en de beroepsvaart (en het strand) samen:
Tel. **(06) 97 71** voor weersinformatie voor de maritieme sector Rijnmond. Het bericht bevat stormwaarschuwingen, actuele weerrapporten met een weeroverzicht, verwachtingen (wind, zicht en neerslag) en getij-informatie zoals waterstanden en golfhoogten. De kosten bedragen ca. f 0,75 per minuut.

Tel. **(06) 97 75** voor het strandweer langs de Nederlandse Noordzeekust en voor een weerbericht voor Waddenzee, IJsselmeer, Friese meren of het Deltagebied. Het bericht bevat stormwaarschuwingen, actuele waarnemingen, een weeroverzicht met verwachtingen en de watertemperaturen. De kosten bedragen ca. f 0,50 per min.

Uniforme districtenindeling Noordzee in gebruik bij Nederland, België, Groot-Brittannië en Duitsland

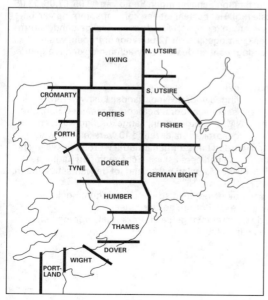

Groot-Brittannië

Alle uitzendingen zijn in de Engelse taal. Voor de betekenis van de letters in de kolommen 'inhoud', 'tijd in (UTC)' en 'lokale tijd' zie blz. 727.

BBC Radio 4
De weerberichten van Radio 4 bevatten de verwachtingen voor de **Noordzee** en **Het Kanaal**.

frequentie (kHz)	lokale tijd	inhoud
198	00.33	b, B, e, E, F
198	05.55	b, B, e, E, F
198	13.55	b, B, e, E, F
198	17.50	b, B, e, E, F

Cullercoats Radio (alleen enkelzijband)
De weerberichten hebben betrekking op de districten **Viking** en **North Utsire**.

frequentie (kHz)	tijd (UTC)	inhoud	opmerking
2719	07.03	b, B, F	marifoon
2719	19.03	b, B, F	kan. 26

Humber Radio (alleen enkelzijband)
De weerberichten hebben betrekking op de districten **Tyne, Dogger** en **Thames**.

frequentie (kHz)	tijd (UTC)	inhoud	opmerking
1869	07.33	b, B, F	marifoon
1869	19.33	b, B, F	kan. 26

North Foreland Radio (alleen enkelzijband)
De weerberichten hebben betrekking op de districten **German Bight** en **Biscay**.

frequentie (kHz)	tijd (UTC)	inhoud	opmerking
1707	07.33	b, B, e, E, F	marifoon
1707	19.33	b, B, e, E, F	kan. 26

Duitsland

Uitzendingen in de Duitse taal. Voor de betekenis van de letters in de kolommen 'inhoud', 'tijd in (UTC)' en 'lokale tijd' zie blz. 727.

Norddeich Radio (alleen enkelzijband)
De weerberichten hebben betrekking op de districten **Skagerrak, Noordzee** en **Het Kanaal**.

frequentie (kHz)	tijd (UTC)	inhoud	opmerkingen
2614	07.10 en 19.10	b, B, e, E, F	tevens voor de Atlantische Oceaan van IJsland tot Azoren

Van 1 april tot 1 okt. om 06.00 en 17.00 h (UTC) via marifoonkan. 28 een uitgebreid weeroverzicht en weersverwachting speciaal voor de watersport voor het district German Bight.

Deutschlandfunk
De berichten voor de Noordzee hebben betrekking op de districten **Fisher, German Bight, Humber** en **Thames**.

frequentie (kHz)	lokale tijd	inhoud
1269	01.05/06.40	b, B, d, D, F

Radio Bremen I
De berichten hebben betrekking op het district **Noordzee**.

frequentie (kHz)	lokale tijd	inhoud	opmerkingen
936	23.05	b, B, d, D, F	en Southern Baltic

NDR 4
De berichten hebben betrekking op de districten **German Bight** en **Noordzee**.

frequentie (kHz)	lokale tijd	inhoud	opmerkingen
972	00.05	b, B, d, D, F	en Southern Baltic

België

Op de Belgische Radio en Televisie (BRT 1) 927 kHz + FM-kanalen wordt een uitgebreid weeroverzicht en scheepsweerbericht uitgezonden voor Humber, Thames, Dover, Belgische kust, Wight en Portland. Alle onderstaande uitzendingen zijn in de Nederlandse taal. Voor de betekenis van de letters in de kolommen 'inhoud', 'tijd in (UTC)' en 'lokale tijd' zie blz. 727.

BRT Radio 1
frequentie (kHz)	lokale tijd
927	06.00
	07.00*
	08.00
	09.00
	12.00

* alleen op za en zo

Oostende Radio (alleen enkelzijband)
Uitzending in de Nederlandse en Engelse taal.
Berichten hebben betrekking op de districten **Belgische kust, Dover en Thames.**

frequentie (kHz)	tijd (UTC)	inhoud	opmerkingen
2761	08.20	b, B, e, E, F	(marifoonkan. 27)
2761	17.20	b, B, e, E, F	(marifoonkan. 27)

Schaal van Beaufort en windsnelheid

nr.	omschrijving	windsnelheid van de wind			
	termen gebruikelijk ter zee	termen gebruikelijk te land	snelheid in m/s	snelheid in km per uur	snelheid in zeemijlen per uur
0	stilte	windstil	0 – 0,2	0 – 1	0 – 1
1	flauw en stil		0,3 – 1,5	2 – 5	2 – 3
2	flauwe koelte	zwakke wind	1,6 – 3,3	6 – 11	4 – 6
3	lichte koelte		3,4 – 5,4	12 – 19	7 – 10
4	matige koelte	matige wind	5,5 – 7,9	20 – 28	11 – 16
5	frisse bries	vrij krachtige wind	8,0 – 10,7	29 – 38	17 – 21
6	stijve bries	krachtige wind	10,8 – 13,8	39 – 49	22 – 27
7	harde wind		13,9 – 17,1	50 – 61	28 – 33
8	stormachtige wind		17,2 – 20,7	62 – 74	34 – 40
9	storm		20,8 – 24,4	75 – 88	41 – 47
10	zware storm		24,5 – 28,4	89 – 102	48 – 55
11	zeer zware storm		28,5 – 32,6	103 – 117	56 – 63
12	orkaan		groter dan 32,6	groter dan 117	groter dan 63

Schaal van Beaufort

Adressen

ANWB

Hoofdkantoor ANWB[2]
tel. (070)[1]   3 14 71 47   's-Gravenhage 2596 EC   Wassenaarseweg 220

ANWB-vestigingen[2]

tel.	nummer	plaats	adres
tel. (072)	11 90 41	Alkmaar 1815 LA	Kennemerstraatweg 12
tel. (0546)	82 80 80	Almelo 7607 HH	De Werf 7
tel. (036)	5 34 18 77	Almere (Stad) 1315 GP	Spoordreef 20
tel. (033)	61 02 45	Amersfoort 3817 CS	Pr. Julianaplein 10
tel. (020)	6 45 51 51	Amstelveen 1183 HE	Kostverlorenhof 5
tel. (020)	6 73 08 44	Amsterdam 1071 DJ	Museumplein 5
tel. (020)	6 10 49 05	A'dam/Osdorp 1068 SX	Osdorpplein 420
tel. (020)	6 91 39 96	A'dam/A'damse Poort 1102 MK	Bijlmerplein 1001
tel. (055)	21 37 10	Apeldoorn 7314 AB	Loolaan 35
tel. (085)	23 60 00	Arnhem 6831 EX	Kronenburgsingel 20
tel. (05920)	1 41 00	Assen 9401 BD	Kloekhorststraat 12
tel. (01640)	4 38 50	Bergen op Zoom 4611 HS	Westersingel 79-81
tel. (02510)	1 00 52	Beverwijk 1941 EC	Beverhof 16/17
tel. (076)	22 32 32	Breda 4818 SL	Wilhelminapark 25
tel. (05700)	1 31 00	Deventer 7411 HG	Keizerstraat 2
tel. (08340)	4 45 53	Doetinchem 7001 AP	IJsselkade 20
tel. (078)	14 07 66	Dordrecht 3311 GR	Spui Boulevard 88
tel. (08380)	1 91 22	Ede 6711 AV	Achterdoelen 30
tel. (040)	11 81 55	Eindhoven 5611 LL	Elzentlaan 139-141
tel. (05910)	1 69 92	Emmen 7811 BP	De Weiert 82-84
tel. (053)	32 37 00	Enschede 7511 HT	De Klanderij 130
tel. (01820)	2 44 44	Gouda 2801 AK	Stationsplein 1b
tel. (070)[1]	3 14 71 47	's-Gravenhage 2596 EC	Wassenaarseweg 220
tel. (070)	3 68 56 50	's-Gravenhage 2566 AB	De Sav. Lohmanplein 10
tel. (050)	18 43 45	Groningen 9724 DA	Trompsingel 21
tel. (023)	31 91 63	Haarlem 2011 LM	Stationsplein 70
tel. (045)	71 78 33	Heerlen 6411 LM	Honigmanstraat 100
tel. (02230)	1 48 02	Den Helder 1781 HK	Bernhardplein 75
tel. (073)	14 53 54	's-Hertogenbosch 5211 RX	Burg. Loeffplein 11-13
tel. (035)	24 17 51	Hilversum 1211 BD	Noordse Bosje 1
tel. (030)	32 14 21	Hoog Catharijne 3511 DG	Gildenkwartier 177
tel. (05280)	6 83 73	Hoogeveen 7901 EJ	Schutstraat 128
tel. (010)	4 16 41 00	Hoogvliet 3191 CH	Binnenban 6
tel. (058)	13 39 55	Leeuwarden 8911 AD	Lange Marktstraat 22
tel. (071)	14 62 41	Leiden 2312 AV	Stationsweg 2
tel. (043)	62 06 66	Maastricht 6224 EG	Koningsplein 60
tel. (01180)	1 51 55	Middelburg 4331 LX	Lange Geere 26
tel. (03402)	3 29 97	Nieuwegein 3431 HC	Schakelstede 91
tel. (080)	22 23 78	Nijmegen 6512 AB	Stationsplein 12
tel. (030)	62 65 00	Overvecht 3562 JV	Zamenhofdreef 61
tel. (04750)	1 01 01	Roermond 6041 GN	Stationsplein 2
tel. (010)	4 14 00 00	Rotterdam 3012 KP	Westblaak 210
tel. (010)	4 73 43 33	Schiedam 3119 XT	's-Gravelandseweg 565
tel. (046)	58 21 21	Sittard 6131 HZ	Rosmolenstraat 40

---

[1] Centrale Informatie (070) 3 14 14 20/30.
[2] De kantoren zijn geopend op werkdagen van 9.00-17.30 h en zaterdags (januari t/m augustus) van 9.00-16.00 h en (september t/m december) van 9.00-14.00 h, koopavond (mei t/m augustus) tot 20.30 h, m.u.v. de kantoren in Almelo, Almere (Stad), Amsterdamse Poort, Beverwijk, Deventer, Heerlen, Hoog Catharijne, Sittard en IJmuiden (voor openingstijden zie 'ANWB-Handboek').

tel. (01150)	1 79 60	Terneuzen 4531 EP	Markt 11-13
tel. (013)	35 44 55	Tilburg 5038 CG	Spoorlaan 372
tel. (030)	91 03 33	Utrecht 3527 JH	v. Vollenhovenlaan 277-279
tel. (077)	51 80 83	Venlo 5911 BW	Picardie 11
tel. (02550)	1 51 44	IJmuiden 1971 GH	Lange Nieuwstraat 422
tel. (075)	35 14 11	Zaandam 1502 AL	Peperstraat 146
tel. (03404)	2 50 10	Zeist 3701 HK	Eerste Hogeweg 10b
tel. (038)	53 63 63	Zwolle 8023 BL	Tesselschadestraat 155

ANWB-agentschappen bij VVV-kantoren

De agentschappen voeren het basis-assortiment kaarten, boeken en gidsen van de ANWB. U kunt er ook terecht voor de belangrijkste ANWB-diensten, zoals lidmaatschappen, verzekeringen enz.
De openingstijden van de agentschappen corresponderen met die van de VVV's, op werkdagen van 9.00-17.00 h en aangezien deze tijden onderling kunnen afwijken en voor sommige seizoenperioden beperkte openingstijden gelden, kunt u het beste even bellen voor exacte informatie.

VVV-Alphen a/d Rijn	Wilhelminalaan 1, 2405 EB	tel. (01720) 9 56 00
VVV-Appingedam	Wijkstraat 38, 9901 AJ	tel. (05960) 2 03 00
VVV-Baarn	Stationsplein 7, 3743 KK	tel. (02154) 1 32 26
VVV-Drachten	Burg. Wuiteweg 56, 9203 KL	tel. (05120) 1 77 71
VVV-Dronten	De Rede 149, 8251 EZ	tel. (03210) 1 86 87
VVV-Emmeloord	De Deel 25a, 8302 EK	tel. (05270) 1 20 00
VVV-Goes	Stationsplein 3, 4461 HP	tel. (01100) 2 05 77
VVV-Gorinchem	Zusterhuis 6, 4201 EH	tel. (01830) 3 15 25
VVV-Harderwijk	Havendam 58, 3840 AB	tel. (03410) 2 66 66
VVV-Heerenveen	Van Kleffenslaan 6, 8442 CW	tel. (05130) 2 55 55
VVV-Hellevoetsluis	Oostzanddijk 26, 3221 AL	tel. (01883) 1 23 18
VVV-Helmond	Markt 211, 5701 RJ	tel. (04920) 4 31 55
VVV-Hengelo	Brinkstraat 32, 7551 CD	tel. (074) . 42 11 20
VVV-Hoofddorp	Raadhuisplein 5, 2132 TZ	tel. (02503) 3 33 90
VVV-Hoorn	Veemarkt 4, 1621 JC	tel. (02290) 1 83 43
VVV-Kampen	Botermarkt 5, 8261 GR	tel. (05202) 1 35 00
VVV-Lelystad	Stationsplein 186, 8232 VT	tel. (03200) 4 34 44
VVV-Lisse	Grachtweg 53, 2161 HM	tel. (02521) 1 42 62
VVV-Meppel	Kromme Elleboog 2, 7941 KC	tel. (05220) 5 28 88
VVV-Middelharnis	Kade 9, 3241 CE	tel. (01870) 8 48 70
VVV-Noordwijk	De Grent 8, 2202 EK	tel. (01719) 1 93 21
VVV-Oosterhout	Bouwlingplein 1, 4901 KZ	tel. (01620) 5 44 59
VVV-Oss	Spoorlaan 24, 5348 KB	tel. (04120) 3 36 04
VVV-Purmerend	Kerkstraat 9, 1441 BL	tel. (02990) 5 25 25
VVV-Roosendaal	Markt 71, 4701 PC	tel. (01650) 5 44 00
VVV-Sneek	Marktstraat 18, 8601 CV	tel. (05150) 1 40 96
VVV-Soest	Steenhoffstraat 9a, 3764 BH	tel. (02155) 2 67 84
VVV-Stadskanaal	Navolaan 11, 9501 VJ	tel. (05990) 1 23 45
VVV-Tiel	Korenbeursplein 4, 4001 KX	tel. (03440) 1 64 41
VVV-Uden	Mondriaanplein 14a, 5401 HX	tel. (04132) 5 07 77
VVV-Uithoorn	Laan van Meerwijk 16, 1423 AJ	tel. (02975) 3 27 25
VVV-Valkenswaard	Markt 23, 5554 CA	tel. (04902) 1 51 15
VVV-Veendam	Veenlustpassage 8, 9641 MK	tel. (05987) 2 62 55
VVV-Veenendaal	Kerkeweg 10, 3901 EG	tel. (08385) 2 98 00
VVV-Venray	Grote Markt 23, 5801 BL	tel. (04780) 1 05 05
VVV-Vlaardingen	Markt 12, 3131 CR	tel. (010) 4 34 66 66
VVV-Vlissingen	Nieuwendijk 15, 4381 BV	tel. (01184) 1 23 45
VVV-Waalwijk	Grotestraat 271, 5141 JT	tel. (04160) 3 22 28
VVV-Weert	Langpoort 5b, 6001 CL	tel. (04950) 3 68 00

VVV-Winschoten	Stationsweg 21a, 9671 AL	tel. (05970) 1 22 55
VVV-Winterswijk	Markt 17a, 7101 DA	tel. (05430) 1 23 02
VVV-Woerden	Molenstraat 40, 3441 BA	tel. (03480) 1 44 74
VVV-Zierikzee	Havenpark 29, 4301 JG	tel. (01110) 1 24 50
VVV-Zoetermeer	Noordwaarts 100a, 2711 HK	tel. (079) 41 55 51
VVV-Zutphen	Groenmarkt 40, 7201 HZ	tel. (05750) 1 93 55

Watersport Informatiecentrum
Informatiecentrum gevestigd in het VVV-kantoor, openingstijden zijn seizoen gebonden, met informatie op watersportgebied (kaarten, boeken, gidsen, routes enz.).

Almere-Haven	Sluiskade 30, 1353 BV	tel. (036) 5 34 80 88

Centrale Informatie
Wassenaarseweg 220, 's-Gravenhage (ma. t/m vr. 8-22 h, zat., zo. en fd. 9-17 h).
- Informatie over recreatie en toerisme, ANWB-diensten/produkten, tel. (070) 3 14 14 20.
- Informatie over ANWB-reisverzekeringen, de Internationale Reis- en Kredietbrief en het aanmelden voor lidmaatschappen en abonnementen, tel. (06) 05 03 (gratis).
- Prijzen gebruikte auto's en kilometerprijsberekeningen, tel. (06) 35 03 10 40 (75 ct/min).

Ledenadministratie
Wassenaarseweg 220, 's-Gravenhage, tel. (070) 3 14 14 40 (ma. t/m vr. 9-17 h).
Informatie m.b.t. de administratieve afhandeling van lidmaatschappen en abonnementen.

Alarmcentrale
Wassenaarseweg 220, 's-Gravenhage.
- Bij inroepen van hulp bij pech of ongeval in het buitenland, tel. (070) 3 14 14 14 (24 uur per dag).
- Opgeven van en reageren op radio-oproepen bij overlijden of levensgevaar (1ste of 2de graads familieleden), tel. (070) 3 14 61 46. De oproep wordt uitgezonden in de rubriek 'Mededelingen' om 17.55 h (op zo. om 16.55 h) (lokale tijd) op Radio 5 (1008 kHz) en door de Wereldomroep (het zendschema van de Wereldomroep is opgenomen in het ANWB-Handboek, uitgave 1995).
- Toezending van onderdelen (werkdagen van 9.00-17.00 h), tel. (070) 3 14 77 22.

Rechtshulp
Gratis advies bij juridische problemen over auto, boot, verkeer, recreatie of toerisme (werkdagen van 9-17 h), tel. (070) 3 14 77 88.

Watersportinformatie (technisch en toeristisch) en Expertisedienst
Technische of toeristische informatie op het gebied van de watersport en inlichtingen of afspraken van expertises van pleziervaartuigen, te verkrijgen bij de afdeling Watersport, van maandag t/m vrijdag van 8.30-17 h tel. (070) 3 14 77 20.

Stichting Classificatie Waterrecreatiebedrijven

Postbus 93345, 2509 AH 's-Gravenhage, tel. (070) 3 28 38 07.
Zie tevens onder 'Handleiding'.

Koninklijk Nederlands Watersport Verbond

Bezoekadres: KNWV, Runnenburg 12, Bunnik, tel. (03405) 7 05 24.
Postadres: KNWV, Postbus 87, 3980 CB Bunnik. Telefax (03405) 6 47 83.
Directeur: W.L.Th. Thijs
Adjunct directeur: J.N. Kossen
Afdeling Toeristische Watersport: F. Jibben
Afdeling Wedstrijdzaken: J.W.F. Romme
Afdeling Opleiding & Training: W.J. Loots

Voor namen en adressen van leden van bestuur, secties en commissies en voor aangesloten verenigingen, zie 'Logboek 1995 KNWV', verkrijgbaar op het KNWV kantoor.
Voor doel en werkwijze van het KNWV zie Deel 1 van de Almanak voor Watertoerisme.
Bij het KNWV zijn thans circa 400 watersportverenigingen (zeil-, windsurf- en motorbootverenigingen) aangesloten.

Koninklijke Nederlandse Roeibond

Bondsbureau: Bosbaan 6, 1182 AG Amstelveen, tel. (020) 6 46 27 40.

Nederlandse Kano Bond

Bondsbureau, correspondentieadres, secretariaat en voor adressen van aangesloten verenigingen: Vlasakkerweg 1, 3811 MR Amersfoort, tel. (033) 62 23 41, telefax (033) 61 27 14, Postadres: Postbus 1160, 3800 BD Amersfoort.
Voor doel en werkwijze van de NKB zie Deel 1 van de Almanak voor Watertoerisme.

Noord Nederlandse Watersport Bond (NNWB)

Administrateur: Mevr. L. Polet-de Vreeze, Postbus 145, 8700 AC Bolsward, tel. (05157) 22 88.
Secretaris: D. Kramer, Koartebaen 15, 8624 TD Uitwellingerga, tel. (05153) 98 43.
Lijst van aangesloten verenigingen verkrijgbaar bij de administrateur tegen betaling van f 3,- op postrekening 80 44 91 t.n.v. Penningmeester NNWB in Langweer.

Koninklijke Nederlandse Motorboot Club

Verbond van de Nederlandse Motorbootsport. Nationale autoriteit bij de Union Internationale Motonautique. Bondsbureau, correspondentieadres en secretariaat: Zoomstede 7, 3431 HK Nieuwegein, tel. (03402) 3 99 35, telefax (03402) 5 38 34.

Nederlandse Waterski Bond

Bondsbureau, correspondentieadres, secretariaat en voor algemene informatie: Langsom 18, 1066 EW Amsterdam, tel. (020) 6 69 47 48, telefax (020) 6 69 45 54.

Toeristische Kano Bond Nederland

Secretariaat: Dhr. Wickel, Postbus 715, 2600 AS Delft, tel. (015) 56 27 92.

Nederlands Bureau voor Toerisme

Vlietweg 15, 2266 KA Leidschendam, tel. (070) 3 70 57 05.

Dienst Rijkspolitie te Water

Korps landelijke politiediensten
Divisie Mobiliteit

Hoofdstraat 54, Postbus 100, 3970 AC Driebergen-Rijsenburg, tel. (03438) 3 55 55, telefax (03438) 3 73 08.
PR & Voorlichting, tel. (03438) 3 54 27, telefax (03438) 2 03 93.
Alarmnummer Meldkamer Unit Water tel. (03438) 3 53 45/3 53 46/ 3 53 47 of bij nood tel. 06-11.

Operationele Afdelingen

Afdelingen IJmond (waterpolitie)
Westerdoksdijk 2, 1013 AE Amsterdam, tel. (020) 5 23 02 30.

Afdeling Rivieren (waterpolitie)
Blauwpoortsplein 4, 3311 AC Dordrecht, postadres Postbus 474, 3300 AL Dordrecht, tel. (078) 14 65 55.

Afdeling Delta (waterpolitie)
Westsingel 58, 4461 DM Goes, postadres Postbus 6, 4460 AA Goes, tel. (01100) 2 92 00.

Afdeling Noord-Oost (water- en verkeerspolitie en luchtvaart)
Haskeruitgang 102, 8447 AL Heerenveen, postadres Postbus 59, 8440 AB Heerenveen, tel. (05130) 5 10 50.

Afdeling Zuid-Oost (water- en verkeerspolitie)
St. Joosterweg 1a, 6051 HE Maasbracht, postadres Postbus 7165, 6050 AD Maasbracht, tel. (04746) 33 55.

Het werk in de afdelingen wordt uitgevoerd in groepen van ongeveer twintig surveillanten. Dat gebeurt deels vanaf opstapplaatsen. De groepen zijn telefonisch bereikbaar via de afdelingsbureaus.

Kustwacht Centrum

Merwedestraat 1, Postbus 303, 1970 AL IJmuiden, tel. (02550) 3 76 44 (algemeen) en (02550) 3 43 44 (alarmering, dag en nacht), telefax (02550) 2 34 96.
In het Kustwacht Centrum werken onder meer Scheveningen Radio, Directoraat Generaal voor Scheepvaart en Maritieme Zaken, Rijkswaterstaat, Rijkspolitie, Douane en Reddingmaatschappijen samen. De taken van de kustwacht omvatten dienstverlening (o.a. verkeersregeling, redding), toezicht en opsporing op het Nederlandse gedeelte van de Noordzee, voor redding bovendien op de Waddenzee, het IJsselmeer en de Zuidhollandse en Zeeuwse stromen.

Scheveningen Radio

Merwedestraat 1, 1972 VV IJmuiden, tel. (02550) 6 24 60, voor aanvragen van gesprekken.

Koninklijke Nederlandse Bond tot het Redden van Drenkelingen

Frans Halsstraat 8, 2021 EK Haarlem, tel. (023) 26 43 86/27 43 35.

Koninklijke Nederlandse Redding Maatschappij

Haringkade 2, 1976 CP IJmuiden, tel. (02550) 2 05 01. Telefax (02550) 2 25 72.

Radio-medische adviesdienst

Het Nederlandse Rode Kruis verzorgt een Radio-medische adviesdienst. Bij ongeval of acute ziekte aan boord kan men via het Rijkskuststation Scheveningen Radio advies vragen. Daartoe kan men of kanaal 16 of een plaatselijk openbaar kanaal gebruiken.
De adviesaanvraag moet bevatten:
- naam van het schip
- onderweg van (haven) naar (haven)
- naam, geslacht en leeftijd van de patiënt
- naam en adres huisarts van de patiënt
- beknopte en duidelijke omschrijving van de ziekteverschijnselen of de aard van het ongeval
- indien van belang ook gegevens omtrent ademhaling, polsslag en lichaamstemperatuur.

Ook bij het organiseren van de opvang van een patiënt (bijv. waarschuwen van een arts in de bestemmingshaven of bestellen van een ziekenauto, reddingsboot of helicopter) speelt de Radio-medische dienst een belangrijke rol.

Uitgaven voor de watersport

Onderstaande uitgaven zijn verkrijgbaar bij de ANWB-vestigingen en ANWB-agentschappen bij VVV-kantoren.
Leden van de bij het KNWV aangesloten verenigingen hebben, voor wat betreft de aanschaf van alle door de ANWB in samenwerking met het KNWV uitgegeven publikaties, dezelfde rechten als ANWB-leden, mits men zich kan identificeren d.m.v. de zgn. 'waterpas'.
Een adressenlijst van de ANWB-vestigingen en agentschappen is in deze Almanak opgenomen.

ANWB-VVV waterkaarten Nederland

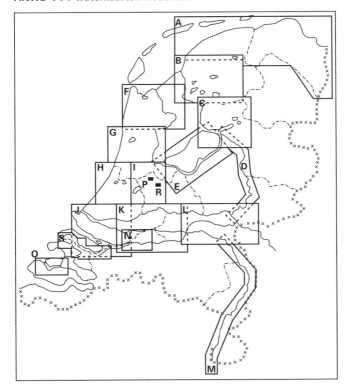

ANWB-VVV waterkaarten

Schaal 1 : 50.000, tenzij anders is aangegeven.
Prijs f 14,95, m.u.v. kaart A (f 29,50) en kaart België (f 17,95).

A Groningen - Noord Friesland (met Dollard-Emsgebied), uitgave 1994/1995
B Friese Meren, uitgave 1994/1995
C Noordwest-Overijssel, uitgave 1994/1995
D Gelderse IJssel, 1 : 25.000, uitgave 1994/1995
E Randmeren en Flevoland, uitgave 1994/1995
F Alkmaar - Den Helder, uitgave 1995/1996
G Amsterdam - Alkmaar, uitgave 1995/1996
H Hollandse plassen, uitgave 1995/1996

I   Vechtplassen, uitgave 1995/1996
J   Grote Rivieren, Westblad: Hoek van Holland tot Dordrecht, uitgave 1994/1995
K   Grote Rivieren, middenblad: Dordrecht tot Wijk bij Duurstede, uitgave 1995/1996
L   Grote Rivieren, Oostblad: Wijk bij Duurstede en Sint Andries tot Lobith, uitgave 1994/1995
M   Limburgse Maas, 1 : 25.000, uitgave 1994/1995
N   Biesbosch, 1 : 25.000, uitgave 1994/1995
O   Veerse Meer, 1 : 25.000, uitgave 1995/1996
P   Vinkeveense Plassen, 1 : 10.000, uitgave 1995/1996
R   Loosdrechtse Plassen, 1 : 15.000, uitgave 1994/1995
S   Grevelingenmeer, 1 : 25.000, uitgave 1995/1996
Vlaanderen, Wallonië en Noordwest-Frankrijk, 1 : 300.000, uitgave 1995/1996

Boeken voor de watersport

- Almanak voor Watertoerisme deel 1 (reglementen Nederland en vaaraanwijzingen, enz.) uitgave 1995/1996, ANWB-VVV, prijs f 28,50
- Almanak voor Watertoerisme deel 2 (havenbeschrijvingen, bedieningstijden, enz.) jaaruitgave, ANWB-VVV, prijs f 29,95
- Logboek voor de Watersport, uitgave 1991, ANWB, prijs f 24,50[1]/27,50[2]
- Vaarroutes Noord Nederland 1, acht toeristische vaarroutes, uitgave ANWB, prijs f 19,95
- Praktijkboek Veilig Varen, uitgave ANWB, prijs f 22,50[1]/24,50[2]
- Aankoopwijzer Pleziervaartuigen, uitgave ANWB, prijs f 19,90
- Onderhoudwijzer Pleziervaartuigen, uitgave ANWB-VVV, prijs f 19,90
- Testwijzer Zeilboten, uitgave ANWB-VVV, prijs f 24,50
- Veilig Varen op Zee, uitgave ANWB-VVV, prijs f 19,95
- Cursus Klein Vaarbewijs I/II, incl. vragen en antwoorden, uitgave ANWB/KNMC/KNWV/NWB, prijs f 34,50
- Marifonie voor de Watersport, opleiding voor het examen, uitgave ANWB/VVV/KNMC/KNWV, prijs f 19,95
- Vaargids voor de Nederlandse en Belgische kust, uitgave 1989, Dienst der Hydrografie, prijs f 79,50
- Supplement No. 3-1993 op de Vaargids voor de Nederlandse en Belgische kust, uitgave Dienst der Hydrografie

Waterkampioen

Het watersportblad voor iedere booteigenaar; uitgave ANWB-Media.

Als booteigenaar kun je hem niet missen: de Waterkampioen. Hèt blad dat je helpt met bootonderhoud, reparatie, stalling, verzekeringen en financiering. Met tal van geldbesparende tips en voorbeelden, produktinformatie en testen. Een abonnement verdient zich zo weer terug.

---

[1] Prijs voor ANWB-leden bij aankoop op de ANWB-vestigingen en ANWB-agentschappen bij VVV-kantoren.
[2] Prijs bij de boekhandel.

Wie de Waterkampioen leest, blijft ook op de hoogte van de vaarregels, ontwikkelingen als vaartuigenbelasting en vaarbewijzen en doet ideeën op voor vaartochten in binnen- en buitenland. Om niet te vergeten: de kleurrijke reportages van schepen, mensen en aansprekende avonturen van tochten naar verre streken tot aan recordpogingen toe.
De Waterkampioen is het compleetste blad voor de watersporter en verschijnt 24 keer per jaar. Dat betekent: vrijwel elke twee weken thuis met je hobby bezig zijn.

Hoofdredacteur: Rob Olieroock.
Eindredacteur: Rob Koenen.
Bureauredactrice: Petra Stam.
Techniek: Jan Fraterman, Hans Martens.
Reportages: Jan Briek, Hanneke Spijker.
Toerisme: Conny Verweij, Arthur van 't Hof.
Actualiteiten: Gerhard-Paul Wisgerhof.
Fotografie: Bertel Kolthof.
Secretariaat: Angelique Taal.
Vormgeving: Curve, Haarlem.
Redactie en administratie: Wassenaarseweg 220, Postbus 93200, 2509 BA Den Haag, tel. Lezersservice: (070) 3 14 72 47, van 9.00 t/m 15.00 h.
Abonnementen: Abonnementsprijs voor ANWB-leden en voor leden van bij het KNWV aangesloten verenigingen f 99,60 per kalenderjaar. Niet-leden f 124,–. Losse nummers f 8,50 (incl. verzendkosten), verkrijgbaar in kiosk, warenhuis, ANWB-vestigingen en ANWB-agentschappen bij VVV-kantoren. Betaling abonnementsgeld uitsluitend na ontvangst en met gebruikmaking van nota (acceptgirokaart) of per automatische giro.
Advertenties: Inlichtingen omtrent advertenties in de Waterkampioen worden door Nicole van Raam en Joyce de Kruijs verstrekt. Bel voor advertenties (070) 3 14 77 75, of schrijf naar bovenstaand adres.

Kaarten en stroomatlassen van de Dienst der Hydrografie van de Koninklijke Marine

De Dienst der Hydrografie geeft elk voorjaar mede ten behoeve van het toerisme te water een aantal kaarten uit, genaamd 'Hydrografische kaarten voor kust- en binnenwateren'. Tevens publiceert de Dienst der Hydrografie stroomatlassen en getijgegevens. Deze uitgaven zijn verkrijgbaar aan de ANWB-vestigingen.

Hydrografische kaarten
Uitgave 1995, prijs f 35,–.

1801	Noordzeekust, Oostende tot Den Helder
1803	Westerschelde, Vlissingen tot Antwerpen en Kanaal van Terneuzen naar Gent
1805	Oosterschelde, Veerse Meer en Grevelingenmeer
1807	Zoommeer, Volkerak en Spui, Haringvliet, Hollandsch Diep
1809	Nieuwe Waterweg, Nieuwe en Oude Maas, Spui en Noord, Dordtsche Kil, Brielse Meer
1810	IJsselmeer met Randmeren
1811	Waddenzee (Westblad) en aangrenzende Noordzeekust
1812	Waddenzee (Oostblad) en aangrenzende Noordzeekust

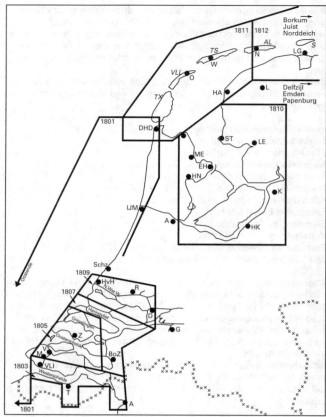

Hydrografische kaarten voor kust- en binnenwateren

Stroomatlassen
Prijs 1995 f 22,30.
- HP 15   Westerschelde en Oosterschelde, uitgave 1991
- HP 16   Benedenrivieren en Aanlopen Hoek van Holland, Scheveningen, IJmuiden en Texel/Den Helder, uitgave 1991
- HP 17   Waddenzee West, uitgave 1991
- HP 18   Waddenzee Oost, uitgave 1991
- HP 19   Noordzee zuidelijk deel, uitgave 1991

Getijgegevens
HP 33   Waterstanden en Stromen, langs de Nederlandse kust en aangrenzend gebied, jaarlijkse uitgave, prijs f 21,20.
Voor informatie over overige publikaties van de Dienst der Hydrografie, tel. (070) 3 16 28 11.

Diverse uitgaven (niet verkrijgbaar bij de ANWB)

Adreslijst Berichtgeving aan de Scheepvaart
Verzameling van adressen, telefoon-, marifoon- en mobilofoonnummers, welke voor de scheepvaart van belang zijn.
Samengesteld om directe informatie over de toestand van de vaarwegen te kunnen inwinnen bij de betreffende instanties.

Uitgave van Rijkswaterstaat, verkrijgbaar via Rijkswaterstaat, RIZA, Berichtencentrum Binnenwateren, Maerland 16, Postbus 17, 8200 AA Lelystad, tel. (03200) 4 40 11. Telefax (03200) 4 63 54.

Vaargids voor Vlaanderen en Wallonië
Een volledige inventarisatie van alle bevaarbare waterwegen in Vlaanderen en Wallonië, uitvoerig beschreven (incl. toeristische tips) en in kaart gebracht. Deze gids is samengesteld door Ludo De Clercq en is een uitgave van de Vlaamse Vereniging voor Watersport en Uitgeverij de Vlijt. Voor informatie: International Media Projects, Katwilgweg 2, 2050 Antwerpen, België, tel. (00) 32 3 219 79 79. Prijs ca. Bfr 1300 (ca. f 70,–).

Informatie, advies, expertisedienst en cursussen voor de watersport

Door de ANWB-leden is watersportinformatie en advies te verkrijgen bij de Vakgroep Watersport van de ANWB, tel. (070) 3 14 77 20; ook zijn er een aantal inlichtingenbladen te verkrijgen.

Het volgende inlichtingenblad kan door leden van de ANWB of door leden van verenigingen, aangesloten bij het KNWV, NNWB of de NKB gratis worden aangevraagd bij het ANWB-hoofdkantoor, Vakgroep Watersport, in Den Haag, tel. (070) 3 14 77 20:
– Openingstijden spoorbruggen

Technische en toeristische informatie en advies
Tevens is bij de Vakgroep Watersport uitgebreide informatie en advies op technisch en toeristisch gebied te verkrijgen, zoals de volgende onderwerpen: (Voor deze informatie wordt een bijdrage van minimaal f 7,50 aan handlingkosten in rekening gebracht).

Technisch
– Ankers en ankeren
– Automotoren in schepen
– Blaasvorming bij polyester schepen
– Brandblussers voor aan boord
– Elektriciteit aan boord
– Expertisedienst pleziervaartuigen
– Gas aan boord
– Houtsoorten voor de jachtbouw
– Inbouwen scheepsmotor
– Isoleren
– Jachtbouwers en reparatiewerven
– Jachtmakelaars
– Jachtontwerpers
– Kompassen
– Koopovereenkomst voor een gebruikte boot (gratis)
– Masten
– Nieuwe eenheden SI-stelsel
– Polyester in de jachtbouw
– Roestwering stalen schepen
– Touw aan boord
– Water- en brandstoftanks
– Winterverzorging jachten
– Zeilmakers
– overzichtlijsten van:
  kajuitzeiljachten, motorzeiljachten en ronde- en platbodemjachten
  motorkruisers en buitenboordmotorkruisers

open catamarans, kajuitcatamarans en trimarans
open zeilboten
roei-, vis- en bijboten
open motorboten
kano's
opblaasboten en reddingvlotten
scheepsmotoren (binnenboord)
buitenboordmotoren
boottrailers

Toeristisch
- Actieve jeugdvakanties
- (ANWB-erkende) Jachtverhuurders
- Kanovaren in Europa
- Kanovaren in Nederland
- Ligplaatsen (vaste) in Nederland
- Meeneemboten in Europa
- Motorbootvaren in Europa
- Scheepvaartstremmingen in België
- Scheepvaartstremmingen in Duitsland
- Scheepvaartstremmingen in Frankrijk
- Snel motorbootvaren in Nederland
- Staande-mastroute
- Vaarkaart van Nederland
- Vaarscholen (zeil-, windsurf- en motorbootvaarscholen) in Ned.
- Vaarwijzer Noord-Oostzee
- Vaarwijzer Middellandse Zee
- Varen in het Buitenland
- Windsurfen in Europa (incl. Ned.)

Expertisedienst en watersport en watersportcursussen

Naast het geven van informatie en advies beschikt de Vakgroep Watersport van de ANWB over een uitgebreide expertisedienst. De deskundigen hiervan kunnen een schip geheel of gedeeltelijk voor u bekijken en beoordelen. Zij doen desgevraagd een taxatie en geven zonodig reparatieadviezen. Informatie over de mogelijkheden en tarieven kunt u krijgen op tel. (070) 3 14 68 91.
Redelijk nieuw, maar inmiddels veel gevraagd, zijn de watersportcursussen. Deze sluiten zo goed mogelijk aan bij de spcifieke wensen van de watersporters. Denk daarbij aan de zaken als dieselonderhoud, zeiltrim, manoeuvreren, voor het eerst de zee of het wad op en bootonderhoud. Het gaat daarbij zowel om de theorie als de praktijk. Meer informatie hierover kunt u verkrijgen via tel. (070) 3 14 64 64.

aanvraag inlichtingen

Stuur mij de ANWB-watersportwijzer:

'Openingstijden spoorwegbruggen 1995/1996'
(medio april beschikbaar)

naam:

adres:

postcode:

woonplaats:

land:

Opsturen aan:

ANWB
DA+C/Vakgroep Watersport
Postbus 93200
2509 BA DEN HAAG

opmerkingen

Heeft u opmerkingen of suggesties die bij kunnen dragen tot verbetering van deze uitgave, maak dan gebruik van deze pagina.

naam:

adres:

postcode:

woonplaats:

land:

In een envelop zonder postzegel sturen naar:

ANWB
DA+C/Vakgroep Watersport
Antwoordnummer 10
2509 XA DEN HAAG

Overzichtslijsten Nederland

Jachthavens van watersportverenigingen

Nadere gegevens van deze jachthavens staan vermeld in het hoofdstuk 'Watertoeristische gegevens' onder het hoofd 'Ligplaatsen' of 'Aanlegplaatsen'.

Groningen: Delfzijl, Eenrum, Groningen, Uithuizen, Ulrum.
Friesland: Akkrum, Aldeboarn (Oldeboorn), Burgum (Bergum), Dokkum, Dokkumer Nieuwe Zijlen, Ezumazijl, Franeker, Grou (Grouw), Hallumervaart, Harlingen, Heerenveen, Hemelum, Hindeloopen, Kollum, Kootstertille, Langweer, Leeuwarden, Leyen De, Makkum, Pikmeer en de Wijde Ee, St. Nicolaasga, Stienservaart, Suwâld (Suawoude), Terhornster- en Terkaplesterpoelen.
Overijssel: Almelo, Beulakerwijde, Deventer, Enschede, Genemuiden, Hasselt, Hengelo, Kampen, Kampereiland, Kuinre, Ommen, Zwartsluis, Zwolle.
Flevoland: Almere-Haven, Dronten, Drontermeer, Lelystad, Noordoostpolder, Swifterband, Urk, Wolderwijd.
Gelderland: Aalst, Alphen a. d. Maas, Arnhem, Batenburg, Doesburg, Doetinchem, Elburg, Geldermalsen, Harderwijk, Hedel, Heumen, Kerkdriel, Ketelhaven, Maasbommel, Niftrik, Nulde, Nijkerk, Pannerdenskanaal, Rhederlaag, De Steeg, Tiel, Veluwemeer, Wageningen, Zaltbommel, Zutphen.
Utrecht: Amersfoort, Baarn, Grecht, Loosdrechtse Plassen, Nigtevecht, Rhenen, Spakenburg, Vinkeveense Plassen, Vreeswijk, Vuntus, Wijk bij Duurstede.
N-Holland: Aalsmeer, Akersloot, Amsterdam, Andijk, Anna Paulowna, Broekerhaven, Durgerdam, Edam, Enkhuizen, Van Ewijcksluis, Haarlem, Halfweg, Hargen, De Haukes, Heemstede, Den Helder, Hilversumskanaal, Hoorn, Den Ilp, Kinselmeer, Knollendam, Landsmeer, Marken, Monnickendam, Mooie Nel, Muiden, Muiderberg, Naarden, Nieuwe Diep, Nieuwe Meer, Nieuwendam, Oudeschild, Purmerend, Schagen, Schardam, Schellingwoude, Sloterplas, Spaarndam, Spiegel- en Blijkpolder, Uitgeest, Volendam, Weesp, Westeinderplas, Wormer, Zaandam, Zaandijk, Zijkanaal E.
Z-Holland: Alblas, Alblasserdam, Alphen a. d. Rijn, Arkel, Bergse Plassen, Den Bommel, Boskoop, Braassemermeer, Brielse Meer, Dordrecht, Foppenplas, Giessen, Gorinchem, Gouda, Goudswaard, 's-Gravenhage, Groot-Ammers, Hardinxveld-Giessendam, Heerjansdam, Heimans- en Woudwetering, Hellevoetsluis, Herkingen, Hitsertse Kade, Hoogvliet, Kaag Sociëteit, Kralingse Plas, Krimpen a. d. Lek, Krimpen a. d. IJssel, Langeraar, Leerdam, Leiden, Leiderdorp, Leidschendam, Lekkerkerk, Lexmond, Lisse, Nieuw-Beijerland, Nieuwe Merwede, Nieuwkoopse Plassen, Noordwijk-Binnen, Numansdorp, Oostvoorne, Oud-Beijerland, Ouddorp, Oude Tonge, Papendrecht, Poortugaal, De Put, Puttershoek, Reeuwijkse Plassen, Rhoon, Ridderkerk, Roelofarendsveen, Rotterdam, Rozenburg, Scheveningen, Schiedam, Schoonhoven, Sliedrecht, Spijkenisse, Strijensas, Vennemeer, Vianen a. d. Lek, Vlaardingen, Vlietland, Warmond,

	Wassenaar, Westland, Willemsdorp, Woerden, IJsselmonde, Zuidland, Zwartewaal, Zwijndrecht.
Zeeland:	Brouwershaven, Bruinisse, Burghsluis, Colijnsplaat, Ellewoutsdijk, Goes, Middelburg, Ooltgensplaat, Den Osse, Paal, Sas v. Gent, Scharendijke, Sint Annaland, Terneuzen, Tholen, Veere, Vlissingen, Wolphaartsdijk, Zierikzee.
N-Brabant:	Benedensas, Bergen op Zoom, Boxmeer, Dintelsas, Drimmelen, Eindhoven, Geertruidenberg, Genderen, Gewande, Grave, De Heen, 's-Hertogenbosch, Heusden, Kraaijenbergse Plassen, Lithoijen, Oosterhout, Ravenstein, Roosendaal, Het Stukske, Terheijden, Tilburg, Veen, Veghel, Waalwijk, Werkendam, Willemstad, Woudrichem, Wijk en Aalburg, Zevenbergen.
Limburg:	Asselt, Eijsden, Gennep, Herten, Kessel, Maasbracht, Maastricht, Neer, Roermond, Thorn, Venlo.

Kampeerterreinen

Lijst van trefwoorden waar kampeerterreinen vermeld worden, die over het water bereikbaar zijn.
Nadere aanduiding van deze trefwoorden staat vermeld onder het hoofdstuk 'Watertoeristische gegevens van Nederlandse plaatsen en wateren' in deze Almanak. Voorzover deze terreinen een ANWB-erkenning hebben, vindt men volledige gegevens en een situatieschetsje in de ANWB-Campinggids (jaarlijkse uitgave). Op de overige in de Almanak genoemde kampeerterreinen, die dus geen ANWB-erkenning hebben, is over het algemeen geen enkele accommodatie aanwezig. Het zijn in vele gevallen niet meer dan terreinen waar naast de boot een tent opgezet mag worden.

Groningen:	Aduarderdiep, Appingedam, Bourtange, Briltil, Damsterdiep, Eenrum, Electra, Garnwerd, Lauwers, Lauwersoog, Leekstermeer, Leermens, Nieuwe Pekela, Nieuwolda, Noordpolderzijl, Onderdendam, Paterswoldsemeer, Schildmeer, Slochterdiep, Stadskanaal, Van Starkenborghkanaal, Ter Apel, Termunterzijl, Uithuizen, Ulrum, Warffumermaar, Wedderveer, Westerwoldse Aa, Winsum, Zoutkamp.
Friesland:	Akkrum, Balk, Bergumermeer, Birdaard, Bolward, Burgum (Bergum), Dokkum, Dokkumer Nieuwe Zijlen, Earnewâld (Eernewoude), Eastermar (Oostermeer), Echtenerbrug, Elahuizen, Finkumervaart, Fluessen, Fonejachtbrug, Franeker, Gaastmeer, Galamadammen, Grou (Grouw), Harlingen, Heeg, Hemelum, Hindeloopen, Hooidammen-Veenhoop, Idskenhuizen, Jirnsum (Irnsum), Jutrijp, Koevordermeer, Koudum, Langweer, Lauwersmeer, Leeuwarden, Lemmer, De Leijen, Makkum, Nannenwijd en Oude Haskerwijd, Opsterlandse Compagnonsvaart, Oudega (W), Oude Schouw, Ried, Sint Nicolaasga, Sloten, Slotermeer, Sneek, Sneekermeer, Stavoren, Terherne (Terhorne), Terhornster- en Terkaplesterpoelen, Terkaple, Tjeukemeer, Tjonger, Weidum, Workum, Wijde Ee, IJlst, Zwemmer.
Drenthe:	Meppel, Stieltjeskanaal, Zuidlaardermeer.
Overijssel:	Belterwijde, Belt-Schutsloot, Berkum, Beulakerwijde, Blauwe Hand, Blokzijl, Dalfsen, Deventer, Drontermeer, Giethoorn, Gramsbergen, Hasselt, Hengelo, Kampen, Kampereiland, Kuinre, Olst, Ommen, Ossenzijl, Vollenhove, Wanneperveen, Zwartsluis.

Flevoland: Almere-Haven, Bremerbergse Hoek, Dronten, Eemmeer, Lelystad, Lelystad-Haven, Muiderzand, Noordoostpolder, Roggebotsluis, Veluwemeer, Wolderwijd, Zeewolde.
Gelderland: Aalst, Alphen a. d. Maas, Ammerzoden, Beusichem, De Bijland, Culemborg a. d. Lek, Eck en Wiel, Elburg, Gendt, Heerewaarden, Kerkdriel, Lobith, Maasbommel, Maurik, Nederhemert-Zuid, Nijkerk, Oosterbeek, Rhederlaag, De Steeg, Terwolde, Veessen, Veluwemeer, Zwarte Schaar.
Utrecht: Eemmond, Linschoten, Loenen a. d. Vecht, Loosdrechtse Plassen, Spakenburg, Vinkeveense Plassen, Vreeswijk, Vuntus, IJsselstein.
N-Holland: Akersloot, Alkmaardermeer, Andijk, Broekerhaven, Edam, Haarlem, Kinselmeer, Knollendam, Kolhorn, Marken, Monnickendam, Naarden, Nederhorst den Berg, Nieuwendam (Amsterdam), Nieuwesluis, Den Oever, De Rijp, Spaarndam, Uitdam, Uitgeest, Vijfhuizen, Werversghoof, Westeinderplas, Wieringermeerpolder, Wormer.
Z-Holland: Brielle, Brielse Meer, Gorinchem, Heerjansdam, Hellevoetsluis, Kaag(dorp), Kaag Sociëteit, Leidse Vaart, Lexmond, Lisse, Middelharnis, Nieuwkoopse Plassen, Oostvoorne, Oude Tonge, Oude Wetering, Reeuwijkse Plassen, Rijnsaterwoude, Sassenheim, Schoonhoven, Stad a. h. Haringvliet, Vianen a.d. Lek, Vlietland, Warmond, Willemsdorp, Woerden, Woubrugge, Zevenhuizen, Zevenhuizen (Kaag).
Zeeland: Arnemuiden, Breskens, Brouwershaven, Bruinisse, Colijnsplaat, Gorishoek, Kamperland, Kortgene, Den Osse, Paal, Roompot Marinahaven, Sint Annaland, Veere, Veerse Meer, Wolphaartsdijk, Yerseke, Zierikzee.
N-Brabant: Benedensas, Dintelsas, Drimmelen, De Heen, Hilvarenbeek, Kraaijenbergse Plassen, Lithse Ham, Oude Maasje, Veen, Vierlingsbeek, Woudrichem.
Limburg: Asselt, Blitterswijck, Herten, Kessel, Leuken, Lottum, Maashees, Maastricht, Mookerplas, Noordervaart, Oeffelt, Ohé en Laak, Roermond, Venlo.

Wasserettes

Nadere gegevens van deze wasserettes staan vermeld in het hoofdstuk 'Watertoeristische gegevens' onder het hoofd 'Wasserette'.
Groningen: Delfzijl, Electra, Garnwerd, Groningen, Lauwersoog, Leekstermeer, Nieuwe Pekela, Paterwoldse Meer, Schildmeer, Wedderveer, Zoutkamp.
Friesland: Akkrum, Ameland, Balk, Bergumermeer, Burgum (Bergum), Dokkumer Nieuwe Zijlen, Drachten, Earnewâld (Eernewoude), Eastermar (Oostermeer), Echtenerbrug/Delfstrahuizen, Elahuizen, Galamadammen, Grou (Grouw), Harlingen, Haskerdijken, Heeg, Heerenveen, Hindeloopen, Idskenhuizen, Jirnsum (Irnsum), Koevordermeer, Langweer, Lemmer, Makkum, Oostmahorn, Sloten, Sneek, Sneekermeer, Stavoren, Terherne (Terhorne), Terschelling, Tjonger, Uitwellingerga, Vlieland, Warns, Weidum, Workum, Woudsend, Zwaagwesteinde, Zwemmer.
Drenthe: Hoogeveense Vaart, Stieltjeskanaal, Zuidlaardermeer.
Overijssel: Almelo, Belt-Schutsloot, Berkum, Blauwe Hand,

	Blokzijl, Drontermeer, Giethoorn, Gramsbergen, Hasselt, Kampereiland, Kuinre, Olst, Steenwijk, Vollenhove, Wanneperveen, Zwartsluis.
Flevoland:	Bremerbergse Hoek, Dronten, Eemmeer, Lelystad, Muiderzand, Noordoostpolder, Veluwemeer, Wolderwijd.
Gelderland:	Aalst, Beusichem, Culemborg a. d. Lek, Harderwijk, Kerkdriel, Maurik, Nijkerk, Rhederlaag, Terwolde, Veessen, Veluwemeer, Zutphen, Zwarte Schaar.
Utrecht:	Eemmeer, Loosdrechtse Plassen, Montfoort, Oudewater, Spakenburg, Vinkeveense Plassen.
N-Holland:	Aalsmeer, Akersloot, Alkmaar, Amsterdam, Andijk, Broekerhaven, Diemen, Edam, Enkhuizen, Haarlem, Heemstede, Den Helder, Hoorn, Huizen, Knollendam, Kolhorn, Medemblik, Monnickendam, Naarden, Nederhorst den Berg, Nieuwe Meer, Nieuwesluis, Den Oever, Oudeschild, Purmerend, De Rijp, Schagen, Spaarndam, Uitdam, Uitgeest, Westeinderplas, Wormerveer, IJmuiden.
Z-Holland:	Brielle, Brielse Meer, Dordrecht, Gorinchem, Gouda, Grevelingenmeer, Heerjansdam, Hellevoetsluis, Herkingen, Kaag(dorp), Leiden, Middelharnis, Numansdorp, Ooltgensplaat, Oude Wetering, Rhoon, Rotterdam, Scheveningen, Schiedam, Schoonhoven, Vlietland, Willemsdorp, Woubrugge, IJsselmonde, Zevenhuizen, Zevenhuizen (Kaag).
Zeeland:	Arnemuiden, Breskens, Brouwershaven, Bruinisse, Colijnsplaat, Goes, Kamperland, Kats, Kortgene, Middelburg, Den Osse, Port Zélande (Marina), Roompot Marinahaven, Sint Annaland, Terneuzen, Tholen, Veere, Vlissingen, Wolphaartsdijk, Zierikzee.
N-Brabant:	Bergen op Zoom, Boxmeer, Eindhoven, Geertruidenberg, De Heen, 's-Hertogenbosch, Hilvarenbeek, Kraaijenbergse Plassen, Lithse Ham, Oude Maasje, Raamsdonksveer, Stampersgat, Tilburg.
Limburg:	Kessel, Maastricht, Mookerplas, Ohé en Laak, Roermond, Wessem.

Hefkranen/botenliften/scheepshellingen

Nadere gegevens van deze kranen, liften en hellingen staan vermeld in het hoofdstuk 'Watertoeristische gegevens' onder de hoofden 'Hefkraan', 'Botenlift', en 'Reparatie'.

Groningen:	Aduarderdiep, Briltil, Delfzijl, Groningen, Hoogezand (Sappemeer), Hunsingokanaal, Lauwersoog, Leekstermeer, Onderdendam, Paterswoldse Meer, Scheemda, Schildmeer, Slochteren, Stadskanaal, Stroobos, Termunterzijldiep, Uithuizen, Winschoterdiep, Winsum, Zoutkamp.
Friesland:	Akkrum, Aldeboarn (Oldeboorn), Augustinusga, Balk, Bartlehiem, Bolsward, Burgum (Bergum), Dokkum, Dokkumer Nieuwe Zijlen, Drachten, Earnewâld (Eernewoude), Eastermar (Oostermeer), Echtenerbrug, Elahuizen, Franeker, Gaastmeer, Galamadammen, Grou (Grouw), Harlingen, Haskerdijken, Heeg, Heerenveen, Hemelum, Hindeloopen, Idskenhuizen, Jirnsum (Irnsum), Joure, Jutrijp, Koevordermeer, Kootstertille, Koudum, Langweer, Leeuwarden, Lemmer, Leyen De, Makkum, Munnekezijl,

Nes, Nieuwebrug, Oostmahorn, Oppenhuizen, Opsterlandse Compagnonvaart, Sint Nicolaasga, Sloten, Sneek, Sneekermeer, Stavoren, Stienservaart, Terherne (Terhorne), Terkaple, Tjeukemeer, Tjonger, Uitwellingerga, Vlieland, Warns, Warten (Wartena), Wergea (Warga), Wolvega, Workum, Woudsend, IJlst, Zwaagwesteinde, Zwemmer.

Drenthe: Hoogeveense Vaart, Meppel, Noordwillemskanaal, Zuidlaardermeer.

Overijssel: Blauwe Hand, Blokzijl, Deventer, Drontermeer, Enschede, Giethoorn, Hasselt, Hengelo, Kampen, Kampereiland, Ossenzijl, Steenwijk, Vollenhove, Wanneperveen, Zwartsluis, Zwolle.

Flevoland: Almere-Haven, Bremerbergse Hoek, Eemmeer, Lelystad, Lelystad-Haven, Muiderzand, Noordoostpolder, Urk, Veluwemeer, Wolderwijd.

Gelderland: Alem, Arnhem, Beneden Leeuwen, Beusichem, De Bijland, Deil, Doesburg, Doetinchem, Dreumel, Elburg, Geldermalsen, Gendt, Harderwijk, Heerewaarden, Kerkdriel, Maasbommel, Maurik, Niftrik, Nulde, Nijkerk, Rhederlaag, De Steeg, Veessen, Wageningen, Zutphen, Zwarte Schaar.

Utrecht: Amersfoort, Baarn, Eembrugge, Eemmond, Jutphaas, Loenen a. d. Vecht, Loosdrechtse Plassen, Montfoort, Oud-Zuilen, Spakenburg, Utrecht, Vinkeveense Plassen, Vreeswijk, Vuntus, Wilnis, Wijk bij Duurstede.

N-Holland: Aalsmeer, Akersloot, Alkmaar, Amsterdam, Andijk, Broekerhaven, Broek op Langedijk, Edam, Enkhuizen, Van Ewijcksluis, Haarlem, De Haukes, Den Helder, Hilversumskanaal, Hoorn, Huizen, Jisperveld, Knollendam, Kortenhoef, Landsmeer, Medemblik, Monnickendam, Mooie Nel, Muiden, Naarden, Nauerna, Nieuwe Diep, Nieuwe Meer, Nieuwendam, Noord-Scharwoude, Noordzeekanaal, Den Oever, Schoorldam, Spaarndam, Spiegel- en Blijkpolder, Uitdam, Uitgeest, Weesp, Westeinderplas, West Graftdijk, Wijde Blik, IJmuiden, Zaandam, Zaandijk.

Z-Holland: Alphen a. d. Rijn, Arkel, Bergse Plassen, Bommeer, Brielle, Capelle a. d. IJssel, Dordrecht, Gorinchem, 's-Gravenhage, Grevelingenmeer, Hardinxveld-Giessendam, Heerjansdam, Hellevoetsluis, Herkingen, Heukelum, Hoogmade, Kaag (dorp), Kaag Sociëteit, Katwijk aan Zee, Kralingse Plas, Langeraar, Leerdam, Leiden, Leiderdorp, Leidschendam, Leidse Vaart, Leimuiden, Lekkerkerk, Lexmond, Lisse, Maassluis, Middelharnis, Nieuwkoopse Plassen, Noordwijk-Binnen, Numansdorp, Oegstgeest, Ooltgensplaat, Oostvoorne, Oud-Beijerland, Ouddorp, Oude Wetering, Papendrecht, Poortugaal, Reeuwijkse Plassen, Rhoon, Ridderkerk, Roelofarendsveen, Rotterdam, Rijnsburg, Rijpwetering, Sassenheim, Scheveningen, Sliedrecht, Stad a. h. Haringvliet, Streefkerk, Strijensas, Vlaardingen, Vlietland, Warmond, Wassenaar, Werkendam, Westland, Woerden, Woubrugge, IJsselmonde, Zevenhuizen (Kaag), Zoeterwoude-Rijndijk, Zuidland, Zwartewaal.

Zeeland: Arnemuiden, Breskens, Brouwershaven, Bruinisse, Burghsluis, Colijnsplaat, Ellewoutsdijk, Goes, Grevelingenmeer, Kamperland, Kats, Kortgene,

	Den Osse, Port Zélande (Marina), Scharendijke, Sint Annaland, Stavenisse, Terneuzen, Tholen, Veere, Veerse Meer, Vlissingen, Walsoorden, Wolphaartsdijk, Yerseke, Zierikzee, Zijpe.
N-Brabant:	Bergen op Zoom, Dintelsas, Drimmelen, Eindhoven, Geertruidenberg, Grave, De Heen, 's-Hertogenbosch, Heusden, Klundert Noordschans, Kraaijenbergse Plassen, Lage Zwaluwe, Lithoijen, Lithse Ham, Oude Maasje, Oudenbosch, Raamsdonksveer, Roode Vaart, Roosendaal, Roosendaalse en Steenbergse Vliet, Stampersgat, Steenbergen, Tilburg, Vierlingsbeek, Waalwijk, Waspik, Wijk en Aalburg.
Limburg:	Asselt, Gennep, Herten, Leuken, Maasbracht, Mook, Mookerplas, Neer, Ohé en Laak, Roermond, Stevensweert, Venlo, Weert, Wessem.

Trailerhellingen

Nadere gegevens van deze trailerhellingen staan vermeld in het hoofdstuk 'Watertoeristische gegevens' onder het hoofd 'Trailerhelling'.

Groningen:	Appingedam, Boterdiep, Briltil, Damsterdiep, Delfzijl, Electra, Garnwerd, Lauwersoog, Leek, Leekstermeer, Leermens, Nieuwolda, Onderdendam, Oude Pekela, Paterswoldse Meer, Rasquerdermaar, Scheemda, Schildmeer, Van Starkenborghkanaal, Stroobos, Stroobossertrekvaart, Ter Apel, Ulrum, Veendam, Wedderveer, Winsum, Zoutkamp.
Friesland:	Akkrum, Ameland, Balk, Bergumermeer, Breezanddijk, Burgum (Bergum), Dokkumer Nieuwe Zijlen, Drachten, Earnewâld (Eernewoude), Eastermar (Oostermeer), Echtenerbrug, Elahuizen, Finkumervaart, Franeker, Galamadammen, Goingarijp, Grou (Grouw), Haskerdijken, Heeg, Heerenveen, Hemelum, Idskenhuizen, Jirnsum (Irnsum), Koevordermeer, Kollum, Kornwerderzand, Koudum, Langweer, Leeuwarden, Lemmer, Makkum, Munnekezijl, Oudega (W), Ried, Sint Nicolaasga, Sloten, Sneek, Sneekermeer, Stavoren, Stienservaart, Terherne (Terhorne), Terschelling, Tjongerkanaal, Uitwellingerga, Vlieland, Warns, Warten (Wartena), Weidum, Wergea (Warga), Workum, Woudsend, IJlst, Zwaagwesteinde, Zwemmer.
Drenthe:	Meppel, Zuidlaardermeer.
Overijssel:	Almelo, Belt-Schutsloot, Berkum, Blauwe Hand, Blokzijl, Deventer, Enschede, Genemuiden, Giethoorn, Gramsbergen, Hasselt, Hengelo, Kuinre, Oldemarkt, Olst, Ommen, Ossenzijl, Vollenhove, Wanneperveen, Zwartsluis, Zwolle.
Flevoland:	Almere-Buiten, Almere-Haven, Almere-Stad, Biddinghuizen, Bremerbergse Hoek, Dronten, Eemmeer, Flevoland, Lelystad, Lelystad-Haven, Muiderzand, Noordoostpolder, Urk, Veluwemeer, Wolderwijd, Zeewolde.
Gelderland:	Aalst, Alem, Alphen a. d. Maas, Ammerzoden, Beusichem, De Bijland, Culemborg a. d. Lek, Dieren, Geldermalsen, Harderwijk, Heerewaarden, Heteren, Huissen, Kerkdriel, Maasbommel, Maurik, Niftrik, Nulde, Nijkerk, Ochten, Oosterbeek, Renkum,

	Rhederlaag, De Steeg, Terwolde, Tiel, Veluwemeer, Wageningen, Westervoort, Zutphen, Zwarte Schaar.
Utrecht:	Baarn, Eemmond, Loosdrechtse Plassen, Rhenen, Spakenburg, Spiegel- en Blijkpolder, Vinkeveense Plassen, Vreeswijk, Vuntus, Wilnis.
N-Holland:	Aalsmeer, Akersloot, Alkmaardermeer, Amsterdam, Andijk, Anna Paulowna, Broek op Langendijk, Enkhuizen, Van Ewijcksluis, Haarlem, De Haukes, Heemstede, Den Helder, Hoorn, Huizen, Den Ilp, Knollendam, Medemblik, Monnickendam, Mooie Nel, Naarden, Nauerna, Nederhorst den Berg, Nieuwe Diep, Nieuwe Meer, Nieuwe Niedorp, Nieuwesluis, Den Oever, Oudeschild, Oudesluis, Uitdam, Uitgeest, Volendam, Westeinderplas, Wormer, Wijde Blik, IJmuiden, Zaandam.
Z-Holland:	Alblasserdam, Alphen a. d. Rijn, Ameide, Bergse Plassen, Den Bommel, Boskoop, Brielle, Brielse Meer, Dordrecht, Goudswaard, Grevelingenmeer, Hagestein, Hardinxveld-Giessendam, Hellevoetsluis, Herkingen, Heukelum, Kralingse Plas, Leiden, Leiderdorp, Leidschendam, Lisse, Middelharnis, Nieuwendam, Noordwijk-Binnen, Numansdorp, Oegstgeest, Oostvoorne, Oude Wetering, Reeuwijkse Plassen, Rhoon, Rijnsaterswoude, Rijnsburg, Sassenheim, Schipluiden, Stad a/h Haringvliet, Streefkerk, Strijensas, Vianen a. d. Lek, Vlaardingen, Vlietland, Voorschoten, Warmond, Wassenaar, Westland, Willemsdorp, Woerden, Woubrugge, Zevenhuizen, Zevenhuizen (Kaag), Zoeterwoude-Rijndijk, Zwammerdam.
Zeeland:	Arnemuiden, Breskens, Brouwershaven, Bruinisse, Colijnsplaat, Ellewoutsdijk, Goes, Gorishoek, Grevelingenmeer, Kamperland, Kortgene, Middelburg, De Piet, Port Zélande (Marina), Roompot Marinahaven, Scharendijke, Sint Annaland, Stavenisse, Terneuzen, Tholen, Veere, Veerse Meer, Wolphaartsdijk.
N-Brabant:	Benedensas, Bergen op Zoom, Brabantse Biesbosch, Dintelsas, Drimmelen, Grave, Hank, De Heen, 's-Hertogenbosch, Hilvarenbeek, Kraaijenbergse Plassen, Lage Zwaluwe, Lithoijen, Lithse Ham, Oss, Oude Maasje, Raamsdonksveer, Ravenstein, Roode Vaart, Stampersgat, Vierlingsbeek, Waspik, Werkendam, Willemstad, Woudrichem, Wijk en Aalburg.
Limburg:	Asselt, Eijsden, Herten, Kessel, Leuken, Maastricht, Neer, Ohé en Laak, Roermond, Stevensweert, Wanssum, Wessem.

Stortplaatsen voor chemisch toilet

Nadere gegevens van deze stortplaatsen staan vermeld in het hoofdstuk 'Watertoeristische gegevens' onder het hoofd 'Stortplaats chemisch toilet'.

Groningen:	Appingedam, Briltil, Delfzijl, Eenrum, Electra, Garnwerd, Groningen, Lauwersoog, Leek, Leekstermeer, Nieuwe Pekela, Onderdendam, Paterswoldse Meer, Scheemda, Schildmeer, Slochteren, Stadskanaal, Uithuizen, Ulrum, Warffumermaar, Wedderveer, Winsum, Zoutkamp, Zuidbroek.

Friesland: Akkrum, Ameland, Balk, Bergumermeer, Birdaard, Burgum (Bergum), Dokkum, Dokkumer Nieuwe Zijlen, Drachten, Earnewâld (Eernewoude), Eastermar (Oostermeer), Echtenerbrug, Elahuizen, Galamadammen, Goingarijp, Grou (Grouw), Harlingen, Haskerdijken, Heeg, Heerenveen, Hindeloopen, Hooidammen-Veenhoop, Idskenhuizen, Jirnsum (Irnsum), Joure, Jutrijp, Kollum, Langweer, Leeuwarden, Lemmer, Makkum, Munnekezijl, Oostmahorn, Oudega, Sint Nicolaasga, Sloten, Sneek, Sneekermeer, Stavoren, Terherne (Terhorne), Terschelling, Tjeukemeer, Uitwellingerga, Vlieland, Warns, Warten (Wartena), Weidum, Wommels, Workum, Woudsend, Zwaagwesteinde.
Drenthe: Coevorden, Hoogeveense Vaart, Meppel, Stieltjeskanaal, Zuidlaardermeer.
Overijssel: Belt-Schutsloot, Berkum, Blauwe Hand, Blokzijl, Drontermeer, Enschede, Genemuiden, Giethoorn, Gramsbergen, Hasselt, Hengelo, Kampen, Kampereiland, Kuinre, Oldemarkt, Olst, Ommen, Ossenzijl, Steenwijk, Vollenhove, Wanneperveen, Wijhe, Zwartsluis, Zwolle.
Flevoland: Almere-Haven, Biddinghuizen, Bremerbergse Hoek, Dronten, Eemmeer, Flevoland, Lelystad, Lelystad-Haven, Muiderzand, Noordoostpolder, Veluwemeer, Wolderwijd, Zeewolde.
Gelderland: Aalst, Alphen a. d. Maas, De Bijland, Culemborg a. d. Lek, Elburg, Harderwijk, Hattem, Heerewaarden, Heumen, Kerkdriel, Maasbommel, Maurik, Nulde, Nijkerk, Oosterbeek, Rhederlaag, Terwolde, Veessen, Veluwemeer, Zwarte Schaar.
Utrecht: Breukelen, Eemmond, Loosdrechtse Plassen, Montfoort, Spakenburg, Vinkeveense Plassen.
N-Holland: Aalsmeer, Akersloot, Alkmaardermeer, Amsterdam, Andijk, Anna Paulowna, Edam, Enkhuizen, Van Ewijcksluis, Haarlem, Den Helder, Hilversumkanaal, Hoorn, Huizen, Knollendam, Kolhorn, Kortenhoef, Medemblik, Monnickendam, Muiden, Naarden, Nederhorst den Berg, Nieuwe Niedorp, Oudeschild, De Rijp, Sloterplas, Spaarndam, Uitdam, Uitgeest, Uithoorn, Weesp, Westeinderplas, Wijde Blik, IJmuiden.
Z-Holland: Arkel, Brielle, Brielse Meer, Dordrecht, Foppenplas, Gorinchem, Gouda, Grevelingenmeer, Heerjansdam, Hellevoetsluis, Herkingen, Heukelum, Hoogmade, Kralingse Plas, Leiderdorp, Leidschendam, Meerkerk, Middelharnis, Nieuwkoopse Plassen, Noordwijk-Binnen, Numansdorp, Ooltgensplaat, Oostvoorne, Reeuwijkse Plassen, Rhoon, Rotterdam, Schiedam, Schoonhoven, Stad a.h. Haringvliet, Streefkerk, Strijensas, Tholen, Vlietland, Warmond, Wassenaar, Willemsdorp, Woerden, Zevenhuizen, Zevenhuizen (Kaag), Zuidland.
Zeeland: Arnemuiden, Breskens, Brouwershaven, Bruinisse, Burghsluis, Colijnsplaat, Goes, Kamperland, Kortgene, Den Osse, Paal, Port Zélande (Marina), Roompot Marinahaven, Scharendijke, Sint Annaland, Terneuzen, Veere, Vlissingen, Wolphaartsdijk, Yerseke, Zierikzee.
N-Brabant: Bergen op Zoom, Dintelsas, Drimmelen, Eindhoven, Grave, De Heen, Heusden, Hilvarenbeek, Kraaijenbergse

	Plassen, Lage Zwaluwe, Lithse Ham, Oude Maasje, Raamsdonksveer, Ravenstein, Roode Vaart, Tilburg, Veen, Vierlingsbeek, Waspik, Willemstad.
Limburg:	Gennep, Herten, Kessel, Leuken, Maastricht, Mookerplas, Neer, Ohé en Laak, Roermond, Stevensweert, Wanssum, Wessem.

Vulstations Propaangasflessen

Nadere gegevens van deze vulstations staan vermeld in het hoofdstuk 'Watertoeristische gegevens' onder het hoofd 'Vulstations Propaangasflessen'.

Groningen:	Delfzijl, Hoogezand (Sappemeer), Oude Pekela.
Friesland:	Akkrum, Dokkumer Nieuwe Zijlen, Drachten, Earnewâld (Eernewoude), Echtenerbrug, Franeker, Grou (Grouw), Leeuwarden, Parrega, Sneek, Vlieland, Workum.
Drenthe:	Hoogersmilde, Oranjekanaal.
Overijssel:	Almelo, Blokzijl, Dalfsen, Enschede, Hasselt, Zwolle.
Gelderland:	Arnhem, De Bijland, Elburg, Geldermalsen, Harderwijk, Nijkerk, Nijmegen, Tiel, Zutphen.
Utrecht:	Amersfoort.
N-Holland:	Aalsmeer, Amsterdam, Broek op Langedijk, Enkhuizen, Den Helder, Hoorn, Kortenhoef, Nieuwe Meer, Oudeschild.
Z-Holland:	Alphen a.d. Rijn, Den Bommel, Delft, Gouda, Groot Ammers, Leidschendam, Ridderkerk, Rotterdam, Schiedam, Vlaardingen, Waddinxveen, Woerden.
Zeeland:	Bruinisse, Kortgene, Scharendijke, Vlissingen, Zierikzee.
N-Brabant:	Bergen op Zoom, Dintelsas, Eindhoven, Geertruidenberg, Oosterhout, Oss, Tilburg.
Limburg:	Julianakanaal, Maasbracht, Maastricht, Roermond, Venlo, Weert, Wessem.

Aftappunten vuilwatertank

Nadere gegevens van deze aftappunten staan vermeld in het hoofdstuk 'Watertoeristische gegevens' onder het hoofd 'Aftappunt vuilwatertank'.

Friesland:	Drachten, Elahuizen, Grou (Grouw), Haskerdijken, Heeg, Jirnsum (Irnsum), Lemmer, Makkum, Sneek, Stavoren, Terherne (Terhorne), Uitwellingerga, Workum.
Drenthe:	Meppel, Stieltjeskanaal, Zuidlaardermeer.
Overijssel:	Hasselt.
Flevoland:	Almere-Haven, Lelystad.
Gelderland:	Elburg.
Utrecht:	Loosdrechtse Plassen, Vinkeveense Plassen.
N-Holland:	Aalmeer, Andijk, Edam, Enkhuizen, Huizen, Knollendam, Monnickendam, Naarden, IJmuiden.
Z-Holland:	Arkel, Capelle a.d. IJssel, Dordrecht, Gorinchem, Herkingen, Oegstgeest, Stad a.h. Haringvliet, Tholen, Warmond, IJsselmonde.
Zeeland:	Kamperland, Kortgene, Port Zélande (Marina), Sint Annaland, Veere, Wolphaartsdijk.
N-Brabant:	Kraaijenberge Plassen, Lithse Ham.
Limburg:	Maastricht, Roermond.

Overzichtslijsten België

Kampeerterreinen

Zie onder: Antwerpen, Blankenberge, Maasplassen, Zeekanaal Rupel-Brussel, Zuidwillemsvaart.

Drinkwater direct uit slang aan boord

Zie onder: Agimont, Albertkanaal, Antwerpen, Brugge, Dender, Dinant, Gent, Herstal-Monsin, Hoei, Kanaal Bocholt-Herentals, Kanaal Bossuit-Kortrijk, Kanaal van Briegden naar Neerharen, Kanaal Charleroi-Brussel, Leie, Lillo, Maas, Namen, Oostende, Profonville, Sambre, Schelde, Visé, Zuidwillemsvaart.

Hefkranen/botenliften

Zie onder: Albertkanaal, Antwerpen, Blankenberge, Brugge, Gent, Kanaal naar Beverlo, Luik, Maasplassen, Nieuwpoort, Schelde, Zeebrugge.

Trailerhellingen

Zie onder: Albertkanaal, Blankenberge, Brugge, Gent, Kanaal naar Beverlo, Kanaal Bocholt-Herentals, Leie, Lillo, Maasplassen, Nieuwpoort, Schelde, Temse, Zeekanaal Rupel-Brussel.

Alfabetische lijst van detailkaartjes

blz.
- 651 Albertkanaal (B)
- 34 Alkmaar
- 36 Almelo
- 45 Amsterdam
- 654 Antwerpen (B)
- 83 Breda
- 85 Breskens
- 88 Brielle
- 99 Coevorden
- 111 Doesburg
- 117 Dordrecht
- 125 Drenthse Hoofdvaart
- 135 Edam
- 145 Enkhuizen
- 173 Gorinchem
- 175 Gouda
- 183 's-Gravenhage
- 202 Haringvlietbrug
- 206 Harlingen
- 219 Helder, Den
- 223 Hellevoetsluis
- 228 's-Hertogenbosch
- 242 Hoogeveense Vaart
- 245 Hoorn
- 263 Kanaal Almelo-De Haandrik
- 268 Kanaal Wessem-Nederweert
- 297 Leeuwarden
- 309 Lemmer
- 673 Luik (B)
- 674 Maas (B)
- 675 Maas (B)
- 331 Maastricht
- 338 Mark en Dintel
- 339 Marken
- 341 Medemblik
- 345 Meppel
- 355 Monnickendam
- 406 Opsterlandse Compagnonsvaart
- 425 Oude IJssel
- 429 Overijsselse Vecht
- 460 Rotterdam
- 475 Schelde-Rijnverbinding
- 476 Schelde-Rijnverbinding
- 491 Sneek
- 505 Stavoren
- 519 Terneuzen
- 524 Tholen
- 531 Twentekanalen
- 536 Urk
- 551 Verlengde Hoogeveense Vaart
- 561 Vlissingen
- 595 Wilhelminakanaal
- 597 Willemstad
- 626 Zeelandbrug
- 635 Zuidwillemsvaart

Alfabetische lijst van Nederlandse en Belgische plaatsen en wateren

blz.
A
- Aa, zie ''s-Hertogenbosch'
24 Aalsmeer
27 Aalst (Gld.)
27 Aarkanaal
- Aarle-Rixtel (NB), zie 'Zuidwillemsvaart' en 'Wilhelminakanaal'
- Abbegasterketting, zie 'Bolswardervaart'
28 Abcoude
29 Aduarderdiep
- Afgedamde Maas, zie 'Andelse Maas'
29 Afferden
650 Agimont (B)
29 Akersloot
30 Akkrum
- Akmarijp, zie 'Terkaple'
650 Albertkanaal (B)
31 Alblas
32 Alblasserdam
- Albrandwaardse Haven, zie 'Poortugaal'
32 Aldeboarn (Oldeboorn)
- Aldeneik, zie 'Maasplassen' (B)
32 Alem
33 Alkmaar
35 Alkmaardermeer
- Allemanshaven, zie 'Oude Maas'
36 Almelo
37 Almere-Buiten
37 Almere-Haven
38 Almere-Stad
39 Alphen a. d. Maas
39 Alphen a. d. Rijn
40 Ameide
40 Ameland
- Amer, zie 'Drimmelen' en 'Lage Zwaluwe'
41 Amerongen
41 Amersfoort
42 Amertak
42 Ammerzoden
- Amstel, zie 'Amsterdam' ('Doorvaartroute B') en 'Amstel'
42 Amstel (voorheen Amstel-Drechtkanaal)

blz.
44 Amstelmeer
44 Amstelveense Poel
44 Amsterdam
51 Amsterdam-Rijnkanaal
53 Andel
53 Andelse Maas en Heusdenskanaal
54 Andijk
55 Angstel
- Ankeveense Plassen, verboden te varen
56 Anna Jacobapolder
56 Anna Paulowna
652 Anseremme (B)
653 Antwerpen (B)
- Apeldoornskanaal, gesloten, zie 'Hattem'
- Appelscha, zie 'Opsterlandse Compagnonsvaart'
56 Appingedam
57 Arcen
- Arembergergracht, zie 'Zwartsluis'
657 Argenteau (B)
57 Arkel
58 Arnemuiden
58 Arnhem
59 Arumervaart
59 Asperen
60 Asselt
60 Assen
60 Augustinusga
60 Avelingerdiep
61 Avenhorn

B
- Baambrugge, zie 'Angstel'
- Baanhoek, zie 'Merwede'
- Baard, zie 'Bolswardertrekvaart'
61 Baarn
657 Baasrode (B)
- Baflo, zie 'Rasquerdermaar'
61 Badhoevedorp
61 Bakhuizen
- Balgoij, zie 'Niftrik'
61 Balgzandkanaal
62 Balk
- Bangavaart, zie 'Oudvaart'
- Barendrecht, zie 'Heerjansdam'

blz.
- Barnflair, zie 'Ter Apel'
63 Bartlehiem
63 Batenburg
- Bath, bij Hansweert, haven is afgedamd
63 Battenoord
63 Beatrixkanaal
- Beek en Donk, zie 'Zuidwillemsvaart' en 'Helmond'
63 Beemsterringvaart
- Belfeld, zie 'Maas'
- Beilervaart, gesloten voor de scheepvaart
64 Belterwijde
64 Belt-Schutsloot
65 Beneden Leeuwen
- Beneden Merwede, zie 'Merwede'
- Beneden Nete, zie 'Nete Kanaal' (B)
65 Benedensas
- Bennebroek, zie 'Ringvaart van de Haarlemmermeerpolder'
65 Bergen (NH)
65 Bergen op Zoom
- Berghaven, zie 'Hoek van Holland'
67 Bergse Diepsluis (Oesterdam)
67 Bergse Maas
68 Bergse Plassen
- Bergum, zie 'Burgum'
68 Bergumermeer
69 Berkum
69 Bernisse
69 Beukersgracht
69 Beulakerwijde
70 Beusichem
- Beverwijk, zie 'Velsen-Noord'
70 Biddinghuizen
70 Biesbosch, Brabantse
72 Biesbosch, Dordtse
- Biesbosch, Hollandse, zie 'Biesbosch' (Dordtse- en Sliedrechtse)
73 Biesbosch, Sliedrechtse
- Bilderdam, zie 'Drecht'
75 Birdaard
- Bisschopsgraaf, zie 'Linge'
75 B.L. Tijdenskanaal
657 Blankenberge (B)
75 Blauwe Hand
76 Bleiswijk
76 Blitterswijck
- Blocq van Kuffeler, zie 'Almere-Buiten'

blz.
76 Blokzijl
77 Bodegraven
77 Bolsward
78 Bolswardertrekvaart
79 Bolswardervaart
79 Bommeer
80 Bommel, Den
- Bommenede, zie 'Werkhaven Bommenede'
80 Bonkesloot
- Boorne, zie 'Opsterlandse Compagnonsvaart'
- Boornzwaag, zie 'Langweer'
- Born, zie 'Julianakanaal'
80 Boskoop
80 Boterdiep
- Botlekbrug, zie 'Spijkenisse'
- Boudewijnkanaal, zie 'Brugge' en 'Zeebrugge' (B)
81 Bourtange
- Bovenkarspel, zie 'Broekerhaven'
- Boven Leeuwen, zie 'Beneden Leeuwen'
- Boven Merwede, zie 'Merwede'
- Boven Rijn, zie 'Rijn'
- Bovensas, zie 'Roosendaalse en Steenbergse Vliet'
81 Bovenwijde
82 Boxmeer
- Braaksloot, zie 'Wormerringvaart'
- Braaksluis, zie 'Kanaal Alkmaar-Kolhorn'
82 Braassemermeer
82 Brakel
82 Breda
84 Breezanddijk
84 Bremerbergse Hoek
84 Breskens
86 Breukelen
- Breukeleveen, zie 'Loosdrechtse Plassen' en 'Breukeleveense Plas'
87 Breukeleveense Plas
87 Brielle
89 Brielse Meer
- Brienenoordbrug (Van), zie 'IJsselmonde'
91 Briltil
- Britsum, zie 'Stienservaart'
91 Broekerhaven
92 Broek in Waterland
92 Broek op Langendijk

blz.		blz.	
92	Broeresloot	–	Delfshavense Schie, zie 'Rotterdam'
92	Bronkhorst	–	Delfstrahuizen, zie 'Echtenerbrug'
92	Brouwershaven		
658	Brugge (B)	103	Delft
93	Bruinisse	104	Delftse Schie
–	Brussel, zie 'Zeekanaal Rupel-Brussel' (B)	104	Delfzijl
95	Buggenum	–	Demmerikse sluis, zie 'Vinkeveense Plassen'
–	Buiksloot, zie 'Noordhollandskanaal'	–	Den Bosch, zie ''s-Hertogenbosch'
–	Buitenhuizen, zie 'Spaarndam'	–	Den Haag, zie ''s-Gravenhage'
95	Buitenringvaart	–	Den Helder, zie 'Helder, Den'
–	Buitenstverlaat, zie 'Drachten'	–	Den Ilp, zie 'Ilp, Den'
95	Buiten IJ	–	Den Oever, zie 'Oever, Den'
96	Bullewijk	–	Den Osse, zie 'Osse, Den'
–	Bultsterverlaat, zie 'Winschoten'	660	Dender (B)
–	Buren, zie 'Linge'	660	Dendermonde (B)
–	Burg, Den (Texel), zie 'Oudeschild'	106	Deventer
		107	Diemen
96	Burghsluis	108	Diemerplassen
97	Burgum (Bergum)	108	Dieren
97	Bussum	108	Dieverbrug
–	Buurtjeshaven, zie 'Andijk'	–	Diezemond, zie 'Engelen-Diezemond'
97	Bijland, De	–	Dillensluis, zie 'Oudvaart'
		661	Dinant (B)
	C	–	Dintel, zie 'Mark en Dintel'
–	Calandkanaal, zie 'Europoort'	–	Dintelmond, zie 'Dintelsas'
–	Camperduin, zie 'Hargen'	108	Dinteloord
98	Capelle (NB)	109	Dintelsas
98	Capelle a. d. IJssel	109	Dodewaard
–	Carnissehaven, zie 'Koedoodshaven'	661	Doel (B)
–	Christiaansloot, zie 'Echtenerbrug'	110	Does
		110	Doesburg
99	Coevorden	112	Doetinchem
–	Coevorden-Vechtkanaal, zie 'Kanaal Almelo-De Haandrik'	112	Dokkum
		–	Dokkumerdiep, zie 'Dokkumer Nieuwe Zijlen'
100	Colijnsplaat	113	Dokkumer Ee
–	Cornelisgracht, zie 'Giethoornse Meer'	114	Dokkumer Grootdiep
		115	Dokkumer Nieuwe Zijlen
100	Culemborg a. d. Lek	–	Dollard, zie 'Delfzijl', 'Termunterzijl' en 'Nieuwe Statenzijl'
101	Cuijk		
		–	Dommel, zie ''s-Hertogenbosch'
	D	–	Dompschutsluis, zie 'Oudvaart'
–	Dalen, zie 'Stieltjeskanaal'		
101	Dalfsen	116	Donge
101	Damsterdiep	–	Dode Maas, zie 'Andelse Maas'
–	Danne, zie 'Breukelen'		
–	Dedemsvaart, afgedamd	–	Doorslagsluis, zie 'Jutphaas'
–	Deelsbrug, zie 'Heerenveen'		
103	Deest	116	Dordrecht
103	Deil	122	Dordtse Kil
103	Delden	123	Drachten

764

blz.
- 124 Drecht
- 125 Drenthse Hoofdvaart
- 126 Dreumel
- – Driebruggen, zie 'Dubbele Wiericke'
- 127 Driel
- 127 Driemond
- – Driewegsluis, zie 'Linthorst Homansluis'
- 127 Drimmelen
- 128 Drongelen
- 128 Dronten
- 128 Drontermeer
- 129 Druten
- 129 Dubbele (of Grote) Wiericke
- - Duffel, zie 'Nete Kanaal' (B)
- – Duivendrecht, zie 'Weespertrekvaart'
- 130 Durgerdam
- 130 Dussen
- – Dwarsgracht, zie 'Giethoornse Meer'
- 131 Dwarswatering

E

- 131 Earnewâld (Eernewoude)
- 132 Eastermar (Oostermeer)
- – Echt, zie 'Julianakanaal'
- – Echten, zie 'Hoogeveense Vaart'
- 132 Echtenerbrug/Delfstrahuizen
- 133 Eck en Wiel
- 133 Edam
- – Ee, zie 'Dokkumer Grootdiep'
- 136 Eefde
- 136 Eem (U)
- 137 Eembrugge (U)
- 137 Eemdijk (U)
- 138 Eemmeer
- 138 Eemmond (U)
- – Eemnes, zie 'Eem'
- – Eems, zie 'Eemshaven'
- 139 Eemshaven
- 139 Eemskanaal
- 140 Eenrum
- – Eernewoude, zie 'Earnewâld'
- 141 Eilandspolder
- 141 Eindhoven
- 141 Eindhovenskanaal
- 141 Elahuizen
- 142 Elburg
- 143 Electra
- 143 Ellewoutsdijk
- – Emmeloord, zie 'Noordoostpolder'

blz.
- – Emmen, zie 'Oranjekanaal'
- 143 Engelen (Diezemond)
- 144 Engelenvaart
- 144 Enkele Wiericke
- 144 Enkhuizen
- 148 Enkhuizerzand
- 148 Enschede
- – Ermelo, zie 'Wolderwijd'
- 148 Europoort
- 149 Ewijcksluis, Van
- 150 Ewijk
- 150 Eijsden
- 150 Ezumazijl

F

- 151 Finkumervaart
- 151 Flauers
- 151 Flevoland (O- en Z-)
- 154 Fluessen
- 155 Follega
- 155 Fonejachtbrug
- 155 Foppenplas
- 155 Franeker
- 156 Franekervaart

G

- 157 Gaarkeuken
- – Gaasp, zie 'Weespertrekvaart'
- 157 Gaastmeer
- – Gaastmeer, Grote, zie 'Fluessen'
- 157 Galamadammen
- 158 Galathee, De
- – Ganzendiep, zie 'Kampereiland'
- 158 Garnwerd
- – Gat van Moorlag, zie 'Pannerdenskanaal'
- 159 Geer
- 159 Geersdijk
- 159 Geertruidenberg
- 160 Geeuw
- 160 Gein
- – Geistingen, zie 'Maasplassen' (B)
- 160 Geldermalsen
- 161 Gelderse IJssel
- 165 Genderen
- 165 Gendt (Gld)
- 165 Genemuiden
- – Genk, zie 'Albertkanaal' (B)
- 166 Gennep
- 661 Gent (B)
- 166 Gewande
- – Giesbeek, zie 'Rhederlaag'
- 166 Giessen
- 167 Giethoorn

765

blz.		blz.	
168	Giethoornse Meer		**H**
–	Goedereede, haven is afgesloten	192	Haagoord
		192	Haagse Schouw
–	Goejanverwellesluis, zie 'Dubbele Wiericke'	192	Haandrik
		–	Haanwijkersluis, zie 'Oude Rijn'
169	Goes		
–	Goese Sas, zie 'Sas van Goes'	193	Haarlem
		195	Haarlemmertrekvaart
–	Goidschalxoord, de haven is afgedamd	195	Haastrecht
		195	Hagestein
170	Goingarijp	–	Hakkelaarsbrug, zie 'Naardertrekvaart'
170	Gooimeer		
171	Goor	196	Halfweg
–	Goot, zie 'Kampereiland'	–	Hamme, zie 'Schelde' (B)
171	Gorinchem	–	Hanenpadsluis, zie 'Zaan'
174	Gorishoek	196	Hallumervaart
174	Gorredijk	196	Hank
174	Gorssel	–	Hanssum, zie 'Neer'
174	Gouda	196	Hansweert
–	Gouden Ham, zie 'Maasbommel'	197	Harderwijk
		199	Hardinxveld-Giessendam
178	Gouderak	–	Haren (Gr), zie 'Paterwoldse Meer'
178	Goudswaard		
178	Gouwe	200	Hargen
–	Gouwsluis, zie 'Gouwe', 'Aarkanaal' of 'Oude Rijn'	200	Haringvliet
		201	Haringvlietbrug
180	Gouwzee	203	Haringvlietdam
180	Gramsbergen	203	Harinxmakanaal, Van
180	Grave	–	Harkstede, zie 'Slochterdiep'
181	's-Gravelandse Vaart		
182	's-Gravendeel	205	Harlingen
182	's-Gravenhage	209	Harlingervaart
–	's-Gravenzande, zie 'Westland'	209	Harmelen
		209	Hartelkanaal
184	Grecht	210	Haskerdijken
–	Grevelingendam, zie 'Bruinisse'	–	Haskerwijd, Oude, zie 'Nannenwijd'
185	Grevelingenmeer	210	Hasselt
–	Groevesluis Noord, zie 'Appingedam'	663	Hasselt (B)
		211	Hattem
–	Groevesluis Zuid, zie 'Schildmeer'	211	Haukes, De
		–	Haukessluis, zie 'Wieringermeerpolder'
–	Groet, zie 'Hargen'		
186	Groningen	–	Haven van Brussel, zie 'Zeekanaal Rupel-Brussel' (B)
189	Groot-Ammers		
190	Grote Brekken	211	Hedel
–	Grote Gaastmeer, zie 'Fluessen'	212	Heeg
		–	Heer aan de Maas, zie 'Agimont' (B)
–	Grote Heijcop, zie 'Breukelen'		
		–	Hegermeer, zie 'Fluessen'
–	Grote Sloot (NH), zie 'Ewijcksluis, Van'	–	Heel, zie 'Maas'
		214	Heemstede
190	Grou (Grouw)	214	Heen, De
–	Grunostrand, zie 'Slochterdiep'	–	Heenvliet, zie 'Brielse Meer'
–	Grijpskerk, zie 'Gaarkeuken'	214	Heerenveen
		–	Heerenzijl, zie 'Snekermeer'

blz.		blz.	
216	Heerewaarden	241	Hoogeveen
216	Heerjansdam	241	Hoogeveense Vaart
217	Heesselt a. d. Waal	242	Hoogezand (Sappemeer)
217	Heimans- en Woudwetering	243	Hoogkerk
217	Heinoomsvaart	243	Hoogmade
–	Hekendorp, zie 'Dubbele Wiericke'	243	Hoogvliet
218	Helder, Den	243	Hooidammen-Veenhoop
221	Hellevoetsluis	244	Hoorn
225	Helmond	–	Hoornse Meer, zie 'Paterswoldse Meer'
–	Helomavaart, zie 'Jonkers- of Helomavaart'	–	Hoornse Vaart, zie 'Hunsingokanaal'
–	Helsluis, zie 'Biesbosch, Sliedrechtse'	–	Horst, zie 'Wolderwijd'
–	Helwerdermaar, zie 'Uithuizen'	–	Houtribdijk, zie 'Enkhuizerzand'
–	Hemeltje, zie 'Hilversumskanaal'	246	Houtribsluizen
225	Hemelum	–	Houwerzijl, zie 'Hunsingokanaal'
225	Hempens	247	Huissen
225	Hendrik Ido Ambacht	247	Huizen (NH)
226	Hengelo (O)	–	Hulhuizen, Gem. Gendt, zie aldaar
–	Hennipsloot, zie 'Ringvaart van de Zuidplaspolder'	248	Hunsingokanaal
–	Herenzijl, zie 'Snekermeer'	–	Hunze, zie 'Zuidlaardermeer'
226	Herkingen	–	Hijkersmilde, zie 'Opsterlandse Compagnonsvaart' en 'Smilde'
663	Herstal-Monsin (B)		
226	Herten		
227	's-Hertogenbosch	***I***	
229	Heteren	249	Idsegasterpoel
229	Heukelum	249	Idskenhuizen
229	Heumen	249	Ilp, Den
229	Heusden	–	Ilpendam, zie 'Noordhollandskanaal'
–	Heusdenskanaal, zie 'Andelse Maas'	–	Irnsum, zie 'Jirnsum'
–	Hillegersberg, zie 'Bergse Plas'	***J***	
230	Hillegom	–	Jacobsbrug (Sint), zie 'Ottoland'
230	Hilvarenbeek	250	Janesloot
231	Hilversumskanaal	250	Jeltesloot
232	Hindeloopen	–	Jentjemeer, zie 'Snekermeer'
233	Hitsertse Kade	251	Jirnsum (Irnsum)
233	Hoedekenskerke	–	Jispersluis, zie 'Jisperveld'
664	Hoei (Huy) (B)	252	Jisperveld
233	Hoek van het IJ	253	Johan Frisokanaal
233	Hoek van Holland	–	Jonen, zie 'Giethoornse Meer'
235	Hoendiep	253	Jonkers- of Helomavaart
–	Hogebrug, zie 'Dubbele Wiericke'	254	Joure
236	Holendrecht	254	Julianakanaal
236	Hollandsdiep	–	Julianasluis, zie 'Gouwe'
–	Hollandse Biesbosch, zie 'Biesbosch, Hollandse'	–	Junne, zie 'Overijsselse Vecht'
–	Hollandse brug, zie 'Muiderzand' en 'Randmeren'	255	Jutphaas (Nieuwegein-N)
237	Hollandse IJssel	255	Jutrijp
241	Hoogersmilde		

blz.

K
- 256 Kaag (dorp)
- 256 Kaag Sociëteit
- – Kabbelaarsbank, zie `Port Zélande, Marina'
- 256 Kadoelermeer
- 257 Kagerplassen
- – Kalenberg, zie 'Ossenzijl'
- 258 Kampen
- 259 Kampereiland
- 260 Kamperland
- 261 Kanaal Alkmaar-Huigendijk-Ursem-Avenhorn
- 261 Kanaal Alkmaar (Omval)-Kolhorn
- 262 Kanaal Almelo-De Haandrik
- – Kanaal Almelo-Nordhorn, door dammen onbevaarbaar
- – Kanaal Baflo-Mensingeweer, zie 'Rasquerdermaar'
- 265 Kanaal Beukers-Steenwijk
- 265 Kanaal Beulakerwijde-Steenwijk
- 664 Kanaal naar Beverlo (B)
- 664 Kanaal Blaton-Ath (B)
- 665 Kanaal Bocholt-Herentals (B)
- 666 Kanaal Bossuit-Kortrijk (B)
- 666 Kanaal van Briegden naar Neerharen (B)
- – Kanaal Brugge-Zeebrugge, zie 'Brugge' en 'Zeebrugge' (B)
- – Kanaal Buinen-Schoonoord, zie 'Oranjekanaal'
- 666 Kanaal van het Centrum (B)
- 667 Kanaal Charleroi-Brussel (B)
- – Kanaal Coevorden-Zwinderen, gesloten voor de scheepvaart
- 668 Kanaal van Dessel naar Kwaadmechelen (B)
- 668 Kanaal van Dessel via Turnhout naar Schoten (B)
- – Kanaal Deventer-Raalte, gesloten voor de scheepvaart
- 668 Kanaal van de Dijle naar Leuven
- – Kanaal Engelen-Henriëttewaard, zie 'Engelen'
- – Kanaal Gent-Oostende, zie 'Gent', 'Brugge' en 'Oostende' (B)

blz.
- 265 Kanaal Gent-Terneuzen
- – Kanaal Gent-Terneuzen, zie 'Gent' en 'Zelzate' (B)
- – Kanaal Omval-Kolhorn, zie 'Kanaal Alkmaar (Omval)-Kolhorn'
- 669 Kanaal Roeselare-Leie (B)
- – Kanaal van Steenenhoek, zie 'Gorinchem' en 'Hardinxveld-Giessendam'
- 266 Kanaal Steenwijk-Ossenzijl
- – Kanaal Terneuzen-Gent, zie 'Kanaal Gent-Terneuzen'
- – Kanaal door Voorne, zie 'Hellevoetsluis'
- 266 Kanaal door Walcheren
- 267 Kanaal Wessem-Nederweert
- 268 Kanaal door Zuid-Beveland
- – Kanaal Zutphen-Enschede, zie 'Twentekanalen'
- – Karnemelksloot, zie 'Naarden'
- – Katerveer, zie 'Zwolle'
- 269 Kats
- – Katse Veer, zie 'Kats', 'Zandkreekdam' en 'Veerse Meer'
- 270 Kattendiep
- 270 Katwijk a. d. Rijn
- 271 Katwijk aan Zee
- 271 Keizersveer
- – Kempenkanaal, zie 'Kanaal Bocholt-Herentals' (B)
- 271 Kerkdriel
- – Kerkhoven, zie 'Kanaal naar Beverlo' (B)
- – Kerkvaart, zie 'Mijdrecht' en 'Breukelen'
- 272 Kessel (L)
- 273 Kessel (NB)
- – Kessenich, zie 'Maasplassen' (B)
- – Ketelbrug, zie 'Ketelmeer'
- 273 Keteldiep
- 273 Ketelhaven
- 274 Ketelmeer
- – Kiesterzijl, zie 'Harinxmakanaal, Van'
- 275 Kinselmeer
- – Klazienaveen, zie 'Verlengde Hoogeveense Vaart'
- 669 Klein-Ternaaien (Petit-Lanaye) (B)
- – Klein Willebroek, zie 'Zeekanaal Rupel-Brussel' (B)
- 275 Klundert-Noordschans
- 275 Knollendam

blz.
- 276 Kockengen
- – Koedoodshaven, zie 'Oude Maas'
- – Koedijk, zie 'Noordhollandskanaal'
- – Koegras, zie 'Noordhollandskanaal'
- 277 Koevordermeer
- 277 Kogeloven
- 277 Kolhorn
- 278 Kollum
- 278 Kommerzijlsterrijte
- – Kooisluis, zie 'Balgzandkanaal'
- 278 Kootstertille
- – Kooy, De, zie 'Noordhollandskanaal' en 'Balgzandkanaal'
- – Korne, zie 'Linge'
- 279 Kornwerderzand
- 279 Kortenhoef
- 280 Kortenhoefse Plassen
- 280 Kortgenè
- – Koudekerk a. d. Rijn, zie 'Oude Rijn'
- 280 Koudum
- 281 Kraaijenbergse Plassen
- – Kraaiennestersluis, zie 'Loosdrechtse Plassen'
- – Krabbersgat, zie 'Enkhuizen'
- – Kraggenburg, zie 'Noordoostpolder'
- 282 Kralingse Plas
- 283 Krammersluizen (Philipsdam)
- 284 Kreekraksluizen
- 285 Krimpen a. d. Lek
- 285 Krimpen a. d. IJssel
- 285 Kromme Mijdrecht
- 286 Krommenie
- 286 Kromme Rijn
- – Kropswolde, zie 'Zuidlaardermeer'
- – Kruibeke, zie 'Schelde' (B)
- 286 Kruiningen
- – Kruiningergors, zie 'Oostvoorne'
- – Kudelstaart, zie 'Westeinderplas'
- – Kuikhornstervaart, zie 'Zwemmer'
- – Kuinder, zie 'Tjonger'
- 286 Kuinre

L
- 287 Laag Keppel
- – Lakerweerd, zie 'Ohé en Laak'

blz.
- 287 Laaxum
- 288 Lage Zwaluwe
- – Lanaken, zie 'Kanaal Briegden-Neerharen' (B)
- – Landbouwhaven Noordsloe, zie 'Piet, De'
- 289 Landsmeer
- – Langelille, zie 'Tjonger'
- 289 Langeraar
- 290 Lange Sloot
- – Langstaartenpoel, zie 'Sneekermeer'
- 290 Langweer
- 291 Langweerderwielen
- – Lateraalkanaal Linne-Buggenum, zie 'Maas'
- – Lathum, zie 'Rhederlaag'
- 292 Lauwers
- 292 Lauwersmeer
- 293 Lauwersoog
- 294 Leek
- 295 Leekstermeer
- 295 Leens
- 295 Leerdam
- 296 Leermens
- – Leermenstermaar, zie 'Leermens'
- 296 Leeuwarden
- – Leeuwen a. d. Waal, zie 'Beneden Leeuwen'
- 300 Leiden
- 303 Leiderdorp
- 303 Leidschendam
- – Leidse Trekvaart, zie 'Haarlemmertrekvaart'
- – Leidse Rijn, zie 'Oude Rijn'
- 304 Leidse Vaart
- 670 Leie (B)
- 304 Leimuiden
- 305 Lek
- 305 Lekkanaal
- 306 Lekkerkerk
- 306 Lelystad
- 307 Lelystad-Haven
- 308 Lemmer
- 312 Leuken
- 312 Leur
- 313 Lexmond
- 313 Leijen, De
- – Liede, zie 'Mooie Nel'
- – Lienden, zie 'Rhenen'
- 671 Lier (B)
- 313 Lieshout
- 671 Lillo (B)
- – Limburgse Maas, zie 'Maas'
- – Limmel, zie 'Julianakanaal'
- 313 Linde

769

blz.
- 314 Linge
- 314 Linne
- 315 Linschoten
- – Linthorst Homankanaal, buiten gebruik gesteld, lage duikerbruggen
- 315 Linthorst Homansluis
- 316 Lisse
- 316 Lith
- 317 Lithoijen
- 317 Lithse Ham
- – Lits, De, zie 'Eastermar (Oostermeer)'
- 317 Lobith
- 318 Lochem
- 318 Loenen a. d. Vecht
- 318 Loenersloot
- 319 Loevestein
- – Lommel, zie 'Kanaal Bocholt-Herentals' (B)
- – Loonse Waard, zie 'Niftrik'
- 319 Loosdrechtse Plassen
- – Loowaard, zie 'Pannerdenskanaal'
- – Loppersumer Wijmers, zie 'Wijmers'
- 324 Lottum
- 672 Lozen (B)
- 672 Luik (Liège) (B)
- – Luts, zie 'Balk'

M
- 324 Maarssen
- 325 Maas
- 673 Maas (B)
- 328 Maasbommel
- 329 Maasbracht
- – Maaseik, zie 'Maasplassen' (B)
- 329 Maashees
- 677 Maasplassen (B)
- 329 Maassluis
- 330 Maastricht
- 333 Maas-Waalkanaal
- 334 Makkum
- – Makkumervaart, zie 'Makkum'
- – Manderssluis, zie 'Dintelsas'
- – Margrietkanaal, zie 'Prinses Margrietkanaal'
- – Marina Port Zélande, zie 'Port Zélande, Marina'
- 337 Mark en Dintel
- 339 Marken
- – Markermeer, zie 'IJsselmeer en Markermeer'
- 340 Markkanaal

blz.
- – Marknesse, zie 'Noordoostpolder'
- – Marknessersluis, zie 'Noordoostpolder'
- 340 Mark-Vlietkanaal
- 340 Maurik
- 341 Medemblik
- – Medemblikkersluis, zie 'Wieringermeerpolder'
- – Meerbrug, zie 'Ringvaart van de Haarlemmermeerpolder'
- 343 Meerburgerwetering
- 343 Meerkerk
- – Meern, De, zie 'Oude Rijn'
- 344 Menaldum
- – Mensingeweerstersloopdiep, zie 'Hunsingokanaal'
- 344 Meppel
- 346 Meppelerdiep
- 346 Merwede
- 348 Merwedekanaal ten N van de Lek
- 350 Merwedekanaal ten Z van de Lek
- – Merwelanden, zie 'Biesbosch, Sliedrechtse'
- – Meije, zie 'Nieuwkoopse Plassen'
- 351 Middelburg
- 352 Middelharnis
- 353 Middenmeer
- 353 Millingen a. d. Rijn
- 353 Moerdijk
- 354 Mok, De
- – 's Molenaarsbrug, zie 'Alphen a. d. Rijn'
- – Molenkolksluis, zie 'Kolhorn'
- – Molenplaat, zie 'Bergen op Zoom'
- 354 Molenrij
- 354 Monnickendam
- – Monster, zie 'Westland'
- 356 Montfoort
- 357 Montfoortse Vaart
- 357 Mooie Nel
- 358 Mook
- 358 Mookerplas
- 359 Moordrecht
- 359 Morra
- – Muggenbeet, zie 'Wetering'
- 359 Muiden
- 360 Muiderberg
- 361 Muidertrekvaart
- 361 Muiderzand
- 362 Munnekezijl
- – Murk, zie 'Ouddeel'

blz.
- Musselkanaal, zie 'Stadskanaal'
363 Mijdrecht
- Mijnden en Mijndense sluis, zie 'Loosdrechtse Plassen'

N
363 Naarden
364 Naardertrekvaart
678 Namen (Namur) (B)
364 Nannewijd en Oude Haskerwijd
365 Nauerna
365 Nauernase Vaart
- Nauwe Greuns, zie 'Hempens'
366 Nederhemert-Zuid
366 Nederhorst den Berg
- Neder Rijn, zie 'Rijn'
367 Nederweert
367 Neer
- Neerijnen a. d. Waal, zie 'Opijnen'
367 Nes
- Nes, zie 'Ameland'
368 Nes, De
368 Nes a. d. Amstel
678 Nete Kanaal en Beneden Nete (B)
- Nieuw-Amsterdam, zie 'Verlengde Hoogeveense Vaart'
368 Nieuw-Beijerland
368 Nieuwebrug
- Nieuwe Diep, zie 'Helder, Den'
368 Nieuwe Diep (Amsterdam)
- Nieuwegein, zie 'Jutphaas' en 'Vreeswijk'
369 Nieuwe Maas
370 Nieuwe Meer
372 Nieuwe Merwede
373 Nieuwendam
373 Nieuwendijk
373 Nieuwe Niedorp
374 Nieuwe Pekela
- Nieuwerbrug, zie 'Oude Rijn' en 'Dubbele Wiericke'
- Nieuwerkerk a. d. IJssel, zie 'Ringvaart van de Zuidplaspolder'
374 Nieuwesluis
374 Nieuwersluis
- Nieuweschans, zie 'Westerwoldse Aa'
- Nieuwesluis (NH), zie 'Wieringerwaard'

blz.
375 Nieuwe Statenzijl
- Nieuwe Tonge (ZH), zie 'Battenoord'
- Nieuwe Vaart, zie 'Zwemmer'
- Nieuwe Vaart, zie 'Opsterlandse Compagnonsvaart'
376 Nieuwe Waterweg
- Nieuwe Wetering (dorp), zie 'Ringvaart van de Haarlemmermeerpolder'
- Nieuwe Wetering (vaarweg), zie 'Nieuwersluis' en 'Angstel'
- Nieuwe Zwemmer, zie 'Zwemmer'
- Nieuwkoop, zie 'Nieuwkoopse Plassen'
377 Nieuwkoopse Plassen
380 Nieuwolda
679 Nieuwpoort (B)
380 Niftrik
381 Nigtevecht
381 Noord
- Noordbergum, zie 'Zwemmer'
- Noorden, zie 'Nieuwkoopse Plassen'
383 Noordervaart (L)
383 Noordhollandskanaal
- Noordlaren, zie 'Zuidlaardermeer'
386 Noordoostpolder
388 Noordpolderzijl
- Noordschans, zie 'Klundert-Noordschans'
389 Noord-Scharwoude
389 Noordwillemskanaal
390 Noordwijk-Binnen
391 Noordwijkerhout
391 Noordzeekanaal
392 Nulde
392 Nuldernauw
393 Numansdorp
- Nijelamer, zie 'Wolvega'
- Nijezijl, zie 'Bolswardervaart'
394 Nijkerk
395 Nijkerkernauw
396 Nijmegen

O
396 Ochten
397 Oeffelt
397 Oegstgeest
397 Oegstgeesterkanaal
- Oesterdam, zie 'Bergse Diepsluis'

blz.
- 398 Oever, Den
- – Oeverse Vaart, Den, zie 'Wieringermeerpolder'
- – Offingawier, zie 'Sneekermeer'
- 399 Ohé en Laak
- 399 Oirschot
- – Olburgen, zie 'Zwarte Schaar'
- – Oldeberkoop, zie 'Tjongerkanaal'
- – Oldeboorn, zie 'Aldeboarn'
- – Oldelamerbrug, zie 'Jonkers- of Helomavaart'
- 400 Oldemarkt
- – Oldenzijl, zie 'Uithuizer- en Meedstermaar'
- – Oldetrijnsterbrug, zie 'Jonkers- of Helomavaart'
- 400 Olst
- 400 Ommen
- 400 Onderdendam
- 401 Ooltgensplaat
- – Oostelijk Flevoland, zie 'Flevoland'
- 681 Oostende (B)
- 401 Oosterbeek
- – Oosterdiep, zie 'Veendam'
- 401 Oosterhout (NB)
- – Oosterlittens, zie 'Franekervaart' en 'Bolswardertrekvaart'
- – Oostermeer, zie 'Eastermar'
- 402 Oosterschelde
- – Oostersluis, zie 'Starkenborghkanaal, Van'
- – Oosterwijtwerdermaar, zie 'Damsterdiep' en 'Leermens'
- – Oosterzee (Gietersebrug), zie 'Tjeukemeer'
- – Oosthuizen, zie 'Beemsterringvaart'
- – Oost-Knollendam, zie 'Knollendam' en 'Jisperveld'
- 403 Oostmahorn
- 404 Oostvoorne
- 404 Oostzaan
- 404 Opeinde
- 405 Opheusden
- 405 Oppenhuizen
- 405 Opsterlandse Compagnonsvaart (Turfroute)
- 408 Opijnen-Neerrijnen
- 408 Oranjekanaal
- – Oranje Plaat, zie 'Arnemuiden'

blz.
- 408 Oranje Sluizen
- 409 Osingahuizen
- 410 Oss
- 410 Osse, Den
- 411 Ossenzijl
- 412 Oterleek
- – Ottersluis, zie 'Biesbosch, Sliedrechtse'
- 412 Ottoland
- – Oud-Ade, zie 'Zevenhuizen' (Kagerplassen) en 'Vennemeer'
- 413 Oud-Beijerland
- – Oud-Dokkumerdiep, zie 'Zwemmer'
- 413 Ouddeel, Murk en Oudkerkstervaart
- 413 Ouddorp
- 414 Oudega (Sm.)
- 414 Oudega (W.)
- 414 Oude Maas (ZH)
- 416 Oude Maas (L)
- 416 Oude Maasje
- 417 Oudenbosch
- 417 Oude Pekela
- 418 Ouderkerk a. d. Amstel
- 418 Ouderkerk a. d. IJssel
- 418 Oude Rijn
- 422 Oudeschild
- 423 Oude Schouw
- 423 Oudesluis
- 423 Oude Tonge
- 424 Oudewater
- – Oude Waver, zie 'Waver'
- – Oude Weg, zie 'Langweerderwielen'
- 424 Oude Wetering
- 425 Oude IJssel
- – Oude Zederik, zie 'Meerkerk'
- 427 Oude Zeug
- – Oudhuizersluis, zie 'Heinoomsvaart'
- – Oudkerkstervaart, zie 'Ouddeel'
- – Oud-Loosdrecht, zie 'Loosdrechtse Plassen'
- 427 Oudvaart
- 428 Oud-Zuilen a. d. Vecht
- 428 Overschie
- 428 Overijsselse Vecht
- 430 Overijsselskanaal

P
- 430 Paal
- – Paddegat, zie 'Wijde Aa'
- 431 Pampus
- – Pampushaven, zie 'IJmeer'

blz.
- 431 Panheel
- – Panhuyskanaal, Van, zie 'Makkum'
- 432 Pannerdenskanaal
- 432 Papendrecht
- 433 Parrega
- 433 Paterswoldse en Hoornse Meer
- 434 Pekel Aa en Pekeler Hoofddiep
- – Pekeler Hoofddiep, zie 'Pekel Aa en Pekeler Hoofddiep'
- 435 Perkpolder
- – Peulensluis, zie 'Hardinxveld-Giessendam'
- – Philipsdam, zie 'Krammersluizen'
- – Philipsland, Sint, zie 'Sint Philipsland'
- – Pier Christiaansloot, zie 'Echtenerbrug'
- 435 Piet, De
- – Pieterburen, zie 'Hunsingokanaal'
- – Pieterzijl, zie 'Lauwers'
- 435 Pikmeer en Wijde Ee
- – Plasmolen, zie 'Mokerplas'
- – Poel, Amstelveense, zie 'Jisperveld' of 'Westeinderplas'
- – Pompsloot, zie 'Buitenringvaart'
- – Pondkoekersluis, zie 'Mijdrecht'
- 436 Poortugaal
- 436 Port Zélande, Marina
- – Portengen, zie 'Breukelen'
- 436 Princenhof
- 437 Prinses Margrietkanaal
- 683 Profondeville (B)
- – Proostdijersluis, zie 'Vinkeveense Plassen'
- 438 Purmerend
- – Purmerringvaart, zie 'Edam' en 'Purmerend'
- 439 Put, De
- 440 Puttershoek

R

- – Raalte, zie 'Kanaal Deventer-Raalte'
- – Raamsdonk, zie 'Oude Maasje'
- 440 Raamsdonksveer
- – Raard, zie 'Dokkumer Ee'
- – Raboes, Het, zie 'Eemmond'

blz.
- – Ramsdiep, zie 'Zwarte Meer'
- – Ramspolbrug over het Ramsdiep, zie 'Zwarte Meer'
- 440 Randmeren van Flevoland
- 442 Rasquerdermaar en Kanaal Baflo-Mensingerweer
- 442 Ravenstein
- – Ravenswaay, zie 'Wijk bij Duurstede' en 'A'dam-Rijnkanaal'
- 442 Reeuwijkse Plassen
- 444 Reitdiep
- 445 Renkum
- – Rheden, zie 'Rhederlaag' en 'Steeg, De'
- 445 Rhederlaag
- 446 Rhenen
- 446 Rhoon
- 447 Ridderkerk
- 447 Ried
- – Ringvaart van Groot Mijdrecht, zie 'Wilnis'
- 447 Ringvaart van de Haarlemmermeerpolder
- 451 Ringvaart van de Zuidplaspolder
- – Ringvaart van de Wijde Wormer, zie 'Wormerringvaart'
- 452 Ringwiel
- – Robbengatsluis, zie 'Lauwersoog'
- 453 Roelofarendsveen
- 453 Roermond
- 455 Roggebotsluis
- – Rogsloot, zie 'Wartena'
- 455 Ronduite
- 456 Roode Vaart (NB)
- 456 Roompot Marinahaven
- – Roompotsluis, zie 'Oosterschelde'
- 457 Roosendaal
- 457 Roosendaalse en Steenbergse Vliet
- – Rosande Polder, zie 'Oosterbeek'
- – Roskamsluis, zie 'Kanaal Alkmaar (Omval)-Kolhorn'
- 458 Rotte
- – Rottemeren, zie 'Rotte'
- 458 Rotterdam
- – Rotterdamse Waterweg, zie 'Nieuwe Waterweg'
- – Rottevalle, zie 'Leyen'
- 464 Rottumeroog
- 464 Rottumerplaat

blz.
- 464 Rozenburg
- 464 Ruiten Aakanaal
- 683 Rupel (B)
- 465 Rustenburg
- – Rijkel, zie 'Neer'
- 465 Rijn
- 466 Rijnsaterwoude
- 466 Rijnsburg
- 467 Rijn-Schiekanaal
- – Rijn, Vaartse, zie 'Utrecht' ('Doorvaartroute B')
- 468 Rijp, De
- 469 Rijpwetering
- – Rijsenhout, zie 'Westeinderplas'
- 469 Rijswijk (ZH)

S
- – Sambeek, zie 'Maas'
- 684 Sambre (B)
- 470 Sassenheim
- 470 Sas van Gent
- 470 Sas van Goes
- 471 Schagen
- – Schaphalsterzijl, zie 'Winsumerdiep'
- 472 Schardam
- 472 Scharendijke
- – Scharnegoutum, zie 'Zwette'
- 473 Scharsterbrug
- – Scharster Rijn, zie 'Scharsterbrug'
- 473 Scheemda
- – Scheepvaartgat, zie 'Kampereiland'
- 474 Scheerwolde
- 685 Schelde (B)
- 474 Schelde-Rijnverbinding
- 476 Schellingwoude
- 477 Schelphoek
- 477 Scheveningen
- – Schie, zie 'Schiedam'
- 479 Schiedam
- 481 Schiermonnikoog
- 481 Schildmeer
- 483 Schiphol
- 483 Schipluiden
- – Schipsloot, zie 'Wolvega'
- 483 Schokkerhaven
- 483 Schoonhoven
- 484 Schoorldam
- – Schotbalksluis, zie 'Biesbosch, Sliedrechtse'
- 484 Schoterzijl
- 484 Schouw, Het
- – Schuilenburg, zie 'Prinses Margrietkanaal'

blz.
- – Schutsloot, zie 'Belt-Schutsloot'
- – Serooskerke, zie 'Schelphoek'
- 484 Sint Andries
- 485 Sint Annaland
- – Sint Jacobsbrug, zie 'Ottoland'
- 486 Sint Nicolaasga
- 486 Sint Philipsland
- – Skûlenboarch (Schuilenburg), zie 'Prinses Margrietkanaal'
- 486 Sleeuwijk
- 486 Sliedrecht
- – Slikkendammersluis, zie 'Nieuwkoopse Plassen'
- 486 Slikkerveer
- 487 Slingerrak
- 487 Slochterdiep
- 487 Slochteren
- – Slochtersluis, zie 'Slochterdiep'
- – Slootdorp, zie 'Wieringermeerpolder'
- – Slootvaart, zie 'Wieringermeerpolder'
- 488 Sloten (Fr)
- – Sloten (NH), zie 'Ringvaart van de Haarlemmermeerpolder' en 'Sloterplas'
- 488 Slotermeer (Fr)
- 489 Sloterplas
- – Sluipwijk(se Plassen), zie 'Reeuwijkse Plassen'
- 489 Sluiskil
- – Smalweesp, zie 'Weespertrekvaart'
- 489 Smeermaas
- – Smilde, zie 'Drenthse Hoofdvaart'
- 490 Sneek
- 493 Sneekermeer
- – Sneekervaart of Zwette, zie 'Zwette'
- – Snelle sluis, zie 'Ringvaart van de Zuidplaspolder'
- – Sociëteit De Kaag, zie 'Kaag' Sociëteit
- 496 Son
- – Sophiahaven, zie 'Roompot Marinahaven'
- – Souburg, zie 'Vlissingen'
- 496 Spaarndam
- – Spaarne, zie 'Spaarne', 'Haarlem' en 'Mooie Nel'
- 497 Spakenburg
- – Spannenburg, brug, zie

blz.
– 'Prinses Margrietkanaal'
– Spengen, zie 'Geer'
498 Spiegel- en Blijkpolder
– Spieringsluis, zie 'Biesbosch, Brabantse'
– Spooldersluis, zie 'Zwolle-IJsselkanaal'
– Sprang-Capelle, zie 'Capelle'
499 Spui en Beningen
500 Spijkenisse
500 Spijkerboor
501 Stad a.h. Haringvliet
501 Stadskanaal
502 Stampersgat
502 Standdaarbuiten
502 Starkenborghkanaal, Van
– Statenzijl, zie 'Nieuwe Statenzijl'
503 Stavenisse
504 Stavoren
– Stedum, zie 'Westerwijtwerdermaar'
507 Steeg, De
507 Steenbergen
– Steenbergse Vliet, zie 'Roosendaalse en Steenbergse Vliet'
– Steendam, zie 'Schildmeer'
– Steenenhoekse sluis, zie 'Hardinxveld-Giessendam'
507 Steenwijk
508 Stein
508 Stellendam
509 Stevensweert
– Stichtse brug, zie 'Eemmeer' en 'Randmeren'
510 Stieltjeskanaal
510 Stienservaart
– Stokkelaarsbrug, zie 'Waver' en 'Winkel'
– Stolperbrug, zie 'Noordhollandskanaal', 'Kolhorn' en 'Schagen'
– Stontelersluis, zie 'Wieringermeerpolder'
– Stoofpolder, zie 'Zijpe'
510 Streefkerk
511 Stroobos
511 Stroobossertrekvaart
– Stroomkanaal (bij Uilesprong), zie 'Buitenringvaart'
511 Strijensas
512 Stukske, Het
512 Suwâld (Suawoude)
– Suawoude, zie 'Suwâld'

blz.
– Swalmen, zie 'Asselt'
513 Swifterbant

T
513 Tacozijl
513 Tegelen
687 Temse (B)
– Ter Aar, zie 'Aarkanaal'
513 Ter Apel
514 Terherne (Terhorne)
515 Terheijden
– Terhorne, zie 'Terherne'
515 Terhornster- en Terkaplesterpoelen
516 Terkaple
516 Termunterzijl
518 Termunterzijldiep
– Ternaaien, zie 'Klein-Ternaaien' (B)
518 Terneuzen
– Teroele, zie 'Koevordermeer'
521 Terschelling
– Terwispel, zie 'Gorredijk'
523 Terwolde
– Terzoolstersluis en Terzoolsterzijlroede, zie 'Oudvaart'
523 Texel
523 Tholen
525 Thorn
525 Tiel
525 Tiengemeten
525 Tilburg
– Tirns, zie 'Franekervaart'
526 Tjerkwerd
526 Tjeukemeer
527 Tjonger (of Kuinder)
528 Tjongerkanaal
– Tolhuissluizen, zie 'Amstel'
– Tolkamer, zie 'Lobith'
– Trekvaart van Bolsward naar Leeuwarden, zie 'Bolswardertrekvaart'
528 Trekvaart van Het Schouw naar Monnickendam en Edam
– Trekvaart van Sneek naar Leeuwarden of Zwette, zie 'Scharnegoutum' en 'Sneek'
529 Trekvaart van Workum naar Bolsward
– Trintelhaven, zie 'Enkhuizerzand'
530 Tuil
– Turfroute, zie 'Opsterlandse Compagnonsvaart'
530 Twentekanalen

blz.
- Twiske, zie 'Oostzaan'
- Tijdenskanaal B.L., zie 'B.L. Tijdenskanaal'
- Tijssengracht, zie 'Giethoornse Meer'

U
- 532 Uitdam
- 532 Uitermeer
- 533 Uitgeest
- 533 Uithoorn
- 533 Uithuizen
- 534 Uithuizer- en Meedstermaar
- 534 Uitwellingerga
- Ulft, zie 'Oude IJssel'
- Ulkesluis, zie 'Waardkanaal'
- 535 Ulrum
- 535 Urk
- 536 Ursem
- 537 Usquerder- en Helwerdermaar
- Usquert, zie 'Usquerdermaar'
- 537 Utrecht

V
- Vaartse Rijn, zie 'Utrecht' ('Doorvaartroute B')
- Val, De (Z), zie 'Hoedekenskerke' en 'Zierikzee'
- 538 Valomstervaart
- Van Starkenborghkanaal, zie 'Starkenborghkanaal, Van'
- 538 Vecht
- Vecht, Overijsselse, zie 'Overijsselse Vecht'
- 541 Vechterweerd
- 541 Veen
- 541 Veendam
- 542 Veendiep
- Veenhoop, zie 'Hooidammen-Veenhoop'
- 543 Veere
- 544 Veerse Meer
- 545 Veessen
- 545 Veghel
- Velp, zie 'Gelderse IJssel'
- 546 Velsen-Noord
- Velsen-Zuid, zie 'Spaarndam'
- 546 Veluwemeer
- 549 Venlo
- 550 Vennemeer
- 550 Verlengde Hoogeveense Vaart

blz.
- 552 Viane (Z)
- 552 Vianen a. d. Lek
- 552 Vierlingsbeek
- 553 Vilsteren
- 553 Vinkeveen
- 553 Vinkeveense Plassen
- 687 Visé (B)
- 557 Vlaardingen
- Vlake, zie 'Kanaal door Zuid-Beveland'
- Vlakke Brekken, zie 'Fluessen'
- 558 Vlieland
- Vliet, zie 'Rijn-Schiekanaal'
- 559 Vlietland (bij Voorschoten)
- 560 Vlietlanden (in het Westland)
- 560 Vlissingen
- 562 Volendam
- 563 Volkerak
- 564 Volkeraksluizen
- 565 Vollenhove
- Vollenhovermeer, zie 'Vollenhove'
- 566 Voorburg
- Voornse sluis, zie 'Brielse Meer'
- 566 Voorschoten
- Voorst, De, zie 'Noordoostpolder'
- Voorstersluis, zie 'Noordoostpolder'
- 566 Vossemeer
- 567 Vreeland
- 567 Vreeswijk (Nieuwegein-Z)
- Vroomshoop, zie 'Kanaal Almelo-De Haandrik'
- Vrouwenakker, zie 'Amstel'
- 568 Vrouwenpolder
- 568 Vuntus
- 568 Vijfhuizen

W
- Waaierschutsluis, zie 'Hollandse IJssel'
- 569 Waal
- 569 Waalwijk
- 570 Waardkanaal
- 571 Waddenzee
- 572 Waddinxveen
- 572 Wageningen
- 573 Walsoorden
- 573 Wamel
- 573 Wanneperveen
- 574 Wanssum
- Wantij, zie 'Biesbosch, Sliedrechtse' en 'Dordrecht'
- 574 Warffumermaar

blz.
- Warfhuisterloopdiep, zie 'Hunsingokanaal'
- Warga, zie 'Wergea'
574 Warmond
576 Warns
577 Warten (Wartena)
- Wartena, zie 'Warten'
578 Waspik
578 Wassenaar
687 Waulsort (B)
579 Waver en Oude Waver
579 Wedderveer
- Weerdsluis, zie 'Vecht'
- Weerribben, zie 'Ossenzijl'
- Weersluis, zie 'Loosdrechtse Plassen'
580 Weert
- Weerwater, zie 'Almere-Stad'
580 Weesp
581 Weespertrekvaart
582 Weidum
582 Well
582 Welle
582 Wemeldinge
583 Wergea (Warga)
583 Werkendam
584 Werkhaven Bommenede
584 Wervershoof
584 Wessem
584 Westeinderplas
- Westerbroek, zie 'Winschoterdiep'
- Westergeest, zie 'Zwemmer'
- Westerhavensluis, zie 'Groningen'
586 Westerschelde
587 Westervoort
587 Westerwoldse Aa
588 Westerwijtwerdermaar
- Westfriese sluis, zie 'Wieringermeerpolder'
589 West Graftdijk
- West-Knollendam, zie 'Knollendam' en 'Zaan'
589 Westland
- West-Repart, zie 'Grevelingenmeer'
- West Terschelling, zie 'Terschelling'
- Westvoorne, zie 'Oostvoorne'
590 Westzaan
- Westzaner Overtoomsluis, zie 'Westzaan'
- Westzijderveld, zie 'Westzaan'

blz.
590 Wetering
- Weteringbuurt, zie 'Oude Wetering'
591 Weurt
- Wiericke, zie 'Dubbele en Enkele Wiericke'
591 Wieringermeerpolder
- Wieringerwerfvaart, zie 'Wieringermeerpolder'
- Wildervanckkanaal, A.G., zie 'Veendam'
594 Wilhelminakanaal
594 Willemsdorp
596 Willemstad
596 Wilnis
598 Wilsum
598 Winkel
598 Winschoten
599 Winschoterdiep
600 Winsum
601 Winsumerdiep
- Wintam, zie 'Zeekanaal Rupel-Brussel' (B)
- Witte Wijk, zie 'Opsterlandse Compagnonsvaart'
601 Woerden
602 Woerdense Verlaat
602 Wolderwijd
603 Wolphaartsdijk
- Wolsumerketting, zie 'Bolswardervaart'
604 Wolvega
604 Wommels
605 Workum
- Workumertrekvaart, zie 'Trekvaart van Workum naar Bolsward en Workum'
608 Wormer
608 Wormerringvaart
608 Wormerveer
608 Woubrugge
609 Woudrichem
609 Woudsend
- Wijchen, zie 'Niftrik'
611 Wijde Aa
611 Wijde Blik
612 Wijde Ee
612 Wijdenes
- Wijde Wijmerts, zie 'Osingahuizen'
612 Wijhe
612 Wijk bij Duurstede
613 Wijk en Aalburg
613 Wijmers (Loppersumer Wijmers)
- Wijmerts, zie 'Bolwardervaart'

777

blz.

Y
- IJ, Afgesloten IJ, zie 'Amsterdam'; Buiten IJ, zie aldaar
- 614 Yerseke
- 614 IJlst
- 615 IJmeer
- 616 IJmuiden
- IJssel, zie 'Gelderse', 'Hollandse' of 'Oude IJssel'
- 618 IJsselmeer en Markermeer
- 619 IJsselmonde
- IJsselmuiden, zie 'Kampereiland'
- 620 IJsselstein
- IJtoren, zie 'Hoek van het IJ'

Z
- 620 Zaan
- 623 Zaandam
- 624 Zaandijk
- Zaanstad, zie 'Zaan', 'Zaandam', 'Zaandijk', 'Westzaan' en 'Wormerveer'
- 624 Zaltbommel
- 624 Zandkreekdam
- Zandmeer (Fr), zie 'Fluessen'
- Zandmeren, De, zie 'Kerkdriel'
- Zederikkanaal, zie 'Merwedekanaal ten Z van de Lek'
- 687 Zeebrugge (B)
- 688 Zeekanaal Rupel-Brussel (B)
- 625 Zeelandbrug
- 627 Zeeuwse stromen
- 627 Zeewolde
- 627 Zegerplas
- 690 Zelzate (B)
- 628 Zevenbergen
- Zevenhoven, zie 'Kromme Mijdrecht'
- 628 Zevenhuizen
- 628 Zevenhuizen (Kagerplassen)
- Ziendesluis, zie 'Nieuwkoopse Plassen'
- 628 Zierikzee
- 630 Zoeterwoude
- 630 Zoeterwoude-Rijndijk
- 630 Zoommeer
- 630 Zoutkamp
- Zuid-Beijerland, zie 'Hitsertse Kade'
- Zuidbevelandkanaal, zie 'Kanaal door Zuid-Beveland'

blz.
- 631 Zuidbroek
- Zuiddiepje, zie 'IJsselmonde'
- 632 Zuideindigerwijde
- Zuidelijk Flevoland, zie 'Flevoland'
- 632 Zuidhollandse stromen
- Zuidlaren, zie 'Zuidlaardermeer'
- 632 Zuidlaardermeer
- 633 Zuidland
- 634 Zuidwillemsvaart
- 690 Zuidwillemsvaart (B)
- 636 Zuidzijdervaart
- 636 Zutphen
- 637 Zwaagwesteinde
- 637 Zwammerdam
- Zwanenburg, zie 'Halfweg'
- 637 Zwarte Meer
- 639 Zwarte Schaar
- 640 Zwartewaal
- 640 Zwarte Water
- 640 Zwartsluis
- 642 Zwemmer
- Zwet, zie 'Jisperveld'
- 643 Zwette of Sneekertrekvaart
- 643 Zwolle
- 645 Zwolle-IJsselkanaal
- Zwolse Diep, zie 'Zwarte Meer'
- 645 Zwijndrecht
- Zijkanaal A, zie 'Beverwijk'
- Zijkanaal C, zie 'Spaarndam'
- 645 Zijkanaal E
- 645 Zijl
- 646 Zijpe
- Zijpeboezem, zie 'Ewijcksluis, Van'

Inhoud

- 7 Woord vooraf
- 8 Handleiding
  - motorboten
  - bijzondere bepalingen
  - marifoon
  - verschillen in waterstand
  - getijstromen op de benedenrivieren
  - hoogten van bruggen en vaardiepten
  - brug- en sluisbediening
  - aanlegplaatsen en ligplaatsen
  - stichting classificatie van Jachthavens
  - drinkwater
  - vulstations propaangasflessen
  - reparatie
  - sluiting van bedrijven op zaterdag en/of zondag
  - trailerhelling
  - wasserettes
  - stortplaatsen voor chemisch toilet en aftappunten vuilwatertanks
  - afzonderlijke lijsten
  - depots voor huisvuil van de scheepvaart
  - stortplaatsen voor de afgewerkte motorolie
  - hotels en restaurants
  - trekkershutten
  - folder Nederland Waterland
  - scheepvaartstremmingen
  - douaneformaliteiten
- 18 Afkortingen (Abkürzungen/Abbreviations/Abréviations)
- 22 Trefwoorden (Stichwörter/Keywords/Mots-clés)
- 24 Watertoeristische gegevens van Nederlandse plaatsen en wateren
- 647 Watertoeristische gegevens van Belgische plaatsen en wateren

- 691 Tafels voor hoog- en laagwater toelichting
- 696 Tafels voor hoog- en laagwater in Harlingen
- 704 Tafels voor hoog- en laagwater in Hoek van Holland
- 713 Tafels voor hoog- en laagwater in Vlissingen
- 721 Tijden van opkomst en ondergang van de zon in MET 1995
- 722 Tijden van opkomst en ondergang van de maan in MET 1995

- 724 Districtenindeling Nederlandse kustwateren en IJsselmeer
- 724 Nederlandse Marifoonnet
- 725 Frequenties Radio 1 t/m 5 (Ned.)

Scheepvaartberichten

- 727 Nederland (o.a. waterhoogten op de rivieren)
- 727 België

Weerberichten

727 Verklaring van de letters
727 Standaardtijden
728 Nederland
 – Scheveingen Radio (alleen enkelzijband)
 – Weerberichten
 – Stormwaarschuwingen
 – Marifoonkanalen voor weerberichten
 – Telefonische informatie
730 Uniforme districtenindeling Noordzee
731 Groot-Brittannië
732 Duitsland
733 België

734 Schaal van Beaufort en windsnelheden

Adressen

735 ANWB
737 Stichting Classificatie Waterrecreatiebedrijven
738 Watersportbonden
738 Nederlands Bureau voor Toerisme
739 Dienst Rijkspolitie te Water
739 Kustwachtcentrum
739 Scheveningen Radio
740 Koninklijke Nederlandse Bond tot het Redden van Drenkelingen
740 Nederlandse Redding Maatschappij
740 Radio-medische adviesdienst

Uitgaven voor de watersport

741 ANWB-waterkaarten
742 Boeken voor de watersport
742 Waterkampioen
743 Kaarten en stroomatlassen van de Dienst der Hydrografie
744 Diverse uitgaven
745 Informatie, advies, expertisedienst en cursussen voor de watersport

747 Aanvraagformulier 'Openingstijden spoorbruggen'
749 Formulier voor het plaatsen van opmerkingen

Overzichtslijsten Nederland

751 Jachthavens van watersportverenigingen
752 Kampeerterreinen
753 Wasserettes
754 Hefkranen/botenliften/scheepshellingen
756 Trailerhellingen
757 Stortplaatsen chemisch toilet
759 Vulstations propaangasflessen
759 Aftappunten vuilwatertank

Overzichtslijsten België

760 Drinkwater direct uit slang aan boord
760 Hefkranen/botenliften
760 Trailerhellingen

761 Alfabetische lijst van detailkaartjes
762 Alfabetische lijst van Nederlandse en Belgische plaatsen en wateren

Aantekeningen

Aantekeningen

Aantekeningen

Aantekeningen

Aantekeningen

Aantekeningen

Aantekeningen

Aantekeningen

Aantekeningen

Aantekeningen

Aantekeningen